DIE ZEIT
Das Lexikon in 20 Bänden

DIE ZEIT
Das Lexikon in 20 Bänden

Mit dem Besten
aus der ZEIT,
u. a. mit Beiträgen
von Jürgen Habermas,
Carlo Schmid
und Leon de Winter

01 A–Bar

Zeitverlag
Gerd Bucerius GmbH & Co. KG

Herausgeber
Zeitverlag Gerd Bucerius GmbH & Co. KG
Pressehaus
Speersort 1
20095 Hamburg

Redaktionsleitung Lexikon Dr. Joachim Weiß
Redaktionsleitung ZEIT Aspekte Dr. Dieter Buhl
Realisation WGV Verlagsdienstleistungen (verantwortlich: Walter Greulich), Weinheim, unter Mitarbeit von Silvia Barnert, Gabi Gumbel, Andreas Lenz und Otto Reger
Layout Sigrid Hecker
Einband- und Umschlaggestaltung Mike Kandelhardt, Hans Helfersdorfer
Herstellung Verona Meiling, Stefan Pauli

Bibliografische Information der Deutschen Bibliothek
Die Deutsche Bibliothek verzeichnet diese Publikation in der Deutschen Nationalbibliografie; detaillierte bibliografische Daten sind im Internet über http://dnb.ddb.de abrufbar.

Namen und Kennzeichen, die als Marke bekannt sind und entsprechenden Schutz genießen, sind beim blau gedruckten Stichwort durch das Zeichen ® gekennzeichnet. Handelsnamen ohne Markencharakter sind nicht gekennzeichnet. Aus dem Fehlen des Zeichens ® darf im Einzelfall nicht geschlossen werden, dass ein Name oder Zeichen frei ist. Eine Haftung für ein etwaiges Fehlen des Zeichens ® wird ausgeschlossen.

Alle Rechte vorbehalten. Nachdruck, auch auszugsweise, verboten.
Das Werk einschließlich aller seiner Teile ist urheberrechtlich geschützt. Jede Verwertung außerhalb der engen Grenzen des Urheberrechtsgesetzes ist ohne Zustimmung des Verlags unzulässig und strafbar. Das gilt insbesondere für Vervielfältigungen, Übersetzungen, Mikroverfilmungen und die Einspeicherung und Verarbeitung in elektronischen Systemen.

© Zeitverlag Gerd Bucerius GmbH & Co. KG, Hamburg 2005
Bibliographisches Institut, Mannheim 2005

Satz A–Z Satztechnik GmbH, Mannheim (PageOne, alfa Media Partner GmbH)
Druck und Bindung GGP Media GmbH, Pößneck
Printed in Germany

ISBN Gesamtwerk: 3-411-17560-5
ISBN Band 1: 3-411-17561-3

Abbildungen auf dem Einband aisa, Archivo iconografico, Barcelona: K. Adenauer, Elisabeth II., S. Freud, G. Kelly; Bibliographisches Institut, Mannheim: O. v. Bismarck, B. Brecht, F. Castro, C. Chaplin, R. Diesel, Friedrich der Große, M. Gandhi, G. Garbo, A. Schwarzer, A. Schweitzer, V. Woolf; Bundesministerium der Verteidigung, Bonn: H. Schmidt; Kinemathek Hamburg e. V.: M. Dietrich, M. Monroe; Klaus J. Kallabis, Hamburg: G. Bucerius; M. Adelmann, Zürich: S. de Beauvoir; Nobelstiftelsen, The Nobel Foundation, Stockholm: W. Churchill, M. Curie, T. Mann, R. Sussman Yalow; picture-alliance/akg-images, Frankfurt am Main: A. Einstein; picture-alliance/dpa, Frankfurt am Main: W. Allen, J. Baker, Beatrix – Königin der Niederlande, J. Beuys, H. Bogart, H. Böll, G. H. Brundtland, A. Christie, B. Clinton, J. Dean, M. Dönhoff, C. Freeman, J. Gagarin, I. Gandhi, M. Gorbatschow, J. Habermas, V. Havel, E. Hemingway, R. Herzog, A. Hitchcock, A. Lindgren, R. Luxemburg, N. Mandela, Mao Zedong, B. McClintock, G. Meir, Muhammad Ali, Mutter Teresa, P. Picasso, R. Schneider, S. Spielberg; picture-alliance/Keystone Schweiz, Frankfurt am Main: L. Meitner; picture-alliance/Picture Press/Camera Press, Frankfurt am Main: E. Presley; S. Müller, Leipzig: C. Wolf; U. S. Information Service, Bonn: J. F. Kennedy.

Vorwort

Das Wort von der Wissensgesellschaft, in der wir heute leben, provoziert weiterhin unterschiedliche Reaktionen. Den einen klingt es nach Verheißung, andere empfinden es als bedrohlich. Aber was immer die wissensgeprägte Gesellschaft für die Menschen bedeuten mag, wohin sie auch führen wird, ihr Leitspruch ist eindeutig und heißt: Lernen!
Wo sich der wichtigste Rohstoff der Zukunft nicht länger im Erdboden oder darunter verbirgt, wo er nicht im Meer oder im All zu finden ist, sondern in den Gehirnen nistet, werden intelligente Anregungen und geistige Herausforderungen verlangt. Diesem Verlangen will das »Lexikon der ZEIT« entgegenkommen.
Die zwanzig Bände voll kompilierten Wissens stellen ein Experiment dar. Zwei publizistische Kulturen kommen für dieses Projekt zusammen: Bewährte Lexikographie verbindet sich mit vielfach ausgezeichnetem Journalismus. Das Ergebnis ist eine Kombination von gleichermaßen wissenswerten wie fundierten Fakten und Meinungen, von Informationen und Interpretationen.
Im vorderen, lexikalisch aufgebauten Teil der Bände wird in 145 000 Stichwörtern und Unterstichwörtern, mit rund 8 000 Abbildungen, Karten und Tabellen das Wichtigste des aktuellen Wissensstandes erfasst – das Faktenwissen der Welt, objektiv, präzise, universal, verständlich. Ergänzt werden die Lexikonbände durch ein dreibändiges Wörterbuch mit rund 250 000 Wörtern und Anwendungsbeispielen sowie durch einen Zitateband mit über 5 000 Zitaten und Redewendungen.
Im Anhang jedes der 16 lexikalischen Bände meldet sich das Autorenblatt unter dem Titel »ZEIT Aspekte« zu Wort. Bei besonders interessanten oder bedeutsamen Stichwörtern deutet ein Hinweis auf Artikel von Redakteuren oder Mitarbeitern der Zeitung. Eine Inhaltsangabe vor jedem Anhang soll die Auswahl unter den »ZEIT Aspekten« erleichtern.
Die präsentierten Beiträge stammen von Publizisten wie Marion Gräfin Dönhoff, Helmut Schmidt oder Theo Sommer und von vielen anderen bekannten Autoren des Blattes. Die meisten der Texte spiegeln den derzeitigen Erkenntnisstand wider, einige sind ZEIT-Geschichte. Gebündelt sollen sie das anbieten, was dieses Lexikon vermitteln möchte: Nicht nur, was wir heute wissen, auch, was wir einmal dachten.

Dr. Dieter Buhl
DIE ZEIT

Hinweise für den Benutzer

1. Reihenfolge der Stichwörter
Als Stichwörter gelten die fett gedruckten Begriffe, die am Anfang der Artikel stehen. Ihre Einordnung erfolgt nach dem Alphabet. Alphabetisiert werden alle fett gedruckten Buchstaben, auch wenn das Stichwort aus mehreren Wörtern besteht. Dabei werden Umlaute (ä, ö, ü) wie einfache Vokale eingeordnet, z. B. folgen aufeinander **ägäische Sprachen, Aga Khan, Agamemnon**; ß steht vor ss, also **Reuß, Reuss**. Buchstaben mit diakritischen Zeichen (z. B. mit einem Akzent) werden behandelt wie Buchstaben ohne diese Zeichen; unterscheiden sich jedoch mehrere Stichwörter nur durch ein diakritisches Zeichen oder durch einen Umlaut, so wird das Stichwort mit Zusatzzeichen nachgestellt, z. B. **Abbe, Abbé**. Unterscheiden sich mehrere Stichwörter nur durch Groß- und Kleinschreibung, so steht das kleingeschriebene Stichwort zuerst, z. B. **boreal, Boreal**.
Wörter, die man unter **C** vermisst, suche man unter **K, Tsch** oder **Z**, bei **Dsch** vermisste Wörter unter **Dj** oder **Tsch**, bei **J** vermisste unter **Dsch** oder **I**, bei **Y** vermisste unter **J**; ebenso im umgekehrten Fall. Abgeleitete und zusammengesetzte Wörter werden oft beim Grundwort behandelt.
Gibt es für einen Sachverhalt mehrere Begriffe oder Bezeichnungen, so stehen diese in runden Klammern hinter dem Stichwort. Gleich lautende Stichwörter mit unterschiedlicher Bedeutung (z. B. in verschiedenen Sachgebieten) werden zu einem Artikelkomplex zusammengefasst. Dabei steht vor jeder Bedeutung eine Ziffer und im Allgemeinen das Sachgebiet, dem diese Bedeutung zuzuordnen ist. Nebenstichwörter, die nur für eine Bedeutung gelten, werden in runden Klammern dem entsprechenden Artikelabschnitt vorangestellt, z. B.
Anpassung, 1) *Elektrotechnik:*...
2) *Physiologie:* (Adaptation),...
3) *Soziologie:* (Adjustment),...
Gleich lautende Hauptstichwörter werden in der Reihenfolge: Sachstichwörter, geographische Namen, Personennamen angeordnet. Gleich lautende Personennamen erscheinen in der Reihenfolge: biblische Personen, Herrscher, Päpste, Familiennamen.

2. Schreibung
Die Schreibung richtet sich im Allgemeinen nach der Dudenrechtschreibung. Fachausdrücke aus der biologischen und zoologischen Systematik sowie chemische und medizinische Fachausdrücke werden so geschrieben, wie es die jeweilige Nomenklatur vorschreibt. Abweichungen hiervon berücksichtigen die Gemeinsprache.
Bei der Schreibung von Wörtern aus fremden Sprachen werden deren diakritische Zeichen und Sonderbuchstaben verwendet, sofern keine eindeutschende Schreibung üblich ist.
Wörter aus Sprachen mit nicht lateinischer Schrift erscheinen in einer der Aussprache der Wörter oder dem allgemeinen Sprachgebrauch angepassten Umschrift (Transkription).
Beim Arabischen hat sich keine einheitliche Transkription für den allgemeinen Gebrauch durchgesetzt, daher sind einige Buchstaben und Zeichen unterschiedlich wiedergegeben. Es werden auch regionale (z. B. in den Maghrebländern französische) und dialektbedingte Formen berücksichtigt, ebenso englische Schreibungen.
Stichwörter aus dem Chinesischen werden im Allgemeinen in der amtlichen chinesischen Lateinschrift (Pinyin-Transkription) angegeben, falls sie sich nicht in einer anderen Form eingebürgert haben, z. B. Konfuzius, Mengzi.
Für Stichwörter aus dem Japanischen wurde in der Regel das Hepburn-System verwendet, bei dem die Langvokale durch einen übergesetzten Querstrich (z. B. Honshū) gekennzeichnet werden.
Die Schreibung russischer Namen erfolgt nach den Transkriptionsregeln, die in der Übersicht »russische Schrift« beim gleich lautenden Stichwort dargestellt sind.

3. Betonung und Aussprache
Fremdwörtliche oder fremdsprachliche Stichwörter erhalten als Betonungshilfe einen Punkt (Kürze) oder einen Strich (Länge) unter dem betonten Laut. Weiterhin wird bei Personennamen sowie geographischen Namen die Betonung angegeben. Die getrennte Aussprache von üblicherweise zusammengesprochenen Lauten wird durch einen senkrechten Strich angezeigt, z. B. Ais|chylos, Lil|e.
Weicht die Aussprache eines Stichwortes von der deutschen ab, so wird in dem Stichwort folgenden eckigen Klammer die korrekte Aussprache in phonetischer Um-

Hinweise für den Benutzer

schrift angegeben. Diese folgt dem Internationalen Lautschriftsystem der Association Phonétique Internationale. Die verwendeten Zeichen sind:

a = helles a, dt. Blatt
ɑ = dunkles a, dt. war, engl. rather
ã = nasales a, frz. grand
ʌ = dumpfes a, engl. but
β = halboffener Reibelaut b, span. Habanera
ç = Ichlaut, dt. mich
ɕ = sj-Laut (stimmlos), poln. Sienkiewicz
ð = stimmhaftes engl. th, engl. the
æ = breites ä, dt. Äther
ɛ = offenes e, dt. fett
e = geschlossenes e, engl. egg, dt. Beet
ə = dumpfes e, dt. alle
ɛ̃ = nasales e, frz. fin
ɣ = geriebenes g, span. Segovia, dän. Skagen
i = geschlossenes i, dt. Wiese
ɪ = offenes i, dt. bitte
ĩ = nasales i, port. Infante
ʎ = lj, span. Sevilla
ŋ = ng-Laut, dt. Hang
ɲ = nj-Laut, frz. Champagner
ɔ = offenes o, dt. Kopf
o = geschlossenes o, dt. Tor
õ = nasales o, frz. bon
ø = geschlossenes ö, dt. Höhle
œ = offenes ö, dt. Hölle
œ̃ = nasales ö, frz. parfum
s = stimmloses s, dt. was
z = stimmhaftes s, dt. singen
ź = zj-Laut (stimmhaft), poln. Nidzica
ʃ = stimmloses sch, dt. Schuh
ʒ = stimmhaftes sch, Garage
θ = stimmloses th, engl. thing
u = geschlossenes u, dt. Kuh
ʊ = offenes u, dt. bunt
ũ = nasales u, port. Atum
ɥ = unsilbisches u, poln. Złoty
v = stimmhaftes w, dt. Wald
w = halbvokalisches w, engl. well
x = Achlaut, dt. Krach
y = geschlossenes ü, dt. Mütze
ɥ = konsonantisches y, frz. Suisse
ː = bezeichnet Länge des vorhergehenden Vokals
ˈ = bezeichnet Betonung und steht vor der betonten Silbe, z. B. ˈætlɪ = Attlee

4. Angaben zur Grammatik

Hinter fremdwörtlichen und eingedeutschten fremdsprachlichen Substantiven steht in kursiver Schrift der Artikel zur Bezeichnung des Geschlechts (Genus). Diese Angabe entfällt bei zusammengesetzten Substantiven; man findet sie jeweils beim einfachen Begriff (Simplex).

5. Angaben zur sprachlichen Herkunft

Werden bei einem Stichwort Angaben zur sprachlichen Herkunft (Etymologie) gemacht, so stehen diese nach dem fett gedruckten Stichwort in eckiger Klammer, gegebenenfalls hinter der phonetischen Umschrift. Ausführliche etymologische Angaben werden gebracht, wenn sie zum Verständnis des Stichworts beitragen. Sie fehlen in der Regel bei Eigennamen, den deutschstämmigen Wörtern sowie bei zusammengesetzten Wörtern, deren Teile als selbstständige Stichwörter erscheinen. Bei Wortfamilien wird die Etymologie nur bei demjenigen Stichwort angegeben, das am ehesten als repräsentativ für die Wortfamilie gelten kann.

6. Datierung

Bei Daten vor Christus entfällt der Zusatz »v. Chr.«, wenn die Abfolge von zwei Jahreszahlen diese Tatsache deutlich erkennen lässt (z. B. 329–324).
Daten im ehemaligen Geltungsbereich des julianischen Kalenders (Datierung nach dem »alten Stil«) werden nach dem gregorianischen Kalender (nach »neuem Stil«) angegeben.

7. Fremdsprachliche Autoren

Bei übersetzten Werken wird der übersetzte Titel mit dem Erscheinungsjahr der Originalausgabe zitiert. Nicht übersetzte Titel erscheinen in der Originalsprache. Bei Werken aus entlegeneren Sprachen (Finnisch, Ungarisch, Arabisch, Japanisch usw.) wird anstelle des Originaltitels eine wörtliche deutsche Übersetzung angegeben, sofern der Titel nicht in deutscher Übersetzung vorliegt.

8. Weiterführende Literatur

Bei zahlreichen Stichwörtern werden am Schluss des Artikels Hinweise auf weiterführende Literatur gegeben. Dabei werden sowohl ältere Standardwerke als auch

Hinweise für den Benutzer

neuere Literatur berücksichtigt. Die angeführten Titel sind in der Regel chronologisch angeordnet, beginnend mit dem frühesten Erscheinungsjahr.

9. Verweisungen

Verweisungen sollen helfen, den Inhalt des Lexikons allseitig zu erschließen. Der Pfeil (↑) empfiehlt, das dahinter stehende Wort nachzuschlagen, um weitere Auskunft zu finden. In jedem Band gibt es nach dem Lexikonteil einen längeren Anhang »ZEIT Aspekte« mit Originalbeiträgen aus der ZEIT. Den Beiträgen ist jeweils ein wichtiger Begriff aus dem Lexikon zugeordnet. Am Ende des entsprechenden Lexikonartikels steht ein Hinweis auf den Beitrag der »Zeit Aspekte«.

10. Abkürzungen

Außer den im Abkürzungsverzeichnis aufgeführten Abkürzungen können die Adjektivendungen ...lich und ...isch abgekürzt werden sowie allgemein gebräuchliche Einheiten mit bekannten Einheitenzeichen (wie km für Kilometer, s für Sekunde). Das Hauptstichwort wird im Text des jeweiligen Artikels mit seinem Anfangsbuchstaben wiedergegeben. Bei Stichwörtern, die aus mehreren Wörtern bestehen, wird jedes Wort mit dem jeweils ersten Buchstaben abgekürzt. Die Abkürzungen und Anfangsbuchstaben der Hauptstichwörter gelten auch für flektierte Formen (z. B. auch für Pluralformen) des abgekürzten Wortes. Bei abgekürzten Stichwörtern, die aus Personennamen oder Namen von geographischen Objekten bestehen, wird die Genitivendung nach dem Abkürzungspunkt wiedergegeben. Benennungen und Abkürzungen der biblischen Bücher können der Übersicht »Bücher der Bibel« beim Stichwort »Bibel« entnommen werden.

11. Kolumnentitel und Suchhilfe

Oben auf jeder Seite befindet sich ein durchgehender horizontaler blauer Farbbalken, der den Kolumnentitel und die Alphabetsuchhilfe aufnimmt. Der Kolumnentitel nennt auf der linken Seite das erste auf der Seite beginnende Stichwort, auf der rechten Seite das letzte beginnende. Steht auf der Seite ein großes ganzseitiges Objekt, kann der Kolumnentitel entfallen oder er führt das Stichwort des Objekts. Die Suchhilfe nimmt die drei ersten Buchstaben des Kolumnentitels auf und bietet so dem Leser eine weitere Information über die Position der Seite im Alphabet. Bei ganz- oder mehrseitigen Objekten und auch bei Staatenartikeln wird auf die Suchhilfe verzichtet, sofern sich das Objekt nicht an korrekter Alphabetposition befindet.

Abkürzungen

Abb.	Abbildung(en)
Abg.	Abgeordnete(r)
ABGB	Allgemeines Bürgerliches Gesetzbuch
Abk.	Abkürzung
Abt.	Abteilung
AG	Aktiengesellschaft
ags.	angelsächsisch
ahd.	althochdeutsch
Ala.	Alabama
Alas.	Alaska
allg.	allgemein
AO	Abgabenordnung
Ariz.	Arizona
Ark.	Arkansas
Art.	Artikel
ASSR	Autonome Sozialistische Sowjetrepublik
A. T.	Altes Testament
Aufl(l).	Auflage(n)
Aug.	August
Ausg(g).	Ausgabe(n)
ausschl.	ausschließlich
Ausw.	Auswahl
Bad.-Württ.	Baden-Württemberg
Bd., Bde.	Band, Bände
bearb.	bearbeitet
bed.	bedeutend
begr.	begründet
ben.	benannt
bes.	besonders
Bev.	Bevölkerung
Bez.	Bezeichnung; Bezirk
BGB	Bürgerliches Gesetzbuch
Bundesrep.	Bundesrepublik
Dtl.	Deutschland
bzw.	beziehungsweise
Calif.	Kalifornien
Colo.	Colorado
Conn.	Connecticut
Cty.	County
d. Ä.	der (die) Ältere
D. C.	District of Columbia
Dep.	Departamento
Dép.	Département
Dez.	Dezember
dgl.	dergleichen, desgleichen
d. Gr.	der (die) Große
d. h.	das heißt
Distr.	Distrikt
d. J.	der (die) Jüngere
DM	Deutsche Mark
Dr(n).	Drama, Dramen
dt.	deutsch
Dtl.	Deutschland
ebd.	ebenda
EG	Europäische Gemeinschaft
ehem.	ehemalig; ehemals
eigtl.	eigentlich
einschl.	einschließlich
Erz(n).	Erzählung(en)
EU	Europäische Union
europ.	europäisch
evang.	evangelisch
Ew.	Einwohner
f., ff.	folgende, folgende ...
Febr.	Februar
FH	Fachhochschule
Fla.	Florida
frz.	französisch
Ga.	Georgia
Gatt.	Gattung
geb.	geborene(r)
Ged(e).	Gedicht(e)
gegr.	gegründet
Gem.	Gemeinde
gen.	genannt
Gen.-Gouv.	Generalgouverneur
Gen.-Sekr.	Generalsekretär
Ger.	Gericht
Ges.	Gesetz; Gesellschaft
Gesch.	Geschichte
GG	Grundgesetz
ggf.	gegebenenfalls
Ggs.	Gegensatz
gleichbed.	gleichbedeutend
GmbH	Gesellschaft mit beschränkter Haftung
Gouv.	Gouverneur; Gouvernement
grch.	griechisch
Ha.	Hawaii
Hb.	Handbuch
hebr.	hebräisch
Hg.	Herausgeber(in)
HGB	Handelsgesetzbuch
hg. (v.)	herausgegeben (von)
hl.; Hl.	heilig; Heilige(r)
Hptst.	Hauptstadt
Ia.	Iowa
i. Allg.	im Allgemeinen
Id.	Idaho
i. d. F. v.	in der Fassung von (vom)
i. d. R.	in der Regel
i. e. S.	im engeren Sinn
Ill.	Illinois
Ind.	Indiana; Industrie
insbes.	insbesondere
Inst.	Institut

Abkürzungen

internat.	international
i. w. S.	im weiteren Sinn
Jan.	Januar
Jb.	Jahrbuch
Jh.	Jahrhundert
jr.	junior
Jt.	Jahrtausend
Kans.	Kansas
Kap.	Kapitel
kath.	katholisch
Kfz	Kraftfahrzeug
KG	Kommanditgesellschaft
Kom(n).	Komödie(n)
Kr.	Kreis
Krst.	Kreisstadt
Kt.	Kanton
Kw.	Kunst-, Kurzwort
Ky.	Kentucky
La.	Louisiana
lat.	lateinisch
Lb.	Lehrbuch
Lit.	Literatur
luth.	lutherisch
Lw.	Lehnwort
MA.	Mittelalter
Mass.	Massachusetts
math.	mathematisch
max.	maximal
Md.	Maryland
MdB	Mitglied des Bundestags
MdEP	Mitglied des Europäischen Parlaments
MdL	Mitglied des Landtags
MdR	Mitglied des Reichstags
Me.	Maine
Meckl.-Vorp.	Mecklenburg-Vorpommern
Metrop. Area	Metropolitan Area
Metrop. Cty.	Metropolitan County
mhd.	mittelhochdeutsch
Mich.	Michigan
min.	minimal
Min.	Minister
Minn.	Minnesota
MinPräs.	Ministerpräsident
Mio.	Million(en)
Miss.	Mississippi
Mitgl.	Mitglied
Mithg.	Mitherausgeber
mlat.	mittellateinisch
mnd.	mittelniederdeutsch
Mo.	Missouri
Mont.	Montana
Mrd.	Milliarde(n)
N	Nord(en)
Nachdr.	Nachdruck
nat.	national
nat.-soz.	nationalsozialistisch
n. Br.	nördlicher Breite
N. C.	North Carolina
n. Chr.	nach Christus
N. D.	North Dakota
Ndsachs.	Niedersachsen
Nebr.	Nebraska
Nev.	Nevada
ngrch.	neugriechisch
N. H.	New Hampshire
nhd.	neuhochdeutsch
niederdt.	niederdeutsch
N. J.	New Jersey
nlat.	neulateinisch
N. Mex.	New Mexico
NO	Nordost(en)
NÖ	Niederösterreich
Nov.	November
Nov(n).	Novelle(n)
NRW	Nordrhein-Westfalen
N. T.	Neues Testament
NW	Nordwest(en)
N. Y.	New York
O	Ost(en)
o. Ä.	oder Ähnliche(s)
oberdt.	oberdeutsch
Oh.	Ohio
OHG	Offene Handelsgesellschaft
Okla.	Oklahoma
Okt.	Oktober
ö. L.	östlicher Länge
OLG	Oberlandesgericht
OÖ	Oberösterreich
op.	Opus
Ordn.	Ordnung
Oreg.	Oregon
orth.	orthodox
österr.	österreichisch
Pa.	Pennsylvania
PH	pädagogische Hochschule
Pl.	Plural
Präs.	Präsident
Prof.	Professor
prot.	protestantisch
Prov.	Provinz
Pseud.	Pseudonym
R(e).	Roman(e)
rd.	rund
ref.	reformiert
Reg.	Regierung
RegBez.	Regierungsbezirk
RegPräs.	Regierungspräsident

Abkürzungen

Rep.	Republik
Rheinl.-Pf.	Rheinland-Pfalz
R. I.	Rhode Island
RSFSR	Russische Sozialistische Föderative Sowjetrepublik
S	Süd(en)
Sa.-Anh.	Sachsen-Anhalt
Samml.	Sammlung
s. Br.	südlicher Breite
S. C.	South Carolina
Schlesw.-Holst.	Schleswig-Holstein
S. D.	South Dakota
Sekr.	Sekretär
Sept.	September
Sg.	Singular
SO	Südost(en)
sog.	so genannt
SSR	Sozialistische Sowjetrepublik
St.	Sankt
Staatspräs.	Staatspräsident
stellv.	stellvertretende(r)
Stellv.	Stellvertreter(in)
StGB	Strafgesetzbuch
StPO	Strafprozessordnung
svw.	so viel wie
SW	Südwest(en)
Tenn.	Tennessee
Tex.	Texas
TH	technische Hochschule
Thür.	Thüringen
Tl., Tle.	Teil(e)
Trag(n).	Tragödie(n)
Tsd.	Tausend
TU	technische Universität
UA	Uraufführung
u. a.	und andere(s), unter anderem
u. Ä.	und Ähnliche(s)
u. a. T.	unter anderem Titel
übers.	übersetzt
Übers.	Übersetzung
UdSSR	Union der Sozialistischen Sowjetrepubliken (Sowjetunion)
u. d. T.	unter dem Titel
u. M.	unter dem Meeresspiegel
ü. M.	über dem Meeresspiegel
Univ.	Universität
urspr.	ursprünglich
USA	Vereinigte Staaten von Amerika
usw.	und so weiter
Ut.	Utah
u. v. a.	und viele(s) andere
Va.	Virginia
v. a.	vor allem
v. Chr.	vor Christus
Verf.	Verfasser; Verfassung
versch.	verschieden(e)
Verw.	Verwaltung
VerwBez.	Verwaltungsbezirk
vgl.	vergleiche
VO	Verordnung
Vors.	Vorsitzende(r)
VR	Volksrepublik
Vt.	Vermont
W	West(en)
Wash.	Washington
Wb.	Wörterbuch
wirtsch.	wirtschaftlich
Wis.	Wisconsin
wiss.	wissenschaftlich
Wiss.(en)	Wissenschaft(en)
w. L.	westlicher Länge
W. Va.	West Virginia
Wwschaft	Woiwodschaft
Wyo.	Wyoming
zahlr.	zahlreich(e)
z. B.	zum Beispiel
ZGB	Zivilgesetzbuch
ZK	Zentralkomitee
ZPO	Zivilprozessordnung
z. T.	zum Teil
Ztschr.	Zeitschrift
zus.	zusammen
zw.	zwischen
z. Z.	zur Zeit
*	geboren
†	gestorben
✕	gefallen
∞	verheiratet
®	Marke (steht bei fett gesetzten Wörtern. – Siehe auch Impressum)

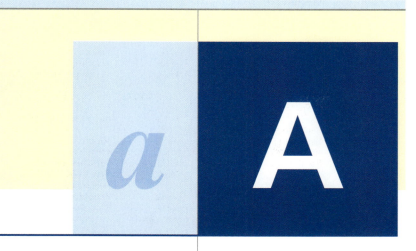

a, A, 1) Vokal (↑Laut); der 1. Buchstabe des dt. Alphabets und vieler anderer Alphabete. **2)** Abk. **A, a** oder **A., a.** für Anno, anno (↑Jahr); **A** oder **A.** bei röm. Namen für den Vornamen Aulus oder Augustus; **A** auf mechan. Uhren für avancer [frz. »vorstellen«], Richtung zum Schnellerstellen. **3)** *Einheitenzeichen:* **a** für ↑Ar und ↑Jahr; **A** für ↑Ampere. **4)** *Formelzeichen:* *A* für ↑Arbeit, ↑Flächeninhalt; *a* für ↑Beschleunigung. **5)** *Informatik:* Zeichen @ (at sign, commercial at, auch »Klammeraffe«), Sonderzeichen, das bei E-Mail-Adressen zw. dem Namen des Empfängers und der Zielanschrift steht. **6)** *Münzwesen:* **A,** Zeichen für die wichtigste Prägestätte eines Landes, z. B. Berlin, Wien, Paris. **7)** *Musik:* **A,** der 6. Ton der C-Dur-Tonleiter; das eingestrichene a (a¹) ist der Stimmton (↑Kammerton). **a,** Zeichen für a-Moll; **A,** Zeichen für A-Dur.
8) *Vorsatzzeichen:* **a** für Atto, z. B. 1 am = 10^{-18} m.
ä, Ä, Umlaut des A, entstanden aus a mit übergeschriebenem e, Buchstabe u. a. der dt., schwed. und finn. Schrift mit dem Lautwert [ɛ].
à [frz.], je, das Stück zu: *à 10 €*.
å, Å, Buchstabe in skandinav. Alphabeten mit den Lautwerten [ɔ, o].
Å, Einheitenzeichen für ↑Ångström.
a... [grch.], vor Vokal **an...,** nicht..., un..., ...los: *amorph,* gestaltos, ungestaltet; *anorganisch,* nicht organisch.
aa, auf Rezepten: Abk. für ↑ana.
AA, Abk. für ↑Auswärtiges Amt.
a. a., Abk. für ad acta, d. h. zu den Akten, ein früher üblicher amtl. Vermerk auf belanglose, keiner Sachentscheidung bedürfende Eingaben.
A. A., Abk. für ↑Anonyme Alkoholiker.
Aach (Ache, Aa) [ahd. aha »Wasser«] *die,*

a, A 1): Druckschriftvarianten

AAC Aachen

Aachener Münster mit Pfalzkapelle und gotischem Chor (Ansicht von Südosten)

Name vieler Flüsse und Bäche. Die **Radolfzeller, Stockacher, Salemer** und die **Deggenhauser A.** münden in den Bodensee, die **Zwiefalter A.** mündet in die Donau.

Aachen, 1) Kreis im RegBez. Köln, NRW, 547 km², 307 900 Ew.
2) kreisfreie Stadt und Verwaltungssitz des Kreises A., RegBez. Köln, NRW, 245 800 Ew. A. liegt nahe der belg. und niederländ. Grenze (in einer Euregio) an den nördl. Ausläufern des Hohen Venn, 180 m ü. M.; Bahnknotenpunkt und Industriestadt; Heilbad mit heißen (bis 74 °C) schwefelhaltigen Kochsalzquellen. Maschinenbau, Textil- (Tuche), Gummi-, Glas-, elektrotechn. Ind., Stahlbau, Süßwarenherstellung (u. a. Aachener Printen). – Kath. Bischofssitz, Rheinisch-Westfäl. TH (seit 1965 philosoph. und medizin. Fakultät), Fachhochschule, kath. Fachhochschule, Staatl. Hochschule für Musik, Theater, Museen, Bibliotheken. Die Stadt verleiht seit 1950 den ↑Karlspreis. Jährlich findet ein internat. Reitturnier (CHIO) statt. – Gotisches Rathaus (1333–76); ↑Aachener Münster.
Geschichte: A. hieß als röm. Badeort **Aquae Granni** nach dem kelt. Heilgott Grannus. Karl d. Gr. errichtete in A., damals Mittelpunkt des Fränk. Reiches, die 769 bezeugte Pfalz. Die Pfalzkapelle war 936–1531 Krönungsort der Röm. (dt.) Könige; seit stauf. Zeit Reichsstadt. 1794 wurde A. frz., 1815 preußisch. – Das Bistum A. bestand 1802–21 (zum Erzbistum Mecheln) und wurde 1930 als Suffraganbistum von Köln neu errichtet.

Aachener Friede, 1) von 1668, beendete den ↑Devolutionskrieg.
2) von 1748, beendete den ↑Österreichischen Erbfolgekrieg.
Aachener Kongreß, der 1. Kongress der ↑Heiligen Allianz 1818.
Aachener Münster, Bischofskirche in Aachen; ihren Kern bildet die von Odo von Metz erbaute, um 800 geweihte Pfalzkapelle Karls d. Gr., ein achteckiger Zentralbau mit sechseckigem, zweigeschossigem Umgang. Im O die 1355 begonnene got. Hochchorhalle, im W karoling. Vorhalle (Westwerk) und got. Turm (im 19. Jh. erneuert). Im A. M. wurden Karl d. Gr. und Otto III. beigesetzt. Bedeutender Domschatz (Karlsschrein 1215). Seit 1238 (seit 1349 alle sieben Jahre) Aachener Heiligtumsfahrt, Pilgerfahrt zu den Reliquien. Die UNESCO erklärte das A. M. zum Weltkulturerbe.
Aachener und Münchener Versicherungsgruppe, Aachen, gegr. 1825, betreibt Sach-, HUK-(Haftpflicht-, Unfall-, Kraftverkehrs-), Transport-, Lebens-, Kranken-, Rechtsschutz- und Rückversicherungen u. a.; seit 1998 Tochterunternehmen der Assicurazioni Generali S. p. A. (Triest).
AAD, Abk. für **a**naloge Aufnahme, **a**naloge Bearbeitung, **d**igitale Wiedergabe; kennzeichnet techn. Verfahren bei einer CD-Aufnahme o. Ä.
Aaiún, El-, Hptst. von Westsahara, am Saguia al-Hamra, 96 800 Ew.; nahebei Phosphatlager; Hafen, Flugplatz.
Aakjær [ˈɔːkɛːr], Jeppe, eigtl. J. Jensen, dän. Schriftsteller, *Åkjær (bei Skive)

10. 9. 1866, † Hof Jenle (bei Skive) 22. 4. 1930; schrieb Lieder, oft in jütländ. Mundart, und sozialkrit. Romane.
Aallartige Fische (Anguilliformes), Ordnung der Knochenfische mit lang gestrecktem, meist schuppenlosem Körper; u. a. ↑Aale und ↑Muränen.
Aalborg [ˈɔlbɔr], dän. Stadt, ↑Ålborg.
Aale (Echte A., Aalfische, Anguillidae), räuber. Knochenfische mit kleinen Schuppen und vielen Schleimzellen in der Haut. A. ernähren sich von Mücken, Larven, Regenwürmern, Muscheln, kleinen Fischen. Bekannteste Arten: **Flussaal** (Europ. A., Anguilla anguilla) und **Amerikan. Aal** (Anguilla rostrata). Beide Arten leben zeitweise im Süßwasser; die Eiablage erfolgt in der Sargassosee. Die 10 mm großen, weidenblattähnl. A.-Larven wandern, größer werdend, mit dem Florida- und Golfstrom nach NW oder NO. Die der europ. Art erreichen nach drei Jahren den Kontinentalsockel Europas. Die Larven verwandeln sich im 2. oder 4. Jahr unter Abnahme ihrer Länge in die drehrunden, durchsichtigen **Glasaale**. Die Männchen wachsen in 3–8 Jahren auf 40–50 cm, die Weibchen in 5–20 Jahren auf 100–150 cm heran. Nach Erreichen eines bestimmten Reifegrades (**Blank-** oder **Silber-A.**) stellen sie die Nahrungsaufnahme ein, wandern wahrscheinlich in die Sargassosee zurück, laichen dort und sterben. – Durch A.-Leitern und Fischpässe (↑Fischwege) erleichtert die Fischereiwirtschaft die Überwindung der Stauwehre in Flüssen. Zum A.-Fang dienen A.-Säcke, A.-Kästen, Reusen, elektr. Fanggeräte. A.-Blut enthält das Nervengift Ichthyotoxin, das durch Kochen oder Räuchern zerstört wird. Der A. ist ein beliebter Speisefisch.
Aalen, Krst. des Ostalbkreises, RegBez. Stuttgart, Bad.-Württ., Große Krst., 65 900 Ew., am NO-Rand der Schwäb. Alb, am oberen Kocher, 430 m ü. M. – Gut erhaltener Stadtkern mit Fachwerkhäusern (16.–18. Jh.); Limesmuseum, Geologisch-Paläontologisches Museum, Schubart-Museum; Metall-, Maschinen-, Textil-, opt. u. a. Industrie. – A., ehem. röm. Siedlung (bed. Ausgrabungen: u. a. röm. Reiterkastell, ziviles Dorf), war 1360–1803 freie Reichsstadt.
Aalmolche (Amphiumidae), Familie aalähnl. Schwanzlurche mit wenig entwickelten Gliedmaßen im SO Nordamerikas.

Aalmutter (Zoarces viviparus), lebend gebärender Dorschfisch, 20–40 cm langer europ. Küstenfisch der Nord- und Ostsee.
Aalrutte (Aalquappe, Quappe, Lota lota), zu den Dorschen gehörender Süßwasserraubfisch, bis 1 m lang.

Aale: Flussaal

Aalsmeer, Gem. in der niederländ. Prov. Nordholland, 22 000 Ew.; größter Auktionsplatz für Schnittblumen und Zierpflanzen der Niederlande.
Aalst (frz. Alost), Stadt in der belg. Prov. Ostflandern, 76 300 Ew., an der Dender, 14 m ü. M.; Textil-, Gummi-, chem., Maschinenind., Brauereien, Hopfenhandel, Schnittblumenzucht.
Aalstrich, dunkler Rückenstreifen bei Säugetieren.
Aalto, Alvar, finn. Architekt, *Kuortane (Prov. Vaasa) 3. 2. 1898, † Helsinki 11. 5. 1976; einer der Hauptvertreter der ↑organischen Architektur; u. a. Fabrik u. Wohnanlagen in Sunila (1936–39; 1951–54), Konzert- und Kongresshalle Finlandia in Helsinki (1962–71), Opernhaus in Essen (Entwurf 1959, ausgeführt 1983–88). – Abb. S. 16
Aaltonen, Väinö, finn. Bildhauer, *Karinainen 8. 3. 1894, † Helsinki 30. 5. 1966; schuf Denkmäler und Bildnisbüsten.
AAM, Abk. für ↑angeborener Auslösemechanismus.
Aamodt [ˈɔːr], Kjetil-André, norweg. alpiner Skiläufer, *Oslo 2. 9. 1971; u. a. Olympiasieger 1992 (Super-G) und 2002 (Kombination, Super-G) sowie Weltmeister 1993 (Slalom, Riesenslalom), 1997, 1999 und 2001 (jeweils Kombination).
a. a. O., Abk. für am angeführten Ort (in bibliograf. Angaben).
Aar [ahd.] *der,* poetisch für: Adler.

AAR Aar

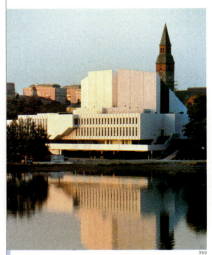

Alvar Aalto: Konzert- und Kongresshalle Finlandia in Helsinki (1962–71)

Aar *die,* linker Nebenfluss der Lahn, entspringt in Taunusstein und mündet nach 40 km bei Diez.

Aarau, Hptst. des Kt. Aargau, Schweiz, 388 m ü. M. an der Aare, 15 700 Ew.; Elektro-, Präzisions- und Schuhindustrie, Glockengießerei; Kunsthaus, Stadtmuseum. – Spätmittelalterl. Stadtbild. – A., um 1250 von den Grafen von Kyburg gegr., teilt die Geschichte des ↑Aargaus.

Aare *die,* linker Nebenfluss des Rheins, in der Schweiz, 295 km, entspringt in den Aargletschern, durchfließt das Haslital, den Brienzer, Thuner und Bieler See und mündet unterhalb von Koblenz (Kt. Aargau); Kraftwerke.

Aareal Bank AG, ↑DePfa Deutsche Pfandbrief Bank AG.

Aargau, Kanton im N der Schweiz, im dt.sprachigen Gebiet, 1 404 km², (2000) 549 600 Ew.; Hptst.: Aarau; umfasst die Bezirke Aarau, Baden, Bremgarten, Brugg, Kulm, Laufenburg, Lenzburg, Muri, Rheinfelden, Zofingen, Zurzach. Der von der Aare durchflossene Kanton hat im SO Anteil am Schweizer Mittelland, im NW umfasst er Teile des Tafel- und Kettenjuras (bis 950 m). Im Mittelland intensive Landwirtschaft, im Jura Viehwirtschaft und Getreideanbau; Maschinen-, Elektro- und Textilind., Tabakverarbeitung; Schwefelthermen in Baden, Schinznach Bad und Zurzach.

Verfassung: Nach der Verf. vom 25. 6. 1980 übt der Große Rat (200 Mitgl.) die gesetzgebende und der Regierungsrat (5 Mitgl.) die vollziehende Gewalt aus. Beide Behörden werden vom Volk auf 4 Jahre gewählt (Frauenstimmrecht seit 1971).

Geschichte: Das von Helvetiern besiedelte Gebiet wurde im 1. Jh. v. Chr. von den Römern besetzt (im 1. Jh. n. Chr. Anlage von ↑Vindonissa), im 5. Jh. von Alemannen besiedelt und kam im 6. Jh. an das Frankenreich (Name 763 erstmals belegt). Der Ober-A. fiel im 14. Jh. an Bern; der Unter-A. kam 1264 von den Grafen von Kyburg an die Habsburger und wurde 1415 von den Eidgenossen erobert. Die Reformation drang bes. in den von Bern beherrschten Teilen des A.s durch. Mit dem Umsturz von 1798 wurde der A. selbstständig, der heutige Kt. wurde 1803 gebildet, 1831 eine liberale Verf. eingeführt. Ein Aufstand des kath. Landvolks 1841 führte zur Aufhebung der Klöster (**Aargauer Klosterstreit**) und zum Sonderbundkrieg.

Aargletscher, Gletschergruppe, ↑Finsteraarhorn.

Aarhus [ˈɔrhuːs, auch ˈɔːrhuːs], Stadt in Dänemark, ↑Århus.

Aarlen [ˈaːrlə, niederländ.], Stadt in Belgien, ↑Arlon.

Aaron (Aron, hebr. Aharon), Bruder von Moses und Mirjam; der erste Hohepriester Israels (2. Mos. 28, 1).

Aarschot [ˈaːrsxɔt, niederländ.], Stadt in der Prov. Flämisch Brabant, Belgien, an der Demer im Hageland, 27 300 Ew.; vielseitige Ind., u. a. Batterieherstellung, Brauerei, Kleiderfabriken; Zentrum des Spargelanbaus. – Got. Liebfrauenkirche (13.–15. Jh.).

Aas, verwesende Tierleiche.

Aasblume, nach Aas riechende Blüte, ↑Stapelie.

Aasen [ˈoːsən], Ivar, norweg. Sprachforscher und Schriftsteller, *Sunnmøre (VerwBez. Møre og Romsdal) 5. 8. 1813, †Kristiania (heute Oslo) 23. 9. 1896; schuf aus den norweg. Dialekten eine neunorweg. Schriftsprache, das Landsmål (jetzt Nynorsk).

Aasfliegen, die ↑Fleischfliegen.

Aaskäfer (Silphidae), Käferfamilie mit keulenförmigen Fühlern. Aasfresser sind

Abälard ABA

Aaskäfer: Rothalsiger Aaskäfer

bes. die **Totengräber** (Necrophorus). Die **Rüben-A.** (Blitophaga opaca, Blitophaga undata) sind Pflanzenschädlinge.
AAV, Abk. für **a**denoassoziierte Viren, ↑ Parvoviren.
AB, Abk. für Aktie**b**olag, schwed. Bez. für Aktiengesellschaft.
ab... [lat.], weg..., los...
Aba [arab.] *die* (Abajeh), ärmelloser, mantelartiger Umhang der Araber.
Abaco, Evaristo Felice Dall', italien. Komponist und Cellist, ↑ Dall'Abaco.
Abadan, Hafenstadt in Iran, nahe der Mündung des Schatt el-Arab in den Pers. Golf, 310 000 Ew.; Pipelines aus Khusistan, Erdölraffinerien, Erdölausfuhr; Inst. für Technologie.
Abaddon [hebr. »Untergang«], **1)** im A. T. Hölle, Unterwelt.
2) in Offb. 9,11 der Engel des Verderbens.
Abakan, 1) *der,* linker Nebenfluss des Jenissei, 514 km.
2) Hptst. von Chakassien, Russ. Föderation, oberhalb der Mündung des A. in den Jenissei, 154 000 Ew.; Eisenerzbergbau, Waggonbau.
Abakanowicz [-tʃ], Magdalena, poln. Künstlerin, * Falenty (bei Warschau) 20. 6. 1930; gestaltet Wandteppiche, Plastiken, Environments, auch fragmentar. Abformungen des nackten Menschen, v. a. aus Sisal, Hanf und Kokosfasern, und seit den 1970er-Jahren auch Arbeiten in Bronze.
Abakus [lat.] *der,* **1)** *Architektur:* Deckplatte des Säulenkapitells.
2) *Mathematik:* bereits im Altertum verwendetes Rechenbrett für die vier Grundrechnungsarten mit frei bewegl. oder in Rillen bzw. Schlitzen geführten Rechensteinen, von deren Lage ihr Wert abhängt. Hieraus entstand ein noch heute in Russland und Ostasien gebräuchl. Rechengerät, bei dem die Zahlen durch auf Stäben verschiebbar angebrachte Kugeln dargestellt werden.
Abälard, Peter (Petrus Abaelardus), frühscholast. Philosoph, * Le Pallet (bei Nantes) 1079, † Kloster St. Marcel (bei Chalon-sur-Saône) 21. 4. 1142; lehrte Logik und Dialektik; einflussreicher Lehrer u. a. der späteren Päpste Alexander III. und Cölestin II.; bemerkenswert ist seine Liebesbeziehung mit Heloise (von A. fingierter Briefwechsel). – A. vertrat im ↑ Universalienstreit die These, Allgemeinbegriffe besäßen nur subjektiven Bedeutungsgehalt, dem nichts Wirkliches entspreche, wirklich sei allein das individuelle Einzelding. In der Ethik räumt A. der Gesinnung den Vorrang vor der Tat ein.
📖 *Podlech, A.: A. u. Heloisa oder die Theologie der Liebe. München u. a. 1994.* – *Clan-*

Abälard: Grabmal von Abälard und Heloise auf dem Friedhof Père-Lachaise in Paris

chy, M. T.: *Abaelard. Ein mittelalterl. Leben. A. d. Engl.* Darmstadt 2000.

Abalienation [lat.] *die,* Entfremdung, Ent-, Veräußerung.

Abänderungsklage, gerichtl. Klage mit dem Ziel, bereits wirksame Urteile, gerichtl. Vergleiche oder vollstreckbare Urkunden, die künftig wiederkehrende Leistungen betreffen, abzuändern, wenn die für die Verpflichtung maßgebenden Umstände sich wesentlich geändert haben (§ 323 ZPO).

Abandon [abãˈdɔ̃, frz.] *der,* Verzicht auf ein Recht zur Entlastung von einer damit verbundenen Pflicht, z. B. a) im Gesellschaftsrecht: bei einer GmbH die Hingabe des Geschäftsanteils, um sich von der Nachschusspflicht zu befreien; b) in der Seeversicherung: Abtretung des Eigentums an dem versicherten Gegenstand, etwa dem verschollenen Schiff, gegen Empfang der Versicherungssumme.

Abano Terme, Heilbad in Venetien, Prov. Padua, Italien, 18 500 Ew.; radioaktive Kochsalzquellen (87 °C), Schwefelquellen, Schlammbäder.

abarischer Punkt, kräftefreier Punkt zw. zwei Massen, in dem ihre Gravitationskräfte entgegengesetzt gleich sind; im System Erde–Mond liegt er in einer Entfernung von ¹/₉ des Abstandes Erde–Mond vom Mondmittelpunkt.

Ablartigkeit, anlagebedingte oder erworbene Abweichung von der körperl., geistigen oder charakterl. Norm.

à bas! [a ˈba, frz.], nieder!, weg (damit)!

Abasie [grch.] *die, Medizin:* die Unfähigkeit zu gehen.

Abate [italien. »Abt«] *der,* Titel eines Weltgeistlichen in Italien und Spanien.

Abate (Abbate), Nic(c)olò Dell', italien. Maler, ↑Dell'Abate.

Abaton [ˈa(ː)-] ⟨gr. »das Unbetretbare«⟩ *das,* [abgeschlossene] Allerheiligste, der Altarraum in den Kirchen des orthodoxen Ritus.

a battuta, *Musik:* ↑Battuta.

Abba [aramäisch »Vater«], alte Anrede Gottes im Gebet, v. a. gebraucht von Jesus und im Urchristentum (Mk. 14, 36; Röm. 8, 15); später auch Anrede von Klostervorstehern (Abt).

Abba, 1972 in Stockholm gegründete schwed. Popgruppe, mit Anni-Frid (»Frida«) Lyngstad (* 1945 in Norwegen, Gesang), Björn Ulvaeus (* 1945, Gitarre),

Benny Andersson (* 1946, Keyboards) und Agnetha Fältskog (* 1950, Gesang); feierte in den 70er-Jahren internat. Erfolge (»Waterloo«, »Mamma Mia«).

Abbach, Bad, ↑Bad Abbach.

Abbadiden, span.-islam. Dynastie (1023 bis 1091) in Sevilla, unter der Sevilla vom Kalifat Córdoba unabhängig wurde und die dies 1068 eroberte; wurde von den Almoraviden abgelöst.

Abbado, Claudio, italien. Dirigent, Pianist und Komponist, * Mailand 26. 6. 1933; 1986–91 Musikdirektor der Wiener Staatsoper, 1990–2002 künstler. Leiter der Berliner Philharmoniker sowie daneben 1994–2002 der Salzburger Osterfestspiele.

Abbas, Mahmud, gen. Abu Mazen, palästinens. Politiker, * Safad (N-Israel) 1935; Jurist; 1958 Mitbegründer der Al-Fatah, maßgeblich am Zustandekommen des Gaza-Jericho-Abkommens (1993) beteiligt; April 2003 zum palästinens. MinPräs. gewählt. Als israel. Truppen am 6. 9. 2003 versuchten, die gesamte Hamas-Führung in Gaza zu töten, trat A. zurück.

Abbas, 1) **A.,** Onkel Mohammeds, * Mekka um 565, † Medina um 653; Ahnherr der ↑Abbasiden.

2) **A. I., der Große,** Schah von Persien (1587/88–1629), * 27. 1. 1571, † in der Prov. Masandaran 19. 1. 1629; aus der Dynastie der ↑Safawiden; erweiterte sein Reich durch Feldzüge gegen die Osmanen und Usbeken.

3) **A. II. Hilmi,** Vizekönig von Ägypten (seit 1892), * Alexandria 14. 7. 1874, † Genf 20. 12. 1944; von den Briten 1914 abgesetzt.

Abbasiden, muslim. Herrschergeschlecht, das auf Abbas (* um 565, † um 653), den Onkel Mohammeds, zurückgeht; stellte 749/750–1258 die Kalifen (Hauptstadt Bagdad seit 762). 1261–1517 gab es eine Zweiglinie (Scheinkalifat) in Kairo.

Abbate (Abate), Nic(c)olò Dell', italien. Maler, ↑Dell'Abate.

Abbau, 1) *Bergbau:* Gewinnung nutzbarer Bodenschätze im Rahmen eines bergbaul. Betriebes über oder unter Tage.

2) *Biologie:* Zersetzungsvorgänge (↑Stoffwechsel).

3) *Chemie:* Zerlegung komplizierter Verbindungen in einfachere Reaktionsprodukte.

Abbildung ABB

Abbaugerechtigkeit, die Befugnis zum Abbau von Bodenschätzen im Bergbau.
Abbazia, italien. Name von ↑Opatija.
Abbe, Ernst, Physiker und Sozialreformer, *Eisenach 23. 1. 1840, †Jena 14. 1. 1905; schuf 1873 mit seiner Theorie der opt. Abbildung (↑Mikroskop) die wiss. Grundlagen für den Bau opt. Instrumente. A. wurde 1888 Alleininhaber der Zeisswerke und übertrug diese auf die von ihm gegründete ↑Carl-Zeiss-Stiftung.
Abbé [a'be; frz. »Abt«] *der,* in Frankreich Titel des Weltgeistlichen.
Abbeizen, das Erweichen eines trockenen Anstrichs mit alkal. (Ablaugmittel), sauren oder neutralen Mitteln und Entfernen vom Untergrund.
Abbé Pierre [abe 'pjɛ:r], frz. Priester, ↑Pierre.
Abberufung, *Völkerrecht:* die Beendigung der Mission eines diplomat. Vertreters durch den Entsendestaat, entweder aus Gründen, die in der Person des Vertreters liegen, oder beim Abbruch der diplomat. Beziehungen.
Abbeville [ab'vil], industriereiche Stadt im nordfrz. Dép. Somme, 24 900 Ew., nahe der Sommemündung; Hafen für kleinere Schiffe; got. Kirche Saint Vulfran.
Abbevillien [abəvil'jɛ̃:; nach der Stadt Abbeville] *das,* Kulturstufe der ↑Altsteinzeit, gekennzeichnet bes. durch roh bearbeitete Faustkeile; heute meist als älteste Stufe des Acheuléen aufgefasst.
Abbildtheorie, *Philosophie:* auf Demokrit zurückgehende Auffassung des Erkenntnisvorganges als Abbildung der Wirklichkeit im Bewusstsein. Naiv-realistischen und krit. Varianten der A. (im Sinne einer **Widerspiegelungstheorie**) steht die **Isomorphietheorie** gegenüber, der zufolge nur strukturelle Eigenschaften abgebildet werden.
Abbildung, 1) *allg.:* gedrucktes Bild (Illustration). Wiss., künstler. und techn. A. (Darstellungen) genießen den Schutz des Urheberrechts.
2) *Mathematik:* die eindeutige Überführung der Punkte einer Objektmenge (**Urbildpunkte**) in Punkte einer Bildmenge (**Bildpunkte**). Ordnet die A. oder ↑Funktion f dem Element x einer Menge X (**Definitionsbereich**) genau ein Element $f(x)$ einer Menge Y (**Bild-** oder **Wertebereich**) zu, so heißt f von X in Y, in Zeichen: $f: X \rightarrow Y$ oder $X \xrightarrow{f} Y$; $f(x)$ heißt das Bild

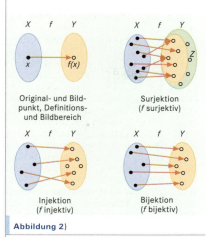

Original- und Bildpunkt, Definitions- und Bildbereich

Surjektion (f surjektiv)

Injektion (f injektiv)

Bijektion (f bijektiv)

Abbildung 2)

von x unter der A. f und man schreibt: $f(x) = y$. Ist jedem Element des Bildbereichs mindestens ein Element des Definitionsbereichs zugeordnet, so spricht man von einer **Surjektion (surjektiven A.),** ist jedem $x \in X$ höchstens ein Element aus Y zugeordnet, von einer **Injektion.** Man nennt eine A. **bijektiv, eineindeutig** oder **umkehrbar eindeutig,** wenn sie surjektiv und injektiv ist. (↑Identität)
3) *Optik:* die Erzeugung eines Bildes von einem Gegenstand mithilfe der von ihm ausgehenden oder an ihm reflektierten Strahlen, speziell mithilfe von Lichtstrahlen (opt. A.). Die von einem Punkt des Gegenstandes (**Objekt-, Gegenstands-** oder **Dingpunkt**) ausgehenden Strahlen vereinigen sich dabei nach Durchgang durch ein opt. System (Linsen, Spiegel, Prismen) im Idealfall (punktförmige, scharfe A.) wieder in einem Punkt (**Bildpunkt**); Objekt- und Bildpunkt sind zueinander konjugierte Punkte. Bei einem **reellen Bild** (d. h. einem auf einem Schirm auffangbaren Bild) vereinigen sich die Strahlen wirklich, bei einem **virtuellen Bild** in ihrer gedachten rückwärtigen Verlängerung. Die Bildpunkte in ihrer Gesamtheit ergeben das Bild des Gegenstandes. Dieses kann vergrößert oder verkleinert sein oder eine andere Orientierung besitzen, d. h. seiten-, höhenverkehrt oder umgekehrt sein; das Verhältnis von Bild- zu Gegenstandsgröße heißt linearer **A.-Maßstab** (Lateralvergrößerung, Seitenverhältnis). – Grundlage der geometr. Optik ist die **A.-Theorie,** mit

19

ABB Abbildungsfehler

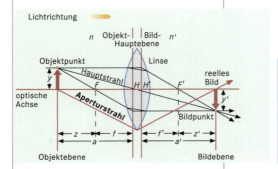

Abbildung 3): reelle optische Abbildung durch eine bikonvexe Linse. Bildkonstruktion mithilfe der Hauptpunkte (H, H') und der Brennpunkte (F, F'); es sind: f die objekt-, f' die bildseitige Brennweite, a die Objekt-, a' die Bildweite, z die objekt- und z' die bildseitige Brennpunktweite, n und n' die Brechzahlen

deren Hilfe der Strahlenverlauf abbildender Systeme berechnet wird. Für die (ideale) A. durch paraxiale (achsennahe) Strahlen (gaußsche Dioptrik, gaußsche A.) gelten die **A.-Gleichungen**, z. B.:

$$f/a + f'/a' = 1$$
(allgemeine A.-Gleichung).

Lichtstrahlen lassen sich durch Brechung in Linsen oder Reflexion an gekrümmten Spiegeln wieder vereinigen, Elektronen- und Ionenstrahlen durch elektr. und magnet. Linsen.
📖 *Lehrbuch der Experimentalphysik*, begr. v. L. Bergmann u. C. Schaefer, Bd. 3: *Optik*, hg. v. H. Niedrig. Berlin u. a. ⁹1993.
Abbildungsfehler (Aberration), *Optik:* bei opt. Systemen Abweichung von der fehlerfreien ↑Abbildung, die bewirkt, dass Objektpunkte im Bild nicht ideal punktförmig wiedergegeben werden. In der Nähe des Bildpunktes entsteht als Einhüllende der sich schneidenden Strahlen die ↑Kaustik. Die wichtigsten A. sind: a) Öffnungsfehler (sphär. Aberration) mit schlechter Vereinigung achsensymmetr. Lichtbündel großer Öffnung; b) Asymmetriefehler (Koma) mit einseitiger Verzerrung von Bildpunkten bei schräg einfallenden Bündeln; c) Astigmatismus mit schlechter Vereinigung sagittaler und meridionaler Lichtbündel; d) Bildfeldwölbung; e) Verzeichnung (Distorsion), kissen- oder tonnenförmige Verzerrung mit Vergrößerungsunterschieden bei unterschiedlichen Achsenentfernungen; f) Farbabweichung (chromat. Aberration) mit schlechter Vereinigung von Strahlen unterschiedl. Wellenlänge. Durch spezielle Linsenformen, Blenden und Kombinationen von mehreren Linsen aus unterschiedl. Materialien können die A. reduziert werden.
Abbinden, 1) *Chemie:* das Festwerden von ↑Bindemitteln, bei Klebstoffen die Verfestigung dieser in sich und die der Verbindung mit den Klebeflächen.
2) *Medizin:* das Zusammendrücken von Blutgefäßen zur Blutstillung.
Abbiss, Wiesenstaude mit kurzem Wurzelstock, z. B. der ↑Teufelsabbiss.
Abblendlicht, Beleuchtung eines Kfz, die die Blendung Entgegenkommender vermeidet. A. kann asymmetrisch abgestrahlt werden, dadurch wird bei Rechtsverkehr die rechte Fahrbahnseite weiter ausgeleuchtet als die Fahrbahnmitte. Beim Fahren bei Dunkelheit oder anderer Sichtbehinderung (z. B. bei Nebel oder Schneefall) ist es vorgeschrieben.
ABB Ltd. [- 'lımıtıd], global (in mehr als 100 Ländern) tätiger schweizer. Technologiekonzern (Automatisierungs- und Gebäudetechnik, Stromübertragung, Öl, Gas, Petrochemie, Finanzdienstleistungen); Sitz: Zürich, entstanden 1988 durch Fusion der schweizer. Brown, Boveri & Cie. AG (BBC, gegr. 1891) und der schwed. Allmänna Svenska Elektriska A. B. (ASEA) als **Asea Brown Boveri AG;** jetzige Bez. seit 1999; Hauptaktionäre sind die Familien Wallenberg und Schmidheiny.
Abbot ['æbət], Charles Greeley, amerikan. Astrophysiker, * Wilton (N. H.) 31. 5. 1872, † Riverdale (Md.) 17. 12. 1973; arbeitete bes. über die Strahlung der Sterne und der Sonne, untersuchte den Einfluss der Sonnenstrahlung auf das Wetter.
Abbot und Costello ['æbət - kɔs'telǝʊ], amerikan. Filmkomikerpaar: Bud Abbot, * Asbury (N. J.) 2. 10. 1896, † Woodland Hills (zu Los Angeles) 24. 4. 1974; Lou

Abchasien ABC

Abchasien: der im westlichen Hochgebirgskaukasus gelegene Rizasee

Costello (eigtl. Louis Francis Cristillo), *Paterson (N. J.) 6. 3. 1906, † Los Angeles 3. 3. 1959.

Abbrand, 1) *Kerntechnik:* die infolge des Reaktorbetriebs bewirkte Umwandlung von Atomkernen. Der spezifische A. ist die je Masseneinheit des Kernbrennstoffs erzeugte Energie, angegeben in Megawatt-Tag je Tonne Brennstof (MWd/t).
2) *Metallurgie:* a) beim Schmelzen von Metallen entstehender Verlust durch Oxidation oder Verflüchtigung; b) Röstprodukt sulfid. Erze.
3) *Raketentechnik:* Verbrennung von Festtreibstoffen.

Abbreviaturen [zu lat. brevis »kurz«], **1)** *allg.:* Abkürzungen von Wörtern aus Gründen der Platzersparnis, heute v. a. in fachwiss. Druckwerken, aber auch in (v. a. antiken und mittelalterl.) Handschriften.
2) *Musik:* Zeichen in der Notenschrift, durch die auf ein vollständiges Ausschreiben des Notentextes verzichtet werden kann, z. B. bei gleichen Tönen, Tonfolgen, Takten. Auch Bez. für die Art des Vortrags (z. B. f = forte, p = piano) und für Instrumente (z. B. B. c. = Basso continuo).

Abbruchblutung, Hormonentzugsblutung aus der Gebärmutterschleimhaut durch Abfall von Östrogenen oder Gestagenen (Menstruation, Absetzen einer Hormonbehandlung).

Abc, ↑Alphabet.
ABC ['eɪbiː'siː], Abk. für American Broadcasting Companies, amerikan. private Rundfunkgesellschaft, eines der landesweiten Fernsehnetworks, gegr. 1943; Sitz: New York; gehört seit 1995 zur Walt Disney Co.
ABC-Abwehrtruppe, Waffengattung der Bundeswehr zum Entstrahlen, Entseuchen und Entgiften eigener Truppen.
Abc-Buch, ↑Fibel.
A-, B-, C-, D-, E-Teile, *Kunstturnen:* Schwierigkeitswerte für Teile der Kürkombination (A geringster, E höchster Wert).
Abchasen, Volk im westl. Kaukasus, etwa 150 000 Menschen; vorwiegend Sunniten, auch Orthodoxe.
Abchasien, autonome Republik in Georgien, am Schwarzen Meer, 8 600 km², etwa 0,5 Mio. Ew. Innerhalb der Bev. (1989: 46 % Georgier, 18 % Abchasen, 15 % Armenier, 14 % Russen) bilden heute die Abchasier die Mehrheit; Hptst. und Hafen: Suchumi.
Geschichte: Vom 8. bis 10. Jh. Königreich, danach in den Vereinigungsprozess georg. Fürstentümer einbezogen; Küstengebiete vom 12. bis zum 15. Jh. unter dem Einfluss genues. Handelsniederlassungen. A. geriet im 16. Jh. in Abhängigkeit vom Osman. Reich (teilweise Islamisierung), war ab 17. Jh. wieder ein nominell unabhängiges Fürstentum; ab 1810 russ. Protektorat, 1864 ins Zarenreich eingegliedert (1866 Volksaufstand, danach Flucht bzw.

ABC ABC-Schutzmaske

ABC-Waffen: Amerikanische Flugzeuge versprühen das chemische Entlaubungsmittel Agent Orange über Süd-Vietnam (1966).

Auswanderung vieler Abchasen). 1918–21 Bestandteil der bürgerl. Rep. Georgien, 1921 eigenständige Sowjetrep., wurde 1931 autonome Rep. innerhalb Georgiens. A. erklärte im Juli 1992 einseitig seine Unabhängigkeit, die Georgien nicht akzeptierte (Einmarsch georg. paramilitär. Truppen im Aug. 1992, in blutigen Kämpfen bis Sept. 1993 mit kaukas. und zeitweiliger russ. Unterstützung zurückgedrängt; rd. 8 000 Tote, Flucht von etwa 250 000 Menschen, v. a. Georgier). Trotz eines Waffenstillstands (April 1994), der Stationierung einer vorwiegend russ. Friedenstruppe am Grenzfluss Inguri und des Einsatzes einer UN-Beobachtermission blieb der Frieden fragil (1998 erneut heftige abchas.-georg. Gefechte) und vom Fortgang der unter UN-Schirmherrschaft geführten Gespräche über den künftigen polit. Status A.s abhängig.

ABC-Schutzmaske (früher Gasmaske), Atemschutzmaske für Soldaten.

ABC-Staaten, Bez. für die Staaten Argentinien, Brasilien, Chile, die seit Ausgang des 19. Jh. auf vertragl. Basis wirtschaftlich und politisch zusammenarbeiten.

ABC-Waffen, Sammelbez. für atomare, biolog. (bakteriolog.) und chem. Waffen und Kampfmittel; die Pariser Verträge von 1954 verbieten der Bundesrep. Dtl. deren Herstellung.
Atomwaffen (Kern-, A-, Nuklear-Waffen): So werden Geschosse, Raketen, Bomben, Minen und Torpedos mit Sprengladungen aus Kernsprengstoff bezeichnet. A-Waffen unterteilt man in solche, die auf der Kernspaltung von Uran 235 oder Plutonium 239 beruhen **(A-Bombe),** und solche, bei denen eine Verschmelzung leichter Atomkerne (z. B. Deuterium, Tritium) zu Helium eintritt **(Wasserstoff-** oder **H-Bombe).** Schwerste Waffen sind die **Dreiphasenbomben** mit einem Zünder aus Uran 235, Lithiumdeuterid als Fusionsmaterial und Uran 238, das die größten Anteile der Explosions- und Strahlungsenergie liefert. Die Sprengenergie der A-Waffen wird im Vergleich mit herkömml. Sprengstoff angegeben: 1 Kilotonne (kt) entspricht dem Energieinhalt von 1 000 t Trinitrotoluol (TNT); 1 Megatonne (Mt) = 1 000 000 t TNT.
Von der Gesamtwirkung einer A-Bombe entfallen rd. 50 % auf Druck, 35 % auf Wärme und 15 % auf radioaktive Strahlung. Bei ihrer Detonation entsteht ein Atompilz, in dessen Zentrum ungeheure Drücke und Temperaturen von bis zu 50 Mio. Kelvin herrschen. Von ihm breiten sich Wärmestrahlen und ein großer Teil der radioaktiven Strahlen mit Lichtgeschwindigkeit über einen vom Explosionsort und von der Sprengenergie abhängigen Bereich aus. Für die zerstörende Wirkung der Druckwelle ist nicht allein ihr dynam. Druck maßgeblich, sondern auch die an festen Hindernissen reflektierten Druckwellen sowie der etwas später eintretende negative Druck (Sog). Radioaktives oder aktiviertes Material kann durch Luftströmungen über weite Strecken fortgetragen werden. Diese als Fallout bezeichneten Partikel schweben langsam zu Boden und verursachen hier je nach ihrer Verweilzeit in der Atmosphäre eine mehr oder minder starke radioaktive Verseuchung. – Die ersten A-Bomben wurden von den USA erprobt und gelangten 1945 über Hiroshima (90 000 bis 200 000 Tote) und Nagasaki (25 000 bis 75 000 Tote) zum bisher einzigen militär. Einsatz (12,5 und 22 kt Sprengkraft). 1952 erprobten die USA die erste

ABC-Waffen ABC

Wasserstoffbombe. Die UdSSR verfügte seit 1949 über A- und seit 1953 über H-Bomben; Großbritannien seit 1952 (1967); Frankreich seit 1960 (1967); China seit 1964 (1967); Indien zündete seine erste A-Bombe 1974; weitere Staaten sind heute in der Lage, Kernwaffen herzustellen (so genannte »Schwellenmächte«).
Die Waffenentwicklung in den 1960er-Jahren führte zunächst zur Vergrößerung der Sprengkraft einzelner Bomben. Darauf wurden v. a. kleine A-Waffen (takt. A-Waffen) gebaut, die einzeln auf dem Gefechtsfeld eingesetzt oder mit einer Rakete mit Mehrfachsprengkopf über gegner. Gebiet geschossen werden können, von wo aus sie sich auf mehrere Ziele zubewegen (strateg. A-Waffen). Seit den 50er-Jahren wird an A-Waffen (Neutronenwaffen) gearbeitet, die eine relativ geringe Druck- und Hitzewelle bei der Detonation freigeben und dafür 80 % ihrer Energie als radioaktive Strahlung freisetzen. Im Dez. 2003 bewilligte die Reg. der Vereinigten Staaten Gelder für weitere Forschungen an neuartigen A-Waffen. Dabei handelt es sich um sog. »kleine Kernwaffen« mit einer Sprengwirkung von bis zu 5 kt, die tief ins Erdreich eindringen und feindl. Bunkeranlagen und Raketenstartanlagen zerstören sollen.
Aufgrund des Zerfalls der UdSSR gelangten auch Weißrussland, Kasachstan und die Ukraine in den Besitz von A-Waffen, auf die sie wegen entsprechender Abrüstungsvereinbarungen inzwischen verzichtet haben. Bemühungen, die A-Waffen-Bestände und -Entwicklung zu reduzieren, gingen v. a. von der UdSSR bzw. Russland und den USA aus (↑SALT, ↑START, ↑INF). Der ↑Kernwaffensperrvertrag soll die Weiterverbreitung von A-Waffen verhindern. 2002 wurde zw. den USA und Russland ein Abkommen zur Reduzierung ihrer Nuklearsprengköpfe auf jeweils 1 700 bis 2 200 Einheiten bis zum 31. 12. 2012 geschlossen, das noch der Ratifikation bedarf (↑Abrüstung).
Biologische Waffen (B-Waffen): Biolog. oder bakteriolog. Waffen und Kampfmittel (z. B. Erreger von Enzephalitis, Milzbrand, Pest, Typhus) verseuchen Menschen, Tiere und Pflanzen. Da sie von Flugzeugen oder Raketen aus versprüht werden (Bakterienkrieg), unterliegt ihr Wirkungsbereich den Zufälligkeiten von Windrichtung und -geschwindigkeit. Bisher ist es noch zu keinem größeren nachweisbaren Einsatz von B-Waffen gekommen; Meldungen hierüber fehlt meist die gesicherte und allgemein anerkannte Bestätigung. Die Entwicklung, Herstellung und Lagerung von B-Waffen ist verboten (B-Waffen-Abkommen von 1972, in Kraft seit 1975).
Chemische Waffen (C-Waffen): Chem. Kampfstoffe werden aus tragbaren oder fahrbaren Behältern abgeblasen oder versprüht, aus Geschützen oder Minenwerfern verschossen oder von Raketen und Flugzeugen über dem Zielgebiet abgeworfen. Man unterscheidet Augen- (»Tränengase«), Nasen- und Rachenreizstoffe, Lungen-, Haut- und Nervengifte. Um die Risiken bei Transport und Lagerung zu verringern, wurden **binäre Kampfstoffe** entwickelt, bei denen der extrem giftige Kampfstoff erst nach Abschuss der Granate oder Rakete bzw. nach Abwurf der Bombe durch chem. Reaktion aus zwei gering giftigen Vorprodukten entsteht. – Erstmals wurden C-Waffen im Ersten Weltkrieg (Gaskrieg) eingesetzt, im Zweiten Weltkrieg nicht. Der Einsatz von C-Waffen durch die UdSSR in Afghanistan kann als gesichert angesehen werden. Im 1. Golfkrieg (1980–88) setzte Irak aller Wahrscheinlichkeit nach C-Waffen gegen Iran ein. Das weltweite Verbot der Entwicklung, Herstellung, Lagerung und des Einsatzes chem. Waffen und deren Vernichtung, 1993 in Paris vertraglich beschlossen, trat 1997 in Kraft (C-Waffen-Abkommen).
Im April 2004 verabschiedete der UN-Sicherheitsrat eine Resolution gegen die Verbreitung von atomaren, biologischen und chemischen Waffen durch nichtstaatliche Akteure (z. B. Terroristen) bezieht. Die UN-Mitgliedsstaaten werden verpflichtet, Gesetze gegen die Verbreitung von Techniken und Materialien zum Bau derartiger Massenvernichtungswaffen zu erlassen.

📖 *Kiper, M., u. Streich, J.: Biolog. Waffen. Die geplanten Seuchen, Gene, Gifte u. Mikroben gegen Menschen. Reinbek 12.–16. Tsd. 1991. – Martinetz, D.: Vom Giftpfeil zum Chemiewaffenverbot. Zur Gesch. der chem. Kampfmittel. Thun u. a. 1995. – Das Zeitalter der Bombe. Die Gesch. der atomaren Bedrohung von Hiro-*

shima bis heute, hg. v. M. Salewski. München 1995.
Abd [arab.»Knecht«], häufig in arab. Eigennamen: **A. Allah,** Knecht Gottes.
Abdạllah, 1) Ạbd Allạh, der Vater Mohammeds, †um 570 (vor dessen Geburt).
2) A. II., König von Jordanien, ↑Abdullah II.
3) A. Ibn Ạli, Onkel der beiden ersten Abbasidenkalifen, *um 712, †(ermordet) 764; besiegte 750 die Omaijaden, unterlag al-Mansur.
Abdampf, aus einer Kraftmaschine (z. B. Dampfturbine) nach verrichteter Arbeit austretender Dampf; eine Form der ↑Abwärme.
Abdankung (Abdikation, Renunziation), förml. Verzicht des Staatsoberhaupts, bes. des Monarchen **(Thronentsagung, Thronverzicht)** auf seine staatl. Stellung und die damit zusammenhängenden Rechte.

Abdankung: Nach seiner Flucht vor der Fürstenallianz 1552 und nach dem Augsburger Religionsfrieden 1555 legte Karl V. 1556 resignierte die Kaiserkrone nieder und überließ die spanischen Herrschaften seinem Sohn Philipp II. Der Ausschnitt aus einem zeitgenössischen Stich zeigt die Einsetzung Philipps und das Abtreten Karls V.

Ạbd ar-Rahman [-rax'maːn], omaijad. Herrscher in Spanien:
1) A. I. (756–788), Begründer des arab. Emirats (seit 929 Kalifat) von Cordoba, *Damaskus 731, †Córdoba 30. 9. 788; kämpfte 778 gegen Karl den Großen.
2) A. III., Emir (seit 912) und 1. Kalif von Córdoba (929–961), *889, †Córdoba 15. 10. 961; unter ihm erlebte das arab. Spanien eine Blütezeit.

Abdecker (Schinder, Kaviller, Wasen-, Kleemeister), *veraltet:* Person, die gewerbsmäßig Tierkörper beseitigte und verwertete. Heute haben die Anstalten für ↑Tierkörperverwertung diese Aufgabe übernommen.
Ạbd el-Krịm, Mohammed, marokkan. Emir, *Ahdir um 1880, †Kairo 6. 2. 1963; führte 1920–26 den Aufstand der Rifkabylen gegen Spanien, 1925 auch gegen Frankreich. Von Frankreich 1926 besiegt, wurde er nach Réunion verbannt (bis 1947).
Abderhalden, Emil, Physiologe, *Oberuzwil (Kt. St. Gallen) 9. 3. 1877, †Zürich 5. 8. 1950; erforschte bes. Stoffwechsel, Hormone und Enzyme; entdeckte die Abwehrfermente.
Werke: Hb. der biolog. Arbeitsmethoden (1920–39); Lb. der Physiologie, 4 Bde. (1925–27); Vitamine und Vitamintherapie (1948).
Abderịten, Bewohner der antiken Stadt Abdera in Thrakien, die als skurril und beschränkt galten. Der Name wurde im Sinne der dt. Schildbürger gebraucht (so bei C. M. Wieland,»Die Abderiten«).
Abdịas (Obadja), einer der ↑Kleinen Propheten im Alten Testament.
Abdikation [lat.] *die,* ↑Abdankung.
Abdingbarkeit, *Recht:* die Zulässigkeit von Vereinbarungen (Abreden), die von Rechtsvorschriften abweichen, bes. im Zivilrecht. Abdingbares Recht (nachgiebiges, dispositives Recht) steht im Ggs. zum zwingenden Recht; z. B. § 551 Abs. 1 BGB, Mietkautionsobergrenze.
Abdọmen [lat.] *das,* **1)** *Anatomie:* Unterleib, Bauch, Hinterleib der Gliederfüßer.
2) *Medizin:* (akutes A., akuter Bauch), Zustandsbild bei akuten Erkrankungen von Bauchorganen, das v. a. durch plötzlich auftretende starke Schmerzen und eine zunehmende Bauchdeckenspannung gekennzeichnet ist. Das akute A. erfordert aufgrund der lebensbedrohl. Situation immer ein schnelles ärztl. Eingreifen.
Abdrift (Drift, Abtrift), seitliche Versetzung eines Wasser- oder Luftfahrzeugs vom gewünschten Kurs über Grund durch Wind, Strom oder Seegang. Die Größe des Driftwinkels, gemessen zw. Längsachse des Fahrzeugs (Steuerkurs) und dem tatsächl. Kurs über Grund, hängt von der Relativgeschwindigkeit des Fahrzeugs gegenüber seinem Medium (Luft oder Wasser) ab.

Abdruck, der von einer Druckform durch Übertragung von Druckfarben oder färbenden Substanzen hergestellte Druck. Der A. von urheberrechtlich geschützten Werken oder Werkteilen ist ohne Genehmigung des Urhebers oder Verlegers grundsätzlich verboten. A. von Zeitungsartikeln in anderen Zeitungen ist unter bestimmten Voraussetzungen frei, sofern sie nicht mit einem Vorbehalt der Rechte versehen sind.
Abduktion [lat.] *die,* das Wegführen (Abduzieren) eines Gliedes von der Körperlängsachse. **Abduktoren,** die diese Bewegung ausführenden Muskeln.
Abdullah II. (A. II. Ibn al-Husain, Abdallah II.), König von Jordanien, * 30. 1. 1962; Berufsoffizier. Er trat im Febr. 1999 die Nachfolge seines Vaters, Husain II., an.
Abe, Kōbō, japan. Schriftsteller, * Tokio 7. 3. 1924, † ebd. 22. 1. 1993. Seine Romane schildern Menschen in der Isolation oder in ausweglosen Situationen (»Die vierte Zwischeneiszeit«, 1959; »Die Frau in den Dünen«, 1962; »Die Arche Sakuramaru«, 1984). Er war auch ein bekannter Dramatiker.
Abéché [abe'ʃe], Stadt in O-Tschad, 187 000 Ew., am Kreuzungspunkt alter Handelswege; Marktort der Nomaden des Wadai; Flughafen.
Abegg, Richard, Chemiker, * Danzig 9. 1. 1869, † Tessin (heute Cieszyn) 3. 4. 1910; führte u. a. den Begriff der Elektroaffinität (↑Elektronenaffinität) ein und stellte 1904 die Regel auf, dass die höchste positive und höchste negative Elektrovalenz eines Elements zusammen die Zahl 8 ergeben (**A.-Valenzregel).**
Abel [hebr. »Hauch«], zweiter Sohn Adams und Evas; Hirte. (↑Kain)
Abel, 1) Niels Henrik, norweg. Mathematiker, * Findø (bei Stavanger) 5. 8. 1802, † Eisenwerk Froland (bei Arendal) 6. 4. 1829; bewies die Nichtauflösbarkeit algebraischer Gleichungen 5. und höheren Grades durch elementare Operationen (**abelscher Satz**); begründete die Integraltheorie algebraischer Funktionen.
2) Wilhelm, Agrarwissenschaftler, * Bütow 25. 8. 1904, † Göttingen 27. 4. 1985; Arbeitsgebiete: Agrarpolitik, Agrar- und Wirtschaftsgeschichte.
Abele Spelen [- 'spe:lə] (Abelespiele), älteste niederländ. weltl. Spiele (625–1142 Verse lang) aus der Mitte des 14. Jh.; in der Hulthemschen Handschrift sind anonym überliefert: »Esmoreit«, »Gloriant«, »Lanseloet van Denemarken«, »Van den Winter ende van den Somer«.
Abel-Preis, nach N. H. Abel benannter, einem Nobelpreis vergleichbarer Preis, der 2002 anlässlich des 200. Geburtstages von N. H. Abel von der norweg. Regierung ins Leben gerufen wurde und jährlich für herausragende Leistungen in der Mathematik vergeben wird. Der mit 6 Mio. Norweg. Kronen dotierte Preis soll die Fields-Medaille als bislang höchste math. Auszeichnung ablösen.
2003 wurde der frz. Mathematiker Jean-Pierre Serre (* 1926) für seine Verdienste um die Schaffung moderner Formen geehrt, 2004 erhielten ihn der brit. Mathematiker Sir Michael Atiyah (* 1929) und der amerikan. Mathematiker Isadore Singer (* 1924) für das nach ihnen benannte Indextheorem.
abelsche Gruppe, *Mathematik:* ↑Gruppe.
Abendgymnasium, ↑Abendschulen.
Abendland, 1) Bez. für die westl. Länder Europas (von Italien aus gesehen), der **Okzident,** im Ggs. zum Morgenland, dem **Orient.**
2) Bez. für den west- und mitteleurop. Kulturkreis, der sich seit dem MA. herausbildete (↑Europa, Geschichte).
Abendländisches Schisma, ↑Schisma.
Abendmahl, 1) das letzte Mahl Jesu mit seinen Jüngern, bei dem er ihnen Brot und Wein als seinen Leib und sein Blut reichte (1. Kor. 11, 23 ff.; Mk. 14, 22 ff.; Mt. 26, 26 ff.; Lk. 22, 15 ff.). – In der *Kunst* blieb die Darstellung des A. (ab etwa 500) bis um 1000 selten. Die Spannung zw. Einsetzung des Sakraments und Augenblick des Verrats führte Leonardo da Vinci zu einem Höhepunkt.
2) die als Gedächtnismahl (1. Kor. 10 f.) gefeierte Wiederholung des A., die in fast allen christl. Glaubensgemeinschaften als Höhepunkt des Gottesdienstes gilt; heißt in den Kirchen der Reformation ebenfalls A., in der kath. und Ostkirche wird sie in der ↑Messe gefeiert. Die kath. Lehre von der ↑Transsubstantiation wurde auf der 4. allg. Lateransynode (1215) und auf dem Tridentin. Konzil (1551) als Glaubenssatz festgelegt. Die orth. Kirche nahm die Transsubstantiationslehre im 17. Jh. an. Die Reformatoren verwarfen die

kath. A.-Lehre, kamen aber zu keiner einheitl. Auffassung (Marburger Religionsgespräch 1529). Luther betonte die wirkl. Gegenwart des Leibes und Blutes Jesu im A., für Zwingli waren Brot und Wein nur Zeichen des Leibes und Blutes, für Calvin waren diese geistig im A. gegenwärtig. Pietismus und Aufklärung haben diese Unterschiede in der Auffassung gemildert. Die A.-Gespräche der Gegenwart (Interkommunion) versuchen einen weiteren Ausgleich. Die kath. Kirche teilt das A. den Laien meist nur in der Gestalt des Brotes aus, das nach ihrer Lehre als eucharist. Leib das Blut Christi einschließt (↑Laienkelch); seit dem 2. Vatikan. Konzil gibt es Ausnahmeregelungen. Die prot. Kirche reicht das A. in beiderlei Gestalt.
 Dittmer, U.: Im Blickpunkt: A. Theolog. Informationen für Nichttheologen. Berlin (Ost) ³1989.

Abendrot (schematische Darstellung)

Abendmahlsbulle, die Bulle ↑In coena Domini.
Abendmahlsgemeinschaft, die gemeinschaftl. Teilnahme von Christen versch. Konfessionen bzw. konfessioneller Bekenntnisse an einer Abendmahlsfeier; zw. konfessionsverschiedenen Kirchen in den Formen der Zulassung von Angehörigen anderer Kirchen, die im Gottesdienst anwesend sind, zum Abendmahl (Eucharistie) und der gastweisen Zulassung aufgrund (gegenseitiger) Einladung praktiziert.
Abendmahlsstreit, die in der Gesch. der abendländ. Kirche geführten theolog. Auseinandersetzungen um das Wesen des Abendmahls und um die Frage, ob Christus in den Elementen Brot und Wein leiblich oder symbolisch anwesend sei. (↑Konsubstantiation, ↑Transsubstantiation, ↑Realpräsenz, ↑Wandlung)
Abendrot, die Rotfärbung des westl. Himmels nach Sonnenuntergang (entsprechend vor Sonnenaufgang am östl. Himmel das **Morgenrot**). Die kurzwelligen blauen und grünen Anteile des Sonnenlichts werden bei dem bes. langen abendl. (morgendl.) Weg durch die Atmosphäre stärker gestreut (und gelangen zu einem geringeren Anteil zum Beobachter) als die langwelligen gelben und roten Strahlungsanteile. Bei der Streuung durch Dunstteilchen wird die Vorwärtsrichtung stark bevorzugt, sodass der gelbe und rote Strahlungsanteil vorwiegend in Richtung der untergegangenen (der noch nicht aufgegangenen) Sonne wahrzunehmen ist.
Abendroth, 1) Hermann, Dirigent, *Frankfurt am Main 19. 1. 1883, †Jena 29. 5. 1956; tätig in Köln, Leipzig (Gewandhauskapellmeister 1934–45), Weimar und Berlin (Ost).
2) Walter, Musikkritiker und -schriftsteller, Komponist, *Hannover 29. 5. 1896, †Hausham (Kr. Miesbach) 30. 9. 1973; schuf Orchesterwerke (u. a. Sinfonien), Kammermusik und Lieder.
3) Wolfgang, Politologe, *Elberfeld (heute zu Wuppertal) 2. 5. 1906, †Frankfurt am Main 15. 9. 1985; Prof. in Jena, seit 1951 in Marburg; beschäftigte sich auf marxist. Grundlage mit dem Völker- und Staatsrecht und der polit. Soziologie.
Abendschulen, Fortbildungsstätten für Berufstätige. Neben den Abendkursen der Volkshochschulen gibt es die Einrichtungen des zweiten Bildungsweges **Abendgymnasien** (Ziel: Hochschulreife), **Abendrealschulen** (Ziel: mittlerer Bildungsabschluss), ferner **Abendtechnikerschulen, Abendmeisterschulen** u. a.
Abendstern (Hesperos), der helle Planet Venus abends am Westhimmel, morgens als **Morgenstern** am Osthimmel, dann auch Phosphoros (bei den Griechen) oder Luzifer (bei den Römern) genannt.

Abendweite, *Astronomie:* der Winkel am Horizont zw. dem Untergangspunkt eines Gestirns und dem Westpunkt.
Åbenrå [ɔbənˈrɔː], dän. Stadt, ↑Apenrade.
Abensberg, Stadt im Kr. Kelheim, Bayern, 12 000 Ew.; Textilind., Brauereien; got. Karmeliterkirche (Klostergründung 1389/91), spätgot. Rathaus.
Abenteuerroman, Gattung des Romans, bei der meist eine Folge abenteuerl. Episoden nur durch die Figur des Helden verbunden ist; Blütezeit im 17. und 18. Jh. (Schelmenroman, Robinsonade, Reise-, Räuberroman). Auch viele Romane des 19. und 20. Jh. haben Züge des A., z. B. die Romane von A. Dumas dem Älteren, J. F. Cooper, F. Gerstäcker, C. Sealsfield, K. May, J. Conrad, J. London, B. Traven, ferner die Wildwestromane (↑Western), utop. Romane und die Werke der Science-Fiction.
📖 *Klotz, V.: Abenteuer-Romane. Reinbek 1989. – Lexikon der Abenteuer- u. Reiselit., hg. v. H. Pleticha u. S. Augustin. Stuttgart 1999.*
Abeokuta, Hptst. des nigerian. Bundesstaates Ogun, 427 400 Ew.; Handels- (Kakao) und Industriezentrum.
Aberdare [æbəˈdeə], Industriegemeinde im Verw.-Distr. Rhondda Cynon Taff, Wales, 29 000 Ew.; Kohlenbergbau, Eisen-, Elektrokabel-, Metallindustrie.
Aberdare Range [æbəˈdeə reɪndʒ], Gebirgszug in Kenia, nördlich von Nairobi, bis 3 994 m ü. M., gehört zum Ostafrikan. Grabensystem.
Aberdeen [æbəˈdiːn], Stadt in Schottland, zw. den Mündungen von Dee und Don; bildet die Local Authority A. City (186 km²), 212 100 Ew.; Fischerei- und Handelshafen; Univ., got. Kathedrale; Versorgungs- und Verw.zentrum für die Gewinnung des schott. Nordsee-Erdöls; Maschinen- und Schiffbau, Granitschleifereien; Flughafen.
Aberdeenrind [æbəˈdiːn-, nach der schottischen Stadt] (Aberdeen Angus), schottische Rinderrasse; schwarzes, hornloses Fleischrind.
Aberdeenshire [æbəˈdiːnʃɪə], Local Authority in Schottland, 6 313 km², 226 900 Ew., umfasst das Hinterland von Aberdeen.
Aberglaube, urspr. (abwertender) Begriff für »falsche«, d. h. von den offiziellen christl. Glaubenslehren abweichende

Aberglaube ABE

Aberglaube: Die Befragung des Schildkröten- und Schafgarbenorakels ist eine in China seit dem Altertum beliebte Wahrsagekunst. Letzteres ist angedeutet durch den von einem Ritualsachverständigen im Vordergrund hochgehaltenen, mit Stängeln gefüllten länglichen Zylinder. Holzschnitt der Qingzeit (1644–1911/12)

Glaubensinhalte und -formen, die als Bestandteil vorchristl. Religionen und vom christl. Standpunkt als überwunden galten; nach heute übl. Definition Bez. für einen zu allen Zeiten und bei allen Völkern verbreiteten, in seinen Inhalten stark wechselnden Glauben an die Wirkung mag., naturgesetzlich unerklärter Kräfte und damit verbundene illusionäre Praktiken, z. B. Wahrsagen, Orakel (↑Mantik), Beschwören, Zauberbräuche, Aneignungs- und Abwehrzauber. (↑Volksfrömmigkeit, ↑Volksglaube)
Begriffsinhalt: Gründend in einer mag. Weltanschauung, in der der Mensch meint, durch außergewöhnl. Handlungen Einfluss auf übersinnl. Mächte nehmen zu können und im Wunsch des Menschen nach äußerer und innerer Sicherheit im alltägl. Leben, sind viele Bräuche und Handlungen auf das Erreichen bestimmter Ziele (u. a.

Bann von Angst, Unglück oder Tod) oder auf die Befragung der Zukunft (Horoskop, Bleigießen, Kartenlegen u. a.) ausgerichtet. Deshalb vermag sich der A. auch im modernen Leben lebendig zu erhalten, wie in gewisser Weise selbst das gegen Ende des 20. Jh. zunehmende Interesse für ↑Esoterik und die »Geheimwissenschaften« des Okkultismus bezeugt. Alle Vorkommnisse im menschl. Leben (Schwangerschaft, Geburt, Liebe, Heirat, Ehe, Krankheit, Tod) wurden mit vielfältigen abergläub. Vorstellungen und Handlungen bedacht; geheimnisvolle Kraft wird im A. an bestimmte Naturgegebenheiten (Himmels- und Wettererscheinungen) gebunden und als an ihnen – häufig mit Zukunftsbezug – ablesbar angesehen (z. B. Sterndeutung, Bauernregeln u. Ä.), aber auch bestimmten Gegenständen (Hufeisen, Amulett, Talisman usw.) oder bestimmten Tagen (sog. Lostage) bzw. Tageszeiten (z. B. Zwölf Nächte) zugeschrieben. Die aktive Ausübung aberglaubensbedingter Handlungen vollzieht sich meist unter Beachtung bestimmter Regeln und Bedingungen (Nacktheit, Redeverbot usw.). Einzelne Handlungen bei bestimmten Anlässen konnten den Charakter als A. verlieren und haben sich als Brauchtum erhalten (bes. an Festtagen übl. Bräuche).
Begriffsgeschichte: Begriff und Sache waren im Europa des Spät-MA. und der frühen Neuzeit zunächst kirchlich geprägt; der Bekämpfung des A. als Häresie, z. B. in den durch die in der mittelalterl. Kirche entwickelten Teufelsvorstellungen (Teufelspakt, Sukkubusglaube) mitverursachten Hexenverfolgungen im 15.–17. Jh., diese selbst eine Mischung aus A., Politik und weltlichem Kalkül, folgte erst im Zeitalter der Aufklärung die Erklärung des A. zum Gegensatz vernünftigen Wissens (A. als histor. und soziales Bildungsproblem). – Die historisch arbeitende Volkskunde sieht im überlieferungsgebundenen A. u. a. gesunkenes Kulturgut einer früheren gesellschaftl. Oberschicht bzw. Überbleibsel veralteter Wissenschaften (z. B. Volksmedizin, Wahrsagerei, die volkstüml. Astrologie u. a.).

📖 *Glaube im Abseits. Beitrr. zur Erforschung des A.*, hg. v. D.-R. Moser 1992. – *Hwb. d. dt. A.*, hg. v. H. Bächthold-Stäubli u. E. Hoffmann-Krayer, 10 Bde., 1927–42; Nachdr. 2000.

Ab|erkennung, rechtskräftiges Absprechen, z. B. der Amtsfähigkeit, der Wählbarkeit, des Stimmrechts (§ 45 dt., § 27 österr., Art. 51 schweizer. StGB).

Aberli, Johann Ludwig, schweizer. Maler und Radierer, *Winterthur 14. 11. 1723, †Bern 17. 10. 1786; schuf v. a. getuschte oder kolorierte Schweizer Landschaften.

Abernathy [æbəˈnæθi], Ralph David, amerikan. Bürgerrechtler und Baptistenpfarrer, *Linden (Ala.) 11. 3. 1926, †Atlanta (Ga.) 17. 4. 1990; organisierte mit M. L. King viele Aktionen der schwarzen Bürgerrechtsbewegung; nach der Ermordung Kings 1968–77 Führer der »Southern Christian Leadership Conference« (SCLC).

Ab|erration [lat. »Abirrung«] *die,* **1)** *Astronomie:* scheinbare Ortsveränderung der Gestirne infolge der Erdbewegung und der endl. Lichtgeschwindigkeit. Die **tägl. A.** beruht auf der Erdrotation, die **jährl. A.** auf der Bewegung der Erde um die Sonne und die **säkulare A.** auf der Bewegung des Sonnensystems relativ zu den umgebenden Sternen. Die A. wurde 1728 von J. Bradley entdeckt.
2) *Biologie:* morphologische, nicht erbliche Abweichung der Art.
3) *Genetik:* Veränderung von Anzahl oder Struktur der ↑Chromosomen.
4) *Optik:* ↑Abbildungsfehler.

Abersee, See in Österreich, ↑Sankt Wolfgang im Salzkammergut.

Aberystwyth [æbəˈrɪstwɪθ], Stadt (seit 1872) im Verw.-Distr. Ceredigion, Wales, 8 700 Ew.; College der University of Wales, Nationalbibliothek von Wales; Seebad.

Abessini|en, früherer Name von ↑Äthiopien.

Abfackeln, das Verbrennen von überschüssigen Gasen oder technisch nicht nutzbaren Abgasen in offener Flamme.

Abfahrtslauf (Abfahrt), *alpiner Skisport:* Rennen, bei dem eine meist steile, dem Gelände angepasste Gefällestrecke (»Abfahrtsstrecke«) mit Pflichttoren und Richtungsänderungen in kürzester Zeit in einem Durchgang zu durchfahren ist. **Sprintabfahrt** ist ein A. mit verkürzter Streckenführung; angesetzt bei ungünstigen Witterungs- und/oder Schneebedingungen oder bei nicht ausgeprägten alpinen Bedingungen (z. B. in Schweden). Gefahren werden zwei Läufe, wobei die Zeiten wie beim Slalom und Riesenslalom

Abfallverbrennung ABF

addiert werden. (↑alpine Kombination; ↑Sportarten, Übersicht)
Abfall, Rückstände, Nebenprodukte oder Altstoffe, die bei Produktion, Konsum und Energiegewinnung entstehen. Nach dem Kreislaufwirtschaftsgesetz sind A. bewegl. Sachen, deren sich der Besitzer entledigen will oder deren ordnungsgemäße Beseitigung für die Wahrung des Wohls der Allgemeinheit, v. a. der Umwelt, notwendig ist. Dabei werden unterschieden: A. zur Verwertung, A. zur Beseitigung und bes. überwachungsbedürftige A. (↑Sonderabfall); nach ihrer Herkunft unterscheidet man v. a. kommunale A. (Siedlungs-A.), Gewerbe-, Industrie-A. sowie landwirtschaftl. Abfälle. Weitere A.-Arten sind u. a. Altöle, Altreifen, Autowracks, Bau- und Elektronikabfälle. Ausgenommen vom Kreislaufwirtschaftsgesetz sind Stoffe, deren Entsorgung speziell gesetzlich geregelt ist, wie im Atomgesetz (↑radioaktiver Abfall). – Neben dem häufig synonym und v. a. für Haus- und Gewerbe-A. verwendeten Begriff **Müll** wird die Bez. A.-**Stoffe** insbesondere in der A.-Wirtschaft gebraucht, um Stoffeigenschaften definieren zu können.
Abfallbeseitigung, Maßnahmen und Methoden, die der Erfassung, Beförderung, Behandlung, Lagerung und Ablagerung (↑Deponie) von Abfällen dienen. Die Abfallbehandlung, durch die die Menge und Schädlichkeit von Abfällen vermindert wird, umfasst das Zerkleinern, Verdichten und Entwässern der Abfälle sowie spezif. Umwandlungen. Unterschieden wird dabei zw. thermischer (z. B. Abfallverbrennung), biolog. (z. B. Kompostierung) und chemisch-physikal. Behandlung, wie Entgiftung, Extraktion, Filtration, Inertisierung, Neutralisation, Zentrifugieren. Die Grenze zw. Abfallbehandlung als Teil der A. sowie Abfallverwertung als wirtsch. Maßnahme ist nicht immer scharf zu ziehen. Zunehmend wandelt sich die A. in eine ↑Abfallwirtschaft, die Abfälle nicht nur beseitigt, sondern die Reststoffe als Sekundärrohstoffe in den Wirtschaftskreislauf zurückführt.
In Dtl. rechnet man (ab 2000) mit einer jährl. Abfallmenge von rd. 320 Mio. t, darunter ca. 20,3 Mio. t Haushalts- und Geschäftsabfälle, 1,7 Mio. t Sperrmüll sowie 0,75 Mio. t Markt- und Straßenabfälle, 2,4 Mio. t hausmüllähnl. Gewerbeabfall, 2,5

Abfall: Mülldeponie

Mio. t Klärschlämme sowie 37,7 Mio. t betriebl. Abfälle, 12,4 Mio. t überwachungspflichtige Abfälle, 110 Mio. t Bauschutt, Straßenaufbruch und Bodenaushub. Etwa 130 Mio. t wurden in Kompostierungs-, Bauschutt-, Verbrennungs-, Recycling-, Kunststoff-, Papier-, Batterie-, Auto- und Elektronikschrottanlagen verwertet. Insgesamt wurden u. a. 18,3 Mio. t Abfälle in öffentl. Anlagen verbrannt, 66,8 Mio. t deponiert und ca. 8,8 Mio. t kompostiert.
📖 *Entsorgungs-Wegweiser. Der große Katalog der Abfallstoffe mit allen Lagerungs- u. Entsorgungsvorschriften,* bearb. v. M. Engler u. H. Suchomel, Loseblatt-Ausg. Kissing 1993 ff. – Bilitewski, B., Härdtle, G. u. Marck, K: *Abfallwirtschaft. Hb. für Praxis u. Lehre.* Berlin u. a. ³2000. – *Biolog. Abfallverwertung,* hg. v. W. Bidlingmaier, Stuttgart 2000.
Abfallbörse, überbetriebl. Vermittlungssystem für Produktionsrückstände u. a. Abfallstoffe, insbesondere für Abfälle der Kunststoff-, Papier-, Metall- und chem. Industrie; in Dtl. von den Industrie- und Handelskammern betrieben. Seit 1998 treten verstärkt private Internet-Abfallagenturen auf, die die klass. A. zurückdrängen.
abfallen, den Kurs eines Segelschiffes nach ↑Lee ändern; Ggs.: anluven.
Abfallentsorgung, mit dem Abfallgesetz vom 27. 8. 1986 eingeführter Begriff, der die ↑Abfallverwertung und die ↑Abfallbeseitigung umfasst. Vorrangiges Ziel der A. ist die Abfallverwertung.
Abfallstoffe, ↑Abfall.
Abfallverbrennung, therm. Verfahren der Abfallbehandlung; i. Allg. versteht man unter Müllverbrennung die Verbren-

ABF Abfallverwertung

Abfallverwertung: In der Wiederaufarbeitungsanlage im französischen La Hague werden radioaktive Abfälle verwertet.

nung von Hausmüll, während sich der allgemeinere Begriff der A. auch auf die therm. Vorbehandlung von Sonderabfall, Klärschlamm u. Ä. bezieht.
In A.-Anlagen (**Müllverbrennungsanlagen**, Abk. MVA) wird das brennbare, unsortierte Material (wie Hausmüll, Sperrmüll, hausmüllähnl. Gewerbe- und Industrieabfall) zu rd. zwei Dritteln in gasförmige Produkte (Kohlendioxid, Wasserdampf) und zu etwa einem Drittel in feste Rückstände (Schlacke, Asche, Reaktionsprodukte aus der Abgasreinigung u. a.) umgewandelt. Die Schlacke besteht v. a. aus mineral. Anteilen, Eisenschrott sowie wenigen unvollständig verbrannten Bestandteilen und wird derzeit noch überwiegend auf ↑Deponien abgelagert. Die bei der A. entstehenden Abgase müssen gereinigt werden (Entstaubung); der dabei anfallende Filterstaub enthält wasserlösl. Chloride, Sulfate, Schwermetalle, Dioxine sowie Furane und wird als Sonderabfall entsorgt. – Heutige A.-Anlagen erreichen eine Reduzierung des Abfallvolumens bei Aufbereitung und Verwertung der Schlacke von rd. 95 %, ohne Verwertung der Schlacke von rd. 80 %. Die Massereduzierung beträgt 60–70 %.
Die A. ist nur ein Teil eines integrierten Entsorgungskonzepts, das durch die Rangfolge Abfallvermeidung, Schadstoffentfrachtung, ↑Recycling (einschließlich Kompostierung), therm. Behandlung der stoffl. nicht verwertbaren Abfälle sowie umweltschonende Ablagerung von vorbehandelten Abfällen gekennzeichnet ist.
 Müllverbrennungsanlagen, bearb. von

T. Löffler. Neuausg. Stuttgart 1994. – Therm. Restabfallbehandlung, hg. v. B. Bilitewski u. a. Berlin 1996. – Zimmermann, J.: M. Was Sie schon immer über M. u. deren Alternativen wissen wollten. Düsseldorf 1996.
Abfallverwertung, die Rückführung von Abfällen in den Wirtschaftskreislauf. Unterschieden wird zw. stoffl. Verwertung (z. B. die Nutzung von stoffl. Eigenschaften der Abfälle) und energet. Verwertung, die den Einsatz von Abfällen als Ersatzbrennstoff umfasst. (↑Recycling)
Abfallwirtschaft, aus umweltpolit. Sicht die Summe aller Maßnahmen zur Abfallvermeidung, Abfallvermarktung, Abfallverwertung und geordneten und umweltverträgl. Abfallbeseitigung. Betriebswirtschaftlich ist die A. Teil einer kostenorientierten Materialwirtschaft, bei der die in der Produktion entstehenden Reststoffe (im eigenen Unternehmen) im Sinne einer Kreislaufwirtschaft wieder verwertet werden sollen. (↑Abfall) – Der Wirtschaftszweig der Recycling- und Entsorgungsindustrie wird ebenfalls als A. bezeichnet.
Recht: Das Abfallgesetz von 1986, in das Abfallvermeidungs- und Abfallverwertungspflichten aufgenommen wurden, sowie die dazu erlassenen Ausführungsbestimmungen und freiwillige Selbstverpflichtungen der Industrie markieren den Übergang von der konventionellen Abfallbeseitigung zur A. Eine wichtige Ausführungsbestimmung ist die Verpackungs-VO (1991 erlassen und durch die Verpackungs-VO vom 21. 8. 1998 ersetzt), die auf die Vermeidung von Verpackungsabfällen zielt und der Wiederverwendung von Verpackungen sowie der (stoffl.) Verwertung Vorrang vor der Abfallbeseitigung einräumt und zur Gründung des Unternehmens ↑Duales System Deutschland AG durch Handel und Industrie geführt hat. Mit dem ↑Kreislaufwirtschaftsgesetz, das das Abfallgesetz 1996 ablöste, wurde der endgültige Wandel zur A. vollzogen. Für bestimmte Abfälle (z. B. radioaktive Abfälle, Tierkörper) gelten eigene Gesetze. Das Bundesabfallrecht wird durch eine Reihe von VO und Techn. Anleitungen (Abk. TA) ergänzt. Wichtige sind: die Bestimmungs-VO überwachungsbedürftige Abfälle, die Altfahrzeug-, Altöl-, Batterie-, Deponie-, Gewerbeabfall-VO sowie die TA Abfall und die TA Siedlungsabfall.

Abgase ABG

Abfangjäger (engl. Interceptor), Kampfflugzeug mit hoher Steigleistung zur Luftverteidigung, das gegner. Flugzeuge frühzeitig vernichten oder abdrängen soll.
abfasen, eine Kante an Werkstücken abschrägen.
Abfeimen, das Abziehen von Schaum und Unreinheiten von Glasschmelzoberflächen.
Abfindung (Abgeltung, Ablösung), Tilgung vermögensrechtl. Ansprüche durch einmalige Leistung. Anstelle einer Rente als Schadensersatz kann nach § 843 BGB eine A. verlangt werden. Auch in der Sozialversicherung können laufende Leistungen abgefunden werden. Im Arbeitsrecht werden A. v. a. nach Beendigung des Arbeitsverhältnisses aufgrund Aufhebungsvertrages gezahlt. Sie sind ferner bei Auflösung des Arbeitsverhältnisses durch Urteil nach §§ 9, 10 Kündigungsschutz-Ges., Abk. KSchG, vorgesehen und können im Sozialplan vereinbart werden. Durch das Ges. zu Reformen am Arbeitsmarkt vom 24. 12. 2003 ist ein neuer A.-Anspruch bei betriebsbedingter Kündigung eingeführt worden (§ 1 a KSchG). Kündigt der Arbeitgeber wegen dringender betriebl. Erfordernisse nach § 1 Abs. 2 Satz 1 KSchG und erhebt der Arbeitnehmer bis zum Ablauf der Klagefrist keine Klage, so erlangt der Arbeitnehmer einen Anspruch auf A. Voraussetzung: Hinweis des Arbeitgebers, dass die Kündigung auf dringende betriebl. Gründe gestützt wird und der Arbeitnehmer bei Verstreichenlassen der Klagefrist eine A. beanspruchen kann. Je nach Alter des Arbeitnehmers und Beschäftigungsdauer sind A. zw. 7 200 € und 11 000 € steuerfrei, darüber hinaus mit einem verminderten Steuersatz belastet. A. können das Ruhen des Arbeitslosengeldes bewirken (§ 143 a SGB III).
Abfluss, das Abströmen von Flüssigkeiten unter dem Einfluss der Schwerkraft; auch die hierzu dienenden Einrichtungen.
Abflussgebiet, ↑ Einzugsgebiet.
Abformmassen (Abgussmassen), plast. Materialien zum Abformen von Natur- und Kunstgegenständen sowie von Zähnen (↑ Abguss).
Abführmittel (Laxanzien), Mittel zur Förderung der Darmentleerung. Die A. lassen sich nach ihrer Wirkung einteilen in **Quellmittel** und **Füllmittel** (z. B. Agar,

Leinsamen), die eine Quellung (Volumenvergrößerung) des Darminhaltes bewirken, **salin. A.** (z. B. Glaubersalz, Karlsbader Salz), **Gleitmittel** (z. B. Paraffinöl) und **schleimhautreizende A.** (z. B. Rizinusöl, Sennesblättertee). Ständiger Gebrauch von A. kann der Gesundheit schaden (Verlust von Elektrolyten und lebenswichtigen Spurenstoffen, unter Umständen Schädigung der Darmwand).
Abfüllmaschinen, automat. Maschinen, die fließ- oder schüttfähiges Füllgut, meist nach Volumen dosiert, hygienisch einwandfrei in Behältnisse (Tüten, Beutel, Tuben, Gläser, Flaschen u. a.) füllen.
Abgaben, Geldleistungen, die der Staat oder andere öffentlich-rechtl. Körperschaften kraft öffentl. Rechts von Bürgern oder jurist. Personen fordern. A. sind: Steuern und Zölle (ohne Gegenleistung), Gebühren und Beiträge (mit Gegenleistung der die A. erhebenden Körperschaft). Das Verhältnis von Steuern und Sozial-A. zum Bruttoinlandsprodukt ist die volkswirtsch. A.-Quote.
Abgabenordnung, Abk. **AO,** in Dtl. grundlegendes Gesetzeswerk (Ges. vom 16. 3. 1976) für das allg. Steuerschuld-, das Steuerverfahrens- sowie das Steuerstraf- und das Steuerordnungswidrigkeitenrecht. Ausgenommen bleiben das Ges. über die Finanzverwaltung und die Finanzgerichtsordnung. Vorläuferin war die Reichs-AO von 1919.

Abgase: Für rund 20 % aller Kohlendioxid-Emissionen ist der Verkehr verantwortlich.

Abgase, bei techn. oder chem. Prozessen (bes. bei Verbrennungsvorgängen) entstehende Gase, die feste oder flüssige (meist dampfförmige) Bestandteile (z. T. schädlich) enthalten können. So enthalten A.

ABG Abgasturbine

Abgase: Abgasgrenzwerte in der EU

Schadstoffe	Grenzwerte in g je km Fahrleistung		
	Pkw mit Ottomotor		
	Euro 2 (gültig seit 1996/97)[1]	Euro 3 (gültig seit 2000/2001)	Euro 4 (gültig ab 2005/2006)
Kohlenmonoxid	2,2	2,30	1,00
Kohlenwasserstoffe	–	0,20	0,10
Kohlenwasserstoffe und Stickoxide	0,5	–	–
Stickoxide	–	0,15	0,08
	Pkw mit Dieselmotor		
Kohlenmonoxid	1,0	0,64	0,50
Kohlenwasserstoffe und Stickoxide	0,7 (0,9[2])	0,56	0,30
Stickoxide	–	0,50	0,25
Partikel	0,08 (0,10[2])	0,05	0,025

1) Bei der Gültigkeit liegt die Typgenehmigung vor der Erstzulassung. – 2) Grenzwerte für Direkteinspritz-Dieselmotoren, gültig seit 30. 9. 1999.

von Ottomotoren an schädl. Bestandteilen Kohlenmonoxid, CO, unverbrannte Kohlenwasserstoffe, HC, Stickoxide, NO_x, Blei (↑Antiklopfmittel); beim Dieselmotor NO_x, Ruß. A. aus Industrieanlagen enthalten an bes. schädlichen Bestandteilen Kohlenmonoxid, CO, Schwefeldioxid, SO_2, Schwefelwasserstoff, H_2S, Stickoxide, NO_x, Chlor, Cl_2, Chlorwasserstoff, HCl, Fluorwasserstoff, HF. Maßnahmen zur **Abgasreinigung** oder **Abgasentgiftung** sind z. B. katalyt. Nachverbrennung, Filtern, Auswaschen, konstruktive Änderungen an Verbrennungsmotoren und Einbau von Entstaubungsanlagen. Europ. und nat. Rechtsvorschriften legen die Höchstgrenzen der zulässigen Schadstoffemissionen fest; in Dtl. bes. die zum Bundesimmissionsschutz-Ges. (aktuelle Fassung vom 26. 9. 2002) erlassenen VO, z. B. in der ↑TA Luft. Zur Verringerung der Emissionswerte für Kfz erfolgt nach dem Beschluss des EU-Umweltrates die Anpassung der europ. an die US-amerikan. **Abgasnormen,** was seit Ende 1992 für alle Pkw den Einbau von geregelten ↑Katalysatoren erfordert. Seit 1996/97 (Euro-2-Norm) sind die Abgasgrenzwerte für Kfz erneut verschärft worden; eine weitere Reduzierung des Schadstoffgehalts im A. wurde mit der Euro-3-Norm (2000/2001) durchgesetzt und soll mit der Euro-4-Norm (2005/2006) erreicht werden. Im Vergleich zur Euro-2-Norm wird der Schadstoffgehalt durch diese Maßnahmen halbiert. Auch für schwere Nutzfahrzeuge und Busse sollen dann strenge Grenzwerte gelten, die die Einführung von speziellen Abgasnachbehandlungssystemen notwendig machen.
📖 *Fritz, W. u. Kern, H.:* Reinigung von Abgasen. Gesetzgebung zum Emissionsschutz, Maßnahmen zur Verhütung von Emissionen. Würzburg ³1992. – *Richly, W.:* Meß- u. Analyseverfahren für feste Abfallstoffe, für Schadstoffe in Abwasser u. Abgasen. Würzburg 1992.

Abgasturbine, Turbine, die die im Abgas eines Verbrennungsmotors durch unvollständige Expansion noch vorhandene Energie ausnutzt. Der **Abgasturbolader** (»Turbo«) besteht aus einer A. und einem Aufladegebläse, die auf einer gemeinsamen Welle sitzen; er dient zur ↑Aufladung von Verbrennungsmotoren.

Abgasuntersuchung, Abk. **AU** (früher Abgassonderuntersuchung, Abk. ASU), Kfz-Untersuchung, bei der der Gehalt an Kohlenmonoxid (CO) im Abgas beim Leerlauf des Motors, die Leerlaufdrehzahl und der Zündzeitpunkt sowie die Funktionsfähigkeit des Lambda-Regelkreises und die Wirkung des Katalysators geprüft werden; die AU ist durch eine Fahrzeugplakette sowie eine Prüfbescheinigung nachzuweisen (§ 47 a StVZO, eingeführt durch Gesetz vom 20. 12. 1984). Bei Dieselfahrzeugen wird v. a. die Rauchgastrübung überprüft. Die AU gilt seit 1. 12. 1993 neben Pkw ohne bzw. mit ungeregeltem Katalysator, für diese war bereits die ASU Pflicht, auch für Pkw mit geregeltem Katalysator sowie Dieselfahrzeuge. I. d. R. ist die AU alle zwei Jahre durchzuführen, für Neufahrzeuge sowie Dieselnutzfahrzeuge über 3,5 Tonnen gilt eine besondere Regelung.

ABGB, Abk. für das österr. ↑Allgemeine Bürgerliche Gesetzbuch.

Abgeltung, *Recht:* die ↑Abfindung.

Abgeltungsteuer, Quellensteuer, mit der die sonst nach den individuellen Verhältnissen des Einzelfalls und nach progressiven Steuersätzen bemessene Einkommensteuer (ggf. auch Erbschaftsteuer) abgegolten ist. In Österreich gibt es seit 1994 eine A. mit einheitl. Steuersatz auf

Kapitaleinkünfte; in Dtl. wird die Ersetzung der ↑Kapitalertragsteuer durch eine A. diskutiert.
Abgeordnetenhaus, 1) in Preußen 1855–1918 die Zweite Kammer des Landtags. **2)** 1950–90 die gesetzgebende Versammlung in Berlin (West), seit 1990 in (ganz) Berlin.
Abgeordneter, das gewählte Mitglied eines Parlaments, i. w. S. auch eines kommunalen Vertretungsorgans. Die rechtl. Stellung des A. ist durch die Verf. bestimmt, in internat. oder supranat. Organisationen durch zwischenstaatl. Abkommen.
📖 *Abgeordnete u. ihr Beruf, bearb. v. W. J. Patzelt. Berlin 1995.*
Abgesang, ↑Aufgesang und Abgesang.
abgeschlossene Menge, *Mathematik:* Teilmenge eines metr. oder topolog. Raumes, die alle ihre Häufungspunkte enthält.
abgeschlossene Schale, Elektronenschale der Atomhülle eines Atoms oder Nukleonenschale des Atomkerns, deren sämtl. Zustände oder Energieniveaus (nach dem Pauli-Prinzip) mit je einem Teilchen (Elektron, Proton oder Neutron) besetzt sind. (↑Achterschale, ↑magische Zahlen)
abgeschlossenes System, physikal. ↑System, das mit seiner Umgebung weder Energie noch Masse austauscht.
abgesonderte Befriedigung, *Recht:* der Anspruch bestimmter Gläubiger, aus einzelnen Gegenständen der Insolvenzmasse vorzugsweise zu befriedigen. Die a. B. setzt ein dingl. Recht der Gläubiger an diesen Gegenständen voraus (z. B. Hypothek, Sicherungseigentum).
Abgleichen, *Elektrotechnik:* das Einstellen von Kenngrößen elektr. Schaltungen (z. B. Resonanzfrequenz, Filterkurve, Spannung) auf ihren Sollwert durch Variation von Bauelementgrößen (Kapazität, Induktivität, Widerstand).
Abgottschlange, eine ↑Boaschlange.
Abgrenzung, ↑Rechnungsabgrenzung.
Abguss, Abformung eines Gegenstandes in einer flüssigen oder weichen, später erhärtenden Masse wie Gips, Wachs, Ton. Die so gewonnene Hohlform **(Negativform)** wird mit dem Gussmaterial (Kunststeinmasse, Zement u. a.) ausgefüllt und so der eigentl. A. **(positive Form)** gewonnen.

Beim A. mit verlorener Form wird die Negativform zerschlagen; beim A. mit erhaltener Form (hierbei besteht die Form aus mehreren zusammensetzbaren Teilformen) sind mehrere A. möglich. – A. in Bronze ↑Bronzekunst.
abhanden gekommene Sachen, Gegenstände, die ihrem rechtmäßigen Besitzer gestohlen wurden, verloren gegangen oder abhanden gekommen sind. Bei a. g. S. gibt es keinen gutgläubigen Eigentumserwerb, außer bei Geld, Inhaberpapieren oder auf einer öffentl. Versteigerung erworbenen Sachen (§ 935 BGB).
Abhängigkeit, 1) *allg.:* Zustand, in dem der Einzelne in seinem Dasein durch andere Menschen, Institutionen, Dinge oder Vorstellungen wesentlich bestimmt ist, z. B. die A. des Kindes von den Eltern. **2)** *Mathematik:* ↑Funktion. **3)** *Medizin:* ↑Drogenabhängigkeit. **4)** *Stochastik:* (stochastische A.) ↑Korrelation.
Abhängigkeitsgrammatik, ↑Dependenzgrammatik.
Abhängling, herabhängender Schlussstein bei got. Gewölben, oft rosettenartiger Knauf.
Abhärtung, Steigerung der Anpassungsfähigkeit an veränderte Umwelt- und Lebensbedingungen durch Gewöhnung an äußere Belastungen (Kälte, Entbehrungen, Anstrengungen).
abholzig, *Forstwirtschaft:* nach oben stark verjüngt (Baumstämme).
Abhorchen, *Medizin:* ↑Auskultation.

Abhörgerät: Ein Telefon-Minisender, eine so genannte Wanze, und eine Telefonplatine sind Standardutensilien für das Abhören eines Raums.

ABH Abhörgerät

Abhörgerät (Wanze), hoch empfindl., versteckt angebrachtes Mikrofon mit drahtloser Sendeeinrichtung zum Mithören oder Aufzeichnen (Mitschneiden) von Gesprächen (auch Telefongesprächen). – Der unerlaubte Einbau von A. ist strafbar (§ 201 StGB); die Verfassungsschutzgesetze, Polizeigesetze der Länder und die StPO lassen zur Abwehr bestimmter näher genannter Gefahren den Einsatz von A. auch in ↑Wohnungen auf der Grundlage des 1998 geänderten Art. 13 GG zu. – Abb. S. 33

Abidjan [-dʒ-], wichtigste Industrie- und Hafenstadt der Rep. Elfenbeinküste, 1,9 Mio. Ew.; Ausfuhr von Kakao, Kaffee, Baumwolle, Bananen; Erzbischofssitz; Univ. (gegr. 1964); internat. Flughafen Port-Bouët. – 1934–84 Hptst. des Landes (jetzt ↑Yamoussoukro).

Abiletinsäure [zu lat. abies »Tanne«], zu den Terpenen gehörende Harzsäure, Hauptbestandteil des Kolophoniums.

Abigail, im A.T.: **1)** Frau Davids (1. Sam. 25).
2) Schwester Davids (1. Chr. 2, 16).

Abildgaard [ˈabilgɔːr], Nicolai, dän. Maler, getauft Kopenhagen 11. 9. 1743, † Frederiksdal 4. 6. 1809; malte Historienbilder und Allegorien.

A-Bild-Verfahren [A = Abk. für Amplitude] (A-Bild-Methode, A-Scan), Verfahren der ↑Ultraschalldiagnostik.

Abimelech, im A.T.: **1)** König von Gerar (1. Mos. 20/26).
2) König von Sichem (Ri. 9).

Abiogenese (Abiogenesis) [grch. »Entstehung aus Unbelebtem«] die, ↑Urzeugung.

Abiotikum das, ↑Präkambrium.

abiotisch [grch.], unbelebt, ohne Leben.

Abisko, Siedlung an der Lapplandbahn, Schweden, umfasst die Bahnstation **A. Östra** (Station der schwed. Akademie der Wiss.en) sowie die **A. Turiststation** (Hochgebirgshotel); unweit der **A.-Nationalpark** mit dem Cañon des Flusses Abiskojokk.

Abitur [nlat.] das (Reifeprüfung, Matura, Maturität), Abschluss der gymnasialen Oberstufe. Das A. als Befähigungsnachweis für ein Hochschulstudium wurde 1788 in Preußen an den humanist. Gymnasien eingeführt. Das A.-Zeugnis enthält die Beurteilung der Leistungen in der A.-Prüfung, in den Leistungs- und in den Grundkursen. Es werden insgesamt 20 Grund-, sechs Leistungskurse und eine Facharbeit (oder ähnl. Nachweis) und das A. selbst (drei Fächer schriftlich und ggf. mündlich, ein 4. Fach nur mündlich) zusammengerechnet. Das A. gilt als bestanden, wenn in jedem der drei Bereiche von möglichen 300 Punkten mindestens je 100 erreicht werden. Diskutiert wird die Angleichung der i. d. R. 13-jährigen an die 12-jährige Schulzeit in den neuen Bundesländern bzw. in anderen europ. Staaten. Mit dem Maastrichter Vertrag wird die EU ausdrücklich als für die Bildungspolitik zuständig erklärt. Wie z. B. die Dresdener Beschlüsse der KMK (1996) zeigen, bleiben jedoch die Mitgl.staaten v. a. den Lehrplan betreffend eigenverantwortlich.
❖ **siehe ZEIT Aspekte**

Abjudikation [lat.] die, (gerichtliche) Aberkennung.

Abkanten, das Biegen von Blech um gerade Kanten zur Formung bestimmter Profile mit der Abkantmaschine oder -presse.

Abkippen, plötzl. Rollbewegung eines Flugzeugs infolge des Abreißens der Strömung an einer Flügelhälfte.

Abklatschverfahren, Vervielfältigungstechnik, bei der der Abdruck nicht mit der Druckpresse, sondern mit der Hand gewonnen wird.

Abklingbecken, *Kerntechnik:* ↑Zwischenlagerung.

Abklingen, die zeitl. Abnahme einer physikal. Größe, z. B. der Amplitude einer Schwingung oder der Strahlung einer radioaktiven Substanz. (↑Dämpfung)

Abklingkonstante (Abklingkoeffizient), beim (v. a. exponentiellen) Abklingen einer physikal. Größe der Wert, der den zeitl. Ablauf bestimmt; bei Zerfallsprozessen ↑Zerfallskonstante gen. Die A. δ ist der Kehrwert der **Abklingzeit:** $\delta = 1/\tau$. (↑Radioaktivität)

Abklopfen, *Medizin:* die ↑Perkussion.

Abkochung (Absud, Dekokt), *Pharmazie:* Auszug von Pflanzenteilen mit Wasser.

Abkomme (Abkömmling, Deszendent), Nachkomme, Verwandter in absteigender Linie.

Abkühlung, die Abnahme der Temperatur eines Körpers, meist durch Wärmeleitung, Wärmekonvektion oder Wärmestrahlung. (↑Tieftemperaturphysik)

Abkürzungen, 1) *Musik:* ↑Abbreviaturen.

Ablauf ABL

Ablass: Hans Holbein d. J., »Papst Klemens VII. und Ablasshändler«, Holzschnitt (um 1524)

2) *Sprachwissenschaft:* (Abbreviaturen), gekürzte Formen häufig vorkommender Wörter und Wortverbindungen, z. B. Akronyme, Kurzwörter, Siglen. In der Paläographie werden Wortkürzungen auf Inschriften, in Handschriften und alten Drucken sowie auf Münzen als A. bezeichnet.

Ablagerung, 1) *Geomorphologie:* (Sedimentation) das Absetzen von Lockermassen wie Schutt, Geröll, Kies, Sand, Schlamm, Staub, Lava, Asche, organ. Stoffe in stehenden Gewässern (**marine A.** auf Meeresböden, **limnische A.** in Binnenseen und Lagunen), durch fließende Gewässer (**fluviatile A.**), Wind (**äolische A.**), Gletscher (**glaziale A.**) oder Anhäufung von Schnee (**nivale A.**), ferner durch Vulkane, Bergstürze, Lebewesen. **Akkumulation** ist die örtlich verstärkte A. (Moränen, Schotter, Dünen).
2) *Medizin:* krankhafte Ansammlung von Stoffen im Körper, zum Beispiel Harnsäure bei Gicht.

Ablaktation [lat.] *die,* das ↑Abstillen.
Ablaktieren, eine Methode der ↑Veredelung.
ablandig, Luftbewegung vom Land zum Meer; Ggs.: auflandig.
Ablass (lat. indulgentia), nach der kath. Lehre der außersakramentale Nachlass zeitlicher Sündenstrafen (seit 1968 ohne Zeitbestimmungen), der dem entsprechend disponierten Gläubigen von der kirchl. Autorität durch Zuwendung der ↑Genugtuung Christi und der Heiligen (Kirchenschatz) gewährt wird. – Die Missstände im A.-Wesen des Spät-MA. (↑Beichtbrief) gaben Luther (1517) den äußeren Anlass zur Reformation (↑Tetzel).

Ablation [lat.] *die,* **1)** *Geographie:* das Abschmelzen oder Verdunsten von Eis (Gletscher, Inlandeis, Eisberg) und Schnee durch Sonneneinstrahlung, Luftwärme, Wind und Regen.
2) *Physik:* Materialabtrag durch Aufheizung, speziell mithilfe von Laserpulsen (↑Laserablation).

Ablationskühlung (Schmelzkühlung), Kühlverfahren zum Schutz vor unzulässiger Aufheizung, bes. bei in die Atmosphäre zurückkehrenden Raumflugkörpern. Durch endotherme Zersetzung, Abschmelzung und Verdampfung von Schutzschichten (**Hitzeschild**) wird dabei die durch Luftreibung entstehende Wärme verbraucht; weitere Anwendung in chem. Raketentriebwerken. **Ablationswerkstoffe** sind u. a. Graphit, Beryllium und faserverstärkte Kunststoffe.

Ablatio retinae, die ↑Netzhautablösung.
Ablativ [lat. casus ablativus »Wegtragefall«] *der,* Kasus der Trennung und Absonderung in indogerman. Sprachen; im Lateinischen außerdem mit Funktionen des Lokativs und des Instrumentalis. Der **Ablativus absolutus** ist eine syntakt. Konstruktion mit Satzwert; er besteht aus einem Subjekt-A. und einem Partizip im gleichen Kasus.

Ablauf, 1) *Bau:* Einrichtung zum Einleiten von Schmutz- und Niederschlagswas-

35

ser in das Rohrsystem der Kanalisation (z. B. für Balkon, Dach, Hof u. a. Flächen).
2) *Chemie:* bei der Destillation im unteren Teil einer Rektifikationskolonne stetig abströmender, hoch siedender Anteil des Ausgangsgemisches.
Ablaufberg, merkliche Erhöhung eines Gleises in Rangierbahnhöfen, von der aus von der Rangierlok hinaufgeschobene Güterwagen einzeln durch Schwerkraft in ein ihrem Ziel entsprechendes Richtungsgleis rollen, wodurch sie zu neuen Zügen zusammengestellt werden.
Ablauforganisation, *Wirtschaft:* ↑Organisation.
Ablaufplan, *Informatik:* der ↑Programmablaufplan.
Ablaut (Apophonie), *Sprachwissenschaft:* von J. Grimm geprägte Bez. für den gesetzmäßigen Vokalwechsel in der Stammsilbe etymologisch zusammengehöriger Wörter; er tritt im Deutschen in der Konjugation und bei der Wortbildung auf: laufen – lief; wachsen – wuchs; gehen – ging – gegangen, der Gang; brechen – brach – gebrochen, der Bruch.
Ableger, 1) zur Vermehrung waagerecht in die Erde gelegter oder im Bogen in die Erde gesenkter **(Absenker)** Gehölztrieb, der nach Bewurzelung abgetrennt und als Jungpflanze verwendet wird.
2) ↑Steckling.
Ablehnung, Zurückweisung. In Zivil- u. a. Gerichtsprozessen hat jede Partei das Recht, einen Richter, Rechtspfleger, Urkundsbeamten oder Sachverständigen abzulehnen, wenn ein gesetzl. Ausschließungsgrund vorliegt oder die Besorgnis der Befangenheit besteht. Im Strafprozess haben Beschuldigter, Staatsanwaltschaft und Privatkläger das gleiche Recht gegenüber Richtern, Schöffen, Urkundsbeamten, Sachverständigen, Dolmetschern (§§ 42–49, 406 ZPO, § 10 Rechtspfleger-Ges., § 24–31 StPO).
Ableitung, 1) *Elektrotechnik:* 1) der Kehrwert des Widerstandes (Wirkwiderstand) eines Isolators, gibt die Verluste einer Leitung an. Bei homogenen elektr. Doppelleitungen wird die A. zw. den beiden Leitern (der **Querleitwert**) auf die Längeneinheit bezogen. Dieser **A.-Belag** ist ein Maß für die Verluste im Raum zw. beiden Leitern (Adern). Als **Ableitstrom** wird der in einem sonst fehlerfreien Stromkreis zur Erde oder zu fremden leitfähigen Teilen fließende Strom bezeichnet. Er beträgt im Neuzustand einer Verbraucheranlage oft weniger als 1 mA. 2) bei Anlagen zum Blitzschutz von Gebäuden die Verbindungsleitung(en) von den Blitzauffangeinrichtungen zur Erde.
2) *Logik:* ↑Deduktion.
3) *Mathematik:* der Differenzialquotient (↑Differenzialrechnung).
4) *Medizin:* A. der Aktionsströme von Organen (z. B. ↑Elektroenzephalogramm, ↑Elektrokardiogramm).
5) *Sprachwissenschaft:* Bildung neuer Wörter aus einem Wort, auch mithilfe von Vor- und Nachsilben (A.-Silben): klug – Klugheit; höflich – unhöflich.
Ablenkung, 1) *Navigation:* ↑Deviation.
2) *Optik:* die Änderung der Ausbreitungsrichtung des Lichts (↑Reflexion, ↑Brechung, ↑Beugung).
3) *Physik, Technik:* die Richtungsänderung einer Bewegung durch eine senkrecht zur Bewegungsrichtung wirkende Kraftkomponente (z. B. der Einstellrichtung einer Magnetnadel durch ein zusätzl. Magnetfeld). Die A. elektrisch geladener Teilchen durch elektr. und magnet. Felder wird z. B. in Elektronenstrahlröhren (bes. in Fernsehbildröhren), in Elektronenmikroskopen oder bei Teilchenbeschleunigern ausgenutzt.
Ablösesumme, *Lizenzfußball:* auszuhandelnder Geldbetrag, den ein Verein einem anderen Verein zahlen muss, wenn er einen vertraglich gebundenen Spieler verpflichten möchte. (↑Bosman-Urteil, ↑Ausstiegsklausel)

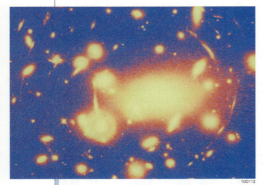

Ablenkung 2): Lichtablenkung innerhalb eines Gravitationsfeldes im Weltall

Ablösung, 1) *Psychologie:* Auflösung eines seel. Abhängigkeitsverhältnisses zw. zwei Personen (A. des Kindes von den Eltern, in der Psychotherapie A. der psych. Bindung des Klienten an den Therapeuten). **2)** *Strömungslehre:* das Abdrängen der Grenzschicht von der Oberfläche eines umströmten Körpers. (↑Grenzschichtbeeinflussung)
Abluft, die aus einem Raum abfließende Luft, i. w. S. die bei industriellen, gewerbl. und häusl. Prozessen anfallende staub-, gas- oder lösungsmittelhaltige Luft.
ABM, Abk. für ↑Arbeitsbeschaffungsmaßnahmen.
Abmagerung, Minderung der Körpersubstanz, bes. durch Schwund des Unterhautfettgewebes als Folge von Unterernährung oder Krankheit (Infektionskrankheiten, Tumoren, Überfunktion der Schilddrüse u. a.) oder von seel. Vorgängen. Über extreme A. ↑Kachexie, ↑Magersucht.
Abmahnung, Aufforderung zu vertrags- oder gesetzmäßigem Verhalten, z. B. bei der Miete. Im Arbeitsrecht hat einer verhaltensbedingten Kündigung i. d. R. eine A. vorauszugehen; in der A. sind Rechtsfolgen für den Fall weiterer Vertragsverletzungen anzudrohen, andernfalls liegt keine A., sondern bloße Ermahnung vor. A. sind nicht mitbestimmungspflichtig; sie können mit Rechtsmitteln angegriffen werden. **Abmahnverein** ↑unlauterer Wettbewerb.
ABM-System [Abk. für Anti-Ballistic-Missile-System] (Abfangflugkörper-System), System zur Abwehr ballist. Interkontinentalraketen, besteht aus den gelenkten Abfangflugkörpern, deren Abschussvorrichtungen und dem Frühwarnsystem; sollte in den USA durch ↑SDI ersetzt werden. Der **ABM-Vertrag** von 1972 zw. den USA und der UdSSR (bzw. in dessen Nachfolge Russland) gestattete je ein ABM-S. mit 100 Abschusseinrichtungen, aber keine flächendeckenden Raketenabwehrsysteme. Der urspr. zeitlich unbefristete Vertrag (Kündigungsfrist sechs Monate) wurde von den USA einseitig am 13. 12. 2001 gekündigt. Begründet wurde dies mit den nat. Sicherheitsinteressen der USA, neuartigen Bedrohungen durch Raketen besitzende Staaten sowie den Plänen einer nat. Raketenabwehr (↑NMD).
Abmusterung, ↑Heuerverhältnis.

Abnabeln, das Abtrennen der Nabelschnur nach der Geburt.
Abnahme, 1) *Kaufrecht:* die körperl. Entgegennahme der gekauften Sache durch den Käufer; sie befreit den Verkäufer von der ↑Gefahr, nicht aber von der Gewährleistungspflicht. **2)** *Werkvertragsrecht:* die Entgegennahme des bestellten Werks durch den Besteller und die gleichzeitige Anerkennung als vertragsmäßig hergestellt.
Abnahmepflicht, im Kauf- und Werkvertragsrecht die Pflicht (im Sinne einer Obliegenheit) des Käufers bzw. Bestellers, die ihm ordnungsgemäß angebotene Leistung an sich zu nehmen (§§ 433, 640 BGB), andernfalls er in (Gläubiger- bzw. Annahme-)Verzug gerät.
ABN AMRO Bank N. V., niederländ. Großbank; Sitz: Amsterdam; entstanden 1991 durch Fusion von Algemene Bank Nederland (ABN, gegr. 1964) und Amsterdam-Rotterdam Bank (AMRO, gegr. 1964).
abnorm [lat.], von der Norm abweichend, regelwidrig, krankhaft.
Åbo ['o:bu:], schwed. Name der finn. Stadt ↑Turku.
Abodriten (Abotriten, Obotriten), ehem. slaw. Stämme im westl. Mecklenburg und östl. Holstein (Wagrien), die vorübergehend im 10. Jh. unter König Heinrich I. und Otto I., d. Gr., endgültig im 12. Jh. durch Herzog Heinrich den Löwen unterworfen wurden und in der dt. Bev. aufgingen.
Abolition [lat.] *die,* **1)** Abschaffung der Sklaverei. Die dafür seit dem 18. Jh. eintretende Bewegung (**Abolitionismus**) erreichte die gesetzl. A. 1833 im brit. Kolonialreich und 1863/65 in den USA. **2)** Niederschlagung eines Strafverfahrens, als Einzelmaßnahme unzulässig. Generelle A. (Amnestie) bedarf eines Gesetzes.
Abomey [abɔ'mɛ], Stadt im Küstengebiet von Benin, 65 700 Ew. – Gut erhaltene Palastanlage (der früheren Hptst. des Königreichs A.) mit Bauten v. a. des 18./19. Jh. (UNESCO-Weltkulturerbe).
abominabel [lat.-frz.], abscheulich, scheußlich, widerlich.
Abonnement [abɔnə'mã, frz.] *das,* durch Vorauszahlung erworbenes Anrecht auf dauernden Bezug (Zeitung) oder Miete (Theatersitz).
ab origine mundi [lat.] (anno mundi,

anno orbis conditi), im Jahre nach der Erschaffung der Welt (jüd. Weltära).
Aborigines [æbəˈrɪdʒɪniːz, engl.] (Aboriginals), ↑Australier. ❖ **siehe ZEIT Aspekte**
Abort [eigtl. »abgelegener Ort«] der, ↑Toilette.
Abort (Abortus) der, beim Menschen: die ↑Fehlgeburt; **Abortus artificialis,** der ↑Schwangerschaftsabbruch; bei Tieren: das ↑Verwerfen.
abortiv [lat.], **1)** auf früher Entwicklungsstufe verblieben, fehlgebildet.
2) eine Fehlgeburt bewirkend.
3) zeitlich verkürzt und leicht verlaufend (von Krankheiten).
Abortiva [lat.], Mittel, die bei Schwangeren eine vorzeitige Ausstoßung der Frucht herbeiführen sollen.
ab ovo [lat. »vom Ei (an)«], von allem Anfang an.
Abplattung, *Astronomie:* die bei rotierenden Himmelskörpern infolge der Zentrifugalkraft bewirkte relative Verkürzung des Poldurchmessers gegenüber dem des Äquators, definiert durch das Verhältnis $f = (a - c)/c$ (a Äquator-, c Poldurchmesser). Die A. der Erde beträgt nur 1:298,257; merkl. A. weisen z. B. die Planeten Uranus mit 1:50, Jupiter mit 1:15,9 und Saturn mit 1:9,2 auf.
abqualifizieren, abwertend, abfällig beurteilen.
Abrabanel, ↑Abravanel.
Abraham, Erster der bibl. Patriarchen (1. Mos. 12–25) und Stammvater des Volkes Israel (1. Mos. 12, 2). Das A. T. betont v. a. seinen Gehorsam gegenüber Gott, da A. bereit ist, ihm seinen Sohn Isaak zu opfern (1. Mos. 22); das N. T. beschreibt ihn als Urbild des wahrhaft Glaubenden (Röm. 4). Die Muslime verehren A. als den Vater Ismaels und betonen v. a. seinen Glauben an einen einzigen Gott. Der Koran bezeichnet A. als den ersten Muslim, der zus. mit seinem Sohn Ismael die Kaaba gegründet habe (Sure 2,124 ff. und 3, 67, 95 ff.).
Abraham, 1) Karl, Psychoanalytiker, *Bremen 3. 5. 1877, †Berlin 25. 10. 1925; trat bes. durch seine Untersuchungen zum Mythos und zur Traumsymbolik sowie zu den freudschen Entwicklungsphasen der Sexualität im Kindesalter hervor.
2) Paul, ungar. Komponist, *Apatin (bei Sombos in der Wojwodina) 2. 11. 1892, †Hamburg 6. 5. 1960; schrieb Operetten (u. a. »Victoria und ihr Husar«, 1930; »Die

Abraham: Der biblische Erzvater Abraham verstieß seine Nebenfrau Hagar und ihren gemeinsamen Sohn Ismael, nachdem seine Hauptfrau Sara mit Isaak schwanger geworden war. Ismael, im Alten Testament der Gründer eines Verbandes von Nomadenstämmen, gilt im Islam als Stammvater der Araber. Gott errettete Hagar und Ismael in der Wüste durch die Quelle Samsam (Stich von Gustave Doré, 19. Jh.).

Blume von Hawaii«, 1931; »Ball im Savoy«, 1932) und Filmmusiken.
Abraham a Sancta Clara, eigtl. Johann Ulrich Megerle, *Kreenheinstetten (heute zu Leibertingen, Kr. Sigmaringen) 2. 7. 1644, †Wien 1. 12. 1709; Augustiner-Barfüßer, hielt in Augsburg, Graz, Wien (1677 Kaiserl. Prediger) volkstüml., drastische, durch Witze und Wortspiele belebte Predigten: »Auff, auff ihr Christen« (1683; Schillers Vorlage zur Kapuzinerpredigt in »Wallensteins Lager«), ferner »Judas, der Ertz-Schelm« (1686–95).
Abraham ben David, jüd. Religionsgelehrter, *Narbonne um 1125, †Posquières 1198; unterhielt eine im hohen Ansehen stehende Talmudschule und kommentierte den gesamten Talmud.
Abraham Ibn Daud, span.-jüd. Historiker, *Córdoba 1110, † (als jüd. Märtyrer) Toledo zw. 1170 und 1180; erster jüd. Aristoteliker vor Maimonides (»Sefer Ha-Kabbala«, Buch der Überlieferung).
Abrahams Schoß, nach dem Gleichnis

vom armen Lazarus (Lk. 16, 19–31) ein Bild für himml. Seligkeit, im MA. oft im Zusammenhang mit dem Weltgericht dargestellt (Bamberger Dom, Kathedrale von Reims).

Abrakadabra, vielleicht auf ↑Abraxas zurückgehendes Zauberwort; diente, in Dreiecksform geschrieben, häufig als Amulett.

Abramović [-'mɔwɪtɕ], Marina, jugoslaw. Performancekünstlerin, *Belgrad 30. 11. 1946; befasst sich mit der phys. und psych. Belastbarkeit des menschl. Körpers.

Abrasio [lat.] *die, Medizin:* die ↑Ausschabung.

Abrasion *die,* 1) *Geographie:* die abtragende Wirkung der Meeresbrandung (A.-Küste). Sie schafft das ↑Kliff, vor dem die A.-Platte (↑Schorre) liegt.
2) *Medizin:* (Abrasio) ↑Ausschabung.

Abraum, beim Tagebau das die Lagerstätte des nutzbaren Minerals überdeckende taube Gebirge; wird ebenfalls im Tagebau abgeräumt.

Abraumsalze, früher im Steinsalzbergbau anfallende Kalirohsalze; wurden als wertlos auf Halde gekippt, bevor sie als Düngemittel wirtschaftl. Bedeutung erlangten.

Abravanel (Abrabanel, Abarbanel), **1)** Jizchack (Isaak), portugies.-jüd. Gelehrter und Staatsmann, *Lissabon 1437, †Venedig 1508, Vater von 2); suchte einen Ausgleich zw. der Tradition und den Lehren des Maimonides und erhoffte im Sinne des Messianismus einen jüd. Staat im Hl. Land.
2) Jehuda, gen. Leo Hebräus, portugies.-jüd. Arzt und Philosoph, *Lissabon um 1465, †Neapel um 1525, Sohn von 1); Vertreter der neuplaton. Renaissancephilosophie.

Abraxas, auf Gemmen, Amuletten oder Siegelringen geschriebene Zauberformel; sie wird gewöhnlich auf den Gnostiker Basilides zurückgeführt. Seine Zauberkraft sollte teils auf der Siebenzahl seiner Buchstaben, teils auf dem in ihnen verschlüsselten Zahlenwert 365 (Summe der Zahlenwerte der griech. Buchstaben: α = 1, β = 2, ϱ = 100, ξ = 60, σ = 20) beruhen.

abreagieren [lat.], i. w. S. ein Gefühl, einen Affekt, eine innere Spannung sich lösen lassen (z. B. durch Gebärden, Spiele, Aggressionen); i. e. S. Bez. für die Entladung **(Abreaktion)** von aufgestauten, meist verdrängten Affekten, die zu einer Neurose geführt haben.

Abrechnung, rechner. Ermittlung und Rechenschaftslegung über die Ergebnisse einer wirtsch. Tätigkeit. Besondere Formen der A. sind ↑Clearing und ↑Skontration.

Abrechnungsverkehr, Verrechnung von gegenseitigen Forderungen und Verbindlichkeiten zw. einem begrenzten Teilnehmerkreis, wobei jeder Teilnehmer nur einen Spitzenbetrag (Saldo) zu begleichen hat. Den A. zw. den Kreditinstituten nehmen in Dtl. die Hauptverwaltungen vor, in Österreich u. a. die Wiener Abrechnungsstelle; Abrechnungsstellen in Großbritannien heißen **Clearing Houses.** (↑Clearing, ↑Giroverkehr)

Abreibung, 1) graf. Verfahren, ↑Frottage.
2) *Medizin:* Verfahren zur Durchblutungs- und Stoffwechselsteigerung: Die Haut wird mit einem feuchtkalten Leinentuch bedeckt, auf dem mit der flachen Hand gerieben wird.

Abri [frz. »Obdach«] *der,* Felsschutzdach, Felsüberhang (↑Balme); in vorgeschichtl. Zeit und später häufig von Menschen bewohnt (u. a. Felsbilder).

Abrichtung, Zähmung und Schulung von Tieren, Dressur.

Abrieb, bei Reibung auftretender Verschleiß, z. B. Gummi-A. von Fahrzeugreifen.

Abrikossow (Abrikosov), Alexei Alexejewitsch, russisch-amerikan. Physiker, *Moskau 25. 6. 1928; ab 1965 Prof. in Moskau; war bis zum Ende der Sowjetunion u. a. Leiter der Abteilung Theoret. Physik am ITEP (Institute of Theoretical and Experimental Physics) in Moskau; ging 1991 in die USA, wo er am Argonne National Laboratory (Ill.) gewirkt hat. – A. lieferte Arbeiten zur Plasmaphysik, zur Anwendung der Quantenfeldtheorie in der statist. Physik und zur Festkörperphysik. Von großer prakt. Bedeutung ist seine von der Ginsburg-Landau-Theorie ausgehende Theorie der ↑Supraleiter 2. Art, die er schon in den 1950er-Jahren formulierte. Für seinen entscheidenden Beitrag zum Verständnis von Supraleitung und Suprafluidität erhielt A. 2003 (mit W. L. Ginsburg und A. J. Leggett) den Nobelpreis für Physik.

Abril [aβ'ril], Victoria, eigtl. Mérida Ro-

ABR Abriss

jas, span. Filmschauspielerin, *Madrid 4. 7. 1959; dramat. wie komödiant. Rollen, u. a. in Filmen von P. Almodóvar.
Filme: Fessle mich! (1990); Kika (1993); La mujer del cosmonauta (1997); Die Last mit der Lust (1999).
Abriss, Übersicht, knappe Darstellung; kurz gefasstes Lehrbuch.
Abrogans [lat.] *der,* spätlat. Synonymenlexikon, benannt nach seinem ersten lat. Stichwort, um 765 verdeutscht; das älteste bekannte Schriftwerk in dt. Sprache.
Abrogation [lat.] *die,* Aufhebung eines Gesetzes; Ggs. ↑ Derogation.
Abruf, 1) *Handel:* Anweisung eines Käufers an den Verkäufer, die gekauften Waren in gleichen Teilmengen innerhalb einer vereinbarten Zeitspanne zu liefern, »auf Abruf«.
2) *Informatik:* Anweisung an einen Speicher oder ein Programm zur Abgabe von Informationen.
abrupt [lat.], plötzlich und unvermittelt eintretend (in Bezug auf Handlungen, Reaktionen o. Ä.); zusammenhanglos.
Abrüstung, i. e. S. der Abbau oder die Verminderung von Waffenbestand und/ oder Truppenzahl; i. w. S. auch Maßnahmen der Rüstungskontrolle. A. kann von einem Staat einseitig (freiwillig oder – nach einem verlorenen Krieg – unfreiwillig) vorgenommen werden oder durch Verhandlungen zulasten aller Beteiligten zustande kommen. Ziele der A. sind v. a. die ↑ Entspannung und die ↑ Friedenssicherung.
Mit den ↑ Haager Friedenskonferenzen setzte vor dem Ersten Weltkrieg eine internat. A.-Diskussion ein. Die einseitige A. Dtl.s (↑ Versailler Vertrag) nach dem Ersten Weltkrieg sollte der erste Schritt zu einer allg. A. sein. Die Genfer A.-Konferenz von 1932 scheiterte. Nach dem Zweiten Weltkrieg wurde A. angesichts der ↑ ABC-Waffen zu einem zentralen Thema der Diplomatie. 1962 trat die Genfer A.-Konferenz der 18 Mächte zus. (später organisiert als Genfer A.-Ausschuss). In der Folgezeit kam es zu einer Reihe von Rüstungskontrollabkommen, so u. a. 1963 zum Abschluss des ↑ Teststoppabkommens, 1968 des ↑ Kernwaffensperrvertrags, 1972 des ↑ B-Waffen-Abkommens sowie des ABM-Vertrags (↑ ABM-System), der jedoch 2001 von den USA gekündigt wurde, und des SALT-I-Vertrags; der SALT-II-Vertrag von 1979 (↑ SALT) trat nicht in Kraft.
1984 begannen mit der Stockholmer ↑ Konferenz über Vertrauensbildung und Abrüstung in Europa, 1985 mit den amerikanisch-sowjet. Verhandlungen in Genf über Nuklear- und Weltraumwaffen neue A.-Gespräche. 1987 unterzeichneten die USA und die UdSSR einen Vertrag über den Abbau von nuklearen Mittelstreckenraketen (↑ INF). 1987–89 fanden in Wien Verhandlungen zw. NATO und Warschauer Pakt statt, die zur Einberufung von ↑ Verhandlungen über konventionelle Streitkräfte in Europa (VKSE) führten; die seit 1973 tagende Konferenz über beiderseitige und ausgewogene Truppenreduzierungen in Mitteleuropa (MBFR) wurde daraufhin beendet. Auf dem Gipfeltreffen der Konferenz über Sicherheit und Zusammenarbeit in Europa (↑ KSZE; seit 1995 ↑ OSZE) in Paris wurde 1990 der Vertrag über konventionelle A. in Europa (KSE-Vertrag) unterzeichnet. Zw. den USA und der Sowjetunion wurde 1991 der Abbau ihrer Interkontinentalraketen beschlossen (↑ START); die USA vereinbarten mit Russland, Weißrussland, der Ukraine und Kasachstan, den Atomwaffen besitzenden Nachfolgestaaten der (1991 aufgelösten) Sowjetunion, ein Protokoll über die Umsetzung des START-Vertrags. Als gesamtdt. Beitrag zur A. wurde die dt. Truppenstärke bis Ende 1994 auf 370 000 Mann reduziert.
1992 unterzeichneten die Staaten der NATO und des ehem. (1991 aufgelösten) Warschauer Pakts einen Vertrag über die gegenseitige Luftüberwachung (↑ Open Skies). Nach langjährigen Verhandlungen schlossen 1993 die Vertreter von 130 Staaten den Vertrag über das weltweite Verbot der Entwicklung, Herstellung, Lagerung und des Einsatzes chem. Waffen und über die Vernichtung solcher Waffen. Dieser trat im Frühjahr 1997 mit der Ratifizierung durch mehr als 65 Staaten in Kraft. Auf einer Überprüfungskonferenz 1995 beschlossen die Signatarstaaten des Kernwaffensperrvertrags, diesen zunächst auf 25 Jahre begrenzten Vertrag unbefristet zu verlängern. 1997 wurde von 125 Staaten in Ottawa der Vertrag zum Verbot von Antipersonenminen unterzeichnet (in Kraft seit März 1999).
Am 24. 5. 2002 unterzeichneten in Moskau

US-Präs. G. W. Bush und der russ. Präs. W. Putin ein Abkommen zur Reduzierung ihrer strateg. Offensivwaffen. Dieses Abkommen sieht vor, bis zum 31. 12. 2012 die Anzahl der Nuklearsprengköpfe auf jeweils 1 700 bis 2 200 Einheiten zu reduzieren. Dabei entscheidet jedes Land selbst, welche Waffen konkret reduziert werden und was mit den abgerüsteten Sprengköpfen geschehen soll (Vernichtung oder Einlagerung). Der Vertrag, der der Ratifikation bedarf und erst danach in Kraft tritt (die USA ratifizierten im März 2003), kann mit einer Frist von drei Monaten gekündigt werden oder aber nach vorheriger gegenseitiger Konsultation verlängert oder durch ein entsprechendes Folgeabkommen ersetzt werden.

Zur Reduzierung der Weiterverbreitung ballist. Raketen unterzeichneten am 25. 11. 2002 über 90 Staaten in Den Haag einen »Internat. Verhaltenskodex gegen die Proliferation ballist. Raketen«. Der Kodex, der auf Initiativen der EU zurückgeht, sieht u. a. vertrauensbildende Maßnahmen, Vorankündigungen von Raketenstarts sowie den Informationsaustausch über Raketenprogramme vor. Der Verhaltenskodex ist für die Unterzeichnerstaaten (darunter z. B. USA, Russland, Dtl.) nicht bindend, enthält keine Kontrollmechanismen und sieht bei Nichteinhaltung auch keine Zwangsmaßnahmen vor.

📖 *Storch, K.: Schritt zurück vom Abgrund. Die USA u. die atomare Abrüstung. Frankfurt am Main 1995. – Wallner, J. H.: Konventionelle Rüstungskontrolle u. Fernerkundung in Europa. Baden-Baden 1995. – Periodika: SIPRI-Yearbook. World Armaments and Disarmament. Stockholm 1969 ff. – United Nations Disarmament Yearbook. New York 1976 ff. – Friedensgutachten, hg. v. der Evang. Studiengemeinschaft, der Hess. Stiftung Friedens- u. Konfliktforschung u. dem Inst. für Friedensforschung u. Sicherheitspolitik Hamburg. Münster 1989 ff. – Conversion survey, hg. v. Bonn International Center for Conversion. Bonn 1996 ff.*

Abruzzen *Pl.,* **1)** (italien. Abruzzi), höchster Gebirgsteil des Apennin, im Gran Sasso d'Italia im O mit Corno Grande (2 914 m ü. M.) und La Maiella im SO (im Monte Amaro 2 795 m ü. M.). Enge Längstäler (Aterno), Karstebenen (Piani) und die Becken von L'Aquila, Sulmona und Avezzano gliedern das aus Kalksteinmassiven aufgebaute Gebirge. Straßen erschließen den Campo Imperatore (2 130 m ü. M.) für Wintersport, den Stausee von Campotosto und den Nationalpark der A. (292 km² mit Buchen- und Tannenwäldern); bed. Fremdenverkehr.
2) (italien. Abruzzo), Region in Italien, 10 798 km², 1,281 Mio. Ew.; Provinzen: Chieti, L'Aquila, Pescara, Teramo; Hptst.: L'Aquila.

Abs, Hermann Josef, Bankfachmann, * Bonn 15. 10. 1901, † Bad Soden am Taunus 5. 2. 1994; seit 1938 Vorstandsmitgl., 1957–67 Sprecher des Vorstands, 1967–76 Aufsichtsratsvors., seit 1976 Ehrenvors. der Dt. Bank AG; organisierte 1948 die Kreditanstalt für Wiederaufbau.

ABS, Abk. für **A**ntiblockiersystem, eine Regeleinrichtung im Bremssystem von Kfz, die selbsttätig das Blockieren von Rädern verhindert und die Seitenführung aufrechterhält.

Absalom, im A. T.: dritter Sohn Davids, der sich gegen seinen Vater erhob; wurde entgegen dessen Befehl von Joab getötet (2. Sam. 13–19).

Absam, Industriegemeinde bei Hall in Tirol, Österreich, 632 m ü. M., 6 200 Ew.; Holzverarbeitung, pharmazeut., opt. Werke. – Spätgot. Wallfahrtskirche.

Absaroka Range [æbsəˈrəukə reɪndʒ], Teil der Rocky Mountains, in S-Montana und NW-Wyoming, USA, bis 4 008 m ü. M. (Francs Peak). Ein Teil gehört zum Yellowstone National Park.

Absättigung, *Chemie:* Zustand der Bindung der größtmögl. Zahl von Atomen an ein anderes Atom oder Molekül.

Absatz, Gesamtheit der Tätigkeiten eines Unternehmens (Anbieter), um die hergestellten oder gekauften Leistungen (Sachgüter und Dienste) potenziellen Abnehmern (Nachfragern) zuzuführen und gegen Entgelt zu überlassen; darüber hinaus das Ergebnis dieser Tätigkeiten, gemessen in Mengeneinheiten (Verkaufsmenge) oder in Werteinheiten (A.-Menge × A.-Preis = Umsatz) für einen bestimmten Zeitraum. Der A. vollzieht sich auf einem **A.-Markt,** der durch die Art des abgesetzten Gutes, durch Zahl, Größe und Verhaltensweise der Anbieter und Nachfrager (einschließlich der A.-Mittler) im zu betrachtenden A.-Gebiet und durch die Art, wie der

ABS Absatzgenossenschaft

Tausch zustande kommt (Marktorganisation) bestimmt wird. Durch die Wandlung vieler A.-Märkte von einem Verkäufermarkt zu einem Käufermarkt sind Unternehmen häufig gezwungen, ihre gesamte Unternehmenspolitik im Sinne einer absatzorientierten Unternehmensführung an den Verhältnissen des A.-Marktes auszurichten und als Teil des ↑Marketings zu verstehen. Die Höhe des A., seine Zusammensetzung nach Güterarten, Kundengruppen u. a. sowie seine zeitl. Verteilung können mithilfe einer Vielzahl **absatz politischer Instrumente** (Produkt-, Sortiments-, Preis-, Distributions-, Kommunikationspolitik) beeinflusst werden. Die **A.-Kette** (A.-Weg) bezeichnet die Folge aller Stufen von A.-Organen α (Groß- und Einzelhandelsbetriebe, Kommissionäre, Handelsvertreter, die so genannten A.-Mittler), die ein Wirtschaftsgut regelmäßig durchläuft, um vom Hersteller auf den Endabnehmer überzugehen.
📖 *Evers, M. u. Schulz, Gerhard: Beschaffung, Produktion, A.* Magdeburg u. a. 1993. – *Pohmer, D. u. Bea, F. X.: Produktion u. A.* Göttingen ³1994.

Absatzgenossenschaft, Genossenschaft zum gemeinsamen Verkauf von Waren, bes. im landwirtsch. Bereich.

Abschattung, Behinderung der Ausbreitung von elektromagnet. Wellen auf dem direkten Weg zw. Sender und Empfänger durch künstl. oder natürl. Hindernisse (z. B. Hochhäuser, Berge).

Abscheiden, das Abtrennen von flüssigen oder festen Stoffen aus Gasen und Dämpfen oder von festen Stoffen aus Flüssigkeiten.

Abscheider, *Abwassertechnik:* Vorrichtung zum Auffangen und Abtrennen spezifisch leichterer Bestandteile aus dem Abwasser, z. B. ↑Ölabscheider, ↑Fettabscheider.

Abscheren, das Trennen eines Werkstoffs oder -stücks (z. B. mit Schnittwerkzeug) durch Schub- oder Scherkräfte, die größer als die Scherfestigkeit des Werkstoffes sind.

Abscherung, tekton. Vorgang, bei dem ein Gesteinsverband von seiner Unterlage gelöst hat und auf ein anderes Gestein aufgeschoben wurde.

Abschiebung, *Recht:* ↑Ausländer.

Abschied, 1) Entlassung aus dem Dienst (Beamte, Militär). **2)** im altdt. *Verfassungsrecht* der ↑Reichsabschied.

Abschilferung, *Medizin:* die ↑Abschuppung.

Abschirmung, 1) *Elektrodynamik:* (elektromagnet. A.), das Fernhalten oder Einschließen elektrostat., magnetostat. oder elektromagnet. Felder bzw. Strahlung von oder in einem begrenzten Gebiet, z. B. durch einen ↑Faraday-Käfig. **2)** *Kern-* und *Strahlenschutztechnik:* Schutzmaßnahme gegen ionisierende Strahlung (↑Strahlenschutz).

Abschlag, 1) *Sport:* Fußball: ↑Abstoß; Golf: ebene Grasfläche, Startplatz für das zu spielende Loch. **2)** *Vorgeschichte:* ein vom Menschen, v. a. der ↑Altsteinzeit, von einem Kern abgeschlagenes Stück aus kieseligem Gestein (Silex); unterschiedl. A.-Techniken (z. B. ↑Levalloistechnik) ergaben unterschiedl. Abschlagformen. **3)** *Wirtschaft:* vorzeitig ausgezahlter Teilbetrag; im Handel Vergütung für Gewichtsverluste der Ware (beim Sortieren u. a.); im Bankwesen das ↑Disagio.

Abschlagsverteilung, Teilausschüttung aus der Insolvenzmasse an die Gläubiger vor der Schlussverteilung.

Abschluss, 1) *Börsenwesen:* ein zunächst mündl., zum **A.-Kurs** geschlossener Kaufvertrag, der durch die ↑Schlussnote bestätigt wird. **2)** *Handelsrecht:* die nach § 242 HGB zum Schluss eines Geschäftsjahres erforderl. Endabrechnung der Bücher und Konten zur Ermittlung des Geschäftserfolgs (↑Jahresabschluss, ↑Bilanz).

Abschöpfung, Abgabe, durch die der Preis einer Ware bei der Einfuhr dem im Inland festgelegten oder angestrebten Preis angeglichen wird. Den Differenzbetrag zum niedrigeren Weltmarktpreis zahlt der Importeur an der Einfuhrstelle. Die A. in den Agrarmarktordnungen der EG sind aufgrund der GATT-Vereinbarungen durch Zölle ersetzt worden.

Abschrecken, sehr schnelles Abkühlen eines erhitzten oder verflüssigten Materials durch Einbringen in ein geeignetes Kühlmittel (z. B. Wasser, Öl, auch Kaltluft), um ihm bestimmte Werkstoffeigenschaften zu geben.

Abschreckungstheorie, ↑Prävention.

Abschreibung, 1) *Betriebswirtschaft:* rechner. Erfassung von Wertminderungen

Abschuppung ABS

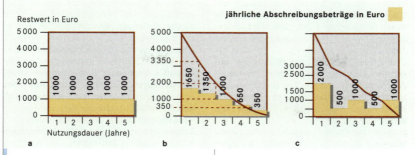

Abschreibung 1): Beispiele einer linearen Abschreibung (a), einer degressiven Abschreibung (b) und einer Abschreibung nach Leistung (c)

betriebl. Vermögensgegenstände entweder durch Herabsetzung des Wertes des abzuschreibenden Gegenstandes auf der Aktivseite der Bilanz (direkte A.) oder durch Ansatz eines Wertberichtigungsbetrages auf der Passivseite (indirekte A.). Die A. dient der richtigen Verteilung von Ausgaben auf die Perioden, in denen der Wert des angeschafften Gutes verzehrt wurde. A. sind somit Aufwand im Rahmen der Erfolgsrechnung und Kosten im Rahmen der Kosten- und Ergebnisrechnung. *Ursachen der A. sind:* Zeitablauf: Ablauf der Mietzeit für ein Grundstück, auf dem eine Anlage steht, Ablauf von Patenten u. Ä.; Verschleiß: ruhender Verschleiß, der unabhängig von der tatsächl. Inanspruchnahme erfolgt; nutzungsbedingter Verschleiß (Substanzverringerung); Fortschritt/Entwicklung: Nachfrageverschiebungen z. B. durch Änderungen der Mode, der Lebensgewohnheiten der Verbraucher u. a.; Zufallsereignisse: Katastrophen, wirtsch. Zusammenbrüche von Schuldnern, Verlust von Absatzmärkten. – *Planmäßige A.* (bei Zeitablauf, Verschleiß, u. U. techn. Fortschritt) erfolgen bei abnutzbarem, mehr als ein Jahr verwendbarem Anlagevermögen (Bauten, Betriebseinrichtungen, Fahrzeuge), wobei A.-Dauer und jährl. A.-Betrag im Vorhinein festgelegt werden. Grundstücke unterliegen grundsätzlich keiner planmäßigen A., ebenso wenig das Umlaufvermögen. In der Steuerbilanz sind außer den durch tatsächl. Wertminderungen verursachten **Absetzungen für Abnutzung** (AfA, § 7 Einkommensteuer-

Ges.) noch verschiedene planmäßige Sonder-A. aus wirtschafts- und sozialpolit. Gründen zulässig. – Die grundlegenden A.-Methoden sind die **degressive A.** (A.-Beträge werden mit zunehmender A.-Dauer immer kleiner) und die **lineare A.** (A.-Beträge bleiben immer gleich). Daneben gibt es noch die Varianten der arithmetisch- und der geometrisch-degressiven A., die progressive A. sowie die A. nach der Leistung.

📖 *Breidert, U.: Grundsätze ordnungsmäßiger Abschreibungen auf abnutzbare Anlagegegenstände. Düsseldorf 1994. – Frank, M.: Bewertung u. a. Stuttgart u. a. ⁶2001.*

2) *Grundbuchrecht:* Übertragung eines Grundstücksteils als selbstständiges Grundstück auf ein neues Grundbuchblatt.

Abschuppung (Desquamation), **1)** *Geomorphologie:* das Absprengen von Ge-

Abschuppung 1): Schalenbildung und Absprengung an einem Gestein

ABS Abschuss

steinsschalen an Felswänden, bes. in ariden und semiariden Gebieten, bedingt v. a. durch den starken Temperaturwechsel zw. Tag und Nacht, Salzsprengung und Druckentlastung.
2) *Medizin:* (Abschilferung), ständige, unmerkl. Abstoßung der obersten Hornschicht der Haut; kann bei Hautkrankheiten (z. B. Schuppenflechte) gestört sein.
Abschuss, regulierendes Schießen von Wild.
Abschussrampe (Abschussbasis), mobile oder ortsfeste Vorrichtung zum Starten von Flugkörpern und Raketen.
Abschwung, *Wirtschaft:* ↑Konjunktur.
Absehen von Strafe, gerichtl. Verzicht auf Strafe (nur bei Freiheitsstrafen bis zu einem Jahr, § 60 StGB), wenn die Folgen der Tat, die den Täter getroffen haben, so schwer sind, dass die Verhängung einer Strafe verfehlt wäre (z. B. schwere eigene Verletzung bei verschuldetem Verkehrsunfall).
Abseilen, *Alpinismus:* Absteigen mithilfe eines Seils, um Stellen zu überwinden, die durch freies Klettern nur schwer oder gar nicht zu bewältigen wären.
Abseite, *Textiltechnik:* Unterseite eines beidseitig verwendbaren Gewebes.
Abseits, Regelverstoß in Ballsportarten, z. B. Fußball, Hockey, Rugby. So ist im *Fußball* ein Spieler (mit Ausnahmen) im A., wenn er in dem Augenblick, in dem der Ball gespielt wird, der gegner. Torlinie näher ist als zwei Abwehrspieler des Gegners (↑passives Abseits).
Absence [apˈsãːs; frz. »Abwesenheit«] *die, Medizin:* kurze (sekundenlange) Bewusstseinstrübung bei Epilepsie.
Absenker, *Botanik:* ↑Ableger.
Absentismus *der,* **1)** motivationsbedingte Fehlzeiten in einem Betrieb, die keine medizin. oder vertragl. Ursache (Urlaub, Freistellung) haben.
2) Abwesenheit der Großgrundbesitzer von ihren Gütern, die sie lediglich als Rentenquelle betrachten und durch Gutsbeamte verwalten lassen oder verpachten; in vielen Ländern durch Agrarrevolutionen und -reformen beseitigt.
Absetzbecken, Sammelbecken zur Sedimentation von ungelösten absetzbaren Stoffen. (↑Abwasserreinigung)
Absetzer, auf Raupen oder Schienen fahrender Bandförderer zum Anschütten von Abraumkippen im Braunkohlentagebau.

Der von Zügen herangefahrene Abraum gelangt auf den Förderbändern über den bis 100 m langen Abwurfausleger des A. auf die Kippe.
Absetzung für Abnutzung, Abk. **AfA,** *Steuerrecht:* die ↑Abschreibung.
Absicht, besondere Form des Vorsatzes, die Zielvorstellung des Täters bzw. des Handelnden; im Strafrecht Element der Schuld, im Zivilrecht des Verschuldens.
Absichtssatz, der ↑Finalsatz.
Absiedelung, *Medizin:* die ↑Metastase.
Absinth [grch.] *der,* ein aus Wermut hergestellter Likör oder Trinkbranntwein mit Anis- und Fenchelzusatz; führt bei Missbrauch infolge seines Gehaltes an Thujon (Gift des Wermutöls) zu Gesundheitsschäden. Seine Herstellung war in Dtl. durch das A.-Gesetz von 1923–81 verboten, darüber hinaus in Frankreich, Belgien, der Schweiz und in Italien. Das Verbot der Verwendung von Thujon wirkte jedoch über die Aromen-VO von 1981 fort (ausgenommen thujonhaltige Pflanzen wie Wermutkraut und Beifuß). Die Aromen-VO i. d. F. v. 2. 4. 1985 schrieb Grenzwerte vor, die in die EG-Aromenrichtlinie vom 22. 6. 1988 übernommen worden sind. Zusätzlich festgelegt wurde ein Grenzwert von 35 mg/l für Bitterspirituosen.
Absolues [absɔˈly, frz.] *Pl.,* die alkohollösl. Anteile der aus Pflanzenteilen extrahierten Blütenöle; für Duftstoffe verwendet.
Absolute *das, Philosophie:* das Unbedingte, nur durch sich selbst Bedingte, eine metaphys. Annahme, die eine Erklärung der Welt durch Rückführung auf den Grund oder das Ganze der Welt geben will. Die grch. Philosophie schloss auf eine oberste, transzendente Bedingung alles Bedingten: die Idee des an sich Guten bei Platon, der unbewegte Beweger bei Aristoteles, das Eine bei Plotin. Im MA. wurde der Gottesbegriff mit der Bedeutung des A. verbunden. In der neuzeitl. Philosophie wird das A. z. B. als Idee der Totalität aller Bedingungen (Kant), absolutes Ich (Fichte), absoluter Geist (Hegel), Identität von Natur und Geist (Schelling) und Wille (Schopenhauer) gedacht. Für den Materialismus ist das A. die Materie, für den anthropolog. Materialismus (Feuerbach) der Mensch, für den dialekt. Materialismus die gesellschaftl. Praxis bzw. Arbeit.
absolute Dichtung, ↑Poésie pure.

absolute Helligkeit, *Astronomie:* Formelzeichen M, die in ↑Größenklassen ausgedrückte scheinbare Helligkeit eines Himmelskörpers in einer Standardentfernung von 10 pc (Parsec).
absolute Höhe, die Höhe eines Punktes der Erdoberfläche über ↑Normalnull.
absolute Malerei, die ↑abstrakte Kunst.
absolute Mehrheit, mehr als 50% der abgegebenen Stimmen oder der Zahl der gesetzl. Mitglieder (↑Wahlrecht).
absolute Musik, um die Mitte des 19. Jh. geprägter Begriff für reine Instrumentalmusik, die frei von außermusikal. Inhalten (z. B. von Texten, Sujets, Programmen) bzw. von angestrebten Funktionen (z. B. Tanz, Geselligkeit) ist (↑Programmmusik).
absoluter Nullpunkt, der Nullpunkt der thermodynam. Temperaturskala, festgelegt als 0 K (↑Kelvin), 0 K = $-273,15\,°C$; ist nach dem nernstschen Wärmetheorem (↑Thermodynamik) nicht erreichbar. (↑Tieftemperaturphysik)
absolutes Gehör, die Fähigkeit, Töne in ihrer tatsächl. Lage ohne vorgegebenen Bezugston zu erkennen und zu bestimmen.
absolutes Recht, ein gegenüber jedermann wirkendes, unabhängig von einseitiger Anerkennung bestehendes Recht (z. B. Recht auf Leben, die Ehre, das Eigentum); Ggs.: relatives Recht.
absolute Temperatur, vom ↑absoluten Nullpunkt aus in Kelvin gemessene Temperatur.
Absolution *die,* kath. Kirche: die Lossprechung von Sünden und Kirchenstrafen im Sakrament der Buße (↑Beichte).
Absolutismus *der,* Regierungsform der Monarchie, in der der Herrscher die von Mitwirkungs- und Kontrollorganen nicht eingeschränkte Herrschaftsgewalt innehat. Der Fürst steht dabei als Träger der Souveränität über den Gesetzen, bleibt aber an die Gebote der Religion, an das Naturrecht und die Staatsgrundsätze gebunden (nicht in der ↑Despotie und im ↑Totalitarismus). Die absolute Monarchie des 17. und 18. Jh. setzte sich nach einer Phase des **Früh-A.** (15./16. Jh.) angesichts der Erschütterung der staatl. und gesellschaftl. Ordnung in den Religionskriegen des 16. Jh. durch. In der zweiten Hälfte des 18. Jh. bildete sich der **aufgeklärte A.** (Friedrich d. Gr., Joseph II.) aus (↑Aufklärung). Der A. wurde theore-

Absolutismus: Titelblatt der Originalausgabe des »Leviathan« von Thomas Hobbes, 1651. Der Leviathan, eigentlich ein Seeungeheuer des Alten Testaments, das von Jahwe überwunden wird, wird hier dargestellt als großer Mensch, der sich zusammensetzt aus Tausenden von einzelnen Untertanen. Er steht für den absolutistischen Machtstaat, der die weltliche und geistliche Macht (Schwert und Bischofsstab) innehat und die bedingungslose Unterwerfung des einzelnen Menschen fordert

tisch durch Machiavelli begründet, von J. Bodin und T. Hobbes formuliert. Kernbegriffe waren die Ideen der Souveränität und der Staatsräson sowie die Lehre vom Gesellschaftsvertrag, in der Wirtschaftspolitik der ↑Merkantilismus. Seit der Frz. Revolution wurde der A. durch liberale Verfassungen abgelöst. – Die geschichtl. Bedeutung des A. besteht v. a. darin, dass er versuchte, die Macht der privilegierten Stände (Adel und Klerus) zu brechen.

📖 *Anderson, P.:* Die Entstehung des absolutist. Staates. A. d. Engl. Frankfurt am Main ²1984. – *Garber, J.:* Spätabsolutismus u. bürgerl. Gesellschaft. Studien zur dt. Staats- u. Gesellschaftstheorie im Übergang zur Moderne. Frankfurt am Main 1992. – *Duchhardt, H.:* Das Zeitalter des A. München ³1998. – Der aufgeklärte A. im europ.

Vergleich, hg. v. H. Reinalter u. H. Klueting. Wien u. a. 2002.
absolvieren [lat.], **1)** *allg.:* mit Erfolg durchlaufen und beenden (Schule, Prüfung); etwas ausführen, durchführen. **2)** *kath. Kirche:* die Absolution erteilen, lossprechen.
Absonderung, 1) *Geologie:* Zerteilung eines Gesteins durch Schichtung, Schrumpfung, Spannungsausgleich, Klüftung, Schieferung u. a. in charakterist. Weise, z. B. plattige oder bankige A. bei Sandstein, säulig bei Basalt. **2)** *Medizin:* die ↑Isolierung von Kranken. **3)** *Physiologie:* die nervöse oder hormonell ausgelöste Abgabe flüssiger oder gasförmiger Stoffe aus Drüsen (↑Sekretion) sowie die Ausscheidung von Abbauprodukten (↑Exkretion). **4)** *Recht:* ↑abgesonderte Befriedigung.
Absorber [engl.] *der,* i. w. S. ein absorbierender (aufnehmender) Stoff, i. e. S. Bestandteil einer Absorptionskältemaschine (↑Kältemaschine).
Absorberstab, *Kerntechnik:* Stab aus Neutronen absorbierendem Material zur Regelung der Reaktorleistung **(Regelstab, Steuerstab)** oder Abschaltung des Reaktors, d. h. Unterbrechung der Kernkettenreaktion **(Abschaltstab).**
Absorption [lat.] *die,* **1)** *Physik:* die Abschwächung einer Teilchen- oder Wellenstrahlung beim Eindringen in Materie. Die Energie der absorbierten Strahlung wird dabei in andere Formen, z. B. in Wärme, umgewandelt. Bei konstantem A.-Koeffizienten spricht man von linearer A., hängt er dagegen von der Intensität der einfallenden Strahlung ab, liegt nichtlineare A. vor. Bei der A. von Licht gehen die Moleküle der durchstrahlten Materie z. T. in angeregte Energiezustände über; dabei werden, abhängig vom Material, stets nur bestimmte Wellenlängen absorbiert. Aus den dunklen Linien und Banden in einem **A.-Spektrum** kann man daher auf die Beschaffenheit der Materie schließen. **2)** *physikal. Chemie:* das gleichmäßige Eindringen von Gasen (so genannten Absorbaten) in Flüssigkeiten oder Feststoffe (Absorptionsmittel, Absorbens); Ggs.: Desorption. Bei der **physikal A.** gilt das **Henry-Gesetz,** nach dem bei konstanter Temperatur die Löslichkeit eines Gases proportional zu dessen Druck in der Gasphase ansteigt. Bei der **chem. A.** findet zw. Gas und Absorbens eine meist reversible chem. Reaktion statt. Die A. wird technisch z. B. für die Gasreinigung ausgenutzt. **3)** *Physiologie:* Aufsaugung der von außen zugeführten Gase und Flüssigkeiten durch Haut und Schleimhäute (↑Resorption).
Absorptionsfilter, ein ↑Lichtfilter.
Absorptionslinie, Spektrallinie im Absorptionsspektrum, die Übergängen zw. diskreten Energiezuständen des absorbierenden Mediums entspricht, z. B. die Fraunhofer-Linien im Sonnenspektrum.
Abspannen, die Sicherung von Masten, Gerüsten u. a. mit Halteseilen zur Erhöhung der Standfestigkeit.
Absperr|organe, zusammenfassende Bez. für ↑Ventil, ↑Schieber, ↑Klappe, ↑Hahn.
ABS-Polymerisate, Abk. für Acrylnitril-Butadien-Styrol-Polymerisate, thermoplast. Kunststoffe von hoher Schlagfestigkeit; verwendet im Kfz- und Haushaltsgerätebau sowie für Schutzhelme.
Abspülung, flächenhafte Abschwemmung feiner Gesteinsteile von der Erdoberfläche durch Regenwasser.
Abstammung, 1) *Genealogie:* ↑Filiation. **2)** *Recht:* die Herkunft aus ununterbrochener leibl. Kindschaft. Rechtlich wurde ehel. A. und nichtehel. A. unterschieden; das Kindschaftsrechtsreform-Ges. vereinheitlichte für alle nach dem 1. 7. 1998 geborenen Kinder das A.-Recht (↑Mutter, ↑Vaterschaft).

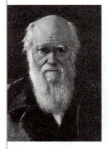

Abstammungslehre: der Brite Charles Darwin, einer der wichtigsten Wegbereiter der Abstammungslehre

Abstammungslehre (Evolutionstheorie, Deszendenzlehre), die Lehre, dass alle auf der Erde lebenden Organismen im Verlauf der erdgeschichtl. Entwicklung aus primitiver organisierten Vorfahren entstanden sind. Die A. wurde durch

J. B. A. P. de Lamarck 1809 wiss. begründet und 1859 durch C. Darwin vertieft und verbreitet. Beweise für die A. liefern Funde ausgestorbener Lebewesen, die Entwicklungsgeschichte, Einheitlichkeiten im Körperbau und die Tier- und Pflanzengeographie. Die heutige A. erkennt allgemein die Mutations-Selektions-Theorie an und zeigt, dass die Evolution in kleinen Schritten erfolgt. Als stammesgeschichtl. Ausgangspunkt für die Menschenartigen gelten kurzarmige Menschenaffen (Dryopithecus) aus dem unteren bis mittleren Miozän.

📖 *Darwin, C.: Die Abstammung des Menschen, übers. v. J. V. Carus. Wiesbaden ²1992 (engl. Originalausgabe 1871). – Feustel, J.: Abstammungsgeschichte des Menschen. Jena ⁶1992. – Junker, R.: Stammt der Mensch von Adam ab? Die Aussagen der Bibel u. die Daten der Naturwissenschaft. Neuhausen-Stuttgart ³1995. – Brunner, R. G.: Wie das Leben entstand oder das Geheimnis des Lebens. Berlin 1996.*

Abstammungsnachweis, 1) *Genealogie:* ↑Ahnenprobe, ↑Filiationsprobe.
2) *Zoologie:* Ahnen- und Leistungsnachweis von Zuchttieren.

Abstammungsprinzip, ↑Staatsangehörigkeit.

Abstand, 1) *Mathematik:* die Entfernung zw. zwei Punkten bzw. von einem Punkt zu einer Kurve oder einer Fläche.
2) *Recht:* Zahlung für das Überlassen einer Sache oder eines Rechts.

Abstandswaffen, ferngelenkte oder zielsuchende Flugkörper und Raketen für den Luft-Boden-Einsatz (z. B. ↑Cruise-Missile), die in so großem Abstand vom Ziel ausgelöst werden können, dass das angreifende Flugzeug nicht in den Bereich der gegner. Flugabwehrsysteme einzudringen braucht.

Abstandswarngerät, ↑Auffahrwarngerät.

absteigende Linie, *Genealogie:* Abstammungsreihe der ↑Deszendenz; die Darstellung erfolgt in Form der Enkeltafel.

Absterben, *Medizin:* 1) (Fruchttod), das A. des Kindes während der Schwangerschaft; häufige Ursache einer Fehlgeburt.
2) (Gewebetod), von Zellen, Organen und Körperteilen, die ↑Nekrose.
3) das Gefühlloswerden von Gliedmaßen.

Absterbeordnung, Teil der ↑Sterbetafel.

Abstich, 1) Trennung des Fassweins vom Bodensatz.
2) *Hüttentechnik:* das Ablassen (**Abstechen**) der Schmelze aus metallurg. Öfen; auch die Öffnung dafür (**Eisenschlacken-A.**).

Abstillen (Ablaktation), das Entwöhnen des Säuglings von der Muttermilch.

Abstimmung, 1) Verfahren zur Ermittlung des Willens einer Gesamtheit von Personen oder Staaten über einen Antrag, einen Vorschlag oder eine Frage, z. B. in Vereinen, vor Gericht, beim Parlament, in internat. Organisationen, in Volksversammlungen, bei ↑Volksentscheid oder ↑Volksbegehren. Die A. kann geheim sein durch Abgabe von Stimmzetteln oder ↑Ballotage oder öffentlich durch Zuruf (↑Akklamation), Handaufheben, Aufstehen, ↑Hammelsprung oder namentl. Stimmabgabe.
2) die Einstellung eines elektr. Schwingkreises auf die Frequenz des zu empfangenden Senders.

Abstimmungsgebiete, dt. und österr. Grenzgebiete, in denen aufgrund der 1919 geschlossenen Verträge von Versailles (↑Versailler Vertrag und Vertrag von ↑Saint-Germain-en-Laye) eine Volksabstimmung über die staatl. Zugehörigkeit entscheiden sollte. Folgende Gebiete waren betroffen: in Dtl. Saargebiet (↑Saarland), ↑Eupen-Malmedy, ↑Nordschleswig, ↑Ostpreußen, ↑Westpreußen, Oberschlesien (↑Schlesien); in Österreich Südkärnten (↑Kärnten) und ↑Burgenland.

Abstinenz [lat.] *die,* Enthaltsamkeit, v. a. Verzicht auf Alkohol.

Abstoß, *Fußball:* Beförderung des ruhenden Balles vom Torraum ins Spielfeld; aus der Hand des Torhüters: **Abschlag.** Aus beiden kann direkt ein Tor erzielt werden.

Abstoßungsreaktion, durch das Immunsystem bewirkte normale biolog. Abwehrreaktion des Körpers nach Übertragung von körperfremden Geweben oder Organen (↑Transplantation).

Abstract ['ɛpstrɛkt, engl.] *das,* kurzer Abriss, kurze Inhaltsangabe eines Artikels oder Buches.

Abstraction-Création [abstrak'sjɔ̃ krea'sjɔ̃, frz.], 1931 in Paris gegr. Künstlervereinigung, die bis 1936 das organisator. und geistige Zentrum der verschiedensten abstrakten Richtungen mit Akzent auf der konkreten, konstruktiv orientierten Malerei und ihren geometr. Farbkompositionen war. Mitgl. u. a. El Lissitzky, P. Mondrian, W. Kandinsky.

abstrahieren [lat.], zum Begriff verallgemeinern, das Wesentliche vom Zufälligen sondern.

abstrakt, rein begrifflich, unanschaulich, von der Wirklichkeit abgetrennt; Ggs.: konkret.

abstrakte Dichtung, Dichtung ohne sachl. »Inhalt«, charakterisiert durch alogische oder völlig sinnfreie Wort-, Buchstaben- oder Lautgruppen. Verwirklicht wird sie v. a. von den Vertretern der ↑experimentellen Dichtung, in der dt.sprachigen Literatur von der ↑konkreten Poesie.

📖 *Schmitz-Emans, M.: Die Sprache der modernen Dichtung. München 1997. – Konkrete Poesie: dt.sprachige Autoren; Anthologie, hg. v. E. Gomringer u. O. Herwig. Stuttgart 2001.*

abstrakte Kunst (gegenstandslose Kunst, gegenstandsfreie Kunst), eine Phase der ↑modernen Kunst, die dem Stil oder Gefüge der reinen Farben und Formen Wirkungen abgewinnt, die ohne den Verzicht auf Gegenstandsabbilder nicht erreicht werden können. I. w. S. gehören auch Werke zur a. K., die Dingliches noch in stark abgewandelter Form erkennen lassen. Die Vielfalt der a. K. zw. etwa 1910 und den 1950er-Jahren lässt sich auf die beiden Linien ihrer Entstehung zurückführen: die aus dem Expressionismus kommende frei malerische Richtung (von W. ↑Kandinsky begründet, vorbereitet von Jugendstilkünstlern wie M. K. Čiurlionis

abstrakte Kunst: Wassily Kandinsky, »Improvisation 20« (1911; Moskau, Puschkin-Museum)

und H. Obrist), die im ↑abstrakten Expressionismus und der ↑informellen Kunst endete, und die fast gleichzeitig (um 1910–13) vom ↑Kubismus ausgehende geometrisierende Richtung (u. a. F. Kupka, K. Malewitsch, P. Mondrian), die zum ↑Konstruktivismus, zur Gruppe De ↑Stijl, zur ↑konkreten Kunst u. a. führte.

📖 *Morris, J.: Warum ist das Kunst? Eine illustrierte Einführung in das Kunstverständnis, in die Moderne Kunst u. die zeitgenössischen Stile. A. d. Amerikan., München 1971. – Die neue Wirklichkeit. Abstraktionen als Weltentwurf. Ausst.-Kat. Wilhelm-Hack-Museum Ludwigshafen am Rhein, hg. v. R. W. Gassen u. B. Holeczek. Ludwigshafen am Rhein 1995.*

Abstrakten [mlat. »die Fortgezogenen«], die Teile einer Orgel, die die Tasten mit den Pfeifenventilen verbinden.

abstrakter Expressionismus, erstmals für Ausdrucksgebärden des Expressionismus in den 1920er-Jahren verwendet (bes. für Bilder von W. Kandinsky). A. H. Barr übertrug den Begriff auf die automat. Umsetzung von Gestaltungs- und Erlebnisimpulsen ohne rationale Kontrolle in der amerikan. Malerei der 1940er- und 1950er-Jahre (W. de Kooning, R. Motherwell, F. Kline, M. Tobey u. a.), sie steigerte sich im ↑Action-Painting von J. Pollock. Der a. E. war weltweit verbreitet, auch unter der Bez. ↑informelle Kunst.

abstraktes Rechtsgeschäft, ein Rechtsgeschäft, das nicht notwendig erkennen lässt, aus welchem Rechtsgrund (causa) es geschlossen wird, und das von diesem unabhängig ist; z. B. kann dem a. R. der Eigentumsübertragung ein Kaufvertrag oder eine Schenkung zugrunde liegen. Ggs.: kausales Rechtsgeschäft.

Abstraktion *die,* dem Wortsinn nach ein »Abziehen« oder Herauslösen von Teilgehalten, Aspekten, Merkmalen aus einem konkreten Ganzen; Resultat des A.-Prozesses ist der ↑Begriff.

Abstraktum *das,* Begriffswort zur Bezeichnung nicht gegenständlicher Erscheinungen (zum Beispiel Freundschaft, Erkenntnis, Trauer).

Abstreifreaktion (Strippingreaktion), Kernreaktion, bei der ein mit einem Deuteron beschossener Atomkern dessen Neutron oder Proton absorbiert und das andere Nukleon streut.

Abstrich, 1) *Medizin:* Zellentnahme von der Haut- oder Schleimhautoberfläche zur bakteriolog. oder zytolog. Untersuchung, z. B. Rachen-A. bei Verdacht auf Diphtherie. (↑Zytodiagnostik) **2)** *Musik:* bei Streichinstrumenten die ziehende Bewegung des Bogens auf den Saiten, vom Griffende (↑Frosch) bis zur Spitze; in der Notenschrift: ⊓; Ggs.: Aufstrich.

abstrus [lat.], dunkel, verworren.

Abstumpfen, 1) *Chemie:* das Vermindern der Konzentration von Wasserstoff- oder Hydroxidionen durch ↑Puffer. **2)** *Psychologie:* die Abnahme der Gefühlsansprechbarkeit, tritt v. a. bei psych. Übersättigung, Erschöpfung u. Ä. auf.

Absturz, 1) *Informatik:* Zusammenbruch eines laufenden Programms infolge eines Fehlers oder Defekts. **2)** *Wasserbau:* (Sohlabsturz), Konstruktionselement zur Längsschnittgestaltung eines Wasserlaufs.

Absud *der,* die ↑Abkochung.

absurdes Theater (absurdes Drama), Ausdrucksform des Theaters, die die Sinnentleertheit der Welt und die Entfremdung des Menschen von seiner Umwelt und sich selbst enthüllen will. An die Stelle der Handlung des »bürgerl.« Dramas treten im a. T. abstrakte Parabeln oder Darstellungen monotoner Alltagswelten. Kommunikationsverlust und Entmenschlichung werden durch Reduktion und Verstummen der Sprache gespiegelt. Wegbereiter waren u. a. A. Jarry und G. Apollinaire; bed. Vertreter: E. Ionesco, S. Beckett; weiterhin A. Adamov, W. Gombrowicz, S. Mrożek, F. Arrabal; Züge des a. T. zeigen auch Werke von H. Pinter, E. Albee, P. Handke und V. Havel. ▭ *Daus, R.: Das Theater des Absurden in Frankreich. Stuttgart 1977. – Esslin, M.: Das Theater des Absurden von Beckett bis Pinter. Reinbek 79.–81. Tsd. 1991.*

Abszess [lat.] *der,* durch Bakterien hervorgerufene, örtlich umschriebene, eingekapselte Entzündung im Körpergewebe mit zentraler Einschmelzung und Eiterbildung; meist mit Rötung, Schwellung, Erwärmung und Schmerzen beim **akuten** oder **heißen A.** Der **kalte A.** entsteht durch chron., meist tuberkulöse Entzündung.

Abszisse [lat.] *die,* erste ↑Koordinate (i. Allg. die x-Koordinate) eines Punktes im ebenen kartes. Koordinatensystem; die zugehörige Koordinatenachse heißt A.-Achse.

Abt [zu Abba], Vorsteher eines Klosters der älteren kath. Orden und in der Ostkirche. Er besitzt als regierender A. ordentl. Gerichtsbarkeit über die Angehörigen seiner Abtei (**Regular-A.**) oder auch über ihr Gebiet (**A. nullius,** bis 1977). Ohne kirchl. Amtspflichten, aber im Besitz der Privilegien des A. (↑Pontifikalien) ist der **Titular-A.** Die Wahl eines A. erfolgt durch den Ordenskonvent. **A.-Präses, Erz-A., General-A.,** der Vorsteher einer monast. Kongregation. **A.-Primas,** der Generalobere des Benediktinerordens. **Kommendatar-A., Laien-A.,** früher: ein Weltgeistlicher, dem die Einkünfte einer Abtei unter Befreiung von kirchl. Amtspflichten übertragen waren.

Abtasten (engl. Sampling), *Messtechnik:* punktweises Aufnehmen von Informationen mittels elektr., magnet., opt. (↑Scanning) u. a. Methoden; in der Nachrichtenverarbeitung die Entnahme von Momentanwerten eines Signals zu bestimmten Zeitpunkten.

Abtast|theorem (Samplingtheorem), Zusammenhang, der die Wiedergewinnung eines kontinuierl. (analogen) Signals aus einem abgetasteten Signal beschreibt. Nach dem **shannonschen A.** gilt: Aus einem abgetasteten (diskreten) Signal lässt sich das ursprüngl. analoge Signal fehlerfrei rekonstruieren, falls das ursprüngl. Signal nur Frequenzkomponenten besitzt, die kleiner als eine maximale Frequenz f_{max} sind, und für den Abtastabstand (die Abtastperiodendauer) $T_A \leq 1/(2f_{max})$ gewählt wird. – Die Anwendung des A. ist insbes. in der digitalen Signalverarbeitung gegeben, deren Gegenstand die Analyse und Verarbeitung der durch Abtastung und Quantisierung kontinuierl. Signale entstandenen digitale Signale ist.

Abtei [aus mlat.], unter einem ↑Abt oder einer Äbtissin stehendes Kloster.

Abteilung, 1) *allg.:* in sich geschlossener Teil(bereich) einer größeren organisator. oder systemat. Einheit. **2)** *Biologie:* (Divisio), systemat. Kategorie des Pflanzen- und Tierreichs, die in einzelne Stämme zerfällt. **3)** *Forstwirtschaft:* rd. 10–30 ha große, zum Zweck der Verwaltung und Bewirtschaftung abgegrenzte Waldfläche; sie ent-

ABT Abteufen

spricht dem regionalen **Jagen** oder **Distrikt**.
4) *Geologie:* Unterabschnitt eines ↑geologischen Systems.
5) *Recht:* Untergliederung des Grundbuchblatts (↑Grundbuch).
Abteufen [von mhd. teufe »Tiefe«], *Bergbau:* das Herstellen eines senkrecht stehenden Grubenraumes (zum Beispiel Schacht, Bohrloch).
Äbtissin, Vorsteherin eines Frauenklosters mit Benediktinerregel und bei den Klarissen, früher auch eines Kanonissenstiftes.
Abtragung, 1) *Geomorphologie:* Gesamtheit aller Vorgänge, die zum Erniedrigen und Einebnen der Erdoberfläche führen; ↑Abrasion, ↑Erosion, ↑Solifluktion.
2) *Werkstoffkunde:* therm. oder chem. Bearbeitungsverfahren zum Werkstoffabtragen, z. B. Ätzen, Elysieren, Erodieren.
Abtreibung, ↑Schwangerschaftsabbruch.
❖ **siehe ZEIT Aspekte**
Abtretung (Zession), **1)** *Völkerrecht:* die vertragl. Überlassung eines Staatsgebiets (nur unter Beachtung des Selbstbestimmungsrechts der Völker zulässig), im Unterschied zur ↑Besetzung und zur ↑Annexion.
2) *Zivilrecht:* die Übertragung von Rechten durch Rechtsgeschäft, z. B. Forderungs-A. (↑Forderungsübergang), A. des Herausgabeanspruchs.
Abtrieb, 1) *Forstwirtschaft:* der ↑Kahlhieb.
2) *Landwirtschaft:* Taltrieb des Viehs von der Alm zur winterl. Stallfütterung.
3) *Maschinenbau:* das Glied eines Getriebes, an dem die (umgeformte) Energie abgenommen wird, z. B. A.-Welle.
Abtrift, ↑Abdrift.
Abu [arab. »Vater«], vor arab. Personen-, Ehren- und Ortsnamen: »Vater des (der) ...«, auch übertragen »der mit dem (der) ...«, z. B. »A. Bakr« (Vater des Bakr), »A. l-Makarim« (der mit den edlen Eigenschaften).
Abubacer, arab. Philosoph, ↑Ibn Tufail.
Abu Bakr (Abu Bekr), erster Kalif, *Mekka um 573, †Medina 23. 8. 634; Vater der ↑Aischa; Anhänger Mohammeds, legte den Grund zu den islam. Eroberungen (634/651).
Abu Dhabi, 1) Scheichtum der ↑Vereinigten Arabischen Emirate.
2) Hptst. von 1) und des gesamten Landes,
Altstadt auf einer Insel (Brücke zum Festland) vor der SO-Küste des Pers. Golfes, 363 000 Ew.; petrochem. Ind.; internat. Flughafen.
Abuja [-dʒ-], Hptst. von Nigeria, im Landesinnern, nördl. der Mündung des Benue in den Niger, 423 400 Ew.; internat. Flughafen. – Seit 1979 aufgebaut; seit 1991 offizielle Hptst. des Landes.
Abukir, Seebad bei Alexandria, Ägypten. – Mit dem Sieg des brit. Admirals Nelson am 1. 8. 1798 bei A. über die frz. Flotte, die den Feldzug Napoleon Bonapartes nach Ägypten deckte, gewann Großbritannien die Herrschaft im Mittelmeer.
Abukumalit [nach dem Abukumabergland, Japan] *der,* Mineral, yttriumhaltige Varietät des Apatits.
Abuladse, Tengis, georg. Filmregisseur, *Kutaissi 31. 1. 1924, †Tiflis 6. 3. 1994; Erneuerer des georg. Films, drehte poet. Filmallegorien (»Magdanas Esel«, 1956; »Großmutter, Iliko und Illarion und ich«, 1963) sowie eine Trilogie über Schuld und Sühne: »Das Gebet« (1968), »Baum der Wünsche« (1977) und »Reue« (1984).
Abulie [grch.] *die,* krankhafter Zustand der Willen- oder Entschlusslosigkeit.
Abu Mena (Menasstadt), ägypt. Wallfahrtsort und Ruinenstätte rd. 40 km südwestlich von Alexandria (↑Menas).
Abuna [arab. »unser Vater«] *der,* frühere Bez. des leitenden Bischofs der ↑äthiopischen Kirche; heute Nebentitel ihres Patriarchen, auch Ehrenbez. äthiop. Bischöfe.
Abundanz [lat.] *die,* **1)** *Biologie:* durchschnittl. Individuenzahl einer Pflanzen- oder Tierart in einer bestimmten Flächen- oder Raumeinheit.
2) *Sprache:* Fülle des Ausdrucks; ↑Redundanz.
ab urbe condita [lat.], Abk. **a. u. c.,** »seit Gründung der Stadt (Rom)«, d. h. seit 753 v. Chr.
Abu Simbel, zwei Felsentempel am westl. Nilufer der 1. und 2. Stromschnelle, von Ramses II. (13. Jh. v. Chr.) angelegt. Der große Tempel wurde 63 m tief in den Felsen gebaut; vor den Fassaden Sitz- und Standbilder des Königs und der Königin. Der ursprüngl. Standort liegt heute im Nassersee. Die Tempel wurden deshalb 1964–68 auf Initiative der UNESCO in 1 036 Blöcke zersägt und in gleicher Lage auf der Hochfläche 60 m höher unter zwei

Abwasserreinigung ABW

armierten Betongewölben wieder aufgebaut (UNESCO-Weltkulturerbe).

Abusir, Name mehrerer Orte und Ruinenstätten in Ägypten; der bedeutendste Ort liegt in der Prov. Giseh, mit Pyramiden und Tempeln von vier Pharaonen der 5. Dynastie.

Abusus *der* (Missbrauch), Anwendung von Arznei- oder Genussmitteln (z. B. Tabak, Alkohol) ohne medizin. Grund bzw. in zu großer Menge; kann zu Abhängigkeit führen.

Abutilon [arab.] *das,* die Pflanzengattung ↑Schönmalve.

Abwärme (Abhitze), als Nebenprodukt anfallende Restwärme in Flüssigkeit (Kühlwasser), Dampf oder Gas nach Austritt aus Kraftmaschinen oder Apparaten nach Hochtemperaturprozessen. Sie wird z. B. genutzt zur Kühlung, zur Heizung, zur Vorwärmung von Kesselspeisewasser oder zur Erzeugung mechan. Energie (↑Kraft-Wärme-Kopplung). A. kann Gewässer erwärmen und das Klima belasten.

Abwasser, das durch häusl., gewerbl. und industriellen Gebrauch verunreinigte abfließende Wasser (Schmutzwasser), auch das Niederschlagswasser aus dem Bereich von Ansiedlungen. Der Grad der Belastung des A. (A.-Last) kann u. a. durch den ↑biochemischen Sauerstoffbedarf (BSB), den ↑chemischen Sauerstoffbedarf (CSB) und den Anteil an absetzbaren Stoffen ausgedrückt werden.

Abwasserabgabe, Abgabe, die durch den Einleiter (v. a. Unternehmen, Gemeinden und Abwasserverbände) von verschmutzten Abwässern in Gewässer nach dem A.-Ges. i. d. F. v. 3. 11. 1994 zu entrichten ist. Bemessungsgrundlage bilden Schadeinheiten, die jährlich ermittelt werden. Die Höhe der A. richtet sich i. d. R. nach der Schädlichkeit des Abwassers: Der Abgabensatz stieg von (1981) 12 DM stufenweise auf (1997) 70 DM (seit 1. 1. 2002 35,79 €) je Schadeinheit; er vermindert sich um bis zu 75% bei Einhaltung wasserrechtl. Mindestforderungen. Das Aufkommen der zweckgebundenen A. wird für Maßnahmen zur Erhaltung oder Verbesserung der Wassergüte verwendet.

Abwasserreinigung, die Reinigung der Abwasser in Kläranlagen vor ihrer Einleitung in einen Wasserlauf (Vorfluter). Städt. Abwässer enthalten außer Sandbeimengungen grobe, schwimmende Schmutz-

Abu Simbel: Kolossalstatuen Ramses′ II. vor dem Großen Tempel (13. Jh. v. Chr.)

stoffe, faulende Stoffe, Schlamm bildende Schwebstoffe, gelöste organ. Stoffe und Bakterien. Bei der **mechan. A.** werden die ungelösten Stoffe abgeschieden. Grobe Verunreinigungen werden durch Rechen zurückgehalten, der Sand im Sandfang, der Schlamm im Klär- oder Schlammabsatzbecken ausgeschieden. Vorklärbecken dienen der Entfernung von Sinkstoffen aus dem Abwasser. Die nach der mechan. A. noch enthaltenen gelösten, fäulnisfähigen organ. Stoffe werden bei der **biolog. A.** durch die im Abwasser befindl. Bakterien abgebaut. In Tropfkörperanlagen rieselt das Abwasser über Brockenmaterial, das mit Bakterien bedeckt ist. Beim **Belebtschlammverfahren** wird das Abwasser mit Bakterienschlamm versetzt, der durch Gebläse belüftet wird und im Nachklärbecken sedimentiert. Der anfallende Schlamm muss in Faulräumen bei etwa 35 °C ausgefault werden. Das dabei entstehende Methan (↑Biogas) wird als Heiz- oder Treibgas nutzbar gemacht. – Bei der Reinigung industrieller Abwässer können zusätzl. Reinigungsstufen wie Neutralisation oder Fällung erforderlich sein.

Recht: Grundsätze zur Abwasserbeseitigung sind im Wasserhaushalts-Ges. des Bundes i. d. F. v. 19. 08. 2002 geregelt. Weitere Bestimmungen enthalten die Bauordnungen und die Wasser-Ges. der Länder. Das Einleiten von Abwasser in Gewässer ist grundsätzlich abgabenpflichtig (↑Abwasserabgabe).

📖 *Abwassertechnologie,* hg. v. E. Blitz u. a. Berlin u. a. ²1998. – Bischofsberger, W. u. Hegemann, W.: *Lexikon der Abwassertech-*

ABW Abwasserteich

nik. Essen ⁶2000. – *Abwasser. Hb. zu einer zukunftsfähigen Wasserwirtschaft*, hg. v. J. Lange u. R. Otterpohl. Donaueschingen-Pfohren ²2000. – *Innovation Abwasser. Beispielhafte Projekte aus dem Abwasserbereich*, hg. v. A. Gutsch u. a. 2001.

Abwasserteich, Anlage zur natürl. biologischen Abwasserreinigung durch Sedimentation und mikrobiolog. Abbauvorgänge. Flächenbedarf 20 m²/Ew., Tiefe 1,2–1,8 m.

Abwehr, 1) *Biologie:* Verhaltensweisen, durch die ein Organismus Gefahren oder Bedrohungen durch Feinde oder Konkurrenten von sich abzuwenden sucht. **2)** militär. Handlungen auf allen Ebenen (taktisch, operativ, strategisch), um Angriffe des Feindes zurückzuweisen.

Abwehr|enzyme (Abwehrfermente), von E. Abderhalden geprägte Bez. für Proteinasen (Eiweiß spaltende Enzyme), die bei Infektionen, Geschwülsten u. a. im Blutserum verstärkt auftreten.

Abwehrmechanismen, *Psychoanalyse:* Techniken des Ich, Konflikten infolge vom Über-Ich nicht gebilligter Triebregungen auszuweichen.

Abwehrzauber (apotropäischer Zauber), im *Aberglauben* Zauber, der vor bösen Geistern, dem bösen Blick, Toten, Hexen, Krankheit und Unheil schützen soll, z. B. durch Abwehrmittel (Apotropäum; ein Amulett u. Ä.), Abwehrriten und Gebärden.

Abwehrzeichen, eine ↑Marke, die i. d. R. nicht im Geschäftsverkehr benutzt wird, aber zur Abwehr von Annäherungen an eine benutzte Marke dient; die Zulässigkeit ist umstritten.

abweichendes Verhalten (Devianz), im Ggs. zu den Normen und Werten einer Gemeinschaft oder Gruppe stehende Verhaltensweisen. Abweichungen von selbst gesetzten Normen können das Selbstwertgefühl beeinträchtigen, sozial unerwünschte oder kriminelle Verhaltensweisen werden mit Sanktionen belegt.

Abweichung, 1) *Astronomie:* ↑Deklination.
2) *Mathematik:* ↑Fehler.
3) *Stochastik:* 1) die Differenz zw. beobachteten und erwarteten (oder hypothet.) Werten; 2) die Differenz zw. dem Einzelwert einer statist. Reihe und deren Mittelwert (↑Varianz).

Abwerbung, die Verleitung von Arbeitskräften, Kunden, Verbandsmitgliedern u. a. zur Abwanderung in andere Betriebe, Körperschaften; sie ist zulässig, darf aber nicht gegen die guten Sitten verstoßen.

Abwertung (Devaluation), Rückgang des Außenwerts einer Währung; Ggs.: Aufwertung (Revaluation). Der Wechselkurs der Währung sinkt (eine Einheit der inländ. Währung ist weniger Einheiten fremder Währung wert), d. h., es steigen die Devisenkurse (für den Kauf fremder Währung müssen mehr Einheiten der abgewerteten Währung aufgewendet werden). Bei flexiblen Wechselkursen folgt die A. aus einem Überangebot der Währung am Devisenmarkt, welches auf ein Defizit in der Zahlungsbilanz (aufgrund eines Inflations-, Wachstums- oder Zinsgefälles) des betreffenden Landes zurückzuführen ist. Bei festen Wechselkursen ist die A. eine i. d. R. bei anhaltendem Zahlungsbilanzdefizit ergriffene Maßnahme der Notenbank. *Auswirkungen:* Heimische Güter werden relativ zu den Importgütern, aber auch im Ausland billiger, was die Exporttätigkeit anregt. Der Gesamtnachfrageanstieg führt in einer vollbeschäftigten Wirtschaft zu Preisanhebungen. In einer unterbeschäftigten Wirtschaft werden auch Produktion und Beschäftigung angeregt. Versuchen in einem System fester Wechselkurse mehrere Länder, durch eine A. die Beschäftigung zu verbessern, kann es zu einem A.-Wettlauf kommen (»Beggar-my-Neighbour-Policy«). Internat. Währungsabkommen (z. B. das Europ. Währungssystem) wirken dem entgegen, indem die Teilnehmerstaaten A. nur im gegenseitigen Einvernehmen vornehmen dürfen.

Abwesenheit, 1) *Medizin:* die ↑Absence.
2) *Recht:* A. kann verschiedene Wirkungen haben, im bürgerl. Recht z. B. Bestellung eines Pflegers zur Regelung von Vermögensangelegenheiten (§ 1911 BGB), im Zivilprozess Erlass eines Versäumnisurteils, im Strafrecht bei A. in der Hauptverhandlung Vorführung (§ 230 StPO) u. a.; im Wehrstrafrecht ↑eigenmächtige Abwesenheit.

abwickelbare Fläche, räuml. Fläche, die sich faltenlos auf einer Ebene ausbreiten lässt, so zum Beispiel ein Zylinder- oder ein Kegelmantel.

Abwicklung, *Recht:* die ↑Liquidation. Darüber hinaus im Zuge der dt. Vereinigung entstandene Bez. für die ersatzlose Auflösung einer Beschäftigungsstelle im Bereich des ostdt. öffentl. Dienstes; hierfür bildet Art. 13 des Einigungsvertrages (»Übergang und A.«) die Grundnorm.

abwracken, ein Schiff verschrotten (in verwertbare Teile und Materialien zerlegen).

Abydos, 1) (ägypt. Abodu), alte oberägypt. Stadt am westl. Nilufer, mit Tempelresten aus der Zeit Sethos' I. und Ramses' II. (13. Jh. v. Chr.); Hauptkultort und vermeintl. Begräbnisplatz des Osiris. **2)** antike Stadt im kleinasiat. Mysien, bekannt durch den Brückenbau des Xerxes (480 v. Chr.) über den Hellespont und die Sage von Hero und Leander.

Abyssal [grch.] *das,* Bereich der Tiefsee (etwa unterhalb 1 000 m Tiefe). **abyssisch,** aus der Tiefe der Erde oder des Meeres stammend, in der Tiefsee befindlich.

abzählbar, ↑Mengenlehre.

Abzahlungsgeschäft, ↑Verbraucherkredit.

Abzinsung (Diskontierung), finanzmathematisch die Verminderung eines zukünftigen Kapitalbetrages um Zinsen, die vom Jetzt bis zur Zahlung berechnet werden. (↑Zinseszins)

Abzinsungspapiere, festverzinsliche Wertpapiere, bei denen die Zinsen für die gesamte Laufzeit im Erwerbspreis verrechnet und nicht regelmäßig ausgezahlt werden. Der Erwerbspreis ist der Nennwert (Rückzahlungsbetrag) abzüglich der Zinsen zw. Erwerbs- und Einlösungstermin.

Abzug, 1) *Chemie:* (Kapelle, Digestor), mit einem Schiebefenster verschließbarer und mit einem Ableitungsrohr versehener Experimentierraum in chem. Laboratorien. **2)** *Waffenkunde:* Vorrichtung zum Abfeuern bei Schusswaffen.

Abzweigung, Anschluss und Verbindung von elektr. Leitungen in **Abzweigmuffen, -klemmen, -kästen, -dosen.**

Abzyme, monoklonale Antikörper mit enzymat. Aktivität; sie besitzen gegenüber herkömml. Enzymen eine stark erhöhte Substratspezifität.

Ac, chem. Symbol für ↑Actinium.

AC [Abk. für **a**lternating **c**urrent], engl. Bez. für Wechselstrom.

a c., Abk. für ↑**a** conto.

à c., Abk. für ↑**à** condition.

a. c., Abk. für lat. anni currentis, des laufenden Jahres.

A. C., Abk. für ↑Appellation contrôlée.

Académie française [- frã'sɛːz, frz.], die älteste Akademie des ↑Institut de France.

Académie Goncourt [- gɔ̃'kuːr, frz.], ↑Goncourt.

Academy-Award [ə'kædəmi ə'wɔːd, engl.] *der,* ↑Oscar.

Acajou [aka'ʒuː, frz.], westind. Mahagonihölzer.

Acajoubaum [aka'ʒuː-], der ↑Nierenbaum.

a cappella [italien. »nach Kapellenart«], *Musik:* um die Mitte des 17. Jh. geprägte Bez. für mehrstimmige Vokalmusik (meist für Sopran, Alt, Tenor, Bass), bei der eventuell mitwirkende Instrumente mit den Vokalstimmen zusammengehen. Seit Anfang des 19. Jh. auch Bez. für jede nicht durch Instrumente begleitete Chormusik.

Acapulco: Hotels an der Strandpromenade

Acapulco (amtl. A. de Juárez), Hafenstadt im Bundesstaat Guerrero, Mexiko, am Pazif. Ozean, 592 000 Ew.; sehr guter Naturhafen; bed. Seebad.

Acar [-tʃ-] (Atjar), *Kochkunst:* indones. Dessert u. a. aus Cornichons, kleinen Zwiebeln, süßsaurem Ingwer, gerösteten Erdnüssen; in kleinen Schalen angerichtet.

Accardo, Salvatore, italien. Violinist und

ACC accelerando

Dirigent, *Turin 26. 9. 1941. Sein umfangreiches Repertoire reicht von A. Vivaldi und J. S. Bach über N. Paganini bis zu Werken zeitgenöss. Komponisten.
accelerando [attʃe-, italien.], *Musik:* schneller werdend.
Accent aigu [aksāte'gy], **A. grave** [-'gra:v], **A. circonflexe** [-sirkɔ̃'flɛks], frz. Namen für die Akzente Akut (´), Gravis (`) und Zirkumflex (^).
Accentus [lat.] *der, Musik:* Bez. für die rezitierend vorgetragenen liturg. Gesänge; Ggs.: ↑Concentus.
Access ['ækses, engl.] *der,* 1) *Informatik:* a) Zugang (z. B. Onlinezugang); b) Zugriff (z. B. Speicherzugriff). 2) ein Datenbanksystem der Firma Microsoft Corp.
Accessoires [aksɛ'swa:rs, frz.] *Pl.,* modisches Zubehör (u. a. Gürtel, Hut, Modeschmuck, Tasche).
Acciaccatura [atʃaka-, italien. »Quetschung«] *die,* besondere Art des Tonanschlags in der Klaviermusik des 17./18. Jh., wobei eine Note gleichzeitig mit ihrer unteren Nebennote (meist Untersekunde) angeschlagen, diese jedoch sofort wieder losgelassen wird.
Accius, Lucius, röm. Dichter, *Pisaurum (heute Pesaro) 170 v. Chr., †um 86 v. Chr.; galt als Vollender der lat. Tragödie.
Acco, israel. Stadt, ↑Akko.
Accompagnato [akkɔmpa'ɲa:to; italien. »begleitet«] *das,* Sprechgesang (↑Rezitativ) mit ausgeführter Orchesterbegleitung.
Acconci [-tʃi], Vito, amerikan. Künstler, *New York 24. 1. 1940; befasst sich in Aktionen, Filmen und Videobändern u. a. mit phys. und psych. Problemen der Menschen, schrieb »Catalogue of headlines and images, Stedelijk Museum Amsterdam« (1978).
Accoramboni, Vittoria, *Gubbio 15. 2. 1557, †(ermordet) Padua 22. 12. 1585; berühmt durch ihre Schönheit und ihr wechselvolles Schicksal; Drama von J. Webster (1608), Romane von L. Tieck (2 Tle., 1840) und R. Merle (»Das Idol«, 1987).
Accordatura [italien.] *die, Musik:* normale Stimmung der Saiteninstrumente; Ggs. ↑Scordatura.
Account [ə'kaʊnt, engl. »Verzeichnis«] *der* oder *das,* Benutzerzugang zu einem Datensystem, z. B. zum Internet, i. d. R. mit bestimmten Rechten verbunden.

Accountmanagement [ə'kaʊntmænɪdʒmənt, engl.] *das,* auf spezielle Kunden oder Kundengruppen ausgerichtete Organisationsform, bes. von Werbeagenturen und Dienstleistungsunternehmen.
Accra (Akkra), Hptst. von Ghana, 1,9 Mio. Ew. (städt. Agglomeration); Kultur-, Handels- und Ind.zentrum; Univ. (gegr. 1961); internat. Messe; internat. Flughafen. – Die Festungen der Kolonialzeit sowie mehrere von versch. Nationen erbaute Küstenfestungen westlich von A. wurden von der UNESCO zum Weltkulturerbe erklärt.
Accretion [æ'kri:ʃn, engl.] *die,* positive Differenz zw. Kauf- und Verkaufspreis (Wertzuwachs) eines Wertpapiers bei Endfälligkeit.
ACCS [eɪsɪsi'es], Abk. für engl. Air Command and Controll System, Bez. für ein NATO-System zur Luftangriffsführung und Luftverteidigung; bestehend aus Radaranlagen, Verteidigungsstellungen und Führungszentralen.
Accursius, Franciscus, italien. Jurist, *Impruneta (bei Florenz) um 1185, †Bologna 1263; lehrte ebd. schon vor 1221, verfasste um 1230 die »Glossa ordinaria« zum Corpus Iuris civilis.
accusativus cum infinitivo [lat.], Abk. **a. c. i.,** Satzkonstruktion: ein mit einem Infinitiv verbundener Akkusativ (z. B.: Er sah »ihn eilen«).
ACE [eɪsɪ'i, engl.], Abk. für Allied Command Europe, in der NATO der Alliierte Befehlsbereich Europa, Oberbefehlshaber: ↑SACEUR, Oberkommando: ↑SHAPE.
Aceh [-tʃ-] (Atjeh, Acin, Atjin), autonomer Sonderbezirk in NW-Sumatra, Indonesien, 55 392 km², 3,93 Mio. Ew., Hptst.: Banda Aceh; meist Bergland; Erdöl- und Erdgasvorkommen; Flüssiggaskomplex. – Die Bev., meist jungmalaiische **Aceh,** bildete seit dem 13. Jh. ein eigenständiges islam. Zentrum (Sultanat mit größter Machtentfaltung im 16./17. Jh. und zentraler Rolle im Gewürzhandel). Sie kämpfte gegen die niederländ. Kolonialregierung, bes. in den **A.-Kriegen** (1873–1903/13). 1949 wurde A. eine Prov. Indonesiens. Hier wirkt eine starke, v. a. von der 1976 gegr. »Bewegung Freies A.« (GAM) getragene Unabhängigkeitsbewegung, die ab 1999 neuen Aufschwung erhielt.
ACE-Hemmer (ACE-Inhibitoren), Gruppe blutdrucksenkender Substanzen,

Acetylsalicylsäure ACE

deren Wirkung v. a. auf einer Hemmung des Angiotensin converting enzyme (Abk. ACE) beruht; es kommt zu einer Senkung des peripheren Gefäßwiderstandes; angewendet bei Hochdruckkrankheit und Herzinsuffizienz.

Acerolakirsche [arab.-span.] *die,* gelb bis dunkelrot gefärbte, bes. auf den Westind. Inseln angebaute Frucht mit einem sehr hohen Vitamin-C-Gehalt (1 400 bis 2 500 mg je 100 g).

Acetaldehyd *der* (Äthanal, Ethanal), farblose, brennbare Flüssigkeit, Siedepunkt 21 °C, Zwischenprodukt der alkohol. Gärung; verwendet zur Herstellung von Essigsäure und Essigsäureanhydrid. Technisch durch Oxidation von Äthylen in wäßriger Lösung gebildet.

Acetale [nlat.], farblose, angenehm riechende Flüssigkeiten, die durch Reaktion von Aldehyden mit Alkoholen entstehen. A. kommen in Duftstoffen und im Bukett alkohol. Getränke vor.

Acetat (Azetat) *das,* Salz bzw. Ester der Essigsäure.

Acetessigester (Acetessigsäureäthylester, Acetessigsäureethylester), farblose, fruchtig riechende Flüssigkeit, gewonnen aus Diketen (↑Ketene) und Äthanol; wichtiges Zwischenprodukt bes. für Farbstoff- und Arzneimittelsynthesen.

Acetessigsäure (3-Oxobuttersäure), saure Flüssigkeit, entsteht beim Fettsäureabbau im Organismus; patholog. Stoffwechselprodukt im Harn von Zuckerkranken.

Acetin *das,* Essigsäureester des Glycerins, dient als Lösungsmittel, zur Gerbmittel- und Dynamitherstellung.

Aceton *das* (Dimethylketon, Propanon), einfachstes, aber technisch bedeutendstes ↑Keton. Farblose, brennbare Flüssigkeit, Siedepunkt 56 °C; technisch gewonnen durch Oxidation von Propylen an Katalysatoren, Dehydrierung von Isopropylalkohol und als Nebenprodukt bei der Phenolherstellung. A. ist Lösungsmittel für Lacke, Fette, Harze, Acetylen (Dissousgas) und Grundstoff für chem. Synthesen.
A. ist bei Mensch und Tier ein Zwischenprodukt des Stoffwechsels; bei Hungerzuständen und Krankheit (v. a. bei Diabetes mellitus) wird es mit anderen ↑Ketonkörpern verstärkt gebildet und kann vermehrt in Blut (**Ketonämie**), Urin (**Ketonurie**) und Atem auftreten.

Aceh: Demonstration für Unabhängigkeit

Acetyl..., die von der Essigsäure abgeleitete Gruppe CH_3-CO-.

Acetylcellulose, ein ↑Celluloseester.

Acetylcholin *das,* Übertragersubstanz, die Nervenimpulse an den Nervenschaltstellen (Synapsen) des Sympathikus und Parasympathikus und von Parasympathikus und motor. Nerven auf die Erfolgsorgane weiterleitet. A. wirkt blutgefäßerweiternd, blutdrucksenkend und kontrahierend auf die glatte Muskulatur der Bronchien und des Magen-Darm-Kanals. Da die Wirkung von A. infolge schnellen Abbaus nur kurz ist, finden als Arzneimittel dem A. ähnl. Substanzen mit längerer Wirkungsdauer Verwendung.

Acetylen *das* (Äthin, Ethin), ungesättigter, gasförmiger Kohlenwasserstoff, erstes Glied der ↑Alkine; als reines A. fast geruchlos, giftig, mit hell leuchtender, sehr heißer Flamme brennend, unter Druck stehend und im Gemisch mit Luft hochexplosiv. A. wird durch Zersetzen von Calciumcarbid mit Wasser hergestellt, heute großtechnisch durch Hochtemperaturpyrolyse von Kohlenwasserstoffen, z. B. von Erdgas. A. wird als Brenngas zum autogenen Schweißen und Schneiden verwendet. Die Bedeutung von A. als Ausgangsstoff für chem. Stoffe ist stark zurückgegangen, seit andere Verfahren auf der Basis von Äthylen oder Propylen für A.-Folgeprodukte entwickelt wurden.

Acetylierung *die,* chem. Reaktion, bei der eine Acetylgruppe in eine organ. Verbindung eingeführt wird.

Acetylsalicylsäure (Acidum acetyl[o]salicylicum), Abkömmling der Salicylsäure; schmerzstillender, fiebersenkender und entzündungshemmender Arzneistoff; A. hemmt die Zusammenballung von Blutblättchen (Thrombozytenaggregation) und dient außerdem zur Prophylaxe von Thrombosen und Embolien sowie zur Prophylaxe gegen das Wiederauftreten eines Herzinfarktes.

Achad Haam, eigtl. Zwi Ascher Ginzberg, jüd. Schriftsteller und Philosoph, *Skwyra (Gebiet Kiew) 5. 8. 1856, †Tel Aviv 2. 1. 1927; vertrat in zahlr. Essays (u. a. »Am Scheidewege«, 1895) die Utopie von einem auf dem gemeinsamen Kulturerbe (und weniger auf polit. Aspekten) gegründeten jüd. Staat.

Achaia, grch. Küstenlandschaft im NW der Peloponnes, gebirgig, nur im W eben; auch Name Griechenlands als röm. Provinz. Im heutigen Griechenland bildet A. einen VerwBez mit 3 271 km² und 300 100 Ew.; Hptst.: Patras.

Achaier (Achäer, Achiver), altgrch. Volksstamm in Thessalien und in der Peloponnes, wurde durch die dor. Wanderung in die nach ihm benannte Landschaft ↑Achaia verdrängt; bei Homer Name für die Gesamtheit der Griechen. Die A. gelten als Träger der myken. Kultur.

Achaiischer Bund, altgrch. Städtebund, nach älteren Vorformen 281/280 v. Chr. gegr., beherrschte zeitweise fast die ganze Peloponnes. Nach seiner Niederlage gegen Rom 146 v. Chr. neu konstituiert, bestand er als Provinziallandtag bis in die röm. Kaiserzeit.

Achaimeniden (Achämeniden), auf Achaimenes (um 700 v. Chr.) zurückgeführtes altpers. Herrschergeschlecht, das die Herrschaft über ganz Iran, Vorderasien und Ägypten erlangte; bedeutendste Könige waren Kyros II. und Dareios I., d. Gr. Die Dynastie erlosch 330 v. Chr. mit Dareios III.

Achalasie [grch.] *die* (früher Kardiospasmus), neuromuskuläre Erkrankung der Speiseröhre; gekennzeichnet durch gestörten Speisentransport infolge ungenügender oder fehlender Erschlaffung des unteren Speiseröhrenteils während des Schluckakts. Medikamentöse oder Dehnungsbehandlung, evtl. operative Maßnahmen, sind erforderlich.

Achalm *die,* Zeugenberg vor dem Trauf der Schwäb. Alb bei Reutlingen, 707 m ü. M., mit Burgruine.

Achäne [grch.] *die,* einsamige Schließfrucht der Korbblütler (z. B. Sonnenblume, Löwenzahn).

Achard [aˈʃaːr], **1)** Franz Carl, Physiker und Chemiker, *Berlin 28. 4. 1753, †Kunern (heute Konary; Schlesien) 20. 4. 1821; entwickelte die industrielle Gewinnung von Zucker aus Rüben und gründete 1801 die erste Zuckerfabrik.
2) Marcel, frz. Dramatiker, *Sainte-Foy-lès-Lyon 5. 7. 1899, †Paris 4. 9. 1974; schrieb witzige Komödien für das Boulevardtheater (»Jan der Träumer«, 1929; »Die aufrichtige Lügnerin«, 1960).

Achat [grch., nach dem Fluss Achates auf Sizilien] *der,* ein aus dünnen Schichten wechselnder Struktur und Färbung aufgebauter ↑Chalcedon; meist in Hohlräumen von Ergussgesteinen **(A.-Mandeln).** A. werden als Schmucksteine verwendet und zu diesem Zweck häufig künstlich gefärbt.

Achatschnecken, Bez. für zwei nicht miteinander verwandte Familien meist in den Tropen vorkommender Landlungenschnecken. A. tragen gestreckt eiförmige Gehäuse; Überträger von Pflanzenkrankheiten.

Achdar (Djebel al-A.), der zentrale, höchste Teil der Gebirgsketten von Oman, Arabien, bis 3 107 m ü. M.

Ache *die,* Name vieler Flüsse und Bäche. ↑Aach.

Achebe [-tʃ-], Chinua, nigerian. Schriftsteller engl. Sprache, *Ogidi (bei Onitsha) 15. 11. 1930; Klassiker der nigerian. Literatur; schreibt Romane (»Okonkwo oder Das Alte stürzt«, 1958; »Obi«, auch u. d. T. »Heimkehr in ein fremdes Land«, 1960; »Der Pfeil Gottes«, 1964; »Termitenhügel in der Savanne«, 1987) und Essays (»Nigerian Topics«, 1988; »Ein Bild von Afrika: Rassismus in Conrads Herz der Finsternis«, 2000); Friedenspreis des Dt. Buchhandels 2002.

Acheiropoieta [grch. »nicht von Händen gemacht«] (Acheropita), Christus-, Marien- oder Heiligenbilder, die auf übernatürl. Weise entstanden sein sollen, etwa das Schweißtuch der hl. Veronika.

Acheloos *der* (ngrch. Aspropotamos), wasserreicher Fluss in W-Griechenland, 220 km, entspringt im Pindos, mündet ins Ion. Meer; Wasserkraftwerke bei Kremasta und Kastraki.

ACHEMA, ↑DECHEMA.

Achenbach, 1) Andreas, Maler, *Kassel 29. 9. 1815, †Düsseldorf 1. 4. 1910, Bruder

von 2); seine Seestücke und Landschaften zeichnen sich durch genaue Beobachtungen der Natur und gezielte Lichtführung aus.
2) Oswald, Maler, *Düsseldorf 2. 2. 1827, †ebd. 1. 2. 1905, Bruder von 1); malte farblich effektvolle Landschaftsbilder aus Italien sowie Genrebilder.

↑Altsteinzeit, gekennzeichnet durch sorgfältig bearbeitete Faustkeile und Abschlaggeräte.
Achill (grch. Achilleus, lat. Achilles), grch. Heros, Sohn des Königs Peleus (daher der »Pelide«) und der Meergöttin Thetis, die ihn durch ein Bad im Styx unverwundbar machte (mit Ausnahme der Ferse, an der sie ihn festhielt). Erzogen wurde er von dem weisen Kentauren Chiron. Beim Kampf um Troja war er der Tapferste der Griechen. Als er sich von Agamemnon ungerecht behandelt glaubte, hielt er sich vom Kampf fern, bis sein Freund Patroklos durch Hektor getötet wurde (»Groll des A.«, Gegenstand der »Ilias«). Er erschlug Hektor und fiel selbst später durch Paris, dessen Pfeil, von Apoll gelenkt, seine Ferse durchbohrte.

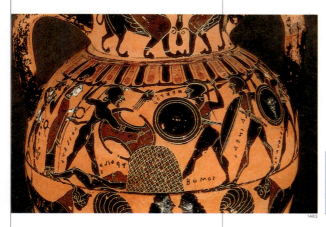

Achill: Zweikampf Achills (links) mit Hektor; Vasenmalerei um 570 v. Chr. (München, Staatliche Antikensammlung)

Achensee, größter See Tirols, Österreich, zwischen Karwendel- und Rofangebirge, 929 m ü. M., 9 km lang, bis 133 m tief. Das Wasser des A. und der Nebentäler wird zur Energiegewinnung dem A.-Kraftwerk in Jenbach (80 MW) zugeführt (früher durch den Achenbach zur Isar). Die Straße über den **Achenpass** (941 m ü. M.) verbindet Oberbayern mit dem Inntal.
Achern, Stadt im Ortenaukreis, Bad.-Württ., 22 900 Ew.; Glashütte, Papier- und Maschinenfabriken, Sägewerk; Wein- und Obstbau. 1050 erstmals erwähnt, seit 1808 Stadt.
Acheron *der,* Fluss in Griechenland, im südl. Epirus, mündet ins Ion. Meer. Nach antiker Vorstellung war hier ein Eingang zur Unterwelt. A. heißt im grch. Mythos der Fluss der Unterwelt.
Acheson ['ætʃɪsn], Dean Gooderham, amerikan. Politiker (Demokrat), *Middletown (Conn.) 11. 4. 1893, †Sandy Spring (Md.) 12. 10. 1971; Rechtsanwalt, seit 1941 im State Department; hatte als Außenmin. (1949–53) u. a. wesentl. Anteil an der Gründung der NATO.
Acheuléen [aʃøle'ɛ̃; nach dem frz. Fundort Saint-Acheul] *das,* Kulturstufe der

Achillea *die,* die Korbblütlergattung ↑Schafgarbe.
Achilles, *Astronomie:* zuerst entdeckter (1906) Planetoid der Gruppe der Trojaner.
Achillesferse, verwundbare Stelle, schwacher Punkt.
Achillessehne, am Fersenbein ansetzende starke Sehne des dreiköpfigen Wadenmuskels; der **A.-Reflex** dient der Erkennung neurolog. u. a. Störungen.
Achillinsel [engl. 'ækɪl-] (irisch Acaill), größte Insel vor der W-Küste der Rep. Irland, rd. 150 km², 2 800 Ew.; durch eine Straßenbrücke mit der Hauptinsel Irland verbunden. – Abb. S. 58
Achim, Stadt im Landkreis Verden, Ndsachs., südöstl. von Bremen, 30 000

ACH Achiver

Achillinsel

Ew.; Maschinenbau, Aluminiumwerk, Brotfabrik.
Achiver [lat.], die ↑Achaier, bei den röm. Dichtern die (homer.) Griechen.
Achleitner, Friedrich, österr. Schriftsteller und Architekt, *Schalchen (OÖ) 23. 5. 1930; seit 1968 Prof. für Architekturgeschichte in Wien; gehörte zur Wiener Gruppe; veröffentlichte experimentelle Texte (u. a. »prosa, konstellationen, montagen, dialektgedichte, studien«, 1970; »Quadratroman«, 1973) sowie Architekturkritiken.
Achmadulina, Bella (Isabella) Achatowna, russ. Lyrikerin, *Moskau 10. 4. 1937; schreibt emotionale Gedichte (»Struna«, 1962; »Musikstunden«, 1969; »Taina«, 1983; dt. Ausw. »Das Geräusch der Verluste«, 1995) und Poeme (»Moja rodoslownaja«, 1964; »Skaska o doschde«, 1975) mit liedhafter Sprachmelodie.
Achmatowa, Anna Andrejewna, eigtl. A. A. Gorenko, russ. Lyrikerin, *Bolschoi Fontan (heute zu Odessa) 23. 6. 1889, †Domodedowo (bei Moskau) 5. 3. 1966; wichtige Vertreterin der Akmeisten, deren Stil von zarter Empfindung und lakonisch knapper, scheinbar distanzierter Darstellung geprägt ist (»Poem ohne Held«, 1960; »Requiem«, 1963; »Ich lebe aus dem Mond, du aus der Sonne«, dt. Ausw., 2000). 1946 von A. Schdanow als »bourgeois« verurteilt, später rehabilitiert.
Achmim, Stadt in Oberägypten, am rechten Nilufer, etwa 50 000 Ew.; liegt im Ruinenfeld des alten Chemmis oder Panopolis. In christl. Zeit gab es hier zahlr. Klöster.
Acholi [a'tʃoːli] (Atjoli), Volk mit nilot. Sprache zw. Bergnil, Victorianil und Asua (N-Uganda); etwa 500 000 Menschen, die in patrilinearen Dorfgemeinschaften leben.
Acholie [grch.] *die,* verminderte Bildung oder Ausscheidung von Galle in den Darm, erkennbar an der grauweißen Farbe des Stuhls; verursacht durch Leber- oder Gallenwegerkrankungen.
a. Chr. (n.), Abk. für ante **Chr**istum (**na**tum) [lat.], vor Christus, vor Christi Geburt.
Achroit [grch.] *der,* farbloser ↑Turmalin.
Achromasie [grch.] *die* (Achromatismus), Freiheit von Farbfehlern bei opt. Systemen; wird durch Linsensysteme (Achromat) oder Prismen aus Glasarten mit unterschiedl. Dispersion erreicht.
Achse, 1) *Architektur:* Mittellinie von Gebäuden, Räumen und Öffnungen.
2) *Botanik:* der die Blätter tragende Teil des Sprosses (Stängel, Stamm), auch der Wurzelstock als unterird. Abschnitt der Achse.
3) *Kristallographie:* die Koordinaten-A., Symmetrie-A. und opt. A. der Kristalle.
4) *Mathematik:* eine durch besondere Eigenschaften ausgezeichnete Gerade (Symmetrie-, Dreh-, Koordinaten-A.).
5) *Optik:* (optische A.), Gerade, die durch die Krümmungsmittelpunkte der Linsen und Spiegel eines opt. Systems verläuft.
6) *Physik:* gedachte Gerade, um die sich

ein Körper oder ein System dreht (Dreh- oder Rotationsachse).
7) *Technik:* stabförmiger Maschinenteil, meist zur Aufnahme von Rädern, Rollen, Scheiben, deren Belastungskräfte er auf die Lager überträgt, beim Kraftwagen als **Starr-A., Pendel-A., Lenker-A.** Im Ggs. zur Welle überträgt die A. kein Drehmoment.
Achse Berlin–Rom, durch die Absprache A. Hitlers und B. Mussolinis (25. 10. 1936) begründete Zusammenarbeit zw. dem nat.-soz. Dtl. und dem faschist. Italien; wurde zum förml. Bündnis durch den ↑Stahlpakt (1939); mit dem ↑Dreimächtepakt (1940) zur **Achse Berlin–Rom–Tokio** erweitert, nachdem sich Italien bereits 1937 dem ↑Antikominternpakt angeschlossen hatte.
Achsel, 1) *Anatomie:* Übergangsgebiet von Rumpf und Hals zum Oberarm. Die Haut der **A.-Grube** ist behaart und enthält Schweiß-, Talg- und Duftdrüsen. **A.-Höhle,** Spaltraum zw. seitl. Brustwand und Schultergelenk mit Blutgefäßen und Nerven zur Versorgung des Arms und der regionären Lymphknoten.
2) *Botanik:* Blattwinkel; **achselständig,** im Blattwinkel wachsend.
Achselklappe, *Militärwesen:* die ↑Schulterklappe.
Achselstück, *Militärwesen:* das ↑Schulterstück.
Achsenmächte, zunächst Bez. für die in der Achse Berlin–Rom, im Zweiten Weltkrieg für die im ↑Dreimächtepakt verbündeten Staaten (v. a. Dtl., Italien, Japan). Den A. stand 1941–45 die ↑Anti-Hitler-Koalition gegenüber.
Achsenzeit, von K. Jaspers geprägter Begriff für die Epoche zw. 800 und 200 v. Chr., die eine Vielfalt von parallelen Neuansätzen des Denkens zeige (China, Indien, Iran, Palästina, Griechenland).
Achskilometer, Abk. **Achskm,** Maßeinheit für die von einer Eisenbahnwagenachse durchlaufenen Kilometer.
Achslast, der auf jede der Fahrzeugachsen entfallende Anteil des zulässigen Gesamtgewichts.
Achsschenkel, schwenkbares Achsteil eines Kfz, mit dem ein gelenktes Rad eingeschlagen wird (↑Lenkung).
Achsstand, bei zweiachsigen Schienenfahrzeugen der Abstand zw. den Achsmitten der beiden Radsätze; bei mehrachsigen unterscheidet man zw. **Gesamt-A.** (Abstand der äußersten Achsmitten) und **Einzel-A.** aufeinander folgender Achsen. Bei Kfz ↑Radstand.

Achse Berlin-Rom: Besuch Adolf Hitlers bei Benito Mussolini

acht [ahd. ahto] (als Ziffer: 8), galt aufgrund ihrer arithmet. Eigenschaften im Altertum als ideale Zahl (8 Himmelsrichtungen, 8 Weltsphären, die 8 Unsterblichen des Daoismus); im N. T. Symbol für den 8. Schöpfungstag (Auferstehung Christi) und der Taufe, daher oft oktogonale Kirchenbauten. Die ↑Oktave als Grundlage des abendländ. Tonsystems spiegelt nach Pythagoras die Harmonie des Kosmos.
Acht [ahd. ahta »Verfolgung«] (Ächtung), Ausstoßung aus der Gemeinschaft. – Im *german. Recht* bedeutete A. die Ausstoßung des Rechtsbrechers aus der Rechts- und Friedensgemeinschaft **(Friedlosigkeit, Friedloslegung);** jeder durfte ihn bußlos töten. Der Geächtete konnte sich aus der A. lösen, indem er sich dem Gericht stellte und sich dessen Urteil unterwarf. Das mittelalterl. Recht sah die A. nur noch als Strafe für den Bruch des Landfriedens vor. Eine mildere Form der A. war die **Verfestung,** bei der jedermann den Verfesteten gefangen nehmen und an den Richter abliefern oder bei Widerstand töten konnte. Die A. erstreckte sich zunächst nur auf den Bez. des Gerichts, konnte aber als **Landes-A.** auf das ganze Land ausgedehnt werden. Die **Reichs-A.** konnte nur der Kaiser aussprechen; ihre Folgen erstreckten sich über das ganze Reich, sie

traf selbst mächtige Fürsten, z. B. Heinrich den Löwen.

achter [niederdt. Form von after], *seemännisch:* hinter-, z. B. das **Achterdeck**, das hintere Deck. **achtern,** hinten.

Achter, größtes im Leistungssport verwendetes Rennruderboot für acht Ruderer und Steuermann (-frau) mit je vier Riemen auf jeder Seite; die »Königsklasse« im Rudern.

Achterbahn, Berg-und-Tal-Bahn mit mehreren Schleifen in Form einer Acht, oftmals auch mit Looping, z. B. auf Jahrmärkten.

Achtermannshöhe, Berg im Harz, südwestl. vom Brocken, 926 m ü. M.; Aussichtspunkt.

Achterbusch, Herbert, Schriftsteller, *München 23. 11. 1938; vom herkömml. Erzählschema abweichende, zugleich subjektive und sozialkrit. Prosa (»Das Gespenst«, 1982; »Ab nach Tibet«, 1993; »Stades«, 1994; »Der letzte Schliff«, 1997) und Dramen (»Ella«, 1978; »Pallas Athene«, 2000); ferner Filme (»Heilt Hitler«, 1986).

Achterschale, vollbesetzte Schale von Valenzelektronen im Atom, die z. B. in den Atomen der Edelgase realisiert ist. (↑chemische Bindung)

Achterschiff, das Sternbild ↑Heck des Schiffes.

Achterwasser, seeartige Erweiterung des Peenestroms (↑Peene) an der Binnenseite der Insel Usedom, Mecklenburg-Vorpommern.

Achtflächner, *Mathematik:* das ↑Oktaeder.

Achtkampf, bis 1996 Mehrkampf im Frauenkunstturnen; bestand aus je einer Pflicht- und Kürübung im Pferdsprung, am Stufenbarren, am Schwebebalken und im Bodenturnen; seit 1997 ↑Vierkampf.

Achtuba *die,* linker Mündungsarm der Wolga, zweigt 21 km oberhalb von Wolgograd ab, 537 km lang.

Achtundsechziger, Bez. für Angehörige der »Generation von 1968«, Träger der ↑außerparlamentarischen Opposition bzw. der Studentenbewegung, v. a. in der BRD und in Frankreich. ✣ **siehe ZEIT Aspekte**

Achtundvierziger, in Dtl. Bez. für die Teilnehmer an der Märzrevolution von 1848/49, bes. die Vertreter der radikalen (republikan. und demokrat.) Strömungen, z. B. in der Frankfurter Nationalversammlung; sie mussten nach 1849 häufig auswandern.

Achylie [grch.] *die, Medizin:* das Fehlen eines Verdauungssaftes (z. B. Magensaft) infolge Untätigkeit der betreffenden Drüsen.

a. c. i., Abk. für ↑accusativus cum infinitivo.

Acid House [ˈæsɪd haʊs, zu engl. acid »Säure«, umgangssprachlich für die Droge LSD] *das,* von schnellen (computererzeugten) Rhythmen geprägter Tanz- und Musikstil, der die Tanzenden in einen rauschartigen Zustand versetzen soll.

Acidimetrie [lat.-grch.] *die* (Azidimetrie), *Chemie:* Verfahren der ↑Maßanalyse zur Bestimmung der Säurekonzentration durch (genau eingestellte) Laugen.

Acidität [lat.] *die* (Azidität), *Chemie:* Fähigkeit einer chem. Verbindung, in wässriger Lösung Wasserstoffionen (Protonen) aufzuspalten; speziell ein Maß für die Säurestärke einer Lösung, ausgedrückt durch Konzentrationsmaße für die gelöste Säure oder den pH-Wert der Lösung.

acidophil, 1) sauren Boden bevorzugend (von Pflanzen gesagt); 2) mit sauren Farbstoffen färbbar.

Acidose [lat.] *die* (Azidose), *Medizin:* Überschuss an Kohlensäure oder nicht flüchtigen Säuren, z. B. Milchsäure, in Blut und Gewebe. Ein Kohlensäureüberschuss kann bei verminderter Atmung auf gesenkter Abgabe von Kohlendioxid beruhen (**respirator. A.**). Ggs.: Alkalose.

Acidrock [ˈæsɪdrɔk, engl.], ↑Psychedelic Rock.

Acidum [lat.] *das,* **1)** Säure, z. B. A. sulfuricum (Schwefelsäure).
2) Arzneimittel zum Ansäuern des Magensafts bei Salzsäuremangel.

Acin [-tʃ-], Landschaft und Prov. in Indonesien, ↑Aceh.

Acireale [-tʃ-], Hafenstadt und Kurort auf Sizilien, am SO-Fuß des Ätna, 51 800 Ew.; radioaktive Thermen.

Acker, alte Flächeneinheit verschiedener Größe (0,22–0,65 ha).

Ackerbau, Nutzung des landwirtsch. Bodens, i. w. S. einschließlich der Nutzung natürl. Grünlandes, der Viehhaltung, bei intensiver Ausgestaltung auch der landwirtsch. Nebenbetriebe; i. e. S. beschränkt auf den Anbau von Kulturpflanzen zur Gewinnung von Pflanzenerträgen. Die Ertragsbildung der Pflanzen (Pflanzenproduktion) ist abhängig vom Zusammenwirken der in enger Wechselbeziehung stehenden Faktoren des Klimas, des Bodens sowie des Pflanzenbestandes mit den in der Pflanze je nach Art und Sorte verschieden wirkenden inneren Wachstumsfaktoren. Nach den verwendeten Geräten unterscheidet man **pfluglosen A.** (↑Hackbau) und **Pflugbau.** Größte Bevölkerungskonzentrationen auf landwirtsch. Grundlage konnten dort entstehen, wo Dauerfeldbau möglich ist und mehr als eine Ernte im Jahr eingebracht werden kann (z. B. Monsun-Asien). – Entwicklung und Organisation des A. stehen in engstem Zusammenhang mit der Ausbildung früher Hochkulturen (Ägypten, Babylonien, China, Indien). Früheste Formen des A. finden sich im 9. Jt. v. Chr. in Vorderasien.

📖 *A. u. Umweltschutz. Für Neugierige u. Nachdenkliche,* hg. vom Industrieverband Agrar e. V. Frankfurt am Main 1991. – *A. unter veränderten Bedingungen. Neue Techniken zur Kosteneinsparung,* hg. v. M. Estler u. a. Freising 1994.

Ackerbürger, Stadtbürger mit Landbesitz in der Stadtgemarkung, den er selbst nutzt, vom MA. bis ins 18. Jh. die Mehrzahl der Bürger der europ. Landstädte (**A.-Städte**).

Ackeren [-rə], Robert van, Filmregisseur niederländ. Herkunft, *Berlin 22. 12. 1946; drehte Kurzfilme, seit 1971 (»Blondies number one«) Spielfilme, u. a. »Die Reinheit des Herzens« (1980), »Die flambierte Frau« (1983), »Die Venusfalle« (1987), »Die wahre Geschichte von Männern und Frauen« (1992).

Ackerkrume, oberste, bis 30 cm tiefe Schicht des Ackerbodens, angereichert durch Zersetzungsprodukte bes. der Wurzeln oder der organ. Düngung.

Ackermann, Ronny, Skiläufer (nord. Kombination), *Bad Salzungen 16. 5. 1977; u. a. Weltmeister 2003 (Normalschanze/15 km) sowie Gewinner des Gesamtweltcups 2001/02 und 2002/03.

Ackermann, 1) Anton, eigtl. Eugen Hanisch, Politiker (KPD, SED), *Thalheim/Erzgeb. 25. 12. 1905, †Berlin (Ost) 4. 5. 1973; 1946 führend an der Gründung der SED beteiligt, vertrat bis 1948 die Doktrin vom »besonderen Weg zum Sozialismus«. 1954 aus dem ZK der SED ausgeschlossen; 1956 rehabilitiert.

2) Konrad Ernst, Schauspieler und Bühnenleiter, *Schwerin 1. 2. 1712 (1710?), †Hamburg 13. 11. 1771; wirkte mit seiner Truppe seit 1764 in Hamburg. Seine Frau Sophie Charlotte A., geb. Biereichel (*1714, †1792), sowie die Töchter Dorothea und Charlotte waren bed. Schauspielerinnen.

Ackermann aus Böhmen, ↑Johannes von Tepl.

Ackernahrung, landwirtsch. Betrieb, dessen Größe (abhängig von Bodenqualität, Standortbedingungen, Verkehrslage u. a.) zum Unterhalt einer Familie ausreicht; heute durch die Bez. »bäuerl. Familienbetrieb« ersetzt.

Ackerrettich (Hederich, *Raphanus raphanistrum*), Kreuzblütler, in Europa und den Mittelmeerländern auf Äckern und Brachen häufiges Unkraut mit blaugrünem Stängel, gelbl. oder weißl., violett geäderten Blüten und perlschnurartiger Schote; ähnelt dem ↑Ackersenf.

Ackerröte (*Sherardia arvensis*), Rötegewächs, häufiges Getreideunkraut auf Kalk- und Tonboden mit liegendem, ästigem Stängel, lanzettl. Blättchen und helllilafarbigen, trichterförmigen Blüten.

Ackerschachtelhalm, ↑Schachtelhalm.

Ackerschlepper, der ↑Traktor.

Ackerschnecke (*Deroceras agreste*), bis 5 cm lange bräunl. Nacktschnecke; kann als Garten- und Ackerschädling auftreten.

Ackersenf (*Sinapis arvensis*), Kreuzblüt-

Ackerschnecke

ler, Acker- und Gartenunkraut mit goldgelber Krone und waagerecht abstehenden Kelchblättern, fiederlappigen oder buchtigen Blättern; die Früchte sind Schoten.

ACLANT [ˈækˈlænt, engl.], Abk. für Allied Command Atlantic (Alliierter Befehlsbereich Atlantik), NATO-Kommandobereich, dem im Wesentlichen Seestreitkräfte unterstehen; Hauptquartier: Norfolk (Va., USA), Oberbefehlshaber: ↑SACLANT.

Acnidaria [grch.], *Zoologie:* die ↑Rippenquallen.

Aconcagua, der höchste Berg Gesamtamerikas, in den Anden Argentiniens, 6959 m ü. M., aus vulkan. Gesteinsmaterial (Überschiebungsdecke) über gefaltetem mesozoischem Sockel.

à condition [a kɔ̃ːdiˈsjɔ̃, frz.], Abk. **à. c.,** vorbehaltlich der Rückgabe; bes. im Buchhandel (↑Konditionsgut).

Aconitin [lat.] *das* (Akonitin), hochgiftiges Alkaloid aus Aconitum napellus (Blauer Eisenhut); eines der stärksten Pflanzengifte.

Aconitum [grch.], ↑Eisenhut.

a conto [italien.], Abk. **a c.** oder **a/c.,** auf Rechnung von... **A-conto-Zahlung,** ↑Akontozahlung.

Acosta (da Costa), Gabriel (Uriel), jüd. Religionsphilosoph, *Porto um 1585, †(Selbstmord) Amsterdam April 1640; aus einer kath. gewordenen jüd. Familie, kehrte 1620 zum jüd. Glauben zurück; wurde wegen Irrlehren zweimal mit dem rabbin. Bann belegt; Autobiografie »Exemplar humanae vitae« (hg. 1687).

Acqui Terme [ˈakkui -], Badeort in Piemont, Prov. Alessandria, Italien, 20 100 Ew.; Bischofssitz; heiße Schwefel- und Jodquellen.

Acrania *Pl.,* die ↑Schädellosen.

Acre [ˈeɪkə, engl.] *der,* in den angloamerikanischen Ländern noch gebräuchliche nicht metrische Flächeneinheit für Flurstücke (1 A. = 4 046,856 m^2).

Acre [ˈakri], **1)** *der* (Rio A., Rio Aquiri), rechter Nebenfluss des Purús in W-Brasilien, rd. 700 km.
2) Bundesstaat im südwestl. Randgebiet Amazoniens, Brasilien, 153 150 km^2, 557 300 Ew.; Hptst.: Rio Branco am Rio A.; bedeutende Forstwirtschaft. – Das Gebiet war lange Streitobjekt zw. Bolivien und Brasilien; 1903 kam der größte Teil zu Brasilien.

Acridin [lat.] *das,* schwache, aromat. Base; Ausgangsstoff für A.-Farbstoffe und Pharmazeutika. A. ist hautreizend.

Acrolein *das* (Propenal), farblose, sehr giftige Flüssigkeit von stechendem Geruch; entsteht beim Überhitzen von Fett und wird durch katalyt. Oxidation von Propylen hergestellt; verwendet zur Herstellung von Glycerin und Methionin.

Acroski [-ʃiː] (früher [Ski-]Ballett), Skisport: Disziplin des ↑Freestyle; ein choreograph. Programm zu Musik (Schrittkombinationen, Sprünge und akrobat. Schwünge); durchgeführt auf einem etwa 150 m langen und 15° steilen Hang.

across the board [əˈkrɔs ðə bɔːd, engl.], an fünf aufeinander folgenden Tagen zur gleichen Zeit gesendet (bezogen auf Werbesendungen in Funk und Fernsehen).

Acrylamid (Acrylsäureamid), zu den Amiden gehörende chem. Verbindung der Formel $CH_2=CH-CO-NH_2$, die durch Hydrolyse von Acrylnitril hergestellt und zur Produktion von Polyacrylamid und Copolymeren verwendet wird. – A. hat sich im Tierversuch als erbgut- und nervenschädigend sowie Krebs erregend erwiesen, 1994 wurde es von der WHO als wahrscheinlich Krebs erregend eingestuft. Die zulässige Höchstmenge für Menschen beträgt laut WHO 1 µg/kg Körpergewicht am Tag. A. kann sich in stärkehaltigen Nahrungsmitteln durch Erhitzen über 120 °C bilden.

Acrylglas, organ. Kunstgläser aus ↑Polymethacrylaten.

Acrylharze, ↑Polyacrylharze.

Acrylnitril (Acrylsäurenitril), wichtiger Rohstoff für Acrylfasern, Kunststoffe und Kautschuk, katalyt. hergestellt aus Propylen mit Ammoniak und Sauerstoff. Das Atemgift A. zählt zu den Krebs erzeugenden Arbeitsstoffen.

Acrylnitril-Butadien-Styrol-Polymerisate, ↑ABS-Polymerisate.

Acrylsäure (Propensäure), die einfachste ungesättigte Carbonsäure. Wichtiger Rohstoff für Anstriche und Klebstoffe.

Act [ækt, engl.] *der, angloamerikan. Recht:* Gesetz, Beschluss, aber auch Rechtshandlung, Willenserklärung.

Acta Apostolicae Sedis [lat.], *das* Amtsblatt des Päpstl. Stuhls (seit 1909) und damit päpstl. Gesetzblatt.

Acta Apostolorum [lat.], die ↑Apostelgeschichte.
Acta Eruditorum [lat.], erste gelehrte Zeitschrift Dtl.s, 1682 in Leipzig von O. Mencke gegründet, ab 1732 u. d. T. »Nova Acta Eruditorum«, 1782 eingestellt (117 Bde.).
Acta Sanctorum [lat.], Sammlungen von oft legendar. Nachrichten über Märtyrer und Heilige der kath. Kirche, v. a. die des Jesuiten Johannes Bolland (* 1596, † 1665), seiner Mitarbeiter und Nachfolger, der Bollandisten.
ACTH, Abk. für **a**drenoc**o**rticotropes **H**ormon (Corticotropin), Peptidhormon des Vorderlappens der Hirnanhangdrüse, das aus einer Polypeptidkette mit 39 Aminosäuren besteht, regelt die Bildung und Ausschüttung von Hormonen der Nebennierenrinde.
Actiniden, veraltet für ↑Actinoide.
Actinium [grch.] *das,* Ac, sehr seltenes radioaktives metall. Element aus der 3. Nebengruppe des Periodensystems, Ordnungszahl 89, relative Atommasse 227,028, Dichte $10,07 g/cm^3$, Schmelzpunkt 1050°C, Siedepunkt (3200 ± 300)°C; chemisch dem Lanthan ähnlich. Das längstlebige Isotop ^{227}Ac (Halbwertszeit 21,8 Jahre) ist Zerfallsprodukt von Uran 235, ^{228}Ac kommt in der Thoriumreihe vor; es sind 26 Isotope mit Massenzahlen von 209 bis 232 bekannt.
Actinoide, die chem. Elemente 89 bis 103, chemisch den Lanthanoiden verwandt. Die meisten Transurane sind Actinoide.
Actinomycine [grch.], Antibiotika mit zytostat. Wirkung; aufgrund ihrer tox. Eigenschaften können sie nicht zur Behandlung bakterieller Infektionen verwendet werden; Einsatz z. B. bei Hodenkrebs.
Actio [lat.] *die,* im röm. Recht die gesetzl. oder vom Prätor gegebene Klageformel zur Durchsetzung eines Anspruchs.
Actio libera in causa [lat. »bei der Ursachensetzung freie Handlung«], *Strafrecht:* mit Strafe bedrohte Handlung, die zwar im Zustand der Schuldunfähigkeit verübt wird, bei der jedoch der Täter, als er sich in diesen Zustand versetzte, damit rechnete oder rechnen konnte, eine bestimmte Straftat auszuführen, sodass sich der Täter nicht auf seine Schuldunfähigkeit berufen kann.

Action [ˈækʃn, engl.] *die,* dramat. Vorgang, ereignisreiche Handlung.
Actionfilm [ˈækʃn-, engl.], Bez. für bes. handlungsreiche Filme wie zahlr. Western, Abenteuer-, Kriminal-, Kriegs-, Horror-, Science-Fiction-Filme.
Action française [aksˈjɔ̃ frãˈsɛːz] *die,* frz. politische Gruppe, entstand 1898 unter Führung der Schriftsteller C. Maurras und L. Daudet um die gleichnamige Zeitung; nationalistisch, antisemitisch und royalistisch ausgerichtet. Zu ihr gehörte der 1907 gegr. Wehrverband der »Camelots du roi«; 1936 aufgelöst.
Action-Painting [ˈækʃnpeɪntɪŋ, engl.] *das,* 1950 geprägter Begriff, der im ↑abstrakten Expressionismus als Bez. für eine prozesshafte Malmethode erscheint, bei der das Bild zum Dokument eines spontanen Malvorganges wird; Hauptvertreter: J. Pollock.
Action-Research [ˈækʃn -rɪsəːtʃ] (Aktionsforschung) *das,* sozialwiss. Forschungsrichtung, die durch aktive Eingriffe in soziale Verhältnisse oder Gruppensituationen (sozialwiss. Experimente) planvoll Änderungen und Wandlungsprozesse anstrebt und zugleich die ausgelösten Wirkungen erforscht, um Rückschlüsse auf noch unbekannte soziale Gesetzlichkeiten zu gewinnen.
actio = reactio [lat. »Wirkung = Gegenwirkung«], das newtonsche Reaktionsprinzip der Mechanik (↑newtonsche Axiome).
Acton [ˈæktn], John Emerich Edward Dalberg, Baron A. (seit 1869), brit. Historiker, * Neapel 10. 1. 1834, † Tegernsee 19. 6. 1902; 1859–65 als Liberaler im Unterhaus, seit 1869 im Oberhaus; Vertrauter von Premiermin. W. Gladstone; Gründer der modernen histor. Schule in Cambridge, Hg. der »Cambridge Modern History«.
Actor's Studio [ˈæktəz ˈstjuːdɪəʊ], New Yorker Institut zur Fortbildung von Schauspielern, gegr. 1947, 1951–82 geleitet von L. Strasberg (* 1901, † 1982), der stark von K. S. Stanislawski beeinflusst war.
Actus *der,* in der Scholastik das schon Gewordene, im Ggs. zu dem noch nicht Gewordenen, erst Möglichen.
acyclische Verbindungen, ↑azyklische Verbindungen.
Acyl..., allg. Bez. für die Atomgruppierung $R-CO-$ (R = organ. Rest), die von

Carbonsäuren durch Entfernung der OH-Gruppe abgeleitet wird.

Acylierung, chem. Reaktion, bei der eine Acylgruppe in eine organ. Verbindung eingeführt wird.

a. D., Abk. für außer Dienst.

A. D., Abk. für lat. Anno Domini, im Jahre des Herrn.

ADA (Ada), Programmiersprache, ben. nach Augusta Ada Byron (*1815, †1852). Wegen des modularen Aufbaus ist ADA bes. zur Programmierung komplexer Probleme sowie für Echtzeitanwendungen und zur Lösung numer. Aufgaben geeignet.

ad absurdum führen [lat.-dt.], die Unsinnigkeit (einer Behauptung) beweisen.

ADAC, Abk. für Allgemeiner Deutscher Automobil-Club e. V., gegr. 1903, Sitz: München; unterhält einen Informationsdienst, techn. Prüfdienste sowie Straßenwachtfahrzeuge und Rettungshubschrauber für den Hilfsdienst auf Autobahnen und Bundesstraßen.

adagietto [ada'dʒɛtto, italien.], musikal. Tempovorschrift: ziemlich ruhig, ziemlich langsam.

adagio [a'da:dʒo, italien.], *Musik:* langsam. **Adagio**, langsamer Satz einer Sonate, Sinfonie.

Adahandschrift, Prachtevangeliar der Hofschule Karls d. Gr., um 800 (Stadtbibliothek zu Trier), für die Äbtissin Ada, angeblich eine Schwester Karls des Großen.

Adaktylie [grch.] *die,* angeborenes Fehlen von Fingern oder Zehen.

Adalbert, Prinz von Preußen

Adalbert, Prinz von Preußen, *Berlin 29. 10. 1811, †Karlsbad 6. 6. 1873; Neffe von König Friedrich Wilhelm III., trug 1848 zur Schaffung der ersten dt. Kriegsflotte bei, war 1849–71 Oberbefehlshaber der preuß. Marine, veranlasste die Gründung von Wilhelmshaven.

Adalbert-Preis, nach Adalbert von Prag benannter und von der privaten »Adalbert-Stiftung Krefeld« (gegr. 1989) vergebener Preis (Medaille mit dem Siegel Adalberts von Prag, verbunden mit einem Geldbetrag von 20 000 DM), mit dem seit 1995 jährlich eine Persönlichkeit geehrt wird, die sich »um die Integration der mittel- und osteuropäischen Völker in die gesamteuropäische Völkergemeinschaft« verdient gemacht hat. Bisherige Preisträger: T. Mazowiecki (1995), J. Antall (1996), F. Tomášek (1997 posthum), F. König (1998), V. Havel (1999), H. Kohl (2004).

Adalbert von Prag, eigtl. Vojtěch, Apostel der Preußen (seit 996), *Libice um 956, †(erschlagen) am Frischen Haff 23. 4. 997; wurde 983 Bischof von Prag. – Heiliger (Tag: 23. 4.).

Adam, 1) [a'dã], Adolphe Charles, frz. Komponist, *Paris 24. 7. 1803, †ebd. 3. 5. 1856; schrieb im Stil der Opéra comique die Spielopern »Der Postillon von Lonjumeau« (1836), »Wenn ich König wär'« (1852) u. a., ferner Ballette, z. B. »Giselle« (1841).

2) [a'dã], François-Gaspard, frz. Bildhauer, *Nancy 23. 5. 1710, †Paris 1761; schuf für Friedrich d. Gr. Bildwerke in Potsdam und Sanssouci.

3) [a'dã], Henri-Georges, frz. Bildhauer, *Paris 18. 1. 1904, †Perros-Guirec (Dép. Côtes-d'Armor) 27. 8. 1967; schuf monumental wirkende abstrakte Plastiken in klarer Linienführung; auch Radierungen und Entwürfe für Wandteppiche.

4) ['ædəm], Robert, schott. Architekt, *Kirkcaldy 3. 7. 1728, †London 3. 3. 1792; schuf mit seinem Bruder James (*1732, †1794) Bauwerke in klassizist. Stil **(Adam-Style)**.

5) Theo Siegfried, Sänger (Bassbariton), *Dresden 1. 8. 1926; als Opern- (bes. Wagner), Lied- und Oratoriensänger sehr geschätzt; wirkt auch als Regisseur.

Adamaua [nach dem Fulbe-Herrscher Adama, um 1830], Bergland in Mittelkamerun, ein welliges Grashochland (mittlere Höhen um 1 000 m ü. M.), aus dem schroffe Granitmassive und Inselberge aufsteigen; mächtige Bauxitlager; bewohnt von den Fulbe.

Adamclisi (Adamklissi), rumän. Dorf in der südl. Dobrudscha mit den Resten eines 109 n. Chr. von Trajan nach dem Krieg gegen die Daker errichteten Siegesdenkmals,

eines zylindr. Baus von 30 m Durchmesser und urspr. 42 m Höhe.
Adam de la Halle [aˈdã də laˈal], frz. Dichter und Komponist, *Arras um 1237, †Neapel (?) um 1288 oder 1306; verfasste und komponierte Chansons, Rondeaus, Motetten und die ältesten frz. Singspiele (»Le jeu de Robin et de Marion«, 1283).
Adamẹllogruppe, Gebirgsgruppe in den Südalpen, Italien, südl. des Ortlers, in der Presanella 3 564 m ü. M., im Adamello 3 554 m ü. M.
Adamịten (Adamianer), in der Kirchengeschichte nicht sicher bezeugte Sondergemeinschaften, die ihren Gottesdienst angeblich zur Darstellung paradies. Unschuld nackt feierten.
Adạmkus, Valdas, litauischer Politiker, *Kaunas 3. 11. 1926; Bauingenieur; emigrierte nach dem Zweiten Weltkrieg über Dtl. 1949 in die USA (bis 1998 amerikan. Staatsbürger); wirkte in litauischen Emigrantenorganisationen; bis 1997 bei der amerikan. Umweltbehörde in Chicago beschäftigt. A. war von 1998 bis 2003 und ist seit 2004 litauischer Staatspräsident.
Adamọv, Arthur, frz. Dramatiker russisch-armen. Herkunft, *Kislowodsk (Region Stawropol) 23. 8. 1908, †(Selbstmord) Paris 15. 3. 1970; lebte dort seit 1924, Avantgardist des frz. Nachkriegstheaters, u. a. »Ping Pong« (1955), »Paolo Paoli« (1957), »Off limits« (1969).
Adams [ˈædəmz], **1)** Ansel, amerikan. Fotograf, *San Francisco 20. 2. 1902, †Monterey Peninsula (Calif.) 22. 4. 1984. Seine Fotos amerikan. Landschaften errangen internat. Anerkennung.
2) Douglas Noël, engl. Schriftsteller, *Cambridge 11. 3. 1952, †Santa Barbara (Calif.) 11. 5. 2001; schrieb v. a. von doppelbödigem Humor gekennzeichnete, scharfsinnige Science-Fiction- und Kriminalromane; internat. bekannt wurde A. mit der Hörspielreihe »Per Anhalter durch die Galaxis« (1978, als Roman 1979), dem ersten Teil der gleichnamigen »intergalakt. Trilogie«.
3) Gerry, nordirischer Politiker, *Belfast 6. 10. 1948; aus einer kath. Arbeiterfamilie, 1971–72 und 1973–77 in Haft; wurde 1983 Präs. von †Sinn Féin; setzte sich seit 1993/94 verstärkt für eine polit. Lösung des Nordirlandkonflikts ein.
4) John, 2. Präs. der USA (1797–1801), *Braintree (heute Quincy, Mass.) 30. 10. 1735, †ebd. 4. 7. 1826; schloss 1783 den Frieden mit Großbritannien. Sein Sohn John Quincy (*1767, †1848) war der 6. Präs. der USA (1825–29), dessen Enkel Henry (*1838, †1918) ein bed. Historiker und Geschichtsphilosoph.
5) John Coolidge, amerikan. Komponist und Dirigent; *Worcester (Mass.) 15. 2. 1947; komponierte, ausgehend von der Minimalmusic, Werke von stilist. Vielfalt; u. a. experimentelle Stücke (»Onyx«, 1976, für Tonband), Opern (»The Death of Klinghoffer«, 1991), Orchesterwerke.
Adamsapfel, hervortretender Teil des Schildknorpels am ↑Kehlkopf, beim Mann stärker ausgebildet.
Ạdamsbrücke, rd. 86 km lange Kette von Inseln und Sandbänken zw. Ceylon (Sri Lanka) und Südindien; Perlfischerei. Hauptinseln: Rameswaram und Mannar.
Adạmski, Hans-Peter, Maler und Bildhauer, *Kloster Oesede (heute zu Georgsmarienhütte) 7. 5. 1947; in Gemälden, Papierarbeiten und Collagen entwickelte er eine Formensprache, die figurative Zeichen mit abstrakten Elementen kombiniert; auch Plastik.
Adam's Peak [ˈædəmz piːk], Gneisberg auf Ceylon (Sri Lanka), 2 243 m ü. M., mit einer als Fußabdruck Adams, Shivas oder auch Buddhas gedeuteten Vertiefung; Wallfahrtsort.
Ạdamsspiel, das älteste erhaltene geistliche Drama in altfrz. Sprache (12. Jh.), behandelt den Sündenfall, Kains Brudermord und die Weissagungen der Propheten.
Adams-Stokes-Syndrọm [ˈædəmz ˈstəʊks-; nach den brit. Ärzten R. Adams, *1791, †1875, und W. Stokes, *1804, †1878], lebensbedrohendes Krankheitsbild mit hochgradig verlangsamtem Puls und kurzer Bewusstlosigkeit bei mangelhafter Durchblutung des Gehirns infolge Herzrhythmusstörungen.
Ạdam und Ẹva, nach der Bibel (1. Mos. 1–4) das erste Menschenpaar und Stammeltern aller Menschen. Urspr. im Paradies, aßen sie vom Baum der Erkenntnis und wurden vertrieben. Bei Paulus (Röm. 5, 14; 1. Kor. 15, 45) tritt der erste Mensch als Urheber der Sünde und des Todes in Ggs. zu Christus, dem zweiten Adam, dem Urheber des Lebens, auf. Im Schrifttum des MA. ist die Geschichte von A. u. E. oft

Adam und Eva: Massaccio, »Vertreibung Adams und Evas aus dem Paradies« (1424–28; Florenz, Brancaccikapelle von Santa Maria del Carmine)

behandelt worden, z. B. in Mysterienspielen. – Die bildende Kunst stellte bes. die Erschaffung, den Sündenfall und die Vertreibung dar (Hildesheimer Bronzetür, Adamspforte des Bamberger Doms, Fresken von Masaccio und Michelangelo, Stich von Dürer u. a.).

Adam von Bremen, Chronist, † zw. 1081 und 1085; seit 1066 Domherr in Bremen, schrieb eine »Geschichte der Hamburg. Kirche« (zw. 1072 und 1076) mit Berichten über die nord. Völker und einem Lebensbild des Erzbischofs Adalbert von Hamburg-Bremen (*um 1000, † 1072).

Adana, Hptst. der türk. Prov. A., 972 300 Ew.; Baumwollverarbeitung, Baustoff-, Nahrungsmittelind.; Kraftwerk am Seyhan; Univ. (gegr. 1973); Flughafen. In der Altstadt u. a. die Große Moschee (Ulu Camii; Anfang 16. Jh.).

Adapazarı, Hptst. der türk. Prov. Sakarya in NW-Anatolien, 174 400 Ew.; Tabak-, Zucker-, Nahrungsmittelind.; Traktoren- und Eisenbahnwerk.

Adaptation [lat.] *die* (Adaption), **1)** *Biologie:* die biolog. ↑Anpassung, z. B. des Auges an die jeweilige Helligkeit.
2) *Literatur:* svw. ↑Bearbeitung.
3) *Medizin:* (Adaptationssyndrom) ↑Selye.

Adapter [engl.] *der,* Zusatzteil, das den Anwendungsbereich eines Gerätes erweitert, indem es den Übergang zw. Vorrichtungen versch. Systeme ermöglicht; z. B. Verbindungsstück für Kamera und Objektive versch. Fabrikate, für Steckverbinder bei elektrotechn. Geräten (**A.-Stecker, A.-Kabel**), für den Kopplungsteil von Raumfahrzeugen.

adaptieren [lat.], 1) anpassen; 2) bearbeiten, z. B. um aus einem Roman einen Film zu machen.

adaptierte Milch, industriell auf Kuhmilchbasis hergestellte Milch zur Säuglingsernährung, in ihrer Zusammensetzung der Muttermilch ähnlich.

adaptive Optik, abbildendes opt. System zur Korrektur von optisch wirksamen Veränderungen in seinem Strahlengang; Entwicklungsrichtung der modernen Hochleistungsoptik. Adaptive opt. Systeme gewährleisten die Echtzeitkontrolle und Veränderung von Parametern des opt. Wellenfeldes; z. B. können zur Erhöhung des Auflösungsvermögens opt. Teleskope die durch die Luftunruhe (Szintillation) bewirkten Deformationen der von einem Stern ausgehenden Wellenfronten durch computergesteuerte mechan. Formveränderung von Spiegeln kompensiert werden.

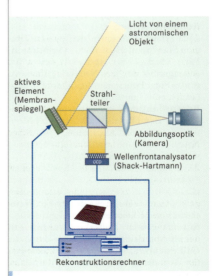

adaptive Optik: Die durch Luftturbulenzen deformierte Wellenfront eines fernen astronomischen Objektes wird teilweise von einem Strahlteiler auf einen Wellenfrontsensor geleitet. Der Rekonstruktionsrechner bestimmt aus den Daten die erforderliche Korrektureinstellung des adaptiven Spiegels. In der Bildebene (Kamera) entsteht so ein beugungsbegrenztes Bild.

Neben den Anwendungen in der Astronomie (bes. bei Großteleskopen) wird die a. O. z. B. in der Lasertechnologie und Mikroskopie eingesetzt.

Adaptronik [Kw. aus **adap**tiv und Elek**tronik**], interdisziplinäres Forschungsgebiet, das sich mit multifunktionellen techn. Strukturen und Systemen beschäftigt. Adaptive Systeme sind in der Lage, sich wechselnden Betriebsbedingungen aktiv anzupassen; man spricht daher auch von »intelligenten« Systemen. Ein großes Einsatzpotenzial für adaptive Systeme wird in der Sicherheitstechnik, der Schwingungsdämpfung, der adaptiven Optik und der Medizin gesehen. Wichtige Impulse für die A. kommen v. a. aus der Werkstoffforschung, die Materialien mit geeigneten Eigenschaften entwickelt (z. B. Memorylegierungen, Polymer- und Keramikwerkstoffe mit Gedächtniseffekten, piezoelektr. Materialien).

📖 Neumann, D.: *Bausteine »intelligenter« Technik von morgen. Funktionswerkstoffe in der A.* Darmstadt 1995.

adäquat [lat.], **1)** *allg.:* angemessen, passend, entsprechend.
2) *Philosophie:* Bez. für die Übereinstimmung der Urteilsaussage mit dem Sachverhalt (Thomas von Aquin: Wahrheit als »adaequatio intellectus et rei«, Übereinstimmung des urteilenden Denkens und der Sache).

a dato [lat.], Abk. **a d.**, vom Tag der Ausstellung an (z. B. auf Wechseln).

ADAV, Abk. für Allgemeiner Deutscher Arbeiterverein, ↑Sozialdemokratie.

ADB, ↑Asiatische Entwicklungsbank.

ADC, Abk. für Analog-digital-Converter (↑Analog-digital-Umsetzer).

ad calendas graecas [lat. »bis zu den grch. Kalenden«], niemals (da die Griechen keine ↑Kalenden hatten).

Adcock-Peiler ['ædkɔk-] (Adcock-Antenne), von dem brit. Erfinder F. Adcock 1919 erfundene Peilantenne (↑Funkpeiler) für stationäre Anlagen, die den Peilfehler unterdrückt, der durch den ↑Dämmerungseffekt entsteht.

ADD, Abk. für **a**naloge Aufnahme, **d**igitale Bearbeitung, **d**igitale Wiedergabe; kennzeichnet techn. Verfahren bei einer CD-Aufnahme o. Ä.

Adda *der* oder *die* (lat. Addua), linker Nebenfluss des Po, Italien, 313 km, entspringt in den Zentralalpen, durchströmt das Veltlin und den Comer See, mündet oberhalb von Cremona; zahlr. Kraftwerke.

Addams ['ædəmz], **1)** Chas, eigtl. Charles Samuel A., amerikan. Karikaturist, *Westfield (N. Y.) 7. 1. 1912, †New York 5. 10. 1988; seit 1935 Mitarbeiter der Zeitschrift »The New Yorker«, beispielgebend für den angelsächs. »schwarzen Humor«.
2) Jane, amerikan. Sozialreformerin, *Cedarville (Ill.) 6. 9. 1860, †Chicago (Ill.) 21. 5. 1935; setzte sich für Frauenwahlrecht, Jugendschutz, Armenpflege und den Friedensgedanken ein; 1915 Mitbegründerin, dann Präsidentin der Women's International League for Peace and Freedom; Friedensnobelpreis 1931 (mit N. M. Butler).

Addis Abeba

addio [a'diːo, italien.], auf Wiedersehen; leb(t) wohl.

Addis Abeba [amhar. »neue Blume«], Hptst. und wirtsch. Zentrum von Äthiopien, in der Mitte des Landes auf einer Hochfläche, 2 420 m ü. M., 2,42 Mio. Ew.; Sitz eines kopt. Patriarchen sowie der UN-Wirtschaftskommission für Afrika (ECA); Univ., TH, Goethe-Inst., National-

museum, vielfältige Ind., internat. Flughafen; Eisenbahnlinie nach Djibouti.
Addison ['ædɪsn], Joseph, engl. Staatsmann, Schriftsteller, *Amesbury (Wiltshire) 1. 5. 1672, †London 17. 6. 1719; war Unterstaatssekretär, seit 1717 Minister. In seinen Beiträgen zu den ersten ↑Moralischen Wochenschriften schilderte er liebevoll den bürgerl. Alltag und bereitete so dem Roman des 18. Jh. den Weg.
Addison-Krankheit ['ædɪsn-; nach dem brit. Arzt T. Addison, *1793, †1860] (Bronzehautkrankheit), seltene, auf mangelnder Hormonbildung der Nebennierenrinde (meist infolge einer ↑Autoimmunkrankheit) beruhende Erkrankung; Kennzeichen sind z. B. Übelkeit, Abmagerung, Muskelschwäche, Pigmentierung von Haut und Schleimhäuten.
addita aetate [- ɛˈta-, lat.], im vorgerückten Alter.
Additament (Additamentum) [lat.] *das,* Zugabe, Anhang, Ergänzung zu einem Buch.
Addition [lat.] *die,* **1)** eine der Grundrechenarten, bei der mindestens zwei **Summanden** zusammengezählt werden, symbolisiert durch das Verknüpfungszeichen + (plus); das Ergebnis heißt **Summe.** Die A. gehorcht dem ↑Assoziativgesetz, dem ↑Kommutativgesetz und löst die Gleichung $a + x = b$ für beliebige Zahlen a und b stets eindeutig.
2) in der organ. Chemie eine Reaktion, bei der Atome oder Atomgruppen an ein Molekül mit Doppel- oder Dreifachbindung angelagert werden.
Additive, qualitätsverbessernde und die Verarbeitung erleichternde Zusätze zu Kraft- und Kunststoffen, Lacken, Schmierölen, Waschmitteln u. a., z. B. Antiklopfmittel, Füllstoffe, Weichmacher usw. Bei Lebensmitteln ↑Zusatzstoffe.
addizieren [lat.], zuerkennen, zusprechen (zum Beispiel ein Bild einem bestimmten Maler).
Adduktion [lat.] *die,* das seitl. Heranführen **(Adduzieren)** eines Gliedes an die Körperlängsachse. **Adduktoren,** die diese Bewegung ausführenden Muskeln.
ade [lat.-frz.], bes. in der Dichtung und im Volkslied gebrauchte Form von ↑adieu.
Adebar [ahd. odebero, eigtl. »Segenbringer«, wohl angedeutet aus dem german. Wort für »Sumpfgänger«] *der, niederdt.* und *volkstümlich:* Storch.

Adecco S. A., weltweit tätiges (rd. 6 000 Niederlassungen in 58 Ländern) Personalvermittlungsunternehmen, entstanden 1996 durch Fusion von ADIA S. A. (gegr. 1957) und Ecco S. A. (gegr. 1964); Sitz: Lausanne.
Adel [ahd. adal »Geschlecht«, »Abstammung«], ein ehem. sozial, rechtlich und politisch privilegierter Stand, gegründet auf Geburt, Besitz oder (meist krieger.) Leistung, gekennzeichnet durch besondere Lebensformen und ein ausgeprägtes Standesethos.
Geschichte: Mit der Entstehung der Hochkulturen bildete sich eine aristokrat., bevorrechtete Schicht der Gesellschaft heraus; im antiken Griechenland hatte der krieger. A. eine beherrschende Stellung, im Röm. Reich die ↑Patrizier und die Nobilität **(Amts-A.),** die zus. mit dem A. der unterworfenen Prov. den Bestand des Reiches sicherten. – In *Deutschland* trat neben den altgerman. **Geburts-A.** der Edelinge oder Edelfreien in fränk. Zeit ein **Dienst-A.,** der den Königsdienst leistete und mit Lehen ausgestattet wurde. Aus ihm bildete sich der mittelalterl. Ritterstand (↑Rittertum). Die einfachen Ritter, auch die urspr. unfreien ↑Ministerialen (Dienstmannen), wurden zum **niederen A.,** der teils als reichsunmittelbarer A. die Reichsritterschaft bildete, teils landsässiger A. der fürstl. Landesherren war. Aus den edelfreien Geschlechtern entstand der mit staatl. Hoheitsrechten ausgestattete **hohe A.** weltl. und geistl. Fürsten, Grafen und freie Herren. Sein wesentl. Merkmal wurde seit dem 16. Jh. die Reichsstandschaft, d. h. Sitz und Stimme auf dem Reichstag. Im 14. Jh. begann die Verleihung des i. d. R. erbl. A. durch **A.-Brief** des Kaisers; diesen seit 1806 auch von den Monarchen der dt. Rheinbundstaaten und nach 1815 durch alle dt. Landesfürsten erteilten jüngeren **Brief-A.** unterscheidet man vom alten A., zu dem man alle vor 1350 als ritterbürtig nachweisbaren Geschlechter rechnet. Die alten A.-Vorrechte (Steuerfreiheit, gutsherrl. Gerichtsbarkeit, Recht auf die bäuerl. Frondienste, Bevorzugung im Staats- und Heeresdienst) wurden seit 1789 und 1848/49 fast sämtlich abgeschafft. Ferner wurden 1803 und 1806 die meisten kleineren Geschlechter des hohen A. und die Reichsritterschaft mediatisiert (↑Standesherren). Dennoch konnte

sich der A. im kaiserl. Dtl. bis zum Ende des Ersten Weltkriegs als Führungsschicht behaupten. Die Weimarer Reichsverf. von 1919 (Art. 109) hat die letzten Sonderrechte des A. beseitigt und festgesetzt, dass A.-Bezeichnungen fortan nur als Teil des Namens gelten und nicht mehr verliehen werden dürfen. Die Stufen sind: Herzog, Fürst, Graf, Freiherr (Baron), Ritter (nur in Bayern und im alten Österreich), Edler (nur im alten Österreich) und das bloße »von«.

Die *Tschechoslowakei* und *Österreich* haben 1918/19 den A. aufgehoben. – In der *Schweiz* wird der A. schon seit Anfang des 19. Jh. amtlich nicht anerkannt.

In *Großbritannien* entwickelten sich aus den Baronen (Kronvasallen) und den einfachen Rittern des MA. ein hoher und ein niederer A. Der hohe A., die Nobility, mit dem allg. Titel ↑Lord, gliedert sich in die Rangstufen: Herzog (Duke), Marquess, Graf (Earl), Viscount, Baron. Mit ihm ist die Peerswürde (↑Peer) verknüpft, die mit dem Grundbesitz nur auf den Erstgeborenen vererbt wird. Die jüngeren Söhne führen den Höflichkeitstitel Lord vor ihrem Vor- und Familiennamen, der meist von dem Peerstitel verschieden ist; ihre Nachkommen sind stets einfache Bürgerliche. Aus dem niederen Land-A. ist durch frühzeitige Verschmelzung mit dem Großbürgertum die Gentry entstanden; ihre Rangstufen sind Baronet (erblich) und Knight (nur persönlich), die ihrem Vornamen den Titel Sir voransetzen.

Im alten *Frankreich* unterschied man die Noblesse de race (»Geburts-A.«), die Noblesse de lettres (»Brief-A.«) und die Noblesse de robe (»Amts-A.«). Nach Verzicht des A. auf Vorrechte und Titel 1789 und seiner Dezimierung durch die Revolution formierte Napoleon I. ab 1804 aus den Großwürdenträgern und Marschällen seines Kaiserreichs einen kaiserl. Neu-A. (erneutes Verbot der Titelführung 1848–52). Die Rangstufen sind: Fürst (Prince), Herzog (Duc), Marquis, Graf (Comte), Vicomte, Baron, einfacher A. Entsprechend sind die Rangstufen in den anderen roman. Ländern gestaffelt.

In *Italien* hat die Verfassung von 1948 den A. abgeschafft, doch können A.-Bezeichnungen aus der Zeit vor der Herrschaft des Faschismus weitergeführt werden.

In *Spanien* bilden die Granden und die Ti-

Adel und Klerus erschrecken über die Erhebung des dritten Standes (Karikatur aus der Zeit der Französischen Revolution).

tulados (»Betitelten«, bis zum Baron) den hohen, die Hidalgos den (sehr zahlreichen) niederen A.

In *Ungarn* wurden die A.-Vorrechte 1848 abgeschafft, doch wahrte der A. z. T. bis 1945 seine Machtstellung.

Über den *polnischen* A. ↑Schlachta.

Der *russische* A. (Bojaren) bildete sich aus der bewaffneten Gefolgschaft der Fürsten (Druschina). Peter d. Gr., der durch die Rangtafel von 1722 alle Beamten und Offiziere in 14 adlige Rangklassen (Tschin) einteilte, begründete den Dienst-A. 1917 wurde der A. durch die bolschewist. Regierung abgeschafft.

In *Japan* kam neben dem alten kaiserl. Hof-A. (Kuge) im 12. Jh. ein ritterl. Kriegerstand auf (Buke), aus dem die obere Schicht der Daimyōs und die untere Schicht der ↑Samurai hervorgingen. 1869 wurde aus Schwert- und Zivil-A. ein neuer A. (Kazoku) gebildet (1884 Gesetz zur Einführung eines am europ. Modell orientierten A.-Systems). Die Verfassung von 1946 erkannte den A. nicht mehr an.

📖 *Schulze, Hans K.:* A.sherrschaft u. Landesherrschaft. Köln 1963. – *Rogalla von Bieberstein, J.:* A.sherrschaft u. A.skultur in Deutschland. Frankfurt am Main u. a. ²1991. – A. u. Bürgertum in Deutschland 1770–1848, hg. v. E. Fehrenbach u. a. München 1994. – *Lieven, D.:* Abschied von Macht u. Würden. Der europ. A. 1815–1914. A. d. Engl. Frankfurt am Main 1995.

Adelaide [ˈædəleɪd], Hptst. von South Australia (Metropolitan Area), an der Mündung des Torrens River in den Saint-Vincent-Golf, 1,08 Mio. Ew.; kath. Erzbischofssitz, zwei Univ., Hochseehafen (Port A. im NW); Maschinenbau, Kfz- und Elektroind. – Das 1836 gegründete A. erhielt 1840 als erste austral. Stadt eine eigene Gemeindeverwaltung.

Adelard von Bath [-baːθ], engl. scholast. Philosoph, *Bath um 1090, †nach 1160; vermittelte als einer der Ersten das arab. Naturwissen an das Abendland; machte die Atomlehre Demokrits wieder bekannt.

Adelboden, Kurort im Berner Oberland, Schweiz, 1353 m ü. M., 3600 Ew.; Wintersport, Bergbahnen.

Adelheid, römisch-dt. Kaiserin und Heilige, *um 931, †Selz (im Elsass) 16. 12. 999; Tochter König Rudolfs II. von Burgund, ⚭ 947 mit König Lothar von Italien und nach dessen Tod (950) von seinem Nachfolger Berengar II. gefangen gehalten; sie rief Otto I., d. Gr., zu Hilfe, der sich 951 mit ihr vermählte. 991–994 war sie (mit Willigis von Mainz) Regentin für Otto III. 1097 heilig gesprochen (Tag: 16. 12.).

Adélieland [adeˈli-], der O-Teil von Wilkesland, Antarktis, sturmreichstes Gebiet der Erde; 1840 von J. S. C. Dumont d'Urville entdeckt, seit 1955 Teil des frz. Überseeterritoriums Terres Australes et Antarctiques Françaises.

Adelsberg, Stadt in Slowenien, ↑Postojna.

Adelsbrief (Adelsdiplom), Urkunde, durch die der ↑Adel verliehen oder bestätigt wird.

Adelskrone, fünfzackige Krone, die unterste Stufe der ↑Rangkronen (für den nicht titulierten Adel).

Adelsprobe, Nachweis der adeligen Abstammung durch Zeugen und Vorlage der Ahnentafel.

Adelung, Johann Christoph, Sprachforscher, *Spantekow (bei Anklam) 8. 8. 1732, †Dresden 10. 9. 1806; war Bibliothekar und verfasste neben kulturgeschichtl. Werken in aufklärer. Geist grammat. Schriften, in denen er für die Einheit der Schriftsprache eintrat (»Versuch eines vollständigen grammat.-krit. Wörterbuchs der hochdt. Mundart«, 5 Bde., 1774–86).

Aden [eɪdn, engl.; arab. adan »Paradies«], Hauptwirtschafts- und Handelszentrum von Jemen, Hafen am Golf von A., 562000 Ew.; Univ. (gegr. 1975); Erdölraffinerie. Stadtmauer (11. Jh.) mit sechs Toren aus dem 13. Jh. – In Altertum und MA. wichtiger Hafen für den Handel zw. Europa und Asien; seit 1839 britisch, 1937 mit dem Umland zur Kronkolonie erhoben; 1963 wurde diese als **Staat A.** Teil der Südarab. Föderation; 1967–90 Hptst. der Demokrat. VR Jemen.

Aden, Golf von, Teil des Ind. Ozeans, zw. der Somalihalbinsel im S und der Arab. Halbinsel im Norden.

Konrad Adenauer

Adenauer, Konrad, Politiker (Zentrum, CDU), *Köln 5. 1. 1876, †Bad Honnef 19. 4. 1967; Jurist, war 1917 bis 1933 Oberbürgermeister von Köln, 1920–33 zugleich Präs. des preuß. Staatsrates. Nach dem Waffenstillstand 1918 bemühte sich A. um die Schaffung eines kath. bestimmten Rheinlandes als Gliedstaat des Dt. Reiches. 1933 enthoben ihn die Nationalsozialisten aller Ämter und inhaftierten ihn 1944 für einige Monate. 1945 beteiligte er sich am Aufbau der CDU; 1946–49 war er deren Vors. in der brit. Besatzungszone, 1950–66 in der Bundesrep. Dtl. 1948–49 war er Präs. des Parlamentar. Rates, 1949 wurde A. zum Bundeskanzler gewählt. In seiner Innenpolitik unterstützte A. die soziale Marktwirtschaft L. ↑Erhards; außenpolitisch (1951 bis 1955 auch Außenmin.) setzte er sich für die dt.-frz. Verständigung als Kern einer polit. Einigung Europas ein. Darüber hinaus strebte er eine enge Zusammenarbeit mit den USA und eine Eingliederung der Bundesrep. Dtl. in das westl. Bündnissystem an (erreicht mit dem Abschluss der ↑Pariser Verträge). Er bemühte sich erfolgreich um die Verständigung mit Israel und förderte mit anderen europ. Politikern die Schaffung übernat. Gemeinschaften (1951: Montanunion,

Ad-hoc-Publizität ADH

1952: EVG, 1957: EWG, Euratom). Bestrebt, einem wieder vereinigten Dtl. den Beitritt zum westl. Bündnissystem offen zu halten, beließ er die Stalin-Note von 1952 (u. a. Fernhalten eines wieder vereinigten Dtl. aus den Militärbündnissen) ohne Echo. 1955 erreichte er in Moskau die Rückkehr der letzten dt. Kriegsgefangenen (gegen die Aufnahme diplomat. Beziehungen mit der UdSSR). Da seine Partei L. Erhard als Kanzler wünschte, trat A. am 15. 10. 1963 widerstrebend zurück, blieb aber politisch aktiv. – »Erinnerungen«, 4 Bde. (1965–68). ✣ siehe ZEIT Aspekte
📖 *K. A.s Regierungsstil, hg. v. H.-P. Schwarz. Bonn 1991. – Köhler, H.: A. Eine polit. Biographie. Frankfurt am Main u. a. 1994. – Sternburg, W. v.: A. – eine dt. Legende. Berlin 2001. – Uexküll, G. v.: K. A. Reinbek ⁹2001. – Williams, C.: A. – der Staatsmann, der das demokrat. Dtl. formte. A. d. Engl. Bergisch Gladbach 2001. – Geppert, D.: Die Ära A. Darmstadt 2002.*
Adenin [grch.] *das*, verbreitete Purinbase, Bestandteil der ↑Nucleinsäuren u. a. biologisch wirksamer Stoffe.
adenoide Wucherungen [von grch. aden »Drüse«] (fälschlich Polypen), Vergrößerung der Rachenmandel bei Kindern; es kommt zur Verlegung der Nasenatmung und weiterer Gesundheitsstörungen. Die Behandlung erfolgt durch operative Entfernung **(Adenotomie).**
Adenom [grch.] *das*, von Drüsen ausgehende gutartige Gewebeneubildung, die jedoch bösartig entarten kann **(Adenokarzinom, Adenosarkom).** A. bilden sich v. a. in der weibl. Brust.
Adenosin [grch.] *das*, organ. Verbindung aus Adenin und D-Ribose. **A.-Triphosphat (ATP)** spielt als chemisch gespeicherter Energievorrat der lebenden Zelle eine wesentl. Rolle bei vielen Energie verbrauchenden Reaktionen.
Adenoviren [grch.-lat.], Gruppe von DNA-haltigen Viren, rufen u. a. Entzündungen der oberen Luftwege und der Bindehaut des Auges hervor.
Adeps [lat.] *der*, Fett, bes. Schweinefett und Fett der Schafwolle, als Salbengrundlage.
Adept [lat. »der erlangt hat«] *der*, (in eine Geheimlehre) Eingeweihter, Anhänger einer Lehre.
Ader [mhd. »Eingeweide«], **1)** *Anatomie:* Blutgefäß, ↑Blutgefäße. –

2) *Elektrotechnik:* Strom führender metall. Teil isolierter Leitungen.
3) *Geologie:* mineral. Füllmasse schmaler Gesteinsspalten.
Aderhaut, Gefäßhaut im ↑Auge.
Aderknoten, ↑Krampfadern.
Aderlass, nur noch selten angewendete Blutentnahme (Entzug von 500–800 ml Blut) zur Behandlung einer akuten Herzbelastung wie Lungenstauung u. a.
Adermin [grch.] *das*, Vitamin B_6; ↑Vitamine.
Adespota [grch. »herrenlose (Werke«] *Pl., Literaturwissenschaft:* Werke unbekannter Verfasser.
ADF, Abk. für engl. automatic direction finder (Radiokompass), automatisch arbeitendes Bordpeilgerät (Funkpeiler).
ADFC, Abk. für Allgemeiner Deutscher Fahrrad-Club e. V.; 1979 gegr. Interessenverband für Freizeit- und Alltagsradfahrer, der sich in der Verkehrspolitik für die Förderung des Radfahrens, für Radwege(netze), für einen fahrradfreundl. öffentl. Personennahverkehr, für den Fahrradtourismus sowie für den Schutz vor Fahrraddiebstählen einsetzt; Sitz: Bremen.
ad futuram memoriam [lat.], zu künftigem Gedächtnis.
ADGB, Abk. für Allgemeiner Deutscher Gewerkschaftsbund, ↑Gewerkschaften.
ADH, Abk. für antidiuretisches Hormon (Adiuretin), ↑Vasopressin.
adhärent [lat.], 1) anhängend, anhaftend (auf Körper bezogen); 2) angewachsen, verwachsen (auf Gewebe oder Pflanzenteile bezogen).
Adhäsion [lat.] *die*, das Aneinanderhaften von versch. Stoffen infolge molekularer Anziehungskräfte. Beispiele sind Adsorption, Haftreibung, Kleben oder die Benetzung fester Körper mit Flüssigkeiten. Der Zusammenhalt von Molekülen des gleichen Stoffes beruht auf der ↑Kohäsion.
Adhäsionsbahn, ↑Reibungsbahn.
Adhäsionsprozess, *Recht:* Verfahren, das dem durch eine Straftat Verletzten die Möglichkeit gibt, einen aus dem Delikt erwachsenen vermögensrechtl. Anspruch im Strafprozess – statt vor dem Zivilgericht – geltend zu machen (§§ 403 ff. StPO).
ad hoc [lat. »für dieses«], zu diesem Zweck.
Ad-hoc-Publizität, Verpflichtung jedes Emittenten von zum Handel an einer in-

länd. Börse zugelassenen Wertpapieren, alle neuen Tatsachen in seinem Tätigkeitsbereich, die nicht öffentlich bekannt sind, unverzüglich zu veröffentlichen (§ 15 Wertpapierhandels-Ges. i. d. F. vom 9. 9. 1998).
ad hominem [lat. »auf den Menschen«] (ad h. demonstrieren), einen Beweis nicht rein sachlich führen, sondern die Beweisgründe auf die Person abstimmen, die überzeugt werden soll.
ad honorem [lat.], zu Ehren, ehrenhalber.
ADHS, *Medizin:* Abk. für ↑Aufmerksamkeitsdefizit-Hyperaktivitätsstörung.
adiabatischer Prozess [grch.], physikal. oder chem. Zustandsänderung (z. B. Kompression eines Gases), die so schnell verläuft oder so gut isoliert ist, dass während ihres Ablaufs keine Wärme zw. dem System und der Umgebung ausgetauscht wird. Im Zustandsdiagramm (z. B. *p-V*-Diagramm) beschreibt die **Adiabate** eine Kurve, die Zustände gleicher Entropie verbindet.
Adiantum [grch.] *das* (Frauenhaarfarn), Farngattung mit über 200 Arten, so **Venus-** oder **Frauenhaar** (Zimmerpflanze).

Adiantum

Adiaphora [grch. »Gleichgültiges«], *Philosophie:* in der stoischen Ethik urspr. alles, was weder als Gut noch als Übel angesehen wird und daher für die Glückseligkeit gleichgültig ist: Ruhm, Ruhmlosigkeit, Lust und Schmerz, Reichtum und Armut, selbst Leben und Tod.
adiaphoristische Streitigkeiten, in der Reformationszeit die Auseinandersetzung um die weitere Geltung der kath. Kult- und Verfassungsformen als Adiaphora oder deren Ablehnung.
adidas®, seit 1949 zus. mit »drei Streifen« eingetragenes Markenzeichen für die Sportbekleidungsartikel der Firma ↑adidas-Salomon AG. Der Begründer, Adolf (»Adi«) Dassler (*1900, †1978), fertigte 1920 erstmals leinene Trainingsschuhe für Läufer, danach Fußballstiefel, die er mit von ihm erfundenen Stollen (Metallstifte) zur besseren Bodenhaftung versah. Dassler-Sportschuhe wurden schon 1928 während der Olymp. Spiele in Amsterdam von dt. Sportlern getragen.
adidas-Salomon AG, in der Branche Sport- und Freizeitbekleidung sowie Sportartikel tätiges Unternehmen; Sitz: Herzogenaurach; gegr. 1948 als Familienunternehmen, firmierte bis 1989 als adidas Sportschuhfabriken Adi Dassler Stiftung & Co. KG; danach als adidas AG; nach Übernahme der frz. Salomon S. A. heutige Bez.; Großaktionär ist die adidas International Holding GmbH, Essen. Eine der bekanntesten Marken ist adidas®.
adieu! [a'djø:, lat.-frz. »Gott befohlen«], veraltend, aber noch landschaftlich leb(t) wohl!
Adige ['a:didʒe], italien. Name der ↑Etsch.
Adighe, Eigenbez. der ↑Tscherkessen.
Adigrantha, ↑Granth.
Ädikula [lat. »Zimmerchen«, »Häuschen«] *die,* kleiner Tempel; auch Nische (für Standbilder), auch als rahmendes Motiv und zur Gliederung von Flächen.
Ädilen [lat.], im antiken Rom eine Behörde, urspr. zwei, dann vier, seit Caesar sechs Beamte. Ihnen unterstanden die städt. Polizei, Bauwesen, Verkehr, Feuerwehr, Getreideversorgung und -verteilung, Marktaufsicht und die öffentl. Spiele.
ad infinitum [lat. »ins Unendliche«], unaufhörlich.
Adipinsäure (Hexandisäure), kristalline organ. Säure, gewonnen durch Oxidation von Cyclohexan; Zwischenprodukt v. a. für Nylon.
Adipositas [lat.] *die,* ↑Fettsucht.
Adirondacks [ædɪˈrɒndæks] *Pl.,* seenreiche Gebirgsgruppe der Appalachen im NO des Bundesstaates New York, USA; höchste Erhebung ist der Mount Marcy mit 1 629 m ü. M.
à discrétion [adıskre'sjɔ̃:, frz.], nach Belieben, beliebig viel.
Adiuretin [grch.] *das,* ↑Vasopressin.
ADI-Wert, Abk. für engl. acceptable daily intake, internat. Bez. für die höchste gesundheitlich unbedenkl. Tagesdosis von

Rückständen aus Pflanzenschutzmitteln in oder an Lebensmitteln.

Adjani [adʒaˈni], Isabelle, frz. Schauspielerin, *Gennevilliers (Dép. Hauts-de-Seine) 18. 6. 1955; spielte u. a. in den Filmen »Die Geschichte der Adèle H.« (1975), »Ein mörder. Sommer« (1983), »Camille Claudel« (1990), »Die Bartholomäusnacht« (1994), »Diabolisch« (1996). Bei ihrem Bühnencomeback am Pariser »Théâtre Marigny« in Paris spielte sie 2000 die Hauptrolle in »Die Kameliendame« (nach dem Roman von A. Dumas).

Adjazent [lat.] *der,* Anwohner, Anrainer, Grenznachbar.

Adjektion [lat.] *die,* Mehrgebot bei Versteigerungen.

Adjektiv [lat. nomen adiectivum »Beiwort«] *das* (Eigenschaftswort), Wortart zur näheren Bestimmung eines Bezugsworts. Man unterscheidet **attributive** (z. B. die »rote« Rose), **prädikative** (z. B. die Rose ist »rot«) und **verbalappositive** A. (z. B. er sieht »rot«). A. können dekliniert und gesteigert werden sowie Valenzen aufweisen. **Adverbial-A.** sind von einem Adverb abgeleitet und werden nur attributiv gebraucht (z. B. »gestrig«).

Adjudikation [lat.] *die, Völkerrecht:* Zuerkennung eines von zwei oder mehr Staaten beanspruchten Gebiets durch ein internat. Gericht.

Adjunkt [lat.], **1)** *der,* 1) (veraltet) einem Beamten beigeordneter Gehilfe; 2) bis 1979 österr. Beamtentitel.

2) *das, Sprachwissenschaft:* Satzteil, der einen anderen näher bestimmt, z. B. ein Attribut oder ein Relativsatz.

adjustieren [lat.], eichen, sorgfältig zurichten.

Adjustment [əˈdʒʌstmənt, engl.] *das, Soziologie:* ↑Anpassung.

Adjutant [span.-frz. aus lat.] *der,* bis 1945 den Kommandeuren militär. Verbände zur Unterstützung beigegebener Offizier, heute der Begleitoffizier eines Generals.

Adlatus [lat. »zur Seite (stehend)«] *der,* (veraltet, heute noch scherzhaft) meist jüngerer untergeordneter Helfer, Gehilfe, Beistand.

Adler [mhd. adelar »edler Aar«] (Aquila), **1)** (lat. Aquila), Sternbild der Äquatorzone, im Sommer am Abendhimmel sichtbar; sein hellster Stern ist der **Atair**.

2) Gattung der Greifvögel mit 11 Arten, die hauptsächlich in Europa, Asien und

Ädikula: römischer Hausaltar

Afrika verbreitet sind. Der **Stein-A.** (Aquila chrysaetus), bis 88 cm groß, ist in Europa, Asien und NW-Afrika heimisch, in Dtl. kommt er noch in den Alpen vor. Ihm ähnlich ist der bis 83 cm große **Kaiser-A.** (Aquila heliaca), in Spanien und SO-Europa. Kleiner ist der im östl. Mitteleuropa vorkommende **Schrei-A.** (Aquila pomarina), bis 66 cm groß, und der bis 73 cm große **Schell-A.** (Aquila clanga). Diesen Echten A. ähnlich sind der **Schlangen-A.** (Circaetius gallicus), der ↑Seeadler und der ↑Fischadler, die anderen Gattungen angehören. Alle A. jagen selbst, sie gehen selten an Aas. Hauptbeute sind Wirbeltiere, die sie auch aus großer Höhe erspähen. Ihr Bestand ist durch menschl. Einfluss gefährdet.

Als Sinnbild war der A. bei Babyloniern, Persern und Indern Zeichen der höchsten Gottheit. Bei den Griechen war er Symbol des Zeus, in Rom Zeichen Jupiters (als dieses vermutlich auch Sinnbild der kaiserl. Macht). Im Christentum und in der christl. Kunst ist er das Symbol des Evangelisten Johannes, Sinnbild der Taufe (Eintauchen in eine Quelle) sowie der Himmelfahrt Christi (Flug zur Sonne). – Heereszeichen war der A. zuerst bei den Persern und Ptolemäern; in Rom wurde er zum übl. Feldzeichen der Legionen (mit vorrangig militär. Funktion). Als kaiserl. Wahr- und Hoheitszeichen wurde der A. von Karl d. Gr. benutzt und im 12. Jh. zum dt. Reichswappen (schwarzer **Reichs-A.**, zuerst unter

ADL Adler

Adler 2): Schreiadler (Größe 61–66 cm)

Heinrich VI. belegt). Offiziell trat 1433 an seine Stelle, als kaiserl. Wappenbild, der Doppel-A., den 1806 das österr. Kaisertum übernahm. Wappen des Dt. Reichs wurde 1871 ein einköpfiger schwarzer A.; 1919–35 war das Wappen der Hohenstaufenkaiser in seiner romanisch-got. Form Reichswappen, seit 1950 ist es Bundeswappen (↑Bundesadler). – Im 12. Jh. wurde der A. u. a. Wappentier der Grafen von Tirol. – Als Hoheitszeichen ist der A. auch in viele andere Staatswappen (z. B. Polen, USA) übergegangen; die russ. Großfürsten bzw. Zaren übernahmen (ab 1472) den Doppel-A. des Oström. Reichs (Byzanz).
Adler, 1) Alfred, österr. Arzt und Tiefenpsychologe, *Wien 7. 2. 1870, †Aberdeen 28. 5. 1937; Schüler Freuds, Begründer der ↑Individualpsychologie; gab die Internat. Ztschr. für Individualpsychologie heraus; schrieb: »Über den nervösen Charakter« (1912), »Menschenkenntnis« (1927).
2) Friedrich, österr. Politiker (Sozialist), *Wien 9. 7. 1879, †Zürich 2. 1. 1960, Sohn von 5); erschoss 1916 den österr. MinPräs. Graf Stürgkh; zum Tode verurteilt, 1918 freigelassen; nach 1923 Sekretär der »Sozialist. Arbeiter-Internationale«.
3) H. G. (Hans Günther), österr. Schriftsteller, *Prag 2. 7. 1910, †London 21. 8. 1988; 1941–45 in natsoz. Konzentrationslagern inhaftiert; verarbeitete seine Erlebnisse in Studien über die Judenverfolgung und in Erzählungen.
4) Max, österr. Soziologe, *Wien 15. 1. 1873, †ebd. 28. 6. 1937; suchte den Marxismus im Zusammenhang mit Lehren Kants neu zu begründen (↑Austromarxismus).
5) Victor, österr. Politiker, *Prag 24. 6. 1852, †Wien 11. 11. 1918, Vater von 2); Führer der von ihm 1888/89 mitgegr. »Sozialdemokrat. Partei« (seit 1905), maßgeblich an der Herausbildung des Austromarxismus beteiligt; war 1918 Staatssekretär des Äußeren.
Adlerfarn (Pteridium aquilinum), bis über 2 m hoher Wald- und Heidefarn mit tief liegendem Wurzelstock. **A.-Vergiftung** tritt bes. bei Jungrindern nach längerer Aufnahme von A. ein (Harnbluten).
Adlerfisch, ↑Umberfische.
Adlergebirge (tschech. Orlické hory), westl. Kamm der Mittelsudeten, in der Deschneyer Großkoppe 1 115 m ü. M.
Adlerorden, 1) (Schwarzer A.), 1701 bis 1918 der höchste preuß. Orden, verbunden mit dem Erbadel.
2) (Roter A.), 1792–1918 zweithöchster preuß. Orden. – Weitere A. gab es in Albanien, Estland, Italien, Mexiko, Serbien, Polen und Russland.
ad libitum [lat.], Abk. **ad lib.,** *Musik:* Vortragsbezeichnung, nach der Tempo, Vortrag und Besetzung freigestellt werden.
Adligat [lat., »das Verbundene«] *das,* selbstständige Schrift, die mit anderen zu einem Band zusammengebunden worden ist.
Ad-Limina-Besuch (lat. Visitatio Liminum), *kath. Kirchenrecht:* ↑Visitation.
Adliswil, Stadt im Kt. Zürich, Schweiz, 451 m ü. M., im Sihltal, am Fuße des Aebis, 15 300 Ew.; Kleinindustrie. Luftseilbahn bis zur Felsenegg.
ad maiorem Dei gloriam [lat. »zur größeren Ehre Gottes«], Abk. **A. M. D. G.,** Wahlspruch der Jesuiten.
ad manus proprias [lat.], eigenhändig (abzugeben).
ad marginem [lat.], an den Rand (von Vermerken bei Schriftstücken, Akten).
Administration [lat.] *die,* ↑Verwaltung; in den USA auch die Regierung.
administrieren [lat.], verwalten; (abwertend) bürokratisch anordnen, verfügen.
Admiral [frz., aus arab. amir ar-rahl »Befehlshaber der Flotte«] *der,* **1)** *Militärwesen:* urspr. Funktions-, später Dienstgradbezeichnung eines Führers von Kriegsschiffverbänden oder Chefs einer Marinebehörde.

2) *Zoologie:* (Vanessa atalanta), samtschwarzer Schmetterling mit weißen Flecken und roter Binde; Flügelspannweite bis 6 cm.

Admiralität die, oberste Verwaltungs- und Kommandobehörde einer Kriegsmarine, im Dt. Reich auch Oberkommando (1889–99, 1935–45) oder Marineleitung (1920–35), in der Bundeswehr Führungsstab Marine.

Admiralitätsinseln (Admirality Islands), Koralleninselgruppe im Bismarckarchipel, 2 100 km^2, Teil von Papua-Neuguinea (Prov. Manus); Hauptinsel ist **Manus** (1 630 km^2); Hauptort: **Lorengau**. Die melanes. Bewohner, 33 000, von denen ein Teil in Pfahlbauten vor der Küste wohnt, leben von der Fischerei und ihren Kokospalmkulturen. – 1616 von Niederländern entdeckt, wurde 1885 dt. Schutzgebiet, 1914 von austral. Truppen besetzt; danach mit Unterbrechung (1944–46 von Japan okkupiert) bis 1975 unter austral. Verwaltung.

Admiral's Cup ['ædmərəlz kʌp, engl.], *Segeln:* Länderkampf für drei Jachten aus jedem Land, bestehend aus vier Rennen: Channel-Race, Britannia-Cup, New York YC Challenge Cup und Fastnet Race. Der A. C. gilt als inoffizielle Weltmeisterschaft der Hochseesegler.

Admiralstab, Führungsstab einer Kriegsmarine, entspricht dem Generalstab des Heeres.

Admission [lat. »Zulassung«] die, **1)** *kath. Kirchenrecht:* die Übertragung eines geistl. Amtes an eine Person trotz kirchenrechtl. Bedenken.
2) *kath. Ordenswesen:* die Aufnahme in eine ↑ Kongregation.

Admittanz [lat.] die, *Elektrotechnik:* der ↑ Scheinleitwert.

ad modum [lat.], nach Art und Weise.

Admont, Markt in der Steiermark, Österreich, im Ennstal, 614 m ü. M., 2 900 Ew.; Fremdenverkehr; Sägewerke; Benediktinerabtei (1074 geweiht) mit barocker Bibliothek; kunsthistor. und naturhistor. Museum.

ad multos annos [lat.], auf viele Jahre (Formel bei Glückwünschen).

ADN, Abk. für Allgemeiner Deutscher Nachrichtendienst, ↑ ddp.

Adnexe [lat.], Anhangsgebilde, bes. der Gebärmutter (Eierstock, Eileiter). **Adnexitis,** die meist bakterielle Entzündung der Adnexe. **Adnextumor,** eine entzündl. oder echte Geschwulst des Eileiters bzw. des Eierstocks.

adnominal [lat.], zum Substantiv (Nomen) hinzutretend; vom Substantiv syntaktisch abhängend.

ad notam [lat.], zur Kenntnis; **ad n. nehmen,** sich merken.

Adobe [span. aus arab.] der, luftgetrockneter Lehmziegel, Baustoff in Trockengebieten seit Jahrtausenden.

ad oculos [lat.], vor Augen; **ad o. demonstrieren,** vor Augen führen, durch Anschauungsmaterial o. Ä. beweisen.

Adoleszentenkyphose [lat.-grch.], die ↑ Scheuermann-Krankheit.

Adoleszenz [lat.] die, die Reifezeit; Abschnitt der jugendl. Entwicklung im Übergang vom Jugend- zum Erwachsenenalter.

Adolf, Herrscher:
Hl. Röm. Reich: **1) A. von Nassau,** König (1292–98), * um 1255, ⚔ bei Göllheim (bei Worms) 2. 7. 1298; suchte sich 1294 und 1295 mit dem Erwerb von Thüringen und der Mark Meißen eine Hausmacht zu schaffen, wurde am 23. 6. 1298 von den mit Herzog Albrecht I. von Österreich verbündeten Kurfürsten abgesetzt und in der Entscheidungsschlacht bei Göllheim besiegt.
Luxemburg: **2) A.,** Großherzog (1890 bis 1905), * Biebrich (heute zu Wiesbaden) 24. 7. 1817, † Schloss Hohenburg (Elsass) 17. 11. 1905; der letzte Herzog von Nassau (1839–66). Durch den Tod König Wilhelms III. der Niederlande kam A. in Luxemburg an die Regierung.
Mecklenburg-Schwerin: **3) A. Friedrich,** Herzog, Kolonialpolitiker, * Schwerin 10. 10. 1873, † Eutin 5. 8. 1969; leitete 1907/08 und 1910/11 ergebnisreiche Forschungsreisen durch Äquatorialafrika; 1912–14 war er Gouv. der dt. Kolonie Togo.
Schweden: **4) A. Friedrich,** König (1751–71), * Schloss Gottorf (heute zu Schleswig) 14. 5. 1710, † Stockholm 12. 2. 1771; aus dem Haus Holstein-Gottorp, heiratete 1744 Luise Ulrike, die Schwester Friedrichs II., d. Gr. Unter seiner Regierung kam es zu Konflikten mit dem Parlament.

Adonai [hebr. »mein Herr«], Anrede Gottes im jüd. Gebet. Gebet für ↑ Jahwe.

Adonias Filho [- 'fiʎu], eigtl. A. Aguiar Júnior, brasilian. Schriftsteller, * bei Itajuípe (Bahia) 27. 11. 1915, † ebd. 26. 7.

ADO Adonis

1990; schrieb vom Regionalismus Bahias geprägte Romane (»Das Fort«, 1965; »Fora da pista«, 1978) und Erzählungen (»Léguas da promissão«, 1968).
Adonis, 1) phönik. oder syr. Vegetationsgott; im grch. Mythos Geliebter der Aphrodite, von einem Eber bei der Jagd getötet.
2) einer der Apollo-Planetoiden.
adonischer Vers, Versart der antiken Lyrik, als Schlussvers z. B. der sapphischen Strophe verwendet: – ⌣ ⌣ – ⌣.
Adonisrös|chen (Adonis), Gattung der Hahnenfußgewächse, z. B. das hellgelb blühende, bis 30 cm hohe **Frühlings-A.** (Adonis vernalis) sowie das rot blühende **Sommer-A.** (Adonis aestivalis) auch **Blutströpfchen** genannt. – Das **Frühlings-A.** enthält herzwirksame Glykoside; ist nach der Roten Liste stark gefährdet.

Adonisröschen: Frühlingsadonisröschen

Adoption [lat.] *die,* die ↑Annahme als Kind.
Adoptivkaiser, röm. Kaiser des 2. Jh. n. Chr. (Trajan, Hadrian, Antoninus Pius, Mark Aurel), die durch Adoption auf den Thron gelangten, wenn geeignete männl. leibl. Erben fehlten. Der an Sohnes statt Angenommene erhielt den Namen des Adoptivvaters und wurde rechtlich wie ein leibl. Sohn behandelt.
Adoration [lat. »Anbetung«] *die,* **1)** religiöse Verehrung (↑Kultus).
2) die ↑Proskynese.
3) *kath. Kirche:* früher die dem neu gewählten Papst von den Kardinälen dargebrachte Huldigung.
Adorf, Stadt im Vogtlandkreis, Sachsen, an der Weißen Elster, 6 400 Ew.; Teppichind., Baumwollspinnerei und -weberei, Holzind., Perlmutterverarbeitung, Musikinstrumentenbau; Miniaturschauanlage »Klein Vogtland«.

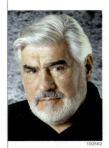

Mario Adorf

Adorf, Mario, Bühnen- und Filmschauspieler, * Zürich 8. 9. 1930; spielt v. a. in dt. und italien. Filmen (z. B. »Die Ermordung Matteottis«, 1973; »Rossini«, 1996) sowie Fernsehfilmen (z. B. »Der große Bellheim«, 1992; »Der Schattenmann«, 1996). A. spielt auch Theater, gestaltet Soloprogramme und tritt seit 1992 als Erzähler hervor. ✣ **siehe ZEIT Aspekte**
Weitere Filme: Das Mädchen Rosemarie (1958); Die verlorene Ehre der Katharina Blum (1975); Die Blechtrommel (1979); Via Mala (1985).
Erzählungen: Der Mäusetöter (1992); Der Fenstersturz (1996); Der Dieb von Trastevere (1994); Der röm. Schneeball (2000).
Adorno, Theodor W., früher Wiesengrund A., Philosoph, Soziologe, Musiktheoretiker und Komponist, * Frankfurt am Main 11. 9. 1903, † Visp (Kt. Wallis) 6. 8. 1969; lebte 1934–49 in der Emigration, seit 1950 Prof. in Frankfurt; war mit M. ↑Horkheimer Hauptvertreter der ↑kritischen Theorie, von deren neomarxistisch-gesellschaftskrit. Ansatz aus er forschende Ideologien, die »Kulturindustrie« und andere soziale Phänomene analysierte. Er war Gegner der Existenzphilosophie und des Positivismus (↑Positivismusstreit). A. schrieb Essays zu Musik und Literatur und schuf auch einige Kompositionen. Er wirkte stark auf die Anfänge der »neuen Linken«, die ihn aber später kritisierte. Seine »Ästhet. Theorie« verbindet gesellschaftstheoret. und geschichtsphilosoph. Momente. ✣ **siehe ZEIT Aspekte**
Weitere Werke: Dialektik der Aufklärung (mit *M. Horkheimer,* 1947); Philosophie der neuen Musik (1949); The authoritarian personality (mit anderen, 1950); Minima

Moralia (1951); Negative Dialektik (1966); Ästhet. Theorie (1970).

📖 *Asiáin, M.: T. W. A.: Dialektik des Aporetischen. Untersuchungen zur Rolle der Kunst in der Philosophie T. W. A.s.* Freiburg i. Br. u. a. 1996. – *Wiggershaus, R.: T. W. A.* München ²1998. – *Müller-Doohm, S.: Die Soziologie T. W. A.s. Eine Einf.* Frankfurt am Main u. a. ²2001.

Adour [aˈduːr] *der,* Fluss in SW-Frankreich, 335 km, 22 000 km² Einzugsgebiet, entspringt in den Pyrenäen, mündet bei Bayonne in den Golf von Biscaya.

ad perpetuam memoriam [lat.], zu dauerndem Gedächtnis.

ad primam materiam [lat.], in den vorigen Stand (zurückver)setzen.

ad publicandum [lat.], zur Veröffentlichung.

ADR [Abk. für Astra Digital Radio, »Astra digitales Radio«], die digitale Verbreitung frei empfangbarer privater und öffentlich-rechtl. Radioprogramme (↑digitaler Hörfunk) sowie kommerzieller Radiosender über die Astra-Satelliten 1 A, 1 B, 1 C und 1 D (↑Astra). Die Radioprogramme (europaweit mehr als 85 Programme) werden auf den Tonunterträgerfrequenzen der Astra-Fernsehkanäle mit übertragen. Empfangen wird ADR über in Receiver integrierte ADR-Geräte. Vorteile von ADR sind insbesondere die hohe Klangqualität (vergleichbar mit der von CD/DVD), die Übertragung zusätzl. Informationen (z. B. Sender, Titel u. a.) und die Möglichkeit, Sender speichern und nach versch. Programmkategorien auswählen zu können.

Adrano, Stadt in der Prov. Catania auf Sizilien, am Ätna, 35 600 Ew.; Normannenturm, Tempel der grch. Siedlung Adranon.

Adrar, Stadt in Zentralalgerien, an der Piste Oran–Gao, 28 500 Ew.; Hauptort der Touatoasen.

Adrastea, ein Mond des Planeten ↑Jupiter.

Adrastos, myth. König des grch. Argos, führte den Zug der ↑Sieben gegen Theben, kehrte als Einziger zurück und nahm am Zug der ↑Epigonen teil.

ad rem [lat.], zur Sache (gehörend); **ad rem nil facit,** es tut nichts zur Sache, gehört nicht dazu.

Adrenalin [zu lat. ren »Niere«] *das* (Epinephrin), im Nebennierenmark gebildetes Catecholamin, wirkt als Stresshormon und als chem. Übertragersubstanz von Nervenreizen im sympath. Nervensystem. A. steigert v. a. die Leistung des Herzens (Schlagkraft, Puls) und den Stoffwechsel (z. B. Sauerstoffverbrauch, Blutzuckerspiegel). Es ist das erste künstlich über eine chem. Synthese hergestellte Hormon. Zus. mit seinen synthet. Abkömmlingen wird A. bei Herzstillstand, Schock, Asthma und allerg. Krisen eingesetzt.

Theodor W. Adorno

adrenocorticotropes Hormon, abgekürzt ↑ACTH.

Adrenosteron [lat.-grch.] *das,* Hormon der Nebennierenrinde (ein Steroid); schwach wirksames männl. Geschlechtshormon.

Adressbuch, Verzeichnis der Einwohner, Firmen, Behörden und Einrichtungen einer Stadt oder eines Gebietes mit ihren Anschriften. Das erste A. erschien 1691 in Paris, das erste dt. 1701 in Leipzig. Im **Branchen-A.** sind Unternehmen und Einrichtungen der Wirtschaft verzeichnet.

Adresse [frz.] *die,* **1)** *allg.:* Anschrift (bes. auf Postsendungen), Aufschrift; Wohnungsangabe.
2) *Bankwesen:* Bez. für einen Geschäftspartner im Kredit-, Emissions- oder Geldhandelsgeschäft. Nach Bonität und Kreditwürdigkeit werden erste A. und zweite A. unterschieden.
3) *Informatik:* Zahl, Wort oder Zeichenfolge zur Kennzeichnung eines Speicherbereichs; ermöglicht den Zugriff auf Daten, Stellen eines Programms oder auf Funktionseinheiten eines Computers.

Adressenbüro, Institution zur Vermittlung der Anschriften von Personen- oder Unternehmensgruppen, v. a. für die Direktwerbung.

ad restituendum [lat.], zur Wiedererstattung, Wiedervergütung.

ADR Adria

Adria, ↑Adriatisches Meer.
Adriafrage, das Problem der Vorherrschaft über die Adria und die nördl. Küstengebiete, bes. Triest, Istrien, Zara (Zadar) und Fiume (Rijeka). Italien erstrebte diese Vorherrschaft seit 1870 und erhielt sie nach 1918. Nach vorübergehender Besetzung auch der übrigen Küstenländer (bis Albanien, 1939) verlor Italien nach 1945 alle gewonnenen Gebiete außer Teilen von ↑Triest.

Adscharien: Hafen von Batumi

Adrian ['eɪdrɪən], Edgar Douglas Lord, brit. Physiologe, *London 30. 11. 1889, †Cambridge 4. 8. 1977; betrieb Forschungen über Nervenerregungen. 1932 erhielt er für seine Entdeckungen zur Funktion der Neuronen (mit Sir C. S. Sherrington) den Nobelpreis für Physiologie oder Medizin.
Adrianopel, früherer Name der türk. Stadt ↑Edirne.
Adriatisches Meer [nach der antiken Stadt Adria] (Adria), das lang gestreckte nördl. Seitenbecken des Mittelmeers zw. Apennin- und Balkanhalbinsel, nördlich der Straße von Otranto, 132 000 km², im südl. Teil bis 1 260 m tief. Die NW-Küste ist eine flache Anschwemmungsküste mit Nehrungen (Lido) vor Haffen (Lagunen), nach S folgen eine buchtenlose Schwemmland- und eine ungegliederte Steilküste; die O-Küste hat viele Buchten und vorgelagerte Felsinseln. Haupthäfen sind Venedig, Triest, Brindisi, Split, Rijeka.
ADS, *Medizin:* Abk. für Aufmerksamkeitsdefizitsyndrom (↑Aufmerksamkeitsdefizit-Hyperaktivitätsstörung).

Adscharen, Stamm der ↑Georgier.
Adscharilen, autonome Republik in Georgien (seit 1921), am Schwarzen Meer, 3 000 km², 386 000 Ew. (1989: 83 % Georgier, 8 % Russen, 4 % Armenier); Hptst.: Batumi; Anbau von Tee, Tabak, Zitrusfrüchten u. a., im Gebirge Rinderhaltung und Waldwirtschaft. Erdölverarbeitung; Nahrungsmittelindustrie; zahlr. Badeorte. – Im MA. Bestandteil versch. westgeorg. Reiche, im 16./17. Jh. von den Türken erobert und islamisiert, fiel 1878 an Russland (Abwanderung eines Teils der Bev. ins Osman. Reich), kam 1918 zu Georgien (bis 1920 zuerst von türk., dann von brit. Truppen besetzt); ab 1921 Adschar. ASSR, seit 1991 Adschar. Autonome Republik.
ADSL [Abk. für engl. **a**symmetric **d**igital **s**ubscriber **l**ine »asynchroner digitaler Teilnehmeranschluss«], Verfahren, das Hochgeschwindigkeitsübertragungen von digitalen Signalen über ein gewöhnl. verdrilltes (»twisted pair«) Kupfertelefonkabel erlaubt (↑DSL). Die Daten werden asymmetrisch, also je nach Richtung unterschiedlich schnell (zum Nutzer bis zu 8 Mbit/s, vom Nutzer bis zu 768 Kbit/s), übertragen.
Adsorbenzilen [lat.], *Pharmazie:* → aufsaugende Mittel.
Adsorption [lat.] *die,* Anlagerung von Gasen oder gelösten Stoffen (Adsorbat) an der Oberfläche fester Körper (Adsorbens). Das Adsorbat kann durch Molekularkräfte (Physisorption) oder chemisch gebunden sein (Chemisorption). Bes. starke A. zeigen Stoffe mit großer innerer Oberfläche wie Aktivkohle, Kieselgel, Molekularsiebe oder Zeolithe. Von techn. Bedeutung ist die A. z. B. bei biolog. Prozessen, der Katalyse, der Klärung von Lösungen bzw. der Abwasserreinigung und der Erzeugung von Hochvakua.
ad spectatores [lat.], an das Publikum (gerichtete Worte eines Schauspielers auf der Bühne).
Adstrat [lat.] *das,* fremdsprachl. Bestandteil in einer Sprache, der auf den Einfluss der Sprache eines Nachbarlandes zurückzuführen ist.
Adstringenzilen [lat.], *Pharmazie:* ↑zusammenziehende Mittel.
ADU, Abk. für ↑**A**nalog-**d**igital-**U**msetzer.
a due [italien.], Abk. **a 2,** *Musik:* zu zweien.

Adulagebirge, Teil der Schweizer Alpen zw. Rätischen und Tessiner Alpen, Graubünden und Tessin, im Rheinwaldhorn 3402 m ü. M.; Quellgebiet des Hinterrheins.

Adular [nach dem Adulagebirge] *der* (Mondstein), Mineral, Kalifeldspat auf Klüften (↑Feldspäte); milchig trüb mit bläul. Schimmer, wird als Schmuckstein verwendet.

Adule (Adulis), antike Handelsstadt bei Massaua am Roten Meer (Umschlagplatz für Ägypten und Arabien).

adult [lat.], *Biologie* und *Medizin:* ausgewachsen, geschlechtsreif.

Adult Schools [æˈdʌlt skuːlz, engl.], Bez. für Einrichtungen der Erwachsenenbildung im internat. Sprachgebrauch.

ad usum (in usum) [lat.], zum Gebrauch. **ad usum proprium,** zum eigenen Gebrauch. **ad usum Delphini** [zum Gebrauch des Dauphins], für Schüler bearbeitete und kommentierte Klassikerausgaben, urspr. hergestellt für den frz. Thronerben auf Veranlassung Ludwigs XIV.

Advaita [Sanskrit »das ohne ein Zweites ist«] *der* (Adwaita), ind. Lehre vom ↑Brahman, das mit dem ↑Atman eins ist und das allein Wirkliche bildet (↑indische Philosophie und Religion).

Advanced Photo System [ədˈvɑːnsd ˈfəʊtəʊ ˈsɪstɪm, engl.], Abk. **APS,** umfassendes Kleinbildfotosystem, das spezielle APS-Kameras, Geräte für das Fotofinishing, Film und Hochleistungsgeräte für die Bildwiedergabe und Betrachtung vereint. Das Kernstück bildet ein magnetisch beschichteter Film in einer besonderen Filmkassette, der fotografische Aufnahmedaten speichert. Grundlegend neu bei APS ist, dass Bilder unterschiedl. Formate gewählt werden können. Über speziell entwickelte Wiedergabegeräte können die Fotos auch auf dem Fernseher oder auf dem Computer betrachtet und ggf. bearbeitet werden.

Advantage [ɛtˈvɑːntɪdʒ, engl.] *der, Tennis:* unmittelbar nach dem ↑Einstand gewonnener Punkt, ein darauf folgender führt zum Spielgewinn.

Advektion [lat.] *die,* Zufuhr von Luft- oder Wassermassen in vorwiegend horizontaler Richtung.

Adveniat [lat. »zu uns komme (Dein Reich)«], Sammelaktion deutscher Katholiken für die kirchliche Betreuung Lateinamerikas (seit 1961).

Advent [lat. »Ankunft«] *der,* Vorbereitungszeit auf das Fest der Geburt Christi; umfasst die vier Sonntage vor Weihnachten. Mit dem ersten A.-Sonntag beginnt das Kirchenjahr. – Die vielen *Volksbräuche* in der A.-Zeit wie Lärmumzüge, Glückwunsch-, Heische- und Orakelbräuche gehen z. T. auf vorchristl. Vorstellungen zurück, bringen aber v. a. die Freude über die Geburt Jesu Christi und die Erwartung seiner endgültigen Wiederkunft **(Parusie)** zum Ausdruck. – Die Ursprünge des **A.-Kranzes** gehen auf die Kerzenandachten des Hamburger Theologen J. H. Wichern zurück; Holzreif mit 24 Kerzen, 1851 erstmals mit Tannengrün geschmückt. Nach dem Ersten Weltkrieg verbreitete sich der A.-Kranz mit vier Kerzen zunächst in Nord-Dtl., um 1930 im gesamten dt. Sprachraum sowie darüber hinaus.

Adventisten, in der ersten Hälfte des 19. Jh. in den USA entstandener Zweig des Protestantismus, von dessen versch. Gruppen die **Gemeinschaft der Siebenten-Tags-Adventisten** über Nordamerika hinaus (2002 weltweit etwa 12 Mio. Mitgl.) Bedeutung erlangte. Die A. erwarten die baldige Wiederkehr Christi, vertreten die Erwachsenentaufe und feiern den Sabbat als wöchentl. Ruhetag.

Adventivbildungen, seitl. Pflanzenorgane, die nicht an einer der gewohnten Stellen aus teilungsfähigem Dauergewebe entstehen **(Adventivknospen, -sprosse, -wurzeln),** z. B. bei der Vermehrung durch Stecklinge (z. B. Blattsteckling der Begonie).

Adventivpflanzen, Pflanzenarten eines Gebiets, die dort nicht schon immer vorkamen, sondern absichtlich als Zier- oder Nutzpflanzen eingeführt oder unabsichtlich eingeschleppt wurden.

Adventskalender, Kalender für die Adventszeit (1. bis 24. 12.) mit Bildern weihnachtl. Motive o. Ä. hinter 24 geschlossenen Fenstern, von denen täglich eins geöffnet wird und so die Spannung bis zum Heiligabend erhalten bleibt; dient der Vorbereitung auf diesen. – Vorläufer der ersten A. wurden wohl im 19. Jh. von (zumeist ev.) Eltern selbst gebastelt. Auch der von J. H. Wichern um 1850 im Zusammenhang mit der Einführung des Adventskranzes begründete Brauch, jeden Tag bis zum 24. 12.

eine Kerze anzuzünden, wird zu den Vorläufern des A. gezählt. Erste gedruckte A. sind 1902 für Hamburg und 1908 (nach anderen Angaben schon 1904; Gerhard Lang) für München belegt, ebenso um 1904 für den Raum Dresden und Leipzig. In den 1920er-Jahren hat sich der A. auch außerhalb Dtl.s durchgesetzt.

Adverb [lat. »zum Verb«] *das* (Umstandswort), Wortart zur näheren Bestimmung, z. B. eines Adjektivs (*sehr* schön), eines Verbs (er schreit *laut*), einer Adverbialbestimmung (*früh* am Morgen) oder zur Einleitung einer Frage (↑Interrogativadverb). Das A. wird nicht flektiert, einige A. können gesteigert werden (meist unregelmäßige Formen: *gern – lieber – am liebsten*). Das A. kann einen lokalen *(hier, oben),* temporalen *(jetzt, oft),* modalen *(sehr, fast)* oder kausalen *(darum, trotzdem)* Umstand bezeichnen.

Aechmea

adverbiale Bestimmung, Satzglied, das durch ein Adverb, ein verbalappositives Adjektiv oder eine Wortgruppe die Umstände (lokal, temporal, modal, kausal) eines Geschehens oder einer Handlung angibt: sie wohnt *dort;* er schläft *lange; unter diesen Bedingungen* stimme ich nicht zu. (↑Syntax, Übersicht)

Adverbialsatz (Umstandssatz), Nebensatz in der Funktion einer adverbialen Bestimmung. (↑Syntax, Übersicht)

adversativ [lat.], gegensätzlich, entgegensetzend.

Advertising [ˈædvətaɪzɪŋ, engl.] *das,* Anzeigenwerbung; i. w. S. jede Art von Werbung.

Advocatus Dei [lat. »Anwalt Gottes«] und **Advocatus Diaboli** [lat. »Anwalt des Teufels«], Bez. für den Befürworter bzw. den Gegner von Selig- und Heiligsprechungen im kanonischen Prozess.

Advokat [lat. »der Gerufene«] *der,* in Dtl. bis 1879 offizielle Bez. für den ↑Rechtsanwalt.

A-D-Wandler, Kw. für Analog-digital-Wandler (↑Analog-digital-Umsetzer).

Ady [ˈɔdi], Endre, ungar. Dichter, *Érmindszent 22. 11. 1877, †Budapest 27. 1. 1919; schrieb symbolist. Liebesgedichte und polit. Lyrik.

Adyge, Eigenbez. der ↑Tscherkessen.

Adygien (Adygeia, Adygeische Republik), Teilrep. innerhalb der Russ. Föderation, zw. nordwestl. Kaukasus und dem Fluss Kuban, 7600 km², 446 500 Ew. Hptst.: Maikop. – Am 27. 7. 1922 als autonomes Gebiet gegr., seit 1991 Republik.

Adyton [grch. »das Unzugängliche«] *das,* das Allerheiligste in Tempeln, ↑Abaton.

AE, Einheitenzeichen für ↑Astronomische Einheit.

Aechmea [grch.] *die,* in Mittel- bis Südamerika beheimatetes Ananasgewächs, Zimmerpflanze mit in Rosetten angeordneten Blättern, rötl. Hochblättern und roten, gelben oder violetten Blüten (Lanzenrosette).

Aedes [grch.], Gattung der Stechmücken; nur die Weibchen sind Blutsauger; bekannt sind die **Rheinschnaken** (A. vexans). Die **Gelbfiebermücke** (A. aegypti) überträgt Gelbfieber und Denguefieber.

Aeduer (Haeduer), römerfreundl. Gallierstamm zw. Loire und Saône; erhielt 69 n. Chr. röm. Bürgerrecht; ihr Hauptort war zuerst Bibracte, später Augustodunum (heute Autun).

AEG Aktiengesellschaft [AEG = Abk. für Allgemeine Elektricitäts-Gesellschaft], traditionsreicher Elektrokonzern; 1883 gegr. als Dt. Edison-Gesellschaft für angewandte Elektricität von E. Rathenau, seit 1887 AEG. Die AEG wurde 1985 Teil des Daimler-Benz-Konzerns, der das Unternehmen nach Veräußerung von Teilen 1996 auflöste.

Aegerisee, ↑Ägerisee.

Ælfric [ˈælfrɪk], gen. Grammaticus, angelsächs. Benediktiner, *um 955, †um 1020 als Abt von Eynsham bei Oxford; Verfasser bed. Werke zum angelsächs. Schrifttum (Übersetzungen, Predigten).

Aeppli, Eva, schweizer. Künstlerin, *Zofingen (Kt. Aargau) 2. 5. 1925; lebt seit

1953 in Paris, begann als Malerin; wandte sich später der weichen Stoffplastik zu, seit 1980 auch Arbeiten in Bronze.

Aepyornis [grch.], ausgestorbener, sehr großer Laufvogel auf Madagaskar; lebte wahrscheinlich noch im 17. Jahrhundert.

Aereboe [ˈɛːrbo], Friedrich, Landwirt, *Horn (heute zu Hamburg) 23. 7. 1865, †Berlin 2. 8. 1942; begründete die landwirtsch. Betriebslehre als selbstständige Wissenschaft.

A|erenchym [grch.] *das,* durch große Interzellularräume gekennzeichnetes, Luft führendes Gewebe bes. bei Wasser- und Sumpfpflanzen.

Ærø [ˈɛːrø], dän. Insel südlich von Fünen, 88 km², 7 500 Ew.; Hauptorte sind Ærøskøbing (4 100 Ew.) mit Modell- und Flaschenschiffsmuseum und Marstal (3 600 Ew.), ein Fischerort mit Schiffsmodellsammlung, Jachthafen und Navigationsschule.

aero..., Aero... [aero oder ɛro, grch.], Luft..., Gas...

Aerobic [eəˈrɔbɪk, engl.] *das, Freizeitsport:* im Rhythmus von Popmusik betriebene, intensive Form der Gymnastik; dient als Fitnesstraining und zur Schulung von Ausdauer und Beweglichkeit. Es umfasst die Aufwärmphase mit Streckübungen (als eigene Form ↑Stretching), die eigentl. Ausdauergymnastik und abschließende Entspannungsübungen.

A|erobi|er (Aerobionten), Mikroorganismen, die nur mit Sauerstoff (aerob) leben können; Ggs.: Anaerobier.

A|erobios *der,* die Gesamtheit der Lebewesen, die den freien Luftraum bewohnen.

A|erodynamik [grch.], die Lehre von den Bewegungsgesetzen der Gase; i.w.S. Mechanik der Gase, i.e.S. beschränkt auf den inkompressiblen Bereich. (↑Strömungslehre, ↑Gasdynamik)

A|eroelastizität (Aeroelastik), Spezialgebiet der Mechanik zur Beschreibung der elast. Verformungen von Flugzeugen und deren Bauteilen, u.a. durch aerodynam. Kräfte und elast. Rückstellkräfte.

A|eroflot – Russian Airlines [-ˈrʌʃn ˈeəlaɪnz, engl.], seit Juni 2000 Name der teilprivatisierten Luftverkehrsgesellschaft Russlands, bis 1992 staatlich als **Aeroflot,** danach als **Aeroflot – Russian International Airlines,** Sitz Moskau, gegr. 1923. (Übersicht Luftverkehrsgesellschaften).

A|erogele, sehr poröse (typ. Porosität bis 98%), transparente Schäume aus Quarz mit sehr guter Wärmedämmung. A. werden im Bauwesen oder als Strahlungsdetektoren verwendet.

A|erogeologie *die,* ↑Fotogeologie.

A|erolíneas Argentinas [- arxenˈtinas], Abk. **AR,** argentin. Luftverkehrsgesellschaft.

A|erologie [grch.] *die,* Teilgebiet der Meteorologie, erforscht die freie Atmosphäre bis 80 km Höhe (darüber ↑Aeronomie). Die **wiss. A.** untersucht seit dem 19. Jh. die physikal. und chem. Zustände und Vorgänge in dieser Schicht mit Flugzeugen, Fesselballonen, Raketen u.a. Instrumententrägern. Die **prakt. A.** beschränkt sich auf die Erfassung von Temperatur, Feuchte, Luftdruck und Wind, früher mit Drachen, heute durch ↑Radiosonden bis 30 km Höhe, und liefert diese Angaben weltweit, genormt und regelmäßig

Aerobic

(00 + 12 Uhr GMT) als Grundlage für Höhenwetterkarten. In neuester Zeit durch Fernmessung von Satelliten ergänzt.

A|eromantie [grch.-lat.] *die,* Wahrsagen mithilfe von Lufterscheinungen.

Pieter Aertsen: Bauernfest (1550; Wien, Kunsthistorisches Museum)

A|eromechanik [grch.], Lehre der ruhenden (Aerostatik) und der bewegten Gase (Aerodynamik).

A|eronomie [grch.] *die,* Teilbereich der Geophysik, die Wiss. vom Aufbau und der Zusammensetzung der oberen Erdatmosphäre (oberhalb der Stratosphäre) im Ggs. zur Meteorologie.

A|erophagie [grch.] *die, Medizin:* das Verschlucken von Luft; Symptom bei psych. oder vegetativen Störungen, aber auch bei organ. Magenerkrankungen.

A|erophone [grch.] *das,* ↑Musikinstrumente.

A|erosol [zu lat. solutus »aufgelöst] *das,* Bez. für ein Gas (insbes. Luft), das feste oder flüssige Schwebstoffe von maximal etwa 100 μm Durchmesser enthält (z. B. Rauch, Staub, Nebel). A. spielen als Kondensationskeime eine wichtige Rolle im Wettergeschehen. Künstliche A. werden z. B. zu Inhalationen und zur Schädlingsbekämpfung verwendet (↑Spray, ↑Luftverschmutzung).

A|erosoltherapie *die,* Inhalationsbehandlung mit Einatmung gelöster, zu Nebel zerstäubter Arzneimittel; angewendet z. B. bei Atemwegserkrankungen oder Mukoviszidose.

A|erostatik [grch.] *die,* Lehre von den Gleichgewichtszuständen ruhender Gase unter Einwirkung äußerer Kräfte, bes. der Schwerkraft.

A|erotaxis *die,* die nach dem Sauerstoffgehalt ausgerichtete Ortsveränderung frei bewegl. Organismen; z. B. bei Bakterien. (↑Taxie)

Aertsen [ˈaːrtsə], Pieter, holländ. Maler, *Amsterdam um 1508, begraben ebd. 3. 6. 1575; malte christlich-allegorische Bilder und v. a. Bauernszenen und Küchenstillleben.

Aesopus, lat. Name des Fabeldichters ↑Äsop.

Aeternitas [lat.] *die,* altröm. Verkörperung der Ewigkeit, weibl. Gestalt mit Weltkugel und Phönix.

Aethelwold [ˈæθəlwəʊld], angelsächs. Gelehrter, *um 910, †Winchester 1. 8. 984; Benediktiner, seit 963 Bischof von Winchester, übersetzte 960 die Benediktinerregel ins Angelsächsische, verfasste ein Mönchs-Hb. (»Regularis Concordia«). Heiliger, Tag: 1. 8.

Aetius, Flavius, röm. Feldherr und Staatsmann, *Durostorum (heute Silistra) um 390 n. Chr., †(auf Betreiben Valentinians III. ermordet) Rom 454; schützte das Weström. Reich gegen die Germanen, schlug 451 die Hunnen unter Attila auf den Katalaun. Feldern.

A|etosaurus [grch.] *der,* fossile Gattung der Panzerechsen mit vogelähnl. Schädel und krokodilähnl. Körper.

AfA, Abk. für Absetzung für Abnutzung, ↑Abschreibung.

Afarsenke, geologisch aktives Grabensystem in Eritrea, NO-Äthiopien und Djibouti, im Kreuzungsbereich des Ostafrikan. Grabensystems, des Roten Meeres und des Golfs von Aden (↑Plattentektonik).

Afar-und-Issa-Territorium, ↑Djibouti.

AFC [Abk. für engl. **a**utomatic **f**requency **c**ontrol] *Elektroakustik:* ↑Scharfabstimmung.

AFCENT [ˈæfˌsent, engl.], Abk. für Allied Forces Central Europe (Alliierte Streitkräfte Europa-Mitte), NATO-Befehlsbereich, dem die im Verteidigungsfall der NATO unterstellten Truppenverbände im Gebiet der Beneluxstaaten, Dtl.s, ab 1999 Polens, Ungarns und der Tschech. Rep. angehörten. Im Frühjahr 2000 wurde AFCENT mit AFNORTHWEST zum neuen Befehlsbereich ↑AFNORTH zusammengelegt.

afebril [auch ˈa-; grch.-lat.], fieberfrei.

Afewerki, Isayas, eritreischer Politiker, *Asmara 1945; Mitbegründer der Eritreischen Volksbefreiungsfront (EPLF), seit

1987 deren Gen.-Sekr.; übernahm 1991 die Leitung der provisor. Reg. von Eritrea, seit 1993 erster Staatspräs. der Rep. Eritrea.
Affäre [frz.] *die,* besondere, oft unangenehme Sache, Angelegenheit; auch peinl. Vorfall, Skandal.
Affekt [lat.] *der,* heftige Gemütsbewegung (z. B. Freude, Wut, Begeisterung), die meist mit starken Ausdrucksbewegungen und Veränderungen von Herztätigkeit, Atmung, Gesichtsfarbe verbunden ist.
affektiert [lat.], geziert, gekünstelt, eingebildet.
Affektion [lat.] *die,* Befall eines Organs oder eines Körperteils durch eine Krankheit.
Affen (Simiae), Unterordnung der Herrentiere, umfasst die Tierarten, die dem Menschen am nächsten verwandt sind. Die kleinsten A. sind nur etwa rattengroß, die größten größer als ein kräftiger Mann. A. sind meist Baumtiere, nur einige, wie die Paviane, leben in Felslandschaften. Das Gehirn (bes. die Großhirnrinde) ist sehr stark entwickelt, daher beachtl. geistige Fähigkeiten (großes Lernvermögen), lebhaftes Mienenspiel und hohe stimml. Äußerungskraft. Hand und Fuß (Greiffuß) haben weit abspreizbare Daumenzehen (»Vierhänder«). Die meisten A. leben als Herdentiere in Vielehe. Ihre Nahrung ist überwiegend pflanzlich. Zu den in Afrika, Gibraltar und in den Tropen und Subtropen Asiens heim. **Schmalnasen-A.** (**Altwelt-A.** oder **Catarrhina**) gehören die **Tier-A.** mit den Makaken, Stummel-A., Pavianen, Meerkatzen sowie die **Menschen-A.** mit Gibbons, Orang-Utans, Schimpansen und Gorillas; sie haben eine schmale Nasenscheidewand und einen nicht greiffähigen (oder keinen) Schwanz. Zu den **Breitnasen-A.** (**Neuwelt-A.** oder **Platyrrhina, Ceboidea**) gehören u. a. die Kapuziner-A., Brüll-A. und Klammer-A. in Süd- und Mittelamerika, die eine breite Nasenscheidewand und einen meist greiffähigen Schwanz haben.
📖 *Cheney, D. L. u. Seyfarth, R. M.: Wie Affen die Welt sehen. München u. a. 1994. – Platt, R.: Affen. Lebensweise – Verhalten – Intelligenz. München 2002.*
Affenbrotbaum (Adansonia), Wollbaumgewächsgattung in Afrika und Australien; Steppenbäume mit dickem, Wasser speicherndem Stamm; der **Afrikan.**

A. (**Baobab,** Adansonia digitata) hat gurkenförmige essbare Früchte mit haselnussgroßen, nierenförmigen, fettreichen Samen.
Affenfurche (Vierfingerfurche), Beugefalte am menschl. Handteller; sie tritt (ohne patholog. Bedeutung) bei etwa 4 % der Bevölkerung auf, beim Downsyndrom in etwa 40 % der Fälle. Bei den Menschenaffen Hauptbeugefalte der Hand.
Affenpinscher, kleinwüchsige, temperamentvolle Hunderasse; rauhaarig, kurzschnauzig, meist schwarz gefärbt.
Affenpocken, pockenähnl. Erkrankung auch des Menschen, v. a. durch Nagetiere übertragen; Erreger ist das Monkeypoxvirus; einem 4-tägigen Frühstadium mit Fieber folgt ein pockenartiger Ausschlag. A. traten 2003 erstmals außerhalb Afrikas auf (USA).
afferent [lat. »hinführend«], hin-, zuführend (bes. von Nervenbahnen, die von einem Sinnesorgan zum Zentralnervensystem leiten); Ggs. ↑efferent.
affettuoso [italien.] (con affetto), *Musik:* leidenschaftlich, mit Empfindung.
Affiche [aˈfiʃə, frz.] *die,* Anschlag[zettel], Aushang, Plakat.

Affen: Orang-Utans bei der Fellpflege

Affidavit [mlat. »er hat geschworen«] *das,* **1)** *Börsenwesen:* (Lieferbarkeitsbescheinigung), schriftl. Bescheinigung, dass ein Wertpapier ordnungsgemäß erworben ist

AFF Affiliation

und den Anforderungen eines ordnungsgemäßen Wertpapiers genügt.
2) *Recht:* eidesstattl. Versicherung im angloamerikan. Rechtsverkehr zur Bekräftigung einer Tatsachenbehauptung vor Gerichten oder Behörden. In den USA auch die Bürgschaftserklärung eines Staatsbürgers, für den Unterhalt eines Einwanderers aufzukommen.
Affiliation [zu mlat. affiliare »adoptieren«] *die, Sprachwiss.:* Verwandtschaftsverhältnis von Sprachen, die sich aus einer gemeinsamen ↑Grundsprache entwickelt haben, zueinander und zur Grundsprache.
affine Abbildung, geometr. Abbildung, die Punkte auf Punkte und Geraden auf Geraden abbildet, wobei Parallelität und Streckenverhältnisse erhalten bleiben.
affinieren [frz.], reinigen, scheiden, z. B. Gold von Silber trennen oder Sirup von Zuckerkristallen abwaschen.
Affinität [lat. »Verwandtschaft«] *die,*
1) Wesensverwandtschaft von Begriffen und Vorstellungen.
2) Maß für das Bestreben zweier Stoffe, miteinander zu reagieren; auch Bez. für die »chem. Triebkraft«, die zur Verbindung chem. Elemente und Moleküle zu neuen Stoffen führt.
Affirmation [lat.] *die,* Zustimmung, Bejahung.
Affirmative Action [ə'fə:mətɪv 'ækʃn], in den USA ein seit Mitte der 1960er-Jahre bestehendes staatl. Programm, das im Sinne einer aktiven Gleichberechtigungspolitik eine Benachteiligung oder Diskriminierung von Minderheiten (z. B. Schwarze, Indianer, Chicanos) und Frauen in Ausbildung und Beruf abbauen soll.
Affix [lat.] *das,* Bildungssilbe, die als Präfix, Suffix oder Infix zu einem Wortstamm tritt.
affizieren [lat.], reizen, beeindrucken.
affiziert, *Medizin:* befallen, ergriffen (bezogen auf Krankheiten).
Affodill *der* (Asphodill, Asphodelus), Liliengewächsgattung des Mittelmeerbereichs mit hochstängeligen Trauben oder Rispen meist weißer Blüten; häufig auf Grasland.
Affoltern am Albis, Hauptort des Bezirks Affoltern im Kt. Zürich, Schweiz, 494 m ü. M., 9500 Ew.
affrettando [italien.], *Musik:* beschleunigend; **affrettato,** beschleunigt.
Affrikata [lat.] *die* (Affrikate), Ver-

schlusslaut mit nachfolgendem Reibelaut, ↑Laut.
Affront [a'frõ:, lat.- frz.] *der,* herausfordernde Beleidigung, Schmähung, Kränkung.
Afghane *der,* (Afghanischer Windhund), Hunderasse mit langem, feinem Fell und Hängeohren und einer Schulterhöhe von 62 bis 73 cm.
Afghanen, ↑Paschtunen.
Afghani *der,* Abk. **Af,** Währungseinheit in Afghanistan, 1 Af = 100 Puls (Pl).

Afghanistan

Fläche	652 090 km²
Einwohner	(2003) 23,897 Mio.
Hauptstadt	Kabul
Verwaltungsgliederung	32 Provinzen
Amtssprachen	Paschtu und Dari (Neupersisch)
Nationalfeiertage	28. 4. und 19. 8.
Währung	1 Afghani (Af) = 100 Puls (Pl)
Zeitzone	MEZ + 3 ½ Std.

Afghanistan (Paschto: De A. Islami Dawlat, Dari: Dowlat-e Eslami-ye A.; dt. Islam. Staat A.), Binnenstaat in Asien, grenzt im W an Iran, im N an Turkmenistan, Usbekistan und Tadschikistan, im O und S an Pakistan, am O-Ende des Wakhanzipfels an China.
Staat und Recht: Nach der Niederlage der Taliban wurde von der auf dem Petersberg bei Bonn tagenden A.-Konferenz unter Leitung der UNO am 5. 12. 2001 eine Vereinbarung über die vorläufigen Regelungen bis zur Wiederherstellung dauerhafter staatl. Institutionen in A. (Petersberger Abkommen) angenommen, die Folgendes vorsah: Während der ersten Interimsordnung (Dauer etwa 6 Monate) sollte eine

Afghanistan AFG

provisor. Reg. (Amtsaufnahme: 22. 12. 2001) als vollziehende Gewalt fungieren. Die traditionelle Große Ratsversammlung afghan. Stämme (Loya Jirga) hatte die Aufgabe, eine feste Übergangsreg. zu bestellen (18 Monate Amtszeit), ein Interimsparlament zu benennen, eine neue, von einem Verfassungsrat zu erarbeitende Verf. und ein neues Wahlrecht zu verabschieden sowie die Bildung eines Obersten Gerichtshofes vorzubereiten. Der Übergangsprozess, der durch eine internat. Friedenstruppe unter UN-Mandat abgesichert und durch internat. Wiederaufbauhilfe unterstützt wird, soll durch freie Wahlen und die Konstituierung legitimierter Legislativ- und Exekutivorgane beendet werden. Die im Juni 2002 tagende Loya Jirga wählte einen Präs., der am 19. 6. 2002 die von ihm geführte Interimsreg. berief, zur Konstituierung eines Parlaments kam es nicht. Am 4. 1. 2004 verabschiedete die erneut tagende Loya Jirga eine neue Verf., nach der A. eine islam. Republik mit Präsidialsystem ist. Als Staatsoberhaupt und Reg.chef mit weitgehenden Vollmachten wird der Präs. (auf fünf Jahre direkt gewählt) fungieren. Es sind zwei Vizepräs. vorgesehen. Die Legislative liegt beim Zweikammerparlament (Nationalversammlung), bestehend aus dem Haus des Volkes (Wolesi Jirga; Unterhaus) und dem Haus der Älteren (Mishrano Jirga; Oberhaus). Die Mitgl. des Unterhauses werden von der Bev. direkt gewählt, die des Oberhauses durch die Provinzräte gewählt bzw. vom Präs. ernannt. Präsidentschaftswahlen sind für Herbst 2004, Parlamentswahlen für Frühjahr 2005 vorgesehen.

Landesnatur: Der zentrale ↑Hindukusch, bis über 7 000 m ü. M., teilt A. in eine Nord- und eine Südregion. Im N hat A. Anteil am Tiefland von Turan, im S dehnen sich teils von Salzsümpfen ausgefüllte Wüstenbecken aus. Im Wakhan hat A. Anteil am Pamir. Der vorherrschende Hochgebirgscharakter ist ein natürl. Hindernis für die Landesentwicklung. Das Klima ist kontinental mit großen Temperaturunterschieden (Sommer bis 40 °C; Winter bis −25 °C), geringen winterl. Niederschlägen und trockenen Sommerstürmen im W; Steppen- und Wüstensteppen überwiegen, nur der O erhält sommerl. Monsunregen (daher bewaldet). Die für die Bewässerung wichtigen Flüsse, z. B. Helmand, Hari

Afghanistan: Blick auf das Stadtzentrum von Kandahar

Rud, Kabul, entspringen in Zentral-A., bes. im Kuh-e Baba; sie versickern meist in abflusslosen Becken.

Bevölkerung: Angaben über die ethn. Zusammensetzung der Bev. sind aufgrund der in den letzten Jahrzehnten erfolgten Flüchtlingswellen kaum zu konkretisieren. Die Bev. des Vielvölkerstaates besteht aus 33 unterschiedlich großen Gruppen. Größte und bedeutendste Volksgruppe mit etwa 44 % sind die ↑Paschtunen, bes. im S und SO an der Grenze zu Pakistan, deren Stammesgebiet 1893 geteilt wurde und heute zur Hälfte zu Pakistan gehört. Die Paschtunen stellen den Hauptteil der Nomaden. Die Tadschiken (rd. 28 %) leben bes. im N und NO des Landes. Mongolischstämmige Hazara (rd. 7 %) überwiegen im Hindukusch. Turksprachige Gruppen sind Usbeken (rd. 9 %) und Turkmenen, daneben gibt es noch Aimak, Nuristani, Belutschen, Kirgisen, ferner Kisilbasch u. a. Größte Städte sind Kabul, Kandahar, Herat, Mazar-e Sharif, Kunduz, Jalalabad. Etwa 3 Mio. der Gesamtbev. leben noch als Flüchtlinge v. a. in Pakistan und Iran (zunehmende Flüchtlingsrückkehr), Hunderttausende sind Binnenflüchtlinge. – Es besteht allg. Schulpflicht für alle Kinder im Grundschulalter (7. bis 12. Lebensjahr); das Schulsystem (1996–2001 faktisch nicht bestehend) befindet sich im Neuaufbau; Analphabetenrate 69 %; 6 Univ., darunter die Univ. Kabul (gegr. 1932) und die Islam. Univ. Kabul (gegr. 1988). – Rd. 99 % der Bev. bekennen sich

AFG Afghanistan

zum Islam, mehrheitlich (rd. 80%) Sunniten der hanefit. Rechtsschule. Die Hazara und Kisilbasch sind schiit. Muslime. Der Islam ist Staatsreligion.

Wirtschaft und Verkehr: A. gehört zu den ärmsten Entwicklungsländern der Welt. Nach mehr als zwei Jahrzehnten Krieg sind die Infrastruktur und die Produktionsanlagen weitgehend zerstört. Weite Bereiche des Landes orientieren sich wieder an der Selbstversorgung. Kennzeichen der katastrophalen Unterentwicklung A.s sind u. a. seit Jahren fehlende Wirtschaftsdaten; selbst Schätzungen gibt es kaum. Nach Jahren der Talibanherrschaft und mehrjährigen Missernten haben sich die Lebensverhältnisse und die Versorgung der Bev. extrem verschlechtert. In der Landwirtschaft sind Bewässerungsfeldbau (ein Großteil der Bewässerungssysteme ist zerstört; zunehmende Versalzung der Böden) und Oasenwirtschaft in den Tälern und Becken sowie die extensiv genutzten Weiden kennzeichnend. Von 8 Mio. ha landwirtsch. Nutzfläche sind derzeit 3 Mio. ha wegen Kriegseinwirkungen und Verminung nicht nutzbar. Hauptagrarerzeugnisse sind Weizen, Mais, Gerste, Reis, Baumwolle, Zuckerrohr, Obst, ferner Mandeln, Nüsse, Pistazien; im Grenzgebiet zu Pakistan verstärkter Mohnanbau. Auf fast 90 000 ha Land wurden in den vergangenen Jahren jährlich rd. 4 000 t Schlafmohn (Ausgangsprodukt für Rohopium), trotz eines offiziellen Verbotes 2002, geerntet. Damit ist A. nach wie vor weltgrößter Opiumproduzent. Wichtig ist die überwiegend nomad. Viehhaltung (Schafe, Ziegen, Karakulschafe). Von den Bodenschätzen werden bisher Steinkohle, Steinsalz, Erdgas, Baryt und Talk ausgebeutet. Die Provinz Badachschan gilt als weltbedeutendster Fundort von Lapislazuli. Weitere Bodenschätze (v. a. Erdöl, Eisen und Kupfer) sind noch ungenügend erschlossen. Die Industrie ist i. Allg. wenig entwickelt (Textil-, Zement-, chem. Ind., Lebensmittelind.); es dominiert das Handwerk (Teppich-, Schmuckwarenherstellung). – Da Eisenbahnen fehlen, sind Straßen und Luftlinien die Hauptträger des Verkehrs.

Geschichte: Das seit dem 6. Jh. v. Chr. zum pers. Achaimenidenreich gehörende A. wurde um 330 v. Chr. von Alexander d. Gr. erobert und nach dessen Tod ins Seleukidenreich eingegliedert. Das von den Saken begründete Kuschanreich erlag im 5. Jh. n. Chr. dem Ansturm der Hephthaliten, die 567 vom Sassanidenkönig Chosrau I. geschlagen wurden. Im 7. Jh. begann die Eroberung durch die Araber; Kabul und der O wurden erst im 10. Jh. islamisiert. 977–1187 war A. Kern des Reiches der turkstämmigen ↑Ghasnawiden, denen die kurzlebige Dynastie der (wahrscheinlich einheim.) Ghuriden folgte. Im 13. Jh. fielen die Mongolen in A. ein (im 14. Jh. Eroberung durch Timur).

Im 16. und 17. Jh. war es zw. Persien und dem ind. Mogulreich geteilt, bis Mitte des 18. Jh. Ahmed Schah Durrani (1747–73) ein mächtiges Emirat gründete. Im 19. Jh. lag A. im Spannungsfeld Großbritannien-Russland. Nach den ersten beiden afghanisch-brit. Kriegen (1838–42 und 1878 bis 1880), in denen Großbritannien seine Vorherrschaft durchzusetzen versuchte, wurde A. zum Pufferstaat zw. Russland und Britisch-Indien; nach dem 3. afghanisch-brit. Krieg (1919) erreichte Aman Ullah (1919–29, seit 1926 König) im Vertrag von Rawalpindi (1919) die staatl. Unabhängigkeit A.s. Seine forcierte Modernisierungs- und Reformpolitik nach westlich-europ. Vorbild, die zu seinem Sturz führte, wurde durch Nadir Schah (1929–33, 1931 Einführung der konstitutionellen Monarchie) und nach dessen Ermordung von Sahir Schah (1933–73, Neutralitätspolitik) behutsamer fortgesetzt.

Durch den Militärputsch von 1973 wurde A. Republik. Nach ihrem Aufstand gegen den diktatorisch regierenden Staatspräs. M. Daud Khan (1973–78) übernahm die kommunist. Demokrat. Volkspartei unter N. M. Taraki die Reg.gewalt. Deren Politik orientierte sich streng an der UdSSR; Machtkämpfe innerhalb der Partei, hartes Vorgehen gegen Oppositionelle und v. a. die Landreform von 1979 zogen einen landesweiten Widerstand gegen das Regime nach sich. Unter Berufung auf den Freundschaftsvertrag von 1978 ließ daraufhin die UdSSR unter weltweitem Protest im Dez. 1979 Truppen in A. einmarschieren. Sie setzte B. Karmal als Staats-, Reg.- und Parteichef ein und versuchte, die politisch uneinheitl. muslim. Guerillabewegung (Mudschaheddin), die von Pakistan aus operierte und v. a. von den USA mit Waffenlieferungen unterstützt wurde, in verlustreichen Kämpfen zu unterdrücken.

1986 wurde B. Karmal durch M. Nadschibullah abgelöst, der angesichts des Scheiterns der sowjet. Invasion und der verheerenden Folgen des Krieges (rd. 1 Mio. Tote, 5 Mio. Flüchtlinge) eine Politik der »nat. Aussöhnung« verkündete. Von Mai 1988 bis Febr. 1989 zog die UdSSR, die selbst hohe Verluste (etwa 14 000 gefallene Soldaten) erlitten hatte, ihre Truppen vollständig aus A. ab.

Die antikommunist. Widerstandsorganisationen bildeten im Febr. 1989 eine Gegenregierung. Im Juni 1990 gab die kommunist. Reg.partei ihr Machtmonopol auf (Umbenennung in Heimatlandpartei). Im Mai 1991 akzeptierte die Reg. einen Friedensplan der UN (Waffenstillstand, Übergangsreg. auf breiter Basis, Vorbereitung freier Wahlen). Bis zum Frühjahr 1992 brachten die Mudschaheddin den größten Teil von A. militärisch unter ihre Kontrolle. Nach dem Sturz Nadschibullahs (April 1992) und der unblutigen Besetzung der Hptst. Kabul durch Truppen der muslim. Rebellen übernahm ein von diesen gebildeter Übergangsrat die Macht. Im selben Jahr verbot die muslim. Führung die ehem. Reg.partei und leitete einen verstärkten Islamisierungsprozess ein (u. a. Einführung islam. Gesetze). Die ausbrechenden Kämpfe zw. rivalisierenden Mudschaheddin-Gruppierungen (v. a. um die Kontrolle Kabuls) wurden trotz eines Vertrages über Gewaltverzicht (Ende April 1992) und eines Friedensabkommens (März 1993) nicht beendet. Darüber hinaus führte die Unterstützung der afghan. Mudschaheddin für den 1992 ausgebrochenen bewaffneten Kampf der islam. Opposition in Tadschikistan zu einer Konfliktsituation in dem durch russ. Truppen überwachten afghan.-tadschik. Grenzterritorium.

Die Milizen der seit 1994 von Pakistan aus in den Bürgerkrieg eingreifenden radikalislam. paschtun. ↑Taliban eroberten in wenigen Jahren den Großteil des Landes und errichteten in ihrem Herrschaftsgebiet eine repressive Religionsdiktatur (Verfolgung der Schiiten, Entrechtung der Frauen, Behinderung der Arbeit von UN und Hilfsorganisationen). Mit der Einnahme von Kabul riefen die Taliban unter ihrem Führer Mullah Mohammed Omar am 27. 9. 1996 einen islam. Staat aus (seit Okt. 1997 von diesen als »Islam. Emirat A.« bezeichnet). Dieser blieb allerdings international isoliert (nur von Pakistan, Saudi-Arabien und den Vereinigten Arab. Emiraten anerkannt, die 2001 aber die Beziehungen abbrachen). Bei ihrem Vormarsch nach Nord-A. stießen die Taliban auf den heftigen Widerstand der »Vereinigten Front zur Rettung A.s« (die aus versch. nat. Minderheiten gebildete »Nordallianz« von Mudschaheddin-Gruppierungen unter dem militär. Oberkommando

Afghanistan: Einmarsch sowjetischer Truppen in Kabul

von Ahmed Schah Massud, der im Sept. 2001 ermordet wurde, und der polit. Führung von Burhanuddin Rabbani). Der anhaltende Bürgerkrieg, in dem es immer wieder zu blutigen Übergriffen auf die Zivilbev. und zu neuen Flüchtlingsströmen kam, führte zu einer starken Zerstörung und wirtsch. Lähmung A.s, das zum weltgrößten Heroinproduzenten aufstieg und sich zu einem Transitland des Drogenschmuggels entwickelte. 2000 erließ der Talibanführer Omar zeitweilig ein Verbot des Schlafmohnanbaus.

Von den UN vermittelte Gespräche für eine polit. Lösung des Konflikts (u. a. in Aschchabad im März 1999) und Friedensverhandlungen unter Beteiligung der afghan. Nachbarstaaten sowie Russlands und der USA (in Taschkent im Juli 1999) waren angesichts der immer wieder aufbrechenden Kämpfe zw. den Kriegsparteien wirkungslos. Starke Spannungen entwickelten sich zw. dem sunnit. Taliban und dem schiit. Iran (ausgelöst durch die Tötung iran. Diplomaten bei der Eroberung von Mazar-e Sharif 1998) sowie den urspr.

AFG Afghanistan

die Milizen unterstützenden USA (v. a. wegen der Weigerung der Taliban, den für die blutigen Anschläge auf die amerikan. Botschaften in Kenia und Tansania 1998 verantwortlich gemachten saudi-arab. Extremisten Osama Bin Laden auszuweisen). Unter dem Vorwurf, den Terrorismus zu unterstützen, setzte die UNO im Jan. 2001 verschärfte Sanktionen gegen A. in Kraft. Trotz heftiger internat. Proteste ließ die Talibanführung im März 2001 aus religiösen Gründen die berühmten buddhist. Statuen von Bamian zerstören.

Afghanistan: Frauen wurden unter dem Taliban-Regime gezwungen, die Ganzkörperverschleierung Burka zu tragen.

Als es die Talibanführung selbst nach den furchtbaren Terrorangriffen auf New York und das Pentagon (11. 9. 2001) weiterhin ablehnte, den von den Amerikanern als mutmaßl. Drahtzieher gesuchten Bin Laden auszuliefern, begannen die USA am 7. 10. 2001 unter direkter brit. Beteiligung eine Militäraktion gegen das Talibanregime und Stützpunkte der Terrororganisation »al-Qaida« von Bin Laden. Zuvor sicherten sich die USA im Rahmen einer Antiterrorallianz auch die Unterstützung Pakistans, des zuvor wichtigsten Förderers des Talibanregimes, und der an A. angrenzenden GUS-Rep. Am 8. 10. 2001 leitete die – zunächst von Russland mit Waffen belieferte, bald von den USA direkt militärisch unterstützte – Nordallianz eine Offensive gegen die Taliban, denen bis Anfang Dez. 2001 fast das gesamte afghan.

Territorium wieder entrissen werden konnte (am 13. 11. 2001 Einmarsch der Nordallianz in Kabul, am 25. 11. Fall der nordafghan. Stadt Kunduz, am 7. 12. Übergabe der Talibanhochburg Kandahar). Im W des Landes gelang dem bis zu seinem Sturz durch die Taliban (1995) in Herat als Gouv. regierenden Ismail Khan ebenfalls die Rückeroberung seines früheren Machtbereichs. Die Macht der Taliban wurde gebrochen, ihre Organisation zerfiel (Desertion, Kapitulation oder Gefangennahme vieler ihrer Führer). Der Krieg, der das Flüchtlingselend weiter verschärfte, forderte auch zahlr. zivile Opfer durch die Bombenangriffe. Ende Nov. 2001 landeten bei Kandahar US-Einheiten und leiteten eine gezielte Suche nach Bin Laden ein, im darauf folgenden Monat richtete sich eine Offensive von Antitalibantruppen gegen die bei Jalalabad gelegene Bergfestung Tora Bora, die nach erbittertem Widerstand seitens der »al-Qaida«-Kämpfer erobert werden konnte. Der Verbleib von Bin Laden blieb aber zunächst weiterhin ungeklärt, ebenso das Schicksal von Talibanchef Mullah Mohammed Omar.

Inzwischen wurden auch die Bemühungen um eine polit. Neuordnung A.s verstärkt (u. a. im Nov. 2001 Fünfpunkteplan des UN-Beauftragten für A. Lakhdar Brahimi). Entsprechend den Vereinbarungen, die während einer A.-Konferenz unter Leitung der UNO (27. 11. bis 5. 12. 2001) auf dem Petersberg bei Bonn getroffen wurden, nahm am 22. 12. 2001 in Kabul eine Interimsreg. unter Führung des Paschtunen Hamid Karsai ihre Arbeit auf; in dieser wurden der Nordallianz Schlüsselressorts (Außen-, Innen- und Verteidigungsministerium) zugesprochen. Am 20. 12. 2001 beschloss der Weltsicherheitsrat den Einsatz einer internat. A.-Truppe unter UN-Mandat (↑ISAF mit erhebl. dt. Beteiligung). Anfang 2002 begannen die USA mit der Überführung von gefangenen Taliban und »al-Qaida«-Kämpfern in den zum Hochsicherheitsgefängnis ausgebauten amerikan. Militärstützpunkt Guantánamo Bay auf Kuba. Im Jan. 2002 sagte eine internat. Geberkonferenz in Tokio u. a. finanzielle Hilfe beim Wiederaufbau A.s zu, die allerdings nur zögerlich anlief. Zunehmend kehrten afghan. Flüchtlinge in ihr Land zurück (nach UN-Angaben bis Juni

2002 etwa 1 Mio. Menschen, zunächst v. a. aus Pakistan).
2002/03 richteten sich weitere Militäreinsätze amerikan. u. a. westl. Spezialeinheiten gegen verbliebene oder sich neu formierende Widerstandsgruppen der Taliban und der »al-Qaida«, bes. in der Grenzregion zu Pakistan. Zugleich kam es wiederholt zu krieger. Auseinandersetzungen zw. versch. um regionale Einflussgebiete kämpfenden afghan. Warlords. Im April 2002 kehrte der hochbetagte Exkönig Sahir Schah aus dem italien. Exil zurück. Die Große Ratsversammlung (Loya Jirga) vom Juni 2002 bestimmte Karsai zum Präs. A.s; er übernahm die Führung einer weiteren (»islam.«) Übergangsregierung. Auch danach gab es Anschläge gegen Reg.-Mitgl. (u. a. die Ermordung des paschtun. Vize-Präs. Hadschi Abdul Kadir im Juli 2002 in Kabul; Attentat auf Präs. Karsai im Sept. 2002), die u. a. die nach wie vor instabile Lage im Land offenbaren. Im Febr. 2003 ging der Oberbefehl über die Truppen der ISAF an Dtl. und die Niederlande über; im August 2003 übernahm die NATO die Leitung unter Beibehaltung einer mit dem Kommando betrauten »lead nation« (seit Juli 2003 Kanada).
In der am 4. 1. 2004 von der Großen Ratsversammlung verabschiedeten Verf. wurde v. a. auf Betreiben von Karsai das Präsidentenamt mit weitreichenden Kompetenzen ausgestattet. Präs. Karsai, dessen Macht sich vorerst im Wesentlichen auf Kabul und Umgebung beschränkt, sieht sich weiterhin mächtigen Provinzgouverneuren gegenüber.

📖 *A. Natur, Geschichte u. Kultur, Staat, Gesellschaft u. Wirtschaft, hg. v. W. Kraus. Tübingen ³1975. – Grötzbach, E.: A. Eine geograph. Landeskunde. Darmstadt 1990. – Pohly, M.: Krieg u. Widerstand in A. Ursachen, Verlauf u. Folgen seit 1978. Berlin 1992. – Rasuly, S.: Polit. Strukturwandel in A. Frankfurt am Main 1993. – Samimy, S. M.: A. – Gefangener seiner eigenen Widersprüche? Bonn 1993. – A. Krieg u. Alltag, bearb. v. K. Knauer, Ausst.-Kat. Museum für Völkerkunde (Freiburg im Breisgau). Waldkirch 1994. – Baraki, M.: Die Beziehungen zw. A. u. der Bundesrep. Dtl. 1945–1978. Frankfurt am Main u. a. 1996. – A. in Gesch. u. Gegenwart. Beiträge zur A.-Forschung, hg. v. C. J. Schetter u. A. Wie-*
land-Karimi. Frankfurt am Main 1999. – Krech, H.: Der A.-Konflikt 2001. Ein Hb. Berlin 2002. – Pohly, M.: Nach den Taliban. A. zw. internat. Machtinteressen u. demokrat. Erneuerung. München 2002.

A-Film, ↑A-Picture.

Aflatoxine, Pilzgifte, bes. der Schimmelpilzart **Aspergillus flavus,** die sich u. a. in Getreide und Nüssen bilden; wirken leberschädigend, Krebs erregend.

AFL/CIO [eɪefelsɪːaɪˈəʊ], Abk. für engl. American Federation of Labor/Congress of Industrial Organizations; Dachorganisation der amerikan. Gewerkschaften, entstand 1955 durch Zusammenschluss der American Federation of Labor (AFL) mit dem Congress of Industrial Organizations (CIO).

AFNORTH [ˈæfnɔːθ], Abk. für Allied Forces **North** Europe (Alliierte Streitkräfte Nordeuropa), im Frühjahr 2000 unter Zusammenlegung der ehem. Befehlsbereiche AFNORTHWEST und AFCENT neu geschaffener NATO-Befehlsbereich mit Hauptquartier in Brunssum (Niederlande), dem im Verteidigungsfall Verbände in Norwegen, Großbritannien, Dtl., Polen, Ungarn, der Tschech. Rep. und den Beneluxstaaten sowie in Nord- und Ostsee angehören.

afokal [grch.-lat.] (teleskopisch), ohne Brennpunkt im Endlichen; bei afokalen opt. Systemen wie planparallelen Platten oder Fernrohren bleiben parallele Strahlenbündel auch nach dem Durchgang parallel.

à fonds perdu [a fɔ̃ pɛrˈdy, frz.], auf Verlustkonto, mit Verzicht auf Gegenleistung.

à forfait [a fɔrˈfɛ; frz. »ohne Rückgriff«], Klausel beim Verkauf eines ↑Wechsels.

a fortiori [lat. »vom Stärkeren her«], nach dem stärker überzeugenden Grund; erst recht, umso mehr (von einer Aussage).

AFP, Abk. für **A**gence **F**rance-**P**resse, frz. Nachrichtenagentur, Sitz: Paris; gegr. 1832 als Bureau Havas von Charles Louis Havas (*1783, †1858), neu gegründet 1944.

Afra, Märtyrerin, †(verbrannt) Augsburg um 304, zur Zeit der diokletian. Verfolgungen. Heilige, Tag: 7. 8.

Afranius, Lucius, röm. Dichter des 2. Jh. v. Chr.; Hauptvertreter der altröm. Nationallustspiels, schilderte das Alltagsleben in den italischen Städten.

a fresco [italien. »auf das Frische«], auf

African National Congress

frischem Verputz, Kalk, auf die noch feuchte Wand (gemalt). ↑Freskomalerei.
African National Congress [ˈæfrɪkən ˈnæʃnl ˈkɔŋgrəs, engl.], Abk. **ANC,** 1912 gegr. Partei in Südafrika, die den Kampf der Schwarzafrikaner für ihre Gleichberechtigung organisiert; suchte dies bis zu ihrem Verbot (1960), zuletzt unter A. Luthuli, gewaltlos durchzusetzen; danach formierte sich aus ihren Reihen eine militante Organisation (»Speer der Nation«) unter N. Mandela. Die Führung des 1960–90 im Exil wirkenden ANC übernahm O. Tambo. Seit seiner Wiederzulassung (Febr. 1990) nunmehr von Mandela geführt, errang der ANC im April 1994 bei den ersten freien Wahlen nach Abschaffung des Apartheidsystems 62,6% der Stimmen. Im Mai desselben Jahres wurde Mandela zum Staatspräs. gewählt. Im Dez. 1997 übernahm T. Mbeki den Parteivorsitz.
2004 gab die Neue Nationalpartei (NNP; bis 1994 »Nationale Partei«), die frühere Apartheidspartei, ihre Fusion mit dem ANC bekannt; die NNP soll bis spätestens Sept. 2005 aufgelöst werden.

Afrika: Kilimandscharo, Tansania

Afrika, Erdteil der »Alten Welt«. Der Name stammt von den Römern, die das Land um Karthago nach dem Stamm der Afri **Africa** nannten; später wurde der Name auf den ganzen Kontinent ausgedehnt.
Lage: A. erstreckt sich 8000 km von N nach S (37° 20′ n. Br. bis 34° 52′ s. Br.) und über 7 600 km von W nach O (17° 33′ w. L. bis 51° 23′ ö. L.). Mit einer Gesamtfläche von rd. 30 Mio. km² umfasst es ein Fünftel der Landfläche der Erde. Die Küste ist schwach gegliedert; ihr sind nur wenige Inseln vorgelagert. Einzige große Insel ist Madagaskar im SO. Von Europa wird A. durch die Einbruchsbecken des Mittelmeeres getrennt. Mit Asien hängt A. an der Landenge von Sues unmittelbar zus.; im Übrigen ist es durch den Graben des Roten Meeres von ihm getrennt.
Oberflächengestalt: Das Relief A.s wird weitgehend von Rumpfflächen und Tafelländern bestimmt, die im S und O im Mittel über 1 000 m ansteigen. Die Hälfte der Fläche liegt unter 500 m ü. M. Die Küsten sind meist Steilküsten, bes. im N und S, in den Tropen streckenweise mit Mangrovesümpfen und vorgelagerten Korallenriffen, sonst flach und sandig mit starker Brandung. – Abgesehen vom jungen Atlasgebirge (bis 4 165 m ü. M.), das geologisch zum europ. alpid. System gehört, besteht A. aus einem alten Sockel, der von flachen Schwellen (Zentralsahar., Ober- und Niederguinea-, Asande- und Lundaschwelle) in Becken gegliedert wird. An kleinere, abflusslose Becken der Sahara schließen sich im Sudan Niger-, Tschad- und Weißnilbecken an, in Mittel-A. das riesige Kongobecken, im S das Kalaharibecken, das im SO von einem alten Gebirgssystem (in den Drakensbergen bis 3 482 m ü. M.) umgeben ist. Den Osten A.s vom Roten Meer bis zum Sambesi durchzieht das ↑Ostafrikanische Grabensystem mit Tanganjika- und Malawisee; es ist von Vulkanen begleitet, darunter die höchsten Berge A.s, Kilimandscharo (5 892 m ü. M.; Neuvermessung 1999) und Mount Kenia (5 194 m ü. M.). Der größte See A.s ist der Victoriasee im O; zu den abflusslosen Binnenseen gehört der Tschadsee. Die Flüsse der Winterregengebiete (Atlasländer, südwestl. A.) führen periodisch Wasser, in den Wüsten gibt es nur episodisch durchflossene Täler (Wadis). In abflusslosen Becken bilden sich durch die hohe Verdunstung ausgedehnte Salzpfannen (Schotts, Sebchas). Im trop. Feuchtgebiet entwickelten sich mächtige Ströme, die mit Katarakten und Wasserfällen die Beckenränder durchbrechen: Nil (6 671 km), Kongo, Niger, Sambesi.
Klima, Vegetation: Infolge seiner Lage beiderseits des Äquators zeigt A. die Klimazonen in nahezu idealer Anordnung.

Afrika AFR

Afrika: im Sandmeer des Fessan, Sahara, Libyen

Die äquatoriale Tropenzone mit Regen zu allen Jahreszeiten weist Regenwald auf (Guineabucht, nördl. Kongobecken), der zum großen Teil in den letzten 30 Jahren gerodet wurde. Nördl. und südl. schließen sich Zonen mit zwei Regenzeiten an, getrennt durch kurze Sommer- und lange Wintertrockenzeit. Hier herrschen Savannen vor, zunächst Feuchtsavanne mit immergrünen Bäumen und Hochgrasfluren. Zu den Randtropen hin (Sudanzone, Sambesihochland) vereinigen sich beide Regenzeiten zu einer einzigen (im Sommer), die mit wachsendem Abstand vom Äquator immer geringere Niederschlagsmengen bringt. Es folgen Trocken-, dann Dornstrauchsavannen, die in der Sahelzone schließlich in die subtrop. Trockengebiete der Sahara und im S in die Namib mit nur noch episod. Niederschlägen übergehen. N- und S-Küste weisen Mittelmeerklima auf.

Tierwelt: Im N hat die Tierwelt meist mediterranen Charakter, in der Sahara ist sie sehr artenarm, vielfältig in den Regenwäldern und Savannen. In den Regenwäldern leben v. a. fliegende (Fledermäuse, Vögel, Insekten) und kletternde Tiere (Affen, Halbaffen, Baumschlangen u. a.). Die offene Savannenlandschaft weist dagegen Großtiere auf (Großkatzen, Elefanten, Nashörner, Flusspferde, Zebras, Antilopen, Büffel, Giraffen, Strauße u. a.). Die Tier- und auch die Pflanzenwelt Madagaskars weicht stark ab und zeigt viele endemische Arten.

Bevölkerung: A. ist Kerngebiet der dunkelhäutigen ↑Negriden. Sie stellen im Gebiet südlich der Sahara (**Schwarz-A.**) den größten Bev.anteil, wo außer jüngeren Zuwanderungen (Europäer, Asiaten) noch kleinere, nicht eigtl. negride Gruppen (Pygmäen, Hottentotten und Buschleute; ↑Khoisan) leben. Die Entstehung dieser Sondergruppen, zu denen auch die ↑Äthiopiden gehören, ist wie die der Negriden selbst noch nicht restlos geklärt, aber es gibt keine Hinweise auf außerafrikan. Entstehung und Einwanderung. Rassisch überwiegen in Nord-A. (**Weiß-A.**) die hellhäutigen (europiden) Araber und Berber. In der Rep. Südafrika spielen Weiße europ. Abstammung als Minderheit noch eine Rolle in Politik und Wirtschaft. Asiaten (bes. Inder) leben in den südöstl. Gebieten. – Die afrikan. Völker werden meist nach ihren Sprachen gegliedert (↑afrikanische Sprachen). Ihre traditionellen Ges.- und Wirtschaftsformen sind in starker Umwandlung begriffen. Dies sowie der rasche Zuwachs der Bev. (1950: 222 Mio., 1998: 780 Mio., 2000: 794 Mio.) führen zu großen sozialen, wirtsch. und polit. Problemen. – Die Bev.dichte A.s ist regional sehr unterschiedlich, weite Gebiete sind menschenleer (z. B. Sahara), andere (Industrie- und Bergbauzentren, Küstenstädte, Niltal) sind übervölkert.

GESCHICHTE

Vor- und Frühgeschichte: A. wird heute

AFR Afrika

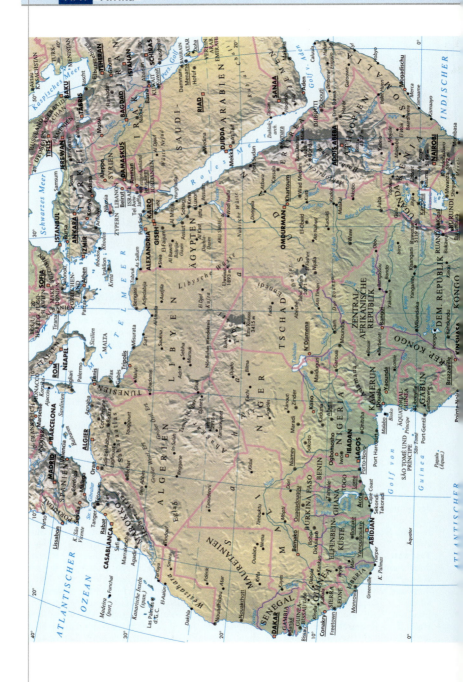

AFR Afrika

mit Recht als Wiege der Menschheit bezeichnet. In Kenia gefundene Knochenreste verschiedener Individuen werden auf 3,9–4,2 Mio. Jahre datiert. Aus A. stammen auch die ältesten Zeugnisse (Geräte aus Kiesel gefertigt; engl. pebble tools) für das Auftreten des Menschen (wahrscheinlich Australopithecinen). Die ältesten Geröllgeräte sind 2,5 Mio. Jahre alt (Olduvai, Tansania). Faustkeile wurden in Ost- und Nord-A. vor etwa 500 000 Jahren gefertigt. Im N des Kontinents reichen Jäger- und Sammlertraditionen bis 10 000 v. Chr. zurück, vom 6. bis ins 3. Jt. bildeten sich versch. neolith. Kulturgruppen (Funde in der Sahara). Um 5000 v. Chr. haben sich Pflanzenbau und Viehzucht von NO allmählich über den Erdteil verbreitet. Im Niltal begann die Metallverarbeitung (Kupfer, Silber, Gold) im 4. Jt. Um 2900 v. Chr. begann die Geschichte des Pharaonenreiches (↑Ägypten, Geschichte). Nilaufwärts entstand das Reich Kusch (Nubien, Meroë), dessen Herrscher um 725 v. Chr. Ägypten eroberten. 664 v. Chr. wurden sie von den Assyrern zurückgeworfen. Das äthiop. Reich von Aksum entstand wohl im 3. Jh. v. Chr.

Staatengeschichte: Der älteste Staat von weltgeschichtl. Bedeutung in A. ist Ägypten. Westlich davon wurde das phönik. Karthago zu einer großen See- und Handelsmacht. Das Röm. Reich umfaßte alle Küstenländer Nordafrikas. Mit dem Einbruch in Ägypten (638–644 n. Chr.) begann die Eroberung Nord- und Ost-A.s durch die muslim. Araber. In der westl. Sudanzone entstanden um 400 das Reich Gana, um 800 die Staaten Songhai und Kanem. In die Zeit um 1000 reichen die Stadtstaaten der Hausa, der Staat der Mosi und die Staatenbildungen der Nupe und Yoruba zurück. Kanem und andere sudanes. Staaten wurden im 11. Jh. islamisiert. Im 13. Jh. trat das Reich Mali die Vorherrschaft im westl. Sudan an. Nach 1400 drängte Songhai Mali zurück und erlebte seinen Höhepunkt. Weiter östlich war das Reich Bornu aus Kanem hervorgegangen. Um 1500 bestanden ausgebildete Staaten an der Kongomündung (Reich der Kongo) und im heutigen Simbabwe (Reich des Monomotapa). Seit dem 15./16. Jh. gründeten bes. die Portugiesen, Niederländer und Engländer Handelsstützpunkte an den Küsten Afrikas. Seit dem 16. Jh. gewannen im Norden A.s Marokko und die »Barbareskenstaaten« (Algerien, Tunesien, Tripolitanien) eine beherrschende Stellung. In Ägypten zerfiel die 1517 errichtete osman. Herrschaft. 1771 rissen dort die ↑Mamelucken die Macht an sich. In Zentral-A. erreichten im 17. Jh. u. a. die Staaten der Luba und Lunda ihre Hochblüte. Vom 16. bis 19. Jh. entfaltete sich bes. an der Westküste der Negersklavenhandel (↑Sklaverei). Noch im 19. Jh. gelang afrikan. Herrschern die Gründung großer, doch kurzlebiger Reiche. Erst nach 1850 teilten die europ. Kolonialmächte den Großteil A.s unter sich auf. Frankreich eroberte Algerien (seit 1830) und schuf sich seit 1881 (Tunesien) ein großes zusammenhängendes Kolonialreich in West- und Äquatorial-A.; dazu kamen 1895/96 Madagaskar, seit 1911/12 Marokko. Der Vorstoß an den oberen Nil scheiterte am brit. Einspruch (Faschodakonflikt 1898/99). Großbritannien hatte 1806–14 den Niederländern das Kapland entrissen; von hier aus gewann es ein großes Kolonialreich in Süd-A. (1843 Natal, 1885 Betschuanaland, 1889/90 Rhodesien; im Krieg von 1899 bis 1902 unterwarf es die Buren, die 1835–38 im großen »Treck« das Kapland verlassen und am Vaal und Oranje unabhängige Staaten gebildet hatten. 1910 wurden die meisten brit. Besitzungen in Süd-A. zur Südafrikan. Union zusammengeschlossen. Von dem 1882 besetzten Ägypten aus eroberte Großbritannien durch Niederwerfung der Mahdisten 1896–99 den östl. (angloägypt.) Sudan; 1887–90 wurden Kenia, Sansibar und Uganda erworben, seit 1886 noch Nigeria. Portugal erweiterte seinen Küstenbesitz in West-A. zur Kolonie Angola, in Ost-A. zur Kolonie Moçambique. Aus dem 1881–85 von Belgien gegr. Kongo-Staat wurde 1908 Belgisch-Kongo. Das Dt. Reich erwarb 1884/85 Togo, Kamerun, Dt.-Südwestafrika und Dt.-Ostafrika (seit 1919/20 Völkerbundsmandate). Italien setzte sich 1881–85 in Eritrea und 1889 neben Großbritannien und Frankreich in Somalia fest. 1911/12 eroberte es das türk. Libyen, 1936 Äthiopien (1941 wieder verloren). Seit 1918 machten sich nationalist. Bewegungen, von den arab. Ländern ausgehend, immer stärker geltend (Ägypten 1922).

Nach dem Zweiten Weltkrieg entließen die Kolonialmächte ihre afrikan. Kolonien in

Afrika

Afrika: Entdeckung und Erforschung

um 1480 v. Chr.	Ägyptische Expedition nach Punt (Küste der Somalihalbinsel)
um 600 v. Chr.	Phöniker umsegeln im Auftrag des Pharao Necho II. Afrika vom Roten Meer über die Südspitze bis zum Mittelmeer
um 500 v. Chr.	Der Karthager Hanno befährt die westafrikanische Küste bis zum Kamerunberg
um 60 n. Chr.	Römische Expedition gelangt bis zu den Sümpfen des Weißen Nil
1325–53/54	Der Araber Ibn Battuta bereist ganz Nordafrika und die Ostküste; er erreicht 1352 Timbuktu
1416–60	Portugiesen erkunden im Auftrag Heinrichs des Seefahrers die Westküste südwärts
1482/83	D. Cão entdeckt die Kongomündung
1488	B. Diaz umsegelt als erster Europäer das Kap der Guten Hoffnung
1497	V. da Gama umfährt auf dem Weg nach Indien das Kap der Guten Hoffnung und landet an der Natalküste
um 1515	Leo Africanus bereist Marokko, das Nigergebiet und Sudan; seine Beschreibung von Afrika blieb bis ins 18. Jahrhundert maßgebend
1770	J. Bruce entdeckt die Quellen des Blauen Nil
1795–97	M. Park reist vom Gambia zum Niger
1795–1802	J. Barrow erkundet das Kapland und gelangt bis zum Oranje
1798–1801	F. K. Hornemanns Reisen von Ägypten über Audschila, Mursuk nach Bornu und Nupe (Niger)
1814	J. L. Burckhardt bereist Nubien
1822–24	H. Clapperton durchquert die Sahara von Tripolis über den Tschadsee und Sokoto bis zum Niger
1825/26	A. G. Laing reist von Tripolis nach Timbuktu
1848	J. Rebmann entdeckt den Kilimandscharo
1849	D. Livingstone findet den Ngamisee, J. L. Krapf den Mount Kenia
1850–55	H. Barths Reisen durch die Sahara und im Sudangebiet
1852–64	D. Livingstone erforscht den Lauf des Sambesi, durchquert Südafrika von Luanda bis Quelimane (1854–56) und entdeckt die Victoriafälle (1855) und den Njassasee (1859)
1858	J. H. Speke entdeckt den Tanganjikasee (mit Sir R. F. Burton) und den Victoriasee
1863	J. H. Speke trifft mit S. W. Baker, der den Weißen Nil von Khartoum aufwärts verfolgt hat, in Gondokoro zusammen; der Lauf des Nil ist damit bis zum Victoriasee bekannt
1865–67	G. Rohlfs durchquert das nördliche Afrika von Tripolis über Bornu bis Lagos
1865–72	K. Mauch im Matabele- und Maschonaland; entdeckt 1871 die Ruinen von Simbabwe
1866–71	D. Livingstone zieht von Sansibar über den Rovuma zum Njassasee, zum Tanganjikasee und zum Mwerusee und entdeckt den Bangweolosee (1868) und den Lualaba (1871)
1869/70	G. Schweinfurth erkundet das obere Nilgebiet und entdeckt den Kongonebenfluss Uele
1869–74	G. Nachtigal bereist die Sahara und den Sudan; entdeckt 1869 das Tibestigebirge
1871	D. Livingstone trifft in Ujiji mit H. M. Stanley zusammen
1873–75	V. L. Cameron durchquert als Erster Äquatorialafrika von Ost nach West
1874–77	H. M. Stanley bereist die Seen Zentralafrikas und befährt den Kongo bis zur Mündung
1879–84	H. M. Stanley erforscht das Kongobecken
1880–82	H. von Wissmann durchquert als Erster Äquatorialafrika von West nach Ost
1889	H. Meyer ersteigt den Kilimandscharo
1892/93	O. Baumann erforscht den Kagera, den Hauptquellfluss des Weißen Nil
1906	C. Harding stellt die Quelle des Sambesi fest

AFR Afrika

Afrika: staatliche Gliederung (2003)[1)]

Staat (Jahr der Unabhängigkeit)	Staatsform	Fläche in km²	Ew. in 1 000	Hauptstadt
Ägypten (1922)	Republik	1 002 000	71 931	Kairo
Algerien (1962)	Republik	2 381 741	31 800	Algier
Angola (1975)	Republik	1 246 700	13 625	Luanda
Äquatorialguinea (1968)	Republik	28 051	494	Malabo
Äthiopien	Republik	1 112 000	70 678	Addis Abeba
Benin (1960)	Republik	112 622	6 736	Porto Novo
Botswana (1966)	Republik	582 000	1 785	Gaborone
Burkina Faso (1960)	Republik	274 200	13 002	Ouagadougou
Burundi (1962)	Republik	27 834	6 825	Bujumbura
Djibouti (1977)	Republik	23 200	703	Djibouti
Elfenbeinküste (1960)	Republik	322 462	16 631	Yamoussoukro
Eritrea (1993)	Republik	124 324	4 141	Asmara
Gabun (1960)	Republik	267 667	1 329	Libreville
Gambia (1965)	Republik	11 295	1 426	Banjul
Ghana (1957)	Republik	238 537	20 922	Accra
Guinea (1958)	Republik	245 857	8 480	Conakry
Guinea-Bissau (1974)	Republik	36 125	1 493	Bissau
Kamerun (1960)	Republik	466 050	16 018	Yaoundé
Kap Verde (1975)	Republik	4 033	463	Praia
Kenia (1963)	Republik	582 000	31 987	Nairobi
Komoren (1975)	Republik	1 862	768	Moroni
Kongo, Rep. (1960)	Republik	342 000	3 724	Brazzaville
Kongo, Demokrat. Rep. (1960)	Republik	2 344 885	52 771	Kinshasa
Lesotho (1966)	Königreich	30 355	1 802	Maseru
Liberia (1847)	Republik	111 369	3 367	Monrovia
Libyen (1951)	Republik	1 759 540	5 551	Tripolis
Madagaskar (1960)	Republik	587 041	17 404	Antananarivo
Malawi (1964)	Republik	118 484	12 105	Lilongwe
Mali (1960)	Republik	1 248 574	13 007	Bamako
Marokko (1956)	Königreich	458 730	30 566	Rabat
Mauretanien (1960)	Republik	1 025 520	2 893	Nouakchott
Mauritius (1968)	Republik	2 040	1 221	Port Louis
Moçambique (1975)	Republik	799 380	18 863	Maputo
Namibia (1990)	Republik	824 269	1 987	Windhuk
Niger (1960)	Republik	1 267 000	11 972	Niamey
Nigeria (1960)	Republik	923 768	124 009	Abuja
Ruanda (1962)	Republik	26 338	8 387	Kigali
Sambia (1964)	Republik	752 614	10 812	Lusaka
São Tomé und Príncipe (1975)	Republik	1 001	161	São Tomé
Senegal (1960)	Republik	196 722	10 095	Dakar
Seychellen (1976)	Republik	455	82	Victoria
Sierra Leone (1961)	Republik	71 740	4 971	Freetown
Simbabwe (1980)	Republik	390 757	12 891	Harare
Somalia (1960)	Republik	637 657	9 890	Mogadischu
Südafrika, Rep. (1910)	Republik	1 219 090	45 026	Pretoria
Sudan, Rep. (1956)	Republik	2 505 810	33 610	Khartoum
Swasiland (1968)	Königreich	17 364	1 077	Mbabane

Afrika: staatliche Gliederung (2003; Fortsetzung)[1]

Staat (Jahr der Unabhängigkeit)	Staatsform	Fläche in km²	Ew. in 1 000	Hauptstadt
Tansania (1964)	Republik	883 749	36 977	Dodoma
Togo (1960)	Republik	56 785	4 909	Lomé
Tschad (1960)	Republik	1 284 000	8 598	N'Djamena
Tunesien (1956)	Republik	162 155	9 832	Tunis
Uganda (1962)	Republik	242 554	25 827	Kampala
Zentralafrikanische Republik (1960)	Republik	622 436	3 865	Bangui
Nicht selbstständige Gebiete				
Westsahara		252 146	303	El-Aaiún
Sankt Helena (zu Großbritannien)		122	7[2]	Jamestown
Sokotra (zu Jemen)		3 626	80[3]	Hadibu
Réunion (zu Frankreich)		2 504	756	Saint-Denis
Mayotte (zu Frankreich)		374	178	Dzaoudzi
Madeira (zu Portugal)		794	260[4]	Funchal
Kanarische Inseln (zu Spanien)		7 447	1 630[4]	
Ceuta und Melilla (zu Spanien)		32	132[4]	

1) Fläche: letzte verfügbare nationale Vermessungsergebnisse, in Einzelfällen Angaben der UN. Einwohner: fortgeschriebene oder geschätzte Zahlen auf Basis des Ergebnisses der jeweils letzten nationalen Volkszählung; Schätzungen der UN. – 2) 2000. – 3) 1992. – 4) 1998.

die staatliche Unabhängigkeit (↑Britisches Reich und Commonwealth, ↑Französische Gemeinschaft, ↑Belgien, ↑Spanien), behielten jedoch dort weiterhin dank ihrer wirtschaftl. Kraft indirekt auch hohen polit. Einfluss (»Neokolonialismus«). Neben ihnen gewannen in den 1970er- und 1980er-Jahren (bis zum Ende des Ost-West-Konfliktes) kommunistische Staaten (z. B. Sowjetunion, Kuba, DDR) in versch. Staaten (u. a. in Angola, Äthiopien und Moçambique) großen Einfluss. Während sich die Entkolonialisierung in A. meist friedlich vollzog, kam es in Algerien (1954–62), in den Besitzungen ↑Portugals (1960–74), in Rhodesien (1975–79) und Namibia (1975–89/90) zu Kriegen mit einheim. Befreiungsbewegungen. Als Forum der unabhängig gewordenen Staaten A.s hatte sich 1963 die Organisation für Afrikan. Einheit (↑OAU) gebildet.

Die arab. Staaten Nord-A.s sind seit der Gründung des Staates Israel (1948) mit unterschiedl. Intensität in den Nahostkonflikt einbezogen. Unterschiedl. Vorstellungen bei der Lösung dieses Konfliktes (z. B. zw. ↑Ägypten und ↑Libyen), konkurrierende Konzepte der Zusammenarbeit, sei es auf panarab. Ebene (↑Panarabische Bewegung) oder auf nordafrikanisch-regionaler Ebene (↑Maghreb-Union), Grenz-

konflikte (z. B. zw. Libyen und Tschad) sowie der Streit um ↑Westsahara zw. Marokko und Algerien weisen auf starke Bruchlinien in der Politik der nordafrikanisch-arab. Staaten untereinander hin.

Die schwarzafrikan. Staaten in West-, Zentral- und Ost-A. suchen seit ihrer Entlassung aus der Herrschaft europ. Staaten unter Überwindung des ↑Tribalismus die ungleichartige Bev. zu Nationen zusammenzufügen. Polit. Instabilität führte in den 1970er- und 1980er-Jahren zu vielen Staatsstreichen und zur Ablösung demokrat., von der früheren Kolonialmacht im Zuge der Entkolonialisierung initiierter Verfassungsstrukturen und zur Errichtung von Diktaturen (oft nach dem Vorbild kommunist. Herrschaftssysteme).

Nach dem Ende des Ost-West-Konflikts und unter dem Eindruck der Veränderungen in Mittel- und Osteuropa gab es seit Beginn der 1990er-Jahre in vielen afrikan. Staaten Bemühungen, Einparteien- oder Militärdiktaturen durch demokrat. Mehrparteiensysteme zu ersetzen. Diese Versuche scheiterten aber oft am Widerstand der bisherigen Machthaber, an der katastrophalen wirtschaftl. Situation, an wachsender Schuldenlast, ethn. Konflikten und vorstaatl. Klanloyalitäten. Krieger. Auseinandersetzungen (vielfach schon seit den

1980er-Jahren, so u. a. in Angola, Äthiopien, Burundi, Liberia, Moçambique, Niger, Ruanda, Somalia, Tschad) waren dabei z. T. von entsetzl. Brutalität gekennzeichnet und führten bis zum Völkermord (z. B. Bürgerkrieg in Ruanda 1994). In zahlr., oft gescheiterten Friedens- und Hilfsmissionen versuchte die UNO Konfliktlösungen zu erreichen. Bemerkenswert war 1994 der friedl. Übergang des Apartheidstaates Südafrika zu einem demokrat. und nicht rassist. Land. Im Zuge der Tendenzen zur polit. Selbstbestimmung entstand als neuer Staat in A. 1994 Eritrea; ein Referendum unter UNO-Aufsicht soll über die Unabhängigkeit von Westsahara entscheiden. Neben Bestrebungen zur Demokratisierung gewann zu Beginn der 1990er-Jahre der islam. Fundamentalismus zunehmend an Einfluss. Dies schlug sich in den arab. nordafrikan. Staaten teilweise in bewaffneten Konflikten zw. islamisch-fundamentalistisch orientierten Untergrundbewegungen und der Staatsmacht nieder (z. B. Algerien, Ägypten), führte aber auch in anderen Gebieten zu Auseinandersetzungen zw. Christen und Muslimen (z. B. Sudan, Nigeria). Zum Aufbau und zur Förderung demokrat. Strukturen sowie zur Durchsetzung der Menschenrechte soll die 2002 vollzogene Umwandlung der OAU in die ↑Afrikanische Union beitragen.

Hauptprobleme des Kontinents sind gegenwärtig ethn. und soziale Konflikte, eine hohe Schuldenlast und Korruption sowie Überbevölkerung, die Verbreitung von Krankheiten (v. a. Aids), Armut und Unterernährung. Zur Überwindung der vielfältigen wirtsch., polit. und sozialen Probleme wurde 2001 von den afrikan. Staaten die »Neue Partnerschaft für Afrikas Entwicklung« (Abk. NEPAD für engl. New Partnership for African Development) initiiert, um v. a. die Zusammenarbeit mit den Geberländern bzw. den Industriestaaten auf eine neue Grundlage zu stellen. Im Rahmen von NEPAD, der sich bis Ende 2002 bereits 17 Länder anschlossen, verpflichteten sich außerdem zwölf afrikan. Staaten zur gegenseitigen Kontrolle »guter Regierungsführung«.

📖 *A.-Jb. Politik, Wirtschaft u. Gesellschaft in A. südl. der Sahara*, hg. vom Inst. für A.-Kunde. Opladen 1988 ff. – *A. – Entdeckung u. Erforschung eines Kontinents*, hg. v. H. Duchhardt u. a. Köln u. a. 1989. – Loth, H.: *A. Ein Zentrum der alten Welt. Die histor. Bedeutung eines Kontinents.* Berlin-Ost 1990. – Harding, L.: *Einf. in das Studium der afrikan. Gesch.* Münster u. a. ²1993. – *A. zw. Dekolonisation, Staatsversagen u. Demokratisierung*, hg. v. R. Tetzlaff u. a. Hamburg 1995. – Wiese, B.: *A. Ressourcen, Wirtschaft, Entwicklung.* Stuttgart 1997. – Iliffe, J.: *Gesch. A.s* München 1997. – *»Schwarz–weiß–rot über Ostafrika«. Dt. Kolonialpläne u. afrikan. Realität.* Münster 1998. – Engel, U., u. Schleicher, H.-G.: *Die beiden dt. Staaten in A. Zw. Konkurrenz u. Koexistenz 1949–1990.* Hamburg 1998. – Wesseling, H. L.: *Teile u. herrsche. Die Aufteilung A.s 1880–1914.* Stuttgart 1999. – Ansprenger, F.: *Polit. Gesch. A.s im 20. Jh.* München ³1999. – Schicho, W.: *Hb. A.* Frankfurt am Main

Afrika: Gelbfieberbaum in der Savanne des Nakuru-Nationalparks, Kenia

afrikanische Kunst AFR

Afrika: Kap Point, der südlichste Punkt der Kaphalbinsel, Südafrika

1999ff. – Hauck, G.: Gesellschaft u. Staat in A. Frankfurt am Main 2001.

Afrikaander (Afrikander), die Afrikaans sprechenden, in Südafrika geborenen Weißen (↑Buren).

Afrikaans (Kapholländisch), indogerman. Sprache, eine der Amtssprachen in der Rep. Südafrika, entwickelte sich aus niederländ. Dialekten des 17. Jh. mit wesentl. Vereinfachungen durch die urspr. nicht die niederländ. Sprache sprechenden Bevölkerungsteile. Zur Literatur in A. ↑südafrikanische Literatur.

Afrikakorps [-ko:r], ↑Deutsches Afrikakorps.

Afrikanische Entwicklungsbank (engl. African Development Bank, Abk. ADB), 1963 von 22 afrikan. Staaten in Khartoum (Sudan) gegründetes Finanzierungsinstitut zur Förderung von Entwicklungsprojekten in Afrika; Sitz: Abidjan. Seit 1982 ist der Beitritt nicht afrikan. Länder möglich (2001: 53 afrikan. und 24 nichtafrikan. Mitgl.).

afrikanische Kunst, die Kunst der Völker Schwarzafrikas, umfasst nicht nur Plastik, sondern auch Malerei (Buschleute), Töpferei, Weberei, Korbflechten, Leder- und Schmiedearbeiten sowie Glasbläserei. Bereits die Dekoration des Körpers (Bemalung, Narbentatauierung, Frisur u.a.) gehört in Afrika zum künstler. Gestalten. Kunstgewerbl. Verfeinerung der Kleidung (Stickerei, Färben, Durchbrechen, Applizieren) findet man bes. in den alten afrikan. Königreichen und in islamisierten Gebieten, wo Vollkleidung verbreitet war. Die Herstellung von Schmuck aus Edelmetallen (z. B. Ashanti), die Herstellung von Glasperlen (Nupe in Nigeria) oder die Verwendung importierter Glasperlen für Perlenstickerei in Kamerun sind Beispiele für kunsthandwerkl. Können. Bekannt sind die Raffiaplüsche mit dem für die Sudanzone, Zentral- und NO-Afrika typ. Flechtbandmotiv. – Hauptmaterial des afrikan. Künstlers ist das Holz; andere Materialien wie Ton, Stein, Elfenbein und Metalle werden seltener verwendet.

Im Tschadseegebiet fand man Terrakotten der Sao-Kultur (6.–14. Jh.). Die Terrakotten von Nok (Nigeria) stammen aus der Zeit von 500 v. Chr. bis 200 n. Chr. und sind wahrscheinlich mit den Arbeiten von Ife in Verbindung zu bringen. In Ife und später Benin wurden etwa ab dem 13. Jh. n. Chr. Terrakotta und Gelbguss (Kupfer-Zink-Legierung) zu hoher Blüte gebracht. Gegossene Köpfe, Masken, Figurengruppen und Reliefplatten stehen in Benin neben Elfenbeinschnitzereien. Die Terrakotten und die ersten naturalist. und differenzierten, in ihrer späteren Form dann stark schematisierten Bronzen (Phase des Niedergangs im 19. Jh.) sind ein Höhepunkt afrikan. Profankunst, die v. a. an Königshöfen gepflegt wurde.

Neben Benin und Ife war höf. Kunst bei den Bambara im Westsudan, den Yoruba als Erben von Ife und Benin, den Bamum in Kamerun und in den Staaten des zentralafrikan. Raums (Kongo, Luba, Lunda, Kuba) verbreitet.

afrikanische Kunst: Oberteil einer Messingskulptur aus Ife, Nigeria (13./14. Jh.; Ife, Museum of Ife Antiquities)

Religiöse Kunst, die im Zusammenhang mit dem Ahnenkult steht, findet sich viel häufiger als profane Kunst (Ahnen-, Toten-, Geister-, Grab- und Wächterfiguren). Den »Fetischfiguren« werden mag. Kräfte zugeschrieben. Masken dienen vorwiegend der rituellen Zurschaustellung und sind immer Teil eines Gesamtkostüms. Die christliche Kunst in Schwarzafrika, in Anlehnung an traditionelle Vorbilder und Formen, wird v. a. in religiösen Zentren angeregt und gefördert.
Seit Mitte des 20. Jh. entwickelten sich neben der stark zunehmenden Souvenirproduktion neue künstlerische Formen und Inhalte.

📖 *Afrika. Kunstschätze aus dem Schwarzen Kontinent,* bearb. v. M. McLeod. München 1981. – Stössel, A.: *Afrikan. Keramik. Traditionelle Handwerkskunst südl. der Sahara.* München 1984. – K.-F. Schaedler: *Lexikon a. K. u. Kultur.* München 1994. – *Afrika. Die Kunst eines Kontinents,* hg. v. T. Phillips. Ausst.-Kat. Martin-Gropius-Bau, Berlin. München 1996.

afrikanische Literatur, traditionell die Bez. für die Literatur in afrikan. Sprachen, i. w. S. aber auch für die v. a. seit der Wende vom 19. zum 20. Jh. entstandene Literatur des subsahar. Afrikas in europ. Sprachen (v. a. Englisch, Französisch, Portugiesisch), die bisweilen auch als **schwarzafrikan. Literatur** bezeichnet wird.
Literatur in afrikan. Sprachen, welche urspr. keine Schriftsprachen waren, wurde traditionell nicht geschrieben, sondern existierte als Oralliteratur. Mündlich überliefert sind Volksdichtung, höf. Poesie und Epen. Mit der christl. Missionierung wurde seit dem 19. Jh. v. a. die Volksdichtung (Märchen, Mythen, Lieder, Rätsel) in lat. Schrift aufgezeichnet, im 20. Jh. entstanden auch Dramen, Lyrik und Romane. Weltgeltung erreichte T. Mofolos Roman »Chaka, der Zulu« (1925). Im nachkolonialen Afrika gewann v. a. das Theater als informierendes und erzieher. Medium an Bedeutung, dem sich, wie seit den 1960er-Jahren auch dem Film, aufgrund seiner Popularität viele Autoren verstärkt zuwandten.
Frankophone Literatur findet sich in Afrika außer im Maghreb v. a. in West- und Zentralafrika. Die für das frz.sprachige Afrika äußerst bedeutsame literar.-philosoph. Strömung der ↑Négritude entstand aufgrund der Begegnung von aus den frz. Kolonien (in Afrika und der Karibik) stammenden Autoren in den 1920er- und 1930er-Jahren in Paris. Dort gründeten A. Césaire aus Martinique, L. S. Senghor aus Senegal und L.-G. Damas aus Frz.-Guayana die Zeitschrift »L'Étudiant Noir«. Die Einführung afrikan. Metaphern (Césaire) und Verse nach afrikan. Tanzrhythmen (Senghor) führten zur Herausbildung eines afrikan. Französisch, das für die Autoren der Négritude zum Instrument für polit. und geistige Unabhängigkeit wurde. Das Organ der Intellektuellen und Künstler des frankophonen Afrikas wurde die 1947 gegründete Zeitschrift »Présence Africaine« (später auch gleichnamiger Verlag). Die Romane der 1950er-Jahre (A. Sadji aus Senegal), die die afrikan. Werte verherrlichen und idealisieren, sind noch deutlich von der Négritude ge-

afrikanische Literatur AFR

prägt; erst in den 1960er-Jahren wurde dieses idealisierte Bild von der vorkolonialen Zeit infrage gestellt (Y. Ouologuem). Gegen polit., religiöse und soziale Unterdrückung kämpft seit den 1960er-Jahren der senegales. Erzähler und Filmregisseur O. Sembène. Die Prosa von Mariama Bâ, die Lyrik von D. Diop (beide Senegal) und die aus der Folklore schöpfenden antikolonialen Gedichte von J. Rabemananjara (Madagaskar), Tchicaya U Tam'si (Rep. Kongo) stellen eigenständige literar. Leistungen dar. Zu den wichtigsten literar. Stoffen der zweiten Hälfte des 20. Jh. wurden die Auseinandersetzung mit dem Status quo der Unabhängigkeit (und der Diktatur), so z. B. bei M. Beti oder R. Philombe, sowie die Identitätssuche zw. afrikan. Tradition, modernem Großstadtleben und europ. Einflüssen (T. Monénembo, *1947, Guinea; V. Y. Mudimbe, *1941, Kongo).

Anglophone Literatur gibt es außer in der Rep. Südafrika (↑südafrikanische Literatur) v. a. in den Staaten W-, O- und S-Afrikas. In *Westafrika* erschienen in den 1950er-Jahren erste moderne Romane, die teilweise an die Oralliteratur anknüpften (A. Tutuola) oder das im Gefolge der Kolonialherrschaft verzerrte Bild Afrikas zu korrigieren versuchten (C. Achebe, Nigeria). In den 1960er-Jahren begann man, sich von der verklärten Beschwörung traditioneller Werte abzuwenden und gleichzeitig vor postkolonialen Fehlentwicklungen zu warnen (W. Soyinka, Nobelpreis 1986). In der Folge entstand, v. a. in Nigeria und Ghana, eine Desillusionierungsliteratur. In den 1970er- und 1980er-Jahren zeigten sich neue Perspektiven: Traditionelle Mythen wurden fortgeschrieben (Soyinka), soziale Fragen aufgeworfen, Rollenmuster der Frau infrage gestellt (Ama Ata Aidoo) oder Stilmittel und Motive der Oralliteratur genutzt, um die aktuelle Wirklichkeit zu beschreiben (B. Okri, Nigeria). In den 1960er-Jahren war Kenia zum Zentrum der literar. Aktivitäten *Ostafrikas* geworden, dessen bedeutendster Autor Ngugi wa Thiong'o (Kenia) war und wohin viele Schriftsteller anderer Länder emigrierten (Okot p'Bitek, Uganda). In den 1970er-Jahren entstand hier eine städt. Literatur (M. Mwangi, Kenia), die Armut und Gewalt in den Slums schonungslos darstellte. Das Verhältnis von Macht, Diktatur und Korruption thematisiert die Prosa Nuruddin Farahs (Somalia). Im *südl. Afrika* ist neben der Rep. Südafrika v. a. Simbabwe ein Zentrum für die engl.sprachige Literatur. Auch hier setzte ein Desillusionierungsprozess ein, der die Autoren zu einer literar. Auseinandersetzung mit dem Befreiungskampf führte (C. Hove, *1956) oder über Entwurzelung und Desorientierung reflektieren ließ (Yvonne Vera, *1964).

Lusophone (portugiesischsprachige) Literatur wird u. a. auf den Kapverd. Inseln (G. Almeida, *1945), in Angola, Moçambique, Guinea-Bissau geschrieben.

📖 *afrikanischsprachige Literatur:* Finnegan, R.: Oral literature in Africa. Oxford 1970, Nachdr. Nairobi 1984. – Finnegan, R.: Oral poetry. Its nature, significance and social context. Neuausg. Bloomington, Ind. 1992. – Killam, G. D.: Guide to African literature. New York 1997.

afrikanische Literatur: Dem nigerianischen Schriftsteller Wole Soyinka wird 1986 in Stockholm der Nobelpreis für Literatur verliehen.

europäischsprachige Literatur: Afrikan. Lit. – afrikan. Identität, hg. v. K. Ermert. Rehburg-Loccum 1983. – European-language writing in Sub-Saharan Africa, hg. v. A. S. Gérard, 2 Bde. Budapest 1986. – Luesebrink, H.-J.: Schrift, Buch u. Lektüre in der frz.sprachigen Lit. Afrikas. Tübingen 1990. – Heinrichs, H.-J.: »Sprich deine eigene Sprache, Afrika!«. Von der Négritude zur afrikan. Lit. der Gegenwart. Berlin 1992. – Die Lit. Schwarzafrikas. Lexikon der Autorinnen und Autoren, hg. von H. Ehling und P. Ripken (1992).

Afrikanische Spiele (Afrika-Spiele), *Sport:* zum ersten Mal 1965 in Brazzaville ausgetragene Veranstaltung mit olymp. Charakter für die dem Obersten Afrikan. Sportrat angeschlossenen Länder; seit 1987 im Vierjahresrhythmus durchgeführt.

afrikanische Sprachen. Die a. S. teilt man heute meist (nach J. H. Greenberg) in vier große Sprachstämme oder Bereiche ein: 1) kongokordofan. oder nigrit. Sprachen mit den Zweigen ↑Niger-Kongo-Sprachen und ↑kordofanische Sprachen. Hierzu gehört auch die sehr große Gruppe der ↑Bantusprachen. Zahlr. Vertreter dieses Bereichs besitzen nominale Klassensysteme (↑Klassensprachen). 2) die ↑nilosaharanischen Sprachen mit den ↑saharanischen Sprachen. Die östl. Untereinheiten dieses Stammes sind auch als ↑Schari-Nil-Sprachen bekannt, zu denen bes. die ↑nubischen Sprachen und die ↑nilotischen Sprachen gezählt werden. 3) die ↑hamitosemitischen Sprachen (oder afroasiat. Sprachen) mit der ↑Berbersprache, den kuschit. Sprachen (↑Kuschiten), den ↑tschadischen Sprachen, den semit. Sprachen Äthiopiens (z. B. Amharisch) und den diversen Formen des Arabischen N- und O-Afrikas sowie der Sudanzone. 4) Khoisan-Sprachen (↑Khoisan) in SW- und S-Afrika. Gemeinsames phonet. Merkmal sind die Schnalzlaute. – Der größte Teil der a. S. besitzt die musikal. Tonhöhe (Tonem), mit der die Bedeutung von Wörtern und grammat. Formen unterschieden wird.

📖 *Die Sprachen Afrikas,* hg. v. B. Heine u. a. Hamburg 1981.

Afrikanische Union (engl. African Union, Abk. AU), am 9. 7. 2002 in Durban (Südafrika) gegr. regionale Organisation von 52 afrikan. Staaten (d. h. allen Staaten Afrikas außer Marokko; Madagaskars Mitgliedschaft war bis Juli 2003 suspendiert) mit Sitz in Addis Abeba (Äthiopien), die die ↑OAU ablöst. Ein OAU-Sondergipfel im Sept. 1999 in Tripolis regte auf Initiative von M. al-Gaddhafi die Gründung der AU nach dem Vorbild der Europ. Union an. Die Gründungsakte, die sich zu Demokratie und Menschenrechten bekennt, wurde am 1. 3. 2001 in Sirte (Libyen) von 46 OAU-Staaten unterzeichnet und trat nach Ratifikation von zwei Drittel der Staaten am 26. 5. 2001 in Kraft. Damit erfolgte formell die Umwandlung der OAU in die AU. Gleichzeitig begann eine Übergangszeit, in der OAU und AU gemeinsam nebeneinander bestanden. Auf dem 37. OAU-Gipfeltreffen vom 10. bis 12. 7. 2001 in Lusaka (Sambia) wurde beschlossen, die AU innerhalb von zwei Jahren vollständig zu etablieren, die dann die OAU endgültig ablöst.

Hauptorgane: Die **Versammlung der Staats- und Reg.chefs** als höchstes Organ tritt i. d. R. jährlich einmal zusammen, fasst Beschlüsse und überwacht deren Umsetzung. Der zweimal im Jahr tagende **Exekutivrat** setzt sich aus den Außenmin. der Mitgl.staaten zusammen und ist für die Umsetzung der Beschlüsse der Versammlung der Staats- und Reg.chefs verantwortlich. Das im März 2004 in Addis Abeba eingerichtete **Panafrikanische Parlament** (5 Abg. je Staatenparlament) hat derzeit nur beratende Funktion. Im **Ständigen Ausschuss der Repräsentanten** sind die Botschafter der AU-Staaten vertreten. In die **AU-Kommission** werden 10 Vertreter für eine vierjährige Mandatszeit (maximal acht Jahre möglich) entsandt. Der zu dieser Kommission gehörende **AU-Friedens- und Sicherheitsrat,** dessen Bildung im Febr. 2003 beschlossen wurde, besteht aus 15 Mitgl. (10 Mitgl. für zwei Jahre, 5 Mitgl. für drei Jahre gewählt); er soll im Rahmen der Krisen- und Konfliktprävention wirksam werden und hat bei Verbrechen gegen die Menschlichkeit, Kriegsverbrechen oder Völkermord die Möglichkeit der Intervention (auch mit militär. Mitteln). Im Juli 2004 wurde z. B. beschlossen, eine 300 Mann starke Schutztruppe in die sudanes. Konfliktregion Darfur zu entsenden. Als weitere Organe der AU sind u. a. eine Zentralbank, ein Gerichtshof sowie ein Wirtschafts- und Kulturrat geplant. Seit 2003 ist J. A. Chissano Präs. und A. O. Konaré Gen.-Sekr. der AU.

Afrikanische Wirtschaftsgemeinschaft, ↑OAU.

Afrikanistik *die,* Wissenschaft von Kultur und Sprachen der afrikan. Völker.

Afro, eigtl. Afro Basaldella, italien. Maler, *Udine 4. 3. 1912, †Zürich 24. 7. 1976; Bruder von ↑Mirko; schuf Bilder zw. abstraktem Expressionismus und lyr. Abstraktion aus dem Erbe venezian. Farbkultur.

Afroamerikaner, Amerikaner schwarzafrikan. Abstammung.

afroamerikanische Literatur, Bez. für die von Afroamerikanern in den Vereinigten Staaten von Amerika geschriebene Literatur. (↑Vereinigte Staaten von Amerika, Literatur)

afroamerikanische Musik, das Ergebnis der Vermischung afrikan. und europ. Musik auf dem amerikan. Kontinent (Jazz, Worksongs, Blues, Ragtime, Spiritual, Gospel).

afroasiatische Sprachen, die ↑hamitosemitischen Sprachen.

Afrocuban Jazz ['æfrəʊ'kju:bn dʒæz, engl.] (afrokubanischer Jazz), 1947 entstandene Variante des Modern Jazz, die melod. und rhythm. Stilelemente der afrokuban. Musik in den Bebop einbezog und dabei eine Reihe kuban. Schlaginstrumente (Bongos, Conga, Claves, Maracas) verwendete. Wichtigster Vertreter des A. J. war der kuban. Trommler Chano Pozo (* 1915, † 1948).

Afrolook [...lʊk] *der,* Frisur, bei der das Haar in stark gekrausten, dichten Locken nach allen Seiten hin absteht.

AFSOUTH [æfˈsaʊθ, engl.], Abk. für Allied Forces Southern Europe, NATO-Befehlsbereich, dem die im Verteidigungsfall der NATO unterstellten Land- und Luftstreitkräfte in Italien, Spanien, Griechenland, der Türkei sowie die Seestreitkräfte im Mittelmeer angehören; Hauptquartier: Neapel; vorgesetzte Kommandobehörde: ↑SHAPE.

AFTA, Abk. für engl. ASEAN Free Trade Area, 1992 beschlossene und im Jan. 1994 in Kraft getretene **Asiat. Freihandelszone,** der die 10 Mitgl.staaten der ↑ASEAN angehören.

after [ahd. aftar »hinten«], nach, hinter (nur noch in Zusammensetzungen).

After (lat. Anus), Ausmündung des Darmkanals, beim Menschen durch zwei Schließmuskeln verschlossen, von denen nur der äußere dem Willen unterworfen ist.

Afterburner ['ɑ:ftəbə:nə, engl.] *der,* der Nachbrenner bei Turbinenluftstrahltriebwerken (↑Nachverbrennung).

After-Hour-Party ['ɑ:ftəaʊə(r)pɑ:tɪ; engl.] *die,* Party, die im Anschluss an die eigentl. Party stattfindet.

Afterklauen (Afterzehen), rudimentäre, höher stehende 2. und 5. Zehen bei Huftieren; beim Wild: **Geäfter.**

Afterlehen, durch einen Lehnsträger (Vasall) weiterverliehenes Lehen (↑Lehnswesen).

After-Loading-Technik ['ɑ:ftə'ləʊdɪŋ-, engl.] (Nachladetechnik), *Medizin:* Verfahren zur Bestrahlung eines Tumors oder eines Organs von innen. Dabei werden verkapselte radioaktive Strahler ferngesteuert durch Schläuche in den Tumorbereich vorgeschoben. Die Technik dient der genaueren Eingrenzung des bestrahlten Bereichs und der gezielteren Verteilung der Strahlenenergie. Sie schützt ferner das medizin. Personal vor unnötiger Strahlenbelastung.

Afterraupen, raupenähnl. Larven der Blattwespen.

Aftershave ['ɑ:ftəʃeɪv, engl.] *das,* ↑Rasierwasser.

Aft-Fan-Triebwerk ['ɑ:ftfæn-, engl.], ein ↑Strahltriebwerk.

Afyonkarahisar [türk. »Opium-Schwarzburg«], Hptst. der türk. Provinz A. im westl. Anatolien, 98 600 Ew.; Teppichknüpferei, Zement-, Nahrungsmittelindustrie; Zentrum des bedeutendsten türk. Mohnanbaugebietes (Opiumgewinnung für medizin. Zwecke). – Moschee Ulu Camii (13./14. Jh.).

Afzelia [nlat., nach dem schwed. Botaniker A. Afzelius, †1837] *die,* eine Gattung der Hülsenfrüchtler, meist mittelgroße Bäume in trop. Savannen und Baumsteppen.

Ag, chem. Symbol für ↑Silber (lat. Argentum).

AG, Abk. für **1)** Aktiengesellschaft.

2) Amtsgericht.

3) Autonomes Gebiet (z. B. in China, Russland).

4) Arbeitsgemeinschaft.

a. G., Abk. für **auf Gegenseitigkeit** (bei Versicherungsvereinen).

Aga [osttürk. »älterer Bruder«] *der* (Agha), früherer türk. Titel für Offiziere und Beamte.

Agadès, Oasenstadt in Niger, 50 000 Ew., wichtiger Markt für die Tuareg; Kunsthandwerk. – Zahlreiche Bauten im traditionellen sudanes. Lehmbaustil.

Agadir [Berbersprache »befestigter Speicher«], Hafenstadt und Seebad an der W-Küste Marokkos, Verw.zentrum der Prov. A.; 550 200 Ew., 1960 durch Erdbeben zerstört, in der Nähe wieder aufge-

AGA Ägadische Inseln

baut; heute größtes Touristenzentrum des Landes; Fisch verarbeitende Ind. (v. a. Sardinen); Flughafen. – Die Entsendung des dt. Kanonenboots »Panther« nach A. gab 1911 den Anstoß zur 2. Marokkokrise.

Agadir: Strandhotel

Ägadische Inseln [lat. »Ziegeninseln«] (italien.: Egadi), Gruppe von vier gebirgigen Inseln vor der Westspitze Siziliens, 43,5 km²; Thunfischfang, Kalksteinbrüche.

ägäische Kultur, nach dem Ägäischen Meer benannte bronzezeitl. Kultur, die im 3. und 2. Jt. v. Chr. die Ägäischen Inseln mit den Kykladen und Kreta sowie auch das grch. Festland und die Westküste Kleinasiens umfasste. Die eigenständige Kultur auf Kreta heißt nach König Minos minoische Kultur. Die drei Perioden frühminoisch (3000 bis 2000 v. Chr.), mittelminoisch (2000 bis 1550 v. Chr.), spätminoisch (1550 bis 1100 v. Chr.) gelten mit kleinen Abweichungen auch für die gleichzeitigen Kulturen des grch. Festlands (helladisch) und der Inseln des grch. Archipels (kykladisch). Für das sowohl mit der ä. K. als auch mit der kleinasiat. Kultur verbundene ↑Troja ergab sich aufgrund der Stadtperioden Troja I bis VIII b (rd. 2500–1100 v. Chr.) eine eigene Gliederung. Die Spätphase der ä. K. wird auch als **kretisch-myken. Kultur** bezeichnet. Erste erfolgreiche Grabungen in Troja, Mykene, Tiryns setzte H. Schliemann zw. 1870 und 1890 ins Werk. Das minoische Kreta hat Sir Arthur Evans durch die Ausgrabung von Knossos (seit 1900) entdeckt.

Auf Kreta wird die **frühminoische Periode** mit Stein- und Tongefäßen, auch Goldarbeiten, v. a. aus Gräbern, nach einer neueren Gliederung als **Vorpalastzeit** bezeichnet. Die ältesten Überreste von Palästen in Knossos, Mallia und Phaistos gehören an den Anfang der **mittelminoischen Periode.** Aus dieser **Älteren Palastzeit** (etwa 2000–1650 v. Chr.) stammen die Keramik mit weißen und roten Dekorationen auf schwarzem Grund (Kamaresvasen), Goldfunde, Kleinplastik, Siegelkunst, älteste Schriftzeugnisse (Bilderschrift auf Tontäfelchen). Die 2. Blütezeit, **Jüngere Palastzeit,** setzte mit der Wiedererrichtung der durch Erdbeben zerstörten Paläste und Siedlungen am Ende der mittelminoischen Periode (Mitte 17. Jh. v. Chr.) ein und wurde während der **spätminoischen Periode** wohl durch bürgerkriegsähnl. Wirren, hervorgerufen durch Hungersnöte und soziale Missstände, und letztlich durch die Invasion myken. Krieger Anfang des 14. Jh. beendet. Aus dieser Zeit stammen die Paläste in der durch Ausgrabungen überlieferten Gestalt, weiterhin Wandmalereien und Miniaturfresken, Fayence- und Elfenbeinfiguren sowie Keramik mit nun dunkel auf hellen Grund gemalten Motiven. Eine auf Thera entstandene wohlhabende Stadt wurde um 1645 v. Chr. durch einen Vulkanausbruch verschüttet. Am Ende der Periode wechselte die inzwischen ausgebildete Silbenschrift (»Linearschrift«) auf den Tontäfelchen von der älteren Stufe (Linear-A) zur jüngeren Stufe (Linear-B). Unter der Vorherrschaft des myken. Festlandes verlor Kreta in der **Nachpalastzeit** (etwa 1375 bis etwa 1200 v. Chr.) seine Bedeutung.

Auf dem grch. Festland sind aus der **frühhellad. Periode** Siedlungen und monumentale Anlagen (Lerna, Tiryns) bekannt. Eine Leitform der Keramik ist die ↑Schnabelkanne. In der **mittelhellad. Periode** (erste Hälfte 2. Jt. v. Chr.) bringt die Keramik neue Formen und eine andere Art der Oberflächenbehandlung: Ornamente in mattem Schwarzton (Mattmalerei) oder einheitlich schwarze, graue oder gelbl. Oberfläche (minysch). Die **späthellad.** ist zugleich die **myken. Periode,** und da die Kunst in dieser Zeit von der kret. abhängig war, spricht man auch von **kretisch-myken. Kunst,** mit Schachtgräbern (16. Jh. v. Chr., mit reichen Beigaben) und mit gro-

ßen Kuppelgräbern in Mykene (15.–14. Jh. v. Chr., z. B. »Schatzhaus des Atreus«) sowie mit mächtigen Burgen in Mykene, Tiryns, Pylos. Nach der Zerstörung von Knossos (um 1375 v. Chr.) ging die Vormacht in der Ägäis an das myken. Festland über. Die zunächst nachgeahmten minoischen Formen und Motive der Keramik wurden vom 14. Jh. an reduziert und dann rein mykenisch. Die auf Kreta entwickelte Linear-B-Schrift wurde zur myken. Palastschrift. Gegen 1200 v. Chr. endeten die meisten Paläste und Burgen in Brandkatastrophen, die dafür genannten Gründe (Erdbeben, innere Unruhen, die Wanderungen der Seevölker) sind umstritten. In der Folge wanderten große Teile der Bev. aus dem Landesinneren ab; im 11. Jh. wurden auch die letzten myken. Küstensiedlungen aufgegeben. Neue Einwanderer, die Dorer, ließen sich v. a. auf der Peloponnes nieder.
Auf den Kykladeninseln entfaltete sich im 3. Jt. v. Chr. eine (v. a. durch Grabfunde bekannte) Kunst von großer Eigenständigkeit **(Kykladenkultur),** die sie aber im Lauf des 2. Jt. v. Chr. zunehmend verlor. Von künstler. Bedeutung sind v. a. etwa 20 bis 30 cm hohe, teils bemalte Kykladenidole aus Marmor, ferner Marmorgefäße (Kegelvasen, Becher) und reich reliefierte oder mit Ritzmustern versehene Steingefäße und Keramik.

📖 *Demargne, P.: Die Geburt der grch. Kunst. Die Kunst im ägäischen Raum von vorgeschichtl. Zeit bis zum Anfang des 6. vorchristl. Jh.s. Sonderausg. München 1977. – Helck, W.: Die Beziehungen Ägyptens u. Vorderasiens zur Ägäis bis ins 7. Jh. v. Chr. Darmstadt 1979. – Marinatos, S. u. Hirmer, M.: Kreta, Thera u. das myken. Hellas. Sonderausg. München 1986.*

Ägäisches Meer [nach Aigeus] (Ägäis), nördl. Nebenmeer des Mittelmeers zw. Griechenland und Kleinasien, 179 000 km², südl. Teil bis 2 962 m tief, reich gegliederte Küsten. Im Ä. M. liegen viele größere Inseln und Inselgruppen (u. a. Thasos, Samothrake, Lemnos, Lesbos, Chios, Samos, die Kykladen, Dodekanes, Sporaden und Kreta). Wichtige Häfen sind Piräus, Saloniki, İzmir und Hermupolis auf Syros.

ägäische Sprachen, Sammelbez. für Sprachen, die im östl. Mittelmeerraum vor (und noch neben) dem Altgriechischen gesprochen wurden.

Aga Khan, Titel des Oberhaupts der islam. Konfession der Hodschas, eines Zweiges der Ismailiten (↑Schiiten), von seinen Anhängern (bes. in Indien, aber auch in Ostafrika) als erbl. ↑Imam verehrt. Der erste A. K. floh Anfang des 19. Jh. aus Persien nach Indien. Der dritte A. K. (seit 1886) war Sultan Mohammed Schah (* 1877, † 1957), Nachfolger wurde sein Enkel Karim Al Hussaini Schah (* 1937).

Agalmatolith [grch.] *der* (Pagodit), dichte, farblose Varietät des Minerals ↑Pyrophyllit, wird zur Bildschnitzerei verwendet.

Agamemnon, im grch. Mythos der Sohn des Atreus aus dem Geschlecht der Tantaliden, König in Mykene oder Argos, Führer der Griechen gegen Troja. Er wurde nach der Rückkehr auf Anstiften seiner

ägäische Kultur: Teilrekonstruktion des Nordeingangs im Palast von Knossos, Kreta

AGA Agamen

Agamemnon: Die aus feinem Goldblech getriebene so genannte »Maske des Agamemnon« wurde in Schachtgrab V von Mykene gefunden.

Gattin Klytämnestra von ↑Ägisth ermordet. Seine Kinder waren Orest, Iphigenie und Elektra.
Agamen (Agamidae), Echsenfamilie in trop. Gebieten der Alten Welt und Australiens, mit etwa 3 000 Arten, z. B. ↑Flugdrachen.
Agammaglobulin|ämie *die,* das Fehlen bestimmter Eiweißkörper, der Immunglobuline, im Blut. Zu ihnen zählen die Antikörper, sodass ein **Antikörpermangelsyndrom** mit Störung der Abwehr entsteht. A. kann genetisch bedingt und angeboren oder erworben sein. Sie führt zu einer gesteigerten Anfälligkeit gegenüber bakteriellen (eitrigen) Infektionen.
Agamogonie [grch.] *die,* ungeschlechtl. oder vegetative Fortpflanzung, z. B. durch Zweiteilung einzelner Zellen.
Agaña [-ɲ-], Hauptstadt der Insel ↑Guam.
Agape [grch. »Liebe«] *die,* **1)** Nächstenliebe als wichtigste Grundforderung der christl. Ethik (1. Kor. 13, 13).
2) das abendl. Mahl der christlichen Gemeinde der ersten Jahrhunderte, urspr. wohl mit der Feier des ↑Abendmahls verbunden.
Agar-Agar [malaiisch] *der* oder *das,* Extrakt aus bestimmten Rotalgen, bildet beim Abkühlen der heißen Lösung ein festes Gel; besteht aus Polysacchariden. Verwendung in der Lebensmittelindustrie, bei der Herstellung von Nährböden, in der Pharmazie und als Trägermaterial bei Gelchromatographie.
Agartala, Hptst. des Bundesstaates Tripura, Indien, 157 000 Ew.; Handelszentrum für die landwirtsch. Umgebung.
Agassi [ˈægəsɪ], Andre, amerikan. Tennisspieler, * Las Vegas 29. 4. 1970; seit 2001 ∞ mit S. Graf; u. a. ATP-Weltmeister 1990 und Olympiasieger 1996; gewann zw. 1992 und 2003 (»Australian Open«) 8 Grand-Slam-Turniere.
Agatha, sizilian. Märtyrerin, † zw. 249 und 251. Patronin gegen Feuersgefahr. Heilige, Tag: 5. 2.
Agathokles, Tyrann von Syrakus (seit 316 v. Chr.), * Thermai (heute Termini Imerese) auf Sizilien 360 v. Chr., † 289 v. Chr.; kämpfte 311–306 gegen Karthago und gewann für Syrakus die Vorherrschaft im ganzen nicht pun. Sizilien. 304 nahm er den Königstitel an.
Agave [grch.] *die,* Pflanzengattung mit etwa 300 Arten in subtrop. und trop. Trockengebieten Amerikas; Rosettenpflanzen mit bedornten, dickfleischigen Blättern, die oft ein hohes Alter erreichen, bevor sie blühen und nach der Fruchtreife absterben. In Mexiko wird der Saft zu alkohol. Getränken vergoren (z. B. Pulque). Die Faser der **Sisal-A.** (A. sisalana) liefert Sisalhanf.
AGB, Abk. für **a**llgemeine ↑**G**eschäfts**b**edingungen.
AGC [Abk. für engl. **a**utomatic **g**ain **c**ontrol], automat. Verstärkungsregelung eines Empfängers bei schwankender Empfangsfeldstärke.
Agen [aˈʒɛ̃], Hptst. des frz. Dép. Lot-et-Garonne, an der Garonne, 32 200 Ew.; kath. Bischofssitz, Museum; Handelszentrum (Obst, Gemüse); Nahrungsmittel-, Textil-, Schuhindustrie.
Agence France-Presse [aˈʒɑ̃s frɑ̃sˈprɛs], ↑AFP.
Agency Futures [ˈeɪdʒənsɪ ˈfjuːtʃəz, engl.], standardisierte Terminkontrakte auf langfristige Anleihen, die von Emittenten hoher Bonität (Staaten, Banken, Unternehmen) begeben werden.
Agenda [lat. »was zu tun ist«] *die,* Merkbuch, Terminkalender.
Agenda 2000, Programm der Europ. Kommission zur Vorbereitung der Osterweiterung, zur Reform der Politikbereiche und zum Finanzrahmen (2000–2006) der Europ. Union; erster Entwurf im Juli 1997, beschlossen im März 1999.

Die geplante EU-Erweiterung v. a. um mittel- und osteurop. Staaten erfordert Reformen seitens der Bewerberstaaten und auch der EU, in Letzterer insbes. in der Agrar- und Strukturpolitik. Der vorgesehene Subventionsabbau im Agrarbereich führte 1998/99 zu heftigen Bauernprotesten in Westeuropa. Der schrittweisen Umsetzung der A. dienten u. a. der ↑Vertrag von Nizza vom Dez. 2000 und die im Okt. 2002 vom EU-Gipfel in Brüssel gefundene Einigung über die Finanzierung der Osterweiterung (einschließlich eines Kompromisses zu den umstrittenen Agrarausgaben der Gemeinschaft). (↑europäische Integration)

Agenda 21, Aktionsprogramm zu Umwelt- und Entwicklungsvorhaben der UN

Agave: Agave americana mit Blütenstand

für das 21. Jh., in dessen 40 Kapiteln Regeln für die nachhaltige Nutzung aller natürl. Ressourcen festgelegt sind; auf der UN-Konferenz für Umwelt- und Entwicklung in Rio de Janeiro 1992 diskutiert und angenommen. Die A. 21 enthält detaillierte Handlungsempfehlungen für die Sicherung einer lebenswerten Welt für heutige und künftige Generationen. Auf nationaler und auf kommunaler Ebene erstellte Aktionspläne sollen zur Umsetzung der A. 21 beitragen. (↑nachhaltige Entwicklung)

Agenda for Peace [ə'dʒendə fɔː piːs, engl.] (Agenda für den Frieden), vom früheren UN-Gen.-Sekr. Boutros-Ghali 1992 unterbreitete Vorschläge zur weltweiten Friedenssicherung und Konfliktverhütung; orientieren sich angesichts zunehmender regionaler Konflikte auf vorbeugende Diplomatie, Friedensschaffung und -sicherung sowie Friedenskonsolidierung in der Konfliktfolgezeit.

Agende *die,* im dt. Sprachraum ein Kirchenbuch, in dem die gottesdienstl. Ordnungen aufgezeichnet sind.

Agens [lat. »das Wirkende«] *das,* Triebkraft, Ursache.

Agent [lat. »Handelnder«] *der,* **1)** im Auftrag oder Interesse eines anderen Handelnder.

2) veraltet für ↑Handelsvertreter.

3) (polit. A.), im geheimen Nachrichtendienst Tätiger, Spion.

4) *Informatik:* ↑intelligenter Agent.

Agent provocateur [a'ʒã prɔvɔka'tœːr, frz.] *der,* Lockspitzel, der zu strafbaren Handlungen anreizen soll. Er bleibt straflos, wenn die Straftat nur zum Versuch gedeiht und er die Vollendung nicht will. Rechtlich umstrittenes Problem, ↑V-Mann.

Agentur *die,* Geschäftsstelle, Vertretung (v. a. für Werbung, Versicherungen).

Agentur für Arbeit, seit 2004 Bez. für die unterste Verwaltungsstelle der Bundesagentur für Arbeit. Aufgaben: ↑Arbeitsvermittlung, ↑Berufsberatung, Förderung der ↑beruflichen Bildung, Abwicklung der ↑Arbeitslosenversicherung u. a. (↑Arbeitsmarktreform).

Ageratum [grch.-lat.] *das,* die Pflanzengattung ↑Leberbalsam.

Ägerisee (Aegerisee), See im Kanton Zug, Schweiz, 724 m ü. M., 7,2 km², bis 82 m tief.

Agesilaos II., König von Sparta (seit 399 v. Chr.), *um 444 v. Chr., † Kyrene um 360 v. Chr.; kämpfte in Kleinasien gegen die Perser und besiegte 394 bei Koroneia die Athener und Böoter. A. rettete Sparta vor Epaminondas, unterlag ihm jedoch 371 v. Chr. bei Leuktra.

Ägeus, *grch. Mythos:* ↑Aigeus.

AGF, Abk. für Arbeitsgemeinschaft der Großforschungseinrichtungen, ↑Hermann von Helmholtz-Gemeinschaft Deutscher Forschungszentren.

AGG Agger

Agger *die,* rechter Nebenfluss der Sieg; Talsperre (19,3 Mio. m³).

Aggiornamento [addʒo-; italien. aggiornare »modernisieren«] *das,* von Papst Johannes XXIII. geprägtes Leitmotiv des 2. Vatikan. Konzils: Schlüsselbegriff für die mit diesem verbundenen Erwartungen.

Agglomerat [lat. agglomerare »fest anschließen«] *das,* **1)** *Geologie:* Anhäufung loser, meist eckiger Gesteinstrümmer, bes. Lavabrocken.
2) *Metallurgie:* aus feinkörnigem Gut durch Sintern, Brikettieren oder Pelletieren hergestellte stückige Masse.

Agglomeration *die,* **1)** *Geographie:* ↑Ballungsgebiet.
2) *Medizin:* (Aggregation), reversible Zusammenballung von Blutzellen oder Bakterien (»Geldrollenbildung« der roten Blutkörperchen).

Agglutination [lat. agglutinare »anleimen«] *die,* **1)** *Medizin:* Zusammenballung von Zellen durch Antikörper im Rahmen einer Antigen-Antikörper-Reaktion. Bekannt ist die Anwendung der A. **(Häm-A.)** zur Bestimmung der ↑Blutgruppen. Die A. von Bakterien durch Serum **(Gruber-Widal-Reaktion)** weist gegen diese Bakterien gerichtete Antikörper nach, die durch eine natürl. Infektion oder Schutzimpfung in den Körper gelangt sind.
2) *Sprache:* das Anfügen von Formelementen ohne Veränderung des Wortstamms.

Aggregatzustand: Bezeichnungen der Übergänge zwischen den einzelnen Aggregatzuständen

agglutinierende Sprachen, ↑Sprache.

Aggravation [lat. »Beschwerung«] *die,* Übertreibung von Krankheitssymptomen durch den Kranken.

Aggregat [lat. aggregare »anhäufen«] *das,* **1)** *Geologie:* Verwachsung von Mineralen gleicher oder verschiedener Art.
2) *Mathematik:* mehrgliedriger algebraischer Ausdruck, dessen Glieder durch + oder − verknüpft sind.
3) *Technik:* Maschinensatz aus zwei oder mehreren gekoppelten Maschinen.

Aggregation *die,* **1)** *allg.:* Anhäufung, Angliederung.
2) *Chemie:* Zusammenlagerung von Atomen, Molekülen und/oder Ionen zu einem größeren Verband (Aggregat).
3) *Volkswirtschaftslehre:* die Zusammenfassung gleichartiger Einzel- zu Gesamtgrößen, um die Fülle wirtschaftl. Subjekte und Tätigkeiten überschaubar zu machen. So werden Wirtschaftssubjekte institutionell u. a. nach ihrer zentralen Aktivität (Unternehmen, private und öffentl. Haushalte), nach sozialer Schichtung (z. B. Arbeiter, Angestellte, Selbstständige), nach regionalen (z. B. Stadt, Land) und sektoralen Gesichtspunkten (z. B. Ind., Landwirtschaft, Dienstleistungen) zusammengefasst. Unter funktionalen Gesichtspunkten werden z. B. Konsumenten und Produzenten, Lohn-, Gehalts- und Gewinnempfänger aggregiert.

Aggregatzustand, von Druck und Temperatur abhängige Zustandsform der Materie, nach Beweglichkeit, Ordnungsgrad und Wechselwirkung ihrer Bausteine (Atome, Moleküle, Ionen) unterschieden in ↑Festkörper, ↑Flüssigkeit, ↑Gas oder ↑Plasma. Der **feste A.** zeichnet sich durch Formbeständigkeit sowie hohe Elastizität aus. Festkörper können kristallin (↑Kristall) oder ↑amorph beschaffen sein. Im **flüssigen A.** sind die Atome bzw. Moleküle gegeneinander verschiebbar, sodass eine Flüssigkeit zwar ein bestimmtes Volumen, jedoch keine feste Gestalt hat. Der **gasförmige A.** ist durch die weitgehend unabhängige Bewegung der einzelnen Moleküle charakterisiert; ein gegebener Raum wird völlig ausgefüllt. Die Druck- und Temperaturgebiete, in denen die einzelnen A. stabil sind, werden im ↑Zustandsdiagramm ausgewiesen. Steigert man die Temperatur über den krit. Punkt (↑kritischer Zustand), so bildet sich der Plasmazustand aus.

Aggression [lat.] *die,* **1)** *Psychologie:* affektbedingtes Angriffsverhalten, z. T. (Psychoanalyse, Verhaltensforschung) auf einen angeborenen A.-Trieb **(Aggressivi-**

tät), z. T. auf Versagungen (Frustrationen) oder auch auf milieubedingte Verhaltensprägungen zurückgeführt.

📖 *Lorenz, K.: Das sogenannte Böse. Zur Naturgeschichte der A.* München ²⁰*1995.*

2) *Völkerrecht:* Angriffshandlung eines Staates gegen einen anderen. Es herrscht ein allg. A.-Verbot (Briand-Kellogg-Pakt, UN-Charta), sodass A. völkerrechtswidrig sind; erlaubt sind nur individuelle und kollektive Verteidigungshandlungen gegen Aggressionen.

Aggteleker Gebirge [ˈɔk- -], Ausläufer des Slowak. Erzgebirges in N-Ungarn; seine Karstformen und Höhlensysteme (u. a. die Baradlahöhle) mit der besonderen Flora und Fauna stehen im **Aggtelek-Nationalpark** (200 km²) unter Schutz und gehören zum UNESCO-Weltnaturerbe.

Ägide [grch.] *die,* Leitung, Obhut, Schutz. (↑Aigis)

Ägidius, Gründer und erster Abt des Benediktinerklosters Saint-Gilles in der Provence, † Saint-Gilles-du-Gard um 721; als einer der 14 Nothelfer verehrt. Heiliger, Tag: 1. 9.

Ägidius von Rom, italien. scholast. Theologe, Augustiner-Eremit, * Rom um 1243, † Avignon 22. 12. 1316; Schüler des Thomas von Aquino; Ordensgeneral und Erzbischof; übte Kritik am ↑Aristotelismus

agieren [lat.], handeln, tun; eine Rolle darstellen (Theater).

agil [lat.], flink, gewandt.

Agilolfinger (Agilulfinger), ältestes bayer. Herzogsgeschlecht; erscheint um 555, erlosch 788 mit Tassilo III.

Ägina, grch. Insel im Saron. Golf, 83 km². Hauptort ist Ä., an der Westküste, mit 11 100 Ew., Anbau von Oliven, Wein, Mandeln, Pistazien. Reger Fremdenverkehr. Im NO der Insel der Tempel der Aphaia (↑Agineten). Vom 8. bis 6. Jh. v. Chr. von Epidauros abhängig, erlangte Ä. durch Handel, Schifffahrt und Gewerbe im Altertum eine bed. Machtstellung; es ist Prägestätte der ältesten erhaltenen grch. Münzen. 456 v. Chr. unterlag Ä. Athen. Im MA. war Ä. ein Seeräubernest; gehörte dann zeitweilig zu Venedig und bis zum grch. Freiheitskampf zur Türkei.

Agineten, die 1811 auf der Insel Ägina gefundenen marmornen Giebelfiguren (München, Glyptothek) des Tempels der Aphaia, an der Wende des 6. zum 5. Jh. v. Chr. entstanden.

Ägina: der um 500 v. Chr. errichtete Aphaiatempel

Aging [ˈeɪdʒɪŋ, engl. »Alterung«] *das,* die Reifung bestimmter Tabaksorten durch eine 1–2 Jahre dauernde Lagerung in Ballen oder Fässern.

Aging-male-Syndrom [ˈeɪdʒɪŋˈmeɪl-] (engl. Kurzwort PADAM [für **p**artial **a**ndrogen **d**eficiency in the **a**ging **m**ale, »partielles Androgendefizit des alternden Mannes«]), Befindlichkeitsstörungen des Mannes im Rahmen des normalen Alterungsprozesses; gekennzeichnet durch ein Absinken des männl. Geschlechtshormons bei steigendem Lebensalter. Es handelt sich dabei nicht um einen krankhaften, sondern vordergründig um einen physiolog. Prozess.

Ein Absinken des Testosteronspiegels tritt zw. dem 40. und 70. Lebensjahr um etwa 1 % je Jahr auf. Bestimmte Körperfunktionen nehmen ab, z. B. die des Sexualhormone (v. a. Testosteron) produzierenden Hodengewebes. Eine Verstärkung erfährt dieser Prozess durch Stress und ungesunde Lebensweise. Etwa 20–50 % der 50- bis 60-jährigen Männer weisen einen Testosteronspiegel unterhalb der Norm (<3 ng/ml) auf. Kennzeichen sind Abgeschlagenheit, Reizbarkeit, Müdigkeit, nachlassende Lebensfreude, Libidoverlust. Zu den körperl. Veränderungen gehören nachlassende Muskelkraft, Anämie, Abnahme der Knochendichte und der Fettverteilung sowie Rückbildung der Behaarung. Eine Behandlung durch Substitution von Testosteron erfolgt z. B. durch Depotinjektion, Implantate oder Pflaster; sie muss kontrolliert werden, um unerwünschte Nebenwirkungen einzuschränken und die Entwicklung bösartiger Erkrankungen (Prostatakrebs) rechtzeitig zu erkennen.

Aginskoje (Burjat. Autonomer Kreis A.), autonomer Kreis im Gebiet Tschita in Transbaikalien, Russ. Föderation, 19 000 km², 79 000 Ew., Verw.zentrum: Aginskoje.

Agio [ˈaːdʒo; frz., aus italien. aggio] *das* (Aufgeld), der über den Nennwert eines Wertpapiers oder die Parität einer Geldsorte hinausgehende Ausgabebetrag (Preis); meist in Prozent des Nennwertes ausgedrückt. Ggs.: Disagio, Abschlag.

Ägion (ngrch. Äjion), Hafenstadt am Golf von Korinth, Griechenland, 22 200 Ew.; Waffen-, Papierwarenfabrik; Ausfuhrhafen für Sultaninen. – Ä., in der Antike **Aigion,** war der Hauptort des Achaiischen Bundes.

Agiopapiere [ˈaːdʒo-], festverzinsl. Papiere, die mit einem Aufgeld rückzahlbar sind.

Agiotage [aːdʒoˈtaːʒə; frz. »Plusmacherei«] *die,* Ausnutzung von Kursschwankungen bei Börsengeschäften.

AGIP Petroli S. p. A. [ˈaːdʒip-], Abk. für Azienda Generale Italiana dei Petroli, Rom, Unternehmen der ↑ENI S. p. A.

Ägir, nord. Meeresriese, auch Meeresgott.

Ägirin *der,* Mineral, ein ↑Pyroxen.

Ägis, Attribut des Zeus und der Athene, ↑Aigis.

Ägisth (grch. Aigisthos), im grch. Mythos Sohn des Thyestes und seiner Tochter Pelopeia; erschlug seinen Onkel Atreus und bemächtigte sich der Herrschaft in Mykene. Während Agamemnon am Trojan. Krieg teilnahm, verführte er dessen Gattin Klytämnestra, ermordete den heimkehrenden Agamemnon und wurde später von dessen Sohn Orest erschlagen.

Agitation [lat.] *die,* intensive Form polit. Propaganda.

agitato [adʒiˈtaːto, italien.], *Musik:* erregt, getrieben.

Agitprop, Kw. aus **Agit**ation und **Prop**aganda, Mittel marxistisch-leninist. (kommunist.) Parteien zur Beeinflussung der Bev. **A.-Theater,** Laientheater der Arbeiterbewegung in den 1920er-Jahren.

Aglaia, *grch. Mythos:* eine der drei ↑Chariten.

Agnano [aˈɲaːno], ehem. Kratersee auf den Phlegräischen Feldern westlich von Neapel, 1870 trockengelegt; Ruinen röm. Thermen.

Agnaten [lat.], **1)** *Genealogie:* in männl. Linie verwandte Männer.
2) *german. Recht:* die männl. Blutsverwandten, die in männl. Linie vom gemeinsamen Stammvater abstammen **(Schwert-** oder **Speermagen);** Ggs.: Spindel- oder Kunkelmagen.
3) *röm. Recht:* alle der väterl. Gewalt durch Geburt oder Adoption Unterworfenen; Ggs.: Kognaten, Blutsverwandte.

Agnes [aus grch. hagnós »heilig«, »keusch«], röm. Märtyrerin, †258/259 oder 304; Heilige; Tag: 21. 1.

Agnes von Poitou [- pwaˈtuː], römisch-dt. Kaiserin, *1025 (?), †Rom 14. 12. 1077; Tochter Herzog Wilhelms V. von Aquitanien, wurde 1043 die 2. Gemahlin Kaiser Heinrichs III. und war nach dessen Tod 1056–62 Regentin für ihren Sohn Heinrich IV.

Agnetendorf, Luftkurort in Polen, ↑Jagniątków.

Agni [Sanskrit »Feuer«], ind. Gott des Feuers und des Opfers.

Agnition [lat.] *die, Recht:* die Anerkennung von Rechtsverhältnissen oder Tatsachen.

Agnomen [lat.] *das,* in der röm. Namengebung der Beiname, z. B. Lucius Cornelius Scipio »Barbatus« (»der Bärtige«). (↑Cognomen)

Agnon, Schmuel (Samuel) Josef, eigtl. J. S. Czaczkes, hebräischer Schriftsteller, * Buczacz (Galizien) 17. 7. 1888, † Rehovot (bei Tel Aviv-Jaffa) 17. 2. 1970; schrieb Erzählungen, Romane (»Die Aussteuer«, 1934; »Nur wie ein Gast zur Nacht«, 1939; »Gestern, Vorgestern«, 1945; »Schira«, hg. 1971); auch Gelehrter und Traditionsforscher. 1966 erhielt er mit Nelly Sachs den Nobelpreis für Literatur.

Agnosie [grch.] *die, Medizin:* Unfähigkeit, Gesprochenes, Gesehenes, Gehörtes oder Getastetes zu erkennen, obwohl die aufnehmenden Sinnesorgane unbeschädigt sind; beruht auf Funktionsstörungen des Gehirns.

Agnostizismus [zu grch. ágnostos »nicht erkennbar«] *der,* philosophische Richtung, die das Übersinnliche, insbes. das Göttliche, für unerkennbar hält, jedoch nicht unbedingt dessen Existenz leugnet. Erkennbar sei lediglich Innerweltliches. Das

Transzendente lasse sich nur erahnen, fühlen, glauben. A. findet sich im ↑Kritizismus Kants, in der Frühzeit der ↑dialektischen Theologie, in ↑Positivismus und ↑Neopositivismus, in der ↑analytischen Philosophie.

Agnus Dei [lat. »Lamm Gottes«] *das,* 1) Bez. Jesu als Lamm Gottes (nach Joh. 1, 29).
2) *Kunst:* symbol. Darstellung Christi als Lamm, dem Heiligenschein, Kreuz, Kreuzfahne und Kelch beigegeben werden können.
3) *lat. Liturgie:* dreimaliger Bittruf zum Brotbrechen vor der Kommunion; in den luther. Gottesdienst übergegangen.

Agogik [grch. agogē »Führung«] *die, Musik:* Lehre von der elast. Gestaltung des Tempos beim Vortrag eines Musikstückes.

à gogo [frz.], in Hülle und Fülle, nach Belieben.

Agon [grch.] *der,* 1) im antiken Griechenland urspr. Bez. für jede Versammlung und den Versammlungsplatz; dann auf die dabei ausgetragenen Wettkämpfe, v. a. bei den Festen zu Ehren von Göttern (z. B. Olymp. Spiele), übertragen.
2) sportl. oder geistiger Wettkampf im antiken Griechenland; Streitgespräch (als fester Bestandteil der attischen Komödie oder Tragödie).

Agone [grch.] *die* (Nulllinie), Linie, die alle Punkte mit der Deklination Null des erdmagnet. Feldes verbindet.

Agonie [grch.] *die,* Todeskampf (↑Tod).

agonistisches Verhalten, Sammelbez. für alle Verhaltensweisen bei Tieren, die gegen Artgenossen eingesetzt werden, wenn diese das eigene Verhalten stören, Ressourcen beanspruchen oder eine gewisse räuml. Distanz unterschreiten. A. V. besteht aus zwei gegensätzl. Komponenten, dem aggressiven Verhalten (Angriff) und dem defensiven Verhalten (Flucht). Mit beiden Strategien lassen sich Störungen abwenden bzw. lässt sich der notwendige räuml. Abstand (Individualdistanz) wiederherstellen. Zum **aggressiven Verhalten** gehören Annähern, Imponieren, Drohen, Angreifen, Kämpfen, Abwehren usw. **Defensives Verhalten** besteht z. B. aus Unterwerfen, Beschwichtigen, Ausweichen, Wegsehen, Fliehen. A. V. sichert die lebensnotwendigen Ansprüche wie Nahrung, Territorium, Fortpflanzungspartner, Betreuung der Jungen und auch Unversehrtheit des eigenen Körpers. Der Aufbau und die Aufrechterhaltung von Rangordnungen basiert ebenfalls auf a. V. Ranghohe Tiere zeigen überwiegend aggressive und rangniedere eher defensive Verhaltensweisen. Beide Strategien, Kampf oder Flucht, sind ebenbürtig und wertfrei zu betrachten, dürfen nicht anthropomorph mit »mutig und stark« oder »schwach und feige« gleichgesetzt werden. Welche Verhaltensstrategie angewandt wird, hängt von der Qualität der Ressource und der jeweiligen Motivation ab. So wird ein hungriges Tier bei der Annäherung von Artgenossen seine Beute vehement verteidigen und ein sattes sie kampflos überlassen.

Agora [grch. »Versammlung«] *die,* im grch. Altertum die Versammlung des Heeres oder des Volkes, danach: der Marktplatz als Mittelpunkt der grch. Stadt.

Agoraphobie [grch.] *die,* die ↑Platzangst.

Agostini, Giacomo, italien. Motorradrennfahrer, * Brescia 16. 6. 1942; fünfzehnmal Weltmeister zw. 1966 und 1975 (350-cm³-, 500-cm³-Klasse).

Agoult [a'gu], Marie Catherine Sophie, Gräfin d'A., geb. de Flavigny, frz. Schriftstellerin (Pseud. Daniel Stern), * Frankfurt am Main 31. 12. 1805, † Paris 5. 3. 1876; ihre Tochter Cosima, aus ihrer Verbindung mit F. Liszt, heiratete 1870 R. Wagner.

Agra, Stadt im Bundesstaat Uttar Pradesh, Indien, an der Yamuna, 892 200 Ew.; Univ. (gegr. 1927); Kunsthandwerk, Textilind. u. a.; prachtvolle islam. Bauten: Festung (ab 1566 ausgebaut) mit zahlr. Palästen, Pavillons und der Perlmoschee (1646–53); außerhalb der Festung das Mausoleum des Itimad-ud-Daula (1622 bis 1628) und der ↑Taj Mahal (sämtlich UNESCO-Weltkulturerbe).

Agraffe [frz. agrafe »Spange«] *die,* Schmuckspange, Fibel. – Abb. S. 112

Agram, dt. Name für ↑Zagreb.

Agranulozytose [lat.-grch.] *die, Medizin:* das Fehlen der körnchenhaltigen weißen Blutkörperchen (Granulozyten) im Blut, meist durch Arzneimittelallergie, führt zu oft lebensgefährl. Abwehrschwäche.

Agrapha [grch. »Ungeschriebenes«] *die (Pl.),* Aussprüche Jesu, die nicht in den vier Evangelien, sondern in anderen Schriften des Neuen Testaments oder in sonstigen Quellen überliefert sind.

Agraphie [grch.] *die, Medizin:* durch Hirnschädigung bedingte Unfähigkeit zu schreiben bei Intaktheit von Arm und Hand.

agrar..., agr... [lat. agrarius »die Felder betreffend«], landwirtschafts...

Agraffe: Schmuckspange aus Gold, Diamant und Email (um 1600; Pforzheim, Schmuckmuseum)

Agrar|ethnographie *die,* Teilgebiet der Ethnographie, das die Landwirtschaft als Phänomen der Kultur erforscht.

Agrargeographie *die,* Teilgebiet der Geographie, das sich mit den von der Landwirtschaft genutzten Teilen der Erdoberfläche beschäftigt.

Agrargesellschaft, vorindustrielle Form der Gesellschaft.

Agrarier, Grundbesitzer, Landwirt; i. e. S. die Vertreter landwirtsch. Interessen im polit. Leben, bes. die Großgrundbesitzer in Preußen 1876–1918.

Agrarkommunismus, eine Agrarverfassung, die auf ↑Gemeineigentum an landwirtsch. Grund und Boden beruht. Der A. kann Bestandteil einer sozialist. Gesamtordnung der Wirtschaft sein, oder das Gemeineigentum bleibt auf den landwirtsch. genutzten Boden beschränkt. Nach einer früher weit verbreiteten Theorie wurde der A. als die typ. Form der Agrarverfassung in Frühstadien der wirtsch. und gesellschaftl. Entwicklung angesehen. Genossenschaftl. Formen des Eigentums (↑Allmende) und der Nutzung (↑Flur) entstanden indessen erst langsam im Zuge wachsender Bev.dichte. Neuere Beispiele für gemeinschaftl. Grundeigentum und genossenschaftl. Landbewirtschaftung außerhalb Europas sind die Ejidos in Mexiko und die Kibbuzim in Israel.

Agrarluftfahrt, ↑Landwirtschaftsfliegerei.

Agrarmarkt, Gesamtheit der auf landwirtsch. Erzeugnisse gerichteten Austauschbeziehungen zw. Angebot und Nachfrage. Aufgrund seiner Besonderheiten (jahreszeitl. Schwankungen, schwer vorauszubestimmende Produktmenge, weitgehend konstante Nachfrage, zyklische Preisschwankungen) sowie zum Schutz der eigenen Landwirtschaft greifen viele Staaten regulierend ein.

Agrarmarktordnungen der EG, System von Maßnahmen zur Regulierung der Märkte für landwirtsch. Erzeugnisse innerhalb der EG. Sie basieren auf dem EWG-Vertrag von 1957 (seit 1. 11. 1993: EG-Vertrag, seit 2. 10. 1997 Amsterdamer Vertrag) und sind ein Kernstück der gemeinsamen Agrarpolitik. Ziel der A. d. EG ist es, durch Abgrenzung des EG-Binnenmarktes vom Weltmarkt Angebot und Nachfrage auf dem EG-Binnenmarkt zum Ausgleich zu bringen und die Preise zu stabilisieren. Marktordnungen bestehen für: Getreide, Reis, Schweine-, Rind-, Schaf-, Ziegen- und Geflügelfleisch, Eier, Milch und Milcherzeugnisse, Zucker und Isoglucose, Obst und Gemüse sowie deren Verarbeitungserzeugnisse, Wein, Olivenöl, Ölsaaten, lebende Pflanzen und Waren des Blumenhandels, Faserpflanzen (Flachs und Hanf, Baumwolle), Seidenraupen, Tabak, Hopfen, eiweißhaltige Pflanzen (Erbsen und Futterbohnen), Saatgut, Trockenfutter, Fischereierzeugnisse. Zum 1. 7. 1993 kam eine Marktordnung für Bananen hinzu.

Die Abgrenzung vom Weltmarkt erfolgt durch Zölle. Beim Export werden Ausfuhrerstattungen gewährt. Falls ein Teil der Ware auf dem Binnenmarkt zu einem bestimmten Preis nicht abgesetzt werden kann, sehen viele A. d. EG Interventionen vor, d. h., staatl. Interventionsstellen kaufen die Ware zum Interventionspreis. Die intervenierte Ware wird entweder wieder in den Binnenmarkt zurückgegeben oder exportiert. Einige A. d. EG schlossen bei der Konzeption Beihilfen für die Erzeuger der Produkte ein (z. B. für bestimmte Ackerfrüchte und für Rinder), andere Bei-

Agrarpreisstützungen AGR

hilfen für die Käufer bzw. Verarbeiter (z. B. für nachwachsende Rohstoffe). Alle innerhalb der A. d. EG anzuwendenden Preise (administrierte Preise) werden jährlich vom Ministerrat festgelegt. Die Kosten der A. d. EG werden aus dem ↑Europäischen Ausrichtungs- und Garantiefonds für die Landwirtschaft bezahlt. (↑Agrarpolitik)

Agrarlökonomie, Zweig der Agrarwiss.(en), der die landwirtsch. Betriebslehre, landwirtsch. Marktlehre und i. w. S. die ↑Agrarpolitik beinhaltet.

Agrarpolitik (Landwirtschaftspolitik), die Gesamtheit der Maßnahmen des Staates, internat. Organisationen, von Selbstverwaltungskörperschaften und Verbänden, die auf die Gestaltung wirtschaftl., sozialer und rechtl. Verhältnisse in Land- und Forstwirtschaft zielen. Innerhalb der EU ist die Zuständigkeit für wichtige Bereiche der A. von den Mitgl.staaten auf die Organe der Gemeinschaft übergegangen. Ziel der gemeinsamen A. ist die Erhöhung der Produktivität der Landwirtschaft und dadurch die Gewährleistung einer angemessenen Lebenshaltung für die in ihr tätigen Personen, die Stabilisierung der Märkte, die Sicherung der Versorgung und die Belieferung der Verbraucher zu angemessenen Preisen. Außerdem soll die Landwirtschaft einen Beitrag zur Erhaltung der Lebensfähigkeit ländl. Regionen und der Kulturlandschaft leisten. Grundsätze der gemeinsamen A. sind der freie Warenverkehr, die Präferenz der innergemeinschaftl. Produktion gegenüber Einfuhren und die gemeinsame Finanzierung. Die Problematik der A. besteht in den entwickelten Ländern darin, dass die Produktion aufgrund des techn. Fortschritts stärker wächst als die Nachfrage, bei der eine Sättigung deutlich wird. Der Dämpfung des dadurch notwendig werdenden Strukturwandels dienen Maßnahmen der Einkommensstützung, meist über eine Stützung der Erzeugerpreise. Die ↑Agrarmarktordnungen der EG führten auf wichtigen Märkten zur Überproduktion, die durch Intervention zu festgelegten Preisen aus dem Markt genommen wird und – da eine Rückgabe in den Markt meist nicht möglich ist – mit Exporterstattungen auf dem Weltmarkt zu den dort wesentlich niedrigeren Preisen abgesetzt werden muss. Die damit verbundenen steigenden Kosten stießen an Grenzen der Finanzierbarkeit, und die subventionierten Exporte der EU gerieten zunehmend in die Kritik anderer Exportländer. 1992 einigte sich der Rat der EU auf eine Reform der gemeinsamen A., durch die für die wichtigsten Ackerbauprodukte und für Rindfleisch die Preisstützung gesenkt und dafür direkte Ausgleichszahlungen eingeführt wurden, die bei den Ackerbauprodukten an die Einhaltung einer bestimmten Flächenstilllegung gebunden sind. Mit der durch den Europ. Rat von Berlin verabschiedeten ↑Agenda 2000 wurden weitere Kürzungen der Preisstützung gegen flächen- und tierbezogene Ausgleichszahlungen (ab 2005 auch für Milch) beschlossen. Langfristig sollen die Preise an das Weltmarktniveau herangeführt werden. – In den Entwicklungsländern konzentriert sich die A. auf die Steigerung der Produktion, um die wachsende, häufig zu großen Teilen unterernährte Bev. besser mit Nahrungsmitteln zu versorgen, um durch zusätzl. Einkommen in der Landwirtschaft die Armut zu bekämpfen und durch Exporte Devisen zu erlösen. Dazu bedarf es einer Preispolitik, die den Produzenten Anreize bietet, ferner Verbesserungen bei der Vermarktung, bei der Bereitstellung von Betriebsmitteln und beim Zugang zu Krediten. Aufgabe von Forschung und Beratung sind die Entwicklung und Verbreitung leistungsfähiger Sorten und standortgerechter Anbauverfahren. Von zentraler Bedeutung sind Agrarreformen, durch die das Eigentum am Boden gerechter gestaltet und die Effizienz seiner Nutzung verbessert wird.

📖 *Henrichsmeyer, W. u. Witzke, H. P.: A., 2 Bde. Stuttgart 1991–94. – Agrarstrukturplanung, A. u. Umweltschutz, bearb. v. B. Koengeter. Stuttgart* [4]*1995. – Kommunen entdecken die Landwirtschaft. Perspektiven u. Beispiele einer zukunftsfähigen A. in Dorf u. Stadt, hg. v. F. Thomas u. a. Heidelberg 1995. – Institutioneller Wandel u. polit. Ökonomie von Landwirtschaft u. A., hg. v. K. Hagedorn. Frankfurt am Main u. a. 1996.*

Agrarpreisstützungen, Komplex von Maßnahmen, durch die die Preise für landwirtsch. Erzeugnisse auf einem bestimmten Niveau gehalten werden, z. B. Preis- und Abnahmegarantien, Verwendungsauflagen, Einfuhrbeschränkungen, Zölle, Abschöpfungen, Exportsubventionen, Anbaubeschränkungen, Interventionskäufe, produktgebundene Ausgleichszahlungen.

Agrarreform, grundlegende gesetzgeber. Umgestaltungen der Agrarverfassung. Ausgangspunkte können Feudalverfassungen, gutswirtsch. Agrarverfassungen (Großbetriebe mit entlohnten Arbeitskräften) oder Stammesverfassungen sein. Ziel von A. kann sein, die bisherigen Agrarverfassungen in bäuerl. oder genossenschaftl. Agrarverfassungen zu überführen. In den Entwicklungsländern gehören A. heute zu den vordringlichsten Aufgaben, um eine gerechtere Verteilung des Bodens und dessen effizientere Nutzung zu erreichen.

Agrarrevolution, tief greifende Änderung der Agrarverfassung, meist infolge eines polit. Umsturzes: v. a. in Frankreich 1789, in Russland 1917 und nach 1945 in den anderen kommunistisch regierten Ländern sowie im Zuge der Entkolonialisierung in verschiedenen afrikan. und asiat. Staaten.

Agrarsozialismus, unterschiedl. Theorien und Programme mit der Forderung nach Überführung des Bodens in Gemeineigentum. Die Spannweite agrarsozialistischer Reformen reicht von der völligen Vergesellschaftung oder Verstaatlichung des Grund- und Bodeneigentums (↑Agrarkommunismus) im Agrarbereich bis hin zu weitgehenden Einschnitten in die Eigentumsrechte des Einzelnen. Zu einem reformorientierten A., der in letzter Konsequenz die kapitalist. Wirtschaftsweise nicht antastete, bekannten sich – in unterschiedl. Form – die dt. und österr. Sozialdemokratie bis nach dem Ersten Weltkrieg, die brit. Labour Party und die brit. Liberalen bis nach dem Zweiten Weltkrieg. In Russland propagierten die Narodniki den kollektiven Bodenbesitz, die Sozialrevolutionäre forderten die Vergesellschaftung des gesamten Landbesitzes unter »munizipaler« Verwaltung.

Agrarsoziologie, Zweig der Soziologie, der sich mit den Formen und Veränderungen des Zusammenlebens auf dem Lande befasst, bes. mit den Problemen der Eingliederung der ländl. Bevölkerung in die moderne Ind.gesellschaft.

Agrarstaat, Staat, in dessen Wirtschaftsstruktur die Landwirtschaft überwiegt; Ggs. ↑Industriestaat.

Agrartechnik (Landtechnik), Sammelbegriff für die in der Landwirtschaft, bes. der Feld- und Hofwirtschaft, verwendete Technik. Die A. ist abhängig von geograph. Voraussetzungen (Klima, Boden), der wirtsch. Entwicklungsstufe und den gesellschaftl. Verhältnissen.

agrar- und ernährungspolitischer Bericht der Bundesregierung, Bericht über die Lage der Landwirtschaft und die agrar- und ernährungspolit. Aktivitäten der Bundesreg., der nach dem Landwirtschafts-Ges. vom 5. 9. 1955 dem Bundestag jährlich bis zum 15. 2. vorzulegen ist; ersetzte 1971 die seit 1956 erstellten »Grünen Berichte« und »Grünen Pläne«.

Agrarverfassung, Gesamtgefüge der ländl. Wirtschaft und Gesellschaft unter den jeweiligen polit., rechtl., sozialen Bedingungen.

Agrarwissenschaften (Landwirtschaftswissenschaften), Sammelbegriff der Forschungszweige, die sich auf die Landwirtschaft beziehen: Pflanzenproduktion (Acker- und Pflanzenbau, Pflanzenzucht, -ernährung, -krankheiten, Bodenkunde u. Ä.), Tierproduktion, Wirtschafts- und Sozialwiss. des Landbaus (landwirtsch. Betriebslehre, landwirtsch. Marktlehre, ↑Agrarsoziologie, ↑Agrarpolitik u. Ä.) und Technologie der Landwirtschaft (landwirtsch. Bauwesen, Landmaschinenkunde, Kulturkunde u. a.). I. w. S. gehören zu den A. auch Gartenbau-, Ernährungswiss. und Ökologie.

Agrarzölle, Abgaben, die bei der Einfuhr (Einfuhrzölle) oder Ausfuhr (Ausfuhrzölle) landwirtsch. Erzeugnisse erhoben werden. In beiden Fällen kann es sich um Schutz- oder Finanzzölle handeln. In den ↑Agrarmarktordnungen der EG wurden die A. weitgehend durch ↑Abschöpfungen ersetzt.

Agre, Peter, amerikan. Chemiker und Mediziner, *Northfield (Minn.) 30. 1. 1949; Chemiestudium am Augsburg College in Minnesota, danach Medizinstudium an der Johns-Hopkins-Univ. in Baltimore (Md.), seit 1993 Prof. am Inst. für Biochemie und am Medizininst. In Baltimore fand er Ende der 1980er-Jahre die (später) als ↑Aquaporine bezeichneten Kanäle, durch die das Wasser in die Körperzellen des Menschen geschleust wird. 2000 veröffentlichte er gemeinsam mit anderen Forschergruppen die dreidimensionale Struktur des Proteins. Für die Entdeckung des Aquaporins erhielt er 2003 den Nobelpreis für Chemie (gemeinsam mit R. Mac Kinnon).

Agreement [ə'gri:mənt, engl.] *das,* **1)** *allg.:* Zustimmung, Vereinbarung. **Gentlemen's Agreement,** privates oder auch polit. Übereinkommen auf Vertrauensgrundlage. **2)** *internat. Recht:* Übereinkommen zw. Staaten, das i. d. R. keiner parlamentar. Zustimmung bzw. Ratifikation bedarf.

Agrégation [agrega'sjɔ̃; frz. »Anerkennung«] *die,* Staatsprüfung zur Erlangung des Lehramts an höheren Schulen und Univ. in Frankreich.

Agrément [agre'mã, frz.] *das,* auf vertraul. Anfrage des Entsendestaates erklärtes Einverständnis des Empfangsstaates mit der Person des zu ernennenden diplomat. Vertreters.

Agricola, 1) Alexander, eigtl. A. Ackermann, dt. oder niederländ. Komponist, *um 1446, †Valladolid 1506; schrieb Messen, Motetten und Chansons, wirkte in Italien, in den Niederlanden und ab 1500 in der Brüsseler Hofkapelle. **2)** Georgius, eigtl. Georg Bauer (Pawer), Humanist, Arzt, Mineraloge, *Glauchau 24. 3. 1494, †Chemnitz 21. 11. 1555; Forscher und Darsteller der Mineralogie (als deren Begründer er gilt), der Bergbau- und Hüttenkunde des 16. Jahrhunderts. **3)** Johann, latinisiert aus Schneider (Schnitter), *Eisleben 20. 4. 1494 (?), †Berlin 22. 9. 1566; Schüler Luthers, seit 1540 Hofprediger in Berlin, gab die ersten hochdt. Sprichwörtersammlungen heraus (3 Teile: 1528–48). **4)** Johann Friedrich, Komponist und Musikschriftsteller, *Dobitschen (bei Altenburg) 4. 1. 1720, †Berlin 2. 12. 1774; seit 1759 als Nachfolger von K. H. Graun Leiter der Hofkapelle Friedrichs II.; schrieb Kirchenmusik, Lieder, italien. Opern. **5)** Mikael, Reformator Finnlands, *Pernaja um 1509, †Uusikirkko 9. 4. 1557; Schüler Luthers und Melanchthons; ab 1554 Bischof von Åbo; übersetzte das N. T., die Psalmen, Teile des A. T., wobei er den südwestfinn. Dialekt von Åbo benutzte, der zur Grundlage der finn. Schriftsprache wurde. **6)** Rudolf, eigtl. Roelof Huusman oder Huysman, niederländ. Frühhumanist, *Baflo (bei Groningen) 17. 2. 1444, †Heidelberg 27. 10. 1485; lebte ab 1458 in Italien, dann in Brüssel und Heidelberg; Vermittler humanistischer Bildung.

Agrigent (italien. Agrigento), **1)** Prov. in Sizilien, 3 042 km², 466 600 Einwohner. **2)** Hptst. der italien. Provinz A., nahe der Südküste Siziliens, 55 400 Ew.; Fremdenverkehr, Handel und Industrie. Im SO der Stadt die zum UNESCO-Welterbe erklärten Ruinen des alten **Akragas,** einer grch. Kolonie, deren Blüte im 5. Jh. v. Chr. viele Baudenkmäler (bes. gut erhaltene dor. Tempel) bezeugen. – Von 406 bis 210 v. Chr. war A. im Besitz Karthagos.

Agrigent 2): Heraklestempel

Agrikultur, der Ackerbau, die Landwirtschaft.

Agrippa, Marcus Vipsanius, röm. Feldherr und Staatsmann, *63 v. Chr., †12 v. Chr.; Freund und Schwiegersohn des Kaisers Augustus, siegte 31 v. Chr. mit der Flotte des Augustus bei Aktium, ließ Bauwerke in Rom (Wasserleitungen, Thermen, Pantheon) errichten. Die Ergebnisse seiner Reichsvermessungen wurden in einer Weltkarte verwertet.

Agrippa von Nettesheim, eigtl. Heinrich Cornelius, Gelehrter, Alchimist, Kabbalist, *Köln 14. 9. 1486, †Grenoble oder Lyon 18. 2. 1535; suchte, im Rückgriff auf ↑Neuplatonismus, ↑Gnosis und ↑Kabbala, nach den Mysterien der Natur; war Vorbild für die Gestalt des Faust in Goethes gleichnamigem Drama.
Werke: Über die okkulte Philosophie; Über Unsicherheit und Eitelkeit der Wissenschaft.

Agrippina, 1) A. die Ältere, *14 v. Chr., †33 n. Chr.; Gemahlin des Germanicus, Mutter von 2) und des Caligula, wurde 29

n. Chr. von Tiberius verbannt; starb freiwillig den Hungertod.
2) A. die Jüngere (Julia), *Ara Ubiorum (heute Köln) 15 n. Chr., †(durch Nero ermordet) bei Baiae (Kampanien) 59 n. Chr., Tochter des Germanicus; Gemahlin des Kaisers Claudius (ihres Onkels), den sie vergiften ließ, um Nero, ihren Sohn aus erster Ehe, auf den Thron zu bringen.
Agroforstwirtschaft, Form der Landnutzung in trop. und subtrop. Entwicklungsländern, bei der auf gleicher Fläche Forstwirtschaft, Ackerbau und/oder Weidewirtschaft kombiniert sind; dient der vielseitigen Bedarfsdeckung der Bev. bei gleichzeitiger Erhaltung der Bodenertragsfähigkeit.
Agronomie [grch.] *die,* die Lehre vom Ackerbau, Wiss. von der Landwirtschaft.
Agrumen [italien.], Sammelname für Zitrusfrüchte.
Agrypnie [grch.] *die* (Asomnie, Insomnie), Schlaflosigkeit, ↑ Schlafstörungen.
Aguascalientes [span. »heiße Wässer«], 1) Bundesstaat der Republik ↑ Mexiko.
2) Hptst. des gleichnamigen mexikan. Bundesstaates, 440 400 Ew., 1 900 m ü. M.; Univ.; Eisenbahnwerkstätten, Hüttenwerk, Textil- u. a. Ind.; warme Heilquellen; mildes Klima.
Aguinaldo [aγi-], Emilio, philippin. Politiker, *Kawit (Prov. Cavite) 22. 3. 1869, †Manila 6. 2. 1964; kämpfte gegen Spanien (1896–98) und die USA (1898–1901) für die Unabhängigkeit seines Landes. 1899 wurde er Präs. der ersten Philippin. Republik.
Agulhas [a'guljas] (Kap Agulhas, Nadelkap), der südlichste Punkt Afrikas.
Agulhasstrom [a'guljas-], eine starke, warme Meeresströmung im Ind. Ozean, vor der SO-Küste Afrikas.
Agutis [indian.] (Goldhasen), meerschweinchenähnl. Familie der Nagetiere, bes. in Wäldern und an Flussufern S-Amerikas; bis 40 cm lang.
Ägypten (arab. Misr, amtl. Djumhurijjat Misr al-Arabijja, dt. Arabische Republik Ägypten), Staat in NO-Afrika, grenzt im W an Libyen, im N an das Mittelmeer, im NO an Israel, im O an das Rote Meer und im S an die Republik Sudan.
Staat und Recht: Nach der Verf. vom 11. 9. 1971 (mit Änderung von 1980) ist Ä. eine präsidiale Republik. Staatsoberhaupt und

Ägypten

Fläche	1 002 000 km²
Einwohner	(2003) 71,931 Mio.
Hauptstadt	Kairo
Verwaltungsgliederung	26 Governorate
Amtssprache	Arabisch
Nationalfeiertage	23. 7. und 6. 10.
Währung	1 Ägypt. Pfund (ägypt. £) = 100 Piaster (PT)
Zeitzone	MEZ +1 Std.

Oberbefehlshaber der Streitkräfte ist der vom Parlament nominierte und durch Volkswahl für 6 Jahre bestätigte Präs. Er bestimmt die Richtlinien der Politik und ernennt die Reg. unter Vorsitz des Min.-Präs. Legislativorgan ist die Nat.versammlung (Legislaturperiode 5 Jahre, 454 Abg.). Der Schura-Rat (241 Mitgl.) ist ein Beratungsorgan. Das 1979 modifizierte Parteiengesetz von 1977 legalisiert das Mehrparteiensystem, das von der Nationaldemokrat. Partei (NDP) dominiert wird. Ä. gliedert sich in 26 Governorate mit beschränkter Selbstverwaltung, an deren Spitze ernannte Gouverneure stehen. Hauptquelle der Gesetzgebung ist die Scharia, das islam. Recht.
Landesnatur: Die etwa 1 550 km lange und 1 bis 20 km breite Stromoase des Nils, sein Mündungsdelta, die Senke von Faijum sowie die übrigen Oasen sind landwirtsch. nutzbar (d.h. bewässert) und besiedelt. Das gesamte Kultur- und Siedlungsland nimmt nur 3,5 % der Staatsfläche ein. Westlich des Niltals erstreckt sich das Tafelland der Libyschen Wüste mit einer durchschnittl. Höhe von 1 000 m ü. M. Einzelne Oasen liegen in Senken z. T. unter Meeresniveau, wie die Kattarasenke (bis 133 m u. M.). Im O breitet sich die Arab.

Ägypten AGY

Wüste aus, die in steiler, über 1 000 m hoher Stufe zum Roten Meer abfällt. Die ebenfalls wüstenhafte Halbinsel Sinai (bis 2 637 m ü. M.) gehört geographisch bereits zu Vorderasien. Die Sommer sind heiß und trocken, die Winter mild mit geringen Niederschlägen im N. Mittlere Januartemperatur in Kairo 12 °C, Julimittel 27 °C; jährl. Niederschlag 340 mm. Im Frühjahr treten zeitweise heiße Sandstürme auf.

Bevölkerung: Die Bev. besteht zu 80 % aus den stark vermischten (arabisierten) Nachkommen der alten Ägypter, den sesshaften Fellachen. Als reine Araber gelten die in den Wüsten Ä.s als Nomaden lebenden Beduinen (rd. 70 000); weitere Bev.gruppen: Nubier, Sudanesen, Europäer, Berber (Siwaoasen). Die Bev.zuwachsrate ist mit rd. 2 % sehr hoch, die Dichte beträgt im Landesdurchschnitt 68 Ew. je km², im kultivierten und bewohnten Land 1 040 Ew. je km². In den Städten leben 45 % der Bevölkerung. – Rd. 90 % der Bev. sind sunnit. Muslime (der malikit. und schafiit. Rechtsschule). Die nach nichtamtl. Schätzungen 6–8 Mio. Kopten gehören fast ausschl. der ↑koptischen Kirche an. Allgemeine Schulpflicht besteht vom 6. bis 11. Lebensjahr; die Analphabetenquote beträgt 49 %; es gibt 17 Univ., darunter die islam. Al-Ashar-Univ. (↑Ashar-Moschee).

Wirtschaft und Verkehr: Die ägypt. Volkswirtschaft gehört zu den vergleichsweise fortgeschrittenen Afrikas; ein ausgebauter gewerbl. Sektor ruht auf breiter landwirtsch. Grundlage. Bes. die Erdölind., die Suezkanalgebühren, Gastarbeiterüberweisungen und der Tourismus trugen zu den Wachstumsraten der Wirtschaft bei. Starke Bev.zunahme, Kriegsereignisse, hohe Rüstungsausgaben und Subventionen führten zu hoher Auslandsverschuldung. Der *Ackerbau* (begrenzter privater Landbesitz) ist arbeitsintensiv, weil wenig mechanisiert; durch Kanalbewässerung werden fünf Ernten in zwei Jahren ermöglicht, jedoch nimmt die Bodenversalzung zu, und der fruchtbare Nilschlamm wird im Nassersee zurückgehalten; Anbau von Baumwolle (wichtigstes landwirtsch. Exportprodukt), Reis, Mais, Weizen, Zuckerrohr, Obst, Gemüse u. a.; Viehhaltung durch Fellachen und Beduinen. Der Nahrungsmittelbedarf der Bev. wird nicht aus eigenem Aufkommen gedeckt, sodass rd. zwei Drittel der Nahrungsmittel (v. a. Weizen und Fleisch) eingeführt werden müssen.

An *Bodenschätzen* werden gewonnen: Erdöl, Erdgas, Rohphosphat, Eisenerz, Manganerz, Meersalz und Gips. Noch weitgehend ungenutzt sind die Vorkommen von Buntmetallerzen, Kaolin, Titanerz, Schwefel, Talk, Steinkohle und Uranerz. Die verarbeitende Ind., im Nildelta und um die größeren Städte konzentriert (Textil-, Nahrungsmittel- und Genussmittel-, chem., pharmazeut., Schwer-, Maschinen-, Zement-, Glasind., Erdölraffinerien u. a. Betriebe), wurde zw. 1952 und 1963 weitgehend verstaatlicht; 1991 begann eine Privatisierung der Staatsbetriebe. Trotz hoher Kapazitäten (z. B. Wasserkraftwerk am Assuanhochdamm) kann der wachsende Energiebedarf nicht gedeckt werden. Die Elektrizitätserzeugung basiert zu 75 % auf Wärmekraftwerken, der Rest entfällt auf Wasserkraftwerke.

Der *Außenhandel* ist seit Jahren defizitär.

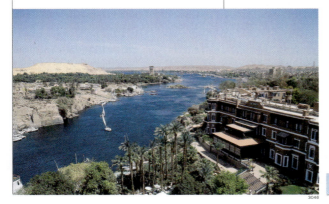

Ägypten: der Nil bei Assuan

Eingeführt werden v. a. Maschinen, Fahrzeuge, chem. Erzeugnisse, Weizen, Eisen und Stahl. Wichtige Ausfuhrgüter sind Erdöl und Erdölprodukte, Rohbaumwolle, Baumwollgarne, Reis und Gemüse. Haupthandelspartner sind nach den EU-Ländern die USA, Australien und Japan.

Die *Verkehrslinien* sind auf das Niltal und -delta konzentriert. Eisenbahn: 8 600 km; Straßen: 52 800 km, davon rd. 31 000 km befestigt; Straßentunnel unter dem Sueskanal 1980 eingeweiht; Wasserstraßen rd. 3 100 km. Haupthäfen: Alexandria, Port Said, Sues. Neben den internat. Flughäfen Kairo, Alexandria und Luxor dienen Port Said, Abu Simbel und Assuan dem Inlandverkehr.

Geschichte: Funde aus der frühen Altsteinzeit sind in Ä. bisher nur vereinzelt zutage getreten. Sichere Siedlungsspuren, die die aus dem S vorgedrungene Kultur des Acheuléen repräsentieren, stammen aus den höheren Nilterrassen in Ober-Ä. Weiter verbreitet sind Kulturreste des Mittelpaläolithikums (Moustérien und Atérien), aus der Zeit von 40 000 bis 30 000 v. Chr. Das Jungpaläolithikum ist durch mehrere regionale Kulturgruppen vertreten, die durch Ausgrabungen beim Bau des Assuanhochdamms (Kom Ombo) aufgedeckt wurden.

Altertum: Die allg. übliche Einteilung in 31 Dynastien von der Reichsgründung bis zu Alexander d. Gr. geht auf den ägypt. Geschichtsschreiber Manetho zurück. Die Abschnitte Altes, Mittleres und Neues Reich wurden anscheinend schon im späten Neuen Reich ähnlich zusammengefasst. Die Ägypter bezogen sich in ihren Zeitangaben seit dem Ende des Alten Reiches auf die Regierungsjahre der Könige. Für die älteste Zeit sind die Angaben jedoch unzuverlässig. Die Daten vor 2000 v. Chr. gelten nur angenähert.

Am Beginn der geschichtl. Zeit, um 3000 v. Chr., standen die polit. Einigung des Landes durch oberägypt. Könige und die Erfindung der Schrift. Auf den frühesten Schriftdenkmälern erscheinen die Könige »Skorpion«, Narmer und Aha, während in späterer Überlieferung der legendäre Herrscher Menes als Reichseiniger und Gründer von Memphis genannt wird. Die Heimat der 1. und 2. Dynastie war Thinis bei Abydos. In der 3. Dynastie wurde unter König Djoser die Stufenpyramide von Sakkara errichtet, die als erster monumentaler Steinbau der Welt gilt. Mit der von Snofru begründeten 4. Dynastie setzte die große Zeit der ägypt. Geschichte ein. Snofrus Nachfolger Cheops, Chephren und Mykerinos errichteten die drei bis heute erhaltenen Pyramiden von Giseh, die mit dem umliegenden Friedhof der königl. Familie und der höchsten Reichsbeamten die unbeschränkte Macht des an der Spitze eines straff zentralisierten Beamtenstaates stehenden Königs widerspiegeln. Dieser wurde zum »Sohn« des Sonnengottes, für

Ägypten AGY

den in der 5. Dynastie große Sonnenheiligtümer errichtet wurden. Unter der 6. Dynastie sank die Macht der Könige, die von oberägypt. Gaufürsten abhängig wurden. Nach dem Zusammenbruch des Alten Reiches gelang einem Fürsten aus dem oberägypt. Theben die erneute Reichseinigung. Unter der um 1991 v. Chr. einsetzenden 12. Dynastie erlebte Ä. eine zweite Blüte. Nach Verdrängung der Gaufürsten wurde die absolute Macht des Königs gefestigt, das Reich nach S bis zur zweiten Stromschnelle erweitert. Die 13. Dynastie mit ihren rasch wechselnden Herrschern stellte eine Zeit des Niedergangs dar. Um 1650 v. Chr. eroberten die Hyksos das Delta und begründeten in Auaris eine eigene Dynastie. Eine in Theben beheimatete Familie von Unterkönigen (17. Dynastie) vertrieb um 1550 v. Chr. die Hyksos. Unter Amenophis I. und Thutmosis I., II. und III. stieg Ä. zur Weltmacht auf (Neues Reich) und drang bis zum Euphrat vor. Großartige Baudenkmäler wie die Tempel von Luxor, Karnak und Theben-West entstanden, die inneren Verhältnisse wurden durch eine streng einheitl. Verwaltung gefestigt, die Gaufürsten zurückgedrängt. Unter Amenophis IV./Echnaton (Gemahl der Nofretete) kam es um 1360 v. Chr. zu einer tief greifenden Revolution in Religion (alleinige Verehrung der Sonnenscheibe Aton), Kunst und Politik. Sethos I., der 2. König der 19. Dynastie, stellte in Syrien die ägypt. Herrschaft wieder her. Sein Sohn Ramses II. (1279-1213 v. Chr.) verlegte die Residenz in den Osten des Deltas und ließ zahlr. Bauten (Ramesseum, Abu Simbel) errichten. Nach dem Tode von Ramses' Sohn Merenptah begann der wirtsch. und polit. Zerfall des Reiches, das von nun an von fremden Herrschern regiert wurde, zunächst von Libyern (22. bis 24. Dynastie). Ä. löste sich bald in kleine Fürstentümer auf und wurde erst von den nub. (kuschitischen) Königen der 25. Dynastie 712 v. Chr. erneut geeint. 671 v. Chr. unterwarfen die Assyrer den N und regierten ihn durch Vasallen, bis der libysche Fürst Psammetich I. von Sais 664 v. Chr. das Land befreite und wieder vereinigte. Unter den Herrschern der 26. Dynastie (»Saiten«) erlebte Ä. noch einmal eine Blütezeit. Aber bereits 525 v. Chr. wurde es von den Persern unterworfen, deren Herrschaft durch die 28.-30. Dynastie unterbrochen

---

Ägypten: Geschichte bis 1517

Frühzeit (um 3000-2660):
Reichseinigung, 1.-2. Dynastie.

Altes Reich (um 2660-2160):
3.-6. Dynastie. Djoser, Snofru, Cheops, Chephren und Mykerinos erbauen Pyramiden. Der Sonnenglaube wird Staatsreligion.

I. Zwischenzeit (um 2160-2040):
7.-10. Dynastie. Dynastische Wirren.

Mittleres Reich (um 2040-1785):
11.-12. Dynastie. Erneute Einigung. Blüte unter den Königen Amenemhet und Sesostris.

II. Zwischenzeit (1785-1552):
13.-17. Dynastie. Niedergang unter schnell wechselnden Herrschern. 15./16. Dynastie (1650-1550): Fremdherrschaft der Hyksos. Beginn des Befreiungskrieges unter König Kamose.

Neues Reich (um 1552-1070):
18.-20. Dynastie. Vertreibung der Hyksos. Ägypten wird Weltmacht. *Bedeutende Könige:* Amenophis I., II., III., IV. (Echnaton), Königin Hatschepsut, Sethos I., Ramses II., III.

III. Zwischenzeit (um 1070-712):
21.-24. Dynastie, in Tanis. Unter den libyschen Königen Auflösung des Reiches.

Spätzeit (712-332):
25.-31. Dynastie (Kuschiten, Perser). Einfall der Assyrer: Zerstörung Thebens.

Griechische Zeit (332-30):
Alexander der Große, die Ptolemäer, Kleopatra.

Römische Zeit (30 vor Christus bis 395 nach Christus):
Römische Provinz, Christianisierung.

Byzantinische Zeit (395-640/642).

Arabische Zeit (640/642-1517):
Kairo zeitweise Sitz von Kalifen. Herrschaft der Fatimiden, Aijubiden, Mamelucken.

---

wurde. 332 eroberte Alexander d. Gr. das Land. Er gründete Alexandria, das sich schnell zum Mittelpunkt des grch. Welthandels und der grch. Bildung entwickelte. Nach seinem Tod fiel Ä. an den Makedonen Ptolemaios I. (seit 305 König). Unter den Ptolemäern wurde es zum reichsten Staat der damaligen Welt, doch führte die Unfähigkeit der späteren Ptolemäer zum Niedergang des Landes; 51 v. Chr. kamen Ptolemaios XIV. und Kleopatra VII. unter die Vormundschaft des röm. Senats. Nach

AGY Ägypten

der Schlacht bei Aktium war Ä. von 30 v. Chr. bis 395 n. Chr. röm. Provinz, dann Teil des Byzantin. Reiches.
Mittelalter und Neuzeit: 640/642 eroberten die Araber das Niltal, aber erst im 8. Jh. wurde Ä. islamisiert. Bes. seit der Eroberung durch die Fatimiden (969) war Ä. unabhängig vom Kalifen von Bagdad; die Fatimiden gründeten Kairo und die Azhar-Moschee. Sultan Saladin aus dem Geschlecht der Aijubiden (1171–1250) brachte Ä. zu neuer Machtstellung. 1250 rissen die Mamelucken die Herrschaft an sich. 1516/17 wurde das Land von den Türken unter Selim I. erobert und blieb bis 1798 türk. Provinz, die von den Mameluckenbeis weitgehend selbstständig verwaltet wurde. Der ägypt. Feldzug Napoleon Bonapartes (1798–1801) scheiterte trotz mehrerer Siege über die Mamelucken und Türken. Der türk. Statthalter Mehmed Ali (1805–49) vernichtete 1811 die Mameluckenbeis und schuf sich eine fast unabhängige erbl. Herrschaft als Pascha; seit 1867 wurden die Statthalter Khediven (Vizekönige) genannt. 1869 Eröffnung des Sueskanals; 1882 brit. Besetzung des Landes; 1883 Aufstand des Mahdi im Sudan; 1898 Niederwerfung der Mahdisten durch die Engländer und Abtrennung des Sudans von Ä. Im 1. Weltkrieg wurde Ä. brit. Protektorat. Unter dem Druck bes. des ↑Wafd hob die brit. Regierung dies 1922 auf und erkannte Fuad I. als König an; Ä. behielt aber eine brit. Besatzung, die jedoch nach Abschluss des britisch-ägypt. Bündnisvertrags (1936) auf die Sueskanalzone beschränkt wurde. 1945 war Ä. Mitbegründer der Arab. Liga und wandte sich mit anderen arab. Staaten im Palästinakrieg (1948/49) gegen die Gründung des Staates Israel. 1952 stürzte die Armee König Faruk (Reg. seit 1936). Nach Ausrufung der Republik (1953) übernahm 1953 General M. Nagib, 1954 Oberst G. Abd el-Nasser das Amt des Staatspräs. Die Parteien wurden verboten. Aufgrund des britisch-ägypt. Suesabkommens (1954) räumten die brit. Truppen in der Folgezeit die Kanalzone. Die Verstaatlichung der Sueskanalgesellschaft löste den Sueskrieg (1956) aus; Ä., 1958–61 mit Syrien in der »Vereinigten Arab. Republik« (VAR) verbunden, rückte immer stärker in den Brennpunkt des ↑Nahostkonflikts. 1962–67 kämpften ägypt. Truppen im

1 Stufenpyramide des Königs Djoser in Sakkara (um 2620 v. Chr.)
2 Chephrenpyramide in Giseh (um 2500 v. Chr.) mit der ältesten erhaltenen ägyptischen Sphinx im Vordergrund
3 Widder-Sphinx-Allee zum Amuntempel (seit Ende des 3. Jt. v. Chr.) in Karnak
4 Totenbuch-Papyrus mit der Darstellung des Totengerichts (4. Jh. v. Chr.)
5 Fresko im Grabmal des Königs Haremhab (Ende 14. Jh. v. Chr.) im Tal der Könige in Theben (Darstellung mit der Göttin Hathor)
6 Kolossalstatuen Ramses' II. vor dem großen Tempel in Abu Simbel (13. Jh. v. Chr.)
7 Statue des Horus vor dem Eingang des Horustempels (um 70 v. Chr.) in Idfu

Ägypten **AGY**

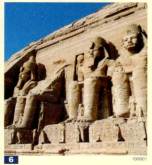

AGY ägyptische Finsternis

Bürgerkrieg im Jemen auf republikan. Seite. Gestützt auf die Einheitspartei »Arab. Sozialist. Union« (gegr. 1961), suchte die ägypt. Regierung einen »arab. Sozialismus« zu verwirklichen. Mit (steigender) Militärhilfe bes. der UdSSR wollte Nasser den Nahostkonflikt zugunsten der arab. Staaten entscheiden. Mit der Sperrung des Golfes von Akaba für israel. Schiffe löste er 1967 den israelisch-arab. Sechstagekrieg aus; dabei besetzte Israel u. a. die Halbinsel ↑Sinai und den Gazastreifen (↑Gaza). Durch einen »Abnutzungskrieg« gegen Israel (Aug. 1967–Aug. 1970) sowie durch die verstärkte Unterstützung der palästinens. Guerillaorganisationen versuchte Ä. die Folgen der Niederlage im Sechstagekrieg zu mildern.
Nach dem Tode Nassers (1970) setzte Präs. A. as-Sadat dessen Politik fort, schränkte aber allmählich den Einfluss der UdSSR zugunsten der westl. Ind.staaten ein. Im Okt. 1973 griffen Ä. und Syrien Israel an (Jom-Kippur-Krieg), mussten aber nach anfängl. Erfolgen in einen Waffenstillstand einwilligen. 1974 schloss Ä. mit Israel ein Truppenentflechtungsabkommen. Im Nov. 1977 leitete Präs. Sadat eine Friedensinitiative (gegenüber Israel) ein; er verhandelte 1978 in Camp David (USA) unter Vermittlung des amerikan. Präs. J. E. Carter mit dem israel. Min.-Präs. M. Begin über Rahmenbedingungen zur Lösung des Nahostkonflikts und schloss einen Friedensvertrag mit Israel (26. 3. 1979). Mit dem Austritt aus der Arab. Liga (1979) kam Ä. einem Ausschluss zuvor (Mai 1989 wieder aufgenommen). Bis April 1982 zog sich Israel von der Halbinsel Sinai zurück. – Gestützt auf die »Nationaldemokrat. Partei« (1978 als Nachfolgerin der »Arab. Sozialist. Union« gegr.), suchte Sadat seine innenpolit. Machtstellung zu festigen. Nach seiner Ermordung (Okt. 1981) wurde H. Mubarak sein Nachfolger (1987, 1993 und 1999 wieder gewählt). Im 2. Golfkrieg 1991 beteiligte sich das Land als regionale Führungsmacht an der antiirak. Koalition. Daraufhin verstärkten islam. Fundamentalisten ihren Kampf für die Errichtung eines islam. Gottesstaates. Mit Attentaten u. a. auf hohe Staatsfunktionäre und öffentl. Einrichtungen sollte die innere Sicherheit erschüttert und die Wirtschaftskraft beeinträchtigt werden. Die Reg. reagierte 1992 mit einer drast. Verschärfung der Strafgesetze gegen Terroristen und radikale Kräfte. Im Nahostkonflikt förderte Ä. eine schrittweise Annäherung zw. PLO und Israel und unternahm seit 1996 zahlr. diplomat. Initiativen, um den Friedensprozess in Gang zu halten.
📖 *Lexikon der Ägyptologie,* hg. v. W. Helck u. W. Westendorf, 7 Bde. Wiesbaden 1975–92. – *Büttner, F., u. Klostermeier, I.: Ä.* München 1991. – *Zeid, A.: Der polit. Transformationsprozeß u. die Krise der Demokratie im heutigen Ä.* Wien 1991. – *Gärber, A.: Islam, finanzielle Infrastruktur u. wirtschaftl. Entwicklung.* Frankfurt am Main u. a. 1992. – *Scharabi, M.: Industrie u. Industriebau in Ä.* Tübingen u. a. 1992. – *Westphal, W.: Pharaos Erben. Die alten Ägypter gestern u. heute.* Braunschweig 1992. – *Wille, M.: Spielräume polit. Opposition in Ä. unter Mubarak. Zum Verhältnis von Staat u. Opposition in einem arab. Land.* Münster u. a. 1993. – *Gardiner, A.: Gesch. des alten Ä. Eine Einführung.* Augsburg 1994. – *Assmann, J.: Stein u. Zeit. Mensch u. Gesellschaft im alten Ä.* München ²1995. – *Staat u. Zivilgesellschaft in Ä.,* hg. v. F. N. Ibrahim. Münster u. a. 1995. – *Ibrahim, F. N.: Ä. Eine ägypt. Landeskunde.* Darmstadt 1996. – *Hornung, E.: Grundzüge der ägypt. Gesch.* Darmstadt ⁴1996. – *Rieger, B.: Überleben ohne Staat. Soziale Sicherung u. die islam. Parallelstrukturen in Ä.* Baden-Baden 1996. *Das alte Ä. 3000 Jahre Geschichte u. Kultur des Pharaonenreiches,* Beiträge v. J. Boessneck u. a. München ⁴1998. – *Assmann, J.: Ä. Eine Sinngeschichte.* Darmstadt 2001. – *Huß, W.: Ä. in hellenist. Zeit 332–30 v. Chr.* München 2001.

ägyptische Finsternis, sprichwörtlich für: tiefste Finsternis; im A. T. eine der ↑ägyptischen Plagen.

ägyptische Körnerkrankheit, das ↑Trachom.

ägyptische Kunst. Aus bescheidenen Anfängen und in enger Verflechtung mit den frühen künstler. Gestaltungen des benachbarten Vorderasien entwickelte sich die ä. K. um 3000 v. Chr. zu einer ersten eigenständigen Blüte.
In der *Baukunst* traten seit der Reichseinigung der Holz- und Schilfrohbau der oberägypt. Nomaden und der Luftziegelbau der unterägypt. Bauern in Wechselwirkung. In monumentalen Bauten (in der Frühzeit aus

Ziegeln, seit dem Alten Reich auch aus Stein) dokumentierte sich der Machtanspruch der Könige. Das Hügelgrab der Nomaden wandelte sich zur blockartigen, steinverkleideten ↑Mastaba mit Kultkammer. Aus ihr bildete sich (seit dem Alten Reich) die Stufenpyramide als Königsgrab heraus (z. B. die Pyramide des Djoser in Sakkara). In die 4. Dynastie fällt die Blüte der Pyramidenkunst (mit Totentempeln). Für Beamte legte man seit dem Alten Reich Felsengräber an; in solchen wurden im Neuen Reich auch Könige beigesetzt. Der ägypt. Tempel wurde als Prozessionstempel entlang einer geraden Achse errichtet: Eine Sphinxallee führte durch Tortürme (Pylonen) und einen von Säulenhallen umgebenen Hof in einen als dreischiffige Basilika angelegten Säulensaal, hinter dem das Allerheiligste mit dem Götterbild lag. Des Weiteren entstand eine dem grch. Peripteros ähnliche Tempelform.

Die *Plastik* in Tempeln und Gräbern wurde mit dem Fortleben des Menschen im Jenseits verbunden und bildete ihn daher so ab, wie man ihn seinem zeitlosen Wesen und seiner sozialen Funktion nach sah: frei von vergängl. Zufälligkeiten, unabhängig von Lebensalter, Bewegung und Tätigkeit. Daher fehlen Kinder- und Altersbildnisse fast völlig, und auch porträthafte Ähnlichkeit ist wohl nie angestrebt worden. Mann und Frau wurden durch ihre Tracht sowie verschiedenartige Grundstellung und Körperfarbe (Männer rotbraun, Frauen gelb) unterschieden. – Die ä. K. hielt an den Grundlagen der Personendarstellung mit wenigen Abweichungen oder Unterbrechungen (Amarna-Stil, ↑Amarna) durch alle Zeiten fest. Bis in die Spätzeit blieb die Form des »Würfelhockers« beliebt, die Menschen auf eine fast reine Würfelform reduzierte. – Im gleichen Sinnzusammenhang wie die Plastik standen die Reliefs an den Wänden der Tempel und Gräber. Die Darstellungen sind unräumlich und unperspektivisch, ohne Schatten und lichtgebundenes Farbenspiel. Alle Objekte, auch Teile des menschl. Körpers, werden in der für sie charakterist. Ansicht dargestellt, also entweder von vorn oder von der Seite. Die Bilder wenden sich nicht an einen Betrachter, die Figuren blicken nicht aus der Bildfläche heraus. Die Zeitlosigkeit der Darstellung lässt in einem Bild oft mehrere Handlungsabläufe nebeneinander zu.

Eine eigenständige *Wandmalerei* neben den stets bemalten Reliefs entfaltete sich erst mit der Gestaltung von Gräbern und Palästen des Neuen Reiches (Amarna). Das *Kunsthandwerk* zeichnete sich zu allen Zeiten durch vollendete Stein-, Metall-, Holz- und Glastechnik sowie durch strenge, zweckgemäße Schönheit der Form aus.

Die Grenzen zw. Kunst und Schrift sind fließend; jede Hieroglyphe kann als ein kleines Kunstwerk gestaltet, Bilder können »gelesen« werden. Für abstrakte Vorstellungen wie etwa Zeit, Licht oder Schöpfung wurden prägnante Bildzeichen geschaffen.

Brunner-Traut, E.: Ägypten. Kunst- u. Reiseführer mit Landeskunde. Stuttgart ⁶1988. – Pelizaeus-Museum Hildesheim. Die Ägypt. Sammlung, hg. v. A. Eggebrecht. Mainz 1993. – *Arnold, D.*: Lexikon der ägypt. Baukunst. München u. a. 1994. – *Michalowski, K.*: Die ä. K. A. d. Frz. Freiburg im Breisgau u. a. 2000.

ägyptische Literatur. In der Fülle des erhaltenen altägypt. Schrifttums ist der Anteil der eigentl. Literatur im Vergleich zu dem der Urkunden des öffentl. und privaten Lebens gering. Die religiöse Lit. umfasst die Toten-Lit.: die seit der 5. Dynastie in den Sargkammern der Pyramiden aufgezeichneten Pyramidentexte, die Sargtexte auf den Särgen der 9.–11. Dynastie, das Totenbuch (eine Spruchsammlung, die seit dem Neuen Reich dem Toten mitgegeben wurde) und mehrere Jenseitsführer. Die wiss. Lit. zeigt die Ägypter v. a. in der Medizin, Astronomie und Mathematik schöpferisch. – Beispiele von Weisheits-Lit. (Zusammenstellungen von Sprüchen und lehrhaften Texten) sind aus fast allen Epochen der ägypt. Geschichte erhalten. Sie spiegeln die Entwicklung eth. und religiöser Vorstellungen, aber auch die jeweiligen polit. und sozialen Verhältnisse wider. Daneben war die Schul-Lit. (»Lehre des Cheti«) ausgebildet. – Die schöne Lit. brachte im Mittleren und Neuen Reich eine Fülle von Erzählungen (»Geschichte des Sinuhe«) und Märchen (»Brüdermärchen«) hervor. Dramatur. Texte entstanden für religiöse Festspiele. Die Poesie bildete u. a. die Formen des Heldengedichts, des Hymnus, des Liebes- und Arbeitsliedes aus. – Moderne ä. L. ↑arabische Literatur.

Lichtheim, M.: Ancient Egyptian literature, 3 Bde. Berkeley (Calif.) 1973-80. – Brunner, H.: Grundzüge einer Geschichte der altägypt. Lit. Darmstadt ⁴1986. – Ancient Egyptian literature. History and forms, hg. v. A. Loprieno. Leiden 1996.

ägyptische Musik. Schrift- und Bilddokumente bezeugen eine schon im Alten Reich hoch entwickelte Musikkultur. Das Instrumentarium bestand aus Harfen, Flöten, Leiern, Oboen, Trompeten und versch. Rhythmus- und Geräuschinstrumenten, um 2000 kam die Laute hinzu. Eine Trennung zw. magisch-kult. und profaner Musik ist von der 4. Dynastie an (um 2590–2470 v. Chr.) festzustellen. Nach dem Verfall des Neuen Reiches war die ä. M. vielen äußeren Einflüssen unterworfen. Seit der Islamisierung Ägyptens war die arab. Musik vorherrschend.

ägyptische Plagen, die zehn von Gott über Ägypten verhängten Katastrophen (nach 2. Mos. 7, 14–12, 30), um vom Pharao die Freilassung der Israeliten zu erzwingen, u. a. die **ägypt. Finsternis** und der Tod jeder ägypt. Erstgeburt.

ägyptische Religion. In der Frühzeit begegnen die göttl. Mächte in Gestalt von Tieren und Fetischen, ab etwa 3000 v. Chr. in Menschengestalt, wobei gewisse Tieraspekte als Attribute beibehalten werden: so der falkenköpfige Horus, der widderköpfige Amun. Die Vielzahl der Gottheiten bleibt im Wesentlichen bestehen, bei bevorzugter Stellung des Sonnengottes Re, der sich später mit ↑Amun zum Reichsgott Amun-Re verbindet. Amenophis IV. (Echnaton) suchte die Verehrung eines einzigen abstrakten Gottes (weder menschen- noch tiergestaltig) durchzusetzen; nach ihm jedoch kehrte man zum Polytheismus zurück. Dessen Systematisierung dient der Entstehungsmythos: Der Urgott Amun schafft aus seinem feuchten Atem das Götterpaar Schu (»Luft«) und Tefnut (»Feuchtigkeit«), die Geb, den Erdgott, und Nut, die Himmelsgöttin, erzeugen; deren Kinder sind ↑Osiris und ↑Seth mit ihren Schwestern und Gemahlinnen ↑Isis und ↑Nephtys. Horus, Sohn der Isis und des Osiris, nahm im jeweiligen Pharao menschl. Gestalt an. Damit galt der Pharao als Gott und stand im Zentrum des ägypt. Staatskults.

Weitere Charakteristika der ä. R. sind Jenseitsorientierung und Totenkult. Jeder Verstorbene muss sich im Totengericht vor Osiris, dem Totenrichter, verantworten. Handeln und Gesinnung seiner Seele, Ba, werden auf ihre Übereinstimmung mit Maat, der natürlichen wie auch staatlichen und zwischenmenschlichen Ordnung, hin überprüft. Selbst die Götter sind Alter und Tod unterworfen. Berühmt ist der Mythos des Osiris, dessen Wiederauferstehung den Menschen die Hoffnung auf Überwindung des Todes gibt.

📖 *Morenz, S.: Ägypt. Religion. Stuttgart ²1977. – Assmann, J.: Ägypten: Theologie u. Frömmigkeit einer frühen Hochkultur. Stuttgart u. a. ²1991. – Quirke, S.: Altägypt. Religion. Stuttgart 1996.*

ägyptische Schrift, in mehreren Formen auftretende Schrift, in der die ägypt. Sprache überliefert ist. Die **Hieroglyphen** wurden kurz vor 3000 erfunden. Ihr Prinzip beruht darauf, dass zunächst zeichenbare Dinge standardisiert gezeichnet werden. Diese Zeichen werden dann für Worte ähnlichen Lautung verwendet. **Hieratisch** ist die Kursivform der Hieroglyphen. Die Zeichen verlieren ihren Bildcharakter und werden zu Strichen und Strichgruppen verkürzt. In der Spätzeit (ab 715 v. Chr.) wird das Hieratische durch eine für die formelhafte Verwaltungssprache entwickelte weitere Verkürzung, das **Demotische,** verdrängt; nur die religiösen Texte werden weiterhin hieratisch geschrieben. – Etwa seit der 2. Hälfte des 2. Jh. n. Chr. schreiben christl. Ägypter ihre Sprache ausschl. mit einem erweiterten grch. Alphabet. Diese Schrift wird als **kopt. Schrift** bezeichnet. Die Entzifferung der ä. S. gelang erst 1822 J. F. Champollion.

📖 *Schlott, A.: Schrift u. Schreiber im alten Ägypten. München 1989.*

ägyptische Sprache. Die Sprache der alten Ägypter gehört zur Gruppe der hamitosemit. Sprachen. Sprachgeschichtlich unterscheidet man: das **Frühägyptische,** nur kurze, schwer verständl. Inschriften; das **Altägyptische,** die Schriftsprache des Alten Reichs; das **Mittelägyptische,** die später als klassisch empfundene Sprache des Mittleren Reichs, in Urkunden des Neuen Reichs fortlebend; das **Neuägyptische,** die Volkssprache des Neuen Reichs, als Urkundensprache bis ins 5. Jh. n. Chr. fortlebend (**Demotisch**), und das **Koptische,** die Volkssprache der Spätzeit.

📖 *Schenkel, W.: Einführung in die alt-*

ägyptische Sprachwissenschaft. Darmstadt 1990.
Ägyptologie die, die wiss. Erforschung des ägypt. Altertums in Sprache, Geschichte, Kunst und Kultur.
Ah, auch A · h, Einheitenzeichen für Amperestunde.
Ahab (Achab), nach 1. Kön. 16, 28 ff. König von Israel (873–853 v. Chr.), duldete den Baalkult in Samaria (↑Elias).
Aha-Erlebnis, *Psychologie:* nach K. Bühler das plötzl. Verstehen eines gesuchten, aber vorher unbekannten Sinnzusammenhanges.
Ahaggar (Hoggar), Gebirgsmassiv in der zentralen Sahara, SO-Algerien; Hochgebirgswüste mit Höhen von fast 3 000 m ü. M.; hier leben die zu den Tuareg gehörenden A. mit ihren Herden. Zentrum ist Tamanrasset.
Ahas (Achas), König von Juda (741–725 v. Chr.), verlor sein Land an die Assyrer (2. Kön. 16, 1 ff.).
Ahasver [hebr. »Fürst«] (Ahasverus), 1) im A. T. Name des Perserkönigs Xerxes.
2) in der Volkssage der ↑Ewige Jude.
Ahaus, Stadt im Kr. Borken, NRW, 50 m ü. M., im westlichen Münsterland, nahe der niederländ. Grenze, 36 100 Ew.; Textil-, Papier-, Holzindustrie. – Barockschloss. – 1406 kam die Herrschaft A. an den Bischof von Münster.
Ahern [ə'hə:n], Bartholemew Patrick (Bertie), irischer Politiker, *Dublin 12. 9. 1951; ab 1977 Parlamentsabg., 1991–94 Finanzmin., wurde 1994 Vors. der Fianna Fáil und 1997 MinPräs. (2002 im Amt des Reg.chefs bestätigt).
Ahidjo [ai'dʒo], Ahmadou, Politiker in Kamerun, *Garoua 24. 8. 1924, †Dakar 30. 11. 1989; 1958/59 Premiermin., nach Proklamation der Unabhängigkeit Kameruns 1960–82 Staatspräsident.
ahistorisch, geschichtl. Gesichtspunkte außer Acht lassend.
Ahlbeck, Ostseebad in waldreicher Umgebung auf der Insel Usedom, Kr. Ostvorpommern, nahe der Grenze zu Polen, 3 700 Ew.; Seebrücke (280 m).
Ahle (Pfriem), nadelartiges Werkzeug zum Vorstechen oder Aufweiten von Löchern, z. B. in Leder.
Ahle, Organisten in Mühlhausen/Thüringen: Johann Rudolf (*1625, †1673) schrieb bes. geistl. Konzerte, sein Sohn Johann Georg (*1651, †1706) geistl. und weltl. Lieder.
Ahlen, Stadt im Kreis Warendorf, NRW, 80 m ü. M., im südöstl. Münsterland, 55 600 Ew.; u. a. Emaillierwerke, Maschinenbau; der Steinkohlenbergbau wurde 2000 eingestellt.
Ahlener Programm, ↑Christlich-Demokratische Union.
Ahlkirsche, die ↑Traubenkirsche.
Ahlsen, Leopold, eigtl. Helmut Alzmann, Schriftsteller, *München 12. 1. 1927; schrieb Dramen, Hör- und Fernsehspiele (»Philemon und Baucis«, 1956; »Die Wiesingers«, 1984).
Ahmadabad (Ahmedabad), Stadt in Gujarat, Indien, 3,52 Mio. Ew.; Univ.; Baumwoll-Handelszentrum, Textilind.; internat. Flughafen. – Moscheen und Grabmäler aus dem 15. Jh. Eine Besonderheit ist die Einteilung in in sich geschlossene Viertel (»pols«) als Ausdruck eines strengen Kastenwesens. – 1411 gegründet.
Ahmadi ['ax-] (Al-Ahmadi), Stadt in Kuwait, 26 900 Ew.; Zentrum des kuwait. Erdölfördergebietes, Erdölraffinerie, Erdölleitung zum östlich gelegenen Hafen **Mina al-A.;** Sitz der Kuwait Oil Co. – 1946 gegr., nach Scheich Ahmad (1921–50) benannt.
Ahmadija [ax-], aus dem sunnit. Islam hervorgegangene Glaubensgemeinschaft, die sich gegen den Widerstand vieler islam. Länder über Indien, O- und W-Afrika und W-Europa ausgebreitet hat.
Ahming [grch. ámē »Eimer«], Tiefgangsskale am Vor- oder Achtersteven von Schiffen.
Ahmose [ax-] (Ahmes), ägypt. Mathematiker(?) unter einem König Apophis der Hyksoszeit (1650–1550 v.Chr.), schrieb den Papyrus Rhind, die wichtigste Quelle der ägypt. Mathematik.
Ahnen (lat. Aszendenten, Vorfahren), alle Personen, von denen ein Mensch abstammt, seine Verwandten in ↑aufsteigender Linie, z. B. Eltern im Verhältnis zu Kindern.
Ahnenkunde (seltener Ahnenforschung), svw. ↑Genealogie.
Ahnenprobe, Nachweis adliger und ehel. Abstammung über eine bestimmte Geschlechterfolge hin (Adels- und Filiationsprobe); bes. im 14.-16.Jh. bed., u. a. für Mitglieder eines Ritterordens oder – allgemein – für die Lehnsfähigkeit.

AHN Ahnentafel

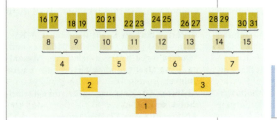

Ahnentafel (Schema): 1 Proband, dessen Ahnen nachgewiesen werden, 2 und 3 Eltern, 4–7 Großeltern, 8–15 Urgroßeltern, 16–31 Ururgroßeltern

Ahnentafel (Aszendenztafel), familienkundl. Aufstellung mit Angabe der Ahnen einer Person in aufsteigender Linie.

Ahnenverehrung (Ahnenkult), bei vielen Völkern übliche Verehrung der verstorbenen Vorfahren des eigenen Geschlechts, verbunden mit regelmäßigen Opfern. In der römischen Republik wurden in den vornehmen Familien Ahnenbilder im Atrium des Hauses aufbewahrt. In China, wo die A. seit etwa dem 15. Jh. v. Chr. bezeugt ist, ist sie ein wesentliches Element des Konfuzianismus. Auch in Japan und Indien ist die A. heute noch von Bedeutung.

Ähnlichkeit, 1) *Biologie:* Die Ä. der Lebewesen oder einzelner Organe geht entweder auf die gemeinsame Abstammung oder auf die Anpassung an gleiche Umweltbedingungen zurück. **Analoge Organe** sind versch. Ursprungs, leisten aber Ähnliches oder Vergleichbares, **homologe Organe** haben gleichen Ursprung, erbringen aber unterschiedl. Leistungen. **2)** *Geometrie:* Gleichheit der Form geometr. Figuren, nicht notwendig ihre Deckungsgleichheit (↑kongruent). Ähnl. Figuren stimmen in den entsprechenden Winkeln überein, das Größenverhältnis entsprechender Seiten ist gleich. Sie lassen sich durch Verschiebung, Drehung oder Spiegelung erzeugen. Für ähnl. Dreiecke gelten besondere Ä.-Sätze.

Ähnlichkeitstheorie, *Physik:* Theorie zur method. Auffindung und Untersuchung von Vorgängen in theoretisch schwer zugängl. oder ungenügend behandelbaren physikal. Teilgebieten wie der Strömungslehre. Hilfsmittel der Ä. sind v. a. dimensionslose Parameter (↑Kennzahl), die das Verhältnis bestimmter physikal. Größen zueinander wiedergeben.

Aho, 1) Esko, finn. Politiker, *Veteli (Prov. Vaasa) 20. 5. 1954; Politikwissenschaftler, wurde 1983 Abg. des Reichstages, war 1990–2002 Vors. der Zentrumspartei und 1991–95 Ministerpräsident. **2)** Juhani, eigtl. Johan Brofeldt, finn. Schriftsteller, *Lapinlahti 11. 9. 1861, †Helsinki 8. 8. 1921; Wegbereiter des finn. Realismus, schrieb Romane und Novellen.

ahoi [niederdt.], seemänn. Anruf für ein Schiff oder Boot.

Ahold, niederländ. Handelskonzern, ↑Royal Ahold N. V.

Ahom, Gruppe der Shan-Völker, die im 13. Jh. Assam eroberte und nach Zerstörung ihres Reiches durch die Birmanen (Anfang 19. Jh.) als eigene Kaste in der Hindubevölkerung aufging.

Ahonen, Janne Rane Manu, finn. Skispringer, *Lahti 11. 5. 1977; u. a. Weltmeister 1995 (Mannschaft), 1997 (Normalschanze Einzel und Mannschaft) sowie Sieger der Vierschanzentournee 1998/99 und 2002/03; gewann 2004 den Gesamtweltcup.

Ahorn (Acer), Gattung der Ahorngewächse (Aceraceae), bis 30 m hohe Bäume mit strahligen Blüten und geflügelten Spaltfrüchten. Einheim. Arten: **Spitz-A.** (Acer platanoides), in der Ebene; **Berg-A.** (Acer pseudoplatanus), in bergigem Land; **Feld-A., Maßholder** (Acer campestre), in ganz Europa. Nordamerikan. Arten in Mitteleuropa sind z. B. der **Zucker-A.** (Acer saccharum), der in seiner Heimat A.-Zucker liefert, und der z. T. weißbunt belaubte **Eschen-A.** (Acer negundo). Japan. A.-Arten werden als Ziergehölze kultiviert. A.-Holz ist helles, hochwertiges Nutzholz. Maserholz von nordamerikan. Arten (Vogelahornholz) wird u. a. zu Möbeln und Täfelungen verarbeitet.

Ahr *die,* linker Nebenfluss des Rheins aus der Eifel, 89 km lang, mündet unterhalb von Sinzig; im unteren Talstück **(Ahrgau)** Weinbau.

Ähre, Blütenstand; seitlich an der verlängerten Hauptachse sitzen ungestielte Blüten (z. B. Wegerich). Die Ä. der Gräser ist aus einzelnen Ä. (**Ährchen**) zusammengesetzt.

Ährenlili|e, der ↑Beinbrech.

Ahrensburg, Stadt im Kreis Stormarn, Schlesw.-Holst., 28 600 Ew.; Druckereien, Zigarettenindustrie. – Schloss (1595, heute Museum). – Fundort der **Ahrensburger Kultur** (etwa 8800 bis 8000 v. Chr.): späteiszeitl. Siedlungs- und Jagdplätze von Rentierjägern.

Ahrenshoop, Seebad im Kreis Nordvorpommern, Meckl.-Vorp., 820 Ew.; Künstlerkolonie. – Um 1760 entstanden.

Ahriman [mittelpers. »arger Geist«], in der Religion des Zarathustra, dem ↑Parsismus, die Macht der Finsternis und der Geist des Bösen. Sein Widersacher ist ↑Ahura Masda.

Ahronovitch [-tʃ], Yuri (Juri Michailowitsch), israel. Dirigent russ. Herkunft, *Leningrad (heute Sankt Petersburg) 13. 5. 1932, †Köln 31. 10. 2002; 1964–72 Chefdirigent des Allunions-Rundfunkorchesters in Moskau, dann Emigration nach Israel; u. a. 1982–87 Chefdirigent des Stockholmer Philharmon. Orchesters.

Ahrweiler, 1) Stadtteil von ↑Bad Neuenahr-Ahrweiler.
2) Landkreis in Rheinl.-Pf., 787 km^2, 130 100 Ew.; Kreisstadt Bad Neuenahr-Ahrweiler.

Ahtamar [ˈax-], Insel im Vansee, Türkei, mit der 915–921 erbauten armen. Kreuzkuppelkirche vom Hl. Kreuz. Ehem. Residenz der armen. Königreiches Waspurakan.

Ahtisaari, Martti, finn. Politiker, *Viipuri (heute Wyborg) 23. 6. 1937; Mitgl. der Sozialdemokrat. Partei; zunächst Lehrer, dann Diplomat, 1977–86 und 1989–90 UN-Kommissar bzw. Sonderbeauftragter des UN-Gen.-Sekr. für Namibia; 1994–2000 Staatspräs. von Finnland, 1999 EU-Vermittler im Kosovokonflikt.

Ahura Masda [altiran. »der weise Herr«] (mittelpers. Ormuzd), in der Religion des Zarathustra die Macht des Lichts, der Schöpfer und Erhalter der Welt und des Menschen. Sein Widersacher ist ↑Ahriman.

Ahvaz, Stadt in Iran, ↑Ahwas.

Ahwas (Ahvaz), Hptst. der Prov. Khusistan, Iran, am Fluss Karun, 724 700 Ew.; Univ.; Handelszentrum; chem., Eisen- und Stahlind.; Erdölfeld; Flughafen.

ai, auch **AI,** Abk. für ↑Amnesty International.

Ai [ˈaːi, portugies.-indian.] *das,* ein Faultier.

Aia (lat. Aea), *grch. Mythos:* das Sonnenland im Osten, Ziel der Fahrt der ↑Argonauten, später mit ↑Kolchis gleichgesetzt.

Aiakos (Äakus), im grch. Mythos ein Sohn des Zeus, Ahnherr der **Aiakiden** (Achill, Aias d. Gr.); nach seinem Tode Richter im Totenreich.

Aias (Ajax), *grch. Mythos:* zwei Heerführer vor Troja: **1) A. der Kleine,** gen. der Lokrer, kam auf der Rückfahrt von Troja wegen eines an Kassandra verübten Frevels um.
2) A. der Große, Sohn des Telamon, König von Salamis, verfiel in Wahnsinn und tötete sich vor Troja selbst, als nicht ihm, sondern Odysseus die Waffen des gefallenen Achill zugesprochen wurden.

Aibling, Bad, ↑Bad Aibling.

Ahorn: Zuckerahorn

Aichach, Stadt in Bayern, Verw.sitz des Landkr. Aichach-Friedberg, RegBez. Schwaben, 442 m ü. M., 19 600 Ew.; Metall-, Textil-, Kunststoff- u. a. Industrie. – Spätgot. Pfarrkirche und Spitalkirche, zwei Stadttore (15. Jh.). Bei A. lag die 1209 zerstörte Burg Wittelsbach.

Aichach-Friedberg, Landkreis im RegBez. Schwaben, Bayern, 781 km^2, 123 300 Ew.; Krst.: Aichach.

Aicher, Otl, eigtl. Otto A., Grafiker und Designer, *Ulm 13. 5. 1922, †(Verkehrsunfall) Günzburg 1. 9. 1991; gründete zus. mit seiner Frau Inge Aicher-Scholl die Ulmer Hochschule für Gestaltung, der er 1962–64 als Rektor vorstand; 1968–72 Gestaltungsbeauftragter für die Olymp. Spiele in München. A. leistete mit seinen Arbeiten (u. a. Piktogramme) einen bed. Beitrag auf dem Gebiet der visuellen Kommunikation.

Aichhorn, August, österr. Pädagoge, *Wien 27. 7. 1878, †ebd. 13. 10. 1949; begründete die psychoanalyt. Pädagogik.

Aichinger, Ilse, österr. Schriftstellerin, *Wien 1. 11. 1921; ∞ mit G. Eich; vermittelt in Erzählungen, Hörspielen, Prosatexten und Gedichten mit sparsamer, präziser Sprache existenzielle menschl. Zustände und Gefühle (u. a. »Der Gefesselte«, 1953, Erzählungen; »Kleist, Moos, Fasane«, 1987, Prosa und Lyrik; »Film und Verhängnis. Blitzlichter auf ein Leben«, 2001, Autobiografisches).

AIDA-Formel, Formel für die Wirkungsstufen einer Werbemaßnahme: Attention (Aufmerksamkeit), Interest (Interesse), Desire (Begehren), Action (Kaufhandlung).

Aide-mémoire [ɛːdmeˈmwaːr; frz. »Gedächtnishilfe«] *das,* Niederschrift einer mündl. Erklärung im diplomat. Verkehr.

Aidid, Mohammed Farah Hasan, somal. General und Politiker, *Beled Weyne 1935, †Mogadischu 2. 8. 1996; 1969–75 inhaftiert, nahm 1977 am Ogadenkrieg teil; nach der Vertreibung M. S. Barres 1991 lieferten sich seine Truppen heftige Kämpfe mit rivalisierenden Milizen. A. war 1993/94 Hauptverantwortlicher für das Scheitern der UN-Befriedungs- und Hilfsaktion für Somalia.

Aids [eɪdz; Kurzwort aus engl. acquired immune deficiency syndrome, »erworbenes Immunschwächesyndrom«], erstmals 1981 in den USA beschriebene, sich weltweit ausbreitende Virusinfektionskrankheit, die zu einer schweren Störung oder zum Zusammenbruch der körpereigenen Abwehrkräfte (zelluläre Immunschwäche) führt. Da das Abwehrsystem ausgeschaltet ist, führen selbst harmlose Infektionen, deren Erreger überall verbreitet sind, zu schweren, oft tödl. Erkrankungen. Erreger sind das humane Immuninsuffizienz-Virus (HIV-1) und das 1986 isolierte HIV-2. Nach der primären Infektion beginnt eine starke Virusvermehrung. Mit der Immunantwort sinkt die Viruslast, und es kommt zur Bildung von Antikörpern im Serum, die nach 6 bis 12 bzw. 16 Wochen nachweisbar sind. Im Ansteckungsfall können bis zum Auftreten charakterist. Krankheitszeichen $1^1/_2$ bis acht (auch 15) Jahre vergehen. HIV wurde in Körperflüssigkeiten (u. a. in Blut, Sperma, Scheidensekret, Muttermilch) nachgewiesen. Gesichert ist bisher nur die Übertragung durch virushaltige Körperflüssigkeiten, Blut bzw. Blutbestandteile, insbes. beim Geschlechtsverkehr, durch Schleimhautverletzungen, Injektionen oder Transfusionen. Selbst Neugeborene können durch die Mutter infiziert sein. Außerhalb der genannten Wege ist eine HIV-Übertragung praktisch auszuschließen. Auch bei engen Alltagskontakten mit HIV-infizierten Menschen besteht kein Ansteckungsrisiko. Zu einer HIV-Infektion kommt es bevorzugt bei Homosexuellen und Drogenabhängigen, aber auch bei Heterosexuellen mit häufigem Partnerwechsel und Geschlechtsverkehr ohne Kondom.

Das hervorstechende Merkmal des HIV ist, dass es gerade jene Zellen befällt, die vom Organismus zur Abwehr eindringender Krankheitserreger eingesetzt werden. Diese sog. T-Helferzellen haben Rezeptoren, an denen die Viren andocken können. Diese bauen ihre Erbinformationen in die Helferzellen ein und zwingen sie so, neue Viren zu produzieren. Viele der neuen Viren weisen dabei eine veränderte Hülle auf und sind so für Antikörper schwerer zu erkennen. Die HIV-infizierten Zellen stören außerdem das komplexe Zusammenspiel der vielfältigen Formen der Immunantwort; eingeschränkte, fehlgeleitete oder überschießende Abwehrreaktionen sind die Folge.

Nach versch. Phasen der HIV-Infektion (HIV-Erkrankung) mit unspezif. Symptomen wie Lymphknotenschwellungen, Fieber, Durchfall und Gewichtsverlust kommt es zum Vollbild der Erkrankung. A. ist durch eine ausgeprägte Störung der zellulären Immunität und eine starke Verminderung (bis Fehlen) der T-Helferzellen mit ständig wiederkehrenden Erkrankungen an opportunist. Erregern und bösartigen Tumoren, bes. Kaposi-Sarkom und Lymphome, gekennzeichnet.

Behandlung: Eine ursächl. Therapie und eine Impfung stehen noch nicht zur Verfügung. Im Vordergrund der medizin. Versorgung stehen neben der psychosomat.

Betreuung die Vorbeugung und die Therapie der opportunist. Infektionen sowie die frühzeitige Anwendung antiretroviraler Arzneimittel, die das Fortschreiten der Erkrankung verzögern. Dabei handelt es sich um Hemmstoffe viraler Enzyme, die essenzielle Funktionen im Vermehrungszyklus des Virus wahrnehmen (Transkriptase- und Proteasehemmer), sowie um Fusionshemmer, die das Andocken des Virus an die Wirtszelle verhindern sollen. Ende 2003 lebten in Dtl. etwa 43 000 Menschen (33 500 Männer und 9 500 Frauen) mit einer HIV-Infektion; weltweit waren es 37,8 Mio. Menschen. Seit Beginn der Epidemie sind in Dtl. bereits 22 000 Personen an HIV/Aids gestorben, etwa 600 Todesfälle traten 2003 auf (weltweit 2,9 Mio.).

Prävention: Die Verhinderung der Übertragung bildet die entscheidende Grundlage für die Eingrenzung der Epidemie. Während in den meisten Ind.ländern (v. a. in Westeuropa und Nordamerika) vorbeugende Maßnahmen und leistungsfähige Gesundheitssysteme die Ausbreitung bisher stark einschränken konnten, breitet sich HIV in vielen Ländern der Dritten Welt (v. a. in Asien und Afrika) noch fast ungehindert aus. Jüngst ist auch in osteurop. Staaten ein beunruhigender Anstieg der mit dem Aids-Virus infizierten Personen zu verzeichnen. Wirksame Vorbeugung erfordert die offene und öffentl. Thematisierung von Sexualität und (auch illegalem) Drogengebrauch sowie der damit verbundenen Infektionsgefahren. Religiöse, moral. oder gesellschaftspolit. Widerstände behindern jedoch in vielen Ländern solche vorbeugenden Maßnahmen.

📖 *AIDS – Management der Erkrankung. Szenarien zur Verbesserung von Diagnose u. Behandlung, hg. v. H. Jäger. Landsberg (Lech) 1996. – Schmidt, Peter: Ein kurzes Leben lang. Kinder u. Aids. Düsseldorf 1996. – Ebert, L.: Leitfaden medizin. Behandlungsmöglichkeiten bei HIV u. AIDS. Berlin ³2001. – Balz, P.: Pflegen u. pflegen lassen. Für Menschen mit HIV und AIDS, ihre Partner, Partnerinnen u. Angehörigen… Berlin ²2002.*

Aigeus (Ägeus), myth. König von Athen, Vater des Theseus. Er stürzte sich, weil er seinen Sohn vom Minotaurus getötet wähnte, ins (»Ägäische«) Meer.

Aigis [grch.] *die* (Ägis), der von dem grch. Gott Hephaistos geschmiedete Schild des Zeus, auch der Athene; trägt in der Mitte das Haupt der ↑Gorgo Medusa. A. ist das Sinnbild der schirmenden Obhut (»Ägide«) der Götter.

Aigle [ɛːgl], Bezirkshauptort im Kt. Waadt, Schweiz, an der Rhone, 415 m ü. M., 7 600 Ew.; Wein-, Salzmuseum; Obst-, Weinbau, Tabakanbau; Uhrenind., Erdölraffinerie; Fremdenverkehr.

Aigospotamoi [grch. »Ziegenflüsse«] (Ágospotamoi), Zufluss des Hellespont auf der Thrak. Chersones (↑Griechenland, Geschichte).

Aigues-Mortes [ɛgˈmɔrt], Stadt im südfrz. Dép. Gard, inmitten von Lagunen und Kanälen am W-Rand der Camargue, 5 000 Ew.; Meersalzgewinnung, Fremdenverkehr. A.-M. war im 13. Jh. wichtiger Hafen. – Mittelalterl. Stadtanlage mit gitternetzförmigem Grundriss, zentralem Marktplatz und rechteckigem Mauerkranz (14 Türme und 10 Tore).

Aiguière [ɛˈgjɛːrə, lat.-frz.] *die*, Wasserkanne in Verbindung mit einem Becken zu Handwaschungen bei Tisch. In der Renaissance und im Barock als Prunkgefäß aus Zinn oder Edelmetall ausgebildet, später in Fayence und Porzellan.

Aiguille [ɛˈgɥij; frz. »Nadel«], im frz. Sprachgebiet der Alpen Name steiler, zugespitzter Berggipfel, bes. im Montblancgebiet, z. B. **A. du Midi** (3 842 m ü. M.; Seilbahn von Chamonix).

Aijubiden, ägyptisch-syr. Herrschergeschlecht (1171–1263) kurd. Ursprungs, gegr. von Sultan Saladin, dem Sohn Aijubs.

Aiken [ˈeɪkɪn], **1)** Conrad Potter, amerikan. Schriftsteller, * Savannah (Ga.) 5. 8. 1889, † ebd. 17. 8. 1973, Vater von Joan Delano Aiken; beeinflusst von E. A. Poe, G. Santayana, S. Freud und R. Emerson; schrieb Lyrik, Romane, Kurzgeschichten; bed. Kritiker.

2) Joan Delano, britisch-amerikanische Schriftstellerin, * Rye (Cty. Sussex) 4. 9. 1924, † Petworth (Cty. West Sussex) 4. 1. 2004, Tochter von; ab den 1960er-Jahren Autorin unterhaltender Literatur aller Genres, insbes. von Kinderbüchern, Schauergeschichten, Psychothrillern, histor. und Gesellschaftsromanen (»Ärger mit Produkt X«, 1966; »Die Fünf-Minuten-Ehe« 1978; »Jane Fairfax«, 1990; *»Anderland«*, 1992; »Emma Watson«, 1996; »Die jüngste Miss Ward«, 1998).

Aiken-Code [ˈeɪkɪnkoːt; nach dem amerikan. Mathematiker H. H. Aiken, *1900, †1973), aus 4-Bit-Einheiten (Tetraden) symmetrisch aufgebauter Binärcode für Dezimalziffern. Zur Darstellung der Ziffern 0–4 werden die ersten fünf, zur Darstellung der Ziffern 5–9 die letzten fünf Tetraden der natürl. Dualzahlenfolge genutzt. Die in der Mitte liegenden sechs als Pseudotetraden bezeichneten Biteinheiten sind beim A.-C. ungültig.

Ain [ɛ̃], **1)** *der*, rechter Nebenfluss der Rhone, 200 km lang, entspringt im Jura, mündet östlich von Lyon; Wasserkraftwerke.
2) Dép. in SO-Frankreich, 5762 km², 515000 Ew.; Hptst.: Bourg-en-Bresse.
Ainu [»Menschen«], Selbstbez. eines zu den Paläosibiriern gehörenden Volkes; Reste (etwa 14000 A.) leben auf Hokkaidō, Sachalin und den Kurilen.

Airbag: Wirkungsweise von Airbag und Gurtstraffer in einem modernen Pkw (schematisch)

Aikido [japan. ai »Harmonie«, ki »Geist«, do »Weg«] *das*, humane und elegante Form der Selbstverteidigung ohne Wettkampfcharakter, bei der die Mittelachse des Angreifers so verändert werden soll, dass dieser in Kreisbewegungen hineingezogen wird und so sein Gleichgewicht verliert.
Ailanthus [von malaiisch aylanto »Himmelsbaum«], die Pflanzengattung ↑Götterbaum.
Ailanthusspinner, großer ostasiat. Augenspinner, dessen Raupe auf Ailanthus glandulosa (Götterbaum) lebt und Seide (Eriseide) liefert.
Ailey [ˈeɪlɪ], Alvin, amerikan. Tänzer und Choreograph, *Rogers (Tex.) 5. 1. 1931, †New York 1. 12. 1989; schuf eine neue Art von Jazzdance; gründete 1958 das A. A. American Dance Theatre.
AIM, Abk. für ↑American Indian Movement.
Aimara (span. Aymará), Indianervolk im Gebiet des Titicacasees (Peru und Bolivien). Die A.-Sprache wird von mehr als 2 Mio. Menschen gesprochen. – Auf die A. gehen möglicherweise Bauten der Vorinkazeit (z. B. ↑Tiahuanaco) zurück.

Air [ɛːr, frz.] *das*, **1)** *allg.*: Aussehen, Haltung.
2) *Musik:* allgemein vokale und instrumentale Melodie; Gesangstück in häufig zweiteiliger Form (z. B. in der Oper) sowie Tanzsatz (Ballett, Suite).
Aïr, Gebirgslandschaft in der Sahara, Rep. Niger, im Mittel 700 m, Vulkanstöcke bis 2310 m ü. M.; Hauptoasen: Iférouane und Timia; von Tuareg bewohnt; Uranerzabbau (Arlit, Akouta); UNESCO-Weltnaturerbe.
Air Afrique [ɛːr aˈfrik, frz.] (kurz für Société Aérienne Africaine Multinationale, Abk. RK), internat. Luftverkehrsgesellschaft von zehn afrikan. Staaten, gegr. 1961.
Airbag [ˈɛəbæg, engl.] *der*, Sicherheitsvorrichtung (»Luftsack«) in Kfz, die sich z. B. bei einem Aufprall in Millisekunden vor dem Fahrer oder Beifahrer aufbläst und diese gegenüber dem Fahrzeug abstützt. Der **Seiten-A.** bietet zusätzl. Schutz bei einem Schräg- oder Seitenaufprall. Neuere Entwicklungen richten sich bes. auf **intelligente A.**, bei denen Füllgeschwindigkeit bzw. Füllvolumen selbsttätig angepasst werden können.

Airbloctechnik ['eə-], ↑Venenverödung.
airborne ['eəbɔːn, engl. »in der Luft getragen«], im Flugzeug befördert, vom Flugzeug aus, luftgestützt (Trägerflugzeuge).
Airbrush ['eəbrʌʃ; aus engl. airbrush »Spritzpistole«], Farbsprühgerät für besondere graf. Effekte; die mit Farbsprays ausgeführte Maltechnik heißt **Airbrushing** (↑Spritzmalerei).
Airbrushing ['eəbrʌʃɪŋ, engl.] das, ↑Spritzmalerei.
Airbus ['eə-], 1) im planmäßigen Luftverkehr ein Pendeldienst mit vereinfachtem Abfertigungsverfahren zw. zwei Flughäfen. 2) Typen-Bez. für eine Reihe von Verkehrsflugzeugen mit mehr als 100 Sitzplätzen, gebaut unter frz., dt., brit. und span. Beteiligung von der 1970 gegr. **Airbus Industrie S. A.** (Sitz Blagnac bei Toulouse), die 2001 ein Tochterunternehmen der EADS N. V. (80 %) und der BAe Systems PLC (20 %) wurde. Zur Produktpalette von A. S. A. S. gehören vier Flugzeugfamilien: Die A 320-Familie (107-185 Sitze) mit den Modellen A 318, A 319, A 320 und A 321; die A 300/A 310-Familie (220-226 Sitze); die A 330/A 340-Familie (253-380 Sitze) und die A 380-Familie (Doppeldeck-Jumbo, 555 Sitze).
Air Canada ['eə 'kænədə], Abk. **A. C.**, seit 1988 teilprivatisierte staatl. kanad. Luftverkehrsgesellschaft, gegr. 1937 durch Parlamentsbeschluss als **Trans Canada Airlines**, 1965 in A. C. umbenannt. (↑Luftverkehrsgesellschaften, Übersicht)
AIRCENT ['eəsent, engl.], Abk. für **Air Forces Central Europe**, NATO-Kommandobehörde, die die ihr in Zentraleuropa unterstellten Luftverteidigungskräfte führt und im Verteidigungsfall Luftkriegsoperationen plant; Hauptquartier: Ramstein-Miesenbach (Rheinl.-Pf.); vorgesetzte Kommandobehörde: ↑AFCENT.
Air-Conditioning ['eəkɔndɪʃnɪŋ, engl.] das, engl. Bez. für Klimaanlage.
Airdrop ['eə 'drɔp], Bez. für das Abwerfen oder Absetzen von Lasten aus Luftfahrzeugen.
Aire ['eə] der, rechter Nebenfluss des Ouse in NO-England, 110 km lang, entspringt im Pennin. Gebirge. Nach dem Flusstal (Airedale) ist eine urspr. hier gezüchtete Hunderasse, der **Airedaleterrier**, benannt.
Airedaleterri|er ['eədeɪl-], Vertreter einer engl. Haushundrasse, ↑Terrier.

Airfoil-Fluggerät ['eəfɔɪl-; engl. airfoil »Tragfläche«], Fluggerät, das durch Ausnutzung des ↑Bodeneffekts beim Flug dicht über ebenen Oberflächen (Wasserflächen) eine hohe Wirtschaftlichkeit des Betriebs erreicht.
Air Force ['eə 'fɔːs, engl.] die, die (engl. und amerikan.) Luftwaffe.
Air Force One ['eə 'fɔːs wʌn], Bez. für das Flugzeug des amerikan. Präs.; ausgestattet mit mehreren Zimmern, Presseraum, Krankenstation und Privatbüro mit z. T. abhörsicheren Telefonen.
Air France [ɛːr 'frãːs] (kurz für Compagnie Nationale Air France, Abk. AF), frz. Luftverkehrsgesellschaft, gegr. 1933; Fusion mit Air Inter, Übernahme der privaten Fluggesellschaft UTA (Union des Transports Aériens), gehört zur Luftverkehrsallianz Skyteam. (↑Luftverkehrsgesellschaften, Übersicht)
Airfresh ['eəfrɛʃ, engl.] das, Mittel zur Luftverbesserung.
Airglow ['eəɡləʊ, engl.] das, durch photochem. Reaktionen in der Ionosphäre erzeugtes schwaches Leuchten.
Air India ['eə 'ɪndɪə], Abk. **AI**, staatl. ind. Luftverkehrsgesellschaft, gegr. 1948.
Airinterdiction ['eə ɪntə'dɪkʃn, engl.], Bez. für Luftkriegsoperationen im gegner. Raum, um den Nachschub gegner. Truppen zum Gefechtsfeld zu blockieren.
Airlift ['eə-, engl.] der, Beförderung, Versorgung auf dem Luftweg, Luftbrücke.
Airlift-Reaktor ['eə-], *Verfahrenstechnik:* Fermenterbauform (↑Fermenter) mit rein pneumat. Durchmischung der Flüssigkeit.
Airmail ['eəmeɪl, engl.] die, Luftpost.
Airmatic [eə-] die, neuartiges Luftfederungssystem für Personenkraftwagen der S-Klasse, bei dem alle vier Räder gefedert und gedämpft werden. Über Pneumatikleitungen miteinander verbundene Luftpolster ersetzen die Stahlfedern und bilden ein adaptives Dämpfungssystem. Ein Datenbus führt alle Steuerungs- und Regelungsaufgaben aus. In einem Steuergerät berechnet ein Mikroprozessor (u. a. aus Werten des Beschleunigungssensors und des Niveausensors für die Höhenregulierung) für jedes einzelne Rad die günstigste Dämpfungseinstellung und leitet Befehle an die Schaltventile der Gasdruck-Federbeine weiter.
Airolo, Gemeinde und Luftkurort im Kt.

AIR Airpolicing

Aït-Benhaddou: Wohnburgen aus Stampflehm und Lehmziegeln – Beispiele berberischer Hochhausarchitektur

Tessin, Schweiz, 1 178 m ü. M., am Südausgang des Gotthardtunnels, 1 900 Einwohner.

Airpolicing [ˈeə ˈpəliːsɪŋ, engl.] *das,* Bez. für die Überwachung des eigenen Luftraumes mittels Abfangjägern zur Gewährleistung der Lufthoheit.

Airport [ˈeəpɔːt, engl.] *der,* Flughafen.

Airsurfing [ˈeəsəːfɪŋ] *das* (Skysurfing), Mischform aus Surfen und Fallschirmspringen: Absprung aus einem Flugzeug, Gleiten auf einem (modifizierten) Surfboard, Öffnen des Fallschirms.

Ais *das, Musik:* Halbton über A.

Aisch *die,* linker Zufluss der Regnitz, Bayern, 66 km lang, entspringt auf der Frankenhöhe bei Windsheim, mündet bei Forchheim; im **Aischgrund** um Höchstadt ein Weihergebiet mit Karpfenzucht.

Aischa (Ayesha), Lieblingsfrau Mohammeds, * um 613/614, † Medina 678; Tochter des Abu Bakr, nach Mohammeds Tod von großem Einfluss, bekämpfte den 4. Kalifen Ali.

Ais|chines (Äschines), grch. Redner, * Athen 389 v. Chr., † auf Rhodos um 315 v. Chr.; war als Anhänger Philipps II. von Makedonien Gegner des ↑Demosthenes.

Ais|chylos [-çylɔs] (Äschylus), grch. Dichter, * Eleusis 525 v. Chr., † Gela (Sizilien) 456 v. Chr.; kämpfte in den Schlachten bei Marathon und Salamis. A. wurde durch die Einführung des zweiten Schauspielers der eigentl. Begründer der Tragödie als literar. Kunstform. Überzeugt von der göttl. Gerechtigkeit, steht der Mensch erschauernd vor der Allmacht der Götter, die ihn strafend dem sicheren Untergang weihen, sobald er sich gegen ihr Gesetz auflehnt und es in seiner Hybris überschreitet. Von seinen etwa 90 Tragödien sind sieben erhalten: »Die Perser« (zuerst aufgeführt 472); »Sieben gegen Theben« (467); »Schutzflehende« (463?); »Agamemnon«, »Choephoren«, »Eumeniden« (bilden zus. die »Orestie«, aufgeführt zuerst 458); »Gefesselter Prometheus« (Datierung unsicher).

Aisne [ɛːn], **1)** *die,* linker Nebenfluss der Oise, 280 km lang, entspringt in den S-Argonnen, mündet bei Compiègne. Mit der Maas durch den **Ardennenkanal** verbunden; über 160 km schiffbar.

2) Dép. in N-Frankreich, in der Picardie, 7 369 km², 536 000 Ew.; Hptst.: Laon.

Aistulf, König der Langobarden (749–756), beendete die byzantin. Herrschaft nördlich des Apennins (Eroberung Ravennas 751) und bedrohte 755/756 Rom, dessen Einnahme der Frankenkönig Pippin d. J. verhinderte. A. musste die eroberten Gebiete zur Erweiterung des ↑Kirchenstaats wieder herausgeben (»Pippinsche Schenkung«).

Aït-Benhaddou [-bɛnaˈdu], Ort in Marokko, nordwestlich von Ouarzazate, gegr. im 16. Jh., typ. Beispiel der berber. Hochhausarchitektur: zahlr. quadrat. Wohnburgen (Kasbas) aus Stampflehm und Lehmziegeln (UNESCO-Weltkulturerbe).

Aitken [ˈeɪtkɪn], Robert Grant, amerikan. Astronom, * Jackson (Calif.) 13. 12. 1864, † Berkeley (Calif.) 29. 10. 1951; Direktor des Lick-Observatoriums; maßgeblich an der Erarbeitung des 1932 erschienenen »New Catalogue of Double Stars« beteiligt.

Aitmatow, Tschingis, kirgis. Schriftsteller, *Scheker 12. 12. 1928; schreibt poet. Erzählungen und Kurzromane in russ. und kirgis. Sprache, u. a. »Dshamila« (1958), »Abschied von Gülsary« (1967), »Der Tag zieht den Jahrhundertweg« (1981), »Der Richtplatz« (1986), »Gottesmutter im Schnee« (1990), »Das Kassandramal« (1995); weiterhin erschienen die Erinnerungen »Kindheit in Kirgisien« (1998) und der Bildband »Ferne Heimat Kirgisien« (1999); war 1990–94 Botschafter der Sowjetunion, später auch anderer GUS-Staaten, in Luxemburg, seit 1995 Botschafter Kirgistans in Belgien und Frankreich und bei der EU.

Aix-en-Provence [ɛksãprɔ'vãs], Stadt im südfrz. Dép. Bouches-du-Rhône, 123 800 Ew. A.-en-P., als **Aquae Sextiae (Salluviorum)** schon zur Römerzeit geschätztes Heilbad mit warmen Quellen, ist Mittelpunkt des Oliven-, Wein- und Mandelbaues; kath. Erzbischofssitz, Univ. (gegr. 1409; heute Teil der Universität Aix-Marseille); Atelier P. Cézanne, Victor-Vasarély-Stiftung; Kathedrale und Kloster Saint-Sauveur (12.–15. Jh.). – 102 v. Chr. schlug hier Marius die Teutonen. Im 12. Jh. Hptst. der Grafen der Provence.

Aix-les-Bains [ɛksle'bɛ̃], Stadt im frz. Dép. Savoie, 23 500 Ew.; schon zur röm. Kaiserzeit **(Aquae Gratianae)** Badeort in einem klimatisch milden Gebirgstal am Ostufer des Lac du Bourget (Schwefelthermen); Museen; Wintersportort.

Aizu-Wakamatsu [aizu-], Stadt im N-Teil der Insel Honshū, Japan, 119 000 Ew.; seit dem 16. Jh. Herstellung von Lacken. – Die Burg der Fürsten Aizu, Tsuruga-jō (16. Jh., in strateg. bed. Lage), galt als stärkste Festung in NO-Japan.

Ajaccio [frz. aʒak'sjo, italien. a'jattʃo], Hptst. der frz. Insel Korsika und des Dép. Corse-du-Sud, am Golf von A., 58 300 Ew., Geburtsort Napoleons I.; landwirtsch. Ind.; Handels- und Fischereihafen; Bade-, Winterkurort.

Ajanta [-dʒ-], buddhist. Höhlenanlage im Bundesstaat Maharashtra, Indien, im nördl. Dekhan, mit zahlr. in den Fels gehauenen Tempel- und Klosterräumen aus dem 1. Jh. v. Chr. und dem 5.–7. Jh. n. Chr. (UNESCO-Weltkulturerbe).

Ajar [-ʒ-], Émile, frz. Schriftsteller, ↑Gary, Romain.

Ajatollah, ↑Ayatollah.

Ajax, grch. Mythos: ↑Aias.

Ajka ['ɔjkɔ], Stadt im zentralen W-Ungarn, 34 000 Ew.; Tonerdeaufbereitung, Aluminiumhütte, Glasindustrie.

Ajman [adʒ'maːn], Scheichtum der ↑Vereinigten Arabischen Emirate.

Ajmer [ædʒ'mɪə, engl.], Stadt im Bundesstaat Rajasthan, Indien, 376 000 Ew.; Eisenbahnknotenpunkt; bed. muslim. Pilgerstätte; Hofmoschee, Palast Akbars, Grabmal des Sufi Muin-ud-din Chishti.

à jour [a'ʒuːr, frz.], **1)** bis zum (heutigen) Tag; **à jour sein,** auf dem Laufenden sein. **2)** Bez. für Edelsteinfassungen ohne Unterlage.
3) *Textiltechnik:* **Ajourstickerei,** z. B. Lochstickerei. **Ajourstoffe,** mustermäßig durchbrochene Textilien, nach verschiedenen Technologien hergestellt.

AKA Ausfuhrkredit-Gesellschaft mbH, Frankfurt am Main, Spezialinstitut für mittel- und langfristige Exportfinanzierung, 1952 von einem Bankenkonsortium als Ausfuhrkredit AG (AKA) gegründet; 1966 in eine GmbH umgewandelt.

Aix-en-Provence: romanischer Kreuzgang der Kathedrale Saint-Sauveur

Akaba (Aqaba), **1)** Stadt in Jordanien, 62 400 Ew.; moderner Tiefseehafen am Golf von A. (Umschlag von Phosphaten); Flughafen. 2001 wurde eine Sonderwirtschaftszone (375 km²), die auch die Stadt A. umfasst, eingerichtet.

2) (Golf von A.), nordöstl. Bucht des Roten Meeres, zw. Arabien und der Halbinsel Sinai, etwa 170 km lang, bis zu 29 km breit und 1 828 m tief. Am Golfeingang Korallenriffe und kleine Inseln. Wichtige Hafen-

AKA Akademgorodok

städte sind das jordan. Akaba und das israel. Elath.

Akademgorodok, 1959 gegr. »Akademiestädtchen«, Trabantenstadt von Nowosibirsk, Russland, rd. 50 000 Ew.; Univ., Institute der Russländ. Akademie der Wissenschaften.

Akademie [grch.] *die,* die von Platon um 385 v. Chr. gegründete Philosophenschule, benannt nach einem nahe gelegenen Heiligtum des altatt. Heros Akademos; bestand bis in die Zeit Justinians. In neuerer Zeit werden unter A. Einrichtungen zur Förderung von Wiss. und Forschung sowie Zusammenschlüsse bes. im Rahmen berufl. Ausbildung (heute z.T. Fachhochschulen) verstanden. Unterschieden werden heute: 1) A. der Wiss. 2) wiss. Fach-A. (Berg-, Bau-, Handels-, Kunst-, Musik-, Sport-, medizin., Militär-, Verwaltungs-A. u. a.). 3) kirchl. (evang., kath.) Einrichtungen der akadem. Öffentlichkeitsarbeit (Tagungen, Arbeitskreise). 4) nicht akadem. Ausbildungslehrgänge für besondere Tätigkeiten (Sportarten, Schneiderei, Kochen). 5) Sing-A. (Vereinigungen zur Pflege des Chorgesanges).

Akademie: Sokratesdenkmal vor der Akademie der Wissenschaften in Athen (1859–85)

Akademie der Wissenschaften, Vereinigung von Gelehrten zur Pflege wiss. Austausches und zur Förderung der Forschung. Die Grenzen gegenüber Gelehrten-Gesellschaften und Gesellschaften der Wiss. sind fließend. Die A. d. W. gliedern sich i. d. R. in eine **mathematisch-naturwiss. Klasse** (Mathematik, Naturwiss., Medizin, techn. Wiss.) und eine **philosophisch-histor. Klasse** (Philosophie, Geschichte, Altertumskunde, Kunst- und Musikwiss., Sprach- und Literaturwiss., Geographie, Völkerkunde, Rechts-, Staats-, Wirtschaftswiss.); es kommen aber bis zu zehn Klassen vor. In den roman. Ländern sind die Dichter, Schriftsteller und Künstler meist mit den Gelehrten in den A. d. W. vereinigt. – Die Zahl der Mitglieder einer A. d. W. ist durch Satzung festgelegt; Ergänzung durch Zuwahl. Die Wahl gilt als Auszeichnung. Es gibt ordentl. (meist am Ort) und korrespondierende Mitglieder. – Zur Betreuung größerer Aufgaben bilden die A. d. W. wiss. Kommissionen, manche unterhalten Forschungsinstitute. Veröffentlicht werden Sitzungsberichte, Abhandlungen, Jahrbücher.

Geschichte: An Platons ↑Akademie knüpfte der Gelehrtenkreis an, den Alkuin am Hof Karls d. Gr. versammelte. Die erste A. d. W. der Neuzeit wurde 1470 unter Cosimo de' Medici in Florenz gegründet (Accademia Platonica). Auf weitere italien. Gründungen folgten 1635 die von Richelieu eröffnete Académie française in Paris (↑Institut de France), 1652 die Leopoldinisch-Carolin. Dt. Akademie der Naturforscher (↑Leopoldina, seit 1878 in Halle [Saale]), die ↑Royal Society (1660), die Preuß. A. d. W. in Berlin (1700 als Churfürstlich-Brandenburgische Societät der Wissenschaften gegr.), die A. d. W. in Sankt Petersburg (1725) u. a. Mit dem Ziel größerer Gemeinschaftsarbeiten schlossen sich in neuerer Zeit einige A. d. W. zusammen: 1883 die von Göttingen, Leipzig, München und Wien zum Kartell der dt. A. d. W., dem 1906 Berlin, 1911 Heidelberg beitraten; 1951 die von Göttingen, Heidelberg, Mainz und München zur Arbeitsgemeinschaft der Westdt. Akademien. Die 1901 gegr. Internat. Assoziation der A. d. W. umfasste 18 Akademien; sie wurde 1919 durch die Union Académique Internationale und den Conseil International de recherches abgelöst.

Akademie für Sprache und Dichtung, ↑Deutsche Akademie für Sprache und Dichtung.

Akademiestück, urspr. Probearbeit für die Aufnahme in eine Kunstakademie; im 19. Jh. dann abschätzig für den Regeln folgende, aber leblose Malerei.

Akademiker, 1) Mitglied einer Akademie.

2) Hochschulabsolvent, Person mit abgeschlossener Hochschulbildung.
akademische Freiheit, besondere Rechte der Hochschulen und ihrer Angehörigen. Aus älteren Wurzeln stammend, gehört die a. F. bes. seit der humboldtschen Universitätsreform zu den Fundamenten der dt. Hochschulverfassung. Sie umfasst 1) die **akadem. Freizügigkeit,** d. h. das Recht der Studierenden, den Hochschulort beliebig zu wechseln, das aber durch Zulassungsbeschränkungen praktisch erheblich eingeschränkt ist; 2) die **akadem. Lernfreiheit,** d. h. das Recht der Studierenden, über Anlage und Aufbau ihres Studiums frei zu bestimmen, das allerdings in wachsendem Maße durch feste Studienordnungen eingeengt wird; 3) die **akadem. Lehr- und Forschungsfreiheit,** die in den modernen Verfassungen grundrechtlich gesichert ist (Art. 142 Weimarer Verf.; Art. 5 Abs. 3 GG). Die **akadem. Gerichtsbarkeit** ist seit 1879 aufgehoben.
akademische Grade, werden von wiss. Hochschulen aufgrund schriftl. und mündl. Abschlussprüfungen verliehen (↑Diplom, ↑Doktor, ↑Lizenziat, ↑Magister).
akademischer Mittelbau, Sammelbegriff für wiss. Mitarbeiter in Lehre und Forschung an Hochschulen, soweit sie nicht Professoren sind (Bez. im Hochschulrahmen-Ges.: »wiss. Mitarbeiter«). Dazu gehören u. a. Akadem. Räte und Oberräte, Studienräte im Hochschuldienst, Hochschulassistenten, Kustoden, Konservatoren, Lektoren, wiss. Assistenten.
Akademischer Rat, Lehrkraft des akadem. Mittelbaus an Hochschulen; Wissenschaftlicher Rat.
akademisches Proletariat, umgangssprachl. Bez. für Hochschulabsolventen, die keine ihrer Qualifikation entsprechende Stellung finden.
akademisches Viertel, die Viertelstunde, um die im akadem. Leben eine Veranstaltung später beginnt als angegeben, bezeichnet durch c. t. (cum tempore, »mit Zeit«), im Ggs. zu s. t. (sine tempore, »ohne Zeit«).
Akadilen (frz. l'Acadie, engl. Acadia), Name der ehemaligen frz. Besitzungen in Kanada südöstlich der Mündung des Sankt-Lorenz-Stromes, umfasste etwa die heutigen Prov. Nova Scotia und New Brunswick sowie Teile Quebecs und des amerikan. Bundesstaats Maine; wurde 1713 z. T., 1763 vollständig britisch.
Akajew, Askar, kirgis. Politiker, *Kyzyl Bayrak 10. 11. 1944; Physiker, war 1981–91 Mitgl. der KPdSU, wurde 1987 Vize-Präs., 1989 Präs. der Akademie der Wiss.en Kirgistans; 1990 vom Parlament zum Staatspräs. gewählt (1991, 1995 und 2000 durch Wahlen im Amt bestätigt).
Akan, zu den Kwasprachen gehörende Sprachengruppe in Westafrika.
Akanthit [grch.] *der,* Mineral, monokliner Silberglanz.
Akanthus [grch.-lat.] *der,* **1)** *Architektur:* Zierform nach dem Vorbild der stark gezackten Blätter von A.-Arten. Das A.-Blatt wurde im grch. Schmuckwerk bes. an korinth. Kapitellen seit dem 2. Drittel des 5. Jh. v. Chr. verwendet (Blätterkelch). **2)** *Botanik:* (Bärenklau, Acanthus), staudige Gattung der Familie A.-Gewächse; Arten aus dem Mittelmeergebiet mit gefiederten, sattgrünen Blättern und Lippenblütenrispen sind Zierpflanzen.
Akarinose [zu grch. akari »Milbe«] *die,* durch Milben verursachte Kräuselkrankheit des Weinstocks.
Akarizide, Wirkstoffe zur Bekämpfung von Pflanzen schädigenden Milben.
Akarnanilen (ngrch. Akarnania), Bergland in W-Griechenland, zw. Ambrak. Golf und Acheloos, bis 1 600 m ü. M. Hauptorte A.s im Altertum waren Oiniadai an der Mündung des Acheloos, weiter flussaufwärts Stratos.
Akaryobionten [grch.-nlat.], *Biologie:* die ↑Prokaryonten.
Akashi [-ʃ-], alte Burgstadt auf der Insel Honshū, Japan, 270 700 Ew.; Fährhafen, Textilind., Motoren- und Maschinenbau. 1998 wurde die 3 911 m lange A.-Kaikyō-Brücke mit der weltweit größten Spannweite von 1 991 m eröffnet (Teil einer Verbindung zw. Honshū und Shikoku). Der durch A. laufende 135. Meridian östlich von Greenwich bestimmt die japan. Normalzeit (**A.-Zeit**).
akatalektisch [grch.], *Metrik:* ↑katalektisch.
Akataphasie [grch.] *die,* Unvermögen, die grammat. Gesetze richtig anzuwenden.
akausal, ohne ursächl. Zusammenhang.
akaustisch [grch.], *Chemie:* nicht ätzend.
Akazile [grch.] *die* (Acacia), baum- und strauchförmige Pflanzengattung der Mi-

mosengewächse in wärmeren Gebieten, oft dornig. An Stelle der feinfiedrigen Blätter haben viele austral. A. (Wattle) blattartige Stiele. Die gelben oder weißen Blüten sind weidenkätzchenähnlich gehäuft. Vorwiegend afrikanisch-arab. A. geben Pflanzengummi (**Gummiarabikum**), andere Arten sind wichtige Gerbstoffpflanzen oder liefern Holz. Die ↑Robinie wird manchmal fälschlich A. genannt.

Akbar [arab. »der Große«], eigtl. Djalal ad-Din Mohammed, Großmogul von Indien (seit 1556), *Umarkot (Sind) 15. 10. 1542, † Agra 26. 10. 1605; erweiterte seine Herrschaft über Nordindien und das östl. Afghanistan; versuchte, die Völker und Religionen seines Reiches durch Stiftung einer Einheitsreligion (**Din Ilahi**) aus hinduist., islam., christl. und pars. Elementen auszusöhnen; förderte Handel, Kunst und Wissenschaft.

Akelei: Dunkle Akelei (Aquilegia nigricans)

Akelei [lat. aquilegia »Wassersammlerin«] *die* (Aquilegia), altweltl. Gattung der Hahnenfußgewächse mit fünfspornigen Blüten. Die geschützte, in lichten Laubwäldern wachsende, meist blauviolett blühende **Gemeine A.** (Aquilegia vulgaris) wird auch als Gartenzierpflanze in vielen Farbvarianten kultiviert.

Aken (Elbe), Industrie- und Hafenstadt im Landkr. Köthen, Sa.-Anh., an der Elbe, 10 100 Ew.; Magnesitwerk, Glashütte, Werft.

akephal [grch.-lat., »ohne Kopf«], am Anfang um die erste Silbe verkürzt (in der antiken Metrik bezogen auf einen Vers); auch: ohne Anfang (bezogen auf ein literar. Werk, dessen Anfang nicht oder nur verstümmelt überliefert ist).

Akerlof, George A., amerikan. Volkswirtschaftler, *New Haven (Conn.) 17. 6. 1940; Prof. an der University of California, Berkeley (1977–78 sowie seit 1980); erhielt 2001 zus. mit A. M. Spence und J. E. Stiglitz den Nobelpreis für Wirtschaftswiss.en für die Analyse von Märkten mit asymmetr. Information.

Akershus [-hy:s], Verw.gebiet (Fylke) in S-Norwegen, 4 917 km^2, 424 900 Ew.; Verw.sitz ist Oslo.

Akhisar, Stadt im westl. Anatolien, Türkei, nordöstlich von Manisa, 74 000 Ew.; Tabak-, Baumwollindustrie.

Akiba Ben Joseph, jüdischer Schriftgelehrter und Märtyrer, *um 50, † 136 n. Chr.; entwarf eine Methode zur Gesetzesauslegung, wonach kein Buchstabe der Bibel nebensächlich sei; er schuf auch die erste Mischnasammlung; wurde beim Bar-Kochba-Aufstand von den Römern hingerichtet.

Akihito, Kaiser von Japan (seit 1989), *Tokio 23. 12. 1933; ältester Sohn von ↑Hirohito, ∞ seit 1959 mit Michiko Shōda (aus bürgerl. Haus); übernahm nach dem Tod seines Vaters (Jan. 1989) die Regentschaft (Devise: »Heisei«, dt. »Frieden schaffen«) und wurde am 12. 11. 1990 inthronisiert.

Akinese [grch.] *die,* **1)** *Medizin:* Bewegungsarmut bis Bewegungslosigkeit; Symptom bei Erkrankungen bestimmter Gehirngebiete, z. B. Parkinson-Krankheit. **2)** *Zoologie:* reflexbedingte Bewegungslosigkeit, z. B. bei vielen Insekten das Sichttot-Stellen.

Akita, Hptst. der Präfektur A., auf der Insel Honshū, Japan, 302 400 Ew.; Univ.; Holz-, Seiden-, Silberwaren-Ind., Erdölraffinerie; Flughafen; nahebei die wichtigsten Erdölfelder Japans.

Akka, Stadt in Israel, ↑Akko.

Akkad (Akkade), alte Stadt in N-Babylonien, genaue Lage unbekannt, wurde um 2230 v. Chr. durch Sargon von A., den Begründer der Dynastie von A., als Hauptstadt des ersten semit. Großreiches auf mesopotam. Boden gegründet; auch Name für N-Babylonien.

Akkadisch, semit. Sprache Babyloniens und Assyriens; in Keilschrifturkunden seit etwa 2550 v. Chr. bis ins 1. Jh. n. Chr. bezeugt, als Umgangssprache schon im 1. Jt. v. Chr. vom Aramäischen verdrängt.

akkadische Kunst, ↑sumerisch-akkadische Kunst.
Akkerman, ↑Belgorod-Dnjestrowski.
Akklamation [lat. »Zuruf«] *die,* 1) Zustimmung, Beifall.
2) Wahl durch Zuruf ohne Einzelabstimmung, im MA. bei Königs- und Papstwahlen üblich.
Akklimatisation [lat.-grch.] *die,* i. w. S. die Anpassung an veränderte Umweltbedingungen, i. e. S. die Gewöhnung an ein fremdes Klima. Je größer und klimatisch verschiedenartiger der ursprüngl. Verbreitungsbezirk einer Art war und je weniger schroff sich die Verpflanzung vollzog, desto leichter verläuft die Gewöhnung. Der Wechsel von einem wärmeren Klima in ein kälteres ist unkomplizierter als umgekehrt.
Akko (Acco, Acca, Akka), Stadt in Israel, 43 600 Ew.; Eisen- und Stahlwerk u. a. Industrie. Der Hafen an der Bucht von A. nördl. von Haifa ist versandet. – In der orientalisch geprägten Altstadt steht die 1781 erbaute Djassar-Moschee, die größte und bedeutendste Moschee Israels. Gegenüber der Moschee liegt der Eingang der (heute) unterird. Kreuzfahrerstadt (1291 zugeschüttet), von der große Teile 1955–64 freigelegt wurden. A. gehört zum UNESCO-Weltkulturerbe. – Das alte A. **(Colonia Ptolemais)** war 1191–1291 Hauptsitz der Kreuzfahrer.
Akkolade [frz. »Umhalsung«] *die,* 1) *Buchdruck:* geschweifte Klammer, die mehrere Zeilen oder mathemat. Ausdrücke zusammenfasst.
2) *Musik:* geschweifte Klammer, die in Partituren mehrere Notensysteme gleichzeitig erklingender Stimmen zusammenfasst.
3) *Orden:* feierl. Umarmung, z. B. bei Aufnahme in einen Ritterorden oder bei Ordensverleihungen.
Akkommodation [lat.] *die,* 1) *allg.:* Anpassung.
2) *Physiologie:* Einstellung des ↑Auges auf eine bestimmte Entfernung.
Akkompagnement [akɔpaɲˈmã, frz.] *das, Musik:* Begleitung.
Akkord [frz.] *der, Musik:* sinnvolle Verbindung mehrerer Töne zu einem Zusammenklang. Man unterteilt die A. a) nach der Zahl der Töne in zwei-, drei-, vier- usw. -stimmige A.; b) nach dem harmon. Verhältnis in konsonante und dissonante A.;
c) nach der Stellung der Bassnote in Stamm- und abgeleitete A.; d) nach dem Tongeschlecht in Dur- und Moll-A. Die Verbindung der A. im musikal. Satz behandelt die Harmonielehre.
Akkordarbeit, (auf Schnelligkeit ausgerichtetes) Arbeiten im Stücklohn (Akkordlohn).
Akkordeon [frz.] *das,* von C. Demian 1829 in Wien entwickeltes Harmonikainstrument mit feststehenden, durch Knopfdruck (bis 140 Knöpfe) ausgelösten Akkorden auf der (linken) Bass- oder Begleitseite und mit verkleinerter Klaviertastatur auf der (rechten) Diskant- oder Melodieseite. Die von frei schwingenden Zungen erzeugten Töne sind im Unterschied zur Handharmonika bei Zug und Druck des Blase- oder Faltenbalges gleich.
akkordieren [lat.-frz.], vereinbaren, übereinkommen.
Akkra, Hauptstadt von Ghana, ↑Accra.
akkreditieren [frz.], einen (diplomat.) Vertreter beglaubigen.
Akkreditiv *das,* 1) *Bankwesen:* Auftrag eines Kunden an seine Bank, ihm oder einem Dritten unter bestimmten Bedingungen einen bestimmten Geldbetrag auszuzahlen.
2) *Völkerrecht:* Beglaubigungsschreiben eines diplomat. Vertreters, das dem Staatsoberhaupt des fremden Landes überreicht wird.
Akkreszenz [lat.] *die, Recht:* die ↑Anwachsung.
Akkretion [lat.] *Astronomie:* Prozess, durch den ein kosm. Objekt Materie aus seiner Umgebung aufnimmt und dadurch seine Masse vergrößert, z. B. in engen Doppelsternsystemen durch das Überströmen von Materie von einer Komponente auf die andere. Bei hohen relativen Drehimpulsen der zuströmenden Materie bildet sich um das Masse aufsammelnde Objekt eine rotierende **A.-Scheibe.**
Akkulturation [lat.] *die,* Anpassung an eine fremde Kultur; kann mit der Übernahme von techn. Errungenschaften, mit Missionierung und sprachl. Beeinflussungen beginnen, aber auch bewirkt werden durch Eroberung und Besetzung (A. wirkt nicht nur beim Unterworfenen, sondern auch beim Eroberer). Für das vollständige Aufgehen in einer fremden Kultur steht der Begriff ↑Assimilation, für die Rückbesinnung auf die ursprünglich-eigene (»an-

AKK Akkumulation

geborene«) Kultur der Begriff ↑Nativismus.
Akkumulation [lat.] *die,* **1)** *allg.:* Anhäufung.
2) *Botanik:* Anreicherung der durch die Wurzeln oder Blätter von außen aufgenommenen Nährsalze entgegen dem Konzentrationsgefälle in den Vakuolen der Zellen (↑Bioakkumulation).
3) *Geomorphologie:* die örtlich verstärkte ↑Ablagerung.
4) *Volkswirtschaftslehre:* Begriff der klass. Nationalökonomie und des Marxismus für die Anhäufung von Reichtum, v. a. von produzierten Produktionsmitteln. Volkswirtschaftlich ist A. in Form von Erweiterungsinvestitionen Voraussetzung für Wirtschaftswachstum.

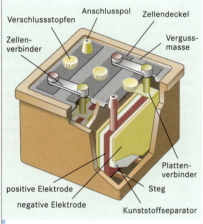

Akkumulator 2): Aufbau eines Bleiakkumulators

Akkumulator [lat.] *der,* **1)** *Informatik:* Ergebnisregister für die Arithmetik- und Logikeinheit (ALU) eines Computers.
2) *Elektrochemie:* (Sammler, kurz Akku), elektrochem. Spannungsquelle, die durch reversible elektrochem. Prozesse eine abwechselnde Abgabe (Entladung) und Speicherung (Auflagung) elektr. Energie gestattet. Im Ggs. zur **Primärzelle** (↑Batterie) ist der A. **(Sekundärzelle, Sekundärelement)** wieder aufladbar. Er besteht aus zwei chemisch unterschiedl. Elektroden, die sich in einem meist flüssigen Elektrolyten befinden (↑galvanische Elemente).

Beim **Blei-A.,** der zu den wichtigsten A. gehört, bestehen die gitterförmig gestalteten Elektroden aus Blei mit einer in die Maschen gefüllten »aktiven Masse«, auf der positiven Seite Bleidioxid (PbO_2), auf der negativen fein verteiltes poröses Blei. Der Elektrolyt ist 20%ige Schwefelsäure (H_2SO_4); die Entladespannung je Zelle beträgt etwa 2 V. In einer Batterie aus Blei-A., einer **A.-Batterie,** sind mehrere Zellen hintereinander geschaltet, so z. B. bei der Kfz-Batterie meist sechs Zellen mit einer Spannung von 12 V. Der Wirkungsgrad der Energiespeicherung beträgt etwa 75%.
Von histor. Interesse sind **Nickel-Eisen-A. (Edison-A.),** die mit Elektroden aus Nickelhydroxid, $Ni(OH)_3$, und Eisen in Kalilauge eine Zellenspannung von 1,3 V liefern (energet. Nutzeffekt: 50%). Zur Stromversorgung elektron. Geräte (Rundfunkgeräte, Mobiltelefone, Taschenrechner u. a.) werden gasdichte **Nickel-Cadmium-A.** mit einer Nennspannung von 1,2 V je Zelle, cadmiumfreie **Nickel-Metallhydrid-A.** und RAM™-Zellen (↑Alkali-Mangan-Zelle) verwendet. Weitere A. für spezielle Anwendungsbereiche sind z. B. Natrium-Schwefel-A. (Hochenergie-A.), **Lithium-A.** (z. B. Lithiumchlorid- oder Lithiumionenzellen für Elektromobile, Laptops, Videokameras), **Zink-Brom-** und **Zink-Chlor-Akkumulatoren.**
3) *Energietechnik:* (hydraul. A., Druckflüssigkeitsspeicher), Vorrichtung zur Speicherung mechan. Energie in einer Flüssigkeit, in Hydraulikanlagen als Druckenergie **(Druckwindkessel, Gasdruckspeicher)** oder als potenzielle Energie **(Gewichts-A., Feder-A.),** in Wasserkraftanlagen in dem in einen Speichersee hochgepumpten Wasser.
akkurat [lat.], genau, sorgfältig.
Akkusativ [lat.] *der,* Wenfall, 4. Fall der ↑Deklination; bezeichnet eine Person oder Sache, auf die sich eine durch das Verb ausgedrückte Handlung direkt richtet: Ich lese *das Buch,* er kauft *ein Haus.*
Akline [grch.] *die,* der erdmagnet. ↑Äquator.
Akme [grch. »Spitze«] *die,* Höhepunkt, z. B. einer Krankheit, des Fiebers.
Akmeismus [grch.] *der,* Strömung in der russ. Dichtung zw. 1910 und 1920, die als Reaktion auf den Symbolismus entstand

(N. S. Gumiljow, A. A. Achmatowa, O. E. Mandelstam); erstrebte eine einfache, klare Form der Dichtung.
Akmola (Aqmola), 1992-98 Name der neuen kasach. Hauptstadt ↑Astana.
Akne [grch.] *die* (Finnenausschlag), Hautausschlag, Entzündung der Talgdrüsen bei Seborrhö; beginnt meist in der Pubertät durch hormonelle Umstellung **(Acne vulgaris).** Kennzeichen sind Mitesser, Pusteln, Knötchen und Abszesse; betroffen sind die talgdrüsenreichen Hautbezirke (Gesicht, Nacken, Brust und Rücken). A. kann auch durch Arzneimittel (u. a. Nebennierenrindenhormone, Isoniazid), Chemikalien (Halogene, v. a. Chlor, Brom und Jod) sowie durch techn. Öle und Fette (Vaseline, Paraffine) hervorgerufen werden.
Behandlung: Bei stark entzündl. und eitrigem Verlauf medikamentöse Therapie mit Antibiotika; sonst örtl. Behandlung mit fettfreien oder -armen Lösungen und Salben, die Wirkstoffe wie Salicylsäure, Schwefel, Vitamin-A-Säure oder Antibiotika enthalten; auch Schälbehandlungen oder Bestrahlungen mit UV-A-Lampen. Bei sehr schwerer A. werden Retinoide innerlich gegeben. Bei Mädchen und jungen Frauen kommen kombinierte Hormonpräparate (Östrogen und Antiandrogen) infrage.
Akoluthie [grch.-neulat.] *die,* gottesdienstl. Ordnung der Stundengebete in der orth. Kirche.
Akolyth (Akoluth) [grch. »Begleiter«] *der, kath. Kirche:* urspr. Begleiter des Bischofs, der Leuchter, Wein und Wasser zum Altar trug; bis 1972 Kleriker der vierten Stufe der »niederen Weihen«, seither Laie zum Dienst bei der Eucharistiefeier.
Akontozahlung, Abschlagszahlung in vereinbarter oder vom Schuldner bestimmter Höhe auf bestehende Schuld.
Akosmismus [grch.-lat.] *der,* philosoph. Lehren, die die selbstständige Realität der Welt leugnen oder sie als nichtig betrachten.
Akosombodamm, Staudamm und Großkraftwerk am ↑Volta.
AKP-Staaten, Gruppe von 77 Entwicklungsländern aus Afrika (48), der Karibik (15) und dem Pazifik (14), die mit den EU-Staaten durch die ↑Lomé-Abkommen assoziiert sind.

Akquisition [lat.] *die,* alle Tätigkeiten der Verkaufsorgane eines Unternehmens zur Gewinnung neuer Kunden und Aufträge oder zu Geschäftsabschlüssen mit bestehenden Kunden beim Absatz von Wirtschaftsgütern.

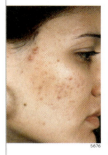

Akne

Akragas, altgrch. Name von ↑Agrigent.
Akren [grch.], die Körperenden, z. B. Nase, Kinn, Hände oder Füße.
Akribie [grch.] *die,* äußerste Genauigkeit, Gründlichkeit.
akro... [grch.], hoch (ragend) ..., spitz (zulaufend)...
akroamatisch [grch. »hörbar«, »zum Anhören bestimmt«], Bez. für einen Lehrstil, bei dem der Lehrende vorträgt und der Schüler nur zuhört. In den antiken Gelehrtenschulen war dies die ausschließl. Form der Wissensvermittlung.
Akrobat [grch. »Zehengänger«] *der,* Artist (urspr. Seiltänzer) oder Sportler der Akrobatik.
Akrobatik *die,* Sportart mit turner. und gymnast. Elementen. Wird die A. als sportl. Wettkampf betrieben, spricht man von ↑Sportakrobatik.
Akrokorinth [grch. »Hochkorinth«], der stark befestigte, steile, felsige Burgberg (575 m) des alten ↑Korinth.
Akromegalie [grch.] *die,* Vergrößerung der Akren (z. B. Hände, Füße, Unterkiefer, Nase) nach dem Wachstumsalter durch meist tumorbedingte Überproduktion des Wachstumshormons Somatotropin.
Akron ['ækrən], Ind.stadt in NO-Ohio, USA, 223 000 Ew.; Univ.; Zentrum der Gummiindustrie.
Akronym [grch.] *das,* Kurzwort aus den Anfangsbuchstaben mehrerer Wörter, z. B. NATO, UNO.
akropetal [grch. pétalon »Blatt«], *Botanik:* am Grund beginnend, nach der Spitze

AKR Akropolis

Akropolis in Athen

zu fortschreitend, z. B. die Entwicklung der Blätter am Spross. Ggs.: basipetal.
Akropolis [grch. »Oberstadt«] *die,* hoch gelegene Burg altgrch. Städte. Die Befestigungen der A. in Athen reichen bis in myken. Zeit zurück, die ältesten Bauten wurden 480 v. Chr. von den Persern zerstört. Perikles ließ sie seit 447 v. Chr. unter Leitung von Phidias neu erbauen, beginnend mit dem ↑Parthenon und den ↑Propyläen. Nach seinem Tod wurden der Niketempel und das ↑Erechtheion (bis 406 v. Chr.) errichtet.
Akrostichon [grch.] *das,* poet. Form, bei der die Anfangsbuchstaben, -silben oder -wörter aufeinander folgender Verse oder Strophen, im Zusammenhang gelesen, einen Namen oder einen Spruch ergeben. Häufig in der Barocklyrik.
Akroterion [grch.] *das* (Akroter), *Architektur:* Bekrönung von Ecken und der Mitte eines Giebels oder von Relieftafeln in Form von Ranken, Palmetten oder Figuren.
Aksu, Oasenort am N-Rand des Tarimbeckens, China, am A., dem größten Quellfluss des Tarim, 140 000 Ew.; Textilind.; Karawanenstützpunkt an der alten Seidenstraße.
Aksum (Axum), Stadt in der Prov. Tigre, Äthiopien, 27 100 Ew.; Flughafen. – Im 1.–5. Jh. Zentrum des Reiches von A.; Reste von Palast- und Grabanlagen, aus vorchristl. Zeit die turmhausartigen Stelen mit dem größten Monolith der Erde (größte Stele, 33,30 m lang, zerbrochen am Boden); Marienkirche (17. Jh., auf einen Bau aus dem 4. Jh. zurückgehend). Die Ruinen von A. sind UNESCO-Weltkulturerbe.
Akt [lat. actus »Handlung«] *der,* **1)** *allg.:* Handlung, Vorgang.
2) *Kunst:* Darstellung des nackten menschl. Körpers, v. a. in der grch. Kunst und seit der Renaissance.
3) *Philosophie:* ↑Potenz.
4) *Psychologie:* zeitlich begrenzter, durch Ichbewusstsein gesteuerter Teilvorgang im Strom des Erlebens, der auf einen Gegenstand der Wahrnehmung, des Denkens oder Wollens gerichtet ist.
5) *Theater:* größerer, in sich geschlossener Handlungsabschnitt eines Bühnenwerks; Aufzug.
Aktaion (Aktäon), in der grch. Mythologie Held aus Böotien, überraschte auf der Jagd Artemis (im röm. Mythos Diana) im Bade, wurde von ihr zur Strafe in einen Hirsch verwandelt und von seinen eigenen Hunden zerrissen.
Aktant [lat.-fr.] *der, Sprachwissenschaft:* vom Verb gefordertes, für die Bildung eines grammat. Satzes obligator. Satzglied (z. B. der Gärtner bindet die Blumen). Anzahl und Art der A. wird durch die ↑Valenz des Verbs bestimmt.
Aktau (Aqtaū, 1964–91 Schewtschenko), Gebiets-Hptst. in Kasachstan, am Kasp. Meer, Hauptort der Halbinsel Man-

Aktienanleihe AKT

gyschlak, 151 300 Ew.; Verarbeitung der bei A. gelegenen Erdöl- und Erdgasvorkommen, Kernkraftwerk (350 MW) mit Meerwasseraufbereitungsanlage; Hochseehafen, Eisenbahnfähre nach Baku (Aserbaidschan).

Aktei [lat.] *die,* Aktensammlung.

Akten [lat. acta »Geschehenes«], die über eine Angelegenheit oder Person gesammelten amtl. Schriftstücke. **A.-Zeichen** (Abk. **Az.**) dienen der besseren Übersicht und Auffindbarkeit.
Im Straf- und Verwaltungsverfahren spielt das Recht auf **A.-Einsicht** eine wichtige Rolle. Im Strafverfahren kann der Verteidiger, nicht der Beschuldigte, A.-Einsicht nehmen (§ 147 StPO). Im Verwaltungsverfahren und im Verwaltungsprozess steht dieses Recht den Beteiligten zu (§ 29 Verwaltungsverfahrens-Ges., § 100 Verwaltungsgerichtsordnung). Einsicht in die vollständigen Personal-A. steht Beamten und jedem Arbeitnehmer zu.

Aktie [von lat. actio »Handlung«] *die,* Anteil am Grundkapital einer ↑Aktiengesellschaft und die Urkunde darüber, die dem Inhaber seine Rechte verbrieft (Stimmrecht in der Hauptversammlung, Recht auf Dividende). Die A. ist ein ↑Wertpapier. Sie ist **Inhaber-A.,** wenn das in ihr verbriefte Mitgliedschaftsrecht vom jeweiligen Inhaber der A. geltend gemacht werden kann, **Namens-A.,** wenn in ihr eine bestimmte Person als Berechtigter bezeichnet ist, die im **A.-Buch** der AG einzutragen ist. A., die diese typischen A.-Rechte verbriefen, heißen **Stamm-A.** (kurz: **Stämme**) im Unterschied zu den **Vorzugs-A. (Prioritäts-A.),** welche Vorrechte, bes. bei der Gewinnverteilung, gewähren; allerdings kann ihr Stimmrecht ausgeschlossen werden. A. können als Nennbetrags- oder ↑Stückaktien begründet werden (§ 8 A.-Gesetz). Der Mindestnennbetrag einer A. ist 1 €, der Anteil einer Stück-A. am Grundkapital der AG darf 1 € nicht unterschreiten. Der Handelswert der A. wird bei börsennotierten AG durch die Börse ermittelt. Im Ggs. etwa zu den angelsächs. Ländern ist in Dtl. die A. als Anlage- und Finanzierungsinstrument noch schwächer entwickelt. (↑Belegschaftsaktien, ↑Volksaktien)

Akti|enanleihe, Anleihe, bei der der Emittent das Wahlrecht hat, die Rückzahlung zum Nennwert in bar oder in Aktien vorzunehmen. Dabei wird in den Anleihebedingungen vorab festgelegt, welche Aktie dafür in Betracht kommt und in welchem Verhältnis diese zur Tilgung des Nennwertes verwendet werden kann (z. B. 4 XY-Aktien je 100 € Nennwert). Faktisch entspricht dies einer Verkaufsoption (↑Optionsgeschäft), die der Erwerber der A. dem Emittenten gewährt. Der Emittent als Käufer dieser Verkaufsoption wird die Tilgung mittels Aktien bevorzugen, sofern Letztere schwach notieren (im oben genannten Beispiel unter 25 €), anderenfalls lässt er die Verkaufsoption verfallen. Als Entgelt für das daraus resultierende beachtl. Optionsrisiko erhält der Erwerber einer A. über dem Marktzins liegende Nominalverzinsung (Zinsaufschlag als Optionsprämie).

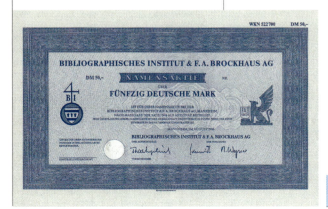

Aktie: Bibliographisches Institut & F. A. Brockhaus AG

AKT Aktienfonds

Akti|enfonds [-fɔ̃], ↑Investmentfonds.
Akti|engesellschaft, Abk. **AG, A.-G.** oder **A. G.**, Kapitalgesellschaft mit eigener Rechtspersönlichkeit, deren Gesellschafter (Aktionäre, Anteilseigner) mit Einlagen auf das in Aktien zerlegte Grundkapital beteiligt sind, ohne persönlich für die Verbindlichkeiten der AG zu haften; für die Verbindlichkeiten der AG haftet den Gläubigern nur das Gesellschaftsvermögen (Aktiengesetz vom 6. 9. 1965). An der Gründung einer AG müssen sich eine oder mehrere Personen beteiligen, die die Aktien gegen Einlagen übernehmen **(Simultan-** oder **Einheitsgründung).** Der Gesellschaftsvertrag **(Satzung)** muss notariell beurkundet werden und bestimmten gesetzl. Erfordernissen entsprechen. Die AG entsteht erst durch die Eintragung im Handelsregister. Die Einlagen der Aktionäre können in Geld bestehen **(Bareinlage)** oder in anderen Vermögenswerten **(Sacheinlage).** Der Mindestnennbetrag des Grundkapitals ist 50 000 € (Grundkapital und Verkehrswert einer aktiven AG sind i. d. R. nicht identisch).

Organe der AG sind: Vorstand, Aufsichtsrat und Hauptversammlung. Der **Vorstand** kann aus einer oder mehreren Personen bestehen; die Mitgl. werden vom Aufsichtsrat auf höchstens fünf Jahre bestellt. Dem Vorstand obliegt die Geschäftsführung und die Vertretung der AG nach außen, er hat den Jahresabschluss aufzustellen und einen Lagebericht zu erstatten. Jahresabschluss, Lagebericht und der Vorschlag über die Verwendung des Bilanzgewinns sind vom Aufsichtsrat zu prüfen. Der **Aufsichtsrat** hat mindestens drei und höchstens 21 Mitglieder; über seine Zusammensetzung nach dem Mitbestimmungsgesetz ↑Mitbestimmung. Der Aufsichtsrat hat die Geschäftsführung zu überwachen. Maßnahmen der Geschäftsführung können ihm nicht übertragen werden, jedoch hat die Satzung oder der Aufsichtsrat zu bestimmen, dass bestimmte Geschäfte nur mit seiner Zustimmung vorgenommen werden dürfen. Er hat der Hauptversammlung über das Geschäftsjahr zu berichten und vertritt die Gesellschaft gegenüber dem Vorstand. Die **Hauptversammlung**, der alle Aktionäre angehören, wird i. d. R. vom Vorstand einberufen; sie kann auch durch den Aufsichtsrat oder auf Verlangen von Aktionären mit zus. wenigstens 5 % Grundkapital einberufen werden. Sie wählt die Vertreter der Anteilseigner im Aufsichtsrat und den Abschlussprüfer, beschließt jährlich über die Gewinnverwendung (↑Dividende) sowie die Entlastung des Vorstands und Aufsichtsrats und entscheidet über Satzungsänderungen (hier ³/₄-Mehrheit erforderlich) u. a. – Eine besondere Form der AG ist die ↑Kommanditgesellschaft auf Aktien. (↑Corporate Governance)

Hauptquelle des *österr*. Aktienrechts sind das Aktien-Ges. von 1965, das im Wesentlichen den dt. Regelungen entspricht (u. a. Gleichbezeichnung der Organe), das Investmentfonds-Ges. von 1963 i. d. F. v. 1968, das Kapitalberichtigungs-Ges. von 1967 und das Arbeitsverfassungs-Ges. von 1973 (Mitbestimmung der Arbeitnehmer). Der Mindestnennbetrag des Grundkapitals ist 70 000 €. Aktien können entweder als Nennbetrags- oder als Stückaktien begründet werden. Nennbetragsaktien müssen auf mindestens 1 € oder ein Vielfaches davon lauten. In der *Schweiz* ist das Aktienrecht in Art. 620 ff. OR ähnlich wie in Dtl. geregelt; es ist durch Bundes-Ges. vom 4. 10. 1991, in Kraft seit 1. 7. 1992, reformiert worden. Die Zahl der Gründer muss mindestens drei, das Aktienkapital mindestens 100 000 Fr., der Nennwert der Aktie mindestens 1 Rappen betragen. Die Organe sind die Generalversammlung der Aktionäre, die Verwaltung bzw. der Verwaltungsrat, die Revisionsstelle. – Die **Europ. AG (Societas Europaea, SE),** eine zukünftige, der dt. AG vergleichbare europ. Gesellschaftsform, soll die gemeinschaftsweite Tätigkeit von Unternehmen wesentlich erleichtern.

📖 *Reichert, T.: Zusammenschlüsse von A. im Europ. Binnenmarkt. Frankfurt am Main u. a. 1995. – Steiner, K.: Die Hauptversammlung der A. München 1995.*

Akti|enindex, Kennziffer, die die Kursentwicklung eines Aktienmarktes verdeutlicht. A. werden unterschieden nach der Anzahl der einbezogenen Aktien (Gesamt- bzw. Composite-Index, Teil-, insbes. Branchenindizes), nach der Art der Gewichtung der Kurse (mit dem Grundkapital) und nach der Berücksichtigung von Dividendenabschlägen. Sie werden auf einen bestimmten zurückliegenden Zeitpunkt (Basisjahr) bezogen, dessen Wert i. d. R.

Aktionskunst **AKT**

Internationale Aktienindizes		
Indexname	Staat/Region	Aktienanzahl
DAX®	Deutschland	30
TecDAX®	Deutschland	30
FT-SE 100	Großbritannien	100
CAC 40	Frankreich	40
SMI-Index	Schweiz	30
Dow Jones STOXX®	Europa	600
Dow Jones Euro STOXX® 50	EWU	50
Nikkei 225	Japan	225
Dow Jones Industrial Average	USA	30

gleich 100 (beim ↑DAX® = 1 000), gesetzt wird. Zu unterscheiden sind **Preisindizes,** die allein auf die Kurse abstellen, und **Performance-Indizes,** die darüber hinaus Dividendenzahlungen berücksichtigen und somit durch die Ausschüttung eintretende Kursabschläge korrigieren. A. werden in zahlr. Ländern von versch. Institutionen (z. B. Börsen, Zeitungen, statist. Ämter) ermittelt und veröffentlicht. (↑NASDAQ, ↑NEMAX®, ↑SMAX)
Aktinilen [grch.] (Seeanemonen, Seerosen, Actiniaria), sechsstrahlige Korallentiere, meist einzeln lebend, mit zylindr., meist am Untergrund festsitzendem Körper. Die Mundöffnung ist von Fangarmen mit Nesselkapseln umgeben. Einige A. leben mit Einsiedlerkrebsen in Symbiose. In der Nordsee: **Erdbeerrose, Seenelke;** im Mittelmeer: **Wachsrose.**
aktinische Krankheiten, *Medizin:* ↑Lichtschäden.
aktino... [grch.], strahl..., strahlungs...
Aktinolith [grch.] *der,* ↑Strahlstein.

Aktinien: Große Seenelke

Aktinometrie [grch.] *die,* die Messung der physikal., v. a. der photochem. Wirksamkeit einer Lichtstrahlung, bes. der Sonnen- und der Himmelsstrahlung.
aktinomorph [grch.], *Botanik:* strahlig gebaut.
Aktinomykose [grch.] *die* (Strahlenpilzkrankheit), *Medizin:* durch den Strahlenpilz Actinomyces israelii beim Menschen und bei Tieren hervorgerufene Infektionskrankheit; führt bes. im Gesicht und am Hals zu Gewebeverhärtung, eitriger Einschmelzung, Fistelbildung und Hautverfärbung. Die Behandlung erfolgt mit Antibiotika (z. B. Penicillin), eventuell chirurgisch.
Aktionär [frz.] *der,* Anteilseigner einer AG.
Aktionismus *der,* 1) übertriebener Tätigkeitsdrang (meist abwertend); 2) Bestreben, das Bewusstsein der Menschen oder aktuelle Zustände in Gesellschaft, Kunst oder Literatur durch gezielte (provozierende, revolutionäre) Aktionen zu verändern.

 Aktion Mensch

Aktion Mensch (Deutsche Behindertenhilfe Aktion Mensch e. V.), Hilfsaktion zur Unterstützung von gemeinnützigen Einrichtungen und Initiativen der Behindertenhilfe und -selbsthilfe; 1964 vom Zweiten Dt. Fernsehen (ZDF) und den Spitzenverbänden der Freien Wohlfahrtspflege unter dem Namen **Aktion Sorgenkind** ins Leben gerufen und seit dem 1. 3. 2000 unter dem neuen Namen **Aktion Mensch** fortgeführt. Die A. M. unterstützt behinderte Menschen aller Altersgruppen und finanziert sich zum größten Teil aus den Erlösen der Lotterie der Aktion Mensch im ZDF.
Aktionsart, *Sprachwissenschaft:* Geschehensart beim Verb; bezeichnet die Art und Weise, wie das durch das Verb ausgedrückte Geschehen vor sich geht, z. B. iterativ »sticheln«, faktitiv »fällen«.
Aktionsforschung, *Sozialwissenschaften:* das ↑Actionresearch.
Aktionskunst, Ersetzung eines Kunstobjektes durch künstler. Aktion, zuerst um 1918 im Dadaismus, seit 1958 durch A. Kaprow als ↑Happening; parallel dazu die

musikal. Fluxusaktionen von J. Cage und die rituellen Aktionen von J. Beuys.

Aktion Sorgenkind, ↑Aktion Mensch.

Aktionspotenzial, *Physiologie:* elektr. Spannungsänderung an den Membranen lebender Zellen, bes. von Nerven und Muskeln, die zu einem Aktionsstrom führt und Grundlage u. a. der Nervenleitung ist. Die Membran einer Zelle ist aufgrund ihrer unterschiedl. Durchlässigkeit bes. für Natrium- und Kaliumionen im Ruhezustand außen positiv, innen negativ geladen; es herrscht elektr. Spannung (Ruhe- oder Membranpotenzial). Bei Erregung kommt es durch Änderung der Membrandurchlässigkeit zu einer kurzfristigen Änderung und Umkehr (Spitzenpotenzial) dieser Spannung, dem Aktionspotenzial.

Aktionsradius, 1) ohne Ergänzung des Kraftstoffvorrates mögl. Fahr- oder Flugstrecke eines Fahr- oder Flugzeugs (meist hin und zurück).
2) *übertragen:* Wirkungsbereich.

Aktionsstrom, ein entlang einer Nervenfaser fortgeleitetes ↑Aktionspotenzial.

Aktionsturbine, die ↑Gleichdruckturbine.

Aktion Sühnezeichen/Friedensdienste e. V., Abk. **ASF,** ökumenisch ausgerichtete christl. Aktionsgemeinschaft (Sitz: Berlin), gegr. 1958 auf Initiative ehem. Mitgl. der Bekennenden Kirche auf der Synode der EKD. Ausgangspunkt war die Anerkennung der histor. Schuld, die mit dem Handeln Deutscher während der Zeit des Nationalsozialismus verbunden ist. Die ASF ist in der Friedens- und Erinnerungsarbeit sowie auf versch. Feldern der Sozialarbeit tätig; Schwerpunkte bilden – z. T. mehrmonatige – Freiwilligendienste im In- und Ausland, bes. in Ländern (ausgehend von ihrem Gründungsaufruf), die direkt oder indirekt unter der nat.-soz. Herrschaft gelitten haben.

Aktium (ngrch. Aktion), flache Landzunge an der W-Küste Griechenlands, am Eingang des Ambrak. Golfs; Flughafen von Prevesa. – 31 v. Chr. Sieg Oktavians über die Flotte von Antonius und Kleopatra.

aktiv [lat.], **1)** tätig, wirksam, zielstrebig.
2) chemisch stark ansprechend, reaktionsfähig.

Aktiv [lat.] *das, Grammatik:* Tätigkeitsform, verbale Kategorie, bei der der Urheber der Handlung grammat. Subjekt ist. Ggs.: ↑Passiv.

Aktiva [lat.] (Aktiven), Vermögensteile eines Unternehmens, die auf der **Aktivseite** (Sollseite) der ↑Bilanz erfasst **(Aktivierung)** und ausgewiesen werden: Anlagekapital, Umlaufvermögen und Rechnungsabgrenzungsposten; Ggs.: ↑Passiva.

Aktivator [lat.] *der,* **1)** *Chemie:* (Promotor), Stoff, der die Aktivierung eines Systems bewirkt und/oder als Beschleuniger oder Verstärker wirkt, z. B. bei der ↑Katalyse.
2) *Medizin:* Behandlungsgerät der ↑Kieferorthopädie.
3) *Physik:* Stoff, durch dessen Zusatz eine nicht leuchtfähige Substanz zum Leuchtstoff wird; auch eine Störstelle im Festkörper, die ihn zur Lumineszenz befähigt.

aktive Galaxien, extragalakt. Sternsysteme, in deren Kerngebieten Prozesse mit extrem hohen Energieumsätzen ablaufen, z. B. die Seyfert-Galaxien.

aktive Optik, optisch-mechan. Zusatzeinrichtungen zur Kompensation der infolge mechan. oder therm. Effekte bedingten Abweichung dünner Teleskopspiegel von der optimalen Form. Dazu wird der Spiegel bei einem System computergesteuerter Stellelemente (Aktoren) gelagert.

Aktivgeschäfte, Bankgeschäfte, die sich auf der Aktivseite der Bilanz eines Kreditinst. niederschlagen (Kreditgewährung, Geldmarktanlagen u. a.).

Aktivierung, 1) *Betriebswirtschaftslehre:* kontenmäßiges Erfassen der Vermögensbestandteile eines Unternehmens auf der Aktivseite der Bilanz; die aktivierten Werte heißen Aktiva.
2) *Chemie:* Prozess, bei dem Stoffe in einen chemisch reaktionsfähigen, aktiven Zustand versetzt werden, z. B. durch Temperaturerhöhung oder durch Zusatz von Aktivatoren.
3) *Kernphysik:* Erzeugung künstl. Radioaktivität in einem Material durch Bestrahlung mit energiereichen Teilchen (z. B. Neutronen) oder Gammaquanten.

Aktivierungsanalyse, kernphysikal. Methode zum Nachweis geringster Mengen eines Elements. Dabei wird die Probe mit geladenen oder ungeladenen Teilchen (auch Gammaquanten) beschossen. Es entstehen radioaktive Nuklide (oder Kernisomere), die sich aufgrund charakterist. Zerfallseigenschaften qualitativ und quantitativ bestimmen lassen: Aus der Messung der Halbwertszeit sowie der Energie und Intensität ihrer Strahlung (v. a. mit Germaniumdetektoren) kann auf Art und Menge der in der Probe urspr. enthaltenen Nuklide geschlossen werden. Die A. wird meist mit Neutronen als **Neutronen-A. (NAA)** durchgeführt.

Aktivierungsenergie, 1) allg. die Energie, die zur Aktivierung (Einleitung) eines chem. oder physikal. Prozesses aufgebracht werden muss.
2) *Chemie:* der Mehrbetrag an Energie, der über die durchschnittl. therm. Energie der Atome bzw. Moleküle hinaus aufgewendet werden muss, um eine chem. Reaktion auszulösen.
3) *Halbleiterphysik:* diejenige Energie, die ein Defektelektron bzw. ein Elektron benötigt, um ins Leitungsband zu gelangen. (↑Halbleiter)

Aktivismus [lat.] *der,* das Betonen zielbewussten Handelns gegenüber reinem Erkenntnisstreben. Eine philosoph. Begründung des A. versuchten u. a. A. Comte, F. Nietzsche, G. Sorel.

Aktivist *der,* Person, die die Ziele einer Partei oder polit. Bewegung durch ihre Leistungen bes. fördert. – **Aktivistenbewegung,** Massenbewegung für hohe Arbeitsproduktivität, ausgelöst in der UdSSR 1935 durch A. G. Stachanow, in der SBZ/DDR 1948 durch A. Hennecke (* 1905, †1975).

Aktivität *die,* **1)** *allg.:* aktives Verhalten, Wirksamkeit.
2) *Chemie:* wirksame Konzentration von Atomen, Ionen und Molekülen in einer Lösung.
3) *Kernphysik:* (A. einer radioaktiven Substanz), SI-Einheit ist das Becquerel, Bq (früher übliche, heute ungültige Einheit: Curie, Ci), Maß für die Zahl der Zerfälle einer radioaktiven Substanz in einer bestimmten Zeit (↑Radioaktivität).
4) *Optik:* ↑optische Aktivität.

Aktivitätsanalyse, *Volkswirtschaftslehre:* Verfahren zur Behandlung bestimmter produktions- und allokationstheoret. Probleme. Ausgegangen wird von wirtsch. Aktivitäten, bei denen lineare Abhängigkeiten zw. den Faktoreinsatz- und den Güterausstoßmengen angenommen werden. (↑Input-Output-Analyse)

Aktivkohle, vielporige, sehr stark adsorbierende Kohle zum Reinigen von Gasen und Flüssigkeiten (Wasseraufbereitung), zum Rückhalten von Benzindämpfen am Pkw oder als medizin. Kohle; Herstellung durch Behandlung von kohlenstoffhaltigen Stoffen mit dehydratisierenden Chemikalien und sauerstoffhaltigen Gasen.

Aktivlegitimation, *Prozessrecht:* ↑Sachlegitimation.

Aktöbe (Aqtöbe, früher russ. Aktjubinsk), Gebietshptst. im NW von Kasachstan, 258 900 Ew.; Eisenhüttenwerk, Maschinenbau, Nahrungsmittelind.

Aktor [lat.] *der,* Wandler, der elektr. Signale in mechan. Bewegung oder andere physikal. Größen (z. B. Druck, Temperatur) umsetzt; Ggs.: Sensor.

Aktrice [ak'tri:s, frz.] *die,* Schauspielerin.

aktuell [lat.], im Augenblick gegeben, sich vollziehend, vorliegend, tatsächlich vorhanden (Ggs.: potenziell).

Aktualismus [lat.] *der,* i. e. S. Bez. für den Idealismus von G. ↑Gentile, i. w. S. für philosoph. Lehren, die den dynam. Aspekt des Seins betonen und die Vorstellung einer unveränderl. Substanz ablehnen (**Aktualitätstheorie;** Ggs.: Substanzialitätstheorie).

Aktualität [lat.] *die,* Gegenwartsbezogenheit, Bedeutung für die Gegenwart.

Aktualitätenkino, Kino mit (durchgehend laufendem) aus Kurzfilmen versch. Art gemischtem Programm.

Aktuar [lat.] *der,* im älteren Prozessrecht der Gerichtsschreiber, Protokollführer; heute wiss. leitender Versicherungs- und Wirtschaftsmathematiker.

Aktuogeologie, Teilgebiet der Geologie, das die Vorgänge der geolog. Vergangenheit unter Beobachtung der in der Gegenwart ablaufenden Prozesse zu erklären sucht.

Akupressur, ↑Akupunktur.

Akupunktur [lat.] *die, Medizin:* altes Verfahren der chines. Heilkunde, das durch Einstechen von langen Nadeln an Punkten der Körperoberfläche, die einzelnen Organen zugeordnet sind, Heilung und Schmerzausschaltung zu erreichen sucht. Angewendet wird die A. (auch als ↑Ohrakupunktur) v. a. bei funktionellen Störungen, so bei Migräne, Asthma, Schmerzzuständen und chron. Verstopfung. Bei der **Akupressur** soll durch Massieren der A.-Punkte eine ähnl. Wirkung hervorgerufen werden.

AKU Akureyri

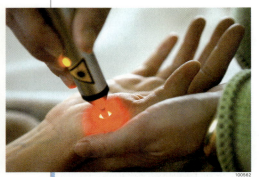

Akupunktur: Mittels Druck und Laserlicht auf einen Akupunkturpunkt der Hand wird eine Laser-Akupunktur durchgeführt.

Akureyri [ˈakyreːri], Stadt in N-Island, 14 700 Ew.; Handelszentrum, Textilind., Fischereihafen.

Akustik [grch.] *die,* **1)** Teil der Musikwiss., untersucht die Klangerscheinungen; wichtigstes Hilfsmittel ist die Klanganalyse (↑Klang).
2) *Physik:* die Wiss. vom ↑Schall, Teilgebiet der Mechanik; i. w. S. wird auch die Untersuchung von Schwingungen und Wellen in elast. Medien, die nicht in den hörbaren Frequenzbereich (zw. 16 Hz und 20 kHz) fallen, zur physikal. A. gerechnet.

Akusto|elektronik, Teilgebiet der Elektronik, das die Beeinflussung von elektron. Funktionen in Festkörpern durch akust. Oberflächen- und Volumenwellen nutzt. Ursachen der akustoelektron. Effekte sind die Wechselwirkungen zw. Elektronen und Phononen in Kristallen. Die A. verwendet v. a. ↑Oberflächenwellenelemente, bei denen auf piezoelektr. Materialien akust. Wellen angeregt werden, die sich entlang der Festkörperoberfläche ausbreiten.

Akusto|optik, Teilgebiet der Akustoelektronik, das Wechselwirkungen von hochfrequenten Schallwellen (Frequenz 10^5 bis 10^9 Hz) und elektromagnet. Wellen untersucht und die dabei auftretenden Brechungs- und Beugungseffekte zum Bau von **akustoopt. Bauelementen** (wie Lichtablenker, Lichtmodulatoren, Lichtschalter) nutzt.

akut [lat. »spitz«], plötzlich auftretend, vordringlich. – **akute Krankheiten,** schnell einsetzende und heftig verlaufende, meist fieberhafte Erkrankungen. Ggs.: chronische Krankheiten.

Akut [lat.] *der,* Betonungszeichen für steigende Stimmführung [´; z. B. in René], ↑Akzent.

Akutagawa, Ryūnosuke, japan. Schriftsteller, *Tokio 1. 3. 1892, † (Selbstmord) ebd. 24. 7. 1927; Vertreter eines dämon. Realismus; Novellen (»Rashōmon«, 1915).

AKV, Abk. für ↑Allgemeine Kreditvereinbarungen.

AKW, Abk. für Atomkraftwerk, allgemeinsprachlich für ↑Kernkraftwerk.

Akyab [engl. æˈkjæb], Stadt in Birma, ↑Sittwe.

Akyn [kirg.-russ.] *der,* kasach. und kirgis. Volkssänger; vgl. Rhapsode.

Akzeleration [lat.] *die,* **1)** *allg.:* Beschleunigung.
2) *Astronomie:* nicht period. Änderung der Mondbewegung **(säkulare A.),** die bewirkt, dass sich der Mond in 100 Jahren um 8″ (Bogensekunden) in seiner Bahn weiter fortbewegt als theoretisch angenommen.
3) *Medizin:* die ↑Entwicklungsbeschleunigung.

Akzelerationsprinzip (Beschleunigungsprinzip), volkswirtsch. Theorie, nach der eine positive (negative) Veränderung der Nachfrage nach Gütern zu einer Zunahme (Abnahme) der Nettoinvestitionen führt. Der **Akzelerator** als Proportionalitätskonstante bestimmt die Höhe der Nettoinvestitionen in Abhängigkeit von der Nachfrageänderung. Das A. wird u. a. zur Konjunkturerklärung benutzt.

Akzelerator *der,* **1)** *Physik:* ↑Teilchenbeschleuniger.
2) *Wirtschaft:* ↑Akzelerationsprinzip.

Akzent [lat., eigtl. das »Antönen«, »Beitönen«] *der,* **1)** *allg.:* typ. Lautform einer sprachl. Äußerung.
2) *Sprachwissenschaft:* Betonung, Hervorhebung der Silben durch Haupt-A. und Neben-A. im Wort oder der sinntragenden Wörter im Satz. Mittel zur Hervorhebung sind Atemdruck **(Druck-A.,** ↑exspiratorischer Akzent) und Tonhöhe **(musikal. A.),** meist im Zusammenwirken beider A.-Arten u. a. Faktoren (Klangfarbe, Sprechtempo).
3) Die A.-Zeichen **Akut** [´], **Gravis** [`] und **Zirkumflex** [^] sind von grch. Grammatikern eingeführt worden; in den modernen Sprachen haben sie sehr versch.,

oft von der Betonung unabhängige Bedeutung. (↑diakritisches Zeichen)
4) *Musik:* Hervorhebung einzelner Töne, bes. durch Tonstärke, Zeitdauer, Verzierung.
akzentuierender Vers, ↑Metrik.
Akzept [lat. »Angenommenes«] *das,* allg. Annahme, z. B. eines Angebots; auf einem Wechsel die Erklärung des Bezogenen **(Akzeptanten),** dass er den Wechsel zur Verfallzeit einlösen werde; auch der angenommene Wechsel selbst.
Akzeptabilität *die, Sprachwissenschaft:* Bez. für die Eigenschaft von Äußerungen, die im Einklang mit dem Sprachgefühl der Sprecher stehen. Als nicht akzeptabel können z. B. syntaktisch unübersichtl. oder widersprüchl. Äußerungen empfunden werden, obwohl sie grammatisch korrekt gebildet sind.
Akzeptkredit, Wechselkredit, bei dem ein Kreditinstitut einen Wechsel von meist dreimonatiger Laufzeit annimmt, den ein Kunde von erster Bonität mit Einverständnis des Instituts auf dieses gezogen hat. Sonderform ↑Rembourskredit.
Akzeptor [lat. »Annehmer«, »Empfänger«] *der,* **1)** *Chemie:* Stoff oder Körper, der einen anderen bindet.
2) *Physik:* ↑Halbleiter.
Akzession [lat.] *die,* **1)** *allg.:* Zuwachs, Zugang, Erwerb.
2) *Völkerrecht:* Vertrag, durch den ein Staat einem zw. anderen Staaten geschlossenen Vertrag (z. B. der NATO) beitritt.
akzessorisch [lat.], **1)** *allg.:* nebensächlich, hinzutretend.
2) *Recht:* (akzessorische Rechte), Neben- oder Sicherungsrechte, die in ihrem Bestand vom Hauptrecht abhängig sind, z. B. die Hypothek, die das rechtl. Schicksal der Forderung, die sie sichert, teilt. Das *Strafrecht* kennt den akzessor. Charakter der Teilnahme, wonach der Teilnehmer (Gehilfe, Anstifter) nur bestraft werden kann, wenn eine vorsätzl. und rechtswidrige Haupttat vorliegt.
Akzidens [lat.] *das, Philosophie:* das Zufällige, Unwesentliche; Ggs.: ↑Substanz.
Akzidentalien, Nebenabreden eines Rechtsgeschäfts, z. B. beim Kauf die Vereinbarung einer Vertragsstrafe, während Einigung über Ware und Preis wesentl. Bestandteile **(Essenzialien)** des Vertrags sind.
Akzidenz *die* (Akzidenzdruck), jede (kleinere) Druckarbeit außer Zeitschriften-, Zeitungs- oder Werkdruck, z. B. Visitenkarten.
Akzise [lat.] *die* (Zise, Zeise), in Dtl. vom MA. bis ins 19. Jh. Umsatz- und Verbrauchsteuer; Binnenzoll **(Torakzise).**
AKZO Nobel N. V., Arnheim, 1994 aus der Fusion von AKZO N. V. (gegr. 1911) und Nobel Industries AB (gegr. 1894 von A. Nobel) entstandener niederländ., multinationaler Chemiekonzern.
al (el), der arab. bestimmte Artikel für alle grammat. Kasus und Genera sowie für Singular, Dual und Plural.
Al, chem. Symbol für ↑Aluminium.
-al [lat.], *Chemie:* Suffix zur Kennzeichnung eines ↑Aldehyds.
à la [frz.], in der Art von ...: **à la carte,** nach der Karte (essen); ↑à la mode.
à la baisse [- 'bɛːs, frz.], auf rückläufige Börsenkurse spekulieren; Ggs.: à la hausse.
Alabama [engl. æləˈbæmə], Abk. **Ala.,** Bundesstaat im SO der USA, 135 775 km², (2000) 4,45 Mio. Ew. (davon 26 % Schwarze); Hptst.: Montgomery. A. ist zum größten Teil subtrop. Tiefland, das sich im N bis in die Ausläufer der Appalachen erstreckt; mehr als 60 % des Landes sind bewaldet; Hauptfluss ist der ↑Alabama River. Anbau von Sojabohnen, Baumwolle, Mais, Erdnüssen. Bergbau auf Kohle und Eisen, Bauxitabbau, Erdöl- und Erdgasförderung. Eisen- und Stahlind. in Birmingham, daneben chem., Textil-, Papierind., Maschinenbau; in Huntsville Raketen- und Raumfahrtforschung. Haupthafen ist Mobile; Staatsuniv. in Tuscaloosa. – Das im 16. Jh. von Spaniern erkundete und seit 1702 von Franzosen besiedelte A. war Teil von Louisiana, das 1763 in brit. Besitz gelangte. Der S fiel 1783 an Spanien, das übrige Gebiet an die USA; 1819 als 22. Staat in die Union aufgenommen. 1955 Ausgangspunkt der Bürgerrechtsbewegung unter M. L. King.
Alabama River [æləˈbæmə ˈrɪvə], Fluss in Alabama, USA, entsteht oberhalb von Montgomery aus dem Zusammenfluss von **Coosa River** (mit diesem rd. 1 200 km lang) und **Tallapoosa River,** nimmt nach einem 507 km langen südl. Lauf den Tombigbee River auf und gabelt sich nördlich von Mobile in den **Mobile River** und den **Tensaw River,** die in den Golf von Mexiko münden; wichtige Schifffahrtsstraße.

ALA Alabaster

Alabaster [grch.] *der,* feinkörnige, durchscheinende Art des Gipses, wird zu Gebrauchs- und Ziergegenständen verarbeitet.

Alabastron [grch.] *das,* im Altertum ein walzenförmiges, enghalsiges Salbgefäß, bes. aus Alabaster.

à la bonne heure! [- bɔˈnœːr; frz. »zur guten Stunde«], recht so!, ausgezeichnet!, bravo!

Alaca Hüyük [alaˈdʒa -], Ruinenhügel in Zentralanatolien, Türkei, etwa 25 km nördlich von Hattusa. Hier wurden eine bed. hethit. Stadt des 2. Jt. v. Chr. und Fürstengräber vom Ausgang des 3. Jt. v. Chr. ausgegraben.

Alacant, katalan. Schreibung für ↑Alicante.

Alacoque [alaˈkɔk], Marguerite-Marie, frz. Mystikerin, * Lauthecour (Bourgogne) 22. 7. 1647, † Paray-le-Monial 17. 10. 1690; Salesianerin, wirkte für die Herz-Jesu-Verehrung; 1920 heilig gesprochen, Tag: 16. 10.

Ala Dağ [- daː, türk. »bunter Berg«], Gebirgsmassiv im zentralen S der Türkei, höchster Teil des Taurus, Kalkgebirge, mehrere Gipfel über 3 700 m ü. M.; z. T. vergletschert.

ALADI, ↑Lateinamerikanische Integrationsvereinigung.

Aladins Wunderlampe, Märchen aus ↑Tausendundeiner Nacht: Aladin holt auf Geheiß eines Zauberers aus einer Höhle eine Zauberlampe; ihrem jeweiligen Besitzer erfüllt ein dienstbarer Geist alle Wünsche.

à la française [- fraˈsɛːs, frz.], auf frz. Art.

Alagoas, Küstenstaat in NO-Brasilien, 27 933 km², 2,82 Mio. Ew., einer der am dichtesten bevölkerten Bundesstaaten Brasiliens; Hptst.: Maceió. Landwirtschaft; zunehmende Industrialisierung.

Alagöz, Berg in der Rep. Armenien, ↑Aragaz.

à la hausse [- ˈoːs, frz.], auf steigende Börsenkurse spekulieren; Ggs.: à la baisse.

Alaigebirge, aus mehreren Ketten bestehendes Gebirgsland im S Kirgistans und in Tadschikistan, vom **Transalai** durch das **Alaital** getrennt. Das wüstenhafte, rd. 400 km lange A. erreicht 5 539 m Höhe; stark vergletschert.

Alain [aˈlɛ̃], eigtl. Émile Chartier, frz. Essayist und Philosoph, * Mortagne-au-Perche (Dép. Orne) 3. 3. 1868, † Le Vésinet (heute Dép. Yvelines) 2. 6. 1951; Schriften v. a. zur Ethik und Religionsphilosophie: »Les propos d'A.«, 2 Bde. (1920); »Die Pflicht, glücklich zu sein« (1925); »Gedanken über die Religion« (1938).

Al-Ain, zweitgrößte Stadt des Emirats Abu Dhabi (VAE), am Rand des Omangebirges, 250 000 Ew.; Sommersitz des Herrschers; Univ. (1976 gegr.), Mutarad-Moschee (1975); internat. Flughafen.

Alain-Fournier [aˈlɛ̃furˈnje], Henri, eigtl. Henri-Alban Fournier, frz. Schriftsteller, * La Chapelle d'Angillon (Dép. Cher) 3. 10. 1886, ✕ bei Saint-Rémy 22. 9. 1914. Sein romant.-symbolist., sehr erfolgreiches Werk »Der große Kamerad« (R., 1913) wirkte stark auf den modernen frz. Roman.

à la jardinière [- ʒardiˈnjɛːr; frz. »nach Art der Gärtnerin«], mit Gemüse garniert (gebratenes oder gegrilltes Fleisch).

Al-Aksa-Moschee, Moschee in Jerusalem, zusammen mit dem Felsendom und dem ihn umgebenden hl. Bezirk wichtigste hl. Stätte der Muslime nach denen von Mekka und Medina; erbaut über den Trümmern des jüd. Tempelberges.

Alalie [grch.] *die,* Unfähigkeit zu gegliederter Lautbildung, v. a. bei gestörter oder verzögerter Sprachentwicklung.

Alamannen, die ↑Alemannen.

Alameda [span.] *die,* baumbestandener Weg, Straße oder Platz in Spanien und Lateinamerika.

Alamein (El-Alamein), Ort in Ägypten, 100 km südwestlich von Alexandria. – Im Zweiten Weltkrieg brachte die brit. Armee bei El-A. im Juni/Juli 1942 die Offensive General Rommels zum Stehen.

à la meunière [- møˈnjɛːr; frz. »nach Art der Müllerin«], in Mehl gewendet und in Butter gebraten.

Alamo [ˈæləməʊ], die ehem. befestigte Missionsstation (Nationaldenkmal) von San Antonio (Tex.), in der während des texan. Unabhängigkeitskampfes alle Verteidiger (weniger als 200) nach dreizehntägiger Belagerung (23. 2. bis 6. 3. 1836) beim Sturmangriff einer mexikan. Übermacht unter A. López de Santa Anna ums Leben kamen.

à la mode [- ˈmɔd, frz.], nach der neuesten Mode, modisch; im Dreißigjährigen Krieg die übertriebene Nachahmung frz. Kleidungsart und Lebensweise. **Alamode-**

literatur, die von frz. und italien. Sprache und Dichtung beeinflusste dt. Literatur des 17. Jh.
Aland (Nerfling), Art der Karpfenfische (↑Orfe).
Ålandinseln [ˈoː-] (finn. Ahvenanmaa), Inselgruppe mit Tausenden von Inseln und Schären am Südende des Bottn. Meerbusens, finn. VerwBez. mit autonomem Status, 1 552 km², 24 800 Ew.; Hauptort: Mariehamn; Amts- und Schulsprache: Schwedisch; Landwirtschaft, Fremdenverkehr. – Die Å. waren seit dem MA. verwaltungsmäßig mit Finnland verbunden und kamen mit diesem 1809 an Russland. Nach 1917 wurden sie von Schweden beansprucht; als entmilitarisiertes Gebiet wurden sie 1921 vom Völkerbund Finnland zugesprochen.
Alanen, iran. Reitervolk nördlich des Kaukasus, im 4. Jh. von den Hunnen unterworfen; Teile zogen mit den Wandalen nach Spanien und Afrika. Von den A. stammen die heutigen ↑Osseten im mittleren Kaukasus ab.
Alang-Alang [malaiisch] (Imperata cylindrica), Steppengras (auf verlassenem Kulturland), bes. in Indonesien.
Alania, nationale Bez. für ↑Nordossetien.
Alanin *das* (Aminopropionsäure), wichtige nichtessenzielle Aminosäure, die in den meisten Eiweißen vorkommt.
Alant *der* (Inula), in Eurasien und Afrika verbreitete Korbblütlergattung; der **Echte A. (Helenenkraut,** Inula helenium) mit gelben Blüten enthält ↑Inulin.
Alanya, Kurort und Seebad an der türk. »Riviera«, südöstl. von Antalya, 59 000 Ew. – Aus dem 13. Jh. Zitadelle und Stadtmauer mit Rotem Turm.
Alapajewsk, Ind.stadt am O-Rand des Mittleren Ural, Gebiet Swerdlowsk, Russland, etwa 50 000 Ew.; Eisenerzbergbau, Eisenhüttenzentrum.
Alarcón y Ariza [-aˈriθa], Pedro Antonio de, span. Schriftsteller, *Guadix 10. 3. 1833, †Valdemoro (bei Madrid) 10. 7. 1891; schrieb Erzählungen (»Der Dreispitz«, 1874), Romane (»Der Skandal«, 1875) und das viel gelesene Kriegstagebuch »Diario de un testigo de la guerra de África« (1859).
Alarcón y Mendoza [-θa], Juan Ruiz de, span. Dramatiker, ↑Ruiz de Alarcón y Mendoza.
Alarich, Könige der Westgoten:
1) A. I., *um 370, † Ende 410; seit 395 König, verwüstete Thrakien, Makedonien und Griechenland, eroberte 410 Rom. Er starb auf seinem Zug nach Süditalien; im Busento bei Consentia (heute Cosenza) begraben.
2) A. II., † 507; bestieg 484 den Thron, fiel in der Schlacht von Vouglé bei Poitiers gegen den Frankenkönig Chlodwig; mit ihm endete das Tolosan. Reich.
Alarm [italien. all'arme »zu den Waffen«] *der,* **1)** Warnung, Gefahrmeldung, bes. durch Signale (Katastrophen-A., Luft-A.). – **2)** *Militärwesen:* plötzlich angeordnete Marsch- und Gefechtsbereitschaft.
Alarmanlagen, Sicherungsanlagen, die eine erkannte Gefahr signalisieren und opt. und/oder akust. Warngeräte wie Hupen, Sirenen, Blinkleuchten einschalten oder eine Hilfe leistende Stelle alarmieren. Anwendungen sind Gefahrenmeldeanlagen, öffentl. Notrufanlagen (Feuermeldeanlagen, Polizeirufanlagen), Diebstahlwarnanlagen (Warensicherungsanlagen, Autodiebstahlsicherungen).
Alaska [engl. əˈlæskə], Abk. **Alas.,** nördlichster und größter Bundesstaat der USA, 1,7 Mio. km², (2000) 626 900 Ew.; Hptst.: Juneau. Zw. der vergletscherten A.-Kette im S (im Mount McKinley 6 198 m ü. M.) und der Brookskette im N fließt der Yukon in einem großen Becken nach W zum Beringmeer. Das Klima ist im Innern kontinental mit niedrigen Wintertemperaturen, an der W- und S-Küste gemäßigt und regenreich. 35 % der Staatsfläche nehmen Wälder ein. Im N (↑Tundra) taut der Dauerfrostboden nur oberflächlich auf. – Von der Bev. wohnen rd. 60 % in Städten, rd. 16 % aller Ew. sind Eskimo und Indianer. – Staatsuniv. in Fairbanks (seit 1922), priv. Univ. mit Sitz in Anchorage und Juneau (seit 1960). – Hauptwirtschaftszweige sind Erdöl- und Erdgasförderung, Fischfang (Lachs, Kabeljau), Holzwirtschaft (Cellulosefabriken), Pelzgewinnung und Tourismus. Bodenschätze: Gold, Eisen-, Chrom-, Blei-, Kupfererz, reiche Kohlenlager. Das 1967/68 an der Prudhoe Bay am Nordpolarmeer entdeckte Erdöl wird seit 1977 gefördert und durch die 1 285 km lange Trans-Alaska-Pipeline zum eisfreien Hafen Valdez an der S-Küste gepumpt. Eine Gaspipeline, die von der Prudhoe Bay durch Kanada Erdgas in die USA liefern soll, ist seit 1977 zw. beiden Ländern vereinbart, aber bisher nicht verwirklicht

ALA Alaskagebirge

Alaska Highway am Kluane National Park (Yukon Territory, Kanada)

worden. Dem Verkehr nach S dient der ↑Alaska Highway, ferner Flug- und Schiffsrouten über Seattle; im Innern bestehen rd. 900 Flugplätze; den wichtigsten Hafen und Flughafen besitzt Anchorage. – Das 1741 von V. J. Bering und A. I. Tschirikow entdeckte A. war als Monopolgebiet der 1799 gegründeten Russ.-Amerikan. Kompanie zunächst im Besitz Russlands. 1867 für 7,2 Mio. US-Dollar an die USA verkauft, wurde es 1959 deren 49. Bundesstaat.

📖 *Cropp, W.-U.: Ölrausch in der Arktis. Die Story der A.-Pipeline. Düsseldorf 1977.* – *Naske, C.-M. u. Slotnick, H. E.: Alaska. A history of the 49th state. Norman, Okla., ^{2}1994.* – *Richter, H. P.: A. Karten u. Pläne v. C. Tolkmit. Kronshagen ^{2}1995.*

Alaskagebirge, die Alaska durchziehenden Kordillerenketten Nordamerikas. Die stark vergletscherte **Alaskakette (Alaska Range)** mit dem Mount McKinley (6 198 m ü. M., höchster Berg Amerikas) setzt sich auf der Alaskahalbinsel und auf den Aleuten als **Aleutenkette (Aleutian Range),** mit zahlr. Vulkanen fort.

Alaska Highway [əˈlæskə ˈhaɪweɪ] (Alcan Highway), Autostraße von Dawson Creek (British Columbia) quer durch das Yukon Territory in NW-Kanada nach Fairbanks in Alaska (USA); 2 450 km lang; 1942 von der amerikan. Armee erbaut.

Alassio, Fischereihafen und Seebad in Ligurien, Italien, an der Riviera di Ponente, 11 400 Einwohner.

à la suite [- ˈsɥit; frz. »im Gefolge von«], der Armee oder einem bestimmten Truppenteil ehrenhalber zugeteilt.

Alatau [kirgis. »buntes Gebirge«], Name mehrerer Gebirgsketten in Asien: **Dsungar. A.** im SO von Kasachstan, SO-Abdachung z. T. in China; **Transili-A.** im ↑Tienschan; **Kusnezker A.** in S-Sibirien.

Alatyr, Stadt in Tschuwaschien, Russ. Föderation, an der Sura, etwa 45 000 Ew.; elektrotechn., Nahrungsmittel-, Holz-, Schuhindustrie. – A. wurde 1552 gegr., seit 1780 Stadt.

Alaune [aus gleichbedeutend lat. alumen], Doppelsalze, bei denen je ein ein- bzw. dreiwertiges Metallion Me^I bzw. Me^{III} mit zwei Sulfationen verbunden ist, allg. Formel $Me^I Me^{III}[SO_4]_2 \cdot 12 H_2O$; kristallisieren in Oktaedern oder Würfeln. Bekanntester Vertreter ist **Kaliumaluminiumalaun (Alaun),** $KAl[SO_4]_2 \cdot 12 H_2O$, ursprünglich aus Alaunschiefern, heute durch Reaktion von Kalium- mit Aluminiumsulfat gewonnen; es findet für tintenfeste Papiere, in Färberei und Gerberei sowie als blutstillendes und mildes Ätzmittel **(Alumen)** Verwendung. **Alaunstein,** ↑Alunit.

Alaungpaya, birman. König (seit 1752), *Moksobomyo (Oberbirma) 1714, †Kinywa 13. 4. (11. 5.?) 1760; einigte das Land und wurde Begründer der Konbaung-Dynastie (1752–1885).

Álava [ˈalaβa], Prov. im span. Baskenland, 3 037 km², 284 600 Ew., Hptst.: Vitoria/

Albanien ALB

Gasteiz; hat Anteil am Kantabr. Gebirge und reicht im S bis an den Ebro.

Alawiten, islam. Religionspartei und Sondergemeinschaft, ↑Nusairier.

Alb (Alp), urspr. Bez. der ↑Elfen; dann nach dem Volksglauben ein menschen- oder tierähnl. Wesen, das nächtl. Beklemmungszustände verursacht. Als **Albdruck** (Alpdruck) werden daher Gefühle der Angst im Schlaf oder Halbschlaf bezeichnet, die verstärkt bes seel. Krisen und einschneidenden Entwicklungsphasen auftreten und im **Albtraum** (Alptraum) physisch erlebt werden können.

Alb die, Schichtstufenlandschaft in Süddeutschland, ↑Schwäbische Alb, ↑Fränkische Alb.

Alba, liturg. Gewand, die ↑Albe.

Alba, Stadt in Piemont, Prov. Cuneo, Italien, am Tanaro, 30 000 Ew.; Weinbauzentrum, Trüffelhandel. – Mittelalterl. Stadtbild mit Geschlechtertürmen.

Alba, Fernando Álvarez de Toledo, 3. Herzog von A., span. Feldherr und Staatsmann, *Piedrahita (Prov. Ávila) 29. 10. 1507, †Lissabon 11. 12. 1582; befehligte u. a. im Schmalkald. Krieg das Heer Kaiser Karls V. (1547 Sieg bei Mühlberg). 1567 wurde er von Philipp II. zum Statthalter der Niederlande ernannt; seine blutige Härte (Hinrichtung Egmonts und Hoorns) entfachte trotz seiner militär. Erfolge den Aufstand gegen die span. Reg. von neuem, sodass er 1573 abberufen wurde. 1580 eroberte er Portugal für Philipp II.

Albacete [-θ-], **1)** Prov. in Kastilien-La Mancha, Spanien, 14 926 km², 364 800 Einwohner.
2) Hptst. von 1), in der Mancha, 129 000 Ew.; kunsthandwerkl. Herstellung von Messern, Dolchen, Goldschmiedearbeiten und Keramik, Verarbeitung landwirtschaftl. Produkte.

Alba Iulia (dt. Karlsburg), Hptst. des Bez. Alba in Siebenbürgen, Rumänien, 66 400 Ew.; Keramik-, Porzellan-, Textil- u. a. Ind. – In der Festung roman. Kirche (12. Jh.) mit Grabmälern siebenbürg. Fürsten; wertvolle Bibliothek mit über 1 200 alten Handschriften und 530 Inkunabeln. – Als **Apulum** Hptst. der röm. Provinz Dakien; im MA. Bălgrad, dt. Weißenburg genannt; im 16. und 17. Jh. der Sitz der Fürsten von Siebenbürgen. Die Festung Karlsburg wurde 1715–38 angelegt und nach Kaiser Karl VI. benannt. Hier erklärte am 1. 12. 1918 der Große rumän. Nationalrat den Anschluss Siebenbürgens an Rumänien **(Karlsburger Beschlüsse).**

Alba Longa, die älteste Hauptstadt des Latinerbundes, am Albaner See (Latium) an der Stelle des heutigen Castel Gandolfo gelegen; im 6. Jh. v. Chr. von den Römern zerstört.

Alban, der erste Märtyrer Englands, um 303 in Verulamium bei London hingerichtet. Heiliger, Tag: 22. 6.

Albaner (serb. Arbanasi, türk. Arnauten, alban. Shqiptar, Skipetaren), Volk in Südosteuropa, Nachkommen thrakisch-illyr. Stämme mit eigener indogerman. Sprache, weltweit etwa 8 Mio., in Albanien rd. 3 Mio., in der (bis 1990 autonomen) Prov. Kosovo bis 1998 rd. 1,8 Mio. (↑Kosovaren); weitere A. bes. in Makedonien, Griechenland, S-Italien (Flüchtlinge seit 1990) und Montenegro; überwiegend Muslime, im N Katholiken, im S Orthodoxe. Die A. gliedern sich in Albanien in zwei Gruppen mit unterschiedl. Dialekt: die **Tosken** im S, die **Gegen** im Norden.

Albaner Berge, bewaldetes vulkan. Ringgebirge südöstlich von Rom, bis 956 m ü. M.; westlich der A. B. Kraterseen **(Albaner See, Nemisee)** und der Villenort **Albano.**

Albanese, Licia, amerikan. Sängerin (Sopran) italien. Herkunft, *Bari 22. 7. 1913; war 1940–60 Mitgl. der Metropolitan Opera in New York; v. a. Puccini-, Verdi-Interpretin.

Albani, röm. Adelsfamilie, der Papst Klemens XI. (1700–1721) entstammte. Kardinal Alessandro A. (*1692, †1779) gründete, beraten von J. J. Winckelmann, die Antikensammlung der **Villa Albani.**

Albani, Francesco, italien. Maler, *Bologna 17. 3. 1578, †ebd. 4. 10. 1660; schuf Fresken, Altarwerke und idyll. Landschaften u. a. mit Darstellungen aus der antiken Mythologie.

Albanien (alban. Shqipëri, amtl. Republika e Shqipërisë, dt. Republik Albanien), Staat an der W-Küste der Balkanhalbinsel, grenzt im NW und NO an Serbien und Montenegro, im O an Makedonien, im S an Griechenland und im W an das Adriat. Meer.

Staat und Recht: Nach der Verf. vom 28. 11. 1998 (durch Referendum vom 22. 11. 1998 gebilligt) ist A. eine Rep. mit Mehrparteiensystem. Staatsoberhaupt und

151

ALB   Albanien

Albanien	
Fläche	28 748 km²
Einwohner	(2003) 3,166 Mio.
Hauptstadt	Tirana
Verwaltungsgliederung	36 Distrikte
Amtssprache	Albanisch
Nationalfeiertag	28. 11.
Währung	1 Lek = 100 Quindarka
Zeitzone	MEZ

Oberbefehlshaber der Armee ist der vom Parlament auf fünf Jahre gewählte Präs.; die Legislative liegt bei der Volksversammlung (140 Abg., für vier Jahre gewählt). Die Reg. unter Vorsitz des MinPräs. wird vom Präs. berufen und muss vom Parlament bestätigt werden. Einflussreichste Parteien: Sozialist. Partei A.s (PSSh, bis Juni 1991 Alban. Partei der Arbeit), Demokrat. Partei A.s (PDSh), Union für den Sieg (BF), Demokratenpartei (PD), Sozialdemokrat. Partei A.s (PSDSh), Demokrat. Allianz (PAD), Union für Menschenrechte (PBDNJ).
Landesnatur: Im N grenzen die Nordalban. Alpen (im Jezercë bis 2 693 m ü. M.) an Montenegro. Südlich schließen sich Kalksteinmassive an, die im S bis zum Meer reichen. Beide Gebirgszüge umschließen ein tertiäres Hügelland (Nieder-A.), das meerwärts von der Küstenebene abgelöst wird. In den Gebirgen des N und O herrscht kontinentales Klima, im Hügelland und Küstengebiet Mittelmeerklima. 43% der Landesfläche tragen Wälder, die im Gebirge und v. a. im Hügelland von Rodungsinseln für landwirtsch. Nutzung durchzogen sind. Das früher sumpfige Küstengebiet ist zumeist trockengelegt (Reisanbau). Hauptflüsse: Drin und Mat (mit Staustufen), Shkumbin, Seman, Vjosë. Der Skutarisee ist Grenzsee zu Montenegro, der Ohridsee zu Makedonien und der Prespasee zu Makedonien und Griechenland.
Bevölkerung: 98% der Bev. sind ↑Albaner, im S leben grch., im O makedon. Minderheiten. Über 3 Mio. Albaner leben im Ausland. Dichteste Besiedlung findet sich im Hügelland. Der Anteil der Stadtbev. beträgt 42%. Größte Städte sind neben der Hauptstadt die Hafenstadt Durrës (italien. Durazzo), Elbasan, Shkodër (italien. Skutari), Vlorë (italien. Valona) und Korçë. Das jährl. Bev.wachstum liegt bei 1,3%. – Es besteht allg. achtjährige Schulpflicht. Die Analphabetenquote beträgt 28%; Univ. in Tirana (gegr. 1957). – Seit der Aufhebung des Religionsverbotes 1990, das mit der Erklärung A.s zum »ersten atheist. Staat der Welt« (1967) verbunden war und jegliche Religionsausübung unter Strafe stellte, bekennt sich die Bev. wieder öffentlich zu den geschichtlich in A. verwurzelten Religionen: über 60% zum sunnit. Islam, rd. 33% zum Christentum (rd. 20% orth., rd. 13% kath. Christen).
Wirtschaft und Verkehr: Nach dem Nationaleinkommen zählt das hoch verschuldete A. (bis 1990 Verbot der Aufnahme von Auslandskrediten) zu den ärmsten Ländern in Europa und hat den Status eines Entwicklungslandes. Über 20% der Bev. leben unterhalb des Existenzminimums; die Lebenshaltungskosten gehören zu den höchsten unter den Staaten Südosteuropas. Die Arbeitslosigkeit ist der arbeitsfähigen Bev. befindet sich auf einem hohen Niveau. Seit 1990 wird die bis dahin streng zentralistisch geleitete Planwirtschaft liberalisiert. Die 1991 offen ausgebrochene schwere Wirtschaftskrise äußerte sich v. a. in einem starken Absinken der Industrie- und Agrarproduktion und dem völligen Zusammenbruch des staatl. Versorgungssystems. Erst Ende der 1990er-Jahre zeigte sich eine positivere Wirtschaftsentwicklung. Haupterwerbszweig mit dem überwiegenden Teil der Beschäftigten ist die Landwirtschaft, die aufgrund fruchtbarer Böden (in der Ebene) und günstiger klimat. Bedingungen gute Entwicklungsvoraussetzungen aufweist. Die bis 1990 weitgehend durch Genossenschaften und Staatsgüter bewirtschaftete Anbaufläche ist zum großen Teil privatisiert worden. Der Devisen bringende Bergbau hat einen kontinuierl. Produktionsrückgang zu verzeichnen. Das

Albanien ALB

Land verfügt über beträchtl. Vorkommen an Bodenschätzen: Erdöl, Chromerz (5% der Weltreserven, einzig nennenswertes Vorkommen in Europa), Kupfer-, Eisen-, Nickelerz, Erdgas und Braunkohle. Die industrielle Basis ist nur gering entwickelt. Neben der Schwerindustrie waren bes. die chem., die Textil- sowie die Baustoffind. ausgebaut worden, wobei lediglich letzterer Ind.zweig ein größeres Wachstum aufweist; die Leicht- und Textil-Ind. erhält aber wachsende Bedeutung. Im Handels-, Transport- und in anderen Dienstleistungsbereichen sind in den letzten Jahren Tausende von Kleinbetrieben entstanden. Wichtige Exportgüter sind Textilien, Schuhe, Nahrungsmittel, Tabak, Baumaterialien und Metalle. Handelspartner sind vorwiegend Italien, Griechenland und Dtl. – Das Verkehrsnetz ist nach wie vor unterentwickelt. Das Hauptstraßensystem beträgt rd. 8 000 km, davon sind rd. 3 200 km asphaltiert (nur wichtige Durchgangsstraßen). Das Streckennetz der Eisenbahn ist einspurig, nicht elektrifiziert und umfasst 720 km. Haupthäfen sind Durrës und Vlorë; einziger internat. Flughafen ist Rinas bei Tirana.

Geschichte: Seit 168 v. Chr. römisch, seit 395 byzantinisch, war A. vom 10. bis 15. Jh. Streitobjekt der umliegenden Mächte; im 11. Jh. kam für die Illyrer die Bez. Albaner in Gebrauch. Die Einigung des Landes erfolgte unter Fürst Gjergj Kastriota, gen. ↑Skanderbeg; unter ihm erfolgloser Abwehrkampf gegen die Türken 1444–68; türk. Herrschaft 1478/79 (bzw. 1501) bis 1912. Die Ausrufung der Unabhängigkeit (28. 11. 1912) wurde am 29. 7. 1913 anerkannt, allerdings unter Abtrennung des Kosovo (an Serbien und Montenegro). Seit 1921 geriet A. immer mehr in Abhängigkeit von Italien, bes. unter Ahmed Zogu (seit 1925 Staatspräs., 1928–39 als Zogu I. König). Im April 1939 besetzte Italien A., Zogu floh und Viktor Emanuel III. von Italien wurde auch König von A. Nach der Kapitulation Italiens besetzten dt. Truppen A. (Sept. 1943). Nach deren Abzug (1944) übernahmen kommunist. Partisanenverbände unter E. Hoxha die Macht; als Chef der KP (seit 1948 Alban. Partei der Arbeit) und (bis zu seinem Tod 1985) autokratisch herrschender Staatsführer wandelte er A. seit 1946 in eine »Demokrat. VR« (Bodenreform, Verstaatlichung der Industrie) um. Unter blutiger Ausschaltung der – auch innerparteil. – Opposition (v. a. 1948–52) betrieb er eine Politik, die A. bei enger Anlehnung an China (1961–1976/77) zunehmend wirtschaftlich und politisch isolierte. Sein Nachfolger R. Alia (1985–92) leitete eine Politik der vorsichtigen außenpolit. Öffnung ein. Ab Dez. 1989 kam es auch in A. zu Demonstrationen gegen das KP-Regime (Zentrum zunächst Shkodër; Ende 1990 Zulassung von Oppositionsparteien). Im Nov. 1990 wurde das Religionsverbot von 1976 (faktisch von 1967) aufgehoben. Die ersten freien und demokrat. Wahlen vom 31. 3. 1991 brachten den regierenden Kommunisten (seit Juni 1991 Sozialisten, PSSh) eine Zweidrittelmehrheit. Eine unter dem Druck von Unruhen, Fluchtbewegungen (nach Italien, Griechenland und in den Kosovo; bis 1995 rd. 400 000) und v. a. eines dreiwöchigen Generalstreiks im Juni 1991 gebildete Allparteienreg. (Dez. 1991 auseinander gebrochen) bemühte sich, A. in einen demokrat. Rechtsstaat umzuwandeln und seine Wirtschaft auf marktwirtsch. Grundlage umzubauen. Nach dem hohen Wahlsieg der Demokrat. Partei (22. 3. 1992, Zweidrittelmehrheit) wählte das Parlament ihren Vors. S. Berisha am 9. 4. 1992 als Nachfolger von Alia (1994 u. a. wegen der Veruntreuung von Staatsvermögen verurteilt; 1995 vorfristig entlassen) zum Staatspräs. Differenzen mit Griechenland über die in A. lebende grch. Minderheit wurden 1995 entschärft. – 1991 trat A. der KSZE (seit 1995 OSZE), 1994 der NATO-Initiative »Partnerschaft für den Frieden« und 1995 dem Europarat bei. – Kriminelle Anlagengeschäfte führten Anfang 1997 zu schweren, bürgerkriegsähnl. Unruhen und zum zeitweiligen Zusammenbruch der staatl. Ordnung. Auf Ersuchen der Reg. entsandten UN und OSZE von März bis Mitte Aug. 1997 eine multinat. Friedenstruppe zur Sicherung v. a. der Hilfsgüter. Bei den Parlamentswahlen am 29. 6./6. 7. 1997 siegte die PSSh und stellte mit F. Nano den MinPräs.; nach dem Rücktritt von Berisha wurde mit R. Mejdani gleichfalls ein Sozialist Staatspräs. (Juli 1997). Im Sept. 1998 trat Nano nach Unruhen zurück, sein Nachfolger wurde P. Majko, Ende Okt. 1999 I. Meta. Mit der Ausweitung der Kosovokrise (ab März 1998, verstärkt seit den NATO-Luft-

ALB Albanien

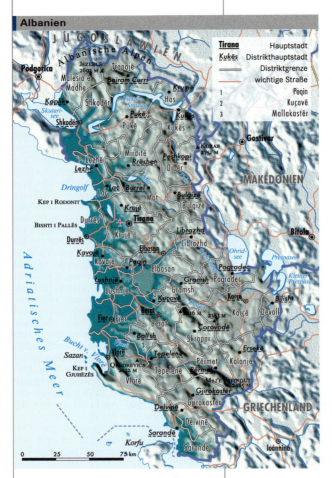

Albanien

angriffen im Frühjahr 1999) kam es zur vorübergehenden Aufnahme von mehr als 500 000 vertriebenen Kosovaren; A. wurde Aufmarschgebiet der NATO-Militäraktion gegen Jugoslawien und erhielt enorme internat. Hilfe. Im Jan. 2001 nahm Jugoslawien die im April 1999 abgebrochenen diplomat. Beziehungen zu A. wieder auf. Außenpolitisch vermochte A. die Kosovokrise zum engeren Anschluss an die internat. Gemeinschaft (EU, NATO) sowie zur Verbesserung seiner Beziehungen in der Region zu nutzen (v. a. zu Makedonien und Griechenland). Auf dem ersten Balkangipfel der EU Ende Nov. 2000 war A. gemeinsam mit anderen Balkanstaaten der Status eines potenziellen Kandidaten für einen Beitritt zur EU zuerkannt worden (ohne Zeitplan). Die großen Probleme in der Innenpolitik behinderten weiterhin die Entwicklung (u. a. ruinöser Zustand der Wirtschaft, instabile polit. Ordnung, fortdauernde innenpolit. Zerrissenheit und Konfrontation. Bewaffnete Aktionen extremist. alban. Freischärler in Makedonien (»Nat. Befreiungsarmee«, UÇK) und Serbien (»Befreiungsarmee von Preševo, Medvedja und Bujanovać«, UÇMB) provozierten ab Frühjahr 2000 eine neue Balkankrise, die ab Jan. 2001 eskalierte und erst im Sommer mit dem Vertrag von Ohrid/Skopje entschärft wurde. Bei den Wah-

len vom 25. 6. und 9. 7. 2001 siegte die PSSh deutlich; Meta wurde im Aug. als MinPräs. erneut mit der Reg.bildung beauftragt, trat aber am 29. 1. 2002 – vermutlich wegen Differenzen mit Nano – zurück. Am 22. 2. wurde Majko zu seinem Nachfolger gewählt, am 20. 6. 2002 Alfrad Moisiu als Kandidat von Reg. und Opposition zum neuen Staatspräs. (vereidigt am 24. 7.); am 26. 7. übernahm Nano wieder das Amt des MinPräs., nachdem Majko am 25. 7. seinen Rücktritt erklärt hatte.
📖 *A. Beiträge zu Geographie u. Gesch.*, hg. v. C. Lienau u. a. Münster ²1986. – *Koch, G.: A. Kunst und Kultur im Land der Skipetaren.* Köln 1989. – *Grothusen, K.-D.: A. Göttingen 1993.* – *Bartl, P.: A. Vom MA. bis zur Gegenwart.* Regensburg u. a. 1995. – *Gashi, D. u. Steiner, I.: A. Archaisch, orientalisch, europäisch.* Wien ²1997. – *Schubert, P.: Zündstoff im Konfliktfeld des Balkan. Die alban. Frage.* Baden-Baden 1997. – *Kohl, C. von: A.* München 1998.

Albanische Alpen (Nordalbanische Alpen), Gebirge an der N-Grenze Albaniens zu Jugoslawien (Rep. Montenegro), in der Jezercë 2694 m ü. M.; aus Kalken und Dolomiten aufgebaut.

Albanische Orthodoxe Kirche, die autokephale orth. Kirche Albaniens; Sitz des Kirchenoberhauptes, des »Erzbischofs von Tirana und ganz Albanien«, ist Tirana; liturg. Sprachen sind Albanisch als Hauptliturgiesprache und Griechisch, kirchl. Ausbildungsstätten die Theolog. Akademie in Tirana (eröffnet 1997) und das Priesterseminar in Durrës (1992). Die A. O. K. zählt vier Eparchien (Bischofssitze: Tirana, Berat, Gjirokastër, Korçë) und umfasst neben den orth. Albanern auch die in Albanien lebenden orth. Griechen, Makedonier, Montenegriner und Aromunen. – Die Anfänge des Christentums im Gebiet des heutigen Albanien reichen in das 4. Jh. zurück; im 8. Jh. wurde es kirchlich der Jurisdiktion des Ökumen. Patriarchats (Konstantinopel) unterstellt. 1929 erklärte die A. O. K. gegenüber dem Ökumen. Patriarchat ihre Autokephalie, die erst 1937 anerkannt wurde. Nach 1949 war die A. O. K., wie auch alle anderen Religionsgemeinschaften in Albanien, immer umfassenderen staatl. Restriktionen ausgesetzt; nach 1967 (Erklärung Albaniens zum »ersten atheist. Staat der Welt«) bestand sie allein in der alban. Diaspora in Amerika fort (zwei Eparchien unter der Jurisdiktion des Ökumen. Patriarchats). Die kirchl. Rekonstitution in Albanien setzte 1991 ein. Am Anfang stand die Ernennung des Bischofs und Athener Theologieprofessors Anastasios Yannoulatos (1992 als Erzbischof von Tirana inthronisiert) zum Verwalter der A. O. K. durch den ökumen. Patriarchen; den formellen Abschluss bildeten die 1998 mit Zustimmung der alban. Reg. vollzogenen Bischofsernennungen für die bis dahin unbesetzten drei Eparchien.

albanische Sprache, selbstständiger Zweig der indogerman. Sprachen mit zwei Dialekten, dem Gegischen im N Albaniens und dem Toskischen im S (Amtssprache in Albanien); sie wird in Albanien, der serb. Provinz Kosovo und Teilen Montenegros und Makedoniens gesprochen. Die a. S. zählt zu den ↑Balkansprachen und wird seit 1908 in Lateinschrift geschrieben; rd. 4,5 Mio. Sprecher.
Zu den bedeutendsten Dichtern der **albanischen Literatur** gehören im 19. Jh. neben G. Fishta u. a. N. Frashëri und J. De Rada (* 1814, † 1903). Vertreter der neueren Prosa sind F. S. Noli (* 1903, † 1965) und E. Koliqi (* 1903, † 1975). Namhafte Autoren des alban. sozialist. Realismus und der zeitgenöss. Literatur sind u. a. S. Spasse (* 1914), D. Agolli (* 1931) und der auch internat. bekannte I. Kadare.

Albanologie [lat.-nlat.] *die,* Wiss. von der alban. Sprache und Literatur.

Albany [ˈɔːlbənɪ], **1)** Fluss in der Prov. Ontario, Kanada, entspringt aus dem Cat Lake und mündet in die südwestl. James Bay, 982 km lang.
2) Hptst. des Bundesstaates New York, USA, am Hudson, 101 100 Ew.; bed. Binnenhafen; Teile des State University of New York, Hochschulen; Maschinenbau, Papierindustrie. – 1624 von Niederländern als Fort Orange gegründet; seit 1797 Hauptstadt.

Albarello [italien.] *der,* zylindr. Apothekergefäß aus Majolika (Fayence), urspr. im Orient, seit dem 16. Jh. in Italien angefertigt.

Albatrosse (Diomedeidae), Familie bis 1,3 m großer Sturmvögel der südl. Ozeangebiete, mit langen schmalen Flügeln (Segelflug); mehr als 3 m Flügelspannweite, z. B. der **Wanderalbatros** (Diomedea exulans).

ALB Alb-Donau-Kreis

Alb-Donau-Kreis, Landkreis im Reg.-Bez. Tübingen, Bad.-Württ., 1357 km², links und rechts der Donau im Alpenvorland und auf der Schwäb. Alb, 185 900 Ew.; Verw.sitz Ulm.

Albe [mhd., zu lat. albus »weiß«] *die,* langes, weißes liturg. Untergewand des kath. und anglikan. Priesters.

Albert II., König der Belgier

Albedo [lat.] *die,* in Astronomie und Meteorologie ein Maß für das Rückstrahlvermögen von diffus reflektierenden Oberflächen (z. B. der Sonnenstrahlung durch Erdoberfläche und Atmosphäre).

Albee [ˈɔːlbɪ], Edward, amerikan. Schriftsteller, *Washington (D. C.) 12. 3. 1928; vom experimentellen Off-Broadway-Theater geprägt; Meister psycholog. Analyse und präziser Dialoge; Schauspiele: »Der amerikan. Traum« (1961), »Wer hat Angst vor Virginia Woolf?« (1962), »Empfindliches Gleichgewicht« (1966), »See-Eskapade« (1974), »Three tall women« (1991), »The play about the baby« (UA 1998).

Albemarle [ˈælbəmɑːl] (Isabela), ↑Galápagosinseln.

Albéniz [alˈβeniθ], Isaac, span. Pianist und Komponist, *Camprodon (Prov. Girona) 29. 5. 1860, †Cambo-les-Bains (Dép. Pyrénées-Atlantiques) 18. 5. 1909; komponierte mit folklorist. Anklängen v. a. virtuose Klaviermusik, aber auch Lieder, Orchesterwerke, Opern und Zarzuelas.

Alberich [nd. »Elfenkönig«], Zwerg der german. Heldensage. Nach dem »Nibelungenlied« verliert er Tarnkappe und Nibelungenhort an Siegfried.

Alberobello, Stadt in Apulien, Prov. Bari, Italien, 10 700 Ew.; bekannt durch ihre eigentüml. Kegelbauten, die Trulli (↑Trullo; UNESCO-Welterbe).

Albers, 1) Hans, Bühnen- und Filmschauspieler, *Hamburg 22. 9. 1891, †Kempfenhausen (heute zu Berg, Kr. Starnberg) 24. 7. 1960; auch Schlager- und Chansoninterpret; Filme: »Münchhausen« (1943), »Große Freiheit Nr. 7« (1944) u. a.; als Charakterdarsteller bekannt in »Vor Sonnenuntergang« (1956).
2) Josef, Maler, *Bottrop 19. 3. 1888, †New Haven (Conn.) 25. 3. 1976; schuf Grafiken und Glasbilder und beeinflusste die jüngere gegenstandslose Malerei, v. a. die Op-Art, nachhaltig.

Albert, Herrscher:
Belgien: **1) A. I.,** König der Belgier (1909 bis 1934), *Brüssel 8. 4. 1875, †(verunglückt) bei Namur 17. 2. 1934; verteidigte als militär. Oberbefehlshaber die belg. Neutralität im Ersten Weltkrieg (Ehrenname »Koning-Ridder«, dt. »König-Ritter«).
2) A. II., König der Belgier (seit 1993), *Schloss Stuyvenberg (bei Brüssel) 6. 6. 1934; zweiter Sohn König Leopolds III. und dessen Frau Astrid, ∞ seit 1959 mit Paola Ruffo di Calabria; folgte seinem älteren Bruder Baudouin I. (†1993) auf den Thron.
Großbritannien: **3) A.,** Prinzgemahl, *Schloss Rosenau (bei Coburg) 26. 8. 1819, †Windsor 14. 12. 1861; zweiter Sohn des Herzogs Ernst I. von Sachsen-Coburg-Gotha, heiratete 1840 seine Cousine, Königin ↑Viktoria, deren einflussreicher Ratgeber er wurde; Anhänger der liberalen dt. Einheitsbewegung.
Sachsen: **4) A.,** König (1873–1902), *Dresden 23. 4. 1828, †Sibyllenort (heute Szczodre, bei Breslau) 19. 6. 1902; führte als Kronprinz 1866 (Dt. Krieg) das sächs. Heer gegen Preußen, 1870/71 (Dt.-Frz. Krieg) die Maasarmee gegen Frankreich; unter ihm bed. Industrialisierung, aber auch soziale Polarisierung in Sachsen.

Albert, 1) Eugen (d'Albert, Eugène), Komponist und Pianist frz. Herkunft, *Glasgow 10. 4. 1864, †Riga 3. 3. 1932; Schüler von F. Liszt; über 20 Opern, u. a. »Tiefland« (1903), »Die toten Augen« (1916); Orchesterkonzerte, Kammermusik, Lieder.
2) Hans, Sozialwissenschaftler, *Köln 8. 2. 1921; einer der dt. Hauptvertreter des krit. Rationalismus, den er auf sozialwissenschaftl. und wissenschaftstheoret. Gebiet entwickelte. Er schrieb »Ökonom. Ideologie und polit. Theorie« (1954), »Plädoyer für krit. Rationalismus« (1971), »Kritik der reinen Erkenntnislehre« (1987).

Albertinum ALB

Alberta: Lake Moraine und das »Valley of the Ten Peaks« in den Rocky Mountains

3) Heinrich, Liederdichter und Komponist, *Lobenstein 8. 7. 1604, †Königsberg (Pr) 6. 10. 1651; seit 1630 Domorganist ebd., schrieb ein- und mehrstimmige »Arien«.

Alberta [æl'bə:tə], die westlichste Prärieprovinz Kanadas, 661 848 km², (2001) 2,98 Mio. Ew.; Hptst. Edmonton; den größten Teil der Prov. nehmen die Interior Plains ein, im äußersten NO Anteil am Kanad. Schild, im SW an den Rocky Mountains (Nationalparks von Banff und Jaspers); Anbau von Weizen, Gerste; Viehzucht (Rinder, Schweine), Weidewirtschaft; hoch mechanisierte Farmen; große Erdöl- und Erdgasvorkommen, Abbau von Ölsanden am Athabasca River; Nahrungsmittel-, Metallind., Petrochemie. Hauptstandorte der Ind.: Edmonton, Calgary.

Albert-Einstein-Friedenspreis, von der 1979 in Chicago gegr. »Albert Einstein Peace Prize Foundation« gestiftete, mit 50 000 US-$ dotierte Auszeichnung für Verdienste um den Weltfrieden.

Alberti, 1) Leon Battista, italien. Humanist, Künstler und Gelehrter, *Genua 14. 2. 1404, †Rom 25. 4. 1472; als Baumeister bahnbrechend für die Renaissance; bed. Kunsttheoretiker.
Bauten: San Francesco, Rimini (1446); Palazzo Rucellai (1446–51) und Fassade von Santa Maria Novella (vollendet 1470) in Florenz; San Andrea, Mantua (ab 1470). – *Schriften:* »Über die Malerei« (1435); »Über die Baukunst« (1451). – Abb. S. 158

2) Rafael, span. Lyriker, *El Puerto de Santa María (Prov. Cádiz) 16. 12. 1902, †ebd. 28. 10. 1999; 1939–77 im argentin. und röm. Exil. Nach volkstüml. und surrealist. Werken behandelte er soziale und polit. Themen (»Zu Lande, zu Wasser«, 1925; »An die Malerei«, 1945; »Ich war ein Dummkopf, und was ich gesehen habe, hat mich zu zwei Dummköpfen gemacht«, dt. Ausw. 1982). Erhielt 1983 den Premio Miguel de Cervantes.

Albertina *die,* Sammlung von Handzeichnungen und Grafik in Wien, gegr. 1769 von Herzog Albert von Sachsen-Teschen.

Albertinelli, Mariotto, italien. Maler, *Florenz 13. 10. 1474, †ebd. 5. 11. 1515; hatte 1509–12 eine Werkgemeinschaft mit Fra Bartolomeo, der A.s Werke stark beeinflusste.

Albertiner, auf Albrecht den Beherzten zurückgehende Linie der Wettiner; 1547–1806 Kurfürsten, 1806–1918 Könige von Sachsen.

Albertinum *das,* ehem. Zeughaus in Dresden, 1559 ff. erbaut, mehrmals umgebaut, seit 1887 als »A.« Skulpturenmuseum, im Zweiten Weltkrieg zerstört. Nach dem Wiederaufbau kamen in das A. we-

ALB Albertinus

sentl. Teile der Staatl. Kunstsamml. Dresden: die Skulpturensamml., das ↑Grüne Gewölbe, das Münzkabinett sowie die Gemäldegalerie »Neue Meister«.

Leon Battista Alberti: Fassade der Kirche Santa Maria Novella in Florenz (1470 vollendet)

Albertinus, Aegidius, Dichter, *Deventer um 1560, †München 9. 3. 1620; verfasste über 50 geistig-moral. Schriften, meist Bearbeitungen. A. führte den span. Schelmenroman in Dtl. ein.
albertische Bässe, Bassbegleitung in gleichförmig sich wiederholenden Akkordbrechungen, benannt nach dem italien. Komponisten Domenico Alberti (*um 1710, †um 1740).

albertische Bässe: Wolfgang Amadeus Mozart, Sonate C-Dur KV 545 (1788)

Albertkanal, Großschifffahrtsweg in Belgien zw. Maas und Schelde, für Schiffe bis 2000 t, verbindet Lüttich mit Antwerpen, 129 km lang, sechs Schleusen.
Albertsee, der nördlichste See des Zentralafrikan. Grabens, in Uganda und der Demokrat. Rep. Kongo (dort 1972–97 Mobutu-Seko-See gen.), 618 m ü. M., 5340 km^2, bis 48 m tief; sehr fischreich; Hauptzuflüsse: Semliki, Victorianil; Abfluss über den Albertnil.
Albertus Magnus (Albert der Große), Naturforscher, Philosoph und Theologe, *Lauingen (Donau) um 1200, †Köln 15. 11. 1280; seit 1223 Dominikaner, lehrte an versch. dt. Ordensschulen, an der Univ. Paris und in Köln. 1254–57 war er Provinzial der dt. Ordensprovinz, 1260–62 Bischof von Regensburg; seit etwa 1270 in Köln. A. M. machte dem christl. MA. die Werke des Aristoteles zugänglich, vermittelte arab. und jüd. Wissenschaft sowie naturwiss. Beobachtungen und wandte sich gegen eine Reihe von myth. Vorstellungen. Thomas von Aquin und Ulrich von Straßburg waren seine Schüler. Heiliger, Tag: 15. 11.
📖 Lohrum, M.: Albert der Große. Forscher – Lehrer – Anwalt des Friedens. Mainz 1991. – A. M., hg. v. W. Senner. Berlin 2001.
Albertville [albɛrˈvil], Stadt in SO-Frankreich, Dép. Savoie, in der Talung der Isère, 18000 Ew.; elektrochem. Ind., Maschinen- und Motorenbau; Fremdenverkehr. XVI. Olympische Winterspiele 1992. – Auf einem Bergsporn liegt das befestigte mittelalterl. **Conflans,** das eine alte Handelsstraße beherrschte.
Albert von Sachsen (Albert von Helmstedt), Philosoph, *um 1316, †Halberstadt 1390; wurde 1365 erster Rektor der Univ. Wien, 1366 Bischof von Halberstadt; Anhänger W. von Ockhams.
Albertz, Heinrich, evang. Theologe und Politiker (SPD), *Breslau 22. 1. 1915, †Bremen 18. 5. 1993; Pfarrer, Mitgl. der Bekennenden Kirche, in Ndsachs. 1948–55 Min., in Berlin (West) u. a. 1966–67 Regierender Bürgermeister; 1970–79 Pfarrer in Berlin; in den frühen 1980er-Jahren in der Friedensbewegung engagiert.
Alberus, Matthäus, schwäb. Reformator, *Reutlingen 4. 12. 1495, †Blaubeuren 2. 12. 1570; M. Luther nahe stehend, nahm in Streitfragen der Zeit eine vermittelnde Stellung ein.
Albi, Hptst. des südfrz. Dép. Tarn, am Tarn, 46600 Ew.; kath. Erzbischofssitz; Marktzentrum, kohlechem., Glas-, Zement-, Textilind., Chemiefaserwerke. Festungsartige Kathedrale (1282–1390),

Brücke aus dem 11. Jh.; Toulouse-Lautrec-Museum. – A. wurde im 8. Jh. Sitz einer Grafschaft (**Albigeois**), die Ende des 9. Jh. bis 1271 den Grafen von Toulouse gehörte; fiel dann an die frz. Krone.

Albigenser [nach der Stadt Albi], im MA. gebräuchl. Name für die ↑Katharer, die im 12. und 13. Jh. bes. im S Frankreichs verbreitet waren; dort zeitweilig von bed. Einfluss; in den A.-Kriegen (1209–29) von der röm. Kirche blutig verfolgt.

Albiker, Karl, Bildhauer, *Ühlingen (heute zu Ühlingen-Birkendorf, Kr. Waldshut) 16. 9. 1878, †Ettlingen 26. 2. 1961; schuf weibl. Porträtbüsten, Ehrenmäler und monumentale Figuren für Bauten des nat.-soz. Deutschland.

Albinismus [span., zu lat. albus »weiß«] *der,* bei Mensch und Tieren, den **Albinos (Dondos),** vorkommendes, erbl. Fehlen des Farbstoffs (Pigment) Melanin in Augen, Haut und Haaren. **Partieller A.** tritt nur an einzelnen Stellen auf (weiße Haarsträhnen, Weißscheckung der Haut). Bei **totalem A.** sind Haut und Haare weiß, die Regenbogenhaut des Auges ist rot von durchschimmerndem Blut, die Augen sind sehschwach und lichtempfindlich. Vom erbl. A. zu trennen ist erworbener Pigmentschwund, z. B. im Anschluss an Hautkrankheiten oder Vergiftungen.

Albinoni, Tomaso, italien. Komponist, *Venedig 14. 6. 1671, †ebd. 17. 1. 1750; komponierte v. a. Opern, Konzerte, Kammermusik.

Albion, meist dichterisch gebrauchter älterer, wohl vorkelt. Name für Britannien.

Albis, schmaler, 20 km langer, bewaldeter Bergzug westlich des Zürichsees, bis 915 m ü. M., mit dem Aussichtspunkt **Üetliberg** (871 m ü. M., Bergbahn); **A.-Pass,** 791 m ü. M.

Albit [zu lat. albus »weiß«] *der,* Mineral, ↑Feldspäte.

Alboin, König der Langobarden (seit etwa 565), †Verona 28. 6. 572; vernichtete 567 im Bund mit den Awaren das Gepidenreich, eroberte 568 Italien bis zum Tiber; unter Beihilfe seiner gepid. Gattin Rosamunde ermordet.

Ålborg [ˈɔːlbɔr] (früher Aalborg), Hptst. des Amtes Nordjütland, Dänemark, am Limfjord, 158 100 Ew.; Univ. (gegr. 1974); Zement-, Tabak-, Textilind., Branntweinbrennereien, Werft; Flughafen. – Eine der ältesten Städte Dänemarks mit stattl. Bürgerhäusern, got. Domkirche.

Albrecht, mhd. Dichter aus Bayern, erweiterte um 1270 Wolfram von Eschenbachs Titurelfragmente zum »Jüngeren Titurel«.

Albrecht, Herrscher:

Hl. Röm. Reich: **1) A. I.,** Röm. König (1298 bis 1308), Herzog von Österreich und Steiermark (seit 1282), *Juli 1255, †bei Brugg (Schweiz) 1. 5. 1308; ältester Sohn Rudolfs I. von Habsburg; wurde bei der Königswahl 1282 zugunsten Adolfs von Nassau übergangen und erst nach dessen Absetzung und Tod 1298 zum König gewählt; brach den Widerstand der rhein.

Albrecht I.: Darstellung des Attentats auf König Albrecht I. beim Übergang über die Reuß durch den enterbten Johann Parricida (Aquarell im »Ehrenspiegel der Fugger«; 1555)

ALB Albrecht

Kurfürsten gegen seine Hausmachtpolitik (Kurfürstenkrieg, 1301/02); von seinem Neffen Johann Parricida ermordet.
2) A. II., Röm. König (1438/39), als A. V. Herzog von Österreich (ab 1404), *16. 8. 1397, †Neszmély (Ungarn) 27. 10. 1439; seit 1421 ⚭ mit der Erbtochter Kaiser Sigismunds, wurde 1437/38 dessen Nachfolger als König von Böhmen und Ungarn; blieb als Röm. König ungekrönt.

Albrecht IV., der Weise, Herzog von Bayern (Denkmünze von 1507)

Bayern: **3) A. IV., der Weise**, Herzog (1460 bis 1508), *München 15. 12. 1447, †ebd. 18. 3. 1508; regierte zunächst mit seinen Brüdern, seit 1467 allein, vereinigte, als 1503 die Linie Bayern-Landshut ausstarb, das ganze Herzogtum Bayern wieder in einer Hand.
4) A. V., Herzog (1550-79), *München 29. 2. 1528, †ebd. 24. 10. 1579; unterdrückte mithilfe der Jesuiten den Protestantismus in Bayern, baute München zur Kunststadt aus, begründete die Staatsbibliothek.
Brandenburg: **5) A. der Bär**, Markgraf, *um 1100, †Stendal 18. 11. 1170; Askanier, kämpfte ab 1138 mehrmals erfolglos mit den Welfen (Heinrich der Löwe) um das Herzogtum Sachsen, wurde 1134 Markgraf der Nordmark (Altmark), eroberte im Kampf gegen die Wenden die Prignitz und das Havelland mit Brandenburg, wo er niederdt. Siedler ansiedelte (Ausbau zur Mark Brandenburg).
6) A. III. Achilles, Kurfürst (1470-86), *Tangermünde 9. 11. 1414, †Frankfurt am Main 11. 3. 1486; Hohenzoller, dritter Sohn von Kurfürst Friedrich I., erhielt 1440 das Fürstentum Ansbach, 1464 auch Bayreuth; legte im **Achilleischen Hausgesetz (Dispositio Achillea)** vom 24. 2. 1473 die Primogenitur und die Unteilbarkeit der Mark Brandenburg fest.
7) A. Alcibiades, Markgraf (1541-54) von Brandenburg-Kulmbach, *Ansbach 28. 3. 1522, †Pforzheim 8. 1. 1557; wechselte als Söldner- und Reiterführer mehrfach zw. Kaiser Karl V. und prot. Fürsten; als er Franken befehdete, wurde er 1553 bei Sievershausen von Kurfürst Moritz von Sachsen besiegt; 1554 geächtet.
Mainz: **8) A. II.**, Erzbischof und Kurfürst, Markgraf von Brandenburg, *Berlin 28. 6. 1490, †Mainz 24. 9. 1545; 1513 Erzbischof von Magdeburg und Administrator des Bistums Halberstadt, 1514 Erzbischof von Mainz, 1518 Kardinal. Sein verstärkter Ablasshandel veranlasste M. Luther 1517 zu seinen 95 Thesen. A. war ein Renaissancefürst, ein Förderer des Humanismus, seit dem Bauernkrieg (1524) ein Gegner der Reformation.
Mecklenburg: **9) A. III.**, Herzog, ↑Albrecht 16).
Meißen: **10) A. der Entartete**, Markgraf, *um 1240, †Erfurt 20. 11. 1315; Wettiner, erhielt 1265 die Landgrafschaft Thüringen und erbte 1291 die Markgrafschaft Meißen; geriet mit seiner Familie in langen Streit, verschwendete die Einnahmen, dankte 1307 ab.
Österreich: **11) A. I.**, Herzog, König, ↑Albrecht 1).
12) A. V., Herzog, König, ↑Albrecht 2).
13) A., Erzherzog, Herzog von Teschen, österr. Feldmarschall (1863), *Wien 3. 8. 1817, †Arco (Prov. Trient) 18. 2. 1895; Sohn von Erzherzog Karl, schritt 1848 gegen die Revolution ein, besiegte am 24. 6. 1866 die Italiener bei Custoza, danach Oberkommandierender des Heeres.
Preußen: **14) A. der Ältere**, erster Herzog in Preußen (1525-68), *Ansbach 17. 5. 1490, †Tapiau 20. 3. 1568; Hohenzoller, Sohn des Markgrafen Friedrich von Brandenburg-Ansbach, wurde 1510 der letzte Hochmeister des Dt. Ordens und nahm auf Luthers Rat den Ordensstaat im Vertrag von Krakau (8. 4. 1525) als weltl. Erbherzogtum unter poln. Lehnsoberhoheit; führte die Reformation ein, gründete 1544 die Univ. Königsberg.
Sachsen: **15) A. der Beherzte**, Herzog (1464 bis 1500), *Grimma 31. 7. 1443, †Emden 12. 9. 1500; Wettiner, regierte seit

1464 mit seinem Bruder Ernst, erhielt bei der Leipziger Teilung von 1485 die Markgrafschaft Meißen mit dem nördl. Thüringen und wurde so der Stifter der **Albertin. Linie** (↑Albertiner); baute die Albrechtsburg in Meißen aus.
Schweden: **16)** A., König (1364–89), als A. III. Herzog von Mecklenburg (1385–88 und seit 1395), *um 1340, †Kloster Doberan (heute zu Bad Doberan) 31. 3. (1. 4.?) 1412; von den gegen seinen Onkel Magnus Eriksson rebellierenden Ständen zum König gewählt; 1389 vom Heer der dän. Königin Margarete bei Falköping geschlagen; bis 1395 in dän. Gefangenschaft.
Württemberg: **17)** A., Herzog, *Wien 23. 12. 1865, †Altshausen (Kr. Ravensburg) 29. 10. 1939; kath., 1896–1918 Thronfolger für den erbenlosen König Wilhelm II., im 1. Weltkrieg Heerführer.
A̲lbrecht, 1) Christoph, Theater- und Musikwissenschaftler, *Bad Elster 9. 12. 1944; u. a. 1972–77 Dramaturg und Chefdisponent an der Hamburg. Staatsoper, 1991–2003 Intendant der Sächs. Staatsoper Dresden (Semperoper), ab Sommer 2003 Präs. der Bayer. Theaterakademie in München.
2) Ernst, Politiker (CDU), *Heidelberg 29. 6. 1930; 1958–70 bei der EWG-Kommission, 1970–90 MdL, 1976–90 MinPräs. von Niedersachsen.
3) Gerd, Dirigent, *Essen 19. 7. 1935; war u. a. 1975–80 Chefdirigent des Tonhalle-Orchesters Zürich und 1988–97 GMD der Hamburg. Staatsoper, daneben 1993–96 Chefdirigent der Tschech. Philharmonie, seit 1998 beim Dän. Nationalen Radio-Sinfonie-Orchester.
A̲lbrechtsberger, Johann Georg, österr. Musiktheoretiker und Komponist; *Klosterneuburg 3. 2. 1736, †Wien 7. 3. 1809; Hoforganist (seit 1772) und Domkapellmeister (1792); schrieb: »Gründl. Anweisung zur Composition...« (1790).
A̲lbrechtsleute, ↑Evangelische Gemeinschaft.
A̲lbrecht von E̲yb, Dichter, ↑Eyb.
Albret [alˈbrɛ], südfrz. Adelsgeschlecht, das 1484 in den Besitz des Königreichs Navarra kam. **Johanna von A.** (Jeanne d'A., *1528, †1572), seit 1548 ∞ mit Anton von Bourbon, war die Mutter König Heinrichs IV. von Frankreich und Navarra.
Albright [ˈɔːlbraɪt], Madeleine, amerikan. Politikerin, *Prag 15. 5. 1937; aus einer Diplomatenfamilie jüd. Herkunft, Politikwissenschaftlerin; gehörte 1978–81 zum Stab des Nat. Sicherheitsrates; unter Präs. B. Clinton 1993–97 Botschafterin ihres Landes bei der UNO und 1997–2001 als erste Frau in den USA Außenminister.
A̲lbstadt, Stadt (Große Kreisstadt) im Zollernalbkreis, Bad.-Württ., 49 100 Ew.; am 1. 1. 1975 durch Vereinigung von Ebingen und Tailfingen entstanden; FH; Maschinenbau, Nadelfabrikation, Herstellung von Strick- und Wirkwaren, Elektronikprodukten, Waagen, Software, Schaltgeräten. – Abb. S. 162
A̲lbuch, Teil der nördl. Schwäb. Alb zw. Geislinger Steige und oberstem Brenztal; dicht bewaldet.
Albufeira [-ˈfejra], Seebad und Fischereihafen in der Algarve, Portugal, 12 000 Ew. – Maur. Stadtbild.
Albufe̲ra [arab. »Küstensee«], Name mehrerer Haffs an der span. Mittelmeerküste; z. B. die seichte, fischreiche **A. de Valencia** mit reicher Vogelwelt, 25 km südlich von Valencia, auch Reisanbau.

Albrecht der Ältere: erster Herzog in Preußen (Darstellung auf einem Relief)

A̲bula *die,* Fluss im Kt. Graubünden, Schweiz, 36 km, **A.-Pass** (2 312 m ü. M.) und die A.-Bahn mit dem **A.-Tunnel** (mit Scheitelpunkt in 1 823 m ü. M.) verbinden ihr Tal mit dem Oberengadin.
A̲lbum [lat. »das Weiße«] *das,* bei den Rö-

mern weiße Holztafel für Bekanntmachungen, seit dem 17. Jh. Sammelbuch für Briefmarken, Bilder, Kompositionen.
Albumine [lat.], Gruppe der globulären Proteine, die gut wasserlöslich und kristallisierbar sind. Wichtige Vertreter sind das **Serumalbumin**, das Bedeutung für Transportprozesse und die Erhaltung des kolloidosmot. Druckes im Blut besitzt, das **Ovalbumin** im Hühnerei, das **Laktalbumin** in der Milch und die z. T. giftigen A. aus Pflanzensamen (Ricin, Leukosin).

Albstadt: Luftaufnahme von Ebingen

Albumin|urie *die,* die ↑Proteinurie.
Albuquerque [ˈælbəkəːkɪ], Stadt in New Mexico, USA, am Rio Grande, 1619 m ü. M., 419 700 Ew.; zwei Univ.; Luftverkehrsknoten; Zentrum der Kern- und Raumfahrtforschung; in der Nähe Versuchsanlage zur Nutzung von Sonnenenergie; Bergbau auf Uranerze.
Albuquerque [-ˈkɛrkə], Afonso de, portugies. Seefahrer und Vizekönig von Indien (1509 bis 1515), * Alhandra (bei Lissabon) 1453 oder 1462, † vor Goa 16. 12. 1515; eroberte 1507 (erneut 1515) Hormus, 1510 Goa und 1511 Malakka.
Albus [lat. (denarius) albus »Weißpfennig«] *der,* silberne Groschenmünze, seit 1362 in Trier, dann am Rhein und in Westdtl. geprägt; als **Hessen-A.** in Hessen bis 1842 im Kurs.
Alcalá de Henares [-ðə eˈnares], Stadt in der Region Madrid, im östl. Vorortbereich von Madrid, 155 500 Ew.; Geburtsort von Cervantes, ehemals bed. Univ. (1498 gegr., 1836 nach Madrid verlegt, heute noch philosoph. Fakultät); Textil- und chem. Industrie. – Kirchen und Paläste aus dem 16. und 17. Jh. Die ehem. Univ. (im 16. Jh. angelegt) und das histor. Zentrum von Alcalá de Henares gehören zum UNESCO-Weltkulturerbe.
Alcan Highway [ˈælkən ˈhaɪweɪ], der ↑Alaska Highway.
Alcántara [arab. »die Brücke«], Grenzstadt in der Region Extremadura, Prov. Cáceres, Spanien, 2300 Ew. – Stadtmauer, röm. Granitbogenbrücke über den Tajo. – Der **Orden von A.**, einer der vier großen span. Ritterorden, wurde 1156 im Kampf gegen die Mauren gegründet.
Alcantara® *das,* ein Kunstleder, das bes. für die Verwendung als Rock-, Jacken- oder Mantelstoff geeignet ist; besteht aus einem mit Polyurethan verfestigten Faservlies aus Polyester-Mikrofasern, hat Wildledercharakter, ist bes. haltbar, knitterarm und pflegeleicht.
Alcatel S. A., Paris, frz. Elektronik- und Telekommunikationskonzern; entstanden 1991 durch Namensänderung der 1987 reprivatisierten Compagnie Générale d'Électricité als Alcatel Alsthom S. A.; firmiert seit 1998 unter dem heutigen Namen.
Alcatraz [ælkəˈtræz], kleine Felseninsel in der San Francisco Bay, USA. – Bekannt durch das Zuchthaus (1934–63), das als eines der sichersten der Welt galt (unter den Häftlingen Al Capone). 1969–71 besetzten Indianer die Insel; heute Touristenattraktion.
Alcázar [alˈkaθar; arab. »Burg«] *der* (Alkazar), Name vieler Schlösser und Festen in Spanien, die nach der Eroberung weiter Teile des Landes durch die Araber (711) entstanden; z. B. **A. de Toledo**, nach Zerstörung im Bürgerkrieg (1936) wieder aufgebaut, ist heute Nationaldenkmal (UNESCO-Weltkulturerbe).
Alchemie, ↑Alchimie.
Älchen, Sammelbez. für meist an Kulturpflanzen schmarotzende Fadenwürmer; u. a. das Rübenälchen.
Alchimie [von arab. al-kīmiyāʾ »Chemie«] *die* (Alchemie, Alchymie), entstand im

Alcotest ALC

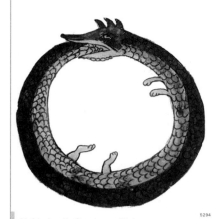

Alchimie: die Ouroboros-(Schwanzfresser-)Schlange, ein antikes Symbol des alchimist. Prozesses

2./3. Jh. im alexandrin. Ägypten und war im MA. bis zum Beginn der Neuzeit die wiss. Beschäftigung mit chem. Stoffen. Die Erneuerung der A. durch Paracelsus leitete im 17. Jh. zur antialchimist., empir. Chemie über; die A. stand seither als »geheime Kunst« mit ihren Bemühungen, Gold zu machen, den »Stein der Weisen«, das Universallösungsmittel »Alkahest« und lebensverlängernde Elixiere zu finden, außerhalb der Naturwissenschaften. Die chem. Kenntnisse des Altertums, großenteils durch die Araber überliefert, bildeten ihre Grundlage. Der A. gelang eine Fülle von chem. Entdeckungen (z. B. Alkohol, Porzellan, Phosphor), eine Erweiterung des Arzneischatzes und eine Verfeinerung der chem. Arbeitstechnik, worauf die spätere Chemie aufbauen konnte. Bekannte Alchimisten des MA. waren Albertus Magnus, Geber, Arnaldus von Villanova, Roger Bacon, Basilius Valentinus.
📖 *Doberer, K. K.: Die Goldmacher. Zehntausend Jahre Alchemie. Neuausg. Frankfurt am Main u. a. 1991. – Kraus, K.: Alchemie, Ketzerei, Apokryphen im frühen Islam. Gesammelte Aufsätze, hg. u. eingeleitet v. R. Brague. Hildesheim u. a. 1994. – Gebelein, H.: Alchemie. Die Magie des Stofflichen. München ²1996.*

ALCM [ɛɪɛlsiːˈɛm], Abk. für engl. Air Launched Cruise Missile, von Militärflugzeugen aus einsetzbarer Marschflugkörper.

Alcoa Inc., einer der weltweit führenden Aluminiumproduzenten (Herstellung von Hüttenaluminium, Aluminiumprodukten und Tonerde), Sitz: Pittsburgh (Pa.); gegr. 1888 als Pittsburgh Reduction Company, 1907 Umbenennung in Aluminium Company of America, seit 1929 firmiert der Konzern unter jetziger Kurzform; Umsatz (2002): 20,3 Mrd. US-$, Beschäftigte: 127 000.

Alcobaça [alkuˈβasa], Stadt in Mittelportugal, in der Estremadura, 5 200 Ew.; Herstellung von Fayencen und Kristallglas; Obsthandel; Fremdenverkehr. – Die ehem. Zisterzienserabtei, 1147 von König Alfons I. nach dessen Sieg über die Mauren gestiftet, ist ein bed. frühgot. Baudenkmal (seit 1930 portugies. Nationalmonument) und wurde von der UNESCO zum Weltkulturerbe erklärt.

Alcoforado [alkufuˈraðu], Mariana, portugies. Nonne, *Beja 22. 4. 1640, †ebd. 28. 7. 1723. Die ihr zugeschriebenen leidenschaftl., literarisch bed. Liebesbriefe (in frz. Fassung überliefert) an Noël Bouton de Chamilly, Graf von Saint-Léger, wurden wahrscheinlich von dem als Übersetzer genannten Franzosen Gabriel Joseph de Lavergne, Graf von Guilleragues (*1628, †1685), verfasst (»Portugies. Briefe«, 1669, dt. von R. M. Rilke, 1913).

Alcopops [Kw.], alkoholhaltige Mixgetränke meist auf Rum-, Whisky- oder Ginbasis mit 5–6 Vol.-% Alkohol, die wie Limonade aussehen und schmecken. Heißen z. B. Breezer, Rigo oder Smirnoff Ice und haben sich in kurzer Zeit einen neuen Markt mit ständig steigenden Umsatzzahlen erschlossen. Aufgrund der bunten Gestaltung, die Limonade und Abenteuer verspricht, sind sie bes. bei Jugendliche beliebt und können für diese zur Einstiegsdroge werden. Nach Angaben der Bundeszentrale für gesundheitl. Aufklärung trinken 48 % der 14- bis 18-Jährigen A. regelmäßig mindestens einmal im Monat, 12 % bereits einmal je Woche. Um diesem Alkoholkonsum entgegenzuwirken, sollen A. in Dtl. durch eine Steuer vom 1. 7. 2004 an teurer werden (um 84 Cent je 0,275 l-Flasche). Künftig muss auch auf der Verpackung stehen, dass der Verkauf an Minderjährige verboten ist.

Alcotest ®, Verfahren zur Bestimmung des Alkoholgehaltes der ausgeatmeten Luft (**Alkoholtest**); beruht darauf, dass der Alkoholgehalt der aus den Lungen kommenden Luft stets in einem bestimmten Verhältnis zum Alkoholspiegel des Blutes steht. Die ausgeatmete Luft gelangt in ein Prüfröhrchen mit Chemikalien, die sich je nach Alkoholgehalt verfärben. Der Alkoholgehalt der Atemluft kann bei modernen Verfahren auch mit einem Infrarotgerät sehr genau bestimmt werden.

Alcoy [al'kɔi], span. Industrie- und Handelsstadt im Land Valencia, Prov. Alicante, 66 000 Ew.; Papier- und Textilindustrie.

alcyonisch [-ts-], ↑alkyonisch.

Aldabra-Inseln, aus vier Inseln bestehendes Atoll nördlich von Madagaskar, gehören zur Rep. Seychellen, 143 km²; unberührtes ökolog. System mit endem. oder anderenorts ausgestorbenen Arten; Forschungsstation. – Naturschutzgebiet (UNESCO-Welterbe).

Aldan der, rechter Nebenfluss der Lena in O-Sibirien, Russland, 2 273 km; am Oberlauf, im A.-Bergland, Goldgewinnung und Glimmerabbau.

Aldebaran [arab. »der (den Plejaden) Folgende«] der, Hauptstern (α) im Sternbild Stier mit stark rötl. Licht; ein Roter Riese.

Aldegrever, eigtl. Trippenmecker, Heinrich, Kupferstecher, Maler, Goldschmied, *Paderborn 1502, †Soest nach 1555; schuf etwa 300 meist kleine Kupferstiche, ferner fantasievolle Ornamentstiche.

Aldehyde [von Alcoholus dehydratus], organ. Verbindungen mit der **Aldehyd-** oder **Formylgruppe** –CHO, gebildet durch Dehydrierung primärer Alkohole, Oxidation von Alkenen oder ↑Oxosynthese. Die systemat. Namen der aliphat. A. (**Alkanale**) werden aus dem zugehörigen Kohlenwasserstoff (Methan, Äthan usw.) und der Endsilbe **-al** gebildet (Methanal, Äthanal usw.). Verwendung der A. als Geschmacks- und Riechstoffe, wie Benzaldehyd und Citral (Geruch nach bitteren Mandeln bzw. Zitrone) und Vanillin, aber auch als Desinfektionsmittel oder als Rohstoff für Kunststoffe (z. B. **Formaldehyd** oder Acrolein).

Aldenhoven, Gemeinde im Kreis Düren, NRW, 13 200 Ew.; Stein- und Braunkohlebergbau, Autolampenwerk, chem., Holz verarbeitende u. a. Ind. Wallfahrtsort seit 1654. Beim Braunkohleabbau konnte seit 1971 auf der Aldenhovener Platte eine Siedlungslandschaft der Jungsteinzeit (Linienbandkeramik bis Rössener Kultur) untersucht werden.

al dente [italien.], nicht ganz weich gekocht (bes. von Nudeln).

Alder, Kurt, Chemiker, *Königshütte 10. 7. 1902, †Köln 20. 6. 1958; erhielt mit O. Diels für die Diensynthese 1950 den Nobelpreis für Chemie.

Alderman ['ɔːldəmən; engl. »Ältester«] der, **1)** bei den Angelsachsen der Vertreter des Königs in den Reichsteilen. **2)** in Großbritannien und den USA Mitglied des Stadtrats.

Alderney ['ɔːldənɪ], die nördlichste der brit. Kanalinseln, 8 km², 2 400 Ew. meist brit. Herkunft; Viehzucht, Anbau von Frühkartoffeln.

Aldershot ['ɔːldəʃɔt], Stadt in der Cty. Hampshire, südwestlich von London, 32 700 Ew.; Garnisonstadt seit 1854.

Aldhelm, angelsächs. Dichter, *in Wessex um 640, †Doulting (Cty. Somerset) 25. 5. 709 als Bischof von Sherborne; verfasste Werke in gekünsteltem Stil; Heiliger, Tag: 25. 5.

ALDI-Gruppe, Mülheim a. d. Ruhr, von Theo (*1922) und Karl Albrecht (*1920) 1946 gegründetes Einzelhandelsunternehmen, bestehend aus zwei selbstständigen Regionalgesellschaften. ALDI (Abk. für Albrecht Discount) verhalf den Discountläden zum Durchbruch.

Aldinen, Druckwerke von Aldus ↑Manutius, bes. seine zuverlässigen und sorgfältig gestalteten Ausgaben griech. und lat. Klassiker.

Aldington ['ɔːldɪŋtən], Richard, engl. Schriftsteller, *Portsmouth 8. 7. 1892, †Sury-en-Vaux (Dép. Cher, Frankreich) 27. 7. 1962; mit seiner Lyrik führender Vertreter des ↑Imagismus, schrieb den Kriegsroman »Heldentod« (1929), Biografien (»Der Fall T. E. Lawrence«, 1955).

Aldobrandini, florentin. Adelsfamilie, seit dem 16. Jh. in Rom. Ippolito A. (*1536, †1605) wurde als Klemens VIII. Papst; er erhob die Familie in den Fürstenstand.

Aldobrandinische Hochzeit, röm. Wandgemälde aus augusteischer Zeit nach hellenist. Vorbild, stellt Vorbereitungen zu einer Hochzeit dar; 1605 in Rom gefunden und nach seinem ersten Besitzer, Kardinal Aldobrandini, benannt; seit 1818 in den Vatikan. Sammlungen in Rom.

Aldosen, Monosaccharide mit einer Aldehydgruppe.

Aldosteron [Kw.] *das,* Steroidhormon der Nebennierenrinde, wichtigstes Mineralocorticoid, regelt die Kochsalzrückresorption und die Kaliumausscheidung.

Aldrin [ˈɔːldrɪn], Edwin, amerikan. Astronaut, *Montclair (N. J.) 20. 1. 1930; 1969 erste Mondlandung mit N. ↑Armstrong.

Ale [eɪl, engl.] *das,* engl. obergäriges Bier, z. B. das helle, stark gehopfte **Pale-A.** oder das leicht gehopfte **Mild-A.** (↑Porter, ↑Stout).

alea iacta est [lat. »der Würfel ist geworfen«], sprichwörtlich: Die Entscheidung ist gefallen; angebl. Ausspruch Caesars, als er 49 v. Chr. den ↑Rubikon überschritt.

Aleander, Hieronymus, eigtl. Girolamo Aleandro, italien. Humanist und päpstl. Diplomat, *Motta di Livenza (Prov. Treviso) 13. 2. 1480, †Rom 1. 2. 1542; bekämpfte die Reformation und entwarf u. a. das Wormser Edikt. Als Legat in Dtl. (1531/32) suchte er den Nürnberger Religionsfrieden zu vereiteln; 1538 Kardinal.

Aleatorik [zu lat. alea »Würfel«] *die,* seit etwa 1951 Bez. für eine Kompositionsrichtung, bei der der Interpret Teile eines Stücks austauschen oder weglassen kann bzw. in der die improvisator. und insofern zufällige Realisierung einer Komposition durch den Interpreten breiten Raum einnimmt (P. Boulez, E. Brown, J. Cage, M. Kagel, K. Stockhausen u. a.).

aleatorische Verträge, Spekulationsverträge, d. h. Rechtsgeschäfte, deren Wirksamkeit oder Erfüllung ungewiss ist oder von Zufälligkeiten bestimmt wird, z. B. Spiel, Wette.

Alechinsky [aleʃɛˈski], Pierre, belg. Maler, *Brüssel 19. 10. 1927; lebt in Paris, Mitbegründer der Gruppe ↑Cobra.

Alecsandri, Vasile, rumän. Dichter, *Bacău 26. 6. 1818 (2. 8. 1821?), †Mirceşti (Verw.-Geb. Iaşi) 3. 9. 1890; schrieb patriot. und volksliedhaft-schlichte Gedichte, sammelte rumän. Volkslieder, betonte die Latinität Rumäniens.

Aleixandre [aleiˈksandre], Vicente, span. Lyriker, *Sevilla 26. 4. 1898, †Madrid 14. 12. 1984; Vertreter eines romantisch-visionären Surrealismus unter Bevorzugung des Vers libre (u. a. »Die Zerstörung oder die Liebe«, 1935; »Nackt wie der glühende Stein«, 1963). Nobelpreis für Literatur 1977.

Alemán, Mateo, span. Schriftsteller, getauft Sevilla 28. 9. 1547, †in Mexiko um 1614; schrieb den Schelmenroman »Das Leben des Guzmán von Alfarache« (1599–1604).

Alemán Lacayo [-ˈkajo], Arnoldo, nicaraguan. Politiker, *Managua 23. 1. 1946; Jurist; stand in Opposition zur sandinist. Reg., 1990–96 Bürgermeister Managuas; gewann als Kandidat des konservativen Bündnisses Alianza Liberal die Präsidentschaftswahlen 1996 (Amtsantritt 10. 1. 1997) und war bis Ende 2001 Staatspräs., da er bei den Wahlen im Nov. 2001 nicht mehr kandidierte. Im Dez. 2003 wurde A. L. u. a. wegen Geldwäsche zu 20 Jahren Haft verurteilt, die er jedoch wegen seines Gesundheitszustandes als Hausarrest verbüßen kann.

Alemannen (Alamannen), westgerman. Stamm; hervorgegangen aus elbgerman. Bev.-Gruppen, die nach Südwest-Dtl. zugewandert waren (↑Sweben). Der Neustamm der A. war seit dem 2./3. Jh. im Vorfeld des Limes ansässig (erste Erwähnung 213). Wiederholte Vorstöße führten zum Fall des Limes (259/60) und zur Besiedlung des ↑Dekumatlandes. Archäolog. Funde bezeugen einen ständigen Zuzug aus Mittel-Dtl. und Böhmen im 4./5. Jh. Nach 454 dehnten sich die A. bis ins Elsass und die N-Schweiz aus. 496 (erneut 506) wurden sie vom Frankenkönig Chlodwig I. unterworfen und aus dem Maintal verdrängt. Das im 8. Jh. erloschene alemann. Stammesherzogtum entstand im (späteren) Hl. Röm. Reich des 10. Jh. von neuem als Herzogtum ↑Schwaben. Die geschichtl. Entwicklung führte in der Folgezeit zu einer Gliederung des Stamms in Schwaben, Deutschschweizer, Elsässer, Vorarlberger.
📖 *Quellen zur Gesch. der Alamannen, bearb. v. C. Dirlmeier u. a. 7 Bde. Sigmaringen 1976–87. – Christlein, R. u. a.: Die Alamannen. Archäologie eines lebendigen Volkes. Stuttgart u. a. 1978.*

Alemannisch, eine der dt. Mundarten (↑Mundart).

Alembert [alãˈbɛːr], Jean-Baptiste Le Rond d', frz. Mathematiker, Philosoph und Physiker, *Paris 16. 11. 1717, †ebd. 29. 10. 1783; gab mit Diderot seit 1751 die ersten sieben Bde. der »Encyclopédie« (↑Enzyklopädisten) heraus. Seine Erkenntnistheorie, in der er die Erfahrungswiss. zu begründen suchte, wurde grundlegend für den Positivismus. A. hat bed. Fortschritte in der Zahlentheorie und Analysis erzielt. In seinem wiss. Hauptwerk der Mechanik, »Traité de dynamique« (1743), stellte er das **d'alembertsche Prinzip** auf, eine Beschreibung von beschleunigenden Kräften, die es ermöglicht, dynam. Aufgaben wie stat. Gleichgewichtsaufgaben zu lösen (↑Extremalprinzipien).

Alençon [alɑ̃ˈsɔ̃], Hptst. des nordfrz. Dép. Orne, 30 000 Ew.; Textil-, Elektro- u. a. Ind., Fayenceherstellung. – Den Titel der Herzöge von A. trugen Mitglieder des frz. Königshauses. 1665 Gründung einer Spitzenmanufaktur.

Alendronsäure, zur Gruppe der ↑Bisphosphonate gehörender Wirkstoff, der zur Behandlung der Osteoporose eingesetzt wird.

Alentejo [alenˈteʒu], Landschaft und histor. Provinz in S-Portugal, erstreckt sich – mit Ausnahme des Ribatejo – südlich des Tejo bis zur Hochalgarve und von der span. Grenze bis zur W-Küste, heute aufgeteilt in die Distrikte Beja, Setúbal, Évora und Portalegre. Die wellige Landschaft erreicht selten Höhen über 200 m ü. d. M.; das Klima ist mediterran-kontinental mit geringen Niederschlägen. Der A. war das klass. Gebiet des portugies. Großgrundbesitzes mit überwiegend extensiver Landwirtschaft (Getreideanbau, Schaf- und Rinderzucht); auch Weinbau und Nutzung von Korkeichen. An Bodenschätzen wird v. a. Pyrit abgebaut.

Aleph *das,* **1)** Anfangsbuchstabe des hebräischen Alphabets (geschrieben א).
2) *Mathematik:* Zeichen für die ↑Mächtigkeit einer Menge.

Aleppo (arab. Haleb), Provinz-Hptst. im nördl. Syrien, 1,58 Mio. Ew.; eine der ältesten und bedeutendsten Städte des Orients, am Schnittpunkt wichtiger Handelsstraßen (Eisenbahnlinien, Autostraßen, Flugplatz) und Mittelpunkt der Textilind. Syriens; Univ., Staatsbibliothek, Nationalmuseum. – Die Altstadt ist UNESCO-Weltkulturerbe. Die 715 n. Chr. gegründete Omaijadenmoschee ist nach einem Brand 1169 wieder errichtet und im 14. und 15. Jh. stark verändert worden. Imposante Zitadelle (12.–16. Jh.) auf einem 50 m hohen Felshügel. – Die von Hethitern und Assyrern erwähnte Stadt wurde 638 von den

Aleppo: das 45 m hohe Minarett (1090–95) der Omaijadenmoschee

Arabern erobert, erlebte im 10. Jh. eine Blütezeit, war 1516–1918 türkisch, kam dann an Syrien.

Aleppobeule (Orientbeule), ↑Leishmaniasen.

Aleppokiefer (Pinus halepensis), bis 15 m hohe, rein mediterrane Kiefernart mit schirmartiger Krone.

Alepponuss, Samen einer Pistazienart.

alert [frz.], munter, aufgeweckt, frisch.

Aleš [ˈalɛʃ], Mikuláš, tschech. Maler, Zeichner und Illustrator, * Mirotice (bei Písek) 18. 11. 1852, † Prag 10. 7. 1913; schuf v. a. Historienbilder sowie zahlreiche graf. Blätter mit Darstellungen aus Sage und Überlieferung.

Alès [aˈlɛs], Ind.stadt im südfrz. Dép. Gard, am Fuß der Cevennen, 43 300 Ew.; Textil-, chem., Metall verarbeitende Industrie. Der Steinkohlenbergbau wurde weitgehend eingestellt.

Alesia, Hauptort der kelt. Mandubier in Gallien, auf dem Mont Auxois (Dép. Côte-d'Or). A. war 52 v. Chr. Stätte des letzten Kampfes der Gallier unter Vercingetorix gegen Caesar.

Alessandria, 1) Prov. in Piemont, NW-Italien, 3 560 km², 429 800 Einwohner.
2) Hptst. von 1), in einer wasserreichen

Ebene am Tanaro, 90 000 Ew.; Handelsstadt mit Messen und vielseitiger Ind. (Hüte, Maschinen, Möbel). – A. wurde 1168 von den lombard. Gegnern Kaiser Friedrich Barbarossas gegründet und nach Papst Alexander III. benannt; früher bed. Festung; 1348–1706 unter der Herrschaft der Visconti und der Sforza, Frankreichs und Spaniens, fiel dann an Savoyen.

Alẹssi, Galeazzo, italien. Architekt, * Perugia 1512, † ebd. 30. 12. 1572; baute im Stil der Hochrenaissance Paläste und Kirchen in Genua und Mailand.

Ålesund [ˈoːləsyn], Hafenstadt, Fischereizentrum und Handelsplatz in W-Norwegen, auf mehreren Inseln vor dem Storfjord gelegen, 36 300 Ew.; Werften, Textilindustrie.

Aletschgletscher (Großer A.), größter und längster Gletscher der Alpen, im schweizer. Kt. Wallis, Teil der Firnmasse der Finsteraarhorngruppe; 86,8 km², Länge 24,7 km, Zunge 16 km, mittlere Breite 1 800 m; am SO-Rand das Aletschwaldreservat (256 ha; u. a. Arven); die Region Jungfrau-Aletsch-Bietschhorn im Grenzgebiet der Kantone Bern und Wallis gehört zum UNESCO-Weltnaturerbe mit insgesamt 539 km².

Aletschhorn, zweithöchster Gipfel der Berner Alpen, zw. Lötschental und Aletschgletscher, 4 195 m ü. M., stark vergletschert.

Aleuron [grch.] *das*, Klebereiweiß, kristalliner Eiweißkörper in Pflanzensamen.

Aleuten (engl. Aleutian Islands), Kette von etwa 70 Inseln, die sich in einem Bogen (über 2 500 km) zw. Beringmeer und Pazif. Ozean erstrecken, zu Alaska, USA, gehörig, 17 666 km², rd. 8 000 Ew.; Hauptort: Dutch Harbor auf Unalaska; viele z. T. tätige Vulkane; raues, nasskaltes Klima; Tundrenvegetation. Wirtschaftl. Bedeutung haben Fischfang und Pelztierfang. – Die Inseln, deren Südrand der bis 7 822 m tiefe **A.-Graben** begleitet, haben große strateg. Bedeutung. – 1741 durch V. Bering entdeckt, kamen die A. 1867 mit Alaska an die USA.

Aleuten, die Bewohner der Aleuten und des westl. Teils von Alaska, USA; sprachlich-kulturell den Eskimo nahe stehend.

Aleutian Range [əˈluːʃən reɪndʒ, engl.], Teil des †Alaskagebirges.

Alevịten, islam. Religionspartei und Sondergemeinschaft, †Nusairier.

Alexạnder (Meister A.), auch der wilde A., süddt. Fahrender, verfasste nach 1250 Minnelieder, religiöse Gedichte und Sprüche.

Alexạnder, Peter, eigtl. P. A. Neumayer, österr. Schlagersänger, * Wien 30. 6. 1926; spielte auch in zahlr. Filmen.

Alexạnder, Herrscher:
Bulgarien: **1) A. I.**, Fürst, urspr. Prinz von Battenberg, * Verona 5. 4. 1857, † Graz 17. 11. 1893; wurde 1879 auf Vorschlag Russlands von der bulgar. Nationalversammlung zum Fürsten gewählt, vereinigte 1885 Ostrumelien mit Bulgarien und kämpfte siegreich gegen Serbien; 1886 durch eine von Russland initiierte Verschwörung zur Abdankung gezwungen. Lebte dann als Graf Hartenau in Graz.

Jugoslawien: **2) A. I. Karadjordjević** [-vitsj], König (1921–34), * Cetinje 17. 12. 1888, † Marseille 9. 10. 1934; seit 1914 Regent für seinen Vater Peter I. von Serbien, seit 1921 König der Serben, Kroaten und Slowenen. 1929 benannte er das Königreich in Jugoslawien um, löste das Parlament auf und errichtete eine Diktatur; von makedon. (IMRO) und kroat. Nationalisten ermordet.

Makedonien: **3) A. (III.) der Große**, König (336–323 v. Chr.), * Pella 356 v. Chr., † Babylon 10. 6. 323 v. Chr.; Sohn Philipps II. von Makedonien, Schüler des Aristoteles, entschied 338 den Sieg gegen die Thebaner bei Chaironeia und trat nach der Ermordung seines Vaters 336 die Regierung an. Nach der Niederwerfung eines Aufstandes in Griechenland (335 Zerstörung Thebens) begann er 334 als Oberfeldherr der Griechen den Feldzug gegen die Perser. Er besiegte die pers. Feldherren am Granikos (Mai 334), König Dareios III. bei Issos (Nov. 333). 332 nach der Eroberung von Tyros und Gaza gewann er auch Ägypten, wo er Alexandria gründete und in der Oase Siwa von ägypt. Priestern als Sohn des Gottes Amun und damit als Nachfolger der Pharaonen anerkannt wurde. Bei Gaugamela schlug A. 331 erneut Dareios, besetzte 330 Babylon, Susa und Persepolis und erstrebte nun die Herrschaft über das gesamte Perserreich. Auf seinem Zug nach Osten überschritt er im Winter 330 den Hindukusch, eroberte 329/328 Baktrien und Sogdiana und vermählte sich mit Roxane, der Tochter des baktr. Fürsten Oxyartes. Im Frühjahr 327 drang A. gegen Indien vor, überschritt den Indus, schlug 326 König Poros am Hydaspes und gelangte bis an den Hyphasis, wo ihn sein Heer zur Rückkehr zwang. Durch den Alexanderzug wurde die grch. Kultur weit nach dem Osten getragen. A. suchte trotz heftiger Widerstände sein Reich durch Verbindung und Ausgleichung pers. und grch.-makedon. Wesens zu einer inneren Einheit zu formen (Beginn des Hellenismus). Er starb plötzlich während der Vorbereitungen zu einer Umsegelung Arabiens und wurde von Ptolemaios in Alexandria beigesetzt. Nach seinem Tod zerfiel das Weltreich (↑Diadochen). – In der *Kunst* ist A. vielfach verherrlicht worden (↑Alexandersarkophag, ↑Alexanderschlacht).

📖 Bengtson, H.: *Philipp u. A. der Große.* München 1985. – Wirth, G.: *A. der Große.* Reinbek 37.-38. Tsd., ⁹1995.

Alexander der Große: römische Marmorkopie eines um 330 v. Chr. von Lysipp geschaffenen Bildnisses

Römisches Reich: **4) A. Severus,** vollständiger Name: Marcus Aurelius Severus A., Kaiser (222–235 n. Chr.), *208, †235; förderte den Senat und die Rechtspflege, wurde im Feldzug gegen die Germanen von den eigenen Soldaten ermordet.
Russland: **5) A. Newski,** Fürst von Nowgorod (1236–51), Großfürst von Wladimir (seit 1252), *um 1220 (30. 5. 1219?), † Gorodez an der Wolga (Gebiet Nischegorod) 14. 11. 1263; besiegte 1240 an der Newa die Schweden, 1242 den Dt. Orden auf dem Eis des Peipussees. Heiliger der russisch-orth. Kirche, Tag: 23. 11.
6) A. I. Pawlowitsch, Kaiser (1801–25), *Sankt Petersburg 23. 12. 1777, † Taganrog 1. 12. 1825; Sohn Pauls I.; von seiner Großmutter Katharina II. im Geist der Aufklärung erzogen, ergriff er innenpolit. Maßnahmen zur Übernahme neuzeitl. Staats- und Verfassungsgrundsätze mithilfe von Bildungsreformen; beteiligte sich 1805 an der 3. Koalition gegen Frankreich und schloss 1807 mit Napoleon I. den Frieden von Tilsit. Nach dem frz. Feldzug gegen Moskau (1812) verbündete sich A. mit Österreich und Preußen und setzte den Krieg bis zur Befreiung Europas und dem Sturz Napoleons fort. Auf dem Wiener Kongress (1814/15) erreichte A. die Anerkennung eines mit Russland verbundenen Königreiches Polen (↑Kongresspolen). 1815 stiftete er die ↑Heilige Allianz.
7) A. II. Nikolajewitsch, Kaiser (1855 bis 1881), *Moskau 29. 4. 1818, †(ermordet) Sankt Petersburg 13. 3. 1881, Vater von 8), Sohn Nikolaus' I.; beendete 1856 den Krimkrieg, hob 1861 in Russland die Leibeigenschaft auf und führte eine Neugestaltung des Rechts und der Verwaltung (Schaffung von Selbstverwaltungsorganen) durch. In seiner Regierungszeit kam es zum Zusammenschluss Russlands mit Dtl. und Österreich im ↑Dreikaiserbund von 1872. Der russisch-türk. Krieg von 1877/78 führte nur zu einem beschränkten Erfolg. A. wurde Opfer eines Bombenattentats anarchist. Kräfte (Narodnaja Wolja).
8) A. III. Alexandrowitsch, Kaiser (1881 bis 1894), *Sankt Petersburg 10. 3. 1845, † Liwadija (bei Jalta, Krim) 1. 11. 1894, Sohn von 7); bestieg nach der Ermordung seines Vaters den Thron. A. versuchte durch reaktionäre innenpolit. Maßnahmen, aber auch durch erste Arbeiterschutzgesetze und Erleichterungen für die Bauern der radikalen Bewegung Herr zu werden; er begünstigte unter dem Einfluss seines ehem. Lehrers K. P. Pobedonoszew das Altrussentum und unterstützte die panslawist. Bestrebungen. Die Nichterneuerung des Rückversicherungsvertrags durch Dtl. (1890) hatte das Bündnis mit Frankreich zur Folge.
Serbien: **9) A. Karadjordjević** [-vitsj], Fürst (1842–58), *Topola 11. 10. 1806, † Temesvar 4. 5. 1885; Sohn des ↑Karadjordje, wurde gegen den Willen Russlands zum Fürsten gewählt; musste 1858 abdanken.
10) A. Obrenović [-vitsj], König (1889 bis 1903), *Belgrad 14. 8. 1876, † ebd. (ermordet) 11. 6. 1903; wurde wegen seiner (seit 1893 ohne die Regenten geführten) autoritären Innenpolitik und seiner österreichfreundl. Expansionspolitik Opfer einer Offiziersverschwörung.

Alexander der Große

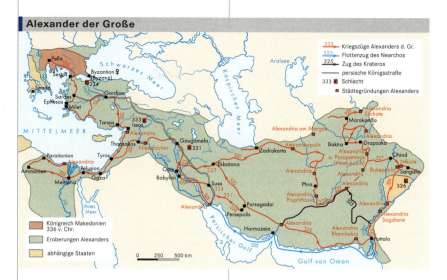

Alexander, Päpste:
1) A. III. (1159–81), früher Roland (Orlando) Bandinelli, *Siena, †Civita Castellana (Prov. Viterbo) 30. 8. 1181; bed. Kirchenrechtslehrer, begann den Kampf des Papsttums gegen die stauf. Kaiser, behauptete sich gegen Friedrich I., innerkirchlich gegen vier Gegenpäpste.
2) A. VI. (1492–1503), früher Rodrigo de Borja, italien. Borgia, *Játiva (heute Xátiva, Prov. Valencia) 1430 (?), †Rom 18. 8. 1503; förderte Kunst und Wiss., Urbild eines berechnenden, machtbewussten Renaissancefürsten, nutzte die päpstl. Macht zur Versorgung seiner Kinder (↑Borgia). 1493/94 bestätigte er durch Schiedsspruch die Teilung der Neuen Welt (Vertrag von ↑Tordesillas).
Alexanderarchipel, zu Alaska, USA, gehörende Inselgruppe vor der NW-Küste Nordamerikas; von Tlingit-Indianern bewohnt; Holzind., Fischerei.
Alexander-I.-Insel, Insel der Antarktis, 43 200 km², 378 km lang. – 1821 von F. G. von Bellingshausen entdeckt.
Alexander of Tunis [ælɪgˈzɑːndə ɔv ˈtjuːnɪs], Harold Rupert Alexander, Earl (1952), brit. Feldmarschall (1944), *London (nach anderen Angaben in der nordir. Grafschaft Tyrone) 10. 12. 1891, †Slough (Cty. Buckinghamshire) 16. 6. 1969; leitete 1940 die Evakuierung brit. und frz. Truppen bei Dünkirchen, wurde 1943 Stellvertreter General D. D. Eisenhowers, 1944/45 Oberbefehlshaber der Alliierten im Mittelmeerraum; 1952–54 Verteidigungsminister.
Alexandersage, die sagenhafte Ausschmückung der Taten Alexanders d. Gr. Auf antiken Quellen, grch. und oriental. Sagenmotiven fußen die Alexanderromane, die seit dem 10. Jh. in Prosa und in Versen überall im Abendland entstanden: in Dtl. u. a. das **Alexanderlied** des Pfaffen Lamprecht (um 1150), das auf ein frz. Epos des Alberic de Besançon (um 1130) zurückgeht.
Alexandersarkophag, reich verzierter att. Marmorsarkophag aus der Begräbnisstätte der Könige von Sidon, mit bemalten Reliefdarstellungen aus dem Leben Alexanders d. Gr. (um 300 v. Chr.; Istanbul, Archäolog. Museum).
Alexandersbad, Bad, ↑Bad Alexandersbad.
Alexanderschlacht, antikes Mosaikbild im Archäologischen Nationalmuseum in Neapel, Ende des 2. Jh. v. Chr., 1831 in Pompeji freigelegt (5,12 m × 2,77 m); stellt den Sieg Alexanders d. Gr. über Dareios III. dar; Kopie nach einem grch. Tafelgemälde vom Ende des 4. Jh. v. Chr. – Abb. S. 170
Alexander von Aphrodisias, peripatet. Philosoph und Logiker, lehrte um 200 n. Chr. in Athen; Aristoteles-Kommenta-

ALE Alexander von Hales

Alexanderschlacht: Ausschnitt aus dem Mosaik, das die Schlacht Alexanders des Großen gegen den Perserkönig Dareios III. darstellt (Ende 2. Jh. v. Chr.)

tor, tendiert zu einer naturalistisch-empirist. Aristoteles-Deutung. (↑Universalienstreit)

Alexander von Hales [-heɪlz], englischer Scholastiker, Franziskaner, * Hales (Shropshire, England) um 1185, † Paris 21. 8. 1245; lehrte Theologie in Paris, wurde 1236 Franziskaner. Auf ihn geht die ältere Franziskanerschule (Augustinismus) zurück. A. nimmt zwar Bezug auf Aristoteles, gibt aber immer platonisch-augustinischem Denken den Vorzug: Sein existiert durch Teilhabe am ↑Guten.

Alexander-von-Humboldt-Stiftung, ↑Humboldt-Stiftung.

Alexandra Fjodorowna, eigtl. Alice, letzte Kaiserin von Russland, *Darmstadt 6. 6. 1872, † (ermordet) Jekaterinburg 17. 7. 1918; Tochter des Großherzogs Ludwig IV. von Hessen, ∞ seit 1894 mit Nikolaus II.; sie stand unter dem Einfluss von ↑Rasputin.

Alexandraland, Insel von ↑Franz-Josef-Land.

Alexandrette, türk. Hafenstadt, ↑İskenderun.

Alexandria, 1) [auch -ˈdriːa] (arab. El-Iskandarijja), bedeutendste Hafenstadt Ägyptens, am W-Rand des Nildeltas, 3,4 Mio. Ew., bildet ein 2 679 km² großes Verw.-Gebiet; zwei Univ. (gegr. 1942 und 1990), Museen, u. a. für grch.-röm. Altertümer; bed. Ind., u. a. Erdölraffinerie, chem., Baumwoll-, Metall verarbeitende Ind.; Handels- und Fischereihafen; Fremdenverkehr, Seebad; internat. Flughafen. – Oriental. Altstadt. – A. war seit seiner Gründung durch Alexander d. Gr. 331 v. Chr. die grch. Hptst. Ägyptens. Die Königsburg (Brucheion) im O der Stadt umfasste außer Palästen und Gärten u. a. das Museion mit der ↑Alexandrinischen Bibliothek und das Dionysostheater, im W lagen das Serapeion und das Stadion. Die Stadt war mit der Insel Pharos, die den berühmten Leuchtturm (eines der ↑sieben Weltwunder) trug, durch einen Steindamm verbunden. Die Bevölkerung, in der Blütezeit 300 000 Freie, insgesamt über 600 000 Ew., bestand hauptsächlich aus grch. Kolonisten, Ägyptern und Juden. Unter den Ptolemäern, die A. zum Königssitz und Mittelpunkt grch. Geistesbildung machten (↑alexandrinisches Zeitalter), wuchs die Stadt durch Handel und hatte ihre Blütezeit erreicht, als sie 30 v. Chr. an die Römer fiel (zweitgrößte Stadt des Röm. Reiches), 642 kam A. unter arab., 1517 unter türk. Herrschaft. Den Aufstieg im 19. Jh. verdankt die Stadt Mehmed Ali, der sie durch einen neuen Kanal mit dem Nil verband.

❖ **siehe ZEIT Aspekte**

📖 *Müller-Wiener, M.: Eine Stadtgeschichte A.s von 564/1169 bis in die Mitte des 9./15. Jh. Verwaltung u. innerstädt. Organisationsformen. Berlin 1992.*

2) [ælɪgˈzɑːndrɪə], Stadt in Virginia, USA, auf dem westl. Ufer des Potomac gegenüber Washington, zunehmend dessen Wohnstadt, 111 200 Ew.; Handelszentrum N-Virginias.

Alexandriner *der,* zwölfsilbiger, bei weibl. Ausgang dreizehnsilbiger Vers mit betonter 6. und 12. Silbe und mit einem Einschnitt (Zäsur) nach der 6. Silbe; benannt nach dem altfrz. Alexanderroman (12. Jh.); in Frankreich beliebt, seit dem 16. Jh. bes. im Schauspiel. Der dt. A. besteht aus jamb., meist paarweise gereimten sechsfüßigen Versen.

Alexandrinische Bibliothek, wichtigste Bibliothek des Altertums, gegründet von Ptolemaios I. Soter (305–283 v. Chr.); war von entscheidender Bedeutung für die Ausbreitung des grch. Geistes und die Entwicklung der antiken Wiss. Der größere Teil der A. B. (im Museion) umfasste etwa 700 000 Buchrollen, der kleinere Teil (im Serapeion) ca. 40 000. Der größere Teil der Bibliothek wurde wahrscheinlich 272 n. Chr. im Zuge krieger. Auseinandersetzungen zerstört; der kleinere Teil existierte noch ca. 120 Jahre weiter und ging um 389 n. Chr. unter. – Auf dem Gelände der Bibliothek des Altertums wurde als Neubau die **Bibliotheca Alexandrina** errichtet (Eröffnung 2002), die Raum für 4,5 Mio. Bücher bietet, vorerst aber nur mit ca. 130 000 Bänden bestückt ist.

Alexandrinischer Kodex (Codex Alexandrinus), ↑Bibel.

alexandrinische Schule, 1) (alexandrin. Philosophenschule), die dem Christentum aufgeschlossene Richtung des Neuplatonismus in Alexandria (Ägypten). Zu ihr gehörten: Ammonios Hermeiu, Synesios von Kyrene u. a.
2) (alexandrin. Theologenschule), die von Alexandria aus wirkende Theologie, welche die frühe Kirche in versch. Hinsicht maßgeblich beeinflusste (Ende des 2.–5. Jh.). Sie suchte die christl. Glaubenslehre in Zusammenhang mit platon. und stoischen Gedanken zu begründen; stand im Ggs. zur ↑antiochenischen Schule. Ihre bedeutendsten Lehrer waren Klemens von Alexandria und Origenes.

alexandrinisches Zeitalter, i. w. S. die hellenist. Epoche grch. Wiss., Lit. und Kunst seit Alexander d. Gr. († 323 v. Chr.); i. e. S. die Zeit, in der Alexandria unter den Ptolemäern, unter Rom und Byzanz 323 v. Chr. bis 642 n. Chr. Mittelpunkt griechisch-hellenist. Kultur und Bildung war. In dem von Ptolemaios I. gegr. **Museion** von Alexandria, einer bed. Forschungs- und Lehrstätte, konnten Gelehrte und Künstler gemeinsam arbeiten und leben (↑Alexandrinische Bibliothek).

Alexandrit [nach Zar Alexander II.] *der,* seltener Schmuckstein, smaragdgrüne, bei

Alexandria 1): erbaut nach dem Plan einer regelmäßigen Stadtanlage, der von Alexanders Baumeister Deinokrates entworfen wurde

künstl. Licht rote Varietät des Chrysoberylls.

Alexandrow, Stadt im Gebiet Wladimir, Russland, etwa 65 300 Ew.; Eisenbahnknotenpunkt, Industrie. – Baudenkmäler aus dem 16. und 17. Jh. – Im 14. Jh. erstmals erwähnt, 1564–81 Residenz Iwans IV.

Alexandrowsk, bis 1921 Name von ↑Saporoschje.

Alexei, russ. Fürsten:
1) **A. Michailowitsch,** Zar (1645–76), *Moskau 19. 3. 1629, †ebd. 8. 2. 1676; Vater Peters d. Gr., erließ 1649 ein Gesetzbuch (»Uloschenije«), gewann von Polen u. a. 1654 die Ukraine links des Dnjepr, dehnte die russ. Herrschaft in Sibirien bis an die Grenzen Chinas aus; unterdrückte 1670/71 den Volksaufstand unter S. T. ↑Rasin.
2) A. Nikolajewitsch, Thronfolger, *Sankt Petersburg 12. 8. 1904, †Jekaterinburg 17. 7. 1918; Sohn des Kaisers Nikolaus II., litt an der Bluterkrankheit; wurde zus. mit der Zarenfamilie von Bolschewiki ermordet.
3) **A. Petrowitsch,** *Moskau 28. 2. 1690, †Sankt Petersburg 7. 7. 1718; Sohn Peters d. Gr. Der unter geistl. Einfluss erzogene Thronfolger geriet in Konflikt mit seinem Vater und dessen Reformpolitik, floh 1716 nach Österreich; nach Rückkehr enterbt und zum Tode verurteilt, starb wohl an den Folgen der Folter.

Alexie [grch.] *die* (Schriftblindheit), Unfähigkeit, den Sinn von Geschriebenem zu verstehen, eine Form der ↑Agnosie.

Alexi II., eigtl. Alexei Michailowitsch Ridiger, russisch-orth. Theologe baltendt. Herkunft, *Reval 23. 2. 1929; war 1988–90 Metropolit von Leningrad und Nowgorod; seit 1990 Patriarch von Moskau und ganz Russland (Primas der russisch-orthodoxen Kirche).

Alexios I. Komnenos, byzantin. Kaiser (1081–1118), *Konstantinopel 1048, †ebd. 15. 8. 1118; verdrängte mit Unterstützung Venedigs, dem im Gegenzug 1082 ein Handelsprivileg in Byzanz gewährt wurde, die Normannen aus SO-Europa, besiegte im Bündnis mit den Kumanen 1091 die ebenfalls das Byzantin. Reich bedrohenden Petschenegen und konnte mithilfe der Kreuzfahrer (1. Kreuzzug) einen Teil des von den Seldschuken eroberten Kleinasiens zurückgewinnen; betrieb im Innern eine Neuordnung von Verw. und Heer. – »Alexias«, Lebensbeschreibung, von seiner Tochter Anna Komnene verfasst.

Alexis, Willibald, eigtl. Wilhelm Häring, Schriftsteller, *Breslau 29. 6. 1798, †Arnstadt 16. 12. 1871; schrieb, angeregt durch W. Scott, Romane aus der brandenburgisch-preuß. Geschichte, u. a. »Die Hosen des Herrn von Bredow« (1846).

Alexisbad, Erholungsort im Harz, ↑Harzgerode.

Alexius, nach einer im 5. Jh. in Syrien entstandenen Legende ein reicher Römer, der in selbstgewählter Armut 17 Jahre in Edessa, dann unerkannt bis zu seinem Tod in seinem Elternhaus gelebt haben soll. Heiliger, Tag: 17. 7. (kath. Kirche), 17. 3. (grch.-orthodoxe Kirche), 12. 3. (syr. Kirchen).

Alexiuslied, altfrz. hagiograph. Text in gebundener Sprache aus der Mitte des 11. Jh., der die syr. Legende des hl. Alexius erzählt.

Alfa [arab.] *die* (Halfa), Faser des nordafrikanisch-span. Espartograses. **A.-Papier,** bes. gut druckfähiges Papier.

Alfarabi, islam. Philosoph, ↑Farabi.

Alfa Romeo S. p. A., Mailand, italien. Automobilunternehmen, gegr. 1909; 1987 von der Fiat SpA übernommen.

Al-Fatah [-faˈtax], ↑Fatah.

Alfeld (Leine), Stadt im Kreis Hildesheim, Ndsachs., im Leinetal, 22 400 Ew.; Papier und Metall verarbeitende sowie Korkwarenindustrie. – Zahlreiche Renaissancebauten.

Alferow, Schores Iwanowitsch, russ. Physiker, *Witebsk (Weißrussland) 15. 3. 1930; leitete seit 1973 den Bereich Optoelektronik der St. Petersburger (früher Leningrader) Staatl. Elektrotechn. Universität und seit 1987 das Joffe-Institut für Physik. – A. arbeitete seit 1962 auf dem Gebiet der Halbleiterheterostrukturen, v. a. zur Entwicklung von Lasern, Solarzellen, Lumineszenzdioden (LED). Bereits 1963 stellte er die ersten Entwürfe eines Halbleiterlasers vor. Für seine grundlegenden Arbeiten zur Informationstechnologie erhielt A. mit J. Kilby und H. Kroemer 2000 den Nobelpreis für Physik.

Alfieri, 1) Benedetto Innocente, italien. Architekt des Spätbarock, *Rom 8. 6. 1696, †Turin 6. 12. 1767; baute u. a. den Palazzo Ghilini in Alessandria (um 1730), das königl. Theater in Turin (1740).

2) Vittorio Graf, italien. Dichter, *Asti 16. 1. 1749, †Florenz 8. 10. 1803; wirkte mit dem Freiheitspathos seiner klassizist. Tragödien (u. a. »Cleopatra«, 1775; »Philipp II.«, 1783; »Saul«, 1783) auf das Risorgimento; ferner Lyrik, Komödien, polit. Werke und eine Autobiografie.

al fine [italien.], *Musik:* bis zum Schluss (zu spielen).

Alföld [ˈɔlføld] *das,* ↑Ungarisches Tiefland.

Alfons (span. Alfonso, portugies. Afonso), Könige:
Aragonien: **1) A. I., der Schlachtenkämpfer** (1104–34), *1084 (?), †Poleñino (Prov. Huesca) 8. 9. 1134; eroberte 1118 Saragossa.
2) A. V., der Großmütige (1416–58), *1396, †Neapel 27. 6. 1458; Förderer des italien. Humanismus, eroberte 1442 das Königreich Neapel (A. I. von Neapel und Sizilien).
Asturien, León und Kastilien: **3) A. III., der Große,** König von Asturien (866–910), *um 848, †Zamora 20. 12. 912; kämpfte siegreich gegen die Mauren und erweiterte sein Reich über den Duero hinaus.
4) A. VI., der Tapfere (1072–1109), König von León (seit 1065) und von Kastilien (seit 1072), *Juni 1040, †Toledo 30. 6. 1109; eroberte 1085 Toledo. Sein Zeitgenosse war der ↑Cid.
5) A. VIII., König von Kastilien (1158 bis 1214), *Soria 11. 11. 1155, †bei Arévalo (Prov. Ávila) 6. 10. 1214; besiegte mit anderen christl. Herrschern die Mauren 1212 entscheidend bei Las Navas de Tolosa.
6) A. X., der Weise, König von Kastilien und León (1252–82), *Toledo 26. 11. 1221, †Sevilla 4. 4. 1284; wurde 1256 als Enkel Philipps von Schwaben zum dt. Gegenkönig gewählt, kam aber nie nach Dtl. 1262 nahm er das maur. Cádiz ein. 1282 wurde er von seinem Sohn abgesetzt. A. war einer der gelehrtesten Fürsten des MA.; er förderte Dichtung, Himmelskunde (↑Alfonsinische Tafeln), Geschichtsschreibung; veranlasste eine umfangreiche Gesetzessammlung.
Portugal: **7) A. I., der Eroberer** (1139 bis 1185), *Guimarães 1107/11, †Coimbra 6. 12. (?) 1185; setzte die Unabhängigkeit Portugals von Kastilien-León durch, eroberte 1147 Lissabon.
8) A. V., der Afrikaner (1438–81), *Sintra 15. 1. 1432, †ebd. 28. 8. 1481; setzte die von seinem Onkel Heinrich dem Seefahrer initiierten afrikan. Entdeckungsfahrten fort, eroberte 1471 Tanger.
Spanien: **9) A. XII.** (1874–85), *Madrid 28. 11. 1857, †Schloss El Pardo 25. 11. 1885; Sohn Isabellas II., beendete 1876 den 3. Karlistenkrieg (↑Karlisten).
10) A. XIII. (1886–1931), *Madrid 17. 5. 1886, †Rom 28. 2. 1941, nachgeborener Sohn von 9). Bis 1902 führte seine Mutter, die österr. Erzherzogin Maria Christina, die Regentschaft. A. ermutigte 1923 General Primo de Rivera zur Errichtung der Diktatur, ließ ihn aber 1930 fallen. Nach Ausrufung der Republik (1931) ging A. ins Exil und dankte 1941 zugunsten seines Sohnes Juan ab.

Alfonsinische Tafeln, auf Anordnung von Alfons X. von Kastilien zw. 1248 und 1252 hergestellte Tabellen zur Berechnung der Örter der Sonne, des Mondes und der damals bekannten fünf Planeten.

Alfred der Große, eigtl. Aelfred, angelsächs. König von Wessex (871–899), *Wantage (Berkshire) 848 oder 849, †26. 10. 899; drängte in langen Kämpfen die Dänen zurück (878 Sieg bei Edington, 886 Eroberung Londons), ließ die angelsächs. Gesetze sammeln, übersetzte mit gelehrten Helfern theolog. und geschichtl. Werke ins Englische. In seiner Reg.-Zeit begann die Zusammenstellung der »Angelsächs. Chronik«.

Alfred-Toepfer-Stiftung F. V. S. [Abk. für Freiherr vom Stein], eine der größten gemeinnützigen privaten Stiftungen Dtl.s; gegr. 1931 von dem Großkaufmann A. C. Toepfer, Sitz: Hamburg. Sie vergibt Preise, Medaillen, Stipendien (europ. Kultur u. a.).

Alfred-Wegener-Institut für Polar- und Meeresforschung, Abk. **AWI,** Forschungseinrichtung der ↑Hermann von Helmholtz-Gemeinschaft Deutscher Forschungszentren; gegr. 1980; Sitz: Bremerhaven.

a(l) fresco [italien. »aufs Frische«], ↑Freskomalerei.

Al-Furat *der,* arab. Name für ↑Euphrat.

Alfvén [alˈveːn], Hannes, schwed. Physiker, *Norrköping 30. 5. 1908, †Djursholm (bei Stockholm) 2. 4. 1995; begründete die Magnetohydrodynamik **(A.-Wellen),** erhielt dafür 1970 den Nobelpreis für Physik (mit L. E. F. Néel).

ALG Algardi

Algardi, Alessandro, italien. Bildhauer und Architekt, *Bologna 31. 7. 1598, †Rom 10. 6. 1654; neben G. L. Bernini Hauptmeister der röm. Barockskulptur.

Algarve *die,* südlichste der histor. Provinzen Portugals, heute identisch mit dem Distrikt Faro. Der größte Teil der Bev. lebt in Küstennähe. Die 60–80 m hohe, buchtenreiche Steilküste flacht sich gegen O zunehmend ab. Große Bedeutung haben Fischfang und -verarbeitung, Korkverarbeitung, Meersalzgewinnung, Landwirtschaft und v. a. der Fremdenverkehr.

Algazel [-'ze:l] (al-Ghasali), islam. Theologe, Philosoph und Mystiker, ↑Ghasali.

Algebra [arab.] *die,* Teilgebiet der Mathematik, im klass. Sinn die Lehre von den Lösungsmethoden **algebraischer Gleichungen.** Für lineare und quadrat. Gleichungen waren Lösungen schon im Altertum bekannt, im 16. Jh. fand man die Lösungen der Gleichungen 3. und 4. Grades. Der Fundamentalsatz der A. »Jede algebraische Gleichung n-ten Grades besitzt genau n Lösungen« wurde 1799 von C. F. Gauß bewiesen. In der modernen Mathematik versteht man unter A. die Untersuchungen **algebraischer Strukturen** wie ↑Gruppe, ↑Ring, ↑Körper und ihrer Verknüpfungen. Begriffe und Methoden der A. werden in vielen Bereichen der Mathematik (wie Analysis, Topologie), in der theoret. Physik u. a. naturwiss. Gebieten angewendet.

algebraische Kurve, die Menge aller Punkte, deren kartes. Koordinaten durch eine algebraische Gleichung gegeben sind, z. B. die Kegelschnitte.

algebraische Zahl, jede komplexe oder reelle Zahl, die sich als Lösung einer algebraischen Gleichung einer Variablen mit ganzzahligen Koeffizienten ergibt.

Algeciras [alxe'θiras], Hafen- und Garnisonstadt in Andalusien, Prov. Cádiz, Spanien, an der vom Gibraltarfelsen beherrschten Bucht von A., 102 100 Ew.; Erdölraffinerie, Stahlwerk; Seebad; Autofähren nach Ceuta und Tanger. – A. bestand schon in pun. und röm. Zeit, war in maur. Zeit wichtiger Hafen. 1906 tagte hier die **A.-Konferenz** über die Marokkofrage.

Algen [lat.], artenreiche- und vielgestaltige Pflanzengruppe, ein- bis vielzellig, verschieden gefärbt, meist autotroph und im Wasser lebend: **Grün-A., Gold-A., Kiesel-A., Braun-** und **Rot-A.** Die Blau-A. haben keinen echten Zellkern. Die meisten A. enthalten Chlorophyll, das von anderen Farbstoffen überdeckt sein kann. Verschiedene Meeres-A. dienen zur Gewinnung von Jod, Brom, Karrageen u. a., manche Grün-A. (so Chlorella) zur Erzeugung von Eiweiß. A. sind wichtig für die Selbstreinigung der Gewässer und die biolog. Abwasserreinigung. Vorkommen seit dem Präkambrium.

Algerien	
Fläche	2 381 741 km²
Einwohner	(2003) 31,800 Mio.
Hauptstadt	Algier
Verwaltungsgliederung	48 Wilayate
Amtssprache	Arabisch
Nationalfeiertage	5. 7. und 1. 11.
Währung	1 Alger. Dinar (DA) = 100 Centimes (CT)
Zeitzone	MEZ

Algeri|en (arab. Al-Djazair, amtl. Al-Djumhurijja al-Djazairijja al-Dimukratijja ash-Shabijja, dt. Demokrat. VR Algerien), arab. Staat in Afrika, grenzt im NW an Marokko, im äußersten W an Westsahara, im SW an Mauretanien und Mali, im SO an Niger, im O an Libyen und Tunesien.

Staat und Recht: Nach der Verf. vom 7. 12. 1996 (am 28. 11. 1996 durch Referendum gebilligt) ist A. eine präsidiale Rep. mit Mehrparteiensystem. Staatsoberhaupt, Oberbefehlshaber der Streitkräfte und Verteidigungsmin. ist der auf fünf Jahre direkt gewählte Präs. (einmalige Wiederwahl zulässig). Er ist mit umfangreichen Machtbefugnissen ausgestattet. Die Reg. unter Vorsitz des MinPräs. ist dem Parlament verantwortlich. Die Legislative liegt beim Zweikammerparlament, bestehend aus der

Algerien ALG

Nationalversammlung (389 Abg., für fünf Jahre gewählt) und dem Rat der Nation (144 Mitgl., davon zwei Drittel von den Kommunalräten gewählt und ein Drittel vom Präs. ernannt). A. ist in 48 Bezirke (Wilayate) mit beschränkter Selbstverw. gegliedert, an deren Spitze der Zentralreg. unterstellte Präfekten und Exekutivräte stehen. Einflussreichste Parteien: Front de Libération Nationale (FLN), Rassemblement National Démocratique (RND; zentristisch), Mouvement de la Réforme Nationale (MRN; Islamisten), Mouvement de la Société pour la Paix (MSP; islamistisch), Parti des Travailleurs (PT; trotzkistisch), Front National Algérien (FNA; nationalistisch) und Mouvement En-Nahdha (islamistisch). Der Front Islamique du Salut (FIS) ist seit 1992 verboten.

Landesnatur: A. reicht von der westl. Mittelmeerküste bis in die zentrale Sahara. Nord-A., mit mediterranem Klima, gliedert sich zonal in die Küstenebene am Mittelmeer und den anschließenden Tellatlas mit mehreren Gebirgsketten (bis 2308 m ü. M.) und Becken sowie in das Hochland der Schotts und den bis 2328 m hohen Saharaatlas. Süd-A. mit extrem trockenem Klima umfasst den alger. Anteil an der Sahara (rd. 80% der Staatsfläche). Dieser besitzt ausgedehnte Dünen- (Großer Westl. Erg, Großer Östl. Erg), Feinkies- (Serire) und Felsschuttgebiete (Hammadas), im Ahaggar auch ein ausgedehntes Hochgebirge (bis 2918 m ü. M.).

Bevölkerung: In Nord-A. leben 95% der Bev., die sich aus Arabern (etwa zwei Drittel) und Berbern (u. a. Kabylen, Tuareg) zusammensetzt; weiterhin wenige Zehntausend Europäer. Das Bev.wachstum ist mit 2,3% sehr hoch. 60% der Bev. leben in Städten. Rd. 99% sind sunnit. Muslime, fast ausschließlich der malikit. Rechtsschule; daneben eine verschwindende christl. Minderheit. Es besteht 9-jährige allg. Schulpflicht vom 6. bis 15. Lebensjahr; Analphabetenquote 39%; 17 Universitäten.

Wirtschaft und Verkehr: A. ist einer der wichtigsten Ind.staaten der arab. Welt. Seit der Unabhängigkeit (1962) werden große Anstrengungen unternommen, die wirtsch. Entwicklung durch Industrialisierung, Agrarreformen und die Nutzung der Erdöl- und Erdgasvorkommen voranzutreiben. Das Wirtschaftssystem ist von einem starken Staatssektor geprägt, der 80% der Ind.produktion erwirtschaftet. Der bedeutendste Ind.zweig ist die staatlich kontrollierte Erdöl- und Erdgaswirtschaft. Arzew und Skikda sind Hauptzentren der petrochem. Ind. mit Erdölraffinerien, Erdgasverflüssigungsanlagen und Düngemittelfabriken. Auf der Grundlage einer kapitalintensiven Eisen- und Stahlind. (seit 1969 El-Hadjar-Komplex bei Annaba) wurden vielfältige Metall verarbeitende Unternehmen gegr. (z. B. Walz- und Hüttenwerke, Waggonfabrik). Weitere wichtige Wirtschaftsbereiche sind Bau-, Nahrungs- und Genussmittel-, Holz- und Papier- sowie Textil- und Bekleidungsind., Kunsthandwerk. Nur etwa 18% der Staatsfläche sind landwirtschaftlich nutzbar (3% Äcker und Gärten, 15% Steppenweiden). Ein schmaler Landstreifen zw. Mittelmeer und dem Hochland der Schotts bietet günstige Voraussetzungen für den Anbau von Frühgemüse, Getreide, Wein, Ölbäumen, Südfrüchten; in den Oasen Dattelpalmenanbau. Das niederschlagsarme Steppengebiet des Hochlandes der Schotts dient neben der Viehzucht (bes. Schafe, Ziegen und Rinder) hauptsächlich der Alfagraswirtschaft. Forstwirtschaft: Korkgewinnung. Größte Bedeutung haben die Erdöl- und Erdgasgewinnung (die alger. Reserven werden auf 3000 Mrd. m^3 geschätzt, eines der größten Vorkommen der Erde) in der Sahara, mehrere Pipelines führen zu den Häfen; Flüssiggasexport in Spezialtankern. Erdöl- und Erdgasausfuhren tragen über 95% zum Exportwert bei. Weitere Bergbauprodukte: Phosphate, Eisenerz, Zinkerz, Bleierz, Kupfererz, Quecksilber, Uranerz, Kieselgur, Schwerspat; nicht erschlossene Vorkommen an Mangan, Antimon, Bauxit, Wolfram und Zinn. – Außenhandel: Hauptausfuhrgüter sind Erdöl und Erdgas; weiterhin Phosphate und Eisenerz; Wein, Zitrusfrüchte, Datteln. Eingeführt werden v. a. Maschinen, Fahrzeuge, elektrotechn. Produkte, Nahrungsmittel. Haupthandelspartner: Frankreich, Dtl., Italien, die USA. – Verkehr: Im industrialisierten N dichtes Bahn- (insgesamt 4733 km; Normal- und Schmalspur) und Straßennetz (rd. 104 000 km, davon etwa 70 000 km befestigt, vier Straßen in die Sahara). Häfen: Algier, Annaba (v. a. für Phosphate und Eisenerz), Oran (v. a. für Agrarerzeugnisse), Arzew und Bejaïa (v. a.

für Erdöl und Erdgas). Internat. Flughäfen: Algier, Oran, Annaba, Constantine, Tlemcen.
Geschichte: Im Altertum röm. Provinz (Numidien und Mauretanien), 429–534 unter der Herrschaft der Wandalen, dann der Byzantiner, im 7. Jh. von den Arabern erobert (gewaltsame Islamisierung der Berber). Seit 1509 span. Eroberungsversuche, seit 1519 osman. Oberherrschaft; 16.–19. Jh. Seeräuberstaat (Barbaresken). 1830–47 von Frankreich erobert (erst 1871 militärisch unter Kontrolle); Angliederung weiterer Saharagebiete 1899–1902.
1925 gründete Messali Hadj die erste Unabhängigkeitsbewegung. F. Abbas forderte 1943 die Autonomie A.s innerhalb des frz. Staates. Am 1.11.1954 löste die ↑FLN um M. A. Ben Bella einen Aufstand aus (von der Arab. Liga unterstützt). Zugeständnisse der frz. Regierung an die Aufständischen führten am 13.5.1958 zu einem Armeeputsch gegen die frz. Vierte Republik (↑Frankreich, Geschichte). Gegen den Widerstand hoher Generäle (u.a. R. Salan) und der ↑OAS schloss Präs. C. de Gaulle 1962 mit der Provisor. Alger. Regierung das Abkommen von Évian, das A. die volle Unabhängigkeit gewährte.
Unter Führung von Ben Bella, 1962/63 MinPräs., seit 1963 Staatspräs., formierte sich die FLN als Einheitspartei. Nach einem Putsch (1965) übernahm Oberst H. Boumedienne die Staatsführung (seit 1977 Staatspräs.). Unter dem Leitgedanken des »islam. Sozialismus« setzte er das von Ben Bella begonnene Verstaatlichungsprogramm fort und forcierte seit Beginn der 1970er-Jahre die Industrialisierung. Seit 1976 entwickelte sich ein Konflikt mit Marokko um ↑Westsahara. Boumediennes Nachfolger Chadli Bendjedid (1978–92) setzte nach blutigen Auseinandersetzungen 1988 einen Reformprozess in Gang (v.a. Einführung eines Mehrparteiensystems). 1990 kehrte Ben Bella aus 10-jährigem Exil zurück (vorher ohne Prozess in Haft).
Die 1989 legalisierte fundamentalist. Islam. Heilsfront (FIS) erstarkte und errang in den ersten freien Parlamentswahlen vom 26.12.1991 einen Wahlsieg. Nach Annullierung dieser Wahlen und dem Rücktritt von Staatspräs. Chadli Bendjedid übernahm das Hohe Staatskomitee am 14.1.1992 unter Vorsitz von M. Boudiaf die Macht, das am 9.2.1992 den Ausnahmezustand verhängte, die FIS verbot (März 1992), Internierungslager errichtete, Wahlen versprach und wirtsch. Reformen ankündigte. Nach der Ermordung Boudiafs übernahm am 29.6.1992 A. Kafi, am 30.1.1994 L. Zéroual den Vorsitz des Hohen Staatskomitees (Mai 1994 in den Nat. Übergangsrat umgebildet), das das Parlament bis zu den Wahlen 1997 ersetzte. Die Auseinandersetzungen zw. der im Untergrund aktiven FIS und der Staatsmacht weiteten sich zu einem blutigen Bürgerkrieg aus; radikale Islamisten richteten sich systematisch mit Mordanschlägen gegen Intellektuelle, Journalisten und Christen; durch gezielte Attentate auf Ausländer und durch Flugzeugentführungen suchten sie darüber hinaus den inneralger. Konflikt, dem nach Schätzungen bis Ende 2002 rd. 100000 Menschen zum Opfer fielen, zu internationalisieren. Bei Präsidentenwahlen 1995 bestätigte die Bev. Zéroual im Amt. Nach dem Rücktritt Zérouals wurde 1999 (bei vorgezogenen Neuwahlen) A. Bouteflika zum neuen Staatspräs. gewählt (Wiederwahl 2004), der die Modernisierung der alger. Gesellschaft ankündigte und einen Friedensplan zur Beendigung des Bürgerkrieges unterbreitete. Bei den ersten Parlamentswahlen nach den annullierten Wahlen von 1991 gewann am 30.5.2002 bei einer geringen Wahlbeteiligung die regierende FLN die absolute Mehrheit. Daraufhin wurde die Bildung einer Mehrparteienregierung in Aussicht gestellt.

📖 *Strelocke, H.: A. Kunst, Kultur u. Landschaft. Köln ⁵1990. – Scholl-Latour, P.: Aufruhr in der Kasbah. Krisenherd A. Taschenbuchausg. München ²1994. – Arnold, A.: A. Eine frühere Siedlungskolonie auf dem Weg zum Schwellenland. Mit einem Anh. v. D. Bloch: Fakten – Zahlen – Übersichten. Gotha 1995. – Heller, C.: Die Außenpolitik der Demokrat. Volksrep. A. 1979 bis 1992. Eine Untersuchung der Ära Chadli am Beispiel der Außenbeziehungen A.s. Marburg 1995. – Herzog, W.: A. Zw. Demokratie u. Gottesstaat. München 1995. – Ruhe, E.: A.: Bibliographie. Dtl., Österreich, Schweiz 1962–1994. Wiesbaden ²1995. – Impagliazzo, M. u. Giro, M.: A. als Geisel. Zw. Militär u. Fundamentalismus. A. d. Italien. Münster 1998.*

Al-Ghasāli, islam. Theologe, Philosoph und Mystiker, ↑Ghasali.

Alhambra ALH

Algoa Bay: Port Elizabeth

Algier [ˈalʒiːr] (frz. Alger, arab. El-Djesair), Hptst., Kultur- und Wirtschaftszentrum sowie wichtigster Hafen Algeriens, 1,52 Mio. Ew. (städt. Agglomeration 2,6 Mio. Ew.); zwei Univ. (gegr. 1879 und 1974), Forschungsinstitute, Museen; chem., Textil-, Metall-, Lederind. u. a.; internat. Flughafen in Dar-el-Beïda. – Die Altstadt (Kasba) mit der Zitadelle (16. Jh., heute Kaserne) gehört zum UNESCO-Weltkulturerbe. – A., um 950 von den Arabern gegr., war 1830–1962 französisch.

Alginsäure, stärkeähnl., wenig wasserlösl. Kohlenhydrat aus Braunalgen. Die Salze **(Alginate)** bilden mit Wasser hochviskose Lösungen oder Gele. Verwendung: Verdickungsmittel, kosmet. und Lebensmittelind., Klebstoffe, Appreturen, für elast. Abdruckmassen, chirurg. Nähfäden.

Algizide, Algenbekämpfungsmittel, z. B. für Haushalte oder Badeeinrichtungen, z. B. Chlorkalk.

Algoa Bay, Bucht an der Küste der Provinz Ost-Kap, Rep. Südafrika, Hafenstadt: Port Elizabeth.

Algol [arab. »Medusenhaupt«] *der, Astronomie:* der Stern β im Sternbild Perseus, dessen Helligkeit zw. $2^m_{.}2$ und $3^m_{.}4$ schwankt; einer der bekanntesten veränderl. Sterne, um 1669 (erste überlieferte Beobachtung) entdeckt. A. ist Prototyp einer Klasse von ↑Bedeckungsveränderlichen **(A.-Sterne),** die eine Lichtwechselperiode von 1 bis 5 Tagen haben.

ALGOL, Abk. für engl. **algo**rithmic **l**anguage, eine problemorientierte ↑Programmiersprache, heute praktisch bedeutungslos.

Algolagnie [grch.] *die,* von A. Schrenck-Notzing eingeführte Bez. für sexuelle Lust am Zufügen und Erleiden von Schmerz, insbesondere als Sadismus oder Masochismus.

Algonkin, große indian. Sprachfamilie in Nordamerika; bes. im NO, O und Mittelwesten. (↑Indianer)

Algonkium [nach dem Land der Algonkin] *das,* frühere Bez. für ↑Proterozoikum.

Algonquin Provincial Park [ælˈgɔnkın prəˈvınʃəl ˈpɑːk], Landschaftsschutzgebiet in der Prov. Ontario, Kanada, 7 537 km²; 1893 gegründet.

Algorithmus [grch.] *der,* Folge von exakten Arbeitsanweisungen zum Lösen einer Rechenaufgabe in endlich vielen, eindeutig festgelegten, auch wiederholbaren Schritten. Jede mit einem A. lösbare Aufgabe kann prinzipiell auch von einem Rechenautomaten gelöst werden.

Algraphie, [Kurzw. aus Aluminium und ...graphie] (Algrafie) *die,* 1) Flachdruckverfahren mit einem Aluminiumblech als Druckfläche; 2) nach diesem Druckverfahren hergestelltes Kunstblatt.

Alhambra [arab. »die Rote«] *die,* im 13. und 14. Jh. festungsartig erbauter Palast

ALH Alhazen

Alhambra: Festung der maurischen Herrscher oberhalb von Granada (13./14. Jh.)

der maur. Könige in Granada, Spanien, eine der großartigsten Schöpfungen islam. Baukunst (UNESCO-Weltkulturerbe).
Alhazen, lat. Namensform für den arab. Naturforscher Ibn al-Haitham (↑Haitham).
Ali (A. Ibn Abi Talib), der 4. Kalif (seit 656), * Mekka um 600, † (ermordet) Kufa 24. 1. 661; Vetter und Schwiegersohn Mohammeds (∞ mit dessen Tochter Fatima), bekämpfte während seiner kurzen Regierung innere Gegner, u. a. ↑Aischa. Die Schiiten erkennen nur ihn und seine Nachfolger **(Aliden)** als rechtmäßige Nachfolger Mohammeds an. (↑Imam)
Alianza Popular Revolucionaria Americana [-reβolusjo-, span.], Abk. **APRA**, polit. Bewegung in Lateinamerika, von ↑Haya de la Torre 1924 gegr., in Peru polit. Partei; setzt sich u. a. für Landreformen und die Eingliederung der Indianer in die Gesellschaft ein.
alias [lat.], anders, auch ... genannt.
Aliberti, Lucia, italien. Sängerin (Sopran), * Messina 12. 6. 1957; seit den 80er-Jahren Auftritte an den führenden Bühnen Europas, ab 1988 auch an der Metropolitan Opera in New York; singt v. a. Partien des italien. Repertoires (u. a. V. Bellini, G. Donizetti, G. Verdi).
Alibi [lat. »anderswo«] *das,* der besonders im Strafprozess bedeutsame Nachweis der Abwesenheit des Beschuldigten vom Tatort zur Tatzeit.

Alicante, 1) Prov. im Land Valencia, Spanien, 5 817 km², 1,462 Mio. Einwohner.
2) (katalan. Alacant), Hptst. von 1), 267 500 Ew.; Sitz des Europ. Markenamtes; Univ.; chem. Ind., Maschinenbau, Aluminiumverarbeitung; Fischereihafen; Ausfuhr von Wein, Rosinen, Südfrüchten, Frühgemüse, Öl u. a.; Seebad; Hafen, internat. Flughafen.
Alice Springs [ˈælɪs sprɪŋz], austral. Stadt im Northern Territory, im Mittelpunkt des Kontinents, am S-Fuß der Macdonnell Ranges, 27 900 Ew.; Wüstenforschungsinst., Leichtind. Endpunkt der Bahnlinie von Adelaide. A. S. liegt am Stuart Highway (von Darwin nach Adelaide, 1 486 km); Flughafen. – Gegr. 1872 als Telegrafenstation unter dem Namen **Stuart.**
Alien [ˈeɪljən, engl.] *der* oder *das,* **1)** außerird. Lebewesen.
2) im brit. und US-amerikan. Sprachgebrauch ein Ausländer, der in seinem Aufenthaltsland noch nicht eingebürgert ist.
Alienation [lat.] *die,* Entfremdung; auch Veräußerung, Verkauf.
Aligarh, Stadt im Bundesstaat Uttar Pradesh, Indien, im Gangestiefland, 480 000 Ew. Die A. Muslim University (1921 gegr.) ist das geistige Zentrum des ind. Islam; Großmolkerei, Schlachthof; Textil-, Metallind.; Bahnknotenpunkt.
Alighieri [-ˈgjɛːri], ↑Dante Alighieri.
Alignement [aliɲəˈmɑ̃, frz.] *das,* **1)** *Astronomie:* Verbindungslinie zw. markanten Sternen, deren (gedachte) Verlängerung zu

anderen, aufzusuchenden Sternen führt. (↑Bär)
2) *Vorgeschichte: Pl.,* parallel zueinander stehende Reihen (Alleen) von Menhiren. (↑Carnac)
Alijew, 1) Heydar (Gejdar), aserbaidschan. Politiker, *Nachitschewan 10. 5. 1923, † Cleveland (Oh.) 12. 12. 2003; Vater von 2); 1967–69 Chef des KGB in Aserbaidschan, 1969–82 dort Erster Sekr. des ZK der KP; 1982–87 Mitgl. des Politbüros des ZK der KPdSU und stellv. MinPräs. der UdSSR, 1993 zum Vors. des aserbaidschan. Parlaments gewählt; wurde 1993 Staatspräs. (1998 Wiederwahl). Unter seiner Führung trat Aserbaidschan im Sept. 1993 wieder der Gemeinschaft Unabhängiger Staaten (GUS) bei. Als polit. »Erben« förderte der autoritär regierende und schwer kranke A. seinen Sohn Ilham, der im Okt. 2003 umstrittene Präsidentschaftswahlen gewann.
2) Ilham, aserbaidschan. Politiker, *Baku 24. 12. 1961; Sohn von 1); studierte Gesch. und Internat. Beziehungen in Moskau, an dessen Staatsuniversität er 1985–90 unterrichtete; wurde 1994 erster Vizepräs. der aserbaidschan. Ölgesellschaft (SOCAR), 1995 Mitgl. des Landesparlaments, 1999 stellv. und 2001 erster stellv. Vors. der Partei »Neues Aserbaidschan« (NAP); im Aug. 2003 auf Vorschlag seines als Staatspräs. amtierenden Vaters vom Parlament zum MinPräs. ernannt (bis Nov. 2003); entschied die Präsidentschaftswahlen im Okt. 2003 für sich und sicherte sich damit die polit. Nachfolge seines Vaters.
alimentär [lat. alimentum »Nahrung«], durch die Ernährung bedingt. – **alimentäre Intoxikation,** ernährungsbedingte Vergiftung, z. B. beim Säugling, meist mit Brechdurchfall verbunden.
Alimentation [lat.] *die,* die finanzielle Leistung für den Lebensunterhalt (von Berufsbeamten), Unterhaltsgewährung in Höhe der amtsbezogenen Besoldung, Lebensunterhalt.
Alimente [lat. »Nahrung«] *Pl.,* Unterhaltsbeiträge, bes. die auf gesetzl. ↑Unterhaltspflicht beruhenden, z. B. die des nicht mit der Mutter des Kindes verheirateten Vaters für sein Kind.
a limine [lat. »von der Schwelle«], kurzerhand, von vornherein; ohne Prüfung in der Sache.
Alinea [lat. »von der (neuen) Linie«] *das,*
(veraltet) von vorn, mit Absatz beginnende neue Druckzeile.
Aliphaten [grch.] (aliphatische Verbindungen), alle organ. Verbindungen, die sich nur von offenkettigen (linearen oder verzweigten) Kohlenwasserstoffen ableiten, z. B. Fette, Öle, Benzin, Äthanol, Essigsäure.
Alişar Hüyük [ali'ʃar-], Ruinenhügel in Zentralanatolien, rund 130 km nördlich von Kayseri, Türkei; Siedlungsschichten seit dem Ausgang der Jungsteinzeit bis zur Bewohnung durch Hethiter und Phryger.
Alitalia (Linee Aeree Italiane SpA.), staatl. italien. Luftverkehrsgesellschaft, gegr. 1946. (↑Luftverkehrsgesellschaften, Übersicht)
Alitieren [Kw.] (Kalorisieren), Erzeugen einer aluminiumhaltigen Oberflächenschicht auf Eisen und Stahl durch Diffusionsglühen bei Temperaturen von etwa 800 °C; Schutz v. a. gegen Verzundern (↑Aluminieren).
Alizarin [span.] *das,* roter Beizenfarbstoff aus den Wurzeln der Färberröte (Krapp); heute synthetisch aus Anthrachinon hergestellt. Nach Verlackung mit Aluminiumsalzen entsteht ein leuchtend roter **(Türkischrot),** mit Eisensalzen ein violetter und mit Chromsalzen ein brauner Farblack. Diese **Krapplacke** spielten früher in der Textilfärberei eine wichtige Rolle.
alizyklische Verbindungen (alicyclische Verbindungen), *Chemie:* aliphat. Verbindungen, deren Kohlenstoffketten zu Ringen geschlossen sind.
Aljochin (Aljechin), Alexander Alexandrowitsch, russ. Schachspieler, *Moskau 1. 11. 1892, † Estoril (bei Lissabon) 24. 3. 1946; Weltmeister 1927–35 und 1937–46; gilt als einer der bedeutendsten Schachspieler aller Zeiten.
Al-Jubayl [-dʒu'baɪl], ↑Jubail.
Alkahest [arab.] *der* oder *das,* in der Spätform der Alchimie eine angeblich alle Stoffe lösende Flüssigkeit.
Alkaios (Alkäus), grch. Dichter aus Mytilene auf Lesbos, um 600 v. Chr.; neben ↑Sappho bedeutendster äolischer Lyriker.
alkäische Strophe, nach Alkaios benanntes vierzeiliges, antikes Odenmaß (zwei Elfsilber, ein Neunsilber, ein Zehnsilber); wurde von Horaz verwendet und auch in Dtl. nachgebildet (F. G. Klopstock, L. Ch. H. Hölty, F. Hölderlin u. a.).

Alkalde [span. aus arab.] *der* (Alcalde), Friedensrichter, Bürgermeister in Spanien.
Alkali|en [arab. al-qāly »Pottasche«], Substanzen, deren wässrige Lösungen alkal. Reaktion zeigen, bitter schmecken und die Haut reizen. Heute spricht man meist von ↑Basen. A. sind v. a. die Hydroxide der Alkali- und Erdalkalimetalle sowie Ammoniumhydroxid. Ihrer stark ätzenden Eigenschaft wegen nennt man Natrium und Kalium auch Ätz-A. oder kaust. A. (Ätznatron, NaOH, und Ätzkali, KOH). Die Carbonate der Alkalimetalle heißen milde Alkalien.
Alkali-Mangan-Zelle, Bez. sowohl für das elektrochem. Primärelement (Nennspannung 1,5 V, die Elektroden bestehen aus Mangandioxid und Zink, Elektrolyt ist Kaliumhydroxid) als auch für das wieder aufladbare Sekundärelement (↑Akkumulator), handelsüblich auch **RAM™-Zelle** (von engl. rechargeable alkaline manganese) genannt. Sie bietet gegenüber herkömml. Nickel-Systemen eine bessere Umweltverträglichkeit und geringere Selbstentladungsrate bei höheren Temperaturen. Dadurch ergeben sich Anwendungsmöglichkeiten in wärmeren Klimazonen und für Solargeneratoren.
Alkalimetalle, die einwertigen Metalle Lithium, Natrium, Kalium, Rubidium, Cäsium und Francium.
Alkalimetrie *die,* Bestimmung der Konzentration von Basen mit Säuren bestimmter Konzentration (↑Maßanalyse).
alkalische Reaktion (basische Reaktion), chem. Reaktion in wässriger Lösung, wenn die Konzentration der Hydroxidionen (OH^-) höher ist als die der Protonen (H^+) bzw. Hydroniumionen (H_3O^+). Alkalisch reagierende Lösungen haben einen pH-Wert größer als 7 und färben rotes Lackmuspapier blau. Ggs.: saure Reaktion.
Alkaloide, organ. Basen, die von ringförmigen stickstoffhaltigen Verbindungen abstammen. Sie sind in bestimmten Pflanzen, z. B. Nachtschatten-, Mohn-, Hahnenfußgewächsen, Kaffee- und Chinarindenbaum, enthalten. Einige der A. gehören zu den stärksten Giften und dienen gleichzeitig bei sachgemäßer Anwendung als Heilmittel. Sie wirken teils betäubend, wie die Opium-A. und das Kokain, teils krampferregend, wie Thebain und Strychnin. Wichtige A. sind: Akonitin, Atropin, Brucin, Chinin, Kokain, Codein, Koffein, Colchicin, Ergotamin, Heroin, Lysergsäure, Morphin, Nicotin, Scopolamin, Strychnin.
Alkalose *die,* eine Verschiebung des Säure-Basen-Gleichgewichts im Blut nach der alkal. Seite; Ggs.: ↑Acidose.
Alkamenes, grch. Bildhauer der 2. Hälfte des 5. Jh. v. Chr., Schüler des Phidias. Von seinen Werken ist die Marmorgruppe »Prokne und Itys« auf der Akropolis von Athen erhalten.
Alkane (Paraffine), Sammelname für die gesättigten aliphat. ↑Kohlenwasserstoffe der Summenformel C_nH_{2n+2}. Die geradkettigen A. werden als **i-A. (Normal-A.)**, die verzweigten als **i-A. (Iso-A.)** bezeichnet. Cyclo-A. sind ringförmige Kohlenwasserstoffe mit der allg. Summenformel C_nH_{2n} (↑Cyclohexan). Bei Raumtemperatur und Atmosphärendruck sind A. bis zu vier C-Atomen gasförmig, von 5 bis 16 C-Atomen (Hexadecan) flüssig und mit einer noch höheren C-Zahl wachsartig fest. Die A. werden mit der Endung **-an** im Namen gekennzeichnet, z. B. Methan (CH_4), Äthan (C_2H_6), Propan (C_3H_8), Butan (C_4H_{10}). – Vom Butan an existieren mehrere Isomere (↑Isomerie). Als wesentl. Bestandteil von Erdgas und Erdöl dienen A. als Brenn- und Kraftstoffe, Lösungsmittel und Rohstoffe für die ↑Petrochemie. **n-A.** sind wichtige Ausgangsstoffe für die Herstellung biologisch abbaubarer Waschrohstoffe.
Alkannawurzel [italien., von arab. alḥinnā »Henna«] (Alkanna tinctoria), staudiges, blau blühendes Borretschgewächs des östl. Mittelmeerbereichs. Mit dem **Alkannarot (Alkannin)** der Wurzel färbt man u. a. Öle, Wachse, Pomaden, Leder.
Alkäus, ↑Alkaios.
Alkazar [-ˈkaːzar, -kaˈzaːr], ↑Alcázar.
Alken [schwed.] (Alcidae), Familie bis 45 cm großer Meeresvögel der N-Halbkugel, die tauchend fischen und unter Wasser nur die Flügel bewegen. Zur Brutzeit bilden die A. esselig. Fast alle A. legen nur je ein Ei. Wichtige Arten: **Trottellumme** (Uria aalge), 43 cm groß, Brutvogel Helgolands; **Tordalk** (Alca torda), 42 cm groß; **Papageitaucher** (Fratercula arctica), 32 cm groß, mit buntem Schnabel; **Krabbentaucher** (Plautus alle), in der Arktis brütend. Der **Riesenalk** (Pinguinus impennis) starb Anfang 19. Jh. aus.
Alkene (Olefine), ungesättigte aliphat.

↑Kohlenwasserstoffe mit einer Doppelbindung und der allg. Summenformel C_nH_{2n}. Verbindungen mit mehreren Doppelbindungen werden **Alkadiene** (Diene), **Alkatriene** oder allg. ↑Polyene genannt. Die Namen der A. werden aus dem Wortstamm der entsprechenden ↑Alkane und der Endsilbe **-en** gebildet. Bekannte Glieder: Äthen (Äthylen, C_2H_4), Propen (Propylen, C_3H_6), Buten (Butylen, C_4H_8). – Kurzkettige A. sind wichtige Zwischenprodukte der ↑Petrochemie. A. lassen sich auch u. a. durch ↑Dehydratisierung von Alkoholen und ↑Dehydrierung von Alkanen herstellen.

Alkestis (Alkeste), *grch. Mythos:* Gemahlin des Admetos, die freiwillig anstelle ihres dem Tode verfallenen Gatten starb; sie wurde von Herakles aus dem Hades befreit. Schauspiel von Euripides, Opern von Händel (1727), Gluck (1767) u. a.

Alkibiades, athen. Staatsmann und Feldherr, *Athen um 450 v. Chr., †Melissa (Phrygien) 404 v. Chr.; Schüler des Sokrates, in Platons »Gastmahl« charakterisiert. Er setzte 415 den Beschluss zur ↑Sizilischen Expedition durch, floh, eines Frevels an den Mysterien angeklagt, nach Sparta und 412 zu dem pers. Statthalter Tissaphernes. Mit Athen wieder versöhnt, wurde er abermals an die Spitze des Heeres gestellt, siegte 411 über die Spartaner bei Abydos, 410 über Spartaner und Perser bei Kyzikos und kehrte 408 nach Athen zurück. Wegen der Niederlage seines Unterfeldherrn Antiochos bei Notion (407) wurde er verbannt und auf Betreiben Spartas ermordet. Biografien von Cornelius Nepos und Plutarch.

al-Kindi, islam. Philosoph, ↑Kindi.

Alkine (ältere Bez. Acetylene), ungesättigte aliphat. Kohlenwasserstoffe der Summenformel C_nH_{2n-2}, die eine Kohlenstoff-Dreifachbindung enthalten. Die Namen der A. werden aus dem Wortstamm der entsprechenden ↑Alkane und der Endsilbe **-in** gebildet; z. B. Äthin (C_2H_2), Propin (C_3H_4), Butin (C_4H_6). Einfachster Vertreter ist das ↑Acetylen.

Alkinoʃos, myth. König der grch. ↑Phäaken, Vater der Nausikaa; er nahm Odysseus gastlich auf und ließ ihn heimgeleiten; schützte auch die Argonauten.

Alkmaar, Stadt in der Prov. Nordholland, Niederlande, 93 000 Ew.; Käsemarkt; Metall-, Möbel- u. a. Industrie. – Zahlreiche spätgot. Bauten. – Erhielt 1254 Stadtrecht.

Alkmaioniden, altes athen. Adelsgeschlecht, das sich von dem grch. Heros **Alkmaion,** einem Urenkel des Nestor, herleitete. Die A. kämpften gegen die Tyrannis. Der A. Kleisthenes schuf die demokratische Verfassung Athens (507 v. Chr.).

Alken: Papageitaucher

Alkman, grch. Dichter des 7. Jh. v. Chr.; Chormeister in Sparta; einer der Schöpfer grch. Chorlyrik (Hymnen, Parthenien).

Alkmene, *grch. Mythos:* Gemahlin des ↑Amphitryon; durch Zeus Mutter des Herakles.

Alkohol [arab. al-kuḥl »(Augenschminke aus) Antimon«] *der,* i. w. S. ↑Alkohole, i. e. S. der Äthylalkohol (↑Äthanol).

Alkoholblutprobe, ↑Blutprobe.

Alkohole, Derivate von aliphat. oder alizykl. Kohlenwasserstoffen, in denen ein oder mehrere Wasserstoffatome durch Hydroxylgruppen (–OH) ersetzt sind. A. sind wasserhelle Flüssigkeiten, bei höherer Molekülmasse feste kristalline Körper. Die Namen der A. (Alkanole) werden aus denen der Alkane mit gleicher C-Anzahl und der Endsilbe **-ol** gebildet, z. B. Methanol, Äthanol. Je nach der Anzahl der OH-Gruppen im Molekül werden ein-, zweiwertige (Glykole) oder mehrwertige A. unterschieden. Bei einwertigen A. unterscheidet man – abhängig von der Stellung der OH-Gruppe im Molekül – primäre, sekundäre und tertiäre Alkohole.

Alkoholgenuss wirkt in kleinen Mengen

ALK alkoholische Getränke

anregend, in größeren berauschend (↑Alkoholkrankheit, ↑Alkoholvergiftung). Die Alkoholwirkung ist abhängig von der Höhe der Alkoholkonzentration im Blut, individueller Verträglichkeit und Trinkgeschwindigkeit. (*Recht:* ↑Rauschtat)

alkoholische Getränke (Alkoholika), durch alkohol. Gärung (Wein, Bier), zusätzl. Destillation (Obst- u. a. Branntweine, Weinbrand) oder Alkoholzusatz (Liköre) gewonnene Getränke. Der Alkoholgehalt liegt i. d. R. zw. 4 Vol.-% (Bier) und 40 Vol.-% (Branntwein). – Die Herstellung a. G. war schon den Ägyptern, Babyloniern, Griechen und Römern bekannt; in Europa wird die Destillation erstmals um 1000 n. Chr. verzeichnet.

Alkoholkrankheit (Alkoholismus, Trunksucht), durch ständiges oder vermehrtes period. Trinken von Alkohol hervorgerufene krankhafte Störungen mit körperl., psych. und sozialer Schädigung. Es kann zu körperl. und seel. Abhängigkeit kommen, wobei der **Alkoholkranke** unkontrolliert und zwanghaft, d. h., ohne aufhören zu können, trinkt. Körperl. Schäden bei der A. sind v. a. chron. Entzündung der Magenschleimhaut, Leberschädigung bis zur Leberzirrhose, Nervenschäden und schwere psychiatr. Krankheitsbilder (z. B. ↑Delirium). Die Ursachen der A. sieht man in seelisch-körperl. Disposition, in tief greifenden emotionalen Störungen und Konflikten in früher Kindheit, die zu Fehlhaltungen, Anpassungsstörungen und Mangel an Frustrationstoleranz (Fähigkeit, Unlustspannungen zu ertragen) geführt haben, sowie in den sozialen Situationen. (↑Entziehungskur)

Alkoholmonopol, das ↑Branntweinmonopol.

Alkoholometrie *die,* Ermittlung des Alkoholgehaltes in Mischungen von Alkohol und Wasser mit dem Aräometer.

Alkoholsteuern, Verbrauchsteuern auf alkoholhaltige Getränke (↑Biersteuer, ↑Branntweinsteuer, ↑Schaumweinsteuer).

Alkoholtest, ↑Alcotest.

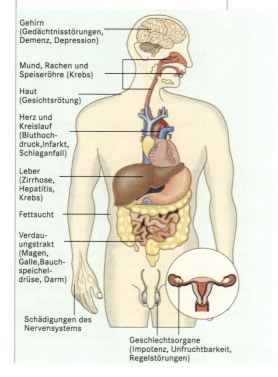

Alkoholkrankheit: Langzeitschädigungen durch Alkohol

Alkoholverbot, die ↑Prohibition.
Alkoholvergiftung, durch einmaligen Genuss einer großen Alkoholmenge (mehr als 100 g innerhalb kurzer Zeit) auftretende akute Vergiftungserscheinungen; führt über ein Erregungs- zu einem Schlaf- und einem Narkosestadium. Der Tod kann durch Lähmung des Atemzentrums eintreten. Die ersten beiden Stadien werden meist überwunden (Kater), im Narkose- und Lähmungsfall wird ärztl. Eingreifen notwendig.
Alkor [arab.] *der* (Reiterlein), spektroskop. Doppelstern im Großen Bären, nahe des mittleren »Deichselsterns« des Großen Wagens, mit bloßem Auge noch sichtbar (»Augenprüfer«).
Alkoven [frz. aus span. von arab. al-qubba^h »Kuppel«] *der,* Bettnische, fensterloses Nebengemach.
Alkuin (Alcuinus), angelsächs. Theologe, *York um 730, †Tours 19. 5. 804; wurde 781 ins Frankenreich berufen, war als Leiter der Aachener Hofschule ein einflussreicher Berater Karls d. Gr.; förderte Wiss. und Kultur (karoling. Renaissance).
Alkydharze, dickölige bis zähplast. Polyester, die durch Polykondensation mehrwertiger Alkohole mit Dicarbonsäuren entstehen; dienen u. a. als Bindemittel für wetterbeständige Lacke.
Alkyl-, Bez. für einwertige ↑Radikale, die aus den ↑Alkanen durch Entfernung eines H-Atoms entstehen, z. B. Methyl ($-CH_3$), Äthyl ($-C_2H_5$), Propyl ($-C_3H_7$).
Alkylbenzolsulfonate, Salze der Alkylbenzolsulfonsäure, die als Tenside in Vollwaschmitteln verwendet werden.
Alkyone *die,* hellster Stern der ↑Plejaden.
alkyonisch [grch.] (halkyonisch), dichterisch für heiter, friedlich.
alla breve [italien. »auf kurz«], *Musik:* Taktvorzeichen; der $^2/_2$- oder $^4/_2$-Takt, in dem die halbe Note und nicht die Viertelnote als Zähleinheit gilt (Zeichen: ¢).
Allah [arab. al-ilā^h »der Gott«], schon in der vorislamischen Religion Arabiens höchste männl. Gottheit; im Islam der von Mohammed verkündete Gott, Schöpfer und Erhalter der Welt, Richter der Menschen am Jüngsten Tag; ihm allein gebühren Anbetung und Ergebung (arab. »Islam«).
Allahabad, Stadt im Bundesstaat Uttar Pradesh, Indien, am Zusammenfluss von Yamuna und Ganges, 806 400 Ew.; bed. Wallfahrtsort der Hindus (jährl. Badefest, bes. aber das alle 12 Jahre stattfindende Fest Kumbhamela); Univ. (gegr. 1887); vielseitige Ind., bes. Zucker- und Papierfabriken; Agrarhandelszentrum. – Die heutige Stadt und das Fort wurden 1583 vom Mogulherrscher Akbar angelegt.
Allais [a'lɛ], Maurice, frz. Volkswirtschaftler, *Paris 31. 5. 1911; erhielt 1988 für seine Arbeiten zu den mathemat. Grundlagen der Gleichgewichtstheorie sowie zur effizienten Ausnutzung der natürl. Ressourcen den Nobelpreis für Wirtschaftswissenschaften.
alla marcia [-'martʃa, italien.], *Musik:* in der Art eines Marsches.
Allanit, Mineral, der ↑Orthit.
alla prima [italien. »auf erste (Art)«], Malverfahren ohne Untermalung und Lasuren; verwendet von den frz. Impressionisten.
allargando [italien.], *Musik:* langsamer, breiter werdend.
Allasch [nach dem Ort Allaži bei Riga] *der,* ein Kümmellikör.
alla tedesca [italien.], *Musik:* nach Art eines dt. Tanzes, im dt. Stil.
Alldeutscher Verband, eine 1891 als überparteil. Organisation gegründete polit. Vereinigung; sie wollte das Nationalbewusstsein beleben, das Deutschtum im Ausland unterstützen und die dt. Kolonial-, Flotten- und Außenpolitik fördern; erhob bes. im Ersten Weltkrieg annexionist. Forderungen. Nach 1918 verlor er rasch an Bedeutung; 1939 aufgelöst.
Alle *die* (poln. Łyna, russ. Lawa), linker Nebenfluss des Pregels in Polen und Russland, 264 km.
Allee [frz., eigtl. »Gang«] *die,* von hohen Bäumen dicht gesäumte Straße.
Alleenstraße, Deutsche, ↑Ferienstraßen (Übersicht).
Allegation [lat.] *die,* Anführung eines Zitats oder einer Bibelstelle.
Alleghenygebirge ['ælɪgenɪ-] (Allegheny Mountains, Alleghenies), Gebirge im östl. Nordamerika, Teil der Appalachen. Höchste Erhebung ist der Spruce Knob, 1 481 m ü. M. Das im W anschließende **Alleghenyplateau** ist reich an Bodenschätzen, bes. Kohle, Erdgas, Erdöl.
Allegheny River ['ælɪgenɪ 'rɪvə], Fluss in Pennsylvania, USA, 523 km, rechter Quellfluss des ↑Ohio.

ALL Allegorie

Allegorie [grch. allegoría »das Anderssagen«] *die,* die Verbildlichung eines abstrakten Begriffs oder Vorgangs; oft durch Verkörperung als Person, z. B. der Tod als Sensenmann. Im Unterschied zum sinnfälligen ↑Symbol enthält die A. eine gedanklich-konstruktive Beziehung zw. dem Dargestellten und dem Gemeinten. Als Mittel der Dichtung wurde die A. bes. in der Antike, im MA. und im Barock verwendet.
allegretto [italien., Verkleinerungsform von allegro], *Musik:* mäßig lebhaft. **Allegretto,** mäßig lebhaftes Musikstück.
Allegri, Gregorio, italien. Komponist, * Rom um 1582, † ebd. 17. 2. 1652. Berühmt wurde sein neunstimmiges »Miserere«, das alljährlich in der Karwoche in der Sixtin. Kapelle gesungen wurde.
allegro [italien. »heiter«, »lustig«], *Musik:* lebhaft, rasch, ein Hauptzeitmaß, oft mit Zusätzen, z. B. **a. ma non troppo** (nicht zu sehr). Allegro, schneller Satz, in Sonaten, Sinfonien.
Allegroform *die, Sprachwissenschaft:* durch schnelles Sprechen entstandene Kurzform, z. B. »gnä' Frau« für »gnädige Frau«.

Woody Allen

Alleinerziehender, ein Elternteil, der tatsächlich allein für sein Kind sorgt; unabhängig davon, wem das Personensorgerecht (↑elterliche Sorge) zusteht. Nach heutiger sozialwissenschaftl. Definition repräsentieren die A. eine Lebensform, für die der Begriff der **Eineltern-Familie** gebildet wurde (eine Familie, in der ein Elternteil mit einem oder mehreren Kinder zusammenlebt) und die in Europa angesichts der deutlichen Zunahme A. (überwiegend allein erziehender Mütter) in den letzten Jahrzehnten eine Familienform mit wachsender Bedeutung und spezifischen gesellschaftspolitischen Herausforderungen (Kinderbetreuungseinrichtungen; Sicherung des Betreuungsmehraufwands A.) darstellt. (↑nichteheliche Kinder, ↑Familie) ❖ **siehe ZEIT Aspekte**
Allele [grch.], *Genetik:* paarweise einander zugeordnete Zustandsformen eines Gens auf homologen Chromosomen, die sich hinsichtlich ihrer räuml. Anordnung und Funktion gleichen, durch Mutation jedoch ungleich beschaffen sein können.
Allelopathie [grch.] *die,* die gegenseitige Beeinflussung von höheren und niederen Pflanzen durch Stoffwechselprodukte, die als Gase oder in gelöster Form aus lebenden oder abgestorbenen Teilen der Pflanzen oder aus Mikroorganismen ausgeschieden werden, z. B. Äthylen aus Früchten.
Alleluja, ↑Halleluja.
Allemande [al'mäd; frz. »deutscher (Tanz)«] *die,* im 16.–18. Jh. Tanzsatz v. a. in geradem Takt und zweiteiliger Form: Gesellschaftstanz und einzelnes Instrumentalstück sowie häufig Bestandteil der Suite.
Allen [grch.] *das* (Propadien), einfachste Verbindung aus der Gruppe der ↑Diene mit kumulierter Doppelbindung; wird als Schweiß- und Schneidgas und für organ. Synthesen verwendet.
Allen ['ælən], **1)** (Lough A.), Binnensee in der Cty. Leitrim, Irland.
2) (Bog of A.), größtes Torfmoorgebiet Irlands, zw. Tullamore und Dublin; Torfgewinnung, Torfkraftwerke.
Allen ['ælən], **1)** William Hervey, amerikan. Schriftsteller, * Pittsburgh (Pa.) 8. 12. 1889, † Miami (Fla.) 28. 12. 1949; schrieb zahlreiche histor. Romane, u. a. »Antonio Adverso« (1933) über die napoleon. Epoche.
2) Woody, eigtl. Allen Stewart Konigsberg, amerikan. Filmregisseur, -schauspieler, Schriftsteller, * New York 1. 12. 1935; wurde mit Stücken und Filmen als Vertreter einer virtuos inszenierten kritisch-intellektuellen Komik bekannt.
Filme: Die letzte Nacht des Boris Gruschenko (1975); Der Stadtneurotiker (1977); Manhattan (1978); Zelig (1982); The Purple Rose of Cairo (1984); Hannah und ihre Schwestern (1985); Alice (1991); Geliebte Aphrodite (1996); Deconstructing Harry (1997); Wild Man Blues (1998); Celebrity (1998); Schmalspurganoven (2000); Im Bann des Jade Skorpions (2001).
Allende [a'jende], Isabel, chilen. Schrift-

stellerin, *Lima 2. 8. 1942; Nichte von S. Allende Gossens, 1975–88 in Venezuela, seit 1989 in den USA; schreibt Romane, u. a. die Chronik einer chilen. Familie der Oberschicht »Das Geisterhaus« (1982), ferner »Von Liebe und Schatten« (1984), »Eva Luna« (1987), »Der unendliche Plan« (1991), »Paula« (1994), »Aphrodite« (1997), »Fortunas Tochter« (1999), »Porträt in Sepia« (2000).

Allende Gossens [a'jende -], Salvador, chilen. Politiker (Sozialist), *Valparaiso 26. 7. 1908, †Santiago de Chile 11. 9. 1973; Arzt, Mitbegründer der Sozialist. Partei Chiles; als Kandidat des Frente Revolucionario de Acción Popular (Volksfront) im Okt. 1970 zum Staatspräs. gewählt; versuchte, ein sozialist. Wirtschaftsprogramm durchzusetzen; durch den Putsch des Generals Pinochet Ugarte gestürzt, kam dabei ums Leben.

Allendorf, Stadtteil von ↑Bad Sooden-Allendorf.

All England Championships [ɔːl 'ɪŋglənd 'tʃæmpjənʃɪps, engl.], *Tennis:* seit 1877 (Frauen: 1919) jährlich ausgetragenes Grand-Slam-Turnier (Austragungsort: Wimbledon; Rasenplatz).

Allensbach, Gemeinde im Landkreis Konstanz, Bad.-Württ., am Bodensee (Gnadensee), 6800 Ew.; Sitz des Instituts für Demoskopie A.; Fremdenverkehr. – A. gehörte zum Kloster Reichenau (gegr. 724), erhielt Ende des 10. Jh. Marktrecht; kam 1803 an Baden.

Allenstein (poln. Olsztyn), Hptst. der Wwschaft Ermland-Masuren, Polen, Stadtkreis an der Alle, 174 300 Ew.; landwirtsch.-techn. Akademie, PH; Autoreifenfabrik, Maschinenbau. – Schloss (ehem. Ordensburg von 1348 ff.) mit Kopernikusturm, kath. Pfarrkirche (15./16. Jh.), mittelalterl. Marktplatz. – A., 1348 erwähnt, erhielt 1353 Stadtrecht und kam 1466 mit dem Ermland an den König von Polen, 1772 an Preußen. 1920 stimmte A. für den Verbleib im Dt. Reich; Bez.-Hptst. und Krst. in Ostpreußen, seit 1945 unter poln. Verwaltung; seit 1990 zu Polen.

Allentown ['æləntaʊn], Stadt in Pennsylvania, USA, 106 400 Ew.; bildet mit Easton und Bethlehem eine Metropolitan Area und ein bed. Ind.zentrum (Stahl, Zement, Textilien); Universität.

Alleppey [engl. ə'lepɪ], Hafenstadt an der Malabarküste im Bundesstaat Kerala, Indien, 104 000 Ew.; kath. Bischofssitz; Zentrum der ind. Kokoswirtschaft (Kokosmattenherstellung).

Aller *die,* rechter Nebenfluss der Weser, entspringt in der Magdeburger Börde, mündet unterhalb von Verden (Aller), 211 km, ab Celle schiffbar.

Allenstein: Blick auf die Stadt, in der Bildmitte die ehemalige Burg

Allergie [grch.] *die,* Zustand der erworbenen Überempfindlichkeit des Organismus gegen eine als körperfremd empfundene Substanz (Allergen). Die A. ist eine Sonderform der Antigen-Antikörper-Reaktion: Beim ersten Kontakt kommt es zur Antikörperbildung (Sensibilisierung), bei wiederholtem Allergenkontakt zur (übermäßigen) allerg. Reaktion. Diese kann gekennzeichnet sein durch Bindehautentzündung, Fließschnupfen, Asthma, Hautausschlag, Nesselsucht, Durchfall bis hin zum Schock mit tödl. Kreislaufversagen. Allergene können tier. Ursprungs (Epithelien, Federn, Gifte), pflanzl. Ursprungs (Baum-, Gräserpollen, Pilzsporen, Nahrungsmittel) oder chem. Ursprungs (Metallsalze, Arzneimittel) sein. Die A. kann als Sofortreaktion ablaufen (z. B. bei dem häufig tödl. anaphylakt. Schock) oder als Spätreaktion (z. B. bei Entzündung der Haut oder Schleimhaut durch Kontakt mit Nickel oder bei Mundschleimhautentzündung durch Zahnprothesen). Die Behandlung der A. umfasst das Vermeiden des

ALL Allerheiligen

auslösenden Allergens (z. B. Haustier, Kosmetika, Arzneimittel). Wenn dies nicht vollständig möglich ist (z. B. bei Pollen), kann häufig die allerg. Reaktion durch eine ↑Hyposensibilisierung mit dem Allergen behandelt werden. Medikamentös werden v. a. ↑Antihistaminika und Glucocorticoide verwendet.
📖 *Randolph, Th. G. u. Moss, R. W.: A.n. Folgen von Umwelt u. Ernährung. Chron. Erkrankungen aus der Sicht der klin. Ökologie. A. d. Amerikan. Heidelberg* ⁷*1995.* – *Allergologie, hg. v. W. Heppt. Berlin u. a. 1998.* – *Ring, J.: Angewandte Allergologie. München* ³*2001.* – *Allergische Erkrankungen in der Praxis, hg. v. C. Bachert. Bremen* ²*2001.*
Allerheiligen, kath. Fest (1. 11.) zum Gedächtnis aller Heiligen (zum Brauchtum ↑Allerseelen); orth. Kirche: 1. Sonntag nach Pfingsten.
Allerhe**iligenbucht** (portugies. Baía de Todos os Santos), 1 052 km² große Bucht des Atlantiks bei Salvador an der O-Küste Brasiliens.
Allerhe**iligeninseln** (Îles des Saintes), frz. Inselgruppe der Kleinen Antillen, gehört zum frz. Übersee-Dép. Guadeloupe, 13 km², rd. 2 000 Einwohner.

Allerseelen, in der kath. Kirche das am 2. 11. gefeierte Gedächtnis aller verstorbenen Gläubigen mit Fürbitte für die »armen Seelen« im Fegefeuer. – Das *Brauchtum* um Allerheiligen und A., besonders in den Alpenländern, umfasst u. a.: A.-Predigt; Gräberbesuch; Brotspenden für die Armen im Gedenken an die Verstorbenen; Recht der Kinder, mit Heischesprüchen »Seelenwecken« einzusammeln.
Alles-oder-nichts-Gesetz, Abk. **ANG,** *Physiologie:* Regel für die Antwortbereitschaft von erregbaren Zellen (Muskel- und Nervenzellen) bei Vorhandensein von Reizen mit einer Mindeststärke. Sobald diese erreicht ist, kommt es zu einer Erregung, die in ihrer Intensität nicht abgestuft, sondern sofort maximal ist.
allez! [aˈleː; frz. »geht!«], vorwärts!; los!
Allfinanz, Unternehmensstrategie von Kreditinstituten und Versicherungen, über ihre traditionellen Tätigkeitsfelder hinauszugehen, um ein breiteres Spektrum von Finanzdienstleistungen (Versicherungsprodukte, Bausparverträge, Immobilienvermittlung) anbieten zu können. Durch Verflechtung bzw. Kooperationen zw. Banken und Versicherungen entstanden so zunehmend A.-Gruppen.

Allgäu: Forggensee bei Füssen

Allerheiligstes, 1) *A. T.:* der hinterste Raum der ↑Stiftshütte und später des Tempels in Jerusalem; Aufbewahrungsort der ↑Bundeslade.
2) in der kath. Liturgiesprache die geweihte (konsekrierte) Hostie.
Allermannsharnisch, eine Lauchart, ↑Lauch.

A̱llgäu *das,* Landschaft in Bayern, Bad.-Württ. und Österreich, umfasst das Voralpengebiet zw. Lech und Bodensee, ein aus Molasserücken und Moränenwällen bestehendes Berg- und Hügelland bis zu den letzten eiszeitl. Endmoränen im N, sowie die ↑Allgäuer Alpen. Kennzeichnend für das A. sind ergiebige Niederschläge (über 1000 mm im Jahr). Wälder und Wiesen, zahlr. kleine Seen, Weiher und Moore bestimmen das Landschaftsbild. – Hauptwirtschaftszweige sind Grünlandwirtschaft mit Vieh- und Milchwirtschaft; Fremdenverkehr. In größeren Orten auch Leinen- und Baumwollspinnereien, feinmechan. Industrie. Hauptorte: Kempten (Allgäu) mit Butter- und Käsebörse, Oberstdorf, Sonthofen. – Als **Albgau** (817 erwähnt) galten bis 1525 nur der S und W des A. Seit 1815 gehört der größere Teil zu Bayern, der W zu Bad.-Württ., das Kleine Walsertal zu Österreich.

Allgäuer Alpen, Teil der nördl. Kalkalpen zw. Iller und Lech, die höchsten Berge sind Großer Krottenkopf (2 657 m ü. M.), Mädelegabel (2 645 m ü. M.) und Hochvogel (2 593 m ü. M.).

Allgemeine Deutsche Bibliothek, von F. Nicolai 1765 in Berlin gegründete Ztschr. (1793–1805 als **Neue A. D. B.**); gibt ein Bild der zeitgenöss. dt. Kultur vom Standpunkt der Aufklärung.

allgemeine Geschäftsbedingungen, Abk. **AGB,** ↑Geschäftsbedingungen.

Allgemeine Kreditvereinbarungen, Abk. **AKV,** Verpflichtung der Länder der ↑ Zehnergruppe (seit 1962) und der Schweiz (seit 1984), dem IWF bei Bedarf zusätzl. Kredite in Landeswährung zu marktbezogenen Zinssätzen zur Verfügung zu stellen, um Beeinträchtigungen des internat. Währungssystems zu verhüten oder zu beheben. Die AKV wurden mehrfach modifiziert und verlängert (zuletzt mit Wirkung vom 26. 12. 1998 um eine weitere Fünfjahresperiode). Das Kreditvolumen wurde von anfänglich 6,4 Mrd. SZR auf 17 Mrd. SZR sowie zusätzlich 1,5 Mrd. SZR gemäß dem seit 1983 bestehenden Assoziierungsabkommen mit Saudi-Arabien erhöht. Im Rahmen der seit 1997 bestehenden **Neuen Kreditvereinbarungen (NKV)** stehen – nach Abschluss des laufenden Zustimmungsverfahrens – bei Bedarf 25 Teilnehmerländer und Institutionen bereit, dem IWF bis zu 34 Mrd. SZR zu leihen.

Allgemeine Ortskrankenkasse, Abk. **AOK,** ↑Krankenversicherung.

Allgemeiner Deutscher Arbeiterverein, ↑Sozialdemokratie.

Allgemeiner Deutscher Automobil-Club e. V., ↑ADAC.

Allgemeiner Deutscher Fahrrad-Club e. V., ↑ADFC.

Allgemeiner Deutscher Frauenverein, erster dt. Frauenverein, gegr. 1865, wichtig für die Organisation der dt. Frauenbewegung.

Allgemeiner Deutscher Gewerkschaftsbund, Abk. **ADGB,** ↑Gewerkschaften.

Allgemeiner Studentenausschuss, Abk. **AStA,** ↑Studentenschaft.

Allgemeines Bürgerliches Gesetzbuch, Abk. **ABGB,** das seit 1812 in Österreich geltende Zivilgesetzbuch; durch Teilnovellen (1914/16) und Sondergesetze mehrfach geändert und ergänzt. Nach kurzer Einleitung regelt der erste Teil Personen- und Familienrecht, der zweite Teil Sachen-, Erb- und Schuldrecht, der dritte Teil gemeinschaftl. Bestimmungen der Personen- und Sachenrechte.

Allgemeines Landrecht, Abk. **ALR,** ↑Preußisches Allgemeines Landrecht.

Allgemeines Lexikon der bildenden Künstler von der Antike bis zur Gegenwart, ↑Thieme-Becker.

Allgemeines Zoll- und Handelsabkommen, ↑GATT.

allgemeine Versicherungsbedingungen, Abk. **AVB,** vom Versicherer ausgearbeitete Vertragsbestimmungen, die seinen Versicherungsverträgen einer Sparte zugrunde gelegt werden, z. B. AVB für die Haftpflichtversicherung.

Allgemeinverbindlicherklärung, *Recht:* ein staatl. Mitwirkungsakt, der auf Antrag die verbindl. Wirkung eines Tarifvertrags über die Mitglieder der abschließenden Verbände hinaus ausdehnt, wenn öffentl. Interesse besteht und die tarifgebundenen Arbeitgeber mindestens 50 % der Arbeitnehmer ihres Bereichs beschäftigen.

Allianz [frz. alliance] *die,* Bündnis, Vertragsgemeinschaft. *Völkerrecht:* ↑Bündnis.

Allianz AG Holding [-'hɔʊldɪŋ], München/Berlin, Obergesellschaft einer der größten dt. und europ. Versicherungsgruppen, gegr. 1890; in rd. 70 Ländern mit 700 Tochter- und Beteiligungsgesellschaften vertreten; größte Konzerngesellschaften: Allianz Versicherungs-AG, Allianz Lebensversicherungs-AG, Fireman's Fund Insurance Company (USA), Riunione Adriatica di Sicurtà (Italien), Cornhill Insurance PLC (Großbritannien), Assu-

rances Générales de France (Frankreich), ELVIA Schweizer. Versicherungsgesellschaft. 2001 wurde die Fusion mit der Dresdner Bank AG zum führenden Finanzdienstleister vollzogen.
Allianz für Deutschland, Wahlbündnis von CDU(-DDR), DSU und Demokrat. Aufbruch (DA) für die Volkskammerwahlen der DDR am 18. 3. 1990; errang 47,79 % der abgegebenen Stimmen.
Allianzwappen, 1) die in unterschiedl. Form in einem Wappen vereinigten Wappen von (meistens) in Personalunion verbundenen Ländern, z. B. von Schottland und England 1603–1707, Sachsen und Polen 1697–1763.
2) das ↑ Ehewappen.
Allier [al'je], **1)** *der,* linker Nebenfluss der Loire, 410 km lang, entspringt in den Cevennen, mündet bei Nevers.
2) Dép. in Mittelfrankreich, 7340 km², 345000 Ew.; Hptst.: Moulins.

Alligatoren: Mississippi-Alligatoren

Alligatoren [von span. el lagarto »die Eidechse«] (Alligatoridae), Familie der Krokodile im trop. und subtrop. Amerika und in China. Der rd. 4 m lange, durch Bejagen selten gewordene amerikan. **Mississippi-A.** (A. mississippiensis) wird oft in Farmen gehalten. Weitere A. ↑ Kaimane.
Alliierte, allg. Staaten, die durch eine Allianz verbunden sind, v. a. im Krieg. Als A. bezeichneten sich u. a. die Kriegsgegner der Mittelmächte im Ersten Weltkrieg und die der Achsenmächte im Zweiten Weltkrieg (in Letzterem v. a. die USA, Großbritannien und die UdSSR). Im Ersten Weltkrieg traten den A. weitere Staaten als »assoziierte« (nicht vertraglich gebundene) Mächte zur Seite, daher Bez. **A. und assoziierte Mächte.**

Alliierte Hohe Kommission, Abk. AHK, das oberste Aufsichtsorgan der Westmächte in der Bundesrep. Dtl. und den Westsektoren von Berlin, das vom 21. 9. 1949 bis zum 5. 5. 1955 tätig war; geleitet von Hochkommissaren. Daneben bestand die Sowjet. Kontrollkommission (1949–53; ↑ Sowjetische Militäradministration in Deutschland).
Alliierter Kontrollrat, ↑ Kontrollrat.
Alliteration [lat.] *die* (Stabreim), die Wiederkehr gleicher Anfangslaute (auch betonter Silben innerhalb eines Wortes) bei aufeinander folgenden Wörtern: *Stock und Stein;* älteste Form der Verbindung in den german. Sprachen. (↑ Reim).
Allmacht (lat. Omnipotenz), in zahlr. Philosophien und Religionen die dem höchsten Wesen **(der Allmächtige)** eigene unbegrenzte Macht.
Allmende [mhd. »was allen gemein ist«] *die,* in Westfalen und Niedersachsen **Mark,** Teil der Gemeindeflur, die als Gemeindeeigentum der Ortsgemeinde für alle Ortsansässigen frei nutzbar war, i. d. R. Weide, Wald und Ödland. Reste haben sich bes. in Süddeutschland und der Schweiz erhalten **(Realgemeinde).**
allo..., vor Vokalen **all...** [grch. állos], anders, fremd, gegensätzlich.
Allobroger, kelt. Volksstamm zw. Genfer See, Rhone, Isère und den Alpen, 121 v. Chr. von den Römern unterworfen.
allochthon [grch. »aus fremder Erde«], nicht an Ort und Stelle entstanden (Lebewesen, Gesteine); Ggs.: ↑ autochthon.
Allod [ahd. »Ganzbesitz«] *das,* im MA. lehnsfreies Land. **Allodialgut,** Eigengut eines Fürsten im Unterschied zum Staatsgut. **Allodifikation, Allodifizierung,** Umwandlung eines Lehens in freies Eigentum.
Allogamie [grch.] *die,* Fremdbestäubung (↑ Bestäubung).
Allograph [grch.], Buchstaben oder ↑ Grapheme, die den gleichen Lautwert repräsentieren und eine voneinander abweichende Form aufweisen; auch graf. Varianten eines Graphems, z. B. grch. Sigma als ç (im absoluten Auslaut) und σ.
Allokation [lat.] *die,* Verteilung der begrenzten Produktionsfaktoren einer Volkswirtschaft auf unterschiedl. Verwendungszwecke. Kriterien für eine optimale A. werden von der Wohlfahrtsökonomik untersucht. Unter marktwirtschaftl. Bedin-

gungen fällt dem Preis auf den versch. Märkten A.-Funktion zu.
Allolalie [grch.] *die,* Behinderung oder Auflösung der Sprachfähigkeit bei psychot. Erkrankungen.
Allometrie [grch.-lat.] *die,* Proportionsverschiebung durch unterschiedl. Wachstumsgeschwindigkeit von Organen oder Körperteilen während der Entwicklung eines Lebewesens.
Allomorph [grch.] *das,* die in der Wortbildung stellungsbedingte, im Text tatsächlich auftretende Variante eines ↑Morphems, z. B. das engl. Pluralsuffix s in lips [-s], dogs [-z], horses [-ɪz].
Allomorphie [grch.] *die, Chemie:* ↑Allotropie.
Allonge [a'lɔ̃ʒ, frz.] *die,* im Wechselrecht ein mit dem Wechsel verbundenes Blatt, auf dem Vermerke (z. B. Wechselprotest) angebracht werden, für die auf der Rückseite des Wechsels kein Platz mehr ist.
Allongeperücke [a'lɔ̃ʒ-, frz.], langhaarige Lockenperücke; kam um 1670 auf (unter Ludwig XIV.); heute noch z. T. von Amtspersonen getragen.
allons [a'lɔ̃; frz. »gehen wir!«], vorwärts!, los! **Allons, enfants de la patrie!** (Auf, Kinder des Vaterlands!), Anfang der ↑Marseillaise.
allonym [griech.-lat.], mit einem anderen, fremden Namen behaftet.
Allonym *das,* Sonderform des ↑Pseudonyms, bei der der Name einer bekannten Persönlichkeit verwendet wird.
Allopathie [grch. állos »anderer«] *die,* nach S. Hahnemann die in der Schulmedizin übl. Behandlung mit Arzneimitteln, die den Krankheitssymptomen entgegenwirken; Ggs.: ↑Homöopathie.
Allophon [grch.] *das,* in der Wortbildung stellungsbedingte Variante eines ↑Phonems, z. B. ch in brach [-x] und brich [-ç].
Alloplastik, Ersatz bestimmter Körperteile durch körperfremdes Material (v. a. Kunststoffe); z. B. Gelenkteile (**Arthroplastik**)**,** Herzklappen, Adern, weibl. Brust.
allothigen [grch.], *Geologie:* Ggs. von ↑authigen.
Allotropie [grch.] *die* (Allomorphie), *Chemie:* das Vorkommen gleicher chem. Elemente in versch. Zustandsformen, z. B. Kohlenstoff als Diamant und Graphit; Ggs.: ↑Isomorphie.
all'ottava [italien.], Abk. **all'ott.,** 8va,

Alltagsgeschichte ALL

Musik: Anweisung in der Notenschrift (über oder unter den Noten), eine Oktave höher oder tiefer zu spielen.
Allpass, elektr. Filter, dessen Übertragungsfunktion in Abhängigkeit von der Frequenz nur eine Phasenänderung aufweist, jedoch keine Betragsänderung; verwendet zur Signalverzögerung, zur Phasenentzerrung und als Laufzeitglied.
Allradantrieb, bei Fahrzeugen auf alle Räder wirkender Antrieb, hat wesentlich höhere Zugkraft als ein Hinterrad- oder ein Vorderradantrieb.
all right [ɔːl'raɪt, engl.], richtig, in Ordnung, einverstanden.
Allround... ['ɔːl'raʊnd..., engl.], Bestimmungswort mit der Bedeutung »allseitig, für alle Gelegenheiten«.
Allroundman ['ɔːl'raʊndmən, engl.] *der,* vielseitig ausgebildeter und interessierter Mensch.
Allschwil, Stadt im Kt. Basel-Landschaft, Schweiz, westl. an Basel anschließend, 284 m ü. M., 18 700 Ew.; Heimatmuseum; Papier-, Leder-, Schuh-, chem. Ind. sowie Apparatebau.
All-Star-Band ['ɔːl'staːbænd, engl.] *die,* Jazzband, die nur aus Spitzenmusikern besteht; erstklassige Tanz- und Unterhaltungskapelle.
Allstedt, Stadt im Kreis Sangerhausen, Sa.-Anh., in der Goldenen Aue, 3 500 Ew.; Herstellung von Metallwaren und Spirituosen. – Schloss (16. Jh.). – 777 erwähnt, im MA. seit dem 10. Jh. Königspfalz.
Allstromgerät, elektr. Gerät, das wahlweise mit Gleich- oder Wechselstrom betrieben werden kann.
Alltagsgeschichte (historische Alltagsforschung), Forschungsrichtung in der Geschichtswiss., die in interdisziplinären Ansätzen und Methoden bemüht ist, die anthropolog. Dimension der Geschichte zur Richtschnur und zum Darstellungsrahmen der Forschung zu machen; zentraler Forschungsgegenstand ist also die spezif. Ausprägung der Lebensverhältnisse und des Lebensgefühls bzw. der Erfahrungsräume in vergangenen Epochen (u. a. Denk-, Empfindungs- und Verhaltensweisen). Unter dem Schlagwort »Geschichte von unten« wurde A. ein wesentlicher Teil der ↑Historischen Anthropologie. Sie etablierte sich endgültig seit den 1970er-Jahren mit dem histor. Perspektivenwechsel in der Geschichtswiss. (»neue« ↑Kulturge-

ALL Alltagssprache

schichte). Dabei orientierte sich die frz. »École des Annales« schon ab Ende der 1920er-Jahre auch auf die Erforschung von »Lebens-Welten« und »Mentalitäten« (»Histoire des Mentalités«; Mentalitätsgeschichte). In Großbritannien besitzt die Erforschung der A. ebenfalls eine gewisse Tradition (»People's history«). In Dtl. wurde sie erst ab Ende der 1970er-Jahre bedeutsam. Wesentl. Anstöße zur Erforschung der A. und der histor. Volkskultur, v. a. der bäuerl. und städt. Unterschichten des 16.–19. Jh., kamen aus Italien (C. Ginzburg), Frankreich (E. Le Roy) und Großbritannien (»popular culture«, »subaltern studies«). Die interdisziplinäre Forschung wurde dabei bereichert auch durch Fragestellungen und Methoden der histor. Soziologie (insbesondere der histor. Familienforschung), der Kultursoziologie und der Sozialanthropologie, des Interaktionismus u. a. In der Hinwendung zur Mikrogeschichte ist sie bestrebt, das in hohem Maße veränderl., stets vom Wandel der sozialen Verhältnisse und der allgemeinen geschichtl. Rahmenbedingungen, aber auch von religiösen und kulturellen Traditionen sowie sozialen Gewohnheiten mitbeeinflusste, z. T. an bestimmte kalendar. Ordnungen (Brauchtum usw.) gebundene, jeweils schichten-, altersgruppen-, geschlechts- und regionalspezif. Alltagsleben der Vergangenheit mit allen seinen Einflüssen auf die Herrschafts- und Volkskultur zu rekonstruieren.

📖 *Geschichte von unten, hg. v. H. C. Ehalt. Wien 1984. – Geschichte des privaten Lebens, hg. v. P. Ariés u. a. 5 Bde. A. d. Frz. Frankfurt am Main $^{1-5}$1989–95. – Jaritz, G.: Zw. Augenblick u. Ewigkeit. Einführung in die A. des Mittelalters. Wien u. a. 1989. – Sozialgeschichte, A., Mikro-Historie, hg. v. H. Schultze. Göttingen 1994. – Dülmen, R. van: Kultur u. Alltag in der frühen Neuzeit, 3 Bde. München ^{2}1999. – Orte des Alltags. Miniaturen aus der europ. Kulturgeschichte, hg. v. H.-G. Haupt. München 1994. – A. Zur Rekonstruktion histor. Erfahrungen u. Lebensweisen, hg. v. A. Lüdtke. Frankfurt am Main u. a. ^{2}2000.*

Alltagssprache, Sprachwissenschaft: Gesamtheit der sprachl. Mittel, die in der alltägl. mündl. und schriftl. Kommunikation verwendet werden.

Allüre [lat.-frz.] *die,* (veraltet) Gangart (des Pferdes); Fährte, Spur (von Tieren).

Allüren, Umgangsformen, (auffallendes, als Besonderheit hervorstechendes) Benehmen, (arrogantes) Auftreten.

Alluvionen [lat.], geologisch junge (holozäne) Anschwemmungen an Ufern und Küsten.

Alluvium [lat. »Angeschwemmtes«] *das,* veraltet für ↑Holozän.

Allversöhnung, ↑Apokatastasis.

Allwetterlandung, ↑Landeführungssysteme.

Allwettertauglichkeit, Eignung eines Luftfahrzeugs zum Einsatz unter allen Wetterbedingungen. Die **Allwetterflugfähigkeit** verlangt die Ausrüstung mit Geräten für sichtunabhängige Flugführung (Flugführungs-, Navigations- und Nachrichtengeräte) sowie Wetterradar, Enteisungsanlagen. Für den **Allwetterflugbetrieb** wurden international einheitlich geregelte Mindestbedingungen für Präzisionsinstrumentenanflug und Landung festgelegt. Je nach Pistensicht, der für den jeweiligen Piloten festgelegten Entscheidungshöhe sowie der Ausrüstung von Flughäfen und Flugzeugen unterscheidet man fünf versch. Betriebsstufen.

Allyl..., Bez. für die organische Atomgruppe $CH_2=CH-CH_2-$, z. B. im **Allylalkohol,** Ausgangsstoff zur Herstellung von Polymeren; **Allylharze,** synthet. Harze aus Allylestern von Di- und Polycarbonsäuren.

Alm (Alp), oberhalb der Dauersiedlung gelegene Gebirgsweide, mit Sennhütten, Ställen u. a.; in den Sommermonaten z. T. bewohnt. **Almfahrt** im Frühling und **Almabfahrt** im Herbst werden festlich begangen.

Alma-Ata, ↑Almaty.

Almada [-ða], Stadt gegenüber von Lissabon, südl. der Tejomündung (2 300 m lange Brücke), 41 500 Ew.; Werft, Holzverarbeitung u. a. Ind.; Wohnvorort.

Almadén [-'ðen], Bergbaustadt im SW der Region Kastilien-La Mancha, Prov. Ciudad Real, Spanien, 9 500 Ew.; die schon Römern und Arabern bekannten Quecksilbervorkommen waren die reichsten der Erde (heute nahezu erschöpft); Bergbauschulen.

Almagest, Verstümmelung des Titels der arab. Übersetzung von »al-magisti«, des astronom. Handbuchs von Ptolemäus; beschreibt das ptolemäische Weltsystem.

Almagro, Diego de, span. Konquistador,

Almosen ALM

*1475, †Cuzco 8. 7. 1538; eroberte 1532–33 mit F. Pizarro Peru (Inkareich), 1535–37 Teile Chiles; auf Befehl Pizarros erdrosselt.

Almalyk (usbek. Olmaliq), Stadt im Gebiet Taschkent, Usbekistan, 116 400 Ew.; Abbau und Verhüttung von Buntmetallerzen.

Alma Mater [lat. »die nährende Mutter«] *die,* urspr. Beiwort für die röm. Göttinnen der fördernden Naturkräfte (z. B. Tellus und Ceres); in übertragener Bedeutung Bez. für Hochschule, Universität.

Almanach [mlat.] *der,* urspr. astronom. Tafelwerk für mehrere Jahre, Vorläufer der heutigen astronom. ↑Jahrbücher. Später ist A. gleichbedeutend mit »Astronom. Kalender«, der seit dem 16. Jh. jährlich erscheint, bald bereichert durch prakt. Notizen. Im 18. Jh. gewannen literar. Beigaben das Übergewicht. Die A. wurden zu ↑Musenalmanachen; außer den literar. gibt es seitdem genealog., histor. und diplomat., auch Theater- und Verlagsalmanache.

Almandin *der,* blutroter Schmuckstein aus der Gruppe der ↑Granate.

Almansor, arab. Kalifen, ↑Mansur.

Almaty (russ. Alma-Ata, bis 1921 Werny), Stadt und Gebiet in Kasachstan, am Nordabhang des Transili-Alatau, 1,129 Mio. Ew.; Akademie der Wiss.en Kasachstans, Univ., Hochschulen; Nahrungsmittel-, Textilindustrie, Maschinenbau. In der Nähe Hochgebirgs-Eisstadion (Medeo); U-Bahn, internat. Flughafen. – A. wurde 1854 als russ. Grenzfestung gegründet. Bis 1997 Landeshauptstadt; der Reg.sitz wurde nach Akmola (heute Astana) verlegt.

Almeida [al'maiða], Francisco de, portugies. Eroberer, *Lissabon um 1450, †(im Kampf mit Hottentotten) an der Saldanhabai (Kapland) 1. 3. 1510; 1505–09 erster Vizekönig Portugals in Indien. Sein Sieg über die ägypt. Flotte bei Diu 1509 sicherte Portugal für ein Jahrhundert die Herrschaft über den Ind. Ozean.

Almeida Faria [al'maiða -], Benigno José de, portugies. Schriftsteller, *Montemoro-Novo (Distr. Évora) 6. 5. 1943; schreibt seit den 60er-Jahren Romane, die neorealist. Themen mit modernen Erzähltechniken verbinden (»Trilogia lusitana«, 1982).

Almelo, Stadt in der niederländ. Prov. Overijssel, in der Twente, 65 600 Ew.; Wollverarbeitung, Baumwoll- u. a. Ind.; Urananreicherungsanlage.

Almería, 1) Prov. in Andalusien, Spanien, am Mittelmeer, 8 775 km^2, 536 700 Einwohner.
2) Hptst. von 1), Hafenstadt und Seebad an der Costa del Sol, 161 600 Ew.; Ausfuhr von Erzen, Zitrusfrüchten und Alfagras; Fischerei, Meersalzgewinnung; internat. Flughafen. In der Nähe, auf dem **Calar Alto** (2 168 m ü. M.), dt.-spanisches astronom. Zentrum.

Almeríakultur, spätneolith. Fundgruppe in SO-Spanien erstmals größere Siedlungen und Nekropolen aus nicht megalith. Kollektivgräbern.

Almetjewsk, Stadt in Tatarstan, Russ. Föderation, 132 700 Ew.; Mittelpunkt eines Erdölfördergebietes (Raffinerie); Maschinenbau; Ausgangspunkt von Erdölleitungen (u. a. nach Mitteleuropa). – Seit 1953 Stadt.

Almodóvar, Pedro, span. Filmregisseur, *Calzada de Calatrava (Ciudad Real) 24. 9. 1949 (nach anderen Angaben 25. 9. 1951); dreht seit den 1980er-Jahren skurrile Filme über Figuren auf der Suche nach der eigenen Identität. In den Filmen verschmelzen Komik und Satire mit melodramat. Tristesse; sowohl filmgeschichtliche als auch moderne Elemente werden zitiert bzw. integriert, u. a. »Matador« (1987), »Frauen am Rande des Nervenzusammenbruchs« (1988), »Kika« (1993), »Mein blühendes Geheimnis« (1995), »Mit Haut und Haar« (1997), »Alles über meine Mutter« (1999), »Sprich mit ihr« (2002).

Almohaden [arab. »Bekenner der Einheit Gottes«], maurisch-spanisches Herrschergeschlecht (1147–1269), hervorgegangen aus einer 1121 von Mohammed Ibn Tumart (*1080, †1130) gegründeten islam. Glaubenspartei. Die A. stürzten das Reich der Almoraviden in Afrika und eroberten 1195 Spanien; wurden 1212 aus Spanien vertrieben, 1269 in Marokko von den Meriniden vernichtet.

Almoraviden [arab. »Grenzkämpfer«], maurisch-span. Dynastie (1061–1147), hervorgegangen aus einer von Abd Allah Ibn Jasin († 1058) gegründeten, streng orthodoxen islam. Glaubensbewegung. Die A. herrschten über das marokkan. Gebiet und unterwarfen zw. 1086 und 1090 das arab. Spanien; von den ↑Almohaden gestürzt.

Almosen [grch. »Mitleid«] *das,* Gabe zur Unterstützung der sozial Schwachen und der freiwillig Armen (z. B. der Bettelmön-

ALM Almqvist

che); in vielen Religionen eth. Gebot; im MA. und im 16./17. Jh. Hauptquelle der (städt.) Versorgung der in Armut Lebenden. In kirchl. Einrichtungen verwaltete der **Almosenier** die A., in Gemeinden gab es A.-Kassen mit A.-Vorstehern, -Vögten (Armenvögten) und -Pflegern.

Almqvist, Osvald, schwed. Architekt, *Trankil (Värmland) 2. 10. 1884, † Stockholm 6. 4. 1950; mit G. Asplund einer der ersten schwed. Funktionalisten, von bed. Einfluss auf die Verbreitung der Grundprinzipien des ↑internationalen Stils in Skandinavien.

Almrausch (Almenrausch), alpenländ. Bez. für Alpenrosen; ↑Rhododendron, ↑Zwergalpenrose.

Almsick, Franziska van, Schwimmerin, *Berlin 5. 4. 1978; u. a. Weltmeisterin 1994 (200 m Freistil), sechsfache Europameisterin 1993 und fünffache Europameisterin 1995. Sportlerin des Jahres 1993 und 1995. – (Staffel-)Weltmeisterin 1998, (Staffel-)Europameisterin 1999 und fünffache Europameisterin 2002.

Almukantarat [arab.] *der, Astronomie:* der ↑Azimutalkreis.

Alodieren [Kw.], Erzeugung dünner oxid. Korrosionsschutzschichten an der Oberfläche von Aluminium oder Aluminiumlegierungen durch Eintauchen in Chromsäure.

Aloe [grch.] *die,* Liliengewächsgattung mit über 200 Arten in wärmeren Gebieten der Alten Welt, bes. in Savannen und Gebirgen Afrikas; oft mit dornig gezähnten, rosettenartig angeordneten Blättern; auch Zimmerpflanze. Der eingedickte Saft aus Blättern versch. trop. Arten wird als Abführmittel verwendet.

Alonso, Alicia, kuban. Tänzerin, Choreographin, Ballettdirektorin, *Havanna 21. 12. 1921; gründete 1948 das Ballet Alicia Alonso (seit 1959 Ballet Nacional de Cuba); tanzte alle klass. sowie moderne Ballerinenrollen.

Alopezie [grch.] *die,* ↑Haarausfall.

Alor, eine der Kleinen Sundainseln, Indonesien, nordwestlich von Timor, etwa 125 000 Ew., Hauptort ist Kalabahi; Fischfang, Handel; Anbau von Reis, Mais, Baumwolle.

Alor Setar (früher Alor Star), Hptst. des Bundesstaates Kedah, Malaysia, 125 000 Ew.; Zentrum eines Reisanbaugebietes.

Alost, frz. Name der belg. Stadt ↑Aalst.

Aloysius (italien. Luigi, A. von Gonzaga), italien. Jesuit, *Castiglione (bei Mantua) 9. 3. 1568, † Rom 21. 6. 1591; in der Pestkrankenpflege tätig, starb an der Seuche. Heiliger, Tag: 21. 6.; Patron der Jugend.

Alp, ↑Alb.

Alpaka [span.] *das* (Lama guanicoë pacos), zahme Lamaart in den Hochanden Südamerikas, mit langem, weichem Haar, das die **A.-Wolle** (glänzend, wenig gewellt) liefert.

Alpaka ® *das,* veraltete Bez. für ↑Neusilber.

Alpe-d'Huez [alpǝˈdɥɛz], Wintersportzentrum in den Frz. Alpen, Dép. Isère, 1 860 m ü. M., Höhenflugplatz; seit 1931 entstanden.

Alpen, höchstes Gebirge Europas, höchster Gipfel ist der Montblanc (4 810 m ü. M., Neuvermessung 2001). Die A. reichen im S bis an den Apennin; der Pass von Altare, 459 m ü. M., bei Genua gilt als Grenze. Von dort ziehen sie in großem Bogen nach W und N bis an den Genfer See und von dort ostwärts bis zur Donau bei Wien. Im NO gehen die A. in die Karpaten, im SO in das Dinar. Gebirge über. Im O grenzen sie an das Ungar. Tiefland und im S an die Poebene. Im N ist das A.-Vorland vorgelagert; es reicht im N bis zur Donau, im W mit dem Schweizer Mittelland bis zum Genfer See und zum Jura. In dieser Umrahmung sind die A. etwa 1 200 km lang, 150–250 km breit, Letzteres in der Mitte und am O-Ende, wo die einzelnen Gebirgsketten nach NO und SO auseinander strahlen; sie bedecken eine Fläche von 220 000 km². Die A. bilden in ihrem Zentralteil die Wasserscheide zw. Nordsee und Mittelmeer, im Ostteil (östlich des Arlbergs) zw. Schwarzem Meer und Mittelmeer; sie sind damit auch eine bed. Klimascheide. An den A. haben Anteil: Frankreich, Italien, die Schweiz, Dtl., Liechtenstein, Österreich und Slowenien.

Aufbau, Gliederung: Die A. sind ein erdgeschichtlich junges Faltengebirge, das seine Struktur im Wesentlichen in der Kreide und im Tertiär, seine heutigen Formen erst im Quartär erhalten hat. Ihr Bau ist durch Faltungen und weit reichende Überschiebungen (Deckenbau) gekennzeichnet. Dem Bau nach unterscheidet man West-A. und Ost-A., die durch die Tiefenlinie Bodensee–Rheintal–Splügen-

Alpen ALP

Alpen: Wilder Kaiser (Österreich)

pass–Comer See voneinander getrennt sind. In den **West-A.** brechen die inneren und höchsten Gebirgsstöcke (innere Gneis-A.) scharf zur Poebene ab. Nach außen lagert sich ihnen ein zweiter Zug kristalliner Gebirgsstöcke, die äußeren Gneis-A., und schließlich eine Kalkzone vor, die aber nur in den frz. Kalk-A. selbstständig, dagegen in den Schweizer A. eng mit den Gneis-A. verfaltet ist. Die **Ost-A.** haben einen regelmäßigeren, fast gleichseitigen Aufbau. Auf die innere kristalline Zone, die z.T. vergletscherten Zentral-A., folgen beiderseits schmale, niedrigere Schieferzonen und die breiter angelegten, schroffen, z.T. verkarsteten Kalk-A., im N noch eine Voralpenzone, in der Molasse- und Flyschfelsen vorherrschen.

Oberflächengestalt: Die A. sind das formenreichste Gebirge Europas. Sie verdanken das der Mannigfaltigkeit ihrer Gesteine und der umgestaltenden Wirkung der Eiszeit, in der durch mächtige Gletscherströme die Täler und Pässe ausgeweitet wurden; am A.-Rand bildeten sich tiefe Talseen, z.B. Bodensee, Genfer See, Vierwaldstätter See, die oberitalien. Seen, und im Vorland wurden mächtige Moränenringe aufgeschüttet, die z.T. Seebecken umschließen (Chiemsee, Gardasee). Kennzeichnend sind ferner der Stufenbau der Hochtäler mit Wechsel von engen Klammen und breiten Becken, Wasserfälle an der Einmündung von Nebentälern ins Haupttal, steilwandige Hangnischen (Kare), oft mit kleinen Seen im Gipfelbezirk. Heute sind nur noch die inneren und höchsten Teile der A. vergletschert (rd. 1,5% der Gesamtfläche: 3 200 km^2; z.B. Großer Aletschgletscher, Mer de Glace). Östlich der Linie Salzburg–Villach, wo die Gipfelhöhe auf unter 3 000 m ü.M. sinkt, haben die A. vielfach mittelgebirgsartige Formen. – Die Gewässer der A. gehören zu den Stromgebieten von Rhone, Rhein, Donau und Po.

Klima, Pflanzen- und Tierwelt: Die A. wirken aufgrund ihrer großen Höhe und der bed. W-O-Erstreckung gegenüber dem Vorland als Scheide zw. drei großen Klimazonen. W- und N-Rand der A. liegen im Bereich der Westwindzone und erhalten während des ganzen Jahres hohe Niederschläge. Der S des Gebirges wird von Ausläufern des winterfeuchten Mittelmeerklimas bestimmt, nach O erfolgt ein allmählicher Übergang zu kontinentaleren Klimabereichen. Die West-, Nord- und Südränder haben durch ihre Luvlage z.T. höhere Niederschläge als das Vorland, die Tal- und Beckenlandschaften im Inneren sind stellenweise trockener. Mit steigender Höhe nehmen i. Allg. die Temperaturen ab, etwa 0,58 Celsiusgrade auf je 100 m, während die Intensität der Sonnenstrahlung zunimmt. Die Winde sind als Berg- und Talwind und ↑Föhn stark von den örtl. Verhältnissen beeinflusst.

ALP Alpen

Alpen

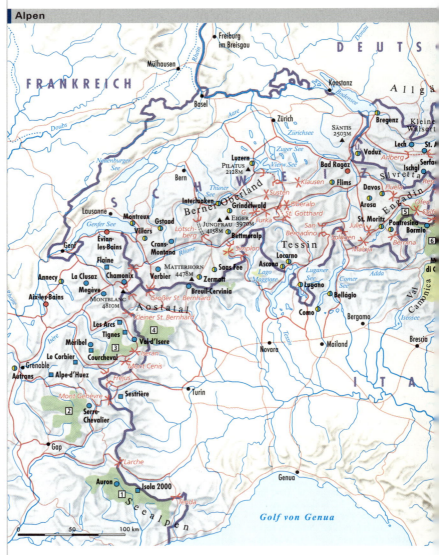

Die Klimagürtel prägen sich deutlich in der Pflanzenwelt aus. An den Gebirgsrändern wachsen im N mitteleurop., im S mediterrane und im SO pannon. Pflanzen. Der Höhenlage nach folgt auf eine Kultur- land- und Laubwaldzone in 800–1 000 m Höhe die Nadelwaldzone, die bei der Waldgrenze (in 1 500–2 200 m Höhe) in die Zone des Krummholzes und der Almen (Hochgebirgsmatten) übergeht. Die Schneegrenze liegt in den Randgebieten zw. 2 500 und 2 600 m ü. M., im Inneren zw. 2 800 und 3 100 m ü. M. In den West-A. reichen einzelne Gletscher bis in die besiedelten Gebiete herab. Die Tierwelt der A. ist durch Hochgebirgstiere gekennzeichnet, wie Steinbock, Murmeltier, Gämse, Steinadler (heute geschützt), A.-Krähe.

Alpen ALP

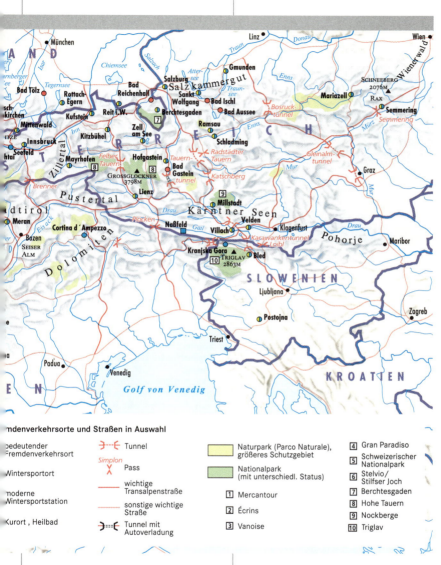

Fremdenverkehrsorte und Straßen in Auswahl

- bedeutender Fremdenverkehrsort
- Wintersportort
- moderne Wintersportstation
- Kurort, Heilbad
- ⌇⌇ Tunnel
- Simplon ✕ Pass
- —— wichtige Transalpenstraße
- ---- sonstige wichtige Straße
- ⌇═⌇ Tunnel mit Autoverladung
- Naturpark (Parco Naturale), größeres Schutzgebiet
- Nationalpark (mit unterschiedl. Status)
- [1] Mercantour
- [2] Écrins
- [3] Vanoise
- [4] Gran Paradiso
- [5] Schweizerischer Nationalpark
- [6] Stelvio/ Stilfser Joch
- [7] Berchtesgaden
- [8] Hohe Tauern
- [9] Nockberge
- [10] Triglav

Siedlungen: Die A. gehören zu den dichtestbesiedelten Hochgebirgen der Erde. Bäuerl. Dauersiedlungen reichen im Durchschnitt bis in 1 500 m, vereinzelt bis in 2 100 m Höhe. Die im Sommer besiedelten Almen liegen noch 800–1 200 m höher. **Bevölkerung, Wirtschaft:** Rätoromanen (Ladiner u. a.) stammen aus der Zeit vor der Völkerwanderung. Vom Vorland aus drangen Deutsche, Italiener, Franzosen und Slowenen in die A. ein. Haupterwerbszweige sind Viehzucht (Almwirtschaft), Holzverarbeitung, Ackerbau in den Tälern, Wein- und Obstbau (in Becken und am S-Rand), ferner Bergbau auf Eisen-, Kupfer-, Blei-, Zink- und Silbererze, Graphit, Magnesit und Salz in den Ost-A.; eine lange Tradition hat auch die Textilindus-

ALP Alpendohle

Alpen: Großglockner-Hochalpenstraße in den Hohen Tauern (Österreich)

trie. Wichtig für die industrielle Erschließung war die Elektrizitätsgewinnung durch Ausnutzung der Wasserkraft. Aufgrund von Sol-, Mineral- und Thermalquellen haben sich zahlr. Heilbäder entwickelt. Von größter wirtsch. Bedeutung ist der ganzjährige Fremdenverkehr, der sich in den letzten Jahrzehnten zum Massentourismus internat. Prägung entwickelte. Das ökolog. Gleichgewicht ist durch die z. T. maßlose Erschließung bes. für den Wintersport stark bedroht. Zur Verringerung der Belastungen durch den Transitschwerverkehr ist vorgesehen, den Güterverkehr zunehmend von der Straße auf die Schiene zu verlagern. Sowohl Österreich als auch die Schweiz planen den Bau von Basistunneln. 📖 Vorgeschichtl. Fundkarten der A. Beiträge v. R. von Uslar u. a. Mainz 1991. – Die A. – Naturpark oder Opfer des künftigen Europas? Mit Beiträgen v. H. Flühler u. a. Basel u. a. 1992. – Die Welt der A. farbig. Mineralien, Pflanzen, Tiere von der Urzeit bis heute, bearb. v. J. Ladurner u. a. Innsbruck u. a. 1993. – Alpe – Alm. Zur Kulturgesch. des Alpwesens in der Neuzeit, hg. v. L. Carlen u. G. Imboden. Brig 1994. – Die A. Entstehung der A., Gesch. der A. u. des Alpinismus, Natur- u. Umweltschutzverbände der Alpenländer. Frankfurt am Main u. a. 1994. – Brauchtum in den A. Riten, Traditionen, lebendige Kultur, hg. v. G. u.

H. Haid. Rosenheim 1994. – Gefährdung u. Schutz der A., hg. v. H. Franz. Wien 1994. – Walser, G.: *Studien zur Alpengeschichte in antiker Zeit.* Stuttgart 1994. – Bätzing, W.: *Kleines A.-Lexikon. Umwelt, Wirtschaft, Kultur.* München 1997. – Messner, R.: *Berg Heil – heile Berge? Rettet die A.* München 1997. – *A.-Report,* hg. v. M. F. Broggi u. U. Tödter, auf mehrere Bde. ber. Bern 1998 ff.

A̱lpendohle, ↑Rabenvögel.

A̱lpendost *der* (Adenostyles), Korbblütler, Hochstaude in europ. und kleinasiat. Gebirgen. Der **Graue A.** (Adenostyles alliariae) hat rote, violette oder weiße Blütenköpfchen, die in Doldenrispen angeordnet sind.

A̱lpengarten, Felsgarten am natürl. Standort.

A̱lpenglöckchen (Troddelblume, Soldanella), Primelgewächsgatt. mit violetter, glocken- bis trichterförmiger, troddelfransenartig zerschlitzter Blumenkrone.

A̱lpenglühen, Widerschein des nach Sonnenuntergang auftretenden Purpurlichtes an den nach W gewandten Fels- und Eisgipfeln; i. w. S. auch die rötl. Beleuchtung der Berge durch die untergehende Sonne.

A̱lpenheide, Heidekrautgewächs, ↑Loiseleuria.

A̱lpeninitiative, Bez. für eine am 20. 2. 1994 durch Volksentscheid angenommene Volksinitiative in der Schweiz, nach der die Hochgebirgsregion und ihre Bewohner vor den schädl. Auswirkungen des Alpentransits durch dessen Verlagerung auf die Schiene geschützt werden sollen.

A̱lpenjäger, *Militärwesen:* Hochgebirgstruppe; in Frankreich die **Chasseurs alpins,** in Italien die **Alpini;** urspr. die von Garibaldi 1859 organisierten Freischaren.

A̱lpenkonvention, die 1991 unterzeichnete und 1995 in Kraft getretene Konvention, in der sich die Alpenstaaten und die EU zu einer Verstärkung sowie der räuml. und fachl. Erweiterung ihrer grenzüberschreitenden Zusammenarbeit für den Alpenraum verpflichten (u. a. soll Tourismus dezentralisiert und an Umwelterfordernisse angepasst werden, so genannter »sanfter Tourismus«).

A̱lpenpflanzen, dem Gürtel zw. Wald und ewigem Schnee angepasste Pflanzen. Charakterist. Eigentümlichkeiten: niedriger Wuchs, Dickblättrigkeit, Verduns-

tungsschutz durch Verkleinerung und Einrollung oder Behaarung der Blätter, große farbenprächtige Blüten. Viele A. stehen unter Naturschutz.
Alpenrose, ↑Rhododendron, ↑Zwergalpenrose.
Alpensalamander (Salamandra atra), bis 16 cm langer, glänzend schwarzer Schwanzlurch (Familie Salamander) in den Alpen in 700–3000 m Höhe, steht unter Naturschutz.
Alpenstraßen, siehe Übersicht S. 198
Alpentransit, der Lkw- und Bahngütertransport durch bzw. über die Alpen, der seit Jahrzehnten im Spannungsverhältnis zw. wirtsch. und ökolog. Belangen steht. Zur Verringerung der Umweltbelastungen (Lärm und Abgase) wird seit Ende der 1990er-Jahre daran gearbeitet, den Güterverkehr von der Straße auf die Schiene zu verlagern. Bis 2005 soll die Leistung des kombinierten Verkehrs dazu um mindestens 50% gegenüber 2001 gesteigert werden. Bereits Ende 1998 schlossen die EU-Verkehrsminister mit der Schweiz ein Landverkehrsabkommen, das den Lkw-Verkehr durch die Schweiz neu geregelt hat und den Transit über die österr. Brennerautobahn entlasten soll. Mit Einführung der »leistungsabhängigen Schwerverkehrsabgabe« (LSVA) 2001 gilt in der Schweiz ein Tonnagelimit von 34 t Gesamtgewicht für Lkw und Sattelzüge. Bei einer nach Schadstoffausstoß gestaffelten Gebühr werden (2003/04) 400000 Fahrzeuge als 40 t-Kontingent zugelassen. 1999 begann man in der Schweiz mit dem Bau der NEAT (↑Neue Eisenbahn-Alpentransversale. In Österreich soll mit dem Bau des (Eisenbahn-)Semmering-Basistunnels auf der Strecke Wien–Graz für die Steiermark eine günstigere Anbindung an den oberitalien. Wirtschaftsraum geschaffen werden. Zw. Innsbruck und der Südtirol-Gemeinde Franzensfeste soll der 40 km lange Brenner-Basistunnel entstehen (Baubeginn etwa 2006).
Alpentransversale, die ↑Neue Eisenbahn-Alpentransversale.
Alpenveilchen (Cyclamen), Primelgewächsgatt., bes. in den Mittelmeerländern; ausdauernde Kräuter mit scheibenförmiger Knolle, lang gestielten, meist herzförmigen Blättern und einzeln stehenden, langstieligen Blüten; z. T. Zierpflanzen.
Alpenvereine (Alpenklubs), Vereinigungen zur Förderung des Bergsteigens und -wanderns sowie zur Erschließung und Erforschung der Bergwelt. In *Deutschland* gibt es den 1869 gegründeten **Dt. Alpenverein (DAV),** einen DSB-Spitzenverband, Sitz: München (eingeschlossen die »Jugend des Dt. Alpenvereins«, JDAV); er besitzt über 300 Hütten in den Ostalpen und 60 Hütten in den dt. Mittelgebirgen. Die A. Österreichs bilden den 1949 in Wien gegr. **Verband Alpiner Vereine Österreichs (VAVÖ),** dem der **Österr. Alpenverein (ÖAV),** der **Österr. Alpenklub (ÖAK)** und die **Österr. Bergsteigervereinigung (ÖBV)** angehören. In der *Schweiz* bestehen der **Schweizer Alpen-Club (SAC)** und der **Schweizer. Frauen-Alpen-Club (SFAC).** Der älteste A. ist der 1857/58 in London gegründete engl. **Alpine Club.**
Alpes-de-Haute-Provence [alp də oːt prɔˈvãs] (bis 1970 Basses-Alpes), Dép. in SO-Frankreich, 6925 km², 139000 Ew.; Hptst.: Digne-les-Bains.
Alpes-Maritimes [alp mariˈtiːm], Dép. in SO-Frankreich, 4299 km², 1,008 Mio. Ew.; Hptst.: Nizza.
al pezzo [italien.], *Bankwesen:* Verkauf nach Stück.
Alpha *das,* (A, α), erster Buchstabe des grch. Alphabets.
Alphabet [nach den grch. Buchstaben Alpha und Beta] *das* (Abc), **1)** Gesamtheit der Schriftzeichen eines Schriftsystems in ihrer herkömml. Anordnung. Die Buchstabenfolge der europ. A. geht auf das älteste semit. A. zurück, bei dem die Bildähnlichkeit der Zeichen eine Rolle spielte (Bilder aus demselben Sachgebiet wurden zusammengestellt). In ind. Schriften sind die Schriftzeichen nach lautl. Gesichtspunkten angeordnet.
2) *Informatik:* eine endl. Menge von unterscheidbaren Zeichen und deren mögl. Kombination in einem formalen System (z. B. Morse-A.). Wichtige A. für Rechenanlagen sind ASCII und BCD.
Alphablocker, die ↑Alpharezeptorenblocker.
Alpha Centauri (Toliman), hellster Stern im Sternbild Kentaur (lat. Centaurus) und dritthellster Stern am Himmel; das Doppelsternsystem und der sonnennächste Stern **Proxima Centauri** (Entfernung 4,28 Lichtjahre) umkreisen einander.
Alphafetoprotein, Eiweiß, das vom Fe-

ALP Alpenstraßen

Alpenstraßen, Alpenbahnen, Alpenpässe (Auswahl; Reihenfolge von West nach Ost)

Pass	Scheitelpunkt m über dem Meeresspiegel	verbindet	Geschichte und Ausbau
Colle di Tenda	1 873	Nizza und Ventimiglia mit Cuneo und Turin	Fahrstraße 1782 erbaut (Tunnel 1882, 3,2 km lang, 1 316 m über dem Meeresspiegel); Bahn (Tunnel 8,1 km, 1 037 m über dem Meeresspiegel).
Mont Genèvre	1 854	Briançon (Durance) mit Susa (Dora Riparia)	Früheste Römerstraße über die Alpen, unter Augustus ausgebaut, von Napoleon I. 1807 zur Fahrstraße erweitert.
Mont Cenis	2 083	Grenoble und Modane mit Susa und Turin	Im 6. Jahrhundert angelegt; von den deutschen Kaisern 13-mal benutzt; Fahrstraße durch Napoleon I. 1810, Bahn 1871 erbaut (Tunnel 12,2 km lang, 1 294 m über dem Meeresspiegel); Straßentunnel seit 1980.
Montblanc-Straßentunnel	1 392	Chamonix mit Aosta (Dora Baltea)	1959–65 erbaut; 11,6 km lang, 1 300 m über dem Meeresspiegel, kürzeste Verbindung zwischen Rom und Paris.
Großer Sankt Bernhard	2 472	Martigny (Rhone) mit Aosta (Dora Baltea)	Seit der Bronzezeit benutzt, unter Augustus ausgebaut, von den deutschen Kaisern 20-mal benutzt. Neue Straße 1905; Straßentunnel 5,8 km lang, 1964 erbaut.
Simplon	2 005	Brig (obere Rhone) mit Domodossola (Toce)	Zur römischen Kaiserzeit angelegt; Fahrstraße durch Napoleon I. 1807, Bahn 1906 erbaut (Tunnel 19,8 km lang, 700 m über dem Meeresspiegel; Autoverladung).
Lötschberg	2 690	Kandersteg mit Brig (Goppenstein)	Bahn 1913 erbaut (Tunnel 14,6 km, 1 242 m über dem Meeresspiegel; Autoverladung); seit 1999 Basistunnel (34,6 km) im Bau.
Furka	2 431	Goms (oberes Rhonetal) mit Urseren (oberes Reuss-Tal)	Fahrstraße 1866; Furka-Oberalp-Bahn 1921 erbaut (15,4 km langer Tunnel 1982 eröffnet, 1 564 m über dem Meeresspiegel; Autoverladung).
Sustenpass	2 224	Reuss-Tal mit Aaretal	Autostraße (36 km) 1945 erbaut (Scheitelpunkt im Tunnel: 2 224 m über dem Meeresspiegel).
Grimsel	2 165	Aare-(Hasli-)Tal mit Rhone-(Goms-)Tal	Straße 1894 erbaut (Anschluss an die Furkastraße).
Sankt Gotthard	2 108	Zürich und Altdorf mit Bellinzona und Mailand	Anfang 13. Jahrhundert erwähnt; für den Wagenverkehr 1830 ausgebaut; Bahn 1882 erbaut (Tunnel 15 km lang, 1 154 m über dem Meeresspiegel). (Autobahn-)Straßentunnel, 1980 eröffnet, 16,3 km lang, 1 175 m über dem Meeresspiegel; seit 1999 Basistunnel (57 km) im Bau.
Klausenpass	1 952	Glarus mit Altdorf	Straße 1899 erbaut.
San Bernardino	2 065	Thusis mit Bellinzona	Zur sächsischen Kaiserzeit angelegt, Fahrstraße seit 1823; Tunnel (6,6 km lang, 1 644 m über dem Meeresspiegel), 1967 eröffnet.
Splügen	2 113	Thusis mit Chiavenna	Zur römischen Kaiserzeit angelegt, Fahrstraße 1826 erbaut.
Septimer	2 311	Bivio mit Casaccia	In römischer Zeit angelegt; für Wagenverkehr 1387 erbaut, später nur Saumpfad.
Julier	2 284	Bivio mit Silvaplana	Unter Augustus angelegt, Fahrstraße 1826 erbaut.

Alpenstraßen ALP

Alpenstraßen, Alpenbahnen, Alpenpässe (Auswahl; Reihenfolge von West nach Ost; Fortsetzung)

Pass	Scheitelpunkt m über dem Meeresspiegel	verbindet	Geschichte und Ausbau
Maloja	1 815	Oberengadin mit Bergell	Seit dem 16. Jahrhundert benutzt, Straße 1839 erbaut.
Albula	2 312	Chur mit Oberengadin	Straße 1865, Bahn 1903 erbaut (Tunnel 5,9 km, 1 823 m über dem Meeresspiegel).
Flüela	2 383	Chur und Davos mit Unterengadin	Straße 1867 erbaut.
Bernina	2 328	Oberengadin mit Veltlin	Straße seit 1865; Bahn 1906–10 erbaut (Berninabahn).
Arlberg	1 793	Landeck im Inntal mit Bludenz	Seit 1375 ausgebaut, Fahrstraße 1825; Bahn 1882 erbaut (Tunnel 10,3 km lang, 1 310 m über dem Meeresspiegel). Schnellstraße mit 14 km langem Tunnel (1 318 m über dem Meeresspiegel) seit 1978.
Stilfser Joch	2 757	Spondinig mit Bormio	Fahrstraße 1825 erbaut.
Reschen	1 504	Nauders und Oberinntal mit Mals (Vintschgau)	Unter Claudius angelegt (Via Claudia), im frühen Mittelalter wichtiger Alpenübergang.
Fernpass	1 216	Imst mit Reutte	Unter Claudius angelegt (Via Claudia); seitdem stets benutzt.
Jaufen	2 094	Sterzing mit Passeiertal	Im MA. viel begangen, heutige Straße 1911 eröffnet.
Brenner	1 371	Innsbruck mit Sterzing und Bozen	Unter Septimius Severus ausgebaut, von den deutschen Kaisern 66-mal benutzt, 1772 neu angelegt; Bahn seit 1867, Autobahn 1959–74 erbaut.
Felber Tauern	2 545	Mittersill mit Matrei (Osttirol)	Straßentunnel 5,6 km lang, 1967 fertig gestellt, 1 652 m über dem Meeresspiegel; Tunnel der Transalpinen Ölleitung.
Großglockner-Hochtor	2 576	Ferleiten mit Heiligenblut	Großglockner-Hochalpenstraße 1935 eröffnet; Tunnel Hochtor 2 505 m über dem Meeresspiegel.
Hoher Tauern	2 459	Böckstein (Gasteiner Tal) mit Mallnitz	Mittelalterliche Straße über den Pass Hoher Tauern; Tauernbahn 1901–09 erbaut (Tunnel 8,5 km, 1 226 m über dem Meeresspiegel; Autoverladung).
Radstädter Tauern	1 739	Radstadt (Enns) mit Sankt Michael im Lungau	Zur spätrömischen Kaiserzeit angelegt; im Mittelalter viel benutzt; heute Autostraße. Autobahn Salzburg–Villach (Tauerntunnel 6,4 km, 1 340 m über dem Meeresspiegel).
Katschberg	1 641	Sankt Michael im Lungau mit Spittal an der Drau	Seit der Eisenzeit begangen; spätrömische Straße; heute Autostraße sowie Tunnel (seit 1975; 5,4 km, 1 194 m über dem Meeresspiegel) der Autobahn Salzburg–Villach.
Rottenmanner Tauern	1 265	Liezen (Enns) mit Judenburg (Mur)	Frühgeschichtliche Salz- und Eisenstraße; in der römischen Kaiserzeit ausgebaut.
Präbichl	1 227	Hieflau mit Leoben	Seit der Frühgeschichte »Eisenstraße«; Bahn (Tunnel 1 204 m über dem Meeresspiegel); Autostraße.
Pyhrn	945	Windischgarsten und das Steyrtal mit Liezen (Enns)	Römerstraße; Bahn 1906 erbaut (Tunnel 4,8 km lang, 727 m über dem Meeresspiegel; Pyhrnautobahn (Bosrucktunnel 5,5 km, 742 m über dem Meeresspiegel, seit 1983).

ALP Alpha Jet

Alpenstraßen, Alpenbahnen, Alpenpässe (Auswahl; Reihenfolge von West nach Ost; Fortsetzung)

Pass	Scheitelpunkt m über dem Meeresspiegel	verbindet	Geschichte und Ausbau
Karawanken	637	Rosenbach mit Jesenice	Bahn 1906 erbaut (Tunnel 8 km); Straßentunnel (7,9 km) seit 1991.
Loibl	1 368	Klagenfurt mit Ljubljana	Straße 1717 angelegt, Straßentunnel (1,6 km, 1 026 m über dem Meeresspiegel, seit 1965).
Semmering	985	Gloggnitz mit Mürzzuschlag	Im Mittelalter angelegt; 1842 neue Straße; Bahn 1854 erbaut (Tunnel 1,4 km lang, 897 m über dem Meeresspiegel).

tus gebildet wird; tritt bei Fehlbildungen (Froschkopf, Spina bifida) vermehrt ins Fruchtwasser und in das mütterl. Blut über. Sein Nachweis durch Amniozentese (↑Schwangerschaftsuntersuchungen) kann zur Pränataldiagnostik solcher Störungen benutzt werden.

Alpha Jet [- dʒet, engl.], zweisitziges Mehrzweckkampfflugzeug (dt.-frz. Gemeinschaftsentwicklung); Erstflug 1973; v. a. zur Bekämpfung gegner. Landstreitkräfte auf dem Gefechtsfeld.

alphanumerisch (alphamerisch), *Informatik:* Bez. für Daten, die aus numer. Zeichen (Ziffern), Buchstaben eines Alphabets und Sonderzeichen bestehen.

Alphard [arab.], hellster Stern (α) im Sternbild Nördliche Wasserschlange (lat. Hydra).

Alpharezeptorenblocker (Alphablocker, Alphasympatholytika), Stoffe, die als ↑Sympatholytika die Wirkung von Adrenalin u. a. Substanzen auf den Sympathikus dadurch hemmen, dass sie die hierauf empfindlich reagierenden **Alpharezeptoren** in den Gefäßen blockieren. Sie bewirken über diese Rezeptoren eine Gefäßerweiterung und Blutdrucksenkung (Behandlung peripherer Durchblutungsstörungen).

Alphastrahlen (α-Strahlen), *Physik:* hochenerget. Korpuskularstrahlung, die beim Zerfall – überwiegend natürlicher – schwerer radioaktiver Nuklide auftritt. Die A. bestehen aus **Alphateilchen,** d. h. zweifach positiv geladenen Heliumkernen (zwei Protonen und zwei Neutronen), und sind magnetisch ablenkbar; die mittlere Reichweite in Luft beträgt bis zu 8,6 cm. A. rufen auf Leuchtschirmen Lichtblitze hervor, können in Nebelkammern indirekt sichtbar gemacht werden und lassen sich u. a. mit Halbleiterdetektoren und Szintillationszählern nachweisen. Sie sind aufgrund ihrer starken Ionisationswirkung chemisch sehr wirksam und biologisch hoch schädigend. Die Energie zw. 4,05 und 10,4 MeV ist für einen Alphastrahler charakteristisch.

Alpheios (ngrch. Alfios) *der,* größter Fluss auf der Peloponnes, 110 km lang; entspringt in Arkadien, mündet in das Ion. Meer.

Alphorn, bis zu 4 m (selten 10 m) langes Trompeteninstrument aus Holz, meist lang gestreckte Form, mitunter auch gewunden; in den Alpen u. a. Gebirgsgegenden gebräuchlich.

alpin, die Alpen (auch jedes Hochgebirge) betreffend.

alpine Disziplinen, *Skisport:* die vorwiegend in alpinen Skigebieten entwickelten Wettkampfdisziplinen Abfahrtslauf, Slalom, Riesenslalom und Super-G im Unterschied zu den ↑nordischen Disziplinen.

alpine Kombination, *Skisport:* Doppelwettkampf aus (Kombinations-)Abfahrtslauf und (Kombinations-)Slalom; die Zeiten werden addiert. (↑Sportarten, Übersicht)

alpines Notsignal, ↑Notsignale.

Alpini [italien.], die italien. ↑Alpenjäger.

Alpinismus (Alpinistik), i. w. S. die Alpenkunde, die wiss. Erforschung des Hochgebirges und dessen Besteigung; i. e. S. das als Sport ausgeübte Bergsteigen in den Alpen und anderen Hochgebirgen, meist von Zweier- bis Viererseilschaften ausgeführt. Daneben gibt es Alleingänge, den Aufstieg in der direkten Falllinie (der »Direttissima«), seit etwa 1930 Ziel der

Bergsteiger, die nach der Erstbesteigung fast aller bekannten Gipfel immer schwierigere Routen und Wände wählen. Die unterschiedl. Schwierigkeitsgrade werden internat. einheitlich bewertet. – Als »Vater des A.« wird Petrarca bezeichnet, der 1336 den Mont Ventoux (1 912 m ü. M.) bestieg. Von A. im heutigen Sinn kann man aber erst seit dem Ende des 18. Jh. sprechen. Bed. Erstbesteigungen: Montblanc 1786 (J. Balmat, M. Paccard), Großglockner 1800, Matterhorn 1865 (E. Whymper), Annapurna I 1950 (M. Herzog, L. Lachenal), Nanga Parbat 1953 (H. Buhl), Mount Everest 1953 (E. Hillary, Tenzing Norgay). Seit der Besteigung des Nanga Parbat durch R. Messner ohne zusätzl. Sauerstoffzufuhr (1970) sind weitere derartige Expeditionen unternommen worden (u. a. 1978 auf den Mount Everest durch R. Messner und P. Habeler).

📖 *König, St. u. Winkler, J.: Neuland. Gewagte Schritte im A. München 1991. – Zebhauser, H.: Alpine Zeitschriften. Entwicklungsgeschichte der Zeitschriften des A. in Dtl. u. Österreich*, hg. vom Referat für Kultur, Wissenschaft u. Veröffentlichungen des Dt. Alpenvereins (DAV). München 1992. – *Bonington, Chr.: Triumph in Fels u. Eis. Die Gesch. des A. A. d. Engl.* Stuttgart ¹1995.

alpinotyp, Art der Gebirgsbildung, bei der Falten- oder Deckengebirge entstehen; Ggs.: germanotyp.

Alpinum [lat.] *das,* Steingarten im Tiefland mit Alpenpflanzen.

Alpirsbach, Stadt im Landkr. Freudenstadt, Bad.-Württ., 7 000 Ew.; Luftkurort, 441 m ü. M., im Kinzigtal, Schwarzwald; Ind. (Arzneimittel, Kunststoffe u. a.; Brauerei). – Ehem. Benediktinerkloster (gegr. 1095, Kirche 1125 vollendet).

Alpnach, Gemeinde im schweizer. Kanton Obwalden, nahe dem Südende des Alpnacher Sees (Teil des Vierwaldstätter Sees), 463 m ü. M., 3 600 Ew.; Kalksteinbruch, Holzverarbeitung; Ausgangspunkt (in Alpnachstad) der Zahnradbahn auf den Pilatus.

Alpstein (Alpsteingebirge), nach N reichender Teil der Schweizer Kalkalpen zw. Rheintal, Toggenburg und Appenzeller Land; im Säntis 2 503 m ü. M.

Alptraum, ↑Alb.

al-Qaida [-'kaıda, arab. »Die Basis«] (al-Qaeda, El-Kaida), von Osama ↑Bin Laden gegründetes islamist. Terrornetzwerk, das international agiert und dem zahlr. schwere Anschläge angelastet werden. (↑Afghanistan, Geschichte, ↑Antiterrorkrieg)

ALR, Abk. für ↑Preußisches Allgemeines Landrecht.

Alraune [ahd. alruna, von runa »Geheimnis«] *die* (Alraun, Heckmännchen, Galgenmännchen), Wurzel des Nachtschattengewächses ↑Mandragora. Sie hat menschenähnl. Gestalt und soll als »Zaubermittel« Glück, Reichtum und Liebe bringen.

Alsace [al'zas], frz. Name des Elsass.

Alsdorf, Stadt im Kr. Aachen, NRW, 46 100 Ew., 165 m ü. M.; der Steinkohlenbergbau wurde 1992 eingestellt; Herstellung von elektron. Bauteilen, Schallplatten, Arzneimitteln und Textilien.

Alse (Maifisch, Alosa alosa), bis 60 cm langer, silbrig weißer Heringsfisch im westl. Mittelmeer und in den westl. Küstengewässern des Atlantiks; wandert zur Laichzeit in die Flüsse.

al-Qaida: Ein muslimischer Student betrachtet im pakistanischen Queta ein Propaganda-Plakat mit einem Bild Osama Bin Ladens.

al segno [- 'seɲo; italien. »bis zum Zeichen«], Abk. **al s.,** *Musik:* Anweisung zum Wiederholen eines Musikstücks bis zu der mit 𝄋 bezeichneten Stelle. (↑dal segno)

Alsen (dän. Als), Insel im Kleinen Belt, Dänemark, 312 km², 51 600 Ew., durch eine Brücke (über den Alsfjord) mit dem Festland verbunden, Hauptort: Sonderburg.

Alsfeld, Stadt im Vogelsbergkreis, Hessen, 268 m ü. M., an der Schwalm, 17 700 Ew.; Textil-, Holz-, Metall-, Hutindustrie. – A. hat einen denkmalgeschützten mittelalterl. Stadtkern mit zwei Kirchen aus dem 14.–15. Jh., dem Fachwerkrathaus (1512 bis 1516), dem Weinhaus (1538) und dem Hochzeitshaus (1564–71).

Alsleben (Saale), Stadt im Landkreis Bernburg, Sa.-Anh., 2 900 Ew.; Mosaiksteinwerk.

Alster *die,* rechter Nebenfluss der unteren Elbe, mit der sie schiffbare Fleete verbinden, 53 km lang; in Hamburg seenartig zur **Außen-A.** und **Binnen-A.** aufgestaut.

Alt *der* (rumän. Olt), linker Nebenfluss der Donau in Rumänien, 670 km lang; entspringt in den Ostkarpaten, durchbricht die Südkarpaten (Rotenturmpass), mündet bei Turnu Măgurele; nicht schiffbar, Wasserkraftwerke.

Alt [italien. alto »hoch«] *der, Musik:* **1)** die tiefere Frauen- und Knabenstimme, zweite Oberstimme; Normalumfang: a–f" (Altlage); urspr. durch hohe Männerstimmen ausgeführt.
2) Tonlagenbezeichnung bei Instrumentenfamilien. Altinstrumente sind meist eine Quart oder Quinte tiefer gestimmt als die entsprechenden Sopraninstrumente.

Alt, 1) Otmar, Maler und Grafiker, *Wernigerode 17. 7. 1940; beeinflusst von Comicstrip und Pop-Art, schuf Bilder mit puzzleartig zusammengesetzten Farbflächen, auch Plastiken, v. a. bemalte Kleinfiguren, sowie Keramiken.
2) Rudolf von (seit 1892), österr. Maler, *Wien 28. 8. 1812, †ebd. 12. 3. 1905; Schüler seines Vaters Jakob A. (*1789, †1872), der bedeutendste Meister des österr. Vedutenaquarells im 19. Jh.; sein Bruder Franz A. (*1821, †1914) malte bes. Architektur- und Landschaftsaquarelle.

Alta, Stadt in Norwegen, Prov. Finnmark, an der Südküste des Altafjords; 15 000 Ew.; Schulungszentrum; Fischwirtschaft, Holzverarbeitung; Schiefergewinnung; südlich von A. am Altaelv Wasserkraftwerk. – Nahebei eine bed. Fundstätte aus der jüngeren Steinzeit: die Felszeichnungen von Hjemmeluft (UNESCO-Weltkulturerbe).

Altaelv *der* (Alteelv), im Oberlauf **Kauto-**

keinoelv [ˈkœyto-], 200 km langer, lachsreicher Fluss in der Prov. (Fylke) Finnmark, N-Norwegen, entspringt nahe der Grenze zu Finnland, mündet bei Alta in den Altafjord.

Altai *der,* Gebirgssystem in Zentralasien (in Kasachstan, Russland, China und der Mongolei), gliedert sich in den Russ., Mongol. und Gobi-A. Der **Russ. A.,** der im W bis nach Kasachstan hineinreicht, wird im W vom Irtysch, im O vom Westl. Sajan und im N vom Westsibir. Tiefland begrenzt; er ist ein paläozoisches Rumpfschollengebirge, in dem isolierte Hochflächen und Mittelgebirgszüge von 1 500 bis 2 500 m Höhe und weite, oft abgeschlossene Hochtalbecken (»Steppen«) vorherrschen. Nur im Zentrum und O erheben sich vergletscherte Hochgebirgsketten (Katun-, Tschujakette u. a.) bis 4 506 m ü. M. (Belucha). Tannen- und Zirbelkiefernwälder bedecken rd. 70 % der Fläche. Die Waldgrenze liegt im N bei 1 700 bis 2 000 m, im Zentrum und O bei 2 200 bis 2 450 m. Gebirgssteppen treten im N bis 600 m, im S bis 1 500 m und in geschützten Becken bis 2 200 m ü. M. auf. Rund 1 000 Gletscher und mehr als 3 500 Seen, darunter der Telezker See. Am vergletscherten Gebirgsstock des Tawan Bogd Uul (4 374 m ü. M.) zweigt der rd. 1 000 km lange **Mongol. A.** ab. Kennzeichnend ist eine zunehmende Trockenheit. Seine südöstl. Fortsetzung ist der rd. 500 km lange, im Ich Bogd Uul bis 3 957 m hohe **Gobi-A.,** mit vorherrschender Wüstensteppen- und Wüstenvegetation.

Altai, zwei »Föderationssubjekte« Russlands im S Sibiriens: **1) Altai,** Region im Vorland des Russ. Altai und seinem N-Fuß, 169 100 km², 2,65 Mio. Ew., Hptst.: Barnaul; vom oberen Ob zentral durchflossen, im W die Kalundasteppe, im O Hügelland; Nahrungsmittelind., Holzverarbeitung; Viehhaltung und Ackerbau. Für die in der Region lebenden etwa 128 000 Deutschen wurde 1991 im äußersten W ein autonomer Bezirk der Deutschen mit dem Verw.zentrum Halbstadt (russ. Galbschtadt) eingerichtet.
2) Republik Altai (1948–92 Autonomes Gebiet Hochaltai, Bergaltai, Gorno-Altai), Rep. innerhalb der Russ. Föderation, 92 600 km², 205 600 Ew. (1989: 60 % Russen, 31 % Altaier); Hptst.: Gorno-Altaisk; umfasst fast den gesamten russ. Anteil am

Altar ALT

Russ. Altai; Die Altaier, ein turksprachiges Volk, treiben Viehzucht (Schafe, Rinder, A.-Pferde, Yaks u. a.) und in Gebirgstälern Ackerbau (Futterpflanzen, Getreide). – 1922 wurde das Autonome Oirotengebiet (Name bis 1948) innerhalb der Region A. gebildet; 1992 schied dieses Gebiet als eigenständige Rep. aus der Region aus.

altaische Sprachen, ↑uralaltaische Sprachen.

alt|amerikanische Kulturen, ↑andine Hochkulturen, ↑mesoamerikanische Hochkulturen.

Altamira, Höhle bei Santillana del Mar, Kantabrien, Spanien. Hier wurden 1879 bei Ausgrabungen die ersten Höhlenbilder der Altsteinzeit entdeckt. Die mehrfarbigen Deckenbilder mit Tierdarstellungen bilden einen Höhepunkt der eiszeitl. Kunst (UNESCO-Weltkulturerbe). Im Juli 2001 wurde in einem neuen Museum in Santillana del Mar eine exakte Nachbildung der Höhle, die 1977 für Besucher geschlossen worden war, eröffnet.

📖 *A. Höhlenmalerei der Steinzeit. Ein Begleitbuch zur Ausstellung mit Einführungen in die Entwicklungsgeschichte des Menschen u. in die Kunst der Steinzeit sowie mit Artikeln zur A.-Höhle … Beiträge v. M. Benz-Zauner u. a. München 1995.*

Alta Moda [italien.] *die,* italien. Bez. für ↑Haute Couture (bes. in Rom).

Altamura, Stadt in Apulien, Prov. Bari, Italien, 63 900 Ew.; Agrarzentrum (Weizenanbau, Weideland). – Roman. Kathedrale (13. Jahrhundert).

Altan [italien.] *der* (Söller), offene, im Obergeschoss ins Freie führende Plattform, die von Mauern, Säulen oder Pfeilern gestützt wird.

Altar [lat. »Aufsatz auf dem Opfertisch«] *der,* erhöhte Opferstätte im Freien oder in einem geschlossenen Raum; urspr. ein Steinblock, später oft kunstvoll gestaltet (Zeus-A. in Pergamon, Ara Pacis Augustae in Rom). Seit frühgeschichtl. Zeit ist der A. als heilige Stätte und Ort der Nähe Gottes in allen entwickelten Religionen bekannt. Der christl. A., erst Ende des 1. Jh. üblich, zunächst ein einfacher Tisch (Mensa, Tisch des Herrn, 1. Kor. 10, 21) zur Abendmahlsfeier, wurde in der kath. Kirche, deren Theologie die Messe als Vergegenwärtigung des Kreuzesopfers Jesu Christi auffasst, wieder zur »Opferstätte« und zum

Altamira: Darstellung eines Bisons (21000 bis 13000 v. Chr.)

Mittelpunkt des Gotteshauses. Die evang. Kirchen kehrten zum Abendmahlstisch zurück; sie kennen nur den einfachen Tisch mit Kruzifix und Bibel, haben aber die alten Altäre meist beibehalten als Sinnbild der Gegenwart Gottes. Seit dem 6. Jh. kamen in der kath. Kirche neben dem im Chor stehenden **Haupt-A. (Hoch-A., Front-A.)** für die Heiligenverehrung Neben- und Seitenaltäre auf. Auf Reisen wurde die Messe oft an einem **Trag-A.** (Portatile) gelesen.

Entwicklung des christl. A.: Überdachungen in Gestalt eines Baldachins (Ziborium, Tabernakel) kommen schon in frühchristl. Zeit vor. Den A.-Tisch bekleidete ein Antependium. In Dtl. wurde der A. vielfach mit dem Lettner verbunden. Seit dem 11. Jh. errichtete man über dem rückwändigen Teil des A.-Tischs einen urspr. für Reliquien bestimmten **A.-Aufsatz** (Retabel), aus dem sich seit dem 14. Jh. der **Flügel-A.** entwickelte. Er besteht aus einem (meist mit geschnitzten Darstellungen oder Malereien) gefüllten Mittelschrein und zwei bewegl. Flügelpaar **(Triptychon),** später auch mit beiderseits mehreren Flügeln **(Wandel-A.),** mit denen der nur bei bestimmten Anlässen präsentierte Mittelteil zu schließen ist. Diese sind wie auch die **Staffel** oder **Predella,** über der sich der Schrein erhebt, mit geschnitzten oder gemalten Darstellungen versehen. Im späteren 16. Jh. setzte sich der in Italien übl. A. ohne bewegl. Flügel allg. durch. Im Barock wurde der architekton. Aufbau des A., dessen Mittelpunkt ein Gemälde **(A.-Blatt)** oder auch eine plast. Gruppe bildet, aufs Reichste ausgestaltet. Auf evang. Kirchen beschränkt blieb der **Kanzel-A.,** bei dem die Kanzel über dem A. eingebaut ist.

ALT Altar

Die Gegenwart sucht nach einer Erneuerung von Form und Stellung des A. im Kirchenraum.

📖 *Braun, J.: Der christl. A. in seiner geschichtl. Entwicklung*, 2 Bde. München 1924. – *Galling, K.: Der A. in den Kulturen des alten Orients.* Berlin 1925. – *Weerth, E. de: Die Altarsammlung des Frankfurter Stadtpfarrers Ernst Franz August Münzenberger (1833–1890). Ein Beitrag zur kirchl. Kunst in der zweiten Hälfte des 19. Jahrhunderts.* Frankfurt am Main u. a. 1993. *Harrer, C. A.: Galerien u. Doppelaltäre in süddt. Barockkirchen.* München 1995.

Altar [zu lat. altus »hoch«] *der* (lat. Ara), kleines Sternbild des Südhimmels zw. den Sternbildern Skorpion und Südl. Dreieck; von Mitteleuropa aus nicht sichtbar.

Alt|arm, ↑Altwasser.

Altarsakrament, *kath. Kirche:* ↑Eucharistie.

Alt|asiaten, ↑Paläosibirier.

Alt|auto (Altfahrzeug), nach der Altfahrzeug-VO vom 21. 6. 2002 ein Kraftwagen mit einer Masse bis zu 3,5 t, der Abfall ist. Hersteller und Importeure sind verpflichtet, A. ihrer Marke kostenfrei vom letzten Halter zurückzunehmen und umweltfreundlich unter Einhaltung von Wiederverwertungsquoten zu entsorgen. Die Rücknahmepflicht gilt für A., die ab 1. 7. 2002 in Verkehr gebracht wurden, für vorher zugelassene A. tritt sie am 1. 1. 2007 in Kraft.

Alt|azimut [lat. altus »hoch«], astronom. Instrument zur Messung von Höhe und Azimut eines Gestirns.

Altbayern, Bez. für das rechtsrhein. bayer. Staatsgebiet vor 1802 (Ober- und Niederbayern, Oberpfalz).

Altbier, aus stark gebrannten Malzen obergärig gebrautes dunkles Bier aus dem Raum Düsseldorf.

Altbulgarisch (Altkirchenslawisch), ↑Kirchenslawisch.

altchristlich, ↑frühchristlich.

altdeutsch, (ungenaue) Bez. für dt. Malerei und Plastik des 15. und frühen 16. Jh. (Spätgotik, Renaissance), auch für Möbel und Gläser der Neorenaissance (2. Hälfte des 19. Jh.), die diesen Stil nachahmen; i. w. S. die altüberlieferten Äußerungen dt. Kultur in Sitte, Kleidung, Sprache und Literatur.

Altdorf, 1) Altdorf b. Nürnberg, Stadt im Landkreis Nürnberger Land, Bayern, im SO von Nürnberg, 14 600 Ew., 445 m ü. M.; elektrotechn. u. a. Ind.; 1623–1809 Sitz einer Univ. – Gut erhaltenes mittelalterl. Stadtbild.

2) Altdorf (UR), Hauptort des Kt. Uri, Schweiz, 3 km vom S-Ufer des Urner Sees entfernt, im Reusstal, 8 200 Ew.; Kantonsmuseum und -bibliothek, Staatsarchiv; Kabel-, Gummi-, Kunststoffwerke. – A. ist nach der Tellsage Schauplatz des Apfelschusses (Tellspiele; Telldenkmal).

Altdorfer, Albrecht, Maler und Grafiker, * Regensburg (?) um 1480, † ebd. 1538; Ratsherr und Stadtbaumeister, schuf Bilder zu Themen der Bibel, der Heiligenlegenden und der Antike, deren Gestalten er in enger Verbindung mit Gebirgs- und Waldlandschaften, Ruinen und Architekturen darstellte. In seiner Kunst verbinden sich volkstümlich erzählende Fantasie, miniaturhafte Wiedergabe der Einzelheiten und der Romantik verwandtes Naturgefühl zu einer von Märchenstimmung erfüllten maler. Einheit. A. war ein bed. Meister der ↑Donauschule. Von ihm stammt eines der frühesten reinen Landschaftsbilder der europ. Kunst (»Donaulandschaft mit Schloss Wörth«, 1520–25); er hinterließ ein bed. grafisches Werk.

Weitere Werke: Laubwald mit dem Drachenkampf des hl. Georg (1510; München); Ruhe auf der Flucht (1510; Berlin); Sebastiansaltar (1509–18; Sankt Florian und Wien); Geburt Mariä (1520/25; München); Susanna im Bade (1526; ebd.); Alexanderschlacht (1529; ebd.).

📖 *Wood, C. S.: A. A. and the origins of landscape.* London 1993.

Altena, Stadt im Märk. Kreis, NRW, an der Lenne, 24 000 Ew.; Dt. Schmiedemuseum, Drahtmuseum; bed. Draht-, Metall-, elektrotechn. Industrie. – Die Burg (1122 erwähnt, 1906–15 wieder aufgebaut) ist Heimatmuseum.

Altenberg, 1) Stadt im Weißeritzkreis, Sachsen, im Osterzgebirge, rund 750 m ü. M., 6 200 Ew.; Armaturenbau, Likörfabrik; Wintersportplatz. Bis 1991 Zinnerzabbau.

2) Ortsteil von Odenthal im Rheinisch-Berg. Kreis, NRW, mit dem »Bergischen Dom«, der Kirche (1259-1379, nach Brand 1815 Wiederaufbau 1835–47 als Simultankirche; Glasmalereien des 13. bis 15. Jh.) des ehem. Zisterzienserklosters A. (1133–1803).

Altenbourg [-burg], Gerhard, eigtl. G. Ströch, Maler, Grafiker, Bildhauer und Dichter, * Schnepfenthal-Rödichen (heute zu Waltershausen) 22. 11. 1926, † (Autounfall) Meißen 30. 12. 1989. Seine subtilen Arbeiten sind ein Beitrag zum fantast. Realismus.

Altenburg, 1) Stadt in Thüringen, westlich der Pleiße, Krst. des Landkreises Altenburger Land, 43 000 Ew.; Spielkartenmuseum, Lindenau-Museum (mit bed. Samml. italien. Malerei der Vor- und Frührenaissance sowie antiker Tongefäße des 7.–2. Jh. v. Chr.); Flughafen. – Die Stadt wird überragt vom Schloss (im Wesentlichen 18. Jh.) und den »Roten Spitzen«, den Türmen des ehem. »Bergklosters«; Renaissance-Rathaus (1562–64), spätgot. Bartholomäus-(Stadt-)Kirche (Ende 15. Jh.). – Der Burgward ist 976 bezeugt. Seit dem 13. Jh. Besitz der Wettiner (ab 1485 ernestin. Linie); 1603–72 und 1826–1918 Residenz des Herzogtums **Sachsen-Altenburg**. (↑Sächsischer Prinzenraub)

2) Gem. bei Horn im Waldviertel, Niederösterreich, 800 Ew. – Das 1144 gegr. Benediktinerkloster wurde seit Mitte des 17. Jh. umgestaltet; beteiligte Künstler u. a. J. Munggenast (Kirche und 208 m langes hochbarockes Gebäude mit Kaisertrakt und Bibliothek), P. Troger (Fresken), F. J. Holzinger (Stuckplastik).

Altenburger Land, Landkreis in Thür., 569 km², 112400 Ew., Krst. ist Altenburg.

Altenesch, ehem. Name von Lemwerder, Ndsachs. – Bei A. besiegte am 27. 5. 1234 Erzbischof Gerhard II. von Bremen die Stedinger.

Altenheim (Seniorenheim, ältere Bez.: Altersheim), Einrichtung, in der alte Menschen wohnen und betreut werden. Für Pflegebedürftige sind spezielle Pflegeabteilungen angegliedert; leben in einem A. nur pflegebedürftige alte Menschen, heißt die Einrichtung **Altenpflegeheim.** In **Altenwohnheimen** stehen abgeschlossene Wohnungen zur Verfügung. Träger der A. sind Kommunen, Organisationen der freien Wohlfahrtspflege und Private. A. stehen unter staatl. Heimaufsicht. Dem Schutz der Bewohner dient das Heim-Gesetz.

Altenherrschaft (Gerontokratie), *Völkerkunde:* die Leitung einer Gemeinschaft durch ein Gremium von Alten, deren Erfahrung für die Gemeinschaft genutzt werden soll. (↑Geronten)

Altenhilfe, Angebote und soziale Dienste für ältere Menschen. Zur **offenen A.** gehören Freizeitangebote (z. B. Altenbegegnungsstätten, Altenklubs), zur **ambulanten A.** gehören Sozialstationen und mobile Dienste (z. B. Kranken- und Hauspflege, »Essen auf Rädern«). Die **stationäre A.** umfasst Wohn- und Pflegeheime für Ältere. Wegen der Zunahme älterer Menschen mit Pflegebedürftigkeit bevorzugt man auch aus Kostengründen die ambulante A., betreutes Wohnen sowie neue Institutionen der Tages-, Nacht- und Kurzzeitpflege. Bei Hilfe- bzw. Pflegebedarf können Leistungen der Pflegeversicherung und/oder der Sozialhilfe in Anspruch genommen werden.

Altenkirchen (Westerwald), 1) Landkreis in Rheinl.-Pf., 642 km², 137 700 Einwohner.

2) Krst. von 1), im oberen Wiedtal, 6 300 Ew.; Kunststoff-, Papierindustrie.

Altenheim: Eine Pflegerin versorgt eine Bewohnerin.

Altensteig, Stadt im Landkreis Calw, Bad.-Württ., 441 m ü. M., im nördl. Schwarzwald, 10 700 Ew.; Luftkurort; Metall- und Holzverarbeitung. – Burg, wohl von den Tübinger Pfalzgrafen im frühen 13. Jh. erbaut, mit spätgot. Teilen; spätgot. Rathaus; ausgedehnte Reste der Befestigungsanlagen. – Um 1100 erstmals urkundlich erwähnt.

Altenstein, Karl Freiherr vom Stein zum A., preuß. Staatsmann, *Ansbach 1. 10. 1770, †Berlin 14. 5. 1840; war 1817–38 Kultusmin.; förderte Wiss.en und Schulen; seine Kirchenpolitik löste 1817 die

ALT Altenteil

Kämpfe um die evang. Union und 1837 die »Kölner Wirren« um die gemischten Ehen aus.

Altenteil (Ausgedinge, Auszug, Leibgedinge), bei der Übergabe eines Bauernhofes die auf Lebenszeit vereinbarten Leistungen des Übernehmers an den abgebenden Altenteiler (Wohnung, Rente); ergänzt durch die ↑Alterssicherung der Landwirte.

Altentreptow [-to], Stadt (bis 1994 Krst.) im Landkreis Demmin, Meckl.-Vorp., an der Tollense, 7 100 Ew.; landwirtsch. Handelszentrum; Nahrungsmittel-, Baustoffindustrie.

Alter, die Zeit des Bestehens, ausgedrückt in Zeiteinheiten, z. B. das A. eines Menschen **(Lebens-A.)**, der Erde, des Kosmos; auch die Altersstufen. Hinsichtlich der **Lebensdauer** wird unterschieden zw. mittlerer (durchschnittl.) und potenzieller (höchstmögl.) Lebensdauer. In den letzten Jahrhunderten ist die mittlere ↑Lebenserwartung der Menschen als Folge der verbesserten hygien. Verhältnisse und erfolgreicher Krankheitsbekämpfung im Durchschnitt sprunghaft angestiegen.

Alteration [lat.] *die, Musik:* Veränderung eines Akkordtones um einen chromat. Halbton **(alterierter Akkord).**

Alter Bund, Bez. der christl. Theologie für die Periode der Heilsgeschichte vom Bund Gottes mit Abraham bis zum Auftreten Jesu Christi; entspricht dem Alten Testament der Bibel.

Alter Dessauer, Beiname von Fürst ↑Leopold I. von Anhalt-Dessau.

Alter Ego [lat. »das andere (zweite) Ich«] *das,* **1)** sehr vertrauter Freund. **2)** in der Tiefenpsychologie bei S. Freud das Es, bei C. G. Jung »Schatten« oder Personifikation der verdrängten Inhalte der Psyche.

Alter Herr, Abk. **A. H.,** Mitgl. einer student. Verbindung nach Hochschulabgang.

Altern, komplexer, durch mehrere Faktoren bedingter Prozess, der charakterisiert ist durch irreversible Veränderungen im Bereich der Lebensfunktionen. Ursache der Alterungsprozesse sind Stoffwechselveränderungen infolge verminderter Aufnahme- und Ausscheidungsfähigkeit. Es kommt zu Ablagerungen, Elastizitätsverlust, Wasserverarmung, Erschlaffung der Haut, verringerter Regenerationsfähigkeit, Brüchigwerden der Knochen, einer Abnahme der Leistungsfähigkeit aller Organe. Die Wiss. vom Altern heißt ↑Gerontologie, die Altersheilkunde ↑Geriatrie.

Alternat [mlat. »Abwechslung«] *das,* Regel, dass bei Unterzeichnung völkerrechtl. Verträge jeder Staat in der für ihn bestimmten Ausfertigung zuerst genannt wird und unterschreibt.

Alternation [von lat. alter »der Andere«] *die* (Alternanz), **1)** *allg.:* Abwechslung, Wechsel. **2)** *Sprachwissenschaft:* Lautwechsel, z. B. beim ↑Ablaut.

Alternative [von lat. alter »der Andere«] *die,* Entscheidungsmöglichkeit zw. zwei sich ausschließenden Möglichkeiten; auch die zweite Möglichkeit selbst.

alternative Bewegung, Sammelbez. für die seit den 1970er-Jahren entstandenen Gruppierungen vorwiegend jüngerer Menschen, die die Lebens- und Organisationsformen der modernen Ind.gesellschaft ablehnen und versuchen, ihre Lebensverhältnisse in einer anderen wirtsch., gesellschaftl. und polit. Form selbst zu bestimmen und damit eine **Alternativkultur** zu schaffen. Verflechtungen bestehen z. T. mit der Umwelt- und Naturschutzbewegung, der Friedens- sowie der Frauenbewegung und politisch v. a. mit den grünen Parteien. Ein verbindl. theoret. Bezug zur Abgrenzung von beliebigen gesellschaftskrit. sozialen Bewegungen existiert nicht.

Alternative Liste, Abk. **AL,** seit 1981 (als AL, dann Grüne/AL) polit. Gruppierung in Berlin (West), im Rahmen der Alternativbewegung entstanden; bildete 1989/90 mit der SPD den Senat; seit 1995 eigene Liste innerhalb von Bündnis 90/Die Grünen.

alternative Medizin, die ↑komplementäre Medizin.

Alternativenergien, die ↑erneuerbaren Energien.

alternativer Landbau, ↑ökologischer Landbau.

alternativer Nobelpreis, ↑Nobelpreis.

Alternativkosten, die ↑Opportunitätskosten.

Alternativkraftstoffe, ↑Kraftstoffe.

Alternativ|obligation, die ↑Wahlschuld.

alternieren [lat.], (ab)wechseln, einander ablösen.

alternierender Vers, ↑Metrik.

Altersforschung, die ↑Gerontologie.

Alter Orient, das Gebiet der frühen Hochkulturen in Palästina und Syrien, Kleinasien, Mesopotamien, im iran. Hochland und i.w.S. in Ägypten, vom 7. Jt. v. Chr. bis z. Z. Alexanders d. Gr. (4. Jh. v. Chr.).
📖 *Der alte Orient. Gesch. u. Kultur des alten Vorderasien. Beiträge von B. Hrouda u. a. München 1991.*

Altersaufbau, die ↑Altersgliederung.

Altersbeschwerden, Beschwerden, die auf Veränderungen als Folge des Alterns beruhen, für sich allein jedoch keine Krankheit darstellen, z. B. eingeschränkte Leistungsfähigkeit des Bewegungssystems und größere Ermüdbarkeit, Leistungsschwäche des Immunsystems oder des Kreislaufs, geringere Konzentrationsfähigkeit. Ursache ist der allmähl. Abbau von Organ- und Gewebefunktionen. Vorbeugung: gesunde Lebensführung, d. h. ausreichende körperl. Bewegung und Training von Herz und Kreislauf, gesunde Ernährung sowie geistige Betätigung.

Altersbestimmung, Datierung von vorgeschichtl. Ereignissen, Abschätzung des Alters von Objekten (z. B. bei Tieren nach dem Gebiss, bei Bäumen nach Jahresringen, bei fossilen Knochen mit der ↑Aminosäuredatierung). Bei der **relativen A.** werden die Ereignisse und Objekte relativ zueinander zeitlich eingeordnet, z. B. ist bei einer ungestörten Ablagerung von geolog. Schichten die obere Schicht die jüngere (↑Stratigraphie). Kann angegeben werden (innerhalb gewisser Fehlergrenzen), wie viele Jahre seit einem Ereignis verstrichen sind, spricht man von **numer. (absoluter) A.** Sie beruht v. a. auf physikal. (radiometr.) Methoden, die den Zerfall der in dem zu datierenden Material enthaltenen radioaktiven Isotope ausnutzen. Andere Methoden, wie die Zählung der Warven (Jahresschichten des Bändertons) oder die Dendrochronologie ergeben ebenfalls absolute Alterswerte. – Verfahren zur physikalisch-chem. A. sind u. a. die ↑Radiokohlenstoffmethode, die ↑Aktivierungsanalyse, die ↑ESR-Datierung und die ↑Lumineszenzmethoden. In der Astronomie werden zur A. des Mondes, von Planeten (insbes. der Erde) und Meteoriten u. a. radioaktive Uran-, Thorium-, Rubidium- und Kaliumisotope herangezogen, z. B. bei den Bleimethoden, der Kalium-Argon- oder der Rubidium-Strontium-Methode. Danach ist die Erde 4,57 ± 0,03 Mrd. Jahre alt und unser Planetensystem vor etwa 4,6 bis 5 Mrd. Jahren entstanden. Aus der Theorie der Sternentwicklung und der Expansion des Weltalls (↑Hubble-Effekt, ↑Urknall) wird meist ein zw. 15 und 20 Mrd. Jahren liegendes Weltalter angenommen.
📖 *Geyh, M. A.: Absolute age determination. Physical and chemical dating methods and their application. Berlin 1990. – Dendrochronologie – A. des Holzes, bearb. v. H. Fritsch, hg. vom Fraunhofer-Informationszentrum Raum u. Bau. Stuttgart ³1995. – Wagner, G. A.: A. von jungen Gesteinen u. Artefakten. Physikal. u. chem. Uhren in Quartärgeologie u. Archäologie. Stuttgart 1995.*

Altersdemenz, frühere Bez. für senile ↑Demenz.

Altersentlastungsbetrag, steuerrechtl. Freibetrag zugunsten von Steuerpflichtigen über 64 Jahre für Einkünfte, die weder Sozialrenten noch Pensionen u. Ä. sind. Der A. beträgt pro Jahr 40 % des Arbeitslohns und anderer Einkünfte, höchstens aber 1 908 € (§ 24 a Einkommensteuergesetz); einen Altersfreibetrag gibt es seit 1990 nicht mehr.

Altersgliederung (Altersaufbau, Altersstruktur), *Bevölkerungswissenschaft* und *Ökologie:* die altersmäßige Zusammensetzung einer Bevölkerung bzw. einer Population, z. B. nach Jahren (in der Ökologie bei kurzlebigen Spezies auch kürzere Zeit-

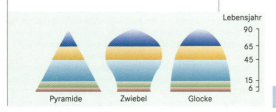

Altersgliederung: Formen der Altersgliederung

abschnitte), dargestellt als Tabelle oder in graf. Form. Bei gleichmäßig wachsender Bev. ergibt die A., grafisch dargestellt, die Form einer Pyramide; infolge des Geburtenrückgangs und der steigenden Lebenserwartung in den Ind.ländern wird daraus eine Glocke oder schließlich eine Zwiebel. Die A. gehört neben der Gliederung nach dem Geschlecht zu den wichtigsten Beurteilungskriterien einer Bevölkerung. Statist. Grundlagen für die A. liefern Volkszählungen und deren Fortschreibungen.

Altersgrenze, im öffentl. Dienstrecht das Lebensalter, mit dessen Erreichen öffentlich Bedienstete ihre Berufstätigkeit beenden und, bes. Beamte auf Lebenszeit, in den Ruhestand treten; in Dtl. i. d. R. mit Vollendung des 65. Lebensjahres (abweichende Regelungen für Berufssoldaten, Polizisten). – Für Arbeiter und Angestellte ↑Rentenversicherung.

Altersheilkunde, die ↑Geriatrie.

Altersheim, ältere Bez. für ↑Altenheim.

Alters-, Hinterlassenen- und Invalidenversicherung, Abk. **AHV/IV,** in der *Schweiz* die seit 1948 bzw. 1960 bestehende, obligator. Sozialversicherung (Rentenversicherung).

Altersklasse, 1) *Sport:* Einstufung von Wettkämpfern nach Lebensaltersstufen (z. B. Schüler, Jugendliche, Junioren, Senioren) bei einigen Sportarten wie Fußball, Judo, Boxen.
2) *Völkerkunde:* bei Naturvölkern Gruppierung der Menschen nach Lebensabschnitten; der Übertritt in die nächsthöhere A. ist mit Zeremonien (Übergangsriten) verbunden.

Alterspräsident, ältestes Mitgl. einer öffentl. Körperschaft (bes. eines Parlaments); führt nach einer Neuwahl bis zur Wahl eines Präs. die Geschäfte.

Altersrente (Altersruhegeld), finanzielle Leistung, die einer Person nach Erreichung der Altersgrenze regelmäßig gezahlt wird, meist aus einer ↑Rentenversicherung.

Altersrückversetzung [eingedeutscht aus dem gleichbedeutenden engl. Begriff »age regression«], das scheinbare Wiedererleben vorgeburtlicher Lebensphasen in einem veränderten Bewusstseinszustand. Eine Vorstufe kann im »Rebirthing« gesehen werden. Dies ist ein psychotherapeut. Verfahren, welches in Hypnose das Wiedererleben der eigenen Geburt ermöglichen soll. Die A. tritt bei manchen Medien im Zustand der Trance auf. Mithilfe von Hypnose, gesteuerter Fantasie oder mittels Drogen (beispielsweise LSD) lassen sich A.-Erlebnisse erzeugen. Es sind Dramatisierungen psych. Inhalte, die psychotherapeutisch genutzt werden können, von einigen Autoren aber auch als Beweis für die Wiedergeburt und die Seelenwanderung angesehen werden.

Altersschwäche, meist im höheren Lebensalter auftretende Abnahme der körperl. **(Altersmarasmus)** und oft auch der geistigen Kräfte **(Seneszenz, Senilität).**

Altersschwerhörigkeit (Presbyakusis), bei vielen Menschen schon im 5. und 6. Lebensjahrzehnt auftretende, stets auf beiden Ohren fast unmerklich beginnende und langsam zunehmende Schwerhörigkeit zunächst bei hohen Tönen, die auf Abnutzung und Schwund der Nerven- und Sinneszellen im Innenohr (Schnecke) beruht. Abhilfe erfolgt durch ↑Hörgeräte.

Alterssicherung, in der *Sozialpolitik* zusammenfassende, nicht einheitlich abgegrenzte Bez. für alle Maßnahmen oder Regelsysteme, die darauf zielen, alten Menschen Leistungen (v. a. finanzieller Art) zukommen zu lassen. Der zuweilen auch synonym gebrauchte Begriff **Altersversorgung** fasst begrifflich die verschiedenen Einrichtungen und Systeme sowie deren Leistungen zusammen, die von bestimmten Personen in Anspruch genommen werden können, wenn sie eine gewisse Altersgrenze erreicht haben. Alle Systeme bieten des Weiteren auch Leistungen bei Invalidität und vorzeitigem Tod.
In den meisten Ind.staaten hat sich eine A. nach dem so genannten »Drei-Schicht-System« (auch als »Drei-Säulen-Konzept« bezeichnet) herausgebildet. Neben der gesetzl. A. (Rentenversicherung, Künstlersozialversicherung, Alterssicherung der Landwirte, Beamtenversorgung), die über die öffentl. Haushalte und die Etats der Gebietskörperschaften organisiert ist, existiert die betriebl. Altersversorgung sowie als dritte Form die Nutzung privater Mittel für das Alter (z. B. Lebensversicherung, private Altersversorgung).

Alterssicherung der Landwirte, von den landwirtsch. Alterskassen getragene Rentenversicherung der Landwirte, geregelt durch Ges. vom 29. 7. 1994. Versicherungspflichtig sind land- und forstwirtsch. Unternehmer sowie deren Ehegatten und mitarbeitende Familienangehörige. Die Leistungen der A.d. L. umfassen neben Renten an Versicherte und Hinterbliebene die medizin. Rehabilitation und die Betriebs- und Haushaltshilfe. Die als »Altershilfe für Landwirte« 1957 eingeführte A. d. L. wurde mehrfach grundlegend geändert (u. a. Schaffung einer eigenständigen Alterssicherung der Ehegatten von Landwirten, finanzielle Stabilisierung mittels Defizitdeckung durch den Bund, gerechtere Beitragsausgestaltung, Überleitung auf die neuen Bundesländer).

Alterssichtigkeit (Presbyopie), die mit zunehmendem Alter abnehmende Akkommodationsfähigkeit des Auges als Folge des Elastizitätsverlustes der Linse; dadurch wird das Sehen in der Nähe erschwert, Kurzsichtigkeit z. T. kompensiert. Bei Normalsichtigen macht sich dies etwa mit 45 Jahren bemerkbar. Ein Ausgleich erfolgt durch Konvexgläser (Sammellinsen). (↑Kurzsichtigkeit).

Altersteilzeitarbeit, Form der Teilzeitarbeit, durch die älteren Arbeitnehmern ein gleitender Übergang vom Erwerbsleben in die Altersrente ermöglicht werden soll. Begünstigt sind Arbeitnehmer, die das 55. Lebensjahr vollendet haben, nach dem 14. 2. 1996 aufgrund einer Vereinbarung mit ihrem Arbeitgeber ihre Arbeitszeit auf die Hälfte vermindert haben und versicherungspflichtig nach dem SGB III beschäftigt sind (Altersteilzeit-Ges. vom 23. 7. 1996). Diese Vereinbarung muss sich zumindest auf die Zeit erstrecken, nach deren Ablauf eine Altersrente beantragt werden kann. Der Arbeitnehmer muss in den letzten fünf Jahren vor der A. mindestens 1 080 Kalendertage versicherungspflichtig beschäftigt gewesen sein. Er kann während der A. täglich, wöchentlich, monatlich verkürzt arbeiten oder er kann nach einer gewissen Zeitspanne, in der er voll gearbeitet hat, völlig mit der Arbeit aussetzen, bis er Altersruhegeld beanspruchen kann (A. im Blockmodell). Der Arbeitgeber, der bis zum 30. 6. 2004 einen Altersteilzeitvertrag geschlossen hat, kann die teilweise Erstattung der Altersteilzeitleistungen von der Arbeitsagentur verlangen, 1) wenn er das Bruttoarbeitsentgelt des Arbeitnehmers um mindestens 20% auf mindestens 70% des bisherigen Entgelts aufstockt und für den Arbeitnehmer zusätzl. Beiträge zur gesetzl. Rentenversicherung zahlt, sodass mindestens 90% des bisherigen Entgelts versichert sind, 2) wenn er den freigemachten oder einen durch Umsetzung frei gewordenen Arbeitsplatz mit einem Arbeitslosen besetzt oder einen Auszubildenden übernimmt oder neu beschäftigt und wenn 3) ein Überforderungsschutz des Arbeitgebers sichergestellt ist. Bei ab 1. 7. 2004 abgeschlossenen Altersteilzeitvereinbarungen hat der Arbeitgeber einen Aufstockungsbetrag von 20% des für die A. gezahlten regelmäßigen Arbeitsentgelts zu leisten. Dabei sind laufend gezahlte Entgeltbestandteile nicht zu berücksichtigen. Auch teilzeitbeschäftigte Arbeitnehmer können A. ausüben. Ab dem 60. Lebensjahr ist nach mindestens 24 Kalendermonaten A. die vorzeitige Inanspruchnahme der Altersrente möglich, jedoch müssen i.d.R. Rentenabschläge in Kauf genommen werden. Der Insolvenzschutz des Arbeitsentgelts wird durch §8a Altersteilzeit-Ges. (in Kraft ab 1. 7. 2004) verbessert.

alter Stil, Abk. **a. St.,** seit 1582 Bez. der Tagesdaten nach dem julian. ↑Kalender.

Altersübergangsgeld, vom 3. 10. 1990 bis zum 31. 12. 1992 in den neuen Bundesländern gewährte Geldleistung (65% des letzten durchschnittl. Nettoentgelts) der Bundesagentur für Arbeit an Arbeitslose, die das 55. Lebensjahr vollendet hatten; löste die Vorruhestandsregelung der DDR ab.

Altersversorgung, ↑Alterssicherung.

Altersvorsorge-Sondervermögen, Kurz-Bez. **AS-Fonds,** von einer Investmentgesellschaft verwalteter thesaurierender Fonds, dessen Vermögenswerte (Wertpapiere, Schuldscheindarlehen, Immobilien, stille Beteiligungen) mit dem Ziel eines langfristigen Vorsorgesparens von einer Depotbank verwahrt werden. Für die Anlage sind nicht nur Limite (maximal 75% der Anteile dürfen in Aktien und stillen Beteiligungen angelegt werden) festgelegt, sondern im Hinblick auf langfristige Performancevorteile auch Mindestquoten (Mindestanteil von Aktien und Immobilien 51%) gesetzlich (§§37h–m Ges. über die Kapitalanlagegesellschaften i.d.F. v. 9. 9. 1998) vorgeschrieben. Spekulative Geschäfte mit Derivaten sind dabei nicht zulässig. Mit dem Erwerber eines Anteil-

ALT Altertum

scheins ist eine Vertragsdauer von mindestens 18 Jahren (oder mindestens bis zur Vollendung des 60. Lebensjahrs) zu vereinbaren.

Altertum, der Zeitraum vom Beginn erster schriftl. Aufzeichnungen im Alten Orient (um 3000 v. Chr.) bis zum Ausgang der grch.-röm. Antike (oft als **klass. A.** bezeichnet); als Endpunkt gilt meist das Jahr 476 n. Chr. (Untergang des Weström. Reiches).

Altes Land in Niedersachsen

Altertümer, alle aus dem klass. Altertum oder aus der Frühvergangenheit eines Volkes oder einer Kultur stammenden Überreste und Denkmäler; sie fallen in den Bereich der Vorgeschichte, der Archäologie und der klass. Altertumswissenschaft.

Altertumsvereine, seit der späten Romantik gegr. Vereine zur Erhaltung der Altertümer und Denkmäler eines Landes, Errichtung von Museen, Herausgabe von Zeitschriften und Pflege der landes- und ortsgeschichtl. Altertumskunde.

Altertumswissenschaft (Altertumskunde), von F. A. Wolf eingeführter Name für die Erforschung des grch.-röm. Altertums, in neuerer Zeit auf die nicht klass. alten Kulturen Europas, Vorderasiens und Nordafrikas ausgedehnt. (↑Archäologie, ↑klassische Philologie)

Alterung, *Werkstofftechnik:* häufig unerwünschte Veränderung in Stoffen, die sich unter anderem in Härtesteigerung, Versprödung und/oder Verfärbung (Metalle, Kunststoffe) zeigt; wird durch natürl. Vorgänge wie vor allem Temperaturschwankungen oder etwa Lichteinfall u. a. hervorgerufen. Der Vorgang kann aber zur Erzielung gewünschter Eigenschaften auch gewollt sein **(künstl. A.),** z. B. Abschreck-A. zur Härtung von Stahl und in Form des ↑Burn-ins.

Alterungsrückstellung, Rückstellung, die in der privaten Krankenversicherung zur Deckung des mit dem Alter des Versicherten wachsenden Krankheitskostenrisikos gebildet wird.

Alter vom Berge, übl. Übersetzung des Titels »Scheich al-Djebel« (Gebieter des Gebirges) des Oberhauptes der syr. ↑Assassinen.

Alte Salzstraße, ↑Ferienstraßen (Übersicht).

Altes Land, fruchtbare Flussmarsch am linken Ufer der Unterelbe zw. Hamburg-Harburg und Stade; Landwirtschaft und Obstbau (bes. Kirschen, Äpfel); Gewerbeansiedlung; Naherholungsgebiet.

Altes Reich, nach der dt. Einigung 1870/71 aufgekommener Name für das Heilige Röm. Reich (911/918–1806); auch **altes deutsches Reich** genannt.

Ältestenrat, 1) (Seniorenkonvent), Organ des Bundestages, bestehend aus dem Bundestagspräs., seinen Stellv. und 23 von den Fraktionen benannten Mitgliedern. Der Ä. hat den Bundestagspräs. bei der Führung der Geschäfte zu unterstützen.

2) *Völkerkunde:* Gruppe der Ältesten eines Gemeinwesens zur Regelung des gesellschaftl. Lebens.

Altes Testament, Abk. **A. T.,** ↑Bibel.

Alte Welt, die schon im Altertum bekannten Erdteile Europa, Asien und Afrika, im Ggs. zu Amerika, der ↑Neuen Welt.

altfürstliche Häuser, Fürstenhäuser, die schon auf dem Reichstag von Augsburg 1582 im Fürstenrat saßen; hatten eine ↑Virilstimme.

Altglas, Sammelbegriff für gebrauchte Glasbehälter; A. wird (sortiert nach Farben) gesammelt und als Rohstoff in der Glasind. wieder verwendet.

Altgläubige, *russ.-orth. Kirche:* ↑Raskolniki.

Althaea, Gatt. der Malvengewächse, ↑Eibisch.

Althaus, Dieter, Politiker (CDU), *Heiligenstadt 29. 6. 1958; Lehrer; ab 1985 Mitglied der CDU; wurde in Thüringen 1990 MdL, ab Februar 1992 Kultusminister (bis 1999), im Oktober 1999 Vors. der CDU-Landtagsfraktion, im November 2000 CDU-Landesvorsitzender; außerdem ab 2000 Mitglied im CDU-Bundesvor-

Altlasten ALT

stand. A. wurde am 5. 6. 2003 zum Ministerpräsidenten gewählt (Nachfolger von B. Vogel).
Altheide, Bad, ↑Polanica Zdrój.
Altheim, Franz, Althistoriker, *Frankfurt am Main 6. 10. 1898, †Münster 17. 10. 1976; ab 1936 Prof. in Halle (Saale), 1950–65 in Berlin (FU).
Werke: Röm. Religionsgesch., 3 Bde. (1931–33); Italien und Rom, 2 Bde. (1941–43); Die Araber in der Alten Welt, 5 Bde. (1964–69, mit R. Stiehl); Gesch. Mittelasiens im Altertum (1970, mit R. Stiehl); Christentum am Roten Meer, 2 Bde. (1971–73, mit R. Stiehl).
Althing [isländ.] *das,* urspr. die Bez. der Volksversammlung einzelner Stammesgebiete in Norwegen, seit 930 die Volksvertretung in Island.
Althochdeutsch, die älteste Stufe der dt. Sprache, vom Beginn der schriftl. Überlieferung (etwa 750) bis Mitte/Ende des 11. Jh. (↑deutsche Sprache, ↑Mundart)
Althusius (Althaus), Johannes, Rechtsgelehrter, *Diedenshausen (heute zu Bad Berleburg) 1557, †Emden 12. 8. 1638; entwickelte auf der Grundlage des kalvinist. Determinismus unter dem Namen »Politik« eine systemat. Sozialllehre, die alles gesellschaftl. Leben auf eine ursprüngl. Bereitschaft des Menschen zur »Symbiose«, zur Lebensgemeinschaft mit anderen (lat. »consociatio«), zurückführt; sie spricht die höchste Gewalt im Staat (»maiestas«) unveräußerlich und unteilbar dem Volk zu (Volkssouveränität).
Althusser [frz. alty'sɛr], Louis, frz. marxist. Philosoph, *Birmandreïs (bei Algier) 16. 10. 1918, †Paris 22. 10. 1990; Mitgl. der frz. KP, bemühte sich um eine neue Deutung von Marx' späten Schriften »Zur Kritik der polit. Ökonomie« (1859); sah in seiner Interpretation des marxschen Denkens einen Bruch zw. dem frühen, von L. Feuerbach beeinflussten, und dem späten, ökonomisch orientierten Marx.
Altig, Rudi, Radrennfahrer, *Mannheim 18. 3. 1937; u. a. als Profi 1960 und 1961 Weltmeister im Verfolgungsfahren und 1966 im Straßenrennen; 1971–75 Bundestrainer. Sportler des Jahres 1966.
Altindisch (altindoar. Sprache), die Sprache der indogerman. Stämme, die im 2. Jt. v. Chr. in NW-Indien einwanderten. Sie ist im vedischen ↑Sanskrit erhalten und lebte im ep. und im klass. Sanskrit fort. Seit etwa 300 v. Chr. ist sie nicht mehr Umgangssprache.
Altiplano *der,* bis 200 km breites Hochland in S-Peru und Bolivien (↑Kordilleren).
Altkastilien (span. Castilla la Vieja), histor. Landschaft im mittleren und nördl. Spanien, der nördl. Teil Kastiliens; entspricht der heutigen Region ↑Kastilien und León.
Altkatholiken, kath. Kirchengemeinschaft, die sich aus Anlass der Unfehlbarkeitserklärung des Papstes (1870) von Rom lossagte, seit 1874 mit bischöfl. Verfassung. Theologisch formierten sich die A. bes. unter dem Einfluss I. ↑Döllingers, organisatorisch nach dem 1. altkath. Kongress in München (1871), in dessen Gefolge altkath. Gemeinden und Bistümer entstanden. Verbindendes Organ mehrerer altkath. Kirchen in Europa und Nordamerika ist die Internat. Altkath. Bischofskonferenz (Utrechter Union; gegr. 1889), die rd. 500 000 der weltweit über 6 Mio. Altkatholiken repräsentiert. Die A. bekennen sich zum Glauben der alten ungeteilten Kirche des 1. Jt., erkennen den Ehrenprimat des Bischofs von Rom an, nicht jedoch die Unfehlbarkeit des Papstes. Die Zölibatsverpflichtung für Geistliche wird abgelehnt. Laien haben das Recht der Pfarrer- und Bischofswahl. Abendmahlsgemeinschaft besteht mit anderen unabhängigen kath. Kirchen und der Anglikan. Kirchengemeinschaft (seit 1931). 1994 beschloss die Synode der altkath. Kirche in Dtl. die Zulassung von Frauen zum geistl. Amt (erste Priesterinnenweihe 1996). Seither wurden Frauen auch in den altkath. Kirchen Österreichs (1998), der Niederlande (1999) und der Schweiz (2000) zu Priesterinnen geweiht.
📖 *Christus spes. Liturgie u. Glaube im ökumen. Kontext,* hg. v. *A. Berlis u. K.-D. Gerth.* Frankfurt am Main u. a. 1994.
Altkirchenslawisch (Altbulgarisch), ↑Kirchenslawisch.
Altkönig, Berg im Taunus, bis 798 m ü. M.; mit Wallanlage aus der älteren La-Tène-Zeit (etwa 4. Jh. v. Chr.).
Altlasten, zusammenfassende Bez. für stillgelegte Deponien, Grubenverfüllungen, Aufschüttungen sowie Bodenschichten unter ehem. Industriebetrieben, Militärstandorten u. Ä., die mit unbekannten Mengen von Schad- und Giftstoffen ver-

ALT Altlastenbeitrag

setzt sind und eine Gefahr für die Umgebung, bes. das Grundwasser, darstellen; auch Bez. für die Schad- und Giftstoffe selbst. Solche Altablagerungen und Altstandorte werden auch als **Altlastverdachtsflächen** bezeichnet, wenn konkrete Hinweise auf potenzielle Bodenverunreinigungen vorliegen.

Altlastenbeitrag, in Österreich seit 1990 erhobene Bundesabgabe auf das Deponieren und die Ausfuhr von Abfällen sowie auf das Zwischenlagern von Abfällen nach Ablauf eines Jahres. Das Aufkommen ist zweckgebunden, v. a. für Sicherung/Sanierung von Altlasten.

Altlutheraner, die Mitgl. der evang.-luth. Freikirchen, die im 19. Jh. auf dem Boden der dt. evang. Landeskirchen aus dem Ggs. zu den prot. Unionsbestrebungen (↑ unierte Kirchen) und im strengen Anschluss an die luth. Bekenntnisschriften bes. in Preußen, Hannover, Hessen, Baden und Sachsen entstanden. Die Bildung luth. Freikirchen begann im Jahr 1830, dem Jubiläumsjahr der Augsburg. Konfession, in Preußen. Einigungsbemühungen zw. den evang.-luth. Freikirchen seit Anfang des 20. Jh. führten über versch. Formen der Zusammenarbeit und kirchl. Gemeinschaft 1972 zur Bildung der ↑ Selbständigen Evangelisch-Lutherischen Kirche.

Altman, 1) Nathan Issajewitsch, russ. Maler, Grafiker, Bildhauer und Bühnenbildner, *Winniza 22. 12. 1889, † Leningrad 12. 12. 1970; sein Frühwerk ist bes. vom Kubismus beeinflusst. Nach 1917 beteiligte er sich an der Realisierung des leninschen Plans der Monumentalpropaganda.

2) [ˈɔːltmən], Robert, amerikan. Filmregisseur, *Kansas City (Miss.) 20. 2. 1925; drehte nach Fernsehserien (»Bonanza«) u. a. ab 1966 meist krit. Gesellschaftsstücke; u. a. »Nashville« (1975), »Ein perfektes Paar« (1978), »Popeye« (1980), »Fool for Love« (1985), »The Player« (1992), »Short cuts« (1994), »Pret-à-porter« (1994), »Kansas City« (1996), »Gingerbread Man« (1998), »Dr. T & The Women (2000), »Gosford Park« (2002).

3) [ˈɔːltmən], Sidney, kanad. Biochemiker, *Montreal 8. 5. 1939; seit 1980 Prof. an der Yale University in New Haven (Conn.); entdeckte, dass Nucleinsäuren als Biokatalysatoren wirken können, erhielt dafür 1989 mit T. Cech den Nobelpreis für Chemie.

Sidney Altman

Altmark, Landschaft westl. der mittleren Elbe, nördlich von Ohretal und Drömling, Sa.-Anh.; im N flachwellige, im S leicht hügelige Landschaft mit ausgedehnten Kiefernforsten; Milchwirtschaft; Zentren sind Stendal und Salzwedel. – Bis zum 14. Jh. als **Nordmark** bezeichnet, kam 1134 als Teil der Mark Brandenburg an Albrecht den Bären, 1807 an das napoleon. Königreich Westfalen, 1816 zur Prov. Sachsen (RegBez. Magdeburg).

Altmarkkreis Salzwedel, Landkreis im Reg.-Bez. Magdeburg, Sa.-Anh., 2 292 km², 100 400 Ew.; Krst. ist Salzwedel.

Altmetallverhüttung, Gewinnung von reinen Metallen und Legierungen aus Schrott und metall. Produktionsabfällen; besondere Bedeutung hat die A. von Eisen, Blei, Kupfer und Aluminium.

Altminute, Geometrie: ↑ Minute.

Altmühl die, linker Nebenfluss der oberen Donau, 220 km lang, entspringt auf der Frankenhöhe, durchbricht zwischen Treuchtlingen und Dollnstein den Jura, mündet unterhalb von Kelheim. Ihr kanalisierter Unterlauf (ab Dietfurt) ist Teil des Main-Donau-Kanals (↑ Rhein-Main-Donau-Großschifffahrtsweg). In ihrem Tal bestehen mehrere Steinbrüche des an Fossilien reichen Solnhofer Plattenkalks. Im unteren A.-Tal finden sich mehrere Höhlen mit altsteinzeitl. Siedlungsresten.

Altmünster, Markt im Bez. Gmunden, Oberösterreich, am Traunsee, 9 500 Ew.; Sommerfrische.

Altniederdeutsch (Altsächsisch), die älteste bezeugte Stufe der niederdt. Sprache (9.–12. Jh.), überliefert in den Denkmälern ↑ Heliand und ↑ Genesis. Unterschiede im Laut- und Formenstand lassen bereits eine mundartl. Gliederung erkennen.

altnordische Literatur, ältestes Schrifttum Norwegens und Islands; umfasst den Zeitraum von etwa 800 bis zur Einführung des Buchdrucks. Die ältesten überlieferten Handschriften datieren aus der Mitte des 12. Jh. – Die stabgereimten Götter- und Heldenlieder der ↑»Edda« in sechs- bis achtgliedrigen Strophen behandeln in schlichter Sprache Stoffe aus der german. Göttersage sowie der südgerman. und nord. Heldensage. Die »Snorra-Edda« ist ein von Snorri Sturluson verfasstes Skaldenlehrbuch. Die lyr. ↑»Skaldendichtung« in gereimten Strophen umfasst Preislieder, Spott- und Schmähverse, Liebesdichtung u. a. Zur »Sagaliteratur« (↑Saga) auf Island zählen epische Formen, wie z. B. die Isländersaga (Familiensagas aus der Zeit der island. Landnahme bis ins Hoch-MA.), die Königssaga (über die nord. Königsgeschichte, z. B. die »Heimskringla« des Snorri Sturluson) sowie die Vorzeitsaga (über die Wikingerzeit und Stoffe der Heldensage); i. w. S. auch Rittersaga, Heiligenerz., altnord. Übersetzungslit. und Heldensagenbearbeitungen (z. B. »Thidrekssaga«).

📖 *Vries, J. de: Altnord. Literaturgesch.*, 2 Bde. Berlin u. a. ²1964–67. – *Simek, R. u. Pálsson, H.: Lexikon der a. L.* Stuttgart 1987. – *Kristjánsson, J.: Eddas und Sagas. Die mittelalterl. Lit. Islands (a. d. Isländ.)* Hamburg 1994.

altnordische Sprache, die Sprache der german. Bev. Skandinaviens mit Einschluss des Isländischen und Färöischen von 800 bis zum 15. Jh. Die a. S. geht auf das Urnordische zurück (↑altnordische Literatur). In der Wikingerzeit (800–1050) teilte sich die a. S. in **Ostnordisch** (Altdänisch, Altschwedisch) und **Westnordisch** (Altnorwegisch, Altisländisch).

Alto Adige [- ˈaːdiʒe]; italien. »obere Etsch«], italien. Name für ↑Südtirol.

Altokumulus (Altocumulus), Wolkengattung, ↑Wolken.

Alt|öl, gebrauchtes, durch Wasser, Feststoffe, Luft- und Temperatureinwirkung für den ursprüngl. Zweck nicht mehr verwendbares Mineralöl. Bei der A.-Entsorgung werden für eine stoffl. Verwertung geeignetes A., thermisch verwertbares A. und A. für Sonderabfallentsorgung unterschieden. Die Sammlung und Behandlung von A. ist in Dtl. im Kreislaufwirtschafts- und Abfall-Ges. geregelt.

Altomonte, Martino, eigtl. Martin Hohenberg, Maler, * Neapel 8. 5. 1657(?), † Wien 14. oder 15. 9. 1745; einer der führenden Meister der österr. Barockmalerei.

Altona, seit 1937 Stadtteil von Hamburg; aus einer Fischersiedlung vor 1535 entstanden, kam 1640 an Dänemark und erhielt 1664 Stadtrecht, kam 1867 an Preußen (sein Hafen wurde in Konkurrenz zu Hamburg ausgebaut).

Altonaer System, ein von E. Schlee 1878 in Altona geschaffenes Modell der ↑Reformanstalten.

Altostratus, Wolkengattung, ↑Wolken.

Altötting, 1) Landkreis im RegBez. Oberbayern, 569 km², 108 300 Einwohner.
2) Krst. von 1), 403 m ü. M., südlich des Inn, 12 700 Ew. – Bed. Wallfahrtsort: in der Hl. Kapelle (Innere Kapelle karolingisch) befinden sich ein als wundertätig verehrtes Marienbild und Urnen mit den Herzen der

Altötting 2): Kapellenplatz mit spätgotischer Stiftskirche (rechts), Heiliger Kapelle (Bildmitte) und ehemaliger Jesuitenkirche (1697, links dahinter)

ALT Altpaläolithikum

Wittelsbacher. Spätgot. Stiftskirche mit Schatzkammer und Tillykapelle (um 1425).
Altpaläolithikum, Abschnitt der ↑Altsteinzeit.
Altpapier, Papier-, Karton- und Pappenabfälle, die als Rohstoff für die Papierherstellung gesammelt werden; etwa 13% der dt. Papierproduktion entstammen A. (↑Recycling).
Altphilologie, Wiss. von den Sprachen und Literaturen des klass. Altertums.
Altpreußen, die ↑Prußen.
Altpreußen, 1) das Gebiet des ehem. Dt. Ordens, die späteren preuß. Prov. Ost- und Westpreußen.
2) die schon vor 1806 preuß. Gebiete, im Gegensatz zu den preuß. Erwerbungen nach 1815.
Altpreußische Union, ↑Evangelische Kirche der Union.
Altranstädt, Teil der Gemeinde Großlehna im Landkr. Leipzig, Sachsen, westlich von Markranstädt. Über den **Frieden von A.** (24. 9. 1706) ↑Nordische Kriege. – In der **Konvention von A.** vom 1. 9. 1707 erreichte Karl XII. von Kaiser Joseph I. die Duldung der schles. Protestanten und den Bau der ↑Gnadenkirchen.
Altruismus [lat.] *der*, Selbstlosigkeit, Uneigennützigkeit; Ggs.: ↑Egoismus.
Altsächsisch, ↑Altniederdeutsch.
Altschewsk (1931–61 Woroschilowsk, 1961–92 Kommunarsk), Stadt in der Ukraine, im Donez-Steinkohlebecken, 126000 Ew.; metallurg. Hochschule; Eisenhütte, chem. Industrie.
Altschlüssel, *Musik:* ein Notenschlüssel (↑Schlüssel).
Altschulden, Schulden, die vor einem »kritischen« Zeitpunkt entstanden sind und die für den jetzigen Schuldner keinen Mittelzufluss gebracht hatten. Man unterscheidet 1) die aus der Auslandsverschuldung des Dt. Reichs herrührenden Verbindlichkeiten gemäß Londoner Schuldenabkommen von 1953 (Reichsschulden), 2) die mit Einführung der DM 1948 geschaffenen Ausgleichsforderungen und 3) verschiedene Verbindlichkeiten aus der Zeit der DDR (u. a. Schulden des Staatshaushalts und der Kommunen und Verbindlichkeiten der volkseigenen Betriebe und landwirtschaftlichen Produktionsgenossenschaften). (↑Erblastentilgungsfonds)
Altsekunde, *Geometrie:* ↑Sekunde.
Altsibirier, ↑Paläosibirier.

Altsiedelland, die Gebiete Mitteleuropas, die schon vor dem 8. Jh. (Beginn des mittelalterl. Landesausbaus durch innere Kolonisation und dt. Ostsiedlung) kontinuierlich besiedelt waren.
Altsilber, durch chem. Mittel künstlich nachgedunkelte silberne oder versilberte Schmuckwaren.
altsprachlicher Unterricht, der Unterricht in lat., altgrch., auch hebr. Sprache; seit dem MA. Kernbestandteil der europ. »gelehrten Schulen« (Lateinschulen), heute der altsprachl. (humanist.) Gymnasien. Hat seit der Reform der gymnasialen Oberstufe 1972 stark an Bedeutung eingebüßt und ist hinter den ↑neusprachlichen Unterricht zurückgetreten.
Altstadt, der älteste (erhaltene) Teil einer Stadt; oft im MA., bei Planstädten in der Renaissance oder im Barock entstanden.
Altstadtsanierung, ↑Stadt.
Altstätten, Stadt im Kanton St. Gallen, Schweiz, im Rheintal südlich des Bodensees, 10 300 Ew.; vielseitige Industrie.

Altsteinzeit: 14,7 cm hohe Frauenstatuette aus Mammutelfenbein; die »Venus von Lespugue« wurde in einer Höhle bei Lespugue im Pyrenäenvorland gefunden (30000–20000 v. Chr.)

Altsteinzeit (Paläolithikum), die älteste und längste Epoche der Menschheitsgeschichte. Sie begann in Afrika vor etwa 2,5–3 Mio. Jahren in der Übergangsphase vom Tertiär zum Quartär und dauerte bis zum Ende des Eiszeitalters (etwa 8000 v. Chr.). (↑Vorgeschichte, Übersicht). Die Gliederung der A. richtet sich nach den technolog. und typolog. Merkmalen des Fundstoffes (in den ältesten Phasen fast nur Steingeräte). Bevorzugter Werkstoff waren harte, spaltbare Gesteinsarten wie

Altstoffe ALT

Feuerstein, Quarz und Quarzit. Steine, die durch Bearbeitung Werkzeugcharakter erhalten haben, werden **Artefakte** genannt. Die Steinbearbeitung erfolgte durch Schlag mit Schlagsteinen oder Schlaginstrumenten aus Knochen, Holz oder Geweih, am Ende der A. auch unter Verwendung von Zwischenstücken. Seit der jüngeren A. war der Steinschliff bekannt. Die Steinartefakte lassen sich nach Form und Herstellungsart in Typen ordnen. Bestimmte Typenkomplexe ergeben Formengruppen, die sich in der Art und Zusammensetzung des Geräteinventars (»Industrie«) von anderen Gruppen abheben. – Die A. wird in vier Hauptabschnitte eingeteilt: Alt-, Mittel-, Jung- und Spätpaläolithikum.

Das **Altpaläolithikum** (bis etwa 200 000 v. Chr.) beginnt in vielen Gebieten mit Geräten aus behauenen Steingeröllen (engl. »pebble tools« oder »chopper«); die entsprechenden Formengruppen werden als Geröllgerätkulturen bezeichnet. Die älteste Steinbearbeitung begann in Afrika vor etwa 2,5 Mio. Jahren. Das die erste fest umrissene Stufe bildende **Acheuléen** ist in seiner frühesten Periode (früher als **Abbevillien** oder **Chelléen** bezeichnet) durch roh gefertigte Faustkeile mit unregelmäßigen Seitenkanten, später durch feiner gearbeitete Faustkeile gekennzeichnet. Sonderformen von Steingeräten aus Funden bei Clacton on Sea werden als **Clactonien** bezeichnet. – Das Auftreten der Levalloistechnik kennzeichnet den Beginn des **Mittelpaläolithikums** (bis etwa 40 000 v. Chr.), zu dem das **Micoquien** und das **Moustérien** (unterschiedliche Faustkeiltypen, Dreieckspitzen) gerechnet werden. – Das **Jungpaläolithikum** (bis etwa 11 000 v. Chr.) umfasst in West- und Mitteleuropa die Kulturgruppen **Châtelperronien** (Übergangsphase), **Aurignacien, Gravettien, Solutréen, Magdalénien.** Es ist durch schmalere und leichtere Feuersteingeräte bestimmt, die eine größere Differenzierung und Spezialisierung der Arbeitsfunktionen erkennen lassen. – Dem **Spätpaläolithikum** (bis etwa 9000/8000 v. Chr.) zugeordnet werden die **Federmessergruppen** und die **Ahrensburger Kultur**.

Das Altpaläolithikum war anfangs noch die Zeit der Australopithecinen (»Vormenschen«) und des Homo habilis (Geröllgeräte), dann des Homo erectus (erste Nutzung des Feuers, Großwildjagd) und, gegen Ende der Epoche, des archaischen Homo sapiens oder präsapiens (Vervollkommnung der Feuersteinwerkzeuge, Tieropfer), das Mittelpaläolithikum die Zeit der Neandertaler (älteste Bestattungen), das Jung- und Spätpaläolithikum die Zeit des frühen Homo sapiens (in Westeuropa: Cro-Magnon-Mensch). Das Sammeln von Früchten und Pflanzen und das Jagen von Wildtieren bildeten die Lebensgrundlage der Menschen, die entweder in Freilandsiedlungen (Hütten, Zelte) oder in den Vorräumen von Höhlen (Abris) wohnten.

Die paläolith. Steingeräte in ihrer allmähl. Vervollkommnung geben Anhaltspunkte über die früheste Entwicklung der Technik. Die Erfindung von Spezialwaffen (Speerschleuder, Pfeil und Bogen, Harpune) war die Voraussetzung für eine Intensivierung der Jagd. Die Nutzung des Feuers ermöglichte eine bessere Erschließung und auf höherer Entwicklungsstufe auch die Konservierung der Nahrung. Das Feuer gewährte zudem einen wirksamen Schutz vor wilden Tieren und war Voraussetzung für die Besiedlung kühler Klimazonen.

Die ältesten Zeugnisse der Kunst (Werke der Kleinkunst, ↑Felsbilder) stammen aus dem Aurignacien (menschl. Statuetten, Tierfiguren aus Elfenbein, Stein und Ton; in Stein geritzte Sexualsymbole, Gravierungen, Malereien an Höhlenwänden). Bestattungen und Opferfunde bilden die ältesten Zeugnisse für die Religion der A. Die ältesten Bestattungen stammen aus dem Moustérien. (↑Jungsteinzeit, ↑Mensch, ↑Mitteleuropa, ↑Mittelsteinzeit, ↑Vorgeschichte)

📖 *Müller-Karpe, H.: Hb. der Vorgeschichte, Bd. 1: A. München ²1977. – Die Anfänge der Kunst vor 30 000 Jahren. Ausstellung in der Kunsthalle Tübingen, hg. v. H. Müller-Beck u. G. Albrecht. Stuttgart 1987. – Probst, E.: Dtl. in der Steinzeit. Jäger, Fischer u. Bauern zw. Nordseeküste u. Alpenraum. München 1991. – Vollbrecht, J.: Untersuchungen zum Altpaläolithikum im Rheinland. Bonn 1997.*

Altstoffe, Materialien, die nach ihrer Verwendung einer Wiederverwertung zugeführt werden können, wie Altglas, Altöl, Altpapier, Schrott. A. stellen Wertstoffe dar.

Alt|tier, weibl. Tier vom Elch-, Rot- und Damwild, beim Reh **Altreh,** nach dem ersten Setzen; Ggs.: Schmaltier.

Altun Shan [- ʃaːn] (Altyn Tagh), 900 km langer Gebirgszug in Sinkiang, China, trennt das Tarim- vom Qaidambecken, bis 6 161 m hoch; Nationalpark (u. a. Wildesel, Antilopen, Yaks) im Aufbau.

Alt|uppsala (schwed. Gamla Uppsala), 4 km nördlich von Uppsala gelegenes ehem. politisch-religiöses Zentrum des Reiches der ↑Svear; erhalten ist die Königsnekropole aus dem 6./7. Jh. mit drei mächtigen Grabhügeln.

Altvatergebirge (Hohes Gesenke, tschech. Hrubý Jeseník), Teil der Ostsudeten in der Tschech. Rep., 40 km lang, im Altvater (Praděd) 1 491 m ü. M., sinkt im SO zum 400–600 m hohen Plateau des **Niederen Gesenkes** (Nízký Jeseník) ab. Früher Bergbau auf Edelmetalle und Eisenerz, jetzt Erholungsgebiet und Waldwirtschaft; Landschaftsschutzgebiet.

Altwasser, 1) (Altarm), eine durch natürl. oder künstl. Begradigung vom Flusslauf abgeschnittene, noch wassererfüllte Flussschlinge.
2) stagnierendes Tiefen- oder Bodenwasser in nahezu abgeschlossenen Meeresbecken mit geringer Sauerstoffzufuhr.

Altweibersommer, *Klimatologie:* in Mitteleuropa fast regelmäßig in der zweiten Septemberhälfte einsetzende Schönwetterlage; in Nordamerika entspricht dem A. der **Indian Summer.** – Typisch für den A. sind Spinnfäden (Marienfäden) von meist jugendl. Spinnen, an denen diese durch den Wind fortgetragen werden. Der Volksglaube hält diese Fäden für ein Gespinst von Elfen, Zwergen, myth. Spinnerinnen oder der Jungfrau Maria.

Altyn Tagh, ↑Altun Shan.

Altzella, ehem. Zisterzienserkloster bei Nossen, Landkreis Meißen, Sachsen; gegr. um 1162 durch die Wettiner, zeitweise deren Grablege. Nach der Säkularisation (1540) verfiel es. Erhalten ist das Konversenhaus (im Erdgeschossbereich romanisch, 1506 aufgestockt). An der Stelle des Sanktuariums der Kirche wurde 1676–80 eine Begräbniskapelle errichtet, deren Umbau zum klassizist. Mausoleum als Gedenkstätte der hier beerdigten Markgrafen von Meißen 1787–1804 erfolgte. Engl. Landschaftspark (um 1800).

ALU, Abk. für engl. arithmetic and logic unit, *Informatik:* die Arithmetik- und Logikeinheit, ↑Rechenwerk.

Alumen [lat.] *das,* blutstillendes Mittel, ↑Alaune.

Aluminate, Salze der Aluminiumsäure, entstehen durch Auflösen von Aluminiumhydroxid in Alkalilaugen; in wasserfreier Form ↑Spinelle.

Aluminieren, das Aufbringen von Überzügen aus Aluminium, z. B. durch ↑Plattieren, ↑Metallspritzverfahren, ↑Alitieren, ↑Aufdampfen im Vakuum (auf beliebigen Werkstoffen), durch Galvanisieren in nichtwässrigen Bädern (↑Galvanotechnik).

Aluminium [zu lat. alumen »Alaun«] *das,* chem. Symbol **Al,** metall. Element aus der 3. Hauptgruppe des Periodensystems, Ordnungszahl 13, relative Atommasse 26,9815, Dichte (bei 25 °C) 2,7 g/cm^3, Schmelzpunkt 660,32 °C, Siedepunkt 2 519 °C. – A. ist ein silberweißes, sehr dehnbares Leichtmetall mit hoher elektr. Leitfähigkeit, das durch Legierungszusätze sehr gute mechan. Eigenschaften aufweist. Es ist gegen Sauerstoff und Feuchtigkeit unempfindlich, da es eine dünne dichte Oxidschicht bildet. In der Natur kommt A. nicht elementar vor, ist aber in seinen Verbindungen (z. B. Feldspat, Glimmer und Tone) mit 8,1% am Aufbau der zugängl. Erdkruste beteiligt, in der es das dritthäufigste Element darstellt. Wichtigster Rohstoff für die A.-Gewinnung ist der Bauxit. – Großtechnisch wird A. v. a. durch elektrolyt. Zersetzung von in einer Kryolithschmelze gelöstem reinem A.-Oxid dargestellt, das aus Bauxit nach dem **Bayer-Verfahren** hergestellt wird. Es beruht darauf, dass sich die A.-Hydroxide des fein gemahlenen Bauxits in Natronlauge bei höherer Temperatur leicht lösen und dass sich aus der vom Rückstand (Rotschlamm) abgetrennten, verdünnten Aluminatlauge beim Abkühlen nach Impfen mit frischem A.-Hydroxid als Kristallisationskeim reines A.-Hydroxid abscheidet. A. wird rein oder legiert als Werkstoff verwendet, bes. im Fahrzeug- und Flugzeugbau, in der Elektroind. und im Bauwesen.

Aluminiumoxid (Tonerde), Al_2O_3, natürlich als ↑Korund vorkommendes Mineral; wird als Adsorbens, Trockenmittel und keram. Werkstoff (↑Biokeramik) verwendet.

Aluminiumsulfat, $Al_2(SO_4)_3$, Verbin-

dung, die zur Papierleimung, Abwasserreinigung, Hydrophobierung von Textilien, als Beizmittel in der Färberei und bei der Gerberei verwendet wird.
Aluminothermie *die,* kohlenstofffreie Darstellung schwer schmelzbarer Metalle aus ihren Oxiden durch Reduktion mit Aluminiumpulver (erreichbare Temperatur 2000°C); wird auch beim aluminotherm. Schweißen **(Thermitschweißen),** bes. von Schienen, angewendet. Die A. wurde 1894 von H. Goldschmidt eingeführt.
Alumnat [lat.] *das,* Schülerwohnheim. Im MA. waren A. Erziehungsanstalten kirchl. Organisationen. Die Schüler **(Alumnen)** erhielten Wohnung, Kost und Unterricht. Heute sind bes. Aufbauschulen und Schulen an Klöstern mit A. verbunden (Internat, Konvikt).
Alunit [lat.] *der* (Alaunstein), weißes, feinkörniges Mineral, $KAl_3[(OH)_6|(SO_4)_2]$, in der Nähe von Schwefelquellen und als Zersetzungsprodukt trachyt. Gesteine vorkommend; dient zur Alaungewinnung.
Alunno, Niccolò, eigtl. N. di Liberatore di Giacomo di Marigno, italien. Maler, *Foligno um 1430, †ebd. 1502; schuf Altarwerke und Andachtsbilder in zeichnerischsensiblem Stil.
Al-Urdunn, arab. Name des †Jordan.
Alusuisse Group AG [aly'sɥis gruːp -], Kurzbez. **Algroup,** schweizer. Konzern, der weltweit in den Branchen Aluminium und Verpackung tätig ist; Sitz: Zürich; gegr. 1888, firmierte bis 1990 als Schweizer. Aluminium AG, danach bis zur Abspaltung des Chemiebereichs (1999) als Alusuisse-Lonza Holding AG. Der Chemiebereich wird als eigenständiges Unternehmen unter der Bez. Lonza Group AG (Sitz: Zürich) weitergeführt. 2000 erfolgte die Fusion mit der Alcan Aluminium Ltd. zur Alcan Inc.
Älv *der,* schwedisch: Fluss.
Alvarado [alβa'raðo], Pedro de, span. Konquistador, *Badajoz um 1485, †Guadalajara (Mexiko) 4. 7. 1541; unterwarf 1524 Guatemala und wurde 1527 dessen erster Generalkapitän.
Alvarez ['ælvərɪz], Luis Walter, amerikan. Physiker, *San Francisco 13. 6. 1911, †Berkeley (Calif.) 1. 9. 1988; konstruierte Wasserstoffblasenkammern, mit denen er kurzlebige Elementarteilchen (Massenresonanzen) nachwies, u. a. 1961 das Omega-

meson; erhielt 1968 den Nobelpreis für Physik.
Alvaro, Corrado, italien. Schriftsteller, *San Luca (Prov. Reggio di Calabria) 15. 4. 1895, †Rom 11. 6. 1956; schrieb realistisch-psycholog. Romane und Novellen (»Die Hirten vom Aspromonte«, 1930) mit Schilderungen der rückständigen sozialen Verhältnisse seiner kalabr. Heimat.
Alveolar *der,* mit der Zungenspitze am Zahnfleisch gebildeter †Laut.
Alveolen [lat. alveolus »kleine Wanne«] *Medizin:* **1)** bläschenförmige Endstücke von Drüsen.
2) Lungenbläschen **(Lungenalveolen).**
3) knöcherne Zahnfächer der Kiefer **(Zahn-A.).** Als Alveolarfortsatz wird der die Zahnfächer enthaltende Kieferteil bezeichnet.
Alveolitis *die,* **1)** Entzündung einer Zahnalveole, kann v. a. nach dem Ziehen eines Zahnes auftreten.
2) entzündl., zur Schrumpfung (Lungenfibrose) neigende Reaktion in den Lungenbläschenmembranen, v. a. durch äußere (beruflich bedingte) Einwirkungen (Einatmen von Heu-, Getreide-, Holzstaub).
Älvsborg [-bɔrj], Verw.gebiet (Län) in W-Schweden, 11395 km², 448100 Ew.; Verw.sitz: Vänersborg.
ALWEG-Bahn, †Einschienenbahn.
Alyattes, König von Lydien, †um 560 v. Chr., Vater des Krösus.
Alz *die,* rechter Nebenfluss des Inn, 87 km lang; Abfluss des Chiemsees, mündet bei Neuötting; wird zur Energiegewinnung genutzt.
Alzenau i. UFr., Stadt in Unterfranken, im Landkr. Aschaffenburg, Bayern, 120 m ü. M., im Vorspessart, 17900 Ew.; Kolbenfabrik, Wellpappen-, Papierherstellung u. a. Industrie.
Alzette [al'zɛt] *die* (Alzig), rechter Nebenfluss der Sauer in Luxemburg, 70 km lang; fließt durch die Stadt Luxemburg und mündet bei Ettelbruck.
Alzey, Stadt in Rheinl.-Pf., Krst. des Landkr. A.-Worms, an der Selz, 173 m ü. M., 17800 Ew.; Landesamt für Rebenzüchtung; Weinbau und Weinhandel; Armaturen-, Verpackungsindustrie. – A. wird schon im Nibelungenlied gen.; Burg der Pfalzgrafen. – Abb. S. 218
Alzey-Worms, Landkreis in Rheinl.-Pf., 588 km², 125300 Ew.; Krst. ist Alzey.
Alzheimer-Krankheit [nach dem Neuro-

logen A. Alzheimer, *1864, †1915], seltene, meist zw. dem 50. und 60. Lebensjahr auftretende degenerative Erkrankung der Großhirnrinde mit charakteristischen neuropatholog. und neurochem. Veränderungen und unaufhaltsam fortschreitender ↑Demenz. Erste Anzeichen sind hochgradige Vergesslichkeit und Aphasie. Als Ursache kommen v. a. genet. und andere Faktoren, z. B. Stoffwechselstörungen, in Betracht.

Alzey: Schloss

Am, chem. Symbol für ↑Americium.
AM, Abk. für **A**mplituden**m**odulation (↑Modulation).
A 400 M, militär. Transportflugzeug, dessen Entwicklung und Beschaffung am 18. 12. 2001 per Regierungsvereinbarung zw. Dtl., Belgien, Spanien, Großbritannien, Portugal, Frankreich und der Türkei beschlossen wurde. Bei der das Flugzeug produzierenden Airbus Military Company (Abk. AMC) mit Sitz in Toulouse gaben bislang 8 Nationen insgesamt 183 A 400 M in Auftrag, so Dtl. zunächst 73 (im Nov. 2002 reduziert auf 60), Frankreich 50, Spanien 27, Großbritannien 25, Türkei 10, Belgien 7, Portugal 3 und Luxemburg 1. Die ersten A 400 M sollen 2009 ausgeliefert werden und die bislang im Einsatz befindliche Transall C-160 sukzessive ablösen.
Techn. Daten: Reichweite mit 25 t Nutzlast etwa 5 500 km, 4 Turbopropmotoren, max. Reisegeschwindigkeit 780 km/h, Länge 42,2 m, Flügelspannweite 42,4 m. Die Vorteile der mit 5 Mann Besatzung fliegenden A 400 M im Ggs. zur Transall sind die erheblich niedrigeren Transportkosten, die Möglichkeit der Luftbetankung und v. a.

die höhere Ladekapazität von max. 37 t Nutzlast (so können in dem 3,85 m hohen, 4,00 m breiten und 17,71 m langen Laderaum z. B. 120 Soldaten transportiert werden).
Über den Kauf der 60 von Dtl. bestellten A 400 M wurde endgültig im Mai 2003 entschieden; die Kosten belaufen sich auf 8,3 Mrd. €.
a. m., Abk. für **a**nte **m**eridiem, vormittags.
amabile [italien.], *Musik:* lieblich, sanft.
Amadeus (italien. Amadeo), Herrscher: *Savoyen:* **1) A. V., der Große**, Graf, , *Le Bourget um 1250, †Avignon 16. 10. 1323; seit 1312 Reichsfürst und Generalvikar der Lombardei.
2) A. VI., Graf (seit 1343), gen. Conte Verde (der »grüne Graf«), italien. Nationalheld, *Chambéry 4. 1. 1334, †in Apulien 1. 3. 1383; konnte sich zw. Frankreich und Mailand behaupten und begründete die Macht des Hauses Savoyen.
3) A. VIII., Graf (seit 1391), Herzog (1416–34), *Chambéry 4. 9. 1383, †Genf 7. 1. 1451; erwarb die Grafschaften Genf, Piemont und einen Teil von Montferrat; wurde 1434 Kartäuser und war 1439/40–49 als **Felix V.** letzter Gegenpapst.
Spanien: **4) A.**, Herzog von Aosta, König, *Turin 30. 5. 1845, †ebd. 18. 1. 1890; am 16. 11. 1870 zum König gewählt, konnte sich nicht durchsetzen, dankte am 11. 2. 1873 ab.
Amadeussee (Lake Amadeus), Salzpfanne in Inneraustralien, 880 km²; Erdgasvorkommen.
Amadis von Gaula [Gaula: Wales, nicht Gallien], Held eines im 16. Jh. in ganz Europa verbreiteten Ritterromans. Die Urform (vor 1325) ist wahrscheinlich portugiesisch; die erste erhaltene Bearbeitung, die immer wieder um neue Abenteuer erweitert wurde, stammt von dem Spanier Garci Rodríguez de Montalvo (1508); u. a. von Nicolas d'Herberay des Essarts 1540–48 (8 Bde.) ins Französische übertragen; der erste dt. Amadisroman erschien 1569–94 in 24 Bänden. Der Amadisroman ist das letzte Glied in der Entwicklung des mittelalterl. höfischen Romans.
Amado, Jorge, brasilian. Schriftsteller, *Ilhéus (Bahia) 10. 8. 1912, †Salvador (Bahia) 6. 8. 2001; schrieb unterhaltende, dabei engagiert sozialkrit. Romane über die unteren Schichten der Bev. von Bahia

(»Tote See«, 1936; »Gabriela wie Zimt und Nelken«, 1958; »Das Verschwinden der heiligen Barbara«, 1988), Autobiografie »Auf großer Fahrt« (dt. 1997).

Amadora [ama'ðora], Stadt in Portugal, im nordwestl. Vorstadtbereich von Lissabon, 93 700 Ew.; Waggonfabrik.

Amagasaki, Stadt in der Wirtschaftsregion Hanshin (um Ōsaka) auf Honshū, Japan, 500 000 Ew.; Schwer-, chem. und Baumwollind.; Hafen.

Amager, dän. Insel im Øresund, 95 km²; der nördl. Teil mit bedeutender Ind. gehört zum Stadtgebiet von Kopenhagen; im O der Großflughafen Kastrup.

Amalarich, König der Westgoten (526–531), *502, †(ermordet) Barcelona 531; Enkel Theoderichs d. Gr., unterlag 531 bei Narbonne den Franken unter Childebert I.; mit ihm erlosch das Geschlecht der ↑Balthen.

Amalasuntha (Amalaswintha), Regentin der Ostgoten, †(ermordet) auf der Insel Martana im Bolsenasee 30. 4. 535; Tochter Theoderichs d. Gr., regierte seit 526 für ihren unmündigen Sohn Athalarich, erhob nach dessen Tod (534) ihren Vetter Theodahad zum König und Mitregenten.

Amalekiter, Nomadenvolk in bibl. Zeit, lebte im N der Halbinsel Sinai, befand sich in ständiger krieger. Auseinandersetzung mit den israelit. Stämmen; von Saul und David endgültig unterworfen (1. Sam. 15 und 30).

Amaler, ostgot. Königsgeschlecht (die **Amelungen** der Heldensage); wichtigste Vertreter sind Ermanarich und Theoderich d. Gr.; erlosch 536 mit Theodahad (↑Amalasuntha).

Amalfi, Seebad in Kampanien, Prov. Salerno, Italien, steil an der zum UNESCO-Welterbe erklärten Felsküste des Golfs von Salerno aufragend, 5 500 Ew.; Erzbischofssitz. – Dom (11. Jh., mehrfach verändert). – A., zuerst im 8. Jh. erwähnt, entwickelte sich im 10./11. Jh. zu einer blühenden Seehandelsstadt; die Seerechtskodifikation der **Tabula amalphitana** war im ganzen Mittelmeergebiet gültig. 1073 wurde A. von den Normannen abhängig, 1135/37 von Pisa, im 13. Jh. von Neapel.

Amalgam [arab. al-malġam »erweichende Salbe«] *das,* Legierung von Quecksilber mit Metallen, z. B. Silber. **Zahn-A.,** aus Silber-Zinn-Legierungen mit Zusätzen anderer Metalle (Kupfer, Zink) durch Verreiben mit Quecksilber hergestellt, ist das verbreitetste Mittel für Zahnfüllungen; es geriet wegen des Verdachts der Quecksilberabgabe zunehmend in die Kritik. Eine allgemein schädigende Wirkung von Zahn-A. ist wiss. jedoch nicht nachgewiesen (abgesehen von der sehr seltenen Quecksilberallergie). **Amalgamation,** Verfahren zur Gewinnung von Gold und Silber aus Erz mithilfe von Quecksilber.

Amalie, Herrscherinnen:
Hessen-Kassel: **1) A. Elisabeth,** Landgräfin, *Hanau 29. 1. 1602, † Kassel 3. 8. 1651; war 1637–50 Regentin für ihren unmündigen Sohn Wilhelm VI. Im Westfäl. Frieden 1648 erhielt sie das Stift Hersfeld und einen Teil der Grafschaft Schaumburg; erreichte für ihr Land die Gleichberechtigung von Reformierten und Lutheranern.

Preußen: **2) A.,** Prinzessin, *Berlin 9. 11. 1723, †ebd. 30. 9. 1787; Schwester von König Friedrich II., d. Gr. von Preußen, Äbtissin von Quedlinburg; bekannt durch ihre Beziehung zu Friedrich Freiherr von der ↑Trenck.

Sachsen-Weimar-Eisenach: **3) Anna Amalia,** Herzogin, ↑Anna 5).

Amalrik, Andrei Alexejewitsch, russ. Schriftsteller, *Moskau 12. 5. 1938, †(Autounfall) bei Guadalajara (Spanien) 12. 11. 1980; als Historiker wegen seiner Position im »Normannismusstreit« (↑Normannisten) von der Univ. relegiert, 1970 nach Sibirien verbannt, durfte 1976 die UdSSR verlassen; schrieb »Unfreiwillige Reise nach Sibirien« (1970), »Kann die Sowjetunion das Jahr 1984 erleben?« (1970, Essay), Dramen.

Amalthea, ein Mond des Planeten ↑Jupiter.

Amaltheia (lat. Amalthea), *grch. Mythos:* Nymphe oder Ziege, die Nährmutter des Zeus, die dieser aus Dankbarkeit als Stern an den Himmel versetzte.

Amambayplateau [-plato:], Sandsteinplateau im O von Paraguay, 600–700 m ü. M.

Amann, Jürg, schweizer. Schriftsteller, *Winterthur 2. 7. 1947; schreibt vorwiegend genau recherchierte biografisch-histor. Prosa (»Verirren oder das plötzl. Schweigen des Robert Walser«, 1978; »Ikarus«, 1998); auch Stücke und Hörspiele.

Amanos (Amanus), der 180 km lange SW-

Flügel des äußeren O-Taurus, in der Türkei, zu den Küstengebirgen Syriens überleitend, bis 2263 m ü. M.
Amanshauser, Gerhard, österr. Schriftsteller, *Salzburg 2. 1. 1928; schreibt philosoph. Prosa jenseits der konventionellen Gattungen, die nachdenklich-satirisch menschl. Verhaltensweisen sowie den Kunst- und Literaturbetrieb reflektiert (»Aufzeichnungen einer Sonde. Parodien«, 1979; »Lektüre«, 1991; »Mansardenbuch«, 1999; »Als Barbar im Prater. Autobiographie einer Jugend«, 2001).
Aman Ullah, afghan. Herrscher (1919–29), *Paghman (Prov. Kabul) 1. 6. 1892, †Zürich 25. 4. 1960; setzte nach seiner Ausrufung zum Emir (1919) gegenüber Großbritannien die Unabhängigkeit seines Landes durch; nahm 1926 den Königstitel an, musste 1929 abdanken und ging ins Exil.
Amapá, Bundesstaat im Norden Brasiliens, umfasst den SO des Berglandes von Guayana, 143454 km², 475800 Ew.; Hptst.: Macapá.
Amarant [grch. amárantos »unverwelklich«] *der* (Fuchsschwanz, Amaranthus), Pflanzengattung der Familie **Amarantgewächse,** meist trop. Kräuter mit in Knäueln stehenden Blüten, die eine bleibende trockenhäutige Hülle haben. Zierpflanzen u. a. der dunkelpurpur blühende **Gartenfuchsschwanz** (Amaranthus caudatus).
Amarelle [zu italien. amaro »bitter«] *die,* eine Sauerkirsche.
Amarillo [æməˈrɪləʊ], Stadt in NW-Texas, USA, 163600 Ew.; Univ.; Verkehrsknotenpunkt inmitten eines Weizen- und Baumwollanbaugebietes, Mittelpunkt von Erdöl- und Erdgasförderung; Erdölraffinerien; Zinkhütte.
Amarna (Tell el-Amarna), Ruinenstätte in Mittelägypten, war als **Achetaton** die dem ↑Aton geweihte Residenz des altägypt. Königs Amenophis IV. (Echnaton). Bei Ausgrabungen wurden Tempel, Paläste und Häuserblocks freigelegt, die wertvolle Funde brachten (u. a. die bemalte Büste der Königin Nofretete, Ägypt. Museum, Berlin). Die Kunstwerke der **A.-Zeit** zeigen einen von der Kunsttradition Ägyptens abweichenden Stil (**A.-Stil**), der sich um eine neue Körperlichkeit bemüht. Die 1888 entdeckten **A.-Briefe,** Tontafeln mit babylon. Keilschrift aus dem Briefwechsel von Amenophis III. und IV., sind die wichtigsten Zeugnisse zur Geschichte Palästina-Syriens vor der israelit. Landnahme.
Amaryllisgewächse [grch.] (Amaryllidaceae), Familie einkeimblättriger Stauden, vorwiegend in trockenen Gebieten der Tropen und Subtropen verbreitet. Ausdauernde Kräuter mit Zwiebeln oder Knollen als Speicherorgane. Zimmerpflanzen sind u. a. Clivie, Ritterstern, Gartenpflanzen u. a. Narzisse, Schneeglöckchen.
Amasis (Ahmose), ägypt. König der 26. Dynastie (570–526 v. Chr.), förderte den Handel mit den Griechen, trug zum Wiederaufbau des zerstörten Apollotempels von Delphi bei; brachte Ägypten zu hoher wirtsch. Blüte und stärkte die Flotte.
Amasya, Hptst. der Prov. A., Türkei, im nördl. Inneranatolien, 55600 Ew.; Obst-, Gemüsehandel, Textilind., Zuckerfabrik. – Felsgräber der Könige des Pont. Reiches, seldschuk. und frühosman. Moscheen.
Amaterasu [japan. »vom Himmel leuchtend«], Sonnengöttin des Shintoismus, legendäre Ahnmutter des japan. Kaiserhauses.
Amateur [amaˈtøːr, frz.], **1)** jemand, der eine Beschäftigung aus Liebhaberei, nicht beruflich betreibt.
2) Sportler, der seinen Lebensunterhalt nicht aus dem Sport bestreitet. Der Begriff ist umstritten, v. a. weil eine Abgrenzung zum ↑Berufssportler in vielen Sportarten fließend ist. Üblich geworden sind Aufwandsentschädigungen (Fahrtkosten, Tagegelder u. a.), Materialkostenübernahme (v. a. durch Unternehmen) und die teilweise oder völlige Sicherung des Lebensunterhalts während der Zeit der sportl. Betätigung. (Vertrags-A., ↑Vertragsspieler)
Amateurfunk [amaˈtøːr, frz.], aus persönl., nicht kommerziellem Interesse mit eigener Sende-Empfangs-Anlage betriebene Nachrichtenübermittlung zwischen **Funkamateuren** in der ganzen Welt (im Ggs. zum ↑CB-Funk). In Dtl. ist der Betrieb einer Funkanlage auf bestimmten Bändern im Kurz- und Ultrakurzwellenbereich nur nach Ablegung einer Prüfung erlaubt.
Amathus, altoriental., vorphönik. Stadt an der S-Küste von Zypern, nahe dem heutigen Limassol, ein Hauptheiligtum der kypr. Aphrodite (**Amathusia**)
Amati, italien. Geigenbauerfamilie in Cremona. Ihr ältester bekannter Vertreter

Andrea A. (* um 1500/05, † vor 1580) schuf den fast schon endgültigen Violintyp, den seine Söhne Antonio A. (* um 1538, † um 1595) und Girolamo A. (* um 1561, † 1630) noch verbesserten. Am bedeutendsten war Nicola A. (* 1596, † 1684), ein Sohn Girolamos, Lehrer von A. Guarneri und A. Stradivari.

Amato, Giuliano, italien. Politiker, * Turin 13. 5. 1938; Prof. für Verfassungsrecht, 1983–87 Staatssekr., 1987–89 Schatzmin., 1992–93 MinPräs., 1994–98 Präs. des Kartellamts, 1998–2000 wiederum Schatzmin., 2000–01 als Parteiloser MinPräs. einer Mitte-links-Regierung.

Amaurose [grch.] *die*, völlige ↑Blindheit.

Amazonas, 1) *der*, der größte Strom Südamerikas mit dem größten Stromgebiet der Erde (7 Mio. km², rd. 6 500 km; er entsteht aus den von den Anden kommenden Quellflüssen Marañón, Huallaga und Ucayali, durchfließt bis zu seiner Mündung das **Amazonastiefland** (↑Amazonien); der Mittellauf (bis zur Mündung des Rio Negro) wird Solimões gen. Der A. ist unterhalb Manaus' nirgends (außer bei Óbidos: 1,8 km) weniger als 5 km breit; die Mündung, von V. Y. Pinzón 1500 entdeckt, ist 250 km breit. Bis Manaus aufwärts ist der A. für 5 000-t-Seeschiffe, bis Iquitos (Peru) aufwärts für 3 000-t-Seeschiffe befahrbar.

| Amazonas 1) – Einzugsbereich |

2) nördlichster und größter Bundesstaat Brasiliens, im W von Amazonien; 1 577 820 km², 2,84 Mio. Ew., Hptst.: Manaus.

3) Territorium von ↑Venezuela.

Amazone: reitende Amazone (Amphora aus dem 5. Jh. v. Chr.; München, Staatliche Antikensammlung)

Amazone *die,* im grch. Mythos Angehörige eines krieger. Frauenvolkes in Asien. Nur einmal im Jahr hatten die A. mit Männern benachbarter Völker Umgang zur Erhaltung ihres Geschlechts. Sie zogen nur die Mädchen auf und brannten ihnen die rechte Brust aus, damit sie beim Bogenspannen nicht hinderlich sei; so erklärte man in antiker Zeit den Namen A., d. h. »Brustlose«. Herakles und Theseus vermählten sich mit A.-Königinnen; im Trojan. Krieg kämpften die A. unter ↑Penthesilea auf der Seite der Troer. Ein histor. Urbild der A. lässt sich nicht nennen. – Auf grch. Vasen des 6. Jh. v. Chr. sind A. als gerüstete Kriegerinnen, später in oriental. Tracht dargestellt. Von den A.-Statuen des Phidias, Polyklet, Kresilas und Phradmon für Ephesos sind Nachbildungen erhalten. Neuere Darstellungen sind u. a. die A.-Schlacht von Rubens (vor 1619; München, Alte Pinakothek) und das Bronzebildwerk der reitenden A. von Tuaillon (1895; Berlin, Museumsinsel, Nationalgalerie).

Amazonen (Amazona), Gattung der Papageien in den Urwäldern Süd- und Mittelamerikas.

Amazonilen, das riesige, größtenteils mit trop. Regenwald bedeckte, in der Regenzeit weithin überschwemmte Amazonastiefland, das mit einer Fläche von etwa 5,8 Mio. km² über ⅕ Südamerikas umfasst; größtenteils zu Brasilien, daneben zu Kolumbien, Ecuador, Peru und Bolivien. Erst die Gewinnung von Kautschuk brachte im 19. Jh. eine Erschließung. Mit dem 1970 begonnenen Bau der »Transamazônica«, einer durch das südl. A. führenden Fernverkehrsstraße, der Anlage des nördl. Straßensystems »Perimetral Norte« sowie der

Süd-Nord-Fernstraßen Cuiabá–Santarém und Pôrto Velho–Manaus begann auch längs der Trassen eine weitflächige Waldrodung durch Agrarkolonisten, später durch extensive Rinderzucht betreibende Großgrundbesitzer. Die hier noch lebenden Amazonasindianer (etwa 100 000) wurden dabei größtenteils aus ihren Stammesgebieten verdrängt. Zahlr. Stämme (v. a. aus der Gruppe der Xinguindianer) sind vom Aussterben bedroht, etwa 100 leben in Reservationen. Die Entdeckung und bergbaul. Erschließung riesiger Eisenerzvorkommen im Bergland von Carajás, von Zinn-, Gold-, Erdöl- und Bauxitlagerstätten führte zu einer weiteren großräumigen Rodung des trop. Regenwaldes, die nach wie vor anhält und bereits zu ökolog. Schäden mit mögl. negativen Auswirkungen auf das Klima der Erde geführt hat.

📖 *Amazonien. Versuch einer interdisziplinären Annäherung,* hg. v. A. Hoppe. Freiburg im Breisgau 1990. *Amazonien. Mensch – Natur – Entwicklung?,* hg. v. W. Endlicher. Münster u. a. 1992. – *Henkel, K.: Agrarstrukturwandel u. Migration im östl. A. (Pará, Brasilien).* Tübingen 1994. – *Müller, Wolfgang: Die Indianer Amazoniens. Völker u. Kulturen im Regenwald.* München 1995.

Ambarzumjan, Wiktor Amasaspowitsch, armen. Astrophysiker, *Tiflis 18. 9. 1908, †Jerewan 12. 8. 1996; bed. Arbeiten u. a. zum Sternaufbau und zur Sternentwicklung; entdeckte 1947 die Sternassoziationen.

Ambassadeur [-'dø:r, italien.-frz.] *der,* (veraltet) Botschafter, Gesandter.

Ambato, Prov.-Hptst. in Ecuador, 160 300 Ew., 2600 m ü. M., Erholungsort; Textil- und Nahrungsmittelind.; 1949 schwere Erdbebenschäden.

Amberbaum (Liquidambar), Gattung der Hamamelisgewächse in Asien und Amerika; der oriental. A. (Liquidambar orientalis) liefert Storaxharz.

Amberg, kreisfreie Stadt und Verw.sitz des Landkreises A.-Sulzbach im RegBez. Oberpfalz, Bayern, 373 m ü. M., am Ostrand der Fränk. Alb, 43 800 Ew.; Elektro-, Metall-, Glas- und Porzellanind., Brauereien. – Ummauerte Altstadt mit Nabburger Tor und Vilstor, spätgot. Rathaus (14.–16. Jh., Pfarrkirche St. Georg (14. Jh.), auf Vorgängerbau; 17./18. Jh. barockisiert, St. Martin (15. Jh.); im Heimatmuseum befinden sich die Fayencen der **Amberger Manufaktur.**

Amberger, Christoph, Maler, *um 1505, †Augsburg zw. 1. 11. 1561 und 19. 10. 1562; bedeutend seine Porträts (Karl V., um 1532; Berlin, Gemäldegalerie).

Amberg-Sulzbach, Landkreis im Reg.-Bez. Oberpfalz, Bayern, 1 255 km², 108 900 Ew.; Kreisstadt: Amberg.

Ambesser, Axel von, eigtl. A. von Oesterreich, Schriftsteller, Schauspieler und Regisseur, *Hamburg 22. 6. 1910, †München 6. 9. 1988; schrieb Komödien, Romane, Drehbücher.

ambi... (ambo...) [lat.], doppel..., beid...

Ambiance [ã'bjã:s(ə), lat.-frz.] *die,* schweizer. für Ambiente.

Ambidextrie *die,* Beidhändigkeit; gleiche Geschicklichkeit beider Hände.

Ambiente [italien.] *das,* das eine Gestalt Umgebende, das ihr Atmosphäre verleiht und ihr Wesen kennzeichnet, z. B. (Lebens-)Raum, Licht, Luft, Gegenstände. In der Kunst ↑Environment.

Ambiguität [von lat. ambiguus »zweifelhaft«] *die,* Doppelsinnigkeit, Mehrdeutigkeit.

Ambiguitätstoleranz, das Ertragenkönnen von Mehrdeutigkeiten in der Wahrnehmung, auf emotionaler und auf kognitiver Ebene; wird u. a. als notwendiges Sozialisierungsergebnis einer Gesellschaft mit versch. Wertgeltungen gedeutet und als Eigenschaft einer kreativen Persönlichkeit aufgefasst.

Ambiorix [kelt. rix »König«], Fürst der ↑Eburonen.

ambipolar [lat.], beide Polaritäten betreffend.

Ambition [lat.-frz.] *die,* höher gestecktes Ziel, das jemand zu erreichen sucht, wonach jemand strebt; ehrgeiziges Streben.

Ambitus [lat.] *der,* **1)** *Architektur:* Chorumgang.
2) *Musik:* Tonhöhenumfang einer Melodie, einer Stimme oder eines Musikinstruments.

Ambivalenz [lat.] *die,* **1)** *allg.:* das gleichzeitige Auftreten von einander widersprechenden Vorstellungen, Gefühlen (z. B. Hassliebe) und Willensregungen.
2) *Phonetik:* lautl. Doppelwertigkeit eines Buchstabens, der zwei Phoneme bezeichnet.

Ambler ['æmblə], Eric, engl. Schriftsteller, *London 28. 6. 1909, †ebd. 22. 10. 1998; schrieb spannungsreiche Kriminal-, Abenteuer- und Spionageromane.

Amblygonit [zu grch. amblygṓnios »stumpfkantig«] *der,* grünlich oder bläulich weißes, triklines Mineral der chem. Zusammensetzung (Li,Na)Al[(F,OH)|PO$_4$]; wichtig zur Lithiumgewinnung.

Amblyopie [grch.-lat.] *die,* die ↑Schwachsichtigkeit.

Ambo [grch.] *der,* kanzelartiges Lesepult an oder vor den Chorschranken in altchristl. Basiliken; nach dem 2. Vatikan. Konzil vielfach an die Stelle der Kanzel getreten. Als A. dienen heute einfache Lesepulte.

Ambo (Ovambo), Bantuvolk in Namibia (etwa die Hälfte der namib. Bev.) und S-Angola; ↑Ovamboland.

Amboina, die Molukkeninsel ↑Ambon.

Amboise [ã'bwa:z], Stadt in Mittelfrankreich, Dép. Indre-et-Loire, an der Loire, 11 500 Ew.; beherrscht von einem Schloss (15. Jh. ff.), einer Residenz der Valois, später Staatsgefängnis.

Ambon (Amboina), Molukkeninsel bei Ceram, Indonesien, 813 km²; ehem. Mittelpunkt der Gewürznelken- und Muskatnusskultur. Der Hauptort Ambon (206 000 Ew.) ist Verw.sitz der indones. Prov. Maluku. – Die Portugiesen (ab 1512) wurden ab 1599 von den Niederländern vertrieben; später brit., 1942–45 japanisch; gehörte 1950 zur Rep. der Süd-Molukken (↑Molukken). Nach deren Zusammenbruch emigrierten rd. 12 000 Ambonesen in die Niederlande.

Amboss, 1) *Anatomie:* das mittlere der drei Gehörknöchelchen im inneren Ohr.
2) *Metallbearbeitung:* Stahlblock als ebene Unterlage mit Fortsätzen (Hörnern) von rundem oder viereckigem Querschnitt; zum Bearbeiten von Werkstücken beim Schmieden von Hand.

Ambra [arab.] *die* (Amber), wohlriechendes, wachsähnl. Stoffwechselprodukt des Pottwals; wohl eine krankhafte Bildung; kostbarer Rohstoff für die Parfümindustrie.

Ambrakia, antiker Name der grch. Stadt ↑Arta.

Ambras, Schloss im Innsbrucker Stadtteil Amras. Im 11. Jh. Sitz der Grafen von Andechs, kam es 1263 an Meinhard II. von Tirol. 1561 kaufte es Kaiser Ferdinand I. für seinen Sohn Ferdinand II., der es seiner Frau Philippine Welser gab und als Renaissanceschloss umbauen ließ. Ferdinand II. legte die **Ambraser Sammlung** an (Bibliothek, Kunst- und Rüstkammer). Zu ihr gehören das **Ambraser Heldenbuch,** eine Samml. mhd. Epen, und das **Ambraser Liederbuch,** im 16. Jh. eine der reichhaltigsten Liedersammlungen.

Ambrette [frz.] *die* (Ambrettekörner), Samen eines trop. Malvengewächses, liefern A.- oder Moschuskörneröl.

Ambrosia [grch.] *die,* im grch. Mythos die Speise, die den Göttern Unsterblichkeit verleiht (↑Nektar).

Ambrosiana *die,* Bibliothek (**Biblioteca A.**) und Gemäldegalerie (**Pinacoteca A.**) in Mailand, Anfang des 17. Jh. gegr., mit kostbaren frühen Handschriften (Ilias), Inkunabeln, Schriften und Zeichnungen von Leonardo da Vinci.

ambrosianischer Gesang, der Gesang der mailänd. Liturgie, benannt nach dem hl. Ambrosius; **ambrosianischer Lobgesang,** das fälschlich Ambrosius zugeschriebene Tedeum.

ambrosisch [grch.-lat.], 1) göttlich, himmlisch; 2) köstlich (duftend).

Ambrosius, lat. Kirchenlehrer, *Trier um 340, †Mailand 4. 4. 397; seit 374 Bischof von Mailand, bekämpfte im Interesse der kirchl. Einheit den Arianismus und setzte die allg. Geltung des ↑Nicänischen Glaubensbekenntnisses durch, führte nach östl. Vorbild den hymn. Kirchengesang ein. Heiliger, Tag: 7. 12.

ambulant [zu lat. ambulare »umhergehen«], **1)** *allg.:* nicht ortsfest, umherziehend, z. B. das ambulante Gewerbe.
2) *Medizin:* (ambulatorisch), in der Sprechstunde (behandelt); Ggs.: stationär.

Ambulanz *die,* **1)** (Ambulatorium), Abteilung zur ambulanten Behandlung in größeren Krankenhäusern.
2) Krankentransportwagen.

Ameisen (Emsen, Formicoidea), 1 bis 40 mm lange Hautflügler mit rd. 20 000 meist trop. Arten. Fast alle A. bilden gut organisierte Staaten mit Arbeiterinnen und zunächst geflügelten Weibchen und Männchen. Nach der Befruchtung werfen die Weibchen die Flügel ab, und die Männchen sterben. Die befruchteten Weibchen werden als Königinnen bezeichnet. Viele Arten haben einen Giftstachel; bei Arten mit zurückgebildetem Stachel wird amei-

AME Ameisenbären

Ameisen: Wanderameisen

sensäurereiches Gift aus dem Hinterleibsende ausgespritzt, so bei der **Roten Waldameise.** Die Arbeiterinnen sind geschlechtlich verkümmerte, flügellose Weibchen; sie besorgen Nestbau und -schutz (Soldaten), Futtersuche und Brutpflege. A. ernähren sich von Kleintieren, Nektar, Pflanzensaft und Samen, manche auch von zuckerreichen Ausscheidungen z. B. der Blattläuse (A.-Gäste). Wohnbauten sind u. a. die »A.-Haufen«, Erdhöhlen mit Aufbauten aus trockenen Pflanzenteilen. Der Giftdrüsensaft der A. ist Volksheilmittel. Bekannt ist neben der Roten Waldameise (Formica rufa) die **Riesen-** oder **Rossameise** (Camponotus ligniperda). Nicht zu den A. gehören die **Weißen A.** (↑Termiten)

📖 Schwenke, W.: A. Der duftgelenkte Staat. Hannover 1985. – Dumpert, K.: Das Sozialleben der A. Berlin u. a. ²1994. – Hölldobler, B. u. Wilson, E. O.: A. Die Entdeckung einer faszinierenden Welt. A. d. Engl. Basel 1995.

Ameisenbären (Myrmecophagidae), in Mittel- und Südamerika lebende Säugetiere aus der Ordnung Zahnarme; zahnlose, auf Insektennahrung spezialisierte Baum- oder Bodenbewohner mit sehr kleiner Mundöffnung und langer klebriger Fangzunge. Der **Große A.** (Myrmecophaga tridactyla) wird ohne Schwanz bis 130 cm lang, der vorwiegend auf Bäumen lebende **Südliche Tamandua** (Tamandua tetradactyla) erreicht eine Länge bis zu 67 cm, der **Zwerg-A.** (Cyclopes didactylus) wird etwa eichhörnchengroß.

Ameisengäste (Myrmekophilen), meist Gliedertiere, die mit Ameisen zusammenleben, z. B. Blattläuse. Viele A. gleichen ihren Wirtsameisen (Ameisenmimikry).

Ameisenigel (Schnabeligel, Tachyglossidae), Fam. bis 80 cm langer Kloakentiere Australiens und benachbarter Inseln, die Termiten, Ameisen u. a. Insekten fressen; zahnlos, mit zylindr., schnabelähnl. Schnauze, klebriger Zunge, mit Haaren, Stacheln und kräftigen Grabkrallen.

Ameisenlöwen, die Larven der **Ameisenjungfern** (Familie libellenähnlicher Netzflügler); sie legen in sandigem Boden Trichter an und fangen die in den Trichter fallenden Tiere.

Ameisenpflanzen (myrmekophile Pflanzen, Myrmekophyten), trop. Pflanzen, die mit Ameisen in Symbiose leben, d. h. in Hohlräumen Ameisennester beherbergen.

Ameisensäure, stechend riechende, ätzende und reduzierend wirkende Flüssigkeit; die stärkste und einfachste der Carbonsäuren, Bestandteil des Ameisen- und Brennnesselgiftes, Wirkstoff des ↑Ameisenspiritus. Ihre Salze und Ester heißen **Formiate**. A. fällt als Nebenprodukt bei der Essigsäureherstellung an und wird bes. in der Textil- und Lederindustrie verwendet. Ihre Ester riechen obstartig und dienen zur Herstellung von Essenzen (↑Ameisensäureäthylester).

Ameisensäureäthylester (Ameisensäureethylester), $HCOOC_2H_5$, würzig riechende Flüssigkeit; als Rumessenz (Rumäther) und Fungizid verwendet.

Ameisenspiritus, Mischung von Ameisensäure, Wasser und verdünntem Alkohol; dient als Hautreizmittel bei Rheuma.

Ameiven, Gattung der ↑Schienenechsen.

Ameland, westfries. Insel vor der niederländ. Nordseeküste, 57 km², 3400 Ew.; Seebäder; Erdgasvorkommen.

Amelie [grch.] *die,* angeborenes Fehlen einer ganzen Gliedmaße (Arm oder Bein).

Amelio, Gianni, italien. Filmregisseur, *San Pietro Magisano (bei Catanzaro) 20. 1. 1945; bekannt v. a. durch seine sozialkrit. Filme: »Gestohlene Kinder« (1992), »Lamerika« (1994), »So haben wir gelacht« (1998).

Amelungen, ↑Amaler.

Amen [hebr. »Ja, gewiss!«], aus dem Judentum in die christl. Liturgie übernommene Zustimmungsformel der Gemeinde zu Rede, Gebet und Segen.

Amendement [amãd'mã, frz.] *das,* verfassungsrechtl. Bez. für ↑Änderungsantrag.

Amendment [əˈmendmənt, engl. »Berichtigung«] *das*, beantragte oder erfolgte Abänderung oder Ergänzung eines Gesetzes; in den USA Zusatzartikel zur Verfassung von 1787 (bisher 27 A.) oder den Verfassungen der Einzelstaaten.

Amendola, Giorgio, italien. Politiker (KP), * Rom 21. 11. 1907, † ebd. 5. 6. 1980; einer der Führer der kommunist. Widerstandsbewegung, befürwortete die Unabhängigkeit der italien. KP.

Amenemhet III., ägypt. König der 12. Dynastie (1844–1797 v. Chr.); vollendete durch Deich- und Schleusenanlagen die Seelandschaft des Faijum (↑Mörissee).

Amenophis [grch.] (ägypt. Amenhotep), Name von vier ägypt. Königen der 18. Dynastie, darunter:

1) A. III. (1402–1364 v. Chr.), erbaute den Tempel von Luxor.

2) A. IV., später **Echnaton** (1364–1347 v. Chr.), Sohn von 1), Gatte der Nofretete, erhob die Sonnenscheibe (Aton, Aten) zum einzigen Gott und erbaute sich in ↑Amarna eine neue Hauptstadt.

📖 *Schlögl, H. A.: Amenophis IV. Echnaton. Reinbek 13.–15. Tsd. 1992. – Hornung, E.: Echnaton. Die Religion des Lichtes.* Zürich u. a. 1995.

Amenorrhö [grch.] *die*, das Ausbleiben der ↑Menstruation.

American Airlines Inc. [əˈmerɪkən ˈeəlaɪnz ɪnˈkɔːpəreɪtɪd], Abk. **AA,** nordamerikan. Luftfahrtgesellschaft, gegr. 1934 (↑Luftverkehrsgesellschaften, Übersicht).

American Dream [əˈmerɪkən driːm], Inbegriff für den Traum der Einwanderer in Amerika bzw. den USA vom wirtsch. Erfolg bei Wahrung der persönl. Freiheit; entsprang v. a. dem Wunsch vieler Menschen in Europa, aber auch anderer außeramerikan. Regionen, sich den dortigen gesellschaftlich-ökonom. Defiziten zu entziehen; wurde genährt von der Vorstellung Amerikas als eines »Lands der unbegrenzten Möglichkeiten« und dem Glauben, im Rahmen der starken sozialen Mobilität hier »vom Tellerwäscher zum Millionär« aufsteigen zu können.

American Express Company [əˈmerɪkən ɪksˈpres ˈkʌmpənɪ], Abk. **AMEXCO,** Sitz: New York, amerikan. Finanzdienstleistungs- und Reiseunternehmen, gegr. 1850, führte 1891 den Travellerscheck ein.

Die Tochtergesellschaft American Express Banking Corp. betreibt internat. Bankgeschäfte.

American Federation of Labor/Congress of Industrial Organizations [əˈmerɪkən fedəˈreɪʃn ɔv ˈleɪbə ˈkɔŋgres ɔv ɪnˈdʌstrɪəl ɔːgənaɪˈzeɪʃnz], ↑AFL/CIO.

American Football [əˈmerɪkən ˈfʊtbɔːl], ↑Football.

American Forces Network Europe [əˈmerɪkən ˈfɔːsɪz ˈnetwəːk ˈjʊərəp], Abk. **AFN,** Rundfunkdienst für die Angehörigen der amerikan. Streitkräfte und ihre Familien in Europa, gegr. 1943 in London; in Dtl. Funkhaus in Frankfurt am Main.

American Fur Company [əˈmerɪkən fəːˈkʌmpənɪ], die im ersten Drittel des 19. Jh. reichste Pelzhandelsgesellschaft der USA; 1808 gegr. von dem Deutschen Johann Jakob (John Jacob) Astor (* 1763, † 1848), der sein Handelsmonopol über zentrale und westl. Teile Nordamerikas errichtete und durch die Schaffung zahlr. Faktoreien wesentl. Anteil an der Erschließung dieser Gebiete hatte.

Ameisenbären: Großer Ameisenbär mit Jungtier

American Indian Movement [əˈmerɪkən ˈɪndjən ˈmuːvmənt], Abk. **AIM,** 1968 in Minneapolis (Minn.) gegründete Indianerorganisation der USA, zog bes. durch spektakuläre Protestaktionen im Rahmen der ↑Redpower (u. a. Besetzung der Gefängnisinsel Alcatraz 1969–71, des Bureau of Indian Affairs in Washington D. C., 1972, und von Wounded Knee 1973) Aufmerksamkeit auf sich; heute v. a. lokal aktiv (Basisarbeit u. a. in den »Survival

Schools«, die sich auf die Vermittlung indian. Kultur und Sprache konzentrieren).

American Telephone and Telegraph Company [əˈmerɪkən ˈtelɪfəʊn ænd ˈtelɪɡræf ˈkʌmpəni], Abk. **AT & T,** eine der weltgrößten privaten Telefongesellschaften, gegr. 1885, Sitz: New York; hervorgegangen aus der Bell Telephone Company (gegr. 1877); betreibt heute als Dachgesellschaft den überwiegenden Teil des inneramerikan. und interkontinentalen Fernmeldeverkehrs von den USA nach Übersee.

American Way of Life [əˈmerɪkən ˈweɪ əv ˈlaɪf], amerikan. Lebensart, gekennzeichnet bes. durch weitestgehende Toleranz gegenüber anderen, den Anspruch auf eigene, freie Lebensgestaltung in allen Bereichen sowie eine allgemeine optimist. Grundhaltung.

America's Cup [əˈmerɪkəz kʌp, engl.], bedeutendster Wettbewerb im Hochseesegeln, 1851 von Königin Viktoria von Großbritannien gestiftet. Mit der schweizer. Jacht »Alinghi« gewann 2003 erstmals ein europ. Team (mit J. Schümann).

Americium [nlat., nach dem Erdteil Amerika] *das,* **Am,** künstl. radioaktives Metall, ein Actinoid und Transuran, Ordnungszahl 95, Dichte (bei 20°C) 13,67 g/cm³, Schmelzpunkt 1 176°C. – A. tritt in versch. Isotopen auf (237–247). Die langlebigen Isotope 241 und 243 (Halbwertszeit 433 bzw. 7 370 Jahre) sind Alphastrahler und fallen beim Betrieb von Kernreaktoren an. Sie gehören zu den giftigsten Radionukliden; ²⁴¹Am wurde als erstes A.-Isotop 1944 von G. T. Seaborg u. a. hergestellt.

Amerika [nach Amerigo Vespucci], die beiden Erdteile ↑Nordamerika und ↑Südamerika, die als »Neue Welt« der »Alten Welt« gegenübergestellt werden und durch die Land- und Inselbrücke ↑Mittelamerikas miteinander verbunden sind. Der Doppelkontinent kommt Asien im NW der Beringstraße auf 85 km nahe, ist aber im Übrigen durch den Pazif. Ozean im W, den Atlant. Ozean und das Nordpolarmeer im O und N deutlich von den anderen Erdteilen getrennt. A. erstreckt sich von 83°07′ n. Br. (einschl. der Insel Grönland von 83°39′ n. Br.) bis fast 54° (einschl. der Inseln 56°) s. Br., also über insgesamt 14 000–15 500 km. Nord- und Süd-A. haben gemeinsame Grundzüge in Bau und Oberflächengestalt: entlang der W-Küste die Hochgebirgsketten der Kordilleren, an die sich ostwärts große Tafelländer, Stromtiefländer und alte Gebirgsrümpfe nahe der O-Küste anschließen.

Zw. 25 000 und 8 000 v. Chr. (neuere Untersuchungen gehen auch von früheren Einwanderungsschüben aus) wanderten von NO-Asien aus über eine Landbrücke im Gebiet der heutigen Beringstraße die ersten Menschen in A. ein. Von Alaska aus bevölkerten die mongoliden Ureinwohner im Laufe von Jahrtausenden den gesamten Doppelkontinent (↑Indianer und, aus einer späteren Einwanderungswelle, ↑Eskimo). Nach der Landung von C. Kolumbus auf der Bahamainsel Guanahani 1492 (gilt trotz vorheriger A.-Fahrten der Wikinger u. a. Seefahrer als eigentl. Zeitpunkt der Entdeckung) wurde Nord-A. überwiegend durch Briten **(Anglo-A.),** Mittel- und Süd-A. durch Spanier und Portugiesen **(Latein-A.)** besiedelt. Bis zu seiner Niederlage im Siebenjährigen Krieg (1756–63) hatte Frankreich große Teile Nord-A. in seinem Besitz (↑Louisiana, Gebiete in Kanada), besiedelte diese jedoch nur schwach. In Westindien wurden die Indianer nahezu ausgerottet, in Nord-A. stark dezimiert; ihre Zahl nimmt aber wieder zu. In Zentral- und Süd-A. haben sie sich stark mit den europ. Einwanderern vermischt (Mestizen). Unterschiedlich groß ist in versch. Gebieten der Anteil von Nachkommen der als Sklaven nach A. verschleppten Schwarzafrikaner, die sich großenteils ebenfalls vermischt haben (Mulatten). Dazu kamen im 19./20. Jh. weitere Einwanderer aus Europa und Asien.

Amerikahäuser, in Dtl. und Österreich Informationszentren der USA (seit 1946), die kulturpolit. Aufgaben wahrnehmen; auch in zahlr. anderen Ländern gibt es ähnl. Einrichtungen.

Amerikanerreben, Rebsorten aus Amerika, die gegen die Reblaus und einige Pilze resistent sind und im Pfropfrebenbau als Unterlage dienen.

Amerikanische Freihandelszone (engl. Free Trade Area of the Americas), Abk. **FTAA,** 1994 auf dem OAS-Gipfel in Miami (Fla.) von 34 Staaten vereinbarte Freihandelszone für den gesamten amerikan. Kontinent (außer Kuba), die bis 2005 als Gegengewicht zum Europ. Binnenmarkt realisiert werden soll.

amerikanische Kunst, ↑lateinamerikanische Kunst, ↑Vereinigte Staaten von Amerika (Kunst).
amerikanische Literatur, ↑kanadische Literatur, ↑lateinamerikanische Literatur, ↑Vereinigte Staaten von Amerika (Literatur).
amerikanische Musik, ↑lateinamerikanische Musik, ↑Vereinigte Staaten von Amerika (Musik).
Amerikanische Nacht, ↑Day for Night.
amerikanische Philosophie, ↑lateinamerikanische Philosophie, ↑Vereinigte Staaten von Amerika (Philosophie).
Amerikanischer Bürgerkrieg, ↑Sezessionskrieg.
Amerikanische Revolution, der Prozess der Loslösung der 13 brit. Kolonien in Nordamerika vom Mutterland, der nach dem Unabhängigkeitskrieg (1775–83) zur Gründung der Vereinigten Staaten von Amerika als Bundesstaat führte.
Amerikanisches Mittelmeer, Nebenmeer des Atlant. Ozeans zw. Nord-, Zentral-, Südamerika und den Antillen, besteht aus dem Karib. Meer und dem Golf von Mexiko.
Amerikanisch-Samoa, ↑Samoainseln.
Amerikanismen, Wörter, Schreibungen und Lautungen, die dem amerikan. Englisch eigen sind oder aus dem amerikan. Englisch in fremde Sprachen übernommen wurden. (↑Anglizismen)
Amerikanistik die, **1)** Zweig der Völkerkunde, der sich mit Vorgeschichte, Geschichte, Sprache und Kultur der amerikan. Indianer beschäftigt.
2) die Wiss. von der Gesellschaft, Sprache und Literatur der USA.
Amersfoort, Stadt in der Prov. Utrecht, Niederlande, Mittelpunkt des Geldersche Vallei, 120 500 Ew.; Elektro-, Fahrzeug-, Maschinenbau-, chem., Textil-, Nahrungs- und Genussmittelindustrie. – Mittelalterl. Umwallung, got. Kirchen.
Amery, Carl, eigtl. Christian Anton Mayer, Schriftsteller, *München 9. 4. 1922; zeitkrit. Romane und Essays, widmet sich heute v. a. Umweltproblemen.
Améry [ameˈri], Jean, eigtl. Hans Mayer, österr. Schriftsteller, *Wien 31. 10. 1912, †(Selbstmord) Salzburg 17. 10. 1978; emigrierte 1938 nach Belgien, 1943–45 im KZ, lebte dann in Brüssel; schrieb »Jenseits von Schuld und Sühne« (1966); »Über das Altern« (1968); »Unmeisterl. Wanderjahre« (1971); »Hand an sich legen« (1976); »Weiterleben, aber wie?« (hg. 1982).
📖 *Lorenz, D. C.: Scheitern als Ereignis. Der Autor J. A. im Kontext europ. Kulturkritik. Frankfurt am Main u. a. 1991.* – *Heidelberger-Leonard, I.: J. A. im Dialog mit der zeitgenöss. Literatur. Stuttgart 2002.*
amethodisch [grch.], ohne feste Methode, planlos.

Amethyst: Amethystdruse

Amethyst [grch. améthystos »nicht trunken« (der Stein sollte vor Trunkenheit schützen)] der, Mineral, violette bis purpurrote Schmucksteinvarietät des Quarzes.
Ametrie [grch.] die, nicht gleichmäßig, in keinem ausgewogenen Verhältnis stehend.
Ametropie [grch.] die (Fehlsichtigkeit), ↑Brechungsfehler des Auges.
Ameublement [amøbləmãː, frz.] das, (veraltet) Zimmer-, Wohnungseinrichtung.
AMEXCO, Abk. für ↑American Express Company.
AMF [ˈeɪemˈef; Abk. für engl. Allied Mobile Force], 1961 aufgestellter multinat. Eingreifverband von luftbewegl. NATO-Streitkräften innerhalb des Kommandobereiches Europa (↑ACE); innerhalb der Krisenreaktionskräfte der NATO sofort einsetzbar; Hauptquartier: Heidelberg, Oberbefehlshaber: ↑SACEUR, Oberkommando: ↑SHAPE.
Amfortas (Anfortas), sagenhafter kelt. König, bei Wolfram von Eschenbach König des Grals und Oheim ↑Parzivals.
Amhara, hamit. Volk im Hochland von Äthiopien, um den Tanasee, etwa 18 Mio., staatstragendes Volk in Äthiopien. Die A. gehören der äthiop. Kirche an. **Amharisch** ist Amtssprache in Äthiopien.
Amicis [aˈmiːtʃis], Edmondo De A., italien. Schriftsteller, ↑De Amicis.

Amida, japan. Form für ↑Amitabha.
Amide [lat.], **1**) (Säureamide), Verbindungen, die sich aus Säuren durch Ersatz der Hydroxylgruppe ($-OH$) durch die Aminogruppe ($-NH_2$) oder substituierte Aminogruppen ($-NH-R$, $-NR_2$) ableiten.
2) (Metallamide), Abkömmlinge des Ammoniaks, in denen ein Wasserstoffatom durch Metall ersetzt ist.
Amido..., Bez. für anorgan. Verbindungen (Koordinationsverbindungen) mit der Atomgruppe $-NH_2$ als Ligand, ↑Amino...
Amiens [a'mjɛ̃], Hptst. des Dép. Somme und der Region Picardie, Frankreich, 136 200 Ew., wichtigster Eisenbahnknotenpunkt N-Frankreichs, liegt in fruchtbarer Ebene an der Somme; Univ. (seit 1964); Apparatebau, chem., Reifen-, Schuh-, Metall verarbeitende, Nahrungsmittel- und Textilindustrie. – Die Kathedrale Notre-Dame (1220 begonnen; UNESCO-Weltkulturerbe) ist ein Meisterwerk der Gotik; Basilika mit dreischiffigem Lang- und Querhaus, fünfschiffigem Kapellenumgangschor, reich geschmückter W-Seite mit Turmstümpfen. – A., das röm. **Ambianum (Samarobriva)**, kam 1185 an die frz. Krone. Der **Friede von A**. (27. 3. 1802) zw. Großbritannien und Frankreich beendete den 2. Koalitionskrieg (↑Französische Revolutionskriege).
Amiet ['amiɛt], Cuno, schweizer. Maler, *Solothurn 28. 3. 1868, †Oschwand (Kt. Bern) 6. 7. 1961; Mitgl. der Künstlergemeinschaft »Die Brücke«; malte Landschaften, figurale Kompositionen und Porträts in kraftvollen Farben.
Amigo [span. »Freund«] der, umgangssprachl. Bezeichnung für einen Geschäftsmann, der sich durch Begünstigung eines Politikers Vorteile für sein Unternehmen erhofft.
Amimie [grch.-lat.] die, Verlust der mim. Ausdrucksfähigkeit. Das Gesicht wirkt durch starre Mimik maskenartig (»Maskengesicht«); Vorkommen z. B. bei Parkinson-Krankheit.
Amin Dada, Idi, ugand. General, *in NW-Uganda 1925 (?), †Djidda 16. 8. 2003; seit 1966 Oberbefehlshaber der Armee, wurde 1971 durch Militärputsch Staatspräs. und errichtete eine Terrorherrschaft; 1979 gestürzt, floh nach Saudi-Arabien.
Amine, organ. Basen, gebildet durch Ersatz eines oder mehrerer Atome Wasserstoff des Ammoniaks durch Alkyl- (aliphat. A.) oder Arylgruppen (aromat. A.). Nach der Zahl der ersetzten H-Atome unterscheidet man primäre, sekundäre und tertiäre Amine.
Amino..., Bez. für organ. Verbindungen mit der einbindigen funktionellen Gruppe $-NH_2$.
Aminobenzol, das ↑Anilin.
Aminoglykoside, Antibiotikagruppe mit breitem Wirkungsspektrum, die als gemeinsamen Bestandteil Streptamin oder Streptaminderivate enthält; zu den A. zählen Streptomycin, die Neomycin- sowie die Kanamycin-Gentamicin-Gruppe.
Aminophenole, die drei isomeren Aminoderivate des Phenols (2-, 3- und 4-A.); Verwendung: Farbstoffsynthese, Entwicklersubstanzen, Pharmazeutika, Antioxidantien.
Aminoplaste, härtbare Kunstharze und Pressmassen auf der Grundlage z. B. von Formaldehyd mit Harnstoff (Harnstoffharze), Melamin (Melaminharze) oder anderer organ. Verbindungen mit Aminogruppen.
Aminopropionsäure, das ↑Alanin.
a minori ad maius [lat.], vom Kleinen aufs Größere (schließen).
Aminosalicylsäure (para-Aminosalicylsäure), Abk. **PAS**, Arzneimittel, das hoch dosiert die Vermehrung von Tuberkelbakterien hemmt.
Aminosäuredatierung (Racematmethode), Verfahren zur numer. (absoluten) Altersbestimmung von fossilen Knochen und Zähnen, das die opt. Aktivität von Aminosäuren ausnutzt. Im lebenden Organismus kommt i. d. R. nur die die Polarisationsebene des Lichts linksdrehende L-Form der Aminosäuren vor, die sich nach dem Absterben in die stereoisomere, rechtsdrehende D-Form umwandelt, bis ein Gleichgewicht (Racemat) erreicht ist. Daher kann aus dem Verhältnis von L- und D-Form das Alter dieser fossilen Funde bestimmt werden. Hierbei sind Datierungen über Zeitspannen von einigen Tsd. Jahren bis wenigen Mio. Jahren möglich.
Aminosäuren, Carbonsäuren mit einer oder mehreren Aminogruppen ($-NH_2$). Die einfachste A. ist die **Aminoessigsäure** (Glycin, Glykokoll). Aus ihr leitet sich durch Ersatz des einen H-Atoms der CH_2-Gruppe eine Reihe von A. ab; größte Bedeutung als Baustein der Eiweiße.

Nichtessenzielle A. werden z.T. im tier. und menschl. Körper synthetisiert, **essenzielle A.** müssen mit der Nahrung zugeführt werden.

Amis (Pfaffe A.), Schwanksammlung des ↑Strickers.

Amis [ˈeɪmɪs], Sir (seit 1990) Kingsley, engl. Schriftsteller, *London 16. 4. 1922, †ebd. 22. 10. 1995; gehört zu den »Angry young men«, schrieb kritisch-humorvolle Romane »Glück für Jim« (1954), »Die Falle am Fluß« (1973), »The Folks that live on the Hill« (1990), *»You can't do both«* (1994).

Amische (engl. Amish), eine Gruppe der Mennoniten, die sich wegen ihrer strengeren Auffassung von Kirchenzucht 1693 von den übrigen Mennoniten trennte und seither eine eigene religiöse Gemeinschaft bildet; ben. nach ihrem ersten Ältesten Jakob Ammann (*1644, †vor 1730; Mennonitenältester im Emmental). Seit Anfang des 18. Jh. wanderten die A. nach Nordamerika (bes. Pennsylvania) aus, wo sie bis heute in eigenen Siedlungen leben, Lebensart und Sprache (↑Pennsylvania Dutch) ihrer Vorfahren bewahren und überwiegend als Farmer tätig sind. Ihre sozialen Beziehungen (gegenseitige Unterstützung; Heirat untereinander; eigener Schulunterricht) begreifen sie als authent. Ausdruck ihrer Glaubensbrüderschaft. Die A. führen ein einfaches Leben, in dem sie unter Berufung auf die Bibel bewusst auf techn. Errungenschaften (landwirtsch. Maschinen, Telefon, Elektrogeräte) verzichten. Die konservativen Gemeinden (rd. 80% aller A. umfassend) verstehen diesen Verzicht allumfassend, während »liberalere« Gemeinden im begrenzten Umfang auch »Neuerungen« zulassen (Fahrräder, gummibereifte Pferdewagen, Traktoren). Die Kleidung der A. ist durch Tradition und Vorschriften bestimmt. Die Frauen tragen zu einer schlichten, meist dunklen Kleidung schwarze Kapotthüte oder weiße Musselinhäubchen; für die Männer sind schwarze breitkrempige Hüte charakteristisch. Heute umfassen die A. eine Bev.gruppe von etwa 140 000 Menschen in den USA (v. a. in Pennsylvania [Lancaster County], NO-Indiana und N-Ohio) und in Kanada (Ontario); Gemeindemitgl. im rechtl. Sinn sind die rd. 40 000 getauften erwachsenen Amischen.

 Längin, B. G.: Gottes letzte Inseln. Wie die Hutterer u. Amischen leben. Augsburg 1996.

Amistad, Name eines span. Schiffes, an dessen Bord sich 1839 53 Sklaven aus Kuba während ihres Transports befreiten, danach überwältigten sie die Schiffsbesatzung und tauchten vor Long Island (N. Y., USA) auf. Das amerikan. Oberste Gericht urteilte 1841, dass sie (wegen der Illegalität des internat. Sklavenhandels) als frei zu betrachten seien. – Stoff verfilmt durch S. Spielberg (1997).

Amitabha [Sanskrit »von unermessl. Licht«] (chines. Amituo, japan. Amida), im Mahayana- und Vajrayana-Buddhismus die himml. Entsprechung des histor. Buddha; nimmt die ihm gläubig Ergebenen nach dem Tod in sein Reich, das Paradies Sukhavati, auf.

Amitose [grch.] *die, Biologie:* Form der ↑Kernteilung.

Amman: Der Große Tempel auf dem Zitadellenhügel stammt aus der Epoche des römischen Kaisers Mark Aurel (161–180).

Amman, Hptst. von Jordanien, auf dem ostjordan. Tafelland, 1,3 Mio. Ew.; Residenz des Königs, Univ. (gegr. 1962); Zigaretten-, Textil- u. a. Ind.; an der Hidjasbahn, Flughafen. – Gut erhaltenes röm. Amphitheater. – A. war als **Rabbath Ammon** Hptst. der Ammoniter; seit hellenist. Zeit **Philadelphia** genannt; nach röm. Herrschaft seit 635 arabisch; wurde 1948 Hptst. des neu gegr. Königreichs Jordanien.

Amman (Ammann), Jost, Zeichner für

den Holzschnitt und Kupferstecher, getauft Zürich 13. 6. 1539, begraben Nürnberg 17. 3. 1591; schuf ebd. zahlreiche Holzschnitte aus dem Leben seiner Zeit (u. a. Ständebuch von 1568).
Ammanati, Bartolomeo, italien. Baumeister und Bildhauer, *Settignano 18. 6. 1511, †Florenz 13. 4. 1592; ein Hauptmeister des Manierismus, tätig in Florenz: Neptunbrunnen (vollendet 1575), Gartenfront des Palazzo Pitti (1560–70), Brücke della Trinità (1566–69).
Ammann, in der Schweiz Bezirks- oder Gemeindevorsteher. **Land-A.,** in einigen Schweizer Kantonen Bez. für den Regierungsvorsitzenden.
Ammann, Simon, schweizer. Skispringer, *Grabs (Kt. St. Gallen) 25. 6. 1981; u. a. Doppelolympiasieger 2002 (Normal- und Großschanze).
Ammassalik, Ort in Grönland, ↑Angmagssalik.
Amme, Frau, die einen fremden Säugling stillt.
Ammenzeugung, Generationswechsel bei Salpen (Gruppe der Manteltiere) mit regelmäßigem Wechsel einer geschlechtl. Generation und einer ungeschlechtlich sprossenden, deren Nachkommen **Ammen** heißen.
Ammer *die,* linker Nebenfluss der Isar, 170 km, entspringt am Kreuzspitz im A.-Gebirge, durchfließt den A.-See, danach **Amper** genannt, mündet bei Moosburg; Kraftwerke.
Ammerland, 1) Landschaft in Ndsachs., nordwestlich von Oldenburg, im S das Zwischenahner Meer; Viehzucht, Baumschulen (Rhododendronkulturen).
2) Landkreis im RegBez. Weser-Ems, Ndsachs., 728 km², 111 100 Ew.; Krst.: Westerstede.
Ammern (Emberizidae), mit den Finken nahe verwandte, vorwiegend in Europa heim. Familie der Sperlingsvögel mit kräftigem Schnabel: z. B. **Goldammer** (Emberiza citrinella), Männchen zitronengelb und rostbraun, **Ortolan** (Emberiza hortulana), rostrot und graugrün (Bestände »stark gefährdet«) und die im Sumpfland lebende, 15 cm große **Rohrammer** (Emberiza schoeniclus).
Ammersee, See in Oberbayern, 531 m ü. M., 47,5 km², bis 83 m tief (Zungenbecken eines eiszeitl. Gletschers), von der Ammer durchflossen; Fremdenverkehr.

Ammianus Marcellinus, röm. Geschichtsschreiber, *Antiochia am Orontes um 330, †um 395; schrieb Ende des 4. Jh. eine Geschichte des Röm. Reiches von 96 n. Chr. bis 378 in 31 Büchern, von denen die ersten 13 (bis zum Jahre 352) nicht erhalten sind.
Ammon, der ägypt. Gott ↑Amun.
Ammon-Gelite, handhabungssichere, wasserbeständige Sprengstoffe aus Ammoniumnitrat und Nitroglykol.
Ammoniak [lat. sal ammoniacum »Salmiak«] *das,* NH_3, farbloses Gas von stechendem Geruch, wird durch 800–900 KPa Druck bei 20°C flüssig (Dichte 0,682 g/cm³ bei 0°C) und kommt so, in Stahlflaschen komprimiert oder als 35%ige wässrige Lösung in den Handel. A. entsteht bei der Zersetzung organ. Stickstoffverbindungen. In Wasser leicht löslich; die als **Salmiakgeist** bezeichnete Lösung enthält etwa 10% Ammoniak. 70% der Weltproduktion an A. stellt man aus Luftstickstoff her (Haber-Bosch-Verfahren); Verarbeitung u. a. zu Düngemitteln, Salpetersäure, Harnstoff, Chemiefasern, Sulfonamiden; Verwendung als Kühlmittel. **Ammoniakate (Amminsalze)** sind Komplexe des A. mit Metallsalzen.
Ammoniakvergiftung, entsteht durch Einatmen von Ammoniak (Erstickungsanfälle, Lungenödem u. a.), ferner durch Trinken von Ammoniaklösung (Salmiakgeist), äußert sich wie eine ↑Laugenvergiftung.
Ammonion, im Altertum Name der ägypt. Oase ↑Siwa in der Libyschen Wüste.
Ammonite, pulverförmige Gesteinssprengstoffe aus Ammoniumnitrat und aromat. Nitroverbindungen.
Ammoniten [grch., nach dem ägypt. Gott Ammon = Amun, der u. a. mit Widderhörnern dargestellt wurde] (Ammonshörner), am Ende des Erd-MA. ausgestorbene marine Kopffüßer. Ihre Kalkschalen waren meist zu einer Spirale gerollt, Schalendurchmesser 5 mm bis 2 m; wichtige Leitfossilien.
Ammoniter, *A. T.:* semit. Volk, das nach 1200 v. Chr. im Ostjordanland sesshaft wurde; mit den Israeliten nahe verwandt, aber häufig verfeindet.
Ammonium *das* (Kurzform Ammon), die frei nicht auftretende Atomgruppe NH_4, die in Verbindungen (A.-Salze) die Stelle eines einwertigen Metalls vertritt. **A.-Salze** sind wichtige Düngemittel.

Ammoniumcarbonat (Hirschhornsalz), $(NH_4)_2CO_3$, weißes Salz; entsteht z.B. durch Einleiten von Kohlendioxid in Ammoniakwasser. A. zerfällt bei 58°C wieder in seine Bestandteile. Verwendung als Treibmittel für Backwarenteige, Beize, für Katalysatoren, Schaumstoffe u.a.

Ammoniumchlorid, der ↑Salmiak.

Ammoniumnitrat, NH_4NO_3, farbloses, gut kristallisierendes, an feuchter Luft zerfließendes Salz; mit kohlenstoffhaltigen Substanzen gemischt, ergibt es Sicherheitssprengstoffe, mit Kaliumchlorid Düngemittel.

Ammoniumsulfat, $(NH_4)_2SO_4$, durch Einleiten von Ammoniak in 80%ige Schwefelsäure oder durch Umsetzung von Ammoniak, Kohlendioxid und Wasser mit Gips hergestelltes Salz; wichtiges Düngemittel.

Ammonolyse *die,* der ↑Hydrolyse analoge Reaktion einer chem. Verbindung mit Ammoniak.

Ammonshörner, die ↑Ammoniten.

Amnesie [grch.] *die,* zeitlich begrenzte Erinnerungslücke, ↑Gedächtnisstörungen.

Amnestie [grch. »das Vergessen«] *die,* Straferlass für eine unbekannte Zahl von Fällen (im Unterschied zur ↑Begnadigung), entweder durch Erlass bereits rechtskräftig verhängter Strafen oder durch Einstellen der Strafverfolgung oder anhängiger Verfahren bei bestimmten strafrelevanten Handlungen. In Dtl. kann A. nur durch Gesetz gewährt werden (Straffreiheits-Ges.). Die Niederschlagung eines einzelnen schwebenden Verfahrens (↑Abolition) ist unzulässig. In *Österreich* und der *Schweiz* erfolgt die A. ebenfalls durch ein Bundesgesetz.

Amnesty International [ˈæmnəstɪ ɪntəˈnæʃnl, engl.], Abk. **AI** oder **ai,** internat. Organisation, gegr. 1961; betreut Menschen, die aus polit., weltanschaul. oder rass. Gründen in Haft sind; setzt sich für die Einhaltung der Menschenrechte, für ordentl. Prozesse, Strafmilderung und Freilassung, gegen Todesstrafe und Folter ein. Internat. Sekretariat: London; Sektion Dtl.: Bonn. – Erhielt 1977 den Friedensnobelpreis. Jahresbericht. Deutsche Ausgabe. 1971 ff. ❖ **siehe ZEIT Aspekte**
📖 *Heinrich-Jost, I.: Abenteuer Amnesty. Freiheit u. Menschenwürde. Wien 1991.* – *Devries, U.: A. I. gegen Folter. Frankfurt am Main u. a. 1998.*

Amniographie [grch.] *die* (Fetographie), intrauterine Röntgenkontrastdarstellung des Fetus; durch Ultraschalldiagnostik ersetzt.

Amnion [grch.] *das* (Schafshaut), die innerste der Embryonalhüllen, ↑Mutterkuchen.

Amnioninfektionssyndrom [grch.] *das,* (Fruchtwasserinfektion), unspezif. Infektion von Mutterkuchen, Eihöhle und Eihäuten, mitunter auch des Fetus während der Schwangerschaft oder Geburt; tritt v. a. bei vorzeitigem Blasensprung auf.

Amnioskopie [grch.] *die,* nur noch sehr selten durchgeführte Untersuchung zur endoskop. Besichtigung des Fruchtwassers (Fruchtwasserspiegelung) durch die Eihäute hindurch (↑Fruchtwasserdiagnostik).

Amnioten, Wirbeltiere (Reptilien, Vögel, Säugetiere), die im Unterschied zu den ↑Anamniern in der Embryonalentwicklung ein Amnion (Hülle) bilden.

Amniozentese [grch.] *die,* Punktion der Fruchtblase, ↑Schwangerschaftsuntersuchungen.

Amöben [grch. »Veränderliche«] (Wechseltierchen), einzellige Wurzelfüßer ohne feste Körperform, die lappige Scheinfüßchen (Pseudopodien) ausfließen lassen, sich so fortbewegen **(amöboide Bewegung)** und Nahrung aufnehmen; Fortpflanzung meist durch Zweiteilung. Die meisten Süßwasserarten sind nackt, einige beschalt. Manche A. leben als Parasiten, z. B. **Entamoeba histolytica,** der Erreger der mit schleimig-blutigen Durchfällen einhergehenden **A.-Ruhr (Amöbiasis).**

Amok [malaiisch »Wut«] *der* (Amoklaufen), eine plötzl. Geistesgestörtheit mit stark aggressivem Bewegungsdrang; kann beim Befallenen wutartige, wahllose Zerstörungs- oder Tötungsversuche auslösen; zuerst bei malaiischen Eingeborenen beobachtet. Als Ursache werden Epilepsie, Malaria und Katatonie oder psychogene Faktoren angenommen.

amön [lat.], anmutig, lieblich.

Amon, der ägypt. Gott ↑Amun.

Amnesty International

AMO Amöneburg

Amöneburg, Stadt im Landkreis Marburg-Biedenkopf, Hessen, 385 m ü. M., 5200 Ew.; auf einem Basaltkegel im fruchtbaren **Amöneburger Becken,** Basaltbrüche. – 721 gründete Bonifatius hier das erste hess. Kloster; Burgruine (13./14. Jahrhundert).

amontonssches Gesetz [amɔ̃'tɔ̃-; nach dem frz. Physiker G. Amontons, * 1663, † 1705], besagt, dass der Druck eines eingeschlossenen (idealen) Gases proportional zur Temperatur steigt.

Amor [lat.], der röm. Liebesgott, dem grch. ↑Eros entsprechend. **A. und Psyche,** Erzählung des röm. Schriftstellers Apuleius.

Amoralismus [lat.] der (Immoralismus, Antimoralismus), Lebensanschauung, die allg. die Gültigkeit moral. Gesetze oder die herrschende Moral leugnet (bes. F. W. Nietzsche).

Amorbach, Stadt im Landkreis Miltenberg, Bayern, Luftkurort im Odenwald, 168 m ü. M., 4300 Ew.; Faserplattenherstellung. – Die ehem. Benediktinerabtei (gegr. 734) ist seit 1803 Besitz der Grafen von Leiningen (Bibliothek, Grüner Saal). Die ehem. Klosterkirche ist evang. Pfarrkirche (Neubau 1742–47; Barockorgel aus der Werkstatt der Brüder Stumm); kath. Gangolfskirche (1752–54). In der Umgebung von A. die Wallfahrtskapelle **Amorsbrunn,** die Ruine **Wildenberg** und Schloss **Waldleiningen.**

Amorette [italien.] die, kleiner Liebesgott; geflügelte Kindergestalt, Putte.

Amor Fati [lat. »Liebe zum Schicksal«], F. Nietzsches Formel für den höchsten Zustand, den ein Mensch erreichen könne: den als sinnlos erkannten ewigen Kreislauf allen Geschehens nicht nur zu ertragen, sondern um seiner selbst willen zu lieben.

Amorgos, grch. Kykladeninsel, 121 km², bis 781 m hoch, 1700 Ew.; Bauxitvorkommen. Hauptort: Amorgos; an der O-Küste die fünfstöckige Klosterfestung Chossoviotissa (11. Jahrhundert).

Amoriter (Amurru), **1)** nach 2000 v. Chr. über N-Syrien nach Mesopotamien eingedrungene semit. Nomaden.
2) kanaanäischer Kleinstaat in Syrien-Palästina (etwa 1350–1200 v. Chr.).

Amorós, Celia, span. Philosophin, * Valencia 18. 5. 1944. Geprägt durch J.-P. Sartre und C. Lévi-Strauss, studiert die Beziehungen zw. Feminismus, Philosophie und patriarchal. Vernunftprinzip; Suche nach einer Neubegründung von Ethik und neuem polit. Handeln.

amoroso [italien. »verliebt«], *Musik:* zärtlich, innig.

amorph [grch.], form-, gestaltlos; a. heißen feste Körper, deren Moleküle nicht als Kristallgitter regelmäßig angeordnet sind (z. B. Gläser, Harze und Opal).

Amortisation [lat.] die, **1)** (planmäßige) langfristige Tilgung einer Schuld, bes. von Anleihen und Hypotheken.
2) Rückfluss des investierten Kapitals durch Verkaufserlöse.
3) ratenweise Herabsetzung des Grund- oder Stammkapitals bei Kapitalgesellschaften durch planmäßige Einziehung und Löschung der Aktien (AG) oder der Geschäftsanteile (GmbH).

Amortisationsanleihe, ↑Tilgungsanleihe.

Amos, judäischer Prophet, trat unter Jerobeam II. in Israel auf, geißelte die sozialen Missstände und den veräußerlichten Gottesdienst im Lande und sagte ein Strafgericht Gottes über Israel voraus.

Amosis (ägypt. Ahmose), **1) A. I.,** ägypt. König (1552–1527 v. Chr.) der 18. Dynastie; brach die Herrschaft der Hyksos.
2) A. II., der König ↑Amasis.

Amoy, Stadt in China, ↑Xiamen.

Ampel [von lat. ampulla »kleine Flasche«], **1)** schalenförmige Hängelampe.
2) (Verkehrsampel), Gerät zur Verkehrsregelung durch Lichtzeichen. (↑Verkehrszeichen)

Ampelographie [grch. ámpelos »Weinstock«] die, Rebsortenkunde.

Amper die, Unterlauf der ↑Ammer.

Ampere [am'pɛːr; nach A. M. Ampère] das, Einheitenzeichen **A,** SI-Basiseinheit der elektr. Stromstärke. Das A. ist die Stärke eines konstanten elektr. Stroms, der zw. zwei parallelen, geradlinigen, unendlich langen Leitern, die im Vakuum im Abstand von 1 m angeordnet sind, eine Kraft von $2 \cdot 10^{-7}$ Newton je Meter Leiterlänge ausüben würde.

Ampère [ã'pɛːr], André Marie, frz. Physiker und Mathematiker, * Lyon 22. 1. 1775, † Marseille 10. 6. 1836; entdeckte Anziehung, Abstoßung und magnet. Wirkung elektr. Ströme, erklärte den Magnetismus durch Molekularströme und stellte die erste mathematisch fundierte elektrodynam. Theorie auf (1827 erschienen).

Amperemeter [ampɛːr-], der ↑Strommesser.

ampèresche Regel [ãˈpɛːr-] (Schwimmerregel, Korkenzieherregel), Merkregel zur Richtungsbestimmung des von einem elektr. Strom hervorgerufenen Magnetfelds: Dreht man einen Korkenzieher so, dass er sich in Richtung des Stromflusses bewegt, so umlaufen die magnet. Feldlinien den Leiter in demselben Drehsinn.

ampèresches Gesetz [ãˈpɛːr-], elementares, von A. M. Ampère 1820 formuliertes Gesetz der Elektrodynamik: Parallele und gleich gerichtete elektr. Ströme ziehen sich an, parallele, aber entgegengesetzt gerichtete Ströme stoßen sich ab.

ampèresches Verkettungsgesetz [ãˈpɛːr-], *Elektrodynamik:* ↑Durchflutung.

Ampere|sekunde [amˈpɛːr-], Einheitenzeichen **As** oder **A · s**, das ↑Coulomb.

Ampere|stunde [amˈpɛːr-], Einheitenzeichen **Ah** oder **A · h**, SI-fremde Einheit der Elektrizitätsmenge, 1 Ah = 3 600 As.

Amperewindungszahl [amˈpɛːr-], ↑Durchflutung.

Ampex®-Verfahren, ↑magnetische Bildaufzeichnung.

Ampezzo (Valle d'A.), Tallandschaft des Boite in den östl. Dolomiten, Venetien, Italien; Alm- und Holzwirtschaft, Fremdenverkehr; Hauptort ist Cortina d'Ampezzo.

Ampfer [ahd. ampharo »sauer«] (Rumex), Gattung der Knöterichgewächse mit meist unscheinbaren Blüten; z. T. als Wildgemüse verwendet, z. B. der oxalsäurehaltige **Wiesensauerampfer** (Rumex acetosa). Der **Garten-A.** (Rumex patientia) wird als Blattgemüse (Ewiger Spinat) angebaut.

Amphetamin *das,* Stoff aus der Gruppe der ↑Weckamine.

amphi... [grch.], Wortbildungselement mit der Bedeutung doppel..., beid..., zwei...; herum, ringsum.

Amphibi|en [grch. »doppellebig«] (Lurche, Amphibia), Klasse wechselwarmer, knapp 1 cm bis (maximal) 1,5 m langer, fast weltweit verbreiteter Wirbeltiere mit über 3 000 rezenten Arten in den Ordnungen ↑Blindwühlen, ↑Schwanzlurche und ↑Froschlurche. Körper lang gestreckt bis plump; Haut nackt, drüsenreich, nicht selten bunt gefärbt; meist vier Gliedmaßen; Schwanz lang bis vollkommen rückgebildet; Herz ohne Trennwand; bei erwachsenen Tieren ist ein Lungenkreislauf ausgebildet. Die A. leben überwiegend in feuchten Biotopen, wobei sich die Ei- und Larvenentwicklung sowie die Begattung fast stets im Wasser vollziehen. Manche Arten treiben Brutpflege, einige sind lebend gebärend. Die Larven haben innere oder äußere Kiemen.

📖 *Lurche u. Kriechtiere Europas,* hg. v. W.-E. Engelmann u. a. Radebeul ²1993. – *Urania-Tierreich, Bd. 4: Fische, Lurche, Kriechtiere,* mit Beiträgen v. K. Deckert u. a. Berlin 2000. – *Blab, J.: Amphibien u. Reptilien erkennen u. schützen.* München u. a. 2002.

Amphibi|enfahrzeug, schwimm- oder tauchfähiges Landfahrzeug, an Land auf Rädern oder Ketten, im Wasser durch Schiffsschraube angetrieben; Lenkung mit Rädern oder Hilfsrudern. Das erste A. wurde 1934 konstruiert.

Amphibi|enflugzeug, Wasserflugzeug mit ausfahrbarem Fahrgestell; kann daher auch an Land starten und landen.

amphibisch, im Wasser und auf dem Land lebend.

Amphibole [grch.], wichtige gesteinsbildende Calcium-Magnesium- oder Natrium-Magnesium-Silikatminerale (mit oder ohne Aluminium- oder Eisenanteil), meist monoklin, selten rhombisch. Der grüne **Strahlstein (Aktinolith)** kommt auch feinfaserig als **Hornblendeasbest** oder als harter, zäher **Nephrit** vor. Eisenreich und daher dunkelgrün bis schwarz ist die **Hornblende.**

Amphibolie [grch.] *die,* Doppel-, Mehrdeutigkeit.

Amphibolit [grch.] *der,* vorwiegend aus Plagioklas und Hornblende bestehendes metamorphes Gestein.

Amphibrachys [grch.-lat. »beiderseits kurz«] *der,* dreisilbige rhythm. Einheit eines Verses, von zwei Kürzen umschlossene Länge (◡–◡); kommt als selbstständiger Versfuß nicht vor.

Amphikarpie [grch.-lat.] *die,* das Hervorbringen von zweierlei Fruchtformen an einer Pflanze.

Amphiktyonie [grch.] *die,* bes. im antiken Griechenland der kultisch-polit. Verband der **Amphiktyonen** (»Umwohner«) eines großen Heiligtums zu dessen Schutz und zum gemeinsamen Begehen der Feste. Am bekanntesten sind die A. von Delphi und Delos.

AMP Amphineura

Amphitheater: dreigeschossiges römisches Amphitheater in El-Djem (Anfang 3. Jh. n. Chr.)

Amphineura [grch.], die ↑Urmollusken.
Amphipoden [grch.], die ↑Flohkrebse.
Amphiprostylos [grch.] *der,* Tempel mit offener, viersäuliger Vor- und Rückhalle.
Amphissa (Amfissa), Stadt in Griechenland unweit Delphi, 7200 Ew.; Zentrum des Olivenanbaus, Bauxitgruben. – Im Altertum die bedeutendste Stadt der westl. Lokrer; 338 v. Chr. durch Philipp II. von Makedonien zerstört.
Amphitheater [grch.], für Tierhetzen und Gladiatorenkämpfe bestimmtes Theater der Römer mit ellipt. Arena und rundum angeordneten Sitzreihen. Das älteste erhaltene A. ist in Pompeji, das gewaltigste ist das ↑Kolosseum in Rom.
Amphitrite, die Tochter des grch. Meergottes Nereus oder des Okeanos, Gemahlin des Poseidon und Königin des Meeres.
Amphitryon, *grch. Mythos:* König von Tiryns, Gemahl der Alkmene. Diese wurde durch Zeus (in A.s Gestalt) Mutter des Herakles. – Der A.-Stoff wurde u. a. von Plautus, Molière, H. von Kleist, G. Kaiser, J. Giraudoux, P. Hacks dramatisiert.
Ampholyt [grch.] *der,* Molekül oder Ion mit sowohl saurer als auch bas. hydrophiler Gruppe, das nach der ↑Säure-Base-Theorie je nach Versuchsbedingungen als Säure oder als Base reagieren kann.
Amphora [grch.] *die* (Amphore), bei Griechen und Römern ein bauchiger Krug aus gebranntem Ton mit engem Hals und zwei Henkeln; bes. für Wein, Öl.
amphoter [grch. amphóteros »zu beiden Seiten gehörig«], *Chemie:* Bez. für die Fähigkeit von Verbindungen, Wasserstoffionen (H^+) und Hydroxidionen (OH^-) abzuspalten und sich daher stärkeren Säuren gegenüber wie eine Base, stärkeren Basen gegenüber wie eine Säure zu verhalten.
Amplifier [ˈæmplɪfaɪə, engl.] *der,* engl. für ↑Verstärker.
Amplifikation [lat.] *die,* **1)** *Psychotherapie:* nach C. G. Jung die Anreicherung von Trauminhalten im Gespräch zw. Arzt und Patient.
2) *Rhetorik:* kunstvolle Ausweitung einer Aussage; Ausschmückung.
Amplikon [lat.] *das,* ein Nucleinsäureabschnitt der in vivo oder in vitro selektiv vervielfältigt wird.
Amplitude [lat. »Weite«] *die, Physik, Technik:* (Schwingungsweite), größter Wert einer periodisch veränderl. Größe (↑Schwingung).
Amplitudengang, ↑Frequenzgang.
Amplitudenmodulation, *Nachrichtentechnik:* ↑Modulation.
Ampulle [lat. ampulla »kleine Flasche«] *die,* **1)** *Anatomie:* eine Erweiterung oder Ausbuchtung eines Hohlorgans, z. B. des Mastdarms.
2) *Pharmazie:* zugeschmolzenes Glasfläschchen mit leicht abzubrechender Spitze für sterile Injektionslösungen.
Amputation [lat.] *die,* chirurg. Abtrennen eines endständigen Körperteils.
Amrit, Ruinenstätte des antiken **Marathos** an der syr. Mittelmeerküste bei Tartus, mit phönik. Felsengräbern, grch. Stadion, röm. Amphitheater.
Amritsar, Stadt im Bundesstaat Punjab, Indien, 709 500 Ew.; Univ.; Handel, Kunsthandwerk und Ind. (Chemie, Texti-

lien, Glas, Stahl); internat. Flughafen. – Der inmitten eines heiligen Sees gelegene »Goldene Tempel« ist das Haupttheiligtum der Sikhs.

Amrum, nordfries. Nordseeinsel vor der W-Küste Schlesw.-Holst., 20 km², 2 100 Ew.; Badeorte: Wittdün, Nebel und Norddorf.

Amsberg, Claus von, ↑Claus, Prinz der Niederlande.

Amsel (Schwarzdrossel, Turdus merula), bis 25 cm langer Singvogel der Familie Drosseln; Männchen schwarz mit gelbem Schnabel, Weibchen und flügge Junge braun mit hellerer Kehle.

Amselfeld (serb. Kosovo polje), Hochbecken in der Prov. Kosovo, im SO von Serbien, 70 km lang, bis 15 km breit; Braunkohlenabbau. – Auf dem A. siegten die Türken unter Murad I. am 28. 6. (Vidovdan) 1389 über die Serben, unter Murad II. am 17. 10. 1448 über die Ungarn.

Amstel die, kanalisierter Fluss in den Prov. Süd- und Nordholland, Niederlande, fließt durch Amsterdam zum IJ.

Amsterdam, Hptst. der Niederlande, in der Prov. Nordholland, an der Mündung der Amstel in das ↑IJ, durch den Nordseekanal mit dem Meer, durch den A.-Rhein-Kanal mit dem Hinterland verbunden, 718 100 Ew. A. ist ein kultureller Mittelpunkt der Niederlande (zahlr. Museen, zwei Univ., Akademie der Wiss.en, Akademie der Künste, Tropeninst., Tropenmuseum), ein bed. Handels- und Stapelplatz bes. für Tabak, Kaffee, Kakao, Chinarinde, Hölzer, Reis, Getreide, Kautschuk, Kohle, Erdöl mit Börse. Wichtiger ist heute die Ind.: chem. Werke, Büromaschinen- und Maschinenbau, Metallind., Flugzeug- und Fahrzeugbau, elektrotechn. Ind., Druckereien, Diamantschleiferei; bed. See- und Binnenhafen, internat. Großflughafen Schiphol. – Mittelpunkt der von Kanälen (Grachten) durchzogenen, auf Pfählen erbauten Altstadt ist der »Dam« mit dem Königl. Palast, früher Rathaus (17. Jh.). Die Befestigungsanlagen der Stadt sind UNESCO-Weltkulturerbe. Bemerkenswert sind ferner die Kirchen Oude Kerk (14., 16. Jh.) und Nieuwe Kerk (Ende 14. Jh. begonnen) sowie eine Fülle wertvoller Profanbauten, u. a. das Rembrandthaus und das Trippenhuis (17. Jh.); geschlossene histor. Bebauung mit zahlr. schönen Bürgerhäusern an der Herengracht, Keizersgracht und der Prinsengracht; im Reichsmuseum (Rijksmuseum) Werke der niederländ. Malerei, im Städt. (Stedelijk) Museum moderne Kunst, außerdem Rijksmuseum Vincent van Gogh. **Geschichte:** A. erhielt um 1300 Stadtrechte und kam 1317 an die Grafen von Holland. Im 14./15. Jh. erlebte es einen wirtsch. Aufstieg durch den Ostseehandel (Mitgl. der Hanse); 1367 trat es der Kölner Konföderation gegen König Waldemar IV. von Dänemark bei. Dem Aufstand Hollands gegen die Spanier schloss es sich 1578 an. Nach der Eroberung Antwerpens durch die Spanier (1585) wuchs A. rasch und war im 17. Jh. die führende Handelsstadt Europas. Der Krieg gegen Großbritannien 1780–84 und die frz. Besetzung 1795 führten zum wirtsch. Niedergang; seit 1813 Hptst. der Niederlande.

Amsterdam: Häuserfront an der Prinsengracht

Amsterdam, SC Ajax, niederländ. Fußballklub, gegr. 1900; internat. Erfolge: Europapokal der Landesmeister (1971–73, 1995), Europapokal der Pokalsieger (1987), UEFA-Pokal (1992) und Weltpokal (1972).

Amsterdamer Pegel, ↑Normalnull.

Amsterdamer Vertrag, ↑Vertrag von Amsterdam.

Amsterdam-Rhein-Kanal, Großschifffahrtsweg für Schiffe bis 4300 t, 72 km, der verbesserte Merwedekanal, führt von Amsterdam zum Lek und Waal; seit 1952 in Betrieb.

Amstetten, Bezirksstadt in Niederösterreich, an der Ybbs, 22 900 Ew.; Holz-, Metall-, Baustoff-, Chemie-, Papier-, Bekleidungs-, Lebensmittelindustrie.

Amt, *Verwaltungsrecht:* ein auf Dauer bestimmter Aufgabenkreis im Dienst anderer. Man unterscheidet private und öffentl. Ämter, je nachdem, ob es sich um Geschäfte privater oder öffentl. Einrichtungen handelt. I. e. S. ist A. nur das **öffentliche A.**, der nach Zuständigkeit abgegrenzte Geschäftsbereich der Staatsgewalt oder Selbstverwaltung. Der Zugang zu öffentl. Ämtern ist durch das GG grundrechtsähnlich nach Befähigung, Eignung und Leistung gesichert (Art. 33). Der Verlust der individuellen Amtsfähigkeit kann strafrechtl. Nebenfolge oder Nebenstrafe sein (↑Aberkennung). **Ehrenämter** werden unentgeltlich und nebenberuflich verwaltet.

Amtmann, seit dem späten MA. Verwaltungsbeamter für einen Bezirk der Landesherrschaft (auch Meier, Pfleger, Vogt). Heute beamtenrechtl. Amtsbezeichnung (gehobener Dienst).

Amtsanmaßung, unbefugte Ausübung eines öffentl. Amts, mit Freiheitsstrafe bis zu zwei Jahren oder mit Geldstrafe bedroht (§ 132 StGB); ähnlich in *Österreich* (§ 314 StGB) und der *Schweiz* (Art. 287 StGB).

Amtsanwalt, Vertreter der Staatsanwaltschaft, der die Funktion nur bei Amtsgerichten ausüben darf.

Amtsarzt, in der öffentl. Gesundheitsverwaltung (Gesundheitsämter) tätiger Arzt, i. w. S. auch der sozialversicherungsrechtl. Vertrauensarzt.

Amtsblatt, behördl. Mitteilungsblatt für amtl., öffentlich bekannt zu machende Verlautbarungen.

Amtsdelikte, die strafrechtlich, nicht nur disziplinarisch zu ahndenden Verletzungen der Amtspflicht (**Amtsvergehen, Amtsverbrechen,** §§ 331 ff. StGB). **Echte A.** können nur von Beamten begangen werden (z. B. Rechtsbeugung), **unechte A.** auch von anderen Personen, sie werden aber härter bestraft, wenn sie von Beamten begangen wurden (z. B. Körperverletzung im Amt). In *Österreich* sind A. strafbar nach §§ 302–313 StGB, in der *Schweiz* nach Art. 312–320 StGB.

Amtseid (Diensteid), der Eid, den Träger öffentl. Ämter vor Dienstantritt zur Bekräftigung ihrer Amtspflichten leisten. Der A. ist ein promissor. Eid, dessen Verletzung kein Meineid oder Eidbruch ist.

Amtsenthebung, ↑Impeachment.

Amtsgeheimnis (Dienstgeheimnis), Angelegenheit, mit der eine Behörde befasst ist, deren Kenntnis nicht über einen bestimmten Personenkreis hinausgeht und deren Geheimhaltung nach gesetzl. Vorschriften, dienstl. Anordnungen oder der Natur der Sache erforderlich ist. Die Verletzung des A. kann disziplinar-, arbeits-, strafrechtl. Folgen haben.

Amtsgericht, unterstes Gericht der ordentl. Gerichtsbarkeit in Dtl. Die A. sind mit mehreren Richtern (Amtsbezeichnung »Richter am A.«) besetzt, die in Zivilsachen als Einzelrichter entscheiden. In Strafsachen ist der Strafrichter als Einzelrichter oder das ↑Schöffengericht zuständig. Die A. stehen unter der Dienstaufsicht eines ihrer Mitglieder (Direktor des A., bei großen A.: Präs. des A.). In der freiwilligen Gerichtsbarkeit ist das A. z. B. Nachlass-, Register- und Vormundschaftsgericht sowie Grundbuchamt. Es ist ferner Familien-, Vollstreckungs- und Insolvenzgericht. – Gemessen an ihren Zuständigkeiten und dem Umfang ihrer Tätigkeit sind die A. der bedeutsamste Teil der Gerichtsorganisation.

amtsgerichtliches Verfahren, Verfahren vor dem Amtsgericht in Zivilsachen. Im Allg. finden die Vorschriften der ZPO über das landgerichtl. Verfahren Anwendung (§ 495 ZPO), doch besteht kein Anwaltszwang, Schriftsätze brauchen grundsätzlich nicht gewechselt zu werden. Die Parteien können selbst alle Prozesshandlungen vornehmen oder sich eines Prozessbevollmächtigten, der nicht Anwalt sein muss, bedienen.

Amtsgrundsatz (Offizialmaxime), Ver-

pflichtung eines Gerichts oder einer Verwaltungsbehörde, von Amts wegen über Beginn, Gegenstand und Ende eines Verfahrens zu bestimmen. Der A. findet v. a. im öffentl. Recht Anwendung. Im Strafprozess ist der A. durch das ↑Legalitätsprinzip ausgeprägt. Für den Zivilprozess ↑Verhandlungsmaxime.
Amtshaftung, ↑Staatshaftung.
Amtshilfe, Hilfeleistung (z. B. durch Auskünfte) der Verwaltungsbehörden untereinander (↑Rechtshilfe), geregelt z. B. in Art. 35 GG, §§ 4 ff. Verw.verfahrensgesetz.
Amtspflegschaft, Pflegschaft des Jugendamts für einen Minderjährigen (bestellte A.) oder früher für ein nichtehel. Kind (gesetzl. A.). Die gesetzl. A. wurde zum 1. 7. 1998 beseitigt und durch eine freiwillige Beistandschaft ersetzt (↑Beistand).
Amtsrat, Amtsbez. für einen Beamten des gehobenen Dienstes; Rangstufe über dem Amtmann.
Amtssprache (Geschäftssprache), offizielle Sprache in einem Staat (Behörden, Gerichte u. a.) oder einer internat. Organisation. In Dtl. ist die Amts- und Gerichtssprache Deutsch. Sorben dürfen in ihren Heimatkreisen vor Gericht und bei Verwaltungsbehörden auch die sorb. Sprache benutzen. In *Österreich* lässt das Volksgruppen-Ges. vom 7. 7. 1976 neben der dt. Sprache im Verkehr mit Behörden auch die Sprache einer Volksgruppe zu. In der *Schweiz* sind Deutsch, Französisch, Italienisch und Rätoromanisch gleichberechtigte Landessprachen (Art. 4 Bundesverfassung).
Amtstrachten, althergebrachte Kleidungen (Talar, Barett, Robe) staatl. und kirchl. Berufsgruppen, in Kirche, z. T. im Hochschulleben und im Gerichtswesen üblich; die A. dienten v. a. der Betonung der Amtsautorität.
Amtsvormundschaft, Vormundschaft, die von einer Behörde, insbesondere vom **Jugendamt,** wahrgenommen wird. Die gesetzl. A. des Jugendamtes (§ 1791 c BGB) tritt mit Geburt eines Kindes, dessen Eltern nicht miteinander verheiratet sind, nur noch ein, wenn das Kind eines Vormundes bedarf (z. B. weil die Mutter minderjährig ist) und nicht bereits das Vormundschaftsgericht einen Einzelvormund (Privatperson) bestellt hat. Die bestellte A. des Jugendamtes kann durch Verfügung des Vormundschaftsgerichts für ein Mündel eingesetzt werden, wenn eine als Einzelvormund geeignete Person nicht vorhanden ist (§ 1791 b BGB). Ähnl. amtliche Vormundschaften finden sich in *Österreich* und in der *Schweiz.*
Amudarja *der* (in der Antike Oxus), Fluss in Mittelasien (Tadschikistan, Turkmenistan, Usbekistan), 2 540 km, Quellflüsse im Hindukusch und im Pamir, mündet in den Aralsee, den er wegen großer Wasserentnahme zu Bewässerungszwecken nur in niederschlagsreichen Jahren erreicht. Oberhalb von Kerki Abzweigung zum Karakumkanal.
Amulett [lat.] *das,* kleiner, i. d. R. als Anhänger getragener Gegenstand, der seinem Träger Schutz und Kraft verleihen soll. Häufig sind Nachbildungen von menschl. Körperteilen, Münzen, sinnbildl. Darstellungen von Sonne oder Mond. Der Glaube an A. entstammt dem mag. Denken.
  📖 *Knuf, A. u. Knuf, J.:* Amulette u. Talismane. Köln 1984.
Amun (Amon, Ammon), ägypt. Gott; urspr. Stadtgott von Theben, wurde er mit Thebens Aufstieg Reichsgott und Götterkönig (↑ägyptische Religion). Nach dem Verfall Thebens blühte sein Kult in Äthiopien und den Oasen fort. Den Griechen und Römern war A. als Gott der Oase ↑Siwa vertraut, sie setzten ihn mit Zeus bzw. Jupiter gleich.
  📖 *Assmann, J.:* Re u. Amun. Die Krise des polytheistischen Weltbilds im Ägypten der 18.–20. Dynastie. Göttingen u. a. 1983.
Amundsen, Roald, norweg. Polarforscher, * Borge 16. 7. 1872, verschollen seit 18. 6. 1928; erreichte mit Hundeschlitten am 14. 12. 1911 (rd. vier Wochen vor R. F. ↑Scott) als Erster den Südpol und entdeckte auf dem Rückweg das Königin-Maud-Gebirge; überflog im Mai 1926 im Luftschiff »Norge« zus. mit L. Ellsworth und U. Nobile den Nordpol. 1928 an der Rettungsaktion für die Nobile-Expedition beteiligt, kehrte A. von einem Flug nach Spitzbergen nicht zurück.
Werke: Die Eroberung des Südpols, 2 Bde. (1921), Mein Leben als Entdecker (1929).
  📖 *Brennecke, D.:* R. A. Reinbek 1995.
Amur *der* (chines. Heilungkiang, Heilong Jiang, mongol. Chara-Muren), Strom in Ostasien, 2 824 km, auf 1 893 km Grenzfluss zw. Russland und China, entsteht aus

den Quellflüssen Schilka und Argun (mit Argun 4440 km), mündet in den Tatarensund (Ochotsk. Meer). Die Schifffahrt wird durch lange Eisbedeckung (Nov. bis Anfang Mai) und Sandbänke behindert; im Unterlauf Fischfang.

Amurbahn, Teil der Transsibir. Eisenbahn zw. Karymskoje und Chabarowsk, 1997 km lang, 1908–16 von Russland zur Umgehung der Ostchines. Bahn erbaut.

amüsant [frz.], unterhaltsam, belustigend, vergnüglich.

amusisch [grch.-lat.], ohne Kunstverständnis, ohne Kunstsinn.

Amy [a'mi], Gilbert, frz. Komponist und Dirigent, *Paris 29. 8. 1936; Schüler von D. Milhaud, O. Messiaen und P. Boulez; 1967–73 als Nachfolger von Boulez Leiter der Konzertreihe »Domaine musical« in Paris, seit 1984 Direktor des Conservatoire in Lyon.

Amygdalin [zu grch. amygdále »Mandel«] *das,* Glykosid in bitteren Mandeln und Obstkernen; kann Blausäure freisetzen.

Amyklä, altgrch. Ort südlich von Sparta, mit Apollheiligtum und dem **Amykläischen Thron,** ein gegen Ende des 6. Jh. v. Chr. mit reichem Bildschmuck errichtetes Bauwerk für die archaische Statue des Apoll.

Amyl... [grch. ámylon »Stärke«], veraltete Bez. für ↑Pentyl...

Amyl|alkohole, die ↑Pentanole.

Amylasen [grch.], Enzyme, die Stärke und Glykogen direkt oder über Dextrine zu Maltose und Glucose abbauen können. Die α-A. kommen u. a. im Mund und in Verdauungsdrüsen von Mensch und Tieren vor sowie in Malz; Verwendung u. a. zur Herstellung von Bier.

Amylene, die ↑Pentene.

Amylnitrit *das* (3-Methylbutylnitrit), Ester der salpetrigen Säure mit Methylbutanol; nur noch selten verwendetes Mittel zur Bekämpfung akuter Anfälle von Angina pectoris. A. hat techn. Bedeutung bei der Herstellung von Diazoniumverbindungen.

Amylo|idose [grch.] *die* (Amyloidentartung), Ablagerungen des krankhaften Eiweißkörpers **Amyloid,** v. a. in Milz, Leber, Niere; tritt auf bei chron. Erkrankungen (z. B. Knochenmarkentzündung, Tuberkulose) und infolge immunolog. (Antigen-Antikörper-)Reaktionen. Die befallenen Organe erhalten ein glasiges, oft speckiges Aussehen und können bis zum Funktionsausfall beeinträchtigt werden.

Amylopektin *das,* ↑Stärke.

Amylose *die,* ↑Stärke.

amyotrophische Lateralsklerose [grch.-lat.] *die* (myatrophische Lateralsklerose), Systemerkrankung des Rückenmarks mit atroph. und spast. Lähmungen durch Degeneration der Pyramidenbahn, der Vorderhornzellen im Rückenmark sowie der motor. Hirnnervenkerne.

an... [grch.], Präfix, ↑a...

ana [grch.], kurz für **ana partes aequales, Abk. aa,** auf Rezepten: von mehreren Mitteln die gleiche Menge zu nehmen.

ana... [grch.], Präfix, **1)** wieder..., z. B. Anabaptisten. **2)** nach Art, entsprechend, z. B. Analogie.

Anabaptisten [grch.-lat.], polem. Bez. für die ↑Täufer.

Anabar *der,* Fluss in Sibirien, in Jakutien, Russ. Föderation, 939 km lang; entspringt am **A.-Plateau** (bis 905 m ü. M.) im NO des Mittelsibir. Berglands, mündet in die 67 km lange und 76 km breite **A.-Bucht** der Laptewsee.

Anabasis [grch. »Hinaufstieg«] *die,* Name zweier Geschichtswerke des Altertums: A. des ↑Xenophon über den Feldzug Kyros' d. J. und den Rückmarsch seiner 10000 grch. Söldner und A. des ↑Arrian über die Feldzüge Alexanders d. Gr.

Anabiose [grch.] *die,* das Vermögen von Lebewesen und ihren Keimen (z. B. Flechten, Sporen), ungünstige Lebensbedingungen (extreme Kälte oder Trockenheit) längere Zeit scheintot zu überdauern.

Anabolismus [grch.] *der,* Gesamtheit der assimilator. **(anabolen)** Vorgänge in Lebewesen, die dem Aufbau körpereigener Stoffe dienen (Ggs.: Katabolismus). Im jugendl. Alter überwiegen die anabolen Vorgänge; sie werden von Hormonen (Insulin u. a.) gefördert. Den A. fördernde Stoffe **(Anabolika)** werden als Arzneimittel verwendet.

Anachoret [grch. »Zurückgezogener«] *der,* Einsiedler; in der Einsamkeit lebender christl. Asket (Mönch).

Anachronismus [grch.] *der,* falsche zeitl. Einordnung; nicht mehr zeitgemäße Einrichtung.

An|acidität [grch.-lat.] *die,* das Fehlen freier Salzsäure (Säurelosigkeit) im Magensaft.

Anaconda [ænə'kɔndə], Stadt im Bundesstaat Montana, USA, 14 000 Ew. – 1883 als **Copperopolis** vom A.-Konzern gegr., der dort ein riesiges Kupferhüttenwerk errichtete.

Anadolu, türk. Name für Anatolien (↑Kleinasien).

Anadyr, 1) *der,* Fluss in NO-Sibirien, Russland, 1150 km, entspringt im A.-Bergland, mündet in die Onemenbucht im Beringmeer. **2)** Verw.sitz des Autonomen Kreises der Tschuktschen, Russ. Föderation, innerhalb des Gebietes Magadan, 16 500 Ew.; Hafen, Flughafen, Fischverarbeitung.

Anlaerobiler (Anaerobionten), zeitweise oder ständig ohne Sauerstoff (anaerob) lebende Organismen; Ggs.: Aerobier.

Anagenese [grch.] *die,* Höherentwicklung in der Stammesgeschichte einer Organismengruppe; kommt z.B. in der Optimierung des Bauplanes eines Lebewesens zum Ausdruck.

Anaglyphen [zu grch. anáglyphos »erhaben«], zwei zusammengehörende, im Augenabstand in Komplementärfarben übereinander gedruckte oder projizierte Bilder (↑Stereoskopie).

Anagnost [grch.] *der,* Vorleser im orth. Gottesdienst.

Anagnostakis, Manolis, neugriech. Lyriker, Essayist und Literaturkritiker, *Saloniki 10. 3. 1925; der in Athen lebende Arzt war in den 1940er-Jahren mehrfach inhaftiert, zunächst weil er im Widerstand gegen die deutsche Besatzung aktiv war, anschließend wegen seiner polit. Betätigung in der Studentenbewegung, später wurde er deswegen sogar zum Tode verurteilt, jedoch 1951 begnadigt. Er publizierte regelmäßig Gedichte und Essays und wirkte als Herausgeber und Redakteur versch. Zeitschriften. Seine für die griech. Nachkriegsliteratur repräsentative Dichtung, die als »Lyrik der Niederlage« beschrieben wurde, behandelt in melanchol., später in zunehmend sarkast. Sprache Erfahrungen und Gefühle aus der Zeit des Zweiten Weltkriegs, des Bürgerkriegs und der Nachkriegszeit und drückt das Bewusstsein einer heroischen, obwohl »verlorenen« Generation aus. Sein Werk wurde in viele Sprachen übersetzt. Seine Gedichte wurden von M. Theodorakis u.a. griech. Komponisten vertont.

Werke: Lyrik: Zeiten (1945). – Zeiten 2 (1948). – Zeiten 3 (1951). – Fortsetzung (1954). – Fortsetzung 3 (1962). – P. S. (1983). – Der Spielraum 1968–69 (Neuausg. 2000). – Prosa: Für und wider (1965). – Antidogmatisches, Artikel und Notizen 1946–77 Neuausg. 1985). – Ergänzungen – Kritische Notizen (1985). – Der Dichter Manoussos Fassis: Sein Leben und Werk (Neuausg. 1996).

Ausgaben: Die Gedichte 1941–56 (1956). – Balladen (1987). – Die Gedichte 1941–71 (2000).

Anagoge [grch.-lat.] *die,* im Platonismus und Neuplatonismus »Hinaufführung« zur Erkenntnis des Guten, Wahren und Schönen, des Göttlichen; in der aristotel. Syllogistik das Rückführungsverfahren spezif. Schlüsse auf allgemein gültige (auch **Epagoge** genannt).

anagogische Auslegung, eine Auslegung der Bibel, die dem Wortsinn einen geistigen, auf die Geheimnisse des Reiches Gottes bezogenen Sinn hinzufügt.

Anagramm [grch.] *das,* die Umstellung der Buchstaben eines Wortes, um Wortspiele, Decknamen u. a. Verbindungen zu bilden *(Anton Kippenberg: Benno Papentrigk).*

Anaheim ['ænəhaɪm], Stadt im Bundesstaat Kalifornien, USA, 40 km südöstlich von Los Angeles, 290 700 Ew.; Elektronik- und Leichtmetallind.; Vergnügungspark »Disneyland«. – A. wurde 1857 von dt. Einwanderern gegründet.

Anakoluth [grch.] *das* oder *der* (Anakoluthie), Satzbruch als Stilmittel

Anakonda (Eunectus murinus), mit 8–9 m Länge größte Boaschlange, in den trop. Regenwäldern Südamerikas.

Anakonda

Anakreon, grch. Dichter des 6. Jh. v. Chr. aus Teos in Ionien; besang in anmutigen Versen v. a. Liebe und Wein, lebte am Hofe des Polykrates auf Samos, später in Athen. Die **Anakreontea,** etwa 60 Lieder in anakreont. Art, stammen meist aus röm. Zeit.
Anakreontiker, dt. Dichterkreise des 18. Jh., die seit etwa 1738 nach dem Muster der Anakreontea u. a. Wein, Liebe, Natur, Geselligkeit, das Dichten, die »fröhl. Wissenschaft« besangen, v. a. der Halberstädter Kreis um J. W. L. Gleim, die Bremer Beiträge, der Göttinger Hain; Einflüsse auch auf M. Claudius, Goethe, Schiller und F. G. Klopstock.
Anakusis [grch.-lat.] *die,* ↑Taubheit.
anal [von lat. anus »After«], den After betreffend, in der Aftergegend gelegen.
Analcim [grch.] *der,* farbloses, weißes bis graues oder rötl. kubisches Mineral, Natrium-Aluminium-Silikat, ein ↑Feldspatvertreter.
Analekten [grch., zu analégein »auflesen«], Sammlung vermischter Gedichte, Aufsätze, Sentenzen u. a.
anale Phase, nach S. Freud die der oralen Phase folgende frühkindl. Entwicklungsstufe der Sexualität, bei der die Afterregion und Ausscheidungsvorgänge im Vordergrund stehen. Eine Fixierung auf die a. P. führt u. U. später zum **Analcharakter** mit Pedanterie, übertriebener Sparsamkeit und Eigensinn.
Analeptika [grch.], die ↑Anregungsmittel.
Anallerotik, Sexualempfinden, bei dem der Analbereich bevorzugte erogene Zone ist.
Analgesie [grch.] *die, Medizin:* Schmerzlosigkeit.
Analgetika [grch.], die ↑schmerzstillenden Mittel.
analog [grch.], **1)** *allg.:* entsprechend, gleichartig; übertragbar, sinngemäß anwendbar; ähnlich.
2) *Informatik, Physik, Technik:* stufenlos, kontinuierlich (Ggs.: ↑digital); analoge Größen (**Analoggrößen**) sind im Ggs. zu digitalen stetig veränderbar.
Analog-digital-Umsetzer, Abk. **ADU** (Analog-digital-Converter, Abk. ADC, A-D-Wandler), elektron. Funktionseinheit zur Umwandlung einer analogen Größe (meist als elektr. Spannung vorliegendes Eingangssignal) in eine digitale Größe (quantisiertes Ausgangssignal, z. B. Impulsfolge) unter Veränderung der Signalstruktur; Anwendung zur digitalen Signalverarbeitung.
Analogie [grch. »Übereinstimmung«] *die,* **1)** *allg.:* Gleichmäßigkeit, Ähnlichkeit, Entsprechung.
2) *Biologie:* Übereinstimmung in der Funktion (von versch. Organen).
3) *Philosophie:* Verhältnis der Entsprechung zw. ähnl., aber nicht ident. Gegenständen oder Vorgängen. Der scholast. Begriff **Analogia entis** bedeutet eine unterschiedl. Teilhabe jedes endl. Seienden an dem Sein, d. h. (nach Thomas von Aquin) eine entsprechende Gottähnlichkeit. Der A.-Schluss in der Erkenntnisfindung basiert auf einer strukturellen A., d. h. einer teilweisen oder völligen Übereinstimmung der Struktur zweier Gegenstände bzw. Systeme (z. B. Erkenntnisobjekt und Modell). Von funktionaler A. spricht man, wenn zwei Gegenstände (Systeme) die gleiche Funktion erfüllen (z. B. funktional analoge Rechenprogramme).
4) *Physik:* die auf bestimmten Übereinstimmungen oder Ähnlichkeiten beruhende Entsprechung von physikal. oder mathemat. Systemen und Vorgängen, z. B. in der Strömungslehre.
5) *Recht:* die sinngemäße Anwendung eines Rechtssatzes auf einen vom Gesetz nicht geregelten Tatbestand. Im Strafrecht ist die A. zum Nachteil des Täters nicht zulässig.
Analogiebildung, *Sprachwiss.:* Bildung oder Umbildung einer sprachl. Form nach dem Muster einer anderen, z. B. »Diskothek« nach »Bibliothek«.
Analogiezauber, im *Aberglauben* Bez. für mag. Praktiken, mit denen Wirkung durch Nachahmung erreicht werden soll, z. B. Beschwörungsformeln und Zauberriten; i. w. S. auch der Heilzauber (↑Zauber).
Analogon [grch.] *das,* entsprechender, gleichartiger (analoger) Fall.
Analogrechner, Rechenanlage, die mit kontinuierlich veränderl. Größen (z. B. elektr. Spannung) arbeitet, indem mathemat. Zusammenhänge durch physikal. Vorgänge dargestellt werden. Als Rechenelement treten Summierglieder, Multiplikatoren, Integratoren u. a. auf, deren gemeinsame Funktionseinheit der Operationsverstärker ist. A. haben ihre Bedeutung weitgehend verloren.

analytische Sprachen ANA

An|alphabetismus [grch.] *der,* mangelhafte oder fehlende Kenntnis und Beherrschung des Lesens und Schreibens. Nach einer Definition der UNESCO von 1951 gilt jeder als **Analphabet** oder »illettré«, der unfähig ist, in einer selbst gewählten Sprache einen einfachen Text zu lesen oder einen einfachen Brief zu schreiben. Personen, die nur lesen, aber nicht schreiben können, werden als **Semianalphabeten** bezeichnet; **Sekundäranalphabeten** haben eine früher erworbene Lese- und Schreibfähigkeit verloren. **Funktionale Analphabeten** sind Personen, denen die rudimentären Lese-, Schreib- und Rechenfertigkeiten fehlen.
Analysator [grch.] *der,* opt. Bauelement zum Nachweis der ↑Polarisation des Lichts; jeder Polarisator kann als A. dienen.
Analyse [grch.] *die,* **1)** *allg.:* Zerlegung, Zergliederung eines Ganzen in seine Teile, systemat. Untersuchung eines Sachverhalts unter Berücksichtigung seiner Teilaspekte.
2) *Chemie:* Bestimmung der Bestandteile chem. Verbindungen oder Gemische nach ihrer Art **(qualitative A.)** oder ihrer Menge **(quantitative A.).** Der qualitativen A. geht meist die Vorprüfung voraus, bei der man beobachtet, wie sich der Stoff unter versch. Bedingungen, z. B. Erhitzen, Zusammenschmelzen mit anderen Stoffen, verhält. Dann wird der Stoff in Lösung gebracht (Aufschließung). Arten der qualitativen A. sind z. B. die Spektral- und die Lötrohr-A. Bei der quantitativen A. unterscheidet man Gewichts-, Maß-, Gas-A. und physikalisch-chem. A. Zur Gewichts-A. gehört die **Elementar-** oder **Verbrennungsanalyse.** Die moderne A. kennzeichnen die Verminderung der Nachweisgrenze auf weniger als 10^{-15} g, die Automatisierung, Perfektionierung, der Einsatz von Computern und die Kopplung mehrerer Methoden zu Systemen.
3) *Psychologie:* die Erforschung der psycholog. Bedingungs-, Funktions- und Strukturmomente einzelner Persönlichkeitsaspekte im Sinn einer psycholog. Erhellung der Gesamtpersönlichkeit oder bestimmter Fähigkeiten; Bereiche sind z. B. **Erlebnis-A., Ausdrucks-A., Sprach-A., Charakter-A.;** i. e. S. die ↑Psychoanalyse als psychotherapeut. Methode.
Analysenwaage, urspr. hoch empfindl., in einem verglasten Gehäuse aufgestellte Balkenwaage; heute meist **Einschalenwaage** mit Schaltgewichtneigungseinrichtung. **Elektron. A.** sind mit elektr. Tarierautomatik, vollautomat. Gewichtsschaltung und Digitalanzeige ausgerüstet. (↑Mikrowaage)
Analysis [grch.] *die,* Teilgebiet der Mathematik, das auf den Begriffen Zahl, Funktion und ↑Grenzwert aufbaut. Zur klass. A. gehören u. a. ↑Differenzialrechnung, ↑Integralrechnung, ↑Variationsrechnung sowie die ↑Funktionentheorie. Darauf aufbauend haben sich z. B. auch die ↑Funktionalanalysis, die Theorie der ↑Distributionen, die ↑Topologie und Maßtheorie entwickelt.
analytische Chemie (Analytik), ↑Chemie, ↑Analyse.
analytische Geometrie, Teilgebiet der Mathematik, in dem die geometr. Figuren durch Zahlen (Koordinaten) und die zw. ihnen bestehenden Gleichungen oder Ungleichungen beschrieben werden. Damit lassen sich Probleme der Geometrie mit Methoden der (linearen) Algebra behandeln.
analytische Malerei, Kunstrichtung, die die Grundlagen und Möglichkeiten der Malerei mit maler. Mitteln analysiert; entstand Ende der 1960er-Jahre, ausgelöst durch die analyt. Untersuchungen der Concept-Art.
analytische Philosophie, ein bes. im angloamerikan. Bereich seit den 1930er-Jahren gebräuchl. Name für eine neue Phase in der Entwicklung des ↑Neopositivismus. Anstöße erhielt die a. P. von G. Frege, B. Russell, G. E. Moore sowie dem Wiener Kreis (mit R. Carnap). Charakteristisch für sie ist, dass sie die philosoph. Analyse als Sprachanalyse auffasst. Man sucht Sachfragen, insbesondere metaphys. Fragen, als Sprachprobleme zu entlarven.

📖 *Traditionen u. Perspektiven der a. P. Festschrift für Rudolf Haller,* hg. v. *W. L. Gombocz u. a.* Wien 1989. – *Newen, A. u. Savigny, E. von: A. P. Eine Einführung.* München 1996.
analytische Psychologie, die Psychologie C. G. ↑Jungs.
analytische Sprachen, Sprachen, die grammat. Beziehungen durch lose Partikeln ausdrücken, wie in frz. »de la rose« gegenüber lat. »rosae«.

analytisches Urteil, in der Logik meist ein Urteil, dessen Prädikat schon im Subjekt enthalten ist, z. B. »Alle Körper sind ausgedehnt«. Ggs.: synthet. Urteil (nach I. Kant).

Anämie [grch. »Blutlosigkeit«] *die* (Blutarmut), Verringerung der Zahl der roten Blutkörperchen und/oder des Blutfarbstoffs Hämoglobin. Ursachen der A. sind akuter oder chron. Blutverlust, verminderter Aufbau der roten Blutkörperchen oder des Blutfarbstoffs (z. B. Eisenmangel, Mangel an Vitamin B$_{12}$, ↑perniziöse Anämie), verstärkter Abbau roter Blutkörperchen (hämolyt. A., z. B. durch angeborene Defekte, medikamentöse Schädigung) oder andere Krankheiten (z. B. Infektionen, Nierenkrankheiten). Kennzeichen sind u. a. Schwäche, Konzentrationsverlust, Kopfdruck, Belastungsluftnot, Ohnmachtsneigung und Blässe. Behandlung: bei großen Blutverlusten Bluttransfusionen; vitaminreiche Kost; Eisenpräparate und Blutfarbstoffpräparate.

Anamnese [grch. »Erinnerung«] *die,* das Erfragen der Vorgeschichte einer Krankheit, meist im Gespräch mit dem behandelnden Arzt.

Anamnesis [grch.] *die,* Wiedererinnerung, bei Platon (z. B. »Menon«, 826–856) die Deutung der Erkenntnis als Wiedererinnerung an Ideen, die die Seele vorgeburtlich geschaut hat.

Anamni|er [grch.], Wirbeltiere (Amphibien, Fische), deren Embryonalentwicklung ohne die Bildung eines Amnions (Hülle) abläuft. (↑Amnioten)

Anamorphot [grch.] *der,* Abbildungssystem aus Prismenkombinationen, gekreuzten Zylinderlinsen oder aus einem Prismensatz, kombiniert mit Zylinderlinsen. A. ändern den Bildwinkel und damit den Abbildungsmaßstab in einer Richtung und dienen z. B. als Spezialobjektive in der Filmtechnik.

Anamur, Stadt in der Türkei, nahe der Mittelmeerküste, am Fuß des Taurus, 37 300 Ew.; am Kap A. Ruinenstätte in der Antike bed. Stadt **Anemurion.** Auf einer Landzunge südöstlich von A. liegt die gewaltige, im 13. Jh. von den Herrschern des kleinarmen. Königreiches von Kilikien errichtete Festung Anamur mit 36 Türmen, die noch von den Osmanen benutzt wurde.

Ananas [portugies., von gleichbed. Guaraní naná] *die,* rotgelbe, vom Blattschopf gekrönte, zapfenähnl. Sammelfrucht einer urspr. mittelamerikan. Rosettenstaude (A. comosus) der **A.-Gewächse;** saftreiches trop. Obst.

Ananasgalle, ananasförmige Verbildung von Fichtentrieben, durch Fichtengallläuse verursacht.

Anand [engl. 'ɑːnænd, **1)** Mulk Raj, ind. Schriftsteller engl. Sprache, * Peshawar 12. 12. 1905; etablierte mit R. K. Narayan und R. Rao die ind. Literatur in engl. Sprache; setzt sich mit Kolonialismus und dem Kastensystem kritisch auseinander (»Der Unberührbare«, R., 1935; »Gauri«, R., 1980).
2) Viswanathan, ind. Schachspieler, * Madras 11. 12. 1969; seit 1987 Großmeister, 2000/01 FIDE-Weltmeister.

Ananias, im A. T. einer der prophet. Gegner des Jeremias (Jer. 28); Heilsprophet.

Anankasmus [grch.] *der,* Bez. für ängstl. und äußerst gewissenhaftes Verhalten; i. e. S. Auftreten von Zwangsphänomenen (Zwangshandlung, Denkzwang), die als unsinnig erkannt werden.

Ananke [grch. »Zwang«], **1)** grch. Schicksalsgöttin.
2) ein Mond des Planeten ↑Jupiter.

Ananym [grch.-lat.] *das,* Sonderform des ↑Pseudonyms, die aus dem rückwärts geschriebenen wirkl. Namen besteht, wobei die Buchstaben nicht oder nur teilweise verändert werden, z. B. Grob (aus Borg), Ceram (aus Marek).

Anapa, größter Kinderkurort Russlands am Ufer des Schwarzen Meeres.

Anapäst [grch.] *der,* ein Versfuß aus zwei kurzen und einer langen Silbe.

Anapher [grch. »das Emportragen«] *die,* eindruckssteigernde Wiederholung eines Wortes am Anfang einander folgender Sätze, Satzteile, Verse oder Strophen (↑Redefiguren, Übersicht).

Anaphylaxie [grch.] *die, Medizin:* heftige Überempfindlichkeitsreaktion, Sonderform der ↑Allergie (z. B. anaphylakt. Schock).

Anarchie [zu grch. ánarchos »führerlos«] *die,* Herrschaftslosigkeit, Gesetzlosigkeit.

Anarchismus *der,* polit. Ideologie, die darauf zielt, jede Herrschaft von Menschen über Menschen, jede gesetzl. Zwangsordnung, bes. den Staat, zu beseitigen und ein autoritäts- und herrschaftsloses Zusammenleben herbeizuführen. Urspr. von rein individualist. Prinzipien bestimmt, hat sich der A. später mit kollektivist. Ideen verbunden. Während er anfänglich die extreme Gewaltlosigkeit lehrte, hat er später teilweise auch den individuellen und kollektiven Terror als Instrument revolutionärer Umsturzbewegungen propagiert und praktiziert.

Man unterscheidet 1) den **individualist. A.**, der schrankenlose Freiheit für den Einzelnen, absolute Vereinigungsfreiheit und unbeschränktes Privateigentum fordert (William Godwin, M. Stirner, P.-J. ↑Proudhon). 2) den **kollektivist. A.** (revolutionären A.), der auf eine staaten- und klassenlose Kollektivordnung (im Ggs. zum marxschen »autoritären« Sozialismus) und auf Kollektiveigentum zielt, sei es an den Produktionsmitteln (M. A. Bakunin) oder auch an den Konsumgütern (P. A. Kropotkin).

Die erste revolutionär-anarchist. Organisation (gegr. von Bakunin und S. G. Netschajew: »Propaganda der Tat«) verübte zahlr. Attentate und Sabotageakte; sie verlor Anfang des 20. Jh. an Bedeutung. Zunehmenden Einfluss übte seitdem der **Anarchosyndikalismus** (↑Syndikalismus) bes. in den roman. Ländern aus. Seit etwa 1960 fand anarchist. Gedankengut bes. Bakunins bei der ↑neuen Linken Beachtung.

📖 *A. Zur Geschichte u. Idee der herrschaftsfreien Gesellschaft*, hg. v. H. Diefenbacher. Neuausg. Darmstadt 1996.

Anäresis [grch. »Aufhebung«] *die, antike Rhetorik:* die Entkräftung einer gegner. Behauptung.

Anasarka [grch.] *die,* ausgedehnte Wasseransammlung im Unterhautbindegewebe v. a. infolge eines Nieren- oder Herzversagens.

Anasazikultur, altindian. Kultur im SW der USA (etwa 200 v. Chr. bis zum 16. Jh.), Blütezeit zw. 1100 und 1300; hinterließ die Siedlungsform der **Cliff-Dwellings,** in natürl. Felsüberhänge (Abris) gebaute Hauskomplexe oder weitläufige Siedlungen (z. B. Mesa Verde und Chaco Canyon) mit dem Pueblo Bonito). Die A. geht nahtlos in die Kultur der Puebloindianer über.

Anastasia, Großfürstin A. Nikolajewna, jüngste Tochter des russ. Kaisers Nikolaus II., *Peterhof 18. 6. 1901, wohl zus. mit ihrer Familie ermordet in Jekaterinburg am 17. 7. 1918. Mehrere Frauen behaupteten später, A. zu sein; bes. bekannt wurde in diesem Zusammenhang Anna Anderson-Manahan († Charlottesville, Va., USA, 12. 2. 1984), deren Identität mit A. aber nach Entdeckung des Zarengrabes aufgrund einer Genanalyse (1994) ausgeschlossen werden konnte.

Anasazikultur: Felssiedlung im Mesa Verde National Park, Colorado

Anästhesie [grch.] *die, Medizin:* **1)** Empfindungslosigkeit; krankhafte Unerregbarkeit von Empfindungs- und Sinnesnerven. **2)** vom Arzt (Anästhesist) herbeigeführte Schmerzausschaltung bes. bei chirurg. Eingriffen. Während bei der allg. Betäubung (↑Narkose) eine Bewusstlosigkeit herbeigeführt wird, bleibt das Bewusstsein bei der örtl. Betäubung (**Lokal-A.**) erhalten. Hierbei werden von Kokain und Procain abgeleitete chem. Substanzen bei der Oberflächen-A. auf die Körperoberfläche (bes. die Schleimhäute) aufgebracht, bei der **Infiltrations-A.** in das entsprechende Gewebe und bei der Leitungs-A. in den Nerv oder seine Umgebung eingespritzt; so bei Sonderformen der **Leitungs-A.** in die Rückenmarkflüssigkeit (**Lumbal-A.** zur A. der unteren Körperhälfte) oder an die harte Rückenmarkhaut heran (**Peridural-A., Epidural-A., Sakral-A.,** z. B. bei geburtshilfl. Eingriffen). Die **Kälte-A.** als lokale Vereisung wurde wegen mitunter auftretender Gewebeschäden aufgegeben.

📖 *Chirurgie u. Anästhesie. Vom Handwerk zur Wissenschaft,* hg. v. P. Ridder. Stuttgart 1993. – Allgeier, M.: *A. u. Intensivpflege in Theorie u. Praxis.* Stuttgart u. a. 1995.

Anastigmat [grch.] *der, Optik:* Linsensys-

ANA Anastomose

tem (fotograf. Objektiv), bei dem Astigmatismus und Bildwölbung (z. B. durch Verwendung spezieller opt. Glassorten) beseitigt sind.

Anastomose [grch.] *die,* natürl. oder künstl. Verbindung von Hohlorganen (z. B. Blut- und Lymphgefäße). Operativ angelegte A. sind Verbindungen zw. urspr. getrennten Hohlorganen oder Gefäßen (z. B. zw. Gallenwegen und Darm).

Anastrophe [grch.-lat.] *die, Sprachwissenschaft:* Umkehrung der gewöhnl. Wortstellung, bes. die Stellung der Präposition hinter dem dazugehörenden Substantiv, z. B. »zweifelsohne« für »ohne Zweifel«.

Anatas [grch.] *der,* gelbes bis schwarzblaues tetragonales Mineral; chemisch Titandioxid.

Anath, phönizisch-kanaanit. Fruchtbarkeits- und Kriegsgöttin; erscheint im A. T. neben Baal als weibl. Göttin.

Anathema [grch.] *das,* bei den Griechen das Gottgeweihte (Weihgeschenk), dann in christl. Sprachgebrauch die Verdammung als Häretiker und der Ausschluss aus der Religionsgemeinschaft.

Anatoli|en [grch. anatole »Morgenland«], ↑Kleinasien.

Anatomie [grch. »Zergliederung«] *die,* die Wiss. vom Bau der Lebewesen. Die **systemat. A.** untersucht und beschreibt den Körper nach Organsystemen (u. a. Gefäß-, Atmungs-, Nervensystem). Die Lehre vom feineren Bau der Organe **(mikroskop. A.)** fußt auf der Zellen- und Gewebelehre (Histologie). Die **topograph. A.** behandelt Lageverhältnisse der Körperteile und Organe in den versch. Körperregionen zueinander; als **angewandte A.** dient sie chirurg. Maßnahmen. Die **vergleichende A.** untersucht einander entsprechende Systeme oder Organe der Tiergruppen und des Menschen. Neben der A. des Menschen werden die A. der Tiere **(Zootomie)** und die A. der Pflanzen **(Phytotomie)** unterschieden. **Geschichte:** Im Altertum und MA. verhinderten vielfach religiöse Ansichten die Zergliederung menschl. Leichen. Bed. Anatomen waren Herophilos, Erasistratos (um 300 v. Chr.), Galen (2. Jh. n. Chr.). Als Begründer der modernen A. gilt A. Vesal (16. Jh.). Teildisziplinen der A. entwickelten sich im 18./19. Jh. zu selbstständigen Wiss.en (u. a. Physiologie, Pathologie, Histologie).

📖 *Feneis, H.:* Anatom. Bildwörterbuch der internat. Nomenklatur. Stuttgart u. a. [7]1993. – *Sobotta, J.:* Atlas der A. des Menschen. 2 Bde. München u. a. [20]1993. – Taschenatlas der A. für Studium u. Praxis, bearb. v. *W. Kahle u. a.* 3 Bde. Stuttgart u. a. [6]1995. – *Lippert, H.:* A. Text u. Atlas. München u. a. [7] 2001.

Anau, vorgeschichtl. Wohnhügel (Tepe) bei Aschchabad, Turkmenistan, Reste von Kulturschichten aus Jungstein- und Bronzezeit. Die älteren Funde (ca. 4. Jt. v. Chr.) mit bemalter Keramik wurden als nördl. Ausläufer iran. Kulturen erkannt.

Anaxagoras, grch. Philosoph aus Klazomenai in Ionien, * um 500 v. Chr., † Lampsakos (Hellespont) 428 v. Chr.; Lehrer in Athen, von wo er, der Gottlosigkeit angeklagt, fliehen musste. Er erklärte die Wirklichkeit aus einer vom Nus, dem Weltgeist, verursachten Wirbelbewegung unendlich vieler Urteilchen **(Homöomerien),** die sich qualitativ voneinander unterscheiden.

anaxial [grch.-lat.], nicht in der Richtung einer Achse angeordnet, nicht in Achsrichtung verlaufend.

Anaximander (Anaximandros), grch. Naturphilosoph aus Milet, * um 610 v. Chr., † um 546 v. Chr.; Schüler des Thales, lehrte, dass alle Dinge aus einem quantitativ wie qualitativ unbestimmten Urstoff, dem **Apeiron** (das »Grenzenlose«), durch Trennung in Gegensätze hervorgehen und in das Apeiron zurückkehren.

Anaximenes, grch. Naturphilosoph aus Milet, * um 585 v. Chr., † um 526 v. Chr.; Schüler des Anaximander, verstand als Urstoff nicht mehr wie dieser das Apeiron, sondern die Luft, aus der durch Verdichtung und Verdünnung alles entsteht und vergeht.

anazyklisch [grch.-lat.], vorwärts und rückwärts gelesen den gleichen Wortlaut ergebend (von Wörtern oder Sätzen, z. B. Otto).

Anbaubeschränkung, Maßnahme der Agrarpreisstützung. Bei Überproduktion soll durch A. eine Angebotsverringerung erzielt und damit das Absinken der Preise verhindert werden.

Anbaugeräte, landwirtsch. Maschinen oder Geräte, die fest an die Dreipunktanhängung des Schleppers angebaut werden. Ggs.: ↑Anhängegeräte.

ANC, südafrikan. Partei, ↑African National Congress.

Ančerl ['antʃɛrl], Karel, tschech. Dirigent, *Tučapy (Südböhm. Gebiet) 11. 4. 1908, †Toronto 3. 7. 1973; 1950–68 Leiter der Philharmonie in Prag, seit 1969 des Toronto Symphony Orchestra.

Anchises, grch. *Mythos:* Held aus dem Königshaus von Troja, Vater des Äneas.

Anchorage ['æŋkərɪdʒ], größte Stadt Alaskas, USA, an einer Bucht des Cook Inlet, 226 300 Ew.; Univ. (gegr. 1960); Sitz von Erdölgesellschaften; internat. Flughafen (Polarroute), Eisenbahn nach Fairbanks und Seward, Hafen. – A. wurde 1915 beim Eisenbahnbau gegründet; 1964 durch ein schweres Erdbeben teilweise zerstört.

Anchorman ['æŋkəmən, engl.] *der,* Journalist, der im Rundfunk, Fernsehen bes. in Nachrichtensendungen die einzelnen journalist. Beiträge vorstellt, die verbindenden Worte und Kommentare spricht. **Anchorwoman** ['æŋkəwʊmən] *die,* Journalistin für die gleichen Aufgaben.

Anchovis [span., portugies.] *die* (Anschovis, Sardelle), Heringsfisch S- und W-Europas; auch filetierte, in Salz, Marinade o. Ä. eingelegte Sardelle.

Ancien Régime [ã'sjɛ̃ re'ʒi:m; frz.], »alte Regierungsform«] *das,* das absolutistisch regierte (bourbon.) Frankreich vor 1789; allg. die polit. und gesellschaftl. Verhältnisse im Europa des 17./18. Jh., bes. der privilegierten Adelswelt.

Ancona, 1) Provinz in der Region Marken, Italien, 1 940 km², 446 500 Ew.
2) Hptst. der Provinz A. und der Region Marken, Italien, 98 400 Ew.; Erzbischofssitz; Handels- und Kriegshafen an der Adria; Fischerei; Schiffbau, Zucker-, Papierind., Musikinstrumentenbau. – Auf einer Anhöhe die roman. Dom, Trajansbogen aus röm. Zeit. – A., um 390 v. Chr. von Griechen gegr. (Ancon Dorica), war seit 278 v. Chr. röm. Flottenstation und Handelsstadt. 774 von Karl d. Gr. dem Papst geschenkt, behauptete es im MA. seine Selbstständigkeit. 1532–1860 gehörte A. zum Kirchenstaat.

Ancus Marcius, nach der Sage der 4. König Roms (etwa 642 bis 617 v. Chr.), soll das linke Tiberufer befestigt und Ostia gegründet haben.

Ancylostoma [grch.], Gattung der ↑Hakenwürmer.

Ancylus, Gattung der Wasserlungenschnecken in Süßgewässern Europas. Nach ihrem gehäuften Auftreten wird ein nacheiszeitl. Stadium der Ostsee **A.-See** genannt.

AND ['ænd, engl.], *Logik:* die log. Verknüpfung »und« (Konjunktion); in der *Digitaltechnik* Verknüpfungsfunktion der ↑Schaltalgebra.

Anda ['ɔndɔ], Géza, schweizer. Pianist ungar. Herkunft, *Budapest 19. 11. 1921, †Zürich 13. 6. 1976; Interpret bes. von Werken W. A. Mozarts, F. Chopins, B. Bartóks.

Andachtsbild, 1) Christus-, Marien- oder Heiligenbild, das im Gebetbuch aufbewahrt wird.
2) Bildwerk des MA., v. a. ein Vesperbild **(Pietà),** ein Schmerzensmann **(Erbärmdebild),** eine Jesus-und-Johannes-Gruppe. In der geistl. Literatur vorbereitet, begegnet es im 13. Jh. zuerst in Dtl., wo es seine innigste Gestaltung gefunden hat.

Åndalsnes ['ɔndalsne:s], Hafenort am Romsdalsfjord, W-Norwegen, 3 000 Ew.; Fremdenverkehr.

Andalusi|en (span. Andalucía), histor. Landschaft und autonome Region in S-Spanien, umfasst die Prov. Sevilla, Huelva, Cádiz, Córdoba, Jaén, Granada, Málaga und Almería, zus. 87 597 km², 7,358 Mio. Ew. **Nieder-A.** umfasst das Guadalquivirbecken, ein welliges Hügelland, dessen nördl. Abschluss die Sierra Morena bildet. Das von der Betischen Kordillere (Sierra Nevada 3 481 m) durchzogene **Hoch-A.** bricht mit buchtenreicher Steilküste zum Mittelmeer ab. A. besitzt im S ein rein ausgeprägtes Mittelmeerklima, Hoch-A. unterliegt zunehmend kontinentalen Einflüssen. Angebaut werden, meist mithilfe von Bewässerung, Weizen, Mais, Gemüse, Südfrüchte, Oliven, Korkeichen, Zuckerrohr und Baumwolle. Weinbau wird v. a. um Jerez de la Frontera und Málaga betrieben. In den südl. Marschlandschaften (Marismas) werden Pferde und Kampfstiere gezüchtet, die Sierra Morena ist ein riesiges Sommerweidegebiet für Schafherden. Hoch-A. ist reich an Erzlagerstätten: Eisen, Kupfer, Blei, Zink. Bedeutend sind Fremdenverkehr an der Küste und Bildungstourismus in den Großstädten; in der Sierra Nevada Wintersport.

A., einst das Reich ↑Tartessos, später die röm. Prov. Baetica, war im 5. Jh. vorübergehend Sitz der Wandalen, dann westgo-

AND Andalusit

Anden: Gebirgskette über dem Hochland der Puna in Südperu

tisch. 711 kam es unter arab. Herrschaft. **Al-Andalus** war die arab. Bez. für Spanien. 1212 begann die Rückeroberung A.s durch Kastilien, die 1492 mit der Gründung des Reiches Granada abschloss. – 1982 erhielt A. ein Autonomiestatut.
📖 *Burckhardt, T.: Die maurische Kultur in Spanien.* München ²1980. – *Vernet, J.: Die spanisch-arabische Kultur in Orient u. Okzident. A. d. Span.* Zürich u. a. 1984. – *Kulturlandschaft A. Beiträge v. M. Kusserow u. Wolfgang Müller.* Freiburg im Breisgau u. a. 1991. – *Hees, H. van: A. Kunstdenkmäler u. Museen.* Stuttgart 1992.

Andalusit *der,* grünes, rötl. oder graues rhomb. Mineral in metamorphen Gesteinen, chemisch Tonerdesilikat. **Chiastolith** ist ein A. mit dunkler, orientierter Kohlenstoffeinlagerung; er zeigt im Querschnitt ein weißes Kreuz.

Andamanen, Inselkette mit mehr als 200 Inseln zw. dem Golf von Bengalen und der Andamanensee, seit 1947 Teil des ind. Unionsterritoriums **A. und Nikobaren** (8 249 km², 320 000 Ew., Hptst. Port Blair). Die A. haben feuchtheißes trop. Klima; Anbau von Reis; Kaffee-, Holz- und Kopra-Erzeugung. Die Ureinwohner, die **Andamaner,** ein Wildbeutervolk, werden den Negritos zugerechnet und sprechen eine nicht austrones. Sprache. Sie sind vom Aussterben bedroht. – Die seit 1789 von den Engländern in Besitz genommenen Inseln dienten 1858–1942 als Strafkolonie der Reg. von Britisch-Indien; 1942–45 von Japan besetzt.

Andamanensee, Randmeer des Ind. Ozeans, zw. Andamanen, Nikobaren und der Malaiischen Halbinsel, bis 4 267 m tief.

andante [italien. »gehend«], *Musik:* mäßig langsam. **Andante,** mäßig langsamer Satz (einer Sonate, Sinfonie).

andantino [italien., Verkleinerungsform von andante], *Musik:* leichter und schwebender als andante. **Andantino,** ein musikal. Satz dieses Charakters.

Andechs, Gemeinde im Landkreis Starnberg, Oberbayern, östl. des Ammersees, 3 000 Ew.; Benediktinerpriorat und Wallfahrtsort auf dem Hl. Berg (760 m ü. M.). – Die ehem. got. Kirche wurde in einen Rokokobau umgewandelt, Stuckaturen und Malereien von J. B. Zimmermann; Klosterbibliothek; Brauerei. – Urspr. Stammburg der 1248 ausgestorbenen Grafen von A., ein seit dem 9. Jh. belegtes Geschlecht in Oberbayern, seit dem 11. Jh. auch in Franken (Plassenburg), seit Ende des 11. Jh. u. a. auch in Görz und Tirol erweitert und nach den Welfen die mächtigste südbt. Dynastie, erreichte 1180/81 die Erhebung in den Reichsfürstenstand (Herzog von Dalmatien und Kroatien [»Meranien«]; seitdem auch **A.-Meranien**).

Anden (Cordillera de los Andes), Gebirge in Südamerika, durchzieht den Subkontinent auf der W-Seite von Feuerland bis zum Karib. Meer, etwa 8 000 km lang, 200–700 km breit, im Aconcagua 6 959 m ü. M.; Teil der bis nach Alaska reichenden ↑Kordilleren; sie werden überquert von den ↑Transandenbahnen.
📖 *Otzen, H.: A. Landschaften, Pflanzen, Tiere im Reich der Inka.* Hannover 1991.

Andenpakt, Verbund lateinamerikan. Staaten, gegr. 1969, derzeitige Mitgl.: Bolivien, Ecuador, Kolumbien, Peru, Venezuela; Ziel: weitgehende ökonom. und polit. Integration, Liberalisierung des gegenseitigen Handels, Bildung einer Zollunion. Die seit 1993 bestehende Freihandelszone soll schrittweise zu einem gemeinsamen Markt **(Andean Common Market)** ausgebaut werden. 1996 wurde der A. reformiert und in **Andengemeinschaft (Comunidad Andina)** umbenannt.

Andentanne, eine ↑Araukarie.

Anderkonto, Bankkonto auf den Namen eines Treuhänders (z. B. Notar) über Vermögenswerte, die der Treuhänder verwaltet; darf nicht dessen eigenen Zwecken dienen.

Anderlecht, Industriestadt im SW der Agglomeration Brüssel, Belgien, 87 900 Ew.; Schlachthöfe von Brüssel.

Andermatt, Hauptort des Urserentals, am Fuß des Sankt Gotthard, im Kt. Uri, Schweiz, 1 444 m ü. M., 1 387 Ew.; Verkehrsknotenpunkt; Höhenluftkurort und Wintersportgemeinde. – Kirche St. Kolumban (13. Jh.), Pfarrkirche (17. Jh.).

Andernach, Stadt im Landkreis Mayen-Koblenz, Rheinl.-Pf., am Rhein, 51 m ü. M., 29 600 Ew.; Metallverarbeitung, Maschinenbau, Nahrungsmittel-, Baustoff-, Kunststoffindustrie. – Teile der Stadtmauer (15. Jh.) mit Rheintor (12. Jh.), Liebfrauenkirche (um 1200), ein Hauptwerk der rhein. Romanik. – A., das röm. **Antunnacum,** war im frühen MA. fränk. Königspfalz.

Anders, Günther, eigtl. G. Stern, Schriftsteller, *Breslau 12. 7. 1902, †Wien 17. 12. 1992; studierte Philosophie bei E. Cassirer, M. Heidegger und E. Husserl; nach Emigration seit 1950 in Wien; schrieb den antifaschist. Roman »Die molussische Katakombe« (1992 erschienen), kultur- und technikkritische Essays u. a. in »Die Antiquiertheit des Menschen« (2 Bde., 1956 und 1980), Analysen zu Rundfunk und Fernsehen; aktiv in der Antiatom- und der Antivietnamkriegsbewegung.

Andersch, Alfred, Schriftsteller, *München 4. 2. 1914, †Berzona (bei Locarno, Kt. Tessin) 21. 2. 1980; behandelte bes. das Thema des Ausbruchs aus der Unfreiheit, so in »Die Kirschen der Freiheit« (autobiografisch, 1952), dem Roman »Sansibar oder der letzte Grund« (1957) und in der Erz. »Der Vater eines Mörders« (hg. 1980); ferner: »Die Rote« (1960), »Efraim« (1967), »Winterspelt« (1974); Essays, Hörspiele. ✧ **siehe ZEIT Aspekte**
📖 *A. A. Perspektiven zu Leben u. Werk,* hg. v. I. Heidelberger-Leonard u. a. Opladen 1994. – Poppe, R.: *A. A.* Stuttgart 1999.

Andersen, 1) Hans Christian, dän. Schriftsteller, *Odense 2. 4. 1805, †Kopenhagen 4. 8. 1875; errang Weltruhm durch seine Märchen, v. a. »Des Kaisers neue Kleider«, »Die Prinzessin auf der Erbse«, »Das häßliche Entlein«, »Der standhafte Zinnsoldat«, »Die kleine Seejungfrau«, die in scheinbar naivem, impressionist. Stil Humor und Resignation verbinden; ferner Romane, Reiseberichte.
📖 *Bredsdorff, E.: H. C. A. Eine Biographie. A. d. Engl.* Reinbek 1993.

2) Lale, eigtl. Lise-Lotte Helene Berta Beul, geb. Bunnenberg, Chansonsängerin und Schauspielerin, *Lehe (heute zu Bremerhaven) 23. 3. 1905, †Wien 29. 8. 1972; wurde durch das 1941 von dem Soldatensender Belgrad verbreitete Lied »Lili Marleen« (1938; Text H. Leip) weltweit bekannt.

Hans Christian Andersen

Andersen Nexø [- 'nɛgsø], Martin, dän. Schriftsteller, *Kopenhagen 26. 6. 1869, †Dresden 1. 6. 1954; war Arbeiter, Lehrer, schloss sich nach dem Ersten Weltkrieg dem Kommunismus an. Sein Entwicklungsroman »Pelle der Eroberer« (4 Bde., 1906–10) schildert das Leben eines Landarbeitersohnes; »Ditte Menschenkind« (R., 5 Bde., 1917–21) beschreibt das trostlose Dasein des Mädchens Ditte.

Anderson ['ændəsn], **1)** Carl David, amerikan. Physiker, *New York 3. 9. 1905, †San Marino (Calif.) 11. 1. 1991; entdeckte 1932 das ↑Positron (hierfür 1936 zus. mit F. Hess Nobelpreis für Physik) und 1937 das Myon.

2) Gillian Leigh, amerikan. Schauspielerin, *Chicago (Ill.) 9. 8. 1968. A. erlangte in den 1990er-Jahren v. a. durch ihre Rolle als Spezialagent Dana Scully in der TV- und Spielfilmserie »Akte X« internat. Aufmerksamkeit.
Weitere Filme: Leben und Lieben in L. A. (1998); The House of Mirth (2000).
3) June, amerikan. Sängerin (Sopran), *Boston (Mass.) 30. 12. 1952; trat in den 80er-Jahren überwiegend in Europa auf, bes. in Partien des italien. Fachs; auch gefragte Konzert- und Oratoriensängerin.
4) Laurie, amerikan. Performance-Künstlerin, Komponistin, Musikerin, Kunstkritikerin, *Chicago 5. 6. 1947; lebt in New York. Mit ihren ↑Performances, die sich modernster Medien bedienen und eine Kombination u. a. von Gestik, Sprache, Musik, Textbildern, Dia- und Filmprojektionen bieten, gehört sie zu den profiliertesten Vertretern dieses Genres.
5) Maxwell, amerikan. Dramatiker, *Atlantic (Pa.) 15. 12. 1888, †Stamford (Conn.) 28. 2. 1959; hatte großen Erfolg mit »Rivalen« (1924), einem aus Weltkriegserlebnissen stammenden Desillusionsstück; dann meist histor. Versdramen, z. B. »Johanna von Lothringen« (1947).
6) ['andɛrsɔn], Oskar Johann Viktor, Statistiker, *Minsk 2. 8. 1887, †München 12. 2. 1960; leitete 1915 eine der ersten großen Stichprobenerhebungen, gehört zu den Initiatoren der Ökonometrie; schrieb »Probleme der statist. Methodenlehre in den Sozialwissenschaften« (1954).
7) Philip Warren, amerikan. Physiker, *Indianapolis (Ind.) 13. 12. 1923; erhielt 1977 mit J. H. Van Vleck und Sir N. F. Mott den Nobelpreis für Physik für grundlegende theoret. Untersuchungen der elektron. Struktur magnet. und ungeordneter Strukturen.
8) Sherwood, amerikan. Schriftsteller, *Camden (Ohio) 13. 9. 1876, †Colón (Panama) 8. 3. 1941; schrieb psychologisch-naturalist. Kurzgeschichten (»Winesburg, Ohio«, 1919) und Romane (»Dunkles Lachen«, 1925).
📖 *S. A. Erzähler des amerikan. Traums,* hg. v. J. Dierking. Hamburg u. a. 1990.

Andersson, Lars Gunnar, schwed. Schriftsteller, *Karlskoga 23. 3. 1954; gestaltet Identitätssuche in einer Mischung von Realismus, Mythos und Utopie.
Werke: Romane: Brandlyra (1994);

Schneelicht (1979); Pestkungens legend (1988); Artemis (1995).
Änderungsantrag, im Parlament ein Abänderungsvorschlag zu Gesetzentwürfen, Anträgen u. a.
Andesin [nach den Andesitgesteinen der Anden] *der,* Mineral, ↑Feldspäte.
Andesit *der,* porphyr. Ergussgestein, bes. der Anden; Einsprenglinge: Plagioklas, Biotit, Hornblende oder Pyroxen.
Andhra Pradesh [- -ʃ], Bundesstaat im SO von ↑Indien. – Wurde 1953 aus den nördl. Gebieten von Madras errichtet, 1956 um Teile des ehem. Staates Hyderabad erweitert.
andine Hochkulturen, die vorkolumb. Kulturen der südamerikan. Indianer im Gebiet der Anden; Reste finden sich in der heutigen Volkskultur. Die bedeutendsten und am besten erforschten Kulturen entstanden im Gebiet der Zentralanden (Peru, Bolivien), älteste Spuren sind aus dem 20. Jt. v. Chr. erhalten. Im nordandinen Raum erreichten die Kulturen nicht die gleiche Höhe; das gilt auch für die Kulturen im Gebiet von NW-Argentinien (Diaguita) und Chile. Kulturpflanzen lassen sich im mittelandinen Hochland (Ayacucho) seit etwa 4000 v. Chr. nachweisen. Die ältesten Keramikfunde (Puerto Hormiga, N-Kolumbien; Valdivia, Küste Ecuadors) werden auf etwa 4100 v. Chr. datiert; in den Anden tritt Keramik erst etwa 2000 Jahre später auf. – Als erste der a. H. dehnte sich die Chavínkultur (1000–300 v. Chr.) überregional aus, vermutlich auf der Grundlage eines gemeinsamen Kults (Verehrung einer Jaguargottheit). Etwa zur gleichen Zeit begann die Bearbeitung von Metallen. Kunst und handwerkl. Fähigkeiten erreichten ihren Höhepunkt in der klass. Periode (bis 600 n. Chr.) in den Kulturen von Paracas Necrópolis, Mochica, Nazca, Tiahuanaco. In der nachklass. Zeit entstanden straff gegliederte Reiche, so das Königreich der Chimú und das Reich der Inka, die von Cuzco aus in nur 100 Jahren (1438–1532) das Gebiet aller anderen Kulturen zw. S-Kolumbien und N-Chile unterwarfen und es in ihr Imperium, das einzige des vorkolumb. Amerika, eingliederten.
Basis der *Wirtschaft* war der Feldbau (ohne Pflug), bes. Anbau von Mais und Kartoffeln, auch Baumwolle, intensiviert durch Anlage von Bewässerungsterrassen. Als

andine Hochkulturen AND

Haustiere wurden Alpaka (Wolle), Lama (Wolle, Fleisch; auch als Lasttiere), Meerschweinchen (Fleisch) und Hund gehalten; als Fleischlieferanten spielten Wildtiere die größere Rolle; Milchprodukte waren unbekannt. Da es Rad und Wagen nicht gab, wurden Haustiere nicht als Zugtiere verwendet. Handwerk und Kunst, Stadt- und Tempelarchitektur waren hoch entwickelt. Ein gut ausgebautes Straßennetz (eine Hauptstrecke in den Anden 5 200 km, eine an der Küste rd. 4 000 km lang) errichteten die Inka. – Die *Gesellschaft* war hierarchisch geschichtet (Priester und Beamtenapparat unter sakralen Herrschern).

Die ältesten *Bauwerke* aus Stein stammen etwa von 3000 v. Chr. Die größte Tempelanlage der präkeram. Zeit in Peru ist die von Chuquitanta (heute El Paraiso; 2500–1850 v. Chr.). Aus Lehmziegeln (Adobe) errichteten u. a. die Mochica Tempelpyramiden. Große Städte wie Chan Chan (aus Lehm und Adobe, rd. 18 km²) und Huari (aus Feldsteinen und Lehm) entstanden um 600–800 in den Zentralanden. Befestigungsanlagen aus Stein wurden von den Inka errichtet (Sacsayhuaman, Machu Picchu). – *Steinplastiken* kult. Bedeutung wurden in den frühen Perioden hergestellt (San Agustín, Chavín), später in Tiahuanaco, Huari, im Tafí-Tal (N-Argentinien). – Die Herstellung von *Keramik* (ohne Töpferscheibe, z. T. mit Modeln) erreichte Höhepunkte in den Kulturen von Nazca (vielfarbige Bemalung, polierte Oberfläche), Mochica (zweifarbig bemalte Gefäße, oft realist. Lebensszenen und Porträts) und Tiahuanaco (vielfarbig, glänzend poliert); Glas war unbekannt. – *Metalle* (Gold, Silber, Kupfer, in Ecuador auch Platin; außerdem Legierungen: Bronze; Tumbaga bes. in Kolumbien) wurden meist zu Schmuck verarbeitet (Treiben, Hämmern, Gießen). Bronze wurde bei den Inka auch für Waffen verwendet, Eisen war unbekannt. Hervorragende Goldarbeiten gab es in den Kulturen von Chavín, Quimbaya, Chimú, Muisca. – Die Herstellung von *Textilien* aus Baumwolle sowie aus Wolle von Lama, Alpaka und Vikunja erreichte in der Nazcakultur einen Höhepunkt. Federn meist von trop. Vögeln verzierten prächtige Umhänge, Kronen und Schilde (Huari, Inka). – *Malerei* findet sich auf Felsbildern, an den Wänden von monumentalen Grabkammern sowie auf Textilien und Keramik, realist. Darstellungen aus dem Alltagsleben bes. auf den Gefäßen der Mochicakultur; großflächige Scharrbilder im Gebiet von Nazca. – Eine *Schrift* scheint nicht bekannt gewesen zu sein, Knotenschnüre (↑Quipu) dienten wohl als Gedächtnishilfen.

andine Hochkulturen

□ *Prem, H. J.: Gesch. Alt-Amerikas.* München 1989. – *Altamerikanistik. Eine Einführung in die Hochkulturen Mittel- u. Südamerikas,* hg. v. U. Köhler. Berlin 1990. – *Haberland, W.: Amerikan. Archäologie. Gesch., Theorie, Kulturentwicklung.* Darmstadt 1991. – *Wurster, W. W.: Die Schatz-Gräber. Archäolog. Expeditionen durch die Hochkulturen Südamerikas.* Hamburg 1991. – *1492–1992: Begegnung zweier Welten? Wirtsch. u. religiöse Folgen der europ. Expansion,* hg. vom Autorenkollektiv Altamerikanistik Hamburg. Bearb. v. E.-W. Haase. Hamburg 1992. – *Inka, Peru. 3000 Jahre indian. Hochkulturen,* hg. v. E. Bujok. Ausst.-Kat. Haus der Kulturen der Welt,

AND Andischan

Berlin. Tübingen 1992. – Amerika vor Kolumbus, hg. v. M. D. Coe u. a. München ⁶1993.

Andischạn, Hptst. des Gebiets A., Usbekistan, im südöstl. Ferganabecken, 318 600 Ew.; Hochschulen, Theater; Baumwollverarbeitung, Maschinenbau, chem. Ind.; nahebei Erdöl- und Erdgasförderung.

Andō, Tadao, japan. Architekt, *Ōsaka 13. 9. 1941. Seine von einer eher asket. Grundhaltung geprägte Architektur, die sich an Prinzipien des traditionellen japan. Wohnhauses anlehnt, wirkt durch klare geometr. Formen und glatte Sichtbetonoberflächen (u. a. Kunstmuseum für Kinder in Himeji, 1987–89; Konferenzzentrum der Firma Vitra in Weil am Rhein, 1993). A. erhielt 1995 den Pritzker-Preis.

Andorn (Marrubium), Lippenblütlergatt., weiß blühende, taubnesselähnl. Stauden mit äther. Öl.

Andorra

Fläche	468 km²
Einwohner	(2001) 66 300
Hauptstadt	Andorra la Vella
Amtssprache	Katalanisch
Nationalfeiertag	8. 9.
Währung	1 Euro (EUR, €) = 100 Cent
Zeitzone	MEZ

Andọrra (amtl. katalan. Principat d'A., dt. Fürstentum A.), Kleinstaat in den östl. Pyrenäen (bis 2 942 m ü. M.), zw. Spanien und Frankreich.

Staat und Recht: Nach der Verf. von 1993 ist A. ein souveränes Fürstentum (de facto parlamentar. Demokratie). Als Staatsoberhaupt mit repräsentativer Funktion fungieren der Präs. von Frankreich und der span. Bischof von Urgel (Co-Fürsten). Die Legislative liegt beim Generalrat (28 Abg., für vier Jahre gewählt), der auch den Reg.chef und die Mitgl. des Kabinetts beruft. Wichtigste Parteien: Partit Liberal d'Andorra (PLA), Partit Socialdemòcrata (PS) und Partit Demòcrata (PD).

Landesnatur: Kerngebiet ist das Talbecken von A. la Vella (800–1 100 m ü. M.), das durch eine Straße durch das Valiratal mit der span. Stadt Seo de Urgel und über einen 2 408 m hohen Pass (Port d'Envalira), höchste Passstraße der Pyrenäen) mit dem frz. Ariègetal verbunden ist.

Bevölkerung: Nur 37,2 % der Bev. sind katalanisch sprechende Andorraner, 39,6 % sind Spanier, 10,1 % Portugiesen und 6,4 % Franzosen. Viele Franzosen und Spanier haben aus Steuergründen in A. ihren Zweitwohnsitz. Rd. 95 % der Bev. gehören der kath. Kirche an; daneben eine verschwindende prot. Minderheit und eine kleine jüd. Gemeinde. Es besteht allgemeine Schulpflicht vom 6. bis 16. Lebensjahr.

Wirtschaft und Verkehr: Haupterwerbszweige sind der Fremdenverkehr (2001: 11,4 Mio. Touristen) und der Handel mit zollfreien Waren (günstige Zollabkommen mit Frankreich und Spanien; fast keine Steuern); Sitz vieler Banken; Tabakind.; Schaf-, Pferde- und Rinderzucht; Wasserkraftwerke (Energieexport nach Spanien).

Geschichte: Das bereits 805 in einer karoling. Urkunde erwähnte A. war jahrhundertelang Streitobjekt zw. den span. Bischöfen von Urgel (Sitz Seo de Urgel) und dem frz. Adelsgeschlecht Castelbon (dessen Ansprüche 1206 auf den Grafen von Foix übergingen); ein 1278 abgeschlossener Paréage-Vertrag (vom Papst bestätigt) legte eine gemeinsame Herrschaft fest. Im 16. Jh. gingen die Rechte der Grafen von Foix auf die Könige von Navarra und 1607 auf Frankreich über, das 1793 auf sie verzichtete; Napoleon I. stellte sie 1806 wieder her. Im Rahmen einer Reformbewegung (1866–68) wurde der Generalrat eingeführt (Wahlrecht für Familienoberhäupter, erst seit 1970 auch für Frauen). 1993 trat A. der UNO, 1994 dem Europarat bei.

Andrạda e Sịlva, brasilian. Politiker,
1) Antônio de, *Santos 1. 9. 1773, †Rio de Janeiro 5. 12. 1845, Bruder von 2); entwarf die Verfassung von 1823.
2) José Bonifácio de, *Santos 13. 6. 1763, †Niterói 6. 4. 1838, Bruder von 1); seit 1819 Führer der Unabhängigkeitsbewegung.

Andorra

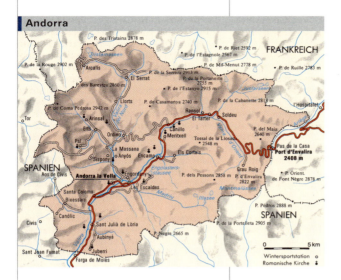

Andrade [-di], Carlos Drummond de, brasilian. Lyriker, *Itabira (Minas Gerais) 31. 10. 1902, †Rio de Janeiro 17. 8. 1987; bedeutender, aus dem brasilian. Modernismo hervorgegangener Lyriker; krit. Schilderer des Alltags, auch hermet. und konkrete Lyrik. In dt. Übersetzung: »Poesie« (1965), Gedichte (portugies. und dt. Auswahl 1982).

Andragogik [grch.] *die,* Lehre von der ↑Erwachsenenbildung.

Andrássy [ˈɔndraːʃi] (Andrássy von Csíkszentkirály und Krasznahorka), ungar. Adelsgeschlecht: **1)** *Gyula* (Julius) d. Ä., Graf, österr.-ungar. Politiker, *Kaschau (heute Košice) 3. 3. 1823, †Volosca (heute Volosko bei Opatija) 18. 2. 1890, Vater von 2); brachte mit F.↑Deák den österr.-ungar. Ausgleich von 1867 zustande; 1867–71 ungar. MinPräs., 1871–79 österr.-ungar. Außenmin. Er stimmte sich eng mit dem Dt. Reich ab (Dreikaiserbündnis 1872/73, Zweibund 1879).

2) *Gyula* (Julius) d. J., Graf, ungar. Politiker, *Tőketerebes (heute Trebišov, Slowak. Rep.) 30. 6. 1860, †Budapest 11. 6. 1929, Sohn von 1); bot als letzter österr.-ungar. Außenmin. am 28. 10. 1918 der Entente einen Sonderfrieden an.

Andrault [ãˈdro], Michel, frz. Architekt, *Montrouge 1926; sucht (in Zusammenarbeit mit seinen Partnern) einer uniformen Architektur durch Einsatz kontrastierender Materialien und Formen entgegenzuwirken: Wohnsiedlungen (u. a. »Ville nouvelle« in Évry), Hochhaus- und Verwaltungsbauten, Vielzweckhallen (CNIT-Ausstellungshalle in Paris-La Défense, Sport- und Rockpalast in Paris-Bercy).

Andre [ˈændrɪ], Carl, amerikan. Plastiker, *Quincey (Mass.) 16. 9. 1935; schuf 1965 die erste horizontale Plastik als ein System flach auf dem Boden liegender Platten, die ein wichtiger Beitrag zur Minimalart ist.

André [ãˈdre], Musiker- und Verlegerfamilie in Offenbach am Main. Gründer (1784) eines dort noch heute bestehenden Musikverlags war *Johann A.* (* 1741, † 1799), der auch Singspiele, Balladen und Lieder vertonte. Sein Sohn *Johann Anton A.* (* 1775, † 1842) erweiterte den Verlag, bes. bemüht um die Überlieferung der Werke W. A. Mozarts.

André [ãˈdre], Maurice, frz. Trompeter, *Alès 21. 5. 1933. Sein Repertoire reicht von der Musik des Barock bis zu zeitgenöss. Werken und Jazz.

Andreä, Johann Valentin, evang. Theologe, *Herrenberg 17. 8. 1586, †Stuttgart 27. 6. 1654; wirkte, auch mit dichter. Mitteln, für eine innere Erneuerung des Christentums, regte die ersten Schriften der ↑Rosenkreuzer an.

Andrea da Firenze, eigtl. Andrea di Bonaiuto, italien. Maler aus Florenz; schuf u. a. um 1365 in der »Span. Kapelle« von

S. Maria Novella zu Florenz einen Freskenzyklus mit Darstellungen der scholast. Gedankenwelt.

Andreae, Volkmar, schweizer. Komponist und Dirigent, *Bern 5. 7. 1879, †Zürich 19. 6. 1962; schrieb zwei Opern, Chor-, Orchester- und Kammermusikwerke.

Andreas, Apostel, Bruder des Petrus (Mk. 1, 16); nach der Legende Apostel Kleinasiens, Konstantinopels und der Russen, soll am 30. 11. 60 n. Chr. in Patras an einem Kreuz mit schrägen Balken (**A.-Kreuz**) gekreuzigt worden sein. Heiliger, Patron u. a. von Griechenland, Russland, Schottland. Der **A.-Tag** (30. 11.) leitet im Brauchtum die Adventszeit ein.

Andreas, Könige von Ungarn:
1) A. I. (1046–60), *um 1014, †Zirc Dez. 1060; Arpade; kämpfte gegen Kaiser Heinrich III. und konnte die dt. Lehnsoberhoheit beenden (1058).
2) A. II. (1205–35), *um 1176, †Ofen (heute als Buda zu Budapest) 21. 9. 1235; Arpade, Sohn Bélas III., Vater der hl. Elisabeth von Thüringen, Großvater von 3); verlieh 1222 dem Adel große Vorrechte, den Siebenbürger Sachsen den Freibrief **(Privilegium Andreanum)** von 1224.
3) A. III. (1290–1301), *um 1265, †14. 1. 1301, Enkel von 2). Mit ihm starben die Arpaden aus.

Andreaskreuz, Diagonalkreuz in Form eines grch. X (benannt nach dem Apostel Andreas); heraldisch **Schragen** genannt.

Andreasorden, 1698–1917 höchster russ. Orden, von Peter d. Gr. gestiftet.

Andreas-Salomé, Lou, Schriftstellerin, *Petersburg 12. 2. 1861, †Göttingen 5. 2. 1937; Freundin F. Nietzsches und R. M. Rilkes; neben literar. Arbeiten (Romane, Erzählungen) verfasste sie theoret. Schriften zu Psychoanalyse und Anthropologie; gegen den Mythos eines autonomen, sich selbst beherrschenden Ich versucht sie das Denken als aus leidvoller Lebenserfahrung hervorgegangen zu begreifen.
 Koepcke, C.: L. A.-S. Leben, Persönlichkeit, Werk. Frankfurt am Main ⁵2000.

Andree, Richard, Geograph und Ethnologe, *Braunschweig 26. 2. 1835, †München 22. 2. 1912; wurde 1873 Leiter und Teilhaber der geograph. Anstalt des Verlages Velhagen & Klasing. Sein Hauptwerk ist der »Allgemeine Handatlas« (1881).

Andrée, Salomon August, schwed. Ingenieur und Polarforscher, *Gränna 18. 10. 1854, †auf Kvitøy 1897; stieg am 11. 7. 1897 mit zwei Begleitern im Freiballon von Spitzbergen auf, um erstmals den Nordpol zu überfliegen. Die Teilnehmer der Expedition blieben verschollen, bis man 1930 im NO Spitzbergens Überreste fand, darunter Tagebücher und Fotografien, später hg. als »Dem Pol entgegen« (dt. 1930).

Andrejew, Leonid Nikolajewitsch, russ. Schriftsteller, *Orel 21. 8. 1871, †Mustamäki (Finnland) 12. 9. 1919; stellt in Erzählungen (»Das rote Lachen«, 1904; »Die Geschichte von den sieben Gehängten«, 1908) und Dramen (»Das Leben des Menschen«, 1907) seel. und soziale Konflikte dar.

Andreotti, Giulio, italien. Politiker (DC), *Rom 14. 1. 1919; Jurist, seit 1954 an den meisten Regierungen beteiligt (u. a. Innen-, Finanz-, Außenmin.), siebenmal MinPräs. (zuletzt 1989–92) an der Spitze unterschiedlicher Koalitionsregierungen; Rücktritt im Zusammenhang mit der italien. Staatskrise; Senator auf Lebenszeit. – Wie gegen andere italien. Spitzenpolitiker wurde auch gegen A. wegen mögl. Verwicklung in Straftaten ermittelt. Seit 1995 wurden wegen mögl. Verbindung zur Mafia (zuletzt 2003 freigesprochen) und Anstiftung zum Mord Anklagen erhoben.

Andres, Stefan, Schriftsteller, *Breitwies (Landkreis Bernkastel-Wittlich) 26. 6. 1906, †Rom 29. 6. 1970; verbindet in seinen erzählenden Werken antike Sinnenhaftigkeit und christl. Mystik: so in den Novellen »El Greco malt den Großinquisitor« (1936) und »Wir sind Utopia« (1942) sowie in den Romanen »Die Hochzeit der Feinde« (1947), »Der Knabe im Brunnen« (autobiografisch, 1953) und »Die Versuchung des Synesios« (hg. 1971).

Andrews [ˈændruːz], **1)** John, austral.-kanad. Architekt, *Sydney 29. 10. 1933; Vertreter des †Brutalismus, wurde bekannt mit dem Bau des Scarborough College der Univ. Toronto (1963–69).
2) Julie, eigtl. Julia Elizabeth Wells, brit. Schauspielerin und Sängerin, *Walton-on-Thames (Cty. Surrey) 1. 10. 1935; spielte in Musicals am Broadway, so 1956 in der Premiere von »My fair Lady«, später u. a. in den Filmen »Mary Poppins« (1964), »Victor/Victoria« (1982), »Our Sons« (1991).

Andria, Stadt in Apulien, Prov. Bari, Italien, 95 100 Ew.; Agrarzentrum mit Ölmühlen und Töpfereien. – Dom mit frühroman. Krypta. 15 km südwestl. das ↑Castel del Monte.

Andrić ['andritɕ], Ivo, serb. Schriftsteller, *Dolac (bei Travnik, Bosnien) 10. 10. 1892, †Belgrad 13. 3. 1975; schrieb Essays, Romane (u. a. »Die Brücke über die Drina«, 1945) und Erzählungen aus der Geschichte Bosniens; verband philosoph. Thematik mit großer Sprachkunst; 1961 Nobelpreis für Literatur.

andro... [grch.], Mann..., männlich.

Androgene, die männl. ↑Geschlechtshormone.

Kepheus und der Kassiopeia. Als diese sich rühmte, schöner als die Nereiden zu sein, musste A. einem Meerungeheuer preisgegeben werden. Perseus rettete sie und nahm sie zur Frau, später wurde sie in ein Sternbild verwandelt.

Andromedanebel, das im Sternbild Andromeda sichtbare nächste extragalakt. ↑Sternsystem. Die Entfernung von der Erde beträgt ca. 2,4 Mio. Lichtjahre, der Durchmesser etwa 100 000 Lichtjahre. Aufnahmen zeigen ihn als spiralförmig gebautes System mit einem bes. dichten Kern im Zentrum; hat drei nahezu kugelförmige Zwerggalaxien als Begleiter.

Andromedanebel

Androgenese [grch.] *die,* experimentell erzeugte Eientwicklung ohne Eikern, allein unter Entwicklung des Samenkerns.

Androgynie [grch.] *die,* Bez. für den männl. ↑Pseudohermaphroditismus.

Androide *der,* (Android), menschenähnl. Maschine, künstl. Mensch (bes. in Science-Fiction-Texten).

Andrologie [grch.] *die,* Lehre von Bau, Funktion und Erkrankungen der männl. Geschlechtsorgane, v. a. in Bezug auf die Zeugungsfähigkeit und deren Störungen.

Andromache, *grch. Mythos:* Gemahlin Hektors, Mutter des Astyanax. Berühmt der 6. Gesang der »Ilias«, der ihren Abschied von Hektor schildert. Dramat. Bearbeitungen u. a. von Euripides, J. Racine, W. Jens.

Andromeda, 1) *Astronomie:* Sternbild am Nordhimmel, im Herbst und Winter am Abendhimmel beobachtbar.

2) *grch. Mythos:* Tochter des Äthiopiers

Andromediden, ein Ende November auftretender ↑Meteorstrom, dessen Radiant im Sternbild Andromeda liegt. Als Reste des ↑Bielaschen Kometen werden die A. auch **Bieliden** genannt.

Andronikos von Rhodos, grch. Philosoph im 1. Jh. v. Chr.; Haupt der peripatet. Schule; schuf mit seiner Gesamtausgabe der Lehrschriften des Aristoteles die Grundlage der Aristoteles-Überlieferung.

Andropause [grch.], das Aufhören der Sexualfunktion beim Mann. Ein genereller Zeitpunkt für den Eintritt der A. kann nicht festgelegt werden, da die Sexualfunktion des Mannes bis ins hohe Alter erhalten bleiben kann.

Andropow, Juri Wladimirowitsch, sowjet. Politiker, *Nagutskaja (Region Stawropol) 15. 6. 1914, †Moskau 9. 2. 1984; war 1953–57 Botschafter in Ungarn, 1967–82 Leiter des KGB, 1973–84 Mitgl. des Politbüros und 1982–84 Gen.-Sekr. des ZK der

AND Andros

KPdSU, 1983-84 auch Staatsoberhaupt. Förderer M. S. Gorbatschows.

Andros, 1) nördlichste Insel der grch. Kykladen, bis 1000 m hoch, bewaldet, 380 km², 9000 Ew.
2) [engl. 'ændrəs], die größte Insel der Bahamas, 5957 km², bewaldet, 8200 Ew.; Hauptsiedlung ist Mangrove Cay.
Androsteron [grch.] *das*, männl. Geschlechtshormon aus den Zwischenzellen des Hodens, wird im Harn ausgeschieden.
Andrözeum [grch.] *das*, Gesamtheit der Staubblätter einer Blüte.

Anemone: Buschwindröschen

Andruck, Probedruck nach Beendigung der Druckformenherstellung.
Andrzejewski [andʒɛ-], Jerzy, poln. Schriftsteller, *Warschau 19. 8. 1909, †ebd. 20. 4. 1983; Romane: »Asche und Diamant« (1948), »Finsternis bedeckt die Erde« (1957), »Die Appellation« (1968).
Äneas, im *grch.-röm. Mythos* ein trojan. Held, Sohn des Anchises und der Aphrodite, nach Hektor der tapferste Trojaner. Ä. rettete die heim. Götterbilder, seinen Vater und seinen Sohn aus der brennenden Stadt und kam nach langen Irrfahrten nach Italien, wo seine Nachkommen Rom gründeten. Ä.' Sohn Ascanius wurde unter dem Namen Iulus Ahnherr des Jul. Geschlechts. Epos des Vergil »Aeneis«.
Aneignung, *Recht:* Besitzergreifung einer ↑herrenlosen Sache.
Anekdote [grch. »nicht Herausgegebenes«] *die*, skizzenhaft pointierte Erzählung einer bemerkenswerten Begebenheit oder eines wahren oder erfundenen charakterist. Ausspruchs einer bekannten Persönlichkeit. Volkstümlich-lehrhafte A. schrieb J. P. Hebel, dramatisch akzentuierte H. von Kleist, im 20. Jh. u. a. A. Roda Roda und F. C. Weißkopf.
  Weber, V.: A. Die andere Geschichte. Erscheinungsformen der A. in der dt. Lit., Geschichtsschreibung u. Philosophie. Tübingen 1993. – *Kunz, J.: Die österr. A.* München 2000.
Anemometer [zu grch. ánemon »Wind«] *das*, Gerät zur Messung der Windgeschwindigkeit.
Anemometrie, die ↑Windmessung.
Anemone [grch.] *die*, Gattung der Hahnenfußgewächse, ausdauernde Kräuter mit geteilten Blättern und meist Nüsschenfrüchten; z. B. das weiß bis rosa blühende **Buschwindröschen** (A. nemorosa), auch Osterblume genannt, das **Gelbe Windröschen** (A. ranunculoides) sowie das alpine **Berghähnlein** (A. narcissiflora).
Anemostat® *der, Klimatechnik:* Deckenluftauslass mit horizontaler Ablenkung der austretenden Luft.
Anepigrapha [grch.], unbetitelte Schriften.
Anerbenrecht, Sondererbrecht für ländlichen Grundbesitz, wonach das Gut ungeteilt auf einen Erben (den **Anerben**) übergeht (↑Höferecht).
Anergie [grch.] *die, techn. Thermodynamik:* ↑Exergie.
Anerio, Felice, italien. Kirchenmusiker, *Rom um 1560, †ebd. 26./27. 9. 1614, und sein Bruder Giovanni Francesco A., *Rom um 1567, begraben Graz 12. 6. 1630; Vertreter der ↑römischen Schule. Sie schrieben geistl. Musik in A-cappella-Polyphonie, Madrigale, Kanzonetten, Tanzsätze.
Anerkenntnis, *Recht:* **1)** vertragl. Anerkennung eines bestehenden oder Begründung eines neuen Schuldverhältnisses (**Schuld-A.,** § 781 BGB); bedarf grundsätzlich der Schriftform, unterbricht die Verjährung.
2) Erklärung des Beklagten im Zivilprozess, dass der Anspruch des Klägers berechtigt sei. Sie bildet die Grundlage des **A.-Urteils** (§ 307 ZPO).
Anerkennung, 1) *Familienrecht:* Soweit die Vaterschaft nicht durch die Ehe begründet wird, ist ihre A. durch den Mann gemäß § 1592 Nr. 2 BGB möglich. Sie bedarf der Zustimmung der Mutter und ist öffentlich zu beurkunden.
2) *Völkerrecht:* vorläufige, ausdrückl.,

Angebinde ANG

konkludente oder endgültige Willenserklärung eines Staates gegenüber einem anderen Völkerrechtssubjekt zur Regelung ungewisser oder umstrittener Tatbestände. Hauptfälle: A. von Staaten, einer Reg. bei Umwälzungen mit ungewissem Ausgang, von Aufständischen als Kriegführende, eines Gebietserwerbs.

Aneroidbarometer, ↑ Barometer.

Anethol [grch.-lat.] *das,* der wesentl. Bestandteil des Anis- und Sternanisöls, ein Phenoläther, verwendet z.B. für Liköre und Mundpflegemittel.

Aneto (Pico de A.), höchster Gipfel der Pyrenäen, in der Maladettagruppe, 3404 m ü.M.; über den A. verläuft die spanisch-frz. Grenze.

Aneurin [grch.] *das,* das Vitamin B_1, ↑ Vitamine.

Aneurysma [grch. »Erweiterung«] *das,* umschriebene Erweiterung einer Arterie oder der Herzwand. A. entstehen durch Arterienverkalkung, Syphilis, sonstige Schädigung der Gefäßwand, beim Herzen durch Infarkt. Große A. verdrängen Nachbarorgane; das Bersten eines A. kann zur Verblutung führen. Die Feststellung erfolgt durch Ultraschalldiagnostik, Röntgenuntersuchung oder Computertomographie; Behandlung meist operativ.

Anfall, *Medizin:* plötzl., vorübergehendes Auftreten krankhafter Erscheinungen bei unterschiedl. Krankheitsbildern, oft aus dem Wohlbefinden heraus. Als Anfallskrankheiten i.e.S. bezeichnet man die zerebralen Anfallsleiden (↑ Epilepsie).

Anfallrecht, ↑ Heimfall.

Anfechtung, Beseitigung der Rechtsfolgen einer Willenserklärung oder eines Rechtsverhältnisses wegen Irrtums, falscher Übermittlung (§§ 119, 120 BGB), arglistiger Täuschung oder widerrechtl. Drohung (§ 123 BGB). Anfechtungsberechtigt ist, wer die anfechtbare Willenserklärung abgegeben hat; beim Testament derjenige, den seine Aufhebung unmittelbar begünstigen würde. Die A. geschieht durch einseitige, formlose Erklärung. Sie hat unverzüglich (§§ 119, 120) oder binnen Jahresfrist (§ 123) zu erfolgen. Die Irrtums-A. kann Ersatzpflichten begründen.

Anfechtungsklage, 1) *Verwaltungsprozess:* die Klage, mit der ein in seinen Rechten Betroffener den Abwehranspruch gegen einen rechtswidrigen Verw.akt geltend macht. Der A. hat i.d.R. ein Widerspruchsverfahren vorauszugehen, nach dessen erfolglosem Verlauf (negativer Widerspruchsbescheid) binnen eines Monats die A. zu erheben ist.
2) *Zivilprozess:* eine Gestaltungsklage, die auf die Aufhebung eines Rechtsverhältnisses oder bestimmter gerichtet. Entscheidungen zielt (z.B. Anfechtung der Vaterschaft).

Anfinsen ['æn-], Christian Boehmer, amerikan. Biochemiker, *Monessen (Pa.) 26.3.1916, † Randallstown (Md.) 14.5.1995; erhielt 1972 zus. mit W. H. Stein und S. Moore für Forschungen an dem Enzym Ribonuclease den Nobelpreis für Chemie.

Anflug, *Luftfahrt:* Annäherung eines Flugzeugs an ein bestimmtes Ziel, z.B. einen Flughafen (Landeanflug). **A.-Geschwindigkeit,** beim Lande-A. einzuhaltende Geschwindigkeit, die zur Erzielung einer kurzen Landestrecke möglichst niedrig, zur Gewährleistung sicherer Steuerbarkeit ausreichend hoch sein sollte. **A.-Grundlinie,** meist gekennzeichnete, in A.-Richtung zum Flughafen verlängerte Mittellinie der Landebahn.

Anfrage, das Ersuchen von Abgeordneten an die Regierung um Auskunft. Die Geschäftsordnung des Bundestages unterscheidet **kleine** und **große (parlamentar.)** A. Beide sind schriftlich einzureichen und müssen von einer Mindestanzahl von Abg. unterzeichnet sein. Kleine A. werden schriftlich beantwortet. Die Antwort auf große A. kann Gegenstand einer Beratung des Parlaments sein. Jedes Mitgl. des Bundestags ist außerdem berechtigt, Fragen zur mündl. (»Fragestunde«) oder schriftl. Beantwortung an die Bundesreg. zu stellen.

Anführungszeichen (umgangssprachlich: Gänsefüßchen), ↑ Satzzeichen.

Angara *die,* rechter Nebenfluss des Jenissei, in Ostsibirien, 1779 km lang, entströmt dem Baikalsee; Wasserkraftwerke **(A.-Kaskade),** mehrere Stauseen; Unterlauf früher Untere Tunguska genannt.

Angarsk, Stadt im Gebiet Irkutsk, Russland, an der Angara und der Transsibir. Eisenbahn, 266600 Ew.; Erdölraffinerie, chem., elektrotechn., Holz-, Baustoff- u.a. Industrie. – Gegr. 1948.

Angebinde, urspr. das Patengeschenk, das dem Täufling in das Wickelkissen eingebunden wurde; seit dem 17.Jh. für Geburtstags- oder Namenstagsgeschenke, dann für Geschenk überhaupt.

angeboren (konnatal), schon bei der Geburt vorhanden. **Angeborene Krankheiten** (↑genetische Krankheiten) sind erbbedingt (kongenital) oder während der vorgeburtl. Entwicklung im Mutterleib erworben (↑Embryopathie).

angeborene Ideen (angeborene Wahrheiten), bes. im Idealismus (Platon, ↑Anamnesis) und Rationalismus (↑Descartes) vertretene Auffassung, dass bestimmte Denkinhalte nicht aus der Erfahrung stammen, sondern im Bewusstsein vorgegeben sind. I. Kant ersetzte diese Vorstellung, an Leibniz anknüpfend, durch die Annahme aprior. Erkenntnisse.

angeborener Auslösemechanismus, Abk. **AAM,** die Fähigkeit bei Tier und Mensch, ohne vorangegangene Erfahrung sinnvoll auf bestimmte Umweltsituationen zu reagieren. Über AAM werden aus der Vielzahl der Umweltreize die lebenswichtigen erkannt (auch Kenn- oder früher Schlüsselreize gen.) und situationsgerechte Verhaltensweisen ausgelöst, z. B. der Reiz: Futter und das Verhalten: Nahrungsaufnahme, Feinde und Abwehrverhalten oder Sexualpartner und ↑Balz. (↑Motivation)

angeborene Rechte, Rechte, die jedem Menschen ohne staatl. Verleihung kraft seiner menschl. Natur zustehen, z. B. die Menschenwürde (↑Grundrechte).

Angebot, 1) *Wirtschaft:* die Gesamtheit der vom Verkäufer auf den Markt gebrachten Güter; die A.-Menge steigt theoretisch mit steigendem Preis. Ggs.: Nachfrage. **2)** *Zivilrecht:* grundsätzlich bindende, auf einen Vertragsabschluss gerichtete Willenserklärung.

Angehörige, der zu einer Familie gehörende Personenkreis. Im Strafrecht (§ 11 StGB) sind A. Verwandte und Verschwägerte gerader Linie, Adoptiveltern und -kinder, Pflegeeltern und -kinder, Ehegatten, (gleichgeschlechtl.) Lebenspartner, Geschwister und deren Ehegatten sowie Verlobte. Sie genießen gewisse Vorrechte, bes. das Zeugnisverweigerungsrecht. Im *österr.* Strafrecht (§ 72 StGB) umfasst dieser Begriff auch außerehel. Lebensgemeinschaften, nicht jedoch Verlobte, im *schweizer.* Strafrecht (Art. 110 StGB) Ehegatten, Geschwister, Verwandte gerader Linie, Adoptiveltern und -kinder, nicht aber Verschwägerte und Verlobte.

Angeklagter, einer Straftat beschuldigte Person, gegen die die Eröffnung des Hauptverfahrens beschlossen ist (§ 157 StPO); so auch in *Österreich* (§ 38 StPO). In der *Schweiz* wird der Beschuldigte bereits nach der Anklageerhebung A. genannt.

Angel, 1) *Bautechnik:* Zapfen am Beschlag, um den sich ein Tür- oder Fensterflügel mit den A.-Bändern dreht.
2) *Fischereigerät,* besteht aus einem Haken, der, durch Köder getarnt, den anbeißenden Fisch festhalten soll, dem Vorfach aus Kunstfaser oder Draht und der A.-Schnur aus Kunstfaser (Hand-, Wurf-, Grund-, Schlepp- und Leg-A.); die Ruten-A. besteht aus einem biegsamen, zerlegbaren Stab mit Rolle für die Schnur. Der aus Blei gefertigte Senker und der Schwimmer aus Kork oder Kunststoff lassen den Köder in bestimmter Wassertiefe schweben; außerdem zeigt der Schwimmer an, ob ein Fisch den Köder angenommen hat. Als Köder dienen u. a. Würmer, nachgebildete Fischchen (Blinker, z. B. für Hechte), künstl. Insekten (für Lachse und Forellen).
3) an *Werkzeugen* spitz zulaufender Fortsatz zur Befestigung des Handgriffs.

Angela Merici [ˈandʒela meˈriːtʃi], italien. Ordensgründerin, * Desenzano (Prov. Brescia) 1. 3. 1474, † Brescia 27. 1. 1540; Stifterin und erste Äbtissin der ↑Ursulinen (1535). Heilige, Tag: 27. 1.

Ángeles [ˈaŋxeles], Victoria de Los Á., eigtl. Victoria Gómez Cima, span. Sängerin (Sopran), * Barcelona 1. 11. 1923; internat. geschätzte Sopranistin und Liedinterpretin.

Angelfall [ˈeɪndʒəl-] (Salto Ángel), höchster Wasserfall der Erde, im Bergland von Guayana, Venezuela, Fallhöhe 978 m. Gehört zum Nationalpark Canaima (UNESCO-Weltnaturerbe).

Angelica [grch.] *die,* die Gattung ↑Engelwurz.

Angelico [anˈdʒɛːliko] (Fra A., Beato A.), italien. Maler, eigtl. Guido di Pietro, * bei Vicchio (Prov. Florenz) etwa zw. 1395 und 1400, † Rom 18. 2. 1455; wurde zw. 1418 und 1423 Dominikanermönch in Fiesole. Er wirkte in Florenz, auch in Cortona, Orvieto und Rom. Seine ganz im Religiösen aufgehende Kunst wurzelt in der ausklingenden Gotik des weichen Stils (Lorenzo Monaco). – 1984 wurde Fra Angelico selig gesprochen.

Angell ['eɪndʒəl], Sir (seit 1931) Norman Lane, eigtl. Ralph N. A. Lane, engl. Schriftsteller, *Holbeach (Cty. Lincolnshire) 26. 12. 1874, †Croydon (heute zu London) 7. 10. 1967; Werke sozial-liberaler und pazifist. Richtung; Friedensnobelpreis 1933.

Angeln, german. Volksstamm, als Mitgl. des Nerthusbundes 98 n. Chr. von Tacitus genannt. Die zu den Elbgermanen zählenden A. siedelten v. a. in SO-Schleswig, bes. in der Landschaft Angeln. Zus. mit Sachsen und Jüten wanderten sie im 5. Jh. aus und gründeten die angelsächs. Reiche in Britannien, das nach ihnen den Namen England (Anglia) erhielt (↑Angelsachsen).

Angeln, Hügellandschaft in Schlesw.-Holst., zw. Flensburger Förde und Schlei, 35–70 m ü. M.; Landwirtschaft mit Viehzucht, Nahrungsmittelind. in den Orten Satrup, Süderbrarup, Kappeln; Fremdenverkehr bes. an der Ostseeküste.

Angelologie [grch.] *die,* die Lehre von den ↑Engeln.

Angelopoulos [aŋɛ'lɔpulɔs], Theodoros, grch. Filmregisseur, *Athen 27. 4. 1937 (nach anderen Angaben 1936); begann als Filmkritiker, dreht seit den 1970er-Jahren psycholog. und philosoph. Spielfilme, u. a. »Die Wanderschauspieler« (1975), »Die Reise nach Kythera« (1984), »Der Bienenzüchter« (1986), »Der schwebende Schritt des Storches« (1992), »Die Ewigkeit und ein Tag« (1998).
Weitere Filme: Die Tage von 36 (1972); Der große Alexander (1980); Landschaft im Nebel (1988); Der Blick des Odysseus (1995).

Angelou ['ændʒəluː], Maya, amerikan. Schriftstellerin, *Saint Louis (Mo.) 4. 4. 1928; autobiograf. Werke »Ich weiß, daß der gefangene Vogel singt«, 1970; »Now Sheba sings the song«, 1987; »Wouldn't Take Nothing for my Journey Now«, 1993; »Even the stars look lonesome«, 1997), die Erfahrungen schwarzer Frauen vermitteln; auch Gedichte, Theaterstücke, Filmskripte.

Angelsachsen, 1) die german. Stämme der Angeln, Sachsen und Jüten, die seit Beginn des 5. Jh. vom Festland aus (N-Ndsachs., Schlesw.-Holst.) Britannien eroberten und Hauptbestandteil des engl. Volkes wurden. 596 begann die Christianisierung. Die seit dem 6. Jh. entstandenen Kleinkönigreiche der A. – Kent, Sussex, Essex, Wessex, East Anglia, Mercia, Northumbria – wurden seit König Egbert von Wessex (802–839) zu einem Gesamtstaat vereinigt, der nach schweren Kämpfen gegen die dän. und norweg. Wikinger 1066 dem Herzog der Normandie, Wilhelm dem Eroberer, unterlag.
📖 *Capelle, T.:* Archäologie der A. Darmstadt 1990.

2) in den USA Bez. für aus England stammende Amerikaner.

Angelsport, das ↑Sportangeln.

Angelus Domini [lat. »Engel des Herrn«] *der, kath. Kirche:* das Gebet zum Gedächtnis der Menschwerdung Jesu, gesprochen täglich morgens, mittags und abends zum **Angelusläuten,** in der österl. Zeit an seiner Stelle das »Regina coeli«.

Angelus Silesius

Angelus Silesius [lat. »schles. Bote«], eigtl. Johann Scheffler, geistl. Dichter, getauft Breslau 25. 12. 1624, †ebd. 9. 7. 1677; Sohn eines luth. Arztes, seit 1649 herzogl. Leibarzt in Oels; wandte sich der schles. Mystik zu (J. Böhme, D. Czepko), trat 1653 zur kath. Kirche über und wurde 1661 Priester. In den »Geistreichen Sinn- und Schlußreimen« (1657, seit 1674 »Cherubin. Wandersmann«) artikulierte er epigrammatisch zugespitzt das myst. Erlebnis des Einsseins mit Gott. In den Liedern der »Heiligen Seelenlust« (4 Bücher, 1657; neue Aufl. mit 5. Buch 1668) gibt er einer inbrünstigen Liebe zu Jesus Ausdruck.

Angerapp *die* (poln. Węgorapa, russ. Angrapa), Fluss in Polen und Russland, 140 km, entspringt aus den Masur. Seen, vereinigt sich unterhalb von Insterburg mit der Inster zum Pregel.

Angerburg, Stadt in Polen, ↑Węgorzewo.

Angerdorf, ↑Dorf.

Ångermanland ['ɔŋər-], Landschaft in

ANG Angermünde

N-Schweden, wald- und wasserreiches Berg- und Hügelland, zur Prov. Norrland gehörig. Das Å. wird durchflossen vom **Ångermanälv**, 450 km, der bei Härnösand in den Bottn. Meerbusen mündet (Wasserkraftwerke).

Angermünde, Stadt im Landkreis Uckermark, Brandenburg, 10 200 Ew.; E.-Welk-Gedenkstätte; Holzverarbeitung, Emailwarenwerk, Nahrungsmittelind. – Die Stadt wurde Mitte des 13. Jh. gegründet.

Angers [ã'ʒe], Hptst. des Dép. Maine-et-Loire, Frankreich, an der Maine, 141 400 Ew.; Fakultät der Univ. Nantes, kath. Univ.; Textil-, Elektro-, Maschinenind.; Handel. – Kathedrale (12./13. Jh.) mit bed. Glasfenstern. Die gewaltige Schlossanlage (1228–38) ist eine von einer 950 m langen Ringmauer mit 17 Türmen umgebene Feudalburg. Dort befindet sich ein Zyklus von 70 Bildteppichen aus der Kathedrale mit Darstellungen der Johannesapokalypse (1375–79). – Im MA. war A. die Hptst. der Grafschaft Anjou.

Angeschuldigter, Beschuldigter, gegen den die öffentl. Klage erhoben, jedoch noch nicht das Hauptverfahren beschlossen worden ist (§ 157 StPO).

Angestellte, Bez. einer uneinheitl. Gruppe abhängig Beschäftigter im öffentl. Dienst oder in der privaten Wirtschaft. Eine genaue Abgrenzung zu der Gruppe der Arbeiter ist in vielen Fällen nicht mehr möglich, weil die bisher trennenden Merkmale (monatl. Gehaltszahlung, überwiegend geistige Arbeit u. a.) an Bedeutung verloren haben. Die Unterscheidung zw. A. und Arbeitern hat arbeits- und sozialversicherungsrechtlich kaum noch Bedeutung, wenn man von der Zuständigkeit der Rentenversicherungsträger absieht. Die berufsqualifikator. Breite des A.-Begriffs reicht von un- und angelernten Tätigkeiten bis zu Spitzenpositionen in der Wirtschaft.

📖 *Wank, R.:* Arbeiter u. Angestellte. Zur Unterscheidung im Arbeits- u. Sozialversicherungsrecht. Berlin u. a. 1992.

Angestelltengewerkschaften, Vereinigungen, die die wirtsch., sozialen und berufl. Interessen der Angestellten wahren wollen. In Dtl. entwickelten sie sich seit 1900 neben den Arbeitergewerkschaften und waren ebenso wie diese richtungsmäßig und konfessionell gespalten. Spitzenverbände waren nach 1918 der **Allg. Freie Angestelltenbund (AFA-Bund),** der **Gesamtverband dt. A.** mit dem **Deutschnationalen Handlungsgehilfenverband (DHV)** und der **Gewerkschaftsbund der Angestellten (GDA)**; sie wurden 1933 verboten oder gingen in der Dt. Arbeitsfront auf. Seit 1945 gehören Angestellte den Industriegewerkschaften des **Dt. Gewerkschaftsbundes (DGB)** an. Daneben bestand 1945–2001 die **Dt. Angestelltengewerkschaft (DAG)**, Sitz: Hamburg (kaufmänn., techn., Bank-, Sparkassen- und Versicherungsangestellte, öffentl. Dienst), die im März 2001 in die neu gegründete Vereinte Dienstleistungsgewerkschaft (↑ver.di) einging. Internat. gibt es neben dem vor dem Zweiten Weltkrieg gegr. **Internat. Bund der Privatangestellten,** der dem Internat. Bund Freier Gewerkschaften angehört, noch den christl. **Weltverband der Arbeitnehmer.**

Angevinisches Reich [ãʒǝ-, frz.], ein England und große Teile W-Frankreichs umfassendes Reich unter der Herrschaft des Hauses Anjou (1154–1204).

Angilbert, Geistlicher und Dichter, *um 750, †18. 2. 814; lebte als Hofgeistlicher am Hof Karls d. Gr. (»Homerus« genannt). Aus seiner nicht ehel. Verbindung mit Karls Tochter Bertha (Vorbild für die Sage von Eginhard und Emma) ging der Geschichtsschreiber ↑Nithard hervor. Heiliger, Tag: 18. 2.

Angina [lat.] *die,* beim Menschen bes. die ↑Mandelentzündung; auch die ↑Angina pectoris.

Angina pectoris [lat. »Brustenge«] *die* (Herzenge, Stenokardie), Anfälle von heftigen Herzschmerzen, die im Brustbereich auftreten, oft in Schulter oder Arm ausstrahlen und mit Angstzuständen verbunden sind. Ursache ist mangelhafte Sauerstoffversorgung des Herzens infolge Verkalkung seiner Kranzgefäße, auslösendes Moment oft körperl. oder psych. Belastung. Die A. p. muss vom Arzt diagnostisch gegenüber dem Herzinfarkt abgegrenzt werden. Behandlung: im Anfall Arzneimittel (z. B. Nitroglycerin) und Ruhe, sonst körperl. Training und Ausschaltung von Risikofaktoren (z. B. Bluthochdruck, erhöhte Blutfettwerte, Rauchen).

Angiographie [grch.] *die* (Vasographie), Röntgendarstellung von Blutgefäßen nach Injektion eines Kontrastmittels (meist über

Anglikanische Kirchengemeinschaft ANG

Angkor: Gesamtansicht der Tempelanlage Angkor Vat

Katheter) in die Gefäßbahn; z. B. **Aortographie** (A. der Aorta und von ihr abzweigender Arterien); **Arteriographie** (A. arterieller Gefäße); **Venographie** bzw. **Phlebographie** (A. der Venen); **Lymphographie** (Darstellung der Lymphgefäße).
Angiokardiographie [grch.] *die,* Röntgendarstellung von Herzhöhlen und herznahen Blutgefäßen nach Einbringen von Kontrastmittel durch Herzkatheterisierung.
Angiologie [grch.] *die,* die Lehre von den Blut- und Lymphgefäßen und ihren Erkrankungen.
Angiom [grch.] *das,* Blutschwamm, Geschwulst des Gefäßgewebes, v. a. Hämangiom (↑Blutgefäßmal).
Angiospermen, die ↑Bedecktsamer.
Angiotensine, niedermolekulare Peptide des Blutplasmas, die z. B. in der Regulation von Blutdruck, Kreislauf, Harnausscheidung wichtig sind.
Angkor, vom 9. bis 15. Jh. Hptst. des Khmer-Reichs in Kambodscha. – 889 als **Yashodharapura** gegr., 1177 durch Brand zerstört und anschließend als **A. Thom** monumental wieder aufgebaut, 1431 durch die Thai zerstört; heute ausgedehnte Ruinenstätte, u. a. mit der Tempelanlage **A. Vat** (12. Jh.) und dem Zentralheiligtum (Tempelberg) **Bayon** (1200–20); UNESCO-Weltkulturerbe.
📖 *Von Göttern, Königen u. Menschen. Flachreliefs von Angkor Vat u. dem Bayon (Kambodscha, 12. Jh.). Text v. A. le Bonheur, Fotos v. J. Poncar u. a. Wuppertal 1995.*

Anglaise [ã'glɛːz; frz. »englischer (Tanz)«] *die,* aus England stammende Gesellschaftstanzart volkstüml. Herkunft im 17.–19. Jh.; in Dtl. im 18./19. Jh. beliebt.
Ang Lee, taiwanes. Filmregisseur, ↑Lee, Ang.
Anglerfische (Lophiidae), Familie bis 1,5 m langer Armflosser, v. a. an den Küsten der trop. und gemäßigten Zonen; Bodenfische mit sehr großem Kopf und großem, mit vielen Zähnen bewehrtem Maul; der vorderste, an der Spitze mit einem fleischigen Hautlappen versehene Stachelstrahl der Rückenflosse ist beweglich und dient dem Anlocken von Beute.
Anglesey ['æŋlsɪ] (walis. Ynys Môn), Insel vor der NW-Küste von Wales, 715 km², 69 100 Ew.; durch zwei Brücken mit dem Festland verbunden. Verw.zentrum ist Llangefni; Schaf- und Rinderzucht. – Im Altertum als **Mona** Zentrum kelt. Kultur und Religion (Druiden-Kult), 61–78 n. Chr. von den Römern unterworfen, hieß im MA. **Anglorum Insula**.
Anglesit [nach dem Vorkommen in Anglesey] *der,* helles, fettglänzendes rhomb. Mineral, Bleisulfat; Oxidationsprodukt von Bleiglanz.
anglikanisch, Konfessions-Bez. der Angehörigen der Kirchen der ↑Anglikanischen Kirchengemeinschaft.
Anglikanische Kirchengemeinschaft, die Gemeinschaft der bischöflich verfassten, aus der ↑Kirche von England (anglikan. Kirche) hervorgegangenen, rechtlich jedoch selbstständigen National- und Partikularkirchen (über 74 Mio. Anglikaner; anglikan. Kirchen und Gemeinden in über

ANG Anglistik

160 Ländern, bes. in der Staatengemeinschaft des Commonwealth). Primas ist der anglikan. Erzbischof von Canterbury, die Versammlung aller anglikan. Bischöfe sind die ↑Lambeth-Konferenzen.

Anglistik *die,* Wiss. von der engl. Sprache und Literatur.

Anglizismen, in eine andere Sprache übertragene engl. Wörter (z. B. Boss, Stress) und Wendungen (z. B. das macht keinen Unterschied, entsprechend zu »that makes no difference«).

Angloamerika, im Unterschied zu ↑Lateinamerika das überwiegend englischsprachige Nordamerika (USA und Kanada).

Angloamerikaner, i. e. S.: Amerikaner, deren Muttersprache Englisch ist; auch: Amerikaner engl. Abstammung; i. w. S.: Briten und Nordamerikaner.

angloamerikanisches Recht, die vom ↑Common Law geprägten Rechtsordnungen Großbritanniens, der USA, Kanadas u. a. Staaten.

Anglonormannisch (Anglofranzösisch), die frz. Schriftmundart, die in England aus der Sonderentwicklung der von den norman. Eroberern gesprochenen und nach England verpflanzten frz. Schriftmundart der Normandie entstand. In England war das A. bis ins 13. Jh. die Sprache des Hofes, der oberen Schichten und der Literatur; bis ins 15. Jh. Verwaltungs- und Gerichtssprache.

anglophil, für alles Englische eingenommen, dem engl. Wesen zugetan; englandfreundlich; Ggs. anglophob.

Angmagssalik (Ammassalik, grönländ. Tasiilaq), mit 2 900 Ew. größte Siedlung O-Grönlands; Handelsplatz; Wetterstation.

Ango, fränk. Lanze mit extrem langer und dünner Eisenspitze (0,80–1,84 m); aus german. Widerhakenlanzen entwickelt.

Angola (amtl. portugies. República de A., dt. Republik A.), Staat im südwestl. Afrika, grenzt im N und NO an die Demokrat. Rep. Kongo, im O an Sambia und im S an Namibia. An der Atlantikküste liegt an der Grenze zur Rep. Kongo die Exklave ↑Cabinda.

Staat und Recht: Nach der mehrfach revidierten Verf. von 1975 ist A. eine präsidiale Rep. mit Mehrparteiensystem. Als Staatsoberhaupt, Reg.-Chef, Oberbefehlshaber der Streitkräfte und Vors. des Nat. Sicherheitsrates fungiert der auf fünf Jahre direkt gewählte Präs. Er verfügt über weitgehende Vollmachten und ernennt die Reg., die Gouv. der Prov. und die Richter des Obersten Gerichtshofes. Die Legislative liegt bei der Volksversammlung (223 Abg., für vier Jahre gewählt). Am 11. 3. 1998 wurde die União Nacional para a Independência Total de A. (UNITA) formell als polit. Partei neben dem Movimento Popular de Libertação de A. (MPLA) legalisiert.

Angola

Fläche	1 246 700 km²
Einwohner	(2003) 13,625 Mio.
Hauptstadt	Luanda
Verwaltungsgliederung	18 Provinzen
Amtssprache	Portugiesisch
Nationalfeiertag	11. 11.
Währung	Kwanza (Kz)
Zeitzone	MEZ

Landesnatur: A. ist eine von Flüssen (Cuanza, Kunene, Cubango u. a.) zerschnittene, 1 000 bis 1 800 m ü. M. gelegene Hochfläche (im Serra Moco 2 620 m ü. M.), die im W in Terrassen steil zum 30–100 km breiten Küstensaum abfällt und durch Flüsse mit Katarakten und Schnellen durchbrochen wird. Das Klima ist tropisch; die Temperaturen sind im Innern durch die Höhenlage, im Küstengebiet durch den Benguelastrom gemildert. Im N herrscht Feucht-, im S Trockensavanne vor, die im SO in Dornsavanne (Kalahari) und im SW in Wüste (Namib) übergeht.

Bevölkerung: Sie setzt sich aus etwa 120 Bantustämmen zusammen; im S und SO auch vereinzelte Gruppen von Buschleuten und Pygmäen. 66 % der Ew. leben in ländl. Gebieten. Es besteht eine vierjährige allge-

meine Schulpflicht; Analphabetenquote 59 %; Univ. in Luanda (gegr. 1963). – Etwa 80 % der Bev. sind Christen (rd. 60 % kath., rd. 20 % prot.); daneben sind traditionelle Religionen verbreitet.
Wirtschaft und Verkehr: Die Wirtschaft ist durch den lang anhaltenden Bürgerkrieg stark zerrüttet. A. zählt zu den potenziell reichsten Ländern Afrikas (günstige Voraussetzungen für die Landwirtschaft, reiche Bodenschätze und Energiereserven). Der überwiegende Teil der Bev. lebt von der Landwirtschaft, aber nur 3 % der Staatsfläche werden für den Ackerbau genutzt. Kaffee ist das wichtigste Agrarprodukt. Der Anbau für die Eigenversorgung umfasst u. a. Mais, Hülsenfrüchte und Bataten. Wichtigste Bodenschätze sind Erdöl und Diamanten sowie Eisenerz, weiter Vorkommen an Mangan, Kupfer und Uranerz sowie Phosphaten; reiche Wasserkraftreserven. Die Ind. ist weitgehend verstaatlicht; Verarbeitung von landwirtsch. Erzeugnissen und Bodenschätzen (Ölpressen, Zuckerraffinerien, Fabriken für die Tabak-, Baumwoll- und Fischverarbeitung, Düngemittelwerk, Erdölraffinerie), Textil-, Papierind. u. a. Außenhandel: Exportiert werden v. a. Erdöl, Erdgas, Erdölprodukte, Diamanten und Kaffee. Eingeführt werden Maschinen, Transport- und Nahrungsmittel sowie chem. Erzeugnisse. Die USA und die EU-Länder (bes. Spanien, Frankreich und Portugal) sind die wichtigsten Handelspartner. – Das Eisenbahnnetz hat eine Länge von 2 952 km, davon 1 348 km Hauptstrecke der Benguelabahn; von 77 000 km Straßen sind etwa 19 000 km asphaltiert. Die wichtigsten Seehäfen sind Luanda, Lobito, Namibe und Cabinda (Erdölhafen); internat. Flughafen in Luanda.
Geschichte: Seit dem 15. Jh. gewann Portugal in A. bes. durch die Mission Einfluss. Bis ins 19. Jh., in dem A. seine heutigen Grenzen erreichte, betrieben die Portugiesen Sklavenhandel (bes. nach Brasilien). Im 20. Jh. suchte Portugal A. (seit 1951 Überseeprovinz) wirtsch. zu erschließen. Nach der Entlassung A.s in die Unabhängigkeit (1975) entwickelte sich ein Bürgerkrieg zw. den versch., ab 1951 im Kampf gegen die portugies. Kolonialherrschaft entstandenen Befreiungsbewegungen, bes. zw. dem marxist. Movimento Popular de Libertação de A. (MPLA) und der União Nacional para a Independência Total de A. (UNITA). Gestützt auf militärtechn. Hilfe der UdSSR und Kubas, rief die MPLA am 11. 11. 1975 unter ihrem Führer A. Neto die »Volksrepublik« A. aus und errichtete eine Staats- und Gesellschaftsordnung nach marxistisch-leninist. Muster (Verstaatlichungs- und Kollektivierungsprogramm, Einparteiensystem, enge Verflechtung von Partei- und Staatsführung). Ab Nov./Dez. 1975 durch die Stationierung kuban. Truppen in A. militärisch abgesichert, setzte sich die MPLA 1976 endgültig gegenüber den von der Rep. Südafrika unterstützten konkurrierenden Befreiungsbewegungen militärisch durch. Nach dem Tod Netos (1979) übernahm J. E. Dos Santos dessen Nachfolge als Staatspräs. und Führer der MPLA (seit 1977 MPLA/PT, mit dem Zusatz Partido de Trabalho).
In den 80er-Jahren unternahmen südafrikan. Truppen Vorstöße nach Süd-A. gegen dort gelegene SWAPO-Stützpunkte (↑Namibia). Am 22. 12. 1988 schlossen A., Kuba und die Rep. Südafrika unter Vermittlung der USA sowie unter Einschaltung der UN ein Abkommen über die Unabhängigkeit Namibias und den Abzug der südafrikan. und kuban. Truppen aus A. Nach versch. Anläufen zur Beendigung des Bürgerkrieges zw. der Reg. Dos Santos und der UNITA unter J. Savimbi schlossen beide Seiten am 31. 5. 1991 ein Friedensabkommen. Nach den ersten Präsidentschafts- und Parlamentswahlen 1992 (auf der Grundlage eines 1991 beschlossenen Mehrparteiensystems), bei denen Präs. Dos Santos im Amt und die MPLA/PT als stärkste Kraft im Lande bestätigt wurden, setzte die UNITA die Kämpfe mit der Reg. fort. Nach wechselvollen Kämpfen schlossen die Bürgerkriegsparteien im Nov. 1994 erneut ein Friedensabkommen, in dem u. a. der UNITA eine Reg.beteiligung zugesagt wurde. Der Friedensprozess schritt 1997 mit der Bildung einer »Reg. der nat. Einheit und Versöhnung«, der auch bis 1998 die UNITA angehörte, zunächst voran. Nachdem die angolan. Armee bereits 1997 im Bürgerkrieg in der Rep. Kongo interveniert hatte, kam es seit 1998 zu weiteren Interventionen angolan. Truppen in der Demokrat. Rep. Kongo sowie ab 1999 erneut zu krieger. Auseinandersetzungen zw. der Armee und Einheiten der UNITA, in

deren Verlauf im Febr. 2002 UNITA-Führer Savimbi erschossen wurde. Am 4. 4. 2002 konnte schließlich zw. Reg. und UNITA erneut ein Waffenstillstandsabkommen unterzeichnet werden, das den seit fast 30 Jahre währenden Bürgerkrieg beenden soll, der rd. 1 Mio. Tote forderte und etwa 4 Mio. Flüchtlinge verursachte. Das Abkommen sieht u. a. die Entwaffnung und Demobilisierung der schätzungsweise 50 000 UNITA-Kämpfer vor. Außerdem sollen die auf angolan. Territorium stationierten und bislang von der UNITA unterstützten Rebellen aus der Demokrat. Rep. Kongo sowie die Hutu-Milizen aus Ruanda entwaffnet werden. Damit wäre die militär. Unterstützung A.s für die kongoles. Reg.truppen in ihrem Kampf gegen Rebellen hinfällig.
📖 *Broadhead, S. H.: Historical dictionary of A. Metuchen, N. J., ²1992. – A. Naturraum, Wirtschaft, Bev., Kultur, Zeitgesch. u. Entwicklungsperspektiven, hg. v. M. Kuder u. W. J. G. Möhlig. München u. a. 1994. – Roque, F.: Building the future in A. Oeiras 1997.*

Angora, früherer Name von ↑Ankara.

Angorawolle, das Haar der Angoraziege (↑Mohär); auch Bez. für Wolle aus dem Haar von Angorakaninchen oder -schaf, die mit Schafwolle oder Chemiefasern zu Strickgarn versponnen wird.

Angosturarinde, Rinde vom Cuspa- oder Angosturabaum, einem Rautengewächs aus Kolumbien; Rohstoff für **Angosturabitter,** der zur Bereitung von Bitterlikören dient.

Angoulême [ãguˈlɛ:m], Hptst. des westfrz. Dép. Charente, 42 900 Ew.; Papierind., Maschinenbau u. a. Ind.; Zentrum eines Weinbaugebietes, Weinhandel. – Bischofsstadt mit spätroman. Kathedrale Saint-Pierre (1128 geweiht). – Im 4. Jh. gegr., seit dem 7. Jh. als Hauptort der Grafschaft A. (**Angoumois**) beim Herzogtum Aquitanien.

Angra do Heroísmo [- ðu iˈruiʒmu], Hafenstadt an der S-Küste der Azoreninsel Terceira, Portugal, 12 200 Ew.; Fisch- und Tabakverarbeitung. – Die Stadt mit Kathedrale im Emanuelstil (1568, 1983 durch Brand zerstört, wieder aufgebaut), Kirche da Conceição (17. Jh.), Kloster São Francisco, Barockfeste São João Batista gehört zum UNESCO-Weltkulturerbe; 1980 starke Zerstörungen durch Erdbeben.

Angrapa, russ. Name des Flusses ↑Angerapp.

Angren, Stadt in Usbekistan, südöstlich von Taschkent, 132 600 Ew.; Braunkohlenabbau und -verarbeitung. – Gegr. 1946.

Angriff, 1) (Offensive), *Militärwesen:* die aktivste Gefechtsart mit dem Ziel, den Gegner überraschend zu treffen und zu schlagen. Der Vorteil des Angreifers liegt in der Wahl des Zeit- und des Schwerpunktes sowie der Stoßrichtung.
2) *Sport:* Handlung mit offensivem Charakter, in Mannschaftssportarten Bez. für den angreifenden Mannschaftsteil (**A.-Spieler, Sturm**).

Angriffskrieg. Das moderne Völkerrecht stellt ein grundsätzliches Verbot des A. auf. Neben dem ↑Briand-Kellogg-Pakt vom 27. 8. 1928 enthält auch die UNO-Satzung in Art. 2 ein allg. Gewaltverbot. Entsprechende Bestimmungen finden sich ferner in modernen Verf. (u. a. Art. 26 GG; Art. 11 der italien. Verfassung).

Angry young men [ˈæŋgrɪ ˈjʌŋ ˈmen; engl. »zornige junge Männer«], Bez. für die junge Generation engl., v. a. aus der Arbeiterschicht stammender Schriftsteller, die in den 1950er-Jahren gegen das engl. Klassen- und Herrschaftssystem protestierten; benannt nach dem Charakter der Hauptfigur in J. Osbornes Drama »Blick zurück im Zorn« (1956); weitere Vertreter: die Dramatiker J. Arden, B. Behan, S. Delaney, H. Pinter, A. Wesker, die Erzähler K. Amis, J. Braine, I. Murdoch, A. Sillitoe, J. Wain.

Angst [verwandt mit lat. angustus »eng«], **1)** *allg.:* Affekt oder Gefühlszustand, der im Unterschied zur Furcht einer unbestimmten Lebensbedrohung entspricht. A. steht oft in Zusammenhang mit körperl. Erscheinungen, bes. an den Atmungsorganen und am Herzen, auch an den Verdauungs- und Harnorganen. Als Krankheitszeichen ohne erkennbare körperl. Krankheit kommt A. u. a. bei neurot. Störungen, z. B. Phobie, vor.
📖 *Riemann, F.: Grundformen der Angst. Eine tiefenpsycholog. Studie. München u. a. ³¹/1999.*

2) *Philosophie:* Da sie die Welt als abgefallen von Gott deuten, wird der ↑Gnosis und dem frühen Christentum erstmals die Weltangst offenbar: Das Vertrauen in die kosm. Ordnung ist verloren gegangen. Nach S. Kierkegaard erwächst A. der menschl. Freiheit zur Entscheidung und damit der Möglichkeit des Selbstverlusts. Hier anknüpfend interpretiert M. Heidegger A. als Grundbefindlichkeit menschl. Existenz: In der A. erschließe sich, dass der Mensch in die Welt geworfen sei. An Heidegger orientieren sich J.-P. Sartre, E. Fromm und E. Drewermann in ihren Theorien der Angst.

Angster [lat. angustus »eng«] *der,* Glasgefäß des 16. und 17. Jh. mit zwiebelförmigem Bauch und einem Hals aus umeinander geschlungenen Röhren.

Ångström [ˈɔŋ-; nach A. J. Ångström] *das,* Einheitenzeichen Å, nicht gesetzl. Längeneinheit: $1 Å = 10^{-10} m = 0,1 nm$.

Ångström [ˈɔŋ-], Anders Jonas, schwed. Astronom und Physiker, *Lögdö (Västernorrland) 13. 8. 1814, † Uppsala 21. 6. 1874; Mitbegründer der Astrophysik, entdeckte im Sonnenspektrum 1862 Spektrallinien des Wasserstoffs.

Anguilla [engl. æŋˈgwɪlə], **1)** Insel der Kleinen Antillen, Westindien; 91 km², etwa 11 000 Einwohner.
2) brit. Kolonie, bestehend aus den Inseln A. (91 km²), Sombrero (5 km²) und kleinen Koralleninseln, (2001) 12 000 Ew.; Verw.sitz The Valley (600 Ew.); Fremdenverkehr; Offshorebankgeschäft; Fischerei; Salzgewinnung. – A. war 1650–1967 brit. Kolonie, gehörte 1967–80 zu Saint Kitts und Nevis, seitdem als Gebiet mit innerer Autonomie von Großbritannien abhängig.

angular [lat.], auf den Winkel bezogen, einen Winkel betreffend.

Angus [ˈæŋgəs], Local Authority im O Schottlands, an der Nordsee, 2 182 km², 108 400 Ew.; umfasst das nördl. Hinterland von Dundee.

Anhalt, histor. Land an der Mittelelbe, unteren Mulde und Saale bis zum Unterharz, Hptst. war Dessau. Bei den Teilungen der ↑Askanier 1170–1212/18 wurden das askan. Stammland am Ostharz (Ballenstedt, Aschersleben, Bernburg) und das von ↑Albrecht dem Bären erworbene Land an der Elbe südöstlich von Magdeburg (Köthen, Dessau) ein Fürstentum, benannt nach der Burg A. im Selketal. 1526–34 wurde die Reformation eingeführt. Die Zerbster Linie starb 1793, die Köthener 1847, die Bernburger 1863 aus; so blieb nur die Dessauer Linie (Leopold I., der »Alte Dessauer«). 1806/07 wurden **A.-Dessau A.-Bernburg** und **A.-**

Köthen Herzogtümer (ab 1859 gemeinsame Verf.). 1918 wurde A. zum Freistaat erklärt und 1945 A. mit Sachsen-A. vereinigt; 1952–90 war der größere Teil A.s dem DDR-Bez. Halle, der kleinere dem DDR-Bez. Magdeburg zugeordnet; seitdem wieder Teil von Sachsen-Anhalt.

Anhalt-Zerbst, Landkreis im RegBez. Dessau, Sachs.-Anh., 1 225 km², 76 900 Ew.; Krst. ist Zerbst.

Anhängegeräte, fahrbare landwirtsch. Maschinen oder Geräte, die an den Schlepper angehängt werden. Ggs.: ↑Anbaugeräte.

Anhängigkeit, ↑Rechtshängigkeit.

anhemitonisch [griech.], *Musik:* ohne Halbtöne.

Anhidrose [grch.] *die,* Verminderung der Schweißabsonderung.

Anhui (Anhwei), Provinz im östl. China, beiderseits des Jangtsekiang und des Huai He, 139 700 km², 59,86 Mio. Ew.; Hptst.: Hefei. Auf fruchtbaren Böden Anbau von Weizen, Reis, Gerste, Sojabohnen, Süßkartoffeln, Tee, Baumwolle; bed. Kohlebergbau, Eisen- und Kupferbergbau sowie -verhüttung.

Anhydrid [zu grch. ánhydros »wasserfrei«] *das,* chem. Verbindung, die durch die reversible Abspaltung von Wasser aus einer Säure (Säure-A.) entsteht; seltener auch Basen-A., die aus einer Base hervorgehen.

Anhydrit [grch.] *der,* weißes, zuweilen blau oder rötlich gefärbtes rhomb. Mineral, wasserfreies Calciumsulfat. Oft in großen Mengen mit Steinsalz in Salzlagerstätten; durch Wasseraufnahme Übergang in Gips.

Ani, Ruinenstadt in Ostanatolien, östlich von Kars; reich an Denkmälern der armen. Baukunst: u. a. Kathedrale (989–1001, Kuppelbasilika), Rundkirche des Hl. Gregorius (1001–20), Apostelkirche (988 bis 1001).

Aniene *der* (Teverone, im Altertum Anio), linker Nebenfluss des Tiber, 110 km lang, entspringt in den südl. Simbruiner Bergen, bildet bei Tivoli die berühmten Wasserfälle; mündet oberhalb von Rom.

Änigma [grch.-lat.] *das,* Rätsel; **änigmatisch,** rätselhaft.

Anilin [zu Sanskrit nila »dunkelblau«] *das* (Aminobenzol, Phenylamin), $C_6H_5NH_2$, einfachstes und technisch wichtigstes aromat. Amin, 1826 von O. Unverdorben

ANI Anilinvergiftung

(* 1806, † 1873) bei der trockenen Destillation von Indigo entdeckt. Ausgangsstoff für viele Verbindungen, wie Farbstoffe (z. B. **A.-Blau**), Arzneimittel, Kunststoffe, Photochemikalien. Mit Säuren liefert A. Salze, z. B. mit Salzsäure das in der Farbenind. verwendete **A.-Salz**. Die **A.-Harze** sind aus A. und Formaldehyd hergestellte thermoplast. Harze (**Aminharze**).

Anilinvergiftung, Vergiftung durch Einatmen von Anilindämpfen, gekennzeichnet durch taumelnden Gang, Kopfschmerzen, Krämpfe. Behandlung: warmes Reinigungsbad, Sauerstoffbeatmung, Bluttransfusion.

Anima [lat. »Seele«] *die,* ein ↑Archetypus in der analyt. Psychologie von C. G. Jung; die Personifizierung der verdrängten gegengeschlechtl. Züge eines männl. Individuums (bei der Frau: **Animus**), deren Bewusstmachung im Individuationsprozess zum »Selbst« führt.

animalisch [lat.], 1) tierisch, den Tieren eigentümlich; 2) triebhaft; 3) tierhaft, urwüchsig-kreatürlich.

Animalismus [lat.] *der,* ↑Tierkult.

Animateur [-'tø:r, frz.] *der,* Freizeitberater in Ferienclubs und Hotels; organisiert Sport- und Freizeitaktivitäten und fördert Kontakte zw. den Urlaubern. Ausbildung und Berufsabschluss sind nicht erforderlich.

Animation [lat.-engl.] *die,* Bez. für Verfahren, unbewegten Objekten Bewegung zu verleihen. Die Darstellung bewegter und mehrdimensionaler Bilder wird zunehmend mithilfe von Computern realisiert.

Animationsfilm, ↑Trickfilm.

animativ [lat.-engl.], belebend, beseelend, anregend.

animato [italien.] (con anima), *Musik:* belebt, beseelt.

Anime [Kw. für Animation] *der,* japan. Bez. für den Zeichentrickfilm.

Animismus *der,* bes. bei Naturvölkern der Glaube an die Beseeltheit der Natur und der Naturkräfte. Als Vorstufe gilt der Glaube an die Allbelebtheit (**Animatismus**).

Animosität *die,* 1) feindselige Einstellung oder feindselige Äußerung; 2) (veraltet) Aufgeregtheit, Gereiztheit, auch Leidenschaftlichkeit.

Animus [lat. »Geist«, »Gemüt«] *der,* ↑Anima.

Anion [grch.] *das,* negativ geladenes Ion, das im elektr. Feld zur Anode wandert.

An|iridie [grch.] *die,* vollständiges oder teilweises Fehlen der Regenbogenhaut (Iris) des Auges.

Anis [grch. áneson »Dill«] *der* (Pimpinella anisum), weiß bis rötlich blühender Doldenblütler, urspr. aus dem östl. Mittelmeerbereich; bes. die weichhaarigen, ovalen Spaltfrüchte enthalten äther. Öl (**A.-Öl**) von würzigem Geruch und süßl. Geschmack; Verwendung als Würz- und Heilmittel.

Anis|aldehyd (4-Methoxybenzaldehyd), nach Mimose, Weißdorn und Flieder duftender synthet. Seifenriechstoff.

Anisol *das* (Methylphenyläther), angenehm riechende, leicht entflammbare Flüssigkeit; Lösungs- und Wärmeübertragungsmittel, Zwischenprodukt bei Riechstoffsynthesen.

an|isotrop [grch.], nicht ↑isotrop.

An|isotropie *die, Physik:* die Richtungsabhängigkeit verschiedener physikal. und chem. Eigenschaften eines Stoffes, insbesondere bei ↑Kristallen.

Anjar (Andjar), Ruinenstätte der Omaijadendynastie (661–750), rd. 40 km südwestlich von Baalbek (Libanon), eine Residenz Al-Walids I. (705–715). Die Anlage, nach antikem Stadtbauschema mit rechtwinklig sich kreuzenden Straßen, ist von turmbewehrten Mauern im Rechteck umzogen (UNESCO-Welterbe).

Anjou [ã'ʒu], ehem. Grafschaft (ab 1360 Herzogtum) in W-Frankreich mit der Hptst. ↑Angers, von der oberen Loire durchflossen. Das Gebiet war in der 2. Hälfte des 9. Jh. in der Hand der Robertiner (später Kapetinger); seit Mitte des 10. Jh. übten die Grafen von A. eine selbständige, einflussreiche Herrschaft aus. Gottfried (Geoffroy) V. (1128–51) mit dem Beinamen ↑Plantagenet nahm Mitte des 12. Jh. die Normandie in Besitz; sein Sohn gewann 1152 Aquitanien und wurde 1154 als Heinrich II. engl. König. Mit der Eroberung des Angevinischen Reiches (1204) durch den frz. König Philipp II. August kam A. an die frz. Krone, die es als Apanage jüngerer Prinzen vergab. Karl von A., der Bruder Ludwigs IX., gewann 1245 die Provence, 1265 das Königreich Neapel. Die von ihm ausgehende **ältere Linie A.-Neapel** erlangte auch die Kronen Ungarns (1308–82) und Polens

(1370–86). Mit Ludwig I. von A., dem Sohn König Johanns II. von Frankreich, den 1380 Johanna I. von Neapel adoptierte, begann die **jüngere Linie A.-Neapel,** die 1481 ausstarb. »Duc d'A.« wurde ein Titel königl. Prinzen.

Ankara (früher Angora), Hptst. der Türkei und der Provinz A., im nördl. Inneranatolien, zw. 800 und 1 200 m ü. M., 2,838 Mio. Ew. (davon leben rd. 60 % in Gecekondusiedlungen, bes. im N und O); drei Univ., Konservatorium, TU; archäolog. u. a. Museen; Nahrungsmittel-, Textil-, Baustoffind., Maschinenbau; Verkehrsmittelpunkt; der erste, 14,6 km lange Streckenabschnitt der U-Bahn wurde Ende 1997 in Betrieb genommen. – Die Stadt wird von einer alten, auf einem Felskegel stehenden Zitadelle (7. [?] und 9. Jh.) überragt. In beherrschender Lage das Atatürk-Mausoleum. – A., das antike **Ankyra,** war Hptst. der Phryger, dann der Tektosagen, später der röm. Provinz Galatien. Die Außenwand des Tempels der Göttin Roma und des Augustus trägt Abschrift und grch. Übersetzung des von Augustus verfassten Tatenberichts **(Monumentum Ancyranum).** 1361 wurde die Stadt osmanisch. Seit 1923 ist A. Hptst. der Türkei.

Ankathete, die in einem rechtwinkligen Dreieck einem spitzen Winkel anliegende Kathete.

Anker [von lat. ancora], 1) *Bautechnik:* stab- oder litzenförmiges Bauelement aus Stahl, Stahlbeton oder Kunststoff, das ein Bauwerk zusammenhält, z. B. Balken mit Mauer. Im Fels- und Tiefbau meist einbetonierter Rundstahl mit Gewinde und Schraubenmutter zur Sicherung von Baugruben- oder Tunnelwänden.
2) *Einheiten:* alte Volumeneinheit für Wein, Branntwein und Öl (etwa 34–46 Liter).
3) *Elektrotechnik:* bei rotierenden elektr. Maschinen der Teil, in dessen Wicklungen Spannungen induziert werden, die für die Arbeitsweise der Maschine bestimmend sind. Der als rotierender oder linear bewegter Läufer (bei Außenpolmaschinen) oder als fester Ständer oder Stator (bei Innenpolmaschinen) gebaute A. ist zur Vermeidung von Wirbelströmen aus geschichteten Dynamoblechen zusammengesetzt, wobei die **A.-Wicklung** (z. B. beim Trommel-A.) in Nuten eingebettet ist. – Auch Bez. für den bewegl. Teil bei Schütz und Relais, der die Kontakte betätigt.
4) *Schifffahrt:* Gerät zum Festlegen von Schiffen gegen Wind, Strom und See. Unter den stählernen A., die sich mit hakenartigen Armen (Flunken) in den Grund selbsttätig eingraben, sind v. a. üblich: **Stock-** oder **Admiralitäts-A.** (der quer zum A.-Schaft oben angebrachte Stock legt sich bei Zug auf die A.-Kette flach, ein Flunken gräbt sich ein; heute auf Sport- und Segelschiffen verwendet bzw. als Reserve verwendet); **stocklose (Patent-)A.,** wie Hall-A., Inglefield-A. u. a. (gegen den Schaft klappbare Flunken graben sich beide ein; heute allg. auf See- und Binnenschiffen verwendet); **Pilz-** oder **Schirm-A.** (bei Dauerliegern wie Feuerschiffen üblich, wird eingespült); **Draggen** (vier Flunken, kein Stock; wird von Flussschiffen oder als Such-A. benutzt). Ohne Bodenberührung leistet der **Treib-A.** Widerstand nur im Wasser: Ein trichterförmiger Segeltuchsack verringert die Abdrift. Gewicht des A. und Stärke der **A.-Kette** müssen der Schiffsgröße entsprechen. Die Kette führt von **A.-Klüse** über **A.-Spill** zum Kettenkasten. Das **A.-Spill** wird von Hand, durch Dampf oder elektrisch betrieben. Die durch Bojenreep mit dem A. verbundene **A.-Boje** kennzeichnet die Lage des Ankers. – Der A. war in der frühchristl. Kunst Symbol der Hoffnung, oft in Verbindung mit dem Kreuz.

Anker 4): Draggen, Stockanker und Patentanker (von links)

5) *Uhrentechnik:* in mechan. Uhren A.-Hebel, der ein Drehmoment in eine Hin- und Herbewegung umwandelt.

Anking, Stadt in China, ↑Anqing.

Anklage, bei Gericht gestellter Antrag auf Einleitung des Strafverfahrens gegen eine bestimmte Person. Die A. wird i. d. R. durch die Staatsanwaltschaft (§ 152 StPO, **öffentl. Klage**), in den Ausnahmefällen der ↑Privatklage durch den Verletzten erhoben. Die A.-Erhebung erfolgt a) durch Einreichung der **A.-Schrift** bei Gericht (§ 170 StPO) oder b) in bestimmten Fällen mündlich in der Hauptverhandlung (§ 266 StPO); ↑Klageerzwingungsverfahren, ↑Nebenklage. – Ähnl. Regelungen in *Österreich* (§§ 207 ff. StPO) und in der *Schweiz.*

Anklageprozess, der vom Anklageprinzip beherrschte Strafprozess. Im Ggs. zum ↑Inquisitionsprozess liegen die Strafverfolgungs- und die Urteilstätigkeit bei jeweils versch. Organen. Im dt. Strafprozessrecht hängt das Tätigwerden des Gerichts von der Anklage der Staatsanwaltschaft ab, das Gericht übt alsdann aber gemäß dem Untersuchungsgrundsatz die Prozessführung aus.

Anklam, Kreisstadt des Landkreises Ostvorpommern, Meckl.-Vorp., am Unterlauf der Peene, 16 100 Ew.; O.-Lilienthal-Museum; Maschinen-, Möbelind., Zuckerfabrik, Fleischverarbeitung; Binnenhafen. – Got. Marienkirche. – A. erhielt vor 1264 Lüb. Recht; um 1283 war die Stadt Mitgl. der Hanse.

Anklang (Assonanz), ↑Reim (Übersicht).

Anklopfen, *Telekommunikation:* Dienstmerkmal in Telekommunikationsfestnetzen und Mobilfunknetzen, das dem Anwender durch ein dezentes akust. Geräusch **(Anklopfton)** anzeigt, dass ein weiteres Gespräch auf seinem Telefon eingeht. Der neue Anruf kann angenommen werden, während das aktuelle Gespräch geparkt wird (↑Makeln).

Ankogel, der, Gipfel (3 246 m ü. M.) in den Hohen Tauern.

Ankreis, der Kreis, der eine Seite eines Dreiecks von außen und die Verlängerungen der beiden anderen Seiten von innen berührt.

Ankylose [grch.] *die,* ↑Gelenkversteifung nach einer Erkrankung.

Ankylostomiasis [grch.] *die,* die ↑Hakenwurmkrankheit.

Ankyra, antike Stadt in Kleinasien, das heutige ↑Ankara.

Anlage, 1) i. w. S. die Gesamtheit der bei der Geburt vorhandenen Bestimmtheiten und Bereitschaften (Dispositionen), die sich im Verlauf der persönl. Entwicklung in Auseinandersetzung mit der Umwelt zu bestimmten Verhaltensbereitschaften, Fähigkeiten (Begabungen) oder Krankheitsneigungen herausbilden; i. e. S. die Erbanlage (↑Gene, ↑Vererbung). Inwieweit die A.-Kapazität in der Entwicklung eines Individuums zum Durchbruch kommt, hängt von der Stärke (Expansivität) und der Durchsetzungskraft (Penetranz) bestimmter Merkmalsausprägungen innerhalb der Gesamtheit der individuellen A. ab. Die Frage nach dem Einfluss von A. und Milieu erlangte besondere Bedeutung bei der Intelligenzforschung.

2) die in der Entwicklung eines Lebewesens feststellbare erste Andeutung eines bestimmten Organs oder Organbereichs, z. B. die A. der Kiemen. Die befruchtete, noch ungeteilte Eizelle und die entsprechende pflanzl. Samenanlage enthalten die A. zu allen Organen des endgültigen Körpers.

Anlagepapiere, Wertpapiere mit geringen Kursschwankungen und stabilem Ertrag, die als langfristige Kapitalanlage geeignet sind, v. a. festverzinsl. Staatsanleihen und Pfandbriefe, aber auch Aktien starker Unternehmen. Ggs.: Spekulationspapiere.

Anlagevermögen, investierte Vermögensteile, die zur Dauerverwendung in einem Unternehmen bestimmt sind: Sachanlagen (Grundstücke, Gebäude, Maschinen) und immaterielle Anlagen (z. B. Patente). Ggs.: Umlaufvermögen.

Anlandung, Verbreiterung des Ufers, die durch allmähl. Anspülung und Ablagerung oder durch Senkung des Wasserstandes eines Gewässers entsteht.

Anlassen, 1) *Elektrotechnik:* alle Maßnahmen, die zum Anlauf von (elektr.) Maschinen notwendig sind.

2) *Werkstofftechnik:* die Wärmebehandlung von Metallen bei Temperaturen unterhalb etwa 600 °C, bes. von Stahl; die Metalle werden nach vorausgegangenem Härten oder Kaltverformen auf eine Temperatur unter dem Umwandlungspunkt erwärmt und für eine bestimmte Zeit **(Anlassdauer)** auf dieser Temperatur gehalten; anschließend erfolgt z. T. gesteuerte Abkühlung. Ziel des A. ist der Abbau innerer Spannungen bei verminderter Sprödigkeit und größerer Zähigkeit.

Anlasser, 1) *Elektrotechnik:* regelbarer Widerstand, der beim Anlassen eines Elektromotors eingeschaltet wird. Er verhindert unzulässige Stromaufnahme, solange der Motor noch nicht seine Betriebsdrehzahl erreicht hat.
2) *Maschinenbau:* der ↑Starter.

Anlassfarben (Anlauffarben), auf blanken Metalloberflächen beim Erhitzen durch die allmählich dicker werdenden Oxidschichten erzeugte Farben. Sie entstehen durch Interferenz und verlaufen z. B. bei Stahl von Gelb, Rot, Blau nach Grau. Die A. geben einen Anhalt für die erreichte Temperatur.

Anlaufen, unerwünschte Veränderungen der Oberfläche eines Anstriches, bei Metallen durch die Bildung einer dünnen Oxid- oder Sulfidschicht.

Anlaufstrom, der beim Einschalten eines Elektromotors auftretende Stromstoß.

Anlaut, der erste Laut einer Silbe **(Silben-A.),** eines Wortes **(Wort-A.)** oder Satzes **(Satz-A.).**

Anlegerschutz (Kapitalanlegerschutz), der Interessenschutz, den die Rechtsordnung Personen gewährt, die Geld (v. a. in Sondervermögen) aufgrund von Beratung oder Vermittlung anlegen. Das 1995 in Kraft getretene Wertpapierhandels-Ges. enthält zur Verbesserung des A. Verhaltenspflichten für Wertpapierdienstleistungsunternehmen. Wertpapierdienstleistungen sind danach mit der erforderl. Sorgfalt und Sachkenntnis im Interesse des Kunden zu erbringen. Die Kreditinstitute sind verpflichtet, von ihren Kunden Angaben über deren Kenntnisse im Wertpapiergeschäft zu verlangen und dem Anleger alle zweckdienl. Informationen über die mögl. Geschäfte mitzuteilen. Sie haben u. a. den Auftrag und hierzu erteilte Anweisungen des Kunden aufzuzeichnen und die Unterlagen aufzubewahren. Dem A. dienen des Weiteren die Vorschriften über die Prospekthaftung des Börsen-Ges. (↑Prospekt) sowie die Regelungen des Ges. über Kapitalanlagegesellschaften. Kreditinstitute haften für Raterteilungen, wenn ihre Mitarbeiter den Anlegern falsche Informationen oder unrichtige Werturteile über Anlagemöglichkeiten mitteilen und den Anlegern hieraus ein Schaden entsteht. Bestimmungen des Aktien-Ges. (z. B. über Haftung der Gründer, Rechnungslegungspflicht, ↑Publizitätspflicht) dienen dem Schutz der Aktionäre als Anleger. Strafrechtl. Schutz gewährt § 264a StGB, der Kapitalanlagebetrug unter Strafe stellt.

Anleihe, langfristige Kreditaufnahme am in- oder ausländ. Kapitalmarkt durch öffentl. oder private Schuldner. Zur Verbriefung der A.-Forderungen werden **A.-Papiere** (Schuldverschreibungen, Pfandbriefe, Obligationen) ausgegeben. Diese sind Wertpapiere mit festem Zinsertrag (im Ggs. zu Beteiligungen, z. B. Aktien). Zu **öffentl. A.** ↑Staatsschulden.

Anlieger, Eigentümer oder Nutzungsberechtigter eines Grundstücks, das an einer öffentl. Straße oder einem Wasserlauf liegt. Dem A. steht der freie und i. d. R. unentgeltl. **A.-Gebrauch** der über den ↑Gemeingebrauch hinausgeht, zu, z. B. Aufstellen von Gerüsten im öffentl. Straßenraum. **A.-Beiträge** sind Abgaben, die die Gemeinden vom A. für Ver- und Entsorgungseinrichtungen neben Erschließungskosten erheben.

anluven, den Kurs eines Segelschiffes nach ↑Luv ändern; Ggs.: abfallen.

Anmeldung, Erklärung gegenüber Behörden oder Gerichten über Tatsachen oder Rechte; oft besteht eine rechtl. Pflicht zur A., z. B. bei der A. eines Gewerbes (↑Meldepflicht). Bei Forderungen, Rechten bedeutet A. deren Geltendmachung.

Anmoderation [lat.] *die,* vom Moderator einer Sendung gesprochene einführende Worte.

Anmusterung, Musterung, ↑Heuerverhältnis.

Anmutung, *Psychologie:* Eindruckserlebnis oft unbestimmter Art. **Anmutungsqualität** ist der Erlebniswert, der einem wahrgenommenen Gegenstand für das wahrnehmende Individuum anhaftet. Sie ist das erlebnismäßige Korrelat des ↑Aufforderungscharakters.

Anna [Hindi] *der,* 1a) Rechnungseinheit des alten Rupiengeldsystems in Vorderindien; b) Kupfermünze mit Wappen der Ostind. Kompanie; 2) Bez. für verschiedene ind. Gewichtseinheiten.

Anna, Mutter der Jungfrau Maria; Schutzheilige der Mütter, der Armen sowie der Berg- und Kaufleute. Heilige, Tag: 26. 7. (Annentag). ↑Anna selbdritt.

Anna, Herrscherinnen:
England: **1) A. Boleyn** [ˈbʊlɪn], Königin, *1507 (?), † London 19. 5. 1536; ab 1533 zweite Gemahlin Heinrichs VIII., wegen (unbewiesenen) Ehebruchs enthauptet; Mutter von Elisabeth I.
2) A. Stuart [ˈstjʊət], Königin (1702–14) von England, Schottland (seit 1707 von Großbritannien) und Irland, * London 6. 2. 1665, † Kensington (heute zu London) 1. 8. 1714; zweite Tochter Jakobs II., seit 1683 ∞ mit dem dän. Prinzen Georg, Nachfolgerin ihres Schwagers Wilhelm III. von Oranien. Unter ihr wurde der Span. Erbfolgekrieg erfolgreich beendet (↑Marlborough). Streng prot.-hochkirchlich gesinnt, regierte sie ab 1710 mit den Tories; letztes Mitgl. der Stuarts auf dem Thron.
Frankreich: **3) A. von Österreich**, Königin und Regentin, * Valladolid 22. 9. 1601, † Paris 20. 1. 1666; Habsburgerin, seit 1615 ∞ mit Ludwig XIII. von Frankreich, 1643–51 Regentin für ihren Sohn Ludwig XIV. mit Mazarin als leitendem Minister.
Russland: **4) A. Iwanowna**, Kaiserin (1730 bis 1740), * Moskau 7. 2. 1693, † Sankt Petersburg 28. 10. 1740; Tochter Iwans V.; 1730 vom Hochadel zur Kaiserin erhoben, stellte sie die Autokratie wieder her und regierte durch ihren Günstling E. J. ↑Biron.
Sachsen-Weimar-Eisenach: **5) A. Amalia**, Herzogin, * Wolfenbüttel 24. 10. 1739, † Weimar 10. 4. 1807; Nichte Friedrichs II., d. Gr.; braunschweig. Prinzessin; 1756 ∞ mit Herzog Ernst August Konstantin, 1758–75 Regentin für ihren Sohn Karl August. Durch die Berufung Wielands (1772) und die Förderung Goethes bahnte sie die große Zeit Weimars im dt. Geistesleben an.

Annaba (früher frz. Bône), Hafenstadt an der NO-Küste Algeriens, 557 800 Ew.; Univ. (seit 1975); Export von Phosphat, Roheisen, -stahl, Kupfer, Agrarprodukten, Düngemittelwerk; nahebei Hüttenwerk; internat. Flughafen.

Annaberg, 1) Landkreis im RegBez. Chemnitz, Sachsen, 438 km², 87 200 Ew.; Krst. ist Annaberg-Buchholz.
2) (poln. Góra Świętej Anny), höchste Erhebung Oberschlesiens, Polen, Basaltkuppe nordwestlich von Gliwice, 385 m ü. M., Wallfahrtskirche. Am 21. 5. 1921 von dt. Selbstschutzverbänden im Kampf gegen poln. Aufständische erstürmt.

Annaberg-Buchholz, Krst. des Landkreises Annaberg, Sachsen, im oberen Erzgebirge, am Pöhlberg, Große Krst., 537–832 m ü. M., 23 900 Ew.; wirtschaftliches und kulturelles Zentrum des oberen Erzgebirges; Lebensmittelind., Papierfabrik, Herstellung von Posamenten, Elektroschaltgeräten und Autozubehör; Adam-Ries-, Erzgebirgsmuseum, Techn. Museum »Frohnauer Hammer« (Hammerwerk aus dem 17. Jh. im Ortsteil **Frohnau**), Besucherbergwerk. – 1496 als Bergbauort gegr., entwickelte sich **Annaberg** rasch durch den Silberbergbau. 1499–1525 entstand die reich ausgestattete Stadtkirche St. Annen. U. a. Bauplastik »Schöne Tür« von H. Witten). Im 16. Jh. wurde Annaberg zum Welthandelsplatz für Erzeugnisse der Posamentenmacherei und Spitzenklöppelei. – 1945 wurde Annaberg mit **Buchholz**

Anna Amalia: berühmter abendlicher Salon am »Weimarer Musenhof« um Anna Amalia (Mitte, dritter von links Goethe, ganz rechts Herder), Aquarell von Georg Melchior Kraus (um 1795; Weimar, Goethe-Nationalmuseum)

(1497 als Bergbaugemeinde gegr.; Katharinenkirche, 16. Jh.) vereinigt.
Annaburg, Stadt im Landkreis Wittenberg, Sa.-Anh., im Waldgebiet der Annaburger Heide, zw. Elbe und Schwarzer Elster, 3 300 Ew.; keram. und Fahrzeugindustrie. – Renaissanceschloss (1572–75). – Bis 1572 **Lochau** gen.; mit dem Schloss benannt nach Anna, Gemahlin des Kurfürsten August von Sachsen.
Annahme, *Recht:* Entgegennahme eines Gegenstandes als Erfüllung einer Verpflichtung; geht in der rechtl. Wirkung über die tatsächl. Inbesitznahme (Abnahme) hinaus; ferner die Erklärung, mit einem Vertragsangebot einverstanden zu sein (§ 147 BGB).
Annahme als Kind (Annahme an Kindes statt, Adoption), zulässige Begründung eines neuen Verwandtschaftsverhältnisses, wenn dies dem Wohle des Kindes dient und zu erwarten ist, dass zw. dem Annehmenden und dem Kind ein Eltern-Kind-Verhältnis entsteht (§§ 1741 ff. BGB). Die A. a. K. soll primär ein Mittel der Fürsorge für elternlose und verlassene Kinder sein. Dementsprechend wird zw. A. a. K. von Minderjährigen und von Volljährigen unterschieden. Der Annehmende kann ledig sein, er muss das 25. Lebensjahr vollendet haben, bei annehmenden Ehepaaren muss der andere Partner mindestens 21 Jahre alt sein. Kinderlosigkeit der Annehmenden wird nicht vorausgesetzt. Die A. a. K. bedarf der Einwilligung des Kindes (bis zu dessen 14. Lebensjahr der des gesetzl. Vertreters) und der leibl. Eltern (auch bei nicht miteinander verheirateten Eltern); die Einwilligung kann nicht erteilt werden, bevor das Kind acht Wochen alt ist. Das Kind soll voll in die Familie des Annehmenden integriert werden. Daher erhält es bei Annahme durch Eheleute die Stellung eines gemeinschaftl. Kindes. Die Verwandtschaft zur bisherigen Familie und das Erbrecht dieser gegenüber erlöschen. Das Kind erhält den Familiennamen und ggf. die Staatsangehörigkeit des Annehmenden.
Die A. a. K. wird auf Antrag des Annehmenden vom Vormundschaftsgericht ausgesprochen. Die Vermittlung von Adoptionen ist aufgrund des Adoptionsvermittlungs-Ges. in der Fassung vom 27. 11. 1989 Sache der Jugendämter und der freien Wohlfahrtsverbände. Aufhebung der A. a. K. ist bei schwerwiegenden Gründen auf (fristgebundenen) Antrag hin möglich (§§ 1760 ff. BGB) und wirkt nur für die Zukunft. – Die Adoption Volljähriger soll nur erfolgen, wenn sie sittlich gerechtfertigt ist.
In *Österreich* sind für die Annahme an Kindes statt die Vorschriften der §§ 179 ff. ABGB maßgebend. Mindestalter der Wahleltern: Vater 30, Mutter 28 Jahre. – In der *Schweiz* muss der Annehmende das 35. Lebensjahr vollendet haben, bei annehmenden Ehepaaren muss die Ehe mindestens fünf Jahre bestehen (Art. 264 a ZGB).
📖 *Adoption. Grundlagen, Vermittlung, Nachbetreuung, Beratung,* hg. v. R. A. C. Hoksbergen u. M. R. Textor. Freiburg im Breisgau 1993. – Rottmann, V. S.: *Adoption. Voraussetzungen, Verfahren, Konsequenzen.* München 1993.
Annahme an Erfüllungs statt (Annahme an Zahlungs statt), *Recht:* das Erlöschen eines Schuldverhältnisses durch die Annahme einer anderen als der geschuldeten Leistung (§ 364 BGB), z. B. Annahme von Waren statt des geschuldeten Geldbetrages.
Annahmeverzug, *Recht:* der ↑ Gläubigerverzug.

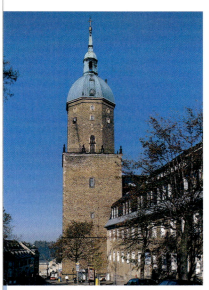

Annaberg-Buchholz: Stadtkirche Sankt Annen (1499–1525)

ANN Annalen

Annalen [zu lat. annus »Jahr«], Aufzeichnungen, in denen Ereignisse nach der Abfolge der Jahre geschildert werden.
Annales [-'nal], Kurzbez. für eine 1929 von M. Bloch und L. Febvre gegründete geschichtswiss. Zeitschrift in Frankreich, die namengebend für eine internat. einflussreiche historiograph. Schule (**A.-Schule, École des A.**) wurde. In den »A. d'histoire économique et sociale« (so der damalige vollständige Titel, seitdem mehrfach umbenannt) verband sich Blochs strukturgeschichtl. Forschungsansatz mit Febvres »histoire totale«, die den Zusammenhang von Geographie und Geschichte thematisierte (Deutung des geschichtl. Raumes unter Erfassung möglichst vieler Faktoren, z. B. Wirtschaft, Politik, Religion und Glaube, Lebensstil, Mentalität). 1947 entstand an der zentralen frz. Forschungseinrichtung »École Pratique des Hautes Études« eine »sechste Sektion« (Sixième Section), die die sozialwiss.-interdisziplinäre Richtung der A. institutionell verankerte. Sie stand zunächst unter dem Vorsitz von Febvre, danach waren 1956–72 F. Braudel und ab 1972 J. Le Goff ihre Präsidenten. 1975 wurde sie als »École des Hautes Études en Sciences Sociales« eine eigenständige Forschungseinrichtung. Nachdem zunächst die quantifizierende Richtung in der A.-Schule dominierte (Untersuchung und Interpretation langer Reihen v. a. von Wirtschaftsdaten; Strukturen und »Konjunkturen« als wesentl. Ordnungskategorien der Geschichtsschreibung), aber auch die Klima- und Technikgeschichte Beachtung fanden, erlangte seit dem Ende der 1960er-Jahre zunehmend die Mentalitätsgeschichte eine prägende Rolle. (↑Alltagsgeschichte, ↑Historische Anthropologie, ↑Sozialgeschichte)
📖 *Alles Gewordene hat Gesch. Die Schule der »A.« in ihren Texten 1929–1992*, hg. v. M. Middell u. S. Sammler. Leipzig 1993. – *Raphael, L.: Die Erben von Bloch u. Febvre. A. – Geschichtsschreibung u. »nouvelle histoire« in Frankreich 1944–1980.* Stuttgart 1994. – *Burke, P.: Offene Geschichte. Die Schule der »A.«* A. d. Engl.Lizenzausg. Frankfurt am Main 1998.

Annam (Anam), ehem. Kaiserreich in Indochina, das Kernland von ↑Vietnam; Hptst.: Huê.

Annamiten, früherer Name der ↑Vietnamesen.

Annamitische Kordillere [- kɔrdɪlˈjeːrə] (vietnames. Truong Son), rd. 1 000 km langer Gebirgszug im mittleren Teil Vietnams, im südl. Teil bis 2405 m ü. M., im nördl. 2711 m ü. M.

Annan, Kofi, ghanaischer Politiker und Diplomat, * 1938; studierte Ökonomie in den USA und in der Schweiz. Er trat 1962 in den Dienst der UNO und arbeitete 1976–83 in führenden Funktionen des UNHCR. 1983 übernahm er Funktionen in der Zentrale der UNO, v. a. im Personal- und Budgetbereich. Als stellv. Gen.-Sekr. (1993–95) leitete er die Abteilung für die friedenserhaltenden Missionen. 1995–96 arbeitete er als UN-Vermittler im früheren Jugoslawien; seit Dez. 1996 Gen.-Sekr. der UNO (Amtsantritt: 1. 1. 1997). A. erhielt 2001 zus. mit den Vereinten Nationen den Friedensnobelpreis für ihre Arbeit für eine besser organisierte und friedlichere Welt.

Kofi Annan

Annapolis [əˈnæpəlɪs], Hptst. des Bundesstaates Maryland, USA, 33 200 Ew.; Marineakademie; Einfuhrhafen, Handelszentrum. – 1649 durch Puritaner gegründet.

Annapurna, Gebirgsmassiv im Himalaja, Zentralnepal, mit **A. I** (8 091 m ü. M., als erster Achttausender 1950 durch die zweite frz. Himalaja-Expedition unter Leitung von M. Herzog erstiegen) und mehreren Siebentausendern.

Ann Arbor [ˈæn ˈɑːbə], Stadt im SO von Michigan, USA, 109 600 Ew.; Univ. (gegr. 1817), Forschungsinstitute.

Anna selbdritt, seit dem 14. Jh. Darstellung der hl. Anna mit ihrer Tochter Maria und dem Jesusknaben.

Annaud [aˈno], Jean-Jacques, frz. Filmregisseur, * Juvisy (Orge) 1. 10. 1943; arbeitete 1966–75 als Werbefilmer; Spielfilme: »Am Anfang war das Feuer« (1981), »Der

Annapurna: Annapurnamassiv

Name der Rose« (1986), »Der Bär« (1988), »Der Liebhaber« (1991), »Sieben Jahre in Tibet« (1997), »Duell – Enemy at the Gate« (2001).

Annecy [anˈsi], Stadt in SO-Frankreich, Verw.sitz des Dép. Haute-Savoie, 448 m ü. M., am See von A. (14 km lang, 27 km²), 49 600 Ew.; Kurort; Bischofssitz; Elektro-, Maschinen-, Apparateind., Baumwollspinnerei. – Kathedrale (16. Jh.), über der Stadt Schloss Menthon.

annehmbare Qualitätsgrenzlage, ↑AQL.

annektieren [lat.-frz. »an-, verknüpfen«], etwas gewaltsam und widerrechtlich in seinen Besitz bringen.

Anneliden [lat.], die, ↑Ringelwürmer.

Annex [lat.] *der*, Zubehör, Anhängsel.

Annexion *die*, Besitzergreifung, bes. die Einverleibung fremden Staatsgebiets nach Eroberung. Seit dem Briand-Kellogg-Pakt (1928) und nach der Satzung der UNO sind gewaltsame A. sowie **Annexionismus** (auf A. basierende Politik) völkerrechtswidrig.

anni currentis [lat.], Abk. **a. c.**, des laufenden Jahres.

anni futuri [lat.], Abk. **a. f.**, künftigen Jahres.

Annihilation [lat.] *die*, **1)** *allg.:* Vernichtung, Nichtigkeitserklärung.
2) *Physik:* die Zerstrahlung von Teilchen-Antiteilchen-Paaren, im Ggs. zur ↑Paarbildung.

anni praeteriti [lat.], Abk. **a. p.**, vorigen Jahres.

Anniversarium [lat.] *das*, *kath. Kirche:* das liturg. Jahrgedächtnis eines besonderen Tages (z. B. Bischofsweihe, Kirchweihe, Todestag).

Anniviers [aniˈvje] (Val d'A., dt. Eifischtal), Hochalpental im Kt. Wallis, Schweiz, von der Navisence durchflossen; 22 km lang, reicht von den Gletschern der Dent Blanche (4357 m ü. M.), des Obergabelhorns (4063 m ü. M.) und des Weißhorns (4505 m ü. M.) nördlich bis zum Rhonetal bei Siders; Hauptort ist Vissoie; Almwirtschaft, Fremdenverkehr, Kraftwerke.

anno [lat.] (Anno), Abk. **a.** oder **A.**, im Jahre, **Anno Domini**, Abk. **A. D.**, im Jahre des Herrn. ↑ante Christum (natum), ↑post Christum (natum).

Annobón, früherer Name der Insel ↑Pagalu.

Anno II., Erzbischof von Köln (seit 1056), * um 1010, † Siegburg 4. 12. 1075; bemächtigte sich 1062 in Kaiserswerth des jungen Heinrich IV., leitete die Reichspolitik, seit 1063 mit Erzbischof Adalbert von Bremen. Heiliger, Tag: 4. 12.

Annolied, frühmittelhochdt. Legende in Reimpaaren (878 Verse) zu Ehren ↑Anno II., von einem Siegburger Geistlichen verfasst, wahrscheinlich zw. 1080 und 1085.

Annomination [lat.] *die*, ↑Paronomasie.

anno mundi (anno orbis conditi), ↑ab origine mundi.

Annonce [aˈnõsə, frz.] *die*, ↑Anzeige.

Anno Santo [italien. »Heiliges Jahr«], das ↑Jubeljahr.
Annotation [lat.] *die,* Aufzeichnung, Vermerk, Anmerkung.
Annuario Pontificio [- -'fi:tʃo; italien. »Päpstl. Jahrbuch«], das jeweils zu Jahresbeginn (seit 1912) erscheinende amtl. Handbuch über die kath. Kirche; herausgegeben vom Päpstl. Staatssekretariat.
Annuarium [lat.] *das,* Kalender, Jahrbuch.
annuell [frz.], ↑einjährig.
Annuität [lat.] *die,* jährl. Zahlungsrate zur Abtragung einer Geldschuld. Sie besteht aus einem Zins- und einem Tilgungsanteil. Üblich ist die **feste A.** mit gleich bleibendem Ratenbetrag. Da durch die Tilgungszahlung der geschuldete Geldbetrag ständig sinkt, vermindert sich die Zinsbelastung.
Annulene [zu lat. annulus »kleiner Ring«], ungesättigte, zykl. Kohlenwasserstoffe mit großer, stets gerader Anzahl von Kohlenstoffatomen im Ring und durchlaufend konjugierten Doppelbindungen.
annullieren [lat.], für ungültig, nichtig erklären.
Annuntiation [lat.; »ankündigen«] *die,* Ankündigung, Botschaft; Verkündigung Mariä (Fest: 25. 3.). – **Annuntiationsstil,** im MA. und der frühen Neuzeit eine Zeitbestimmung, bei der der Jahresanfang auf das kirchl. Fest Mariä Verkündigung (25. 3.) fiel, vor (calculus Pisanus) oder nach (calculus Florentinus, mos Anglicanus) unserem Jahresanfang (↑Jahr).
Annunziatenorden, höchster italien. Orden, 1362 von Amadeus VI. von Savoyen gestiftet; 1950 aufgehoben.
Annunzio, Gabriele D', italien. Schriftsteller, ↑D'Annunzio.
annus [lat.], Jahr; **annus civilis,** bürgerl. Jahr; **annus communis,** Gemeinjahr; **annus ecclesiasticus,** Kirchenjahr; **annus intercalaris,** Schaltjahr.
Annweiler im Trifels, Stadt im Landkreis Südl. Weinstraße, Rheinl.-Pf., an der Queich, 183 m ü. M., 7 500 Ew.; Luftkurort; Karton- und Messgeräteherstellung; Emaillewaren-, Glühlampen-, Schuhindustrie. – Oberhalb der Stadt die Burg ↑Trifels.
Anode [grch.] *die,* positive ↑Elektrode (Pluspol) in Elektronen- und Entladungsröhren, Elektrolysezellen u. a., zu der Elektronen oder negative Ionen (Anionen) wandern; Ggs. ↑Kathode. In Lösung finden an der A. stets Oxidationsvorgänge statt **(anod. Oxidation),** bei denen Anionen entladen werden und aus neutralen Atomen Kationen entstehen. Durch die dabei abgegebenen Elektronen wirkt die A. bei ↑galvanischen Elementen als Minuspol. Die zw. A. und Kathode einer Elektronenröhre liegende A.-Spannung erzeugt den **A.-Strom.** Ist die elektrisch geheizte A. eines Entladungsrohres mit Alkali- oder Erdalkalisalzen belegt, so gehen von ihr positive Metallionen **(A.-Strahlen)** aus, die durch Verdampfung und therm. Ionisation entstehen und im Spannungsfeld des Rohres beschleunigt werden.
Anodenschlamm, meist edelmetallhaltiger Rückstand bei der elektrolyt. Raffination von Metallen, wie Blei, Kupfer, Zinn.
anodische Oxidation, 1) *Elektrochemie:* ↑Anode.
2) *Oberflächentechnik:* elektrolyt. Herstellung von oxid. Schutzschichten auf Metallen, v. a. auf Aluminium und seinen Legierungen (»eloxieren«), die bei der Elektrolyse geeigneter Lösungen (bes. von Schwefel-, Oxal- und Chromsäure) auf den als Anoden in der Lösung befindl. Metallteilen entstehen; dienen bes. zum Schutz gegen Korrosion und Abrieb (»Hartanodisieren«), als elektr. Isolation oder als dekorativer Überzug. (↑Anode)
Anodontie *die,* angeborenes Fehlen aller Zähne in beiden oder in einem Kiefer.
Anökumene [grch.], der unbewohnte Teil der Erde (Polarländer, Hochgebirge, Hitzewüsten); Ggs.: Ökumene.
Anol® *das,* Kurzbez. für ↑Cyclohexanol.
Anomalie [zu grch. anómalos »uneben«] *die,* **1)** *allg.:* Abweichung von der Regel. **2)** *Astronomie:* drei Winkelgrößen zur mathemat. Beschreibung der Stellung eines Himmelskörpers in seiner Bahn um einen anderen, z. B. eines Planeten um die Sonne.
3) *Physik:* (A. des Wassers), Eigenschaft von Wasser, sich im Ggs. zu fast allen anderen Stoffen oberhalb des Schmelzpunktes (im Bereich von 0 bis 4 °C) beim Erwärmen zusammenzuziehen. Wasser hat somit bei 4 °C seine größte Dichte ($\varrho = 1\,\text{g/cm}^3$) und verhält sich erst oberhalb von 4 °C »normal«, d. h., es dehnt sich beim Erwärmen aus. Beim Übergang zu

Anpassung ANP

Eis ($\varrho = 0{,}9168$ g/cm³ bei 0 °C) nimmt das Volumen zu, deshalb schwimmt das leichtere Eis auf dem Wasser ($\varrho = 0{,}9999$ g/cm³ bei 0 °C).

Anomie [grch. »Gesetzlosigkeit«] *die, Soziologie:* Zustand mangelnder individueller oder kollektiver Anpassung an neue soziale Tatbestände (bes. in Zeiten gesellschaftl. Umbrüche) durch Fehlen entsprechender sozialer Normen; äußert sich u. a. in der (partiellen) Destabilisierung der sozialen Beziehungen sowie der spürbaren Zunahme abweichenden Verhaltens (z. B. Selbstmorde, Kriminalität).

anonym [grch. »namenlos«], ohne Namensnennung; anonyme Werke (**Anonyma**, v. a. anonyme Schriften) sind urheberrechtlich geschützt. **Anonymus**, unbekannter Verfasser.

Anonyme Alkoholiker, Abk. **A. A.,** Selbsthilfeorganisation alkoholkranker Menschen zum Zweck der Abstinenz bei Wahrung der Anonymität des Einzelnen. (↑Suchtkrankenhilfe)

anonyme Konten, ↑Nummernkonto.

Anonymität [grch.-lat.] *die,* das Nichtbekanntsein, Nichtgenanntsein, die Namenlosigkeit.

Anopheles [grch. »unnütz«] *die,* ↑Fiebermücken.

Anorak [eskimoisch] *der,* Kajakjacke der Eskimo aus Fell; eine wetterfeste Sportjacke mit Kapuze.

Anordnung, 1) *allg.:* räumlich und zeitlich nebeneinander wirkende Teile eines Gegenstandes, der nicht notwendig eine körperl. Substanz hervorbringen muss, z. B. eine elektr. Schaltung; eine der Patentkategorien.
2) *Mathematik:* Kennzeichen von algebraischen Strukturen, deren Elemente einer linearen Ordnungsrelation unterliegen (z. B. die Kleiner- oder Größerrelation), und in der Monotonie und Transitivität gelten (angeordnete Struktur).

Anorektika [grch.], die ↑Appetitzügler.

Anorexie [grch.], Appetitlosigkeit. **Anorexia nervosa (Pubertätsmagersucht),** psychogene Essstörung mit beabsichtigtem Gewichtsverlust (↑Magersucht).

anorganisch [grch.], zur unbelebten Natur gehörig; **anorgan. Chemie,** ↑Chemie.

Anorgasmie [grch.] *die,* das Ausbleiben des Höhepunktes beim Geschlechtsverkehr (↑Orgasmus); kann bei vereinzeltem Vorkommen normal sein.

Anlorthit [grch.] *der,* Mineral, ↑Feldspäte.

Anlorthosit [grch.] *der,* ein Tiefgestein, das fast nur aus Plagioklas besteht.

Anlosmie [grch.] *die,* Fehlen des Geruchsvermögens.

A-Note, *Eis-, Rollkunstlauf:* techn. Wertung der Kür, beurteilt den sportl. Wert nach den gebotenen Schwierigkeiten (z. B. Sprünge, Pirouetten, Schrittkombinationen), außerdem Sicherheit und Mannigfaltigkeit der Übungen. Die **B-Note** beurteilt den Gesamteindruck: die rhythm. und fließende Bewegung im Takt der Musik, den harmon. Aufbau der Kür sowie Schwung, Haltung und Raumaufteilung.

Jean Anouilh

Anouilh [aˈnuj], Jean, frz. Dramatiker, *Bordeaux 23. 6. 1910, †Lausanne 3. 10. 1987; dramatisierte scharfsinnige psycholog. Konstruktionen mit geistreichen, iron. Dialogen; eine pessimist. Menschen- und Weltsicht beherrscht die antiken, bibl. oder modernen Stoffe, u. a. in »Eurydike« (1942), »Antigone« (1946), »Colombe« (1951), »Becket oder Die Ehre Gottes« (1959), »Seltsame Vögel« (1977), »Der Nabel« (1981); Erinnerungen: »Das Leben ist unerhört« (1987).
📖 *MacIntyre, H. G.: The theatre of J. A.* London 1981.

Anpassung, 1) *Elektrotechnik:* die Angleichung des Widerstandes eines Stromverbrauchers an den der Stromquelle, um einen Parameter optimal zu übertragen.
2) *Physiologie:* (Adaptation), die Angleichung von Organen und Organismen an bestimmte Umwelt-Reiz-Bedingungen. Sie betrifft Gestalt, Farbe, Körpervorgänge und Verhalten. Beispiele: Akklimatisation (stammesgeschichtl. Prozess durch Auslese), Herzvergrößerung (durch funktio-

nelle Beanspruchung bei Ausdauertraining), Farbwechsel des Chamäleons (kurzfristig, vorübergehend).
3) *Soziologie:* (Adjustment), die Angleichung des menschl. Verhaltens an die normativen Forderungen der sozialen Umwelt, meist mit Sanktionen (Belohnung, Strafe) verknüpft.
Anqing [-tʃ-] (Anking, früher Huaining), Stadt in der Prov. Anhui, China, am Jangtsekiang, 200 000 Ew.; Eisen-, Stahl-, Textilindustrie.
Anquetil [ãkˈtil], Jacques, frz. Straßenrennfahrer, *Mont-Saint-Aignan (bei Rouen) 8.1.1934, †Rouen 18.11.1987; gewann u. a. fünfmal die Tour de France (zw. 1957 und 1964), den Giro d'Italia (1960, 1964) und die Spanienrundfahrt (1963).
Anrainer, Anlieger, Grenznachbar, z. B. A.-Staat.
Anrechnungszeiten (früher Ausfallzeiten), in der gesetzl. Rentenversicherung Zeiten, in denen der Versicherte aus bestimmten persönl. Gründen keine Beiträge zahlen konnte. Als A. gelten: Krankheit, medizin. Heilbehandlung oder Berufsförderung, Schwangerschaft, Schutzfristen bei Mutterschaft, Arbeitslosigkeit, Schulausbildung nach dem 17. Lebensjahr, Rentenbezugszeiten bis zum 55. Lebensjahr, danach, soweit die Rente mit einer Zurechnungszeit zusammenfällt. A. zählen für die 35-jährige Wartezeit.
Anrede, Titel oder Fürwort für eine angesprochene Person. **A.-Formen:** Anstelle des einst übl. »Ihr« und des vom 15. bis 18. Jh. gebräuchl. »Du« ist das »Du« für den Verkehr mit näher Stehenden, das »Sie« für ferner Stehende üblich geworden. Bei einigen Titeln (Majestät, Exzellenz, Magnifizenz usw.) findet sich noch das Fürwort »Eure« (Abk. Ew.).
Anregung, *Physik:* der durch Energiezufuhr (therm. A., Strahlungs-A., Stoß-A. u. a.) bewirkte Übergang eines mikrophysikal. Systems (Atom, Atomkern, Molekül) in einen energetisch höheren (angeregten) Zustand.
Anregungsmittel (Stimulantia, Analeptika), i. w. S. Mittel, die Hirn-, Herz-Kreislauf-Funktion, Atmung oder Stoffwechsel anregen; i. e. S. Mittel, die auf Teile des Zentralnervensystems, bes. Atmungs- und Kreislaufzentrum, anregend wirken (z. B. ↑Weckamine).
Anreicherung, 1) *Chemie:* die Erhöhung des Gehalts eines Gemischs an nutzbaren Bestandteilen, z. B. eines Mineralgemischs durch Aufbereitung; insbesondere bei nuklearem Brennstoff die Vergrößerung des Anteils spaltbarer Isotope eines Elementes.
2) *Wasserbau:* ↑Grundwasseranreicherung.
Anreicherungstyp, *Elektronik:* ↑MOSFET.
Anreizsystem, Gratifikationsmaßnahmen, um Arbeitnehmer zum Verbleiben im Unternehmen bzw. zur Steigerung der Arbeitsleistung zu gewinnen.
Anrichte, schrankartiges Möbel (z. B. Kredenz, Sideboard) zum Abstellen der Speisen und zum Aufbewahren von Geschirr; auch der Raum zum Anrichten der Speisen.
ANRS [Abk. für engl. automatic noise reduction system], ein ↑Rauschunterdrückungssystem.
Anrufbeantworter, Gerät zur selbstständigen Entgegennahme, Speicherung und späteren Wiedergabe ankommender Anrufe. Der Anrufer hört einen voreingestellten Ansagetext und kann nach einem Signalton seine Nachricht hinterlassen. A. können auch als integrierte Geräte (z. B. im Telefon) ausgeführt sein. – Moderne Varianten von A. sind ↑Mailbox sowie Softwarelösungen, bei denen der Anruf auf einen (eingeschalteten) Computer umgeleitet wird.
Anrufer|identifikation, Abk. **CLI** [für engl. calling line identification], *Telekommunikation:* Dienstmerkmal in Telekommunikationsnetzen zur Anzeige von Rufnummer, Name und/oder Verbindungsart (z. B. Amt, intern) des Anrufers auf einem Anzeigefeld (Display) am Telefon..
ANSA, Abk. für italien. Agenzia Nazionale Stampa Associata, führende italien. Nachrichtenagentur, Sitz: Rom; 1945 gegr., Nachfolgerin der **Agenzia Telegrafica Stefani** (gegr. 1853).
Ansatz, 1) *Mathematik:* die Formulierung des Lösungsweges einer mathemat. Aufgabe.
2) *Musik:* beim Gesang die Einstellung des Kehlkopfes und der resonanzverstärkenden Mund- und Rachenhohlräume im Moment des Tonbeginns.
Ansbach, 1) Landkreis im RegBez. Mittelfranken, Bayern, 1972 km², 183 200 Ew.; Verw.sitz ist Ansbach.

Anschlusszone ANS

2) kreisfreie Stadt in Bayern, Sitz der Verw. des RegBez. Mittelfranken und des Landkreises A., im Tal der Fränk. Rezat, 40200 Ew.; Uhren-, elektrotechn., feinmechan., opt. und Nahrungsmittelind., Maschinen-, Werkzeugfabriken. – Die Jahrhunderte als Fürstenresidenz der Hohenzollern prägten das Stadtbild sowohl der Altstadt (Stiftskirche St. Gumbert, Johanniskirche, Landhaus – jetzt Stadthaus –, Hofkanzlei, Fachwerkhäuser) als auch der barocken »Markgrafenstadt« (Rokokoschloss, Orangerie, Hofgarten). – A. entstand neben einem im 8.Jh. gegründeten Benediktinerkloster.

Ansbach-Bayreuth, ehem. fränk. Markgrafschaft, entstand um die Plassenburg oberhalb Kulmbachs. Die hohenzoller. Burggrafen von Nürnberg erwarben nach 1260 Bayreuth, 1331 Ansbach, 1338 Kulmbach. Mehrfach geteilt und wieder vereinigt, kam A.-B. 1791 an Preußen, 1805 fiel Ansbach, 1810 Bayreuth an Bayern.

Anschan, Stadt in China, ↑Anshan.

Ancharius [-sç-], der Erzbischof ↑Ansgar.

Anschauung, 1) *Philosophie:* die unmittelbare, nichtbegriffl. Erfassung der empir. Wirklichkeit (Sensualismus); aber auch die übersinnl. geistige Schau idealer Erkenntnisgegenstände (Idealismus). So unterschied z. B. I. Kant zw. der inneren (auf die zeitl. Abläufe im Selbst bezogenen) und der äußeren (auf die Gegenstände im Raum bezogenen) A., der reinen A., die der Erfahrung besonderer Erscheinungen vorausgeht und deren Formen Raum und Zeit sind, und der intellektuellen A. als dem die Erfahrung überschreitenden Erfassen von Ideen, das allein Gott zukommt. **2)** *Psychologie:* die auf (bes. optischen) Sinneswahrnehmungen beruhende Aufnahme der Wirklichkeit, auch jegliches deutliche Erleben eines Gegenstandes ohne besondere begriffl. Vorarbeit.

Anschero-Sudschensk, russ. Stadt in W-Sibirien, an der Transsibir. Eisenbahn, 95000 Ew.; Steinkohlenbergbau, Maschinenbau, chemisch-pharmazeut. Industrie. – 1897 gegründet.

Anschlag, 1) *allg.:* Angriff, Vernichtungsversuch, Attentat. **2)** *Schießen:* schussbereite Stellung des Schützen (liegend, kniend, stehend). **3)** *Technik:* Vorsprung am Maschinenteil zur Begrenzung seiner Bewegung; Mauerfalz zur Aufnahme von Tür- oder Fensterblendrahmen.

Anschlagwinkel, rechter Winkel zum Anzeichnen, Ausrichten oder Nachprüfen von Werkstücken.

Anschliff, für Untersuchungen mittels Auflichtmikroskops geschliffenes und poliertes Erz-, Gesteins- oder Kohlestück. (↑Dünnschliff)

Anschluss, *Film, Fernsehen:* die Verbindung zweier ↑Einstellungen, durch die die Kontinuität der Handlungslogik gewahrt wird.

Anschlussbahnen, Eisenbahnen des nichtöffentl. Verkehrs für den unmittelbaren Anschluss von Güterumschlagstellen, z. B. in Fabrikanlagen, an die Bahnen des öffentl. Verkehrs **(Anschlussgleise).**

Anschlussberufung, dem Berufungsbeklagten zustehender Rechtsbehelf, durch Anschließung an die Berufung des Gegners ein ihm günstiges Urteil zu erlangen (§§ 524 ff. ZPO, § 127 VwGO); die **Anschlussrevision** folgt im Wesentlichen den gleichen Grundsätzen (§ 554 ZPO).

Anschlussbewegung, die Bestrebungen zur staatl. Vereinigung Österreichs mit dem Dt. Reich (↑Österreich, Geschichte).

Anschlusskonkurs, Konkurs im Anschluss an ein gescheitertes Vergleichsverfahren; entfällt für Insolvenzverfahren, die ab 1. 1. 1999 beantragt werden.

Anschlusspfändung, die Pfändung bereits gepfändeter Sachen durch einen anderen Gläubiger oder wegen einer anderen Forderung, um am Erlös teilzuhaben (§ 826 ZPO).

Anschlussstelle, ↑Autobahn.

Anschluss- und Benutzungszwang, der durch Gemeindesatzung auferlegte Zwang, bei dringendem öffentl. Bedürfnis Grundstücke an Wasserleitung, Kanalisation, Müllabfuhr u. a. öffentl. Einrichtungen anzuschließen und diese zu benutzen.

Anschlusszone, *Seerecht:* eine an die ↑Küstengewässer angrenzende Zone, in welcher dem Küstenstaat Kontrollbefugnisse zustehen, um Verstöße gegen seine Zoll- und sonstigen Finanz-, Einreise- oder Gesundheitsgesetze zu verhindern bzw. zu ahnden. Die A. darf sich nicht weiter als 24 Seemeilen über die Basislinien hinaus erstrecken, von denen aus die Breite des Küstenmeeres gemessen wird.

ANS Anschnittsteuerung

Anschnittsteuerung, die ↑Phasenanschnittsteuerung.
Anschovis, ↑Anchovis.
Anschuldigung (falsche A.), ↑Verdächtigung.
Anschütz-Kaempfe, Hermann, Ingenieur, *Zweibrücken 3. 10. 1872, †München 6. 5. 1931; Erfinder des Kreiselkompasses (1904).
Anseilen, *Bergsteigen:* das Verbinden der Bergsteiger durch ein Seil (Seilschaft), das an einer Gurtkombination aus Brust- und Sitzgurt oder einem einteiligen, verstellbaren, variablen Kombigurt am Körper befestigt ist.
Anselm von Canterbury [-'kæntəbərɪ], scholast. Theologe und Philosoph, *Aosta 1033, †Canterbury 21. 4. 1109; Benediktinerabt in Bec (Normandie), später Erzbischof von Canterbury, gilt als Vater der Mystik und Scholastik (Grundsatz: ↑credo, ut intelligam). Berühmt ist sein ontolog. ↑Gottesbeweis. Heiliger, Tag: 21. 4.
Ansermet [ãsɛr'mɛ], Ernest, schweizer. Dirigent, *Vevey 11. 11. 1883, †Genf 20. 2. 1969; war 1915–23 musikal. Leiter der Ballets Russes; gründete 1918 das »Orchestre de la Suisse Romande«.
Ansgar (Anskar, Ancharius), * in der Picardie 801, †Bremen 3. 2. 865; erster Bischof von Hamburg, seit 864 Erzbischof von Hamburg-Bremen, förderte die Ausbreitung des Christentums in Schweden, Jütland und Schleswig (»Apostel des Nordens«). Heiliger, Tag: 3. 2.
Anshan [-ʃ-] (Anschan), Industriestadt in NO-China, Prov. Liaoning, 1,2 Mio. Ew.; in der Umgebung reiche Eisenerz- und Kohlenlager, Grundlage einer metallurg. Großanlage (Kokereien, Hüttenwerke, Gießereien, Walzwerke).
ANSI ['ænsi], Abk. für American National Standards Institute, nat. Normenausschuss der USA.
Ansichtssendung, Probesendung von Waren ohne Kaufzwang. Bestellte A. sind bei Nichtabnahme auf eigene Kosten zurückzusenden. Ist die A. nicht bestellt, entsteht für den Empfänger keine Kauf- und Rücksendeverpflichtung, er muss sie nur eine angemessene Zeit zur Abholung durch den Absender bereithalten.
Ansitz, *Jägersprache:* ↑Anstand.
Anspruch, das Recht, von einem anderen ein Tun oder Unterlassen zu verlangen (§ 194 BGB), z. B. A. auf Schadensersatz.

Anstalt des öffentlichen Rechts, jurist. Person des öffentl. Rechts, die als organisatorisch oder rechtlich selbstständige Verw.einheit von persönl. oder sachl. Mitteln zur Erfüllung einer besonderen Verw.aufgabe errichtet wurde. Kraft Gesetz besitzen A. d. ö. R. Anstaltsgewalt, in deren Rahmen sie ihre innere Organisation durch Anstaltsordnungen (Satzungen) regeln. Die Benutzung von A. d. ö. R. kann als Rechtsanspruch oder als Benutzungszwang ausgestaltet werden. Zu den A. d. ö. R. gehören u. a. kommunale Sparkassen, Rundfunkanstalten.
Anstand, *Jägersprache:* Jagdart, bei der von verdeckter Stelle aus im Stehen oder Sitzen **(Ansitz)** Wild beobachtet oder erlegt wird, auch dieser Platz selbst; meist getarnter **Hochstand (Hochsitz, Jagdkanzel).**
ansteckende Krankheiten, die ↑Infektionskrankheiten.
Ansteckung, die ↑Infektion.
Anstehendes (anstehende Gesteine), Gesteine, die sich im natürl. Verband befinden und leicht zugänglich sind (»gewachsener Fels«).
Anstellwinkel, *Luftfahrt:* der Winkel zw. einer bestimmten Bezugslinie im Flügelprofil (meist Sehne) und der Anströmungs- oder Bewegungsrichtung; wesentl. Einflussgröße für den Auftriebsbeiwert.
Anstiftung, *Recht:* vorsätzl. Verleitung eines anderen zu einer vorsätzl. Straftat. Der **Anstifter** wird gleich dem Täter bestraft (§ 26 StGB, ebenso § 12 österr. und Art. 24 *schweizer.* StGB).
Anstoß, *Fußball:* das Anspielen des Balles zu Spielbeginn, nach einem Treffer, zu Beginn der zweiten Halbzeit und zu jeder Spielhälfte einer Verlängerung. Der A. wird im Mittelpunkt des Mittelkreises ausgeführt, wenn der Schiedsrichter durch einen Pfiff das Zeichen dazu gegeben hat. Aus einem A. kann ein Treffer direkt erzielt werden.
Anstrich, Überzug auf Holz, Metall, Mauerwerk usw., teils zum Schutz gegen äußere Einflüsse (z. B. Nässe), teils zur Verschönerung. Mauer-A. werden gewöhnlich in Kalkfarben ausgeführt. Ölfarben-A. ergeben eine dichte, abwaschbare Oberfläche. Holz wird meist mit Firnis grundiert und erhält dann den eigentl. lasierenden (durchscheinenden) oder deckenden A. Stahl streicht man mit Blei-

mennige, Metalle mit Alkydharzfarbe (Korrosionsschutz) und darauf Deck-A. Feuer hemmende A. sind z. B. Silikate und bestimmte Kunstharzlacke.

ant... [grch.], ↑anti...

Antagonismus [grch.] *der,* 1) *allg.:* Widerstreit, Gegenwirkung, Gegensatz. 2) *marxistisch-leninist. Theorie:* ↑Widerspruch. 3) *Physiologie:* die entgegengesetzte Wirkung zweier Komponenten (**Antagonisten**), z. B. von Muskeln (Beuger und Strecker), Nerven (Sympathikus und Parasympathikus) oder auch von chem. Substanzen, z. B. Hormonen (Insulin und Glucagon).

Antaios (lat. Antaeus), *grch. Mythos:* ein Riese, Sohn des Poseidon und der Gaia (Erde). Er war unbesiegbar, solange er die Erde berührte; daher erwürgte Herakles ihn in der Luft.

Antakya, Hptst. der Prov. Hatay im äußersten S der Türkei, am Orontes, 137 200 Ew.; Zitrus-, Ölbaumpflanzungen; archäolog. Museum. – A. ist das antike ↑Antiochia.

Antalkidas, spartan. Stratege und Politiker, † 367(?) v. Chr.; handelte 387 v. Chr. mit dem pers. Großkönig Artaxerxes II. den ↑Königsfrieden (Friede des A.) aus.

Antall ['ɔntɔl], József, ungar. Politiker (Ungar. Demokrat. Forum, UDF), * Budapest 7. 4. 1932, † ebd. 12. 12. 1993; Historiker, nahm am ungar. Volksaufstand 1956 teil und wurde nach dessen Niederschlagung verhaftet; einer der Gründer des UDF und seit 1989 dessen Vors. (im Dez. 1990 wieder gewählt); war ab April 1990 Ministerpräsident.

Antalya (früher Adalia), Hptst. der südtürk. Prov. A., übragt vom Taurus, 502 300 Ew.; mit Hafen (Freihandelszone) am Golf von A., Seebad an der »türk. Riviera«, Textil-, Maschinen- und chem. Ind.; Flughafen.

Antananarivo (bis 1976 Tananarive), Hptst. von Madagaskar, im zentralen Hochland 1 200 bis 1 450 m ü. M., 1,053 Mio. Ew.; Sitz eines kath. Erzbischofs, Univ. (gegr. 1961); Forschungsinstitute, Goethe-Inst.; Nahrungsmittel- und Textilind.; internat. Flughafen. – In der Oberstadt Festung (17. Jh.) mit Palast der Königin (1839 aus Holz erbaut, später mit viertürmigem Steinbau umgeben) und weiteren Königspalästen (histor. Museen) und -grabstätten. Nördlich von A. liegt **Ambohimanga,** die Anfang des 18. Jh. gegründete Residenz und hl. Stadt der Merinakönige (UNESCO-Welterbe). – A. wurde 1794 Hauptstadt des Königreichs der Merina (↑Madagaskar, Geschichte).

Antara Ibn Schaddad (Antar Ibn Schaddad), vorislam. arab. Dichter, † um 615; Held des **Antaromans,** eines beliebten arab. Volksbuchs (um 1300).

Antares [grch.] *der,* hellster Stern (α) im Sternbild Skorpion; rd. 600 Lichtjahre von der Sonne entfernter Roter Überriese (die Entfernung wurde durch die Raumsonde Hipparcos neu bestimmt).

Antarktika *die,* Bez. für die Landmasse des Südpolargebiets.

Antarktis *die,* Land- und Meeresgebiete um den Südpol, etwa 21,2 Mio. km². Während um den Nordpol eine mit Treibeis bedeckte Tiefsee liegt, befindet sich der Südpol in der Mitte einer großen Landmasse, **Antarktika** (12 393 000 km², einschl. der Schelfeistafeln 13 975 000 km²), die von einer im Mittel etwa 2 000 m, aber auch z. T. über 4 000 m mächtigen Inlandeisdecke eingenommen wird. Am Rand ragen hohe Gebirge aus dieser Eisdecke auf und zwingen das Eis, als Gletscher zw. ihnen abzufließen; die Gletscher schieben sich z. T. als Zungengletscher viele km weit ins Meer oder vereinigen sich zu riesigen schwimmenden Eistafeln; es entstehen Treibeis und Eisberge. Im Eis Antarktikas sind etwa 80% der Süßwasservorräte der Erde gebunden. Der höchste Punkt der A. ist der Mount Vinson (5 140 m ü. M.) in der Sentinel Range. Das eisfreie Gebiet nimmt eine Fläche von etwa 200 000 km² ein. Die Berge, die wie Inseln aus dem Inlandeis herausragen, sind eisfrei. An den Küsten gibt es stellenweise eisfreie Hügelgebiete, so genannte »Oasen«. Die Anden Südamerikas setzen sich in W-Antarktika in den Antarktanden fort, im Mount Jackson sind sie 4 191 m hoch. Am Rand sind z. T. noch tätige Vulkane angelagert. Der Edsel Ford Range (Mount Avers, 1 370 m ü. M.), an der Küste des Rossmeeres, findet der Faltenzug sein Ende. Südl. schließt sich das Elsworthhochland an. Den pazif. Rand der Ost-A. begleitet das 4 100 km lange Transantarkt. Gebirge, das sich von hier aus bis zur O-Seite des Filchnerschelfeises erstreckt. Es wird an der Außenseite von einer großen Verwerfung begleitet, die durch

277

ANT Antarktis

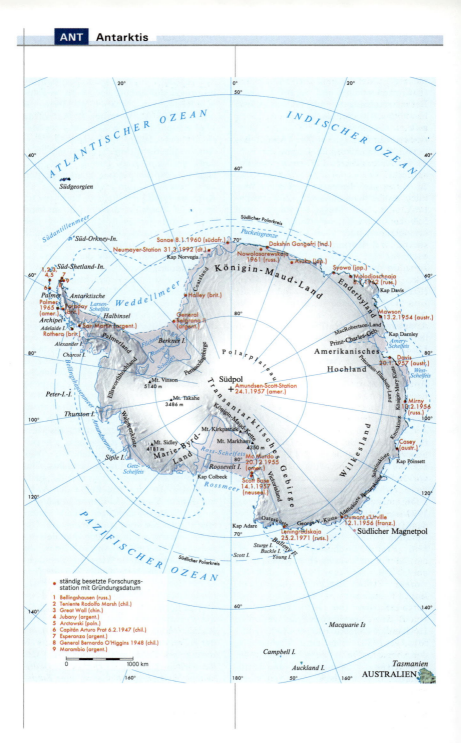

Antarktische Halbinsel ANT

tätige Vulkane (Mount Erebus, 3 794 m ü. M.) markiert ist.
Klima: Es herrscht polares Klima: sehr kalte Winter, kühle, kurze Sommer, sehr geringe Niederschläge, außerordentlich trockene Luft. Im Sept. 1983 wurde mit −89,2 °C die tiefste Temperatur der Erde in der A. gemessen. Besonderheiten des antarkt. Klimas sind kalte Fallwinde, die zu schweren Stürmen werden (sturmreichstes Gebiet ist ↑Adélieland), und der ↑White-out.
Pflanzen- und Tierwelt: Die A. ist das lebensfeindlichste Gebiet der Erde. Vorherrschend sind Flechten, Moose und Algen. Vertreten sind wirbellose Tiere (Insekten, Fadenwürmer u. a.). Im Ggs. zu dieser antarkt. Kältewüste auf dem Lande ist das Pflanzen- und Tierleben in und auf den antarkt. Meeren sehr viel reichhaltiger: Algen, Tange, Krill, Wale, Robben sowie Schwämme, Seesterne, Seeigel und Quallen; Albatrosse, Sturmvögel und Möwen nisten im Küstenbereich des antarkt. Kontinents. Der charakterist. Vogel der A. ist der Pinguin. – Abb. S. 280
Bodenschätze: An Bodenschätzen sind Erdöl, Kohle, Eisen- und Kupfererze, Nickel u. a. nachgewiesen. Antarktika ist, von Forschungsstationen abgesehen, unbesiedelt. Größte Forschungsstation ist die amerikan. im McMurdo-Sund auf dem Ross-Schelfeis (im Sommer mit 1 000 Personen). 1981 wurde die ständig besetzte dt. Georg-von-Neumayer-Station eingerichtet (1992 durch die Neumayer-Station auf dem Ekströmschelfeis an der Atkabucht ersetzt).
Völkerrecht: Die Rechtsverhältnisse für das Südpolargebiet sind durch den **A.-Vertrag** vom 1. 12. 1959 (in Kraft seit 23. 6. 1961) geregelt. Danach ist die A. ein internat. Gemeinschaftsraum zur ausschließlich friedl. Nutzung. Gebietsansprüche einzelner Staaten (bes. Argentiniens, Chiles) sind zurückgestellt. Der Vertrag wird durch die Konvention über die Ausbeutung von Bodenschätzen vom 2. 6. 1988 und das Madrider Umweltschutzprotokoll vom 4. 10. 1991 ergänzt, wonach u. a. der Abbau von Bodenschätzen für 50 Jahre verboten ist.   ✦ siehe ZEIT Aspekte
📖 *Moss, S.: A. Ökologie eines Naturservats. A. d. Amerikan. Heidelberg u. a. 1992. – Reinke-Kunze, C.: A. Portrait eines Kontinents. Braunschweig 1992. – Dreyer-Eimbcke, O.: Auf den Spuren der Entdecker*

Antarktis: Entdeckung und Erforschung	
1772–75	J. Cook überquert bei seiner Weltumsegelung den südlichen Polarkreis
1819–21	Erste russische Antarktisexpedition unter F. G. von Bellingshausen, der 1821 die Alexander-I.-Insel und Peter-I.-Insel entdeckt
1822/23	J. Wedell dringt in das nach ihm benannte Wedellmeer vor
1839–43	J. C. Ross gelangt in die Nähe des südlichen Magnetpols
1840	Nachweis der Existenz eines antarktischen Kontinents durch die Küstenfahrten von C. Wilkes; Entdeckung von Wilkesland
1899/1900	C. E. Borchgrevink unternimmt als Erster Forschungen auf dem Festland (im Norden von Victorialand)
1909	D. Mawson, Teilnehmer einer britischen Expedition unter E. Shackleton, findet den südlichen Magnetpol
1911/12	R. Amundsen (14. 12. 1911) und R. F. Scott (18. 1. 1912) am geographischen Südpol
1929	Erster Flug zum Südpol durch R. E. Byrd
1938/39	Deutsche »Schwabenland«-Expedition unter A. Ritscher erkundet Neuschwabenland
1946/47	Amerikanische Großexpedition unter R. E. Byrd
1956–58	Verschiedene Nationen errichten ständige Forschungsstationen
1957/58	Erste Transantarktisexpedition durch V. E. Fuchs
1981	Errichtung der deutschen Georg-von-Neumayer-Station (1992 durch die Neumayer-Station ersetzt)
1989/90	R. Messner und A. Fuchs durchqueren ohne technische Hilfsmittel und Hundeschlitten die Antarktis zu Fuß

am südlichsten Ende der Welt. Meilensteine der Entdeckungs- u. Kartographiegeschichte vom 16. bis 20. Jahrhundert ... Gotha 1996. – Gurney, A.: Der weiße Kontinent. Die Geschichte der A. u. ihrer Entdecker. A. d. Engl. München 1997.
Antarktische Halbinsel (früher Grahamland), zw. Weddell- und Bellingshausenmeer gelegene Halbinsel der West-

ANT Antarktisvertrag

Antarktis: Pinguinkolonie in der Antarktis

antarktis, etwa 1 200 km lang, von den bis 4 191 m hohen Antarktanden durchzogen; mehrere Forschungsstationen.

Antarktisvertrag, ↑Antarktis.

Ante [grch.] *die,* pfeilerartiger Abschluss einer vorspringenden Mauer. Der **Antentempel** hat eine Vorhalle, deren Säulen zw. Anten stehen.

ante Christum (natum) [lat.], Abk. **a. Chr. (n.),** vor Christi Geburt.

ante diem [lat.], vor der festgesetzten Zeit.

Anteil, Beteiligung an gemeinschaftl. Unternehmen, z. B. Aktie, Geschäfts-A. einer GmbH; der **Anteilschein** ist die Urkunde über einen solchen Anteil.

Antelami, Benedetto, italien. Bildhauer, nachweisbar 1178 bis nach 1200; geschult in der Provence, übertrug den in Frankreich ausgebildeten Typus der Statuenzyklen auf italien. Kirchenfassaden (Fidenza, Domfassade; Parma, Baptisterium).

ante meridiem [lat.], Abk. **a. m.,** vormittags.

ante mortem [lat.], Abk. **a. m.,** (kurz) vor dem Tod.

Antenne [lat. antenna »(Segel)stange«] *die,* **1)** *Elektrotechnik:* Vorrichtung zum Senden oder Empfangen elektromagnet. Wellen; die Aufgabe der A. besteht in der Umwandlung der leitungsgeführten Energie des Senders in Strahlungsenergie **(Sende-A.)** bzw. der Strahlungsenergie in leitungsgeführte Energie für den Empfänger **(Empfangs-A.).** Der konstruktive Aufbau hängt von Anwendungsfall und Frequenzbereich ab. **Linear-A.,** die man als offenen elektr. Schwingkreis betrachten kann, werden in zahlr. Bauformen in der Hochfrequenztechnik sowie im Lang-, Mittel- und Kurzwellenbereich eingesetzt. Grundelement der Linear-A. ist ein elektr. ↑Dipol, der als Einzeldraht (Halbdipol), Metallstabpaar, Falt-, Schleifen- oder Schlitzdipol realisiert wird. In der Höchstfrequenztechnik (Radar, Radioteleskop, Richtfunkverbindung) werden **Flächenstrahler-A.** in versch. Bauformen eingesetzt. Üblich ist die Kombination von Primärstrahler und Sekundärreflektor. Als Primärstrahler dient ein Dipol oder ein trichterförmig erweiterter offener Hohlleiter **(Hohlleiterstrahler, Hornstrahler)** im Brennpunkt eines metall. Parabolspiegels **(Parabol-A.)** oder eines Paraboloidausschnittes, wobei die parabol. Fläche als Sekundärreflektor wirkt; damit wird eine erhebl. Richtwirkung erzielt. – Eine wichtige Kenngröße für eine Richt-A. ist der **A.-Gewinn,** der bei der Sende-A. definiert ist als Verhältnis der Leistungen, die man einer Bezugs-A. und der betrachteten A. zuführen muss, damit der Empfänger in Hauptstrahlrichtung die gleiche Empfangsleistung aufnimmt.

📖 *Rothammel, K.: Rothammels A.-Buch.*

Neu bearb. u. erw. v. A. Krischke. Stuttgart [11]*1995. – Antennen. Baden-Baden 2000. – Freyer, U.: A.-Technik für Funkpraktiker. Eigenschaften, Anwendungen und Auswahl von A. Poing 2000.*
2) *Zoologie:* sehr verschiedenartig ausgebildeter Fühler am Kopf der Insekten, Krebstiere, Tausendfüßer und Stummelfüßer; die paarig angelegten A. tragen v. a. Geruchs- und Tastsinnesorgane.
Antennensynthese, *Astronomie:* die ↑Apertursynthese.
Antennenverstärker, elektron. Gerät zur Verstärkung der von der ↑Antenne empfangenen hochfrequenten Spannungen zur Vergrößerung des Abstands zw. Rausch- und Signalspannung.
Antependium [lat.] *das,* den Altarunterbau schmückende Verkleidung.
ante portas [lat. »vor den Toren«], (scherzhaft) im Anmarsch, im Kommen (in Bezug auf eine Person, vor der man warnen will; ↑Hannibal ante portas!).
Antequera [-'kera], Stadt in Andalusien, Spanien, nordwestlich von Málaga, 35 200 Ew.; Verarbeitung von Agrarprodukten, Textilind. – Bei A. imposante Megalithgräber (Cueva de Menga).
Antes, Horst, Maler, Grafiker und Plastiker, *Heppenheim (Bergstraße) 28. 10. 1936; stellt nach informellen Anfängen seit Beginn der 1960er-Jahre eine von ihm erfundene Kunstfigur, den »Kopffüßler«, signethaft in den Mittelpunkt seines Schaffens; einer der ersten Vertreter der ↑Neuen Figuration.
Antezedens [lat.] *das,* Grund, Ursache; Vorausgegangenes. **antezedieren,** vorhergehen, vorausgehen.
Antezedenz [lat.] *die, Geomorphologie:* Art der Talbildung, die bei ein Fluss bei einer Hebung des Untergrundes nicht seinen Lauf verlegt, sondern in dem Maß in die Tiefe erodiert, in dem sich das Gebirge hebt.
Anthelminthika [grch.], die ↑Wurmmittel.
Anthem ['ænθəm, engl.] *das,* in der engl. Kirchenmusik eine motetten- oder kantatenartige Vertonung eines bibl. Textes.
Anthemion [grch. »Blüte«] *das,* in der grch. Baukunst und Malerei ein aus Palmetten und Lotosblüten gebildeter Ornamentfries.
Anthere [grch.] *die* (Staubbeutel), Teil der ↑Blüte.

Antheridium [grch.] *das,* männl. Geschlechtsorgan der Farnpflanzen, Moose und mancher Algen.
Anthocyane [grch. »Blütenblau«], wasserlösl. blaue, violette, schwarze und rote glykosid. Blütenfarbstoffe; auch in Blättern und Früchten.
Anthologie [zu grch. ánthos »Blüte«] *die* (Blütenlese), Sammlung thematisch ausgewählter Gedichte, Sprüche, auch kurzer Prosastücke, im Unterschied zur ↑Chrestomathie meist ohne Lehrzweck..
Anthozoen [grch.], die Blumentiere, ↑Korallen.
Anthracen [grch.] *das,* in Steinkohlenteer enthaltener, in gelbl. Blättchen kristallisierender aromat. Kohlenwasserstoff, der fast ausschließlich zu Anthrachinon weiterverarbeitet wird.
Anthrachinon [grch.] *das,* organ. Verbindung, gelbe Kristalle, die bei der Einwirkung von Sauerstoff auf Anthracen entstehen; Ausgangsprodukt für die **A.-Farbstoffe** (u. a. Alizarin). In den Indanthrenfarbstoffen sind A.-Kerne in komplizierten Ringsystemen gebunden.
Anthrakose [grch.] *die* (Kohlenstaublunge), eine gesundheitlich meist unbedenkl. Ablagerung von Kohlenstaub in der Lunge.

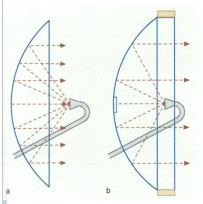

Antenne 1): schematische Darstellung der Parabolantenne, a symmetrische Form, b mit Abschirmzylinder

Anthrax [grch. »Kohle«] *der, Medizin:* der ↑Milzbrand.
Anthrazit [zu grch. ánthrax »Kohle«] *der,* harte, hochwertige, gasarme ↑Kohle.

anthropisches Prinzip, Hypothese zur Erklärung der Struktur des Universums und seiner Bewohnbarkeit durch Menschen. Das **schwache a. P.** sagt aus, dass nur das beobachtet werden kann, was für die Existenz eines Beobachters notwendig ist. Seine weiter gehende Version **(starkes a. P.)** ist die von dem brit. Physiker Brandon Carter (*1942) postulierte Aussage, dass das Universum in seinen Naturgesetzen und Naturkonstanten so beschaffen ist, dass es irgendwann Leben und Intelligenz hervorbringen musste. – Empir. Grundlage für das a. P. sind gewisse Zahlenverhältnisse von Naturkonstanten (wie dem planckschen Wirkungsquantum, der Lichtgeschwindigkeit, elektr. Elementarladung), die so fein aufeinander abgestimmt zu sein scheinen, dass bei minimalen Abweichungen von den gemessenen Werten das Universum kein Leben hätte hervorbringen können.
📖 *Smolin, L.: Warum gibt es die Welt? Die Evolution des Kosmos. A. d. Engl. München 2002.*

anthropo... [griechische ánthropos »Mensch«], Wortbildungselement mit der Bedeutung Mensch...

Anthropogäa [grch. gaîa »Erde«] *die,* vom Menschen durch Besiedlung sowie durch land- und gartenbaul. Nutzung gestaltete Landschaft.

Anthropogenie [grch.] *die* (Anthropogenese), Entstehung und Abstammung des Menschen.

Anthropogeographie, die Geographie des Menschen; Teil der allgemeinen Geographie, der sich mit den Wechselwirkungen zw. Erde (Raum) und Mensch befasst. Ihr eigentl. Untersuchungsobjekt ist die komplexe Kulturlandschaft.

anthropoid, menschenähnlich.

Anthropologie [grch.] *die,* **1)** die Wiss. vom Menschen, bes. unter biolog., philosoph., pädagog. und theolog. Aspekt. Die Schwerpunkte der biolog. A. liegen in der Erforschung der menschl. Phylogenese (Stammesentwicklung), dem Studium der raumbezogenen Variabilität des heutigen Menschen sowie dem Studium von Ontogenese (Individualentwicklung), Wachstum und Konstitution. Dabei besteht eine enge Verbindung zur Humangenetik. Ein weiterer Forschungsgegenstand ist die anatom. Ausprägung des menschl. Körpers, die durch die Anthropometrie erfasst wird. Eine Annäherung der biolog. A. an die Sozialdisziplinen (Soziologie und Sozialgeschichte) ist unübersehbar.
2) (philosophische A.), die Lehre von den Eigenschaften und Verhaltensweisen des Menschen, die ihm allgemein zukommen sollen. – Obwohl immer auch Thema der Philosophie, wurde der Mensch erst spät ihr zentrales Objekt. Die antike Philosophie thematisierte primär den »Kosmos«, die des MA. die von Gott geschaffene »Ordnung«, den Menschen als Teil von ihr. Zwar stellte die Neuzeit den Menschen auf sich selbst, indem sie seine moral. Autonomie (I. ↑Kant), seine geschichtsformende Kraft (G. W. F. ↑Hegel) entdeckte, ließ ihn aber letztlich, als »Subjekt« und »Vernunftwesen« gedeutet, in der Allvernunft wieder aufgehen. In seiner Besonderheit in den Blick kam der Mensch mit F. W. J. Schelling, S. Kierkegaard sowie F. Nietzsche und anderen Lebensphilosophen; er wird als selbstbezügliches, auf sich zurückgeworfenes Wesen, als jedem Begriff überlegenes »Leben« gedeutet. In seiner »Weltoffenheit« und seinem »Geist« erblickt M. Scheler die »Sonderstellung« des Menschen, A. Gehlen definiert ihn als »Mängelwesen« und »Kulturwesen«. A. ist das Tor zur Philosophie, die sich darin aber nicht erschöpfen kann.
📖 *Blok, A.: Anthropolog. Perspektiven. Einführung, Kritik u. Plädoyer. A. d. Niederländ. Stuttgart ²1995.*

Anthropomorphismus [grch.] *der,* Übertragung menschl. Eigenschaften auf Außermenschliches (bes. Götter, Gestirne).

Anthroponym [griech.] *das,* Personenname (z. B. Vorname, Familienname).

Anthropophage [grch.] *der,* Menschenfresser; **Anthropophagie** ↑ Kannibalismus.

Anthroposophie [grch.] *die,* von R. Steiner 1902 begründete Weltanschauungs- und Erkenntnislehre; vereinigt u. a. Elemente des dt. Idealismus, der Weltanschauung Goethes, der Gnosis, der ind. Philosophie sowie der naturwiss. Erkenntnisse seiner Zeit. Die A. sieht die Welt in stufenweiser Entwicklung begriffen, deren Sinnbestimmung der Mensch ist. Dieser ist aus Geistigem hervorgegangen, erfährt in seinem fortschreitenden Erkennen das Sinnlich-Anschauliche der Welt als Geistiges und vollzieht so seine Selbstwerdung als erkennend freiheitsfähiges Wesen.

Antibiotika ANT

📖 *Heyer, F.: A. Konstanz 1993. – Stieglitz, K. von: Einladung zur Freiheit. Gespräch mit der A. Stuttgart 1996.*

Anthropotechnik (engl. Human Engineering), Zweig der Industrieanthropologie, der sich mit der Anpassung techn. Einrichtungen (z. B. Geräte, Maschinen, Verkehrsmittel) und Abläufe (besonders Arbeitsvorgänge, auch die Arbeitsplätze selbst) an die körperl. Eigenheiten des menschl. Organismus sowie mit den körperl., seel. und sozialen Gegebenheiten des Menschen befasst. Ziel der A. ist einerseits die optimale Gestaltung der techn. Elemente hinsichtlich ihrer Anordnung und Formgebung (stat. Anpassung), andererseits die Optimierung von Mensch-Maschine-Systemen, d. h. die Abstimmung des als Regelkreis zu verstehenden Verhältnisses von Mensch und Maschine (Mensch-Maschine-Kommunikation) auf die spezifisch menschl. Bedürfnisse und Verhaltensweisen (dynam. Anpassung).

anthropozentrisch [griech.], den Menschen in den Mittelpunkt stellend.

Anthurie|le [grch.] *die,* die ↑Flamingoblume.

anti... [grch.], vor Selbstlauten und h: **ant...**, Wortbildungselement mit der Bedeutung gegen, gegenüber; z. B. Antithese, Antagonismus.

Antiallergika [grch.], Mittel zur Behandlung allerg. Krankheiten (↑Allergie).

Anti|androgene [grch.], Stoffe, die die Wirkung des männl. Keimdrüsenhormons Testosteron auf die Körperzellen hemmen.

Anti|angiogenese [grch.] *die,* Hemmung der Gefäßneubildung in einem Gewebe, insbesondere in einem Tumorgewebe. Dadurch werden die Tumorzellen von der Nährstoffversorgung abgeschnitten. Diese Möglichkeit wird zur Behandlung von Tumorerkrankungen erprobt, da ein Tumor, selbst zur A. nicht fähig, über mikroskop. Größe hinaus nur wachsen kann, wenn er Bindegewebe zur Gefäßbildung anregt.

Anti|atelektasefaktor, das ↑Surfactant.

Anti|atlas, dem ↑Atlas südlich vorgelagerter Gebirgszug in Marokko, am NW-Rand der Sahara, bis 2 531 m ü. M., schüttere Vegetation, Schaf- und Ziegenweide.

antiautoritär [grch.; lat.-frz.], nicht autoritär, Autorität ablehnend bzw. gegen autoritäre Normen gewendet, gegen Autorität eingestellt (zum Beispiel von sozialen Verhaltensweisen, theoret. Einstellungen); Ggs.: autoritär.

anti|autoritäre Erziehung (nicht autoritäre Erziehung), eine in den 1960er-Jahren entstandene Erziehungskonzeption, gestützt auf Theorien der Psychoanalyse (W. Reich, S. Bernfeld), Gesellschaftskritik (T. W. Adorno) und Reformpädagogik (A. S. Neill) u. a. Es wird ein weitgehender Verzicht auf autoritäre Einschränkung der Bedürfnisse und Interessen des Heranwachsenden gefordert. Die a. E. wird v. a. im Rahmen alternativer Lebensformen praktiziert, heute jedoch zunehmend infrage gestellt. Innerhalb der wiss. Pädagogik ist die a. E. heute nur noch von historisch-systemat. Interesse.

Antibabypille [-'be:bi:-], ↑Empfängnisverhütung.

Antibarbarus [grch.-nlat.] *der,* histor. Bez. für Bücher, die Verstöße gegen den richtigen Sprachgebrauch aufführen und berichtigen.

Antibes [ã'tib], Stadt an der frz. Mittelmeerküste, Dép. Alpes-Maritimes, 62 900 Ew.; mit den Badeorten **Cap d'A.** und **Juan-les-Pins;** Kasino, Seewasseraquarium, Museum (Picasso-Samml.); Rosenzucht. – Bei A. landete Napoleon I. am 1. 3. 1815 auf der Rückkehr von Elba.

Antibiose [grch.] *die,* hemmende oder schädigende Wirkung der Stoffwechselprodukte versch. Mikroorganismen (z. B. von Bakterien, Pilzen, Flechten) auf andere Mikroorganismen.

Antibiotika [grch.], natürliche oder halbsynthet. Stoffwechselprodukte von Bakterien, Pilzen u. a., die Mikroorganismen abtöten **(bakterizide A.)** oder deren Vermehrung hemmen **(bakteriostat. A.).** Inzwischen wird der Begriff A. vielfach auch erweitert für alle zur Behandlung von Infektionen verwendeten Wirkstoffe, d. h. auch für vollsynthetisch hergestellte Substanzen, gebraucht. Nach der Zahl der versch. Keime, gegen die das Antibiotikum wirksam ist, unterscheidet man A. mit einem engen (Schmalspektrum-A.) und einem breiten Wirkungsspektrum (Breitband- oder Breitspektrum-A.). Das erste Antibiotikum **(Penicillin,** zu den Beta-lactam-A. gehörend) wurde von A. ↑Fleming im Schimmelpilz Penicillium notatum entdeckt. Weitere Gruppen von A. sind Aminoglycosid-A. (z. B. Gentami-

283

cin), Makrolide (z. B. Erythromycin), Tetracycline (z. B. Doxycyclin), Glykopeptide (z. B. Vancomycin) und Polypeptid-A. (z. B. Bacitracin). A. dienen zur Bekämpfung von Krankheitserregern. Ihre Verwendung bei der Tiermast wurde gesetzlich eingeschränkt, da A.-Rückstände im Fleisch zur A.-Resistenz bei Keimen sowie zu allerg. Reaktionen führen können.
Antibiotikaresistenz, Widerstandsfähigkeit (Unempfindlichkeit) von Krankheitserregern gegen Antibiotika. Bei der **primären A.** sind die betreffenden Erreger schon vor der Behandlung unempfindlich, bei der **sekundären A.** wird diese erst durch Mutation oder Übertragung von Erbmaterial anderer Keime (Resistenzplasmidübertragung) erworben.
Antiblockiersystem, ↑ABS.
antichambrieren [antiʃam-, lat.-frz.], 1) (veraltet) im Vorzimmer eines Vorgesetzten, einer hoch gestellten Persönlichkeit o. Ä. warten; 2) durch beharrl., wiederholtes Vorsprechen bei einer Behörde o. Ä. etwas zu erreichen suchen.
Antichrist [grch.] (Widerchrist, bei Luther: Endchrist), aus dem N. T. (1. Joh. 2, 18 und 22; 4, 3; 2. Joh. 7) übernommene Vorstellung von einem Gegenspieler Christi, der vor der Wiederkunft Christi gegen das Reich Gottes auftritt, aber durch Christus überwunden wird; in der Geschichte immer wieder mit realen Personen (z. B. Kaiser Nero) identifiziert.
Anticosti, Insel im Sankt-Lorenz-Golf, 7 881 km², rd. 400 Ew.; Hauptsiedlung ist der Fischereihafen **Port Menier.** – A. war bis 1763 in frz. Privatbesitz und gehört seit 1774 zu Kanada.
Antidepressiva [grch.-lat.], ↑Psychopharmaka zur Behandlung von Depressionen.
Antidiabetika [grch.], Mittel zum Senken des Blutzuckers bei ↑Diabetes mellitus.
Antidiarrhoika [grch.], ↑stopfende Mittel zur Behandlung des Durchfalls.
Anti-Dive [-daɪv; engl. to dive »tauchen«] *der,* Bremsnickausgleich, konstruktive Maßnahme an der Radaufhängung, die die Nickbewegung von Motorrädern auf unebenen Straßen bzw. beim Bremsen mindert.
Antidot [grch.-lat.] *das,* Gegenmittel bei Vergiftungen.
Anti-D-Prophylaxe, Verabreichen eines Anti-D-Immunglobulins (Anti-Rh-Globulin) an eine Mutter mit negativem Rhesusfaktor nach der Geburt eines Kindes mit positivem Rhesusfaktor. Einer Sensibilisierung durch Bildung von Rhesusantikörpern gegen die kindl. Blutkörperchen, die eine Gefahr für eine erneute Schwangerschaft mit einem Rh-positiven Kind bildet, wird dadurch vorgebeugt.
Antiemetika [grch.] (Antemetika), Mittel zur Behandlung von Übelkeit und Erbrechen.
Antifaschismus, die Gegnerschaft gegen Faschismus und Nationalsozialismus; urspr. die in Italien seit 1922 entstandene Opposition gegen die faschist. Herrschaft. Nach der Machtübernahme durch den Nationalsozialismus in Dtl. gewann der A. internat. polit. Bedeutung. Während des Zweiten Weltkriegs fand sich unter der Bez. A. eine Vielzahl verschiedenartiger polit. und weltanschaul. Richtungen zusammen (↑Widerstandsbewegung), oft verbunden mit dem Widerstand gegen die dt. Besatzungsmacht und die mit ihr zusammenarbeitenden Regierungen.
Nach dem Zusammenbruch von Faschismus und Nationalsozialismus (1944/45) bildeten sich antifaschist. Blöcke (»Antifa-Bewegungen«) mit dem Ziel, die ehem. Anhänger der bekämpften Herrschaftsform auszuschalten und das Wiederaufleben faschist. Richtungen zu verhindern. Darüber hinaus entwickelten die Kommunisten ihrerseits die antifaschist. Blöcke zugleich zu einem takt. Werkzeug der Machtübernahme in den Gebieten Mittel-, Ost- und Südosteuropas.

📖 *Gottschald, E.: A. u. Widerstand. Der Kampf gegen den dt. Faschismus 1933–1945. Ein Überblick. Heilbronn 1985. – Sim, D.-S.: Antifaschist. Lit. dt. Schriftsteller der inneren Emigration u. des Exils. Aachen 1994. – Vielstimmiges Schweigen. Neue Studien zum DDR-A., hg. v. A. Leo u. P. Reif-Spirek. Berlin 2001.*
Antiferromagnetismus, Form der magnet. Ordnung in den ↑Übergangselementen und ihren Verbindungen (**Antiferromagnete**), z. B. Mangan-, Eisen-, Kobalt- und Nickeloxide und -fluoride. Die magnet. Momente der versch. Untergitter kompensieren sich gegenseitig, sodass im Ggs. zu Ferromagneten keine spontane Magnetisierung auftritt.
Antiföderalisten (engl. Antifederalists),

in den USA die Gegner der Bundes-Verf. von 1787, die im Ggs. zu den Föderalisten (Federalists) keine starke Zentralregierung wünschten, sondern die Rechte der Einzelstaaten und der Bürger betonten.

Antigen-Antikörper-Reaktion, Abk. **AAR,** Vereinigung eines Antigens mit dem spezif. Antikörper zu einem **Antigen-Antikörper-Komplex** (Immunkomplex). Die AAR ist Grundvorgang der ↑Abwehr von Organismen, von ↑Immunität und Überempfindlichkeitsreaktionen (z. B. ↑Allergie) und die Voraussetzung vieler Tests zur Konzentrationsbestimmung eines Antigens.

Antigene [grch.], Stoffe, die nach Berührung mit dem Organismus in Mensch und Tier die Bildung von ↑Antikörpern hervorrufen, z. B. wirken artfremde Eiweißstoffe tier. und pflanzl. Herkunft als A. **(Voll-A.);** über **Halb-A.** ↑Haptene.

antigliss [grch.-frz.], rutschsicher (z. B. auf Skianzüge angewendet).

Antigone, *grch. Mythos:* Tochter des Ödipus und der Iokaste, begleitete den verbannten Vater nach Kolonos, kehrte später nach Theben zurück, bestattete gegen Kreons Gebot ihren Bruder Polyneikes nach dessen Niederlage im Krieg der ↑Sieben gegen Theben und wurde zur Strafe auf Kreons Befehl lebendig eingemauert. Als Vorbild der Erfüllung gottgewollter Pflicht gegen Menschenwillkür wurde A. von Sophokles in der Tragödie »Antigone« verherrlicht. Den Stoff behandeln auch Dramen von J. Anouilh, B. Brecht, W. Hasenclever u. a. sowie Opern von C. Orff und A. Honegger.

Antigonos, Könige des Altertums: *Judäa:* **1) A. II. Mattathias,** König (40–37 v. Chr.), der letzte Makkabäer, eroberte 40 v. Chr. Jerusalem, wurde von Herodes d. Gr. gestürzt und von den Römern in Antiochia hingerichtet. *Makedonien:* **2) A. I. Monophthalmos,** König (seit 306 v. Chr.), *382 v. Chr., ✕ bei Ipsos in Phrygien 301 v. Chr.; Feldherr Alexanders d. Gr., einer der ↑Diadochen, beherrschte 323/321–301 v. Chr. große Teile Vorderasiens. **3) A. II. Gonatas,** König (seit 276 v. Chr.), *um 319 v. Chr., †239 v. Chr.; Neubegründer der makedon. Monarchie, Freund Zenons von Kition.

Antigua, Insel der Kleinen Antillen, Teil von ↑Antigua und Barbuda.

Antigua und Barbuda

Fläche	442 km²
Einwohner	(2002) 76 400
Hauptstadt	Saint John's
Amtssprache	Englisch
Nationalfeiertag	1. 11.
Währung	1 Ostkarib. Dollar (EC$) = 100 Cent
Zeitzone	MEZ − 5 Std.

Antigua und Barbuda (amtlich engl. Antigua and Barbuda), Inselstaat im Karib. Meer, umfasst die Antilleninseln (Kleine Antillen) Antigua (280 km²), Barbuda (160,5 km²) und Redonda (1,5 km², unbewohnt).

Staat und Recht: Nach der Verf. von 1981 ist Antigua und Barbuda eine konstitutionelle Monarchie im Commonwealth. Staatsoberhaupt ist der brit. Monarch, vertreten durch den Gen.-Gouv.; das Zweikammerparlament besteht aus Senat und Repräsentantenhaus, Reg.chef ist der Premiermin.; stärkste Partei ist die Antigua Labour Party (ALP).

Landesnatur: Antigua ist vulkan. Ursprungs, im NO mit Kalken überdeckt (bis 403 m ü. M.). Barbuda ist eine tertiäre Kalktafel, Redonda ein Fels aus Vulkangestein. Alle Inseln sind von Korallenriffen umgeben. Das Klima ist tropisch mit mittleren Jahrestemperaturen von 24–30 °C und Niederschlägen von etwa 1 200 mm (v. a. in der Regenzeit von Mai bis Nov., ab Juli mit Wirbelstürmen).

Bevölkerung: Etwa 90 % der Bev. sind schwarzafrikan. Abstammung, über 95 % sind Christen (überwiegend Anglikaner); daneben eine Minderheit von ↑Rastafaris. Der Anteil der Stadtbev. beträgt 37 %. Es besteht allgemeine Schulpflicht vom 5. bis zum 16. Lebensjahr. Die Analphabetenquote beträgt 4 %.

Wirtschaft und Verkehr: Wirtsch. Grundlage sind der Fremdenverkehr (etwa 70% des BSP) sowie die Entwicklung zum Offshorefinanzzentrum; daneben Gemüse-, Obstbau, Baumwoll- und Zuckerrohranbau. Wichtigste Handelspartner sind die USA, Großbritannien und Kanada. – Hauptbedeutung hat der Straßenverkehr (etwa 1 200 km Straßen, davon ein Drittel gut befahrbar); Tiefseehafen in Saint John's (für Kreuzfahrtschiffe), internat. Flughafen V. C. Bird (7 km nordöstlich von Saint John's) auf Antigua.

Geschichte: Die Insel Antigua wurde 1493 von Kolumbus entdeckt und 1632 (Barbuda 1628) von engl. Siedlern kolonisiert. 1871–1956 war das Gebiet Teil der brit. Kolonie Leeward Islands Federation, gehörte 1958–62 zur Westind. Föderation (seit 1960 mit Selbstverwaltungsverf.), wurde 1967 Mitgl. der Westind. Assoziierten Staaten, seit 1981 selbstständig. Premiermin. waren V. C. Bird, später sein Sohn L. Bird und ab 2004 C. Spencer.

Antihistaminika (Histaminantagonisten), Mittel, die die Wirkungen des Histamins auf das Gewebe aufheben oder abschwächen und deshalb bei allerg. Erkrankungen (↑Allergie) angewendet werden.

Anti-Hitler-Koalition, die 1941–45 verbündeten Gegner (bes. Großbritannien, UdSSR, USA) des nat.-soz. Dtl. (Zweiter ↑Weltkrieg).

Antijudaismus *der,* traditionelle (religiöse) Form der Judenfeindschaft; Vor- und Nebenform des ↑Antisemitismus.

Antike [zu lat. antiquus »alt«] *die,* das grch.-röm. Altertum. Als geschichtl. Beginn der A. gilt die frühgrch. Einwanderung in Hellas im 2. Jt. v. Chr; das Ende wird unterschiedlich angesetzt, als Epochenjahr wurden u. a. vorgeschlagen: 324 n. Chr. (Beginn der Alleinherrschaft Konstantins d. Gr., endgültiger Sieg des Christentums), 395 (Tod Theodosius' I., Ende der Einheit des Röm. Reiches) und 476 (Ende des weström. Kaisertums). Ebenfalls als Epochenjahr angesehen wird das Todesjahr Justinians I. (565), der Italien von der Herrschaft der Ostgoten befreite. Es wird aber auch – wie in der Kunstgeschichte – das Ende der A. mit dem Einbruch der Araber (7. Jh.) angesetzt. Die histor. Einheit der A. beruht weniger auf polit. Kontinuität als vielmehr auf einem durchgehenden kulturellen Traditionsbewusstsein. Die polit. Entwicklung teilt die A. in drei Abschnitte. Als eigentl. **griechische Geschichte** bezeichnet man die Epoche der Polis, der Stadtstaaten, die niemals eine polit. Einheit bildeten. Die **hellenistische Geschichte** wird von dem Großreich Alexanders d. Gr. und den aus ihm entstandenen Diadochenreichen bestimmt. Der letzte Abschnitt umfasst die **Geschichte des Römischen Reiches** bis zu seinem Untergang. Die antike Tradition wurde teils vom lat. MA. übernommen und an die Neuzeit weitergegeben (u. a. das röm. Recht), teils im Zuge einer Neubesinnung (v. a. ↑Renaissance) wieder entdeckt.
📖 *Lexikon der antiken Gestalten. Mit ihrem Fortleben in Kunst, Dichtung u. Musik,* bearb. v. *E. M. Moormann* u. *W. Uitterhoeve A. d. Niederländ.* Stuttgart 1995.

antikisieren, nach Art der Antike gestalten; antike Formen nachahmen (z. B. im Versmaß).

Antiklinale [grch.] *die* (Antikline), Sattel einer geolog. ↑Falte. **Antiklinorium,** Faltenbündel, das die Form einer großen A. hat.

Antiklopfmittel (Klopfbremsen), Zusatzstoffe, die die ↑Klopffestigkeit und Oktanzahl von Ottokraftstoffen erhöhen, z. B. Methanol, Methyl-tert.-butyläther (MTBE), tert.-Butylalkohol (TBA). Bleihaltige A. und Benzol sind in Dtl. seit 1996 verboten.

Antikoagulanzien [grch.], blutgerinnungshemmende Mittel, die zur Vermeidung von Thrombosen (z. B. nach Operationen) eingesetzt werden.

Antikominternpakt, dt.-japan. Abkommen von 1936 zur Abwehr der ↑Komintern; 1937 trat Italien bei, im Zweiten Weltkrieg weitere Staaten. Verbündete.

Antikommunismus, vielschichtiger Begriff zur Bez. der geistig-polit. Gegnerschaft zum Kommunismus und bes. zu kommunistisch strukturierten Gesellschaftssystemen. Der A. trat in der Zeit des Kalten Krieges exemplarisch in der A.-Kampagne des amerikan. Senators J. R. McCarthy 1950–54 hervor.

antikonzeptionelle Mittel [lat.], empfängnisverhütende Mittel (↑Empfängnisverhütung).

Antikörper, den Immunglobulinen zugehörige Proteine, die vom Organismus nach Kontakt mit Antigenen (z. B. Krankheitserregern) gebildet werden und diese unschädlich machen; Teil der Immunabwehr (↑Antigen-Antikörper-Reaktion). (↑monoklonale Antikörper)

Antikörpertherapie, Behandlungsmethode, bei der natürlich gebildete oder gentechnologisch hergestellte ↑Antikörper therapeutisch genutzt werden. So werden bei der passiven Immunisierung in Tieren oder Menschen produzierte (vorgebildete) Antikörper (Immunglobuline) den Patienten injiziert. Vorteilhaft ist der sofortige Wirkungseintritt, nachteilig die kurze Dauer des Schutzes, die bei tier. Antikörpern nur 8–14 Tage, bei menschl. Immunglobulinen einige Wochen beträgt.
In Pferden oder Kaninchen gebildete Antikörper gegen Lymphozyten (Antilymphozyten-Globuline) dienen zur Verhinderung sowie Behandlung von Abstoßungsreaktionen nach Organtransplantationen.
Ebenfalls zur Unterdrückung von Immunreaktionen werden verschiedene gentechnologisch gewonnene ↑monoklonale Antikörper, z. B. Basiliximab (Simulect®) oder Infliximab (Remicade®), verwendet.
Da Tumorzellen verstärkt bestimmte Oberflächenantigene ausbilden, können Antikörper auch gegen diese Strukturen eingesetzt werden.

Antikriegstag, alljährlich am 1. Sept. begangener Gedenktag in Dtl., der an den Beginn des Zweiten Weltkrieges am 1. 9. 1939 erinnert. Die Initiative zum A. ging vom Dt. Gewerkschaftsbund aus, der erstmals am 1. 9. 1957 unter dem Motto »Nie wieder Krieg« zu gewerkschaftl. Aktionen aufrief.

Anti-Kunst, Sammelbegriff für provokative Kunstformen, die sich gegen die Kunst und ästhet. Wertmaßstäbe des (Bildungs-)Bürgertums richten, urspr. im Dadaismus.

Antilibanon (arab. Djebel esch-Scharki), Gebirge in Vorderasien, bildet den Ostrand des Syr. Grabens, dessen Westrand der Libanon ist; verkarstet, erhält nur spärl. Niederschläge. Höchste Erhebung ist der Tall Musa (2 629 m ü. M.).

Antilipidämika [grch.], die ↑Lipidsenker.

Antillen *Pl.,* die Inselwelt Mittelamerikas (außer den Bahamas) im Karib. Meer; umfasst im N die **Großen A.** (Kuba, Hispaniola [mit Haiti und der Dominikan. Rep.], Jamaika, Puerto Rico), östlich und südlich davon die **Kleinen A.** mit den Inseln über dem Winde (Virgin Islands bis Trinidad) und den Inseln unter dem Winde (Aruba bis Isla de Margarita, vor der Küste Venezuelas). Die großen Inseln sind vorwiegend gebirgig (auf der Insel Haiti bis 3 175 m ü. M.), z. T. mit tätigen Vulkanen (Montagne Pelée auf Martinique). Das Klima ist tropisch mit häufigen Wirbelstürmen. (↑Westindische Inseln)

Antillen: Strand bei Le Vauclin auf Martinique

Antilogie [grch.] *die,* Rede und Gegenrede über die Verifizierbarkeit eines Lehrsatzes.

Antilopen [zu mittelgrch. anthólōps »Blumenauge«], umgangssprachl. Sammelbez. für viele Arten der Horntiere Afrikas und Asiens.

Antimachiavell [-makia-] *der,* Titel einer vom späteren preuß. König Friedrich II., d. Gr., 1739 (als Kronprinz) entworfenen Schrift zur Widerlegung der Grundsätze Machiavellis (erschien 1740 und 1741 anonym in zwei von Voltaire bearbeiteten Fassungen).

Antimachos, grch. epischer Dichter aus Kolophon, um 400 v. Chr.; verfasste das Epos »Thebais« und den Elegienzyklus »Lyde«.

Antimaterie, Form der Materie, deren atomare Bausteine (die **Antiatome**) ausschl. aus ↑Antiteilchen, also Positronen (Antielektronen), Antiprotonen und Antineutronen, bestehen. Beim Zusammentreffen eines Teilchens mit dem entsprechenden Antiteilchen kommt es zur vollständigen Zerstrahlung. Für sich ist A. jedoch ebenso stabil wie Materie. Die A. wurde erstmals von P. A. M. Dirac postuliert, wenig später wies C. D. Anderson Positronen nach. 1995 gelang es in einem Speicherring am CERN erstmals, einzelne Atome (Antiwasserstoff) aus A. herzustellen und nachzuweisen. Es erscheint prinzipiell möglich, dass weit entfernte Sternsysteme aus A. aufgebaut sein könnten; man geht jedoch zumeist davon aus, dass das Universum ausschl. Materie enthält.

Antimetabole [grch.-lat.»Umänderung, Vertauschung«] *die, Rhetorik:* Wiederholung von Wörtern in zwei gleich gebauten Sätzen in umgekehrter Reihenfolge, z. B. »Wir leben nicht, um zu essen, sondern wir essen, um zu leben«.

Antimetabolite [grch.], Stoffe, die aufgrund ihrer chem. Ähnlichkeit mit bestimmten Zellbestandteilen (Metaboliten) deren Platz am Enzym einnehmen. Dadurch treten Stoffwechselstörungen oder Hemmung der Zellteilung auf. A. werden z. T. als zytostat. Mittel und zur Chemotherapie von Bakterieninfektionen verwendet.

Antimilitarismus [auch 'an-] *der*, grundsätzl. Ablehnung jegl. Form militär. Rüstung.

Antimodernisten|eid, *kath. Kirche:* ↑Modernismus.

Antimon *das* (lat. Stibium), chem. Symbol **Sb**, silberweißes, sehr sprödes Halbmetall aus der 5. Hauptgruppe des Periodensystems, Ordnungszahl 51, relative Atommasse 121,75, Dichte (bei 20°C) 6,691 g/cm³, Schmelzpunkt 630,63°C, Siedepunkt 1 578°C; giftig. - In der Natur kommt A. als sulfid. Erz vor. Durch Rösten der Erze erhält man das Oxid und gewinnt daraus A. durch Reduktion. Techn. Bedeutung hat A. u. a. als härtender Legierungszusatz, seine Verbindungen dienen zur Herstellung von Zündhölzern (**A.-Sulfid**) und Farbstoffen.

Antimonblüte (Valentinit), Sb_2O_3, farbloses bis graues rhomb. Mineral.

Antimonit *der* (Antimonglanz, Grauspießglanz, Stibnit), Sb_2S_3, bleigraues, metallisch glänzendes, rhomb. Mineral; wichtigstes Antimonerz.

Antimonpentasulfid (Goldschwefel), Sb_2S_5, orangerotes Pulver, früher zum Vulkanisieren von Kautschuk, heute für Zündhölzer, Feuerwerksartikel und Pigmente verwendet.

Antimonwasserstoff, SbH_3, farbloses, brennbares, sehr giftiges Gas, entsteht aus Magnesiumantimonid und Salzsäure; verwendet bei der ↑Dotierung von Siliciumhalbleitern.

Antimykotika [zu grch. mýkēs »Pilz«], Mittel zur Behandlung von Pilzinfektionen, v. a. der Haut.

Antineuralgika [grch.], ↑schmerzstillende Mittel.

Antineutrino, *Physik:* das Antiteilchen des ↑Neutrinos.

Antineutron, *Physik:* das Antiteilchen des ↑Neutrons.

Antinomie [zu grch. nómos »Gesetz«] *die*, **1)** *allg.:* unvereinbarer Widerspruch. **2)** *math. Logik:* die Aussage, dass ein Satz *A* und seine Negation ¬ A (nicht-*A*) gleichzeitig gültig sind. **3)** *Philosophie:* der Widerstreit zweier entgegengesetzter Urteile, die beide in sich begründet sind. **4)** *Recht:* Widerspruch zw. zwei Rechtssätzen desselben Gesetzes.

Antinomismus [grch.] *der*, die grundsätzl. Gegnerschaft gegen Gesetz und Gesetzlichkeit, die sich auch in anarchist. Ablehnung gesetzgeber. Autorität des Staates ausdrücken kann.

Antino|os, junger Bithynier, *110 n.Chr.; Liebling des röm. Kaisers Hadrian, ertrank 130 im Nil. Hadrian ließ ihn als göttlich verehren und durch Festspiele (**Antinoea**) feiern.

antiochenische Schule, theolog. Richtung des 4. und 5.Jh., bes. im syr. Antiochia, die sich v. a. mit christolog. Problemen befasste; betonte das Menschsein Christi und zeichnete sich durch eine historisch orientierte Bibelauslegung aus. Hauptvertreter: Diodor von Tarsus, Theodor von Mopsuestia, Johannes Chrysostomos und Theodoretos von Kyrrhos. Sie stand im Ggs. zur ↑alexandrinischen Schule.

Antiochia, 1) A. am Orontes, 300 v. Chr. gegr. Hptst. der Seleukiden in Syrien, eine der reichsten Handelsstädte des Altertums mit prächtigen Bauwerken, später Sitz des röm. Statthalters von Syrien. Hier entstand die erste heidenchristl. Gemeinde. - Nach der Eroberung durch die Perser (540 n.Chr.) und Araber (637) verfiel A., wurde 1098 von den Kreuzfahrern eingenommen und Hptst. des christl. Fürstentums **Antiochien.** Ab 1268 arabisch, kam 1516 an die Türkei; Nachfolgesiedlung ist das heutige ↑Antakya. **2) A. in Pisidien,** antike Stadt des Seleukidenreiches in Kleinasien. Das hier entdeckte **Monumentum Antiochenum** ist als Tatenbericht des Augustus Gegenstück zum Monumentum Ancyranum (↑Ankara).

Antiochos, Könige des Seleukidenreichs: **1) A.I. Soter** [grch. »Retter«], König 281–261 v.Chr., *Ende 324 v.Chr., †2. 6. 261¹ v.Chr.; gründete zahlr. Städte und führte den Herrscherkult ein. **2) A.III., der Große,** König 223–187 v.Chr., *243/242 v.Chr., †bei Susa 187 v.Chr., Urenkel von 1); schlug die Parther und Baktrer, eroberte Phönikien und Palästina, unterlag gegen die Römer (**Antiochischer Krieg,** 192–189 v.Chr.) und musste Kleinasien westlich des Taurus abgeben.

Antiope, *grch. Mythos:* Tochter des Königs Nykteus von Theben, gebar dem Zeus Amphion und Zethos.

Antioxidanti|en, organ. Verbindungen (Phenole, Amine, Schwefelverbindungen), die den oxidativen Abbau verhindern oder verzögern; finden als Alterungsschutzmittel für Kautschuk, Kunststoff, Anstriche u. a. Verwendung. Für Lebensmittel zugelassen sind laut Lebensmittelkennzeichnungs-VO z. B. Salze der Ascorbinsäure, Tocopherol, Gallate, Lactate, Citrate, Tartrate, Malate. Sie verhindern das Ranzigwerden von Fetten und die Zerstörung luftempfindl. Vitamine und Aromastoffe.

antiparallel, in entgegengesetzter Richtung parallel verlaufend.

Antiparallelschaltung, eine elektr. Schaltungsanordnung zweier stromrichtungsabhängiger Bauteile so, dass sie von entgegengesetzt gerichteten Strömen durchflossen werden, z. B. Wechselstromsteller mit zwei Thyristoren.

Antipasto [italien.], *der* oder *das,* italien. Bezeichnung für Vorspeise.

Antipathie [grch.] *die,* Abneigung gegen eine Person oder Sache; kann instinktiv, anerzogen oder durch Erfahrung erworben sein. Ggs.: Sympathie.

Antipersonenmine, Abk. **APM,** eine Landmine (↑Mine); v.a. in innerstaatl. Konflikten als Mittel des Terrors gegen die Zivilbev. eingesetzt; das »Übereinkommen über das Verbot des Einsatzes, der Lagerung, Herstellung und Weitergabe von APM und über deren Vernichtung« trat am 1. 3. 1999 in Kraft; es wurde bislang (2002)

von über 120 Staaten ratifiziert (außer u. a. China, Russland, USA).

Antiphlogistika [grch.], ↑entzündungshemmende Mittel.

Antiphon [grch. »Gegengesang«] *die,* urspr. Gesang von Männer- und Frauenchören, in der christl. ↑Psalmodie v.a. Wechselgesang zw. zwei einstimmigen Chören. I. e. S. sind die A. Kehr- und Rahmenverse eines Psalms, im weiteren und späteren Gebrauch Chorgesänge überhaupt. (↑Antiphonar)

Antiphon, att. Redner, *Rhamnus 480 v.Chr., †(hingerichtet) 411 v.Chr. als Führer der oligarch. Partei. Von ihm erhalten sind drei Prozessreden, Fragmente seiner eigenen Verteidigungsrede sowie 12 Musterreden, deren Echtheit angezweifelt wird.

Antiphonar [grch.-lat.] *das* (Antiphonale), das liturg. Buch, das die Gesänge für das Offizium enthält (Antiphonen, Responsorien, Hymnen u. a.).

Antiphrase [grch.-lat. »Gegenbenennung«] *die, Rhetorik:* Wortfigur, die das Gegenteil des Gesagten meint, z. B. »Eine schöne Bescherung!«

Antipode [grch. »Gegenfüßler«] *der,* **1)** *allg.:* Bewohner an einem diametral entgegengesetzten Punkt der Erde; übertragen: jemand, der einen entgegengesetzten Standpunkt vertritt.
2) *Chemie:* ↑Asymmetrie.

Antipodeninseln, unbewohnte zu Neuseeland gehörende Felseninseln, im S-Pazifik, 62 km² Landfläche; liegen 178°50' östl. Länge und 49°42' südl. Breite und damit nahezu antipodisch zu Greenwich (0° und 51°29' n. Br.); 1800 entdeckt.

Antiproton, *Physik:* das Antiteilchen des ↑Protons.

Antipyretika [zu grch. pyr »Feuer«], fiebersenkende Mittel (↑Fiebermittel).

Antiqua (Littera antiqua) [lat. »alte Schrift«] *die,* die im zweiten Jahrzehnt des 15. Jh. in Italien aufgekommene handgeschriebene Buchschrift (im Unterschied zur spätmittelalterlichen got. »littera moderna«). Vorbild für ihre Großbuchstaben war das Alphabet der antiken Inschriften, für ihre Kleinbuchstaben die karoling. Minuskel. Der Humanismus förderte die Ausbreitung der A. und bewirkte zuerst in S- und W-Europaden allmähl. Rückgang der got. Schriftarten (↑Fraktur).

Antiquariatsbuchhandel (Antiquariat),

der Zweig des Buchhandels, der sich mit dem An- und Verkauf alter Bücher, Kunstblätter, Handschriften usw. befasst, für die keine Preisbindung (mehr) besteht. Neben dem bibliophilen und dem wissenschaftl. Antiquariat existiert das **moderne Antiquariat**, welches Restauflagen verlagsneuer Bücher, die zum ursprüngl. Ladenpreis nicht mehr abgesetzt werden können, verwertet (»verramscht«).
Antiquarium [lat.] *das,* Sammlung von Altertümern.
antiquiert [lat.], veraltet, nicht mehr zeitgemäß, überholt.
Antiquität [lat.] *die,* Kunst-, auch Gebrauchsgegenstand (z. B. Möbel, Porzellan, Schmuck), der aufgrund seines Alters einen bes. Wert hat.
Antirakete (Antiraketenrakete), eine ↑Raketenwaffe zur Bekämpfung einer im Flug befindlichen gegner. Rakete.
Antirheumatika [grch.], Mittel zur Behandlung von ↑rheumatischen Erkrankungen.
Antisatellitenwaffen, Waffensysteme zur Bekämpfung militär. Satelliten; hierzu zählen v. a. »Killersatelliten« sowie die sich in Entwicklung befindenden »Weltraumminen« und bemannte oder unbemannte »Kampfstationen«.
Antischaummittel, Substanzen (z. B. Siliconöle und Polyäthylenglykoläther), die an Gas-Flüssigkeits-Grenzflächen einen geschlossenen Film bilden und damit ein Schäumen verhindern **(Schaumverhütungsmittel)** oder einen vorhandenen Schaum zerstören **(Entschäumer).**
Schaumregulatoren mindern die Schaumentwicklung der Tenside in Waschmitteln.
Antisemitismus *der,* Abneigung und Feindseligkeit gegenüber den Juden; insofern irreführend, als nicht die Gesamtheit der semit. Völker gemeint ist. Ursprünglich entzündete sich diese Feindschaft an der religiösen und sozialen Absonderung der Juden in den Gastländern, seit sie über die Welt verstreut wurden (Diaspora), sodass die jüd. Minderheiten schon vor der Durchsetzung des Christentums als fremdartig erschienen. Von dieser traditionellen Judenfeindschaft (**Antijudaismus**; Judenverfolgungen im Röm. Reich, Kampf gegen das Judentum im MA., ↑Judenabzeichen) ist der moderne, v. a. gegen die Judenemanzipation (rechtl. und gesellschaftl. Gleichstellung seit dem 18./19. Jh.) gerichtete A. zu unterscheiden. Er wurde vorwiegend wirtsch. und politisch begründet und benutzt (z. B. J. A. Gobineau, H. S. Chamberlain). Seit dem Ende des 19. Jh. gewann der rassist. A. v. a. in Dtl., Österreich-Ungarn und auch in Osteuropa wachsenden polit. Einfluss. Nach dem Ersten Weltkrieg wurde er für breite Schichten in diesen Ländern zur irrationalen Zwangsvorstellung und Schlüsselerklärung der sozialen und polit. Strukturkrise. Die hemmungslose antisemit. Agitation erklärte den Einfluss von Menschen jüd. Herkunft und Tradition in Wirtschaft, Kunst und Literatur als »zersetzend«; sie stellte alle Formen des Liberalismus, Kapitalismus und Sozialismus nur als versch. Ausprägungen einer zielgerichteten, »parasitären« jüd. »Unterwanderung« dar. Dieser bereits in seiner Gesinnung gewalttätige A. führte als fester Bestandteil der nat.-soz. Ideologie in Dtl. zu einer ständig sich steigernden Judenverfolgung von der Ausschaltung der Juden aus dem öffentl. Leben, der staatl. Provozierung von Pogromen bis zur »Endlösung der Judenfrage«, d. h. der Ermordung von etwa 6 Mio. Juden während des Zweiten Weltkrieges (↑Holocaust).
Nach 1945 ist der A. als kollektives Vorurteil weltweit noch keineswegs überwunden (z. B. Anschläge rechtsradikal-antisemit. Gruppen auf jüd. Einrichtungen in Dtl.). In Osteuropa und in der Sowjetunion wurde der A. durch den Stalinismus wiederholt taktisch zu Säuberungen und zur Diskriminierung der Opposition ausgenutzt; seit 1989–92 ist in den postkommunist. Ländern ein erschreckendes neues Aufkeimen des ([partei-]polit.) A. zu verzeichnen. In den angelsächs. Ländern hat der A. religiösen, wirtsch. oder gesellschaftlich-diskriminierenden Charakter. In den islam.-arab. Ländern entstand, v. a. nach dem Sechstagekrieg 1967 (Nahostkonflikt), ein A. eigener (ideolog.) Art im Kampf der Araber gegen den Zionismus und den Staat Israel. Auch sonst zeigen sich in neuerer Zeit Übergänge zw. A. und Antizionismus; dessen Motive können (unbewusst oder aus ideolog. Gründen) zu antisemit. Konsequenzen führen.
Der Beseitigung des A. dienen u. a. die internat. Verträge und die Bemühungen der UNO zur Gewährleistung der Menschen-

rechte sowie die innerstaatl. Verbote der unterschiedl. Behandlung von Menschen wegen ihrer Abstammung, Rasse, Herkunft, ihres Glaubens oder ihrer polit. Anschauung. Die ↑Gesellschaften für christlich-jüdische Zusammenarbeit bemühen sich, antisemit. Vorurteile an ihrer Wurzel zu bekämpfen; versch. kirchl. Studien und Beschlüsse versuchten das Verhältnis zw. Juden und Christen theologisch neu zu bestimmen. ❖ **siehe ZEIT Aspekte**
📖 *Poliakov, L.: Gesch. des A., 8 Bde. A. d. Frz. Worms u. a.* $^{1-2}$*1977–88. – Bibliographie zum A., hg. v. H. A. Strauss, 3 Bde. u. Register-Bd. München 1989–93. – Katz, J.: Vom Vorurteil bis zur Vernichtung. Der A. 1700–1933. A. d. Engl. Neuausg. Berlin 1990. – Bergmann, W. u. Erb, R.: A. in der Bundesrep. Dtl. Ergebnisse der empir. Forschung von 1946–1989. Opladen 1991. – A. in Osteuropa. Aspekte einer histor. Kontinuität, hg. v. P. Bettelheim, Beiträge v. W. Benz u. a. Wien 1992. – A. Vorurteile und Mythen, hg. v. J. H. Schoeps u. J. Schlör. München u. a. 1995. – Friedländer, S.: Das Dritte Reich u. die Juden. Bd. 1: Die Jahre der Verfolgung 1933–1939. A. d. Engl. Neuausg. München 2000. – Bergmann, W.: Gesch. des A. München 2002.*

Antisepsis [grch.] *die* (Antiseptik), die Abtötung der Krankheitserreger in der Wunde mit chem. Mitteln (**Antiseptika**). (↑Asepsis)

Antiskating-Einrichtung [-ˈskeɪtɪŋ-; engl. to skate »gleiten«], Vorrichtung an Plattenspielern zur Kompensation der den Tonarm gegen die innere Rillenflanke drückenden Kraft.

Antisklavereiakte, am 25. 9. 1926 in Genf unterzeichnetes Abkommen, das die Beteiligten zur Beseitigung des Sklavenhandels verpflichtet.

Antispasmodika, die ↑krampflösenden Mittel.

Antistatika (antistatische Mittel), oberflächenaktive Stoffe, die die elektrostat. Aufladung bes. bei Kunststoffgegenständen und Chemiefasertextilien verhindern sollen.

Antisthenes, grch. Philosoph aus Athen, *um 445 v. Chr., †um 360 v. Chr.; Schüler des Sokrates, Gründer der kynischen Philosophenschule (↑Kyniker). A. vertrat das Ideal der äußersten Bedürfnislosigkeit und Unabhängigkeit von äußeren Dingen. Nach Platon war A. Sensualist und Materialist: Er anerkannte nur sinnl. Vorstellungen, jedoch keine allg. Begriffe und Ideen.

Anti-Stokes-Linie [-ˈstoʊks-], ↑Raman-Effekt.

Antiteilchen, Elementarteilchen, das sich vom zugehörigen Teilchen nur durch das Vorzeichen der Ladung (↑Ladungskonjugation), bei Fermionen zusätzlich der Parität, unterscheidet; für Teilchen und A. sind deshalb z. B. Masse, Lebensdauer, Spin und Isospin gleich. Eine Deutung für das Auftreten von A. gibt die Quantenmechanik in ihrer relativist. Verallgemeinerung (P. A. M. Dirac), nach der die Teilchen neben positiven auch negative Energiezustände besitzen können (↑Löchertheorie). Teilchen und A. verschwinden (zerstrahlen) ebenso gemeinsam (Paarvernichtung), wie sie gemeinsam entstehen (Paarbildung); aufgrund der Zerstrahlung sind A. nur äußerst kurzlebig darstellbar, obwohl sie die gleiche Lebensdauer haben wie die Teilchen. Positron (Antielektronen), Antiproton und Antineutron sind die elementaren Bausteine von Antiatomen (↑Antimaterie). Das Teilchen-A.-Konzept wird theoretisch durch das ↑CPT-Theorem gestützt.

Antiterrorgesetz, Bez. für die Gesetze von 1976 und 2001/2002 zur wirksameren Bekämpfung des internat. ↑Terrorismus.

Antiterrorkrieg, Schlagwort für die Gegenmaßnahmen nach den Terroranschlägen islamist. Extremisten vom 11. 9. 2001 in den USA. I. e. S. zunächst die ab dem 7. 10. 2001 durchgeführte amerikan. Militäraktion gegen das Terrornetzwerk »al-Qaida« und die Taliban in Afghanistan; i. w. S. das weltweite Vorgehen unter Führung der USA gegen extremist., gewalttätige Gruppen und Organisationen sowie die sie unterstützenden Regime. US-Präs. G. W. Bush kündigte einen »langen Feldzug« gegen den internat. Terrorismus an, in dem auch nichtmilitär. Mittel eingesetzt würden. Die USA suchten sich dabei um die Unterstützung der UN, ihrer westl. Verbündeten (erstmaliges Ausrufen des Bündnisfalles durch die NATO am 2. 10. 2001) sowie zahlr. weiterer Staaten in einer **Antiterrorkoalition** (darunter auch Russland, das das harte Vorgehen gegen muslim. Rebellen in Tschetschenien ebenfalls in den Zusammenhang des internat. Antiterrorkampfes einordnet). Das ermöglichte auch die Bildung neuer »strateg. Partnerschaften« (z. B. der im Mai 2002 vertiefte NATO-Russland-Rat). Im Rahmen des A. verstärkten die USA u. a. ihre Militärpräsenz in versch. asiat. Staaten. Trotz internat. Kritik und ohne UN-Mandat führte eine »präventive« amerikanisch-brit. Militäraktion 2003 den Sturz der irak. Diktatur herbei; ob die Etablierung einer demokratisch legitimierten Reg. gelingt, ist angesichts der Aufstände im Irak fraglich.

Neben den USA (u. a. Gründung eines »Ministeriums für Heimatschutz«) trafen auch andere Staaten Sicherheitsmaßnahmen (z. B. Erlass von Antiterrorgesetzen, schärfere Kontrolle bei Zuwanderung, Aufstockung des Verteidigungsetats), die mit einer Ausweitung der Vollmachten von staatl. Institutionen und einer Einschränkung bürgerl. Freiheiten korrespondieren (exemplarisch der amerikan. »Patriot Act« vom Herbst 2001). Zu den bisher weitgehend ungelösten Aufgaben gehört schließlich die wirksame Auseinandersetzung mit den Wurzeln terrorist. bzw. extremist. Bewegungen.

📖 *Zinn, H.: Amerika, der Terror u. der Krieg. A. d. Amerikan.* Freiburg im Breisgau 2002. – *Wulf, H.: Frieden ist mehr als Terrorbekämpfung,* in: *Friedensgutachten 2002,* hg. v. der Hess. Stiftung Friedens- u. Konfliktforschung. Münster 2002.

Antithese [grch.], **1)** *Philosophie:* Gegenbehauptung, Gegenthese (↑Dialektik).
2) *Stilistik:* Zusammenstellung gegensätzl. Begriffe und Urteile, z. B. »Feuer und Wasser«.
antithetisch, *Geologie:* ↑Verwerfung.
Antitoxin [grch.], Gegengift, wird im menschl. und tier. Körper zur Unschädlichmachung eingedrungener Gifte (Toxine) gebildet; gehört zu den ↑Antikörpern.
Antitrinitari|er, *Kirchengeschichte:* zusammenfassende Bez. für christl. Gruppen, die die Einheit Gottes betonen und die Lehre von der ↑Trinität ablehnen. (↑Sozinianer, ↑Unitarier)
Antitrustgesetze [-'trʌst-], Gesetze gegen Wettbewerbsbeschränkungen und Monopolisierung in den USA, bes. der »Sherman Act« (1890, gegen Kartelle) und der »Clayton Act« (1914, gegen Preisdiskriminierung u. a.). (↑Trust)
Antityp *der,* **1)** jemand, der den allgemein übl. Vorstellungen von einem bestimmten Typ in keiner Weise entspricht; **2)** jemand, der einer bestimmten Person, Figur o. Ä. völlig entgegengesetzt ist; Gegenfigur.
Antium, das antike ↑Anzio.
Antivalenz, *Logik:* **1)** in der *math. Logik* eine Aussagenoperation, die zwei Aussagen *A* und *B* durch »entweder – oder« verknüpft **(ausschließende** oder **vollständige Disjunktion),** d. h., die Aussage »entweder *A* oder *B*« ist wahr, wenn genau eine der Aussagen *A*, *B* wahr ist; **2)** in der *Schaltalgebra* die Verknüpfungsfunktion ↑EXOR.
Antivitamine (Vitaminantagonisten), chem. Stoffe (Antimetabolite), die die Wirksamkeit von Vitaminen zu hemmen vermögen. A. erlauben einen Eingriff in vitamingesteuerte Stoffwechselvorgänge; z. B. Vitamin-K-Antagonisten als gerinnungshemmende Mittel.
Antizionismus *der,* Bez. für Hass oder Gegnerschaft zum Staat Israel; de facto Nebenform des ↑Antisemitismus.
Antizipation [lat.] *die,* **1)** *allg.:* (gedankl.) Vorwegnahme zukünftigen Geschehens.
2) *Betriebswirtschaft:* Zahlung vor Fälligkeitstermin; hat z. T. Zinsvergütung oder Diskont zur Folge.
3) *Finanzwesen:* Vorgriff des Staates auf spätere (Steuer-)Einnahmen.
4) *Musik:* die Vorwegnahme eines oder mehrerer Töne, die erst der folgenden Harmonie angehören.
antizipative Posten, ↑Rechnungsabgrenzung.
antizyklisch, 1) *allg.:* in unregelmäßiger Folge wiederkehrend.
2) *Wirtschaft:* Konjunkturschwankungen entgegenwirkend, z. B. durch Maßnahmen der Finanz- oder Konjunkturpolitik.
Antizyklone [grch. »Gegenwirbel«], das ↑Hochdruckgebiet.
Antlia [lat.], das Sternbild ↑Luftpumpe.
Antofagásta, Hptst. der Provinz A. in N-Chile, 236 700 Ew.; Univ.; kath. Erzbischofssitz; wichtigster Erzausfuhrhafen Chiles (bes. Kupfererz), z. T. auch für Bolivien; Erzaufbereitung, Fischfang und -verarbeitung, Werften; auch Badeort. – Seit 1884 zu Chile.
Antoine [ã'twan], André, frz. Bühnenleiter, * Limoges 31. 1. 1858, † Le Pouliguen (Dép. Loire-Atlantique) 19. 10. 1943; gründete 1887 das »Théâtre Libre« in Pa-

ris, wo er einen streng naturalist. Stil einführte; wirkte revolutionierend für das frz. Theater.

Antöken [grch. »Gegenwohner«] *Pl.*, die Bewohner zweier Orte, die auf demselben Meridian, aber in entgegengesetzter Breite derselben Erdhälfte liegen.

Anton, Herrscher:
Braunschweig-Wolfenbüttel: **1) A. Ulrich,** Herzog (1704–14), *Hitzacker (Landkreis Lüchow-Dannenberg) 4. 10. 1633, †Salzdahlum (heute zu Wolfenbüttel) 27. 3. 1714; unterwarf 1671 die Stadt Braunschweig, wurde 1710 kath.; war Mitgl. der literar. »Fruchtbringenden Gesellschaft«, verfasste Kirchenlieder, Singspiele, Romane.
Navarra: **2) A. von Bourbon** [- bur'bõ], König (1555–62), *La Fère-en-Tardenois (Dép. Aisne) 22. 4. 1518, ⚔ Les Andelys (bei Rouen) 17. 11. 1562; Vater Heinrichs IV.; heiratete 1548 die Erbin des Königreichs Navarra, Johanna von Albret; seit 1557 ein Führer der Hugenotten, wurde aber 1561 wieder kath.; fiel im 1. Hugenottenkrieg als Befehlshaber des kath. Heeres.

Antonello da Messina, italien. Maler, *Messina um 1430, †ebd. zw. 14. und 25. 2. 1479; vermittelte den venezian. Malern die altniederländ. Harzölmalerei; schuf Porträts und Altarbilder.

Antonescu, Ion, rumän. Marschall, *Pitești 14. 6. 1882, †(hingerichtet) Jilava (heute zu Bukarest) 1. 6. 1946; seit 1940 Militärdiktator, erzwang die Abdankung König Karls II., nahm 1941 am Krieg gegen die UdSSR teil; ab Aug. 1944 in Haft, 1946 durch ein rumän. Volks-Ger. als Kriegsverbrecher verurteilt.

Antoninus Pius, röm. Kaiser (138–161 n. Chr.), *Lanuvium (heute Lanuvio, bei Velletri) 19. 9. 86, †Lorium (bei Rom) 7. 3. 161; Adoptivsohn Hadrians, ein friedliebender, gerechter Herrscher. Er erweiterte in Mauretanien und Britannien das röm. Gebiet und ließ in Schottland einen Grenzwall (**Antoninuswall**) errichten. Seine Tochter Faustina war Gattin seines Adoptivsohns Mark Aurel.

Antonioni, Michelangelo, italien. Filmregisseur, *Ferrara 29. 9. 1912; dreht realistisch-pessimist., gesellschaftskrit. und psycholog. Filme: »Der Schrei« (1957), »Die Nacht« (1960), »Liebe 62« (1962), »Die Rote Wüste« (1963), »Blow-up« (1966), «Zabriskie Point« (1970), »Der Reporter« (1973), »Identifikation einer Frau« (1981), »Jenseits der Wolken« (mit W. Wenders; 1995).

Antonius, Marcus (Mark Anton), röm. Staatsmann und Feldherr, *um 82 v. Chr., †30 v. Chr.; Anhänger Caesars, wurde 44 mit diesem Konsul und bemächtigte sich nach dessen Ermordung der Herrschaft in Rom. Mit Octavian (↑Augustus) und Lepidus schloss er 43 das 2. Triumvirat. 40 erhielt er bei der Aufteilung des Oberbefehls den Osten, Octavian den Westen, Lepidus zunächst Afrika. Misshelligkeiten zw. Octavian und A., der stark unter dem Einfluss der Kleopatra stand, führten zum Krieg und 31 zur Niederlage A.' bei Aktium; er floh nach Alexandria und tötete sich selbst. – Trauerspiel »A. und Kleopatra« von W. Shakespeare.

Marcus Antonius

Antonius der Große, der »Vater des Mönchtums«, *Kome (heute Keman, Mittelägypten) 251/252, †356; lebte als Einsiedler in der Wüste und prägte als Vorbild das asket. Leben der Einsiedler. Heiliger, Schutzpatron der Haustiere und gegen Feuergefahr. Tag: 17. 1.; Kennzeichen: Stab mit T-förmigem Kreuz (**Antoniuskreuz**) und Glocke. In der Kunst häufig dargestellt werden die Versuchungen des A. (u. a. von M. Schongauer, M. Grünewald, H. Bosch, S. Dalí, M. Ernst). – Abb. S. 294

Antoniuskreuz, Kreuz in Form des grch. Buchstabens Tau (deshalb auch **Taukreuz**), wobei der waagerechte Querbalken auf dem oberen Ende des senkrechten Balkens liegt.

Antonius von Padua, Kirchenlehrer, *Lissabon 1195, †Arcella (heute zu Padua) 13. 6. 1231; erster Lehrer des Franziskanerordens; Schutzheiliger der Ehe, Bäcker, Bergleute, Pferde und verlorener Sachen;

ANT Antonomasie

Tag: 13. 6. – Szenen aus seinem Leben zeigen u. a. die Bronzereliefs von Donatello am Hochaltar seiner Grabeskirche, der Basilika Sant'Antonio, und ein Fresko von Tizian in der Scuola del Santo (beide in Padua). – Als **Antoniusbrot** werden Almosen bezeichnet, die A. gespendet werden, um seine Fürsprache zu erlangen.
📖 *Alkofer, A.-P.: A. von Padua. Franziskaner auf Umwegen. Würzburg u. a. 1994.*

Antonius der Große: Martin Schongauer, »Die Versuchung des heiligen Antonius« (um 1470/75)

Antonomasie [grch. »andere Benennung«] *die*, 1) Umschreibung eines Eigennamens durch eine Benennung nach besonderen Kennzeichen oder Eigenschaften des Benannten (z. B. »der Korse« für Napoleon I.); 2) Ersetzung der Bez. einer Gattung durch den Eigennamen eines ihrer typ. Vertreter (z. B. »Krösus« für reicher Mann).

Antonym [grch. »Gegenwort«] *das,* Wort von entgegengesetzter Bedeutung, z. B. »groß« im Verhältnis zu »klein«; Ggs. ↑Synonym.

Antrag, 1) *Recht:* schriftl. Gesuch als Voraussetzung behördl., bes. gerichtl. Tätigkeit; im Zivilprozess Voraussetzung für jede richterl. Tätigkeit, deren Ziel und Begrenzung die A. angibt; im bürgerl. Recht die Aufforderung zum Vertragsabschluss **(Offerte).**
2) *Staatsrecht:* Vorschlag für einen Beschluss des Parlaments oder eines Beschlussorgans.

Antragsdelikt, *Recht:* strafbare Handlung, die nur auf Antrag des Verletzten oder anderer Antragsberechtigter verfolgt wird (z. B. Beleidigung). Das Recht, den Antrag zu stellen, erlischt nach drei Monaten, beginnend mit dem Tag, an dem der Berechtigte von der Handlung und der Person des Täters Kenntnis erlangt hat (§ 77 b StGB).

Antrieb, 1) *Psychologie:* Gesamtheit der Verhaltensimpulse; heute meist unter dem Begriff ↑Motivation thematisiert.
2) *Technik:* 1) der einem Körper zugeführte Impuls; übertragen auch die Kraftmaschine, die den mechan. A. liefert (z. B. Elektromotoren, Wärme-, Wasser- und Windkraftmaschinen); 2) die Teile einer Maschine oder Anlage, die die Bewegung vermitteln. Man unterscheidet nach dem Kraftmittel Hand-, Fuß-, elektr., hydraul. und pneumat. Antrieb.
3) *Verhaltensforschung:* ein spezif. zentralnervöser Mechanismus, der bei Bewertung der inneren Bedingungen und der äußeren Situation (Umwelt) das passende Verhalten steuert und reguliert. Verwandte Begriffe bzw. Synonyme sind Trieb, Drang, Instinkt oder ↑Motivation.

Antriebsbahn, bei einer Rakete der Teil der Flugbahn, den sie bis zum Brennschlusspunkt zurücklegt.

Antriebsschlupfregelung, Abk. **ASR,** eine Antriebsregelung zum schlupffreien Beschleunigen von Kfz. Die A. verhindert im Zusammenspiel mit dem Antiblockiersystem das Durchdrehen der Antriebsräder auf rutschiger Fahrbahn. Sie arbeitet mit Motoreingriff oder mit Motor- und Bremseingriff.

Antriebswelle, Maschinenelement zur Übertragung von Motorleistung (z. B. durch Kardan- oder Gelenkwellen) auf andere Maschinen oder Maschinenteile.

Antrim ['æntrɪm], Distr. in Nordirland, 421 km², 48 300 Ew.; weitgehend ein Basaltplateau mit Kliffküste (u. a. ↑Giant's Causeway).

Antsiranana (früher Diégo-Suarez), Prov.-Hptst. in N-Madagaskar, 100 000 Ew.; kath. Erzbischofssitz; Lebensmittelind.; Hafen, Flughafen.

Antunes [-ʃ], António Lobo, portugies. Schriftsteller, *Lissabon 1. 9. 1942; Arzt, leistete Militärdienst in Angola, war als Gegner Salazars in Gefängnishaft; schreibt international erfolgreiche Romane mit z.T. autobiograf. Hintergrund (u.a. »Judaskuß«, 1979; »Der Reigen der Verdammten«, 1985; »Geh nicht so schnell in diese dunkle Nacht«, 2000). Die jüngste Geschichte Portugals bildet den Hintergrund der Trilogie »Handbuch der Inquisitoren« (1996), »Portugals strahlende Größe« (1997) und »Anweisungen an die Krokodile« (1999).

Antung, Stadt in China, ↑Dandong.

Antwerpen (frz. Anvers), **1)** Prov. in Belgien, 2 867 km², 1,646 Mio. Einwohner. **2)** Hptst. der belg. Prov. A., am rechten Ufer der Schelde, 88 km oberhalb der Mündung in die Nordsee, 449 700 Ew.; kultureller Mittelpunkt der Flamen; königl. Museum der Schönen Künste (mit Hauptwerken der fläm. Malerei), Rubenshaus, Oper, drei Univ. (gegr. 1852, 1965 und 1971), Inst. für trop. Medizin, Akademie der Schönen Künste, Konservatorium, Handelshochschule, Marineakademie, Schifffahrtsmuseum. Wichtige Handelsstadt (mit Diamantenbörse); die Ind. umfasst Erdölraffinerien, Eisen- und Stahlind., Großchemie, Automobilfabriken, Werften, Textilind.; Diamantenschleifereien. – Der ausgedehnte Hafen in den Marschen des Scheldebogens ist durch Kanäle mit Maas und Rhein verbunden. A. besitzt eine U-Bahn sowie einen internat. Flughafen. – Bed. Bauwerke der Altstadt sind die Kathedrale (14.–16.Jh., das Hauptwerk der fläm. Spätgotik; mit Altarbildern von Rubens); spätgot. Jakobskirche, Rathaus im Renaissancestil (16.Jh.) am Grote Markt, ehem. Zunfthäuser, königl. Rokokopalast. Der Steen an der Schelde ist ein Rest der alten Burg (von den Normannen 836 zerstört). **Geschichte:** A. (früher auch **Antorf** gen.), wurde um 1000 Sitz eines Markgrafen und fiel Ende des 11.Jh. an Brabant; es erhielt 1291 Stadtrecht und war ab 1313 Mitgl. der Hanse. Mit Brabant kam A. 1430 zu den burgund., dann habsburg. Niederlanden und stieg nach der Versandung Brügges zur ersten Handelsstadt Europas (bes. unter Karl V.) auf. Nachdem A. während des niederländ. Aufstands 1585 von den Spaniern zurückerobert worden war und die Niederländer die Scheldemündung sperrten, verlor es seine wirtsch. Stellung an Amsterdam. Im 19.Jh. entwickelte sich A. wieder zu einem der größten Handelsplätze des europ. Festlands mit einer der stärksten Festungen Europas (seit 1859; 1918 und 1945 geschleift).

Antwortschein (internationaler Antwortschein), Gutschein für Postwertzeichen im Wert des Portos für einen Auslandsbrief; gültig im Bereich des Weltpostvereins.

Anubis, ägypt. Totengott in Schakalgestalt oder als Mensch mit Schakalkopf; Totengott und Schutzherr der Gräber; von den Griechen als **Hermanubis** dem Götterboten Hermes gleichgesetzt.

ANUGA, Abk. für Allgemeine Nahrungs- und Genussmittelausstellung, zuerst 1919 in Stuttgart, seit 1951 alle zwei Jahre in Köln abgehaltene Ausstellung der Nahrungs- und Genussmittelproduzenten.

Anuradhapura, Prov.-Hptst. in Sri Lanka, 46 000 Ew. – A. war vom 5.(?)/3.Jh. v.Chr. bis zum 8.Jh. n.Chr. Hptst. von Ceylon; die Ruinenstätte (UNESCO-Welterbe) ist Pilgerziel der Buddhisten; zu den wichtigsten Heiligtümern gehören die Thuparama- und die Ruanweli-Dagoba sowie der Felsentempel Issurumuniya u.a. mit den »Mondsteinen« (halbkreisförmige ornamentierte Steine).

An|urie [grch.] *die,* fehlende oder eingeschränkte Harnausscheidung.

Anus [lat. »Ring«] *der,* der ↑After; **A. praeternaturalis** (kurz **A. praeter**), der ↑Kunstafter.

Anuszkiewicz [ænʊʃˈkjɛvɪtʃ], Richard, amerikan. Maler, *Erie (Pa.) 23.5.1930; malt rein geometrisch aufgebaute Bilder im Stil der Op-Art.

Anvers [ãˈvɛːr], frz. Name von ↑Antwerpen.

anvisieren [lat.-frz.], 1) ins Visier nehmen, als Zielpunkt nehmen; 2) etwas ins Auge fassen, anstreben.

anvisualisieren, *Werbung:* eine Idee durch eine flüchtig entworfene Zeichnung festhalten.

Anwachsung (Akkreszenz), die kraft Gesetzes eintretende Erhöhung eines Anteils an einer Vermögensmasse, insbesondere die Erhöhung des Erbteils eines eingesetzten Erben infolge Wegfalls eines Miterben (§§ 2094, 2095 BGB).

Anwalt, ↑Rechtsanwalt.

ANW Anwaltsgerichte

Anwaltsgerichte, Berufsgerichte für Rechtsanwälte, die bes. schuldhafte Verstöße gegen die Standespflichten ahnden und Streitigkeiten über Zulassungsfragen entscheiden; Rechtsmittelgerichte: Anwaltsgerichtshof beim OLG, Bundesgerichtshof.

Anwaltszwang, der gesetzl. Zwang, sich in einem Zivilprozess vor den Landgerichten durch einen bei einem Amts- oder Landgericht zugelassenen Rechtsanwalt, vor dem Oberlandesgericht durch einen bei einem Oberlandesgericht zugelassenen Rechtsanwalt und vor dem Bundesgerichtshof durch einen beim Bundesgerichtshof zugelassenen Rechtsanwalt vertreten zu lassen (**Anwaltsprozess,** § 78 ZPO). A. besteht auch vor dem Familien-, vor dem Bundes- und Landesarbeits-, vor dem Bundesverwaltungs- und Bundessozialgericht.

Anwartschaft, im Zivilrecht die rechtlich begründete, aber unsichere Aussicht auf einen zukünftigen Rechtserwerb; als **A.-Recht** (kann nicht mehr gegen den Willen des Inhabers entzogen werden) bedeutsam v. a. im Sachen- und Grundstücksrecht.

Anweisung, 1) *Informatik:* Teil eines Programms, das eine in der betreffenden Programmiersprache abgefasste Arbeitsvorschrift (Befehl, Aufruf u. a.) darstellt. 2) *Privatrecht:* schriftl. Willenserklärung, durch die jemand einen anderen anweist, einem Dritten (dem Begünstigten) Geld, Wertpapiere oder andere vertretbare Sachen zu leisten, und zugleich den Dritten ermächtigt, die Leistung im eigenen Namen zu erheben (§§ 783 ff. BGB). Besondere Arten der A. sind Wechsel, Scheck und die kaufmänn. A. (§ 363 HGB). Die Post-A. ist keine A. im Rechtssinn.

Anwendungsprogramm, *Informatik:* ein nicht zum Betriebssystem gehörendes Programm mit anwenderfreundl. Benutzerführung. Typ. Standard-A. betreffen im kommerziellen Bereich z. B. Datenbanken, Textverarbeitung, Tabellenkalkulationen.

anything goes ['æniθiŋ gəʊz; engl. »alles geht«], von P. K. Feyerabend geprägte Formel für die pluralist. Grundverfassung moderner Gesellschaften.

Anzahlung, bei Vertragsabschluss gegebene Teilzahlung.

Anzapfung, 1) *Elektrotechnik:* Maßnahme zur stufenweisen Änderung des Übersetzungsverhältnisses und damit der Spannungswerte von Transformatoren. 2) *Geomorphologie:* durch rückschreitende Erosion bewirktes Eingreifen eines Flusses in das Tal eines anderen Flusses.

Anzeichen, *Medizin:* ↑Symptom.

Anzeige, 1) *Recht:* die Mitteilung des Verdachts einer Straftat. A. können von jedermann bei der Staatsanwaltschaft, der Polizei und den Amtsgerichten schriftlich oder mündlich erstattet werden (§ 158 StPO; ↑Verdächtigung). Die A. ist vom ↑Strafantrag zu unterscheiden.

2) (Annonce, Inserat), in Zeitungen, Zeitschriften oder anderen Druckschriften aufgrund eines A.-Vertrages zw. Verleger und Auftraggeber abgedruckte Bild- und/oder Textinformation. Formal zu unterscheiden sind **offene A.** und **geheime A.** (**Kennwort-A.** oder **Chiffre-A.**), inhaltlich v. a. **private A., amtliche A.** und **geschäftliche A.** Letztere ist wegen ihrer vielfältigen formalen und inhaltl. Ausgestaltbarkeit, kurzfristigen Disponierbarkeit, zielgruppenspezif. Streubarkeit und relativ geringen Kosten eines der am häufigsten eingesetzten Werbemittel. Die Preise für Geschäfts-A. sind v. a. von der Reichweite des Mediums (durch die Mediaforschung ermittelt; Tausenderpreis) sowie der Größe, Farbe und Platzierung abhängig.

Anzeigenblatt, meist wöchentlich erscheinendes Presseerzeugnis, bei dem um relativ wenige und i. d. R. anspruchslose redaktionelle Beiträge (z. B. Veranstaltungshinweise, Lokalberichterstattung) Inserate gruppiert werden. Das A. wird meist in einem regional begrenzten Gebiet (z. B. Stadtviertel) unentgeltlich an die Haushalte verteilt und eignet sich wegen geringer Streuverluste bes. für die Werbung des lokalen Einzelhandels und private Kleinanzeigen.

Anzeigepflicht, 1) *Recht:* allg. die auf Gesetz oder Vertrag beruhende Rechtspflicht, Behörden, Vertragspartnern oder sonstigen Dritten bestimmte Tatsachen zur Kenntnis zu bringen (v. a. im Gewerbe-, Steuer- und Arbeitsrecht); im Strafrecht die Pflicht zur Anzeige bestimmter Verbrechen. Gemäß § 138 StGB ist die unterlassene Anzeige z. B. bei Hochverrat, Landesverrat, Mord, Totschlag, Menschenhandel strafbar, wenn glaubhafte Kenntnis von dem Vorhaben oder Beginn der Tat besteht und solange die Ausführung oder der Er-

folg noch abgewendet werden kann. (↑Meldepflicht)
2) *Versicherung:* Der Versicherungsnehmer unterliegt mehrfach der A. Bei Vertragsabschluss muss er dem Versicherer alle gefahrerhebl. Umstände, während der Laufzeit jede Gefahrerhöhung, bei Eintritt des Versicherungsfalles diesen Eintritt anzeigen.
Anzengruber, Ludwig, österr. Schriftsteller, *Wien 29. 11. 1839, †ebd. 10. 12. 1889; schrieb realist. Bauerndramen und -komödien, z. B. »Der Pfarrer von Kirchfeld« (1871), »Der Meineidbauer« (1871), »Die Kreuzelschreiber« (1872), »Der G'wissenswurm« (1874), die wie seine Romane »Der Schandfleck« (1877) und »Der Sternsteinhof« (1885) den Naturalismus vorbereiteten.
Anziehungskraft, Kraft, die den gegenseitigen Abstand zw. Körpern oder Teilchen zu verringern sucht, z. B. Gravitationskraft (↑Gravitation), ↑Austauschkraft, ↑Kernkräfte.
Anzin [ã'zɛ̃], Industriestadt im Dép. Nord, Frankreich, in der Agglomeration Valenciennes, 14 600 Ew.; Mittelpunkt des nordfrz. Steinkohlenbergbaus; Hüttenwerke, Stahlverarbeitung.
Anzio, Hafenstadt und Badeort in Latium, Italien, südlich von Rom, 43 600 Ew. – Das **Antium** der Volsker (338 v. Chr. von Rom unterworfen) war schon in röm. Zeit villen- und Badeort; hier wurden viele antike Kunstwerke gefunden, u. a. das »Mädchen von Anzio« und der »Apoll vom Belvedere«.
ANZUS-Pakt ['ænzəs-; Abk. für engl. Australia, New Zealand, United States], am 1. 9. 1951 von Australien, Neuseeland und den USA abgeschlossenes und 1952 in Kraft getretenes Verteidigungsbündnis; 1954–77 durch den Südostasiat. Sicherheitsvertrag (↑SEATO) ergänzt; 1986 Ausschluss Neuseelands wegen seiner Kernwaffen ablehnenden Politik.
a. o., Abk. für außerordentlich; a. o. Prof., außerordentl. Professor.
A. O. C., Abk. für Appellation d'origine contrôlée, ↑Appellation contrôlée.
AOK, Abk. für **1)** ↑Armeeoberkommando.
2) Allgemeine Ortskrankenkasse (↑Krankenversicherung).
AOL® [Abk. für engl. America Online], ↑Onlinedienste, ↑Time Warner Inc.

Äoli|er (Äoler), aus Thessalien und Böotien stammende altgrch. Bewohner der Landschaft **Äolis** (**Äolien**) in Kleinasien. Ihre Städte waren seit 545 v. Chr. von Persien abhängig, gehörten nach den Perserkriegen größtenteils zum Att. Seebund und standen 404 v. Chr. bis zur hellenist. Zeit wieder unter pers. Herrschaft.
äolisch [nach Äolus], vom Wind geformt oder abgelagert.
Äolische Inseln, die ↑Liparischen Inseln.
äolischer Kirchenton, auf dem Grundton a stehende ↑Kirchentonart.
äolische Verse, in der antiken Metrik Verse mit fester Silbenzahl, in denen zw. den Längen ein und zwei Kürzen stehen, z. B. die Verse der sapphischen Strophe.
Äolsharfe (Windharfe, Geisterharfe), seit der Antike bekanntes Saiteninstrument, dessen über einen hölzernen Resonanzkörper gespannte, auf den gleichen Ton gestimmte Saiten unterschiedlicher Dicke durch Luftzug in Schwingung versetzt werden und versch. Obertöne des Grundtons erklingen lassen.
Äolus (grch. Aiolos), grch. Gott der Winde.
Aomen, amtlich chinesisch für ↑Macau.
Aomori, Hptst. der japan. Präfektur A., auf Honshū, 287 800 Ew.; Hafen durch Eisenbahnfähre und Seikantunnel mit Hakodate auf Hokkaidō verbunden; Holzumschlag; bed. Fischerei.
Äon [grch. aiōn »Zeit«] *das* (Pl. Äonen), Ewigkeit, Weltalter.
Aoraki, Maoriname des Mount ↑Cook.
Aorist [grch. »unbegrenzt«] *der,* Zeitform des Verbs (u. a. im Altind., Altgriech., in slaw. Sprachen), die eine punktuelle Handlung ausdrückt, gewöhnlich die abgeschlossene Vergangenheitsform.
Aorta [grch.] *die* (Hauptschlagader), die aus dem Aortenvorhof der linken Herzkammer entspringende Arterie; sie gliedert sich anschließend in **aufsteigende A., Aortenbogen** und **absteigende A.,** bis zum Aortenschlitz des Zwerchfells als **Brust-A.** und unterhalb davon als **Bauch-A.** bezeichnet wird. Aus der A. gehen alle Arterien des Körperkreislaufs hervor.
Aosta, Hptst. der autonomen Region Aostatal, Italien, im Tal der Dora Baltea, 34 600 Ew., 583 m ü. M., südl. Ausgangspunkt der Passstraße über den Großen

AOS Aostatal

Sankt Bernhard; Bischofssitz; Metallindustrie. – Zahlreiche röm. Baudenkmäler, got. Kathedrale, got. Kollegiatskirche Sant'Orso mit roman. Kreuzgang.

Aostatal (italien. Valle d'Aosta), autonome Region in Norditalien, 3263 km², 120 600 Ew.; Hptst.: Aosta; im N von den Walliser Alpen, im W vom Montblancmassiv und im S von den Grajischen Alpen (Nationalpark Gran Paradiso) umrahmt; durch die Passstraße über den Großen Sankt Bernhard mit der Schweiz, durch die Straßen über den Kleinen Sankt Bernhard und den Montblanctunnel mit Frankreich verbunden; Fremdenverkehr (bes. Wintersport); Weinbau. – Das A. gehörte seit 1191 zu Savoyen; als dieses 1860 zu Frankreich kam, blieb das A. bei Italien. Die Autonomiebestrebungen der überwiegend Französisch sprechenden Bev. brachten 1948 dem A. eine gewisse Selbstständigkeit.

AP [eɪˈpiː], Abk. für The Associated Press, amerikan. Nachrichtenagentur, gegr. 1848; Sitz: New York.

a. p. (auch a. pr.), Abk. für anni praesentis [lat.], gegenwärtigen Jahres, auch für: anni praeteriti, vergangenen Jahres.

APA, Abk. für Austria Presse Agentur, österr. Nachrichtenagentur, gegr. 1946; Sitz: Wien.

Apachen [-xən, auch -tʃən] (Apatschen), Name einiger Indianerstämme (Athapasken) im SW der USA; etwa 50 000 Menschen; sie leben heute in Reservationen, bes. in Arizona und New Mexico, meist als Viehzüchter oder Ackerbauern.

📖 *Baumhauer, N.: Die A., 4 Bde. Wyk auf Föhr* $^{1-3}$*1993–94.*

Apagoge [auch -ˈgoːge, grch.] *die, grch. Philosophie:* Schluss aus einem gültigen Obersatz und einem in seiner Gültigkeit nicht ganz sicheren, aber glaubwürdigen Untersatz.

Apanage [-ʒə; frz., zu mlat. appanare »ausstatten«] *die,* Zuwendung (Geld oder Grundbesitz) an nicht regierende Mitglieder von Dynastien zur Sicherung ihres standesgemäßen Lebens.

apart [lat.-frz.], in ausgefallener, ungewöhnl. Weise ansprechend, anziehend, geschmackvoll; reizend. Daneben *veraltet* gesondert, getrennt; im *Buchwesen* einzeln zu liefern.

à part [a ˈpaːr, frz. »beiseite (sprechen)«], Kunstgriff in der Dramentechnik, eine Art lautes Denken, durch das eine Bühnenfigur ihre (krit.) Gedanken zum Bühnengeschehen dem Publikum mitteilt.

Apartheid [afrikaans »Trennung«] *die,* in der Rep. Südafrika die bes. von den Buren, politisch von der Nationalen Partei getragene Politik der Rassentrennung (1948–94) zw. weißer und nichtweißer (Bantu, Mischlinge, Asiaten) Bevölkerung, die der Vorherrschaft der Weißen und die »gesonderte Entwicklung« der versch. ethn. Bevölkerungsteile sichern sollte. 1950 wurde jeder Südafrikaner durch Gesetz einer Rasse zugeordnet (Population Registration Act) und einem bestimmten Wohngebiet zugewiesen; die Weißen besaßen alle polit., sozialen und kulturellen Privilegien. In öffentlichen Einrichtungen herrschte strikte Rassentrennung (»kleine A.«). Zur räuml. Segregation der Bantubevölkerung entstanden v. a. im Bereich der großen Städte ↑Townships und auf Gesamtstaatsebene Homelands (»große A.«). Der Kampf gegen das A.-System wurde v. a. getragen vom ↑African National Congress (ANC). Staatspräs. F. W. de Klerk (1989–94) leitete eine vorsichtige Abkehr von der A. ein. 1990 begannen Gespräche zw. Reg. und ANC (unter ihrem Führer N. Mandela) über den Abbau des A.-Systems (↑Südafrika). So wurde u. a. 1990 die gesetzlich fixierte Trennung von Weißen und Nichtweißen in öffentl. Einrichtungen, 1991 die Rassentrennung in Wohngebieten aufgehoben. Kontroverse Auffassungen der versch. Organisationen der Schwarzen (v. a. ANC, ↑Inkatha und ↑Pan African Congress) über den Weg zur Beseitigung der A. führten z. T. zu blutigen Auseinandersetzungen. Bei einem Referendum der weißen Bev. im März 1992 entschied sich die Mehrheit für die endgültige Abschaffung der A. Mit dem In-Kraft-Treten der zw. der Reg. de Klerk und dem ANC ausgehandelten Übergangsverfassung im April 1994 wurde die A.-Gesetzgebung endgültig außer Kraft gesetzt.

📖 *Sparks, A.: Morgen ist ein anderes Land. Südafrikas geheime Revolution. A. d. Engl. Berlin 1995.*

Apart|hotel [auch əˈpaːt-; zu Apartment] *das,* Hotel, das Appartements (und nicht Einzelzimmer) vermietet.

Apartment [əˈpaːtmənt, engl.] *das,* moderne, komfortable Kleinwohnung.

Apastron [grch.] *das,* die Sternferne (↑Apsiden).
Apathie [grch.] *die,* **1)** *allg.:* Teilnahmslosigkeit, Gleichgültigkeit. **2)** *Medizin:* das Fehlen von Gefühlen, Affekten bei starker Erschöpfung, Depression, Schizophrenie. **3)** *Philosophie:* in der Ethik der ↑Stoa das Freisein von Affekten.
Apatit [grch.] *der,* hexagonales Mineral, Calciumphosphat mit Chlor (Chlor-A.) oder Fluor (Fluor-A.), $Ca_5[(F,Cl)|(PO_4)_3]$. Durch Ersatz der Kationen und Anionen entstehen zahlr. Varietäten, z. B. Hydroxyl-A., Carbonat-A. A. ist farblos, grün (**Spargelstein**) oder andersfarbig, klar bis durchscheinend; technisch wichtig als Düngemittel und zur Phosphorgewinnung. A. ist Knochen- und Zahnbestandteil. (↑Phosphorit)
Apatride [grch.] *der* oder *die,* Vaterlandslose(r), Staatenlose(r).
a. p. Chr. (n.) [lat.], Abk. für **a**nno **p**ost **Chr**istum (**n**atum), im Jahre nach Christi (Geburt).
APC-Viren, veraltet für ↑Adenoviren.
APEC, Abk. für engl. **A**sian-**P**acific **E**conomic **C**ooperation (Asiatisch-Pazifische Wirtschaftliche Zusammenarbeit), Wirtschaftsforum von (2002) 21 Staaten des asiatisch-pazif. Raumes; 1989 in Canberra (Australien) gegr.; Sitz des Sekretariats: Singapur; Hauptziele: Abbau von Handelshemmnissen, regionale und wirtsch. Zusammenarbeit, Technologietransfer, gemeinsame Interessenvertretung im Rahmen internat. Organisationen (z. B. Welthandelsorganisation, UNCTAD). 1994 wurde die Schaffung einer Freihandelszone bis zum Jahr 2020 beschlossen.
Apeiron *das,* ↑Anaximander.
Apel, 1) Hans, Politiker (SPD), * Hamburg 25. 2. 1932; Volkswirtschaftler, 1965–90 MdB; 1974–78 Bundesfinanz-, 1978–82 Bundesverteidigungsmin.; 1983 bis 1988 stellv. Vors. der SPD-Bundestagsfraktion. **2) Karl-Otto,** Philosoph, * Düsseldorf 15. 3. 1922; knüpft an die analyt. und die hermeneut. Philosophie sowie an den Pragmatismus von C. S. Peirce an.
Apeldoorn, Gartenstadt in der niederländ. Prov. Gelderland, 152 400 Ew.; Schulstadt; Metall-, Textil-, Papier-, opt., chem. Industrie. – In der Nähe das königl. Schloss **Het Loo** (1685 begonnen).
Apella [grch.] *die,* die Volksversammlung im alten Sparta.
Apelles, grch. Maler des 4. Jh. v. Chr.; galt noch im MA. und in der Renaissance als bedeutendster Maler der Antike, obwohl keines seiner Werke erhalten geblieben ist.
Apennin *der* (Apenninen, italien. L'Appennino), das Italien südlich der Poebene durchziehende Gebirge; Hauptwasserscheide und wichtige Klimascheide. Der A. beginnt am Ligurischen Golf, zieht sich von dort nach der adriat. Küste nach Osten und biegt an ihr nach Südosten um, wo er in den Abruzzen seine größte Höhe erreicht (Gran Sasso d'Italia 2 914 m ü. M.), und anschließend nach Süden, sodass er wieder die Westseite der Halbinsel (**A.-Halbinsel**) erreicht; er endet an der kalabr. Halbinsel. Er ist ein 1 500 km langes, bis zu 100 km breites tertiäres Faltengebirge und besteht aus mesozoischen Kalken und Dolomiten, tertiären Sandsteinen, Schiefern, Mergeln und Tonen. Die Höhen zeigen wenig wechselnde, sanfte Formen, nur die Kalke in den Karstmassen der Abruzzen sind wild zerklüftet. Im Klima unterscheidet sich der A. vom übrigen Italien durch geringere Wärme, schärfere Temperaturgegensätze und größere Niederschläge (bis 2 000 mm). Die Pflanzenwelt zeigt nur Reste des natürl. Waldkleides (Buchen, Nadelhölzer), sonst Sträucher und Grasland. Wichtig für den Verkehr sind die zahlr. Pässe.
Apenrade (dän. Åbenrå), Stadt in Nordschleswig, Verw.sitz der Amtskommune Südl. Jütland, Dänemark, 22 200 Ew.; alte Handels- und Hafenstadt mit Ind. (Milch, Futtermittel), Kraftwerk.
aper [ahd. abar], *süddt., österr., schweizerisch* für schneefrei. Als **Aperwind** wird in den Alpen ein Wind bezeichnet, der Tauwetter bringt.
Aperçu [-'sy, frz.] *das,* geistreiche, prägnant formulierte Bemerkung.
Aperghis [a'pɛrjis], **George,** grch. Komponist, * Athen 27. 12. 1945; lebt seit 1963 in Paris; komponierte u. a. Musiktheaterstücke (»Jojo«, 1990), Konzerte (»Die Wände haben Ohren«, 1972, für Orchester), Opern (»Jacques le fataliste«, 1974; »Tristes Tropiques«, 1996); Hörspiel »Strasbourginstantanés« (1997).
aperiodisch (unperiodisch). Eine gedämpfte ↑Schwingung heißt a., wenn sich

APE Aperitif

Apfel: verschiedene Apfelsorten; von links: Golden Delicious, Goldparmäne, Granny Smith, Morgenduft

infolge der Dämpfung kein period. Schwingungsverlauf herausbildet. Der **aperiod. Grenzfall** bildet die Grenze zw. gedämpfter period. und aperiod. Schwingung **(aperiod. Kriechfall)**, bei dem die Bewegung nach Erreichen eines Maximums ohne Schwingung asymptotisch gegen die Ruhelage geht. (↑Dämpfung)
Aperitif [frz., zu lat. aperire »öffnen«] *der,* appetitanregendes (alkohol.) Getränk (z. B. Wermutwein, Sherry, aromatischer Weinessig).
Apéro [apeˈroː; frz.] *der,* (bes. schweizer.) Kw. für Aperitif.
Apersonalismus [grch.-lat.] *der,* buddhist. Lehre, die besagt, dass die menschl. Person nur trüger. Verkörperung eines unpersönl. Allwesens, d. h. ohne individuelle Seele (↑Selbst) ist.
Apertur [lat. »Öffnung«] *die,* **1)** *Medizin:* Eingang, Öffnung, bes. von Körperkanälen.
2) *Optik:* der Sinus des Öffnungswinkels σ eines kegelförmigen Strahlenbündels. Die **numer. A.** $A = n \cdot \sin \sigma$ (n Brechzahl des opt. Mediums) bestimmt ↑Auflösungsvermögen und Bildhelligkeit opt. Systeme. Die **A.-Blende** (Öffnungsblende) dient der Begrenzung des Öffnungswinkels σ.
Apertursynthese (Antennensynthese), interferometr. Verfahren der Radioastronomie zur genauen Positionsbestimmung und Beobachtung von kosm. Radioquellen. Die als **Array** oder **Syntheseteleskop** bezeichnete Kombination verschiebbarer ↑Radioteleskope erreicht (»synthetisiert«) unter Ausnutzung der Erdrotation das Beobachtungsbild eines Großteleskops.
apetal [grch.], ohne Blütenblätter (↑Blüte).
Apex [lat.] *der,* **1)** *Astronomie:* der im Sternbild Herkules gelegene Punkt des Himmels, auf den sich die Sonne (und das Planetensystem) relativ zu den sie umgebenden Sternen mit einer Geschwindigkeit von etwa 19,4 km/s hinbewegt; der entgegengesetzte Punkt heißt **Antapex**.
2) *Metrik:* Zeichen (´) zur Kennzeichnung betonter Silben.
3) *Sprachwiss.:* diakrit. Zeichen (ˆ oder ´) zur Kennzeichnung langer Silben.
Apfel (Apfelbaum, Malus), eine weltweit in der nördl. gemäßigten Zone verbreitete Rosengewächsgattung. Als Stammformen des **Kulturapfelbaumes** bzw. **Gartenapfelbaumes** (Malus domestica) gelten u. a. der **Holzapfelbaum** (Malus sylvestris) und der **Süßapfelbaum** (Malus pumila). Der Kulturapfelbaum hat eiförmige zugespitzte Blätter, weiße bis rosafarbene Blüten sowie Früchte mit säuerlich-süßem Fleisch. Aus dem Fruchtknoten entsteht nur der Kernhausbereich mit fünf pergamentartigen Fruchtfächern. Das eigentl. Fleisch bildet sich aus dem Kelchgrund und aus der Blütenachse (Scheinfrucht). Für den Intensivanbau eignen sich u. a. **Goldparmänen** (sehr fest, süßlich), **Cox' Orangen-Renetten** (fest, hocharomatisch), **Golden Delicious** (fest, süß), **Boskop** (angenehm säuerlich). Verschiedene Apfelbaumarten, Varietäten und Bastarde werden wegen ihrer auffallenden Blüten und Früchte als Zierpflanzen angebaut. – Der A. ist in der Mythologie, im Volksglauben und -brauch Sinnbild der Fruchtbarkeit und Liebe; in der christl. Kunst gilt er als Symbol des Sündenfalles (Eva mit dem A.), auf Mariendarstellungen seit dem 12. Jh. als Symbol der Weltherrschaft; aus der grch. Mythologie kommt der *Zankapfel* (↑Eris).
Apfelblattsauger (Apfelblattfloh, Psylla mali), Apfelbaumschädling; seine Larven saugen an Jungtrieben und Blüten.
Apfelblütenstecher (Anthonomus pomorum), Rüsselkäfer, dessen Larve **(Kai-**

wurm) die Apfelblütenknospen zerstört; die Knospe bleibt geschlossen, wird braun.
Apfelmännchen, *Mathematik:* bildlich für die ↑Mandelbrot-Menge.
Apfelsäure (Äpfelsäure), organ. Säure, enthalten in unreifen Äpfeln, Vogelbeeren u.a.; ein Zwischenprodukt im ↑Zitronensäurezyklus. Die Salze und Ester der A. heißen **Malate.** Verwendung in der Lebensmittelindustrie.
Apfelschimmel, grau geflecktes weißes Pferd.
Apfelsine [aus niederländ. appelsien »Apfel aus China«] *die* (Orange), gelbrote, apfelgroße, süß-säuerl. vitaminreiche Frucht der **A.-Pflanze** (Citrus sinensis), immergrüner Strauch oder kleiner Baum mit länglich-eiförmigen, ledrigen Blättern und weißen, stark duftenden Blüten. Hauptanbaugebiete sind die Mittelmeerländer, Kalifornien, Florida, Brasilien und China. Blutorangen , deren Fruchtfleisch auch einen roten Farbstoff enthält, kommen aus Sizilien; bei Navelorangen bildet sich an der Spitze der Frucht eine Nebenfrucht.
Apfelwein, Obstwein aus vergorenem Saft frischer Äpfel (mit hohem Säuregehalt).
Apfelwickler, Schmetterling, ↑Obstmaden.
APGAR-Schema [nach der amerikan. Ärztin Virginia Apgar, * 1909, † 1974], internat. verwendetes Punktsystem zur Beurteilung des Gesundheitszustandes (**A**tmung, **P**uls, **G**rundtonus, **A**ussehen, **R**eflexe) Neugeborener unmittelbar nach der Geburt.
Aphaia [grch.] (lat. Aphaea), urspr. von Kreta stammende Göttin, der der große Tempel auf ↑Ägina geweiht war.
Aphakie [grch.] *die,* das Fehlen der Linse im Auge nach Verletzung oder Operation.
Aphärese [grch.] *die* (Deglutination), Abfall eines oder mehrerer Laute am Wortanfang, z. B. *rein* (statt *herein*).
Aphasie [grch.], zerebral bedingte Sprachstörung bei intakter Funktion der Sprechorgane (Zunge, Kehlkopf). Unterformen: 1) **motor. A.,** Störung des Sprechvermögens mit Wortverstümmelung u. a.; 2) **sensor. A.,** starke Störung des Sprachverständnisses; 3) **amnest. A.,** Wortfindungsstörungen bei erhaltenem Sprachfluss.
Aphel [grch.] *das,* der sonnenfernste Punkt der Bahn eines Körpers um die Sonne. (↑Apsiden)
Aphidina [grch.], die ↑Blattläuse.
Aphonie [grch.] *die,* Stimmlosigkeit; beruht auf Störungen der Stimmbandbeweglichkeit, aber auch auf Entzündungen oder Tumoren.
Aphorismus [grch.] *der,* knapper, prägnant geformter Satz, der überraschend eine Erkenntnis vermittelt; dt. A. schrieben u. a. G. C. Lichtenberg, Novalis, F. Nietzsche, E. Jünger.
Aphrodisiaka [nach Aphrodite], Mittel zur Steigerung von Geschlechtstrieb und Potenz, z. B. bestimmte Gewürze, Yohimbin, Hormone.
Aphrodite [zu grch. aphrós »Schaum« (die Schaumgeborene)], grch. Göttin der sinnl. Liebe, der Schönheit und Verführung, von den Römern der Venus gleichgestellt. A. war urspr. wahrscheinlich eine semit. Gottheit, die von den Griechen wohl in myken. Zeit über Zypern (Beiname »Kypris«) und die Kykladen übernommen wurde. Semit. Ursprungs ist auch die Verbindung der A. mit Adonis und die Tempelprostitution in Korinth. Im Mythos ist A. die Gemahlin des Hephaistos, auch Geliebte des Ares und des Anchises, dem sie Äneas gebar. – Eine künstler. Darstellung der A. findet sich schon kurz vor der Mitte des 7. Jh. auf Naxos. Der Ludovis. Thron zeigt vermutlich die Geburt der Göttin. Berühmte antike Statuen sind die A. von Knidos (von Praxiteles), die A. von Melos (auch Venus von Milo genannt) aus dem späten 2. Jh. v. Chr. (Paris, Louvre) und die Mediceische Venus (Florenz, Uffizien) aus dem 1. Jh. v. Chr.
Aphthen [grch.] *die,* entzündl., bis linsengroße Veränderungen der Mundschleimhaut, mit weißl. Belag auf gerötetem Untergrund; oft infektiöser Natur.
Aphthenseuche, die ↑Maul- und Klauenseuche.
Apia, Hptst. von Samoa auf der Insel Upolu, 32 200 Ew.; meteorolog., vulkanolog. Beobachtungsstationen; Handelszentrum; Hafen, internat. Flughafen.
Apianus, Petrus, eigtl. Peter Bienewitz oder Bennewitz, Astronom und Geograph, * Leisnig 16. 4. 1495, † Ingolstadt 21. 4. 1552; schlug in seiner »Cosmographia« (1524) die Messung von Mondentfernungen zur Bestimmung geograph. Längen vor, beobachtete 1531, dass der Schweif

eines Kometen stets von der Sonne abgewendet ist.

A-Picture ['eɪpɪktʃə] (A-Film, A-Movie), der mit großem Budget produzierte Qualitätsfilm des in den 1930er- und 1940er-Jahren in den USA übl. Doppelprogramms von Spielfilmen (↑B-Picture).

apikal [lat.], *Medizin* und *Biologie:* an der Spitze, am Scheitel, am Kopfende gelegen; nach oben gerichtet (bezogen auf das Wachstum einer Pflanze).

Apikotomie, die ↑Wurzelspitzenresektion.

Apirie [grch.] *die,* Unerfahrenheit.

Apis [grch.] (ägypt. Hapi), hl. Stier, der in Memphis als Erscheinungsform des Gottes Ptah verehrt wurde. In der Ptolemäerzeit verschmolz der A.-Kult mit dem des ↑Sarapis.

Apitz, Bruno, Schriftsteller, *Leipzig 28. 4. 1900, †Berlin (Ost) 7. 4. 1979; sein Roman »Nackt unter Wölfen« (1958), der nach authent. Ereignissen von der Rettung eines Kindes im KZ Buchenwald erzählt, wurde ein Welterfolg.

APL, Abk. für engl. *a programming language,* eine 1962 in den USA entwickelte Programmiersprache für technischwiss., v. a. mathemat. Anwendungen; heute praktisch bedeutungslos.

Aplanat [lat.] *der, Optik:* Linsensystem mit verringertem Astigmatismus und ohne Verzeichnung, Koma und sphär. und chromat. Aberration (↑Abbildungsfehler).

Aplasie [grch.-nlat.] *die,* angeborenes Fehlen eines Organs.

Aplit [grch.-lat.] *der,* helles, feinkörniges Ganggestein, das v. a. aus Feldspäten und Quarz besteht.

Aplomb [aˈplɔ̃, frz.] *der,* **1)** *allg.:* sicheres Auftreten; Nachdruck (in der Rede). **2)** *Ballett:* das Abfangen einer Bewegung in den unbewegten Stand.

APM, Abk. für ↑Antipersonenmine.

Apnoe [grch.] *die,* ↑Atemstillstand.

Apo, Mount [maʊnt -], aktiver Vulkan, mit 2 954 m ü. M. höchster Berg der Philippinen, auf Mindanao.

APO, Abk. für ↑außerparlamentarische Opposition.

apo... [grch.], vor Selbstlauten und vor h: **ap...,** Wortbildungselement mit der Bedeutung zurück, ab, fern, weg, z. B. *Apokope, Apostasie.*

Apochromat [zu grch. chrõma »Farbe«] *der, Optik:* Linsensystem mit bes. guter Korrektur der Farbfehler; verwendet z. B. als Objektiv für Mikroskope und Fernrohre.

apodiktisch [grch. »beweiskräftig«], unwiderleglich, notwendig; jeden Widerspruch von vornherein ausschließend. In der *Logik* Urteile, die log. Notwendigkeit oder unmittelbare Gewissheit ausdrücken. Als **Apodiktik** wird die Wiss. vom Beweis bezeichnet.

Apogäum [grch.] *das,* der erdfernste Punkt einer Satellitenbahn. (↑Apsiden)

Apograph [grch.-lat.] *das* (seltener Apographon), Ab-, Nachschrift, Kopie nach einem Original.

Apokalypse [grch. »Offenbarung«] *die,* prophet. Schrift über das Weltende (↑Apokalyptik).

Apokalypse des Johannes (Offenbarung des Johannes, Geheime Offenbarung), Abk.: **Apk.,** das letzte Buch des N. T., um 96 n. Chr. entstanden; wegen Abweichungen in Sprache und Anschauungen vermutlich nicht vom Verfasser des Johannesevangeliums. Sie schildert in eindrucksvollen, schwer deutbaren Bildern den Zusammenbruch der Welt, dem nach Überwindung des Satans die Vollendung des Gottesreiches folgt. – In der *Kunst* wurde die A. d. J. oft dargestellt, u. a. in der Buchmalerei (z. B. um 1000 in der Bamberger Apokalypse), auf den Bildteppichen von Angers (1375–79) und in Holzschnitten Dürers (1498).

Apokalyptik [grch.] *die,* allg. eine Sonderform der Eschatologie; i. e. S. die Gesamtheit der Literaturgattung der Apokalypsen sowie der in ihnen enthaltenen Vorstellungen von den Ereignissen des Weltendes (Weltgericht und neue Welt). Die altchristl. A. (2.–7. Jh.) schließt sich geistig und literarisch an die spätjüd. A. an, die mit Bildern altorientalischer Mythen ausgestattet ist. Beispiele gibt es auch im Parsismus, im Islam und in der german. Religion (Ragnarök, Völuspá).

apokalyptische Reiter, im N.T. (nach Apk. 6, 1–8) vier Reiter, die Pest, Krieg, Hunger und Tod versinnbildlichen.

apokalyptische Zahl, in der Apokalypse des Johannes (Apk. 13, 18) die Zahl 666; sie stellt eine – exegetisch nicht eindeutig geklärte – Anspielung auf eine Macht (einen Kaiser?) dar.

Apokatastasis [grch. »Wiederherstellung«] *die,* nach Apg. 3, 21 die Erfüllung aller göttl. Verheißungen in der Endvollendung und die daraus gezogene Konsequenz, dass alle Menschen einst ewig gerettet werden (»Allversöhnung«). Anhänger waren u. a. Origenes, J. H. Jung-Stilling und F. D. E. Schleiermacher. Die A. wird in der christl. Glaubenslehre weitgehend abgelehnt.

Apokope [grch.] *die,* Wegfall eines oder mehrerer Laute am Wortende, z. B. *könnt' ich.*

apokryph [grch. »verborgen«], 1) zu den ↑Apokryphen gehörend; 2) später hinzugefügt, unecht, zweifelhaft.

Apokryphen [grch. »verborgene (Schriften)«], nicht zum bibl. ↑Kanon gerechnete jüd. oder christl. Zusatzschriften zum A. T. oder N. T. Die A. des A. T. werden von der kath. Kirche meist als deuterokanonisch zur Bibel gerechnet; sie bezeichnet die ↑Pseudepigraphen als A. Die A. des N. T. – u. a. die in ↑Nag Hammadi gefundenen Texte (v. a. »Evangelium nach Thomas«) – bilden wertvolle Quellen für die Erforschung der altkirchl. Theologie und Frömmigkeit.

Apolda, Krst. des Landkreises Weimarer Land, Thüringen, am O-Rand des Thüringer Beckens, 26 600 Ew.; Glockenmuseum (1772–1988 bestand in A. eine Glockengießerei). Herstellung von Strick- und Wirkwaren, chemisch-pharmazeut., Metall- und Lebensmittelind. – Martinskirche (12. Jh.). – A. als Siedlung ist seit 1119 bezeugt, die Burg seit 1123.

Apoll (grch. Apollon, lat. Apollo), einer der grch. Hauptgötter. A. ist kleinasiat. Ursprungs und vereinigte viele, z. T. vorgriech. Kulte in sich (über 200 Kultnamen: so ist er als Gott des Lichtes **A. Phoibos,** als Gott der Künste **A. Musagetes,** der »Führer der Musen«). Auch die Römer verehrten ihn seit dem 4. Jh. v. Chr. Augustus erhob ihn zu seinem Schutzgott. Nach dem Mythos war A. der Sohn des Zeus und der Leto, wurde mit seiner Zwillingsschwester Artemis auf der Insel Delos geboren, tötete den Drachen Python und übernahm das Orakel in Delphi, seinem Hauptkultort, wo ihm zu Ehren die Pythischen Spiele gefeiert wurden. Attribute A.s sind Bogen, Leier, Lorbeer. – Die grch. Kunst verkörperte A. meist als nackten Jüngling, am hoheitsvollsten im W-Giebel des Zeustempels von Olympia (460 v. Chr.). Der »Kasseler A.« geht wohl auf ein Werk des Phidias, der »A. vom Belvedere« im Vatikan vielleicht auf ein Werk des Bildhauers Leochares zurück.

Apollinaire [apɔli'nɛːr], Guillaume, eigtl. Wilhelm Apollinaris de Kostrowitsky, frz. Schriftsteller, *Rom 26. 8. 1880, †Paris 9. 11. 1918; machte als Essayist die kubist. Malerei bekannt (»Die Maler des Kubismus«, 1913) und erlangte in Lyrik, Prosa und Drama entscheidenden Einfluss auf die Entwicklung des Surrealismus; seine wichtigsten Werke sind die Lyrikbände »Alkohol« (1913) und »Calligrammes« (1918), die Erzählungen »Der gemordete Dichter« (1916) sowie das Drama »Die Brüste des Teiresias« (Uraufführung 1917).

Apollinaris, Bischof von Ravenna, Märtyrer, lebte um 200 n. Chr. (?), legendärer Begleiter des Petrus. Heiliger, Tag: 23. 7.

Apollo, 1) 1932 entdeckter Planetoid, nach dem die Gruppe der ↑Apollo-Objekte benannt wurde.
2) amerikan. Raumfahrzeug, ↑Apollo-Programm.

Apollodor aus Damaskus, röm. Baumeister des 2. Jh. n. Chr.; baute u. a. das Trajansforum in Rom (107/113), die Donaubrücke bei Debrecen (Ungarn).

Apollofalter: Flügelspannweite bis 7,5 cm

Apollofalter (Parnassius), Tagfalter aus der Familie Edelfalter, meist mit roten, schwarz eingefassten Flecken; vom Aussterben bedroht.

Apollonia, Märtyrerin aus Alexandria, †249; Schutzheilige gegen Zahn-, Kopfschmerzen; Tag: 9. 2.

Apollonios, 1) A. Dyskolos, grch. Grammatiker in Alexandria im 2. Jh. n. Chr.; verfasste nach eingehender Analyse des Satzes die erste altgrch. Syntax.

APO apollonischer Kreis

2) A. von Perge, grch. Mathematiker und Astronom, *Perge (Pamphylien, Kleinasien) um 262 v. Chr., †um 190 v. Chr.; lehrte in Alexandria; verdient um die Theorie der Kegelschnitte, führte die Bez. Ellipse, Parabel und Hyperbel ein, entwickelte die ↑Epizykeltheorie der Planetenbewegung.
3) A. von Rhodos, grch. Dichter und Gelehrter des 3. Jh. v. Chr., Leiter der ↑Alexandrinischen Bibliothek. Sein Epos »Argonautika« beeinflusste stark die röm. Literatur (Vergil).
apollonischer Kreis [nach Apollonios von Perge], ein Kreis, der zwei festen Punkten A und B zugeordnet ist und für dessen sämtliche Peripheriepunkte C gilt, dass das Verhältnis ihrer Entfernungen von den Punkten A und B konstant ist: $\overline{AC} : \overline{BC} = k = $ const.
Apollonius von Tyros, Held eines urspr. wohl grch. Romans über das Leben des Prinzen und späteren Königs A. von Tyros.
Apollo-Objekte, Planetoiden, deren Bahnen die Erdbahn kreuzen. Zu den über 30 bekannten A.-O. gehören u. a. Apollo, Adonis, Hermes, Phaeton.
Apollo-Programm, Raumfahrtprogramm der USA, durchgeführt von der NASA zw. 1968 und 1972 im Anschluss an das ↑Mercury-Programm und ↑Gemini-Programm, mit drei Hauptzielen. 1. bemannte Mondflüge; 2. erdnahe Orbitalbahnen und Orbitalobservatorien; 3. unbemannte Sonden zu Mars und Venus. Für das A.-P. waren mehrere Raumfahrzeugeinheiten nötig: die rd. 5,8 t schwere Raumkapsel (selbstständige Kommando- und Rückkehreinheit, engl. Command Module, CM) mit dem Basisdurchmesser von 3,85 m, die Betriebs- und Versorgungseinheit (engl. Service Module, SM) von rd. 25 t, davon über 18 t Treibstoffe, und die 16 t schwere Mondlandeeinheit (engl. Lunar Module, LM), bestehend aus dem Lande- und Wiederaufstiegssystem. Als Trägerrakete diente eine dreistufige Saturn 5. Die wiss. Hauptaufgaben des A.-P. auf dem Mond bestanden im Aufsammeln und Überbringen von Bodenproben, in der Aufstellung von kleineren Forschungsgeräten mit Radionuklidgenerator und in der fotograf. Dokumentation. Es gab insgesamt 17 Flüge; Apollo 7 bis 10 waren bemannte Flüge auf Erd- und Mondumlauf-

bahnen, mit Apollo 11 gelang am 20. 7. 1969 die erste Mondlandung (↑Armstrong 3), die sechste und letzte Mondlandung erfolgte mit Apollo 17 und schloss das A.-P. ab. – Das **Apollo-Nachfolgeprogramm** umfasste die bemannten amerikan. Unternehmen Raumstation ↑Skylab (1973/74) und das amerikanisch-sowjet. Programm ↑Apollo-Sojus (1975). (Übersicht Raumfahrt;
Mondlandung. Dokumentation der Weltraumfahrt USA u. UdSSR, bearb. v. M. Maegraith. A. d. Amerikan. Stuttgart ²1969.
Apollo-Sojus (engl. Apollo Soyuz Test Project, Abk. ASTP), sowjetisch-amerikan. Raumfahrtprogramm zur Erprobung von Rendezvous- und Kopplungsvorrichtungen bemannter, unterschiedl. Raumfahrzeuge; Start von Sojus 19 am 15. 7. 1975, etwa 7½ Stunden vor einer Apollo-Raumkapsel der NASA, Kopplung am 17. 7., Trennung am 19. 7. A.-S. war für die USA der letzte bemannte Raumflug bis zum ersten Start eines ↑Spaceshuttles.
Apologet [grch.] *der*, Verteidiger einer Anschauung.
Apologeten, Schriftsteller des 2. Jh., die das Christentum gegen die Vorwürfe der nichtchristl. Religionen verteidigten (Justinus der Märtyrer, Tatian, Athenagoras u. a.).
Apologetik [grch.-mlat.] *die, Christentum:* die theolog. (wiss.-rationale) Rechtfertigung und Verteidigung der in der Offenbarung Gottes in Jesus Christus begründeten christl. Glaubenslehre; bereits in der frühen Kirche belegt (↑Apologeten).
Apologie [grch.] *die,* Verteidigung(srede), Rechtfertigung gegenüber Angriffen, bes. in religiösen und weltanschaul. Auseinandersetzungen, z. B. Platons »A. des Sokrates«.
Aponeurose [grch.-nlat.] *die,* flächenhafte Sehne; dient Muskeln als Ursprung oder Ansatz.
apophantisch [grch.], aussagend, behauptend; nachdrücklich.
Apophonie [grch.-lat.] *die, Sprachwissenschaft:* der ↑Ablaut.
Apophthegma [grch.] *das,* kurzer, treffender Sinnspruch; »geflügeltes Wort«, Sentenz.
Apophyllit [zu griech. apophyllízein »abblättern«] *der,* durchsichtig farbloses, wei-

ßes oder leicht gefärbtes, tetragonales Mineral der chemischen Zusammensetzung $KCa_4[F|(Si_4O_{10})_2] \cdot 8 H_2O$.

Apophyse [grch.] *die,* **1)** *Anatomie:* Knochenvorsprung.
2) *Geologie:* Abzweigung eines magmat. Gesteins ins Nebengestein.

Apoplexie [grch. apoplexia »Schlagfluss«] *die, Medizin:* der ↑Schlaganfall.

Apoptose [grch.] *die,* programmierter Zelltod, der für die Entwicklung und Erhaltung vielzelliger Organismen wichtig ist; ein genau kontrolliertes Ereignis, bei dem in Zellen, die planmäßig entfernt werden sollen, die DNA im Zellkern in Bruchstücke zerlegt wird, worauf die betroffene Zelle abstirbt. Durch A. wird z. B. die Gebärmutter nach der Geburt zurückgebildet.

Aporie [grch. »Weglosigkeit«] *die, Philosophie:* Unlösbarkeit eines log. Problems wegen immanenten Widerspruchs. **Aporem,** Satz, der eine A. enthält.

Aposiopese [grch. »das Verstummen«] *die, Rhetorik:* bewusster Abbruch der Rede zur Ausdruckssteigerung, z. B. »Ich will euch ...!«.

Apostasie [grch.] *die,* der Abfall vom Glauben.

Apostel, Hans Erich, österr. Komponist, *Karlsruhe 22. 1. 1901, †Wien 30. 11. 1972; Schüler von A. Schönberg und A. Berg; schrieb Orchester-, Klavier- und Vokalmusik.

Apostel [grch. »Sendbote«] *der,* **1)** die 12 von Jesus zur Verkündigung seiner Lehre ausgewählten Jünger: Petrus, Andreas, Jakobus d. Ä. (Jakobus Zebedäi), Johannes, Philippus, Bartholomäus, Matthäus, Thomas, Jakobus d. J. (Jakobus Alphäi), Thaddäus, Simon und Judas, nach dessen Verrat Matthias hinzugewählt wurde (Mt. 10, 1–4; Mk. 3, 13–19; Lk. 6, 13–16). Als A. der Heiden nahm auch Paulus die unmittelbare Berufung durch Christus in Anspruch (Gal. 1). – In der *bildenden Kunst* wird versucht, die A. zu typisieren, zuerst durch versch. Kopftypen, seit dem 13. Jh. durch Attribute; allg. Kennzeichen sind Schriftrolle oder Buch. Im MA. und später begegnen die A. häufig in Verbindung mit den Propheten (Goldene Pforte des Freiberger Doms; Merseburger Taufbecken; Bamberger Dom).
2) Ehrenname für bed. Missionare des Christentums, bes. der ersten zehn Jahrhunderte (z. B. Bonifatius, der A. der Deutschen, die Slawen-A. Kyrillos und Methodios).

Apostelgeschichte (lat. Acta Apostolorum), Abk. **Apg.,** Forts. des Lukasevangeliums des N. T., nach Stil und Grundgedanken vom gleichen Verf.; schildert die Ausbreitung der Kirche nach Jesu Auferstehung von Jerusalem bis Rom, bes. die Aufnahme der Heidenchristen durch die Mission des Paulus.

Apostelkonzil, im N. T. die Zusammenkunft des Paulus u. a. Abgesandter der antiochen. Gemeinde mit der Urgemeinde in Jerusalem (etwa 48 n. Chr.) zur Klärung der Stellung der Heidenchristen zum jüd. Gesetz (Gal. 2; Apg. 15).

Apostellehre, *Theologie:* die ↑Didache.

a posteriori [lat. »aus dem Späteren«], *Philosophie:* aus der Erfahrung gewonnen; bei I. Kant erkenntnistheoret. Begriff. Ggs.: a priori.

Apostilb, Einheitenzeichen **asb,** veraltete Einheit der Leuchtdichte, Untereinheit des ↑Stilb; 1 asb = $(1/\pi) cd/m^2 \approx 0{,}318 cd/m^2$.

Apostille [grch.-nlat.] *die,* ↑Legalisation.

Apostolat [grch.-lat.] *das,* auch *der,* das Apostelamt, d. h. die Aufgabe, als Apostel zu wirken; in den christl. Kirchen (bes. im kath. Kirchenrecht) beschrieben als die in Taufe und Firmung begründete Sendung jedes Christen, den Glauben zu bezeugen und so für ihn zu werben (↑Laienapostolat).

Apostoliker *der,* Angehöriger von christl. (Sonder-)Gemeinschaften, deren Selbstverständnis durch ein auf die Urkirche (die apostol. Zeit) zurückgeführtes Kirchenbild bestimmt ist; z. B. die ↑Neuapostolische Kirche.

apostolische Behörden, ↑Kurie.

Apostolische Majestät, Titel der Könige von Ungarn, zur Erinnerung an das apostol. Wirken Stephans I., des Heiligen.

apostolische Nachfolge (apostolische Sukzession), die Weitergabe der bischöfl. Amtsgewalt von Bischof zu Bischof in einer auf die Apostel zurückgeführten ununterbrochenen Reihenfolge.

Apostolischer Delegat, Gesandter des Papstes für die kirchl. Beaufsichtigung und Berichterstattung ohne diplomat. Status, in Staaten, die keine diplomat. Beziehungen zum Hl. Stuhl unterhalten.

Apostolischer Nuntius, ↑Nuntius.

apostolischer Segen, vom Papst oder mit dessen Vollmacht von Bischöfen und Priestern gespendeter Segen.
Apostolischer Stuhl (Heiliger Stuhl, Päpstlicher Stuhl), **1)** der Bischofssitz des Papstes als Nachfolger des Apostels Petrus in Rom.
2) die päpstl. Regierung. (↑Kurie)
Apostolisches Glaubensbekenntnis (Apostolisches Symbolum, lat. Apostolicum), ältestes christl. Glaubensbekenntnis (»Ich glaube an Gott, den Vater ...«), das allen christl. Kirchen gemeinsam ist und nach der Überlieferung von den Aposteln in Jerusalem aufgestellt worden sein soll. Die älteste erkennbare Form scheint am Anfang des 2. Jh. in Rom, die heute anerkannte im 5. Jh. in Südgallien entstanden zu sein.
Apostolische Signatur, der höchste päpstl. Gerichtshof; überwacht die Tätigkeit des päpstl. Berufungsgerichts (»Rota Romana«) und das kirchl. Gerichtswesen und entscheidet u. a. über Beschwerden gegen kirchl. Verwaltungsakte und Entscheidungen von Kurialbehörden.
apostolische Sukzession, die ↑apostolische Nachfolge.
Apostolisches Zeitalter, die vom Wirken der ↑Apostel bestimmte Zeit des Urchristentums vom Tod Jesu bis zum Anfang des 2. Jahrhunderts.
apostolische Väter, altchristl. Schriftsteller, deren Werke nicht in das N. T. aufgenommen, zeitweise den neutestamentl. Schriften gleichgestellt oder ihnen zugezählt wurden (Klemens von Rom, Ignatius von Antiochia, Hirt des ↑Hermas u. a.).
Apostolizität *die,* das Selbstverständnis der christl. Kirchen, mit der Kirche der Apostel übereinzustimmen; in der kath. Kirche aufgefasst als Wesensgleichheit (bezogen auf Lehre und Sakramente, gesichert durch die ↑apostolische Nachfolge), im Verständnis der ev. Kirchen dadurch gegeben, dass in ihnen das Wort der Apostel bewahrt wird.
Apostroph [grch.] *der,* Auslassungszeichen ('), steht für ausgelassene Laute bzw. Buchstaben oder zur Kennzeichnung des Genitivs bei Namen, die auf s, z oder x enden.
Apostrophe [grch.] *die, Rhetorik:* Hinwendung des Redners zu anderen als den bisher Angeredeten, auch zu abwesenden Personen oder leblosen Dingen; i. w. S. jede feierl. Anrede.
Apothecaries-System [əˈpɒθɪkərɪz-, engl.], Gewichtssystem in Großbritannien und den USA für Medikamente, gekennzeichnet durch die Abk. »apoth« in Großbritannien und »ap« in den USA hinter dem Einheitenzeichen.
Apotheke [grch. »Lager«, »Speicher«] *die,* Gewerbebetrieb für Zubereitung und Verkauf von Arzneimitteln nach ärztl. Vorschrift (Rezept) und für fertige Arzneimittel (der Pharmaindustrie), die vom Arzt verordnet wurden. Eine **Voll.-A.** besteht in der Regel aus **Offizin** (Verkaufsraum und Rezeptur), ausreichendem Lagerraum, Laboratorium und Nachtdienstzimmer. Das A.-Wesen ist durch das – mehrfach (zuletzt 21. 8. 2002) geänderte – A.-Ges. i. d. F. v. 15. 10. 1980 bundeseinheitlich geregelt. In *Österreich* werden nach dem A.-Ges. vom 18. 12. 1906 Konzessionen verliehen; in der *Schweiz* ist das A.-Wesen kantonal geregelt.
Apotheker *der,* durch Approbation zur Leitung einer Apotheke befähigte Person **(Pharmazeut).** Aufgabe des A. ist die Prüfung, Herstellung und Abgabe von Arzneimitteln nach ärztl. Rezept oder im Handverkauf. Die Gesamtausbildungszeit beträgt 5 Jahre, d. h. 4 Jahre Universitätsstudium (einschließlich Famulatur von 8 Wochen) sowie ein sich daran anschließendes Praktikum von 12 Monaten.
Apotheose [grch.] *die,* Vergöttlichung, Erhebung eines Menschen zum Gott oder Halbgott; eine Vorstufe zur vollen A. war in Griechenland der Heroenkult. Göttl. Verehrung eines Herrschers findet sich u. a. bei Alexander d. Gr., bei den Römern sowie in Japan (bis zum Ende des Zweiten Weltkrieges); in der bildenden Kunst meist durch Wagenauffahrt oder Entrückung (z. B. auf einem Adler) dargestellt.
apotropäischer Zauber [grch.], der ↑Abwehrzauber.
Apotropäum [grch.] *das,* Zaubermittel, das Unheil abwehren soll, z. B. ein Amulett.
Appalachen (engl. Appalachian Mountains), Gebirgssystem im O Nordamerikas, von Neufundland (Kanada) bis Alabama (USA) reichend, rd. 2 600 km lang, 200–300 km breit; aus paläozoischen Gesteinen aufgebautes Rumpfgebirge mit Mittelgebirgscharakter. Die Hudson-Mo-

hawk-Furche trennt die nördlichen A. von den südlichen A.; die südlichen A. gliedern sich in die A.-Plateaus, das ↑Alleghenygebirge, die Blue Ridge und das Piedmontplateau, getrennt durch mehrere Längstalzonen (zum Beispiel Great Valley). Die A. sind größtenteils mit Wald bedeckt und reich an Bodenschätzen wie Kohle, Eisenerz, Erdöl.

Apparat [lat.] *der,* **1)** aus meist zahlreichen Bau- und Funktionselementen zusammengesetztes techn. Gerät, z. B. Fotoapparat, Rasierapparat.

2) Gesamtheit von Menschen und Hilfsmitteln für besondere Aufgaben in einer Organisation.

3) *Literaturwissenschaft:* in historisch-krit. Werkausgaben Lesartenverzeichnis und Anmerkungen (krit. Apparat).

Apparatschik [lat.-russ.] *der,* (abwertende) Bez. für einen Funktionär im Staats- und Parteiapparat v. a. kommunist. Staaten, der Weisungen und Maßnahmen bürokratisch durchzusetzen versucht.

Appartement [apart'mã, frz.] *das,* Zimmerflucht (im Hotel); zusammenhängende Wohnraumgruppe, auch gleichbedeutend mit ↑Apartment gebraucht.

appassionato [italien.], *Musik:* leidenschaftlich, stürmisch.

Appeal [ə'pi:l, engl.] *der,* **1)** *allg.:* Anziehungskraft, Anreiz, z. B. Sexappeal.

2) *Recht:* ordentl. Rechtsmittel im engl. und amerikan. Prozessrecht, das nicht wie das kontinentaleurop. Recht scharf zw. Berufung und Revision unterscheidet.

Appeasement [ə'pi:zmənt, engl.] *das,* Beruhigung, Beschwichtigung, insbesondere Bez. für die von der brit. Reg. 1933–39 verfolgte Politik des Ausgleichs mit dem nat.-soz. Dtl. (Höhepunkt ↑Münchener Abkommen 1938).

Appell [lat.-frz.] *der,* **1)** *allg.:* Aufruf, Mahnruf (zu einem bestimmten Verhalten).

2) *Jägersprache:* Gehorsam des Jagdhundes.

3) *Militärwesen:* Aufstellung, Antreten (zur Befehlsausgabe u. a.).

Appellation contrôlée [apəla'sjɔ̃ kɔ̃tro'le], Abk. **A. C.** (Appellation d'origine contrôlée, Abk. **A. O. C.**), in Frankreich auf dem Flaschenetikett erscheinende Kennzeichnung für Weine, die bestimmten, gesetzlich vorgeschriebenen Herkunfts- und Qualitätsnormen genügen müssen.

Appalachen: Bergkette im Shannondoah National Park

Appellativ [lat.] *das,* der ↑Gattungsname.

appellieren, sich an jemanden, etwas in mahnendem Sinne wenden; in der *Rechtswissenschaft* (veraltet) Berufung einlegen.

Appendektomie [grch.] *die,* die Entfernung des Wurmfortsatzes des Blinddarms (Appendix vermiformis) durch Bauchschnitt. (↑Blinddarmentzündung)

Appendikularien [lat. »kleine Anhängsel«], im Meer schwimmende walzenförmige Manteltiere mit Ruderschwanz.

Appendix [lat.] *der,* **1)** *allg.:* Anhang eines Buches.

2) *Anatomie:* Anhangsgebilde an Organen, z. B. der Wurmfortsatz des ↑Blinddarms.

Appendizitis *die,* ↑Blinddarmentzündung.

Appenzell, Land im NO der Schweiz, im Bereich von Alpstein und dessen Vorland. Die Grundherrschaft im Gebiet des zuerst 1061 erwähnten Dorfes A. (lat. Abbatis cella) hatte die Abtei St. Gallen, im 14. Jh. erwarb sie die Vogteirechte; als die Vogtei zur vollen Landesherrschaft ausgebaut werden sollte, erhoben sich die Landgemeinden 1403–08 gegen die Abtei im **Appenzeller Krieg,** der bis zum Bodensee und ins Allgäu übergriff. 1411 schloss A. ein Bündnis mit der Eidgenossenschaft und wurde 1513 gleichberechtigt in sie aufgenommen. Die der Reformation folgende Gegenreformation führte 1597 zur Spaltung in die heutigen Kantone: **A. Ausserrhoden** und **A. Innerrhoden.**

Appenzell, Hauptort des Kt. Appenzell Innerrhoden, Schweiz, Höhenkurort im Tal der Sitter, 780 m ü. M., 5 600 Ew.; Landesarchiv.

APP Appenzell Ausserrhoden

Appenzell Ausserrhoden, Kanton in der Schweiz, 243 km², (2000) 53 700 Ew., Hauptstadt Herisau (16 100 Ew.); Almwirtschaft; Holz-, Kunststoffind., Maschinen- und Gerätebau; Fremdenverkehr.
Verfassung: Nach der Verf. vom 30. 4. 1995 (mit Änderungen) übt der Kantonsrat (65 Abg., für vier Jahre gewählt; Stimm- und Wahlrecht für Frauen seit 1989) die gesetzgebende und der Reg.rat (7 Mitgl.) die vollziehende Gewalt aus. Die ↑Landsgemeinde wurde 1997 auf Beschluss des Stimmvolkes abgeschafft.
Geschichte: ↑Appenzell.

Appenzell Innerrhoden, Kanton in der Schweiz, 173 km², (2000) 14 700 Ew.; Hauptort Appenzell (5 600 Ew.); Viehwirtschaft; Fremdenverkehr; Textil- und Möbelindustrie.
Verfassung: Nach der Verf. vom 24. 12. 1872 (mit Änderungen) liegt die gesetzgebende Gewalt bei der ↑Landsgemeinde und beim Großen Rat. Die jährlich einmal tagende Landsgemeinde (Wahl- und Stimmrecht für Frauen seit 1990) wählt u. a. die Standeskommission (Reg.), entscheidet über Verf.änderungen, Gesetze, Initiativbegehren und Finanzreferenden. Der Große Rat (46 Abg., auf vier Jahre gewählt) bereitet Gesetze vor, erlässt Verordnungen und beschließt über das Budget.
Geschichte: ↑Appenzell.

Apperzeption [lat.] *die, Philosophie, Psychologie:* das klare und bewusste Erfassen eines Erlebnis-, Wahrnehmungs- oder Denkinhalts. Die **reine A. (transzendentale A.)** bei Kant ist die Fähigkeit des Bewusstseins, Begriffe und Anschauungen zur Einheit der Vorstellung eines Gegenstandes zu verknüpfen.

Appetenzverhalten, *Verhaltensphysiologie:* durch ein physiolog. Ungleichgewicht ausgelöstes Verhalten, das der Ausführung der Endhandlung und damit der Beseitigung des Ungleichgewichts dient. Beispiel: Hunger beruht auf einem leeren Magen, die Tiere werden unruhig, schweifen umher, schlagen Beute (Appetenzverhalten) und verzehren sie (Endhandlung).

Appetit [lat. »Verlangen«] *der,* seelischkörperl. Verlangen nach Nahrungsaufnahme, das durch Hunger, aber auch durch zahlr. andere Einflüsse ausgelöst werden kann. Im Verlauf versch. Krankheiten kann es zu A.-Steigerung (z. B. bei Diabetes mellitus), aber auch zu **Appetitlosigkeit** kommen. Auch aus psych. Gründen kann A.-Steigerung (↑Fettsucht) oder Appetitlosigkeit (↑Anorexie) auftreten.

Appetitzügler (Anorektika), Arzneimittel mit appetitvermindernder Wirkung, die bei Übergewicht eingenommen werden können. Ständiger unkontrollierter Gebrauch führt zu gesundheitl. Schäden.

Appetizer ['æpɪtaɪzə, engl.] *der,* appetitanregendes Mittel; appetitanregende (Vor-)Speise, auch Getränk.

Appian (lat. Appianus), grch. Geschichtsschreiber des 2. Jh. n. Chr. aus Alexandria; unter Mark Aurel kaiserl. Prokurator in Ägypten. Seine in grch. Sprache geschriebene röm. Geschichte reicht von den Anfängen bis ins 2. Jh. n. Chr.

applanieren [lat.-frz.], (ein)ebnen; ausgleichen.

applaudieren [lat.], Beifall klatschen; jemandem oder einer Sache Beifall spenden.

Apple Computer, Inc. ['æpl kɔm'pju:tər -], amerikan. Computerunternehmen, gegr. 1977 von Steven Wozniak (* 1950) und Steve Jobs (* 1955), die einen der ersten Mikrocomputer (»Apple I«) auf den Markt brachten; Sitz: Cupertino (Calif.); Hersteller der PC-Familie »Macintosh« und auch des Betriebssystems »MacOS«.

Applet ['æplɪt, engl.], ein Anwendungsprogramm, das der Benutzer vom Internet auf seinen Computer lädt und dort ausführt; meist in Zusammenhang mit der Programmiersprache Java verwendet.

Appleton ['æpltən], Sir (seit 1941) Edward Victor, engl. Physiker, * Bradford 6. 9. 1892, † Edinburgh 21. 4. 1965; erforschte die Ionosphäre und entdeckte dabei die oberhalb der Heaviside-Schicht (heute E-Schicht) gelegene F-Schicht (dafür Nobelpreis für Physik 1947); entwickelte die Radarortung von Flugzeugen mit.

Applikation [lat. applicare »anwenden«, »anfügen«] *die,* **1)** *Informatik:* ein Anwendungsprogramm.
2) *Kunstgewerbe:* aufgenähte Stoff- oder Lederteile (**A.-Arbeit**) als Verzierung.
3) *Medizin:* Anwendung von Heilmitteln oder -verfahren.

Applikatur [lat.] *die, Musik:* der ↑Fingersatz.

applizieren [lat.], anwenden, gebrauchen; auftragen (Farben), aufnähen (Stoffmuster); verabreichen (Medikamente).

Appoggiatura [apɔddʒa-, italien.] *die, Musik:* der ↑Vorschlag.
Appoint [ˈapwɛ̃; frz. à point »auf den Punkt (genau)«] *der,* Ausgleichsbetrag, Rest einer Schuld; Wechsel, der eine Restschuld völlig ausgleicht.
Appomattox Court House [æpɔˈmætəks kɔːt haʊs], Nationalmonument (seit 1954 Histor. Park) in Virginia, USA; ehem. Verw.sitz des Appomattox County. Hier kapitulierte am 9. 4. 1865 R. E. Lee mit den Truppen der Konföderierten vor U. S. Grant (↑Sezessionskrieg).
Apponyi [ˈɔpɔɲi], Albert Georg Graf, ungar. Politiker, *Wien 29. 5. 1846, †Genf 7. 2. 1933, führte als Kultusmin. (1906–10) den unentgeltl. Volksschulunterricht ein; 1920 bei den Friedensverhandlungen in Paris (Trianon) und nach 1924 im Völkerbund Leiter der ungar. Delegation.
apportieren [frz.], Gegenstände (im Jagdwesen auch Wild) herbeibringen (von Hunden gesagt).
Apposition [lat. »Zusatz«] *die,* Beisatz, Beiordnung eines erläuternden Satzgliedes. (↑ Syntax, Übersicht)
Appretur [frz.] *die* (Ausrüstung), alle Arbeitsvorgänge oder Verfahren, durch deren Anwendung Textilien besseres Aussehen oder höhere Gebrauchseigenschaften erhalten: Pressen, Scheren, Walken, Rauen, Sengen, Mangeln, Dekatieren, Stärken, Krumpfecht-, Knitterfest-, Pflegeleicht- und Wasser-abstoßend-Machen. Die A.-Mittel werden meist im ↑Foulard auf- oder eingebracht.
Approbation [lat. »Billigung«] *die,* **1)** *kath. Kirchenrecht:* amtl. Genehmigung, Bestätigung eines Beschlusses oder einer kirchl. Gemeinschaft, Billigung eines Buches; Ermächtigung, z. B. eines Priesters, zur Spendung des Bußsakraments.
2) *Recht:* staatl. Zulassung für höhere Heilberufe. Die Voraussetzungen ihrer Erteilung, ihres Erlöschens und ihrer Rücknahme bestimmen sich für Ärzte nach der Bundesärzteordnung i. d. F. v. 16. 4. 1987 und der A.-Ordnung vom 27. 6. 2002, für Zahnärzte nach dem Ges. über die Ausübung der Zahnheilkunde i. d. F. v. 16. 4. 1987 und der A.-Ordnung für Zahnärzte vom 26. 1. 1955, für Apotheker nach der Bundes-Apothekerordnung i. d. F. v. 19. 7. 1989 und der A.-Ordnung vom 19. 7. 1989, für Tierärzte nach der Bundes-Tierärzteordnung i. d. F. v. 20. 11. 1981 und der A.-Ordnung vom 10. 11. 1999. In der Bundesärzteordnung und entsprechenden Vorschriften für andere Heilberufe sind Bestimmungen über die Anerkennung von ärztl. Diplomen und sonstigen Befähigungsnachweisen aus Mitgl.staaten der EU enthalten. Ähnl. Bestimmungen gelten für *Österreich* und die *Schweiz.*
Approximation [lat.] *die, Mathematik:* ↑Näherung.
APRA, polit. Bewegung in Lateinamerika, ↑**A**lianza **P**opular **R**evolucionaria **A**mericana.
Apraxie [grch.] *die,* durch Hirnschädigung bedingte Unfähigkeit, gezielte Bewegungen auszuführen, trotz Intaktheit von Muskeln und Nerven.
a. p. R. c., Abk. für lat. **a**nno **p**ost **R**omam **c**onditam, im Jahre nach der Gründung Roms (753 v. Chr.).
après nous le déluge! [aprɛnuldeˈlyːʒ, frz. »nach uns die Sintflut!«; angebl. Ausspruch der Marquise de Pompadour nach der verlorenen Schlacht bei Roßbach 1757], nach mir die Sintflut!; es ist mir ganz gleich, was später geschieht.
Aprikose [niederländ. abrikoos, über span. und arab., aus lat. praecoquus »frühreif«] *die* (Marille, Prunus armeniaca), Steinobst, ein Rosengewächs, blüht im März/April (weiß bis rosa, fast stiellos); die orangegelbe Frucht ist säuerlich-süß.
April, der 4. Monat des Jahres, Sinnbild des Wetterwendischen (A.-Wetter, A.-Schauer). – Alter dt. Name: **Ostermond.** – Der erste A. gilt als Geburts- oder Todestag von Judas, daher als Unglückstag. Der Brauch, jemanden »in den A. zu schicken«, d. h., ihn zu foppen **(A.-Scherz),** ist in den meisten Ländern Europas, auch in den USA, verbreitet. In Dtl. ist er seit dem 17. Jh. bezeugt.
Aprilthesen, von Lenin nach seiner Rückkehr aus dem Exil am 17. 4. 1917 in Petrograd (heute Sankt Petersburg) verkündetes Aktionsprogramm für die Bolschewiki; forderte unter der Losung »Alle Macht den Sowjets« u. a. die Errichtung einer Sowjetrepublik, die Verstaatlichung von Boden und Banken, die Aufsicht der Arbeiter über Produktion und Verteilung der Güter sowie die sofortige Beendigung des Krieges von russ. Seite. Die Bolschewiki sollten die allein entscheidende Kraft in Russland werden.

APR a prima aetate

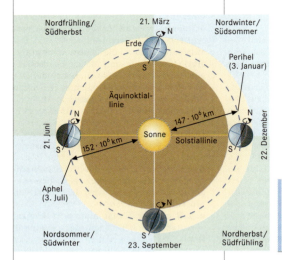

Apsiden: schematische Darstellung Perihel (Sonnennähe) und Aphel (Sonnenferne) der Erdbahn um die Sonne. Die Erde erhält im sonnenfernsten Punkt sieben Prozent weniger Sonnenlicht als im sonnennächsten.

a prima aetạte [lat.], von frühester Jugend an.
a prima vista [italien. »auf den ersten Blick«] (a vista), vom Blatt spielen oder singen, d. h. ohne vorheriges Üben oder Proben.
a priọri [lat. »vom Früheren her«] (apriorisch), das psychologisch, erkenntnistheoretisch oder transzendental dem Denken und der Erkenntnis Vorausgesetzte. **Aprior. Erkenntnis** gilt nach I. Kant unabhängig von der Erfahrung (aus bloßen Vernunftgründen), z. B. Sätze der Mathematik.
Apriorịsmus *der,* philosoph. Lehre, die eine Erkenntnis a priori für möglich hält, v. a. Idealismus und Rationalismus (↑angeborene Ideen); auch in krit. Sinn vom Empirismus zur Kennzeichnung aller Richtungen gebraucht, die von Existenz und Erkennbarkeit erfahrungsunabhängiger Wahrheiten ausgehen.
apropos [aproˈpo; frz. à propos »zur Sache«], übrigens.
APS [eɪpiːˈes], *Fototechnik:* Abk. für ↑Advanced Photo System.
Apschẹron, Halbinsel am W-Ufer des Kasp. Meeres, in Aserbaidschan; Erdölförderung (auch vor der Küste) bei Baku.
Apsịden [grch.], die beiden Punkte der ellipt. Bahn eines Himmelskörpers, in denen dieser dem Zentralkörper (Gravitationszentrum) am nächsten oder am fernsten ist; bei der Erdbahn **Perihel** (Sonnennähe) und **Aphel** (Sonnenferne), bei der Mondbahn und den Bahnen künstl. Erdsatelliten **Perigäum** (Erdnähe) und **Apogäum** (Erdferne), bei Doppelsternbahnen **Periastron** (Sternnähe) und **Apastron** (Sternferne).
Apsis [grch. »Bogen«, »Wölbung«] *die* (Apside), halbrunder, später auch vielseitiger, meist mit einer Halbkuppel überwölbter Raumteil; im frühchristl. und roman. Kirchenbau der Chorabschluss des Langhauses, oft mit kleineren Neben-A. an den Kreuzarmen oder am Chorumgang.

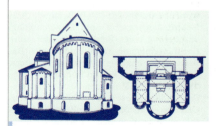

Apsis: Außenansicht und Grundriss einer Dreiapsidenanlage

Apterygọta [grch.], die ↑Urinsekten.
Aptidon [aptiˈdɔ̃], Hassan Gouled, Politiker in Djibouti, *in Djibouti 1916; von 1977 (Unabhängigkeit Djiboutis) bis 1999 diktatorisch herrschender Staatspräs.; baute die Beziehungen seines Landes zu den Nachbarstaaten Somalia und Äthio-

pien sowie zu Frankreich und der Arab. Liga aus.

Aptitude [ˈæptɪtjuːd, lat.-engl.] *die,* anlagebedingte Begabung, Voraussetzung für eine bestimmte Höhe der Leistungsfähigkeit.

Apuleius, Lucius, röm. Schriftsteller, *Madaura (Numidien) um 125 n.Chr., †zw. 161 und 180; schrieb den Roman »Metamorphosen« (auch u.d.T. »Der goldene Esel«), der die Abenteuer eines in einen Esel verwandelten Mannes und seine Erlösung durch die Göttin Isis behandelt. In die Handlung sind zahlr. Novellen eingeflochten, darunter das Märchen von »Amor und Psyche«. Die Schriften »Über den Geist des Sokrates« und »Über Platon und seine Lehre« wurden zu einer Hauptquelle des Platonismus.

Apulien (italien. Puglia), Landschaft in SO-Italien, als Region 19 362 km^2, 4,086 Mio. Ew.; Hptst. ist Bari. A. besteht aus einer trockenen, fast siedlungsleeren Kalkhochfläche im Innern (Schafweide) und den fruchtbaren Küstenebenen mit Getreide-, Wein-, Mandel- und Olivenbau. Wichtige städt. Zentren sind neben den Hafenstädten Bari, Brindisi und Tarent noch Foggia und Lecce im Landesinneren. – A. war seit dem 4./3.Jh. v.Chr. römisch, wurde im 6.Jh. n.Chr. z.T. langobardisch (Herzogtum Benevent), der S blieb byzantinisch, 1059 wurde A. von den Normannen erobert und als Herzogtum A. päpstl. Lehen, 1130 Teil des Königreichs Sizilien (Blüte unter den Staufern seit 1189), teilte seit 1282 die Geschichte des Königreichs Neapel.

📖 *Legler, R.: A. 7 000 Jahre Gesch. u. Kunst im Land der Kathedralen, Kastelle u. Trulli. Köln ³1989.*

a punto [italien. »auf den Punkt«], ganz übereinstimmend.

Apure (Río A.) *der,* linker Nebenfluss des Orinoco in Venezuela, 1 600 km lang, entspringt in der Kordillere von Mérida, mündet unterhalb von San Fernando de Apure.

Apurímac (Río A.) *der,* linker Quellfluss des Ucayali in Peru, entspringt in der südl. Westkordillere, rund 900 km lang.

Apus [grch. »ohne Fuß«], das Sternbild ↑Paradiesvogel.

AQL, Abk. für engl. acceptable quality level (annehmbare Qualitätsgrenzlage), Wert für den maximalen Prozentsatz fehlerhafter Teile in einer Lieferung, der bei einer repräsentativen Stichprobenprüfung gerade noch als akzeptabler Durchschnitt angesehen wird.

Aqtöbe, Stadt in Kasachstan, ↑Aktöbe.

Aquaball, *Funsport:* mit den Händen gespieltes, im Wasser schwimmend oder laufend ausgeübtes Torspiel zweier Mannschaften von je vier Spielern innerhalb eines abgesteckten Bereichs (16 m lang, 12 m breit). Die Wassertiefe des Beckens beträgt 1,30 m, die Spielzeit 2 × 7 min. Gespielt wird mit einem Beachvolleyball. Der Torwurf erfolgt nach mindestens drei Pässen innerhalb einer Mannschaft. Die ballbesitzende Mannschaft muss stehend den Mitspielern den Ball zupassen. Die aufblasbaren Tore sind 2 m breit und 1 m hoch. A. ist ein körperloses Spiel und wird von Frauen und Männern (auch gemischt) ausgeübt.

Aqua destillata [lat.] *das,* Abk. aq. dest., destilliertes Wasser.

Aquädukt [lat. »Wasserleitung«] *der,* brückenartiges Steinbauwerk zur Überführung von Freispiegelwasserleitungen mit natürl. Gefälle über Täler oder andere Bodenunebenheiten. Großartige A. wurden für die Versorgung Roms in der Campagna gebaut (der erste 312 v.Chr. von Appius Claudius; um 110 n.Chr. gab es zehn A. von insges. 450 km Länge); antike A. ferner in Frankreich (Pont du Gard bei Nîmes) u.a. Ländern.

Aquae [lat. »Quellen«], röm. Name vieler Badeorte, z.B. **A.** (Baden bei Wien), **A. Aureliae** (Baden-Baden), **A. Granni** (Aachen), **A. Mattiacorum** (Wiesbaden), **A. Sextiae** (Aix-en-Provence).

Aquakultur, planmäßige Bewirtschaftung und Nutzung von Wasserflächen (Meer, Seen, Flüsse) unter Anwendung von biolog. und techn. Erkenntnissen mit dem Ziel dauerhafter Erträge von Algen, Muscheln, Schnecken, Krebsen, Fischen u.a. Wasserorganismen.

äqual [lat.], gleich (groß), nicht verschieden; Ggs.: inäqual.

Aquamanile [zu lat. aqua »Wasser« und manus »Hand«] *das, kath. Kirche:* Gießgefäß und Schüssel zum Händewaschen beim Hochamt des Bischofs; im MA. oft in Form eines Tieres (Löwe, Drache) aus Silber, Bronze oder Messing gebildet; urspr. war A. nur die Bez. für die Schüssel, in der das Wasser aufgefangen wurde.

Aquamarin [lat.] *der,* Mineral, ↑Beryll.

Aquaplaning [engl., zu lat. aqua »Wasser« und engl. to plane »gleiten«] *das* (Wasserglätte), Gleiten eines Autoreifens über einen Wasserfilm, verbunden mit dem Verlust der Antriebs-, Brems- und Lenkkräfte; kann bei nasser Straße, hoher Geschwindigkeit und geringer Profiltiefe eintreten.

Aquarellmalerei: August Macke, »Blick auf eine Moschee«

Aquaporine, eine Gruppe von Proteinen, die einen Wasser leitenden Kanal durch die Zellwand bilden; sie finden sich in der Zellmembran vieler Bakterien, Pflanzen und Tiere und verhindern, dass die Zellen z. B. bei einer Änderung der Salzkonzentration in der Umgebung platzen (↑Osmose). Beim Menschen regulieren A. (über zehn Varianten sind bekannt) u. a. den Wasserhaushalt in der Niere, in den roten Blutkörperchen, in der Augenlinse und im Gehirn. Ihre Struktur hatte Ende der 1980er-Jahre der amerikan. Chemiker P. Agre gefunden, der dafür 2003 den Chemienobelpreis erhielt. Obwohl die A.-Filter sehr feinporig sind, gelangen bis zu 3 Mrd. Wassermoleküle pro Sekunde durch einen Kanal. Entscheidend ist dabei, dass die A. nicht nur den Durchfluss von Salzen verhindern, sondern auch den kleinerer Moleküle als Wasser, z. B. von Protonen. Das geschieht durch Ausbildung eines lokalen elektr. Feldes. Im Zentrum des Proteins befinden sich positive Ladungen. Dadurch werden die H^+-Ionen abgestoßen.

Aquarellmalerei [italien.], Malerei mit Wasserfarben, die aus feinsten Pigmenten, Pflanzenleim oder Dextrin und Netz- und Feuchthaltemitteln bestehen. A. lässt im Unterschied zur ↑Gouachemalerei den Malgrund durchscheinen. Beim Aquarell legt man das Bild meist erst in leichten Farbtönen an und übermalt diese, sobald sie getrocknet sind, mit stärkeren Farben. Weiße Stellen werden vom Malgrund ausgespart. In neuerer Zeit wird auch ohne Untertuschung mit nass ineinander verfließenden Farben gemalt. – Mit **Aquarellfarben** malten schon die alten Ägypter. Die Buchmaler des MA. bevorzugten Deckfarben, die auch im 16. Jh. neben Aquarellfarben verwendet wurden. Im 19. Jh. war die A. bes. in England beliebt, bei den dt. Romantikern die aquarellierte Zeichnung. Im 20. Jh. entwickelte sich bes. bei den Expressionisten (E. Nolde, C. Rohlfs, K. Schmidt-Rottluff, A. Macke u. a.) ein neuer Stil der A. Herausragende Werke des 20. Jh. u. a. von P. Klee, M. Chagall, O. Kokoschka und L. Feininger.

📖 *Koschatzky, W.: Die Kunst des Aquarells. Technik, Gesch., Meisterwerke. Unter Mitarb. v. Chr. Ekelhart u. a. München 31.–34. Tsd. 1993.*

Aquarium [lat.] *das,* Behälter zur Züchtung und Haltung von Wassertieren und -pflanzen. Ein **Süßwasser-A.,** als **Kalt-** oder **Warmwasser-A.** (mit Heizung für trop. Zierfische) eingerichtet, hat meist Kiesboden, der mit sauberem Flusssand 3 cm hoch überschichtet ist. Für die Wasserpflanzen ist eine mäßige Beleuchtung erforderlich. Als **A.-Pflanzen** eignen sich z. B. von wurzelnden Unterwasserpflanzen: Hornkraut, Quellmoos, Wasserpest; von frei schwimmenden Pflanzen: Froschbiss, Wasserlinse und die tierfangenden Pflanzen Wasserfalle und Wasserschlauch. Als **A.-Tiere** werden Würmer, Moostierchen, Muscheln, Krebse und Insekten gehalten, von einheim. Fischen z. B. Bitterling, Elritze, Gründling, Stichling, von fremdländischen z. B. Buntbarsch, Labyrinthfisch, Sonnenbarsch, Zahnkarpfen. – Im **Meerwasser-** bzw. **Seewasser-A.** verwendet man dem Meer entnommenes Was-

Äquatorialguinea AQU

ser oder Leitungswasser, dem bestimmte chem. Substanzen zugesetzt werden. Im Meerwasser-A. lassen sich z. B. Seerosen, Einsiedlerkrebse, Seesterne, Seeigel, Lippfische und Korallenfische, jedoch nur wenige Meerespflanzen halten.

Aquarius [lat.], das Sternbild ↑Wassermann.

Aquatinta [lat.-italien. »gefärbtes Wasser«] *die,* graf. Tiefdruckverfahren, bei dem auf die Kupferplatte nach dem Einritzen der Zeichnung gleichmäßig säurefeste Staubkörner (z. B. Kolophonium) aufgetragen und durch Erhitzen körnig angeschmolzen werden, sodass die Säure die Kupferplatte nur punktförmig angreift; eignet sich für die Herstellung großer, gleichmäßiger Flächen (F. Goya, M. Klinger).

Äquator [lat. »Gleichmacher«] *der,*
1) (Erd-Ä.), der größte Breitenkreis (↑Breite) des Erdellipsoids oder der Erdkugel (↑Erde), dessen Ebene auf der Erdachse senkrecht steht und von den Erdpolen einen Winkelabstand von 90° hat, teilt die Erde in die Nord- und Südhälfte. Er wird von den ↑Meridianen senkrecht geschnitten und in Längengrade (↑Länge) geteilt. Seine Länge beträgt rd. 40 075 km.
2) *Astronomie:* (Himmels-Ä.), Schnittlinie der Ebene des Erd-Ä. mit der Himmelskugel. Er steht senkrecht auf der Himmelsachse und teilt den Himmel in die nördl. und die südl. Halbkugel. Eine Hälfte des Himmels-Ä. befindet sich über dem Horizont, die andere darunter. Steht die Sonne im Ä., herrscht Tagundnachtgleiche (↑Äquinoktium). Die Ä.-Höhe ist der Winkel zw. der Ä.-Ebene und dem Horizont.
3) *Geophysik:* (erdmagnet. Ä., Akline), Linie auf der Erdoberfläche, die Punkte mit der Inklination null des erdmagnet. Feldes (↑Erdmagnetismus) verbindet; steht senkrecht auf der magnet. Achse der Erde.
4) *Meteorologie:* (kalor. Ä.), Breitenkreis, der von der Sonne im Sommer und Winter die gleiche Strahlungssumme erhält (~212° n. Br.); **therm. Ä.** (Wärme-Ä.), breitenkreisähnl. Linie, die Orte mit den durchschnittlich höchsten Temperaturen der Erde verbindet, liegt größtenteils nördlich des Erd-Ä.; **meteorolog. Ä.,** Konvergenzzone des NO- und SO-Passats, Grenzlinie zw. der nord- und südhemisphär. ↑Zirkulation der Atmosphäre.

Äquatorialguinea

Fläche	28 051 km²
Einwohner	(2003) 494 000
Hauptstadt	Malabo
Verwaltungsgliederung	2 Regionen mit 7 Provinzen
Amtssprache	Spanisch
Nationalfeiertag	12. 10.
Währung	1 CFA-Franc = 100 Centime
Zeitzone	MEZ

Äquatorialguinea [-gine:a] (amtlich span. República de Guinea Ecuatorial, dt. Republik Ä.), Staat in Westafrika, am Golf von Guinea, grenzt im N an Kamerun, im O und S an Gabun. Außerdem gehören zu Ä. die Inseln Bioko (früher Fernando Póo), Pagalu, Corisco, Elobey Grande und Elobey Chico.
Staat und Recht: Nach der Verf. vom 4. 12. 1991 (1995 ergänzt) ist Ä. eine präsidiale Rep. Staatsoberhaupt ist der mit weitgehenden Vollmachten ausgestattete Präs. (auf sieben Jahre direkt gewählt). Die Legislative liegt bei der Nationalversammlung (80 Abg., für fünf Jahre gewählt), Exekutivorgan ist die Reg. unter Vorsitz des MinPräs. Trotz des 1992 eingeführten Mehrparteiensystems werden Oppositionsparteien diskriminiert und die Bildung von Wahlallianzen verboten. Einflussreichste Parteien sind die Demokrat. Partei Ä.s (PDGE) und die Volksunion (UP).
Landesnatur: Der festländ. Landesteil (Region Mbini, früher Río Muni) umfasst eine breite Küstenebene, die nach O zu einem Bergland (bis 1 200 m ü. M.) ansteigt. Die Inseln im Golf von Guinea gehören zur Vulkankette der Kameruninseln, die auf Bioko auf über 3 000 m ü. M. ansteigt. Ä. besitzt äquatoriales Regenklima mit hohen Temperaturen und hoher Luftfeuchtigkeit.

AQU Äquatorialprojektion

Trop. Regenwald ist weit verbreitet; an der festländ. Küste Mangroven.
Bevölkerung: Die Bev. setzt sich aus versch. Bantuvölkern (v. a. Fang) zusammen. 47% der Bev. leben in Städten; rd. 90% gehören der kath. Kirche an, rd. 5% sind Anhänger traditioneller afrikan. Religionen. Es besteht allgemeine fünfjährige Grundschulpflicht. Die Analphabetenquote beträgt 22%.
Wirtschaft und Verkehr: Ä. gehört zu den ärmsten Staaten Afrikas. Der Anbau von Kakao (v. a. auf Bioko) sowie die Gewinnung von trop. Edelhölzern (Mahagoni, Eben-, Teak- und Okouméholz) in Mbini und Kaffee bilden die Grundlage der Wirtschaft. Weitere Anbauprodukte sind Maniok, Bataten, Bananen und Kokosnüsse; Ölbaumkulturen v. a. an der Küste von Mbini. Erdölförderung (seit 1992) im Golf von Guinea gewinnt an Bedeutung. – Exportiert werden Erdöl, Kakao, Kaffee und trop. Hölzer, importiert v. a. Erdölprodukte, Nahrungsmittel, Maschinen und Fahrzeuge, bearbeitete Erzeugnisse (z. B. Eisen, Stahl, Metallwaren) sowie chem. Erzeugnisse. Wichtigster Handelspartner ist Spanien. – Eisenbahnen fehlen (bis auf eine Werkbahn für den Holztransport). Das Straßennetz hat eine Gesamtlänge von rd. 2 700 km, davon sind 20% befestigt. Urspr. gut ausgebaut (v. a. die Küstenstraße im nördl. Teil der Insel Bioko, die Straße im N von Mbini), befindet es sich in einem schlechten Zustand. Wichtigster Seehafen ist Bata; internat. Flughäfen haben Malabo und Bata.
Geschichte: Fernando Póo (seit 1778 spanisch) und Río Muni (seit 1900 im heutigen Umfang spanisch) wurden 1968 als Ä. unabhängig. Gestützt auf ihm ergebene polit. Organisationen, errichtete Staatspräs. F. Macías Nguema ein Terrorregime. 1979 wurde er durch einen Putsch gestürzt und später hingerichtet. Seitdem führt General T. Obiang Nguema Mbasogo als Staatspräs. – seit 1992 im Rahmen eines Mehrparteiensystems – die Reg. (1989 und 1996 im Amt bestätigt). Im Kontrast zu den formal demokrat. Herrschaftsstrukturen seit 1991 trägt das Reg.system Obiangs diktator. Züge. Die in einer »Plattform« vereinigte Opposition rief bei den Parlamentswahlen von 1993, bei der die PDGE fast alle Mandate gewann, zum Wahlboykott auf. Die absolute Mehrheit sicherte sich die PDGE auch bei den von der Opposition als Farce bezeichneten Parlamentswahlen 1999.
📖 *Hb. der Dritten Welt,* hg. v. D. Nohlen u. F. Nuscheler, Bd. 4: *Westafrika u. Zentralafrika.* Bonn ³1993.

Äquatorialprojektion, Abbildungsform bei ↑Kartennetzentwürfen.

Äquatorialströme, Meeresströmungen im ↑Atlantischen Ozean, ↑Indischen Ozean und ↑Pazifischen Ozean.

Äquatortaufe (Linientaufe), seemännischer Brauch, nach dem Mitgl. der Schiffsbesatzung, die erstmalig den Äquator passieren, in derber Form für ihren Übertritt auf die südl. Erdhalbkugel »gereinigt« werden; heute auch auf Passagiere ausgedehnt.

à quatre [a'katr, frz.], zu vieren; *Musik:* **à quatre mains,** vierhändig; **à quatre parties,** vierstimmig.

Aquavit [lat. aqua vitae »Lebenswasser«] *der,* mit Kümmel u. a. Gewürzen aromatisierter Branntwein (mindestens 38 Vol.-% Alkohol).

Äquer, mittelitalisches Bergvolk, das im Altertum östlich von Latium siedelte, 304 v. Chr. von den Römern unterworfen.

Äquidensiten [lat.], Linien oder Flächen gleicher Schwärzung (Dichte) oder Helligkeit in fotograf. Negativen.

äquidistant, gleich weit voneinander entfernt, gleiche Abstände aufweisend.

Aquifer [lat.] *der,* internat. Bez. für Grundwasserleiter.

Aquila, lat. Bez. des Sternbilds ↑Adler.

Aquila degli Abruzzi [- 'deʎi -], ↑L'Aquila.

Aquileja (italien. Aquileia), Gemeinde in der Prov. Udine, Italien, im Isonzodelta, 9 km von der Adria, 3 400 Ew.; Fremdenverkehr. – Reste röm. Bauten, roman. Basilika mit frühchristl. Mosaikfußboden, karoling. Krypta (gehören zum UNESCO-Weltkulturerbe). – 181 v. Chr. als röm. Kolonie gegr., in der Kaiserzeit eine der größten Städte Italiens, 452 n. Chr. durch Attila zerstört. Mitte des 6. Jh. wurde A. Sitz eines Patriarchen, der beim Langobardeneinfall 568 nach Grado übersiedelte. So entstanden zwei (1180 von Rom anerkannte) Patriarchate, Alt- und Neu-A. Seit 1421 gehörte A. zu Venedig. Das Patriarchat Alt-A. war für die kaiserl. Italienpolitik von großer Bedeutung. Es verlor 1445 seine weltl. Herrschaft; 1751 von Papst Benedikt XIV. aufgelöst.

Äquilibrismus *der*, scholast. Lehre vom Einfluss des Gleichgewichts der Motive auf die freie Willensentscheidung.

Äquilibrist [zu lat. aequilibrium »Gleichgewicht«] *der* (Equilibrist), Artist, der die Kunst des Gleichgewichthaltens beherrscht (v. a. Seiltänzer).

Aquincum, röm. Legionslager und Siedlung am pannon. Limes auf dem Gebiet des heutigen Budapest. Im 2. und 3. Jh. n. Chr. war A. Hauptstadt der Prov. Pannonia inferior; erhalten sind röm. Baureste. Im Museum von A. befindet sich u. a. die Rekonstruktion einer antiken Orgel, deren Fragmente in der Zivilstadt gefunden wurden.

Aquino, Stadt in Latium, Italien, südlich von Frosinone, 5500 Ew. Auf der nahen Burg Roccasecca wurde Thomas von Aquin geboren.

Aquino [-ˈki-], Corazon (Cory), philippin. Politikerin, *Manila 25. 1. 1933; Frau des 1983 ermordeten Oppositionspolitikers Benigno A. (*1932); erreichte an der Spitze einer Volksbewegung den Sturz von Präs. F. Marcos (Febr. 1986) und übernahm das Amt des Staatspräs. (bis 1992).

Äquinoktialstürme, regelmäßig zur Zeit der Äquinoktien (Tagundnachtgleichen) v. a. in den Subtropen auftretende Stürme.

Äquinoktium [lat.] *das,* Zeitpunkt der **Tagundnachtgleiche,** am Frühlingsanfang um den 21. März (Frühlings-Ä.) und am Herbstanfang um den 23. September (Herbst-Ä.). Die Sonne steht dann im Äquator und geht um 6 Uhr Ortszeit auf, um 18 Uhr unter. Die beiden Punkte des Himmelsäquators, an denen sie sich zur Zeit der Tagundnachtgleichen befindet, heißen **Äquinoktialpunkte** (Frühlings- oder Widderpunkt und Herbst- oder Waagepunkt).

Äquipotenzialfläche, in einem physikal. Feld Flächen gleichen Potenzials.

Aquitani|en, histor. Landschaft und Region in SW-Frankreich, 41 309 km², 2,907 Mio. Ew.; Hptst.: Bordeaux. Die Region umfasst den Kernraum des Aquitanischen Beckens, einer Hügellandschaft im Einzugsgebiet von Garonne und Dordogne, und die westl. Pyrenäen. Angebaut werden v. a. Getreide, Gemüse, Tabak und Obst; das Bordelais ist das größte frz. Weinbaugebiet. Erdgasvorkommen bei Lacq; nach dem Zweiten Weltkrieg Ausbau der Ind.: Erdölraffinerien, chem.,

Aluminiumind., Flugzeug- und Schiffbau u. a. An der Dünenküste bed. Fremdenverkehr. – Im alten Gallien das Land zw. den Pyrenäen, der Garonne und dem Atlantik. Die röm. Provinz A. reichte bis zur Loire. 418 kam A. an die Westgoten, 507 an die Franken. Die Grafen von Poitou wurden um 950 Herzöge von A.; dieses Herzogtum fiel 1152 (mit der Heirat Elenores von A. mit Heinrich Plantagenet) an das Haus ↑Anjou und damit 1154 an England. Der N (Poitou) war seit 1224 meist unter frz. Herrschaft (für das engl. A. galt seitdem der Name **Guyenne**). 1453 wurde A. mit Frankreich vereinigt.

📖 *Seidler, P.: A. Bordeaux, Atlantik-Küste, Baskenland, Gascogne u. Dordogne. Kunst- u. Reiseführer mit Landeskunde. Stuttgart u. a. 1988. – Schmid, Marcus X.: Südwestfrankreich. Erlangen ⁴2002.*

Äquivalent [lat.] *das,* **1)** *allg.:* Gegenwert, vollwertiger Ersatz.
2) *Chemie:* 1) **Ä.-Teilchen,** gedachter Bruchteil $1/z$ eines Teilchens (Atom, Ion, Molekül), wobei z ganzzahlig ist und die stöchiometr. Wertigkeit darstellt; 2) elektrochem. Ä. (↑faradaysche Gesetze).
3) *Photometrie:* ↑photometrisches Strahlungsäquivalent.
4) *Physik:* 1) mechan. Wärme-Ä.; 2) elektr. Wärme-Ä. (↑Wärme).

Äquivalentdosis, *Strahlenschutz:* ↑Dosis.

Äquivalentkonzentration (Stoffmengenkonzentration der Äquivalente, früher Normalität), *Chemie:* Formelzeichen c_{eq}, SI-Einheit ist mol/m³ (häufig wird auch mol/l verwendet); der Quotient aus der **Äquivalentmenge** n_{eq} eines gelösten Stoffes und dem Volumen V der Lösung, $c_{eq} = n_{eq}/V$. Die Äquivalentmenge ist das Produkt aus Stoffmenge n und Wertigkeit z des gelösten Stoffes. Ist ein Stoff einwertig, so ist die Ä. gleich der Stoffmengenkonzentration.

Äquivalentmasse (relative Ä., veraltet Äquivalentgewicht), der Quotient aus der relativen Masse eines Teilchens (Atom, Ion, Molekül) eines Stoffes und dessen Wertigkeit in einer chem. Verbindung.

Äquivalenz [lat.] *die,* **1)** *allg.:* Gleichwertigkeit, Entsprechung.
2) *Logik:* ↑Bedingung.
3) *mathemat. Logik:* Bez. für zwei Aussagen mit demselben Wahrheitswert; in der

AQU Äquivalenzprinzip

Digitaltechnik Verknüpfungsfunktion der ↑Schaltalgebra.
4) *Physik:* 1) Ä. von Masse und Energie (Masse-Energie-Ä., einsteinsches Gesetz), von A. Einstein 1905 in der speziellen Relativitätstheorie aufgestellte Beziehung über die Gleichwertigkeit von Ruhemasse m_0 und Energie E, $E = m_0 c^2$ (c Lichtgeschwindigkeit). 2) Ä. von träger und schwerer Masse (↑Eötvös, ↑Relativitätstheorie). 3) Ä.-Prinzip, das Relativitätsprinzip über die Gleichwertigkeit von Koordinatensystemen (↑Relativitätstheorie).
5) *Psychologie:* die Gleichwertigkeit von einander ähnl. Reizen, die einander ersetzen und gleichartige Reaktionen hervorrufen können; auch von gleich gebauten Testaufgaben, die zur Prüfung der ↑Reliabilität auf dasselbe Merkmal ausgerichtet sind.

Ara: Gelbbrust-Aras (Größe 80–85 cm)

Äquivalenzprinzip, Grundsatz in der Rechts- und der Finanzwiss., wonach zw. dem Wert einzelner Leistungen der öffentl. Verwaltung und der dafür geforderten Gebühr ein ausgewogenes Verhältnis bestehen muss. (↑Kostendeckungsprinzip)
Äquivalenztheorie, *Recht:* ↑Verursachung.
Äquivokation [lat.] *die,* Mehrdeutigkeit gleich lautender **(äquivoker)** Begriffe, z. B. Feder (Schreibfeder, Vogelfeder).
Ar, chem. Symbol für ↑Argon.
Ar [lat. area »Fläche«], Einheitenzeichen **a,** gesetzl. Einheit zur Angabe der Fläche von Grund- und Flurstücken: 1 a = 100 m².

AR, *Astronomie:* Abk. für lat. **a**scensio **r**ecta (gerade Aufsteigung), ↑Rektaszension.
Ara [indian.] *der,* Gattung großer, langschwänziger, in den trop. Regenwäldern Mittel- und Südamerikas lebender Papageien, z. B. der **Gelbbrust-A. (Ararauna,** A. ararauna) und der **Hellrote A.** (A. macao).
Ara [lat.], das Sternbild ↑Altar.
Ära [lat.] *die,* **1)** (Zeitrechnung, auch Jahrrechnung), die Reihenfolge der von einer bestimmten Epoche an gezählten Jahre; Zeitalter. Den Anfangspunkt einer Ä. bildet ein Epochentag (Epoche), gewöhnlich durch ein wichtiges geschichtl. Ereignis gekennzeichnet, nach dem die Ä. benannt wird. Die wichtigsten der noch gebräuchl. Ären sind: 1) die **christliche Ä.,** die nach Jahren seit Christi Geburt rechnet; im 6. Jh. durch den röm. Mönch Dionysius Exiguus zum ersten Mal angewendet, durch Beda im 8. Jh. in die Historiographie eingeführt; 2) die **jüd. Welt-Ä.,** von den Juden seit dem 11. Jh. gebraucht; Anfang: 7. 10. 3761 v. Chr. (nach jüd. Quellen die Erschaffung der Welt; ↑ab origine mundi) 3) die **muslim. Ä., Hidjra,** beginnt mit der Flucht des Propheten am 16. 7. 622 n. Chr. 4) die **buddhist. Ä. (Nirvana);** als ihr Anfang gilt das Todesjahr Buddhas (meist 483 v. Chr. angesetzt). 5) die **japan. Ä. (Nengō),** wurde erstmals nach chines. Vorbild unter Kaiser Kotoku (645–654 n. Chr.) verwendet.
2) *Geologie:* ↑Erdzeitalter.
Araber, urspr. nur die semit. Stämme der Arab. Halbinsel, heute alle, die Arabisch als Muttersprache sprechen (über 230 Mio.). In Afrika liegt ihr zahlenmäßiges Schwergewicht (abgesehen von den über 40 Mio. Arabisch sprechenden Ägyptern) in den Staaten des Maghreb bis nach Mauretanien. Die A. gehören im Bereich der Arab. Halbinsel ausschl., in den anderen Gebieten größtenteils dem Islam an. – Je nach Lebensraum und Wirtschaftsform waren die A. von alters her Nomaden (↑Beduinen), Bauern (↑Fellachen) mit hoch entwickelter Bewässerungstechnik sowie Handwerker und v. a. Händler, die zw. Asien, Afrika und Europa Handel trieben. – Nach einer verbreiteten Ansicht ist die Arab. Halbinsel die urspr. Heimat der A. V. a. Märkte, Heiligtümer (insbesondere die Kaaba), aber auch Brauchtum und eth.

Normgefüge sowie die Herausbildung der arab. Sprache, Schrift und Literatur (3.–6. Jh.) förderten die ethnisch-kulturelle Vereinheitlichung, die mit der schnellen Ausbreitung des Islam in Arabien in der 1. Hälfte des 7. Jh. ihren – v. a. religiös geprägten – Abschluss fand. Das ethn. und religiös motivierte Selbstbewusstsein der A. verhinderte ihr Aufgehen in zahlenmäßig weit überlegenen Völkern oder eine Anpassung. Vielmehr haben sich fremde Völker oft den A. sprachlich angeglichen (Aramäer, Kopten, viele Berberstämme, selbst die unterworfenen span. Christen [Mozaraber]) oder empfingen von ihnen – v. a. unter dem Einfluss des Islam – starke Impulse (»Arabisierung«). Andererseits brachten unterworfene Völker eigene kulturell-ethn. Elemente in die ethn. Überformung ein, in deren Ergebnis die einzigartige arabisch-islam. mittelalterl. Zivilisation mit ihrer Verschmelzung von antikem, asiat. und arab. Kulturgut stand. Nach dem Zusammenbruch des Osman. Reiches (auf der Arab. Halbinsel vom 16. Jh. bis 1918) scheiterten die arab. Bemühungen, einen gesamtarab. Staat zu bilden. Im letzten Drittel des 20. Jh.s erlangten der erstarkende islam. (polit.) Fundamentalismus und von ihm beeinflusste extremist. Organisationen, auch gestützt von einzelnen arab. Staaten, zunehmend polit. Bedeutung bzw. innenpolit. Gewicht. Über die Bestrebungen der A., über sprachl. und kulturelle Gemeinsamkeiten hinaus auch zu einer polit. Zusammenarbeit zu finden, ↑Arabische Liga, ↑panarabische Bewegung.

Arabęske [frz. aus italien.] *die,* **1)** *Dekorationskunst:* stilisiertes Blattrankenornament in der islam. Kunst. Die A. entwickelte sich aus dem hellenistisch-röm. Rankenornament. Im 16. Jh. kam sie mit der maur. Kunst nach Europa und wurde dort zur ↑Mauręske umgebildet.
2) *Musik:* Charakterstück, meist für Klavier, mit reich verzierter Melodik.

Arabesque [araˈbɛsk, frz.] *die,* eine Grundhaltung im klass. Tanz mit gestrecktem Standbein und um 90° gestreckt nach hinten gehobenem Spielbein.

Arabien, im histor. und polit. Sinn gebrauchtes Synonym für ↑Arabische Halbinsel.

Arabinose *die,* eine Zuckerart, ↑Zucker.

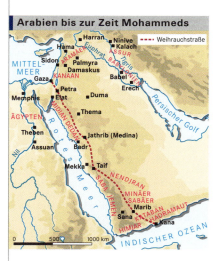
Arabien bis zur Zeit Mohammeds

arạbische Bewegung, ↑panarabische Bewegung.
Arạbische Emirate, Föderation am Pers. Golf, ↑Vereinigte Arabische Emirate.
Arạbische Halbinsel (Arabien, arab. Djesirat el-Arab, pers. und türk. Arabistan), die westlichste der drei großen südasiat. Halbinseln, rd. 3,5 Mio. km², fast ausschl. von ↑Arabern bewohnt. Staatlich gliedert sie sich in Saudi-Arabien, Jemen, Oman, die Vereinigten Arab. Emirate, Katar, Kuwait. Im N haben Irak und Jordanien Anteil; im Pers. Golf vorgelagert liegt Bahrain.
Landesnatur: Die A. H. ist von Afrika durch das Rote Meer, von den anatolisch-iran. Faltenketten durch eine lang gestreckte Senkungszone (Pers. Golf–Mesopotamien) getrennt. Im S ist sie am stärksten herausgehoben (bis 3 760 m ü. M.) und bricht steil zum Roten Meer hin ab. Nach NO zu dacht sie sich langsam ab; auflagernde Sedimente bilden hier ein Schichtstufenland. Große Senken und Mulden der zentralen A. H. sind Sandwüste, v. a. die Wüste Nefud im NW und die Große Arab. Wüste (Rub al-Chali) im SO. Weit verbreitet sind eintönige Basaltblockfelder jungvulkan. Ergüsse. Klimatisch gehört die A. H. zum Trockengürtel der Alten Welt. Nur der N und die Gebirge von Oman erhalten (nach O zu abnehmend) spärl. Winterregen, der S (Jemen) etwas reichlichere Sommerregen; an den Küsten hohe Luft-

ARA arabische Kunst

feuchtigkeit. Im Inneren sind die Wärmeschwankungen zw. Sommer und Winter sowie zw. Tag und Nacht erheblich. Die A. H. ist sehr dünn besiedelt. Ihre wirtsch. Bedeutung liegt in dem Reichtum an Erdöllagerstätten. Feldbau (in den wenigen Oasen und in Randgebieten) und Viehhaltung spielen wertmäßig nur eine geringe Rolle. **Geschichte:** Die Domestikation des Kamels (Dromedars) vom 14. bis 12. Jh. v. Chr. führte zur Herausbildung des typ. nordarab. Kamelnomadismus (↑Beduinen) und war somit eine Voraussetzung zur Erschließung der kargen Wüsten- und Steppengebiete; blühende Oasen entstanden in der Wüste. Eine sesshafte, auf Ackerbau (künstl. Bewässerungsanlagen) und Fernhandel (Weihrauchstraße) beruhende Kultur mit Staatenbildung konnte sich in vorislam. Zeit nur im S der A. H., lat. **Arabia Felix,** arab. **Jemen,** Land von Weihrauch, Gold und Myrrhe, sowie an den Karawanenhandelsplätzen entwickeln. Hier bestanden im 1. Jt. v. Chr. versch. selbstständige Reiche, so die der Sabäer (Hptst. Marib) und der Minäer, im 4. Jh. v. Chr. das Reich von ↑Hadramaut und um 300 n. Chr. ein südarab. Großreich (↑Himjar). Das Gebiet stand dann 525–575 n. Chr. unter abessin., danach unter pers. Oberhoheit. Im Innern der A. H. einschl. des heutigen Hidjas entwickelten sich infolge des unsteten Lebens der Beduinen die Handelsniederlassungen entlang der Weihrauchstraße (wie Mekka) erst dann zu Staaten, als der Islam die A. H. religiös und politisch unter Einschluss des S einte (7. Jh.), allerdings nur vorübergehend, denn das polit. Zentrum des islam. Weltreichs verlagerte sich schon Mitte des 7. Jh. von Medina nach Damaskus. Die Randgebiete, bes. der S und O, verselbstständigten sich wieder. Zu Beginn der Neuzeit setzten sich die Portugiesen in Maskat fest (1506), während die Osmanen mit wechselndem Erfolg versuchten, den Jemen und das Hidjas (mit Mekka und Medina) unter ihre Herrschaft zu bringen. Im Innern, im Nedjd, kam es um 1740 unter den Wahhabiten zur Bildung eines arab. Staates, der 1818 osmanisch wurde und aus dem im 20. Jh. Saudi-Arabien (seit 1932) entstand. Von 1930/32 (Irak) bis 1971 (Vereinigte Arab. Emirate) erreichten die Länder der A. H. ihre Unabhängigkeit; die meisten (Saudi-Arabien, Irak, Kuwait, Bahrain, Katar, Vereinigte Arab. Emirate, Oman) kamen durch Erdölexporte zu Reichtum, 1981 wurde der Golfrat gegründet. Im Spannungsfeld von islam. Traditionen, arab. Nationalismus und dem ↑Nahostkonflikt ist der arab. Raum zu einer Krisenregion geworden (↑Golfkrieg, ↑Antiterrorkrieg).
📖 *Hourani, A. H.: Die Gesch. der arab. Völker. A. d. Engl. Frankfurt am Main 26.–28. Tsd., ⁵1992. – Lewis, B.: Die Araber. Aufstieg u. Niedergang eines Weltreichs. A. d. Engl. Wien u. a. 1995. – Heck, G. u. Wöbcke, M.: Arab. Halbinsel. Saudi-Arabien, Kuwait, Bahrain, Qatar, Vereinigte Arabische Emirate, Oman, Jemen. Köln 1996. – Tibi, B.: Das arab. Staatensystem. Mannheim u. a. 1996. – Gesch. der arab. Welt, hg. v. H. Halm. München ⁴2001. – Ayubi, N.: Polit. Islam. Religion und Politik in der arab. Welt. Freiburg i. Br. 2002. – Perthes, V.: Geheime Gärten. Die neue arab. Welt. Berlin 2002.*

arabische Kunst, ↑islamische Kunst.

Arabische Legion, militär. Verband, 1921 als »Wüstenpatrouille« in (Trans-)Jordanien gegr., wurde von Glubb Pascha zu einer jordan. Elitetruppe geformt; ging 1956 in der Armee auf.

Arabische Liga, Zusammenschluss von 21 arab. Staaten und der Palästinensischen Befreiungsorganisation (PLO); gegr. am 22. 3. 1945 von Ägypten (1979–89 war dessen Mitgliedschaft suspendiert), Irak, Jemen, (Trans-)Jordanien, Libanon, Saudi-Arabien und Syrien; Sitz: Kairo. Die A. L. erstrebt die polit., militär., wirtsch. und kulturelle Zusammenarbeit ihrer Mitglieder. Oberstes Beschlussorgan ist der Rat, in den jedes Mitgl. einen Vertreter entsendet. Der Rat kann kein Mitgl. gegen dessen Willen (Vetorecht) an einem Beschluss binden. Neben ihm bestehen mehrere Ausschüsse, bes. der Ausschuss der Außenminister. Geschäftsführendes Organ ist das Generalsekretariat, an dessen Spitze ein Generalsekretär steht. Spannungen zw. den Mitgl. beeinträchtigen oft die Zusammenarbeit. Seit 1998 erwog Libyen wiederholt, zuletzt 2002, seinen Austritt aus der Arab. Liga.

arabische Literatur. Die a. L. wird seit dem Ende des 8. Jh. systematisch aufgezeichnet. Die Poesie auf der Arab. Halbinsel war schon in der Zeit vor dem Islam hoch entwickelt. Zu ihren Themen gehörten u. a. Liebe, Jagd und Selbstruhm sowie Naturbeschreibungen. Mit dem Auftreten des Propheten Mohammed († 632) trat sie zurück, erreichte jedoch um 700 erneut einen Höhepunkt. Die zur gleichen Zeit in Mekka, Medina und Damaskus entstehende städt. Poesie pflegte bes. das anakreont. Liebes- und Trinklied. Zu voller Entfaltung kam sie mit der Konsolidierung des Abbasidenkalifats (seit 750) in Bagdad. In Irak entstand auch der »neue« Stil mit Gedichten auf Würdenträger, Kriegszüge, Stadtgründungen u. a. Mit dem Niedergang der kalifalen Zentralgewalt in Irak verlagerte sich das literar. Schaffen an kleinere Fürstenhöfe.

An Prosa ist aus vorislam. Zeit wenig überliefert: Sprichwörter und Reden mit dazugehörigen Geschichten sowie Berichte über die »altarab. Heldenzeit«. An diese Tradition knüpften Erzähler der frühen Abbasidenzeit an. So entstand, stets vom ältesten arab. Prosabuch, dem Koran und seiner Interpretation, ausgehend, eine reiche Literatur über die verschiedensten Themen, darunter philolog. Abhandlungen, eine Geschichte des Propheten Mohammed im Rahmen einer Heilsgeschichte der Menschheit (Ibn Ishak, † 768), Reichsgeschichten (z. B. von Tabari, † 923), religiöse, theolog., philosoph. (al-Ghasali) und jurist. Werke, geograph. Schriften (Jakut, † 1229) und Reisebeschreibungen (Ibn Battuta) sowie enzyklopäd. Werke. Die Geschichtsdeutung des ↑Ibn Chaldun aus soziolog. Sicht war für das gesamte MA. in Morgen- und Abendland einzigartig. Die Welt der Märchen, Legenden und Sagen erlebte mit den Erzählungen aus ↑Tausendundeiner Nacht ihre Blüte.

Nach Jahrhunderten der Erstarrung entstand die a. L. in der 2. Hälfte des 19. Jh. neu. Der Anstoß ging von Europa aus. Literaten und Übersetzer bedienten sich der klass. Literatursprache, passten sie aber den Bedürfnissen des modernen Lebens an. Die erzählende Prosa wurde von engl. und frz. Vorbildern angeregt, durch den modernen Roman und die Kurzgeschichte zu neuer Blüte gebracht. Das arab. Theater wurde begründet. Inzwischen verstärken sich in der Literatur Bewusstsein und Zielvorstellung der Unabhängigkeit, Eigenständigkeit und partnerschaftliche Gleichberechtigung, bes. gegenüber Europa, eingebracht in den weiten Rahmen nationaler Erneuerung. Zu den Vertretern der modernen a. L. gehören u. a. in Ägypten Taha Husain, Taufik al-Hakim (* 1898, † 1987), Nagib Mahfus (Nobelpreis für Literatur 1988), Jussuf al-Kaid (* 1944), im Libanon Michail Nuaima (* 1889, † 1988) und Adonis (* 1930), in Syrien Saadalla Wannus (* 1941, † 1997).

📖 *Sezgin, F.: Gesch. des arab. Schrifttums, 9 Bde. Leiden 1967–84. – Gibb, H. A. R. u. Landau, J. M.: Arab. Literaturgesch. A. d. Engl. Zürich u. a. 1968. – Haywood, J. A.: Modern Arabic literature, 1800–1970. An introduction, with extras in translation. London 1971. – Badawi, M. M.: A short history of modern Arabic literature. Oxford 1993.*

arabische Musik, ↑orientalische Musik.

arabische Schrift. Sie geht auf die altsemit. Konsonantenschrift zurück. Seit dem 7. Jh. n. Chr. gibt es zwei Formen: eine eckige Monumentalschrift (die nicht mehr gebräuchl. **kufische Schrift**) und eine runde Kursivschrift, die bis heute übl. **Neschi-Schrift.** Die a. S. läuft von rechts nach links. – Tabelle S. 320

Arabisches Meer (arab. Bahr el-Hind), der nordwestl., zw. Vorderindien und Arabien gelegene Teil des Ind. Ozeans mit dem Golf von Aden und dem Golf von Oman, 3 000–4 000 m tief.

arabische Sprache. Die a. S. bildet mit der äthiop. den südwestl. Teil des semit. Sprachstammes. Das **Südarabische** lebt nur noch in wenigen Volksdialekten fort, das **Nordarabische** hat durch den Siegeszug des Islam (7. Jh.) nicht nur die südarab. Schriftsprache verdrängt, sondern das Arabische in Vorderasien bis nach Zentral- und Südostasien, in Nordafrika und in Spanien verbreitet. Auch die islam. Völker, der der Arabisierung widerstanden (Perser, Türken, Inder, Malaien, Berber u. a.), übernahmen das Arabische als Schriftsprache in Religion und Wissenschaft. Daneben haben sich seit dem MA. arab. Dialekte entwickelt, die als Umgangssprache des tägl. Lebens im Gebrauch sind; es gibt fünf Hauptgruppen: 1) Halbinsel-Arabisch, 2) Irakisch, 3) Syrisch-Palästinensisch, 4) Ägyptisch, 5) Maghrebinisch.

arabische Wissenschaft. Um 750 begann man in Arabien mit der Übersetzung praktisch wichtiger Werke (bes. Medizin, Astronomie und Astrologie, Landwirtschaft, Logik) zunächst aus dem Persischen und Indischen, dann dem Griechischen. Im Verlauf von etwa 150 Jahren wurden so die wichtigsten wiss. Arbeiten der Antike ins Arabische übertragen. Einheim. Gelehrte, z.T. nicht arab. Herkunft, verarbeiteten das neue Wissensgut und entwickelten es selbstständig weiter, so die Philosophen al-Kindi, al-Farabi, Ibn Sina (Avicenna), die Mediziner al-Razi (Rhazes, †925), Ali ibn Abbas (Hali Abbas, †994), Abul Kasim (Abulcasis, †um 1013), die Mathematiker al-Charismi, Thabit Ibn Kurra († 901), Omar-e Chajjam, die Physiker Haitham (Alhazen) und Chasini (um 1125), die Astronomen al-Battani (Albategnius) und Chodjandi († um 1000). Ihre Synthese oriental. und antiken Geistes hat die islam. Kultur entscheidend geformt. Manche Wissenschaftszweige, z. B. Religionswiss., Chronologie, Experimentalphysik, Trigonometrie und Algebra, sind von islam. Gelehrten geschaffen worden oder fanden bei ihnen ihre erste gültige Ausprägung. Es sind v. a. die mathematisch-naturwiss. und techn. Disziplinen, deren Hochblüte in Ggs. zu den anderen Wiss. das 10.–12. Jh. überdauerte. Der westl. Zweig der islam. Kultur (Spanien, Maghreb) brachte bed. Männer wie die Astronomen Sarkala (Arzachel, †1100) und Djabir Ibn Aflach (Geber, 12. Jh.), den Pharmakologen Ibn al-Baitar († 1248), die Philosophen Ibn Ruschd (Averroes) und Ibn Badjdja (Avempace) sowie den Historiker Ibn Chaldun hervor.

Im 11. bis 13. Jh. setzte bes. in Spanien und Sizilien eine lebhafte Übersetzungstätigkeit aus dem Arabischen ins Lateinische ein. Eine begrenzte Auswahl der a. W. wurde an das Abendland übermittelt, v. a. aber die grch. Klassiker, so fast der gesamte Aristoteles und damit die wiss. Tradition des Griechentums (↑islamische Philosophie). Ende des 15. Jh. erstarrte die a. W. insgesamt, stand aber bis zum Einsetzen der Renaissance in hohem Ansehen. Vom Einfluss der arab. Astronomie zeugen Ausdrücke wie Zenit, Azimut und viele Sternnamen; in der Mathematik Begriffe wie Algebra, Algorithmus, Sinus und Cosinus.

Ar̲abische Wüste, Gebirgswüste in Ägypten, zw. Nil und Rotem Meer, bis 2 187 m hoch.

ar̲abische Ziffern, die heute gebräuchl. ↑Ziffern, die von den Arabern übernommen, urspr. ind. Zahlzeichen für die Zahlen 1 bis 9 und die Null. Die in Europa übl. Form entstand im 10. Jh. in Katalonien; im 15. Jh. verdrängten die a. Z. in Dtl. die röm. Ziffern.

Arab̲istik die, die kulturhistor., politolog., ökonom. und soziolog. Erforschung des arab. Raumes.

Aracaju [-ka'ʒu], Hauptstadt des Bundesstaates Sergipe, NO-Brasilien, 401 700 Ew.; Erzbischofssitz; Handels- und Industriezentrum (Häute, Zucker, Baumwolle, Ölfrüchte) mit Hafen.

Arachnida [grch.], die ↑Spinnentiere.

Arachthos [ngrch. 'araxθɔs] der, Fluss in W-Griechenland (Epirus), 110 km lang.

Name	Zeichen	wissenschaftl. Umschrift	gängige Wiedergaben
Alif	ا	ʼ	–
Ba	ب	b	b
Ta	ت	t	t
Tha	ث	ṯ	th
Djim (Dschim)	ج	ǧ	dj, dsch, g, j
Ha	ح	ḥ	h, ch
Cha	خ	ḫ	ch, kh
Dal	د	d	d
Dhal	ذ	ḏ	dh, ds, s
Ra	ر	r	r
Saj	ز	z	s, z
Sin	س	s	s, ß
Schin	ش	š	sch, sh
Sad	ص	s	s, ss, ß
Dad	ض	d	d
Ta	ط	t	t
Tsa	ظ	z	s, z
Ain	ع	ʻ	–
Ghain	غ	ġ	gh, g
Fa	ڢ ف	f	f
Kaf	ڧ ف	q	k, q
Kaf	ك	k	k
Lam	ل	l	l
Mim	م	m	m
Nun	ن	n	n
Ha	ه	h	h
Waw	و	w	w, v
Ja	ي	y	j, y

arabische Schrift

Aragon ARA

Der A. entspringt im Pindos und mündet in das Ionische Meer; Wasserkraftwerk bei Arta.

Arad, Ron, brit. Designer israel. Herkunft, *Tel Aviv 1951; siedelte 1973 nach Großbritannien über und gründete 1981 in London ein Designstudio. Seine Entwürfe reichen von Kleinmöbeln, insbes. Stühlen (z. B. »Well Tempered Chair«, 1986, »Big Heavy«, 1989), bis hin zu ganzen Raumkonzepten. Charakteristisch für A. sind organ. Formen, der Verzicht auf den rechten Winkel und die Verwendung innovativer Werkstoffe. Der funktionale Sinn seiner Objekte erschließt sich mitunter erst bei der Benutzung (z. B. Bücherregal »Bookworm«, 1993).

Arad, 1) Hptst. des Bezirks A. in Rumänien, an der Maros, 172 800 Ew.; Univ. (gegr. 1990); Textilind., Maschinen- und Waggonbau; Flughafen. – A., 1551 von den Türken, 1685 von den Österreichern erobert, im ungar. Aufstand 1848/49 (Märzrevolution) zeitweise Sitz der Reg. Kossuth, kam 1920 an Rumänien.
2) Stadt in Israel, im Negev, 12 400 Ew.; als Wohnstadt für die Arbeiter der Kaliwerke am Toten Meer 1963 gegründet.

Araf [arab.], *Islam:* nach Mohammeds Lehre ein Ort zw. Paradies und Hölle, ähnlich dem christl. Fegefeuer.

Arafat, Jasir Mohammed, eigtl. Rahman Abd ar-Rauf A. al-Qudwa al-Husaini, nach anderen Angaben Mohammed Abd ar-Rauf A., (zeitweiliger) Deckname Abu Ammar, palästinens. Politiker, *Jerusalem (nach anderen Angaben: Kairo) 27. 8. 1929; urspr. Ingenieur, Gründer (1958) und Führer der Guerillaorganisation Al-Fatah, seit 1969 Vors. des ZK der »Palästinens. Befreiungsorganisation« (PLO); tritt als Sprecher der palästinens. Araber hervor, wurde im April 1989 zum Präs. des im Nov. 1988 proklamierten Staates Palästina ausgerufen. In Geheimverhandlungen mit Vertretern Israels erreichte A. die Anerkennung der PLO durch Israel eine begrenzte Autonomie der Palästinenser im Gazastreifen und im Gebiet von Jericho (»Gaza-Jericho-Abkommen«, Sept. 1993, ↑Nahostkonflikt). Gemeinsam mit I. Rabin und S. Peres erhielt er 1994 den Friedensnobelpreis. Im Jan. 1996 wählte ihn die Bev. in den autonomen Gebieten zum Präs. (»Rais«); musste sich in diesem Amt zunehmend mit der Gegnerschaft radikaler palästinensisch-arab. Kräfte sowie Kritik an seiner autokrat. Herrschaft und Vorwürfen der Korruption auseinander setzen. Insbes. seit A. Scharon israel. Min.-Präs. ist (März 2001), gilt A. für die israel. Seite als nicht mehr verhandlungswürdig. Unter internat. Druck wurde er im Frühjahr 2003 gezwungen, die Wahl eines Min.-Präs. (M. Abbas) zuzulassen. Seither führt er mit diesem einen internen Machtkampf.

Arafurasee, Randmeer des Pazif. Ozeans, zw. Neuguinea und Australien, in das es mit dem Carpentariagolf eingreift.

Aragaz (Aragac, türk. Alagöz), erloschenes Vulkanmassiv im Hochland von Armenien, Rep. Armenien, bis 4 090 m ü. M.; in etwa 1 500 m Höhe astrophysikal. Observatorium Bjurakan (1946 gegr.).

Arago, Dominique François Jean, frz. Physiker und Astronom, *Estagel (bei Perpignan) 26. 2. 1786, †Paris 2. 10. 1853; Untersuchungen zur Polarisation des Lichtes und zur magnet. Wirkung elektr. Ströme.

Aragon [-ˈgɔ̃], Louis, frz. Schriftsteller, *Paris 3. 10. 1897, †ebd. 24. 12. 1982; ∞ mit Elsa Triolet; begann als Dadaist, Mitbegründer der surrealist. Bewegung, nach Hinwendung zum Marxismus (1927) schrieb er politisch engagierte Romanzyklen (»Die wirkl. Welt« mit den Bänden »Die Glocken von Basel«, 1934; »Die Viertel der Reichen«, 1936; »Die Reisenden der Oberklasse«, 1942; »Aurélien«, 1944) sowie »Die Kommunisten« (5 Bde., 1949–51). Mit dem vielschichtigen histor.

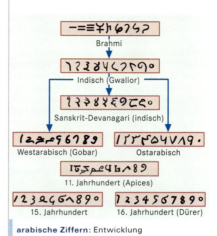

arabische Ziffern: Entwicklung

ARA Aragón

Roman »Die Karwoche« (1958) beginnt die Abkehr von der marxist. Weltsicht und der realist. Schreibweise.
Weitere Werke: Romane: Spiegelbilder (1965); Blanche oder das Vergessen (1967). – Lyrik: Le crève-cœur (1941); Les yeux d'Elsa (1941); Le fou d'Elsa (1963).
Aragón der, linker Nebenfluss des Ebro in Aragonien und Navarra, N-Spanien, 192 km lang, entspringt in den Pyrenäen am Somport und durchfließt das nordwestliche Ebrobecken.

Aragonien: Ordesa-Gletscherhochtal im Nationalpark Ordesa (UNESCO-Weltkulturerbe) auf der Südseite der Pyrenäen

Aragoni|en (span. Aragón), Region in NO-Spanien, umfasst die drei Provinzen Huesca, Saragossa und Teruel, 47 720 km², 1,204 Mio. Ew. A. hat Anteil an den Pyrenäen, am Ebrobecken und dem Iber. Randgebirge. Kontinentales Klima mit kalten Wintern, heißen Sommern und geringen Niederschlägen herrscht vor. Die Besiedlung ist dünn und auf die Täler beschränkt, wo Bewässerungsanlagen neben Viehzucht (Rinder, Schafe, Ziegen) auch den Anbau von Weizen, Zuckerrüben, Wein, Oliven, Safran gestatten. Im Bergland ist nur extensive Weidewirtschaft möglich. Durch Stauanlagen mit Kraftwerken wird die industrielle Verarbeitung bes. von Zuckerrüben und Oliven ermöglicht. Im S von A. werden Kohle, Blei- und Eisenerz sowie Schwefel und Marmor abgebaut, im N Salzlager.
Geschichte: A. gehörte im Altertum zur röm. Prov. Tarraconensis, wurde 415 n. Chr. von den Westgoten und 713 von den Mauren unterworfen. Die selbstständige Grafschaft A., vom Anfang des 10. Jh. bis 1035 und 1076–1134 mit Navarra vereinigt, wurde unter Ramiro I. (1035–63) Königreich und 1089 päpstl. Lehen. 1118 wurde Saragossa (fortan Hauptstadt) erobert. Der Zusammenschluss mit Katalonien (1137) und Valencia (1238) begründete die Vormachtstellung A. im westl. Mittelmeer. Durch die Heirat Ferdinands II. mit Isabella I. von Kastilien (1469) entstand der span. Gesamtstaat. 1982 erhielt die Region A. ein Autonomiestatut (↑Spanien, Geschichte).

Aragonit [nach Aragonien] der, rhomb. Mineral, $CaCO_3$, sehr ähnlich dem Calcit; farblos, weiß oder verschiedenfarbig; oft Mehrlingskristalle. Vorkommen in Hohlräumen von Ergussgesteinen, in Sedimenten und heißen Quellen als Krusten **(Sprudelstein)** oder als Kügelchen **(Erbsenstein, Pisolith);** weiße, verzweigte Aggregate **(Eisenblüte).** A. ist Bestandteil der Schalen und Gerüste vieler Tiere.

Arago-Punkt, ↑Himmelsstrahlung.

Araguaia der, linker Nebenfluss des Rio Tocantins in Brasilien, rd. 2 600 km lang, entspringt im Mato Grosso. Im Mittellauf die **Ilha do Bananal,** mit rd. 20 000 km² eine der größten Flussinseln der Erde; Nationalpark, Indianerreservat.

Araisch (El-A., früher span. Larache), Hafenstadt an der atlant. Küste Marokkos, 60 000 Ew.; Ausfuhr von Kork, Wolle, Bohnen, Zitrusfrüchten. – Alte span. Festung.

Araiza [aˈraisa], Francisco, mexikan. Sänger (Tenor), *Mexiko (Stadt) 4. 10. 1950; gastiert an den führenden Opernhäusern der Welt; tritt bes. als Mozart- und Rossini-Interpret hervor; auch Lied- und Konzertsänger.

Arakan (birman. Rakhine), Küstenlandschaft im westl. Birma, im **A.-Gebirge** bis 3 053 m hoch. Das Gebiet wird vom **Rakhinestaat,** einem Minoritätengebiet im Range eines Bundesstaates, eingenommen.

Araks der (Arax, Aras), Fluss in Armenien, 1 072 km lang, entspringt südlich von Erzurum (Türkei), ist im Mittellauf türkisch-armen. und iranisch-aserbaidschan. Grenzfluss, mündet in Aserbaidschan in die Kura; im Unterlauf zur Bewässerung genutzt.

Araktschejew, Alexei Andrejewitsch,

russ. General, *Garussowo (Gebiet Twer) 4.10.1769, †Grusino (Gebiet Nowgorod) 3.5.1834; 1808-10 Kriegsmin., seit 1817 Leiter der wegen Zwang und Härte verhassten Militärkolonien; einflussreicher Günstling Alexanders I.

Aral AG & Co. KG, Bochum, Vertriebsgesellschaft für Mineralölerzeugnisse, gegr. 1898; gehört seit 2002 zur Dt. BP AG.

Araliengewächse (Efeugewächse, Araliaceae), Pflanzenfamilie mit etwa 700 meist trop. Arten, Holzpflanzen mit kleinen Blüten und beerenartigen Früchten; z. B. Efeu, Ginseng.

Aralsee, abflussloser See im Tiefland von Turan, in Kasachstan und Usbekistan, gespeist von Amudarja und Syrdarja, die den See jedoch nur noch in feuchten Jahren erreichen. Der urspr. viertgrößte See der Erde (1960 noch 64 100 km^2) ist durch rigorosen Wasserentzug für Bewässerungszwecke bis 1998 auf eine Fläche von 28 686 km^2 geschrumpft und in einen großen und einen kleinen A. geteilt. Der Salzgehalt beträgt heute 36‰ (früher 10 bis 14‰), das einsetzende Fischsterben beendete weitgehend Fischerei und Fischverarbeitung, im südl. und östl. Küstenbereich treten durch die Austrocknung verstärkt Salz-, Staub- und Sandstürme auf.

📖 *Létolle, R. u. Mainguet, M.: Der A. Eine ökolog. Katastrophe. A. d. Frz. Berlin u. a. 1996.*

Aram [»Hochland«] (Aramäa), im A.T. das Gebiet zw. Libanon, Taurus, Armenien, dem oberen Tigris, dem Euphrat und der Arab. Wüste. Die **Aramäer** (in hethit. und assyr. Quellen **Achlamu**) sind ein semit. Nomadenvolk aus der Arab. Wüste. Ihre Reiche in Nordsyrien wurden im 9. und 8. Jh. v. Chr. von den Assyrern erobert. Über der **aramäischen Kultur** ist wenig bekannt. Sie zeigt starke Einflüsse aus Mesopotamien, Syrien und Kleinasien, in der Religion v. a. aus Mesopotamien; Hauptgott war Hadad. Für die Baukunst ist bei den Tor- und Palastanlagen die Verkleidung der Wände mit Orthostaten aus Basalt kennzeichnend. Aus dem nordsyrisch-aramäischen Raum stammen die meisten der mit Relief versehenen Metallschalen von Zypern.

aramäische Sprache, gehört zum nordwestsemit. Zweig der semit. Sprachen; altaramäische Inschriften stammen aus dem 10.-8. Jh. v. Chr. Seit 1000 v. Chr. verdrängte die a. S. die älteren Sprachen Babyloniens, Assyriens, Syriens und Palästinas. Auch die von der phönik. Konsonantenschrift abgeleitete **aramäische Schrift** wurde weithin, bes. im Perserreich, übernommen. Erst im 7. Jh. n. Chr. wich das Aramäische dem Arabischen.

Aramide, aromat. Polyamide von hoher Festigkeit und Temperaturbeständigkeit, die zu flammgeschützten Fasern, elektr. Isoliermaterialien und Reifencord verarbeitet werden.

Aranda, Pedro Pablo Abarca de Bolea, Graf (seit 1766) von A., span. General und Staatsmann, *Siétamo (Prov. Huesca) 18.12.1718 von A., † Épila (Prov. Saragossa) 9.1.1798; führte als Präs. des Rates von Kastilien (1766-73) umfassende Reformen im Sinn des aufgeklärten Absolutismus durch, u. a. die Vertreibung der Jesuiten (1767); 1792-94 Erster Minister.

Araninseln [ˈærən-], Inselgruppe vor der Galwaybucht, Rep. Irland, insgesamt 47 km^2; die 1 300 Bewohner leben auf den Hauptinseln **Inishmore, Inishmaan** und **Inisheer.** Prähistor. und frühchristl. Kulturdenkmäler.

Aranjuez [araŋˈxu̯eθ], Stadt in der span. Prov. Madrid, am Tajo, 38 200 Ew.; Sommerresidenz der span. Könige mit königl. Palast (16., 18. Jh.). Die Kulturlandschaft von A. gehört zum UNESCO-Weltkulturerbe. – Von A. ging 1808 die Erhebung gegen Frankreich aus.

Arany [ˈɔrɔnj], János, ungar. Dichter, *Nagyszalonta (heute Salonta, Rumänien) 2.3.1817, † Budapest 22.10.1882; neben S. Petőfi bedeutendster ungar. Lyriker des 19. Jh. Sein volkstüml. Versepos »Toldi« (1846) gilt als erstes klass. Werk des ungar. Realismus.

Aräometer [grch.] (Senkwaage, Senkspindel), Gerät zur Dichtebestimmung von Flüssigkeiten nach dem archimed. Prinzip (↑Auftrieb); besteht aus einer am Fuß beschwerten Glasspindel, die nach oben in ein zylindr. Glasrohr mit Skaleom ausläuft. Die Sinktiefe des Ä. in einer Flüssigkeit ist ein Maß für deren Dichte.

Ara Pacis Augustae [lat. »Altar des Augustusfriedens«], Altar, den der röm. Senat 13 v. Chr. für die Heimkehr des Augustus nach Befriedung aller Provinzen stiftete, 9 v. Chr. auf dem Marsfeld in Rom geweiht. Der Altar ist umgeben von einer Umfassungsmauer mit ornamentalen und

323

figürl. Reliefs mytholog. Gestalten und einer Opferprozession der Priester, der kaiserl. Familie und röm. Bürger; das Hauptwerk der klass. Kunst der Augusteischen Zeit wurde 1937/38 aus Originalstücken und Abgüssen in der Nähe des Augustusmausoleums wieder aufgebaut.

Arapaima [indian.] *der,* südamerikan. Süßwasserfisch, ↑Knochenzüngler.

Ärar [zu Ärarium] *das, österr.:* Fiskus, Staatskasse, Staatsvermögen.

Ararathochland (Armenisches Hochland), im W zur Türkei, im O zu Armenien, im S zu Iran gehörendes Hochland mit rauem, meist trockenem Klima. Es wird von Beckenlandschaften mit Seen (z. B. Vansee) und Hochplateaus aufgebaut, über die Gebirgsrücken bis über 3000 m und Vulkanberge bis über 5000 m aufragen. Zu Letzteren gehört der zweigipflige **Ararat**, im Hauptgipfel **Großer Ararat** (5137 m ü. M.). Nur in den Becken findet sich Getreidebau und in Vorzugslagen etwas Obstbau (Ufer des Vansees). Das übrige Steppenland dient der Weidewirtschaft (Rinder, Schafe, Ziegen).

Ärarium [lat.] *das,* bei den Römern der Staatsschatz im Saturntempel.

Araukaner, Sprach- und Kulturgruppe südamerikan. Indianer in den S-Anden (Chile: Mapuche, Huilliche; Argentinien: Pehuenche). Ihre aus dem Inkareich übernommene Kultur ist heute stark spanisch beeinflusst. Sie treiben Ackerbau, wandern aber zunehmend in die Städte ab. Die krieger. A. wurden erst in der 2. Hälfte des 19. Jh. besiegt und in Reservate abgedrängt.

Araukarile *die* (Araucaria), Nadelbaumgattung, bis 60 m hohe Bäume. Nadeln hat die A. der Norfolkinsel (**Norfolktanne**, im Jugendzustand **Zimmertanne**), Schuppenblätter die **Chilen. A. (Andentanne).**

Arawak, Völker- und Sprachfamilie, ↑Aruak.

Arawalligebirge (engl. Aravalli Range), steil zerklüftete und schwer zugängl. Gebirgskette in NW-Indien (Bundesstaat Rajasthan), im Guru Sikhar 1722 m ü. M.

Arax, Fluss in Transkaukasien, ↑Araks.

Arazzi [italien.], Wandteppiche, die in Arras (auch anderen flandr. Städten) nach den Entwürfen bed. Maler gewirkt wurden.

Arbe, italien. Name der dalmatin. Insel ↑Rab.

Arbeit [ahd. ar(a)beit »Mühe«, »Plage«], **1)** bewusstes, zielgerichtetes Handeln des Menschen zum Zweck der Existenzsicherung wie der Befriedigung von Einzelbedürfnissen; zugleich wesentl. Moment der Daseinserfüllung.
In der Volkswirtschaftslehre wird A. als einer der ↑Produktionsfaktoren definiert, dem entscheidende Bedeutung für die Erzeugung wirtsch. Güter zukommt. Im Einzelnen richtet sich die A. im ökonom. Sinn auf Vorproduktion (Gewinnung von Naturerzeugnissen), Gewerbe (Rohstoffveredlung und -verarbeitung), Vermittlung und Verteilung von Gütern (Handel, Verkehr), Wirtschaftsdisposition (Geldverkehr, Verwaltung) sowie Erzeugung und Pflege kultureller Werte. Die Grenze zw. körperl. und geistiger A. ist fließend. – Die betriebswirtschaftlich orientierte Definition unterscheidet zw. dem Elementarfaktor der **ausführenden A.** und der **dispositiven A.** (planende und leitende Tätigkeiten). Steuerrechtlich relevant ist v. a. die Unterscheidung von **selbstständiger A.** (Tätigkeit in eigener Verantwortung und auf eigene Rechnung) und **unselbstständiger A.** (Tätigkeit auf Anweisung eines Arbeitgebers, d. h. auf fremde Rechnung). Die **Arbeitskapazität** einer Bev. wird bes. durch Altersaufbau, Gesundheit und Ausbildungsstand, die **Arbeitsproduktivität** (Leistung je Arbeitsstunde) durch optimale Kombination mit den übrigen Produktionsfaktoren bestimmt.
Die Industrialisierung hat den Charakter der A. stark verändert (↑industrielle Revolution). Durch zunehmende ↑Arbeitsteilung, Steigerung des Arbeitstempos mittels Technisierung und Mechanisierung ging für den Arbeiter z. T. der Überblick über Arbeitsverrichtung und Arbeitsobjekte als Ganzes verloren; hieraus ergaben sich Gefahren der Monotonie und Ermüdung. Seit den 1970er-Jahren entwickelte sich die Forderung nach **Humanisierung der A.,** d. h. einer menschengerechten Gestaltung der Arbeitsplätze durch Berücksichtigung der Forschungsergebnisse der ↑Arbeitswissenschaft, bes. der ↑Ergonomie. Danach soll die Gestaltung der Produktionsmittel, -organisation und -bedingungen soweit wie möglich an den Menschen angepasst werden (Entwicklung von Schutznormen, Automatisierung gefährl. A., Verringerung des Arbeitstempos und -pensums, selbst-

ständige Bestimmung der Arbeitsverteilung, z. B. in Form gleitender Arbeitszeit, Beteiligung an der Planung, Selbstkontrolle von Arbeitsablauf und -ergebnis). Zur Verhinderung phys. und psych. Überforderung wird ein Abbau des Leistungsdrucks angestrebt. Zur Arbeitsvariation gehören Arbeitswechsel (Jobrotation), Arbeitserweiterung (Jobenlargement) und Arbeitsbereicherung (Jobnrichment). In den letzten Jahren widmen sich ergonom. Untersuchungen vermehrt der Frage, wie Bildschirm- und PC-Arbeitsplätze und -programme ausgestaltet sein müssen, um den menschl. Anforderungen besser zu genügen.
Kulturgeschichte: Die Einschätzung der A. hat sich im Lauf der abendländ. Geschichte entscheidend gewandelt. Im klass. Altertum wurde die ausführende, bes. die körperl. A. im Unterschied zur wiss. und polit. Tätigkeit als eines freien Menschen unwürdig betrachtet und meist von Sklaven ausgeübt. Nach den Aussagen des A. T. ist A. Mühsal und geschieht im Schweiße des Angesichts (1. Mos. 3, 17 und 19). Die erfüllte Ruhe nach der A. wird beispielhaft im 7. Schöpfungstag gesehen. Zunächst wurde weltl. A. nur als Lebenspflicht und Buße verstanden, seit der Reformation aber als Gottesdienst und als Dienst am Mitmenschen gesehen, im Kalvinismus allerdings auch an ihrem Erfolgswert gemessen. Neben diesen religiösen, eth. und prakt. Aspekten wurde die A. v. a. seit G. W. F. Hegel, der sie als Mittel zur Selbstbewusstwerdung und zur Befreiung des Menschen charakterisierte, und von ihm ausgehend im histor. Materialismus von K. Marx theoretisch-systematisch behandelt, wobei Marx ihren Charakter als für den Arbeiter »entfremdete A.« hervorhob (↑Entfremdung), der allein durch die Abschaffung der kapitalist. Gesellschaft aufgehoben werden könne. Als bestimmendes Merkmal innerhalb der Definition des Wesens des Menschen wird die A. auch in der neuzeitl. philosoph. Anthropologie angesehen. Dieser hohe Stellenwert prägt weithin, wenn auch nicht mehr ungebrochen, das Verständnis von A. in den modernen westl. Gesellschaften, die sich nach wie vor mehrheitlich als ↑Leistungsgesellschaften definieren, in denen die bürgerl. Existenz, die soziale Anerkennung und gesellschaftl. Reputation des Einzelnen vorrangig an seine Stellung innerhalb der Arbeitswelt gebunden sind. Seit den 1990er-Jahren ist allerdings, wesentlich bestimmt durch die mit dem weltweiten wirtsch. Strukturwandel (Globalisierung) verbundenen sozialen Probleme, eine grundsätzl. Diskussion um die Rolle und Definition der A. in der zukünftigen Gesellschaft in Gang gekommen. In Dtl. stehen dabei bes. Fragen der gesellschaftl. Neubestimmung des Verhältnisses von bezahlter Erwerbs-A. und für die Gesellschaft notwendiger (bislang überwiegend unentgeltlich geleisteter) A., der mit der forcierten Einführung neuer Technologien verbundenen Arbeitsmarktrisiken und neuen Beschäftigungspotenziale und Fragen einer neuen (gerechteren) Verteilung von A., Arbeitszeit (inbegriffen die Lebensarbeitszeit) und (A.-)Einkommen in der Gesellschaft im Mittelpunkt.

📖 *Offe, C.: »Arbeitsgesellschaft«. Strukturprobleme u. Zukunftsperspektiven. Frankfurt am Main u. a. 1984. – A. der Zukunft, Zukunft der A., hg. v. der Alfred-Herrhausen-Gesellschaft für Internationalen Dialog. Stuttgart 1994. – Wege aus der Krise der Arbeitsgesellschaft. Beiträge u. Ergebnisse der 4. Tagung »Sozialunion in Deutschland«, hg. v. D. Dathe. Berlin 1994. – A. u. Gesellschaft. Auswahlbibliographie, Nachweis von Aufsätzen aus deutschsprachigen Zeitschriften, bearb. v. der Redaktion Zeitschriftendienst des Deutschen Bibliotheksinstituts. Berlin 1996.*

2) *Physik:* Formelzeichen W oder A, SI-Einheit der A. ist das Joule (J); in der Mechanik definiert als das skalare Produkt $W = \boldsymbol{F} \cdot \boldsymbol{s} = F \cdot s \cdot \cos\alpha$ aus der an einem Körper oder Massenpunkt angreifenden konstanten Kraft $\boldsymbol{F}$ und dem unter ihrer Einwirkung von ihm zurückgelegten geradlinigen Weg $\boldsymbol{s}$ (α Winkel zw. Kraft und Wegrichtung); haben Kraft und Weg die gleiche Richtung, so gilt $W = F \cdot s$. Ändert sich die Kraft längs des Weges und/oder ist der Weg gekrümmt, muss über jedes infinitesimale Wegelement d$\boldsymbol{s}$ mit den jeweils angreifenden Kraftvektoren integriert werden, sodass für die von s_1 nach s_2 verrichtete A. folgt:

$$W = \int_{s_1}^{s_2} \boldsymbol{F} \, \mathrm{d}\boldsymbol{s} = \int_{s_1}^{s_2} F(s) \cos\alpha(s) \, \mathrm{d}s.$$

Bei dieser Definition der A. wird bei $W > 0$ von der Kraft A. verrichtet, bei $W < 0$ ge-

ARB Arbeiter

gen die Kraft A. aufgewendet. – Ein Spezialfall der mechan. A. ist z. B. die **Hub-A.**, die erforderlich ist, einen Körper der Masse m gegen die ↑Schwerkraft um die Höhe h zu heben: $W = m \cdot g \cdot h$ (g Erdbeschleunigung). Der gehobene Körper ist in der Lage, bei Rückkehr in seine Ausgangslage A. zu verrichten. Die einem Körper zugeführte A. wird als ↑Energie gespeichert.
Der Begriff A. ist auch auf anderen Gebieten der Physik zentral: Im elektr. Feld muss eine **elektr. A.** $W_{el} = Q \cdot U$ aufgewendet werden, um eine Ladung Q gegen eine Spannung U zw. 2 Punkten zu bewegen; wegen $I = Q/t$ ergibt sich daraus $W_{el} = U \cdot I \cdot t$, wenn ein konstanter Strom I während der Zeitdauer t fließt. Beispiel für die **thermodynam. A.**, die durch Änderung der äußeren Parameter an thermodynamischen Systemen geleistet wird, ist die Kompressions- oder Volumenarbeit $W = -\int p\,dV$ beim Komprimieren eines Gases mit dem Druck p und dem Volumen V.

Arbeiter, 1) *allg.:* jeder (körperlich oder geistig) arbeitende Mensch; i.e.S. jedoch die Lohn-A., die ihre Arbeitskraft dem Arbeitgeber gegen Entgelt zur Verfügung stellen und insbes. ausführende, oft überwiegend körperl. Arbeit verrichten. Die Wirtschaftsstatistik zählt die A. zu den unselbstständig oder abhängig Beschäftigten; arbeitsrechtlich gehören die A. mit den Angestellten zu den Arbeitnehmern. Eine genaue Abgrenzung gegenüber den Angestellten ist v.a. auf Facharbeiterniveau vielfach nicht mehr möglich, weil die früheren Unterschiede (vorwiegend körperl. Arbeit, Zahlung von Wochen- oder Stundenlohn u.a.) oft nicht mehr zutreffen. – Nach berufl. Vorbildung und Qualifikation unterteilt man A. in **ungelernte A.** (Hilfs-A.), die für die auszuübende Tätigkeit in wenigen Tagen oder Stunden angelernt werden können, in **angelernte A.**, deren Anlernzeit mindestens drei Monate umfasst, sowie in **gelernte A.** oder **Fach-A.**, die eine geregelte Berufsausbildung absolviert oder eine entsprechende Qualifikation durch mehrjährige Berufstätigkeit erlangt haben.
2) *Zoologie:* in Insektenstaaten Tiere (meist Weibchen, bei Termiten auch Männchen), deren Keimdrüsen verkümmert sind und die für Nestbau, Brutpflege, Nahrungsbeschaffung sowie für Verteidigung sorgen.

Arbeiterbewegung, organisierte Bestrebungen der abhängigen Lohnarbeiter zur Verbesserung ihrer Lebensbedingungen. Die Verelendung der mit der Industrialisierung entstehenden Industriearbeiterschaft und die damit verbundene Verschärfung der sozialen Spannungen führten seit Beginn des 19. Jh. in Großbritannien zu Protestaktionen (»Maschinenstürmerei«) und zu Zusammenschlüssen der Arbeiter (↑Chartismus). In Dtl. entwickelten zuerst in der Ind. beschäftigte Handwerksgesellen Selbsthilfeorganisationsformen; 1863 gründete Lassalle den »Allg. Dt. Arbeiterverein« (ADAV). 1869 entstand unter Führung von A. Bebel und W. Liebknecht die »Sozialdemokrat. Arbeiterpartei«. Beide Organisationen vereinigten sich 1875 zur »Sozialist. Arbeiterpartei Deutschlands« (seit 1890 SPD), an der sich später die meisten europ. Arbeiterparteien orientierten. Parallel dazu entwickelte sich 1868 eine dt. Gewerkschaftsbewegung, teils auf marxistisch-sozialist., teils auf liberalchristl. Basis. 1864 wurde unter dem Einfluss von Marx und Engels in London die Internat. Arbeiterassoziation geschaffen (↑Internationale). Der Erste Weltkrieg führte zur Auflösung der internat. und nat. Einheit der sozialist. A.; nach 1918/20 kam es zu einer z.T. strengen Teilung in Kommunisten und Sozialisten bzw. Sozialdemokraten. Ende des 20. Jh. sind Arbeiterparteien und Gewerkschaften überwiegend fest in das jeweilige wirtsch., soziale und polit. System integriert. Der Zusammenbruch der kommunist. Regime in Mittel-, O- und SO-Europa 1989/91, die Auflösung der ehemals herrschenden kommunist. Parteien in ihre Wandlung in sozialist. oder sozialdemokrat. Parteien sowie die Neugründung von Parteien hat eine theoret. Neuorientierung der internat. A. eingeleitet. In dem sich vollziehenden umfassenden gesellschaftl. Wandel (Informationsgesellschaft, Globalisierung) ändern sich zugleich die Rahmenbedingungen des Kampfes für eine humane Arbeits- und Lebenswelt. (↑Kommunismus, ↑Sozialdemokratie)

Arbeiterbildungswesen, die institutionalisierten Bestrebungen, Arbeitern über Vermittlung von allg. Wissen, berufl. Aus- und Weiterbildung und Befähigung zur

persönl. und solidar. Interessenwahrnehmung die geistigen Voraussetzungen für ihren sozialen und ökonom. Aufstieg und ihre gesellschaftl. Emanzipation zu verschaffen. Geschichtlich stellt das A. einen wichtigen Teil der Arbeiterbewegung dar. Nach dem Zweiten Weltkrieg wurde es weitgehend von den Bildungseinrichtungen der Gewerkschaften und den Volkshochschulen übernommen und somit zu einem Teilbereich der ↑Erwachsenenbildung. Vorläufer in Dtl. waren die in den 40er-Jahren des 19. Jh. entstandenen **Arbeiterbildungsvereine.** Die Initiative zu ihrer Gründung ging zunächst vom liberalen Bürgertum aus. Eigene Arbeiterbildungsvereine innerhalb der Arbeiterbewegung entstanden seit den 60er-Jahren des 19. Jh. Sie bildeten häufig Ausgangspunkte zur Gründung polit. und gewerkschaftl. Organisationen.
Arbeiterliteratur, Sammelbez. für von Arbeitern geschriebene Werke über ihre Lebensbedingungen in der industriellen Welt; gegen Ende des 19. Jh. entstanden, in den 1920er-Jahren oft hymnisch-romantisch (H. Lersch, K. Bröger, C. Engelke u. a.), aber auch am Marxismus orientiert (Bund proletarisch-revolutionärer Schriftsteller), bes. nach dem Zweiten Weltkrieg kritisch-realistisch (Dortmunder »Gruppe 61«, M. von der Grün u. a.; davon abgespalten die »Werkkreise«). In der DDR wurde in den 1960er-Jahren im Zusammenhang mit dem ↑Bitterfelder Weg die »Bewegung schreibender Arbeiter« propagiert.
📖 *Handbuch zur dt. A., hg. v. H. L. Arnold, 2 Bde. München 1977. – Bogdal, K.-M.: Zwischen Alltag u. Utopie. A. als Diskurs des 19. Jahrhunderts. Opladen 1991.*
Arbeiterpriester, kath. Priester, die als Arbeiter tätig sind, um als Seelsorger unter Arbeitern wirken zu können. A. kamen Anfang der 1940er-Jahre in Frankreich auf. 1954 wurde ihr Wirken kirchlicherseits unter dem Vorwurf »polit. Radikalisierung« unterbunden. Das Zweite Vatikan. Konzil erkannte sie dann allerdings als eine eigenständige priesterl. Arbeits- und Lebensform an. Heute gibt es in Frankreich etwa 200 aktive A. Außerhalb Frankreichs gibt es A. in größerer Zahl in Italien und Spanien.
Arbeiter-Samariter-Bund Deutschland e. V., Abk. **ASB,** Organisation der freien Wohlfahrtspflege, gegr. 1888, Sitz: Köln; tätig u. a. im Rettungsdienst, in sozialen Diensten, in der Kinder- und Jugendhilfe.

Arbeiter-Samariter-Bund | Arbeiter-Samariter-Bund Deutschland e. V.

Arbeiter-und-Bauern-Fakultät, Abk. **ABF,** in der DDR eine Vorstudieneinrichtung für Arbeiter- und Bauernkinder an Univ. und Hochschulen; seit 1961 schrittweise aufgelöst.
Arbeiter- und Soldatenräte, ↑Rätesystem.
Arbeiterwohlfahrt e. V., Abk. **AWO,** Spitzenverband der freien Wohlfahrtspflege, hervorgegangen aus der dt. Arbeiterbewegung, gegr. 1919, Sitz: Bonn, tätig auf allen Gebieten der Sozialarbeit, seit 1959 auch in der Entwicklungshilfe. Die AWO arbeitet mit zahlr. Partnern in Europa zus. und ist auf europ. Ebene über das Brüsseler Büro der europ. Verbändegemeinschaft SOLIDAR vertreten, dessen Präsidentschaft sie stellt.

AWO | Arbeiterwohlfahrt e. V.

Arbeitgeber, natürl. oder jurist. Person, die einen anderen als ↑Arbeitnehmer beschäftigt. Gesetzl. Vertreter jurist. Personen, z. B. Vorstandsmitglieder von AG, Geschäftsführer von GmbH, üben die Funktion von A. aus, sind aber aufgrund ihrer Anstellung Arbeitnehmer der jurist. Person. Entsprechendes gilt für ↑leitende Angestellte. Im Rahmen u. a. des Betriebsverfassungs- und des Kündigungsschutz-Ges. gelten diese jedoch nicht als Arbeitnehmer.
Arbeitgeberanteil, der Beitragsanteil des Arbeitgebers zur Sozialversicherung seiner Arbeitnehmer. In der Arbeitslosen-, Renten-, Kranken- und Pflegeversicherung beträgt der A. und der **Arbeitnehmeranteil** jeweils 50 % des Beitrages. In der Pflegeversicherung sind die Länder

ARB Arbeitgeberverbände

verpflichtet, zur Entlastung der Arbeitgeber einen gesetzl., landesweiten Feiertag aufzuheben, andernfalls entfällt ein höherer Beitragssatz auf die Arbeitnehmer (so in Sachsen). In der Unfallversicherung tragen die Arbeitgeber den Anteil allein. In *Österreich* (**Dienstgeberanteil**) gilt eine ähnl. Regelung, in der *Schweiz* nur zum Teil (z. B. Krankenversicherung).

Arbeitgeberverbände, freiwillige Zusammenschlüsse von Arbeitgebern (bes. als Vertrags- und Verhandlungspartner [»Tarifpartner«] der Gewerkschaften) in Form privatrechtl. Vereine mit fachl. und regionaler Untergliederung. In Dtl. sind die A. in der **Bundesvereinigung der Dt. A. e. V.** (**BDA**), Berlin, zusammengeschlossen. Diese hat die Aufgabe, die gemeinschaftl. sozialpolit. Belange zu wahren und umfasst 54 Fachspitzenverbände und 14 überfachl. Landesverbände. Wesentl. Aufgaben der Verbandsarbeit werden in den versch. Ausschüssen (z. B. für Lohnpolitik, Eigentumsbildung, Berufsberatung) durchgeführt. Die A. sind über die BDA dem Gemeinschaftsausschuss der Dt. Gewerbl. Wirtschaft und der Internat. Arbeitgeberorganisation (IOE; Genf) sowie der Union der Industrie- und Arbeitgeberverbände Europas (UNICE; Brüssel) angeschlossen.

Arbeitnehmer, jeder, der sich einem anderen (Arbeitgeber) gegen Entgelt (Lohn, Gehalt) zur Leistung von Diensten verpflichtet hat. Nach Art des Arbeitsbereichs zählen die A. zum öffentl. Dienst oder zur privaten Wirtschaft. Man unterscheidet ↑Angestellte und ↑Arbeiter, dazu kommen Volontäre, Praktikanten, Auszubildende. In der Heimarbeit Beschäftigte u. a. gelten als **arbeitnehmerähnl. Personen.** Nicht zu den A. zählen Beamte, Selbstständige, mithelfende Familienangehörige. Freiwillige Zusammenschlüsse der A. sind die ↑Gewerkschaften.

Arbeitnehmeranteil, ↑Arbeitgeberanteil.

Arbeitnehmer|**erfindung,** nach dem Gesetz über A. von 1957 Erfindung eines Arbeitnehmers während der Dauer eines Arbeitsverhältnisses. Erfindungen, die aus der Tätigkeit im Betrieb entstanden sind oder auf Erfahrungen aus dieser Tätigkeit beruhen (**Diensterfindungen**), sind dem Arbeitgeber zu melden; dieser kann sie gegen eine angemessene Vergütung beschränkt oder unbeschränkt in Anspruch nehmen. Für alle anderen Erfindungen (**freie Erfindungen**) besteht gegenüber dem Arbeitgeber Mitteilungspflicht und Anbietungspflicht zur nicht ausschließl. Benutzung. Davon ausgenommen sind Erfindungen, die für den Betrieb des Arbeitgebers offensichtlich nicht verwendbar sind.

Arbeitnehmerfreibetrag, ↑Arbeitnehmer-Pauschbetrag.

Arbeitnehmerfreizügigkeit, nach dem Recht der EG das Recht der Arbeitnehmer, a) sich ungehindert um angebotene Stellen in Mitgliedsstaaten bewerben zu können, b) sich aus diesem Grund im Hoheitsgebiet der Mitgliedsstaaten frei bewegen zu können, c) sich im jeweiligen Mitgliedstaat aufhalten zu können, um nach dem dort für Arbeitnehmer geltenden Recht arbeiten zu können, d) nach Beendigung der Beschäftigung in diesem Mitgliedsstaat unter bestimmten Bedingungen verbleiben zu können.

Arbeitnehmerhaftung, das Einstehenmüssen eines Arbeitnehmers für einen Schaden, den er bei einer durch den Betrieb veranlasste Arbeit und aufgrund eines Arbeitsverhältnisses am Vermögen des Arbeitgebers verursacht hat. Nach der neueren Rechtsprechung muss ein Arbeitnehmer i. d. R. nur noch voll für derartige Schäden haften, wenn er vorsätzlich oder grob fahrlässig gehandelt hat. Diese Haftungsbeschränkung galt urspr. nur für gefahrgeneigte Arbeit. Beruht der Schaden auf leichter Fahrlässigkeit, hat der Arbeitgeber für ihn aufzukommen. Bei mittlerer Fahrlässigkeit sind die Schadensfolgen zw. den Parteien aufzuteilen. Abweichend von den allg. Haftungsregeln hat der Arbeitnehmer dem Arbeitgeber Ersatz für den aus der Verletzung einer Pflicht aus dem Arbeitsverhältnis entstehenden Schaden nur zu leisten, wenn er die Pflichtverletzung zu vertreten hat (§ 619a BGB).

Arbeitnehmerhilfe, Leistung der Arbeitsförderung; kann an Arbeitnehmer gewährt werden, die unmittelbar vor einer auf höchstens drei Monate befristeten, nicht nur geringfügigen Beschäftigung Arbeitslosenhilfe bezogen haben (§ 56 SGB III).

Arbeitnehmerkammern, Pflichtzusammenschlüsse der Arbeiter und Angestellten zur Vertretung ihrer wirtsch., gesellschaftl.

Arbeitsbewertung ARB

und kulturellen Interessen; sie sind Körperschaften des öffentl. Rechts. – In *Österreich* wurden durch Gesetz vom Februar 1920 Kammern für Arbeiter und Angestellte in neun Bundesländern errichtet, 1938 aufgelöst, 1945 wieder errichtet, 1954 neu geordnet, zusammengefasst im Österr. Arbeiterkammertag.

Arbeitnehmer-Pauschbetrag, seit 1990 im Einkommensteuerrecht (§ 9 a EStG) verankerter pauschaler Abzug (seit 1. 1. 2004 920 €) für Werbungskosten bei Einnahmen aus nicht selbstständiger Arbeit; ersetzte Werbungskosten-Pauschbetrag, Arbeitnehmer- und Weihnachts-Freibetrag.

Arbeitnehmerüberlassung (Personalleasing), zeitlich begrenzte Überlassung von Arbeitnehmern (Leiharbeitnehmer) durch ihren Arbeitgeber (Verleiher, Leiharbeits- oder Zeitarbeitsunternehmer) an Dritte (Entleiher) zur Arbeitsleistung. Die A. bedarf der Zustimmung des Arbeitnehmers. Der Arbeitnehmer unterliegt dem Weisungsrecht des Entleihers, behält aber den Vergütungsanspruch gegen seinen eigentl. Arbeitgeber (Verleiher); sozialversicherungsrechtlich haften Ver- und Entleiher. – Die gewerbl. A., bei der der Arbeitnehmer von vornherein zur Arbeitsleistung bei einem Dritten eingestellt wird, bedarf nach dem A.-Ges. i. d. F. v. 3. 2. 1995 (durch Ges. v. 23. 12. 2002 geändert) der behördl. Erlaubnis; im Baugewerbe ist sie gesetzlich eingeschränkt. Die Arbeitsbedingungen des Leiharbeitnehmers sollen denen im entleihenden Betrieb entsprechen, Abweichungen sind für sechs Wochen oder nach Tarifvertrag zulässig. Die Dauer einer A. im Einzelfall ist nicht mehr beschränkt. Einstellungsverbote für den Entleiher nach Beendigung des Leiharbeitsverhältnisses sind unwirksam.

Arbeitnehmerverbände, ↑Gewerkschaften, ↑Angestelltengewerkschaften.

Arbeit plus, Initiative der Evang. Kirche in Dtl. (EKD), die Unternehmen für beispielhaftes arbeitsmarktpolit. Engagement und unternehmerisch wahrgenommene soziale Verantwortung durch die Verleihung einer als positives Wettbewerbselement gedachten Auszeichnung (»Gütesiegel«) öffentlich ehrt. Erstmals vergeben wurde das Siegel »**Arbeit plus**« 1998 durch die Evang. Kirche im Rheinland, die vier Unternehmen auszeichnete. Seit 1999 erfolgt die Verleihung bundesweit durch die EKD, die am 19. Nov. erstmals dreizehn Unternehmen auszeichnete. Die Bewertung der Unternehmen erfolgt auf Grundlage eines vom Institut für Wirtschafts- und Sozialethik der Univ. Marburg entwickelten Bewertungsmodells (Kriterien u. a.: Einstellung von Langzeitarbeitslosen, Beschäftigung von Behinderten, Einstellung und Übernahme von Auszubildenden, familiengerechte Arbeitszeitorganisation). Die Initiative »A. p.« wurde 1997 auf dem 27. Dt. Evang. Kirchentag in Leipzig geboren und versteht sich als Konkretisierung der beschäftigungspolit. Anliegen des im selben Jahr vom Rat der EKD und der kath. Dt. Bischofskonferenz gemeinsam veröffentlichten kirchl. »Wortes zur wirtsch. und sozialen Lage in Deutschland«.

Arbeitsamt, bis 2003 Bez. für die ↑Agentur für Arbeit.

Arbeitsbeschaffungsmaßnahmen, Abk. **ABM,** Leistungen der Bundesagentur für Arbeit zur Schaffung von Arbeitsplätzen (ABM-Stellen, §§ 260 ff. SGB III). Arbeiten, die dazu dienen, bes. in ungünstigen Teilarbeitsmärkten Arbeitslosigkeit abzubauen und Arbeitslosen zur Erhaltung und Wiedererlangung der Beschäftigungsfähigkeit zumindest vorübergehend eine Beschäftigung zu ermöglichen (§§ 260 ff. SGB). 2004 wurden A. rechtlich verändert und mit Strukturanpassungsmaßnahmen zusammengefasst. Arbeiten, die zusätzlich sind und im öffentl. Interesse liegen, können gefördert werden. Zuschüsse zu den Lohnkosten werden in pauschalierter, nach Qualifikationsstufen gestaffelter Form erbracht. Arbeitnehmer dürfen grundsätzlich längstens zwölf Monate in einer ABM tätig sein (ab dem 55. Lebensjahr drei Jahre); keine Beitragspflicht zur Arbeitslosenversicherung mehr, keine Begründung eines Anspruchs auf Arbeitslosengeld.

Arbeitsbescheinigung, Bescheinigung, die der Arbeitgeber bei Beendigung des Arbeitsverhältnisses dem Arbeitnehmer über alle Tatsachen, die bei der Beanspruchung von Arbeitslosengeld erheblich sein können, auszustellen ist (Art der Tätigkeit, Dauer des Arbeitsverhältnisses, Verdienst, Abfindungen, Grund des Ausscheidens); sie ist vom Zeugnis zu unterscheiden.

Arbeitsbewertung, arbeitswiss. Me-

ARB Arbeitsdienst

thode, die für die Arbeitsschwierigkeit, ausgedrückt durch die körperl., geistigen und seel. Anforderungen an einen personalen Arbeitsträger zur Erfüllung einer bestimmten Arbeitsaufgabe, eine Wertzahl (**Arbeitswert**) ermittelt; dient der Bestimmung eines anforderungsgerechten Lohnes und dem rationellen Einsatz der Arbeitskräfte.

Arbeitsdienst, 1920 in Bulgarien entstandene und von mehreren Ländern übernommene Einrichtung, um Jugendliche zur Ableistung gemeinsamer Arbeit für den Staat gegen bescheidenes Entgelt zusammenzufassen, auch zu Notstandsarbeiten in Zeiten der Arbeitslosigkeit. Ein freiwilliger A. bestand in den Niederlanden, Polen und den USA (1936–43). In Dtl. wurde 1931 von der Reg. Brüning der freiwillige A. auf gesetzl. Grundlagen gestellt. Eine A.-Pflicht gab es in Dtl. 1935–45 (↑Reichsarbeitsdienst).

Arbeitsdirektor, das für Sozial- und Personalangelegenheiten zuständige Mitgl. des zur gesetzl. Vertretung befugten Organs in Unternehmen, die dem Mitbestimmungs-Ges. unterliegen. Nach §33 Mitbestimmungs-Ges. vom 4. 5. 1976 ist in AG, GmbH u. a., die i. d. R. mehr als 2000 Arbeitnehmer beschäftigen, ein A. zu bestellen. Er ist nach den allg. Vorschriften über die Wahl eines Vorstandsmitglieds einzusetzen (also keine Zustimmung der Arbeitnehmer erforderlich). Der bereits nach dem Montan-Mitbestimmungs-Ges. vom 21. 5. 1951 vorgesehene A. darf jedoch nicht gegen die Stimmen der Mehrheit der Arbeitnehmervertreter im Aufsichtsrat bestellt werden. Der A. ist als gleichberechtigtes Mitgl. in den Vorstand oder die Geschäftsführung eingebunden.

Arbeitseinkommen, Entgelt für unmittelbar geleistete Arbeit, das einem Wirtschaftssubjekt aus unselbstständiger (z. B. Lohn, Gehalt) sowie aus selbstständiger Tätigkeit (kalkulator. Unternehmerlohn) zufließt. Vom A. zu unterscheiden sind ↑Transfereinkommen und ↑Vermögenseinkommen.

Arbeitseinkommensquote, Verhältnis von gesamtwirtsch. Arbeits- und Volkseinkommen. Zu Ersterem zählen die Bruttoeinkommen aus unselbstständiger Arbeit sowie die Arbeitseinkommen der Selbstständigen und ihrer mithelfenden Familienangehörigen (kalkulator. Unternehmerlohn), wobei unterstellt wird, dass jeder Selbstständige bzw. jeder mithelfende Familienangehörige das durchschnittl. Bruttoeinkommen eines beschäftigten Arbeitnehmers erhält.

Arbeitserlaubnis, besondere Erlaubnis der Arbeitsverwaltung, die zum Aufenthalt berechtigte ausländ. Arbeitnehmer für eine Arbeitsaufnahme in Dtl. gemäß §284 f. SGB III benötigen. Ausgenommen davon sind Staatsangehörige aus Mitgliedstaaten der EU bzw. des EWR, denen Freizügigkeit gewährt wird (↑Arbeitnehmerfreizügigkeit), Ausländer, die eine unbefristete Aufenthaltserlaubnis oder eine Aufenthaltsberechtigung besitzen, und andere Ausländer, wenn dies zwischenstaatlich vereinbart ist. Die A. kann befristet und zum Beispiel auf bestimmte Berufsgruppen oder auf Betriebe beschränkt vergeben werden.

Arbeitserziehungsanstalt, ↑Arbeitshaus.

Arbeitsförderung, Leistungen der Bundesagentur für Arbeit, durch die der Ausgleich am Arbeitsmarkt unterstützt werden soll, indem Ausbildung- und Arbeitsuchende über Lage und Entwicklung des Arbeitsmarkts und der Berufe beraten, offene Stellen zügig besetzt und die Möglichkeiten von benachteiligten Ausbildung- und Arbeitsuchenden für eine Erwerbstätigkeit verbessert und dadurch Zeiten der Arbeitslosigkeit vermieden oder verkürzt werden. Leistungen der A. (geregelt im SGB III) sind u. a. ↑Berufsberatung, Ausbildungs- und Arbeitsvermittlung, ↑Trainingsmaßnahmen, Mobilitätshilfen, Überbrückungsgelder, Berufsausbildungsbeihilfen, Arbeitslosengeld und Arbeitslosenhilfe (↑Arbeitslosenversicherung), Kurzarbeitergeld (↑Kurzarbeit), ↑Insolvenzgeld, Winterausfallgeld, in bestimmten Fällen Zuschüsse an Arbeitgeber zu Arbeits- und Ausbildungsentgelten, Arbeitsbeschaffungs- und Strukturanpassungsmaßnahmen. (↑Arbeitsmarktreform)

Arbeitsförderungsgesetz, Abk. **AFG,** ↑Arbeitslosenversicherung.

Arbeitsgemeinschaft christlicher Kirchen in Deutschland e. V., Abk. **ACK,** ökumen. Zusammenschluss christl. Kirchen und Glaubensgemeinschaften in Dtl., 1948 als Forum des ökumen. Gesprächs und Instrument zur Koordination praktischer kirchl. Zusammenarbeit gegr.;

Arbeitslosenquote ARB

(2003) 16 Mitgliedskirchen und -gemeinschaften und 4 Gastmitglieder. Sitz: Frankfurt am Main.
Arbeitsgerichtsbarkeit, besondere Gerichtsbarkeit für Arbeitssachen, geregelt im Arbeitsgerichts-Ges. i.d.F. v. 2.7.1979; ergänzend gilt die ZPO. Dazu gehören bes. bürgerl. Rechtsstreitigkeiten zw. Arbeitnehmern und Arbeitgebern aus dem Arbeitsverhältnis, zw. Tarifvertragsparteien, ferner solche, die sich aus den Betriebsverfassungs- und den Mitbestimmungs-Ges. ergeben. Zuständig sind die **Arbeitsgerichte** als 1. Instanz, die **Landesarbeitsgerichte** als Berufungs- und Beschwerdeinstanz und das **Bundesarbeitsgericht** als Revisionsinstanz. Berufung ist zulässig, wenn der Wert des Beschwerdegegenstandes 600 € übersteigt oder sie vom Arbeitsgericht zugelassen wurde sowie in Rechtsstreitigkeiten über das Bestehen, das Nichtbestehen oder die Kündigung eines Arbeitsverhältnisses, Revision, wenn das Landesarbeitsgericht die Revision für zulässig erklärt hat. Die Kammern der Arbeits- und der Landesarbeitsgerichte sind mit einem Vorsitzenden (Berufsrichter) und zwei ehrenamtl. Richtern (je ein Arbeitnehmer- und ein Arbeitgebervertreter) besetzt, beim Bundesarbeitsgericht – hier entscheiden Senate – um zwei Berufsrichter erweitert. Bei Letzterem besteht ein Großer Senat, der entscheidet, wenn ein Senat in einer Rechtsfrage von der Entscheidung eines anderen Senats oder des Großen Senats abweichen will. Soll das arbeitsgerichtl. Verfahren durch Urteil (also nicht durch Beschluss) enden, hat die mündl. Verhandlung mit einem Güteverfahren zu beginnen, um eine gütl. Einigung zu versuchen. Die Gerichtskosten sind von Gesetzes wegen gemindert; im ersten Rechtszug hat die obsiegende Partei grundsätzlich keinen Kostenerstattungsanspruch. In *Österreich* wurde die A. durch das Arbeits- und Sozialgerichts-Ges. vom 7.3.1985 neu gestaltet. In der *Schweiz* haben die Kt. für arbeitsrechtl. Streitigkeiten bis 20000 Franken durch Bundesrecht ein einfaches, rasches Verfahren vorgesehen.
Arbeitsgruppe Alternative Wirtschaftspolitik (Memorandumgruppe), Zusammenschluss von Wirtschafts- und Sozialwissenschaftlern, die sich als Kritiker des Sachverständigenrats zur Begutachtung der gesamtwirtschaftl. Entwicklung (SVR) verstehen und seit 1975 jährlich ein Gegengutachten (Memorandum) zum SVR-Gutachten veröffentlichen (seit 1980 unregelmäßig auch Sondermemoranden).
Arbeitshaus, Besserungs- und Sicherungsanstalt. Das A. wurde durch das 1. Strafrechtsreform-Ges. von 1969 abgeschafft. In der *Schweiz* bestehen Arbeitserziehungsanstalten zur Förderung der charakterl. Entwicklung junger erwachsener Straffälliger bis zum Alter von 25 Jahren (Art. 100bis StGB).
Arbeitshygiene, ↑Arbeitsmedizin.
Arbeitsintensität, Verhältnis des in der Produktion von Gütern eingesetzten Faktors Arbeit zum eingesetzten Kapital. Wirtschaftszweige, Unternehmen, Herstellungsverfahren werden als **arbeitsintensiv** bezeichnet, wenn der Anteil der menschl. Arbeit gegenüber anderen Produktionsfaktoren (z.B. dem Kapital) überwiegt.
Arbeitskampf, im Rahmen von Art. 9 Abs. 3 GG zulässige kollektive Kampfmaßnahme von Arbeitnehmern oder Arbeitgebern zur Durchsetzung oder Abwehr von Forderungen in Bezug auf Vergütungen und sonstige Arbeitsbedingungen (↑Streik, ↑Aussperrung, ↑Boykott).
Arbeitskosten (Personalkosten), ↑Lohnkosten.
Arbeitslied, ein während körperl. Arbeit oft im Wechsel zw. Vorsänger und Chor gesungenes Gruppenlied, dessen Taktart, Rhythmus und sprachl. Aussage einer gruppenspezif. Arbeitsbewegung (Mähen, Rudern u.a.) angepasst sind.
Arbeitslohn, Leistungsentgelt, ↑Lohn.
Arbeitslosengeld, ↑Arbeitslosenversicherung.
Arbeitslosenhilfe, ↑Arbeitslosenversicherung.
Arbeitslosenquote, Zahl der registrierten Arbeitslosen in Prozent der Anzahl der zivilen Erwerbspersonen (abhängige Erwerbstätige [ohne Soldaten], Selbstständige sowie registrierte Arbeitslose). Daneben wird die A. auch als Prozentsatz der abhängigen zivilen Erwerbspersonen angegeben; die so berechnete A. fällt höher aus. In Dtl. sind **registrierte Arbeitslose** im Ggs. zu den Erwerbslosen Arbeitsuchende zw. 15 und 65 Jahren, die sich bei der Arbeitsagentur gemeldet haben und der Arbeitsvermittlung zur Verfügung ste-

hen, die eine zumutbare, die Beitragspflicht begründende abhängige Beschäftigung ausüben können und dürfen, dazu auch bereit und für die Arbeitsagentur täglich erreichbar sind, die ferner zum Zeitpunkt der Meldung weniger als 15 Stunden pro Woche oder gar nicht arbeiten.
Arbeitslosenversicherung, die staatl. Pflichtversicherung der Arbeitnehmer gegen die wirtsch. Folgen der Arbeitslosigkeit, geregelt im dritten Buch des Sozialgesetzbuchs (bis zum 31. 12. 1997 im Arbeitsförderungsgesetz, AFG). Träger ist die Bundesagentur für Arbeit mit ihren Regionaldirektionen und ihren Agenturen für Arbeit. Finanziert wird die A. je zur Hälfte von Arbeitnehmern und Arbeitgebern (jeweils 3,25% des Bruttoarbeitsentgelts bis zur ↑Beitragsbemessungsgrenze der Rentenversicherung) sowie durch Bundeszuschüsse. Versicherungspflichtig sind alle gegen Entgelt oder zu ihrer Berufsausbildung beschäftigten Arbeitnehmer (auch Heimarbeiter, Wehr- und Zivildienstleistende u. a.). Ausgenommen von der Versicherungspflicht sind geringfügige Beschäftigungsverhältnisse, d. h. Arbeitsverhältnisse, deren Entgelt regelmäßig 400 € im Monat nicht übersteigt oder die auf längstens zwei Monate oder 50 Arbeitstage im Kalenderjahr begrenzt sind. Hauptleistungen und Maßnahmen der A. sind Arbeitslosengeld, Arbeitslosenhilfe, Kurzarbeitergeld (↑Kurzarbeit), Insolvenzgeld, ↑Winterausfallgeld, ↑Arbeitsbeschaffungsmaßnahmen, Förderung der berufl. Bildung (↑Umschulung), Maßnahmen der Rehabilitation und Existenzgründungshilfen (↑Arbeitsförderung).

Anspruch auf **Arbeitslosengeld** hat, wer arbeitslos ist (d. h. vorübergehend nicht in einem Beschäftigungsverhältnis steht und eine versicherungspflichtige, mindestens 15 Stunden wöchentlich umfassende Beschäftigung sucht), sich bei der Arbeitsagentur arbeitslos gemeldet hat, die Anwartschaftszeit erfüllt hat (in den letzten 2 Jahren vor Beginn der Arbeitslosigkeit 12 Monate beitragspflichtig beschäftigt war, sog. Rahmenfrist). Das Arbeitslosengeld wird, abhängig von der Dauer der vorherigen beitragspflichtigen Beschäftigung innerhalb der um ein Jahr verlängerten Rahmenfrist und vom Lebensalter, z. B. nach einer Beschäftigung von 12 (24) Monaten und vor Vollendung des 45. Lebensjahres 6 (12) Monate, nach einer Beschäftigung von 64 Monaten und nach Vollendung des 57. Lebensjahres maximal 32 Monate, gewährt. Die Bezugsdauer von Arbeitslosengeld wird bei Ansprüchen, die ab 1. 2. 2006 entstehen, auf maximal 12 Monate und für ältere Arbeitnehmer (ab 55 Jahre) auf maximal 18 Monate begrenzt. Das Arbeitslosengeld beträgt für Arbeitslose mit Kind 67%, für die Übrigen 60% des früheren Nettoarbeitsentgelts. Es kann versagt werden (Sperrzeit, bis zu 12 Wochen), wenn der Arbeitslose z. B. eine Arbeitsstelle ohne wichtigen Grund aufgibt, sich weigert, eine angebotene Arbeit anzunehmen oder an einer notwendigen Maßnahme zur berufl. Aus- und Weiterbildung teilzunehmen.

Anders als Arbeitslosengeld wird die **Arbeitslosenhilfe** aus dem Bundeshaushalt finanziert. Sie erhält, wer seinen Anspruch auf Arbeitslosengeld ausgeschöpft hat, in der Vorfrist im letzten Jahr mindestens einen Tag Arbeitslosengeld bezogen hat. Zusätzlich wird die Bedürftigkeit geprüft, wobei das persönl. Einkommen und Vermögen sowie ggf. Ehepartnereinkommen oder Unterhaltsansprüche eine Rolle spielen. Die Arbeitslosenhilfe beträgt 57% für Arbeitslose mit Kind, ansonsten 53% des Nettoarbeitsentgelts. Während des Bezugs von Leistungen der A. zahlt die Arbeitsagentur in bestimmten Fällen auch die Sozialversicherungsbeiträge der Leistungsempfänger. Zum 1. 1. 2005 werden die Arbeitslosenhilfe und die Sozialhilfe für erwerbsfähige Hilfsbedürftige zu einer neuen Leistung, dem **Arbeitslosengeld II,** zusammengeführt (↑Arbeitsmarktreform). Der Regelsatz beträgt dann im Westen 345 €, im Osten 331 € monatlich, Wohngeld, Heizung und weitere Zulagen nicht eingeschlossen. Des Weiteren werden u. a. die Zumutbarkeitsregeln für Langzeitarbeitslose und die Vorschriften zur Anrechnung von Vermögen verschärft sowie die Möglichkeiten des Hinzuverdienstes erweitert.

Auch in *Österreich* ist die A. staatl. Pflichtversicherung. Versicherungspflichtig sind u. a. Dienstnehmer sowie Heimarbeiter. Leistungen: 1) Arbeitslosengeld, 2) Notstandshilfe (mit Bedürftigkeitsprüfung), 3) Weiterbildungsgeld, 4) Altersteilzeitgeld u. a. In der *Schweiz* wurde die A. 1976 obligatorisch. Versicherungspflichtig sind bes.

Arbeitslosigkeit ARB

die Pflichtversicherten der Alters- und Hinterlassenenversicherung. Leistungen: Arbeitslosenentschädigungen in Form von Tagegeldern, bestehend aus Grundentschädigung (70–80 % des versicherten Tagesverdienstes) und Zulagen für Unterhalts- und Unterstützungspflichtige; Kurzarbeits-, Schlechtwetter- und Insolvenzentschädigungen.
Geschichte: Die Anfänge der A. gehen auf Selbsthilfe der Arbeiter zurück. Die dt. Gewerkschaften gingen frühzeitig dazu über, ihre arbeitslosen Mitgl. zu unterstützen. Die erste staatl. Pflichtversicherung wurde 1911 in Großbritannien eingeführt. In Dtl. wurde die Arbeitslosenunterstützung 1918 durch Reichs-VO den Gemeinden übertragen, und 1923 wurden Arbeitgeber und Arbeitnehmer zur Beitragsleistung herangezogen. Die staatl. Pflichtversicherung wurde durch das Gesetz über Arbeitsvermittlung und A. (AVAVG) 1927 eingeführt. ✣ siehe ZEIT Aspekte
📖 *Bolay, M. u. a.: Arbeitsförderung SGB III.* Baden-Baden 2002. – *Bubeck, T.: Guter Rat bei Arbeitslosigkeit.* München 2002.
Arbeitslosigkeit, Ungleichgewicht des Arbeitsmarkts, bei dem die angebotene Art und Menge der Arbeitsleistungen die nachgefragte Art und Menge der Arbeitsleistungen übersteigt, sodass ein Teil der Erwerbspersonen zeitweise ohne Beschäftigung ist. Man unterscheidet: die mit dem Wechsel des Arbeitsplatzes gewöhnlich verbundene, vorübergehende **friktionelle A.**; die **saisonale A.** als Folge der Saisonabhängigkeit bestimmter Berufe (z. B. in Landwirtschaft, Baugewerbe, Tourismus); die **konjunkturelle A.**, die durch eine (temporäre) Nachfrageschwäche hervorgerufen wird; die **strukturelle A.**, die auf anhaltenden berufl. Diskrepanzen zw. Angebot und Nachfrage oder auf unzureichendem Wirtschaftswachstum einschl. techn. Fortschritts durch Prozess- und Produktinnovationen **(technolog. A.)** und schließlich auf Strukturwandel einer Volkswirtschaft bei gegebenen Inflexibilitäten, z. B. bei Höhe und Struktur der Löhne, basiert. – Hinsichtlich der statist. Erfassung wird zw. registrierter und nicht registrierter A. unterschieden. Letztere ist gegeben, wenn sich Arbeitslose nicht bei der Arbeitsagentur melden und insoweit auch nicht gezählt werden. Verdeckte A. liegt vor, wenn Arbeitskräfte aus dem Erwerbsleben (zeitweilig) ausscheiden (z. B. wegen vorzeitigen Ruhestands, längerer Erziehungszeiten) oder später ins Arbeitsleben eintreten (z. B. wegen Ausbildung), wenn die Arbeitszeit vorübergehend verringert wird (Kurzarbeit), wenn sich die Arbeitnehmer in Umschulungsmaßnahmen befinden oder unproduktiv beschäftigt sind. Die Größe dieser als **stille Reserve** bezeichneten Personengruppe kann nur geschätzt werden. In den letzten Jahren stellt die **Langzeit-A.** (d. h. A., die ein Jahr oder länger andauert) ein besonderes Problem dar, sowohl für die Betroffenen (psych. Belastung, Einkommensverluste, Verarmung) als auch für die Volkswirtschaft (Steuerausfälle, geringere Sozialversicherungseinnahmen, Nachfragerückgang, steigende Ausgaben für Arbeitslosenversicherung und Sozialhilfe sowie die Finanzierung arbeitsmarktpolit. Maßnahmen) und die Gesellschaft. Die gesamtfiskal. Kosten der A. beliefen sich 2001 im früheren Bundesgebiet (neue Bundeslän-

Arbeitslosigkeit: jahresdurchschnittliche Arbeitslosenquoten (in %; Quelle: Eurostat, OECD)

Staat	1997	1998	1999	2000	2001	2002	2003
EU-Staaten (15)	10,0	9,4	8,7	7,8	7,4	7,7	8,0
darunter:							
Deutschland	9,7	9,1	8,4	7,8	7,8	8,6	9,3
Frankreich	11,8	11,4	10,7	9,3	8,5	8,8	9,3
Großbritannien	6,9	6,2	5,9	5,4	5,0	5,1	5,0
Italien	11,6	11,7	11,3	10,4	9,4	9,0	8,7
Niederlande	4,9	3,8	3,2	2,9	2,5	2,7	3,7
Spanien	17,0	15,2	12,8	11,3	10,6	11,3	11,3
Japan	3,4	4,1	4,7	4,7	5,0	5,4	5,3
USA	4,9	4,5	4,2	4,0	4,8	5,8	6,0

der) auf 47,0 (23,4) Mrd. € oder durchschnittlich 19 000 (17 000) € pro Arbeitslosen und Jahr; davon entfielen 46 % (53 %) auf Ausgaben der Bundesagentur für Arbeit, 26,7 % (24,9 %) auf Mindereinnahmen in der Sozialversicherung und 19,6 % (18,1 %) bei den Steuern. Statt »A. zu finanzieren« (Zahlung von Arbeitslosengeld und -hilfe) wurden die Bemühungen verstärkt, Gelder für Schaffung oder Erhalt von Arbeitsplätzen bereitzustellen (↑Arbeitsbeschaffungsmaßnahmen).
Die Weltwirtschaftskrise brachte erstmals das Phänomen der **Massen-A.** (6 Mio. Arbeitslose im Winter 1932/33 in Dtl.), dem mit unterschiedl. Maßnahmen, z. B. in Dtl. durch staatl. Arbeitsbeschaffung und Aufrüstung und in den USA mit dem New Deal, begegnet wurde. Seit Mitte der 1970er-Jahre und im Gefolge der Rezession Anfang der 1990er-Jahre ist die A. in fast allen Industrieländern wieder zu einem gravierenden gesellschaftl. Problem geworden. Verschärfend wirkt, dass die A. im konjunkturellen Aufschwung zwar abnimmt, dann aber auf einem relativ hohen Niveau verharrt (Sockel-A.). Zur Bekämpfung konjunktureller A. fordert der Keynesianismus eine expansive Beeinflussung der gesamtwirtsch. Nachfrage durch antizykl. Geld- und Fiskalpolitik (Globalsteuerung; z. B. Erhöhung der Staatsausgaben, Steuersenkungen, Konjunktur- bzw. Beschäftigungsprogramme). Vertreter der neoklassisch-monetarist. Position fordern hingegen einen Verzicht auf antizykl. Eingriffe und eine verstetigte, am gesamtwirtsch. Produktionspotenzial orientierte Geld- und Fiskalpolitik und allg. eine Verbesserung der Angebotsbedingungen.
📖 *Stadermann, H.-J.: A. im Wohlfahrtsstaat. Tübingen ²1998. – Arbeitsmarkt- u. Beschäftigungspolitik in der EU, hg. v. H.-W. Platzer. Baden-Baden 2000. – Pauer, W.: Strukturelle A. Sektorale Schocks u. Mismatch in der Europ. Union. Wien 2000. – Soziale Sicherheit u. Strukturwandel der A., hg. v. H. G. Zilian u. J. Flecker. München 2000. – Wachstum, Beschäftigung und Arbeitslosigkeit, Beiträge von H. Buscher u. a. Baden-Baden 2000. – Miegel, M. u. Wahl, S.: A. in Deutschland. Phantom und Wirklichkeit. München 2001.*
Arbeitsmarkt, Zusammentreffen von Angebot und Nachfrage nach menschl. Arbeitsleistung. Der A. kann in Teilmärkte, z. B. für bestimmte Berufe oder Qualifikationen, aufgeteilt werden. Auf dem A. werden Höhe des Arbeitsentgeltes und Arbeitsbedingungen durch die Beteiligten ausgehandelt. Die Arbeitnehmer haben sich zur Stärkung ihrer Stellung in Gewerkschaften, die Arbeitgeber in Arbeitgeberverbänden organisiert. Diese Monopolisierung von Arbeitsangebot und -nachfrage macht den A. zu einem bilateralen Monopol. Damit wird die Preisbildung, d. h. die Lohnhöhe, durch die Machtpositionen am A. beeinflusst.
Die **A.-Politik** umfasst – in Abgrenzung zur Beschäftigungspolitik – Maßnahmen zur Unterstützung des Ausgleichs am A., also Abbau und/oder Verhinderung von Arbeitslosigkeit oder Arbeitskräftemangel. Dazu zählen v. a. berufl. Weiterbildung und Arbeitsbeschaffungsmaßnahmen. Für Letztere ist die Bez. »Zweiter A.« aufgekommen. Für die A.-Politik zuständige Institutionen sind in Dtl. die Bundesagentur für Arbeit, in *Österreich* das Bundesministerium für Arbeit und Soziales, in der *Schweiz* das Staatssekretariat für Wirtschaft.
📖 *Föste, W.: Flexibilität und Sicherheit am A. Frankfurt am Main u. a. 2001. – Eichhorst, W. u. a.: Benchmarking Dtl.: A. und Beschäftigung. Berlin u. a. 2001.*
Arbeitsmarktreform, durch die Hartz-Kommission 2002 erarbeitete Vorschläge zur Reform des Arbeitsmarkts, durch die die Arbeitslosigkeit in Dtl. bis 2005 deutlich gesenkt werden sollte. Eckpunkte: 1) Schaffung neuer Arbeitsplätze z. B. durch Einführung von Personal-Service-Agenturen, d. h. von bes. bei Zeitarbeitsfirmen angesiedelten Agenturen, die befristet Arbeitslose in Betriebe entleihen, Förderung der Beschäftigung in privaten Haushalten, Vergabe von zinsgünstigen Krediten an Unternehmen, die Arbeitslose einstellen (Programm »Kredit für Arbeit«), Förderung von Arbeitslosen zur Aufnahme einer selbstständigen Tätigkeit (Ich-AG); 2) Zusammenbringen von Arbeitslosen und offenen Stellen durch Verbesserung der Arbeitsvermittlung (Einführung von Jobcentern als erste Anlaufstelle für Arbeitsuchende, Angebot von persönlich zugeschnittener Beratung und Unterstützung durch die Job-Center, Zusammenführung der Zuständigkeiten für er-

werbsfähige Arbeitsuchende bei gleichzeitiger Leistungsabsenkung [Arbeitslosengeld II]), Verbesserung des Angebots zur Kinderbetreuung, Neuregelung der Zumutbarkeitskriterien für eine neue Stelle, Förderung der Ausbildung und Beschäftigung junger Menschen; 3) Neuorientierung der Bundesagentur für Arbeit und der Arbeitsagenturen zu einem kundennahen Dienstleister, Vereinfachung der Instrumente der Arbeitsförderung und Stärkung des Wettbewerbs.

Arbeitsmarktservice Österreich [-sə:vis -], 1994 gebildete neue »Arbeitsmarkt-Verw.« Österreichs; wurde aus der Hoheits-Verw. ausgegliedert und als A. Ö. unter Beteiligung der Sozialpartner mit einer leistungsorientierten unternehmer. Organisationsstruktur neu etabliert.

Arbeitsmaschinen: Hydraulikbagger im Steinbruch

Arbeitsmaschinen, Maschinen, die von Menschen- oder Tierkraft oder Kraftmaschinen angetrieben werden und eine Arbeit verrichten, z. B. Krane, Bagger, Landmaschinen, Werkzeugmaschinen.

Arbeitsmedizin, Fachgebiet der Medizin, das sich mit den Wechselbeziehungen zw. berufl. Arbeit sowie Gesundheit und Krankheiten des Menschen befasst; die A. beinhaltet Arbeitshygiene, -physiologie, -pathologie, teilweise auch -psychologie und wirkt sich auf Arbeitsschutz- und Sozialgesetzgebung aus.

Arbeitsnorm, Bemessungssätze für die Arbeitsleistung und ihre Entlohnung, v. a. bei Akkord- und Prämienlöhnen.

Arbeitspapiere, alle Urkunden, die im Zusammenhang mit einem Arbeitsverhältnis stehen, z. B. Zeugnis, Lohnsteuerkarte, Versicherungsnachweise, Arbeitsbescheinigung; sie sind dem Arbeitnehmer bei Lösung des Arbeitsverhältnisses auszuhändigen.

Arbeitsphysiologie (Leistungsphysiologie), Teilgebiet der Arbeitsmedizin; erstrebt schonenden Einsatz der menschl. Arbeitskraft und zeigt Wege zu effektiven Arbeitsformen.

Arbeitsplatz, jede (räumlich gebundene) Stelle im Betrieb, auf der eine Person beschäftigt ist. Der Aufbau des A. beeinflusst das Arbeitsergebnis, die Belastung und Sicherheit des arbeitenden Menschen; daher wird die optimale Gestaltung des A. angestrebt. Grundlage der **A.-Gestaltung** bildet die personenunabhängige **A.-Beschreibung;** hierbei wird von arbeitswiss. Erkenntnissen ausgegangen (↑Arbeitsstudie).

Arbeitsplatzkonzentration, *Arbeitsschutz:* der ↑MAK-Wert.

Arbeitsproduktivität, Verhältnis von gesamter Produktionsmenge zur Einsatzmenge des Faktors Arbeit. Die amtl. Statistik berechnet die A. und den A.-Index als Produktionsergebnis je Beschäftigten, je Beschäftigtenstunde, je Arbeiter oder je Arbeiterstunde für den Bergbau und das verarbeitende Gewerbe. Die Beschäftigtenstunden ergeben sich aus den geleisteten Arbeiterstunden und der durchschnittl. Arbeitszeit der Angestellten. Der Index der **gesamtwirtschaftlichen A.** ist das Verhältnis von Bruttoinlandsprodukt oder -wertschöpfung in konstanten Preisen zur durchschnittl. Anzahl der Erwerbstätigen oder Erwerbstätigenstunden.

Arbeitspsychologie, Zweig der angewandten Psychologie, untersucht die Beziehungen zw. Arbeitswelt und psych. Faktoren (Berufseignung, Verbesserung der Arbeitsbedingungen u. a.).

Arbeitspunkt, Betriebspunkt im Kennlinienfeld (↑Kennlinie).

Arbeitsrecht, Teil des Rechts, der die Stellung des unselbstständigen Arbeitnehmers regelt. Es ist als Sonderrecht seit dem 19. Jh. entwickelt worden und in eine Vielzahl von Einzelgesetzen zersplittert. – Der älteste Teil des A. ist das Recht des ↑Arbeitsvertrages, der im Mittelpunkt des **Individual-A.** steht. Das A. dient dem Schutz des wirtschaftlich schwächeren Arbeitnehmers. Nach dem Inhalt ist zu unterscheiden zw. Schutz gegen Gefahr bei Ausführung der Arbeit und Vorschriften über die Arbeitszeit. Der Erstere ist u. a. gere-

ARB Arbeitsschule

gelt in der Arbeitsstätten-VO vom 20. 3. 1975, die einheitl. Anforderungen an die Sicherheit von Arbeitsstätten aufstellt. Der Rahmen für die Arbeitszeit ist im Arbeitszeit-Ges. vom 6. 6. 1994 festgelegt. Ferner bestehen Schutzbestimmungen für einzelne Gruppen von Arbeitnehmern, z. B. werdende Mütter. Ein weiterer, wesentl. Teil des A. ist das Kündigungsschutzrecht, das das freie vertragl. Kündigungsrecht einschränkt (↑Kündigung). Durch die Anerkennung der Gewerkschaften als gleichberechtigte Vertragspartner entstand das **kollektive A.**, das das Tarifvertrags- und ↑Betriebsverfassungsgesetz sowie das Mitbestimmungsrecht (↑Mitbestimmung) umfasst. Auch das Recht der Arbeitsstreitigkeiten ist Bestandteil des A. (↑Arbeitsgerichtsbarkeit, ↑Schlichtung). Für ↑Beamte gelten die Sonderregelungen des Beamtenrechts.

In *Österreich* haben zahlr. Sonder-Ges. die Geltung der §§ 1153–1164 ABGB zurückgedrängt. (Ungünstigen) Einzelverträgen gehen zudem die zahlr. bestehenden Kollektivverträge und Betriebsvereinbarungen vor. Verschiedene Schutz-Ges. sichern Leben und Gesundheit von Arbeitnehmern. In der *Schweiz* ist das A. weitgehend Bundessache. Den Arbeitsvertrag regelt das OR (Art. 319 ff.), doch gehen dem Einzelvertrag auf weiten Gebieten die Gesamtarbeitsverträge vor, die nach Ges. von 1956 allg. verbindlich erklärt werden können. Das neue Arbeits-Ges., in Kraft seit 1. 8. 2000, regelt umfassend das öffentl. A. bezüglich Arbeitszeit, Lohnzahlungen bei Krankheit, Schutz von Kindern und Frauen.

Arbeitsschule, 1) im 18. und 19. Jh. eine Schule, die Unterricht und (wirtsch.) Handarbeit verband.
2) heute eine Unterrichtsweise, die die Selbsttätigkeit des Schülers pflegt und ihn zum selbstständigen Schaffen anregen soll. Grundgedanken der A. finden sich bei den Philanthropen, bei J. H. Pestalozzi und F. Fröbel. Zum anerkannten Grundsatz des Schulunterrichts (**Arbeitsunterricht**) wurde die A. seit Beginn des 20. Jh. durch G. Kerschensteiner, später durch H. Gaudig. Arbeit bedeutete zunächst Handtätigkeit, dann immer mehr Selbsttätigkeit überhaupt (in fast allen Fächern).

Arbeitsschutz, Gesamtheit sozialpolit. und techn. Maßnahmen zum Schutz der abhängig Arbeitenden gegen Schädigungen und Gefahren aus der berufl. Tätigkeit. Zum A. gehören die Verhütung von Arbeitsunfällen und Berufskrankheiten (techn. und gesundheitl. A.), der Arbeitszeit-, Kinder-, Jugendlichen-, Frauen- und Mutterschutz und der Schutz bei Lohnpfändung (sozialer A.). (↑Betriebsschutz, ↑Gewerbeaufsicht)

Arbeitsspeicher (Hauptspeicher), Bestandteil des Zentraleinheit eines Computers zur Bereithaltung der für die gerade ablaufende Bearbeitung benötigten Programme und Daten.

Arbeitsstätte, *Statistik:* Betriebseinheit, z. B. Betriebe des produzierenden Gewerbes, Dienstleistungsunternehmen, freiberufl. Praxen, öffentl. Institutionen. Als A. gilt grundsätzlich die räumlich abgegrenzte Einheit, d. h. das umgrenzte Grundstück oder der Grundstückskomplex, auf dem mindestens eine Person ständig (haupt- oder nebenberuflich) tätig ist.

Arbeitsstudi|e, Oberbegriff für alle betriebl. Methoden zur systemat. Untersuchung der menschl. Arbeit mit dem Ziel, die Arbeit ökonomisch und menschengerecht zu gestalten, ihren Umfang zu messen und ihre Anforderungen zu analysieren. Daraus folgend werden drei method. Instrumente zusammengefasst: 1) Die **Arbeitsgestaltungsstudie** dient durch Analyse der Arbeitsvorgänge und des Arbeitsplatzaufbaus (Arbeitsplatzstudie) v. a. der Rationalisierung des Arbeitsablaufs. 2) Mithilfe der **Arbeitszeitstudie** soll eine Leistungsvorgabe für die Arbeitskraft ermittelt werden; dazu sind Vorgabezeiten zu errechnen und Leistungsgrade zu schätzen. 3) Die **Arbeitswertstudie** erfasst die Arbeitsschwierigkeit zur Angabe von Anforderungsprofilen für Arbeitskräfte, die eine bestimmte Arbeit ausführen. (↑Arbeitsbewertung)

Arbeitstakt, Takt eines Verbrennungsmotors, bei dem durch die Verbrennungsgase Arbeit an den Kolben abgegeben wird.

Arbeitsteilung, 1) *Biologie:* Aufgabenteilung der Lebensfunktionen bei Organismen. Die A. einzelliger Pflanzen und Tiere zeigt sich darin, dass bestimmte Teile der Zelle (Organellen) besondere Funktionen übernehmen. Bei vielzelligen Lebewesen besteht durch Differenzierung der Zellen in Gewebe und Organe ebenfalls eine A. In

Arbeitsvertrag ARB

den Tierstaaten der Hautflügler treten sterile Weibchen auf, die versch. Arbeiten verrichten. Bei den Kolonien bildenden Hohltieren, Moostierchen und Manteltieren nehmen alle in ihrer Anlage gleichen Einzelwesen durch Differenzierung eine funktionsentsprechende Gestalt an (bes. die Staatsquallen). A. brutpflegender Wirbeltiere gibt es bei Bewachung und Nahrungsversorgung.
2) *Soziologie* und *Wirtschaftswissenschaft:* Aufgliederung von Arbeitsprozessen in Teilverrichtungen und deren Verteilung auf versch. Erwerbszweige und Berufe. Die A. ist ein Grundzug schon einfachster Kulturen, in bes. hohem Maß aber der entwickelten Volkswirtschaften. Formen der A.: **Arbeitszerlegung,** die Aufgliederung von Produktionsprozessen in Teilprozesse; **räuml. A.,** Spezialisierung auf die standortmäßig günstigste Produktion, mit dem Spezialfall der **internat. A.,** deren theoret. Grundlage das Theorem der ↑komparativen Kosten bildet. Vorteile der A.: Produktionssteigerungen und bessere Ausnutzung der Arbeitskraft, Kostensenkung; Nachteile: geringere Möglichkeiten des Berufswechsels, Monotonie, bei weitgehender internat. A. mögl. Abhängigkeit der Volkswirtschaften von Schwankungen der Weltmarktpreise. – Ökonomisch, soziologisch oder gesellschaftskritisch orientierte Theorien der A. wurden bes. von A. Ferguson, É. Durkheim, G. von Schmoller und K. Marx entwickelt.
Arbeitstherapie, Behandlung von Kranken, bes. bei lang dauerndem Klinikaufenthalt, durch Arbeit, meist in Form leichter Industrieanfertigungen. Die A. hat u. a. zum Ziel, den Übergang zum tägl. Leben zu erleichtern (Rehabilitationsmaßnahme). A. und Beschäftigungstherapie werden unter der Bez. Ergotherapie zusammengefasst.
Arbeitsunfähigkeit, durch Krankheit bewirktes Unvermögen zur Arbeit. Bei A. treten Lohnfortzahlung und/oder die Leistungen der Kranken- und ggf. der Unfallversicherung ein.
Arbeitsunfall, Unfall, den ein Versicherter der gesetzl. Unfallversicherung bei einer versicherten Tätigkeit, bes. bei Verrichtung einer abhängigen Arbeit oder auf dem Weg zur oder von der Arbeitsstätte (»Wegeunfall«) erleidet. Dem A. ist in der Unfallversicherung der Eintritt bestimmter Berufskrankheiten gleichgestellt.
Arbeitsverhältnis, das zw. Arbeitgeber und Arbeitnehmer bestehende Rechtsverhältnis, gleichgültig, ob dies durch einen förml. Arbeitsvertrag oder durch tatsächl. Arbeitsaufnahme **(fakt. A.)** begründet wurde. Die sich aus dem A. ergebenden Rechte und Pflichten sind z. T. durch Gesetz geregelt (z. B. BGB, HGB, GewO), z. T. durch Tarifvertrag und Betriebsvereinbarung. Zusätzlich zu den Grundpflichten des Arbeitgebers (Lohnzahlung, Urlaubsgewährung) und des Arbeitnehmers (Arbeitsleistung) wirken Nebenpflichten (↑Fürsorgepflicht, ↑Treuepflicht).
Arbeitsvermittlung, Vermittlung geeigneter Arbeitsstellen an Arbeitsuchende und umgekehrt. Die A. war im Monopol der Bundesagentur für Arbeit (früher Bundesanstalt für Arbeit). Nach § 37 SGB III kann sie bes. wenn dadurch die berufl. Eingliederung erleichtert wird, Dritte mit der A. oder mit Teilaufgaben hierfür beauftragen. Der Vermittlungsvertrag bedarf der Schriftform und muss v. a. die Vergütung des Vermittlers angeben, die grundsätzlich 2 500 € nicht übersteigen darf (§§ 296, 421g SGB III). Der Arbeitsuchende ist nur zur Zahlung der Vergütung verpflichtet, wenn durch die Tätigkeit des Vermittlers ein Arbeitsvertrag zustande gekommen ist. Arbeitslose, die Arbeitslosengeld oder -hilfe erhalten und noch nicht drei Monate Arbeitslosigkeit noch nicht durch die Arbeitsagentur vermittelt sind, und Arbeitnehmer, die in Arbeitsbeschaffungs- bzw. traditionellen Strukturanpassungsmaßnahmen beschäftigt sind, haben Anspruch auf einen Vermittlungsgutschein (bis 31. 12. 2004). Mit dem Vermittlungsgutschein, der für drei Monate gilt, übernimmt die Arbeitsagentur die Kosten des privaten Vermittlers für die Vermittlung in eine sozialversicherungspflichtige Beschäftigung (nach Arbeitslosigkeit bis zu sechs Monaten 1 500 €, bis zu neun Monaten 2 000 €, von mehr als neun Monaten 2 500 €). Für Leistungen zur Ausbildungsvermittlung dürfen nur vom Arbeitgeber Vergütungen verlangt werden.
Arbeitsvertrag, privatrechtlicher, schuldrechtl. Vertrag, durch den sich Arbeitnehmer zur Leistung abhängiger Arbeit und der Arbeitgeber zur Zahlung der Arbeitsvergütung und anderer Leistungen

ARB Arbeitsverweigerung

verpflichtet; Schriftform ist nicht erforderlich. Der A. ist eine Unterart des Dienstvertrags (§§ 611 ff. BGB). Sonderbestimmungen enthält das HGB für kaufmänn. Angestellte, die GewO für gewerbl. Arbeitnehmer. Ergänzend gelten Tarifverträge und Betriebsvereinbarungen. Wird der A. nicht schriftlich abgeschlossen, hat der Arbeitgeber die wesentl. Arbeitsbedingungen schriftlich zu fixieren und die Niederschrift dem Arbeitnehmer auszuhändigen, soweit nicht nur eine vorübergehende Beschäftigung vorliegt. Der A. endet durch Zeitablauf, Kündigung, Aufhebungsvertrag oder Tod des Arbeitnehmers, nicht aber durch Betriebsübergang. Für befristete A. gilt das Teilzeit- und Befristungs-Ges. vom 21. 12. 2000 (↑befristetes Arbeitsverhältnis).

Arbeitsverweigerung, auf Widersetzlichkeit beruhendes, unbefugtes Verweigern der Arbeitsleistung. Beharrliche A. ist ein Grund zu fristloser Entlassung (↑Kündigung), dies gilt aber nicht bei Streik oder unzumutbarer Arbeit.

Arbeitsvorbereitung, Maßnahmen der Produktionsprozessplanung und -steuerung mit dem Ziel, einen reibungslosen, termingerechten und ökonomisch effizienten Ablauf der industriellen Fertigung sicherzustellen. Die A. umfasst Auftragsvorbereitung, Beschaffung der techn. Unterlagen, Arbeitszeitermittlung, Lager-, Werkstatt-, Transport- und Versandvorbereitung.

Arbeitswerttheorie, von A. Smith, D. Ricardo, K. Marx u. a. vertretene objektive Werttheorie, die den Tauschwert (Preis) der Güter aus dem Wert der Arbeit als dem alleinigen Produktionsfaktor erklärt. Nach Smith kosten alle Produkte nur Arbeit, daher ist ihr Wert nur durch diese bestimmt. Nach Ricardo werden die Güter im Verhältnis der auf sie verwendeten Arbeit, gemessen an der Zeit, getauscht. Nach Marx ist Arbeit sowohl Substanz (abstrakte Arbeit) als auch Maß des Wertes (gesellschaftlich notwendige Arbeitszeit), zu dem die Waren auf dem Markt getauscht werden. Die A. bildet eine der Hauptthesen der marxist. Kritik am Kapitalismus.

Arbeitswissenschaft, interdisziplinär angewandte Wiss., die sich mit allen Fragen menschl. Arbeit im Betrieb befasst. Im Mittelpunkt steht der ökonom. Einsatz menschl. Arbeitskraft unter Anpassung der Arbeitsbedingungen an die körperl., geistigen und seel. Eigenschaften des Menschen. Das Betriebsverfassungsgesetz (§ 90) fordert von Arbeitgeber und Betriebsrat, Erkenntnisse der A. zu berücksichtigen.

Arbeitszeit, durch Tarifvertrag, Betriebsvereinbarungen oder Arbeitsvertrag geregelte Zeit vom Beginn bis zum Ende der Arbeit (ohne Ruhepausen). Unterschieden werden muss zw. tariflich festgelegter A., geleisteter A. (mit Überstunden) und bezahlter A. (die auch Urlaub, Krankheit u. a. einschließt). – Ein Abgehen von der starren A.-Regelung brachte der Übergang zur gleitenden A., bei der die Arbeitnehmer nur eine feste Kernzeit ihre Arbeitsstunden (bei Einhaltung einer Gesamtstundenzahl) variieren können (Gleitzeit). Die Ausgestaltung der Gleitzeit wird meist in einer Betriebsvereinbarung geregelt. – Den rechtl. Rahmen bildet das Arbeitszeit-Ges. (ArbZG) vom 6. 6. 1994, das die Arbeitszeitordnung (AZO) von 1938 ablöste. Das ArbZG regelt den öffentlich-rechtl. Arbeitsschutz, v.a. die gesetzl. Höchstarbeitszeiten (acht Stunden werktags, bei entsprechendem Ausgleich bis zu zehn Stunden, 48 Stunden pro Woche), Mindestruhepausen und -zeiten sowie den Nachtarbeitnehmerschutz. Es gilt grundsätzlich für alle Arbeitnehmer in sämtl. Beschäftigungszweigen (Ausnahmen u. a. für Bäckereien, Handelsschiffe). Bei verkürzter A. (↑Teilzeitarbeit) gelten die Bestimmungen des Teilzeit- und Befristungsgesetzes.

Im Kampf um die Verkürzung der A. hat sich in vielen Staaten erst nach 1918 der Achtstundentag allgemein durchgesetzt (48-Stunden-Woche). In Dtl. traten die Gewerkschaften seit Mitte der 50er-Jahre für eine tarifvertragl. Regelung der A. ein und erzielten eine Herabsetzung der A. bei vollem Lohnausgleich. Angesichts hoher Arbeitslosigkeit wird heute kontrovers über den Abbau der immer noch hohen Zahl von geleisteten Überstunden (trotz des Wunsches bei vielen Beschäftigten nach A.-Verkürzung) diskutiert. Im Interesse einer größeren Flexibilität ist eine Vielfalt von A.-Modellen (↑Arbeitszeitkonto) zu beobachten.

📖 *Buschmann, R. u. Ulber, J.: Arbeitszeitrechtsgesetz. Mit weiteren Arbeitszeitvorschriften. Textausgabe mit Kurzkommentie-*

rung. *Köln 1994. – Arbeitszeitmodelle. Flexibilisierung u. Individualisierung, hg. v. D. Wagner. Göttingen 1995. – Garhammer, M.: Balanceakt Zeit. Auswirkungen flexibler Arbeitszeiten auf Alltag, Freizeit u. Familie. Berlin ²1996.*
Arbeitszeitkonto, betriebl. Konto eines Arbeitnehmers, auf dem über die vertragl. Arbeitszeit hinaus geleistete Arbeitszeit dokumentiert (gesammelt) wird, um zu einem späteren Zeitpunkt einen Freizeitausgleich (bezahlte Freistellung) zu schaffen; ein Modell der Arbeitszeitflexibilisierung. Unterschieden wird zw. **Kurzzeitkonto** (z. B. Jahresarbeitszeitkonto), bei dem der Ausgleich innerhalb des vereinbarten Zeitraums stattfindet, und **Langzeitkonto** (auch Lebensarbeitszeitkonto), das dem Sammeln von Arbeitszeit mit dem Ziel eines zeitweiligen (z. B. Sabbatjahr) oder vorzeitigen Ausstiegs aus dem Berufsleben dient. Ein mehr als sechsmonatiger Ausgleichszeitraum kann nur durch Tarifvertrag oder Betriebsvereinbarung aufgrund eines Tarifvertrags vereinbart werden. Nach dem Ges. zur sozialrechtl. Absicherung flexibler Arbeitszeitregelungen, in Kraft seit 1. 1. 1998, besteht während der Freistellung der volle Sozialversicherungsschutz für den Arbeitnehmer.
Arber *der,* höchste Berggruppe des Böhmerwaldes, auf bayer. Gebiet, mit dem **Großen A.** (1 456 m ü. M.) und dem **Kleinen A.** (1 384 m ü. M.) und zwei Karseen (Großer und Kleiner Arbersee).
Arber, Werner, schweizer. Mikrobiologe, *Gränichen (Kt. Aargau) 3. 6. 1929; Prof. für Molekularbiologie in Basel; erhielt 1978 für die Entdeckung der ↑Restriktionsenzyme in der Molekulargenetik mit D. Nathans und H. O. Smith den Nobelpreis für Physiologie oder Medizin.
Arbil, Stadt in Irak, ↑Erbil.
Arbitrage [-'traːʒə; frz., aus lat. arbitrium »Entscheidung«] *die,* **1)** *Börsenwesen:* die Ausnutzung von Preis-, Zins- und Kursunterschieden zw. verschiedenen Börsenplätzen durch Kauf an Plätzen mit niedrigem und gleichzeitigen Verkauf an Plätzen mit hohem Preis. Je nach der Art der betreffenden Börsenwerte unterscheidet man Devisen-, Edelmetall- (Gold-), Zins-, Effekten-, Warenarbitrage.
2) *Handelsrecht:* je nach örtl. Handelsbrauch die Erledigung von Meinungsverschiedenheiten tatsächl. Art durch Schiedsgutachter oder die Entscheidung eines Streits durch ein Schiedsgericht; ferner eine Klausel, wonach der Käufer beanstandete Ware behalten muss und nur ein Minderungsrecht hat.
arbiträr, dem Ermessen überlassen, beliebig; nach Ermessen, willkürlich.
Arbitrarität *die, Sprachwissenschaft:* Beliebigkeit des sprachl. Zeichens im Hinblick auf die Zusammengehörigkeit von ↑Signifikant und ↑Signifikat.
Arbitration [engl. ɑːbɪˈtreɪʃən] *die,* Schiedsverfahren, Schiedsgerichtsverfahren; die außergerichtl. Erledigung von Streitigkeiten im angelsächs. Recht sowie im internat. Handelsverkehr; auch im Völkerrecht ein Mittel der Streitbeilegung.
Arboform® [zu lat. arbor »Baum«] *das,* nachhaltiger thermoplastischer Werkstoff, der auf der Basis nachwachsender Rohstoffe entwickelt wurde. A. besteht zu etwa 70 % aus Naturfasern (Flachs, Hanf, Sisal oder Baumwolle) sowie Lignin. Letzteres fällt als Abfallprodukt der Zellstoffindustrie an. Zur Herstellung von A. wird Lignin aufbereitet, mit den zerkleinerten Naturfasern und speziellen Additiven versetzt und zu einem Granulat verarbeitet. Auf Spritzgussmaschinen (bei 110–170 °C unter 2000 bar) lässt sich das »flüssige Holz« anschließend zu Formteilen, Profilen oder Platten formen.
Arbogast, fränk. Offizier in röm. Diensten, †(Selbstmord) 394; war seit 388 Regent unter Kaiser Valentinian II.
Arbois [arˈbwa], Stadt im Dép. Jura, Frankreich, 3 900 Ew.; Weinbauzentrum mit Weinbaumuseum; roman. Kirche. – In der Nähe große Höhlen (Grottes des Planches, unterird. Flusslauf; Grottes du Moidous, Tropfsteinhöhle).
Arbon, Bez.-Hptst. im Kt. Thurgau, Schweiz, am Bodensee, 13 100 Ew.; Maschinen- und Fahrzeugbau. – An der Stelle des Römerkastells **Arbor Felix** liegt heute das Schloss (10.–16. Jh.); Umfriedung des Kastells in der Schlossbefestigung erhalten.
Arbor Day ['ɑːbə deɪ; engl. »Tag des Baumes«], in den USA ein Schul- und Volksfeiertag, wird im Frühjahr mit dem Pflanzen von Bäumen begangen.
Arboretum [lat.] *das,* Anpflanzung in- und ausländ. Gehölze in Anlagen, botan. Gärten oder Forstgärten.
Arbour [arˈbuːr], Louise, kanad. Richte-

rin, *Montreal 10. 2. 1947; arbeitete nach Jurastudium in Montreal zunächst als Anwältin, ab 1977 am Obersten Gerichtshof von Ontario (seit 1987 als Richterin) und 1990–96 am Berufungsgericht von Ontario. Im Okt. 1996 wurde A. Chefanklägerin des 1993 eingerichteten Internat. Strafgerichts für Verbrechen im ehem. Jugoslawien und in Ruanda (↑Kriegsverbrechertribunal). Dieses Amt übte sie bis Sept. 1999 aus. Danach arbeitete sie als Richterin am Obersten Gerichtshof in Kanada und wurde im Febr. 2004 zur UN-Hochkommissarin für Menschenrechte gewählt (Amtsantritt Juni 2004).

Arboviren, kurz für engl. **ar**thropod-**bo**rne **vir**uses [»in Gliederfüßern entstandene Viren«], Gruppe von etwa 180 kleinen Virusarten, die, von stechenden Insekten übertragen, bei warmblütigen Wirbeltieren und beim Menschen schwere Krankheiten (**Arbovirosen**) hervorrufen (z. B. Gelbfieber, Gehirnentzündung).

Arbroath [ˈɑːbrəʊθ], Stadt im Verw.-Gebiet Angus, Schottland, 23 500 Ew.; Maschinenbau, Schiffbau; Fischereihafen. – In der 1178 vom schott. König Wilhelm I. gegründeten A. Abbey erfolgte 1320 die Declaration of A., die die Unabhängigkeit Schottlands nach dem Sieg über die Engländer 1314 bei Bannockburn bestätigte.

Arbus [ˈɑːbəs], Diane, amerikan. Fotografin, *New York 14. 3. 1923, †(Selbstmord) ebd. 26. 7. 1971; wurde mit sachl., sozialkrit. Porträtaufnahmen von Randgruppen der Gesellschaft sowie von körperlich und geistig Behinderten bekannt.

Arbusow, Alexei Nikolajewitsch, russ. Dramatiker, *Moskau 26. 5. 1908, †ebd. 20. 4. 1986; verfasste Dramen über gesellschaftl. Probleme, bes. der Jugend (»Der weite Weg«, 1935; »Tanja«, 1938; »Irkutsker Geschichte«, 1959).

arc, Abk. für **arcus** [lat. »Bogen«], *Mathematik:* ↑Bogenmaß.

Arcachon [arkaˈʃɔ̃], frz. Seebad an der S-Küste des Bassin d'Arcachon, Dép. Gironde, 13 300 Ew.; Austernzucht, Bootsbau, Jachthafen. Südlich von A. Seebäder, u. a. Pilat-Plage mit der höchsten Düne Europas (über 100 m hoch).

Arcadelt, Jacob, niederländ. Komponist, *um 1500, †Paris 14. 10. 1568; bedeutender Meister des Madrigals.

Arc de Triomphe [ark də triˈɔ̃ːf, frz.] *der,* Triumphbogen; bes. der A. de T. de l'Étoile in Paris (erbaut 1806–36).

Arcelor S. A., Luxemburg, luxemburg. Stahlkonzern, entstanden 2002 durch Fusion der luxemburg. ARBED S. A. (gegr. 1882) mit der frz. Usinor S. A. und der span. Aceralia S. A.; zählt zu den weltgrößten Stahlproduzenten (Pro-forma-Umsatz 2001: 27,1 Mrd. €, rd. 60 000 Beschäftigte).

Arc-et-Senans [arkesəˈnɑ̃], Gem. in Frankreich, im Dép. Doubs, nördlich von Arbois, 1 300 Ew.; Salzmuseum, Ledoux-Museum. – Die königl. Salinen nach Entwürfen von C. N. Ledoux (1774–79; nur z. T. ausgeführt) gehören zum UNESCO-Weltkulturerbe.

Archaebakteri|en [grch.] (Archea), von den bisher bekannten Bakterien zu unterscheidende Lebensformen, deren Wände kein Murein (Stützsubstanz) enthalten und deren Membranen gegen chemisch-physikal. Einflüsse widerstandsfähig sowie durch Antibiotika nicht angreifbar sind. A. entdeckte man auf isländ. Vulkanfeldern in schwefelreichem Wasser sehr heißer Quellen. Die Abtrennung der A. von den übrigen Bakterien wurde 1977/78 vorgeschlagen, sie werden heute in ein eigenes Reich (Archaea) gestellt.

Archaeopteryx [grch. »Urvogel«] *der,* fossile Gattung etwa taubengroßer vogelähnl. Tiere aus dem Oberen Jura; zeigt noch Merkmale der Reptilien (z. B. bezahnte Kiefer). Der A. gilt modellhaft als Übergangsform zw. Reptilien und Vögeln. Bisher wurden sieben Exemplare als Fossilien, alle im Solnhofener Plattenkalk, gefunden (u. a. in Eichstätt, Berlin und London ausgestellt). Das zuletzt (1992) gefundene Exemplar der Art (A. bavarica) ist kleiner, hat längere Beine und ein verknöchertes Brustbein, das als Ansatz für eine funktionstüchtige Flugmuskulatur gedient haben dürfte.

Archaikum *das* (Archäikum), Hauptabschnitt des ↑Präkambriums.

archaisch [grch. archaios »ursprünglich«, »alt«], altertümlich, aus alter Zeit stammend; a. wird bes. die der Klassik vorangehende Epoche der ↑griechischen Kunst genannt (7. und 6. Jh. v. Chr.).

Archaismus [grch.] *der,* Rückgriff auf ältere Sprach- und Stilformen, Altertümelei.

Archanes, Ort auf Kreta, Griechenland,

3700 Ew., 10 km südlich von Knossos. In A. wurden Teile einer palastartigen minoischen Anlage ausgegraben, die in die 2. Hälfte des 3. Jt. v. Chr. zurückreicht.
Archangelsk, Hptst. des Gebiets A. im europ. N Russlands, an der Nördl. Dwina, 45 km oberhalb ihrer Mündung ins Weiße Meer, 366200 Ew.; pädagog. Univ., mehrere Hochschulen; Werft, Holzind., Fischverarbeitung, Maschinenbau; Eisenbahnendpunkt; Hafen, der sechs Monate im Jahr mit Eisbrechern eisfrei gehalten wird. Im Gebiet A. Diamantenförderung. – 1584 von Engländern als Handelsplatz gegr., erhielt 1613 den heutigen Namen.
Archanthropinen [grch.], veralteter Begriff für die heute unter der Bez. Homo erectus (↑Mensch) zusammengefassten Hominiden.
Archäologie [grch.] *die*, die Altertumskunde; urspr. die Erforschung nicht zur Sprachwissenschaft gehörender Gebiete des Altertums (Geschichte, Sitten, Mythen), dann seit K. O. Müller (*1797, †1840) die Wiss. von den Kunst- und Baudenkmälern des Altertums; heute wieder allgemeiner gefasst als die Wiss. vom Altertum und anderen frühen Hochkulturen, soweit sich diese aus Denkmälern, Bodenfunden und Schriftquellen erschließen lassen.
Die **klass. A.** erforscht seit der Renaissance die grch.-röm. Antike. Die zunehmende Materialfülle ließ Spezialbereiche entstehen (**kretisch-myken. A., etrusk. A., provinzialröm. A.**); zeitlich schließt die **christliche A.** an. Weitere Zweige der A., meist im Bereich anderer Wiss.en angesiedelt, sind **bibl. A., ind. A., nordamerikan. A., mittel-** und **südamerikan. A.** und **chines. A.**, größere Eigenständigkeit besitzen **Vor-** und **Frühgeschichte** und die **A. des Alten Orients**.
Die heutige A., die nicht mehr vorwiegend kunsthistorisch orientiert ist (**Kunst-A.**, seit J. J. Winckelmann), bemüht sich aufgrund der Auswertung von Denkmälern, Bodenfunden und Schriftquellen, das Bild einer geographisch und zeitlich begrenzten Kultur nachzuzeichnen. Im Zentrum stehen die Fragen nach Wirtschafts- und Siedlungswesen, Formen des Alltagslebens, Totenbrauchtum und religiösen Vorstellungen. Soweit möglich durchdringen sich theoret. und prakt. Forschung, bei der zunehmend auch moderne Technik eingesetzt wird (Luftbild-A., Unterwasser-A.). Bei der Auswertung von Bodenfunden und Denkmälern einschl. ihrer Datierung gewinnt die Zusammenarbeit mit Anthropologie, Paläobotanik, Geologie, Physik und Chemie zunehmend an Bedeutung. – Durch Ausgrabungen, systemat. Erfassung von Museumsbeständen und Denkmälerklassen, die Gründung der ersten archäolog. Auslandsinstitute und die Institutionalisierung eines selbstständigen Faches A. an den dt. Univ. wurden im 19. Jh. die wesentl. Grundlagen für die heutige Forschung geschaffen.
📖 *A. in der Bundesrepublik Deutschland,* bearb. v. H. Fritsch. Stuttgart ³1994. – *Computer u. A.,* hg. v. O. Stoll. Sankt Katharinen 1994. – *Niemeyer, H. G.: Einführung in die A.* Darmstadt ⁴1995. – *Schliemanns Erben. Entschlüsseln Archäologen unsere Zukunft?,* hg. v. G. Graichen u. M. Siebler. Mainz 1996. – *Klass. A.,* hg. v. A. H. Borbein.* Berlin 2000. – *Zangger, E.: A. im 21. Jh.. Tb.-Ausg.* München 2001. – *Menschen, Zeiten, Räume. A. in Dtl.,* hg. v. W. Menghin u. D. Planck. Stuttgart 2002 (Aust.-Kat. Berlin/Bonn). – *Vollkommer, R.: Sternstunden der A.. Sonderaufl.* München 2003.
Archäometrie [grch.] *die*, die Gesamtheit der naturwiss. Methoden, die in der Archäologie, Vorgeschichtsforschung, Kunst- und Kulturgesch. zur Auffindung, Untersuchung und Bestimmung (Datierung) von Objekten und den für sie verwendeten Materialien (einschl. Aussagen über Herkunft, Verwendung, Gewinnungs- und Herstellungstechniken), i. w. S. auch zur Echtheitsbestimmung und Konservierung von Kunstwerken herangezogen werden.
Die Lokalisierung von Fundstätten, früheren Siedlungen u. a. erfolgt heute in großem Maßstab mithilfe von Luftbildaufnahmen, in bestimmten Fällen auch mithilfe der Unterwasserfotografie. Geophysikal. Untersuchungsmethoden (wie Messungen der Bodenleitfähigkeit oder Anomalien des erdmagnet. Feldes) ermöglichen eine präzise, zerstörungsfreie Lokalisierung auch von kleineren Objekten.
Qualitative und quantitative Analysemethoden für anorgan. Materialien sind insbesondere Atomabsorptions- und Atomemissionsspektrometrie, Röntgenfluoreszenz- und Neutronenaktivierungsanalyse,

ARC Archäozoikum

für organ. Materialien werden z. B. die Gaschromatographie zur Trennung und die Massenspektrometrie zum Nachweis einzelner molekularer Probenbestandteile verknüpft. Einen großen Bereich der A. nimmt die physikal. Altersbestimmung der vorliegenden Objekte ein. – Die Identifikation und Zuordnung von Sachüberresten erfolgt neben der chem. Analyse auch mithilfe der opt. Mikroskopie, der Rasterelektronenmikroskopie, der Radiographie und der Röntgendiffraktometrie. Der Einsatz von geowiss. Methoden in Verbindung mit botan. und zoolog. Untersuchungen erlaubt die Rekonstruktion ehem. Landschaften sowie der Wechselwirkung zw. vergangenen Kulturen und ihrer Umwelt.

Arches National Park: Delicate Arch (1 472 m ü. M.), ein Wahrzeichen des Südwestens der USA

Archäozoikum *das,* Teil des ↑Präkambriums.
Arche [grch.] *die,* Anfang, Urgrund, Grundgesetzlichkeit (↑griechische Philosophie).
Arche [lat. arca »Kasten«] *die,* hausartiges Schiff, in dem Noah mit seiner Familie und einem Paar von jeder Tierart vor der ↑Sintflut gerettet wurde (1. Mos. 6–8).
Archegonium [grch.] *das,* flaschenförmiger Eizellenbehälter der Moose und Farnpflanzen.
Arches National Park [ˈɑːtʃɪz næʃnl pɑːk], Nationalpark in O-Utah, USA, über der Schlucht des Colorado, 310 km²; gegr. 1929. In rötl. Sandsteinschichten des Mesozoikums entstanden hier durch Verwitterung und Erosion über 90 Naturbrücken, -bögen und -türme.
Archetypus [grch. »Urtypus«, »Urbild«] *der,* **1)** in der spätantiken Philosophie Urbild oder Idee; ähnlich in der Psychologie C. G. Jungs urtüml., angeborene Leitbilder von Verhalten, Vorstellung und Erfahrung im ↑kollektiven Unbewussten.
2) älteste Überlieferungsstufe eines Textes, die aus erhaltenen Textzeugen (Handschriften, Drucken) erschlossen wird.
Archidiakon [auch -ˈdi-; grch. »oberster Diener«] (Archidiakonus), in der alten und frühmittelalterl. Kirche der erste Gehilfe und Vertreter des Bischofs; später der Vorsteher eines dem Dekanat vergleichbaren Kirchensprengels (**Archidiakonat**); in der anglikan. Kirche besteht das Amt des A. noch heute, in der kath. Kirche durch den bischöfl. Generalvikar ersetzt.
Archilochos, neben Kallinos der älteste Lyriker der Griechen, *auf Paros, lebte um 650 v. Chr.; schrieb Spottverse und Gedichte.
Archimandrit [grch.] *der, Ostkirchen:* der Abt einer Klosteranlage oder eines Klosterverbandes; auch Ehrentitel von Mönchspriestern mit besonderen Aufgaben.
Archimedes, grch. Mechaniker und Mathematiker, *Syrakus um 285 v. Chr., †ebd. 212; getötet bei der röm. Eroberung (↑noli turbare circulos meos). Er lehrte u. a. die Darstellung beliebig großer Zahlen, die Bestimmung der Quadratwurzel und der Zahl π, die Lösung kubischer Gleichungen sowie die Berechnung von krummlinig begrenzten Flächen und Rotationskörpern; entdeckte den Schwerpunkt, das Hebelgesetz, die geneigte Ebene, den stat. Auftrieb. A. baute ferner ein hydraul. Maschinen und Kriegsmaschinen (Schleudern, Hebewerke), durch die Syrakus zwei Jahre lang der röm. Belagerung widerstehen konnte.
📖 *Schneider, I.: A. Ingenieur, Naturwissenschaftler u. Mathematiker. Darmstadt 1979.*
archimedischer Punkt, gedachter fester Punkt außerhalb der Erde, nach einem legendären Ausspruch des Archimedes: »Gebt mir einen Platz, wo ich stehen kann, so will ich (mit meinem Hebel) die Erde bewegen.«
archimedisches Prinzip, Lehrsatz vom statischen ↑Auftrieb.
Archipel *der,* Inselgruppe.

Archipelagos, die Inselwelt im Ägäischen Meer zw. Griechenland und Kleinasien.
Archipel GULAG, Der, Titel eines literarisch-dokumentar. Berichtes über das sowjetische Straflagersystem von A. I. Solschenizyn, 3 Bde. (*Paris* 1973-75); wurde zum Inbegriff der stalinist. Unterdrückungs- und Verfolgungsmaschinerie mit ihrer inhumanen Zwangsarbeitspraxis.
Archipenko, Alexander, amerikan. Bildhauer ukrain. Herkunft, *Kiew 30. 5. 1887, †New York 25. 2. 1964; ging 1908 nach Paris, lebte seit 1923 in den USA; schuf v. a. weibl. Akte von stark abstrahierender Gestaltung.
Archipoeta [lat.-grch.»Erzdichter«], bedeutendster mlat. Vagantenlyriker, der eigentl. Name ist unbekannt, *in Dtl. zw. 1130 und 1140. Seine »Vagantenbeichte« ist in den »Carmina Burana« überliefert.
Architekt [grch. »Baumeister«] *der,* Bauberuf (meist als freier Beruf ausgeübt), dessen Aufgabe in der Gestaltung der baul. Umwelt besteht und der die Fähigkeit erfordert, individuelle und gesellschaftl. Ansprüche in ein technisch und wirtschaftlich realisierbares Ordnungskonzept umzusetzen und diesem auch eine künstlerisch befriedigende Form zu geben. Seine Tätigkeit umfasst Planung und Betreuung von Bauwerken aller Art, die Lösung städtebaul. Aufgaben, ggf. auch die Konzeption von Inneneinrichtungen und Gartenanlagen, auf die sich **Innen-A., Garten-** und **Landschafts-A.** spezialisiert haben. Letzteren obliegt auch die Landschafts- und Grünordnungsplanung. Die berufl. Ausbildung erfolgt an Fachhochschulen oder Hochschulen.
Architektur, 1) (Baukunst). Unter A. versteht man i. Allg. den Hochbau, in dem sich, im Unterschied zum Tiefbau, Zweckerfüllung mit künstler. Gestaltung verbindet. Nach den unterschiedl. Aufgabenbereichen unterscheidet man **Sakralbau** (Kirchen, Tempel) und **Profanbau** (öffentl. und private Bauten, Paläste, Burgen, Schlösser). In den Frühzeiten entwickelten sich Kunst und Technik vornehmlich in Verbindung mit Sakralbauten. Durch den Herrscherkult bedingt, erreichten in den Hochkulturen die profanen Grabbauten und Paläste Ausmaße und Wesen der sakralen Architektur. Die Geschichte der grch. A. ist eine Geschichte des Tempelbaus. Die Römer waren im Abendland die Ersten, die zeitweise dem **Zweckbau** (Aquädukte, Brücken, Thermen, Platz- und Stadtanlagen) den Vorrang vor der Sakral-A. gaben. Das MA. ist durch ein Nebeneinander von Sakral- und Zweckbau (Wehr-, Wohn-, Verwaltungsbau) gekennzeichnet. Im Abendland wurden erstmals im Hellenismus Einzelbauten durch Achsen und Plätze im Sinn einer **Stadtbaukunst** geordnet. Sie galt erneut in der Renaissance als höchstes gestalter. Ziel der Architekten. Nachdem im 19. Jh. der Sinn dafür vielfach verloren gegangen war, suchte das 20. Jh. in seinen besten Leistungen wieder A. als Ausdruck eines Ordnungswillens zu verwirklichen (↑moderne Architektur). – Über die Geschichte der A. vgl. die Artikel über die Kunst der einzelnen Völker (z. B. dt. Kunst) und Epochen (z. B. Barock).
📖 *Lexikon der Weltarchitektur. Mit einer umfassenden Bibliographie u. einem Ortsregister der Abbildungen,* bearb. v. *N.* Pevsner u. a. A. d. Engl. München ³1992. – Ching, F. D.: *Bildlexikon der A.* A. d. Engl. Frankfurt am Main u. a. 1996. – *Kleines Wörterbuch der A.* Stuttgart ⁸2002.
2) *Informatik:* ↑Rechnerarchitektur.
Architekturbild, Gattung der Malerei, die Innen- oder Außenansichten von Bauwerken darstellt; hatte seine Blütezeit im 17. Jh. in den Niederlanden.
Architekturmodell, dreidimensionale, plast. Darstellung eines Bauwerks in verkleinertem Maßstab; dient v. a. als Entwurfsmodell, auch für Lehr- und Anschauungszwecke. Das älteste beglaubigte A. ist das des Tempels von Delphi. Seit dem 14. Jh. tauchte das A. zuerst wieder in Italien auf und gewann an Bedeutung in der Renaissance und im Barock. – Abb. S. 344

Architrav

Architrav [lat.] *der* (grch. Epistylion), von einer Säulen- oder Pfeilerreihe getragener Balken. Im Altertum bestand der A. bei größeren Bauten aus zwei oder drei Balken.
Archiv [lat., aus grch. archeīon »Rathaus«] *das,* Einrichtung zur systemat. Er-

ARC Archivale

Architekturmodell: einer der preisgekrönten, nicht realisierten Entwürfe für das Parlaments- und Regierungsviertel in Berlin (Architektenteam: Torsten Krüger, Christiane Schubert und Bertram Vandreike)

fassung, Ordnung, Verwahrung, Verwaltung und Verwertung von Schriftgut, Bild- und/oder Tonträgern (Archivalien). Seit dem 19. Jh. werden die A. v. a. für die Geschichtsforschung benutzt. Bed. Zentral-A.: (Dt.) Bundes-A. in Koblenz, Schweizer. Bundes-A. in Bern, Österr. Staats-A. in Wien.

Archivale [lat.] *das,* Aktenstück, Urkunde aus einem Archiv.

Archivar *der,* in einem Archiv Beschäftigter; im öffentl. gehobenen Dienst Beruf mit 3-jähriger Ausbildungszeit; Zugangsvoraussetzung: Fachhochschul- oder Hochschulreife. A. ordnen und erschließen Schriftgut, Film-, Bild-, Tondokumente sowie EDV-Materialien der Verwaltungen.

Archivistik *die,* die Wiss. von Organisation, Struktur und Gesch. von Archiven, von dem Archivrecht und der Archivtechnik.

Archivolte [lat.] *die,* profilierte Stirnseite eines Rundbogens, im Scheitel oft mit einem Schlussstein; auch Bogenlauf eines mittelalterl. Portals als Fortsetzung der Gewändegliederung.

Archon [grch. »Herrscher«] *der* (Pl. Archonten), Amtsname der obersten Staatsbeamten in manchen grch. Stadtstaaten. Nach dem an der Spitze stehenden **A. Eponymos** (»Namengeber«) wurde das Jahr benannt.

Arcimboldo [-tʃ-] (Arcimboldi), Giuseppe, italien. Maler, *Mailand 1527, †ebd. 11. 7. 1593. Bed. sind seine allegor. Bilder, meist Köpfe, die aus realistisch gemaltem Obst und Gemüse, Fischen, Büchern u. a. zusammengesetzt sind.

Arco, Georg Graf von, Physiker und Ingenieur, *Großgorschütz (heute Gorzyce bei Racibórz) 30. 8. 1869, †Berlin 5. 5. 1940; führte den Hochfrequenzmaschinensender mit magnet. Frequenzwandler in der Funktechnik ein.

Arcos de la Frontera, Stadt in S-Spanien, Prov. Cádiz, am Rand des Andalus. Gebirges nahe des Guadalete (Stausee), 27 700 Ew.; Weinkellereien, Brennereien. – Schloss der Herzöge von Arcos.

Arctostaphylos *der,* Pflanzengattung, ↑Bärentraube.

Arcus [lat. »Bogen«] *der,* Mathematik: ↑Bogenmaß.

ARD, Abk. für **A**rbeitsgemeinschaft der öffentlich-rechtlichen **R**undfunkanstalten der Bundesrepublik **D**eutschland, ↑Rundfunk.

Ardant [arˈdã], Fanny, *Saumur 22. 3. 1949; seit 1979 beim Film, wo sie unter der Regie von F. Truffaut Berühmtheit erlangte (»Die Frau nebenan«, 1981; »Auf Liebe und Tod«, 1983); weitere Filme: »Mélo«, 1986; »Jenseits der Wolken«, 1995; »Ridicule«, 1996; »Balzac – Leidenschaften eines Lebenskünstlers«, 2 Tle., 1999; »8 Frauen« (2002).

Ardeatinische Höhlen (Fosse Ardeatine), am südl. Stadtrand von Rom gelegenes Höhlensystem. Hier wurden am 24. 3. 1944 auf Befehl Hitlers 335 Zivilisten von der SS erschossen; das Massaker erfolgte als Repressalie auf einen Bombenanschlag der italien. Resistenza vom Vortag, bei dem 33 Südtiroler Soldaten des Polizeiregiments »Bozen« ums Leben gekommen waren. 1948 strafrechtl. Verfolgung der Geiselerschießung (Verurteilung von SS-Obersturmbannführer Herbert Kappler), erneute Prozesse 1996–98 in Italien gegen beteiligte ehem. SS-Offiziere (Erich Priebke, Karl Hass).

Ardebil (Ardabil), Hauptstadt der iran. Prov. Ost-Aserbaidschan, 1300 m ü. M., 340000 Ew.; Teppichknüpfereien, Handelszentrum. – Das Mausoleum des Scheichs Safi, des Gründers der Safawidendynastie, ist Wallfahrtsort der iran. Schiiten.

Ardèche [ar'dɛʃ], **1)** *die,* rechter Nebenfluss der Rhône, 120 km lang, entspringt in den Cevennen und mündet bei Pont-Saint-Esprit.
2) Dép. in Südfrankreich, 5529 km², 286000 Ew.; Hptst.: Privas.

Arden [ɑ:dn], John, engl. Dramatiker, *Barnsley (Yorkshire) 26. 10. 1930; schreibt realist. Bühnenstücke, u. a. »Der Tanz des Sergeanten Musgrave« (1959), »Armstrong sagt der Welt Lebewohl« (1965).

Ardenne, Manfred Baron von, Physiker, *Hamburg 20. 1. 1907, †Dresden 26. 5. 1997; auf A. gehen u. a. grundlegende Erfindungen in Funk- und Fernsehtechnik und Elektronenoptik zurück (z. B. Breitbandverstärker 1925, erste elektron. Fernsehübertragung 1930, Rasterelektronenmikroskop 1937). Er war 1945–55 Kernphysiker und Direktor des Instituts für industrielle Isotopentrennung in der UdSSR und leitete dann (bis 1990) das Forschungsinstitut »M. v. A.« in Dresden; führte Forschungen zur Krebsbehandlung und Zellregeneration (Sauerstoff-Mehrschritt-Therapie) durch; leitete das 1991 gegründete A.-Institut für angewandte medizin. Forschung. Schrieb »Ein glückl. Leben für Technik u. Forschung« (1972).

Ardennen (in Luxemburg Ösling, frz. Ardennes), die westl. Fortsetzung des Rhein. Schiefergebirges in Luxemburg, Südbelgien und dem angrenzenden Nordfrankreich. Die **Hoch-A.** im S sind im Hohen Venn bis 694 m hoch und bilden ein waldreiches Hochland aus Quarziten, Schiefern und Grauwacken, von windungsreichen Tälern, bes. von Maas und Semois, durchschnitten. Sie sind ein Gebiet der Forst- und Viehwirtschaft, in den Tälern mit Kleineisen-, Stein- und Textilindustrie. Die nördlich anschließenden **Nieder-A.** sind ein 200–350 m hohes Hügelland, fruchtbarer und dichter besiedelt. Den Nordrand bildet die industriereiche Sambre-Maas-Furche.

Ardennenoffensive, im Zweiten ↑Weltkrieg die am 16. 12. 1944 begonnene letzte große militär. Offensive der Wehrmacht an der Westfront.

Ardennes [ar'dɛn], Dép. in N-Frankreich, in der Champagne, 5229 km², 290000 Ew.; Hptst.: Charleville-Mézières.

Ardey *der,* westl. Ausläufer der Haar am östl. Rand des Ruhrgebiets, bis 278 m ü. M., aus Gesteinen des Karbons aufgebaut.

Ards [ɑ:dz], Distr. und Halbinsel an der Ostküste Nordirlands im Einzugsbereich von Belfast, 381 km², 66700 Ew.; Verw.-Sitz ist Newtownabis.

Arduino, Giovanni, italien. Geologe, *Caprino Veronese 16. 10. 1714, †Venedig 21. 10. 1795; von seinen Zeitgenossen »Vater der Geologie« genannt.

Areafunktionen, die Umkehrfunktionen der ↑Hyperbelfunktionen.

Areal [lat.] *das,* abgegrenztes Gebiet, Gelände, Grundstück; Verbreitungsgebiet, bes. von Tieren, Pflanzen, sprachl. Erscheinungen.

Areallinguistik *die,* ↑Sprachgeographie.

Arecibo [are'siβo], Hafenstadt an der N-Küste von Puerto Rico, 100800 Ew.; Beobachtungsstation für Ionosphärenforschung, weltweit größtes Radioteleskop (Durchmesser 304 m).

Arecolin *das,* Hauptalkaloid der Betelnuss.

Arel, dt. Name der belg. Stadt ↑Arlon.

Arelat, von der Hptst. Arles abgeleiteter Name für das Königreich ↑Burgund.

Arena [lat. »Sand«] *die,* urspr. mit Sand bestreuter Kampfplatz im Amphitheater, Zirkus und Stadion; heute Austragungsort sportl. Wettkämpfe, Kampfbahn.

Arendal, Stadt in Norwegen, an der Mündung des Nidelvs in das Skagerrak, 38700 Ew.; Verw.-Sitz der Prov. (Fylke) Aust-Agder; Elektro- und Holz verarbeitende Industrie. – A. wurde auf sieben Inseln an steilen Hängen erbaut; das Rathaus ist einer der größten Holzbauten Norwegens (1813).

ARE Arendsee (Altmark)

Arendsee (Altmark), Stadt und Luftkurort im Altmarkkreis Salzwedel, Sa.-Anh., am Arendsee (5,1 km²); 3100 Ew.; Holz-, Getränkeindustrie.

Arendt, 1) Erich, Schriftsteller, *Neuruppin 15. 4. 1903, †Berlin (Ost) 25. 9. 1984; schuf eleg. Gedichte in bildhafter Sprache; bed. Nachdichter span. und lateinamerikan. Lyrik.
2) Hannah, Soziologin und Politologin, *Hannover 14. 10. 1906, †New York 4. 12. 1975; Schülerin von M. Heidegger, E. Husserl und K. Jaspers, musste als Jüdin 1933 nach Frankreich, 1940 in die USA emigrieren; seit 1959 Prof. für Politik in Princeton. Sie befasste sich v. a. mit der Erforschung des Totalitarismus und politisch-philosoph. Grundsatzfragen.
Werke: Elemente und Ursprünge totaler Herrschaft (1951); Rahel Varnhagen (1959); Vita activa oder Vom tätigen Leben (1960); Eichmann in Jerusalem (1963); Über die Revolution (1963).
📖 *Young-Bruehl, E.: H. A. Leben, Werk u. Zeit. A. d Amerikan. Frankfurt am Main 1991.* – *Brunkhorst, H.: H. A. München 1999.* – *Breier, K.-H.: H. A. zur Einf. Hamburg ²2001.*

Arene, aromat. Kohlenwasserstoffe mit mindestens einem Benzolring.

Arenit *der,* Bez. für klast. Carbonatsedimente (Korngröße 0,063–2,0 mm).

Arensburg, Stadt in Estland, ↑Kuressaare.

Arenski, Anton Stepanowitsch, russ. Komponist, *Nowgorod 12. 7. 1861, †Terioki (heute Selenogorsk, bei Petersburg) 25. 2. 1906; steht in seinen Werken (Opern, Sinfonien, Kammermusik) P. I. Tschaikowsky nahe.

Areopag [grch. »Areshügel«] *der,* Hügel in Athen westlich der Akropolis, auf dem der nach ihm benannte Alte Rat tagte. Dieser war nach Beseitigung des Königtums die eigentl. Regierungsbehörde, seit dem 5. Jh. v. Chr. nur noch auf die Blutgerichtsbarkeit und auf religiöse Funktionen beschränkt.

Areopag|rede, *N. T.:* die Rede, die der Apostel Paulus nach der Apg. während seiner 2. Missionsreise auf dem Areopag in Athen gehalten hat (Apg. 17, 22–31); erstes Zeugnis der bewussten geistigen Auseinandersetzung des christl. Glaubens mit der grch. Philosophie.

Arequipa [-'ki-], Hptst. des Dep. A., Peru, am Westabhang der Anden, 2363 m ü. M., 620500 Ew.; Erzbischofssitz, 2 Univ.; Handelszentrum S-Perus; Textil- und Nahrungsmittelindustrie. – Das histor. Stadtzentrum mit seinen kolonialzeitl. Bauten wurde von der UNESCO zum Weltkulturerbe erklärt.

Ares, der grch. Kriegsgott, Sohn des Zeus und der Hera, Liebhaber der Aphrodite, von den Römern dem Mars gleichgesetzt; wurde als bärtiger Krieger, später als kräftiger, jugendl. Mann dargestellt (Parthenonfries; A. Ludovisi).

Arete [grch.] *die,* in der Antike allg. Tüchtigkeit. – Seit Sokrates hat das Wort in der philosoph. Ethik die Bedeutung »Tugend«.

Aretino, Pietro, italien. Schriftsteller, *Arezzo 20. 4. 1492, †Venedig 21. 10. 1556. Zu seinen Werken gehören gefürchtete Schmähschriften, burleske und satir. Komödien, eine Tragödie (»L'Orazia«, 1546), die »Ragionamenti« (2 Tle.), 1533–36; dt. u. a. als »Kurtisanengespräche«) und sein Briefwechsel (»Lettere«, 6 Bde., 1537–57) mit bed. Zeitgenossen.

Arezzo, 1) Provinz im O der Toskana, Mittelitalien, 3232 km², 323600 Ew.
2) Hptst. von 1), am Arno, 92300 Ew.; Kunstakademie; Handel mit Wein und anderen landwirtsch. Produkten; Textilind., Maschinenbau, Schmuckherstellung, keram. Werkstätten. – Got. Kirche San Francesco mit Fresken von Piero della Francesca, roman. Pfarrkirche Santa Maria della Pieve aus dem 12. Jh., Paläste und Loggien. – A. war im Altertum als **Arretium** eine der wichtigsten altetrusk. Städte.

Argelander, Friedrich Wilhelm August, Astronom, *Memel (heute Klaipėda) 22. 3. 1799, †Bonn 17. 2. 1875; erwarb sich große Verdienste um die Erfassung der Position, Helligkeit und Eigenbewegung von Sternen, führte 1852–61 die Bonner Durchmusterung (ein Sternkatalog der nördl. Himmelskugel) ein.

Argenteuil [arʒɑ̃'tœj], Industriestadt im nordwestl. Vorortbereich von Paris, an der Seine, im Dép. Val d'Oise, 94200 Ew.; Maschinen- und Flugzeugbau, chem. Industrie; Spargelanbau.

Argentini|en [amtl. span. República Argentina), zweitgrößter Staat Südamerikas, grenzt im N an Bolivien und Paraguay, im O an Brasilien und Uruguay, südl. des Río de la Plata an den Atlant. Ozean sowie im

Argentinien ARG

W an Chile. A. erhebt Anspruch auf einen Sektor der Antarktis, die Falklandinseln sowie andere südatlant. Inseln (Südgeorgien, Süd-Shetland-, Süd-Sandwich- und Süd-Orkney-Inseln).

Argentinien

Fläche	2 780 400 km²
Einwohner	(2003) 38,428 Mio.
Hauptstadt	Buenos Aires
Verwaltungsgliederung	23 Provinzen und 1 Bundesdistrikt
Amtssprache	Spanisch
Nationalfeiertage	25. 5.,10. 6. und 9. 7.
Währung	1 Argentin. Peso (arg $) = 100 Centavo (c)
Zeitzone	MEZ − 4 Std.

Staat und Recht: Nach der Verf. von 1994 ist A. eine föderalistische, republikan. Präsidialdemokratie. Staatsoberhaupt, Reg.chef und Oberbefehlshaber der Streitkräfte ist der auf vier Jahre direkt gewählte Präs. (einmalige unmittelbare Wiederwahl möglich). Die Legislative liegt beim Kongress, bestehend aus Senat (72 Mitgl., Amtszeit 6 Jahre) und Deputiertenkammer (257 Abg., Legislaturperiode 4 Jahre). Einflussreichste Parteien: Partido Justicialista (PJ; Peronisten), Unión Cívica Radical (UCR), Frente del País Solidario (Frepaso) und Alternativa para una República de Iguales (ARI). − A. ist verwaltungsmäßig in 24 Prov., einschl. des Bundesdistr. von Buenos Aires und des Nationalterritoriums Feuerland, gegliedert.

Landesnatur: A. erstreckt sich von 22° s. Br. nach S über rd. 3 700 km bis 55° s. Br. im S von Feuerland und vom Kamm der Anden nach O bis zur Küste des Atlantiks (größte Breite 1 577 km). Histor. und wirtsch. Kerngebiet ist das fruchtbare Tiefland der ↑Pampa am unteren Paraná und am Río de la Plata, eine weit gespannte, geologisch junge Aufschüttungsebene mit weiten Grasfluren, die nach N in die subtrop. Trockenwald- und Buschsavannen des ↑Gran Chaco übergehen. In das Tiefland zw. den sumpfigen Stromauen von Paraná und Uruguay (»Zwischenstromland«) reichen im NO bewaldete Ausläufer des Brasilian. Berglands. Südl. des Colorado schließt sich an die Pampa das bis auf 1 500 m ansteigende, von karger Steppe bedeckte Tafel- und Schichtstufenland ↑Patagoniens an, das mit buchtenreicher, felsiger Steilküste zum Meer abfällt. Im W reicht A. bis auf die Höhe der Anden (Aconcagua 6 959 m ü. M.) mit vielen aufgesetzten Vulkanen. Ihnen vorgelagert sind als einzelne isolierte Bergzüge die ↑Pampinen Sierren. Zw. den Ketten der Anden erstrecken sich im N wüstenhafte Hochgebirgsbecken (↑Puna). Wichtigstes Flusssystem ist das des Paraná. − Das Klima ist im größten Teil des Landes gemäßigt, im N tropisch. Trockengebiete im Regenschatten der Anden nehmen etwa zwei Drittel des Staatsgebietes ein, der O ist niederschlagsreicher.

Bevölkerung: Sie ist aufgrund der starken Einwanderung seit etwa 1850 (bis 1970 etwa 8 Mio.) überwiegend europ. Abstammung (bes. Spanier, Italiener, rd. 230 000 Deutschstämmige); kleine Restgruppen von Indianern (rd. 40 000) leben im Chaco und in Patagonien, Indianermischlinge (Mestizen, rd. 5% der Bev.) nahe den Grenzen zu Bolivien, Chile und Paraguay. Die Zahl der Einwanderer geht seit Jahren zurück; die Auswanderung insbesondere qualifizierter Personen nimmt zu. Die seit 1998 andauernde schwere Wirtschaftskrise führte in A. zur größten Rückwanderungswelle seiner Geschichte. Rund 40% der Bev. leben am Rande der Armutsgrenze; die Arbeitslosigkeit erreichte Ende 2001 fast 20%. Der Anteil der Stadt-Bev. beträgt 90%. In der Agglomeration Buenos Aires leben rd. 35% der Gesamtbevölkerung. Dagegen beträgt die Bev.-Dichte im S des Landes (Patagonien) weniger als 2 Ew. je km². Der jährl. Bev.zuwachs erreicht durchschnittlich 1,1%. − Allg. Schulpflicht besteht vom 6. bis 14. Lebensjahr. A. hat eine der niedrigsten Analphabetenraten (4,7%) Lateinamerikas bei erhebl. Unter-

ARG Argentinien

Argentinien: der vom kontinentalen patagonischen Eis in den Canal de los Témpanos, einen Nebenarm des Lago Argentino, fließende Morenogletscher

schieden zw. Stadt und Land. Es gibt 37 staatl. Univ. Die älteste Univ. wurde 1613 in Córdoba gegründet. Rd. 90% der Bev. gehören der kath. Kirche an, über 2% prot. Kirchen. Die rd. 250 000 argentin. Juden bilden die größte jüd. Gemeinschaft in Lateinamerika.

Wirtschaft und Verkehr: Nach dem Bruttosozialprodukt je Kopf der Bev. zählt A. zu den Entwicklungsländern mit höherem Einkommen, z. T. wird A. auch zu den Schwellenländern gerechnet. Im Ganzen marktwirtschaftlich orientiert, nahm der Staat wichtige Zweige (Kohle, Stahl, Erdöl, Transportwesen) unter Kontrolle. Seit Beginn der 1990er-Jahre erfolgte eine grundlegende wirtsch. Umorientierung, u. a. Liberalisierung der Wirtschaft und Privatisierung von Staatsbetrieben. Infolge anhaltender polit. und wirtsch. Instabilität, v. a. seit Mitte der 1990er-Jahre (schwere Wirtschafts- und Finanzkrise), stagnierte das Wirtschaftswachstum und erhöhten sich die Auslandsschulden erheblich (drohende Zahlungsunfähigkeit des Landes). Die seit 1998 anhaltende Wirtschaftskrise hat vielfältige Ursachen: Durch die Überbewertung der Währung als Folge der Dollarbindung verlor die argentin. Wirtschaft massiv an internat. Wettbewerbsfähigkeit, insbes. im Vergleich zu Brasilien und innerhalb des Mercosur. Dies und die einseitige Handelsliberalisierung bedingten eine massive Deindustrialisierung. Gleichzeitig sind die sinkenden Kapitalzuflüsse aus dem Ausland durch staatl. Neuverschuldung kompensiert worden, was den Schuldenstand Ende 2001 auf 146 Mrd. Dollar ansteigen ließ. Zur Überwindung der Finanz- und Wirtschaftskrise wurde eine Abkehr von der freien Marktwirtschaft angekündigt, die Anbindung des argentin. Peso an den Dollar aufgehoben und die Entdollarisierung der argentin. Ökonomie eingeleitet sowie ein Programm zur Wiederbelebung der Wirtschaft verkündet. – Die stark mechanisierte Landwirtschaft, die rd. 65% der Gesamtfläche nutzt, erbringt zwar nur rd. 6% des Bruttoinlandsprodukts, ist jedoch Hauptdevisenbringer. Der größte Teil der landwirtsch. Betriebsflächen ist Eigentum nur weniger Familien. Kerngebiet ist die Pampa. Haupterzeugnisse sind Weizen, Mais, Sorghum, ferner Leinsamen, Soja, Sonnenblumenkerne, Erdnüsse, Baumwolle, Zuckerrohr, Gemüse, Obst, Wein, Tabak, Matetee. A. ist trotz abnehmender Tendenz einer der größten Fleischproduzenten (Rinder, Schafe) der Welt (Dauerwiesen und -weiden nehmen 51% der Gesamtfläche A.s ein). Die Schafzucht konzentriert sich v. a. auf Ostpatagonien. Die Forstwirtschaft (Wald nimmt 21% der Landesfläche ein, meist Busch- und Trockenwald) ist überwiegend Ausbeutungswirtschaft. Aus dem Quebrachobaum wird der Gerbstoff Tannin gewonnen. Der Fischfang (Küsten- und Hochseefischerei) zeigt aufsteigende Tendenzen. – Der Bergbau fördert Erdöl (nahezu Selbstversorgung), Erdgas, Steinkohle, ferner Eisenerz, Kupfer. – Die Ind., die sich bes. in Buenos Aires sowie in Rosario und Córdoba konzentriert, erbringt rd. 31% des Bruttoinlandsprodukts; ihr Schwerpunkt

Argentinien ARG

liegt in der Verarbeitung von Agrarprodukten (Gefrierfleisch-, Zuckerfabriken, Getreide-, Ölmühlen, Textilind.). Die Stahlerzeugung stieg beträchtlich. Die relativ junge chem. Ind. und die Kfz-Industrie gewinnen an Bedeutung. Die Elektroenergieproduktion erfolgt zu 41 % durch Wasserkraftwerke und zu 52 % durch Wärmekraftwerke; Kernkraftwerke bestehen in Atucha und Río Tercero. – Hauptausfuhrprodukte sind landwirtsch. Erzeugnisse, Hauptabnehmer: Brasilien, die USA, Chile; Haupteinfuhrgüter: Maschinen, chem. Produkte, Kfz, Metalle, v.a. aus Brasilien, den USA, Dtl. – *Verkehr:* Das Schienennetz (34 000 km) ist 1992 überwiegend privatisiert worden, verbunden mit Streckenstilllegungen und dem Abbau des Personenfernverkehrs. Über zwei transandine Strecken ist A. mit dem chilen. Eisenbahnnetz verbunden. Die Länge des Straßennetzes beträgt 211 400 km, davon sind rd. 17 % Nationalstraßen. Mehrere transandine Passstraßen verbinden das argentin. Straßennetz mit Chile. Der Paraná ist der wichtigste Binnenschifffahrtsweg (für Hochseeschiffe bis Rosario, z.T. auch bis Santa Fe). Haupthäfen sind Buenos Aires, Rosario und La Plata. Wichtigster internat. Flughafen ist der von Buenos Aires; nat. (teilweise privatisiert) Luftverkehrsgesellschaft: Aerolíneas Argentinas.

Geschichte: Anfang 1516 wurde die Mündung des La Plata von den Spaniern entdeckt und 1536 Buenos Aires gegründet; nach seinem vermuteten Silberreichtum erhielt das Land den Namen (lat. argentum »Silber«). Seit 1776 bildete es das span. Vizekönigreich Buenos Aires oder La Plata. Die Kreolen begannen 1810 den Aufstand gegen Spanien und erklärten 1816 ihre Unabhängigkeit. Der sich anschließende Parteienkampf zw. den Unitariern (Buenos Aires) und den Föderalisten des Binnenlandes mündete in einen Bürgerkrieg, aus dem 1825 die Föderalisten als Sieger hervorgingen. Ihr Führer, General Rosas, Diktator von A. 1829–52, schuf die Grundlage der argentin. Staatseinheit. Nach seinem Sturz kam 1853 eine föderalist. Verf. zustande. 1865–70 nahm A. am Krieg gegen Paraguay teil. Die Entwicklung zum Einheitsstaat mit der Hptst. Buenos Aires war erst 1880 abgeschlossen. In dieser Zeit wurde auch Patagonien unterworfen. Das Wirtschaftsleben nahm einen raschen Aufschwung: A. wurde eines der großen Getreide- und Wollausfuhrländer der Welt. Im Kampf gegen die Reg., die den Interessen der Großgrundbesitzer nahe stand, organisierte sich der städt. Mittelstand zur »Unión Cívica Radical« (Aufstände 1890 und 1893). Ihr Führer Irigoyen war 1916–22 und 1928–30 Präs.; im Ersten Weltkrieg, der den Beginn der Industrialisierung brachte, bewahrte A. strenge Neutralität. Während der Weltwirtschaftskrise gelangten durch einen Militärputsch 1930 wieder die Konservativen an die Macht, die 1943 durch eine Militärdiktatur abgelöst wurden. Im März 1945 erklärte A. Japan und Dtl. den Krieg. In der Zeit der Militärdiktatur gewann J. D. Perón mithilfe der Gewerkschaften und der Arbeiterpartei (gegr. 1945; Peronisten) eine große Anhängerschaft bes. unter den ärmsten Schichten. Nach seiner Wahl zum Präs. (1946) unterwarf er die Wirtschaft der Kontrolle des Staates, leitete eine finanziell aufwendige Industrialisierung ein und führte unter dem Einfluss seiner Frau, Eva Duarte, Reformen durch (u.a. Frauenwahlrecht, Sozialversicherung). Seine diktator. Herrschaft unterdrückte jede Opposition und führte den Staat in eine schwere Finanzkrise. 1955 stürzte die Armee Perón, der ins Exil ging. Nach dem Verbot der Arbeiterpartei bildeten die Gewerkschaften das Rückgrat des Peronismus. Die Sanierung von Wirtschaft und Staatsfinanzen, die Auseinandersetzung mit den Peronisten und der Kampf gegen den Terrorismus stellten die wechselnden Zivil- und Militärreg. vor nicht zu lösende innenpolit. Probleme. Unter dem Druck seiner Anhänger konnte Perón 1973 nach A. zurückkehren (Versuch eines gesellschaftl. und polit. Ausgleichs durch einen »Sozialpakt«). Nach seinem Tod (1974) wurde seine Witwe und Nachfolgerin, Isabel Perón, 1976 durch einen Militärputsch unter Führung von General J. R. Videla gestürzt. Gestützt auf eine von den Oberbefehlshabern von Heer, Marine und Luftwaffe gebildete Junta, errichtete die Militärführung unter Staatspräs. J. R. Videla (1976–81) und seinen Nachfolgern ein diktator. Regierungssystem, das im Zeichen eines sich ständig steigernden Staatsterrorismus nicht allein den terrorist. Aktivitäten linksperonist. und sozialist. Gruppen bekämpfte, sondern die gesamte Opposi-

ARG argentinische Literatur

tion unterdrückte. 1982 scheiterte ein Versuch, mit militär. Mitteln die argentin. Ansprüche auf die ↑Falklandinseln gewaltsam gegenüber Großbritannien durchzusetzen. Nach dem Sturz der regierenden Militärjunta und der Einleitung eines Demokratisierungsprozesses (1982) wählte die Bev. R. Alfonsín 1983 zum Staatspräs., seine Partei, die UCR, gewann die absolute Mehrheit. Nachdem 1985 Angehörige der früheren Militärjunta z.T. zu hohen Gefängnisstrafen verurteilt worden waren, spielte die Frage einer Amnestie bei wachsendem Widerstand in den Streitkräften (1987 und 1988 Putschversuche) eine innenpolitisch stark umstrittene Rolle. Bei den allgemeinen Wahlen von 1989 gewann der Peronist M. C. S. Menem das Amt des Staatspräs. (1995 wieder gewählt), seine Partei, der peronist. Partido Justicialista (PJ), die absolute Mehrheit der Mandate im Parlament. Mit einem radikalen neoliberalen Wirtschaftsprogramm bemühte sich Menem mit unterschiedl. Erfolg um die Sanierung der Wirtschaft (1995 schwere Finanzkrise). Das innenpolit. Klima der 90er-Jahre wurde immer noch von der Auseinandersetzung mit den Menschenrechtsverletzungen unter der Militärdiktatur beeinflusst. Die Präsidentschaftswahlen 1999 gewann F. De la Rúa von der UCR. Seine vordringlichste Aufgabe, der Abbau der Staatsschuld, wurde durch erneute Finanzkrisen jeweils Ende 2000 und 2001 sowie eine seit 1999 andauernde Rezession erschwert. Kredite des IWF und ein im Sommer 2001 von De la Rúa angekündigtes Umschuldungs- und Sparprogramm konnten die Wirtschafts- und Finanzkrise nicht beenden, die sich Ende 2001 zu einer Staatskrise ausweitete. Nach Demonstrationen und Protesten der Bev. gegen die Reg. sowie schweren Unruhen (v. a. in Buenos Aires) trat am 20. 12. 2001 Staatspräs. De la Rúa zurück. Am 30. 12. 2001 wählte (nach mehreren Übergangspräsidenten) schließlich der Kongress, in dem seit den Parlamentswahlen vom Oktober 2001 die Peronisten über eine Mehrheit in beiden Kammern verfügen, E. Duhalde von der PJ für die verbleibende Legislaturperiode bis Dez. 2003 zum neuen Staatspräs. Zur Überwindung der Finanzkrise kündigte Duhalde eine Abkehr von der freien Marktwirtschaft an; gleichzeitig wurde vom Kongress ein Notstandsgesetz verabschiedet, das der Reg. weit reichende Befugnisse zur Neuordnung der Staatsfinanzen erteilte, sowie ein Programm zur Wiederbelebung der Wirtschaft verkündet. Bei der Präsidentschaftswahl am 27. 4. 2003 konnte keiner der Kandidaten die notwendige absolute Mehrheit erzielen. Da jedoch wenige Tage vor der Stichwahl Menem seine Kandidatur zurückzog, wurde am 25. 5. 2003 der Peronist und ehem. Provinzgouv. von Santa Cruz, N. Kirchner, als neuer Staatspräs. vereidigt. Im Aug. 2003 wurden Amnestiegesetze für die unter der Militärdiktatur 1976–83 begangenen Verbrechen aufgehoben. Damit sind Strafverfahren gegen ehem. Polizei- und Militärangehörige möglich; schätzungsweise 30 000 Menschen kamen während der Zeit der Diktatur in A. ums Leben. – 1995 trat A. dem Kernwaffensperrvertrag bei. Der letzte Grenzkonflikt mit Chile wurde 1998 beigelegt.

Bünstorf, J.: A. Stuttgart u. a. 1992. – Junghans, R.: A.-Handbuch. Karten v. G. Siebke. Kiel ²1992. – Mack, C. E.: Der Falkland-(Malvinas)-Konflikt. Frankfurt am Main u. a. 1992. – A. Zehn Jahre Demokratie, hg. v. der Argentinien-Gruppe Stuttgart. Beiträge v. A. Perez Esquivel u. a. Stuttgart 1994. – Politik u. Gesch. in A. u. Guatemala (19./20. Jahrhundert), hg. v. M. Riekenberg. Frankfurt am Main 1994. – Szafowal, N.: Die Instabilität des polit. Systems in A. 1930–1983. Regensburg 1994. – Transformation im südl. Lateinamerika. Chancen u. Risiken einer aktiven Weltmarktintegration in A., Chile u. Uruguay, hg. v. B. Töpper u. U. Müller-Plantenberg. Frankfurt am Main 1994. – Nationalsozialismus u. A. Beziehungen, Einflüsse u. Nachwirkungen, hg. v. H. M. Meding. Frankfurt am Main 1995. – A. Politik, Wirtschaft, Kultur u. Außenbeziehungen, hg. v. D. Nolte u. N. Werz. Frankfurt am Main 1996. – A. Land der Peripherie?, hg. v. R. Sevilla u. R. Zimmerling. Bad Honnef 1997.

argentinische Literatur, zählt zu lateinamerikan. Literatur in span. Sprache. Charakteristisch sind zuerst die volkstüml. Dichtungen, die das Leben der Gauchos behandeln; J. Hernández schrieb mit seinem Versepos »Martín Fierro« (1872–79) zugleich eines der bedeutendsten lateinamerikan. Werke des 19. Jahrhunderts. Ihm folgten R. Güiraldes und B. Lynch

Argolis ARG

(*1880, †1951). Im Anschluss an die frz. Romantik suchte u. a. F. Sarmiento (*1811, †1888), der zur Gruppe »Asociación de Mayo« um E. Echeverría (*1805, †1851) gehörte, eine auf die Besonderheiten des eigenen Landes und Volkes abgestimmte Kunst zu verwirklichen. Die Romantik wurde fortgesetzt von O. V. Andrade (*1839, †1882) und R. Obligado (*1851, †1920). Bedeutend wurde die Essayistik mit B. Mitre (*1821, †1906) und V. F. López (*1815, †1903). Naturalist. Romane schrieben E. Cambaceres (*1843, †1888), L. V. López (*1848, †1894), J. Miró (*1867, †1896) und R. J. Payró (*1867, †1928). Mit R. Darío begann die Bewegung des Modernismus, den u. a. L. Lugones Argüello (*1874, †1934) und E. Larreta vertraten. Eine sehr individuelle Ausprägung fand diese Richtung in den Werken von E. Banchs (*1888, †1968), R. A. Arrieta (*1889, †1968) und B. Fernández Moreno (*1886, †1950). Neben dem Ultraísmo von J. L. Borges bildeten sich Gruppen von sozialkrit. und politisch aktiven Schriftstellern: R. E. Molinari (*1898, †1996), L. Marechal (*1900, †1970), E. Castelnuovo (*1893, †1982), F. L. Bernárdez (*1900, †1978), M. Fernández (*1874, †1952) und v. a. R. Arlt (*1900, †1942), der u. a. von H. Álvarez Murena (*1923, †1975) und A. Di Benedetto (*1922, †1986) als Vorläufer betrachtet wurde. Arlts existenziellen Pessimismus vertieften E. Mallea und E. Sábato. Bed. ist die teils metaphys., teils fantast. Literatur von A. Bioy Casares, J. Cortázar und Borges. Die beiden Letzteren wie auch E. Sábato und M. Puig charakterisiert ferner der Topos »Stadt« (meist Buenos Aires) als »bedrückende Gewalt«; als Dramatiker bekannt sind S. Eichelbaum (*1894, †1967) und O. Dragún (*1929). Nach der Machtübernahme durch die Militärs 1976 kam das kulturelle Leben fast zum Erliegen. Zahlr. Autoren mussten emigrieren, sind verschollen, kamen ums Leben. Seit 1983 kehrten viele Schriftsteller zurück. In den freiheitl., aber wirtschaftlich schwierigen Jahren nach 1983 hat sich eine Reihe jüngerer Prosaautoren auch internat. profiliert: C. Aira (*1949), J. Asís (*1946), M. Giardinelli (*1947), A. Laiseca (*1941), R. Piglia (*1941), H. Vázquez Rial (*1947).

Argentino [arxɛnˈtinɔ] (Lago A.), See im östl. Vorland der argentin. Südkordillere, seine westl. Arme werden von Gletschern gespeist; gehört zum Nationalpark »Los Glaciares«, 1 414 km² groß.

Argentit [lat.] *der,* Silbererz, ↑Silberglanz.

Argentum [lat.] *das,* ↑Silber.

ärgere Hand, nach altem dt. Recht der dem Stand nach niedrigere Ehegatte. Das Kind einer solchen »ungleichen Ehe« gehörte meist auch dem niederen Stand an (↑linke Hand).

Argerich [arxeˈritʃ], Martha, argentin. Pianistin, *Buenos Aires 5. 6. 1941; v. a. bekannt als Interpretin virtuoser Klaviermusik der Romantik und Nachromantik.

Ärgernis, Verletzung bes. des sittl. Gefühls. Nach § 183a StGB ist die absichtl. Erregung öffentl. Ä. durch die Vornahme sexueller Handlungen in der Öffentlichkeit strafbar; ähnlich in *Österreich.* Nach Art. 198 *schweizer.* StGB ist strafbar, wer vor jemandem, der dies nicht erwartet, eine sexuelle Handlung vornimmt und dadurch Ä. erregt.

Argeș [ˈardʒeʃ] *der,* linker Nebenfluss der Donau in Rumänien, 344 km, entspringt in den Südkarpaten, mündet bei Oltenița, nicht schiffbar; mehrere Wasserkraftwerke.

Argillit [lat.] *der,* verfestigtes Tongestein.

Arginin [grch.] *das,* halbessenzielle, stark bas. Aminosäure. A. kommt in allen Organismen vor, bes. in bas. Proteinen der Zellkerne.

Argiver, 1) die Bewohner von Argos. **2)** bei Homer alle Griechen.

arglistige Täuschung, vorsätzl. Erregung oder Erhaltung eines Irrtums in einem anderen durch bewusste Angabe falscher oder Unterdrückung wahrer Tatsachen. Wer zur Abgabe einer Willenserklärung durch a. T. bestimmt worden ist, kann die Erklärung binnen Jahresfrist nach Entdeckung der Täuschung anfechten (§§ 123, 124 BGB). Durch die Anfechtung wird das Rechtsgeschäft nichtig (§ 142 BGB).

Argo *die,* **1)** *Astronomie:* ↑Schiff Argo. **2)** *grch. Mythos:* Schiff der ↑Argonauten, mithilfe der Göttin Athene gebaut.

Argolis, Landschaft und Verw.-Bez. (Nomos) im NO der Peloponnes, Griechenland, 97 600 Ew. gliedert sich in die gebirgige Halbinsel Akti und das fruchtbare Becken von Argos (Intensivkulturen, v. a. Zitrusfrüchte und Getreide). Wichtigste

ARG Argon

Städte sind Argos und Nauplion (Hafen). Kernland der myken. Kultur (↑Mykene).
Argon [grch. argós »untätig«] *das*, chem. Symbol **Ar**, chem. Element aus der Gruppe der Edelgase; Ordnungszahl 18, Dichte (bei 0 °C) 1,7837 kg/m^3, Schmelzpunkt −189,3 °C, Siedepunkt −185,9 °C, krit. Temperatur −122,5 °C. Vorkommen v. a. in der Luft, in Mineralquellen; Verwendung als Glühlampen- und Leuchtröhrenfüllung, als Schutzgas beim elektr. Schweißen.
Argonauten [grch.], *grch. Mythos:* Helden unter Führung Iasons; sie holten mit dem Schiff Argo mithilfe ↑Medeas das von einem Drachen bewachte Goldene Vlies von ↑Kolchis nach Griechenland. Drama von Grillparzer, Erzählung von A. Seghers.
Argonnen (Argonnerwald, frz. L'Argonne), dicht bewaldete Hochebene in NO-Frankreich, zw. der oberen Aisne im W und dem Airetal im O, bis über 300 m hoch.
Argos, Stadt in der ↑Argolis, Griechenland, 21 900 Ew. − 146 v. Chr. kam A. unter röm. Herrschaft. Reste der griechischröm. Stadt wurden am Fuß des Burghügels Larissa ausgegraben.
Argot [ar'go, frz.] *das* oder *der*, die Sondersprache einer begrenzten gesellschaftl. Gruppe (engl. **Slang**, dt. **Rotwelsch**). Seit dem MA. ist das A. der Gauner und Diebe bezeugt, später haben andere Gruppen (Studenten, Soldaten u. a.) ein eigenes A. entwickelt.
Argument [lat.] *das*, **1)** *allg.:* Beweisgrund.
2) *Mathematik:* 1) die unabhängige Veränderliche in einer ↑Funktion; 2) der Winkel φ in der Polarkoordinatendarstellung $z = |z|(\cos\varphi + i\sin\varphi)$ einer ↑komplexen Zahl z.
Argun (Ergun He, im Oberlauf Hailar), rechter Quellfluss des Amur in Ostasien, 1 620 km, entspringt im Großen Chingan, bildet auf 944 km die chinesisch-russ. Grenze.
Argus (grch. Argos), *grch. Mythos:* ein vieläugiger Riese, von Hera zum Wächter der ↑Io bestellt, wurde von Hermes getötet.
Argusaugen, scharf beobachtende Augen.
Argusfasan (Argusianus argus), Pfau der trop. Regenwälder Hinterindiens, Sumatras und Borneos, benannt nach den »1 000 Augen« auf seinen Flügeln.

Argyll and Bute [ɑːˈgaɪl ænd bjuːt], Verw.gebiet (Local Authority) im W von Schottland, 6 930 km^2, (1993) 90 500 Ew.; umfasst auch die der Küste vorgelagerten Inseln Mull, Jura und Islay; zentrale Orte sind Inveraray und Oban.
Argyropulos, Johannes, byzantin. Humanist, *Konstantinopel um 1415, †Rom 26. 6. 1487; übersetzte und kommentierte bes. Aristoteles, begründete die grch. Philologie in Italien; Lehrer u. a. von A. Poliziano, M. Ficino, J. Reuchlin.
Arhat [Sanskrit »ehrwürdig«], ein buddhist. Heiliger, der auf dem Weg der Lehre die höchste Stufe erreicht hat und unmittelbar nach seinem Tod ins Nirvana eingeht. Ideal des älteren Buddhismus (Hinayana); zum A. im jüngeren Buddhismus (Mahayana) ↑Bodhisattva.
Århus [ˈɔrhus] (früher Aarhus), zweitgrößte Stadt Dänemarks, wichtiger Handelshafen an der Ostküste Jütlands, 281 400 Ew.; Bischofssitz (seit 948), Univ. (gegr. 1928) u. a. Hochschulen, Museen (nahebei das Freilichtmuseum »Den Gamle By«); Pflanzenöl-, Maschinen-, Textil- u. a. Ind., Werften; Flughafen. – Roman. Dom.
ARI, Abk. für Autofahrer-Rundfunk-Information, ↑Verkehrsfunk.
Ariadne, auf Kreta und den Ägäischen Inseln heim. Vegetationsgöttin, im grch. Mythos die Tochter des Königs Minos. Sie gab ↑Theseus das Garnknäuel, mit dem er aus dem ↑Labyrinth herausfand (**A.-Faden**). A. flüchtete mit ihm, wurde aber von ihm auf Naxos zurückgelassen; Dionysos machte sie zu seiner Gattin. Von der antiken Kunst wurde A. dargestellt in Bildwerken des Minotaurus-Abenteuers, später als verlassene Ariadne. Neuzeitl. Darstellungen: Gemälde von Tizian (1523, London, Nationalgalerie), Fresko von A. Carracci (Rom, Palazzo Farnese). Dramen von T. Corneille, A. Gide, Opern von C. Monteverdi, R. Strauss.
Ariane, dreistufige Trägerrakete der ↑ESA, wurde nach dem Scheitern der früheren Europaraketen zw. 1973 und 1981 unter frz. Führung entwickelt, um Europa eine von anderen Nationen unabhängige Startkapazität zu geben. Der A.-1 (1979) folgten die Ausführungen A.-2 und A.-3. Im Juni 1988 kam erstmals die verbesserte Version A.-4 zum Einsatz (letzter Aufstieg Anfang 2003). Der erste Start der neuen

Version A.-5 (51 m Höhe, 725–735 t Startmasse insgesamt) scheiterte am 4. 6. 1996 bereits nach 37 s aufgrund eines Softwarefehlers. Der zweite und dritte Startversuch am 30. 10. 1997 bzw. 21. 10. 1998 glückten. Der Jungfernflug einer verstärkten Trägerrakete, der A.-5-ECA (»A.-5-Plus«, »Zehn-Tonnen-A.«), musste am 27. 11. 2002 bereits nach wenigen Minuten abgebrochen werden (Triebwerkschaden). Von den bislang 157 A.-Einsätzen (bis 2002) scheiterten 11 Unternehmungen.

Arianespace [-ˈspeɪs, engl.], 1980 gegründeter europ. Raumfahrtkonzern (Sitz: Evry-Courcouronnes [Dép. Essonne, Frankreich]) für kommerzielle Raketenstarts, um Satelliten in einen geostationären Transferorbit (GTO) zu bringen. A. vermarktet weltweit europ. Trägersysteme (v. a. für Ariane-4-, Ariane-5-, Sojus-Transportunternehmen). Die Starts erfolgen in ↑Kourou.

Arianismus *der,* Lehre des alexandrin. Priesters ↑Arius, nach der Christus nicht gottgleich und ewig, sondern vornehmstes Geschöpf Gottes sei, als »Logos« eine Zwischenstellung zw. Gott und Welt einnehme. Der A. wurde auf den Konzilen von Nikaia (Nicäa) 325 und Konstantinopel 381 verdammt. German. Stämme (Goten, Wandalen, Langobarden) waren z. T. bis ins 6. Jh. **Arianer**.
📖 *Jesus der Christus im Glauben der Kirche, Beiträge v. A. Grillmeier u. a. Bd. 1: Von der apostolischen Zeit bis zum Konzil von Chalcedon (451). Freiburg im Breisgau u. a.* ³*1990.*

Arias Sánchez [-s], Oscar, costa-rican. Politiker, * Heredia 13. 9. 1941; Rechtsanwalt, Gen.-Sekr. des »Partido de la Liberación Nacional« (PLN), setzte sich als Präs. seines Landes (1986–90) für den Frieden in Zentralamerika, bes. in Nicaragua, ein und erhielt dafür 1987 den Friedensnobelpreis.

Arica, Hafenstadt in N-Chile, südlich der peruan. Grenze, 169 200 Ew.; Seebad; Erzausfuhr. Bahnen nach La Paz (Bolivien) und Tacna (Peru); Erdölleitung von Santa Cruz (Bolivien).

arid, trocken, dürr. Im **ariden Klima** ist die Verdunstung stärker als der Niederschlag.

Arie [italien. aria] *die,* in sich geschlossenes, instrumental begleitetes Sologesangstück, meist Teil eines größeren Musikwerks (Oper, Oratorium, Kantate) oder selbstständig als **Konzertarie**. Die A. bildete sich um 1600 als Gegenpol zum deklamator. Sprechgesang des Rezitativs heraus. Bei der in der italien. Oper des 17. Jh. entwickelten **Da-capo-A.** wird der Hauptteil nach dem Mittelteil wiederholt. Virtuose A. sind die **Koloratur-** oder **Bravourarie.**

Ariège [aˈrjɛːʒ], **1)** *die,* rechter Nebenfluss der Garonne in S-Frankreich, entspringt in den östl. Pyrenäen, mündet oberhalb von Toulouse, 170 km lang.
2) Dép. im südl. Frankreich, 4 890 km², 137 000 Ew.; Hptst.: Foix.

Ariel [hebr.], **1)** Name eines Luftgeistes in Shakespeares »Sturm«; von Goethe in den »Faust« übernommen.
2) ein Mond des Planeten ↑Uranus.

Arier [altind. arya »der Edle«], die Völker, die eine der **arischen Sprachen** (indogerman. Sprachfamilie) sprechen. A. nannten sich urspr. indogerman. Adelsgruppen in Vorderasien und Indien. – Von der europ. Sprachwissenschaft des 19. Jh. wurden die zunächst rein sprachwiss. Begriffe »A.« und »arisch« zeitweise den Begriffen »Indogermanen, indogermanisch« gleichgesetzt; in Anthropologie und Rassenkunde nahmen sie allmählich die Bedeutung »Angehörige der nord. Rasse«, schließlich im Nationalsozialismus in willkürlicher und falscher Einengung die Bedeutung »Nichtjuden« an.

Ariernachweis, im nat.-soz. Dtl. 1933–45 für bestimmte Personengruppen, u. a. Beamte, öffentl. Dienst, Ärzte, Juristen, geforderter Nachweis (beglaubigte Ahnentafel) einer »rein arischen Abstammung« der Großeltern; Element der NS-Rassenpolitik (»Arisierung«); war für Bauern (auch für den Ehepartner) und für die Aufnahme in die NSDAP bis 1800, für den Eintritt in die SS bis 1750 zu erbringen.

Aries [lat.] *der,* das Sternbild ↑Widder.

Arietta [italien.] *die* (Ariette), kleine ↑Arie.

Arillus [lat. »Mantel«] *der,* Samenmantel, z. B. bei der ↑Eibe.

Arine, instabile zykl. Verbindungen mit zwei Doppel- und einer Dreifachbindung im gleichen Ring.

Arion, grch. Dichter und Sänger aus Methymna auf Lesbos, um 600 v. Chr.; gilt als Erfinder des Dithyrambos. Nach der Legende wollten ihn Schiffer auf hoher See ausrauben; A. sang noch einmal zur Leier, stürzte sich ins Meer und wurde von einem Delphin gerettet.

arioso [italien.], *Musik:* arienhaft. **Arioso,** kurzes Gesangsstück in der Haltung zw. Rezitativ und Arie.

Ariosti, Attilio, italien. Komponist, *Bologna 5. 11. 1666, †in England 1729(?); Mönch (seit 1688), war Hofkomponist in Berlin, danach Opernkomponist in London (Rivale G. F. Händels).

Ludovico Ariosto: Porträt des Dichters (umstritten), Gemälde von Tizian (um 1512; London, National Gallery)

Ariosto, Ludovico, italien. Dichter, *Reggio nell'Emilia 8. 9. 1474, †Ferrara 6. 7. 1533; verfasste italien. und lat. Gedichte und Lustspiele nach lat. Muster, ferner Satiren und Episteln. In seinem Hauptwerk, dem Stanzenepos »Orlando furioso« (»Der rasende Roland«) in 40 Gesängen (1516–21; 1532 auf 46 Gesänge erweitert), entfaltet sich die Renaissancepoesie in vollem Glanz. In ihm wird die zu Liebeswahn gesteigerte Liebe Orlandos zu der morgenländ. Prinzessin Angelica und damit die Welt des sich zu Ende neigenden Rittertums ironisch und mit vielen kom. Zügen dargestellt.

Ariovist, Heerführer der german. Sweben, †um 54 v. Chr.; drang 71 v. Chr. über den Rhein vor und unterstützte die Sequaner gegen die Aeduer, die er 61 besiegte; siedelte danach german. Stämme im heutigen Rheinhessen, im Elsass und in der Pfalz an; von Caesar 58 v. Chr. in der Gegend von Mülhausen geschlagen.

Arisch (El-Arisch), ägypt. Stadt nahe der N-Küste der Halbinsel Sinai, am Wadi El-Arisch, 67 600 Ew. Liegt an der Stelle des alten **Rhinokorura,** des Verbannungsorts der Pharaonen; zur Zeit der Kreuzzüge hieß es **Laris.** – 1967–79 von Israel besetzt.

Aristarchos von Samos, grch. Astronom, *Samos um 310 v. Chr., †um 230 v. Chr.; vertrat als Erster das heliozentr. Weltsystem; versuchte das Verhältnis der Entfernungen von Sonne und Mond zu bestimmen.

Aristarchos von Samothrake, bed. Textkritiker des Altertums, *um 217, †auf Zypern 145 v. Chr.; lebte in Alexandria; kommentierte grch. Dichter, bes. Homer.

Aristide [-'tid], Jean-Bertrand, haitian. Politiker, *Port-Salut 15. 7. 1953; war als Priester des Salesianerordens Vertreter der Befreiungstheologie, im Dez. 1990 bei den ersten freien Präsidentschaftswahlen in Haiti zum Präs. gewählt (Amtsantritt Febr. 1991); im Sept. 1991 durch einen Militärputsch gestürzt, danach im Exil, konnte auf internat. militär. Druck (bes. der OAS) und unter dem Schutz der USA im Okt. 1994 zurückkehren. Seine Partei, die Organisation Politique Lavalas (OPL, auch Fanmi Lavalas gen.), wurde zur beherrschenden Kraft Haitis, ohne dass sich die soziale und wirtsch. Lage der Bev. besserte. Auch unter seinem Nachfolger R. Préval (im Amt 1996–2001) blieb A. der mächtigste Politiker des Landes. Bei geringer Wahlbeteiligung und ohne nennenswerte Opposition wurde er 2000 für eine weitere Amtsperiode wieder gewählt (Amtsantritt 7. 2. 2001). Nach blutigen innenpolit. Auseinandersetzungen wurde er am 29. 2. 2004 zum Rücktritt gezwungen und floh ins Ausland.

Aristides (grch. Aristeides), athen. Staatsmann und Feldherr, *um 550 v. Chr., †um 467 v. Chr.; war bei Marathon (490) einer der zehn Strategen, wurde 482 als Gegner des Themistokles aus Athen verbannt, 480 zurückgerufen. Er kämpfte bei Salamis, führte 479 die Athener in der Schlacht bei Plataä und hatte entscheidenden Anteil an der Gründung des 1. Att. Seebundes (477). Seine besonnene Festsetzung von Steuerbeiträgen der einzelnen Mitgliedstaaten trug ihm später den Beinamen »der Gerechte« ein.

Aristionstele, Grabrelief des Kriegers Aristion, um 510 v. Chr. von dem Bildhauer Aristokles geschaffen, mit Resten einstiger Bemalung (Athen, Archäolog. Nationalmuseum).

Aristippos, grch. Philosoph aus Kyrene, *um 435 v. Chr., †um 366 v. Chr.; Schüler des Sokrates, gründete die kyrenaische Schule (↑Kyrenaiker). Als Erkenntnisgründe ließ er nur die Empfindungen gelten, als höchsten Wert die Lust (↑Hedonismus).

Aristogeiton (Aristogiton), einer der athen. Tyrannenmörder, ↑Harmodios.

Aristokratie [grch.»Herrschaft der Vornehmsten«] *die,* **1)** Staatsform, bei der ein durch vornehme Geburt, bestimmte Funktionen (Priester, Krieger) oder durch Besitz bevorrechteter Stand die Staatsgewalt innehat. Oft sind Elemente aristokrat. Herrschaft mit solchen der Monarchie oder der Demokratie verbunden. **2)** der bevorrechtete Stand selbst. (↑Adel)

Aristolochia [grch.] *die,* die Pflanzengattung ↑Osterluzei.

Aristophanes, grch. Komödiendichter, *Athen um 445 v. Chr., †ebd. um 385 v. Chr.; bed. Vertreter der att. Komödie; elf Werke sind erhalten, sie bilden eine reiche Quelle zur Kenntnis der Staatspolitik, des geistigen Lebens und der Sitten seiner Zeit. Themen- und Figurenvielfalt, Fantasie, Anmut und derbe Realistik, hohe Dichtersprache und Vulgarismen kennzeichnen seine Stücke.

Werke: Die Acharner (425); Die Ritter (424); Die Wolken (423); Die Wespen (422); Der Friede (421); Die Vögel (414); Lysistrate (411); Die Weiber beim Feste der Demeter Thesmophoros (411); Die Frösche (405); Die Weibervolksversammlung (vielleicht 392); Der Reichtum (388).

Aristophanes von Byzanz, grch. Philologe, *um 257 v. Chr., † 180 v. Chr.; Vorsteher der ↑Alexandrinischen Bibliothek, stellte krit. Textversionen u. a. der Werke von Homer und Hesiod her.

Aristoteles, grch. Philosoph, *Stagira in Makedonien 384 v. Chr., † Chalkis auf Euböa 322 v. Chr.; nach seinem Geburtsort Stagirit genannt, Schüler Platons, seit 342/41 Erzieher Alexanders d. Gr., ging 334 nach Athen und begründete im Lykaion eine Philosophenschule, die nach den dortigen Wandelgängen (peripatoi) die **Peripatet. Schule** genannt wurde. Nach Alexanders Tod musste A. Athen verlassen.

Aristoteles

In seiner für das Abendland überaus einflussreichen Philosophie, die auf die greifbare Welt des Alltags konzentriert ist, wirken die Ideen in den Dingen als bewegende Kraft. A. band das umfangreiche Erfahrungswissen seiner Zeit, das er sämtlich beherrschte, in eine durch spekulative Grundhaltung gekennzeichnete Systematik, als deren Instrument er die formale ↑Logik entwickelte. Die Prinzipien, aus denen die Einzelerkenntnisse abgeleitet werden können (z. B. der Satz vom ausgeschlossenen Widerspruch), untersuchte er im Einzelnen in seiner Metaphysik und entwickelte einen für das Abendland richtungsweisenden begriffl. Apparat mit Begriffspaaren wie Substanz – Akzidens, Stoff – Form, Potenz – Akt. Insbesondere bestimmte er das Verhältnis der wechselnden Erscheinungen (des Seienden) zum Sein, indem er Bewegung, das Werden und das Geschehen als Verwirklichung (Form, Akt) einer Möglichkeit (Stoff, Potenz) kennzeichnete. Die Zielbestimmung des an sich unbestimmten Stoffes unterliegt einem zweckmäßig gestaltenden Formprinzip (↑Entelechie): So ist ihm die Seele »Entelechie« des Leibes. Ursache alles Werdens ist nach A. der unbewegte Beweger als reine Form, reiner Akt und vollkommenes Sein. In seiner Ethik, die um die Frage der Glückseligkeit als das höchste Gut kreist, schuf er eine Jahrhunderte überdauernde Tugendlehre. Sie mündet in die Staatslehre, die den Menschen als »Zoon politikon«, ein auf Gemeinschaft hin veranlagtes Wesen, definiert und eine Einteilung und Kritik der Staatsformen unternimmt:

Monarchie, Aristokratie, Politie (Bürgerstaat), Tyrannis, Oligarchie, Demokratie. Seine »Poetik« wirkte bes. durch die Definition der Tragödie, als deren Ziel er die »Katharsis«, die Reinigung der Seele von Affekten, bestimmt.
Weitere Werke: Organon (enthält die log. Schriften); Physik; Metaphysik; Über die Seele; Nikomachische Ethik; Politik; Rhetorik.
📖 *Buchheim, T.: A. Freiburg im Breisgau u.a. 1999. – Zemb, J.-M.: A. Reinbek 67.–69. Tsd. 1999. – Höffe, O.: A. München ²1999. – Rapp, C.: A. zur Einführung. Hamburg 2001.*
Aristotelismus *der,* Sammelbez. für Rezeption, Aus- und Umbau der philosoph. Lehren des Aristoteles. Von den Neuplatonikern wurden seine Werke mit Kommentaren versehen. Durch Vermittlung der arab. (al-Kindi, al-Farabi, Ibn Sina, Ibn Ruschd) und jüd. (Abraham Daud, Maimonides, Levi ben Gerson, Crescas) Philosophen gelangten sie gegen Ende des 12. Jh. in das übrige Abendland. Sie wurden im 13. Jh. ins Lateinische übersetzt und bes. von Thomas von Aquin (mit wesentl., durch das Christentum bedingten Änderungen) in die christl. Philosophie der Scholastik aufgenommen. Obwohl der A. seit Descartes und der Entwicklung der neuzeitl. Naturwissenschaft an Bedeutung verlor, regte seine Lehre noch Leibniz, C. Wolff, Hegel u.a. entscheidend an und wirkt in wissenschaftstheoret. Grundlagendiskussionen fort.
Aristoxenos von Tarent, grch. Philosoph, * Tarent um 370 v. Chr., † Athen um 300 v. Chr.; Forschungen zur Musiktheorie; Schüler des Aristoteles.
Aritaporzellan [nach dem japan. Ort Arita auf der Insel Kyūshū] (Imariporzellan), japan. Porzellan des 17. Jh.; anfangs im Stil chines. Blauweißporzellans, wurde es später mit buntem Schmelzfarbendekor verfeinert.
Arithmetik [grch.] *die,* Teilgebiet der Mathematik, das sich mit den Zahlen und den Rechenregeln befasst. Zur A. gehören auch die Behandlung arithmet. und geometr. Reihen bzw. Folgen, die Kombinatorik sowie die Zahlentheorie.
arithmetisches Mittel, *Statistik:* ↑ Mittelwert.
Arius, altkirchl. Theologe, * in Libyen um 260 (?), † Konstantinopel 336; seit dem frühen 4. Jh. Priester (Presbyter) in Alexandria; wegen seiner Christologie (↑ Arianismus) als Häretiker verurteilt und exkommuniziert.
Arizona [engl. ærɪˈzəʊnə], Abk. **Ariz.,** Bundesstaat im SW der USA, 295 276 km², (2000) 5,13 Mio. Ew.; Hptst.: Phoenix. Der N wird vom Coloradoplateau, einem 1 500 bis 3 000 m hohen, von tiefen Cañons (Grand Canyon) zerschnittenen Tafelland, eingenommen, das nach S und W steil abfällt. Die sich südlich daran anschließende Basin and Range Province umfasst im SW die ebene Gilawüste. Trotz hoher Sommerniederschläge herrscht im Großteil des Staates ausgesprochene Trockenheit. Strauchsteppe, Riesenkakteen und Yuccabäume bestimmen in den Ebenen das Vegetationsbild. – A. hat die größte Anzahl an Indianern unter den Bundesstaaten (Apachen, Navajo, Hopi), bedeutend ist auch der Anteil an Spanisch sprechenden Einwohnern. Haupterzeugnisse der Landwirtschaft sind Weizen, auf bewässerten Flächen (Stauanlage Hoover Dam) Baumwolle, Südfrüchte und Wintergemüse. A. ist ein bed. Zuwanderungsland mit neuen Industrieansiedlungen, bes. im Flugzeug- und Raketenbau. Eine große Rolle spielt die Kupfererzförderung, außerdem Molybdän, Kohle, Erdöl; daneben Bedeutung als Reiseland (Grand Canyon, Petrified Forest National Park, prähistor. Indianerbauten). – Das im 16. Jh. von Spaniern besiedelte A. wurde zw. 1848 (Vertrag von Guadalupe Hidalgo) und 1853 (Gadsden-Kaufvertrag) von Mexiko an die USA abgetreten; seit 1912 48. Bundesstaat.
Arjouni, Jakob, Schriftsteller, * Frankfurt am Main 8. 10. 1964; schreibt sozialkrit. Romane mit kriminalist. Hintergrund (»Happy birthday, Türke!«, 1985; »Ein Mann, ein Mord«, 1991; »Magic Hoffmann«, 1996; »Kismet«, 2001); auch Erzählungen und Theaterstücke.

Arkade: Arkadengang

Arkade [frz., zu lat. arcus »Bogen«] *die, Architektur:* von zwei Pfeilern oder Säulen getragener Bogen, meist als fortlaufende Reihe; auch der davon eingefasste, mindestens nach einer Seite offene Gang (Bogengang).

Arkadi|en, gebirgige Landschaft und Verw.-Bez. (Nomos) auf der Peloponnes, Griechenland, 105 300 Ew. zw. schroffen Karstgebirgen (bis 2376 m ü. M.) liegen eine Reihe von z. T. versumpften Becken. Hauptort: Tripolis. In den Becken intensive Landwirtschaft, in den Bergen Weide-, z. T. auch Waldwirtschaft. – A. ging in die bukol. Dichtung wie in die Schäferdichtung des 17. Jh. als Schauplatz idyll. Landlebens ein.

Arkadios, erster oström. Kaiser (395–408), *in Spanien um 377, † Konstantinopel 1. 5. 408; Sohn Theodosius' I., stand unter dem Einfluss seiner Beamten Rufinus und Eutropius sowie seiner Gattin Eudokia.

arkadische Dichtung, die ↑ Schäferdichtung.

Arkandisziplin [lat. arcanus »geheim«], Geheimhaltung von Lehre und Kult einer Religionsgemeinschaft vor Außenstehenden.

Arkansas [engl. 'ɑ:kənsɔ:], Abk. **Ark.,** Bundesstaat im SO der USA, westlich vom Mississippi, 137 742 km², (2000) 2,67 Mio. Ew.; Hptst.: Little Rock. A. hat Anteil an der Schwemmlandebene des Mississippi und an der Golfküstenebene sowie an Teilen des Ozarkplateaus und der Ouachita Mountains. Das Klima bringt milde Winter, warme Sommer und reichlich Niederschläge während des ganzen Jahres. Etwa die Hälfte des Bundesstaates ist bewaldet. Wichtigster Wirtschaftszweig ist die Landwirtschaft: Anbau von Sojabohnen, Reis, Obst, Weizen und Baumwolle; Geflügelzucht; Waldwirtschaft und Holz verarbeitende Industrie. A. besitzt reiche Bodenschätze: v. a. Bauxit, Kohle, Erdöl, Erdgas; Textil- und Nahrungsmittelindustrie. – A. gehörte im 18. Jh. zur frz. Kolonie Louisiana. 1803 kam es durch Kauf an die USA und wurde 1836 deren 25. Bundesstaat.

Arkansas River ['ɑ:kənsɔ: 'rɪvə], rechter Nebenfluss des Mississippi, entspringt der Sawatchkette der Rocky Mountains, mündet nördlich von Greenville, 2333 km lang, seit 1971 bis zum Mississippi schiffbar.

Arkanum [lat.] *das,* Geheimnis; Geheimmittel, bes. in der Alchimie.

Arkebuse [frz. arquebuse, vielleicht aus niederländ. haakbus »Hakenbüchse«] *die,* urspr. eine Armbrust, seit dem 15. Jh. ein Feuerrohr, wurde beim Schießen auf eine Hakenstange gelegt. **Arkebusier,** mit der A. bewaffneter Soldat.

Arkesilaos, grch. Philosoph, *Pitane in Äolien um 316 v. Chr., † 241 v. Chr.; führte den ↑ Skeptizismus in die platon. Akademie ein (»mittlere Akademie«).

Arkona, Kap, das nördl., steil aufragende Vorgebirge der Insel Rügen, Meckl.-Vorp., 46 m hoch, besteht aus Kreidegestein, trägt Leuchttürme und Signalstation. – An der O-Seite der 10–13 m hohe Wall der Burg; barg das letzte slaw. Heiligtum, das 10 m hohe viergesichtige Holzstandbild des Gottes **Swantewit,** beides bei der Eroberung A.s durch den Dänenkönig Waldemar I. 1168 zerstört. – Ausgrabungen seit 1863 (zuletzt 1994) erbrachten den Nachweis normann. Besiedlung (Wikinger).

Arkose [frz.] *die,* Sandstein mit mehr als 25 % Feldspat.

Arkosolium [lat.] *das* (Arkosol), mit Tonnengewölbe oder Bogen überspanntes Nischengrab in antiken Felsgräbern und Katakomben.

Arktis [zu grch. árktos »Bär«, »Großer Bär« (Nordgestirn)] *die,* die um den Nordpol gelegenen Land- und Meeresgebiete; mathematisch begrenzt durch den nördl. Polarkreis (66° 33' n. Br.), umfasst die A. 21,2 Mio. km²; im System der Klima- und Landschaftszonen wird sie durch die 10 °C-Juli-Isotherme bzw. die polare Waldgrenze begrenzt und hat so eine Größe von 26 Mio. km², davon 8 Mio. km² Land und 18 Mio. km² Meer. Zentrum der A. ist das vereiste Nordpolarmeer mit den Nebenmeeren Barents-, Kara-, Laptew-, Ostsibir., Tschuktschen-, Beaufort- und Grönlandsee. Zur terrestr. A. gehören die nördlichsten Teile Amerikas, Skandinaviens und Russlands sowie als wichtigste Inselgruppen und Inseln der Kanadisch-Arkt. Archipel, Grönland, Jan Mayen, Näreninsel, Spitzbergen, Franz-Joseph-Land, Nowaja Semlja, Sewernaja Semlja, Neusibir. Inseln, Wrangelinsel. Island liegt am Rande (Subarktis). – Hauptlandschaftstypen sind Eis- und Frostschuttwüsten sowie Tundren (mit Flechten, Moosen, Gräsern, niedrigen Gebüschen aus Rhododendron und Wacholder oder kriechenden Weiden und Birken). – Das Klima zeichnet sich durch kalte Winter, kühle Sommer und niedrige mittlere Jahrestemperaturen aus (Monatsmittel für Juli etwa zw. 1 und 8 °C, für Februar bis unter −40 °C). Das arkt. Klima ist meist trocken, jedoch mit häufigen und verbreiteten Nebeln, bes. an den Küsten und im Sommer. – Die Tierwelt ist artenarm: Eisbär, Polarfuchs, Lemming, Polarhase, Rentier, Vielfraß, Hermelin und Polarwolf; in Kanada und auf Grönland der Moschusochse; zahlr. See- und Wasservögel; in den Küstengewässern Fische, Robben, Seehunde, Wale. – Die Bev. bestand noch vor einigen Jahrzehnten vorwiegend aus Polarvölkern; die gegenwärtigen Bewohner (1,5–2 Mio.) stammen meist aus südlicheren Kulturzonen.

Arktur [grch. »Bärenhüter«] (Arctur), Stern erster Größe (α) im Sternbild Bärenhüter.

Arkuballiste [lat.] *die,* wie eine Armbrust funktionierendes röm. und mittelalterl. Belagerungsgeschütz; diente zum Abschuss von Steinen.

Arkus (Arcus) [lat.] *der,* Abk. **arc,** *Mathematik:* ↑Bogenmaß.

Arkusfunktionen, die Umkehrfunktionen der ↑Winkelfunktionen.

Arlberg, Alpenpass in Österreich, 1 793 m ü. M., auf der Wasserscheide zw. Donau und Rhein, Grenze zw. Tirol und Vorarlberg. Das A.-Gebiet ist internat. Mittelpunkt des alpinen Skilaufs. Die **A.-Bahn** (Tunnel 10,3 km) und **A.-Straße** (Tunnel 13,97 km) unterfahren den Pass. (↑Alpenstraßen, Übersicht)

Arlecchino [arlɛˈkiːno, italien.] *der,* derb-

Arktis: Entdeckung und Erforschung	
982	Erich der Rote gelangt von Island aus nach Grönland
1194	Erstentdeckung Spitzbergens durch Normannen
1576	M. Frobisher entdeckt Baffin Island
1594–96	W. Barents erreicht die Westküste von Nowaja Semlja und findet u. a. die Bäreninsel (Wiederentdeckung Spitzbergens)
1616	W. Baffin gelangt längs der grönländischen Westküste in die nach ihm benannte Meeresbucht
1733–43	Die russische »Große Nordische Expedition« unter V. Bering u. a. erforscht die Nordküste Sibiriens, die Beringstraße, Alaska und die Aleuten
1778	J. Cook erkundet die Beringstraße und dringt auf der Suche nach der Nordwestpassage im Nordpolarmeer bis zur Eisgrenze vor
1831	J. C. Ross bestimmt auf der kanadischen Halbinsel Boothia Felix die Lage des nördlichen Magnetpols
1845	J. Franklin auf der Suche nach der Nordwestpassage verschollen
1848–79	Bei etwa 40 Expeditionen zur Aufklärung des Schicksals von J. Franklin (Entdeckung wichtiger Spuren 1859) werden große Teile des Kanadisch-Arktischen Archipels entdeckt
1878/79	A. E. Nordenskiöld gelingt (mit der »Vega«) erstmals die Nordostpassage
1893–96	F. Nansens Driftfahrt mit der »Fram«; Schlittenvorstoß bis 86° 14' nördlicher Breite
1903–06	R. Amundsen bezwingt erstmals die Nordwestpassage
1908	F. A. Cook (umstritten) und
1909	R. E. Peary (nahe) am geographischen Nordpol
1921–24	»Thule«-Expedition K. Rasmussens von Grönland bis zur Beringstraße
1926	Flüge vom Nordpol mit dem Flugzeug (R. E. Byrd; Angabe umstritten) und mit dem Luftschiff (U. Nobile zusammen mit R. Amundsen)
1937/38	Sowjetische Forschungsstation unter I. D. Papanin driftet auf einer Eisscholle vom Nordpol bis zur Südostküste Grönlands
1958	Amerikanisches U-Boot »Nautilus« (mit Kernenergieantrieb) unterquert den Nordpol
1977	Sowjetischer Atomeisbrecher »Arktika« erreicht von der Laptewsee den Nordpol
1978	Der Japaner Naomi Uemura erreicht als erster Mensch im Alleingang (mit Hundeschlitten) den Nordpol
1991	Errichtung der deutschen Koldewey-Station auf Spitzbergen

Arktis ARK

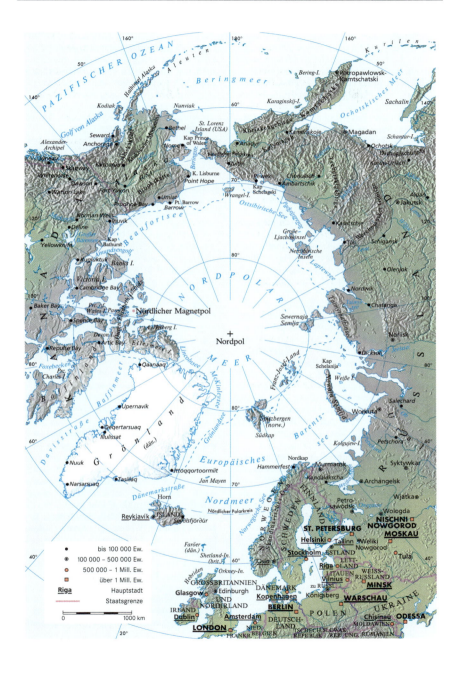

ARL Arles

komische Dienergestalt der ↑Commedia dell'Arte (↑Harlekin).
Arles [arl], Stadt im frz. Dép. Bouches-du-Rhône, 52 600 Ew., am Beginn des Rhônedeltas; Antikenmuseum mit Forschungsinstitut zur Antike; Meersalzgewinnung, Reisanbau, chem. und metallurg. Ind., Herstellung von Erdölbohrgeräten. – Röm. Amphitheater (um 46 v. Chr. errichtet und im MA. als Festung umgebaut; heute Stierkampfarena); Kathedrale Saint-Trophime (auf karoling. Vorgängerbau, v. a. 12. Jh.; Umgangschor 1454–1517) mit bed. Skulpturen (Westfassade, Kreuzgang). Die röm. und roman. Denkmäler von A. wurden von der UNESCO zum Weltkulturerbe erklärt. – A., eine grch. Gründung aus dem 6. Jh. v. Chr. (**Theline**), wurde 46 v. Chr. röm. Kolonie und Ende des 4. Jh. Hauptort Galliens. Seit 536 unter fränk. Herrschaft, war A. Hptst. der Provence, später des Königreichs Arelat; kam 1481 an die frz. Krone.
Arlesheim, Bezirkshauptort im Kanton Basel-Landschaft, Schweiz, rechts der Birs, 8 400 Ew. – Barocke Domkirche.
Arlington [ˈɑːlɪŋtən], Wohnvorort von Washington (D. C.), USA, auf der gegenüberliegenden Seite des Potomac, in Virginia; Sitz des US-Verteidigungsministeriums (Pentagon); seit 1864 Nationalfriedhof mit Gräbern von Soldaten, bed. Staatsmännern und Persönlichkeiten.
Arlon [arˈlɔ̃] (dt. Arel, fläm. Aarlen), Hptst. der belg. Prov. Luxemburg, 24 500 Ew.; Museen. Fremdenverkehr.
Arm, *Anatomie:* obere oder vordere paarige Gliedmaße des Menschen und des Affen; besteht aus Ober-A., Unter-A. und ↑Hand. Das Skelett des Ober-A. wird aus dem Oberarmknochen (Humerus), das des Unter-A. aus Elle (Ulna) und Speiche (Radius) gebildet. Der A. entspricht dem Vorderbein bzw. Flügel bei anderen Wirbeltieren.
Armada [span. »bewaffnete Macht«] *die,* starke Kriegsflotte, bes. die 1588 von Philipp II. gegen England ausgesandte große spanische Flotte (130 Kriegsschiffe) unter dem Herzog von Medina Sidonia; wurde in den Kanalschlachten vom 31. 7. bis 8. 8. 1588 von den noch der Zahl der Schiffe unterlegenen Engländern unter C. Howard und F. Drake besiegt; der Rest ging auf der Rückfahrt großenteils durch Stürme zugrunde.

Armagh [ɑːˈmɑː], **1)** Distrikt in Nordirland, 671 km², 54 300 Einwohner.
2) Verw.sitz von 1), 14 600 Ew.; Sitz eines kath. und eines anglikan. Erzbischofs; Textilind., Fleischverarbeitung.

Armenbibel: Seite einer Armenbibel (1. Hälfte des 15. Jh.; Rom, Biblioteca Apostolica Vaticana)

Armagnac [-ˈɲak] *der,* Weinbrand aus dem Weinbaugebiet Armagnac.
Armagnac [-ˈɲak], Landschaft in S-Frankreich; Kerngebiet der Gascogne; etwa das heutige Dép. Gers (Verw.sitz Auch). Landwirtschaft und Weinbau stehen im Vordergrund. – Die im 10. Jh. als karoling. Gau entstandene Grafschaft fiel 1607 an die frz. Krone. Die **Armagnaken** (in Dtl. **Arme Gecken** gen.) waren zügellose Söldner (seit 1410) des Grafen von A., der zeitweise Frankreich beherrschte. Die von König Karl VII. und Kaiser Friedrich III. gegen die Schweizer gesandten Armagnaken wurden 1444 in der Schlacht bei St. Jakob an der Birs abgewehrt; verheerten danach das Elsass und Schwaben (bis 1445).
Armalcolit [nach den Apollo-11-Astronauten N. A. **Arm**strong, E. E. **Al**drin und M. **Col**lins] *der,* rhomb. Mineral (Fe,Mg)Ti$_2$O$_5$, erstmals in Mondgestein

Armenien ARM

(zus. mit Ilmenit), neuerdings auch in terrestr. Impakt- und Tiefseegesteinen nachgewiesen.

Armani, Giorgio, italien. Modeschöpfer und Unternehmer, *Piacenza 11. 7. 1934; gründete 1975 ein eigenes Modeunternehmen. Seine aus edlen Stoffen in neutralen Farben gefertigten Damen- und Herrenkollektionen wirken durch ihre ruhige, purist. Eleganz. Seit 1981 Zweitkollektion »Emporio Armani«.

Armatur [lat.»Bewaffnung«] *die,* im Maschinen- und Rohrleitungsbau Regel-, Steuer-, Mess- oder Absperrorgan v. a. für Flüssigkeiten und Gas. Anzeigende und registrierende A. sind in der **Armaturentafel,** beim Kfz im **Armaturenbrett** angeordnet.

Armawir, Stadt in der Region Krasnodar, Russ. Föderation, am N-Fuß des Großen Kaukasus, am Kuban, 166 600 Ew.; Bahnknotenpunkt; Metallverarbeitung, Maschinenbau, Nahrungsmittelindustrie.

Armband, band- oder ringförmiger Armreif, am Ober- oder Unterarm; bei versch. Völkern Rangabzeichen. Im MA. gehörte es zum Krönungsornat der dt. Kaiser und Könige.

Armbrust [aus lat. arcuballista], Fernwaffe, entwickelt aus dem Bogen, bestehend aus Bogen, Sehne und Säule; Geschosse waren Pfeile, Bolzen oder Kugeln; im 15. Jh. von der Handfeuerwaffe abgelöst.

Armee [frz., zu lat. armare »bewaffnen«] *die,* i. w. S. die Streitkräfte eines Staates, svw. Heer; i. e. S. ein großer Heeresverband, i. d. R. aus einer Anzahl von Armeekorps gebildet.

Armee im Lande, ↑Armia Krajowa.

Armeekorps [-ko:r], ↑Korps.

Armeeoberkommando, Abk. **AOK,** im Ersten und Zweiten Weltkrieg gebildeter Stab zur operativen und logist. Führung einer Armee und ihres rückwärtigen Gebietes.

Ärmelkanal (Der Kanal, engl. English Channel, frz. La Manche), die Verbindung von Atlantik und Nordsee zw. der frz. N- und der engl. S-Küste, mittlere Tiefe 50 m, an der engsten Stelle 32 km breit. 1986 wurde zw. Frankreich und Großbritannien der Bau eines Eisenbahntunnels zw. Fréthun (bei Calais) und Cheriton (bei Folkestone) vereinbart, der 1994 eröffnet wurde. (↑Eurotunnel)

Armenbibel (lat. Biblia Pauperum), eine Ende des 13. Jh. entstandene Bilderbibel, in der auf jeder Seite eine Begebenheit aus dem N. T. dargestellt ist, umgeben von vier Prophetenfiguren und zwei Szenen aus dem A. T., die mit diesem in heilsgeschichtl. Zusammenhang stehen. – Der Name A. wird sowohl auf die der Schrift unkundigen Armen wie auf die armen Geistlichen bezogen, für die die Bibelhandschriften zu teuer waren; evtl. auch als Kampfbuch gegen die Katharer, die »Armen Christi«, zu verstehen.

Armenia, Hptst. des Dép. Quindío, Kolumbien, 1 550 m ü. M., am W-Hang der Zentralkordilleren, 283 800 Ew.; Univ.; Kaffeeanbauzentrum.

Armenien

Fläche	29 743 km²
Einwohner	(2003) 3,06 Mio.
Hauptstadt	Jerewan
Verwaltungsgliederung	10 Prov. und die Hptst. Jerewan
Amtssprache	Armenisch
Nationalfeiertage	28. 5. und 21. 9.
Währung	1 Dram (ARD) = 100 Luma (Lm)
Zeitzone	MEZ + 3 Std.

Armenien (amtlich armen. Hayastani Hanrapetut'yun, dt. Republik A.), Binnenstaat in SW-Asien, grenzt im N an Georgien, im O an Aserbaidschan, im S an Iran, im SW und im W an die Türkei; im SW schiebt sich die aserbaidschan. Exklave Naxçıvan (Nachitschewan) in den Grenzraum ein.

Staat und Recht: A. ist eine Rep. mit Präsidialsystem; Verf. von 1995. Staatsoberhaupt ist der für fünf Jahre direkt gewählte Präs.; die Legislative liegt bei der Natio-

ARM Armenien

nalversammlung (131 Abg., auf vier Jahre gewählt), die Exekutive bei der Reg. unter Vorsitz des vom Präs. ernannten MinPräs. Wichtigste Parteien: Republikan. Partei und Volkspartei (im Wahlblock »Einheit« zusammengeschlossen), Kommunist. Partei, Armen. Revolutionäre Vereinigung (Daschnakzutjun), Bündnis Recht und Einheit, National-Demokratische Union. **Landesnatur:** A. ist ein im Mittel um 1 800 m ü. M. gelegenes, erdbebengefährdetes Bergland in Transkaukasien. Es umfasst im N die Gebirgsketten des Kleinen Kaukasus, die von einem dichten Netz tief eingeschnittener Täler durchzogen sind. Der größere Landesteil wird vom nordöstl. Ararathochland (im Aragaz 4090 m ü. M.) eingenommen. Das Hochland gliedert sich in einzelne Becken (z. B. das Becken des 1 900 m ü. M. gelegenen Sewansees). Im SW hat A. Anteil an der tief eingesenkten Araratebene am Grenzfluss Araks. In der subtrop. Zone gelegen, ist das Klima der Täler und Vorgebirge durch trockene, heiße Sommer und kalte, schneearme Winter (Julimittel 24–26 °C, Januarmittel −5 °C, 200–400 mm Jahresniederschläge) gekennzeichnet; auf den Hochebenen und in mittleren Höhenlagen ist es gemäßigt (Julimittel 18 °C, Januarmittel −2 bis −8 °C bei hoher Schneedecke, 600–800 mm Jahresniederschläge). Das Gebirgsland (mittlere Höhe 1 800 m) hat überwiegend Halbwüsten- und Steppenvegetation: nur 15 % der Fläche sind von Sträuchern und lichten Kiefern-, Buchen-, Eichen- und Wacholderwäldern bedeckt.
Bevölkerung: Sie besteht etwa zu 96 % aus Armeniern; die 1989 noch rd. 2,6 % Aserbaidschaner wurden vertrieben oder sind weitgehend abgewandert, außerdem Kurden (1,5 %), Russen (1,5 %) und Angehörige anderer Nationalitäten (0,8 % Ukrainer, Assyrer, Griechen). Mit Ausnahme der Gebirge und der Plateaus ist die Bev.dichte recht hoch. Etwa 70 % der Bev. leben in Städten, bes. in Jerewan (größte Stadt des Landes). Die Armenier sind Christen und gehören der ↑armenischen Kirche an. Es besteht eine neunjährige allgemeine Schulpflicht; Analphabetenquote 2 %; Univ. in Jerewan (gegr. 1919) sowie mehrere Hochschulen.
Wirtschaft und Verkehr: Seit der polit. Unabhängigkeit ist die Entwicklung marktwirtsch. orientiert. Die Privatisierung ist weit vorangeschritten, Mitte 1999 waren 75 % der mittleren und großen sowie über 85 % der Kleinbetriebe in Privathand. Neben den Folgen des wirtschaftl. Transformationsprozesses wirkt sich der militär. Konflikt mit Aserbaidschan um Bergkarabach (u. a. Sperrung der Energiezufuhr) und die Verkehrsblockade durch die Türkei zusätzlich erschwerend auf die Wirtschaft aus. Etwa 17 % der Landesfläche sind Ackerland, wovon über die Hälfte bewässert wird. Hauptlandwirtschaftsgebiete sind die Araratebene (am Grenzfluss Araks) und das Becken von Jerewan. Bis in Höhenlagen von 900 m werden Baumwolle, Reis, Tabak, Wein und Obst angebaut, bis 2 300 m teilweise Getreide. Neben Schafzucht wird auch Rinderzucht betrieben. – In dem rohstoffarmen Land werden geringe Mengen an Kupfer, Molybdän, Nephelin und Zink gewonnen. In der Ind. überwiegt der Maschinenbau, gefolgt von der chem. Ind. und Buntmetallurgie. Die Nahrungsmittelind. ist auf Verarbeitung von Wein, Südfrüchten und Gemüse, die Leichtind. auf Wollerzeugnisse und Schuhe ausgerichtet. Die Energieerzeugung erfolgt zu 46 % durch Wärmekraftwerke auf Erdgas- und Erdölbasis, zu 28 % durch das Kernkraftwerk Medsamor bei Jerewan und zu 26 % durch kleine Wasserkraftwerke am Rasdan. – Ausgeführt werden Nahrungs- und Genussmittel (bes. Spirituosen), Buntmetalle, Chemieprodukte (bes. synthet. Kautschuk), künstl. Diamanten, Maschinen und Geräte, elektrotechn. Erzeugnisse und Textilien, eingeführt Brennstoffe, Eisen und Stahl, Rohstoffe, Produkte der Leicht- und Nahrungsmittelind. und Getreide. – Das Verkehrsnetz umfasste (1999) 952 km Eisenbahnlinien und knapp 16 000 km Straßen, die meisten davon in stark reparaturbedürftigem Zustand. In Jerewan befindet sich ein internat. Flughafen. An Mineralquellen entstanden mehrere Kurorte (Arsni, Dschermuk, Dilischan).
Geschichte: Das Gebiet der heutigen Rep. A. umfasst nur einen Teil des histor. Siedlungsraumes der Armenier, der sich etwa zw. dem anatol. und iran. Hochland sowie dem Kaukasus und der Tiefebene Mesopotamiens erstreckte (↑Ararathochland). Dieses Territorium, bereits im 3. Jt. v. Chr. Ziel von Kriegszügen altmesopotam. Herrscher, wurde erstmals im Reich

Armenien ARM

Urartu (9.–6. Jh. v. Chr.) vereint. In dessen westl. und südl. Grenzgebieten siedelten sich im 7. Jh. v. Chr. die aus SO-Europa kommenden Armenier an und verschmolzen unter med. (um 585 v. Chr.), dann pers. (um 550 v. Chr.) Oberhoheit mit der Bev. von Urartu. Der Name A. wird zuerst in einer Inschrift Dareios' I., d. Gr., genannt. A. gehörte dem Achaimenidenreich an, später nominell dem Reich Alexanders d. Gr., der es weiterhin durch pers. oder einheim. Satrapen regieren ließ, in hellenist. Zeit war es Bestandteil des Herrschaftsraumes der Seleukiden. Die Niederlage des Seleukidenkönigs Antiochos III. gegen die Römer 190 v. Chr. führte zur Bildung zweier armen. Staaten, des östl. Groß-A. und des westl. Klein-A. Das von der Dynastie der Artaxiden geführte Groß-A. erlebte unter Tigranes II. (95 bis um 55 v. Chr.) den Höhepunkt seiner Macht, verlor jedoch nach einer Niederlage (69 v. Chr.) gegen Rom alle Eroberungen und musste sich diesem 66 v. Chr. unterwerfen. Im 1. Jh. n. Chr. kam das Land an die parth. Arsakiden, im 3. Jh. an die pers. Sassaniden; es befreite sich mit röm. Hilfe wieder und trat 301 unter Tiridates zum Christentum über. 387 wurde Groß-A. zw. Ostrom und Persien geteilt. Im 7. Jh. unterwarfen die Araber große Teile von A., bis 885 der Armenier Aschot I. wieder eine selbstständige Herrschaft (Königtum der Bagratiden) schuf. Mitte des 11. Jh. eroberten die Byzantiner das Land, nach 1171 die Seldschuken. Daraufhin setzte sich der Bagratide Ruben in Kilikien fest. Sein Reich nahm den Namen »Klein-A.« an; es unterlag 1375 den ägyptischen Mamelucken und wurde später dem Osman. Reich eingegliedert.
1242 eroberten die Mongolen Armenien. Von Timur um 1390 verwüstet, geriet A. 1468 unter die Herrschaft der Turkmenen, 1472 der Perser, die 1541 den Hauptteil des Landes an die Türken verloren.
Im 19. Jh. entrissen die Russen Persien das Gebiet von Jerewan (1828), der Türkei das Gebiet von Kars, Ardahan und Batumi (1878). Die anwachsende Nationalbewegung (Autonomie- und Reformforderungen, revolutionäre Organisationen) der Armenier unter türk. Hoheit beantwortete der osman. Reg. mit einem repressiven Kurs. Die blutigen Armenierverfolgungen (Pogrome 1894–96 und 1909, während des Ersten Weltkriegs unter jungtürk. Herrschaft 1915/16 Deportation und Völkermord) führten zur Flucht aus Türkisch-A. in den russ. Landesteil (wo es im Gefolge türk. Militärvorstöße ab 1917/18 zu weiteren Massakern an Armeniern kam) und in andere Staaten. Der Frieden von Sèvres (1920) sah ein großes freies A. vor, aber der W blieb unter türk. Herrschaft. Den O (Russisch-A.) proklamierte ein von der Partei der Daschnaken geführter »Armen. Nationalrat« am 28. 5. 1918 zur unabhängigen Rep. A., gegen die die Türkei 1920 Krieg führte. Am 29. 11. 1920 errichteten die Bolschewiki mithilfe der Roten Armee in A. eine Sowjetrep., die (nach Abtretung von Kars u. a. Gebiete 1921 an die Türkei) 1922–36 zus. mit Georgien und Aserbaidschan die Transkaukas. Sozialist. Föderative Sowjetrep. bildete. 1921 wurden Bergkarabach und Naxçıvan administrativ Aserbaidschan unterstellt.
Seit 1936 Unionsrep. der UdSSR, verkündete A. am 23. 8. 1990 den Beginn einer Übergangsperiode zur Erlangung staatl. Unabhängigkeit (Umbenennung der Armen. SSR in Republik A.). Nach einem Referendum vom 21. 9. 1991 wurde am 23. 9. 1991 vom Parlament die Unabhängigkeit A.s proklamiert. Die KP löste sich im Sept. 1991 nur vorübergehend auf. Die 1990 entstandene Armen. Pan-Nationale Bewegung entwickelte sich zeitweise zur einflussreichsten Partei; die »histor.« Partei Daschnakzutjun (gegr. 1890, mit starken Verbindungen ins Ausland) war 1994–98 verboten.
Unter Präs. L. Ter-Petrosjan (1991–98) trat A. im Dez. 1991 der Gemeinschaft Unabhängiger Staaten (GUS) bei. Der Streit zw. A. und Aserbaidschan um die mehrheitlich von Armeniern bewohnte aserbaidschan. Enklave ↑Bergkarabach löste 1992 einen militär. Konflikt zw. beiden Republiken aus. 1994 vermittelte Russland einen Waffenstillstand. Bereits 1993 hatte A. mit Russland ein Abkommen über Freundschaft und Zusammenarbeit geschlossen, 1995 folgte ein Stützpunktvertrag (Stationierung russ. Truppen an der Grenze zur Türkei). 1994 trat A. der NATO-Initiative »Partnerschaft für den Frieden« bei und schloss mit der Europ. Union 1996 ein Kooperationsabkommen (in Kraft seit 1. 7. 1999).
Bei einem Anschlag nationalist. Kräfte auf das Parlament in Jerewan am 27. 10. 1999

363

ARM Armenier

kamen der damalige MinPräs. und sieben weitere Politiker ums Leben. 2001 erfolgte die Aufnahme A.s in den Europarat. Der seit 1998 amtierende Staatspräs. R. Kotscharjan wurde 2003 für weitere fünf Jahre bestätigt.

📖 *Brentjes, B.: Drei Jahrtausende A. Leipzig 1984.* – *Armenia and Karabagh. The struggle for unity, hg. v. C. J. Walker. London 1991.* – *Gust, W.: Der Völkermord an den Armeniern. München u. a. 1993.* – *Hofmann, T.: Die Armenier. Schicksal, Kultur, Geschichte. Nürnberg 1993.* – *Armenier u. A. Heimat u. Exil, hg. v. T. Hofmann. Reinbek bei Hamburg 1994.* – *Hofmann, T.: Annäherung an A. Geschichte u. Gegenwart. München 1997.* – *Thierry, J.-M.: A. im MA. A. d. Frz. Regensburg 2002.*

Armenier (Eigenbez. Haikh), indogerman. Volk, seit dem 7. Jh. v. Chr. in Armenien ansässig. Weltweit etwa 6,8 Mio. Menschen; davon leben etwa 3,5 Mio. in Armenien und 1,5 Mio. in anderen GUS-Republiken. Nach blutigen Verfolgungen der A. durch das Osman. Reich (Pogrome 1894–96 und 1909, Deportation und Völkermord 1915/16, erneute Massaker 1917/18–21) flüchteten viele der Überlebenden bzw. wanderten aus; es entstand eine große armen. Diaspora (mehr als 2 Mio. A., die v. a. in Frankreich, Iran, Libanon, Syrien und in den USA leben). Obwohl zumeist unter der Herrschaft anderer Völker, konnten die A. die Einheit von Sprache, Kultur und Religion bewahren. Symbol der Zusammengehörigkeit war die armen. Kirche, deren Oberhaupt eine führende Rolle innehatte.

armenische Kirche (armenische apostolische Kirche), die christl. Kirche der Armenier, die um 300 durch Bischof Gregor, den Erleuchter (daher auch **gregorian. Kirche** gen.), und die Bibelübersetzung des armen. Kirchenvaters Mesrop (5. Jh.) festen Bestand erhielt. Ihre Lehre (seit dem 5. Jh. als eigene Lehrtradition ausgebildet) wird traditionell als »monophysitisch«, von der a. K. selbst allerdings als »miaphysitisch« (eine vereinigte Natur Christi) beschrieben. Verfassung und Gottesdienst sind ähnlich der orth. Kirche; liturgische Sprache ist Altarmenisch. Oberhaupt des größeren Teils der a. K. ist der Katholikos (»allgemeiner Bischof«) mit Sitz in Etschmiadsin (seit 1443); ihm zugeordnet sind die Patriarchate von Jerusalem (seit 1311) und Istanbul (seit 1438); daneben besteht seit dem 11. Jh. ein selbstständiges Katholikat in Kilikien (Sis; 1921 nach Antelyas bei Beirut verlegt); weltweit etwa 5–6 Mio. armen. Christen. Ein kleiner Teil der a. K. hat sich (dauerhaft seit dem 17. Jh.) mit der kath. Kirche vereinigt (**Unierte Armenier,** Sitz des armen. kath. Patriarchen: Beirut), jedoch mit eigener Kirchenordnung. (↑Mechitharisten)

armenische Kunst, erste Zeugnisse auf armen. Gebiet gibt es seit dem 4. Jt. v. Chr. Die christl. Kunst setzte seit dem 4. Jh. mit einer bed. Baukunst ein. Ihr Ausgangspunkt waren ein- oder dreischiffige Langhausbauten, die ab dem 6. Jh. Kuppeln erhielten. Durch Raumverkürzung entstanden parallel zur byzantin. Entwicklung Kreuzkuppelkirchen (Kathedrale in Etschmiadsin, 7. Jh.?). Der Reichtum der

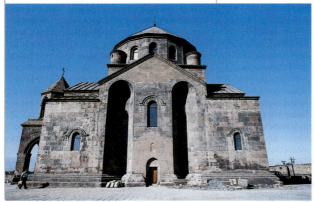

armenische Kunst: Hripsime-Kirche in Etschmiadsin (618 gegründet, erneuert 1652)

armenische Sprache ARM

armen. Baukunst entfaltete sich bes. in den Zentralbauten mit Kuppelquadrat und Apsiden in den Achsen: Hripsimekirche in Etschmiadsin (Gründungsbau 618), Johanneskirche in Mastara bei Aschtarak (Mitte 7. Jh.), mit Innenstützen: Bagaran (624–631; zerstört). Die vollendete Umsetzung fremder Anregungen in eine armen. Formensprache zeigen die Bauten der Bagratidenzeit: Kirche in Ahtamar (915–21), Apostelkirche in Ani (988–1001). Daneben spielten seit dem 11. Jh. Vier-, Sechs- und Achtpassanlagen eine große Rolle. Infolge der tataromongol. Heerzüge sowie der persisch-türk. Herrschaft kam die armen. Baukunst für mehrere Jahrhunderte nahezu zum Erliegen. – Die Plastik blieb i. Allg. auf figürl. und dekorative Reliefs und Schmuckbänder am Außenbau sowie an Kapitellen beschränkt, am bemerkenswertesten in Ahtamar. Im 4.-8. Jh. entstanden rundum reliefierte Gedenkstelen, die von Kapitell und Steinkreuz bekrönt wurden. Ab dem 9. Jh. ersetzten Kreuzsteine mit Lebensbaumsymbolik (so genannte Chatschkare) die Stelen. Ihren Höhepunkt erreichte diese Reliefkunst im 12.–13. Jahrhundert. – Fresken und v. a. eine reiche Buchmalerei sind erhalten (Evangeliar der Königin Mlke von Waspurakan, 862, veröffentlicht 1967 in Venedig, San Lazzaro; Etschmiadsin-Evangeliar, 989, mit 4 Blättern des 7. Jh., heute im Matenadaran, Jerewan).

📖 *Brentjes, B. u. a.: Kunst des Mittelalters in Armenien. Berlin-Ost 1981. – Armenien. 5000 Jahre Kunst u. Kultur, hg. vom Museum Bochum u. der Stiftung für Armenische Studien, Bochum. Beiträge v. K. Platt u. a. Tübingen 1995.*

armenische Literatur. Die **altarmen. Literatur** beginnt mit der Erfindung des Alphabets (um 400) durch Mesrop und der Bibelübersetzung, die von ihm, dem Katholikos Sahak und ihren Schülern stammt. Seit dem 5. Jh. setzte eine rege literar. Tätigkeit ein.
Seit dem 13. Jh. entwickelte sich neben der altarmen. eine **mittelarmen. Literatur** vorwiegend weltl. Inhalts (medizin. Handbücher, Fabelsammlungen, Lyrik, jurist., histor. und naturwiss. Werke). Für die Entstehung einer neueren a. L. ist die Mechitharistenkongregation in San Lazzaro bei Venedig von Bedeutung (18. Jh., wiss. Werke zur a. L.). Im 19. Jh. setzte die Entwicklung der beiden Zweige der neuarmen. Literatur (**neuwestarmen.** und **neuostarmen.**) ein, in der alle westeurop. Gattungen (Roman, Drama, Lyrik, Satire u. a.) vertreten sind. Unter den Westarmeniern ragen u. a. hervor: H. Paronjan (*1843, †1891) und A. Arpiarean (*1852, †1908), unter den Ostarmeniern u. a. C. Abowjan (*1805, †1848), R. G. Patkanjan (*1830, †1892), M. Nalbandjan (*1829, †1866), Raffi (*1833, †1888). Seit 1920 entwickelte sich die neuostarmen. Literatur im Rahmen der sowjet. Literatur. Die zeitgenöss. Autoren bedienen sich v. a. lyr. (O. Schiras, G. Ermin, S. Kaputikjan) und epischer Gattungen (W. Ananjan, *1905, †1980; G. Matewosjan, *1935; W. Petrosjan, *1932; P. Sejtunzjan, R. Owsepjan).

armenische Musik, die von der grch., byzantin. und pers. Musikkultur beeinflusste Musik der Armenier. Sie ist im Wesentlichen einstimmig, Lied- und Tanzmelodik sind reich ornamentiert und in klangl. und metrisch-rhythm. Hinsicht sehr vielfältig. Träger der Volksmusik waren jahrhundertelang die umherziehenden dichtenden Sänger, die eine hohe Improvisationskunst entwickelten. Typische armen. Musikinstrumente sind Blul, Düdük, Zurna (Blasinstrumente), Kamangha, Saz, Santur, Tar (Saiteninstrumente) und Dohol (Trommel).
Bedeutendes bei der Herausbildung des eigenständigen armen. Nationalstils leistete um 1900 Komitas (eigtl. S. G. Sogomonjan). Um die Entwicklung der nationalen klass. Sinfonik machte sich A. Spendiarow verdient. Zu den bedeutenden armen. Komponisten des 20. Jh. zählen u. a. A. Chatschaturjan, A. Arutjunjan, A. Babadschanjan, L. Sarjan, A. Terterjan, E. Oganesjan und T. Mansurjan.

armenische Schrift, von Mesrop um 400 n. Chr. geschaffene Schrift, wahrscheinlich auf der Grundlage des grch. Alphabets, mit 38 Zeichen.

Armenisches Hochland, ↑Ararathochland.

armenische Sprache. Die a. S. ist ein eigenständiger Zweig der indogerman. Sprachfamilie. Durch eine Lautverschiebung hat sich ihr Lautsystem stark vom Indogermanischen entfernt, Kasussystem, Syntax, Verbalsystem blieben (gegenüber dem Indogermanischen stark vereinfacht) weitgehend erhalten.

ARM Armenrecht

Armenrecht, ↑Prozesskostenhilfe.
Armenschulen, mittelalterl. Elementarschulen, gegr. von Städten oder Orden, oft für Waisen und Verwahrloste. Durch die Schulgründungen von A. H. Francke, J. H. Pestalozzi, P. E. Fellenberg, Don Bosco verschwanden sie allmählich.
Armeria, die Pflanzengattung ↑Grasnelke.
Armer Konrad, geheimer aufständ. Bauernbund in Württemberg. (↑Bauernkrieg)
Armero, ehem. Stadt in Kolumbien, an der Mündung des Río Lagunillas; durch einen Ausbruch des Vulkans Nevado del ↑Ruiz im November 1985 fast völlig zerstört (über 23 000 Tote).
arme Seelen, nach traditioneller kath. Lehre die noch im ↑Fegefeuer befindl. Seelen. Ihrer wird bes. an ↑Allerseelen gedacht.
Armes parlantes [arm par'lã:t, frz. »redende Wappen«] *Pl.,* den Namen des Inhabers durch bildl. Darstellung andeutende Wappen.
Armflosser (Lophiiformes), Ordnung der Knochenfische. Mit den verlängerten Wurzelknochen der Brustflossen können die A. am Boden kriechen.
Armfüßer (Brachiopoda), festsitzende

Meerestiere, muschelartig von zweiklappiger Schale umschlossen; die im Erdaltertum sehr formenreiche Gruppe umfasst heute nur noch wenige Arten.
Armia Krajowa [poln. »Armee im Lande«, »Heimatarmee«], Abk. **AK,** poln. Untergrundarmee im Zweiten Weltkrieg, militär. Arm der in London residierenden poln. Exilregierung. Die 1942 gebildete AK rekrutierte sich v. a. aus untergetauchten Soldaten der im Sept. 1939 besiegten poln. Armee und wurde zunächst von General S. Rowecki, 1943–44 von General T. Bór-Komorowski geführt (1944 etwa 350 000 Mann). Sie kämpfte gegen die dt. Besatzungsmacht in Polen und entfesselte 1944 den ↑Warschauer Aufstand. Die AK löste sich offiziell 1945 auf; einzelne Gruppen führten bis etwa 1947 einen bewaffneten Kampf gegen das sich etablierende kommunist. System in Polen.
Armia Ludowa [poln. »Volksarmee«], Abk. **AL,** poln. kommunist. Partisanenarmee im Zweiten Weltkrieg, 1944 gebildet. Die AL, deren Kern die 1942 gegr. **Gwardia Ludowa** (»Volksgarde«) bildete, war der militär. Arm des kommunistisch geführten »Landesnationalrates«. Sie kämpfte, teils konkurrierend, teils zusammenwirkend mit der ↑Armia Krajowa, gegen die dt. Besatzungsmacht.
Armierung *die,* **1)** *Bautechnik:* Stahleinlagen für Beton.
2) *Militärwesen:* Waffenausrüstung (Bestückung) einer militär. Anlage oder eines Kriegsschiffs.
Armillarsphäre [lat.-grch.] (Armilla), altes astronom. Messgerät zur Bestimmung der astronom. Koordinatensysteme; die konzentr., teilweise bewegl. Ringe stellen die wichtigsten Kreise der Himmelskugel dar, v. a. Äquator, Ekliptik, Wendekreise, Polarkreise, Horizont.
Arminianer (Remonstranten), Anhänger einer von dem ref. Pfarrer und Professor Jakob Arminius (*1560, †1609) gegr. und von der ref. Kirche der Niederlande abgetrennten Gruppe. Die A. verwarfen unter Hinweis auf die menschl. Willensfreiheit die unbedingte Prädestinationslehre Calvins und betonten den Vorrang der Bibel vor den kirchl. Bekenntnissen; gründeten eigene Gemeinden (Niederlande, England, USA).
Arminius (Armin, verdeutscht Hermann),

Lance Armstrong

Cheruskerfürst, *zw. 18 und 16 v.Chr., †um 21 n.Chr.; ⚭ mit Thusnelda, stand zunächst in röm. Kriegsdiensten und erhielt das röm. Bürgerrecht sowie die Ritterwürde; vereinigte nach seiner Rückkehr die Cherusker und andere Stämme zur Erhebung gegen die Römer und vernichtete 9 n.Chr. das Heer des röm. Statthalters in Germanien, Varus (↑Teutoburger Wald). Nach Kämpfen (seit 17 n.Chr.) gegen den Markomannenkönig Marbod wurde A. von Verwandten ermordet.

Armitage [ˈɑːmɪtɪdʒ], Kenneth, engl. Bildhauer, *Leeds 18. 7. 1916, †London 22. 1. 2002; nach elementaren Ausdruckswerten strebende Plastik mit vereinfachten Figuren (v. a. in Bronze).

Armleder, John M. (Michael), schweizer. Künstler, *Genf 24. 6. 1948; nach Anfängen im Umkreis der »Fluxus-Bewegung« entwickelte er seit den 80er-Jahren eine konzeptuell geprägte Kunst.

Armleuchteralgen (Charales), Ordnung regelmäßig quirlig gegliederter Grünalgen im Schlamm von Seen und Bächen; sind durch Rhizoiden im Boden verankert.

Armorial [frz.] das, Wappenbuch (↑Wappen).

Armorikanisches Gebirge [lat. Armorica »Bretagne«], Teil des ↑Variskischen Gebirges.

Armory Show [ˈɑːməri ʃəʊ], erste umfassende Ausstellung moderner europ. Kunst in den USA, 1913 im Zeughaus (Armory) des 69. Regiments in New York; gezeigt wurden v.a. Werke der Impressionisten, Kubisten und Fauvisten.

Armstrong [ˈɑːm-], **1)** Lance, amerikan. Straßenrennfahrer, *Austin (Tex.) 18. 9. 1971; gewann als Profi (seit 1992) u. a. die Straßeneinzelweltmeisterschaft (1993) und sechsmal hintereinander die Tour de France (1999–2004); 2001 Gewinner der Tour de Suisse. – A. überwand 1996/97 ein Krebsleiden.

2) Louis, gen. Satchmo, amerikan. Jazztrompeter und -sänger, *New Orleans 4. 8. 1901, †New York 6. 7. 1971; bed. Vertreter des klass. Jazzstils; jahrzehntelang für sein Instrument schulebildend; als Vokalist trug er maßgeblich zur Entwicklung des Scatgesangs bei.

3) Neil Alden, amerikan. Astronaut, *Wapakoneta (Oh.) 5. 8. 1930; setzte im Rahmen des Apollo-11-Fluges mit E. E. Aldrin am 20. 7. 1969 mit der Mondfähre »Eagle« auf dem Mond im Meer der Ruhe auf; betrat am 21. 7. 1969 als erster Mensch den Mond. Die Kommando- und Rückkehreinheit wurde von Michael Collins (*1930) gesteuert.

Louis Armstrong

Armut, eine Lebenslage, in der es Einzelnen, Gruppen oder ganzen Bevölkerungen nicht möglich ist, ihren Lebensbedarf (Existenzminimum) aus eigenen Kräften und Ressourcen zu sichern (**objektive A.**). **Subjektive A.** ist ein Gefühl des Mangels an Mitteln zur Bedürfnisbefriedigung. Als **absolute A.** gilt eine Mangelsituation, in der die phys. Existenz von Menschen unmittelbar oder mittelbar bedroht ist. Bei **relativer A.** ist zwar das phys. Existenzminimum gesichert, jedoch wird das soziokulturelle Existenzminimum deutlich unterschritten. Das Aufstellen objektiver A.-Parameter von überregionaler und überzeitl. Geltung ist problematisch. Gegenwärtig wird A. bes. als Problem der Entwicklungsländer begriffen, dem gegenzusteuern die Industrienationen durch Entwicklungshilfe bzw. Neuordnung der Weltwirtschaftsordnung gefordert sind. Aber auch in den führenden Industriestaaten sind seit Mitte der 1970er-Jahre Bevölkerungsgruppen (Arbeitnehmer mit deutlich unterdurchschnittl. Arbeitseinkommen, Familien mit mehreren Kindern und nur einem Arbeitseinkommen, Langzeitarbeitslose, junge allein stehende Arbeitslose, allein erziehende Frauen u. a.) davon betroffen bzw. einem überdurchschnittl. Risiko, arm zu werden (Armutsrisiko), ausgesetzt. Dieser **neuen A.** kann gesellschaftlich nur durch komplexe wirtsch., sozialpolit. (↑Sozialhilfe), erzieher. und fürsorger. Maßnahmen begegnet werden. Für Dtl. weist eine Studie des Dt. Caritasverbandes 1999 eine Zahl von über 7 Mio. Menschen aus, die über weniger als die

ARM Armut

Hälfte des durchschnittl. Nettoeinkommens verfügen und einen Bevölkerungsanteil von rd. einem Viertel, der im Zustand so genannten »prekären Wohlstands« lebt, d. h. nur über 50–75 % des Durchschnittsnettoeinkommens verfügt. Den ersten offiziellen Bericht zu A. und Reichtum in Dtl. legte die Bundesreg. im April 2001 mit dem Bericht »Lebenslagen in Dtl.« (Datenbasis: 1973–98) vor. Die Zahl der weltweit in absoluter A. lebenden Menschen (Einkommen pro Tag maximal 1 US-$) wird von der Weltbank (2000) mit 1,2 Mrd. angegeben.

Geschichtliches: Absolute A. war eine ständige Bedrohung der frühen menschl. Gesellschaften, v. a. im Zusammenhang mit Naturkatastrophen (Überschwemmungen, Missernten, Schädlingsfraß u. a.) und Naturprozessen wie Klimaveränderungen. Mit der im MA. zu einem Abschluss gelangenden, zunächst an Grundbesitz und dann zunehmend an Produktionseinrichtungen gebundenen Schichtung der Gesellschaft (ständ. Schichtung, frühe Klassenbildung) trat relative A. – neben der absoluten A. in Kriegs- und Krisenzeiten – als Dauererscheinung auf. Sieht man wegen der für sie geltenden Besonderheiten von den Sklaven haltenden Gesellschaften der Antike ab, so kann jedenfalls bereits im kaiserl. Rom von A. im heutigen, relativen Sinn und von subjektiver A. gesprochen werden. Mit dem Übergang zu Vorformen der Fernhandels- und Manufakturgesellschaft trat als chancenbestimmender Faktor das Geld an die Seite des gegenständl. Besitzes. Geldvermögenslosigkeit begründete, trotz theoretisch renditefähigen Eigentums (Boden, Werkstatt), relative A. und bezog so bislang nicht als arm angesehene Stände (Bauern, Handwerker) ein. Beim Übergang zur Neuzeit wurden Kapital-, Grund- und Produktionsvermögen in einer absolut gesehen dünnen Bevölkerungsschicht konzentriert; damit wurde die große Mehrheit der Bev. von A. gefährdet, da Einkommenslosigkeit bei fehlenden Ressourcen (Renditevermögen, zureichende Unterhaltsansprüche) unverzüglich zu relativer, meist auch absoluter A. führte. Dem in der ersten, ungezügelten Phase der industriellen Revolution im 19. Jh. ausgelösten Prozess der sozialen Entwurzelung und materiellen Verelendung großer Teile der Bev. traten die Politik mit dem Konzept des Wohlfahrtsstaates, die Kirchen mit der Begründung einer breit gefächerten kirchl. Sozialarbeit und die bürgerl. Gesellschaft mit einer Welle vielfältigen sozialen Engagements

Armut – geographische Verteilung

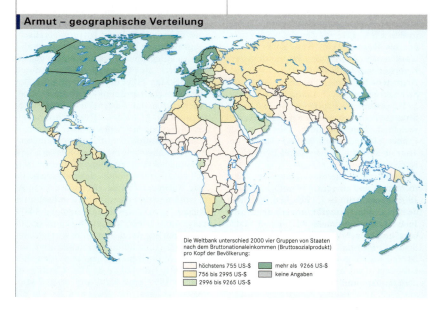

Die Weltbank unterschied 2000 vier Gruppen von Staaten nach dem Bruttonationaleinkommen (Bruttosozialprodukt) pro Kopf der Bevölkerung:

- höchstens 755 US-$
- 756 bis 2995 US-$
- 2996 bis 9265 US-$
- mehr als 9266 US-$
- keine Angaben

entgegen. Mit der Einführung der gesetzl. Sozialversicherung (1883-89 in Dtl.) konnte die absolute A. in Europa zurückgedrängt werden, wohingegen die relative A. als gesellschaftl. Problem erhalten blieb. Lange Zeit gab es eine religiös motivierte **freiwillige A.**, die z.T. als der Versuch angesehen werden kann, asketisch die von den eigentl. Heilszielen ablenkenden Formen des Lebens- und Daseinsgenusses zu überwinden (so im frühen Buddhismus) oder die z.T., wie im frühen Christentum und in den A.-Bewegungen des MA., von der Intention bestimmt war, dem weltüberwindenden Vorbild des sich freiwillig erniedrigenden Christus nachzueifern, dessen Wirken in der Welt als Solidarität mit den Armen und Erniedrigten aufgefasst wurde (z.B. Waldenser, Franziskaner). So wurde A. als Möglichkeit gesehen, das Heil über den Weg der Bedürfnislosigkeit und die Solidarität mit den Armen zu erlangen. Im MA. trafen diese Bestrebungen auf den Widerstand der Kirche und führten zum **A.-Streit.** Gleichwohl blieb die christl. A.-Bewegung eine breite Strömung innerhalb der Kirche und führte zu einem ausgeprägten christl. Bettelwesen. Dies wurde erst durch Luther zurückgedrängt, der das A.-Ideal als egoist. Heilsinteresse und als ein auf die eigene Vervollkommnung zielendes Streben kritisierte.
📖 *A. in Deutschland, hg. v. W. Hanesch u.a. Reinbek 11.-18. Tsd. 1994. - A. in Entwicklungsländern, hg. v. H.-B. Schäfer u.a. Berlin 1994. - Einmal arm, immer arm? Neue Befunde zur A. in Deutschland, hg. v. M. M. Zwick. Frankfurt am Main u.a. 1994. - Buhr, P.: Dynamik von A. Opladen 1995. - Sozialpolit. Strategien gegen A., hg. v. W. Hanesch. Opladen 1995.*

Armwrestling [-'wreslɪŋ, engl. »Armringen«], die in reglementierte, sportl. Bahnen gelenkte Form des »klass.« Armdrückens, gekennzeichnet durch Kraft, Technik, Schnelligkeit, Bewegungsgefühl und sportl. Aggressivität. Als ernsthaft betriebene Sportart wurde A. 1967 mit der Gründung der World A. Federation in Scranton (Pa.) auf eine solide Grundlage gestellt.

Arnauld [ar'no], frz. Familie, aus der Jesuitengegner und führende Jansenisten (↑Jansenismus) kamen, u.a. Antoine A. (*1612, †1694); umfangreiches literar. Schaffen gegen Jesuiten und Kalvinisten. **Arnauten,** Name der Albaner bei Bulgaren und Türken, aus dem ngrch. **Arwanites** entlehnt.

Arndt, Ernst Moritz, Schriftsteller, Historiker und Politiker, *Schoritz (bei Garz auf Rügen) 26.12.1769, †Bonn 29.1.1860; seit 1800 an der Univ. Greifswald. 1812-15 Privatsekretär des Freiherrn vom Stein; A. vertrat in polit. und histor. Schriften romantisch geprägte Vorstellungen von einem christlich-patriarchal. und germanisch-nord. Staatswesen auf der Grundlage freien Bauerntums: Er trat für die Einheit Dtl. und eine Verf. ein. In seinen sprachkräftigen, seinerzeit außergewöhnlich populären polit. Flugblättern und Liedern (»Was ist des Deutschen Vaterland?«, »Der Gott, der Eisen wachsen ließ«) prägte A. nationalist. Denkmuster vor. 1818-20 (als »Demagoge« amtsenthoben) und seit 1840 war er Prof. der Geschichte in Bonn, 1848/49 Mitgl. der Frankfurter Nationalversammlung.
Weitere Werke: Fragmente über Menschenbildung, 3 Bde. (1805-19); Geist der Zeit, 4 Bde. (1806-18); Lieder für Teutsche (1813); Der Rhein, Teutschlands Strom, aber nicht Teutschlands Grenze (1813); Erinnerungen aus dem äußeren Leben (1840); Schriften für und an seine lieben Deutschen, 4 Bde. (1845-55); Meine Wanderungen und Wandelungen mit dem Reichsfreiherrn H. K. F. vom Stein (1858).
📖 *Sichelschmid, G.: E. M. A. Berlin 1981.*

Arnheim (niederländ. Arnhem), Hptst. der niederländ. Prov. Gelderland, am Neder-Rijn, 136200 Ew.; Akademien und Museen; Metallind., Gummi- und Chemiefasererzeugung, Nahrungsmittel-, Maschinen-, Druckindustrie. - Bauten aus dem 15. und 16. Jh., u.a. die Grote Kerk am Marktplatz. - A., 893 erstmals urkundlich erwähnt, erhielt 1233 Stadtrecht und war seit 1440 Mitgl. der Hanse; wurde unter Kaiser Karl V. Verw.zentrum Gelderns; 1672-74 und 1795-1813 frz.; 1944 in der Schlacht bei A. um die Übergänge über Maas, Rhein und Waal erlitt die Stadt schwerste Zerstörungen.

Arnheim, Hans Georg von, ↑Arnim.

Arnhemland ['a:nəmlænd], gebirgige Halbinsel in N-Australien, zw. Timorsee und Carpentariagolf, z.T. mit trop. Regenwald bestanden. Die Nutzung der bed.

Uran- und Bauxitlager ist bedenklich, da A. größtenteils Reservat für die Aborigines und auch Naturschutzgebiet ist.
Arni [Hindi] *der,* ↑Büffel.

Arnika: Bergwohlverleih (Höhe 20–60 cm)

Arnika [nlat.] *die* (Wohlverleih, Arnica), Korbblütlergattung; der **Bergwohlverleih** (Arnica montana) ist eine geschützte Staude feuchter Bergwiesen, mit dottergelbem Blütenkörbchen; Heilpflanze; **A.-Tinktur** wird zur Wundheilung und gegen Blutergüsse verwendet.

Arnim, märk. Adelsgeschlecht. Die Boitzenburger Linie, seit 1786 gräflich, besaß die großen Herrschaften Boitzenburg (Uckermark) und Muskau.
1) Achim (Ludwig Joachim) von, Dichter, *Berlin 26. 1. 1781, †Wiepersdorf (bei Jüterbog) 21. 1. 1831, seit 1811 ∞ mit 2); gab mit C. Brentano in Heidelberg die Volksliedsammlung »Des Knaben Wunderhorn« (3 Bde., 1806–08), allein die »Zeitung für Einsiedler« heraus (in Buchform »Tröst Einsamkeit«, 1808). A. gilt als Hauptvertreter der jüngeren Romantik. Die Verschmelzung von Poesie und Geschichte in seinen Werken, oft mit fantast. und grotesken Zügen, ist einem konservativen Weltbild und harmonisierend-volkserzieher. Absichten verpflichtet. Verfasste Dramen (u. a. »Die Gleichen«, 1819), Erzählungen (»Isabella von Ägypten«, 1812; »Der tolle Invalide auf dem Fort Ratonneau«, 1818; »Die Majoratsherren«, 1819) und Romane (»Die Kronenwächter«, 1817).
📖 *Riley, H. M. K.: A. v. A. Neuausg. Reinbek 1994.*
2) Bettina (Bettine, eigtl. Anna Elisabeth) von (geb. Brentano), Dichterin, *Frankfurt am Main 4. 4. 1785, †Berlin 20. 1. 1859, seit 1811 ∞ mit 1); Tochter der Maximiliane La Roche, Schwester von C. Brentano. Ihre Briefsammlungen (»Goethes Briefwechsel mit einem Kinde«, 1835; »Die Günderode«, 1840; »Clemens Brentanos Frühlingskranz«, 1844) schufen aus authent. und fiktiven Texten romantisierende Dichterbilder; sie entstanden wie ihre Bücher zu sozialen und polit. Fragen (»Dies Buch gehört dem König«, 1843) erst nach dem Tod ihres Mannes Achim von A.. Bereits von den Zeitgenossen wurde sie als selbstbewusste, unkonventionelle Frau wahrgenommen.
📖 *Drewitz, I.: Bettine v. A. Romantik, Revolution, Utopie. Eine Biographie. Neuausg. Hildesheim 1992. – Böttger, F.: B. v. A. Zwischen Romantik u. Revolution. Neudr. München 1995. – Gersdorff, D.: Bettina u. Achim v. A. Reinbek bei Hamburg 2002.*
3) (auch Arnheim), Hans Georg von, Feldmarschall (seit 1628), *Boitzenburg (vermutlich) 1583, †Dresden 28. 4. 1641; strenger Lutheraner; in schwed., poln., dann in kaiserl. Diensten, belagerte 1628 Stralsund. 1631–35 befehligte er das kursächs. Heer gegen die Kaiserlichen; als Gegner der schwed. Politik verhandelte er 1632/33 mit Wallenstein (deshalb 1637 verhaftet, entkam jedoch); danach – in sächs. und kaiserl. Diensten – bedeutendster Gegenspieler Wallensteins.

Bettina von Arnim

4) Harry Graf (seit 1870) von A.-Suckow, Diplomat, *Moitzelfitz (heute Mysłowice, Wwschaft Koszalin) 3. 10. 1824, †Nizza 19. 5. 1881; wurde 1872 Botschafter in Paris, geriet aber in Ggs. zu O. von Bismarck (1874 abberufen). Da er sich bei seinem Abgang Dokumente angeeignet hatte, wurde er auf Betreiben Bismarcks zu neun

Monaten Gefängnis verurteilt. A. flüchtete und wurde 1876 in Abwesenheit wegen Landesverrats zu fünf Jahren Zuchthaus verurteilt. Das Urteil ist rechtlich umstritten.

Arnis, amtsangehörige Stadt im Kr. Schleswig-Flensburg, Schlesw.-Holst., an der Schlei, 2 m ü. M., 400 Ew.; Fischerei, Schiffbau. – 1667 durch Einwohner von Kappeln gegründet, seit 1934 Stadtrecht, kleinste Stadt Deutschlands.

Arno [lat. Arnus] *der*, Fluss in Italien, 241 km, entspringt in 1358 m Höhe am Monte Falterona im Etrusk. Apennin, mündet bei Pisa in das Ligur. Meer.

Arnold, 1) Gottfried, evang. Theologe, *Annaberg (heute zu Annaberg-Buchholz) 5. 9. 1666, † Perleberg 30. 5. 1714; Anhänger des Pietismus; verfasste die »Unparteiische Kirchen- und Ketzerhistorie« (2 Bde., 1699–1700), eine Darstellung der Kirchengeschichte aus überkonfessionellem Blickwinkel, in der er die als Ketzer und Schwärmer Verurteilten als Repräsentanten der lebendigen (Ur-)Kirche der »erstarrten« Kirche seiner Zeit gegenüberstellt.

2) Karl, Karikaturist, *Neustadt b. Coburg 1. 4. 1883, † München 29. 11. 1953; schuf humorvoll-satir. Zeichnungen, bes. für den »Simplicissimus«.

3) Karl, Politiker (CDU), *Herrlishöfen (Landkreis Biberach) 21. 3. 1901, † Düsseldorf 29. 6. 1958; bis 1933 in der Zentrumspartei und der christl. Gewerkschaftsbewegung tätig, 1945 Mitbegründer der CDU, 1947–56 MinPräs. von NRW.

4) [ɑːnld], Sir (seit 1993) Malcolm, brit. Komponist, *Northampton 21. 10. 1921; war 1942–44 und 1946–48 erster Solotrompeter des London Philharmonic Orchestra, danach als Komponist tätig, schuf u. a. Opern, Ballette, Orchesterwerke, Filmmusik (»Die Brücke am Kwai«, 1958).

5) [ɑːnld], Matthew, engl. Dichter und Kritiker, *Laleham (heute zu Staines) 24. 12. 1822, † Liverpool 15. 4. 1888; schrieb v. a. Gedichte, Essays, kulturphilosoph. Schriften. A. prägte die Formel, Dichtung sei Kritik oder Deutung des Lebens.

6) Walther, Bildhauer, Grafiker und Zeichner, *Leipzig 27. 8. 1909, † Dresden 11. 7. 1979; 1946–49 Prof. in Leipzig, 1949–76 in Dresden; entwickelte seine Formensprache v. a. in Auseinandersetzung mit dem Expressionismus. Während seine Werke der Nachkriegsjahre an jene der 30er-Jahre anknüpfen, suchte er später zeitweilig den Forderungen nach »Ausprägung des sozialist. Menschenbildes« nachzukommen.

Arnoldscher Prozess, Prozess des Müllers Johann Arnold aus Pommerzig (Neumark) gegen seinen Erbpachtherrn Graf von Schmettau. Friedrich d. Gr. glaubte, dass die Richter parteiisch zugunsten des Grafen geurteilt hätten; er hob das Urteil auf, setzte die Richter gefangen und verurteilte sie zu Schadensersatz (1779). Erst bei der Wiederaufnahme des Prozesses nach Friedrichs Tod wurden die Richter freigesprochen; der A. P. gilt als Beispiel der Kabinettsjustiz.

Arnoldson, Klas Pontus, schwed. Schriftsteller, *Göteborg 27. 10. 1844, † Stockholm 20. 2. 1916; verfasste pazifist. Schriften, gründete 1883 den schwed. Friedensverein; erhielt den Friedensnobelpreis 1908 (mit F. Bajer).

Arnold von Brescia [-'breʃʃa], Augustinerchorherr, *Brescia um 1100, † Rom um 1155; Schüler Abaelards in Paris, predigte in Brescia gegen die Verweltlichung der Geistlichkeit und später in Rom gegen die weltl. Herrschaft des Papsttums; unter Papst Hadrian IV. 1155 aus Rom vertrieben, von Kaiser Friedrich I. ausgeliefert und in Rom vom päpstl. Stadtpräfekten hingerichtet.

Arnold von Bruck, niederländ. Komponist, *Brügge um 1490, † Linz 6. 2. 1554; 1527 als Kapellmeister Ferdinands I. bezeugt, schrieb Motetten sowie weltl. und geistl. mehrstimmige Lieder.

Arnold von Westfalen, Baumeister, *Leipzig (?) um 1425, † vor Pfingsten 1482; urkundlich belegt zw. 1459 und 1482; wurde 1471 oberster Werkmeister der kurfürstl. Schlossbauten (u. a. Meißen, Dresden, Hartenfels bei Torgau, Rochsburg bei Leipzig). Sein Hauptwerk, die Albrechtsburg in Meißen (1470 begonnen), wurde nach dem Vorbild frz. Schlösser des 15. Jh. errichtet.

Arnolfo di Cambio, italien. Baumeister und Bildhauer, *Colle di Val d'Elsa um 1240/45, † Florenz zw. 1302 und 1310; dort Dombaumeister, als Bildhauer bes. in Rom tätig (Grabmäler und Tabernakel).

Arnsberg, 1) RegBez. in NRW, 8 002 km², 3,803 Mio. Ew.; umfasst die kreis-

freien Städte Bochum, Dortmund, Hagen, Hamm, Herne, die Kreise Ennepe-Ruhr-Kreis, Hochsauerlandkreis, Märkischer Kreis, Olpe, Siegen-Wittgenstein, Soest und Unna.
2) Stadt im Hochsauerlandkreis und Sitz der Verwaltung des RegBez. A., NRW, 212 m ü. M., an der Ruhr, Luftkurort zw. **Arnsberger Wald** und Lennegebirge, 78 600 Ew.; Schulstadt; in Neheim-Hüsten Herstellung von Metallwaren, Beleuchtungskörpern; Leuchtenmuseum; in Oeventrop Holzverarbeitung. – Kath. Propsteikirche St. Laurentius (got.), Hirschberger Tor (1753 von J. C. Schlaun), altes Rathaus (1710). – Die Grafen von A., Nachkommen der Grafen von Werl, übertrugen die Grafschaft A. 1368 an Kurköln. In A. stand der Oberfreistuhl der westfäl. Femegerichte.

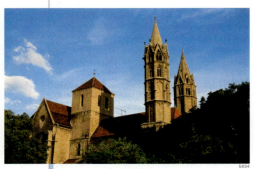

Arnstadt: Liebfrauenkirche

Arnstadt, Stadt in Thür., Krst. des Ilm-Kreises, 285 m ü. M., an der Gera, 25 900 Ew.; elektrotechnisch-elektron., Maschinen-, Handschuh-, Leder-, Möbel-, Kristallglasindustrie. – Bachgedenkstätte, Puppenstadt »Mon plaisir« u. a. Museen; Liebfrauenkirche in spätroman.-frühgot. Formen (um 1200 begonnen), Rathaus (1582–86), Neues Palais (zw. 1728 und 1739). – A., 704 erwähnt, geistl. Besitz von Utrecht und Hersfeld, kam 1382 an die Grafen von Schwarzburg-Käfernburg (1684–1716 Residenz). 1266 Stadtrecht.
Arnulf, Herrscher:
Bayern: **1) A. der Böse,** Herzog (907 bis 937), †Regensburg 14. 7. 937; Sohn des Markgrafen Luitpold, erneuerte das bayer. Stammesherzogtum.
Metz: **2) A. von Metz,** *um 582, †Remiremont 18. 7. 640 (?); Ahnherr der ↑Karolinger, wurde 614 Bischof von Metz und regierte seit 623 unter König Dagobert I. mit dem Hausmeier Pippin das ostfränk. Teilreich Austrasien; ging um 629 als Einsiedler in die Vogesen. Heiliger (Tag: 19. 8.).
Ostfränk. Reich: **3) A. von Kärnten,** König der Franken (887–899), *um 850, †Regensburg 8. 12. 899; natürl. Sohn des ostfränk. Königs Karlmann, erhielt 876 die Markgrafschaft Kärnten, wurde 887 zum König erhoben, besiegte 891 die Normannen bei Löwen. 894 und 895 zog er nach Italien und wurde 896 in Rom zum Kaiser gekrönt.

Arolsen, Bad, Stadt in Hessen, ↑Bad Arolsen.
Aroma [grch.] *das,* Wohlgeruch, meist bewirkt durch flüchtige äther. Öle, die viele Pflanzen (auch Tiere, ↑Ambra) absondern. Künstl. A. sind meist Gemische synthet. Geschmacksstoffe, abgerundet durch Zusätze von echten Fruchtextrakten.
Aromaten (aromatische Verbindungen), zykl. organ. Verbindungen, die nur aus Benzolmolekülen aufgebaut sind, einschl. ihrer Substitutionsprodukte. Die Stellung von Substituenten am Benzolring kann durch Bezifferung oder Verwendung der Präfixe **ortho...**, **meta...** und **para...** (Abk. **o-, m-, p-**) angegeben werden. Das bevorzugte Eingehen von Substitutionsreaktionen (↑Substitution) ist durch die Strukturformel mit lokalisierten Doppelbindungen im Ring nicht erklärbar (↑Benzol, Benzolformeln). Die heutige Theorie nimmt deshalb für die A. eine gleichmäßige Verteilung aller Doppelbindungs-π-Elektronen über den ganzen Ring an. Die übl. Valenzstrichformeln haben jetzt die Bedeutung von Grenzformeln der Mesomerietheorie (↑Mesomerie). Auch heterozykl. Verbindungen können Aromatizität zeigen. Sie werden als **Hetero-A.** bezeichnet. Techn. Bedeutung haben die **BTX-A.** (Abk. für Benzol, Toluol, Xylol), die aus aromatenreichen Benzinfraktionen isoliert werden.
Aromatherapie [grch.-lat.] *die,* die Anwendung von aus Pflanzen gewonnenen äther. Ölen zu Heilzwecken; durchgeführt z. B. als Inhalation, Einreibung, Massage oder Bad.
Aromatika [grch.], Drogen (Fenchel, Pfefferminze u. a.) und synthet. Stoffe, die würzige Substanzen (v. a. äther. Öle) ent-

halten; sie wirken leicht erregend auf die Nerven und regen die Magen- und Darmtätigkeit an.

Aromunen, Nachkommen der alteingesessenen romanisierten Balkanbevölkerung mit makedorumän. Sprache, etwa 250 000 Menschen. Früher über die ganze Balkanhalbinsel südlich der Donau verbreitet, leben sie heute in Sprachinseln in Griechenland, Bulgarien, Makedonien und Albanien. Von anderen Völkern werden sie **Walachen,** von den Serben **Zinzaren,** von den Griechen **Kutzowalachen** genannt.

Aron, Bruder des Moses, ↑Aaron.

Aron [aˈrɔ̃], Raymond Claude Ferdinand, frz. Soziologe, * Paris 14. 3. 1905, † ebd. 17. 10. 1983; befasste sich mit der Analyse der modernen Industriegesellschaft und ihren polit. Problemen; schrieb: »Opium für Intellektuelle« (1955), »Die industrielle Gesellschaft« (1962), »Demokratie und Totalitarismus« (1965), »Die heiligen Familien des Marxismus« (1970), »Clausewitz. Den Krieg denken« (1976).

Aronstab (Arum), Gattung der **A.-Gewächse** (Araceae), einkeimblättrige Pflanzen mit grundständigen pfeilspitzenförmigen Blättern. Der in seinem oberen Teil übel riechende Blütenkolben steht in einem meist weißen Hüllblatt. Die Früchte sind rote, giftige Beeren. In mittel- und südeurop. Laubwäldern wächst der giftige **Gefleckte A.** (Arum maculatum) mit oft braunfleckigen Blättern.

Arosa, Kurort und Wintersportplatz im Kt. Graubünden, Schweiz, oberhalb Chur, 1 800 m ü. M., 2 500 Ew.; lichtklimat. Observatorium; Bergbahnen.

Arouet [aˈrwɛ], Familienname von ↑Voltaire.

Arp, Hans, Schriftsteller, Maler, Bildhauer, * Straßburg 16. 9. 1887, † Basel 7. 6. 1966; war 1916 Mitbegründer des Dadaismus, später Surrealist, schrieb wortspieler. Lyrik (»die wolkenpumpe«, 1920; »wortträume und schwarze sterne«, 1954). Als bildender Künstler Vertreter der konkreten Kunst.

Árpád [ˈaːrpaːd], erster Großfürst der Ungarn, † um 907; führte die von den Angriffen der Petschenegen bedrohten Ungarn 895/896 in ihr jetziges Gebiet. Das von ihm begründete ungar. Herrscherhaus der **Arpaden** starb 1301 mit Andreas III. im Mannesstamm aus; ihm entstammte auch die hl. Elisabeth von Thüringen.

ARPAnet, ↑Internet.

arpeggio [-ddʒo; italien. von arpa »Harfe«], Spielart für Akkorde auf Tasten-, Streich- und Zupfinstrumenten, bei der die Töne harfenartig nacheinander (meist von unten nach oben) erklingen; Zeichen ∤.

Arquette [arˈkɛt], 1) Patricia, amerikan. Filmschauspielerin, * Beverly Hills (Calif.) 8. 4. 1968; Schwester von 2); war mit N. Cage; wandlungsfähige Darstellerin u. a. in »True Romance« (1993), »Ed Wood« (1994), »Rangoon« (1995), »Lost Highway« (1996), »Freeze – Alptraum Nachtwache« (1998), »Stigmata« (1999). 2) Rosanna, amerikan. Filmschauspielerin, * New York 10. 8. 1959; Schwester von 1); spielte in komödiantischen ebenso wie in ernster angelegten Rollen, so in »Susan verzweifelt gesucht« (1985), »Im Rausch der Tiefe« (1987), »Pulp Fiction« (1994), »Buffalo 66« (1998), »Keine halben Sachen« (2000).

Arrabal, Fernando, span. Schriftsteller, * Melilla 11. 8. 1932; Gegner des Francoregimes, lebt seit 1955 in Frankreich, schreibt überwiegend in frz. Sprache, beeinflusst vom Surrealismus und A. Artauds »Theater der Grausamkeit«, im Geist des ↑absurden Theaters. Dramen: »Der Architekt und der Kaiser von Assyrien« (1966), »Garten der Lüste« (1969), »Der Turm von Babel« (1976); Romane: »Baal Babylon« (1959; 1971 von ihm selbst verfilmt), »Hohe Türme trifft der Blitz« (1983), »La tueuse du jardin d'hiver« (1994); Gedichte, Essays.

Arrak [arab.] *der* (Arak, Rack), oriental. Branntwein aus Reis, Kokospalmensaft und Zuckerrohrmelasse; **Original-A.** mit 60 Vol.-%, **Echter A.** mit 38 Vol.-% Alkohol in Trinkstärke.

Arrangement [arãʒˈmã, frz.] *das,* 1) *allg.:* Anordnung, Vorbereitung; Übereinkommen.
2) *Musik:* Bearbeitung eines Musikstücks für eine bestimmte Besetzung, insbesondere in der Tanzmusik und im Jazz.
3) *Psychologie:* in der Individualpsychologie A. Adlers ein unbewusster, meist neurot. Abwehrmechanismus zur Sicherung der eigenen Geltung gegenüber der Umwelt.

Arras, Hptst. des Dép. Pas-de-Calais (Frankreich), an der Scarpe, 39 000 Ew.; früher Mittelpunkt der Bildwirkerei

(↑Arazzi); Wollind., Maschinen- und Fahrzeugbau. – Fläm. Stadtbild. – A., die Hptst. der gall. Atrebaten, wurde 450 von Attila und 880 von den Normannen zerstört. 1093 wurde es Bischofssitz, 1237 Hptst. der Grafschaft ↑Artois.
Arrau, Claudio, chilen. Pianist, *Chillán 6. 2. 1903, †Mürzzuschlag (Österreich) 9. 6. 1991; herausragender Interpret klass. und romant. Klaviermusik.
Arrauschildkröte (Podocnemis expansa), südamerikan. Flussschildkröte, bis 75 cm lang.
Array [əˈreɪ; engl. »Reihe«] *das,* 1) *Astronomie:* die Anordnung mehrerer Radioteleskope zur ↑Apertursynthese. 2) *Elektronik:* matrixförmige Anordnung von gleichartigen elektron. Bauelementen, log. Schaltungen oder Datenspeicherelementen. 3) *Informatik:* (Feld), Zusammenfassung ein- oder mehrdimensional angeordneter Daten gleichen Typs, wobei die Elemente eines solchen A. durch Indizes gekennzeichnet werden, z. B. Vektoren und Matrizen. 4) *Nachrichtentechnik:* spezielle Antennenanordnung.
ARRC, Abk. für engl. Allied Rapid Reaction Corps, 1995 in Dienst gestellter multinationaler NATO-Eingreifverband im Kommandobereich Europa (↑ACE); Hauptquartier: Mönchengladbach, Oberbefehlshaber: ↑SACEUR, Oberkommando: ↑SHAPE. Innerhalb der NATO-Krisenreaktionskräfte ist das ARRC innerhalb kürzester Zeit einsatzbereit und verbleibt im Einsatzgebiet so lange, bis der Konflikt entschärft ist oder die Hauptverteidigungskräfte einsatzbereit sind.
Arrecife [arrɛˈθife], Hauptort der Kanareninsel Lanzarote, Spanien, 36 600 Ew.; Fischerei- und Handelshafen mit Festungen an der O-Küste.
Arrest [mlat.] *der,* 1) *Strafrecht:* ↑Jugendarrest. – *Wehrstrafrecht:* ↑Strafarrest. 2) im *Zivilprozess* ähnlich der einstweiligen Verfügung ein im Eilverfahren zu beantragendes Mittel zur Sicherung der Zwangsvollstreckung wegen Geldforderungen, wenn die künftige Vollstreckung gefährdet ist, z. B. wegen Vermögensverschlechterung oder Manipulationen des Schuldners (§§ 916–934 ZPO). Der A. findet entweder als **dinglicher A.** gegen Vermögensgegenstände des Schuldners oder als **persönlicher A.** gegen die Person des Schuldners (Haft) statt. Der A. bedarf gerichtl. Entscheidung, gegen die Rechtsmittel zulässig sind (↑offener Arrest).
arretieren, *Technik:* sperren, anhalten (Geräteteile).
arretinische Keramik, ↑Terra sigillata.
Arrha [lat.] *die, Recht:* die ↑Draufgabe.
Arrhenius, Svante August, schwed. Physikochemiker, *Gut Vik bei Uppsala 19. 2. 1859, †Stockholm 2. 10. 1927; entwickelte seit 1882 die Lehre von der elektrolyt. Dissoziation, wofür er 1903 den Nobelpreis für Chemie erhielt; seit 1905 Leiter des Nobelinstituts für physikal. Chemie in Stockholm. Die **A.-Gleichung** gibt die Abhängigkeit der Reaktionsgeschwindigkeiten von der Temperatur an (↑Säure-Base-Theorie).
Arrhythmie [grch., »Ungleichmäßigkeit«] *die,* Rhythmusstörung der regelmäßigen Herzschlagfolge.
Arrian (grch. Arrianos, lat. Arrianus), Flavius, grch. Schriftsteller, *um 95, †175; aus Nikomedeia in Bithynien; war etwa 128/129 röm. Konsul, nach 130 Statthalter von Kappadokien. Sein Hauptwerk, die **Anabasis Alexanders d. Gr.,** ist eine wichtige Quelle für dessen Geschichte.
Arrival [əˈraɪvəl, engl.], Ankunft (Hinweis auf Flughäfen).
arriviert [frz.], beruflich, gesellschaftlich aufgestiegen, zu entsprechendem Erfolg und Ansehen gelangt.
arrogant [frz.], anmaßend, dünkelhaft, überheblich, eingebildet.
arrondieren [frz.], 1) *allg.:* abrunden (Kanten), zusammenlegen (Grundstücke). 2) *Börsenwesen:* Auf- oder Abrundung eines Wertpapierbestandes durch Zu- oder Verkauf.
Arrondissement [arɔ̃disˈmã, frz.] *das,* Unterbezirk eines frz. Départements, in Paris die kommunalen Verwaltungsbezirke.
Arrosion [lat. »Annagung«] *die, Medizin:* Schädigung von Geweben, v. a. von Gefäßwänden, durch Geschwüre u. a.
Arrow [ˈærəʊ], Kenneth Joseph, amerikan. Volkswirtschaftler, *New York 23. 8. 1921; erhielt 1972 den Nobelpreis für Wirtschaftswiss. (mit J. Hicks); beschäftigte sich v. a. mit der allg. Theorie des ökonom. Gleichgewichts sowie mit Problemen der Wohlfahrts- und Wachstumstheorie.

Arrowroot [ˈærəʊruːt, engl.] *das,* Stärkeart aus Wurzeln und Knollen trop. Pflanzen; Nahrungsmittel in S-Amerika (↑Maniok, ↑Marante).

Arroyo [aˈrrɔjo], Eduardo, span. Maler, Grafiker, Bühnenbildner und Autor, * Madrid 26. 2. 1937; verließ Spanien 1958 und emigrierte nach Paris, seit 1985 lebt er wieder zeitweilig in Madrid. A. formulierte in Figurenbildern sein polit. Engagement gegen das Regime Francos. Er arbeitet beim Kombinieren realist. Bildzitate mit Methoden, die auch in Film und Fotografie angewendet werden.

Arruda, Diego de, portugies. Baumeister, †Évora um 1531; Werkmeister des Klosters in Tomar, wo er bedeutende Beispiele des Emanuelstils schuf. Nach Plänen seines Bruders Francisco († 15. 11. 1547) wurde der Torre de Belém in Lissabon errichtet.

Arrupe, Pedro, span. Theologe, * Bilbao 14. 11. 1907, † Rom 5. 2. 1991; 1965–83 Generaloberer der Jesuiten, förderte das soziale Engagement des Ordens in der Dritten Welt, erregte Aufsehen durch seine Bereitschaft zum Dialog mit Marxisten; verfasste Werke zur Kirchengeschichte.

Ars [lat.] *die* (Pl. Artes), Kunst, in der urspr. Bedeutung bis zum MA. auch Wissenschaft, Geschicklichkeit. **Artes liberales,** ↑freie Künste.

Arsakiden, parth. Dynastie, benannt nach dem Gründer Arsakes I.; herrschte vom 3. Jh. v. Chr. bis 224 n. Chr. in Iran. Die A. leisteten erfolgreichen Widerstand gegen das Ausgreifen der röm. Herrschaft. Eine Seitenlinie regierte vom 1. Jh. n. Chr. bis 428 n. Chr. in Großarmenien (↑Armenien).

Ars Amandi [lat.] *die,* Liebeskunst; **Ars amatoria,** ein Lehrgedicht von Ovid.

Ars antiqua [lat. »alte Kunst«] *die,* Gegenbegriff zur ↑Ars nova, bezeichnet die wesentlich auf Frankreich zentrierte, an die Anfänge der Mensuralnotation gebundene mehrstimmige Musik um 1230 bis 1320. Hauptform ist die Motette.

Arsen *das,* chem. Symbol **As,** dem Phosphor und Antimon verwandtes ↑Halbmetall aus der 5. Hauptgruppe des Periodensystems, Ordnungszahl 33, relative Atommasse 74,9216; das einzig stabile Isotop ist ^{75}As. – Die beständigste Form ist eine graue metall. Modifikation, daneben treten eine gelbe nichtmetall. und einige amorphe Formen auf. Natürlich vorkommendes gediegenes A. heißt **Scherbenkobalt.** Zur Gewinnung von A. werden A.-Minerale (z. B. A.-Kies) erhitzt und der Dampf in eisernen Vorlagen verdichtet. A. wird zur Härtung von Blei- und Kupferlegierungen sowie zur Herstellung von Halbleitern (z. B. Galliumarsenid) verwendet. A. und seine Verbindungen sind sehr giftig.

Arsenal [italien., aus arab. dār aṣ-ṣināʿaʰ »Haus des Handwerks«] *das,* früher der Aufbewahrungsort für Vorräte an Kriegsmaterial.

Arsenik *das* (Arsentrioxid), As_2O_3, giftige Arsenverbindung, wird für Katalysatoren und bei der Glasherstellung (Spezialgläser) verwendet und ist Ausgangsprodukt für alle übrigen Arsenverbindungen.

Arsenkies (Arsenopyrit), FeAsS, silbergraues, monoklines Mineral, wichtiges Arsenerz, häufig auf Erzgängen.

Arsenpilz (Penicillium brevicaule) Schimmelpilz, dient als Nachweis von Arsenspuren.

Arsenvergiftung, Vergiftung durch Arsenverbindungen. Die **akute A.** nach Verschlucken des Giftes äußert sich in heftigen Durchfällen, Verwirrtheit, Krämpfen und Nierenversagen. Die **chron. A.** tritt meist als berufsbedingte Vergiftung auf mit **Arsenmelanose** (dunkelgraue Hautverfärbung), peripheren Lähmungen sowie Krebs an Haut, Lunge oder Leber **(Arsenkrebs).** A. sind entschädigungspflichtige Berufskrankheiten.

Arsenwasserstoff, AsH_3, farbloses, sehr giftiges, widerlich riechendes Gas, entsteht bei Einwirkung von naszierendem Wasserstoff auf Arsenik. A. dient zum Dotieren von Silicium-Halbleitern. Wird A. durch ein erhitztes Glasrohr geleitet, bildet sich hinter der erhitzten Stelle ein dunkler, glänzender Belag von metall. Arsen (Arsenspiegel; Marsh-Probe zum Nachweis von Arsen).

Arsinoë II., Tochter Ptolemaios' I., * um 316 v. Chr., † 9. 7. 270 v. Chr.; heiratete den thrak. König Lysimachos, dann ihren Stiefbruder Ptolemaios Keraunos, um 279 ihren leibl. Bruder Ptolemaios II. Philadelphos. Beide wurden schon zu Lebzeiten als die »Geschwistergötter« verehrt.
📖 *Kornemann, E.: Große Frauen des Altertums. Bremen* ^{4}*1958.*

Arsis [grch. »Hebung«] *die, Musik:* der unbetonte (leichte) Taktteil; Ggs.: ↑Thesis.

Arslan-Taș [-taʃ], Ruinenstätte östlich des oberen Euphrat bei Karkemisch, an der Stelle der altassyr. Stadt Hadatu. Ausgrabungen (seit 1928) legten Palast- und Tempelbauten frei.

Ars Moriendi [lat. »die Kunst zu sterben«] *die,* Erbauungsbuch des späten MA., das in einer Folge von Bildern den Kampf der Engel und Teufel um die Seele des Sterbenden darstellt.

Ars multiplicata [lat. »vervielfältigte Kunst«, Titel einer Ausstellung in Köln 1968] *die,* Bez. für Werke v. a. zeitgenöss. Kunst, die im Unterschied zur bloßen Reproduktion Originalität auch in der Vervielfältigung bewahren, z. B. als Papierabzüge desselben Holzstocks (Auflagengrafik, ↑Multiples).

Ars nova [lat. »neue Kunst«] *die,* die mehrstimmige Musik des 14. Jh. bes. in Frankreich mit gegenüber der ↑Ars antiqua weiterentwickelter Mensuralnotation und differenzierterer Satztechnik.

Ars poetica [lat.] *die,* Dichtkunst, insbesondere das gleichnamige Werk des Horaz.

Art (Spezies, lat. species, Abk. spec.), Grundeinheit im System der Lebewesen (↑Systematik). Die Individuen einer A. bilden i. Allg. eine natürl. Fortpflanzungsgemeinschaft, die sich nicht mit anderen A. vermischt und sich durch bestimmte Merkmale von ihnen unterscheidet.

Arta, das antike **Ambrakia,** Stadt in Epirus, W-Griechenland, 19 100 Ew.; Sitz eines orth. Erzbischofs; landwirtsch. Handelszentrum. – Kirche Panhagia Parigoritissa (Ende 13. Jh.).

Artaud [ar'to], Antonin, frz. Schriftsteller, * Marseille 4. 9. 1896, † Ivry-sur-Seine 4. 3. 1948; Schauspieler und Regisseur; hatte mit seinen theoretischen Schriften (Sammlung »Das Theater und sein Double«, 1938; darin das Manifest »Le théâtre de la cruauté« [»Das Theater der Grausamkeit«]) großen Einfluss auf die Dramatiker der Avantgarde nach dem Zweiten Weltkrieg; auch surrealistische Prosagedichte und ein Drama (»Les Cenci«; Urauff. 1935).

Art autre [a:r 'o:trə, frz.], auf M. Tapié und sein 1952 veröffentlichtes gleichnamiges Buch zurückgehende Bez. für die ↑informelle Kunst.

Artaxerxes, persische Könige:
1) **A. I. Makrocheir** [grch. »Langhand«], † um 424 v. Chr.; Sohn Xerxes' I., regierte seit 464; schloss 449/448 mit Athen den ↑Kalliasfrieden, der die Perserkriege beendete.
2) **A. II. Mnemon** [grch. »der Gedenkende«], * um 451 (oder 443) v. Chr., † um 359/358 v. Chr.; Sohn Dareios' II., regierte seit 404. Der von A. nach dem Sieg über die Flotte Spartas bei Knidos (394) diktierte »Friede des Antalkidas« (↑Königsfriede) 387/386 machte den Perserkönig zum Schiedsrichter der zerstrittenen grch. Stadtstaaten.

Art brut [a:r 'bryt; frz. »unverbildete Kunst«] *die,* von J. Dubuffet verwendeter Begriff für das spontan und unreflektiert Gestaltete (z. B. von Geisteskranken, auch Kindern oder Amateurmalern).

Art concret [a:r kɔ̃'krɛ, frz.], *die,* ↑konkrete Kunst.

Art déco [a:r de'ko, frz.] *die,* von der 1925 in Paris stattgefundenen Ausstellung für Kunstgewerbe (frz. »arts décoratifs«) abgeleitete Stilbez. für Kunsthandwerk und Malerei zw. 1920 und 1930. A. d. ging vom späten Jugendstil aus, hatte eine üppig ornamentale, gelegentlich exot. Richtung und war vom Kubismus und Futurismus beeinflusst.

📖 *Ströhle, R.: Faszination A. d. München 1993.*

Artdirector ['a:tdɪrɛktə, engl.] *der,* künstler. Herstellungsleiter in publizist. Unternehmen, der sich v. a. dem Layout widmet; Produktionsleiter in einer Werbeagentur.

ARTE, Abk. für frz. Association Relative à la Télévision Européenne, von ARD, ZDF und dem frz. Sender ARTE France (Paris) betriebener europ. Fernsehkanal (Kulturprogramm), Sitz: Straßburg (für ARTE Deutschland TV GmbH: Baden-Baden); Sendestart: 1992.

Arte cifra [-'tʃifra; italien. »Ziffer«, »Chiffre«] *die,* eine Richtung der italien. Kunst, die sich seit Mitte der 1970er-Jahre als Gegenreaktion auf die Concept-Art und Arte povera entwickelte.

Artefakt [lat.] *das,* **1)** *allg.:* von Menschenhand Geschaffenes, Kunstprodukt. **2)** *Histologie:* Ergebnisverfälschung an einem Präparat durch Nebeneinflüsse oder apparative Störgrößen. **3)** *Vorgeschichte:* Stein, der durch Bearbeitung Werkzeugcharakter erhalten hat; auch die Abschläge bei der Steinbearbeitung.

Artel [russ.] *das,* im zarist. Russland verbreitete genossenschaftsähnl. Vereinigung von Personen gleichen Berufs (Handwerker, Bauern), die sich auf gemeinsame Rechnung zur Arbeit verdingten und z.T. zusammen siedelten; war in der Sowjetunion eine Form des genossenschaftl. Zusammenschlusses von Produzenten in versch. Bereichen (z. B. Landwirtschaft, Handwerk, Fischereiwesen).

Artemidoros von Ephesos, grch. Geograph, um 100 v.Chr.; beschrieb die ganze damals bekannte Welt in den elf fragmentarisch erhaltenen Büchern »Geographumena«, die Strabo als Quelle dienten.

Artemis, grch. Göttin, Zwillingsschwester des Apoll, von den Römern der Diana gleichgestellt; als Göttin der Jagd und Fruchtbarkeit verehrt. In der archaischen Kunst wird A. zw. Hirschen, Löwen und Vögeln dargestellt, in der klass. wie Jagdgöttin mit Bogen und Köcher. Als Göttin der Geburt trägt sie Züge einer alten kleinasiat. Muttergottheit. Deren bedeutendstes Heiligtum (**Artemision**) war das von Ephesos mit einer berühmten Kultstatue. Es wurde im 6.Jh. v.Chr. von Chersiphron als ion. Großtempel errichtet, 356 von Herostratos in Brand gesteckt, im 4./3.Jh. wieder aufgebaut; galt als eines der ↑sieben Weltwunder.

📖 *Simon, E.: Die Götter der Griechen. München ³1985. – Otto, W. F.: Die Götter Griechenlands. Frankfurt am Main ⁸1987.*

Artemisia [grch.] *die,* die Korbblütlergattung ↑Beifuß.

Artenschutz, der durch versch., v.a. behördl. Maßnahmen angestrebte Lebensschutz von Pflanzen und Tieren in der freien Natur. Internat. Grundlage ist das ↑Washingtoner Artenschutzabkommen. Dadurch wird der gewerbsmäßige Handel mit Exemplaren gefährdeter Arten frei lebender Tiere und Pflanzen erfasst (z.B. in der ↑Roten Liste), verboten bzw. kontrolliert. Speziell für Dtl. gilt der Bundesartenschutz-VO v. 14. 10. 1999. Zum A. gehört auch der Biotopschutz (↑Biotop).

Arte povera [italien. »arme Kunst«] *die,* eine Form der Objektkunst, v.a. in Italien in den späten 1960er- und frühen 1970er-Jahren; will mit der Verwendung »armer« Materialien wie Erde, Holz, Schnur, Filz, aber auch Neonröhren u.a. die poet. Komplexität und kreative Ausstrahlungskraft dieser Dinge aufzeigen; z.T. Überschneidung mit der Concept-Art und der Minimalart; Vertreter der A.p. sind u.a. M. Merz, G. Penone und J. Kounellis.

Arterilen [grch.] (Schlagadern, Pulsadern), das Blut vom Herzen wegführende Gefäße. Die A.-Wand besteht aus drei Schichten (**Interna, Media, Externa**) und ist im Vergleich zu den Venen bedeutend stärker gebaut. Die mittlere, stärkste Schicht der Gefäßwand (Media) enthält elast. Fasern und glatte Muskulatur. Man unterscheidet **A. elast. Typs** (Aorta sowie die von ihr abgehenden großen A.) von **A. muskulösen Typs** (A. im peripheren Teil des Blutkreislaufs). Erstere fangen bevorzugt Querspannungen ab, Letztere regulieren die Gefäßweite.

Artemis: Nachbildung der »vielbrüstigen« Artemis von Ephesos (1. Jh. n.Chr.; Selçuk, Ephesos-Museum)

Arterilenverkalkung, ↑Arteriosklerose.

Arteriographie [grch.] *die,* die Darstellung der Körperarterien im Röntgenbild nach Einspritzen eines Kontrastmittels; sie dient dem Nachweis von Gefäßwandveränderungen, Fehlbildungen, Durchblutungsstörungen, Geschwülsten. – Abb. S. 378

Arteriolen [grch.], kleinste Arterien, die sich in die Kapillaren aufspalten.

Arteriosklerose *die* (Arterienverkal-

ART Artern/Unstrut

Arteriographie der Oberschenkelarterie

kung), ein nach dem 40. Lebensjahr häufiges, chronisch verlaufendes Blutgefäßleiden, das heute in den entwickelten Ländern die häufigste Todesursache darstellt. Bei A. kommt es zu ständig fortschreitenden Veränderungen der Arterienwand (**Atherosklerose**). Sie entstehen durch Bindegewebswucherung und führen zu Verhärtung und Verdickung der Wandung. Durch Einlagerung von Cholesterol, Fettsäuren sowie Kalk kommt es zu degenerativ-nekrotisierenden Veränderungen (**Atheromatose**), verbunden mit Elastizitätsverlust und Lichtungseinengung von Arterien. Dabei können einzelne Gebiete (Hirnarterien und Herzkranzarterien) bes. stark betroffen sein. Die A. der Hirnarterien kann hochgradige Persönlichkeitsveränderungen (z. B. Intelligenzverlust, Vergesslichkeit) hervorrufen und Schlaganfälle bewirken. Ursachen für die Entstehung der A. sind außer Alters- und genet. Faktoren auch Übergewicht, Hochdruckkrankheit, Rauchen sowie Fett- und andere Stoffwechselstörungen (z. B. Diabetes mellitus, Gicht), aber auch vermehrter Stress. – *Behandlung:* medikamentöse und diätet. Beeinflussung von Bluthochdruck, Diabetes mellitus und anderen Begleitkrankheiten, Ausschalten der Risikofaktoren (Übergewicht, Rauchen, Bewegungsmangel).

Artern/Unstrut, Stadt im Kyffhäuserkreis, Thür., am Rand der Goldenen Aue, an der Unstrut, 6 700 Ew.; Salinepark mit Soleschwimmbad; Maschinenbau. – A., 786 erstmals erwähnt, erhielt im 14. Jh. Stadtrecht; kam 1579 zu Kursachsen, 1815 zu Preußen. Bis 1994 Kreisstadt des Landkreises Artern.

artesischer Brunnen, ↑Brunnen.
Artes liberales [lat.], die ↑freien Künste.
Artevelde, Jakob van, fläm. Volksführer, *Gent um 1290, †ebd. 17. 7. 1345; wurde nach einem von ihm geführten Aufstand gegen den Grafen von Flandern 1338 Stadthauptmann von Gent und erlangte die Herrschaft über ganz Flandern mit dem Ziel, die wirtsch. Interessen der flandr. Tuchhersteller gegen die Feudalherrschaft durchzusetzen; wurde während eines Weberaufstandes ermordet. Sein Sohn Philipp A. (*1340, †1382) wurde nach der Einnahme von Brügge 1382 Statthalter von Flandern; fiel im Kampf gegen die Franzosen.
Arthritis [grch.] *die,* Gelenkentzündung (↑Gelenkkrankheiten).
arthro... [grch. árthron »Gelenk«], Wortbildungselement mit der Bedeutung Gelenk..., Glied(er)...
Arthrodese [grch.] *die,* ↑Gelenkversteifung.
Arthroplastik, der operative Gelenkersatz schwer geschädigter Gelenke (z. B. ↑Hüftgelenkersatz). **Auto-A.,** Einpflanzen von körpereigenem Gewebe zw. die Gelenkflächen nach Entfernen des Gelenkknorpels. **Allo-A.,** Verwendung von Fremdmaterial (Endoprothesen), v. a. aus korrosionsfesten Legierungen, Kunststoffen, Keramik.
Arthropoden, die ↑Gliederfüßer.
Arthrose [grch.] *die,* nicht entzündliche Gelenkerkrankung, z. B. **Arthrosis deformans** (↑Gelenkkrankheiten).
Arthroskopie [grch.] *die,* Gelenkspiegelung; endoskop. Untersuchung eines Gelenkinnenraumes.
Articulatio [lat.] *die,* das ↑Gelenk.
Artificial Intelligence [ɑːtɪˈfɪʃl ɪnˈtelɪdʒəns], Abk. **AI,** engl. für ↑künstliche Intelligenz.
artifiziell [frz.], künstlich; gekünstelt.
Artikel [aus lat. articulus »kleines Gelenk«, »Glied«] *der,* **1)** *allg.:* Abk. **Art.,** Teil, Abschnitt (z. B. eines Gesetzes); Warengattung; schriftsteller. oder publizist. Beitrag.
2) *Sprachwissenschaft:* Wortart, die einen durch ein Substantiv bezeichneten Gegenstand als bestimmt bezeichnet. Der A. kann versch. Formen haben je nach dem

Artiodactyla ART

Genus (Geschlecht) des Substantivs (daher: **Geschlechtswort**). Der **bestimmte A.** (im Deutschen »der«, »die«, »das«) steht meist vor, in einigen Sprachen (z. B. im Rumänischen, Bulgarischen und in den skandinav. Sprachen) jedoch hinter dem Substantiv. Manche Sprachen bezeichnen auch die Gegenstände, die nicht bestimmt sind, ausdrücklich als solche durch einen **unbestimmten A.** (im Deutschen »ein«, »eine«), der aus dem Zahlwort »eins« hervorgegangen ist. Es gibt auch artikellose Sprachen, z. B. das Lateinische, Russische und Finnische.

Artikulaten [lat.] (Articulata), die ↑Gliedertiere.

Artikulation [lat.] *die,* **1)** *Musik:* die Kunst, sinnvoll zu gliedern und durch die Art der gegenseitigen Abgrenzung der einzelnen Töne (Akkorde) sprechenden Ausdruck zu erreichen.
2) *Phonetik:* die Gesamtheit der Vorgänge, die die Sprachlaute erzeugen. Mit der **A.-Art** (z. B. Verschluss, orale und nasale Öffnung) wird die spezif. Einstellung der A.-Organe (z. B. Zunge, Lippen; **A.-Apparat**) an der **A.-Stelle** (die Stelle, an der der Laut entsteht) beschrieben. Nach dieser unterscheidet man Labiale, Dentale usw. (↑Laut). Die **A.-Basis** ist die Grundeinstellung der Sprechwerkzeuge vor Beginn und nach Abschluss der A.
3) *Zahnheilkunde:* komplexe Bewegungsabläufe (Öffnen, Schließen, Vor- und Seitwärtsbewegung) der Zahnreihen des Ober- und Unterkiefers, bes. beim Kauen.

Artillerie [frz., zu altfrz. artill(i)er »mit Kriegsgerät ausrüsten«] *die,* 1) Bez. sowohl für eine Anzahl von Geschützen als auch i. w. S. für deren Gesamtheit; 2) **Artillerietruppe,** mit Geschützen und Raketenwerfern ausgerüstete Truppengattung der Landstreitkräfte. Sie dient der Unterstützung der Kampftruppen in allen Gefechtsarten.
Die A. wird unterteilt in die »Schießende A.« und die »Aufklärende A.«. Zur **Schießenden A.** gehören die Panzer-A., die Feld-A. und die Raketen-A. Für besondere Einsatzarten (Kampf im Gebirge, Luftlandeunternehmen) gibt es die mit speziellem Material ausgestattete Gebirgs-A. und Luftlande-A., zum Schutz von Küstenabschnitten die meist zur Marine gehörende Küsten-A. Die Geschützbestückung größerer Kriegsschiffe wird als Schiffs-A. bezeichnet. Flugabwehrgeschütze werden i. d. R. nicht zur A. gerechnet; sie sind in der Flugabwehrtruppe zusammengefasst. Die **Aufklärende A.** hat die Aufgabe, durch Zielortung und Gefechtsfeldüberwachung ein genaues Feindbild zu vermitteln; sie bedient sich hierzu techn. Verfahren wie Schallmessung, Lichtmessung und Radaraufklärung. Diese Aufklärungsmittel sind in Beobachtungsbatterien zusammengefasst. Daneben steht u. a. der Bundeswehr das Lenkflugkörpersystem ↑Drohne zur Verfügung.
Geschichte: Bereits vor der ersten waffentechn. Verwendung des Schießpulvers setzte sich im Hoch- und Spät-MA. der Name A. als Gattungsbegriff für die seit dem Altertum bekannten Kriegsmaschinen durch. Die Bez. wurde dann mit dem Aufkommen der Feuerwaffen auf die neuen Pulvergeschütze (»A.-Geschütze«) übertragen. In der zweiten Hälfte des 15. Jh. erfuhr das A.-Wesen v. a. durch Karl den Kühnen und Kaiser Maximilian I. einen großen Aufschwung. Im 17. Jh. führte der schwed. König Gustav II. Adolf kleine Begleitgeschütze für die Infanterie ein. Im 18. Jh. verbesserte Friedrich d. Gr. durch die Bildung einer »Reitenden A.« die Beweglichkeit und den takt. Einsatz der A. Napoleon I. baute die frz. A. zu einer eigenständigen Truppengattung aus. – In der zweiten Hälfte des 19. Jh. wurde die A. durch waffentechn. Neuerungen (Hinterlader, gezogene Rohre, Langgeschosse) entscheidend verbessert. Zu dieser Zeit unterschied man **Feld-A.** (leichte und mittlere Geschütze) und **Fuß-A.** (schwere und schwerste Geschütze mit Kalibern bis zu 42 cm) sowie **Festungsartillerie.** Diese setzte sich aus Geschützen aller Art zusammen. – Im Zweiten Weltkrieg wurde v. a. die Beweglichkeit der bis dahin pferdebespannten A. kontinuierlich gesteigert, bes. mit motorisierten Zugmaschinen und Selbstfahrlafetten. Die **Flak-A.,** seit 1935 eine Waffengattung im Rahmen der Luftwaffe, verfügte über Flugabwehrgeschütze des leichten bis mittleren Kaliberbereichs (2–12 cm). Die Raketen-A. wurde im Zweiten Weltkrieg geschaffen; bekannt geworden sind v. a. die dt. »Nebelwerfer« und die sowjet. »Stalinorgeln«.

Art informel [a:r ɛfɔr'mɛl, frz.] *die,* ↑informelle Kunst.

Artiodactyla [grch.] ↑Paarhufer.

Artischocke [italien.] (Cynara scolymus), distelartiger Korbblütler, der bes. in Südeuropa angebaut wird, bis 2 m hoch, mit starken blauroten Blütenköpfen. Essbar sind der fleischige Blütenhüllboden und die Unterteile der Blattschuppen der Blütenhülle.

Artischocke: geschlossener Blütenstand

Artist [zu lat. ars »Kunst«] *der,* in Dtl. ausschließlich in Zirkus und Varietee auftretender Künstler; Berufsorganisation: Internat. Artistenloge (gegr. 1901), Hamburg.

Artjomowsk (ukrain. Artjomiwsk, bis 1924 Bachmut), Stadt in der Ukraine, im Gebiet Donezk, 91 000 Ew.; Steinsalzabbau; Maschinenbau, Leichtindustrie.

Artmann, H. (Hans) C. (Carl), österr. Schriftsteller, *Wien 12. 6. 1921, †ebd. 4. 12. 2000; wurde als Mitgl. der »Wiener Gruppe« mit Wiener Dialektgedichten »med ana schwoazzn dintn« (1958) bekannt; verfasste zahlr. Werke in der Tradition barocker österr. Sprachartistik (u. a. »Ein lilienweißer Brief aus Lincolnshire«, 1969, Lyriksamml.; »Die Fahrt zur Insel Nantucket«, 1969, Dramensamml.; »gedichte von der wollust des dichtens in worte gefaßt«, 1989); auch Übersetzungen z. B. der Werke von F. Villon. Georg-Büchner-Preis 1997.

Art nouveau [a:r nu'vo, frz.] *die,* in Frankreich und Belgien verwendete Bez. für den ↑Jugendstil.

Artois [ar'twa] *das,* histor. Landschaft in N-Frankreich zw. Picardie und der flandr. Ebene, Hptst. Arras, umfasst etwa das Gebiet des heutigen Dép. Pas-de-Calais; intensiver Weizen- und Zuckerrübenanbau. – Das A. gehörte vom 9. bis 12. Jh. den Grafen von Flandern, kam 1180 an Frankreich, 1384 an Burgund. 1477 erbte der spätere Kaiser Maximilian I. das A. Im Pyrenäenfrieden von 1659 fiel der größere Teil, im Frieden von Nimwegen von 1678 der Rest an Frankreich.

Artothek [lat.-grch.] *die,* Sammel- und Verleihstelle (z. B. Galerie oder Museum) für Kunstwerke.

Arts and Crafts Movement ['a:ts ənd 'krɑ:fts 'mu:vmənt] *das,* engl. Bewegung zur Reform des Kunsthandwerks im 19. Jh. Sie ging von W. Morris aus, der 1861 mit Architekten und präraffaelit. Malern eine Gesellschaft zur Herstellung kunsthandwerklicher Gegenstände gründete, um der industriellen Massenproduktion minderwertiger Gebrauchsgegenstände entgegenzuwirken. Aus dieser Bewegung ging die 1888 gegr. **Arts and Crafts Society** hervor, die kunstgewerbl. Ausstellungen veranstaltete. Einflussreich auf die Erneuerung des Kunstgewerbes um 1900 (Jugendstil), auf den Dt. Werkbund und das Bauhaus.

Artschwager, Richard, amerikan. Maler und Bildhauer, *Washington (D. C.) 26. 12. 1924; gestaltet Bilder nach fotograf. Vorlagen auf grobkörnigem Malgrund; auch kub. Skulpturen und Möbelobjekte.

Artus (Arthus, Arthur), sagenhafter König der kelt. Briten; vermutlich britann. Heerführer, der um 500 n. Chr. gegen die eindringenden Sachsen gekämpft haben und in der Schlacht am Camlann 537 gefallen sein soll. In der »Historia regum Britanniae« (um 1135) des Geoffrey of Monmouth wird A. vom lokalen Helden zum glanzvollen Herrscher von weltpolit. Bedeutung erhoben, der mit seiner Gattin Guanhamara (Guinevere) prunkvoll Hof

Artus: König Artus auf der Gralssuche (Ausschnitt aus dem Fußbodenmosaik im Dom von Otranto, Italien)

hält. In einer Schlacht gegen seinen Neffen Modred, der ihn um Reich und Gattin betrog, wird er schwer verwundet und auf die Feeninsel Avalon entrückt; von dort soll er einst wiederkehren. Der anglonormann. Dichter Wace stilisierte A. in seiner frz. Übersetzung (»Roman de Brut«, 1155) zum feudalhöf. Kriegsherrn. Er berichtete als Erster von **König Artus' Tafelrunde** auserwählter und vorbildl. Ritter. Die aus dem kelt. Mythos erwachsene Sage um A., der u. a. die Sagen von Parzival, vom Gral und von Tristan angegliedert wurden, verbreitete sich in Prosa- und Verserzählungen in ganz Europa. Den Sagenstoff verwendeten z. B. Chrétien de Troyes, Hartmann von Aue, Gottfried von Straßburg, Wolfram von Eschenbach, später Sir Thomas Malory, A. Tennyson, J. Cocteau, T. Dorst, C. Hein. In neuester Zeit wird der A.-Stoff von der Fantasyliteratur aufgegriffen.
📖 *Gottzmann, C. L.: Artusdichtung. Stuttgart 1989. – Westphal, W.: »Einst wird kommen ein König ...« A., Wahrheit u. Legende. Braunschweig 1989. – Phillips, G. u. Keatman, M.: A. Die Wahrheit über den legendären König der Kelten. A. d. Engl. München ³1996.*

Artushof (Junkerhof), mittelalterl. Festvereinigung, deren Mittelpunkt Gralsspiele oder Tafelrunden zur Erinnerung an König Artus bildeten. Der Name übertrug sich auch auf die Versammlungshallen (bedeutend der A. in Danzig, im 14./15. Jh. erbaut, nach 1552 umgestaltet).

Aruak (Arawak), eine der größten Völker- und Sprachfamilien Südamerikas, früher verbreitet von der Inselgruppe der Bahamas über die Kleinen Antillen bis zum Quellgebiet des Río Mamoré. Zu den A. gehören Teile der ↑Xinguindianer.

Aruba, westlichste der niederländ. Inseln der Kleinen Antillen, vor der Nordküste Südamerikas, 193 km², (2001) 104 000 Ew.; Hptst. (Freihafen): Oranjestad. Phosphatlager; seit 1970 zunehmender Fremdenverkehr. – A. gehörte seit 1642 der niederländ. Westind. Kompanie und wurde 1791 direkter Regierungskontrolle unterstellt. Seit 1986 hat die Insel einen eigenen Status innerhalb der autonomen Inselgemeinschaft »Union der Niederländ. Antillen und Aruba«. (↑Niederländische Antillen)

Aruinseln, Inselgruppe der S-Molukken, sechs Haupt- und 80 kleine Inseln zw. Neuguinea und Australien, zu Indonesien gehörig; 8 563 km², rd. 34 000 Ew.; Fischerei; Hauptort und Hafen ist **Dobo**.

Arunachal Pradesh [engl. ærʊˈnɑːtʃəl prəˈdeɪʃ], Bundesstaat (seit 1987, vorher Territorium) in NO-Indien, 83 743 km², (2001) 1,09 Mio. Ew.; Hauptstadt ist Itanagar; erstreckt sich entlang der Grenze zu Bhutan, China und Birma; durchweg gebirgig.

Arusha [-ʃ-], Feldanbau treibender Stamm der nilohamit. ↑Masai.

Arusha [-ʃ-], Stadt in NO-Tansania, Verkehrsknotenpunkt am Südfuß des Meru, 87 000 Ew.; Handels- und Ind.zentrum. Nördlich v. A. liegt der **A.-Nationalpark** (137 km²).

Aruwimi *der*, rechter Nebenfluss des Kongo, in der Demokrat. Rep. Kongo, entspringt westlich des Albertsees, mündet bei Basoko; rd. 1 300 km lang. Am Oberlauf, **Ituri** gen., leben die Mbuti (↑Pygmäen).

Arve, Zirbelkiefer (↑Kiefer).

Arve [arv] *die*, linker Nebenfluss der Rhone, 100 km lang, entspringt im Montblancmassiv, mündet unterhalb von Genf.

Arverner, kelt. Volk im Gebiet der heutigen Auvergne; der A. Vercingetorix war 52 v. Chr. Führer des gesamtgall. Aufstandes gegen Caesar.

Arx, Caesar von, schweizer. Schriftsteller, * Basel 23. 5. 1895, † (Selbstmord) Niedererlinsbach (bei Aarau) 14. 7. 1949; Dramen aus der schweizer. Geschichte, z. T. in Mundart.

Aryballos [grch.] *der*, kleines altgrch. Salbgefäß; kugelig mit urspr. einem Henkel.

Aryl..., Bez. für die einbindigen aromat. Kohlenwasserstoffgruppen, die formal durch Abtrennung eines H-Atoms aus einem Arenmolekül entstehen, z. B. Phenyl, C_6H_5-.

Arzberg, Stadt im Landkreis Wunsiedel i. Fichtelgebirge, Bayern, 6 500 Ew.; Fleisch- und Wurstherstellung, Nagelfabrik, Lebkuchenfabrik, Glasschmelzhafenfabrik, bis 2001 bedeutende Porzellanindustrie, Großkraftwerk.

Arzimowitsch, Lew Andrejewitsch, russ. Physiker, * Moskau 25. 2. 1909, † ebd. 1. 3. 1973; bed. Arbeiten zur Plasmaphysik und zur gesteuerten Kernfusion.

Arzneibuch (Pharmakopöe), amtl. Sammlung wiss. anerkannter Regeln über

ARZ Arzneimittel

Bereitung, Qualität, Prüfung, Lagerung, Abgabe, Dosierung und Bez. von Arzneimitteln.
Arzneimittel (Medikamente, Pharmaka), Stoffe zur Erkennung, Verhütung und Behandlung von Krankheiten und Beschwerden. Verwendet werden: Pflanzenteile (von Heilpflanzen) als Aufguss oder Tinktur, aus Drogen isolierte Wirkstoffe, z. B. Alkaloide, Glykoside, Hormone, Stoffwechselprodukte von Mikroorganismen (↑Antibiotika) und zahlr. synthet. chem. Verbindungen. Arzneiformen sind u. a. Tabletten, Dragees, Zäpfchen, Salben, Injektionslösungen. A. können äußerlich oder innerlich angewendet werden. Bei der inneren Anwendung werden A. meist über den Magen-Darm-Kanal (oral, durch den Mund, oder rektal, über den Mastdarm) oder unter Umgehung des Magen-Darm-Kanals (parenteral) aufgenommen. Formen parenteraler Gabe sind: Aufnahme gasförmiger Stoffe (Aerosole) über die Lunge, Aufnahme von A. über die Haut durch wirkstoffabgebende »Pflaster« (transdermal), Injektion gelöster Stoffe unter die Haut (subkutan), in die Muskulatur (intramuskulär), in die Blutbahn (intravenös oder intraarteriell), in ein Gelenk (intraartikulär), ins Herz (intrakardial), in den Rückenmarkkanal (intralumbal) oder in die Bauchhöhle (intraperitoneal). Die Dosis eines A. ist die angewendete Menge, Maximaldosis die festgelegte Höchstmenge für eine einmalige oder tägl. Anwendung. Durch das **A.-Gesetz** vom 24. 8. 1976 i. d. F. v. 11. 12. 1998 werden Herstellung, Kennzeichnung, Verschreibung (Rezeptpflicht), Abgabe (Apothekenpflicht) u. a. geregelt; das Gesetz soll die Sicherheit im Verkehr mit A. gewährleisten, es legt eine Gefährdungshaftung des pharmazeut. Unternehmers für A.-Schäden fest.
Geschichte: Die Ärzte des Altertums bereiteten ihre A. selbst. In Dtl. sind Apotheken, als Zubereitungsstätten für A., zuerst im 13. Jh. nachweisbar. Um 1800 wurde die A.-Herstellung auf naturwiss. Grundlagen gestellt.

📖 *Allgemeine u. spezielle Pharmakologie u. Toxikologie, hg. v. W. Forth u. a. München u. a. [8]2001. – Körner, H. H.: Betäubungsmittelgesetz, Arzneimittelgesetz. München [5]2001. – Mutschler, E. u. a.: Arzneimittelwirkungen. Lehrbuch der Pharmakologie u. Toxikologie. Stuttgart [8]2001.*

Arzneimittelentwicklung, Untersuchungen mit dem Ziel, wirksamere, d. h. effektivere und besser verträgl. Arzneimittel zu finden. Die Basis bildet die Synthese oder Isolierung potenzieller Arzneistoffe, die nach chem. Charakterisierung einer Vielzahl von Prüfungen unterworfen werden. Auf jeder Stufe muss die Entwicklung eines Teils der Substanzen wegen unzureichender Wirkung, eines ungünstigen Wirkprofils oder tox. Effekte abgebrochen werden, sodass letztendlich von 8 000–10 000 Verbindungen nur eine in die Therapie eingeführt werden kann.
Da der Erstanwendung am Menschen zwingend eine eingehende Charakterisierung an einzelnen Zellen, an isolierten tier. Geweben sowie bei verschiedenen Tierarten vorauszugehen hat, unterscheidet man zwischen einer präklin. und klin. Prüfung. Der gesetzl. Rahmen hierfür ist im Arzneimittelgesetz vom 24. 8. 1976 i. d. F. v. 11. 12. 1998 festgelegt. Darüber hinaus sind die Richtlinien der europ. Gesundheitsbehörden sowie die Empfehlungen von internationalen Fachgesellschaften zu beachten.
Arzneipflanzen (Heilpflanzen), Pflanzen zur Arzneiherstellung oder zu anderen Heilzwecken.
Arzt [ahd. arzāt, von grch. archíatros »Oberheilkundiger«], Berufsbez. für Männer oder Frauen (**Ärztinnen**), die nach einer wiss. Ausbildung den Heilberuf ausüben und zum Führen dieser Bez. aufgrund der Approbation berechtigt sind. Der A. ist durch das Genfer »Ärztegelöbnis« (1948, früher »Eid des Hippokrates«) verpflichtet, seinen Beruf mit Gewissenhaftigkeit und Würde auszuüben. Der A.-Beruf ist kein Gewerbe, sondern ein freier Beruf. Grundlage des Verhältnisses im Rechtssinne zw. A. und Patient ist ein Dienst- oder Werkvertrag. Außer in Notfällen besteht für den A. keine Behandlungspflicht. Die Ausbildung des A. in Dtl. ist in der Approbationsordnung i. d. F. v. 14. 7. 1987 gesetzlich geregelt: Sie findet auf der Grundlage der Hochschulreife an den medizin. Fakultäten der wiss. Hochschulen statt und gliedert sich in einen vorklin. (bes. theoretisch-naturwiss.) Teil (mindestens vier Semester) mit ärztl. Vorprüfung und einen klin. Teil (mindestens sechs Semester) sowie ein prakt. Jahr in einem dafür zugelassenen Krankenhaus. Nach Bestehen der Prüfungen erteilt der

Staat eine befristete Berufserlaubnis als Arzt. Die Approbation wird erst nach einer anschließenden Praktikumszeit (Arzt im Praktikum; seit 1. 7. 1987: 18 Monate) erteilt. Bestandteile der Ausbildung sind eine Ausbildung in erster Hilfe, ein Krankenpflegedienst von zwei Monaten und eine Famulatur, die sich über vier Monate erstreckt.

Der A. hat dem Kranken gegenüber eine Aufklärungspflicht über Natur und Behandlung seines Leidens; ihre Grenzen sind zwar umstritten, doch muss der A. wenigstens »im Großen und Ganzen« den Patienten über die mit der Behandlung verbundenen Gefahren informieren. Nach der staatl. Approbation kann sich der A. freiwillig einer geregelten Weiterbildung (4–6 Jahre) in einer Reihe von Gebieten und Teilgebieten unterziehen. Die Anerkennung der abgeleisteten Weiterbildung (»Facharztanerkennung«) erfolgt durch einen Prüfungsausschuss der Ärztekammer. – Fachgebiete nach der Weiterbildungsordnung: 1. Allgemeinmedizin; 2. Anästhesiologie; 3. Arbeitsmedizin; 4. Augenheilkunde; 5. Chirurgie (Teilgebiete: Kinder-, Gefäß-, plast. Chirurgie, Thorax- und Kardiovaskularchirurgie, Unfallchirurgie); 6. Frauenheilkunde und Geburtshilfe; 7. Hals-Nasen-Ohren-Heilkunde (Teilgebiete: Phoniatrie, Pädaudiologie); 8. Haut- und Geschlechtskrankheiten; 9. Hygiene; 10. Innere Medizin (Teilgebiete: Endokrinologie, Gastroenterologie, Hämatologie, Kardiologie, Lungen- und Bronchialheilkunde, Nephrologie, Rheumatologie); 11. Kinderheilkunde (Teilgebiet: Kinderkardiologie); 12. Kinder- und Jugendpsychiatrie; 13. Laboratoriumsmedizin; 14. Mikrobiologie und Infektionsepidemiologie; 15. Mund-Kiefer-Gesichtschirurgie; 16. Nervenheilkunde (Neurologie und Psychiatrie); 17. Neurochirurgie; 18. Neurologie; 19. Nuklearmedizin; 20. öffentl. Gesundheitswesen; 21. Orthopädie (Teilgebiet: Rheumatologie); 22. Pathologie (Teilgebiet: Neuropathologie); 23. Pharmakologie und Toxikologie (Teilgebiet: klin. Pharmakologie); 24. Psychiatrie; 25. Radiologie (Teilgebiet: Strahlentherapie); 26. Rechtsmedizin; 27. Urologie. Außerdem können Zusatzbezeichnungen z. B. für Bereiche wie Homöopathie, Psychotherapie oder Sportmedizin geführt werden.

Gesetzlich berufene Standesvertretungen sind die **Ärztekammern** und die **Kassenärztl. Vereinigungen.** Berufspolit. Verbände sind z. B. der Hartmannbund (Verband der Ärzte Dtl.s) und der Marburger Bund (Verband der angestellten Ärzte Dtl.s). Gemäß VO der EG (in Kraft seit 20. 12. 1976) dürfen Ärzte aus Ländern der EG (EU) in jedem Mitgliedsland praktizieren.

📖 *A. u. Kranker. Ethische u. humanitäre Fragen in der Medizin,* hg. v. *J. R. Bierich.* Tübingen 1992. – *Laufs, A.: Arztrecht.* München ⁵1993. – *Trichtel, F.: Ärzte, Bastler u. Schamanen. Krit. Auseinandersetzung mit den Irrwegen der Medizin u. deren Lösungsversuchen.* Frankfurt am Main 1995. – *Wiesing, U.: Zur Verantwortung des Arztes.* Stuttgart-Bad Cannstatt 1995.

Ärzte ohne Grenzen e. V. (frz. Médecins sans Frontières), Abk. **MSF,** private, internationale medizin. Hilfsorganisation. Sie arbeitet überall dort, wo Menschen durch Katastrophen oder krieger. Auseinandersetzungen in Not geraten sind und die lokale Infrastruktur zusammengebrochen ist. Die Organisation entsendet Ärzte, Pflegepersonal sowie Logistiker in Krisengebiete. Sie hat sich zur Neutralität und Unparteilichkeit verpflichtet und ist unabhängig von polit., religiösen oder weltanschaul. Einflüssen. Die urspr. frz. Organisation, die am 20. 12. 1971 in Paris gegründet wurde, hat sich zu einem weltweiten Netzwerk entwickelt. Fünf operationale Zentren in Paris, Brüssel, Amsterdam, Barcelona und Genf planen und koordinieren die Projekte. Unterstützt werden sie durch 13 europ. und außereurop. Sektionen. Die dt. Sektion wurde im Nov. 1993 (Sitz: Bonn) gegründet. Die Organisation finanziert sich etwa zu gleichen Teilen durch Privatspenden und öffentl. Mittel. Sie erhielt 1999 den Friedensnobelpreis.

Arzthelfer, Ausbildungsberuf mit dreijähriger Ausbildung; vermittelt u. a. Fertigkeiten und Kenntnisse über das Gesundheitswesen, die ärztl. Praxis sowie die Durchführung des Abrechnungswesens.

Arztwahl (freie A.), freie Wahl unter den zugelassenen Ärzten (Kassenärzte) für Mitglieder einer gesetzl. Krankenversicherung.

as, 1) *das,* Halbton unter a. **2)** Zeichen für: as-Moll. **As,** Zeichen für: As-Dur.

Asam: Johann-Nepomuk-Kirche in München (auch »Asamkirche« genannt, 1733–46), Blick zum Chor

As [lat.] *der,* Masseneinheit und Münze im alten Rom, unterteilt in 12 Unzen; in republikan. Zeit Grundlage der röm. Geldrechnung, als Münze später im Wert stark vermindert.

As, 1) chem. Symbol für ↑Arsen.
2) Einheitenzeichen für **Amperesekunde,** die heute ↑Coulomb genannte Ladungsmenge.

Aš [aʃ] (dt. Asch), Stadt im Westböhm. Gebiet, Tschech. Rep., zw. Fichtel- und Erzgebirge, 13 400 Ew.; Textil- u. a. Industrie.

A./S., dän. und norweg. Abk. für Aktieselskab bzw. Aksjeselskap (Aktiengesellschaft).

ASA [eɪesˈeɪ], Abk. für engl. American Standards Association, Normenstelle der USA, u. a. für die Empfindlichkeitsbestimmung fotografischen Materials (z. B. 50 ASA ≙ 50 ISO ≙ 18°).

Asad, Hafis al-, ↑Assad.

Asahikawa, Stadt auf der Insel Hokkaidō, Japan, 363 000 Ew., am Stadtrand Ainudorf mit Museum; Holz verarbeitende u. a. Industrie.

Asam, bayer. Künstlerfamilie des 17./18. Jh.: **Cosmas Damian A.,** Maler und Baumeister, getauft Benediktbeuern 28. 9. 1686, †München 10. 5. 1739; sein Bruder **Egid Quirin A.,** Bildhauer und Baumeister, getauft Tegernsee 1. 9. 1692, †Mannheim 29. 4. 1750; Söhne des Kirchenfreskenmalers **Hans Georg A.,** * Rott a. Inn 10. 10. 1649, begraben Sulzbach (heute zu Sulzbach-Rosenberg) 7. 3. 1711; beide Söhne wurden in Rom ausgebildet und wirkten als Vielbeschäftigte meist gemeinsam für süddt. Kirchen und Klöster. Cosmas schuf v. a. Deckenfresken, die den Raum ins scheinbar Unbegrenzte erweitern, Egid Bildwerke und Stuckaturen. Ihre Meisterwerke: Klosterkirchen in Weltenburg (seit 1716) und Rohr (1717–22), Umgestaltung des Doms in Freising (1723/24, Johanneskapelle um 1729), Johann-Nepomuk-Kirche in München (seit 1733).
📖 *Rupprecht, B. u. Mülbe, W.-C. von der: Die Brüder A., Regensburg ³1987.*

Asama *der,* einer der aktivsten Vulkane Japans, 140 km nordwestl. von Tokio, 2 542 m ü. M.; verheerender Ausbruch 1783.

Asansol [engl. æsənˈsəʊl], Stadt im Bundesstaat West Bengal, Indien, 262 000 Ew.; am Damodar gelegenes Kohlenbergbauzentrum; bildet zusammen mit der Schwesterstadt **Burnpur** einen Kern des Entwicklungsvorhabens »Damodar Valley Corporation« (seit 1948).

Asant *der* (Stinkasant, Teufelsdreck, Asa foetida), unangenehm riechendes und schmeckendes Gummiharz versch. Arten der Doldenblütlergattung Ferula.

Asarhaddon, Assyrerkönig (seit 680 v.Chr.), †669 v.Chr., eroberte 671 Ägypten bis Memphis.

asb, Einheitenzeichen für ↑Apostilb.

Asbest [von grch. ásbestos »unauslöschlich«] *der,* verfilzte, faserige Silikatminerale. Der gröberen A. ist ein Amphibol (**Hornblende-A.**), die feineren **Serpentin-A.** (Faserserpentin, Chrysotil). Sie sind weiß oder hellgrün oder -braun, säure- und feuerbeständig. Verwendung: früher für feuerfeste Schutzkleidung, Dichtungen, als Isolator für Wärme und Elektrizität (**A.-Platten**) u. a. Die Verarbeitung und techn. Anwendung von A. erzeugt Staub, der sich in Korngrößen unter 3 µm als erheblich gesundheitsschädlich erwie-

Aschenbrödel ASC

sen hat (↑Asbestose). Als TRK-Wert werden für A.-Feinstaub 0,1 mg/m³ und für asbesthaltigen Feinstaub 4,0 mg/m³ angegeben. Laut Gefahrstoff-VO i. d. F. v. 26. 10. 1993 ist die Herstellung und Verwendung von A., Zubereitungen und Erzeugnissen mit mehr als 0,1 % A. in Dtl. verboten; einzige Ausnahme ist der Einsatz von Diaphragmen für die Chloralkalielektrolyse. Bis 2004 soll das Verbot auf sämtliche EU-Mitgliedsstaaten ausgedehnt werden. Zur Substitution für A. können z. B. verwendet werden: Keramikfasern bis 1450°C, Graphitfasern bis 2000°C. Hauptfundstätten für A. sind Russland, Kasachstan, Kanada und die VR China.

Asbest (früher Kudelka), Stadt im Gebiet Jekaterinburg, Russland, am O-Rand des Ural, 83 000 Ew.; in der Nähe Asbestvorkommen und -verarbeitungszentrum.

Asbestose *die*, eine Staubinhalationskrankheit durch jahrelanges Einatmen von Asbeststaub; äußert sich in Atemfunktionsstörungen, Anfälligkeit für Bronchialkrebs; Berufskrankheit.

Asbestzement, Gemisch aus Asbestfasern und Zement unter Wasserzugabe, für Bauplatten u. a.; Import, Produktion und Anwendung von A. sind seit 1994 in Dtl. verboten (ersetzt durch ↑Faserzement).

Asbuka *die*, das kyrill. Alphabet nach seinen ersten beiden Buchstaben a (slaw. as) und b (slaw. buki). **Graschdanskaja A.** (»bürgerl. Alphabet«), die kyrill. Schrift, die Peter d. Gr. 1708 in Amsterdam gießen ließ und für nicht religiöse Veröffentlichungen verbindlich machte.

Ascanius, *grch.-röm. Mythos:* Sohn des ↑Äneas.

Ascaris [grch.], Gattung der Spulwürmer.

Ascaridiasis, Erkrankung durch Spulwürmer.

Ascension [əˈsenʃən] (Himmelfahrtsinsel), brit. Vulkaninsel im südl. Atlantik, 88 km², 9 700 Ew.; Hauptort ist Georgetown; Satellitenstation.

Asch, tschech. Stadt, ↑Aš.

Asch, Schalom, jiddischer Schriftsteller, *Kutno (Wwschaft Płock, Polen) 1. 11. 1880, † London 10. 7. 1957; Milieuschilderungen des Ostjudentums, Stoffe aus der jüd. Geschichte; schrieb Romane (u. a. »Vor der Sintflut«, Trilogie, 1927–32) und Dramen (u. a. »Der Gott der Rache«, 1907).

Aschaffenburg, 1) Landkreis in Unterfranken, Bayern, 699 km², 173 900 Ew. **2)** kreisfreie Stadt und Sitz der Verwaltung des Landkreises A., Bayern, 129 m ü. M., 67 600 Ew. A., am rechten Ufer des unteren schiffbaren Mains, ist Ind.- und Handelsplatz: Stahl-, Maschinen- und Fahrzeugbau; Bekleidungsindustrie. – Stiftskirche St. Peter und Alexander (12.–13. Jh.) mit Werk Grünewalds, Renaissanceschloss der Erzbischöfe von Mainz (erbaut 1605–14). – A. wurde 974 erstmals urkundlich genannt und kam 982 an das Hochstift Mainz; Stadtrecht Ende 12. Jh.; ab etwa 1220 Nebenresidenz der Mainzer Erzbischöfe. 1803 wurde ein **Fürstentum A.** für den Reichserzkanzler Dalberg gebildet, das 1810 ein Departement des Großherzogtums Frankfurt wurde; kam 1816 zu Bayern.

Aschanti (Asante), Volk in Ghana, ↑Ashanti.

Aschchabad (turkmen. Aşgabat), Hptst. von Turkmenistan, in einer Oase am N-Fuß des Koppe Dagh, an der Transkasp. Eisenbahn und am Karakumkanal, nahe der iran. Grenze, 605 000 Ew.; Univ. und Turkmen. Akademie der Wiss.en, Hochschulen, Zoo; Seidenverarbeitung, Baumwollind., Teppichfabrik, Maschinenbau, Nahrungsmittelind.; internat. Flughafen. – Durch ein Erdbeben wurde A. 1948 schwer zerstört, danach wieder aufgebaut.

Aschdod, Stadt in Israel, ↑Ashdod.

Asche, 1) die bei der restlosen Verbrennung pflanzl. oder tier. Stoffe zurückbleibenden anorgan. Bestandteile. **Pflanzen-A.** enthält als wasserlösl. Bestandteile Kalium- und Natriumcarbonate, -sulfate und -chloride. **Kohlen-A.** enthält bes. Ton, Eisenoxid und Sulfate. **Knochen-A.** besteht im Wesentlichen aus Calciumphosphat; sie ist ein wertvoller Rohstoff für künstl. Phosphatdünger.

2) (vulkan. A.), staubartiges bis sandiges vulkan. Lockermaterial, das über weite Strecken in sehr große Höhen getragen werden kann.

Äsche (Europäische Ä., Thymallus thymallus), nord- und mitteleurop. Lachsfisch, bis 50 cm lang, der als Standfisch in der »Äschenregion« schnell fließender, klarer Flüsse, im N auch in Seen vorkommt.

Aschenbrödel [mhd. aschenbrodele »Küchenjunge«] (Aschenputtel, engl. Cin-

ASC Aschenpflanze

derella), Figur aus europ. Märchen; die jüngste von drei Schwestern, die zu Hause erniedrigt wird und dennoch den Königssohn gewinnt; Stoff auch für Oper (G. Rossini, »La Cenerentola«), Ballett (S. Prokofjew) und Film (u. a. W. Disney).

Aschenpflanze, die Pflanzengattung ↑Zinerarie.

Äscher, *Lederherstellung:* Prozess zum Enthaaren und Auflockern der zu gerbenden Häute, auch die dazu verwendeten chem. Mittel: Kalkmilch mit Natriumsulfid und Calciumhydroxid.

Aschermittwoch, *lat. Liturgie:* der Tag nach Fastnacht (Karneval), der 1. Tag der 40-tägigen Fastenzeit; an ihm wird den Gläubigen zur Bußmahnung ein kleines Aschenkreuz auf die Stirn gestrichen. – Der Brauch des Aschenkreuzes ist in der kath. Kirche seit Ende des 11. Jh. üblich.

Aschersleben, Krst. des Landkreises A.-Staßfurt, Sa.-Anh., am NO-Rand des Harzes, 28 400 Ew.; Maschinenbau, Papierverarbeitung, Wolldeckenherstellung, Landwirtschaft. – Alte Stadtbefestigung (15 Türme), Rathaus (Kernbau 1518, im 19. Jh. verändert), Stephanskirche (1406–1507), Franziskanerkirche (13. Jh.). – A., Besitz der Askanier, erhielt 1266 Stadtrecht, fiel nach 1315 an das Hochstift Halberstadt, 1648 an Brandenburg-Preußen.

Aschersleben: Rathaus (Kernbau 1518, im 19. Jh. verändert)

Aschersleben-Staßfurt, Landkreis im RegBez. Magdeburg, Sa.-Anh., 655 km², 102 200 Ew.; Krst. ist Aschersleben.

Aschheim-Zondek-Reaktion [nach den Gynäkologen S. Aschheim, *1878, †1965, und B. Zondek, *1891, †1966], erster sicherer biolog. Schwangerschaftstest (1927); inzwischen ist der immunolog. ↑Schwangerschaftstest üblich.

Aschkelon, Stadt in Israel, ↑Ashqelon.

Aschkenasim, mittel- und osteurop. Juden, im Unterschied zu den spanisch-portugies. Juden (↑Sephardim).

Aschoff, Ludwig, Pathologe, *Berlin 10. 1. 1866, †Freiburg im Breisgau 24. 6. 1942; Prof. in Marburg und Freiburg im Breisgau; erforschte u. a. das »Erregungsleitungssystem« des Herzens und stellte die Lehre vom Monozyten-Makrophagen-System auf, Entdecker des A.-Rheumaknotens im Herzmuskel.

Aschoka (Ashoka, Aśoka), ind. Herrscher (seit 273 oder 269/268 v. Chr.) aus der Dynastie der Maurya, †232 v. Chr.; errichtete das erste ind. Großreich, das große Teile des ind. Subkontinents und Gebiete Afghanistans umfasste; Anhänger und Förderer des Buddhismus; hinterließ zahlr. Fels- und Säuleninschriften.
 Kern, F.: *Aśoka. Kaiser u. Missionar.* Bern 1956.

Aschram (Ashram) [Sanskrit] *der,* **1)** Einsiedelei eines ind. Asketen. **2)** einem Kloster ähnl. Anlage in Indien, an der hinduist. Lehrer und Führer ihre Anhänger zu gemeinsamem Leben versammeln.

Äschylus, grch. Dichter, ↑Aischylos.

ASCII, Abk. für engl. American standard code for information interchange, *Informatik:* ein 7-Bit-Code für Ziffern, Buchstaben und Sonderzeichen.

Ascoli Piceno [- pi'tʃɛ:no], **1)** Prov. in der mittelitalien. Region Marken, 2 087 km², 370 900 Ew. **2)** Hptst. der italien. Prov. A. P., 51 800 Ew.; Papier-, Glas-, Keramik-, Seidenherstellung; Bischofssitz. – Bauwerke der Gotik und der Renaissance, u. a. die Piazza del Popolo mit Palazzo del Popolo, Loggia der Kaufleute, Kirche San Francesco, Geschlechtertürme. – A. P., das röm. **Asculum** in der Landschaft Picenum, war vor der röm. Annexion 268 v. Chr. Hauptort der Picenter. In A. P. ist der Buchdruck früh nachweisbar (1477).

Ascomycetes [grch.], die ↑Schlauchpilze.

Ascona, Kurort am Lago Maggiore, Kt. Tessin, Schweiz, 5 000 Ew.; malerischer Ortskern mit Parks und Gärten mit subtrop. Vegetation; Museum.

Aserbaidschan ASE

Ascorbinsäure (Askorbinsäure, Vitamin C), $C_6H_8O_6$, bildet leicht wasserlösl. farblose Kristalle, sehr sauerstoffempfindlich, bes. in Gegenwart von Schwermetallen (↑Vitamine).

Ascot ['æskət], Ort in der engl. Cty. Berkshire, nahe Windsor, 8 000 Ew.; Galopprennbahn (seit 1711), auf der u.a. alljährlich im Juni die A.-Rennwoche stattfindet.

ASEAN ['eɪzɪæn], Abk. für engl. Association of South East Asian Nations, Vereinigung südostasiat. Staaten zur Förderung der wirtsch., polit. und sozialen Zusammenarbeit, gegr. 1967; Sitz Jakarta. Mitgl.-Staaten sind Brunei (seit 1984), Indonesien, Malaysia, die Philippinen, Singapur, Thailand, Vietnam (seit 1995), Burma und Laos (seit 1997) sowie Kambodscha (seit 1999). – 1994 trat die ↑AFTA in Kraft; bis 2010 soll eine ASEAN-Investitionsfreizone verwirklicht werden.

Asebie [grch.] *die,* Frevel gegen die Götter, Gottlosigkeit; Ggs. ↑Eusebie.

a secco [italien. »aufs Trockene«] (al secco), Wandmalerei auf den trockenen Putz, im Ggs. zur ↑Freskomalerei.

Asen, *nord. Mythologie:* german. Göttergeschlecht, zu dem Odin als Herrscher und Thor, Tyr, Baldr, Heimdall sowie die Göttinnen Frija, Nanna, Sif gehören; ihnen steht das ältere Göttergeschlecht, die ↑Vanen, gegenüber. Der Untergang der A. bedeutet das Ende der Welt, die Götterdämmerung (↑Ragnarök) und den Beginn einer lichtvollen Zukunft.

📖 *Derolez, R. L.: Götter u. Mythen der Germanen.* A. d. Niederländ. Neuausg. Wiesbaden 1976.

Asepsis [grch.] *die,* durch die **Aseptik** (Keimabtötung außerhalb des Wundbereichs, Sterilisation) angestrebte Keimfreiheit, z. B. bei Wundbehandlung, Operation oder Pflege von Frühgeborenen.

Aserbaidschan, histor. Gebiet in Vorderasien, zw. dem südl. Kaukasus, dem Armen. Hochland und dem Kasp. Meer. A. umfasst die Republik ↑Aserbaidschan und die iran. Provinzen Ost-A. (Hptst. Täbris), West-A. (Hptst. Urmia) und Teile der Prov. Ardebil, zusammen rd. 100000 km², 6,1 Mio. Ew.; ein vulkan. Hochland (bis 4 811 m) mit heißen Quellen. Die Täler und Becken sind dicht besiedelt von Aserbaidschanern, in den westl. Gebirgen auch Kurden. Bodenschätze sind wenig erschlossen. Außer Getreide, Reis und Baumwolle gedeihen Wein und Obst. Teppichknüpfereien bes. in Täbris, das zugleich bedeutender Handelsplatz Irans ist. – A., von den Römern **Albania** genannt, gehörte seit dem 3. Jh. zum Sassanidenreich und wurde im 7. Jh. von den Arabern erobert (Einführung des Islam). Nach Einwanderung türk. Stämme im 11. Jh. (Seldschukenherrschaft) und dem Einfall der Mongolen im 13. Jh. war A. vom 16. bis 18. Jh. Streitobjekt zw. Persien und der Türkei. 1828 kam der N-Teil an Russland. Das bei Persien verbliebene restl. Gebiet war 1909–17 von russ., danach bis 1921 von brit. Truppen besetzt und geriet zeitweise unter türk. Einfluss. Nach Besetzung durch die UdSSR (1941–46) fiel es wieder an Iran.

📖 *Gronke, M.: Derwische im Vorhof der Macht. Sozial- u. Wirtschaftsgeschichte Nordwestirans im 13. u. 14. Jahrhundert.* Stuttgart 1993.

Aserbaidschan

Fläche	86 600 km²
Einwohner	(2003) 8,370 Mio.
Hauptstadt	Baku
Verwaltungsgliederung	65 Landkreise und 11 kreisfreie Städte
Amtssprache	Aserbaidschanisch (Aseri)
Nationalfeiertag	28. 5.
Währung	1 Aserbaidschan-Manat (A. M.) = 100 Gepik (G)
Zeitzone	MEZ + 3 Std.

Aserbaidschan (amtl. aserbaidschan. Azärbaycan Respublikası, dt. Aserbaidschanische Republik), Staat in SW-Asien, grenzt im W an Armenien, im NW an Georgien, im N an Russland, im O an das Kasp. Meer und im S an Iran. Zu A. gehört als Exklave (durch armen. Gebiet getrennt)

ASE Aserbaidschan

die Autonome Rep. Naxçıvan (russ. Nachitschewan). Innerhalb A.s liegt das von Armenien beanspruchte (und seit 1994 weitgehend besetzte) Gebiet Bergkarabach.
Staat und Recht: Nach der am 12. 11. 1995 per Referendum verabschiedeten Verf. (2002 novelliert) ist A. eine Rep. mit Präsidialsystem. Staatsoberhaupt mit weitgehenden exekutiven Vollmachten ist der auf fünf Jahre direkt gewählte Präs. Er ernennt die Reg. unter Vorsitz des MinPräs. Die Legislative liegt beim Einkammerparlament (125 Abg., für fünf Jahre gewählt). Das Mehrparteiensystem wird u. a. von der Partei Neues A. (NAP), der Volksfront A.s und der Nat. Unabhängigkeitspartei (Istiklal) repräsentiert.
Landesnatur: A. liegt im östl. Teil Transkaukasiens; es erstreckt sich vom Großen Kaukasus im N bis ins Ararathochland im SW und zum Ufer des Kasp. Meeres im O. Kernland ist das Kuratal und die Kura-Araks-Niederung, die sich zum Kasp. Meer öffnet, sowie die Halbinsel Apscheron. Im N umfasst A. den östl. Haupt- und Seitenkamm des Großen Kaukasus (bis 4 466 m ü. M.) sowie Teile des Kleinen Kaukasus mit dem vulkan. Hochland von Karabach. Der südl. Zipfel der Kura-Araks-Niederung, die Länkäraniederung, wird vom Talyschgebirge begrenzt, das bis in iran. Staatsgebiet hineinreicht. In der subtrop. Zone gelegen, zeigt das Klima reliefbedingte (rd. die Hälfte des Landes ist gebirgig) Unterschiede. Halbwüsten- und Steppenklima herrscht in den Niederungen (Julimittel 25–27 °C, Januarmittel 0–3 °C, 200–300 mm Jahresniederschlag), subtr. feuchtes Klima in der Länkäraniederung (Julimittel 27 °C, Januarmittel 6 °C, 1 100–1 800 mm Jahresniederschlag). Bes. niederschlagsarm ist die Halbinsel Apscheron. Eichen-, Buchen-, Kastanienwälder und Strauchformationen bedecken rd. 11 % der Fläche. Im Tiefland herrscht Halbwüsten-, stellenweise auch Wüstenvegetation.
Bevölkerung: Die Bev. setzte sich 1998 zu 90 % aus Aserbaidschanern (mit den Türken eng verwandt), zu 3,2 % aus Angehörigen von Dagestanvölkern (bes. Lesgier), zu 2,5 % aus Russen, zu 2,0 % aus Armeniern sowie zu 2,3 % aus Angehörigen anderer Nationalitäten (Ukrainer, Tataren u. a.) zusammen. 45 % der Bewohner leben in Höhenlagen bis 500 m ü. M. (bes. dicht besiedelt sind die Halbinsel Apscheron um Baku sowie die Länkäraniederung), 45 % bis 1 000 m ü. M.; etwa 7 % bis 2 000 m ü. M. und 3 % über 2 000 m ü. M.; 62 % der Bev. sind schiit., 26 % sunnit. Muslime. Es besteht eine neunjährige allgemeine Schulpflicht; Analphabetenquote 3 %; Univ. (gegr. 1919) und Techn. Univ. (gegr. 1950) in Baku sowie über 20 weitere Hochschulen.
Wirtschaft und Verkehr: Die Industrie hat gegenüber der Landwirtschaft größere Bedeutung. Nach der polit. Unabhängigkeit ist die Entwicklung marktwirtschaftlich orientiert. Neben vielfach maroden Ind.- und Agrarbetrieben sowie der zurückgebliebenen Infrastruktur wirkte sich der militär. Konflikt mit Armenien hindernd auf die wirtsch. Umgestaltung aus. Etwa 30 % der landwirtsch. Nutzfläche, die knapp die Hälfte des Landesfläche einnimmt, ist Ackerland, das zu 70 % bewässert wird. Hauptanbauprodukte sind Baumwolle, Weizen, Reis, Gemüse, Tabak und Wein. Die Länkäraniederung ist Anbauschwerpunkt für Zitrusfrüchte und Tee. Maulbeerbaumkulturen sind die Grundlage der traditionellen Seidenraupenzucht. Die Viehzucht (Schafe, Rinder, Ziegen) verfügt über Sommerweiden im Gebirge und Winterweiden im Tiefland. – Wichtigster Wirtschaftszweig ist die Erdölind., die 1871 mit der Erdölförderung im Raum Baku einsetzte und 1949 auf die untermeer. Lagerstätten ausgedehnt wurde. Heute stammen 70 % des gewonnenen Erdöls und 90 % des Erdgases aus dem Uferbereich des Kasp. Meeres. Das Erdöl ist von hoher Qualität, die Lagerstätten sind jedoch im Uferbereich stark erschöpft, die Förderanlagen veraltet. 1997 begann ein Aufschwung in der Erdölwirtschaft. Zunehmend werden weitere Lagerstätten (auch Offshorelagerstätten) unter Mitbeteiligung von ausländ. Ölgesellschaften, die sich zu einem internat. Ölkonsortium zusammengefügt haben, erschlossen. Weitere Bodenschätze sind Eisen-, Kupfer-, Molybdän- u. a. Erze, Alunit, Schwefelkies, Steinsalz. – In der Ind. überwiegen Petrochemie, Eisen-, Stahl-, Aluminiumerzeugung, Maschinenbau (Baku, Sumqayıt, Gəncä), die traditionelle Baumwoll-, Seiden-, Teppich- sowie die Nahrungs- und Genussmittelindustrie. – Ausgeführt wurden Erdöl und -pro-

Aserbaidschan ASE

dukte, Erdgas, Eisenmetalle, Baumwolle, Maschinen, Aggregate, Chemieprodukte und Tee, eingeführt Metalle, Apatit, Bauxit, Steinkohle, Pkw, Traktoren, Landmaschinen, Holz und Nahrungsmittel. – Das Verkehrsnetz umfasst 2 123 km Eisenbahnlinien und etwa 31 000 km Straßen, davon 29 000 km mit fester Decke. Von Baku, in dessen Nähe sich ein internat. Flughafen befindet, führen Schiffsverbindungen nach Turkmenbaschi (Turkmenistan), Aktau (Kasachstan) und zu iran. Häfen sowie eine Erdölleitung zum Erdölterminal Noworossisk und von Baku zum Schwarzmeerhafen Supsa (Georgien).
Geschichte: Das histor. Gebiet in Vorderasien, westlich des Kasp. Meeres gelegen, gehört heute mit dem nördl. Teil zur Republik A. und mit seinem südl. Teil zur gleichnamigen iran. Provinz. In der Antike war A. im Wesentlichen unter dem Namen Albania bekannt. 643 wurde es von den Arabern erobert, die den Islam einführten. Im 11. Jh. wanderten türk. Stämme ein; A. kam unter die Herrschaft der Seldschuken und wurde türkisiert. 1120 gerieten Teile von A. unter georg. Herrschaft (bis ins 13. Jh.). 1221/22 und 1235/39 mongol. Invasionen; nach dem Zerfall des mongol. Großreiches zw. den Teilreichen der Ilkhane und der Goldenen Horde umkämpft. Unter der pers. Dynastie der Safawiden erlebte A. einen wirtsch. Aufschwung. Nach kurzer Herrschaft der Osmanen eroberte Schah Abbas I., der Große, A. 1603 zurück. Das nördl. A. fiel 1828 an Russland. 1918 errichteten bolschewist. Kräfte im russ. Teil von A. zunächst eine Rätemacht (Bakuer Kommune), gegen die sich mit türk. Hilfe im Sommer 1918 die von einem »Muslim. Nationalrat« am 28. 5. 1918 in Tiflis proklamierte »Aserbaidschan. Republik« durchsetzte. Nach Besetzung durch die Rote Armee wurde A. 1920 Sowjetrepublik. Diese bildete 1922–36 zus. mit Armenien und Georgien die Transkaukas. Sozialist. Föderative Sowjetrepublik. 1921 wurden Bergkarabach und Naxçıvan administrativ A. unterstellt. Seit 1936 Unionsrep. der UdSSR, erklärte A. am 30. 8. 1991 seine Unabhängigkeit (am 18. 10. 1991 vom Parlament formal in Kraft gesetzt). Im Sept. 1991 löste sich die KP auf. Im Dez. 1991 schloss sich A. der Gemeinschaft Unabhängiger Staaten (GUS) an (1992–93 Aussetzung der Mitgliedschaft) und entwickelte auch enge Beziehungen zur Türkei. 1994 unterzeichnete A. das NATO-Dokument »Partnerschaft für den Frieden«, 1996 ein Kooperationsabkommen mit der EU (in Kraft getreten am 1. 7. 1999). Der 1988 ausgebrochene Streit zw. A. und Armenien um das mehrheitlich von Armeniern bewohnte ↑Bergkarabach führte 1990 zur bewaffneten Intervention der sowjet. Zentralgewalt (etwa 170 Todesopfer in Baku) und 1992 zum militär. Konflikt zw. den beiden Republiken, in dessen Verlauf etwa 20 % des aserbaidschan. Territoriums von armen. Truppen aus Bergkarabach besetzt wurden; 1994 vermittelte Russland einen Waffenstillstand.
Der Konflikt um Bergkarabach löste in Verbindung mit anderen Problemen (u. a. die bisherige ökonom. Fremdbestimmung und die Kontrolle der im Islam wurzelnden Kultur durch die sowjet. Herrschaft) eine intensive Suche nach nat. Identität aus, eine facettenreiche Bewegung, die auch zu schweren Auseinandersetzungen zw. der national orientierten Volksfront A.s und der »alten« Machtelite aus sowjet. Zeit führte. Vor diesem Hintergrund kam es zu häufigen Putschversuchen und Machtwechseln. Nach dem Sturz des seit 1992 amtierenden Präs. A. Eltschibej (Volksfront A.s) übernahm 1993 Heydar Alijew (u. a. 1969–82 Erster Sekr. des ZK der aserbaidschan. KP, seit 1992 Vors. der Partei Neues A.) dessen Nachfolge; im Okt. 1998 wurde er durch Wahlen im Amt des Staatspräs. bestätigt. Im April 2000 schloss A. mit US-amerikan. Konzernen Verträge über die Nutzung von Erdölvorkommen im Kasp. Meer; im Nov. 1999 vereinbarte A. mit der Türkei und Georgien die Errichtung einer (Russland und Iran umgehenden) Erdölpipeline von Baku an die türk. Mittelmeerküste (Baubeginn mit Unterstützung der USA im Sept. 2002). Die Parlamentswahlen im Nov. 2000 konnte erneut die regierende Partei »Neues A.« für sich entscheiden.
Im Jan. 2001 wurde A. Mitgl. des Europarates.

📖 *Bischof, H.: Regimewechsel in A. u. der Krieg um Berg-Karabach. Bonn 1992.* – *Yazdani, A. O.: Geteiltes A. Blick auf ein bedrohtes Volk. Berlin 1993.* – *Arménie, Azerbaïdjan, Georgie. L'an V des indépendances, hg. v. R. Berton-Hogge u. a. Paris 1996.* – *Kaufmann, R.: Kaukasus: Georgien, Arme-*

ASE Aserbaidschaner

nien, A. München u. a. 2000. – Auch, E.-M.: Öl und Wein am Kaukasus. Dt. Forschungsreisende, Kolonisten und Unternehmer im vorrevolutionären A. Wiesbaden 2001.
Aserbaidschaner (Eigenbez.: Aseri, Azeri), turksprachiges Volk in Aserbaidschan (etwa 7 Mio.), Georgien, Russland u. a. Republiken der GUS (insgesamt etwa 1 Mio.) sowie in Iran (etwa 4 Mio.); gehören ethnisch zu den transkaukas. Gruppen (Albaner, Meder, Kaspier); betreiben Acker- und Gartenbau, Viehzucht und Handel; sind bekannt für ihre Teppichknüpferei. Die Gläubigen sind vorwiegend schiit. Muslime.
Aserbaidschan-Manat, Abk. A. M., Währungseinheit in Aserbaidschan; 1 A. M. = 100 Gepik.
Aseri (Azeri), Eigenbez. der ↑Aserbaidschaner.
AS-Fonds, Kurz-Bez. für ↑Altersvorsorge-Sondervermögen.
Asgard, der Wohnsitz der ↑Asen.
Ashanti [-ʃ-] (Aschanti, Asante), Volk in S-Ghana, Westafrika, etwa 3,1 Mio. Das Gebiet des Königreichs A. (im 17. Jh. gegr., bis 1900 von Großbritannien unterworfen) bildet heute die Regionen Brong-Ahofo und A.; reiche Gold- und Bauxitlager. Kultureller Mittelpunkt der A. ist ↑Kumasi. Bed. Goldschmiedekunst, Weberei, Töpferei, Holzschnitzkunst.
Ashar-Moschee [-ʃ-], Moschee und islam. Hochschule (**Ashar-Universität**) in Kairo, gegr. 972; geistiges Zentrum des sunnit. Islam. Seit 1961 staatl. Univ., umfasst die Ashar-Universität neben Fakultäten für religiöse Disziplinen z. B. auch solche für Arabistik, Medizin und Landwirtschaft.
Ashby [ˈæʃbɪ], Hal, amerikan. Filmregisseur, *Ogden (Utah) 1939, †Malibu (Calif.) 27. 12. 1988; thematisierte das Unkonventionelle, das sich auflehnende Protestpotenzial in der modernen Massengesellschaft. Filme: u. a. »Harold und Maude« (1971), »Shampoo« (1974), »Coming home – Sie kehren heim« (1977), »Die Frau des Profis« (1985).
Ashcroft [ˈæʃkrɔft], Dame (seit 1956) Peggy, engl. Schauspielerin, *Croydon (heute zu London) 22. 12. 1907, †London 14. 6. 1991; herausragende Shakespeare-Darstellerin, auch Filmrollen (»39 Stufen«, 1935; »Reise nach Indien«, 1984).
Ashdod [-ʃ-] (Aschdod), Stadt in Israel, südlich von Tel Aviv, 1956 gegr., 90 100 Ew.; Hauptausfuhrhafen Israels, Erdölraffinerie, chem., kosmet., Fahrzeug- u. a. Industrie, Diamantschleifereien. – Das alte A., 3 km weiter südlich, war in bibl. Zeit Mitgl. des Fünfstädtebundes der Philister, bis in die byzantin. Zeit besiedelt.
Ashikaga [-ʃ-], Stadt auf Honshū, nördlich Tokio, Japan, 167 700 Ew.; Zentrum der Seidenverarbeitung in der Kantō-Ebene, Kunstfaserindustrie.
Ashikaga [-ʃ-], japan. Adelsfamilie, die 1338–1573 herrschte und 15 ↑Shōgune stellte; ben. nach ihrem Stammsitz, der Stadt Ashikaga. Ihre Reg.zeit wird als **Muromachi-Shogunat** bezeichnet (nach der Residenz Muromachi, einem Stadtviertel von Kyōto).
Ashkenazy [aʃkeˈnazɪ], Wladimir Dawidowitsch, russ. Pianist und Dirigent, *Gorki (heute Nischni Nowgorod) 6. 7. 1937; emigrierte 1963 nach London, lebt seit 1982 in der Schweiz; trat bes. als Interpret der Werke von L. v. Beethoven, F. Chopin, S. W. Rachmaninow und J. Sibelius hervor; seit 1998 Musikdirektor der Tschech. Philharmonie in Prag.
Ashley [ˈæʃlɪ], Laura, brit. Modedesignerin, *Merthyr Tydfil (Wales) 7. 9. 1925, †Coventry 17. 9. 1985; gründete 1954 eine Produktion für bedruckte Haushaltswäsche und ab 1961 auch von Kleidern; 1965 erstes eigenes Geschäft in London; nostalgisch-romant. Linie, die wadenlange, mit Rüschen verzierte Kleider aus selbst bedrucktem Baumwollstoff bevorzugt; auch Dekorstoffe und Inneneinrichtungen.
Ashoka [aʃ-], ↑Aschoka.
Ashqelon [-ʃk-] (Aschkelon), Hafenstadt und Seebad an der südl. Mittelmeerküste Israels, 64 200 Ew.; rd. 18 km nordöstl. von Gaza, 1949 als Gartenstadt neu gegründet; Betonröhrenfabrik, Holzverarbeitung. – Das alte **Askalon** war Mitgl. des Fünfstädtebundes der Philister; seit 104 v. Chr. selbstständiger Stadtstaat; unter röm. Protektorat (4.–6. Jh.) bed. Handelsstadt; seit 640 arabisch, im 12. Jh. mehrmals von Kreuzfahrern und Arabern erobert, 1270 durch die Mamelucken zerstört. Die Ruinenstadt ist heute Nationalpark.
Ashram [ˈaːʃram], der ↑Aschram.
Ashton [ˈæʃtən], Sir (seit 1962) Frederick William Mallandaine, brit. Tänzer und Choreograph, *Guayaquil (Ecuador) 17. 9. 1904, †Suffolk 18. 8. 1988; zählt zu den Be-

gründern des Neoklassizismus im engl. Ballett.
Ashton-under-Lyne [ˈæʃtən ˈʌndə laɪn], Industriestadt in der Metrop. Cty. Greater Manchester, England, 43 900 Ew.; Maschinenbau und Konsumgüterindustrie.
Ashura-Tag [zu arab. ashr »zehn«], *Islam:* der zehnte Tag des hl. Monats Muharram, des ersten Monats des islam. Kalenders; traditioneller muslim. Fasttag; als Tag der Trauer um den Prophetenenkel ↑Husain und des Gedächtnisses an seinen Märtyrertod (begangen mit Prozessionen, szen. Darstellungen des Lebens und Leidens Husains und z. T. ekstat.-exzessiven Trauerritualen) von überragender Bedeutung im schiit. Islam.
Ashvagosha [aʃvaˈgoːʃa], buddhist. Sanskritdichter, um 100 n. Chr.; schrieb u. a. das »Buddhacarita«, eine dichter. Buddhabiografie.
Asianismus *der,* in Kleinasien (um 250 v. Chr.) ausgebildete Form der grch. Rhetorik, die durch einen übertrieben pathet. Stil und einen unruhigen Satzrhythmus gekennzeichnet war (↑Attizismus).
Asiatische Entwicklungsbank (engl. Asian Development Bank, Abk. ADB), Finanzinstitut zur Förderung der wirtsch. Entwicklung im asiatisch-pazif. Raum, gegr. 1966, Sitz: Manila; (2002) 44 regionale und 17 nicht regionale Mitglieder.
Asiatischer Wildesel, der ↑Halbesel.
Asiatische Spiele, die ↑Asienspiele.
ASIC [ˈeɪsɪk; Abk. für engl. application specific integrated circuit, »anwendungsspezifische integrierte Schaltung«], *Elektronik:* Bez. für jede hochintegrierte Digitalschaltung, deren Funktion vom Kunden bestimmt wird.
Asi|en, der größte Erdteil, umfasst einschl. seiner Inseln 33 % der Landfläche der Erde. Flächenmäßig ist A. viermal so groß wie Europa, beide Erdteile bilden die zusammenhängende Landmasse **Eurasien**.
Lage: Die konventionelle Abgrenzung A.s gegen Europa bilden Gebirge und Fluss Ural, Kasp. Meer, Manytschniederung, Schwarzes Meer, Bosporus, Marmarameer, Dardanellen und Ägäisches Meer, gegen Afrika Sueskanal und Rotes Meer, gegen Amerika die Beringstraße und gegen Australien – unter Einschluss des Malaiischen Archipels – eine östl. der Molukken und Timors gedachte Linie. So erstreckt sich A. von 26° 04′ ö. L. bis 169° 40′ w. L. und von 77° 43′ n. Br. bis 1° 16′ s. Br. In dieser Abgrenzung hat es mit seiner Inselwelt und seinen Binnenmeeren eine Fläche von 44,4 Mio. km².

Asien: Reisanbau in Indonesien

Oberflächengestalt: Die Festlandmasse ist nur wenig durch Randmeere gegliedert. Die wichtigsten Halbinseln sind: Kleinasien, die Arab. Halbinsel, Vorderindien, Hinterindien, Korea, Kamtschatka und die Tschuktschenhalbinsel. Mit Afrika steht A. durch die Landenge von Sues in Verbindung, nach Australien leitet die Inselbrücke des Malaiischen Archipels hinüber, nach Amerika die Beringstraße und die Aleuten. Im O sind dem Festland Japan, die Philippinen und im SO die Malaiischen Inseln vorgelagert. Charakteristisch für weite Teile der den N Asiens einnehmenden Sibirischen Tafel ist der Dauerfrostboden. Im Inneren des Festlands liegen die ausgedehntesten Hochländer der Erde: das Tarimbecken, die Dsungarei, das Hochland der Mongolei und

ASI Asien

Asien: staatliche Gliederung (2003)[1]

Staat	Staatsform	Fläche in km²	Ew. in 1 000	Hauptstadt
Afghanistan	Republik	652 090	23 897	Kabul
Armenien	Republik	29 743	3 061	Jerewan
Aserbaidschan	Republik	86 600	8 370	Baku
Bahrain	Emirat	694	724	Menama
Bangladesh	Republik	147 570	146 736	Dhaka
Bhutan	Königreich	46 500	2 257	Thimphu
Birma (Myanmar)	Republik	676 578	49 485	Rangun
Brunei	Sultanat	5 765	358	Bandar Seri Begawan
China[2]	Republik	9 598 088	1 311 709	Peking
Georgien	Republik	69 700	5 126	Tiflis
Indien	Republik	3 287 263	1 065 462	Neu-Delhi (Delhi)
Indonesien[3]	Republik	1 922 570	219 883	Jakarta
Irak		438 317	25 175	Bagdad
Iran	Republik	1 629 807	68 920	Teheran
Israel	Republik	22 145	6 433	Jerusalem
Japan	Kaiserreich	377 880	127 654	Tokio
Jemen	Republik	527 968	20 010	Sanaa
Jordanien	Königreich	89 342	5 473	Amman
Kambodscha	Königreich	181 035	14 144	Phnom Penh
Kasachstan (mit europäischem Teil)	Republik	2 724 900	15 433	Astana
Katar	Emirat	11 437	610	Doha
Kirgistan	Republik	199 900	5 138	Bischkek
Korea (Nord)	Republik	120 538	22 664	Pjöngjang
Korea (Süd)	Republik	99 538	47 700	Seoul
Kuwait	Emirat	17 818	2 521	Kuwait
Laos	Republik	236 800	5 657	Vientiane
Libanon	Republik	10 452	3 653	Beirut
Malaysia	Wahlmonarchie	330 242	24 425	Kuala Lumpur
Malediven	Republik	298	318	Male
Mongolei	Republik	1 564 100	2 594	Ulan-Bator
Nepal	Königreich	147 181	25 164	Kathmandu
Oman	Sultanat	309 500	2 851	Maskat
Osttimor	Republik	18 889	778	Dili
Pakistan	Republik	796 096	153 578	Islamabad
Philippinen	Republik	300 000	79 999	Manila
Russland (mit europäischem Teil)[4]	Republik	17 075 400	143 246	Moskau
Saudi-Arabien	Königreich	2 150 000	24 217	Riad
Singapur	Republik	642	4 253	Singapur
Sri Lanka	Republik	65 610	19 065	Colombo
Syrien	Republik	185 180	17 800	Damaskus
Tadschikistan	Republik	143 100	6 245	Duschanbe
Taiwan	Republik	36 000	22 600	Taipeh
Thailand	Königreich	513 115	62 833	Bangkok
Türkei (mit europäischem Teil)	Republik	779 452	71 325	Ankara
Turkmenistan	Republik	488 100	4 867	Aschchabad

Asien: staatliche Gliederung (2003; Fortsetzung)[1]

Staat	Staatsform	Fläche in km²	Ew. in 1 000	Hauptstadt
Usbekistan	Republik	447 400	26 093	Taschkent
Vereinigte Arabische Emirate	Föderation	83 600	2 995	Abu Dhabi
Vietnam	Republik	331 690	81 377	Hanoi
Zypern	Republik	9 251	802	Nikosia

1) Fläche: letzte verfügbare nationale Vermessungsergebnisse, in Einzelfällen Angaben der UN. Einwohner: fortgeschriebene oder geschätzte Zahlen auf Basis der jeweils letzten nationalen Volkszählung; Schätzungen der UN. – 2) Mit Honkong und Macau. – 3) Mit Papua. – 4) Ca. 80 % der Fläche und ca. 36 % der Bevölkerung befinden sich im asiatischen Teil.

schließlich das Hochland von Tibet (etwa 4 000 m ü. M.), dessen Randgebirge die höchsten Gipfel der Erde tragen, z. B. den Mount Everest im Himalaja mit 8 846 m ü. M. Sie gehören zu dem Zug junger Faltengebirge, die im W Europas (Pyrenäen) ihren Ausgang nehmen und den gesamten asiat. Kontinent in mehreren Bogen durchziehen. Der Karakorum, das am stärksten vergletscherte Gebirge A.s, wurde schon im Paläozoikum gefaltet. Den NW A.s nehmen Tiefländer (z. B. Turan, Westsibirien) und Tafelländer ein; die Arab. Halbinsel und Vorderindien sind Tafelländer mit randl. Stromtiefebenen. Ein großer Teil Inner-A.s und weite Gebiete Vorder-A.s sind ohne Abfluss zum Weltmeer; die Gewässer fließen zum Kasp. Meer, dem Aralsee oder anderen Binnenmeeren, verdunsten oder enden in Salzsümpfen. Zum Einzugsgebiet des Nordpolarmeers gehören u. a. das Ob-Irtysch-System, die Lena und der Jenissei, zu dem des Pazifiks Amur, Hwangho und Jangtsekiang, zu dem des Ind. Ozeans Ganges, Indus, Euphrat und Tigris.

Klima, Vegetation: Die große Ausdehnung und wechselnde Höhenlage bewirken starke klimat. Unterschiede. Das Klima A.s ist in weiten Teilen kontinental mit großen tägl. und jahreszeitl. Temperaturschwankungen, in Ostsibirien mit äußerster Winterkälte (Kältepol der Nordhalbkugel Oimjakon mit Temperaturen unter −70 °C) und mäßig warmem Sommer, auf der Arab. Halbinsel und in Mittel-A. mit heißem Sommer und großer Trockenheit, in Vorder-A. mäßig winterfeucht (Mittelmeerklima). Die südl. und südöstl. Randgebiete stehen unter dem Einfluss der Monsune, mit Wechsel von Regen- und Trockenzeit und an der Regenseite der Gebirge z. T. hohen Niederschlagsmengen (NO-Indien bis über 10 000 mm im Jahresmittel). Die Südspitze Hinterindiens, Ceylon und die Malaiischen Inseln haben heißes, immerfeuchtes Tropenklima. − Entlang der Küste des Nordpolarmeeres erstreckt sich die bis 1 000 km breite Tundra, eine Steppe, in der nur Moose, Flechten und Zwergsträucher wachsen; sie geht südwärts in den von Sümpfen und Gebirgsstundra durchsetzten Gürtel des sibir. Nadelwalds (Taiga) über. Vorder- und Mittel-A. bis in die Mandschurei sind mit Ausnahme der Gebirge und Küsten von Steppen, Salzsteppen und Wüsten mit Fluss- und Grundwasseroasen bedeckt. In Süd- und Ost-A. wechseln Steppen und Buschland mit zur Regenzeit grünen Laub- und Mischwäldern, in den feuchtheißen Tropengebieten herrschen im äußersten Süden immergrüne Regenwälder vor.

Tierwelt: Der äußerste Norden des Kontinents birgt eine artenarme, an arkt. Verhältnisse angepasste Tundrenfauna; dort leben Rentier, Lemming, Schneehase, Eisbär. Weitaus artenreicher ist die sich südlich anschließende Waldregion mit Bär, Wolf, Elch und vielen Pelztieren. In den Steppen Mittel-A.s kommen Antilopen, Wildesel, Wolf, Nagetiere, Wildkamele vor. In den Hochlagen der Gebirge treten Wildschaf, Wildziege, Schneeleopard u. a. auf. Die Tierwelt Vorder-A.s schließt sich eng an die Mittelmeerfauna an. Die Tierwelt Süd- und Südost-A.s ist durchweg tropisch geprägt mit Halbaffen, Affen, Nashorn, Elefant, Königstiger, vielen Schlangen, Kloakentieren, trop. Vögeln und Insekten.

Bevölkerung: A. ist Heimat und Hauptverbreitungsgebiet der Mongoliden, Ursprungsland der Indianiden und Eskimiden. Von W und SW drangen Europide weit nach A. hinein. Durch prähistor. Wan-

ASI Asien

ASI Asien

derzüge gelangten sie bis in den äußersten NO des Kontinents, wo die Ainu einen letzten Rest darstellen. Europide haben am Bevölkerungsaufbau Süd-A.s mit armeniden und orientalid-mediterranen Elementen von Vorder-A. bis Indien (Indide) wesentl. Anteil. Die »Turkvölker« des asiat. Steppengürtels sind eine durch Vermischungsprozesse entstandene europidmongolide Zwischen- und Übergangsform. In Süd- und Südost-A. finden sich neben Elementen europider und mongolider Herkunft Reste älterer Siedlungsschichten, z. B. der Wedda, der kleinwüchsigen Negritos und anderer Restgruppen. – Die Ew.zahl A.s betrug 1895 nur 830 Mio., 1950 bereits 1,3 Mrd.; seitdem hat sie fast explosionsartig zugenommen und betrug 1997 mit mehr als 3,5 Mrd. Ew. mehr als die Hälfte der Erdbev. Gründe sind die hohen Geburtenziffern, der Rückgang der Säuglingssterblichkeit sowie die höhere Lebenserwartung dank der Fortschritte von Medizin und Hygiene. Die bevölkerungsreichsten Staaten sind China, Indien, Indonesien, Japan.

Geschichte: Funde aus der Altsteinzeit sind aus vielen Teilen A.s bekannt. Die Madras-Kultur S-Indiens und das Pacitanian in Java sind dem Chelléen-Acheuléen formverwandt. Die meisten altpaläolith. Formenkreise Südost-A.s führen anstelle von Faustkeilen Hau- und Schabgeräte aus Steingeröllen (Choppers); so das Soanien in NW-Indien, das Anyathian in Birma und die vom Sinanthropus geprägte Kultur von Zhoukoudian in N-China. Das Jungpaläolithikum ist in Nord-A. (Sibirien) und in Vorder-A. durch Klingenkulturen aus dem Formenkreis des Aurignacien vertreten. In Süd- und Ost-A. wurden jungpaläolith. Kulturen mit Haugeräten (Chopping-Tools) vereinzelt nachgewiesen.

Für die Jungsteinzeit ist A. von weltgeschichtl. Bedeutung. In Vorder-A. vollzog sich erstmals der Übergang von der mittelsteinzeitl. Jägerkultur zum sesshaften Bauerntum mit Ackerbau und Viehzucht (8./7. Jt. v. Chr.). Schwerpunkte des bäuerl. Neolithikums liegen im nördl. Zweistromland, in Syrien-Palästina, in Iran, in Indien und China. In NW-Indien entstanden im 4. Jt. zahlreiche Bergdörfer und Flachansiedlungen auf bäuerl. Wirtschaftsgrundlage. In China, wo sich neolith. Kulturen auf Henan und Gansu konzentrierten, war die Bevölkerungsdichte schon im 3. Jt. erheblich. Die Yangshaokultur weist in ihrer Töpferkunst Beziehungen zu Vorder-A. und O-Europa auf.

Indien erlebte mit der zur Bronzezeit überleitenden Induskultur (3./2. Jt. v. Chr.) die ersten Stadtgründungen (Mohenjo-Daro, Harappa). In China entfaltete sich in der Shangzeit (etwa 16.–11. Jh. v. Chr.) eine bronzezeitliche Kultur auf städt. Grund-

Asien – Entkolonialisierung

lage mit hoher Wirtschafts- und Kulturblüte. In Nord-A. (Sibirien) bildete die Agrarproduktion neben der Jagd die Lebensgrundlage der spätneolith. Afanasjewokultur. Die Andronowokultur der Bronzezeit verbindet Nord-A. mit O-Europa. In der spätbronzezeitl. Karassukkultur wurden die Beziehungen Sibiriens zu China bes. eng. Die eigentl. Bronzezeit beginnt in Vorder-A., bes. in Mesopotamien, Anatolien und Syrien, mit dem 2. Jt. Der Übergang zur Eisenzeit erfolgte in den nahöstl. Hochkulturen im 9. Jh. v. Chr. Weiteres ↑Sibirien, ↑Vorderindien.
Im Altertum wurde der Ggs. zw. den Stromtalkulturen (Zweistromland, Indien, China) und den Nomaden der innerasiat. Steppen und Arabiens bestimmend. Vorder-A. stand seit Alexander d. Gr. in engen kulturellen Beziehungen zu Europa; Teile von Vorder-A. gehörten zum Röm. und zum Byzantin. Reich. Letzteres hielt bis 1453 (Fall Konstantinopels) den Eroberungsversuchen der Osmanen stand, die auch bis nach S-Europa vordrangen, während die aus Inner-A. kommenden Nomadenvölker (Hunnen, Awaren, Ungarn, Turkvölker) teilweise bis W-Europa gelangten. Das nach zahlr. Heerzügen von Dschingis Khan im 13. Jh. begründete Weltreich der Mongolen vereinte erstmals große Teile von Vorder-, Mittel- und Ost-A. China, das als »Reich der Mitte« lange Zeit eine dominierende Stellung innehatte (mit starkem kulturellem Einfluss auf die Nachbarvölker), geriet im 13./14. Jh. unter mongol. Herrschaft und konnte erst unter der Mingdynastie (1368–1644) wieder imperiale Ausmaße erreichen.
Seit der Entdeckung des Seeweges nach Indien (1498) durch Vasco da Gama erschlossen die Portugiesen, Niederländer, Spanier, seit dem 18. Jh. die Briten und seit dem 19. Jh. die Franzosen A. als Kolonialgebiet. Mit dem Rückgang des Einflusses des Osman. Reiches, der Safawiden in Iran und der Großmogul in Indien wurde Russland zum Machtfaktor in Nord- und Ost-A. (seit 1581 Eroberung Sibiriens, in der 2. Hälfte des 19. Jh. Kasachstans und W-Turkestans). China verlor im 19. Jh. Gebietsteile im N und W an Russland. Innere Auseinandersetzungen, der Opiumkrieg (1839–42) und der Lorchakrieg (1856–60) sowie der Boxeraufstand (1900) offenbar-

Asien: Teeplantagen in der Nähe des Vulkans Hallasan auf der Insel Cheju, Süd-Korea

ten Chinas Schwäche, die trotz des Versuchs einer inneren Umgestaltung (Reformbewegung 1898, Revolution 1911) weiter anhielt. Japan stieg seit seiner erzwungenen Öffnung für Amerikaner und Europäer (1854) und der 1868 einsetzenden gesellschaftl. Modernisierung (Meijireform) rasch zu einer Großmacht auf, behauptete seine Stellung in den Kriegen gegen China (1894/95) und Russland (1904/05) und dehnte mit der Annexion Koreas (1910), der Mandschurei (1931) und großer Teile Chinas (ab 1937) seinen Machtbereich in Ost-A. aus. Mit dem Zusammenbruch des Osman. Reiches im Ersten Weltkrieg (1918) gerieten Palästina und Irak unter brit. Einfluss, Syrien und frz. Herrschaft. Die Türkei unter Kemal Atatürk und Iran unter Resa Schah erfuhren eine sich an Europa orientierende innere Erneuerung. Arabien wurde durch Ibn Saud größtenteils geeinigt. In den Kolonialgebieten Süd- und Südost-A.s (Britisch-Indien, Niederländisch-Indien, Französisch-Indochina) erstarkten die seit Beginn des 20. Jh. entstandenen Nationalbewegungen bes. während der beiden Weltkriege. Im Zweiten Weltkrieg nutzte das zum ↑Dreimächtepakt gehörende Japan die Schwäche der europ. Kolonialmächte, um Indochina, die Philippinen, Niederländisch-Indien und Teile der Malaiischen

ASI Asien

Asien: Entdeckung und Erforschung

um 510 v. Chr.	Skylax von Karyanda befährt mit dem Schiff den Indus und (von dessen Mündung bis zum Persischen Golf) die Küste des Indischen Ozeans
um 450 v. Chr.	Herodot bereist Kleinasien, Syrien und Mesopotamien
329–324 v. Chr.	Alexander der Große dringt auf seinen Feldzügen in Zentralasien bis zum Oxus (Amudarja) und Jaxartes (Syrdarja) sowie in Indien bis über den Indus vor
um 160 n. Chr.	Ptolemäus fasst das antike Wissen über Asien zusammen (Zentralasien bis zum Syrdarja, die Küsten Vorder- und Hinterindiens bis an die Grenzen Chinas und Teile des Malaiischen Archipels)
um 850	Der andalusische Kaufmann Soliman bereist die muslimischen Länder Vorderasiens
seit Ende des 11. Jahrhunderts	Kreuzzüge erweitern die Kenntnisse des Abendlandes von Vorderasien
1246	Der Franziskaner G. Carpini gelangt als päpstlicher Gesandter nach Karakorum, dem Sitz des mongolischen Großkhans; nach ihm treffen dort auch die Missionare A. von Longjumeau und W. von Rubruk ein
1271–75	M. Polo reist nach eigener Darstellung durch Innerasien nach China (bis ins 16. Jahrhundert wichtigster Bericht über Asien) und erkundet das Land bis zu seiner Heimfahrt (1292–95)
1325–49	Ibn Battuta besucht Vorderasien, Indien, die Sundainseln sowie China und erreicht im Norden Samarkand
um 1330	Der Franziskaner O. da Pordenone durchzieht als erster Europäer Tibet
1419–44	Der Venezianer N. dei Conti erkundet das Innere Indiens und gelangt zum Malaiischen Archipel
1497/98	V. da Gama findet den Seeweg nach Indien
1511	A. de Albuquerque erobert Malakka; D. Fernandes gelangt nach Siam (Thailand)
1512	A. de Abreu findet die Gewürzinseln (Molukken); F. Perez de Andrade entdeckt die Malediven und erkundet Sumatra
1521	F. de Magalhães erreicht auf seiner Weltumsegelung die Philippinen
1542	F. M. Pinto gelangt als erster Europäer nach Japan
1581	Kosaken unter Jermak Timofejewitsch beginnen mit der Eroberung Sibiriens
1635–39	A. Olearius bereist Kaukasien und Persien
1639	Kosaken erreichen das Ochotskische Meer
1643	M. de Vries entdeckt die südlichen Kurilen, Nordhokkaidō und Südsachalin
1648	S. I. Deschnjow umsegelt das Nordostkap Asiens
1661	J. Grueber und A. Dorville erreichen von Peking aus Lhasa und als erste Europäer Nepal
1668	Schiffbrüchige Holländer finden Korea
1690–92	E. Kaempfer erforscht Japan
1697–99	W. W. Atlassow erkundet und erobert Kamtschatka
1733–43	Die russische »Große Nordische Expedition« unter V. Bering und A. I. Tschirikow erforscht Nord- und Ostsibirien
1761–67	C. Niebuhr auf der Arabischen Halbinsel, in Indien, Persien, Mesopotamien und Palästina
1768–74	P. S. Pallas bereist Westsibirien, den Altai und Transbaikalien
1787	J. F. la Pérouse erforscht fernöstliche Küstengebiete (Korea, Sachalin) und entdeckt die nach ihm benannte Meeresstraße
1809–17	J. Burckhardt bereist Syrien und die arabischen Küstengebiete am Roten Meer (1814/15 in Mekka und Medina)
1823–37	J. Crawford erkundet Birma und das Irawadital (bis 1826) und durchwandert 1830–37 das Gebiet des Salwen, Laos und Thailand

Asien: Entdeckung und Erforschung (Fortsetzung)

1823-30 und 1859-62	P. F. von Siebold hält sich im niederländischen Auftrag in Japan auf und erweitert die europäischen Kenntnisse über das Land beträchtlich
1829	A. von Humboldt bereist Sibirien bis zum Altai und zur Dsungarei
1839-48 und 1855-64	F. W. Junghuhn unternimmt zahlreiche Reisen durch Java und Teile Sumatras
1856	Die Gebrüder Schlagintweit überqueren Himalaja und Karakorum, das Hochland von Tibet, den Kunlun und dringen bis ins Tarimbecken vor
1861-65	A. Bastian durchquert Hinterindien und erforscht die malaiische Inselwelt
1868-72	F. von Richthofen erforscht China
1870-85	Vier Reisen N. Prschewalskis durch die Mongolei, Nordtibet, die Wüste Gobi und das Tarimbecken
1887-90	F. E. Younghusband gelingt die erste Durchquerung Innerasiens
1894-1935	S. Hedin erforscht auf mehreren Reisen Innerasien
1900/01, 1906-08 und 1913-16	A. Steins Reisen durch Zentralasien, wo er den alten Handelsstraßen folgt und Ruinenfelder (u. a. Hotan in Ostturkestan) entdeckt
1917	H. Philby durchquert Arabien vom Persischen Golf zum Roten Meer
1926	S. W. Obrutschew entdeckt das Tscherskigebirge (Nordostsibirien)
1926-28 und 1934-38	W. Filchner führt erdmagnetische Messungen in Zentralasien (Tibet) durch
1931	B. Thomas durchquert als erster Europäer die Rub al-Chali

Halbinsel zu besetzen, und konnte erst durch die militärisch überlegenen USA besiegt werden. Mit der in der Nachkriegszeit einsetzenden Entkolonialisierung und dem oft erzwungenen Rückzug der europ. Mächte aus ihren Herrschaftsgebieten entstanden dort neue Staaten, u. a. Indien, Pakistan, Indonesien, Malaysia; die Länder Indochinas – Laos, Kambodscha und Vietnam – erlangten die staatl. Unabhängigkeit, Vietnam jedoch in Gestalt zweier Staaten mit konträren gesellschaftl. Systemen, der Demokrat. Republik (Nord-)Vietnam und der Republik (Süd-)Vietnam. Zahlreiche asiat. Länder sahen sich nach Erlangung ihrer Unabhängigkeit mit enormen wirtsch. Problemen, einer anhaltenden Bevölkerungsexplosion (bes. China und Indien), einer Vielzahl ethnisch-religiöser Konflikte (u. a. Indien, Indonesien, Sri Lanka), Gebietsstreitigkeiten (z. B. zw. Indien und Pakistan um Kaschmir) und mit Bürgerkriegen (z. B. China 1945-49, [das geteilte] Vietnam 1957-75, Ostpakistan [heute Bangladesh] 1971/72, Kambodscha 1970-75 und 1979-91, Libanon 1975-91, Jemen 1962-70, 1986 und 1994) konfrontiert. Die Neugliederung in versch. Regionen A.s führte zu großen Flüchtlingsbewegungen, z. B. in Indien und Südost-A. (↑Boatpeople).

Der europ. Einfluss in A. wurde durch ein wachsendes politisch-militär. Gewicht der USA zurückgedrängt (Anlage eines Netzes militär. Stützpunkte, Abschluss der Militärpakte SEATO, CENTO). In vielfältigen Missionen suchten die Vereinten Nationen (↑UN) bis heute friedenserhaltend oder friedenstiftend zu wirken (jüngere Beispiele u. a. die UN-Übergangsverwaltungen in Kambodscha 1992/93 und in Osttimor 1999-2002). Seit der Bandungkonferenz (1955) bemühten sich die nicht paktgebundenen Staaten A.s zus. mit denen Afrikas im Rahmen der Bewegung blockfreier Staaten um ein eigenes weltpolit. Gewicht. Als regional bedeutsame Vereinigung südostasiat. Staaten entstand 1967 die ASEAN. Japan konnte trotz seiner Niederlage im Zweiten Weltkrieg im Verlauf der 1950er- und 1960er-Jahre wieder eine bed. Stellung in Ost-A. gewinnen und sich zu einer wirtsch. Großmacht entwickeln, die in ökonom. Konkurrenz zu den USA und den in der EG verbundenen europ. Staaten trat. Neben Japan stiegen in den 1970er-Jahren die so genannten »Vier kleinen Drachen« (Süd-Korea, Taiwan, Singapur und die damalige Kronkolonie Hongkong), in den 1980er-Jahren die »Drei kleinen Tiger« (Indonesien, Malaysia und Thailand) zu »Newly industrializing countries« auf (↑Schwellenländer). Zur Unterstützung des regionalen Zusammenwirkens in A. wurden 1983 die Südasiat. Vereinigung für regionale Kooperation (engl. South Asian Association for Regional Cooperation, Abk. SAARC) und 1989 die Asiatisch-Pazif. Wirtsch. Zusammenarbeit (engl. Asian-Pacific Economic Cooperation, Abk. APEC) gegründet. China, seit 1949 eine Volksrepublik nach kommunist. Muster, wurde zu einer weltpolitisch bedeutsamen Macht und geriet seit 1958 in einen Interessengegensatz zur Sowjetunion. Neben der VR China und der Mongol. VR etablierten sich zunächst in Nord-Korea (1948) und Nord-Vietnam (seit 1955), später auch in Laos und Kambodscha kommunist. Regierungssysteme. Im Spannungsfeld des Ost-West-Ggs. kam es zum ↑Koreakrieg (1950–53) und zu zwei Indochinakriegen (1946–54 gegen Frankreich, 1964–73 gegen die USA und andere westl. Kombattanten). Im ersten Indochinakrieg wurde Nord-Vietnam hauptsächlich von China, im zweiten in erster Linie von der UdSSR unterstützt; seit 1970 waren auch Kambodscha und Laos in diesen militär. Konflikt einbezogen (↑Vietnamkrieg). Nach seinem Sieg besetzte das seit 1976 unter kommunist. Bedingungen vereinigte Vietnam 1979 das bis dahin von den ↑Roten Khmer unter Pol Pot beherrschte Kambodscha, was zu einem Krieg mit China (Febr./März 1979) und langjähriger chinesisch-vietnames. Gegnerschaft führte (erst 1991 Normalisierung der Beziehungen).

Im Unterschied zu Mittel- und Osteuropa konnten sich auch nach 1989 in China (blutige Niederschlagung der Demokratiebewegung), Vietnam, Laos und Nord-Korea kommunist. Gesellschafts- und Reg.systeme an der Macht halten, waren jedoch zu wirtsch. (bes. China) und z.T. polit. (Vietnam) Reformen gezwungen. Lediglich Nord-Korea hielt trotz seines wirtsch. Desasters (verbunden mit schweren Hungersnöten) an erstarrten und dogmat. Formen der kommunist. Einparteiendiktatur mit übersteigertem Personenkult fest.

Die VR China suchte ihre Rolle als asiat. Regionalmacht auszubauen; ungeachtet der China von westl. Staaten vorgeworfenen Menschenrechtsverletzungen (u. a. repressive Politik in Tibet) konnte es die Handelsbeziehungen zu den westeurop. Industriestaaten und den USA erweitern. Ein 1984 zw. China und Großbritannien geschlossener Vertrag führte zur Rückgabe der brit. Kronkolonie Hongkong am 1. 7. 1997 an China, das in einem weiteren Abkommen mit Portugal (1987) auch die Rückführung Macaos 1999 erreichte und des Weiteren die Vereinigung mit Taiwan zu seinem Ziel erhob.

Ausgehend von der Proklamation einer »Islam. Republik« in Iran (1979) verstärkten sich in den mehrheitlich von Muslimen bewohnten Staaten Bestrebungen, den Islam unmittelbar in Staat und Gesellschaft zu verankern (in einer Reihe von Ländern Erhebung des Islam zur Staatsreligion, z.T. Einführung der Scharia).

Machtkämpfe innerhalb der kommunist. Führungsschicht Afghanistans nutzte die Sowjetunion 1979 unter dem Protest der Weltöffentlichkeit, bes. jedoch der islam. Welt, zu einer militär. Intervention in diesem Land. Sie löste damit in der Folgezeit jedoch zugleich einen Aufstand fundamentalistisch-islam. Kräfte (↑Mudschaheddin) gegen das kommunist. Reg.system Afghanistans und die zu seinem Schutz operierenden sowjet. Truppen aus. Nach dem Rückzug der sowjet. Streitkräfte 1988–89

Asien: Palmenküste am Indischen Ozean bei Ahungalla, Sri Lanka

brach das kommunist. Regime 1992 zusammen. Im Zeichen religiöser und ethn. Gegensätze zw. den versch. fundamentalistisch-islam. Kräften setzte sich der Bürgerkrieg mit anderen politisch-militär. Fronten fort.
In Vorder-A. führte die Bildung des Staates Israel (1948) zum ↑Nahostkonflikt, der sich in mehreren arabisch-israel. Kriegen und im Terrorismus v. a. palästinensisch-arab. Gruppen entlud. Blieb der ägyptisch-israel. Friedensvertrag von 1979 weitgehend ohne sichtbare Folgen für den Frieden in der gesamten Nahostregion, so bot das Ende des Ost-West-Konfliktes nach 1989 neue Möglichkeiten, den Friedensprozess im Nahen Osten voranzubringen: 1991 fand in Madrid eine erste Nahostkonferenz statt. Mit dem Gaza-Jericho-Abkommen (1993) und seinen Folgeabkommen (1994, 1995 und 1998/99) kam es zur teilweisen Autonomie im Gazastreifen und im Westjordanland; die ab 1999 zu vereinbarende Endstatusregelung unterblieb jedoch bisher (u. a. ergebnisloser Gipfel in Camp David, Juli 2000), stattdessen eskalierte der Konflikt erneut (↑Palästina).
Zu Beginn der 1980er-Jahre bildete sich ein neuer Krisenherd am Pers. Golf heraus, wo es 1980–88 zu einem iranisch-irak. Krieg und 1991 zum Krieg zw. Irak und einer von den USA geführten internat. Militärallianz zur Befreiung des 1990 von irak. Truppen besetzten Kuwait kam (↑Golfkrieg).
Zu einem brisanten Problem in Vorder-A. entwickelte sich auch der Kampf des v. a. auf dem Territorium der Türkei, Iraks, Irans und Syriens lebenden Volkes der ↑Kurden für seine nat. Eigenständigkeit (»Kurdistan«), in der Türkei 1984–99 gewaltsam von der ↑PKK betrieben.
Der Zerfall der Sowjetunion in unabhängige Staaten (im asiat. Raum neben Armenien, Aserbaidschan und Georgien fünf mittelasiat. Republiken), die Bildung der GUS (1991) sowie der Ausbruch teilweise gravierender Nationalitätenkonflikte (z. B. in Abchasien, Bergkarabach) haben neben politisch oder religiös bedingten Auseinandersetzungen (u. a. Bürgerkrieg in Tadschikistan 1992–97/98) das polit. Gefüge A.s grundlegend verändert. Auch unter den sibir. und v. a. kaukas. Republiken und Gebietseinheiten der Russ. Föderation verstärkte sich das Streben nach größerer

Selbstständigkeit (besondere Zuspitzung des Konflikts in zwei opferreichen Militärinterventionen Russlands in dem nach Unabhängigkeit strebenden Tschetschenien 1994–96 und ab 1999, danach anhaltender Partisanenkrieg).

Asien: Sherpadorf Namche Bazar (3440 m ü. M.) im Himalaja, Nepal

Durch die Anbahnung vielfältiger Kontakte zu den muslimisch geprägten früheren Gliedstaaten der UdSSR suchten sich die Türkei (die 1996–97 erstmals eine islamist. Reg. hatte) und Iran als Mittelmächte im vorder- und mittelasiat. Raum zu profilieren.
Das erste asiatisch-europ. Gipfeltreffen 1996 in Bangkok, an dem die EU-Staaten, die Mitgl. der ASEAN sowie China, Japan und Süd-Korea teilnahmen, diente der Verbesserung der wirtsch. und polit. Beziehungen und der Zusammenarbeit (zweites Gipfeltreffen dieses Asia-Europe Meetings [ASEM] 1998 in London, drittes 2000 in Seoul). 1997/98 wurden viele ost- und südostasiat. Länder (darunter Japan und die wirtsch. »Tigerstaaten«) von einer schweren Banken- und Wirtschaftskrise erfasst (z. T. mit polit. Folgen, u. a. Sturz der Reg. Suharto in Indonesien). Zu neuen Span-

ASI Asienspiele

nungen zw. Indien und Pakistan führten 1998/99 und erneut 2001/02 deren Rivalität in der Kernwaffenentwicklung und -rüstung sowie die Wiederaufbrechen des Konflikts um Kaschmir. Die instabile polit. Situation in zahlr. asiat. Ländern äußerte sich auch im verschiedentl. Wechsel von parlamentar. Reg. zu Militäradministrationen (u. a. seit 1988 in Birma, 1999 erneut in Pakistan). Den polit. Durchbruch für eine Annäherung zw. den beiden korean. Staaten brachte das erste Gipfeltreffen zw. den Staatschefs Nord- und Süd-Koreas im Juni 2000, auch wenn sich die Weiterentwicklung der beiderseitigen Beziehungen schwierig gestaltete (u. a. angesichts einer danach wieder härteren Haltung der USA gegenüber Nord-Korea, bes. wegen dessen vertragswidrigen Atomprogramms). Nach Errichtung der radikalislam. Herrschaft der ↑Taliban in Afghanistan stieß diese bald auf internat. Ablehnung; die Rolle Afghanistans als weltgrößter Heroinproduzent und Unterschlupfgebiet von Terroristen zog Sanktionen der UNO nach sich. Als sich nach den Terroranschlägen auf die USA vom 11. 9. 2001, für die man den in Afghanistan aufgenommenen saud. Extremisten Osama Bin Laden verantwortlich machte, eine amerikan. Militäraktion gegen die Terroristenstützpunkte und die Taliban richtete, schlossen sich (trotz z. T. heftiger antiamerikan. Proteste islamist. Kräfte in einzelnen Ländern, z. B. in Pakistan und Indonesien) die meisten asiat. Staaten der internat. Antiterrorallianz an. Im Zusammenhang mit dem ↑Antiterrorkrieg verstärkten die USA ihre Militärpräsenz sowie ihren Einfluss in zahlr. asiat. Staaten. Trotz fehlenden UN-Mandats fand 2003 eine amerikan.-brit. Militärintervention in Irak statt, die zum Sturz des Regimes von Saddam Husain führte. Zugleich erhöhten die USA in der Region ihren Druck gegenüber Syrien und Iran und verstärkten ihr Engagement zur Regelung des Nahostkonflikts.

📖 *A. nach dem Ende der Sowjetunion. Die Auswirkungen des Zerfalls der sowjet. Großmacht auf Politik, Gesellschaft u. Wirtschaft der asiat. Staaten,* hg. v. *W. Draguhn.* Heidelberg 1993. – *A. in der Neuzeit 1500–1950. Sieben histor. Stationen,* hg. v. *J. Osterhammel. Beiträge v. S. Dabringhaus u. a.* Frankfurt am Main 1994. – *Nationalismus u. regionale Kooperation in A.,* hg. v. *B. Staiger.* Hamburg 1995. – *Südost-A. Kunst u. Kultur,* bearb. von *M. Girard-Geslan u. a.* Freiburg u. a. 1995. – *Weggel, O.: Die Asiaten. Gesellschaftsordnungen, Wirtschaftssysteme, Denkformen, Glaubensweisen, Alltagsleben, Verhaltensstile.* Lizenzausg. München ²1997. – *Coulmas, F. u. Stalpers, J.: Das neue A. Ein Kontinent findet zu sich selbst.* Lizenzausg. Frankfurt am Main 1998. – *Wirtsch. Potenziale u. polit. Stabilität in A.,* hg. v. *W. Draguhn.* Hamburg 2001. – *Modernisierung u. Modernität in A.,* hg. v. *J. Osterhammel.* Göttingen 2002. – *Süd-A. in der Neuzeit. Gesch. u. Gesellschaft,* hg. v. *K. Preisendanz u. D. Rothermund.* Wien 2003.

Asi|enspiele (Asiatische Spiele), erstmals 1951 von Vertretungen asiat. Länder in Neu-Delhi ausgetragene Spiele mit olymp. Programm, ferner in Manila (1954), Tokio (1958), Jakarta (1962), Bangkok (1966, 1970 und 1998), Teheran (1974), Islamabad (1978), Delhi (1982), Seoul (1986), Peking (1990), Hiroshima (1994) und Bangkok (1998). – Seit 1986 werden auch *Winterspiele* veranstaltet, die vierten fanden 1999 in der Prov. Kangwŏn (Süd-Korea) statt.

Asiento [span.] *der,* Vertrag, bes. der **A. de negros,** durch den der König von Spanien das Monopol erteilte, Negersklaven nach Amerika zu liefern, zuerst von Karl V. 1518 an die Genuesen vergeben; bis ins 18. Jh. praktiziert.

Asimov [əˈsiːmɔv], Isaac, amerikan. Biochemiker und Schriftsteller russ. Herkunft, *Petrowsk (Gebiet Saratow) 2. 1. 1920, †New York 6. 4. 1992; verfasste zahlreiche naturwiss. Abhandlungen, Kriminalromane und Science-Fiction.

Asine, felsige Höhe am Argol. Golf südöstlich der grch. Stadt Nauplion auf der Peloponnes, mit hellenist. Wehrmauer; auf Terrassen über dem Meer Reste früh- bis späthellad. Siedlungen.

Asi Nehri, Fluss in Vorderasien, ↑Orontes.

Asinius Pollio, Gaius, röm. Staatsmann und Schriftsteller, *76 v. Chr., †5 n. Chr.; förderte u. a. Vergil und Horaz, stiftete die erste öffentl. Bibliothek in Rom (39 v. Chr.). Von seinen Tragödien, Reden und einer Geschichte des Bürgerkriegs zw. Caesar und Pompeius sind nur Reste erhalten.

Asir, Landschaft und Prov. im SW von Saudi-Arabien, Bergland, das von der

Küstenebene bis auf 2 800 m ansteigt; sommerl. Regenfeldbau, in den Gebirgstälern Bewässerungsfeldbau.
Asjut, Stadt in Ägypten, ↑Assiut.
Askalon, Stadt in Israel, ↑Ashqelon.
Askanier [nach der Grafschaft Aschersleben (= Ascharien; daraus mythologisierend Askanien, zu Ascanius)], dt. Grafen- und Fürstengeschlecht; stammte urspr. aus Schwaben, ältester bekannter Angehöriger ist im 11.Jh. Esiko von Ballenstedt. Albrecht der Bär, Gründer der Mark Brandenburg, unterlag Heinrich dem Löwen im Streit um das Herzogtum Sachsen, doch wurde sein Sohn Bernhard nach dessen Tod (1180) Herzog von Sachsen; dessen Sohn Heinrich I. gründete die Linie Anhalt, die, geschwächt durch mehrere Teilungen (zuletzt im 17.Jh.), bis 1918 herrschte. Die anderen Linien starben frühzeitig aus (Brandenburg 1319, [Sachsen-]Wittenberg 1422, [Sachsen-]Lauenburg 1689).
Askanija Nowa, Biosphärenreservat im Gebiet Cherson, Ukraine, in der Schwarzmeerniederung, 333 km² (Totalnaturschutzgebiet 110 km²); Federgrassteppe; zoolog. und botan. Forschungsinstitut. A. N. geht auf eine Stiftung der dt. Gutsbesitzerfamilie von Falz-Fein (1888) zurück.
Askari [arab., türk. »Soldat«] *der,* im ostafrikan. Sprachraum früher gebräuchl. Bez. für farbige Soldaten, bes. der dt. Schutztruppe (1890–1918) in Dt.-Ostafrika.
Askenase, Stefan, belg. Pianist poln. Herkunft, *Lemberg 10. 7. 1896, †Bonn 18. 10. 1985; berühmter Chopin-Interpret.
Aškenazy [ˈaʃkɛnazi], Ludvík, tschech. Schriftsteller, *Český Těšín 24. 2. 1921, †Bozen 18. 3. 1986; lebte seit 1968 in der Bundesrep. Dtl.; lyr. und humorist. Erz., Dramen, Hörspiele, Kinderliteratur.
Askese [grch. »Übung«] *die,* urspr. die Zucht, das Training und die Enthaltsamkeit der Athleten; dann allg. die religiös-ethisch begründete Enthaltsamkeit mit versch. Ausprägungen und Stufen: Enthaltung von bestimmten Speisen und Getränken, von Geschlechtsverkehr, von lustbezogenen Verhaltensweisen und Konsummöglichkeiten, völlige Abkehr von weltl. Freuden auch auf der psychisch-kognitiven Ebene, bis hin zu rigorist. Übertreibungen. Die A. soll der inneren Sammlung dienen, der bewussten Lenkung des Erlebens, Vorstellens, Denkens und Wollens auf wenige Inhalte. Sie ist in fast allen Religionen zu finden, bes. im Hinduismus und Buddhismus, aber auch im Christentum.
Asklepiades, 1) grch. Dichter aus Samos, *um 300 v. Chr.; Verfasser meist erot. Epigramme.
2) grch. Arzt, *Prusa in Bithynien 124 v. Chr., †Rom um 60 v. Chr.; baute auf der atomist. Philosophie eine Lebens- und Krankheitslehre auf.
Asklepios, grch. Heilgott, ↑Äskulap.
Askorbinsäure, ↑Ascorbinsäure.

Äskulap: Äskulapstab

Äskulap (grch. Asklepios, lat. Aesculapius), urspr. thessalischer Erddämon, galt als Sohn des Apoll und der Koronis, entwickelte sich zum grch. Heilgott; anlässlich einer Seuche in Rom 293 v. Chr. dort eingeführt. Das berühmteste seiner Heiligtümer (**Asklepieion**) stand in Epidauros. Abzeichen des Ä. ist die **Ä.-Schlange** oder der schlangenumwundene **Ä.-Stab** (Zeichen des ärztl. Standes). In der Kunst wurde Ä. seit Ende des 5.Jh. v. Chr. als in einen Mantel gehüllter bärtiger Mann mit dem meist von der hl. Schlange umwundenen Stab dargestellt. (↑Hygieia)
Äskulapnatter (Elaphe longissima), eine bis 2 m lange, ungiftige Natter; in Dtl. nur bei Schlangenbad, Hirschhorn, Lörrach und Passau in geringen Beständen vorkommend; nach der Roten Liste vom Aussterben bedroht. – Abb. S. 404
Aslan, Raoul Maria, österr. Schauspieler und Regisseur armen. Herkunft, *Saloniki 16. 10. 1886, †Litzlberg (Gem. Seewalchen am Attersee) 18. 6. 1958; war 1945–48 Direktor des Wiener Burgtheaters; spielte v. a. Heldenrollen.

Asmara, Hptst. von Eritrea, am Steilrand des äthiop. Hochlandes, 2350 m ü. M., 400000 Ew.; Univ.; Textil- u. a. Ind., Handelszentrum eines Kaffeeanbaugebietes; internat. Flughafen.

Asmodi, im A. T. Name eines Dämons (Tob. 3,8); im Talmud Fürst der Dämonen; im ↑Parsismus: Dämon der Begierde und des Zorns.

Äskulapnatter

Asmus, Dieter, Maler, *Hamburg 1. 3. 1939; 1965 Mitbegründer der Gruppe Zebra, malt nach fotograf. Vorlagen in einem plastisch übersteigerten Realismus.

Asmussen, Hans Christian, evang. Theologe, *Flensburg 21. 8. 1898, †Speyer 30. 12. 1968; führend in der Bekennenden Kirche; 1949–55 Propst von Kiel. A. trat für den Dialog mit der kath. Kirche ein.

Asnam, Stadt in Algerien, ↑El-Asnam.

Asnières-sur-Seine [a'njɛːrsyr'sɛːn], Stadt nordwestlich von Paris, Dép. Hauts-de-Seine, 71 100 Ew.; Metall-, Textil-, Lebensmittel-, Parfüm- und pharmazeut. Ind.; Wohnstadt.

asomatisch [auch -'maː-, grch.-lat.], *Philosophie:* unkörperlich; nicht ↑somatisch.

Asomnie [grch.-lat.] *die,* ↑Schlafstörungen.

Äsop (grch. Aisopos, lat. Aesopus), Held einer frühgrch. volkstüml. Erzählung (6. Jh. v. Chr.), dann eines »Romans« des 1. Jh. n. Chr. Danach war Ä. ein phryg. Sklave voller Schnurren und Eulenspiegeleien. Die unter seinem Namen erhaltene Sammlung **(Äsopische Fabeln)** stammt aus dem 1.–6. Jahrhundert.

Asow, Hafenstadt im Gebiet Rostow, Russland, am Don, oberhalb seiner Mündung ins Asowsche Meer, 81000 Ew.; Werft, Fischerei, Fischverarbeitung. – In der Nähe von A. lag die griech. Kolonie **Tanais.**

Asowsches Meer, nordöstliches Nebenmeer des Schwarzen Meeres, durch die Straße von Kertsch mit diesem verbunden, 38000 km², nur bis 14,5 m tief; Fischfang. Haupthäfen: Taganrog, Mariupol, Jeisk, Berdjansk.

asozial, unfähig zum Leben in der Gemeinschaft, den sozialen Interessen zuwiderlaufend. Als **Asoziale** werden Menschen bezeichnet, die sich den normativen Mindestforderungen und Verhaltensmustern einer Gesellschaft nicht anpassen können oder nicht anpassen wollen.

Asparagin [zu grch. aspáragos »Spargel«] *das,* nichtessenzielle Aminosäure in vielen Peptiden und Eiweißstoffen; findet sich u. a. in Spargel und Keimlingen von Schmetterlingsblütlern sowie Kartoffeln. A. wird durch das Enzym **Asparaginase** in A.-Säure und Ammoniak gespalten.

Aspartam [Kw.] *das,* weiße kristalline Verbindung, in der die Aminosäuren Asparaginsäure und Phenylalanin durch eine Peptidbindung miteinander verknüpft sind und die wie ein Eiweißstoff im Körper abgebaut wird. A. ist ein Süßstoff mit etwa der 200fachen Süßkraft des Rohrzuckers, u. a. für Diätgetränke verwendet.

Asparuch (Isperich, Ispor), Khan der Protobulgaren, *um 644, †um 702; gründete nach Eroberung der damals byzantin. Dobrudscha um 679/680 das 1. Bulgar. Reich (Hauptstadt Pliska), das nach vergebl. Unterwerfungsversuchen 681 von Kaiser Konstantin IV. Pogonatos anerkannt wurde.

Aspasia, eine der berühmtesten Frauen des grch. Altertums, 2. Gattin des Perikles, aus Milet, kam bald nach 450 v. Chr. nach Athen, wo sie in den gebildeten Kreisen eine bedeutende Rolle spielte. Geistreich und von großem Einfluss auf ihren Gatten, wurde sie das Angriffsziel seiner polit. Gegner.

Aspekt [lat. aspectus »Hinsehen«] *der,*
1) *allg.:* Gesichtspunkt; Blickwinkel.
2) *Astronomie:* die ↑Konstellation.
3) *Sprachwissenschaft:* grammat. Katego-

rie des Verbs, bes. in den slaw. Sprachen. Der **imperfektive A.** stellt einen Sachverhalt in seinem Verlauf (unvollendet), der **perfektive A.** als Tatsache (vollendet) dar.
Aspen ['æspən], Stadt in W-Colorado, USA, 2400 m ü. M. in den Rocky Mountains, 4000 Ew.; nach dem Rückgang des Silberbergbaus bed. Fremdenverkehrszentrum (Wintersport).
asper [lat.], rau; **Spiritus a.**, ↑Spiritus.
Asper, 1) Hans, schweizer. Maler, *Zürich 1499, †ebd. 21. 3. 1571; neben H. Holbein d. J. einer der bedeutendsten Porträtmaler seiner Zeit.
2) Hans Conrad, schweizer. Bildhauer und Baumeister, *Zürich um 1588, †Konstanz(?) um 1666; einer der Wegbereiter des Frühbarock, beteiligt u. a. am Bau von Kirche und Kloster der Karmeliten in München (1654–60).
Asperg, Stadt im Landkreis Ludwigsburg, Bad.-Württ., 260 m ü. M., am Fuß der ehem. Festung ↑Hohenasperg, 11 900 Ew.; Maschinenbau, Metallverarbeitung.
Aspergill [lat.] *das* (Weihwasserwedel), liturg. Gerät (Hohlkugel mit Löchern, Wedel) zum Besprengen mit Weihwasser (lat. Aspersion).
Aspergillus (Gießkannenschimmel), weltweit verbreitete Gattung der Schlauchpilze; v. a. **A. fumigatus** ist Erreger der **Aspergillose,** die bei Mensch und Tier meist in Form einer Lungenentzündung, bei Hühnervögeln u. a. auch als Durchfall auftritt. Industriell wird **A. niger** zur Produktion von Zitronensäure und von Stärke und Eiweiß spaltenden Enzymen verwendet; **A. flavus** bildet Krebs erregende und leberschädigende Giftstoffe, die Aflatoxine. (↑Ochratoxin A)
Aspermie [grch.] *die,* das Fehlen von Samenzellen und Samenreifungszellen im Sperma.
Aspern, 1905 nach Wien eingemeindet, seit 1938 Teil des 22. Bezirks. – Die **Schlacht bei A. und Eßling** am 21./22. 5. 1809 war die erste, in der Napoleon I. besiegt wurde: Die Österreicher unter Erzherzog Karl verhinderten den Donau-Übergang der Franzosen.
Asphalt [von grch. ásphaltos »Erdpech«] *der, Materialkunde:* natürl. oder künstl. braunes bis schwarzes, zähes Gemisch aus ↑Bitumen und Mineralstoffen. **Natur-A.** entsteht aus der Oxidation und Polymerisation des ↑Erdöls. Technisch hergestellter A. wird überwiegend für den Straßenbau verwendet (↑Gussasphalt). **Asphaltite** sind Natur-A. von großer Härte und niedrigem Mineralstoffgehalt. **A.-Lack,** schwarzes, oft glänzendes, lufttrocknendes Anstrichmittel als Korrosionsschutz.
asphärisch, *Mathematik:* nicht kugelförmig.
Asphyxie [grch. »Pulslosigkeit«] *die,* das Aussetzen der Atmung durch Störung des Atemzentrums; Notfallsituation, erfordert Wiederbelebung; i. w. S. alle Fälle lebensbedrohenden Atmungsausfalls bei Neugeborenen, z. B. auch durch Nabelschnurumschlingung.
Aspidistra [zu grch. aspís »Schild«] *die* (Schildblume), japan. Liliengewächs mit braungelben, halb in der Erde steckenden Blüten und dem Boden aufliegendem Wurzelstock.
Aspik [frz.] *der,* auch *das,* Fisch-, Fleisch-, Geflügel- oder Wildgelee; auch die damit bereiteten Speisen.
Aspirant [lat. aspirare »anhauchen«, »hinstreben«] *der,* Anwärter, Bewerber.
Aspirata *die,* Hauchlaut (↑Laut).
Aspiration *die,* **1)** *Medizin:* das Eindringen von Fremdkörpern (z. B. Blut oder Mageninhalt) in die Atemwege während der Einatmung, bes. bei Bewusstlosen.
2) *Phonetik:* Behauchung (eines ↑Lautes).
Aspirationskürettage [-ʒə], Methode zur Gewinnung von Gebärmutterschleimhaut (↑Ausschabung) zu diagnost. Zwecken.
Aspirationslipektomie, Operationstechnik der kosmet. Chirurgie zur Fettabsaugung; dabei werden begrenzte Fettpolster (z. B. Doppelkinn) entfernt; erfolgt mit einer speziellen Apparatur und hinterlässt nur kleine Narben.
Aspirin® *das,* Handelsname eines häufig verwendeten Schmerzmittels, chemisch Acetylsalicylsäure, wirkt u. a. auch fiebersenkend und entzündungshemmend.
Aspisviper [grch. aspís »Natter«], der Kreuzotter ähnl., bis 75 cm lange, giftige Viper; bes. in den Pyrenäen (in Dtl. nur im S-Schwarzwald).
Asplund, Gunnar, schwed. Architekt, *Stockholm 22. 9. 1885, †ebd. 20. 10. 1940; vollzog in Schweden den Übergang von der klassizist. zur modernen Architektur (Stadtbibliothek Stockholm, 1927; Bauten der Stockholmer Ausstellung, 1930).

Aspropotamos *der,* grch. Fluss, ↑Acheloos.
Asquith [ˈæskwɪθ], Herbert Henry, Earl of Oxford and A. (seit 1925), brit. liberaler Politiker, *Morley (Cty. West Yorkshire) 12. 9. 1852, †London 15. 2. 1928; war 1892–95 Innenmin., 1908–16 Premiermin., danach Führer der liberalen Opposition.
Ass [frz.] *das,* höchstes Blatt der frz. Spielkarten; im Würfelspiel die Eins. (↑Daus)
Assab, Hafenstadt in Eritrea, am Roten Meer, 50 000 Ew.; Erdölraffinerie; nordwestlich von A. Salzgewinnung; Flughafen.
Assad (Asad), **1)** Baschar al-, syr. Politiker, *Damaskus 11. 9. 1965, Sohn von 2); Augenarzt; wurde nach dem Tod seines Vaters zum Gen.-Sekr. der Baath-Partei in Syrien (18. 6.) sowie zum Präs. gewählt (Amtseinführung: 17. 7.).
2) Hafis al-, syr. General und Politiker, *Kardaha (bei Latakia) 6. 10. 1930, †Damaskus 10. 6. 2000, Vater von 1); 1966–70 Luftwaffenchef und Verteidigungsmin.; nach Militärputsch 1970/71 MinPräs. und seit 1971 (autokratisch herrschender) Staatspräs.; erstrebte eine Führungsrolle Syriens in der arab. Welt.
Assagai *der* (Azagai, Zagai), Hauptwaffe südafrikan. Stämme (1–2 m lang) mit eiserner Spitze; wurde 30–40 m weit geworfen; nur die Zulu benutzten ihn als Stoßwaffe.
assai [italien. »genug«, »ziemlich«], gibt die Steigerung einer musikal. Tempo- oder Vortragsbezeichnung an, z. B. adagio a.: recht langsam.
Assam, Bundesstaat im NO Indiens; umfasst das hochgebirgsumrahmte Brahmaputratal, hat feuchtheißes Klima mit den höchsten Niederschlägen der Erde (10 800 mm/Jahr). Die Bev. besteht zu etwa 70 % aus Hindus, zu 20 % aus Muslimen und zu 10 % aus Christen. Anbau: 80 % des ind. Tees (Teeanbau seit 1830); Reis, Baumwolle, Jute; Erdöl-, Erdgas- und Kohlevorkommen. – Nach Eroberung durch die ↑Ahom seit dem 13. Jh. ein eigenes Reich, wurde A. 1816 von Birmanen besetzt und stand seit 1826 unter brit. Herrschaft; seit 1950 Staat der Ind. Union. Versch. Gebiete wurden später ausgegliedert (↑Arunachal Pradesh, ↑Meghalaya, ↑Mizoram, ↑Nagaland).
assamische Sprache, Hauptsprache des ind. Bundesstaates Assam, die östlichste der neuindoar. Sprachen.
Assassinen [arab. »Haschischraucher«], wohl erst später übl. Bez. eines gegen Ende des 11. Jh. von den Ismailiten abgespaltenen islam. Geheimbundes in Persien sowie Syrien (der dortige Führer trug den Titel Scheich »al-Djebel«, dt. eigtl. »Gebieter des Gebirges«, gebräuchl. Übersetzung »Alter vom Berge«); bedrohte durch Meuchelmörder bis ins 13. Jh. islam. Fürsten und die Kreuzfahrer. Kleine religiöse Gruppen der seit langem friedl. A. leben noch in Syrien.
Asse *die,* Höhenrücken im nördl. Harzvorland. Ein ehem. Salzbergwerk bei Wolfenbüttel diente zu Forschungszwecken für die Einlagerung schwach- und mittelradioaktiver Abfälle.
Assekuranz [lat.] *die,* ↑Versicherung.
Asseln (Isopoda), Krebstiere mit meist plattem Körper und gegliedertem Rumpf. Körperlänge: 1–27 cm, die größte Art ist die Riesen-A. (Bathymus giganteus) der Tiefsee. Die Wasser-A. leben im Süßwasser. Ein Luftatmer an feuchten Orten ist die Keller-A. (Porcellio scaber).
Asselspinnen (Pantopoda), meerbewohnende Gliederfüßer mit unsicherer phylogenet. Stellung (rd. 500 Arten).
Assemblage [asãˈblaːʒ, frz.] *die,* Technik des Materialbildes, bei der vorgefundene oder vorgefertigte plast. Objekte bzw. Materialfragmente auf der Fläche montiert werden und dadurch räumlich-plast. Wirkung erhalten; Weiterentwicklung der ↑Collage.
Assemblée [asãˈble, frz.] *die,* Versammlung, in Frankreich v. a. Bezeichnung für Volksvertretungen und öffentl. Körperschaften. **A. nationale,** ↑Nationalversammlung. **A. nationale constituante,** die verfassunggebende Nationalversammlung, z. B. die 1789 aus den Generalständen hervorgegangene.
Assembler [əˈsemblə, engl.] *der,* Übersetzungsprogramm, spez. für eine maschinenorientierte ↑Programmiersprache.
Assembly [əˈsembli; engl. »Versammlung«] *die,* im brit. und amerikan. Sprachgebrauch Bez. für versch. beratende oder legislative Körperschaften, z. B. für das Unterhaus in den Bundesstaaten der USA. – **General A.** ist die Generalversammlung (Vollversammlung) der UN.
Assen [ˈasə], Hptst. der Prov. Drente,

Niederlande, 56 300 Ew.; Drentemuseum; graf. Gewerbe; durch Kanäle mit Zwolle, Groningen und Leeuwarden verbunden.
Asser, Tobias Michael Carel, niederländ. Rechtsgelehrter, *Amsterdam 28. 4. 1838, †Den Haag 29. 7. 1913; 1862–93 Prof. der Rechte, in Amsterdam wurde 1893 Mitgl. des Staatsrats, 1904 Staatsmin.; war Delegierter bei den Haager Friedenskonferenzen 1899 und 1907; erhielt 1911 den Friedensnobelpreis.
Assertion [lat.] *die,* Feststellung, Behauptung. Aussagen oder Urteile, die ohne Beweis Gültigkeit beanspruchen, heißen in der Logik **assertorisch.**
Asservat [lat.] *das,* amtlich aufbewahrte Sache (z. B. bei Gericht verwahrte Beweisgegenstände). **Asservatenkammern,** bei Polizeistellen oder Gerichten eingerichtete Aufbewahrungsorte für A. **Asservatenkonto,** gesperrtes Verwahrkonto bei einer Bank.
Assessment-Center [əˈsesmənt ˈsentə; engl.»Beurteilungszentrum«], in der Personalauswahl und -entwicklung eingesetztes eignungsdiagnost. Instrument, bei dem Berufssituationen möglichst realitätsnah in standardisierten Spiel- und Testsituationen simuliert werden.
Assessor [lat. »Beisitzer«], früher Dienstbez. für auf Probe eingestellte Richter und Beamte des höheren Dienstes, z. B. Gerichts-, Studien-A.. Heute wird die Bez. des Eingangsamtes mit dem Zusatz »z. A.« (zur Anstellung, z. B. Regierungsrat z. A.) geführt. Die Bez. A. darf auch führen, wer die 2. jurist. Staatsprüfung bestanden hat. Im *spätröm. Recht* war der Titel A. für die Berater des Kaisers bei dessen Rechtsprechung üblich. Seit dem MA. waren A. am Reichskammergericht und Reichshofrat, bei den Instanzgerichten der Territorien und an den jurist. Fakultäten tätig, wo sie oft zeitlich begrenzt Recht sprachen.
Assibilierung [lat.], *Sprachwissenschaft:* die Verwandlung eines Verschlusslautes [k, t] in eine Affrikata [ts, tʃ] oder in einen Zischlaut [s, ʃ], z. B. wird lat. causa zu frz. chose [ʃoːz].
Assiduität [lat.] *die,* Ausdauer, Beharrlichkeit.
Assiette [frz. »Teller«; »Lage«, »Gemütszustand«] *die,* flacher (Servier-)Behälter (z. B. mit tischfertigen Gerichten).
Assignaten [frz., zu lat. assignare »anweisen«], das Papiergeld der Frz. Revolution; 1797 für ungültig erklärt. – Abb. S. 408
Assigned Forces [əˈsaɪnd ˈfɔːsɪz; engl. »zugewiesene Streitkräfte«], schon im Frieden voll einsatzbereite nat. Streitkräfte der NATO-Mitgliedstaaten, die im Verteidigungsfall den höheren NATO-Kommandobehörden nach nat. Entscheidung unterstellt werden; bis zu dieser Entscheidung verbleiben sie unter nat. Kommando. Neben den A. F. sind die NATO-Streitkräfte noch in ↑Command Forces und ↑Earmarked Forces eingeteilt.
Assimilation [lat. »das Ähnlichmachen«] *die,* **1)** *Biologie:* die unter Energieverbrauch erfolgende Bildung körpereigener, anorgan. Substanz aus von außen aufgenommenen, anorgan. (bei den meisten Pflanzen) oder vorwiegend organ. Stoffen (u. a. bei allen Pilzen, fast allen Bakterien, den

Assemblage: John Chamberlain, »Spotlight of Affection«, bemalter und verchromter Stahl (1994; Baden-Baden, Sammlung Frieder Burda)

ASS Assiniboine

Assignaten zum Nennwert von 5 Livres

Tieren und Menschen). Die **Kohlendioxid-A.** der Pflanzen bildet die Grundlage des Lebens auf der Erde. Dabei werden aus dem Kohlendioxid der Luft und aus Wasser mittels Lichtenergie **(Photosynthese)** oder chem. Energie **(Chemosynthese)** Kohlenhydrate (Zucker, Stärke) u. a. organ. Verbindungen gebildet.
2) *Petrologie:* (magmat. A., Syntexis), die Aufnahme, Umwandlung und Einschmelzung von Fremdgestein in Magma, wobei dieses chemisch wesentlich verändert wird.
3) *Phonetik:* Abstimmung zweier Laute hinsichtlich ihrer Artikulationsstelle oder Artikulationsart; z. B. wird mhd. *lamb* zu nhd. *Lamm.*
4) *Psychologie:* Verschmelzung von früheren Wahrnehmungen mit neu hinzutretenden; diese werden dabei in die bisherigen Erfahrungen integriert und an sie angepasst.
5) *Soziologie:* Vorgang, bei dem Einzelne oder Gruppen die Traditionen, Gefühle und Einstellungen anderer Gruppen übernehmen und in diesen allmählich aufgehen (z. B. Einschmelzung verschiedenartiger Einwanderergruppen in den USA); ferner jede Angleichung des Einzelnen an die umgebenden Gruppen (Familie, Berufsverband, Staat u. a.). Die A. ist ein wesentl. Faktor des Wachstums von Stämmen, Völkern, Sprach- und Religionsgemeinschaften.
Assiniboine [əsɪnɪˈbɔɪn] *der,* Fluss in S-Kanada, rd. 1070 km lang, mündet bei Winnipeg in den Red River. Das **A.-Tal** ist eines der wichtigsten Weizenanbaugebiete Kanadas.

Assise [frz., zu asseoir »setzen«] *die,* 1) Sitzung; seit dem 12. Jh. in der Normandie und in England die Versammlung der Vasallen unter Vorsitz des Lehnsherrn, dann auch die von ihnen beschlossenen Gesetze; z. B. die A. von Jerusalem (Ende 12. bis Ende 13. Jh.), das in den Königreichen Jerusalem und Zypern geltende Rechtsbuch.
2) Schwurgericht in Frankreich und einigen Kantonen der Schweiz (sog. Geschworenengericht).
Assisi, Stadt in Umbrien, Prov. Perugia, Italien, 25 600 Ew. In der Unterstadt Textil-, Nahrungsmittel-, Metallind. – Die Oberstadt ist Wallfahrtsort mit mittelalterl. Stadtbild; Bischofssitz. Das A. des MA. wurde für die christl. Welt als Heimat des hl. Franz von A. bekannt, dessen Leichnam im Grabgewölbe der Doppelkirche San Francesco (1228–53, Fresken von Cimabue, Giotto u. a.) ruht. Weitere bed. Kirchen sind u. a. Santa Maria sopra Minerva (über einem röm. Minervatempel) und Santa Chiara (1257–60, Grablege der hl. Klara). Infolge des schweren Erdbebens 1997 wurden einige Kunstschätze von A. unwiederbringlich zerstört. Die erhaltenen mittelalterl. Architektur- und Kunstdenkmäler erklärte die UNESCO 2000 zum Weltkulturerbe.
Assistent [lat.] *der,* jemand, der einen anderen bei der Arbeit unterstützt bzw. einen leitend Tätigen entlastet; Gehilfe, Mitarbeiter.
Assiut (Asyut, Asjut), Prov.-Hptst. in Oberägypten, am linken Nilufer, 321 000 Ew.; Univ. (gegr. 1957), islam. Hoch-

schule; Baumwoll-, Düngemittelind.; Kunsthandwerk; Flughafen. – Bei A. Nilstaudamm (833 m lang) mit Straße.

Aßlar, Stadt im Lahn-Dill-Kreis, Hessen, im Dilltal, 13 900 Ew.; Drahtwerke, Hochvakuumtechnik, opt. Industrie.

Aßmann, Richard, Meteorologe, *Magdeburg 13. 4. 1845, †Gießen 28. 5. 1918; förderte durch instrumentelle Entwicklungen die Aerologie, entdeckte 1902 die Stratosphäre. (↑Atmosphäre)

Assmannshausen, Stadtteil von Rüdesheim am Rhein, Hessen, 86 m ü. M., am rechten Rheinufer unterhalb des Binger Lochs, am Fuß des Niederwalds (Seilbahn); Weinbau (v. a. Assmannshäuser Rotwein), Thermalquelle; spätgot. Pfarrkirche.

Asso, Abk. für **Asso**ziation revolutionärer bildender Künstler Dtl.s, Zusammenschluss (1928) von der KPD angehörenden Künstlern, seit 1930 auch von ihr nahe stehenden Künstlern. Dem Gründerkreis in Berlin schlossen sich u. a. die »Abstrakten« um O. Nerlinger an, in Köln die »Progressiven« um H. Hoerle, in Worpswede H. Vogeler. Die meisten standen künstlerisch dem Verismus nahe (O. Dix, G. Grosz, J. Heartfield). Die A. (seit 1931: Bund revolutionärer bildender Künstler Dtl.s) hatte bei der Auflösung 1933 über 500 Mitgl., die in 16 Ortsgruppen organisiert waren.

Associated Press [əˈsəʊʃieɪtɪd pres], ↑AP.

Assoluta [italien.] *die,* weibl. Spitzenstar in Ballett und Oper.

Assonanz [lat. »Anklang«] *die,* unvollständiger ↑Reim, bei dem sich nur die Vokale von der letzten betonten Silbe an decken.

assortieren [frz.], vervollständigen, nach Warengattungen ordnen, um ein auf den Kundenbedarf abgestimmtes Sortiment anbieten zu können.

Assoziation [lat.] *die,* **1)** *allg.:* Vereinigung, Zusammenschluss.
2) *Astronomie:* ↑Sternassoziation.
3) *Chemie:* Zusammenlagerung zweier oder mehrerer Einzelmoleküle zu Molekülkomplexen.
4) *Pflanzengeographie:* Grundeinheit der Pflanzengesellschaften, für die eine bestimmte Zusammensetzung von Pflanzenarten vorausgesetzt wird.
5) *Psychologie:* Verknüpfung zweier oder mehrerer Erlebnisinhalte miteinander. Auf diese Weise können A.-Ketten entstehen, die als Grundlage der Gedächtnisleistung gelten. Mit der Beobachtung, Beschreibung und Erfassung der A. beschäftigte sich zunächst die Philosophie (Aristoteles, engl. Empirismus u. a.), bevor sie Gegenstand psycholog. Forschung wurde (J. F. Herbart, H. Ebbinghaus, G. E. Müller u. a.). Das Ergebnis waren die **A.-Gesetze:** Hiernach entstehen A. bes. durch Ähnlichkeit, Kontrast und räuml. wie zeitl. Nachbarschaft. Abwandlungen sind gegeben u. a. durch Dauer, Stellung, Festigkeit der A. und individuelle Unterschiede der Assoziierenden. A. können sowohl bewusster als auch unbewusster Art sein und in Wechselbeziehung (z. B. Hemmung, Verstärkung) miteinander stehen, zudem durch Inhalte des Bewussten wie Unbewussten gesteuert werden. Die Erkenntnisse fanden Anwendung in der Lernpsychologie (H. Ebbinghaus, C. L. Hull, B. F. Skinner) und Diagnostik. **Unmittelbare A. (freie A.)** dienen in der Psychoanalyse dazu, unbewusste Regungen aufzuspüren und verdrängte Erlebnisinhalte aufzudecken. **Gerichtete A.** zu Träumen sind in der Psychotherapie der Schlüssel zur Traumanalyse. **Mittelbare A.** zu standardisiertem Material, z. B. Wortvorlagen, Klecksbilder (projektive Tests), sind ein wichtiger Zugangsweg zur Persönlichkeitsdiagnose.
6) *Recht:* Vereinigung von Personen oder Kapitalien zu einem gemeinschaftl. Zweck, z. B. Genossenschaften und Koalitionen.

Assoziativgesetz, *Mathematik:* Verknüpfungsgesetz, z. B. bei der Addition oder Multiplikation: $(a + b) + c = a + (b + c)$ bzw. $(a \cdot b) \cdot c = a \cdot (b \cdot c)$. Das A. gilt u. a. nicht allg. für die Subtraktion und die Division. Es ist eines der Axiome einer ↑Gruppe.

Assoziativspeicher, *Informatik:* ein Speicher mit wahlfreiem Zugriff, bei dem der Zugriff gleichzeitig auf alle Speicherzellen erfolgt, die bestimmte Inhaltsmerkmale erfüllen.

Assoziierung, Form der Beteiligung eines Staates an einer Staatenverbindung, bes. einer Zoll- oder Wirtschaftsunion. Die A. bedeutet keine Vollmitgliedschaft.

ASSR, Abk. für ↑Autonome Sozialistische Sowjetrepublik.

Assuan (Aswan), Hptst. der Prov. A.,

Oberägypten, am rechten Nilufer unterhalb des »ersten Katarakts« (eine Granitschwelle), 220000 Ew.; Univ. (seit 1986); Handelszentrum; Düngemittelfabrik, Wasserkraftwerke, Eisenbahnstation, Flughafen; bed. Fremdenverkehr (↑Elephantine, ↑Abu Simbel, ↑Kalabscha, Agilkia mit dem Tempel von ↑Philae). – Südlich von A. liegt der **Assuanstaudamm** (1902 fertig gestellt), 7 km südlich davon der neue, 111 m hohe und 5 km lange **Assuanhochdamm** (1960–70 erbaut), der den ↑Nil zum ↑Nassersee staut.

assum|ieren [lat.], annehmen, gelten lassen.

Assumption [lat.] *die* (Assumptio), *Religionsgeschichte:* die Aufnahme eines Menschen mit Leib und Seele in den Himmel; bes. die Aufnahme Marias (↑Himmelfahrt Mariä).

Assumptionisten [zu spätlat. assumptio »(Mariä) Himmelfahrt«] (lat. Augustiani ab Assumptione), Abk. **A. A.**, 1845 gegründete Kongregation nach der Augustinerregel; geistlich, sozial und ökumenisch in Europa und in Missionsgebieten tätig.

Assunta [italien. »die Aufgenommene«] *die,* Name für die in den Himmel aufgenommene Maria und die Darstellung ihrer Himmelfahrt.

Assur, Hauptgott der Stadt Assur, Reichsgott von Assyrien.

Assur, alte assyr. Stadt, heute der Ruinenhügel **Kalat Scherkat** am rechten Tigrisufer, Irak; im 2. Jt. v. Chr. Hptst. Assyriens; wurde von Kalach und Ninive zurückgedrängt, 614 v. Chr. von den Medern zerstört; erlebte eine späte Blüte unter den Parthern (140 v. Chr. bis 256 n. Chr.); 1903–14 z. T. ausgegraben (Festungswerke, Tempel). A. wurde 2003 zum UNESCO-Weltkulturerbe erklärt und gleichzeitig in die »Rote Liste« des gefährdeten Welterbes eingetragen.

Assurbanipal, assyr. König (668 bis 627 v. Chr.), Sohn des Asarhaddon; eroberte 648 v. Chr. Babylon, verlor Ägypten. Seine in Ninive gefundene Tontafelbibliothek ist die bedeutendste Sammlung babylonisch-assyr. Literaturdenkmäler (heute zum größten Teil im Brit. Museum, London).

Assyrer, die Bewohner von Assyrien.

Assyri|en, im Altertum das Gebiet am mittleren Tigris um die Stadt ↑Assur (heute der N-Teil von Irak), umfasste etwa die Landschaft nördlich des Djebel Hamrin bis in die Täler der armen. und kurd.

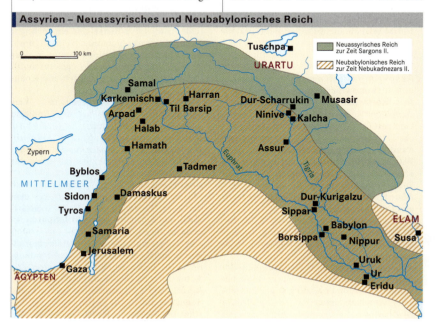

Assyrien – Neuassyrisches und Neubabylonisches Reich

assyrische Kunst ASS

Berge im N und O. Das Gebiet des späteren A. war bereits im 4. Jt. v. Chr. besiedelt. Seit dem 2. Jt. v. Chr. ist Assur als Zentrum eines Kleinstaates nachweisbar. Um 1950 v. Chr. machte sich A. von Babylon unabhängig. Später kam das assyr. Reich zeitweise unter die Oberherrschaft von Mitanni, bis schließlich Assuruballit I. (1353–1318) die Unabhängigkeit erstritt. Tukulti-Ninurta I. (1233–1197) beherrschte sogar für kurze Zeit Babylon; danach folgte ein rascher Niedergang. Tiglatpileser I. (1114–1076) konnte bis zum Mittelmeer und zum Vansee vordringen; doch erst unter Adad-nerari II. (911–891; Babylon kam wieder unter assyr. Oberhoheit) und bes. Assurnasirpal II. (883–859; mit seiner neuen Residenz Kalach) wurde A. zur wichtigsten Macht Vorderasiens (**Neuassyrisches Reich**). Salmanassar V. (726–722) eroberte 722 Samaria und deportierte die Bevölkerung Israels; Sargon II. (722–704, neue Residenz Dur-Scharrukin) schlug Urartu entscheidend und kämpfte gegen den aufständ. Babylon, das sein Sohn Sanherib (704–681, Residenz Ninive) 689 zerstörte. Asarhaddon (680–669) eroberte 671 Ägypten. Ein letztes Mal gelang es seinem jüngeren Sohn Assurbanipal (669 bis etwa 627), das Reich geeint zu erhalten. 625 wurde Babylonien unabhängig. 614 fiel Assur, 612 fielen Ninive und Kalach unter dem Druck der Meder und Babylonier.

📖 *Meissner, B.: Babylonien u. A., 2 Bde. Heidelberg 1920–25. – Reallexikon der Assyriologie u. vorderasiat. Archäologie, begr. v. E. Ebeling u. B. Meissner, fortgeführt v. E. Weidner u. W. von Soden, hg. v. D. O. Edzard. Auf mehrere Bde. ber. Berlin u. a. 1932 ff. (bisher 8 Bde. erschienen). – Freydank, H.: Beiträge zur mittelassyr. Chronologie u. Gesch. Berlin 1991. – Lamprichs, R.: Die Westexpansion des neuassyr. Reiches. Eine Strukturanalyse. Kevelaer u. a. 1995. – Mayer, Walter: Politik u. Kriegskunst der Assyrer. Münster 1995.*

Assyriologie *die,* **1)** frühere Bez. für Altorientalistik (↑ Orientalistik).
2) seit dem 19. Jh. eine Disziplin der Altorientalistik, die sich mit Geschichte, Kultur, Religion, Recht, Wirtschaft der alten Länder Sumer, Akkad, Babylonien, Assyrien sowie deren in Keilschrift geschriebenen Sprachen Sumerisch und Akkadisch beschäftigt.

Assyrische Kirche, eine der Ostkirchen, ↑ Nestorianer.
assyrische Kunst, die Kunst der Assyrer, die immer in Wechselbeziehung zur babylon., aber auch zur hurrit. und hethit. Kunst stand; sie umfasst drei Epochen: die **altassyrische Kunst** (etwa 2000–1750 v. Chr.), nach dem Machtzerfall Assyriens in den folgenden Jahrhunderten die **mittelassyrische Kunst** (etwa 1400–1000 v. Chr.) und die **neuassyrische Kunst** (etwa 1000–600 v. Chr.), in der die a. K. ihren Höhepunkt erreichte.

assyrische Kunst: verwundete Löwin, Detail eines Alabasterreliefs aus Ninive (um 600 v. Chr.; London, Britisches Museum)

Von der assyr. Baukunst sind in den assyr. Residenzen Assur, Ninive, Kalach u. a. im Wesentlichen nur die Grundrisse von Befestigungsmauern, Palästen, Tempeln, Tempeltürmen (↑ Zikkurat) und Wohnhäusern erhalten. Von assyr. Plastik ist wenig erhalten. Kennzeichnend sind ihre Starre und Monumentalität. Vollendet sind die Reliefs, die sich in der neuassyr. Epoche von starrer schemat. Komposition zu freier Gestaltung fortentwickeln. Die Tierdarstellung zeichnet sich durch genaue Wiedergabe des Vorbildes aus. Die Kriegstaten der Könige werden in detailliertem Realismus geschildert; im Mittelpunkt der religiösen Darstellungen steht das Symbol des heiligen Baumes. In der Kleinkunst nimmt neben der Elfenbeinschnitzerei die Siegelkunst mit dem Rollsiegel (↑ Siegel) einen besonderen Platz ein.

📖 *Parrot, A.: Assur. Die mesopotam. Kunst vom XIII. vorchristl. Jahrhundert bis zum Tode Alexanders des Großen. A. d. Engl.*

ASS assyrische Literatur

assyrische Kunst: Elfenbeinrelief mit Sphingen aus Arslan-Taş (8. Jh. v. Chr.; Aleppo, Nationalmuseum)

München ²1972. – Heinrich, E.: Die Tempel u. Heiligtümer im alten Mesopotamien. Typologie, Morphologie u. Gesch. Unter Mitarbeit von U. Seidl, 2 Bde. Berlin 1982. – Hrouda, B.: Mesopotamien. Die antiken Kulturen zw. Euphrat u. Tigris. München ²2000.
assyrische Literatur, ↑babylonisch-assyrische Literatur.
assyrische Sprache, Dialekt der akkad. Sprache, gehört zu den ↑semitischen Sprachen. Man unterscheidet **Altassyrisch** (etwa 1950–1750 v. Chr.), **Mittelassyrisch** (etwa 1500–1000 v. Chr.) und **Neuassyrisch** (etwa 1000–600 v. Chr.).
a. St., Zeitrechnung: Abk. für ↑alter Stil.
AStA, Abk. für Allgemeiner Studentenausschuss (↑Studentenschaft).
Astafjew, Wiktor Petrowitsch, russ. Schriftsteller, *Owsjanka (Region Krasnojarsk) 1. 5. 1924, †Krasnojarsk 29. 11. 2001; schrieb autobiografisch gefärbte Prosa über das Leben in den Dörfern seiner sibir. Heimat (Zyklus »Ferne Jahre der Kindheit«; 1968) und übte Kritik an der Verrohung vieler Menschen unter dem Sowjetregime (im Roman »Der traurige Detektiv«; 1986). Sein Hauptthema waren die seelischen Auswirkungen des Krieges (Roman »Prokljaty i ubity«; 1992–94).
Astaire [əsˈteə], Fred, eigtl. Frederick Austerlitz, amerikan. Filmschauspieler, *Omaha (Nebr.) 10. 5. 1899, †Los Angeles 22. 6. 1987; Tänzer und Sänger in Musik-, Revue- und Tanzfilmen.
Astana (bis 1992 Zelinograd, 1992–98 Akmola oder Aqmola, russ. Akmolinsk), Hptst. von Kasachstan (seit 1998), am Ischim, 313 000 Ew.; Hochschulen; Landmaschinenbau, Nahrungsmittelind.; Zentrum eines Agrargebiets (Neuland); Bahnknotenpunkt, Flughafen.
Astarte (Aschtarte), die der babylon. Ischtar entsprechende Fruchtbarkeits- und Kriegsgöttin Palästina-Syriens.
Astasierung [grch.], Beseitigung der Einwirkung elektr. und magnet. Störfelder bei Präzisionsmessgeräten.
Astat [grch.] das (früher Astatin), chem. Symbol **At,** radioaktives instabiles Element aus der Gruppe der ↑Halogene; Ordnungszahl 85, bekannt sind 28 Isotope (Massenzahlen 196 bis 219) mit Halbwertszeiten zwischen 0,1 µs und 83 Stunden (^{210}At). A. ist das seltenste aller Elemente (die größte bislang erzeugte Menge betrug 50 µg); chemisch ist A. dem Polonium ähnlicher als dem Jod.
Aster [grch. »Stern«], Gattung der Korbblütler mit etwa 600 Arten, meist ein- bis mehrjährige Kräuter. Die **Alpen-A.** (A. alpinus) hat goldgelbe Röhren- und violettblaue Zungenblüten, das **Alpenmaßlieb** (A. bellidiastrum) weiße bis rötl. Zungenblüten. Auf Heidewiesen, Triften und buschigen Hügeln wächst die **Goldhaar-A.** (A. linosyris), eine Kompasspflanze; die **Strand-A.** (A. tripolium) wächst nur auf salzigem Boden. Eine nordamerikan.

Aster: Herbstastern

Zuchtform ist die **Herbst-A.** (**Stauden-A.**). Die **Garten-A.** (**Sommer-A.**, A. chinensis) ist formenreich.
Asteriskos [grch.] *der,* Altargerät in der orth. Kirche; zwei gebogene und sich kreuzende Metallbogen als Träger der Decke über dem geweihten Brot (der Prosphora).
Asteriskus [grch.] *der, Sprachwissenschaft:* Zeichen (*) vor nicht belegten, sondern nur erschlossenen Formen, z. B. indogerman. *pǝtēr »Vater«.
Asterismus [zu grch. astḗr »Stern«] *der,* Eigenschaft mancher Kristalle, auffallendes Licht in Form heller Streifen, Kreise oder Sterne zu reflektieren; Ursachen sind feine Hohlkanäle oder fremdmineral. Einschlüsse.
Asterix, Titelheld einer frz. Comicserie (seit 1959) über die fiktiven Abenteuer eines listigen Galliers in röm. Zeit; geschrieben von R. Goscinny (*1926, †1977), gezeichnet von A. Uderzo (*1927). Die pseudohistor. Handlung ist mit satir. Anspielungen auf die Gegenwart gespickt.
A-Sterne, Sterne der ↑Spektralklasse A.
Asteroiden [grch.], die ↑Planetoiden.
Asthenie [grch. »Kraftlosigkeit«] *die,* schnelle Ermüdbarkeit, Schwäche, (krankheitsbedingter) Kräfteverfall.
Astheniker (Leptosomer), Mensch mit schmalem, dünnknochigem Körperbau (↑Konstitutionstypen).
Asthenopie [grch.] *die* (Sehschwäche), Ermüdbarkeit der Augen beim Sehen in der Nähe, die z. B. auf nicht oder falsch korrigierten Brechungsfehlern des Auges oder auf Überanstrengung der bei der Naharbeit wirksamen Augenmuskeln beruht. Die **nervöse A.** ist durch psych. Einflüsse bedingt.
Asthenosphäre [grch.], plastisch reagierende Schicht (Fließzone) des oberen Erdmantels unterhalb der Lithosphäre.
Ästhesie [grch.] *die,* Empfindungsvermögen.
Ästhet [grch.] *der,* Mensch, dessen besonderes Interesse v. a. dem Schönen und der Kunst gilt (↑Ästhetizismus).
Ästhetik [grch. »Wahrnehmung«] *die,* Wissenschaft, die i. w. S. allgemeine Probleme der Kunst (Kunst-, Literatur-, Musiktheorie), i. e. S. Grundkategorien sinnl. Erfahrung (das Schöne, Erhabene, Hässliche, Tragische, Komische usw.) behandelt. Sie untersucht (teils auf erkenntnistheoret. Wege, teils mit empir. Methoden) zum einen die Bedingungen der Konstruktion von Kunstwerken, die Strukturen des ästhet. Gegenstandes in Kunst und Natur, das Verhältnis von Kunst und Wirklichkeit, zum anderen die Bedingungen und Formen der ästhet. Rezeption durch den Einzelnen sowie durch die Gesellschaft. – Neben der Ä. als philosoph. Disziplin (1750 von A. G. Baumgarten begründet) konstituierte sich im 19. Jh. die Ä. als empir. (z. T. experimentelle) Einzelwissenschaft. Sowohl die philosoph. als auch die einzelwiss. Ä. kann die erforschten Sachverhalte beschreiben (**deskriptive Ä.**) oder darüber hinaus Normen für ein Kunstwerk entwickeln (**normative Ä.**). – Dass auf dem Gebiet der Ä. eine systematisch begründete Theorie möglich sei, wird vielfach bestritten; ästhet. Urteile werden aber auch häufig als bloß subjektive Äußerungen angesehen oder in die empir. Psychologie verwiesen.
Geschichtliches: Heraklit sah die Schönheit in einer zu harmonischer Einheit gefassten Mannigfaltigkeit begründet. Polyklet fand sie in einem nach Maß und Zahl geordneten Formverhältnis. Für Platon ist das eigtl. Schöne das göttlich Schöne, die absolute Wahrheit; das einzelne Schöne kann hiervon nur ein »Ab-Bild« sein. Aristoteles betont die Bedeutung von Symmetrie und Geordnetheit, der Neuplatonismus (Plotin) jedoch wieder die geistige Schönheit (Identifizierung von schön, göttlich und sittlich). Die Renaissance nahm die antike Proportionslehre auf und suchte das Schöne vom Menschen her (als Lebensideal) zu bestimmen. Weiterentwickelt wurde die Ä. im 18. Jh. in England, Frankreich und Dtl.; die erst zusammenhängende Ä. im Geist rationalist. Schulphilosophie schrieb A. G. Baumgarten. A. Shaftesbury sieht das Universum als schön an und postuliert die Identität der Schönheit und des Guten. Für J.-J. Rousseau und D. Diderot gibt die Natur – im Ggs. zu Kunstregeln – die Richtschnur für das Schöne. I. Kant bezeichnet als das Schöne das, was »ohne Interesse« gefällt; das ästhet. Werturteil des »interesselosen Wohlgefallens« ist subjektiv, hat jedoch Anspruch auf eine gewisse Verallgemeinerung. Goethes Begriff des Schönen ist bezogen auf Natur in ihrer Gesetzlichkeit und auf Lebendiges in seiner Vollkommenheit. Für Schiller verwirklicht die Kunst als

AST Ästhetizismus

Spiel, in der Vereinigung von niederem Stofftrieb und höherem Formtrieb, das Schöne. Für G. W. F. Hegel ist das Schöne das »sinnl. Scheinen der Idee«, Kunst gilt ihm in der Entwicklungsgeschichte des Geistes als eine gegenüber der Philosophie niedrigere Stufe. Bei F. W. J. Schelling ist sie dagegen der Philosophie gleichgestellt, einige Romantiker geben ihr als »absoluter Kunst« den höchsten Rang. Für A. Schopenhauer bedeutet Kunst Darstellung der reinen ewigen Ideen. Im weiteren Verlauf des 19. Jh. wurde die Ä. allmählich mehr psychologisch betrachtet (F. T. Vischer, J. Volkelt); diese Art der Ä. wirkte im 20. Jh. zunächst noch weiter (T. Lipps u. a.), wobei der Begriff Einfühlung im Zentrum stand; sie wurde aber durch die von E. Husserl ausgehende phänomenolog. Ä. überwunden: Sie führt den Begriff des »ästhet. Gegenstandes« ein, der vom Auffassenden im »ästhet. Erleben« realisiert wird. Insbes. R. Ingarden entwickelte eine Ontologie der Kunst, in anderer Weise N. Hartmann. Von der Phänomenologie gingen auch H.-G. Gadamer, der eine hermeneut. Kunstphilosophie entwickelte, und M. Heidegger aus, der dem Kunst (unter Verzicht auf den Begriff Ä.) metaphys. Bedeutung zuspricht: Kunst ist »Dichtung« und eine Stiftung von Wahrheit. Für die marxistisch beeinflusste Ä. ist Kunst zu verstehen als Widerspiegelung der Wirklichkeit (G. Lukács). Ästhet. Verhalten erscheint aber auch, über das Schaffen von Kunst hinaus, als allg. Verhalten zur Wirklichkeit. Die neomarxist. Ä. (etwa T. W. Adorno) sieht im Kunstwerk ein zugleich autonomes und gesellschaftl. Phänomen; Kunst ist auf Wahrheit gerichtet und (E. Bloch) eine Vorwegnahme einer utopisch freien Ges. Extreme neomarxist. Richtungen lehnen die Kunst insgesamt als »bürgerlich« ab oder fordern ihre vollständige Politisierung. Die semant. Ä., vom Neopositivismus beeinflusst, betont die sinnlich erfassbaren Strukturen des Kunstwerks, deren ästhet. Zeichenkomplexe (quantitativ in der Informations-Ä. von M. Bense) entschlüsselt werden können. Ä. wird damit zu einer Kommunikationswissenschaft.
📖 *Lypp, B.: Die Erschütterung des Alltäglichen. Kunst-philosoph. Studien. München u. a. 1991. – Bubner, R.: Ästhet. Erfahrung. Frankfurt am Main ³1994. – Knodt, R.: Ästhet. Korrespondenzen. Denken im techn. Raum. Stuttgart 1994. – Böhme, G.: Atmosphäre. Essays zur neuen Ä. Frankfurt am Main 1995. – Ders.: Aisthetik. Vorlesungen über Ä. als allg. Wahrnehmungslehre. München 2001. – Welsch, W.: Ästhet. Denken. Stuttgart ⁴1995. – Scheer, B.: Einführung in die philosoph. Ä. Neuausg. Darmstadt 2002.*

Ästhetizismus *der,* die Auffassung, die im Ästhetischen, bes. in der Kunst, den höchsten aller Werte und das Ziel der Kultur sieht, dem sich Religion, Sittlichkeit, Wiss. usw. unterzuordnen haben. Neigung zum Ä. zeigen bes. die Renaissance, die dt. Romantik, die ↑ Dekadenz des »Fin de Siècle« und die Bewegung des ↑ L'art pour l'art.

Asthma [grch. »Beklemmung«] *das,* anfallweise auftretende Atemnot. 1) **Bronchial-A. (A. bronchiale)** beruht auf einer Verengung der bronchialen Atemwege, bes. der feineren Luftröhrenäste mit Schwellung der Schleimhaut und zähflüssigem weißl. Auswurf. Im Anfall, der bes. nachts auftritt, sind die Lungen gebläht, die Atmung pfeifend. Bronchial-A. kann durch Allergie, oft auf erbl. Grundlage, ausgelöst werden (z. B. Heu-A., ↑ Heuschnupfen); es kann auch nach Infektionen der Luftwege auftreten oder psychisch bedingt sein. 2) **Herz-A. (A. cardiale),** eine anfallweise auftretende Atemnot infolge Blutstauung in den Lungen bei Linksherzschwäche, tritt z. B. bei Herzklappenfehlern und arteriellem Hochdruck auf. Übergang in ein ↑ Lungenödem ist möglich.

Asti, 1) Prov. in Piemont, Italien, 1 511 km², 210 600 Ew.; Hptst.: Asti. **2)** Hptst. von 1), 73 200 Ew.; Bischofssitz; got. Kathedrale, roman. Baptisterium; Textil- und Nahrungsmittelind., Handels- und Weinbauzentrum (u. a. Schaumwein: **Asti spumante**). A. ist das antike Hasta.

Astigmatismus [grch. »Nichtpunktmäßigkeit«] *der,* 1) *Medizin:* (Stabsichtigkeit), auf abnormer Wölbung der Hornhaut beruhender ↑ Brechungsfehler des Auges. 2) *Physik:* ein ↑ Abbildungsfehler.

Astilbe *die* (Scheingeißbart), Gattung der Steinbrechgewächse; Zierpflanzen mit weißen bis rötl. Blütenrispen.

ästimabel [aus gleichbed. lat. aestimabilis], schätzbar, schätzenswert.

Ästimation [lat.-frz.], *die,* Achtung, Anerkennung, Wertschätzung.

ästimieren, jemanden als Persönlichkeit

Astrobiologie AST

schätzen, ihm Aufmerksamkeit zuteil werden lassen; jemandes Leistungen o. Ä. entsprechend würdigen.
Aston [ˈæstən], Francis William, brit. Chemiker, *Harborne (heute zu Birmingham) 1. 9. 1877, †Cambridge 20. 11. 1945; wurde 1909 Mitarbeiter von J. J. Thomson bei dessen Versuchen über Ionenstrahlen, fand dabei die Existenz von zwei Neonisotopen; entwickelte den Massenspektrographen. Seit 1921 war A. Mitglied der Royal Society, 1922 erhielt er den Nobelpreis für Chemie.
Astor, Johannes Jakob, amerikan. Unternehmer, *Walldorf (bei Heidelberg) 17. 7. 1763, †New York 29. 3. 1848; wanderte 1783 nach Amerika aus, erwarb durch Pelzhandel und Grundstücksgeschäfte ein beträchtliches Vermögen; stiftete die A.-**Bibliothek** in New York (seit 1895 New York Public Library).
Astorga, Stadt in der Region Kastilien und León, Prov. León, Spanien, in Spornlage am Rand der Montes de León, 12 700 Ew. – Reste der röm. Stadtmauer, got. Kathedrale, bischöfl. Palast (von A. Gaudí, 1887–93).
ASTP, Abk. für engl. Apollo Soyuz Test Project, ↑Apollo-Sojus.
Astra, Name eines Systems von 13 (2003) europ. Nachrichtensatelliten der Betreibergesellschaft **SES** (frz. Société Européenne des Satellites, Sitz: Luxemburg) zum Direktempfang von Fernseh- und Rundfunkinhalten sowie zur Übertragung von Multimediadiensten. Die A.-Satelliten decken mit ihren Reichweiten den gesamten europ. Raum ab. Sie strahlen über 1 000 nat. und internat. Fernseh- und Rundfunkprogramme analog wie digital aus, die in Direktausstrahlung vom Nutzer über Satellitenantenne empfangen werden können.
Als erster Satellit nahm A. 1 A im Februar 1989 seinen Betrieb auf; es folgten A. 1 B (1991), 1 C (1993), 1 D (1994), 1 E (1995), 1 F (1996), 1 G (1997), 1 H (1999), A. 2 A (1998), 2 B (2000), 2 C (2001), 2 D (2000) und A. 3 A (2002).
Astrabad, früherer Name der iran. Stadt ↑Gorgan.
Astrachan, Hptst. des Gebiets A., Russland, im Wolgadelta, 488 000 Ew.; Hochschulen; Fluss-, See-, Fischerei- und Flughafen; Fischverarbeitung (Kaviar); Schiff- und Maschinenbau, chem. u. a. Ind.; im Gebiet A. Erdöl- und Erdgasförderung. – 1459–1556 Hptst. des gleichnamigen Khanats, 1556 von den Truppen Iwans IV. erobert, danach russ. Grenzfestung und Zentrum des Orienthandels; Kreml (1580), Uspenski-Kathedrale (1700–17).
Astrachan *der,* **1)** das Fell jung geschlachteter Lämmer des **A.-Schafs,** einer Art der Fettschwanzschafe aus der kirgis. Steppe.
2) ein Plüschgewebe, Pelzimitat.
Astragal [grch.] *der* (Perlstab), *Baukunst:* Rundprofil, durch runde oder längl. Perlen zw. flachen Scheiben gegliedert.
Astragalomantie [grch. »der aus Würfeln weissagt«] *die,* das Wahrsagen aus Würfeln, deren Flächen Buchstaben statt der Punkte aufweisen.
astral [grch.], auf die Gestirne bezogen.
Astralleib (Ätherleib), in der Anthroposophie der ätherisch gedachte Träger des Lebens im Körper des Menschen. Die Vorstellung vom A. geht auf Aristoteles' Ätherbegriff (↑Quintessenz) und Platons ↑Weltseele zurück.
Astralmythologie (Astrolatrie), die religiöse Verehrung der Gestirne als Götter oder Sitze von Göttern. Entsprechende Mythen gehen meist mit genauen Himmelsbeobachtungen einher und finden sich in auffallender Übereinstimmung in allen Kulturkreisen (babylonisch-assyr., grch., röm., german. Mythologie, Hauptbestandteil der ägypt. Mythologie; Gleichsetzung der Hauptgötter mit Planeten). Im Hellenismus entwickelten sich aus der A. die naturwiss. Astronomie und die Astrologie.
Astrid-Lindgren-Preis, vom schwed. Staat gestifteter Kinderliteraturpreis; seit 2003 jährlich für Leistungen zur Förderung des Lesens bei Kindern und Jugendlichen verliehen, wobei die Preisträger – wie die Namensgeberin Astrid Lindgren – dem Humanismus verpflichtet sein sowie das Erzählen aus der Sicht des Kindes favorisieren sollen. Der mit 5 Mio. Schwed. Kronen (rd. 540 000 €) dotierte Preis gilt als »Nobelpreis« der Kinderliteratur. Die ersten Preisträger waren 2003 Christine Nöstlinger (Österreich) und Maurice Sendak (USA). 2004 wurde Lygia Bojunga-Nunes (Brasilien) ausgezeichnet.
Astrilden [afrikaans], die ↑Prachtfinken.
astro... [grch. ástron »Gestirn«], stern..., weltraum...
Astrobiologie, ↑Kosmobiologie.

Astroblem [grch.] *das,* die Aufschlagstelle von Meteoriten (Meteoritenkrater) auf der Erde.

Astrodynamik, die Anwendung der Himmelsmechanik auf Planung und Berechnung der Bahnen von Raumflugkörpern.

Astrofotografie, die Anwendung der Fotografie zur Aufnahme von Himmelskörpern mit Fernrohren.

Astroide [grch.] *die* (Sternkurve), sternförmige ebene Figur mit vier Spitzen, die ein Punkt eines Kreises vom Radius r beschreibt, der innen auf einem Kreis vom Radius $R = 4r$ abrollt; Evolute einer Ellipse.

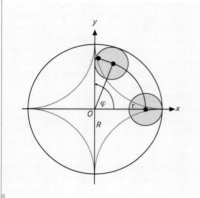

Astroide

Astrolabium [grch.] *das, Astronomie:* 1) antike Bez. für die Armillarsphäre; 2) die aus der Armillarsphäre entwickelte **Planisphäre,** ein schon von Ptolemäus benutztes, von den Arabern überliefertes astronom. Instrument in Scheibenform mit Visiergerät zur mechan. Lösung von astronom., astronomisch-geograph. und astrolog. Aufgaben; 3) astronomisch-geodät. Beobachtungsinstrument (↑Prismenastrolabium).

Astrolatrie [grch., lat.] *die,* Sternverehrung.

Astrologe *der,* Sterndeuter. Im 15./16. Jh. waren viele christl. Gelehrte und Theologen (auch Päpste), bis ins 17. Jh. Astronomen zugleich auch A. (u. a. T. Brahe, J. Kepler); berühmte A.: Nostradamus, G. B. Seni.

Astrologie [grch.] *die* (Sterndeutung), bis zum 4. Jh. Synonym zu Astronomie, später nur noch die Sterndeutekunst, die individuelles Schicksal und Charakter, aber auch Ereignisse wie Krieg, Frieden, Katastrophen oder Glück verheißende Tage aus dem Einfluss der Gestirnkonstellationen deutet oder vorhersagt. Astrolog. Lehren finden sich bei Naturvölkern und in allen Hochkulturen. Grundlage der stark mystisch-symbol. Deutungen bilden die den Planeten zugeschriebenen »Wesenskräfte« wie Aktivität (Mars), Intellekt (Merkur) und Erfahrung (Saturn). Dabei wird den 12 Abschnitten bzw. Sternbildern des ↑Tierkreises (**Tierkreiszeichen**) Zusatzwirkung zugeschrieben, die je nach Sternbild und Stellung der Planeten zu ihnen verschieden sein soll. Als wichtig gilt die Gestirnkonstellation im Augenblick der Geburt (u. a. Rolle des Aszendenten; ↑Horoskop). Da rationale Beweise fehlen, wird die A. zu einer Glaubensfrage. In der Gewinnung rechner. Anhaltspunkte hingegen, in der Aufstellung der ↑Konstellation, war die A. mit der Entwicklung der Mathematik und Astronomie verknüpft. Im 20. Jh. bezogen Anthroposophie und Psychologie astrolog. Lehren ein. Auch einige Naturwiss. bemühen sich um wiss. Untersuchung kosm. Einflüsse (z. B. Sonnenaktivität, Mondeinfluss auf das Verhalten von Organismen, biolog. Rhythmen u. Ä.). **Geschichte:** Die Anfänge der A. liegen in Babylonien, Assyrien und Ägypten. Davon zeugen die Keilinschriften aus der Bibliothek Assurbanipals (um 640 v. Chr.) und der noch heute verwendete **Tetrabiblos** (»Werk in vier Büchern«) des Ptolemäus (um 150 n. Chr.). Im MA. (als den Menschen einbeziehender Teil der Astronomie) zu den Artes liberales zählend, erlangte die A. Einfluss auf alle Angelegenheiten im Alltagsleben der Menschen und prägte stark den Volksglauben. Begünstigt durch die massenhafte Verbreitung von Verhaltensmaßregeln ab um 1450 durch Buchdruck und fahrendes Volk, entstand eine *Volks-A.,* die auch an die schon seit der Antike verbreitete »vulgäre« bzw. »Trivial-A.« anknüpfte. In ihrer Blütezeit (15.–17. Jh.) konnte die A. die abendländ. Alchimie, Astronomie, Medizin (Heilkunde, z. B. Aderlassmännchen), Philosophie und Theologie beeinflussen. Mit dem kopernikan. Weltbild und der Aufklärung

(18. Jh.) wurde die A., der es nie an erbitterten Gegnern gefehlt hat, zurückgedrängt. Um 1900 kam die »statist. A.« auf; astrolog. Deutungen des Menschen erlangten seit den 1920er-Jahren in Verbindung mit der Psychoanalyse und Tiefenpsychologie eine neue Ausrichtung (»neue« bzw. »anthroposoph. A.«, »therapeut. A.«). Bes. durch das Aufkommen der Esoterik in den 1980er-Jahren lebte auch die Aufmerksamkeit für die A. (»esoter. A.«, »karm. A.«, »transpersonale A.«) und so genannte kosm. Heilenergien (»Chakras«) in gewisser Weise neu auf. Die weit verbreiteten Zeitungs- (erstmals 1899), Rundfunk- und Fernsehhoroskope u. Ä. werden nicht zur A. im eigentl. Sinn gezählt. (↑chinesische Astrologie)

📖 *Niehenke, P.: A. Eine Einführung. Stuttgart 1994. – Oppenheimer, W.: Die Macht der Sterne. Astrologie u. Gesch. München 1994. – Bock, W.: A. u. Aufklärung. Über modernen Aberglauben. Stuttgart 1995. Lexikon der A., hg. v. U. Becker. Freiburg 1997. – Parker, J.: Welt der A. Eine prakt. Einführung. A. d. Engl. Neuhausen am Rheinfall 1998.*

Astromantie [grch.] *die,* Wahrsagung aus den Planeten und Tierkreisbildern.

Astrometrie [grch.] *die* (Positionsastronomie), Teilgebiet der Astronomie, das sich v. a. mit der Messung von Sternörtern (↑astronomischer Ort) befasst. Astrometr. Messungen sind die Grundlage für die Stellarastronomie und die astronom. Orts- und Zeitbestimmung.

Astronaut *der,* ↑Raumfahrer.

Astronautik [grch.-lat.] *die,* die ↑Raumfahrt.

Astronom [grch.] *der* (Astrophysiker), Wissenschaftler auf dem Gebiet der Astronomie; z. B. an einer Sternwarte tätig.

Astronomie [grch.] *die* (Himmelskunde, Sternkunde), zusammenfassende Bez. für die Wissenschaften, die sich mit der Erforschung des Universums befassen. Die A. untersucht Verteilung, Bewegung, physikal. Zustand und Aufbau der kosm. Materie sowie deren Entstehung und Entwicklung. Grundlage ist die Analyse der aus dem Kosmos ankommenden elektromagnet. Strahlung. Zu den klass. Teilgebieten der A. gehören **Astrometrie** und **Himmelsmechanik,** die sich mit der Bestimmung von Position (Ort, Bahn) bzw. Bewegung der Himmelskörper unter dem Einfluss der Gravitation befassen, sowie die **Stellar-A.** (insbesondere die Stellarstatistik), die die Verteilung und Dynamik von Sternen innerhalb versch. Systeme (z. B. Milchstraße) analysiert. Die Ausdehnung des beobachteten Spektralbereichs der elektromagnet. Strahlung über das sichtbare Licht **(optische A.)** hinaus brachte u. a. spezielle Methoden wie Ballon-, Raketen- und Satelliten-A. hervor sowie (entsprechend der beobachteten Wellenlängenbereiche) die **Gamma-, Röntgen-, Ultraviolett-, Infrarot-, Radar-** und **Radioastronomie.** Sie lieferten zahlr. neue Erkenntnisse über die unterschiedlichsten kosm. Strahlungsquellen, die in der ↑Astrophysik behandelt werden und z. B. auch für die ↑Kosmologie von Bedeutung sind. Über die elektromagnet. Strahlung hinaus werden u. a. auch die von der Sonne ausgehenden Neutrinos **(Neutrino-A.)** untersucht, ferner gibt es Versuche, ↑Gravitationswellen nachzuweisen. **Geschichte:** Um 3000 v. Chr. begannen Chinesen, Inder, Ägypter und Babylonier mit systemat. Himmelsbeobachtungen v. a. zur Kalender- und Zeitbestimmung. Die

Astrologie: Tierkreiszeichen und Anordnung der Horoskopfelder in einer frühneuzeitlichen Darstellung (nach Heinz Artur Strauß: Der astrologische Gedanke in der deutschen Vergangenheit, München 1924)

AST Astronomie

Astronomie: die Spiralgalaxie M 100 (Sternbild Haar der Berenike)

Babylonier führten u. a. den zwölfteiligen Tierkreis, die Ekliptik (nach 2000 v. Chr.) und um 500 v. Chr. den 19-jährigen Schaltzyklus für das Mond-Sonnen-Jahr ein. Grch. Gelehrte bemühten sich seit etwa 600 v. Chr. um Erklärung der Himmelserscheinungen. Aristarchos von Samos schlug bereits um 260 v. Chr. ein heliozentr. Weltbild vor, das u. a. auf der Kenntnis der Kugelgestalt der Erde und deren Eigendrehung basierte. Dennoch blieb das geozentr. Weltbild, das Ptolemäus um 150 n. Chr. in seinem »Almagest« zusammenfasste (**ptolemäisches Weltbild**), bis ins ausgehende MA. unangefochten. Die Erneuerung der A. ging im 15. Jh. von Dtl. aus (z. B. von Regiomontanus). Besondere Bedeutung haben die Arbeiten von N. Kopernikus, der die Grundlagen für das heliozentr. Weltbild schuf, von T. Brahe und von J. Kepler, die die Gesetze der Planetenbewegung formulierte (↑keplersche Gesetze). Die Erfindung des Fernrohrs um 1608 (H. Lippershey) ermöglichte weitere und genauere Beobachtungen: Entdeckung der Jupitermonde durch G. Galilei 1610, der Sonnenflecke durch J. Fabricius, C. Scheiner und Galilei 1611, des Andromedanebels durch Simon Mayr 1612. Die ersten Sternwarten wurden in Paris (1669) und Greenwich (1676) gegründet; 1675 bestimmte O. Römer die Lichtgeschwindigkeit. Endgültig anerkannt wurde das **kopernikanische Weltbild** aber erst mit der Formulierung des Gravitationsgesetzes durch I. Newton 1666. – Im 18. Jh. wurde die theoret. A. durch L. Euler, A. C. Clairaut, J.-B. d'Alembert, J. L. Lagrange und P. S. Laplace, die prakt. A. u. a. durch J. Bradley (Aberration des Lichtes), E. Halley (Sonnenparallaxe), F. W. Herschel (Uranus, Doppelsterne, Sternhaufen, Nebel), P. L. Maupertuis (Abplattung der Erde) gefördert. Im 19. Jh. gab C. F. Gauß neue Methoden der Bahnbestimmung der Planeten und Kometen an, F. W. Bessel bestimmte erstmals die Entfernung eines Fixsterns, J. G. Galle entdeckte aufgrund der Berechnungen von U. J. J. Le Verrier und J. C. Adams den Neptun.
Durch verstärkte Anwendung physikal. Erkenntnisse und Messmethoden (Photometrie, Spektroskopie u. a.) etabliert sich die Astrophysik, sodass die Untersuchung von Sternspektren (↑Hertzsprung-Russell-Diagramm, 1931), Nebeln, Galaxien und deren Entfernungen zueinander (↑Hubble-Effekt, 1929) zu weiteren Erkenntnissen über die Sternentwicklung und den Bau des Weltalls führte. Mit der Begründung der Radio-A., die zur Entdeckung der Quasare und Pulsare führte, wurde auch die Beobachtung der interstellaren Materie möglich. Von großer Bedeutung für die astronom. Forschung waren der Nachweis der kosm. Hintergrundstrahlung (1965) und die Entdeckung der ersten Gravitationslinsen. – Ein neues Zeitalter für die A. begann mit dem Start des ersten künstl. Erdsatelliten »Sputnik« am 4. 10. 1957. Durch die Entwicklung der Raumfahrt und die Entsendung unbemannter Raumsonden (z. B. Voyager, Giotto) haben v. a. die Planeten- und Kometenforschung einen

astronomische Koordinaten AST

starken Auftrieb erfahren. Die Erfolge moderner astronom. Forschung sind eng verbunden mit den Fortschritten techn. Entwicklungen, insbesondere in den Bereichen Optik, Computertechnik sowie Informations- und Bildverarbeitung.
📖 *Cambridge-Enzyklopädie der Astronomie, hg. v. S. Mitton. A. d. Engl. Neuausg. München 1989. – Henkel, H. R.: A. Thun u. a. [4]1991. – Szabó, A.: Das geozentr. Weltbild. A., Geographie u. Mathematik der Griechen. München 1992. – Meyers Hb. Weltall, bearb. v. J. Krautter u. a. Mannheim u. a. [7]1994. – Weigert, A. u. Wendker, H. J.: A. u. Astrophysik. Ein Grundkurs. Weinheim u. a. [3]1996. – Zimmermann, H. u. Weigert, A.: Lexikon der A. Rheda-Wiedenbrück u. a. [8]2000. – Unsöld, A. u. Baschek, B.: Der neue Kosmos. Einführung in die A. u. Astrophysik. Berlin u. a. 2002. – Hanslmeier, A.: Einführung in die A. u. Astrophysik. Heidelberg u. a. 2002. – Hamel, J.: Geschichte der A. Stuttgart 2002.*

Astronomische Einheit, Einheitenzeichen **AE**, international auch **AU** (von engl. **a**stronomical **u**nit), Längeneinheit in der Astronomie: 1 AE = 149 597 870 km, entspricht etwa dem mittleren Abstand Erde–Sonne.

astronomische Fenster, die Wellenlängenbereiche des elektromagnet. Spektrums, die ohne wesentl. Abschwächung die Atmosphäre passieren. Zu diesen gehören der Bereich des sichtbaren Lichts mit Wellenlängen zw. etwa 300 und 700 nm (**opt. Fenster**), die von Bereichen starker Molekülabsorption unterbrochenen schmalen Infrarotbänder, v. a. für Wellenlängen zw. 1,0–2,5 µm, 3,0–5,0 µm, 7,5–14,5 µm, 17–24 µm sowie um etwa 0,35 mm, 0,45 mm und 0,8 mm (**Infrarotfenster**) und ein Teil des Radiowellenbereiches mit Wellenlängen zw. etwa 1 mm und 20 m (**Radiofenster**). Problematisch sind die neu erschlossenen Frequenzbänder von Mobilfunk, Satellitenanlagen u. a. Rundfunkeinrichtungen, die die Untersuchungen der Radioastronomie stören.

Astronomische Gesellschaft, internat. Vereinigung von Astronomen und Freunden der Himmelskunde, gegr. 1863 in Leipzig, Sitz: Hamburg. Die A. G. ist Mitgl. der Internat. Astronom. Union.

astronomische Instrumente, Geräte zur Beobachtung und Messung der von kosm. Objekten ausgesandten Strahlung, meistens fest (z. B. in Sternwarten) aufgestellt. Als Instrumententräger dienen u. a. auch Raketen, Satelliten und Raumsonden. Wichtigstes Beobachtungsinstrument ist das Fernrohr. Der fotograf. Refraktor (Astrograph) wird zur Aufnahme und Überwachung von Sternfeldern eingesetzt, zur astronom. Zeitbestimmung der ↑Meridiankreis und das ↑Durchgangsinstrument, zur Bestimmung von Polhöhenschwankungen das ↑Zenitteleskop. Besondere a. I. zur Sonnenforschung sind der ↑Spektroheliograph und der ↑Koronograph. – Durch Zusatzinstrumente wie Spektralapparate, Thermoelemente und Interferometer kann die aufgenommene Strahlung hinsichtlich versch. Parameter untersucht werden. Entsprechend den Forschungsaufgaben werden spezielle Geräte eingesetzt, z. B. die Radioteleskope in der Radioastronomie.

astronomische Jahrbücher, ↑Jahrbücher.

astronomische Koordinaten, Zahlenpaar zur Festlegung der astronom. Örter der Gestirne an der Himmelskugel. A. K. sind jeweils durch einen **Grundkreis** (Grundebene) um den Ursprung (z. B. den Beobachter, Erdmittelpunkt) und zwei Pole bestimmt und weisen versch. Großkreise auf.
1) Grundkreis für das **Azimut-** oder **Horizontalsystem** (mit dem Beobachter im Zentrum) ist der Horizont; die beiden a. K. sind das Azimut A und die Höhe h über dem Horizont. A wird von S über W, N und O (von 0° bis 360°) gezählt; statt h wird auch die Zenitdistanz z vom Zenit zum Horizont ($z = 90° - h$) angegeben.
2) Grundkreis des **Äquatorsystems** (mit dem Erdmittelpunkt im Zentrum) ist der Himmelsäquator. Beim **festen Äquator-** oder **Stundenwinkelsystem** (für die Beobachtung am Fernrohr) ist der Stundenwinkel τ (↑Stundenkreis) die erste, die Deklination δ die zweite a. K.; τ wird längs des Himmelsäquators von dessen Schnittpunkt mit dem Meridian in westl. Richtung (von 0 bis 24 Stunden) gezählt, δ vom Himmelsäquator in Richtung der Pole (von 0° bis ± 90°). Die a. K. beim **bewegl. Äquator-** oder **Rektaszensionssystem** (für Sternkarten, Kataloge) sind die Rektaszension α und die Deklination.
3) Grundkreis für das **ekliptikale System** (Positionsbestimmung innerhalb des Son-

AST astronomischer Ort

Himmelskörper	Wochentag	Metall	Tierkreis	Aspekt	Mondphase
☉ Sonne	Sonntag	Gold	♈ Widder	☌ Konjunktion	● Neumond
☿ Merkur	Mittwoch	Quecksilber	♉ Stier	□ Quadratur	☽ erstes Viertel
♀ Venus	Freitag	Kupfer	♊ Zwillinge	☍ Opposition	○ Vollmond
⊕ Erde		Antimon	♋ Krebs		☾ letztes Viertel
☾ Mond	Montag	Silber	♌ Löwe		
♂ Mars	Dienstag	Eisen	♍ Jungfrau		
♃ Jupiter	Donnerstag	Zinn	♎ Waage		
♄ Saturn	Samstag	Blei	♏ Skorpion		
♅ Uranus			♐ Schütze		
♆ Neptun			♑ Steinbock		
♇ Pluto			♒ Wassermann		
			♓ Fische		

astronomische Zeichen

nensystems) ist die Ekliptik. Die beiden a. K. sind die ekliptikale Länge λ und die ekliptikale Breite β.
4) Grundebene beim **galakt. System** (für die Untersuchung der Milchstraße) ist die Milchstraßenebene (galakt. Äquator), von der aus die galakt. Länge l und die galakt. Breite b gemessen werden.
astronomischer Ort (Sternort), Position eines Gestirns an der Himmelskugel, wird meist durch Rektaszension und Deklination, selten durch Länge und Breite angegeben. (↑astronomische Koordinaten)
astronomische Satelliten (Astronomiesatelliten), der astronom. Forschung dienende künstl. ↑Satelliten (z. B. Ultraviolett-, Röntgen-, Infrarotsatelliten) und (i. w. S.) ↑Raumsonden. Man unterscheidet Satelliten, die die Erde umkreisen, von Raumsonden, die den engeren Anziehungsbereich der Erde verlassen. Astronom. Beobachtungen und Experimente, die mithilfe a. S. vorgenommen werden, werden unter der Bez. **Satellitenastronomie** zusammengefasst.
astronomisches Dreieck (nautisches Dreieck), das aus den Eckpunkten Himmelspol, Zenit und Stern bestehende sphär. Dreieck.
astronomische Spiegel, *Astronomie:* opt. Elemente, deren Reflexionseigenschaften man zur Abbildung der Strahlung von beobachtenden Objekten nutzt. Im Vergleich zu Linsen sind sie einfacher herzustellen und zu handhaben.
astronomische Uhr, 1) Uhr, die außer der Zeit auch den Planetenlauf, Gezeiten, bewegl. Feste, Himmelserscheinungen u. a. anzeigt, z. B. die 1574 von I. Habrecht fertig gestellte Uhr im Straßburger Münster oder die a. U. am Altstädter Rathaus in Prag (1490); 2) Präzisionsuhr in Observatorien oder geodät. Instituten zur astronom. Beobachtung und zur Zeithaltung zw. astronom. Zeitbestimmungen.
astronomische Zeichen, Symbole für Planeten (sowie die ihnen in der Antike und im MA. zugeordneten Wochentage und Metalle), Zeichen des Tierkreises, der Konstellationen u. a. Sie entstanden aus Abkürzungen ihrer grch. Namen oder aus Bildern; in der verbreiteten Form sind sie (bis auf die Zeichen für die später entdeckten Planeten Uranus, Neptun und Pluto) seit dem Spät-MA. in Gebrauch.
Astrophotometrie [grch.] *die,* Messung der Strahlung und scheinbaren Helligkeit von Himmelskörpern unter Einsatz visueller, fotograf., photo- und thermoelektr. Methoden.
Astrophysik [grch.], Teilgebiet der ↑Astronomie, das sich mit der Untersuchung der physikal. Eigenschaften kosm. Objekte (wie die Körper des Planetensystems, Sonne, Sterne, Sternsysteme, interplanetare und interstellare Materie) sowie kosm. Magnetfelder und Teilchenströme befasst und dabei Gesetze und Methoden der Phy-

sik anwendet (z. B. Spektralanalyse, Photometrie). Die A. liefert u. a. Aussagen über den inneren Aufbau der Himmelskörper, die Energieerzeugung im Sterninnern und die ↑Sternentwicklung.
Astrospektroskopie [grch.] *die,* die Anwendung der ↑Spektralanalyse auf kosm. Objekte.
Ästuar [lat.] *das,* unter dem Einfluss der Gezeitenströme schlauch- oder trichterförmig **(Trichtermündung)** erweiterte Flussmündung, z. B. bei Elbe, Themse, Garonne.
Asturias, Miguel Ángel, guatemaltek. Schriftsteller, *Guatemala 19. 10. 1899, †Madrid 9. 6. 1974; ab 1944 im diplomat. Dienst, 1954–66 im Exil; schrieb Werke im Stil des »mag. Realismus«, teils auf indian. Mythen aufbauend, teils politisch engagiert und sozialkritisch; 1967 Nobelpreis für Literatur. Verfasste Romane (»Der Herr Präsident«, 1946; »Die Maismänner«, 1949; »Bananen-Trilogie«, 1950–60; »Der böse Schächer«, 1969), Erz. (»Legenden aus Guatemala«, 1930), Gedichte, Dramen.
📖 *Marroquín, C.: M. A. A. Leipzig 1988.*
Asturi|en (span. Asturias), histor. Landschaft in NW-Spanien, am Nordhang des Kantabr. Gebirges (in den Picos de Europa bis 2 648 m ü. M.); umfasst heute als Region die Prov. Oviedo, 10 604 km², 1,063 Mio. Ew.; auf der Grundlage von Steinkohlen- und Erzbergbau entwickelte sich A. im 19. Jh. zu einem Zentrum der Montanind.; außerdem Aluminiumerzeugung, Schiffbau, Metallverarbeitung, chem. Ind. und Maschinenbau; im Hinterland Obst- und Maisanbau, Viehwirtschaft (im N Rinder und Schweine, im S Schafe).
Geschichte: Die iber. Asturer wurden 25 v. Chr. von den Römern unterworfen. In A. hielten sich nach der Eroberung Spaniens durch die Araber (711–713) die letzten Westgoten. Mit dem astur. Sieg bei Covadonga 722 begann die christl. ↑Reconquista. Alfons III. (866–910) dehnte die astur. Herrschaft über den Duero hinaus aus. Die Hptst. wurde 925 nach León verlegt. 1230 ging A.-León im Königreich Kastilien auf. 1982 erhielt A. ein Autonomiestatut.
Asunción [asunˈsjɔn], Hptst. von Paraguay, am linken Ufer des Paraguay, 546 600 Ew.; Verwaltungs-, Kultur-, Wirtschafts- und Verkehrszentrum des Landes;

zwei Univ.; kath. Erzbischofssitz; Erdölraffinerien, Textil-, Tabakind.; Flusshafen, internat. Flughafen. – 1537 gegr., war A. während der frühen Kolonialzeit Hptst. der span. La-Plata-Länder; Kolonisationszentrum der Spanier im südöstl. Südamerika (seit 1588 Missionstätigkeit der Jesuiten unter den Guaraní-Indianern); 1868–76 brasilianisch.
Aswan, Stadt in Oberägypten, ↑Assuan.
ASW-Flugzeug [Abk. für engl. antisubmarine warfare], Militärflugzeug mit extremer Reichweite und Flugdauer, zur Bekämpfung von U-Booten mit besonderen Zielsuchgeräten sowie Angriffswaffen ausgerüstet.
Asyl [grch. ásylon »Freistatt«] *das,* Heim, Unterkunft; Zufluchtsstätte.
Asylrecht, *allgemein* und *historisch* das Recht auf Schutz vor politisch motivierter Verfolgung. Schon in frühen Kulturen erlangten Verfolgte Schutz durch das Betreten hl. Stätten oder durch Berühren hl. Gegenstände. Verletzung des A. galt als Frevel. Während das A. bes. bei Juden und Griechen geachtet wurde, schwächten es die Römer dort ab, wo es mit ihrem Machtanspruch kollidierte. Seit Kaiser Konstantin I. wurde das A. in christl. Stätten, Kirchen, Klöstern u. Ä. respektiert. Die kath. Kirche hält seit 1983 am kirchl. Aysl formell nicht mehr fest, wie überhaupt das in der jüngeren A.-Diskussion oft zitierte **Kirchenasyl** zugunsten von Abschiebung Bedrohter staatsrechtlich keinen Schutz genießt.
Völkerrecht: Das allgemeine Völkerrecht gibt dem Einzelnen kein Recht, in einem Staat seiner Wahl Zuflucht zu suchen, garantiert den Staaten aber das Recht, Asyl zu gewähren, sei es auf seinem Territorium (territoriales Asyl) oder in seiner Auslandsvertretung (diplomat. Asyl).
Geltendes Asylrecht: Das dt. GG gewährt politisch Verfolgten auch nach der zur Jahresmitte 1993 in Kraft getretenen Änderungen. A. unter bestimmten Voraussetzungen einen auch gerichtl. durchsetzbaren Anspruch auf Asyl (Art. 16 a Abs. 1). Politischer Verfolgter ist jeder, der wegen seiner Rasse, Religion, Nationalität, Zugehörigkeit zu einer sozialen Gruppe oder wegen seiner polit. Überzeugung verfolgt und bedroht wird. Auf dieses Recht kann sich aber nicht berufen, wer aus einem Staat der Europ. Union oder aus

einem anderen vor Verfolgung »sicheren Drittstaat« einreist (Art. 16 a Abs. 2). Asylbewerber, die aus diesen Staaten einzureisen suchen, können sofort zurückgewiesen werden. Grundgedanke hierfür ist die Vorstellung, dass diese Staatengruppe einen dem dt. A. vergleichbaren Rechtsstandard bietet. Darüber hinaus sieht der bes. heftig umstrittene Art. 16 a Abs. 3 vor, dass Asylbewerber aus gesetzlich benannten »sicheren Herkunftsstaaten«, in denen anhand gesetzlich fixierter Kriterien polit. Verfolgung oder unmenschl. oder erniedrigende Behandlung ausgeschlossen erscheinen, das A. nur in Anspruch nehmen können, wenn sie Tatsachen vorbringen können, aus denen auf ihre Verfolgung zu schließen ist. Beide Staatengruppen werden durch Gesetz bestimmt. Grundlage der Verfahren ist das Asylverfahrens-Ges. i. d. F. v. 27. 7. 1993. Von großer prakt. Bedeutung ist die »Flughafenregelung«, die es erlaubt, Asylbewerber, die auf dem Luftweg nach Dtl. einreisen, bis zu 19 Tagen auf dem Flughafengelände festzuhalten und das Asylverfahren dort durchzuführen.

In *Österreich* gelten für Asylbewerber v. a. die Bestimmungen des Fremden-Ges. 1997 und des Asyl-Ges. 1997. Ein Fremder hat Anspruch auf Asyl, sofern er nicht bereits in einem anderen Staat vor Verfolgung sicher war (sicherer Drittstaat). In der *Schweiz* ist am 1. 10. 1999 das umfassend revidierte Asyl-Ges. vom 26. 6. 1998 in Kraft getreten, das neben der Asylgewährung und der Rechtsstellung der Flüchtlinge den vorübergehenden Schutz von Schutzbedürftigen und deren Rückkehr regelt. ✣ **siehe ZEIT Aspekte**

📖 *Hb. des Ausländer- u. Asylrechts,* hg. v. B. Huber, bearb. v. H. Alexy u. a. Loseblatt-Ausg. München 1994 ff. – Bamberger, W.: *Ausländerrecht u. Asylverfahrensrecht.* München 1995. – Hailbronner, K.: *Reform des A. Steuerung u. Kontrolle des Zuzugs von Ausländern.* Konstanz ²1998. – C. Schmid: *Europ. A.* Wien 2001.

Asymmetrie [grch.] *die,* **1)** *Chemie:* das Fehlen einer Symmetrieebene und eines Symmetriezentrums bei Molekülen. Von asymmetr. Verbindungen gibt es zwei Formen (↑Isomerie), die sich in ihrem räuml. Bau wie Bild und Spiegelbild verhalten (Chiralität). Sie werden als **Enantiomere** oder als **(opt.) Antipoden** bezeichnet, da die A. Ursache für ihre ↑optische Aktivität ist. In organ. Verbindungen tritt A. immer dann auf, wenn ein Kohlenstoffatom an vier versch. Reste gebunden ist **(asymmetr. Kohlenstoffatom).** **2)** *Geomorphologie:* von **Tal-A.** spricht man, wenn auf längere Erstreckung ein steiler Talhang einem Flachhang gegenüberliegt.

Asymmetriefehler, *Physik:* ein ↑Abbildungsfehler.

Asymptote [zu grch. asýmptōtos »nicht zusammenfallend«] *die, Mathematik:* Gerade, an die sich eine Kurve beliebig nähert, ohne sie jedoch (im Endlichen) zu erreichen.

asynchron [grch.], nicht gleichzeitig, zeitlich nicht angeglichen.

Asynchronmotor, ↑Elektromotor.

Asyndeton [grch. »Unverbundenes«] *das,* Aneihung gleich geordneter Wörter, Wortgruppen, Sätze oder Satzglieder ohne Konjunktion.

aszendent [lat. »aufsteigend«], *Geologie:* aus der Tiefe aufsteigende Dämpfe, auch Bez. für deren Abscheidungen (z. B. aszendente Erzlagerstätten). Ggs.: deszendent.

Aszendent *der,* **1)** *Astrologie:* Aufgangspunkt eines Gestirns.
2) *Genealogie* und *Recht:* Vorfahr (↑Ahnen).

Aszendenz *die, Genealogie:* Hauptform genealog. Forschung, bei der (im Unterschied zur Deszendenz) in ↑aufsteigender Linie die Aszendenten (Ahnen) eines Probanden (Eltern, Großeltern, Urgroßeltern usw.) erforscht werden; allg. auch Bez. für Verwandtschaft in aufsteigender Linie.

Aszendenztafel, die, ↑Ahnentafel.

Aszetik *die,* Lehre vom Streben nach christl. Vollkommenheit.

Aszites [grch.-lat.] *der,* die ↑Bauchwassersucht.

at, Einheitenzeichen für techn. ↑Atmosphäre.

at [ˈæt, engl.], Zeichen @, *Informatik:* ↑a.

At, chem. Symbol für ↑Astat.

A. T., Abk. für Altes Testament. (↑Bibel)

Atabeg [türk. »Vater, Fürst«] *der* (Atabek), urspr. eine Bez. für den Erzieher und Vormund türk. Prinzen, später ein türk. Titel für Emire. Bei den Mamelucken war der **Atabeg al-Assakir** der Oberbefehlshaber der Armee.

Atacama, Wüstengebiet im nördl. Chile; besteht aus einer Reihe von abflusslosen

Becken zw. der Küstenkordillere und den Andenketten. Auf dem Hochland der Anden erstreckt sich die **Puna de A.** mit Hochbecken, in denen z. T. ausgedehnte Salzpfannen liegen. Die A. birgt reiche Bodenschätze. Wichtig bleiben Kupfererzabbau (seit dem 19. Jh.) und -verhüttung, v. a. in Chuquicamata; der früher bed. Salpeterabbau (Salpeterkrieg gegen Peru und Bolivien) ist heute auf einen Betrieb beschränkt (auch Jodgewinnung). Die Guanolager an der Küste sind erschöpft. Siedlungen und Hafenstädte sind auf Wasserzufuhr aus der Hochkordillere angewiesen; nur wenige Flüsse erreichen das Meer.

Atacamit [nach der Wüste Atacama] *der,* sekundäres, grünes, rhomb. Kupfermineral, $Cu_2(OH)_3Cl$; Fundorte in Australien, Südamerika, S-Afrika.

Atahualpa, letzter Herrscher des Inkareichs, *1502, †Cajamarca (Peru) 29. 8. 1533; stürzte 1532 seinen Stiefbruder Huáscar; von Pizarro gefangen genommen und hingerichtet.

Atair [arab. »der fliegende (Adler)«] (Altair), hellster Stern (α) im Sternbild Adler.

Atakpamé, Handelsstadt im zentralen Togo, 250 m ü. M., 30 000 Ew.; Verw.-Sitz der Region Plateau; Bischofssitz; Straßenknotenpunkt und Bahnstation.

Atalante, *grch. Mythos:* arkad. Jägerin; sie erlegte den Kalydonischen Eber und nahm am Argonautenzug teil.

Ataman *der,* russ. Bez. für den Führer der Kosaken (↑Hetman).

Ataraktika [grch.] *Pl.,* Gruppe der ↑Psychopharmaka.

Ataraxie [grch.] *die,* Freiheit von seelischen Erschütterungen und Lust der Ruhe: der zu erstrebende Seelenzustand im ↑Hedonismus des Epikur.

Atargatis, syr. Göttin, ↑Derketo.

Atassi, Haschem al-, syr. Politiker, *Homs 1875, †ebd. 6. 12. 1960, trat für die Unabhängigkeit Syriens ein, 1936–39, 1949–51 und 1954/55 Staatspräsident.

Atatürk, türk. Politiker, ↑Kemal Atatürk.

Atavismus [zu lat. atavus »Vorfahr«] *der* (Rückschlag), **1)** *allg.:* Rückfall in urtüml. Zustände.
2) *Biologie:* das Wiederauftreten von Eigenschaften weit entfernter Vorfahren, beim Menschen z. B. extrem starke Körperbehaarung, überzählige Schneide- und Backenzähne.

Ataxie [grch. »Unordnung«] *die,* Störung des geordneten Zusammenwirkens ganzer Muskelgruppen bei Bewegungsabläufen; bedingt durch Schädigung des Gehirns oder des Rückenmarks.

Atbara, 1) *der,* rechter Nebenfluss des Nils, 1 120 km lang, entspringt nördl. vom Tanasee in Äthiopien, mündet bei der Stadt A.; bei Hochwasser schiffbar; gestaut bei Khashm el-Girba.
2) Stadt im Sudan, 73 000 Ew.; Zementwerk, Verkehrsknotenpunkt.

Ate, *grch. Mythos:* bei Homer Tochter des Zeus; Verkörperung der Verblendung.

Atelier [atə'lje, frz.] *das,* Werkstatt eines Malers, Bildhauers, Maßschneiders; auch Raum für Film-, Fernseh- oder Fotoaufnahmen.

Atelier 5 [atə'lje: -], 1955 in Bern gegründete Architektengemeinschaft (urspr. fünf, 1995: elf Partner). Die zunächst in engem Anschluss an Le Corbusier erfolgte Auseinandersetzung mit Form und Funktion führte zu einem prototyp. Bauen, bes. städtebaul. Ensembles (u. a. Kunstmuseum Bern, 1976-83; Überbauung Fischergarten in Solothurn, 1989–94).

Atellanen [nach Atella in Kampanien], unterital. Possenspiele des Altertums von derber Komik; Anfang des 1. Jh. v. Chr. in die röm. Literatur eingegangen.

Atem, der Luftstrom, der beim Ausatmen durch die Lungen entweicht (↑Atmung).

Atemgeräte, 1) Vorrichtungen zur Durchführung der künstl. Beatmung (↑künstliche Atmung).
2) ↑Atemschutzgeräte.

Atemgeräusch (Atmungsgeräusch), Geräusch, das beim Abhorchen (Auskultation) des Atemvorganges wahrgenommen wird; gibt Hinweise auf Erkrankungen der Atmungsorgane.

Atemgifte, gesundheitsschädl. Stoffe, die v. a. über die Atemwege aufgenommen werden. Einige A., z. B. die Reizgase Schwefeldioxid, Chlor und Phosgen, schädigen das Lungengewebe, andere A. wirken erst nach Aufnahme in das Blut und stören versch. Stoffwechselvorgänge, z. B. Blausäure, Phosphorsäureester. Über den militär. Einsatz ↑Kampfstoffe.

Atemgymnastik (Atemtherapie), physiotherapeut. Behandlungsverfahren mit Übungen zur Verbesserung der Atmung und Kräftigung der Atmungsorgane; z. B. bei chron. Bronchitis und Bronchialasthma angewendet.

ATE Atemnot

Athabasca: das Flusstal im Jasper National Park

Atemnot (Kurzatmigkeit, Dyspnoe), erschwertes Atmen mit Beklemmungs- und Angstgefühl durch Sauerstoffmangel und Kohlendioxidanhäufung im Blut; bes. bei körperl. Anstrengungen, Lungen- und Kreislaufkrankheiten. Zu **anfallweiser A.** ↑Asthma.

a tempo [italien.], Abk. **a. t.**, *Musik:* Vorschrift für die Wiederaufnahme des Grundzeitmaßes nach vorübergehender Änderung des Tempos.

Atemschutzgeräte, Arbeits- und/oder Rettungsgeräte zum Schutz oder zur Aufrechterhaltung der Atmung. A. ermöglichen ein Arbeiten in schädl. (bes. kohlenoxidhaltigen) Gasen (Bergbau, Feuerwehr) oder in großen Höhen; es gibt Filter, Schlauch- (↑Frischluftgeräte), Behälter und Regenerationsgeräte (↑Sauerstoffgeräte).

Atemschutzmaske, Gesichtsmaske zum gasdichten Anschluss von Atemschutzgeräten (z. B. über Atemfilter); als Voll- oder Halbmaske. Vollsichtmasken sind mit einem Sichtfenster und eingebauter Funksprechverbindung ausgerüstet.

Atemspende, Verfahren der ↑künstlichen Atmung.

Atemstillstand (Apnoe), das Aufhören der Atembewegungen infolge zentraler oder peripherer Atemlähmung oder einer Fremdkörperaspiration. Die Sofortbehandlung umfasst Freimachen und Freihalten der Atemwege, Beatmung oder Atemspende.

Atemwurzeln, aus der Erde herauswachsende Wurzeln trop. Sumpfpflanzen (z. B. Mangroven), die der Sauerstoffversorgung des übrigen Wurzelsystems dienen.

Aterau, Stadt in Kasachstan, ↑Atyrau.

Atget [ad'ʒe], Jean-Eugène-Auguste, frz. Fotograf, * Libourne (Dép. Gironde) 12. 2. 1857, † Paris 4. 8. 1927; schuf die umfassende »Photograph. Sammlung des alten Paris«; Wegbereiter der modernen Fotografie in den 1920er-Jahren.

Atemschutzmaske: Verlauf der Atemluftwege bei einer Vollmaske

Äth... (fachsprachlich Eth...), *Chemie:* Namensbestandteil von Verbindungen mit zwei C-Atomen, z. B. Äthanol – Ethanol.
Athabasca [engl. æθəˈbæskə] *der* (Athapaska), Fluss in Kanada, südlichster der Mackenziequellflüsse, 1 231 km, entspringt in den kanad. Rocky Mountains, mündet in den **Athabascasee** (7 936 km²); längs des A.-Tales Ölsandvorkommen (Abbau bei ↑Fort McMurray).
Athabasca, Mount [engl. maʊnt æθəˈbæskə] *der,* Berg in den kanad. Rocky Mountains, in der Prov. Alberta, nahe der Grenze gegen British Columbia, 3 491 m ü. M., am Rand des Columbia Icefield.
Äthan *das* (Ethan), farb- und geruchloser gasförmiger Kohlenwasserstoff aus der Gruppe der ↑Alkane; in Erd- und Raffineriegasen; zur Äthylenherstellung.
Äthanal *das* (Ethanal), der ↑Acetaldehyd.
Athanasianisches Glaubensbekenntnis, das ↑Quicumque, altkirchl. Glaubensbekenntnis, bis ins 17. Jh. fälschlich Athanasios zugeschrieben; eines der drei ↑ökumenischen Symbole.
Athanasie [grch.] *die,* ↑Unsterblichkeit.
Athanasios (Athanasius), grch. Kirchenlehrer, * um 295, † Alexandria 2. 5. 373; seit 328 Bischof in Alexandria; vertrat im Kampf gegen den ↑Arianismus die Lehre von der Wesensgleichheit Christi mit Gott (↑homousios). Heiliger, Tag: 2. 5.
Äthanol [grch.] *das* (Ethanol, Äthylalkohol, Ethylalkohol, Spiritus, Alkohol, Weingeist), C_2H_5OH, eine farblose, brennend schmeckende, würzig riechende und leicht entzündl. Flüssigkeit aus der Gruppe der ↑Alkohole. Dichte 0,789 g/cm³, Siedepunkt 78,3 °C, in hoher Konzentration giftig. Ä. entsteht durch die **alkoholische Gärung** von zucker- oder stärkehaltigen Substanzen, die durch Hefe in Ä. und Kohlendioxid gespalten werden. Das gewöhnl. Ä. des Handels **(Sprit)** ist 96 %ig. Durch Azeotropdestillation (↑azeotropes Gemisch) entsteht das wasserfreie **absolute Ä.** – Weitaus das meiste Ä. wird in Form von alkohol. Getränken verwendet. Ferner dient es als vielseitiges Lösungsmittel (z. B. für Lacke und Kosmetika), als Ausgangsstoff in der chemisch-pharmazeut. Ind., als Desinfektionsmittel, zur Konservierung und als Kraftstoffzusatz.
Äthanollamine (Ethanolamine), ölige Flüssigkeiten (Mono-Ä., Tri-Ä.) oder kristalline (Di-Ä.), in Wasser und Äthanol leicht lösl. Stoffe; verwendet als Emulsionen zur Textil-, Leder- und Holzbehandlung, als Emulsionsbrecher u. a. bei Ölbohrungen.
Athapasken, Sprachfamilie nordamerikan. Indianer in Kanada und USA (Alaska, Oregon, Kalifornien); auch die athapask. Sprachen sprechenden Navaho, Apachen u. a.
Athaulf, König der Westgoten (seit 410), † (ermordet) Barcelona 415; führte die Goten 412 nach Gallien, heiratete 414 ↑Galla Placidia, die Tochter Kaiser Theodosius' I. Vom röm. Heer nach Spanien abgedrängt, fiel er der Blutrache zum Opfer.

Mount Athabasca: der schnee- und eisbedeckte Gipfel

Athaumasie [grch.] *die, Philosophie:* das Sich-nicht-Wundern, Verwunderungslosigkeit; notwendige Bedingung der Seelenruhe (↑Ataraxie) und Glückseligkeit (Eudämonie).
Atheismus [zu grch. átheos »ohne Gott«] *der,* die Leugnung der Existenz eines persönl. Gottes oder persönl. Götter jenseits der erfahrbaren Welt.
Geschichte: Früheste Formen des A. finden sich in alten ind. Religionen ohne Gott, wie dem ↑Dschainismus, dem ↑Samkhya und dem ursprüngl. Buddhismus. Letzterer spricht zwar von Göttern, sie sind aber wie die Menschen in den in-

nerweltl. Kreislauf des Werdens und Vergehens eingebunden, kommen also für die menschl. Erlösung nicht in Betracht. In der grch. Philosophie zeugen die Fragmente mancher ↑Vorsokratiker von einem A., wie die des Demokrit und Kritias, die die Götter als menschl. Erfindung deuten, die ein wirksames Schreckmittel zur Erhaltung der moral. Ordnung bereitstellen sollen. Im Allg. jedoch blieb der A. Sache intellektueller Einzelgänger, da in der Antike noch ein naturreligiöses Lebensgefühl vorherrschte. Im christl. MA. gab es zwar keinen ausformulierten A., seit dem 13. Jh. nahm die Skepsis gegenüber den kirchl. Lehren aber zu. So wendete sich z. B. Siger von Brabant, beeinflusst von Schriften des arab. Aristoteleskommentators Averroes (↑Ibn Ruschd), gegen die christl. Schöpfungs- und Seelenlehre (↑Averroismus). Zur Ausbildung eines verallgemeinerten A. im westl. Geistesleben der Neuzeit tragen v. a. drei Ursachen bei: 1) der christl. Schöpfungsglaube selbst; er führt zur Entsakralisierung und Entgötterung der Natur; 2) die Entwicklung der Wiss., v. a. der Physik; sie praktizieren eine unbewusst **methodischen A.**, indem sie die Welt ohne Zuhilfenahme Gottes als Erklärungsgrund zu verstehen suchen. Vom methodischen A. führte die Entwicklung zum **doktrinären A.** einiger frz. Aufklärer (Voltaire), zu den dt. Materialisten des 19. Jh. (L. Büchner, E. Haeckel) bis zur Systematisierung des dialekt. Materialismus (↑Marxismus) durch F. Engels; 3) die Entwicklung der Lehre vom Menschen; dem **humanist. A.** erscheint die Annahme eines Gottes nicht mit der freien Selbstverwirklichung des Menschen vereinbar. So verwerfen L. Feuerbach, der auf ihm aufbauende **marxist. A.** und die Existenzphilosophie (J.-P. Sartre) Gott als Konkurrenten. Sprachkritisch argumentieren demgegenüber der ↑Positivismus und die versch. Richtungen des Neopositivismus. Weil aus sprachtheoret. Gründen das Wort »Gott« bedeutungsleer sei, führen diese Philosophien zum **skeptischen** bzw. **agnostischen Atheismus.**
📖 *Bockmühl, K.: A. in der Christenheit.* 2 Bde. Gießen ²⁻³1984–85. – *Pöhlmann, H. G.: Der A. oder der Streit um Gott.* Gütersloh ⁷1996.

Athen (Athina, Athinä), Hptst. von Griechenland und des Verwaltungsgebiets Attika, 772 100 Ew., städt. Agglomeration (einschl. Piräus) 3,07 Mio. Ew. (fast $1/3$ der grch. Bevölkerung). A. liegt in Attika, 5 km vom Meer entfernt, umgeben von Hymettos (1 028 m), Pentelikon (1 109 m), Parnes (1 413 m) und Ägaleos (468 m), und wird durch die »Türkenberge« (bis 338 m) geteilt, die sich im Lykabettos (277 m) und südlich davon noch einmal in der Akropolis (156 m) erheben. A. ist Sitz der Reg. und des Parlaments; eine lebhafte Geschäfts- und Handelsstadt, Industriezentrum (im Raum A.-Piräus bes. Textil- und chem. Ind., Erdölraffinerie, Werften), Wirtschaftsmittelpunkt und Finanzzentrum Griechenlands, Mittler im See- und Luftverkehr (Flughafen Hellenikon, ein neuer Flughafen wird östlich von A. gebaut) mit dem Orient, geistiger Mittelpunkt mit Univ., TH und anderen Hochschulen, Museen (National-, Akropolis-, Byzantin. Museum u. a.), Sitz des Oberhaupts der grch.-orth. Staatskirche. Mit Piräus ist A. durch Schnellstraße, Eisenbahn und Schnellbahn verbunden.

Stadtbild: Im *Altertum* war A. die Hptst. von Attika. Der älteste Teil ist die ↑Akropolis (UNESCO-Weltkulturerbe), die im Laufe der Jahrhunderte mit bed. Schöpfungen grch. Baukunst ausgestaltet wurde. Rings um die Akropolis lag die Stadt, die ebenfalls reich war an glanzvollen Bauwerken, darunter v. a. Hallen (Stoa poikile) und Tempel um die Agora nach der Akropolis, viele Stadttore (Dipylon), das Dionysostheater am S-Hang der Akropolis und das Olympieion im SO der Stadt. Die Areopaghöhe wurde Sitz des Adelsrates. Die Stadt erhielt unter Themistokles einen Mauerring und wurde unter Perikles durch die »Langen Mauern« mit dem Hafen Piräus verbunden. Außerhalb im SO der Stadt ließ Lykurg das panathenäische Stadion ausheben (später in Marmor errichtet).

Geschichte: Die Besiedlung von A., bes. auf der Akropolis, ist seit dem 3. Jt. v. Chr. nachweisbar. Der Sage nach unter Theseus, tatsächlich in jahrhundertelangem Prozess der Vereinigung (Synoikismos) Attikas, wurde A. Staat. A. durchlief in archaischer und vorklass. Zeit den innenpolit. Entwicklungsprozess von der Monarchie zur Demokratie, wobei die aristokrat. Oberschicht lange Zeit starke polit. und wirtsch. Geltung besaß. Nach der Gesetz-

Athene ATH

Athen: Die Akropolis überragt die Stadt.

gebung Drakons um 624 (621?) schuf bes. Solon (ab 594) die Grundlagen der athen. Demokratie, die nach der Tyrannis der Peisistratiden in der Staatsordnung des Kleisthenes (ab 508/507) und schließlich des Ephialtes (462) ihre Form fand. Die Gründung des Attisch-Delischen Seebundes (477) dokumentierte den Aufstieg A.s zur Vormacht der Griechen. Die athen. Machtstellung wurde im Peloponnes. Krieg (431–404) durch Sparta erschüttert, in der Schlacht bei Chaironeia (338) endgültig zerschlagen. A. wurde 86 v. Chr. von Sulla erobert, war dann röm., später byzantin. Provinzstadt; 529 schloss Justinian I. die Akademie. Seit 1204 im Besitz der Kreuzfahrer; ab 1205 vom burgund. Geschlecht de la Roche, 1311–86 von der Katalan. Kompanie, dann von der florentin. Patrizierfamilie Acciaiuoli beherrscht. 1456 wurde A. türkisch, 1834 (nach der grch. Unabhängigkeit) Hptst. Griechenlands und Residenz des Königs.
◫ *Knaurs Kulturführer in Farbe, Athen u. Attika*, hg. v. M. Mehling. Beiträge v. E. Konstantinou u. a. München 1984. – *Welwei, K.-W.: A. Vom neolith. Siedlungsplatz zur archaischen Großpolis.* Darmstadt 1992. – *Bleicken, J.: Die athen. Demokratie.* Paderborn u. a. ⁴1995. – *Habicht, Chr.: A. Die Gesch. der Stadt in hellenist. Zeit.* München 1995. – *Meier, Christian: A. Ein Neubeginn der Weltgeschichte.* Tb.-Ausg. München 1995. – *Schönrock, D.: A. & Attika.* Erlangen 2003.

Äthen *das,* systemat. Bez. für ↑Äthylen.
Athenagoras I., eigtl. Aristokles Spyrou, orth. Theologe, *Tsaraplana (heute Vassilikon, Epirus) 25. 3. 1886, †Istanbul 7. 7. 1972; war 1949–72 Ökumen. Patriarch. Seine Begegnungen mit Papst Paul VI. (1964, 1967) stehen am Anfang einer neuen Gesprächsbereitschaft zw. Orthodoxie und kath. Kirche.
Athenäum *das* (grch. Athenaion, lat. Athenaeum), urspr. ein Heiligtum der Göttin Athene; dann die von Hadrian in Rom gegr. Schule für Rhetorik, in der Dichter und Gelehrte ihre Werke vortrugen.
Athenäum, von den Brüdern A. W. und F. Schlegel 1798–1800 in Berlin herausgebene literar. Ztschr.; führende Ztschr. der dt. Romantik.
Athenäus (grch. Athenaios), grch. Schriftsteller aus Naukratis in Ägypten, um 200 n. Chr. Sein »Deipnosophistai« (»Gastmahl der Gelehrten«) enthält eine Fülle gelehrten Wissens über altgrch. Lebensgewohnheiten und viele Anekdoten.
Athene (Pallas A.), *grch. Mythos:* Göttin, Tochter des Zeus, dem Haupt ihres Vaters entsprungen und ewig jungfräulich (**A. Parthenos**), Schutzherrin der Helden, Städte, des Ackerbaus, der Wiss. und der Künste. Ihre Attribute waren Ölbaum und Eule. Von den Römern wurde A. der Minerva gleichgesetzt. In der Kunst erscheint sie schon im 6. Jh. v. Chr. mit Helm, ↑Aigis und Speer, so auf den Giebeln des Aphaiatempels in Ägina. Ihre in der Antike berühmteste Darstellung war das nicht mehr

erhaltene Goldelfenbeinbild des Phidias im Parthenon in Athen.

Äther [grch. aithḗr »die obere Luft«] *der*, **1)** in der grch. Kosmologie die obere Himmelsregion, auch die sie ausfüllende Substanz (↑Quintessenz). **2)** *Chemie:* (Ether), Bez. für organ. Verbindungen der allg. Formel R^1-O-R^2 (R^1, R^2 – gleiche oder unterschiedl. Alkyl- oder Arylgruppen), meist leicht flüchtige, brennbare Flüssigkeiten, treten in vielen Naturstoffen auf (Zucker, Stärke). Der wichtigste Ä. ist der **Diäthyl-Ä.**, ein ausgezeichnetes Lösungsmittel für viele Stoffe, aber extrem feuergefährlich (Siedepunkt 34,5 °C); früher auch als Narkosemittel verwendet. **3)** *Physik:* im 19. Jh. Vorstellung eines allgegenwärtigen Stoffes als Träger der Lichtwellen; durch die spezielle ↑Relativitätstheorie widerlegt.

ätherische Öle (etherische Öle), flüchtige, stark riechende Öle, die sich bes. in Blüten (Blütenöle), Samen und Blättern von Pflanzen finden. Geruchsbestimmend sind ↑Terpene und Sesquiterpene. Gewinnung meist durch Destillation mit Wasser oder Wasserdampf und Abtrennung vom Kondenswasser. Ä. Ö. sind bed. für die Riechstoffind., Pharmazie, Kosmetik und viele Zweige der Lebensmittelindustrie.

Ätherleib, ↑Astralleib.

atherman [grch.] (adiatherman), wärmeundurchlässig, v. a. undurchlässig für Wärmestrahlung; Ggs.: diatherman. Einige Stoffe, z. B. Glas, sind in einem bestimmten Wellenlängenbereich diatherman, darüber hinaus atherman.

Atherom [grch.] *das* (Balggeschwulst, Grützbeutel), Zyste in der Haut im Bereich der Haarfollikel, die Talg und Hornmaterial enthält; sie entsteht durch Keimversprengung von Talgdrüsenepithelien (»echtes A.«) oder durch Verstopfung des Talgdrüsenausführungsganges (»falsches A.«). Entzündungen sind möglich. Die Entfernung erfolgt operativ.

Äthin *das* (Ethin), systemat. Bez. für ↑Acetylen.

Athiná [-θ-] (Athina), neugrch. für ↑Athen.

Äthiopide, typolog. Kategorie, der die Mehrheit der Bevölkerung N-Afrikas angehören soll; eine Mischung von europiden (Form-) und negriden (Farb-)Merkmalen: hoher Wuchs, lange Kopfform und Gliedmaßen, locker-krauses schwarzes Haar, dunkle Augen, dunkle Hautfarbe. Ä. sind nach Sprache und Kultur Osthamiten.

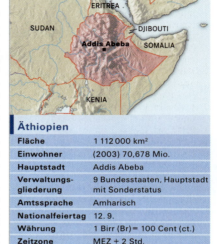

Äthiopien	
Fläche	1 112 000 km²
Einwohner	(2003) 70,678 Mio.
Hauptstadt	Addis Abeba
Verwaltungsgliederung	9 Bundesstaaten, Hauptstadt mit Sonderstatus
Amtssprache	Amharisch
Nationalfeiertag	12. 9.
Währung	1 Birr (Br) = 100 Cent (ct.)
Zeitzone	MEZ + 2 Std.

Äthiopilen (amhar. Ityopia, dt. Demokratische Bundesrepublik Äthiopien), Binnenstaat in NO-Afrika, grenzt im NO an Eritrea, im O und SO an Djibouti und Somalia, im S an Kenia und im W an die Rep. Sudan.

Staat und Recht: Nach der Verf. vom 22. 8. 1995 ist Ä. eine parlamentar. Rep. mit bundesstaatl. Ordnung; den versch. ethn. Gruppen wird weit gehende Autonomie gewährt. Die neu gebildeten Regionen haben das Recht auf Sezession. Staatsoberhaupt ist der vom Parlament auf sechs Jahre ernannte Präs.; die Exekutivgewalt liegt beim MinPräs., der auch Oberbefehlshaber der Streitkräfte ist, die Legislative auf Bundesebene beim Zweikammerparlament (Shengo), bestehend aus dem Rat der Volksvertreter (maximal 550 Abg., auf fünf Jahre gewählt) und dem Bundesrat (117 Mitgl.). Die neun Bundesstaaten verfügen über eigene Legislativ- und Exekutivorgane. Dominierende Partei ist die Ethiopian People's Revolutionary Democratic Front (EPRDF).

Landesnatur: Ä. ist das höchstgelegene Land Afrikas; 50 % der Fläche liegen höher als 1 200 m, mehr als 25 % über 1 800 m,

Äthiopien ATH

über 5% erreichen noch Höhen über 3 500 m ü. M. Dennoch hat der größte Teil des Hochlands Mittelgebirgscharakter. Der Ostafrikan. Graben teilt Ä. in das Äthiop. Hochland im W (im Ras Daschan bis 4 620 m ü. M.) und das nach SO geneigte Somalihochland. In den Grabenzonen ist die vulkan. Tätigkeit bis heute noch nicht erloschen. In die von mächtigen Basaltdecken überlagerten Hochländer haben die wasserreichen Flüsse (Atbara, Blauer Nil u. a.) tiefe cañonartige Täler eingeschnitten. Im Ostafrikan. Graben liegt eine Reihe abflussloser Seen. Ä. liegt im trop. Klimabereich; die starken klimat. Unterschiede sind in erster Linie durch die großen Höhenunterschiede bedingt. Die Niederschläge steigen allg. mit der Höhe an, außerdem wird es kühler. Das wüstenhafte Danakiltiefland im NO erhält nur mäßige Winterregen und ist im Sommer trocken; in den übrigen Landesteilen fallen die Niederschläge vorwiegend im Sommer. Es haben sich besondere Klima- und Vegetationsstufen herausgebildet: Bis 1 500 m ü. M. reicht die tropisch heiße Kolla (Halbwüste, Dornsavanne, versch. Typen der Trockensavanne; von 1 500 bis 2 400 m ü. M. die warm gemäßigte Woina Dega (urspr. Bergwälder, heute weitgehend Kulturland); darüber die kühle Dega (baumarmes Höhengrasland; bevorzugtes Weidegebiet), über 3 900 m ü. M. die Fels- und Eisregion der Tschoke.
Bevölkerung: Die Äthiopier sind nach Abstammung und Kultur sehr verschieden. Die im Hochland lebenden ↑Amhara (28%), Tigre (9%) und Gurage (2%) sowie Tigrinja und Harari sprechen semit. Sprachen, sind meist Christen und gehören mehrheitlich der ↑äthiopischen Kirche an; es bestehen zahlenmäßig starke prot. Minderheitskirchen (Lutheraner, Baptisten). Die Oromo (Galla; 40%), die Somal (2%), Sidamo (4%), Danakil und Bedja sprechen kuschit. Sprachen und bekennen sich vorwiegend zum Islam (heute über 50% der Gesamtbev.); negride Gruppen (4%) mit hamitosemit. und nilot. Sprachen leben vorwiegend im S des Landes. 18% der Bev. leben in Städten. Die äthiop. Juden verließen in zwei Auswanderungsaktionen 1984/85 und 1991 Ä. und konnten sich in Israel ansiedeln (↑Falascha). Es besteht allg. Schulpflicht für alle Kinder im Grundschulalter (7–13 Jahre); Analphabetenquote 65%; Univ. in Addis Abeba (gegr. 1950).
Wirtschaft und Verkehr: Ä. ist eines der ärmsten Länder der Erde, das durch den Bürgerkrieg wirtsch. stark zerrüttet wurde. Grundlage ist die Landwirtschaft, von ihr leben 90% der Bev. Dürrebedingte Ernteausfälle führten zu Hungerkatastrophen und Flüchtlingselend. Der Versuch, die wirtsch. Lage durch die sozialist. Planwirtschaft (seit 1975 Verstaatlichung von Banken, Versicherungen und Großunternehmen, Enteignung des Adel und Kirche gehörenden Großgrundbesitzes) zu stabilisieren, scheiterte. – Größte Bedeutung hat der Anbau von Kaffee (zwei Drittel des Ausfuhrwertes), für den Export werden in geringen Mengen auch Obst, Gemüse, Zuckerrohr, für den Eigenbedarf Getreide (bes. die Hirseart Teff), Hülsenfrüchte und Ölsaaten sowie die Bananenpflanze Ensete (Scheinstamm auf Mehrsorte werden gegessen, auch als Brotfrucht; Fasergewinnung) erzeugt. Trotz großer Viehbestände spielt die nomadisch betriebene Viehhaltung eine untergeordnete Rolle. Die Bodenschätze (Gold, Platin, Nickel, Kupfer, Zink, Kali- und Steinsalz) sind noch wenig erschlossen und werden nur in kleinem Umfang abgebaut. Die Ind. ist von geringer Bedeutung (überwiegend in Addis Abeba konzentriert) und verarbeitet meist landwirtsch. Erzeugnisse. – Außenhandel: Ausfuhr von Agrarprodukten, Einfuhr von Nahrungsmitteln, Erdöl, Maschinen, Fahrzeugen und Gebrauchsgütern. Wichtigste Handelspartner sind die USA, Dtl. und Japan. Der Außenhandel erfolgt überwiegend über den Hafen Djibouti. – Es existieren nur ein weitläufiges Straßennetz (1996: 28 500 km Straßen, davon rd. 20% befestigt) und 782 km Eisenbahnlinie der für den Außenhandel wichtigen Strecke Addis Abeba – Djibouti. Der Luftverkehr verfügt über mehrere nat. Flughäfen und einen internat. Flughafen in Addis Abeba.
Geschichte: Der Name Ä., grch. *Aithiopia*, hebr. **Kusch**, bezeichnete urspr. das Land südlich des ersten Nilkatarakts (Assuan), also etwa das heutige Nubien (Sudan und Ägypten), in grch.-röm. Zeit das ganze afrikan. Land südl. von Ägypten, danach auch Länder östl. des Roten Meeres. Lange vor Christi Geburt wanderten südarab. (semit.) Stämme, v. a. die Habaschat, von denen sich der Name **Abessinien** für

ATH Äthiopien

Äthiopien: Kegeldachhäuser der Oromos im Süden des Landes

Ä. ableitet, und die Geez in Ä. ein; sie gründeten ↑Aksum. Im Altertum stand Ä. unter ägypt. und grch. Einfluss und nahm im 4. Jh. das Christentum an. Das Eindringen der Muslime (16. Jh.) und der heidn. Oromo sowie innere Streitigkeiten bedrohten das Reich wiederholt. Ä. war ein Gesamtstaat unter einem Herrscher (Negus) und mehreren Statthaltern (Ras), bis diese sich im 18. Jh. unabhängig machten. 1853/54 eroberte Ras Kasa von Gondar das ganze Land und regierte 1855–68 als Theodorus II., Negus Negesti (König der Könige). Sein Nachfolger, Johannes IV., kämpfte erfolgreich gegen Ägypten und Italien, das sich seit 1882 in Eritrea festsetzte, fiel aber 1889 gegen die Anhänger des Mahdi. Der Erneuerer Ä.s, Kaiser Menelik II. (1889–1913), eroberte weite Gebiete und schloss mit mehreren europ. Staaten Handels- und Freundschaftsverträge. Als Italien die Herrschaft über das ganze Land beanspruchte, verteidigte sich Ä. und erreichte nach dem Sieg bei Adua am 1. 3. 1896 die Anerkennung der Unabhängigkeit.

Auf Menelik II. folgte 1913 sein Enkel Lidsch Ijasu, nach seinem Sturz (1917) Meneliks Tochter Zauditu; Regent war ihr Neffe Ras Tafari, der nach ihrem Tod als Haile Selassie 1930 zum Kaiser gekrönt wurde und Ä. eine Verf. gab (1931).

1935/36 eroberte Italien das Land, vereinigte es mit Eritrea und Somaliland zu Italienisch-Ostafrika; 1941 wurde Ä. von den Briten zurückerobert (5. 5. 1941 Rückkehr des Kaisers). Diese stellten 1942 die Unabhängigkeit Ä.s wieder her. 1952–62 wurde Eritrea schrittweise in den Staat eingegliedert. Außenpolitisch schloss sich Ä. den ↑blockfreien Staaten an; 1963 trug Haile Selassie entscheidend zur Gründung der »Organisation für Afrikan. Einheit« (OAU) bei. Nach Unruhen (Febr. 1974) musste er auf Druck der Armee im Nov. 1974 abdanken. Der »Provisorische Militärverwaltungsrat« (Reg.) setzte sich bes. die Zerschlagung des Feudalsystems zum Ziel und rief 1975 die Rep. aus. Nach blutigen Revolten (1974 und 1977) setzte sich Mengistu Haile Mariam als Staats- und Regierungschef durch. Er leitete die Umwandlung Ä.s nach marxist. Vorbild ein. Jede Opposition wurde durch Terrormaßnahmen unterdrückt. Die Agrarreform (1975) steigerte sich zur »grünen Revolution« (seit 1979). Mithilfe sowjet. Waffenlieferungen und kuban. Truppen bekämpfte Ä. 1978 den Aufstand in ↑Ogaden (1977/78) und ↑Eritrea, in dem seit 1974 die »Eritreische Volksbefreiungsfront« (EPLF) mit Waffengewalt die staatl. Unabhängigkeit durchzusetzen versuchte. Die Kämpfe in Ogaden entwickelten sich zu einem Krieg mit Somalia, das seinerseits Ansprüche auf das Ogadengebiet erhob.

äthiopische Kirche ATH

Ein Autonomieangebot der Reg. an die Prov. Eritrea wurde 1987 von der EPLF abgelehnt. Der Krieg mit Somalia wurde 1988 in einem Friedensvertrag beendet. 1984 etablierte sich die marxist. »Äthiopische Arbeiterpartei« unter Mengistu Haile Mariam. Mit In-Kraft-Treten einer neuen Verfassung 1987 ging die Militärherrschaft in ein ziviles Regierungssystem über; Staatspräs. wurde Mengistu Haile Mariam. Inzwischen hatte sich im Kampf gegen das kommunist. Regierungssystem die in der Prov. Tigre operierende »Volksbefreiungsarmee von Tigre« (TPLF) gebildet, die im März 1989 die Provinz-Hptst. Makale eroberte. Getragen vor allem von der TPLF, bildete sich dort im selben Jahr als polit. Formation der Aufstandsbewegung die Äthiopische Volksrevolutionäre Demokratische Front (EPRDF). Im Febr. 1991 begannen die TPLF (von Tigre aus) und die EPLF (von Eritrea aus) eine gemeinsame militär. Offensive gegen die Zentral-Reg. in Addis Abeba. Im Mai 1991 nahmen sie Addis Abeba ein und stürzten das kommunist. Regierungssystem; Mengistu Haile Mariam floh nach Simbabwe. Neuer Staatspräs. wurde im Juli 1991 Meles Zenawi, der Führer der EPRDF. Mit der Bildung einer eigenen Regierung für Eritrea erreichte diese Prov. faktisch ihre Unabhängigkeit und schied 1993 endgültig aus dem äthiop. Staatsverband aus. Aus den Parlamentswahlen von 1995 (ebenso 2000) ging die EPRDF als weitaus stärkste Partei hervor und stellt seitdem mit Meles Zenawi den MinPräs.; Staatspräs. wurde Negasso Gidada. 1998 kam es wegen differierender Gebietsansprüche zu einem Grenzkrieg zw. Ä. und Eritrea, der 1999 erneut aufflammte, sich ins Landesinnere Eritreas ausweitete und 2000 durch ein Waffenstillstandsabkommen und einen Friedensvertrag beendet werden konnte. Im Okt. 2001 wählte das Parlament Girma Wolde Giorgis zum neuen Staatspräsidenten.
Der lang anhaltende Bürgerkrieg sowie übergroße Dürre führten mehrfach zu Hungerkatastrophen. Zusätzlich belastet wird die Situation durch Flüchtlinge aus den von jahrelangem Bürgerkrieg gekennzeichneten Nachbarländern Somalia und Sudan.
Gerster, G.: Ä. – das Dach Afrikas. Zürich u. a. 1974. – Bartnicki, A. u. Mantel-

Niećko, J.: Geschichte Ä. s. Von den Anfängen bis zur Gegenwart. 2 Bde. A. d. Poln. Berlin-Ost 1978. – Hasselblatt, G.: Ä. am Rande des Friedens. Tigre, Oromo, Eritreer, Amharen im Streit. Streiflichter u. Dokumente. Stuttgart 1992. – Kacza, Th.: Äthiopiens Kampf gegen die italien. Kolonialisten. Pfaffenweiler 1993. – Marcus, H. G.: A history of Ethiopia. Berkeley, Calif., 1994. – Prouty, C. u. Rosenfeld, E.: Historical dictionary of Ethiopia and Eritrea. Metuchen, N. J., ²1994. – An economic history of Ethiopia, hg. v. S. Bekele, auf mehrere Bde. ber. Dakar 1995 ff. – Matthies, V.: Ä., Eritrea, Somalia, Djibouti. München ³1997.

äthiopische Kirche 1): Ikonostase (geweiht 1996) in der äthiopischen Kirche in Köln

äthiopische Kirche, 1) (früher abessin. Kirche), die christl. Nationalkirche Äthiopiens. Anfang des 4. Jh. entstanden, wurde die ä. K. unter König Ezana (341?) Staatskirche und bestand als solche, mit großem Landbesitz und zahlr. Privilegien ausgestattet, ununterbrochen bis zum Militärputsch Mengistu Haile Mariams 1974. Oberhaupt war bis 1959 der kopt. Patriarch von Alexandria. Seit 1959 (Erlangung der Autokephalie) wird die ä. K. von einem eigenen Patriarch-Katholikos geleitet, erkennt als Tochterkirche der ↑koptischen Kirche jedoch den Ehrenvorrang des kopt. Patriarchen an. Dieser entließ 1998 die **eritreisch-orthodoxe Kirche** aus der Jurisdiktion des äthiop. Patriarchen und unterstellte sie einem eigenen eritreischen Patriarchen. – Theologisch bildete die ä. K. nach dem Konzil von Chalcedon (451),

dessen Beschlüsse sie nicht anerkannte, eine eigene, traditionell als »monophysitisch«, von der ä. K. selbst jedoch als »miaphysitisch« (eine vereinigte Natur Christi) beschriebene Lehrtradition aus. Liturgisch hat sie viele alte Bräuche (u. a. die Beschneidung) bewahrt.
📖 *Heyer, F.: Die Kirche Äthiopiens. Eine Bestandsaufnahme. Berlin u. a. 1971. – Ders.: Die Heiligen der Äthiop. Erde. Erlangen 1998.*
2) (unierte ä. K.), die kirchl. Gemeinschaft der mit der kath. Kirche unierten äthiop. Christen; im 19. Jh. als kath. Ostkirche des alexandrin. Ritus entstanden; jurisdiktionell verfasst als Metropolie Addis Abeba mit Eparchien in Äthiopien und Eritrea.
äthiopische Kunst. Zu den frühesten architekton. Zeugnissen (5. Jh. n. Chr.) gehören die steinernen Stelen, Reste von Palast- und Grabanlagen u. a. in Aksum. Berühmt wurden die im 12. Jh. entstandenen, z. T. monolith. Felskirchen von ↑Lalibela, die Klöster und Kirchen auf Inseln im Tanasee, Palast- und Kirchenbauten des 17.–19. Jh. in ↑Gondar. Die christl. Malerei stand unter koptisch-byzantin. Einfluss (Wandmalereien in Kirchen; illuminierte Handschriften bes. aus dem 14./15. Jh.). Die traditionelle Volkskunst äußert sich in profaner Malerei und v. a. in Metallarbeiten (Silber, Messing). Die nichtchristl. Kunst ist v. a. durch Holz- und Steinskulpturen altafrikan. Tradition in S-Äthiopien belegt.
äthiopische Sprachen, die zum südsemit. Zweig der semit. Sprachfamilie gehörenden Sprachen Äthiopiens. Das **Altäthiopische (Geez)** differenzierte sich im N in das **Tigre** und das **Tigrinja.** Das Geez ist die Sprache der äthiop. Literatur und bis heute Kirchensprache. Zu den südäthiop. Sprachen gehören des **Amharische,** das **Gurage** und **Harari.**
Athlet [grch. athletés »Wettkämpfer«] *der,* urspr. Teilnehmer an den antiken Festspielen; heute Bez. für (Hoch-)Leistungssportler.
Athletik *die,* in Griechenland seit dem 5. Jh. v. Chr. der berufsmäßige Wettkampf der Athleten. Heute unterscheidet man ↑Leichtathletik und ↑Schwerathletik.
Athletiker *der,* Mensch mit starkem Knochenbau und kräftiger Muskelentwicklung (↑Konstitutionstypen).
Athos (grch. Hagion Oros, neugrch. Ajion Oros), die östlichste Halbinsel der Chalkidike, N-Griechenland, aus Marmor und metamorphen Schiefern aufgebaut und weitgehend mit Macchie und Wald bedeckt, an ihrer Südspitze der **Berg A.** (2033 m ü. M.). Die Halbinsel wird eingenommen von der autonomen, jedoch nicht souveränen **Mönchsrepublik A.,** 336 km², etwa 2000 Ew.; Verwaltungsort: Karyä. – Die Mönchsrepublik umfasst 20 Großklöster (UNESCO-Weltkulturerbe). Das erste Kloster, die Große Lawra, wurde 963 gegründet; seit 980 entstanden weitere befestigte Klöster, die zu einem religiösen Mittelpunkt der Orthodoxie wurden; bed. Handschriftensammlung. Eine nach strengem ikonograph. Programm ausgerichtete A.-Schule der Malerei wurde durch das »Malerbuch vom Berge A.« begründet. – Bei einem Großbrand am 4. 3. 2004 wurden Teile des Klosters Chiliandariu, eines der 20 Großklöster, erheblich beschädigt bzw. zerstört.
📖 *Spitzing, G.: A. Der hl. Berg des östl. Christentums. Köln 1990. – W. Ekschmitt: Berg A. Gesch., Leben u. Kultur der grch. Mönchsrepublik. Freiburg im Breisgau u. a. 1994. – Capuani, M. u. Paparozzi, M.: A. – Die Klostergründungen. Ein Jahrtausend Spiritualität u. orth. Kunst. A. d. Italien. München 1999.*
Äthyl *das* (Ethyl), die vom Äthan abgeleitete einwertige Atomgruppe $-C_2H_5$, die in vielen organ. Verbindungen vorkommt,

Athos

z. B. **Ä.-Alkohol** (↑Äthanol), **Ä.-Cellulose** (↑Celluloseäther).
Äthylen *das* (Ethylen, Äthen, Ethen), gasförmiger ungesättigter Kohlenwasserstoff aus der Gruppe der Alkene. Ä. ist farb- und fast geruchlos; es entsteht beim Cracken von Benzin oder Äthan. Wichtigstes Zwischenprodukt der ↑Petrochemie; v. a. zur Herstellung von Kunststoffen.
Äthylen|oxid (Ethylenoxid, Oxiran), zykl. Äther, hautreizende, giftige Flüssigkeit, großtechnisch aus Äthylen durch Oxidation mit Luft oder Sauerstoff erzeugt; verwendet zur Herstellung von Glykol, Tensiden, Äthanolaminen u. a. Als T-Gas dient Ä. zur Schädlingsbekämpfung.
2-Äthylhexanol (2-Ethylhexanol, Octanol), höherer Alkohol, der aus Propylen hergestellt und mit Phthalsäureanhydrid zu dem wichtigsten PVC-Weichmacher **Di-2-Äthylhexylphthalat (Dioctylphtalat,** Abk. **DOP)** verestert wird.
Athyrium [grch.] *das,* die Gattung ↑Frauenfarn.
Ätiologie [grch. aitía »Ursache«] *die,* Lehre von den Krankheitsursachen.
ätiologisch, ursächlich, begründend; in der *Medizin* die Ätiologie betreffend. – **Ätiologische Mythen,** Bez. für Mythen bzw. Sagen, in denen der beobachtende Mensch bei ungewöhnl. Naturgebilden, Bauwerken, Namen, Bräuchen u. a. die Frage nach ihrem Wesen und ihrer Herkunft mit den Mitteln des mythisch-mag. Weltbildes und des assoziativen Denkens und Fantasierens beantwortet.
Atitlánsee (Lago de Atitlán), See im zentralen Hochland SW-Guatemalas, 126 km², bis 384 m tief, 1 562 m ü. M. am Fuß des Vulkans **Atitlán** (3 537 m ü. M.); Fremdenverkehr.
Atjeh [-tʃ-], frühere Schreibweise von ↑Aceh.
Atjoli [-tʃ-], nilot. Stamm, ↑Acholi.
Atkabucht, Bucht des Weddellmeers in der Antarktis, auf deren etwa 200 m mächtigem Schelfeis die dt. Neumayer-Station steht.
Atkinson ['ætkɪnsn], Rowan, brit. Komiker und Filmschauspieler, *Newcastle-upon-Tyne 6. 1. 1955; bekannt v. a. durch die von ihm selbst geschaffene Figur des »Mr. Bean«, die er in der gleichnamigen Fernsehserie (1989–95) ohne Sprache, nur mit witzig-brillanter Körper- und Gesichtsakrobatik darstellte; Spielfilme:

»Vier Hochzeiten und ein Todesfall« (1994); »Bean« (1997).
Atlant [nach dem Himmelsträger Atlas] *der* (Telamon), männl. Stützfigur, die anstelle eines Pfeilers oder einer Säule das Gebälk trägt.
Atlanta [ət'læntə], Hptst. des Bundesstaates Georgia, USA, am Fuß der südl. Appalachen, 394 000 Ew.; Metropolitan Area 2,83 Mio. Ew.; kath. Erzbischofssitz; mehrere Univ.; Verkehrsknotenpunkt mit vielseitiger Ind., Sitz zahlr. Wirtschaftsunternehmen der Südstaaten. – Museen, Theater, Vergnügungsparks. – Seit 1868 Hptst. von Georgia. Austragungsort der XXVI. Olymp. Spiele 1996.
Atlantic City [ət'læntɪk 'sɪtɪ], Seebad an der Atlantikküste, im SO von New Jersey, USA, 48 000 Ew.; Fischereihafen; seit 1978 erstes legales Spielkasino der USA außerhalb Nevadas.
Atlantik *der,* der ↑Atlantische Ozean.
Atlantikcharta [-'karta], die während des Zweiten Weltkrieges am 14. 8. 1941 im Nordatlantik auf dem brit. Schlachtschiff »Prince of Wales« veröffentlichte Grundsatzerklärung des amerikan. Präs. F. D. Roosevelt und des brit. Premiermin. W. Churchill über die künftige Friedensordnung; forderte u. a. Verzicht auf Annexionen und Gewalt, Anerkennung des Selbstbestimmungsrechts der Völker, freien und gleichen Zugang zu den Rohstoffen der Erde sowie den Aufbau eines kollektiven Sicherheitssystems unter vollständiger Entmilitarisierung von Staaten, die sich der Aggression schuldig gemacht haben (bes. gerichtet gegen die Achsenmächte Dtl., Italien und Japan). Die Prinzipien und Ziele der A. gingen 1945 in die »Charta der Vereinten Nationen« ein.
Atlantikwall, im Zweiten Weltkrieg errichtete dt. Befestigungsanlagen an der niederländ., belg. und frz. Küste; 1942–44 von der Organisation Todt unter Einsatz von Zwangsarbeitern gebaut; sollte amphib. Großlandungen der Alliierten verhindern, wurde aber bereits am ersten Tag der Invasion in der Normandie (6. 6. 1944) durchbrochen.
Atlantis, 1) antiker Name einer sagenhaften Insel, nach Platon im (Atlant.) Ozean gelegen und durch ein Erdbeben verschwunden. Die Frage nach der histor. Realität und die Lage von A. ist umstritten.

ATL Atlantische Gemeinschaft

📖 *Brentjes, B.: A. Gesch. einer Utopie.* Köln ²1994. – *Nesselrath, H.-G.: Platon u. die Erfindung von A.* München u. a. 2002.
2) *Raumfahrt:* Name des vierten amerikan. ↑Spaceshuttles (erste A.-Mission 1985).
Atlantische Gemeinschaft, häufige Bez. für die NATO-Staaten.
Atlantischer Ozean (Atlantik), der zw. Europa und Afrika im O und Amerika im W gelegene Teil des Weltmeeres, der zweitgrößte der drei Ozeane, 84,11 Mio. km², mit Nebenmeeren (Nordpolarmeer, Europ. und Amerikan. Mittelmeer, Nord-, Ostsee, Ärmelkanal, Ir. See, Hudsonbai, St.-Lorenz-Golf) 106,57 Mio. km² groß, enthält 350,91 Mio. km³ Wasser, bedeckt über 15% der Erdoberfläche; mittlere Tiefe 3 293 m (mit Nebenmeeren) oder 3 844 m (ohne Nebenmeere); größte Tiefe (9 219 m) ist die Milwaukeetiefe im Puerto-Rico-Graben, 32,5% des A. O.s (ohne Nebenmeere) sind 4 000–5 000 m tief. Ein zusammenhängendes unterseeisches Gebirge (Mittelatlant. Rücken) durchzieht den A. O. vom Nordpolarmeer bis 50° s. Br. und gliedert ihn mit einigen Querrücken in große Tiefseebecken. Winde, unterschiedl. Wassertemperaturen und -salzgehalte verursachen warme und kalte Strömungen; die wichtigsten warmen sind der von den Passaten nach W getriebene Nord- und Südäquatorialstrom, der zw. beiden rückläufige Guineastrom und der aus den Antillen- und dem Floridastrom entstehende ↑Golfstrom mit nordöstl. Richtung; kalte Polarströme sind im N der Labrador- und der Ostgrönlandstrom, im S der Falkland- und der Benguelastrom. Der A. O. ist, bes. in den kälteren Teilen, sehr fischreich (Kabeljau, Hering, Schellfisch). Offshorebohrungen haben Erdöl- und Erdgasfelder unter dem Schelf erschlossen. Im überseeischen Weltfrachtverkehr ist der A. O. ein wichtiger Verkehrsträger. – Die Erforschung des A. O.s begann 1873–76 mit der brit. »Challenger«-Expedition, 1925–27 schloss sich der dt. »Meteor«-Expedition an. In neuer Zeit wird die Erforschung v. a. durch ausgelegte Messsysteme betrieben, die über längere Zeit aufrechterhalten werden.
📖 *Turekian, K. F.: Die Ozeane.* A. d. Engl. Stuttgart 1985. – *Das Weltmeer,* hg. v. *H.-J. Brosin.* Thun u. a. 1985. – *Nicholas, A.: Die ozean. Rücken. Gebirge unter dem Meer.* A. d. Frz. Berlin u. a. 1995. – *Ott, J.: Meereskunde. Einführung in die Geographie u. Biologie der Ozeane.* Stuttgart ²1996.

Atlas [arab. »glatt«, »fein«] *der* (Satin), Gewebe in ↑Atlasbindung mit einer glatten Oberfläche. **A.-Trikot,** Kettenwirkware besonderer Maschenlegung.

Atlas, *grch. Mythos:* Sohn des Titanen Iapetos, Bruder des Prometheus. Im äußersten Westen der Erde trug er den Himmel auf seinen Schultern.

Atlas *der,* Faltengebirgssystem in NW-Afrika: An der marokkan. Mittelmeerküste liegt der **Rif-A.,** in Zentralmarokko der **Mittlere A.** Südlich davon erstreckt sich der **Hohe A.,** im Djebel Toubkal, der höchsten Erhebung des A., 4 165 m ü. M. (Manganerzabbau). Im N von Algerien verläuft küstenparallel der **Tell-A.** Die südlichste Gebirgskette ist der **Sahara-A.** Zw. Tell- und Sahara-A. liegt das Hochland der Schotts, hauptsächlich Weidegebiet der Nomaden. Im N des A. herrscht Mittelmeerklima, nach S zu Übergang zum Trockenklima der Sahara. Im Gebirge Viehhaltung, in den Tälern Bewässerungsfeldbau. Der wesentlich ältere, zur Randzone des afrikan. Blocks gehörende **Anti-A.** bildet im Süden von Marokko ein Randgebirge der Sahara.

Atlas [nach dem Titanen Atlas], **1)** *der, Anatomie:* erster Halswirbel; trägt den Schädel und gewährleistet zus. mit dem zweiten Halswirbel (↑Axis) Dreh- und Nickbewegungen des Kopfes.
2) *der, Astronomie:* ein Mond des Planeten ↑Saturn.
3) *der, Kartographie:* seit Mercator (1585) eine Sammlung von geograph. und/oder themat. Karten.
4) *die, Raketentechnik:* ↑Atlasrakete.

ATLAS, Abk. für engl. **At**mospheric **L**aboratory for **A**pplications and **S**cience, amerikan.-europ. Programm für wiss. und angewandte Atmosphärenforschung; es werden hauptsächlich die Erdatmosphäre und der Einfluss der Sonne auf Klima und Umwelt untersucht.

Atlasbindung, eine der drei Grundbindungen in der Weberei: Auf der Schauseite des Gewebes treten entweder Kett- oder Schussfäden bes. hervor.

Atlasrakete, Serie amerikan. Raketen, 1954/58 als Interkontinentalrakete entwickelt, seit 1958 in zahlr. Versionen (Atlas-Agena, Atlas-Mercury, Atlas-Centaur u. a.) als Trägerrakete für bemannte Raum-

Atmosphäre ATM

fahrzeuge sowie unbemannte Raumflugkörper eingesetzt.
Atlasspinner (Attacus atlas), Schmetterling SO-Asiens mit bis 25 cm Spannweite; Kokons liefern die Fagaraseide.
atm, Einheitenzeichen für physikal. ↑Atmosphäre.
ATM [ˈeɪtiːem, Abk. für engl. asynchronous transfer mode], sehr schnelles, asynchrones Verfahren der Datenübertragung, bei dem die Daten in Pakete fester Größe aufgeteilt werden. (↑ISDN)
Atman [Sanskrit »Seele«, »Hauch«] *der* oder *das, ind. Philosophie:* der unvergängl. Wesenskern des menschl. Individuums, letztlich eins mit der Weltseele, mit Brahman als dem eigentl. Sein der Welt.
Atmosphäre [zu grch. atmós »Dunst«, sphaîra »Kugel«] *die,* im Schwerefeld der Erde festgehaltene Lufthülle, etwa 1 000 bis 3 000 km mächtig, die aus einem Gemisch von Gasen besteht. Mittlere Zusammensetzung in Bodennähe (in Vol.-%): 78,09 Stickstoff, 20,95 Sauerstoff, weniger als 1 Edelgase (Argon, Neon, Krypton, Xenon), etwa 0,03 Kohlendioxid, Wasserdampf in stark wechselndem Anteil, zw. 0 und 4, außerdem variable Mengen Staub, Meeressalz und Spurenstoffe einschl. Abgasen. Bis etwa 110 km Höhe ändert sich die Stoffzusammensetzung außer den Anteilen von Wasserdampf und Sauerstoff nicht (**Homosphäre**), darüber aber mit zunehmender Höhe (**Heterosphäre**). Die Luftdichte nimmt mit der Höhe ab; im Meeresniveau beträgt sie $1,293 \cdot 10^{-3}$ g/cm³, in 5 km Höhe nur noch $0,736 \cdot 10^{-3}$ g/cm³. In den unteren 20 km der A. sind 90 % ihrer Gesamtmasse enthalten. Die **Normal-A. (Standard-A.)** ist mit einem Luftdruck von 1 013,25 hPa und einer Temperatur von 15 °C an der Erdoberfläche definiert, wobei die Temperaturabnahme mit der Höhe 0,65 K/100 m (bis in etwa 10 km Höhe) beträgt. Durch teilweise Absorption der Sonnenstrahlung und der Wärmeabstrahlung der Erdoberfläche (Treibhauseffekt), durch Energieaustausch mit der Erdoberfläche und durch Energie- und Wasserdampftransport mit der atmosphär. Zirkulation ist die A. Medium des Wetters und wesentl. Klimabildner.
Vertikale Gliederung nach der therm. Struktur: unterste Schicht ist die **Troposphäre**, in der die Wettervorgänge ablaufen; sie untergliedert sich in die Grundschicht (Peplosphäre), in der sich der Energie- und Stoffaustausch mit der Erdoberfläche vollzieht, die Bodenreibung wirksam wird und die Hauptdunstmasse enthalten ist, und die »freie« Troposphäre, in der die Temperatur mit der Höhe abnimmt. Die obere Grenze der Troposphäre wird als **Tropopause** bezeichnet und liegt (breiten- und wetterlagenabhängig) zw. 9 und 18 km Höhe mit Temperaturen zw. −50 °C und −80 °C. Die anschließende **Stratosphäre** erstreckt sich bis etwa 50 km Höhe und enthält wegen ihres geringen Wasserdampfgehaltes keine Wolken (außer Perlmutterwolken). Die Temperaturen oberhalb der Tropopause bleiben zunächst mit zunehmender Höhe wenig verändert und nehmen dann in der oberen Stratosphäre bis 10 °C zu, infolge der Absorption der solaren UV-Strahlung durch das hier angereicherte Ozon. Über der Stratosphäre liegt die **Mesosphäre** (obere Durchmischungsschicht), innerhalb derer die Temperatur mit zunehmender Höhe wieder abnimmt. Die Obergrenze (**Mesopause**) liegt mit etwa −80 °C bei 85 km Höhe. Die folgende **Thermosphäre** reicht bis etwa 450 km Höhe mit einem Temperaturanstieg durch Sonnenabstrahlungsabsorption bestimmter Wellenlängen dann in die **Exosphäre (Dissipationssphäre)** über, die die Stoffaustauschzone mit dem interplanetaren Raum darstellt. – Vertikale Gliederung nach dem Ionisationsgrad: in die **Neutrosphäre** (bis etwa 65 km), die kaum ionisiert ist, und in die **Ionosphäre** (zw. 65 und etwa 500 km) mit versch. Maxima der Elektronen- bzw. Ionendichten. Ionosphäre und Exosphäre werden auch als Hoch-A. bezeichnet.
📖 *Fritsch, B.:* Anthropogene Veränderungen der A. Schritte auf dem Wege zu einer globalen Umweltpolitik. Zürich 1991. – *Fabian, P.:* A. u. Umwelt. Chemische Prozesse, menschl. Eingriffe. Berlin u. a. ⁴1992. – *Roedel, W.:* Physik unserer Umwelt. Die A. Berlin u. a. ²1994. – *Graedel, Th. E. u. Crutzen, P. J.:* Die A. im Wandel. Die empfindliche Lufthülle unseres Planeten. A. d. Engl. Heidelberg u. a. 1996.
Atmosphäre, Einheiten: 1) (physikal. A.), Einheitenzeichen **atm**, veraltete Einheit des Drucks, entspricht dem mittleren Luftdruck auf Meereshöhe; 1 atm = 101 325 Pa = 760 Torr = 1,01325 bar. 2) (techn. A.), Einheitenzeichen **at**, veral-

ATM Atmosphärilien

atmosphärische Optik: Abenddämmerung

tete Einheit des Druckes; 1 at = 1 kp/cm² = 98066,5 Pa = 0,980665 bar.
Atmosphärili|en, die chemisch und physikalisch wirksamen Stoffe in der Atmosphäre, z. B. Sauerstoff, Ozon, Kohlendioxid, Salpetersäure, Wasserdampf.
atmosphärische Optik (meteorologische Optik), Teilgebiet der physikal. Optik, Meteorologie und Geophysik, das sich mit den opt. Erscheinungen in der Atmosphäre befasst. Dazu gehören die durch Brechung, Reflexion und/oder Beugung der Lichtstrahlen an Wassertropfen bzw. Eiskristallen verursachten Erscheinungen wie Halo, Kranz, Glorie, Regenbogen, ferner die durch Interferenz und Streuung an Luftmolekülen (Rayleigh-Streuung) und/oder Aerosolteilchen (Mie-Streuung) bewirkten Effekte wie das Himmelsblau, die versch. Dämmerungserscheinungen und die Lufttrübung (mit ihren Auswirkungen auf die Sichtverhältnisse), schließlich die auf der atmosphär. Refraktion beruhenden versch. Formen der Luftspiegelung sowie die Szintillation.
Atmung (Respiration), bei Lebewesen die Aufnahme von Sauerstoff aus der Umgebung zur Energiegewinnung für die Verbrennung von Nahrungs- oder Körperstoffen und die Abgabe des bei diesen Stoffwechselvorgängen entstehenden Kohlendioxids. Diesen Gasaustausch ermöglichen bei der **äußeren A.** besondere **Atmungs-** oder **Respirationsorgane:** Lungen bei Mensch und Tier, Kiemen bei Fischen und anderen Wassertieren, Tracheen bei Insekten, Spaltöffnungen bei Pflanzen. Gasaustausch nur durch die Oberfläche, wie bei der **Haut-A.**, haben einfache und sehr kleine Lebewesen. Die A. der Pflanzen, die in lebenden pflanzl. Zellen jederzeit vor sich geht, ist nicht mit der ↑Assimilation des Kohlendioxids zu verwechseln.
Beim Menschen werden die **äußere A. (Lungen-A.)** und die **innere A. (Zell-A.)** durch den Blutkreislauf aufrechterhalten. Der Aufnahme des Luftsauerstoffs dient die Lunge. Durch die Lungenbläschen (Alveolen, Oberfläche etwa 100 m²), die von einem dichten Kapillarnetz umsponnen sind, kommt die eingeatmete Luft mit dem Blut in engen Kontakt. Die roten Blutkörperchen, die Sauerstoff (O_2) und Kohlendioxid (CO_2) transportieren, haben eine Oberfläche, die etwa das 2000fache der Körperoberfläche beträgt. Die Verlangsamung des Blutstromes in den Lungenkapillaren ermöglicht rasche Aufladung des Blutes mit O_2 und schnelle Abgabe des CO_2 aus dem Blut.
Bei der **äußeren A.** tritt das Zwerchfell bei Einatmung (Inspiration) tiefer, bei Ausatmung (Exspiration) höher, der Brustkorb wird bei der Einatmung erweitert (Rippen und Brustbein werden gehoben, die Alveolen entfalten sich) und bei der Ausatmung verkleinert (Rippen und Brustbein senken sich, die Lungen ziehen sich durch Eigenelastizität zusammen). Die Einatmungsluft enthält 21 Vol.-% O_2 und 0,03 Vol.-% CO_2, die Alveolarluft, die in der späten Phase der Ausatmung abgegeben wird, rd. 14 Vol.-% O_2, 5,6 Vol.-% CO_2. Bei A. in Ruhe wird beim Erwachsenen etwa 16-mal in der Minute je 0,5 l Luft (Atemzugvolumen) hin- und herbewegt. Die Menge der bei

Atom ATO

stärkster Ein- und Ausatmung in der Lunge bewegten Luft ist die **Vitalkapazität,** der Luftrest, der auch bei stärkster Ausatmung noch in der Lunge verbleibt, das **Residualvolumen.** Vitalkapazität und Residualvolumen ergeben die **Totalkapazität.** Die Atemfrequenz (Atemzüge je Minute) beträgt beim Säugling 40–50, beim Fünfjährigen 20–30, beim Erwachsenen durchschnittlich 16–20. Die **innere** A. besteht in der Aufnahme von O_2 aus dem Blut in die Körperzellen und der Abgabe des CO_2 in das Blut. Der Gasaustausch folgt dem jeweiligen Sauerstoffdruckgefälle, d. h., der Sauerstoffpartialdruck in der Lungenalveole ist größer als im Lungenblut, daher kann das Blut O_2 aufnehmen. Im Gewebe wird die Sauerstoffaufnahme durch ein Sauerstoffdruckgefälle vom Blut in dieses möglich. Für CO_2 hat das Druckgefälle vom Gewebe über das Blut in die Lungenalveole die umgekehrte Richtung. Die Atmungsvorgänge unterliegen der Steuerung durch das **Atemzentrum,** das im verlängerten Mark liegt. Es reguliert Atemtiefe, Atemrhythmus und Form der Atmung.

Ätna *der* (italien. Etna), höchster Vulkan Europas, an der O-Küste Siziliens, mit (1999) 3350 m ü. M. höchster Gipfel des außeralpinen Italien; Flankenausbrüche übersäen den Ä. mit kleinen Nebenkratern; aktiver Vulkan, letzte größere Ausbrüche 1991/92, 2000, 2001 und 2002.

Ätolien, Landschaft im westl. Mittelgriechenland, vom Acheloos durchflossen; gewann an histor. Bedeutung, als sich seine Bewohner, die **Ätoler,** im 4. Jh. v. Chr. zum **Ätol. Bund** zusammenschlossen. Im Krieg Roms gegen Philipp V. von Makedonien waren die Ätoler 215–205 und 200–197 v. Chr. Verbündete, seit 197 v. Chr. Gegner der Römer, von denen sie 189 v. Chr. vernichtend geschlagen wurden.

Atoll [malaiisch] *das,* ringförmige Koralleninsel trop. Meere; meist aus großer Tiefe auf den Gipfeln untermeer. Vulkane nur wenige Meter über den Meeresspiegel aufsteigend; umschließt eine seichte Lagune, die durch Riffkanäle mit dem offenen Meer verbunden ist.

Atom [aus grch. átomos »unteilbar«] *das,* kleinstes, mit chem. Methoden nicht weiter zerlegbares Teilchen eines Elements, das dessen physikal. und chem. Eigenschaften bestimmt; es besteht aus einem **A.-Kern,** dessen Radius etwa 10^{-12} cm beträgt und der fast die gesamte Masse des A. (99,9 %) enthält, und einer **A.-Hülle (Elektronenhülle)** mit einem Radius von etwa 10^{-8} cm. Der Kern besteht aus Z elektrisch positiv geladenen ↑Protonen und N elektrisch neutralen ↑Neutronen; die Kernbausteine heißen **Nukleonen.** Die Hülle wird aus Z negativ geladenen ↑Elektronen gebildet, so dass das A. als Ganzes elektrisch neutral ist. Z ist die **Kernladungszahl** (Protonenzahl), N die **Neutronenzahl** und A die **Massenzahl** (Nukleonenzahl); es gilt: $A = Z + N$. Die Nukleonen haben einen Eigendrehimpuls (↑Spin), der durch Überlagerung zu einem (Gesamt-)**Kernspin** führt. Die Masse des A.-Kerns ist etwas

Ätna: die Spitze des Vulkans an der Ostküste Siziliens

437

ATO Atom

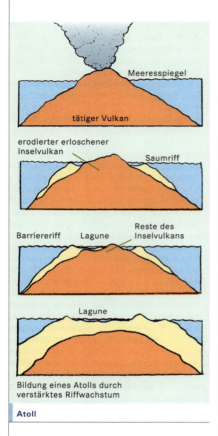

Atoll

ihrer A. und Moleküle. Dichte und Regelmäßigkeit der Anordnung der A. und Moleküle bestimmen den ↑Aggregatzustand eines Stoffes. Bisher sind 115 natürl. und künstliche chem. Elemente mit z. T. nur sehr kurzer Lebensdauer bekannt (↑Transurane). Das leichteste A. ist das des Wasserstoffs mit $Z = 1$, $N = 0$ und der Masse $1,6736 \cdot 10^{-24}$ g. Im ↑Periodensystem der chemischen Elemente sind die A. nach wachsenden Kernladungszahlen geordnet, die auch **Ordnungszahlen** heißen. – Hinweise auf die Existenz kleinster chem. Einheiten im makroskop. Bereich geben die daltonschen Gesetze. Beweise für die Existenz der A. liefern z. B. die ↑kinetische Gastheorie, die ↑mechanische Wärmetheorie und die ↑Kristallstrukturanalyse sowie die Bahnspuren schneller atomarer Teilchen in Spurenkammern, die Massenspektroskopie und die Streuung von Teilchenstrahlen in Materie; mithilfe von Rastermikroskopen kann die Lage einzelner A. auf Oberflächen sichtbar gemacht werden.

Atombau: Der A.-Bau lässt sich durch spektroskop. Methoden aufklären. Da den einzelnen Elektronenzuständen genau definierte Energien zugeordnet sind, muss beim Übergang eines Elektrons von einem Zustand in einen anderen der entsprechende Energiedifferenzbetrag abgegeben oder aufgenommen werden, i. Allg. in Form elektromagnet. Strahlung wie Licht oder Röntgenstrahlen. Bei A. mit vielen äußeren Elektronen ist die Erklärung der bei Anregung emittierten Spektrallinien sehr kompliziert. Eine exakte Beschreibung des A.-Baus gelang erst mithilfe der ↑Quantenmechanik unter Einbeziehung des ↑Pauli-Prinzips, das den Spin der Elektronen berücksichtigt. Danach ist jeder Energiezustand eines Elektrons im A. durch vier ↑Quantenzahlen festgelegt. Die sich als Lösung der ↑Schrödinger-Gleichung ergebenden Wellenfunktionen beschreiben das räumlich-zeitl. Verhalten der Elektronen. Der klassische Begriff der »Bahn« eines Elektrons wird unzulässig, da sich der Ort eines Elektrons nicht mehr genau vorhersagen lässt. Man kann nur eine durch das Betragsquadrat der Wellenfunktion festgelegte Aufenthaltswahrscheinlichkeit des Elektrons angeben.

Atommodelle: Die Modellvorstellungen über den Aufbau der A. spiegeln die rasche Entwicklung auf dem Gebiet der A.-Phy-

kleiner als die Summe der Protonen- und Neutronenmassen (↑Massendefekt). Der Zusammenhalt der A.-Kerne wird durch die **Kernkräfte** bewirkt. Kerne, bei denen das Verhältnis von Neutronen zu Protonen bestimmte Grenzwerte überschreitet, zerfallen (↑Radioaktivität). A.-Arten mit gleichen Kernladungs-, aber versch. Massenzahlen heißen **Isotope** (symbolisch, z. B. bei Uran: ^{238}U, ^{235}U, ^{234}U). Durch Abgabe oder Aufnahme von Elektronen entsteht ein elektrisch geladenes **Ion,** das andere chem. und physikal. Eigenschaften als das ursprüngl. A. hat.

Moleküle und Ordnungszahlen: Aus mehreren gleichen oder versch. A. können sich durch Umlagerung der Elektronenhüllen **Moleküle** bilden. Die chem. Eigenschaften der Stoffe beruhen im Wesentlichen auf der Struktur der Elektronenhüllen

Atom... ATO

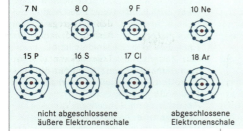

Atom: stark vereinfachte Schalenmodelle von Atomen einiger Elemente. Bei den Atomen der Edelgase Neon und Argon sind alle Elektronenschalen abgeschlossene Schalen, die keine weiteren Elektronen aufnehmen können.

sik, bes. seit Anfang des 20. Jh., wider. Das **Kugelmodell (daltonsches Atommodell)** beschreibt das A. als mehr oder weniger starre Kugel; sie kann Schwingungen um ein Zentrum ausführen und Kraftwirkungen auf die Umgebung ausüben; mit ihm lassen sich u. a. die Gasgesetze sowie Diffusion, Wärmeleitung und Osmose erklären. Nach dem **Rutherford-Bohr-Atommodell** besteht das A. aus einem Kern positiver Ladung, der auf genau definierten Kreisbahnen von den Elektronen der A.-Hülle umkreist wird. Energie und Drehimpuls der Elektronen können nach den bohrschen Postulaten nur ganz bestimmte Werte annehmen. Im **Bohr-Sommerfeld-Atommodell** sind die Kreisbahnen durch Ellipsenbahnen ersetzt. Beim **De-Broglie-Schrödinger-Modell** werden die stationären Quantenbahnen der Elektronen durch Materiewellen beschrieben; es sind nur solche Wellenlängen möglich, die zu stehenden Wellen um den A.-Kern führen (↑Wellenmechanik). Im **Orbitalmodell** wird jedes Elektron durch eine Aufenthaltswahrscheinlichkeit (Dichteverteilung) im Raum um den A.-Kern charakterisiert.
Geschichte: Im Altertum vertraten die grch. Philosophen Leukipp und Demokrit (um 500 v. Chr.) als Erste die Auffassung, die Materie sei nicht unbeschränkt teilbar. Diese Gedanken wurden erst wieder aufgegriffen, als J. Dalton 1808 erkannte, dass sich die chem. Elemente nur in ganz bestimmten Massenverhältnissen zu Verbindungen vereinigt; er erklärte dies durch Zusammenbau aus gleichartigen kleinen Teilchen. J. Loschmidt gelang es 1865, die Zahl der Teilchen in einem Mol zu ermitteln. Etwa gleichzeitig wurde die Natur der Elektrizität entdeckt (M. Faraday, H. L. F. von Helmholtz, P. Lenard, H. R. Hertz) und die elektr. Elementarladung bestimmt. Die kinet. Gastheorie (R. J. E. Clausius, J. C. Maxwell, L. Boltzmann) zur Aufklärung der therm. Eigenschaften der Materie gab ebenfalls einen deutl. Hinweis auf die atomist. Struktur der Materie. – Die Untersuchungen des A.-Baus begannen mit den Versuchen von E. Rutherford zur Streuung von Alphateilchen an Folien und von P. Lenard über den Durchgang von Elektronenstrahlen durch Materie. Um 1913 gelang es N. Bohr, mithilfe der Quantengesetze (M. Planck) das Wasserstoffspektrum und den Bau des Wasserstoff-A. aufzuklären. Die Arbeiten von L.-V. de Broglie (1924) über die Doppelnatur des Lichtes (elektromagnet. Welle über und Elementarteilchen) erlaubten E. Schrödinger, ein wellenmechan. A.-Modell, und schließlich W. Heisenberg, ein quantenmechan. A.-Modell zu entwerfen.
Atom..., in zusammengesetzten Begriffen oft ungenau für Kern... oder Nuklear...; z. B. Atomreaktor statt Kernreaktor.

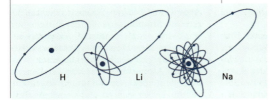

Atom: A. Sommerfeld erweiterte das bohrsche Atommodell: Er ging für die Elektronenbahnen der Atome neben den bohrschen Kreisbahnen auch von elliptischen Bahnen aus. Die Abbildung zeigt Elektronenbahnen in den Atomhüllen von Wasserstoff (H), Lithium (Li) und Natrium (Na).

ATO Atomabsorptionsspektroskopie

Atomabsorptionsspektroskopie, Abk. **AAS**, chem. Analyseverfahren, das auf der Wechselwirkung zw. Atomen im dampfförmigen Zustand und elektromagnet. Strahlung beruht.
Atomantrieb, umgangssprachlich für ↑Kernenergieantrieb.
atomare Masseneinheit, Einheitenzeichen **u**, in Atom- und Kernphysik verwendete Einheit der Masse. Die a. M. ist der 12. Teil der Masse eines Atoms des Nuklids ^{12}C: $1 u = 1,6605402 \cdot 10^{-27}$ kg.
atomares Patt (nukleares Patt), Zustand strateg. Gleichgewichts, das auf der annähernd gleichwertigen Ausrüstung von potenziellen Kriegsgegnern mit Atomwaffen (↑ABC-Waffen) und der dadurch gegebenen gegenseitigen Vernichtungsmöglichkeit, auch im Falle eines nuklearen Überraschungsangriffes, beruht.
Atom|ausstieg, die geordnete Beendigung der Kernenergienutzung. Die Reg. der Bundesrep. Dtl. und die führenden Energieversorgungsunternehmen (EVU) einigten sich am 14. 6. 2000 auf eine Vereinbarung zum Ausstieg aus der Nutzung der Kernenergie, die einen wichtigen Beitrag zu einem umfassenden Energiekonsens darstellt. Am 11. 6. 2001 wurde die »Vereinbarung zur geordneten Beendigung der Kernenergienutzung« von der Bundesreg. und den EVU (vertreten durch die Energiekonzerne HEW, EnBW, E.ON und RWE) unterzeichnet; sie ist juristisch im Atom-Ges. (↑Kernenergierecht) abgesichert.
Restlaufzeit: Dabei wurde für jedes einzelne Kernkraftwerk (gerechnet ab dem 1. 1. 2000) eine Strommenge festgelegt, die künftig noch produziert werden darf (Reststrommenge). Sie basiert auf einer vereinbarten Regellaufzeit von 32 Kalenderjahren nach Abzug der bisherigen Laufzeit. Sobald diese Strommenge erreicht ist, ist das Kernkraftwerk stillzulegen. Die Reststrommenge (das Produktionsrecht) kann auch von einem (älteren) Kernkraftwerk auf ein anderes übertragen werden, um die Wirtschaftlichkeit der Anlagen zu gewährleisten.
Entsorgung: Für die verbleibende Nutzungsdauer gewährleistet die Bundesreg. unter Einhaltung der atomrechtl. Anforderungen den ungestörten Betrieb der Kernkraftwerke sowie deren Entsorgung. Die EVU werden an den Standorten der vorhandenen Kernkraftwerke oder in deren Nähe umgehend weitere Zwischenlager errichten. Ab dem 1. 7. 2005 wird die Entsorgung radioaktiver Abfälle auf die direkte Endlagerung beschränkt sein. Bis zu diesem Zeitpunkt sind Transporte zur Wiederaufarbeitung von Brennelementen zulässig und die angelieferten Mengen dürfen verarbeitet werden.
Atombindung, ↑chemische Bindung.
Atombombe, ↑ABC-Waffen.
Atomenergie, umgangssprachlich für ↑Kernenergie.
Atomgesetz, ↑Kernenergierecht.
Atomgewicht, veraltet für relative ↑Atommasse.
Atomgitter, Kristallgitter, dessen Gitterpunkte von Atomen besetzt sind, die rein kovalent gebunden sind (↑chemische Bindung). In A. kristallisierende Stoffe sind Kohlenstoff (Diamant), Silicium und Germanium.
Atomistik *die* (Atomismus), die naturphilosoph. Lehre, nach der das Naturgeschehen von einer Vielzahl bewegter, kleinster, unteilbarer Teilchen (Atome) im unbegrenzten leeren Raum verursacht wird; vertreten von Demokrit, P. Gassendi, I. Newton, J. Dalton u. a. Erst 1860 konnte S. Cannizzaro der A. in der Chemie zum Durchbruch verhelfen. Die Erkenntnis, dass Atome eine innere Struktur besitzen, führte schließlich zur Atomphysik (Physik der Atomhülle), zur Kernphysik (Physik der Atomkerne) und zur Elementarteilchenphysik.
Atomium *das*, Symbol der Brüsseler Weltausstellung von 1958, ein 110m hohes Bauwerk in Form einer 150milliardenfachen Vergrößerung der Elementarzelle eines α-Eisenkristalls.
Atomkern, ↑Atom, ↑Kernmodelle.
Atomkommission, ↑Deutsche Atomkommission.
Atomkraftwerk, Abk. **AKW**, umgangssprachl. Bez. für ↑Kernkraftwerk.
Atomkrieg, Krieg mit Atomwaffen (↑ABC-Waffen).
Atomlaser [-leɪzə] (Atomstrahllaser), laserähnl. Strahlungsquelle, die anstelle von Strahlung Atome emittiert. Aufgrund des Welle-Teilchen-Dualismus besitzen Atome neben Materie- auch Welleneigenschaften. Werden Atome unter eine krit. Temperatur nahe dem absoluten Nullpunkt abgekühlt, vereinigen sie sich zu einer einzigen Teil-

Atomvolumen ATO

chenwelle (↑Bose-Einstein-Kondensation), die physikalisch die gleichen Eigenschaften aufweist wie ein Laserstrahl aus Licht. Werden die Atome aus der Kühlfalle herausgelenkt und in einen gerichteten Strahl überführt, kann ein A.-Strahl erzeugt werden. – A. stellen eine ideale Materiequelle für hochgenaue atominterferometr. Messungen dar und eröffnen vollkommen neue Anwendungsbereiche u. a. in der Optik, Nanotechnologie und Oberflächenphysik.
Atomlithographie (Atomstrahllithographie), die Herstellung von Strukturen integrierter Halbleiterbauelemente mit Methoden der Atomoptik. Wegen der im Vergleich zur Lichtwellenlänge kleineren Materiewellenlänge von Atomstrahlen lassen sich mit der A. Nanostrukturen unterhalb von 100 nm herstellen, die mit der ↑Photolithographie derzeit nicht gefertigt werden können. Bei den Verfahren der A. werden einerseits die Benetzungseigenschaften von Oberflächen verändert (durch Ablagerung dünner Atomschichten können anschließend an den benetzten Stellen dickere Schichten abgeschieden werden), andererseits kann man sie auch direkt für das Wachstum nanostrukturierter Schichten einsetzen, indem man geeignete Atome als verkleinertes Bild einer Vorlage (Layout) auf der Oberfläche abscheidet.
Atommächte, die ↑Nuklearmächte.
Atommasse, 1) **absolute A.,** die Masse eines Atoms; Einheit ist die ↑atomare Masseneinheit. 2) **relative A.,** Formelzeichen A_r, die relative Masse eines Atoms, bezogen auf einen festgelegten Standard. Nach mehrfachem Wechsel der Bezugsmasse gilt seit 1961 für Chemie und Physik ein Zwölftel der Masse des Kohlenstoffisotops ^{12}C (6 Protonen, 6 Neutronen) als atomare Masseneinheit (u), d. h., die A. von ^{12}C wurde zu 12,000000 festgelegt. Die Größe m_u = 1 u heißt **Atommassenkonstante.** Es gilt $A_r = m_a/m_u$ (m_a Masse eines Atoms). Die A.-Angaben des Periodensystems berücksichtigen die natürl. Isotopenverteilung der versch. Elemente, stellen also Mittelwerte dar. Die A. der einzelnen Isotope zeigen im Unterschied zu diesen mittleren A. nur geringe Abweichungen von ganzen Zahlen.
Atommodell, ↑Atom.
Atommüll, umgangssprachlich für ↑radioaktive Abfälle.
Atomphysik, um 1900 entstandenes Teilgebiet der Physik, das sich mit den ↑Atomen und allen mit dem Atomkonzept erklärbaren physikal. Erscheinungen befasste. Heute versteht man unter A. i. Allg. die Physik der Atomhülle und der in ihr ablaufenden Vorgänge; die Physik der Atomkerne dagegen wird als ↑Kernphysik bezeichnet.
📖 *Mayer-Kuckuk, T.: A.* Stuttgart ⁵1997. – *Röthlein, B.: Das Innerste der Dinge. Einführung in die A.* München 1998.
Atomrakete, 1) Rakete mit atomarem Sprengkopf (↑ABC-Waffen).
2) (Kernenergierakete), Rakete mit ↑Kernenergieantrieb.
Atomreaktor, umgangssprachlich für ↑Kernreaktor.
Atomrecht, ↑Kernenergierecht.
Atomsprengkopf, *Militärwesen:* atomarer Sprengkörper, der auf der Spitze einer Trägerrakete montiert ist.
Atomsprengkörper, *Militärwesen:* Sprengkörper, die das Material für eine ungehinderte, explosionsartig ablaufende nukleare ↑Kettenreaktion von Kernspaltungen (nukleare A.) oder Kernverschmelzungen (thermonukleare A.) sowie das zu ihrer Auslösung erforderl. Zündsystem enthalten.
Atomstrahlen, durch Blenden gebündelte Strahlen aus schnell bewegten neutralen Atomen im Vakuum.
Atomstrahlresonanzmethode (Rabi-Methode), nach I. I. Rabi benannte Methode der Hochfrequenzspektroskopie zur Bestimmung magnet. Kernmomente und Hyperfeinstrukturaufspaltungen mittels Atom- oder Molekülstrahlen durch Resonanz eines magnet. Wechselfeldes mit einer an den Kernen künstlich erzeugten Präzessionsbewegung.
Atomuhr, Zeitnormal höchster Genauigkeit, bei dem die Eigenschwingungen von Molekülen und Atomen (Cäsium, Rubidium, Wasserstoff, Ammoniak u. a.) im Mikrowellenbereich zur Frequenzstabilisierung eines Quarzoszillators ausgenutzt werden. Dem Oszillator sind Frequenzteileranordnung und Verstärker zum Betrieb einer Anzeigeeinheit nachgeschaltet. Die langzeitig genauesten und daher als Frequenznormale zur Neudefinition der Zeiteinheit Sekunde verwendeten A. sind die ↑Cäsiumuhren. – Abb. S. 442
Atomvolumen, 1) molares A., das von einem Mol eines chem. Elements im festen

ATO Atomwaffen

Aggregatzustand bei 0 K eingenommene Volumen, gegeben durch den Quotienten aus der molaren Masse und der (auf 0 K extrapolierten) Dichte des Elements. 2) **absolutes A.** das Volumen eines einzelnen Atoms; berechnet aus Größen der kinet. Gastheorie oder aus molarem Volumen und Avogadro-Zahl.

Atomuhr: Die Cäsiumatomuhren der Physikalisch-Technischen Bundesanstalt in Braunschweig gehören zu den weltweit genauesten Uhren (abgebildet ist der Typ CS 2).

Atomwaffen, ↑ABC-Waffen.

atomwaffenfreie Zone, Gebiet, in dem aufgrund internat. Vereinbarungen oder einseitiger Erklärungen keine Atomwaffen hergestellt, stationiert oder eingesetzt werden sollen.

Atomwaffensperrvertrag, der ↑Kernwaffensperrvertrag.

Atomwärme, auf die Stoffmenge bezogene Wärmekapazität eines Elements; zahlenmäßig gleich der Wärmemenge, die notwendig ist, um 1 Mol eines Elements um 1 °C zu erwärmen.

Atomzeitalter (Nuklearzeitalter), Bez. für die von Beginn der 1950er- bis in die 1980er-Jahre reichende Phase des ↑industriellen Zeitalters, die Ausdruck für die (mit der Entwicklung der Atombombe begonnene) techn. Nutzung der Kernenergie sowie für deren Risiken und Gefahren ist.

Atomzerfall, der radioaktive Zerfall (↑Radioaktivität).

Aton [ägypt. »Sonnenscheibe«], der altägypt. Sonnengott, wurde von Echnaton (Amenophis IV.) zur alleinigen Gottheit erklärt und ist damit der erste bekannte Gott der Religionsgeschichte, der monotheistisch gedacht und verehrt wurde. Nach des Pharaos Tod brach der Kult wieder zusammen.

atonale Musik, Musik, die nicht auf dem Prinzip der Tonalität beruht. In der a. M. ist der harmon. Ablauf nicht mehr durch den Ggs. Konsonanz–Dissonanz geregelt, die Beziehung auf einen Grundton ist verloren gegangen. Daher muss der durch die Tonalität garantierte Zusammenhang neu geschaffen werden (z. B. aufgrund von Intervallstrukturen). A. M. ist erstmals vollgültig ausgeprägt in den fünf George-Liedern op. 3 (1907/08) von A. Webern und in den drei Klavierstücken op. 11 (1909) von A. Schönberg. Anfang der 1920er-Jahre verfestigte sich die freie Atonalität zur Methode der ↑Zwölftontechnik.

Atonie [grch.] *die,* Erschlaffung, herabgesetzter Spannungszustand (Tonus) von Muskeln, auch der von muskulösen Hohlorganen (z. B. Magen, Gebärmutter).

Atopie [grch.-nlat.] *die,* vererbbare Neigung zur Entwicklung von Allergien der Haut und Schleimhäute gegen Umweltstoffe; meist verbunden mit Immunglobulin-E-Antikörperbildung. Zu den atop. Erkrankungen zählen Heuschnupfen, allerg. Bronchialasthma und atop. Ekzem.

atopisches Ekzem (Neurodermitis, endogenes Ekzem), chronisch-entzündl., nicht ansteckende Hauterkrankung, die überwiegend auf eine vererbbare allerg. Überempfindlichkeit zurückzuführen ist; beginnt häufig bereits im frühen Kindesalter (»Milchschorf« auf der Kopfhaut, Ekzeme im Gesicht), tritt später an Gelenkbeugen, Händen, Hals und am übrigen Körper auf und ist mit starkem Juckreiz verbunden. Das a. E. verläuft in Schüben, die durch verschiedenste Reize ausgelöst werden, z. B. Allergene (in der Kindheit Nahrungsmittel, später eher Pollen und Hausstaubmilben), mikrobielle Faktoren (u. a. Staphylokokken), hautreizende Stoffe (u. a. Wolle), emotionale Faktoren (z. B. Stress). – Die *Behandlung* erfolgt medikamentös, v. a. mit Antihistaminika und Glucocorticoiden, unterstützt durch Hydro- (Öl- und Teerbäder), Klimatherapie (Gebirgs- und Meeresklima) sowie Licht- (Kombination aus UV-B- oder UV-A-Licht) und Psychotherapie.

Atout [aˈtuː, frz.] *das,* auch *der,* Trumpf im Kartenspiel.

ATP, Abk. für **A**denosin**t**ri**p**hosphat, biochemisch wichtiges Triphosphat des ↑Adenosins.
ATP [eɪtiː'piː, engl.], Abk. für **A**ssociation of **T**ennis **P**rofessionals, der internat. Dachverband im Profitennis der Männer (gegr. 1972, Sitz: Monte Carlo); Frauen: ↑WTA.
Atrato, Río *der,* Fluss in NW-Kolumbien, 750 km lang, entspringt in der Westkordillere, mündet mit einem breiten Delta in den Golf von Urabá des Karib. Meeres; am Oberlauf Gold- und Platinseifen.
Atrazin *das,* Gebrauchsname des als Basis für viele Herbizide verwendeten 2-Chlor-4-äthylamino-6-isopropylamino-1,3,5-triazins. Seine Wirkung beruht auf einer Hemmung der Photosynthese. A. wird zur Unkrautbekämpfung im Mais-, Spargel-, Tomaten- und Kartoffelanbau eingesetzt. Da A. und dessen Hauptabbauprodukt Desäthyl-A. bis ins Grundwasser gelangen und damit auch im Trinkwasser nachgewiesen werden können, ist die Anwendung von A. seit 1991 in Dtl. verboten.
Atresie [grch.] *die,* Verschluss natürl. Köperöffnungen und Hohlorgane (z. B. After, Scheide, Speiseröhre); meist angeboren.
Atreus, *grch. Mythos:* König von Mykene, Vater des Agamemnon und Menelaos, die nach ihm die **Atriden** hießen; von Ägisth wegen Freveltaten, die er an seinem Bruder begangen hatte, erschlagen. – Als Schatzhaus des A. wird das größte der bei Mykene erhaltenen Königsgräber bezeichnet.
Atrium [lat.] *das,* **1)** *Anatomie:* Vorhof, Vorkammer des Herzens.
2) *Architektur:* im altital. Haus der Hauptraum mit Dachöffnung und Becken zum Auffangen des Regenwassers. Mit Übernahme des grch. Peristyls (Säulenhof) wurde das A. zum Empfangsraum. Im Kirchenbau bezeichnet man als A. den von Säulenhallen umgebenen Hof vor einer Basilikafassade. Das neuzeitl. **A.-Haus** – mit angegliedertem Hof oder Garten innerhalb von Umfassungsmauern – knüpft an den Grundriss des antiken Wohnhauses an.
Atropa [grch.], die Pflanzengattung ↑Tollkirsche.
Atrophie [grch.] *die* (Gewebeschwund), Abnahme der Größe eines Organs oder Gewebes durch Verminderung von Zellgröße oder -zahl. Ursachen sind z. B. fal-

sche Ernährung, Alterungsprozesse, mangelnder Gebrauch oder Stoffwechselstörungen.
Atropin [grch.] *das,* hochgiftiges Alkaloid, das in Nachtschattengewächsen wie Tollkirsche, Stechapfel und Bilsenkraut enthalten ist und daraus gewonnen wird. Pharmakolog. Wirkung: Erweiterung der Pupillen, Hemmung von Schweiß- und Speichelabsonderung, Krampflösung bei Magen-Darm-Erkrankungen und der Bronchialmuskulatur bei Asthma sowie Pulsbeschleunigung. Nach Aufnahme einer größeren Menge tritt **A.-Vergiftung** auf; sie äußert sich in Hautrötung, Trockenheit der Schleimhäute, Durstgefühl, weiten starren Pupillen, Puls- und Atmungsbeschleunigung, Erregung und Verwirrung, schließlich Tod durch Atem- oder Herzstillstand. Die Behandlung erfolgt durch Magenspülung und Physostigmingaben.
Atropos [grch.] »die Unerbittliche«, ↑Moiren.
ATS, Abk. für engl. **a**pplications **t**echnology **s**atellite (Satellit für angewandte Technologie), Serie von 6 zw. 1966 und 1974 gestarteten Erprobungssatelliten der NASA, eingesetzt für Meteorologie, Navigation und Erderkundung sowie als Nachrichtensatelliten.
Atschinsk, Stadt in Russland, Westsibirien, an der Transsibir. Bahn, in einem Braunkohlenrevier gelegen; 122 400 Ew.; Tonerdewerk, Erdölverarbeitung.

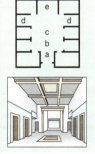

Atrium 2): Grundriss eines altrömischen Hauses (oben); a Fauces (Eingang), b Atrium, c Impluvium (Regenwassersammelbecken), d Alae (Seitenräume), e Tablinum (Empfangs- und Wohnraum); Blick vom Eingang in ein Atrium (unten)

ATS-SDA, Abk. für frz. **A**gence **T**élégraphique **S**uisse – **S**chweizerische **D**epeschenagentur, italien. **A**genzia **T**elegrafica **S**vizzera, Nachrichtenagentur. Sitz: Bern.
AT & T [eɪtiː ənd 'tiː], Abk. für ↑**A**merican **T**elephone and **T**elegraph Company.

Attac [Abk. für frz. Association pour une taxation des transactions financières pour l'aide aux citoyens »Vereinigung für eine Besteuerung von Finanztransaktionen zum Wohl der Bürger«], 1998 in Frankreich gegr. und heute weltweit aktives Netzwerk von Personen und Organisationen, die unter dem Schlagwort »Die Welt ist keine Ware« globale polit., soziale und ökolog. Veränderungen im Zeitalter der Globalisierung bewirken wollen; seit 2000 auch dt. Sektion.

attacca [italien.], *Musik:* Anweisung am Schluss eines Satzes oder Satzteils, das Folgende ohne Pause anzuschließen.

Attaché [ataˈʃeː, frz.] *der,* Rangbez. für die Eingangsstufe im diplomat. Dienst bzw. für einen Diplomaten, der einer Auslandsvertretung für besondere Fachaufgaben zugeteilt ist, z. B. Kulturattaché.

Attachment [əˈtætʃmənt, engl. »Verknüpfung«] *das,* Bez. für eine Datei, die an eine ↑E-Mail angehängt und mit dieser verschickt werden kann. E-Mails mit A. sind durch ein spezielles Symbol (häufig eine Briefklammer) gekennzeichnet, sodass sie der Empfänger beim Öffnen seines Mailverzeichnisses gleich erkennt. Prinzipiell kann ein A. eine Datei beliebigen Typs (Text, Bild, Videosequenz u. a.) beinhalten. Der Empfänger muss jedoch über die entsprechende Software verfügen, um die Datei nutzen zu können (z. B. muss zum Lesen eines Word-A. auch die Word-Software auf dem Zielrechner installiert sein). Eine missbräuchl. Anwendung besteht darin, dass das A. einen Virus, Wurm oder ein Trojanisches Pferd enthält.

Attack [əˈtæk, engl.] *die,* Zeitdauer des Ansteigens des Tons bis zum Maximum beim ↑Synthesizer.

Attacke [frz.] *die, Militärwesen:* Angriff; früher bes. Reiterangriff im Galopp.

Attalos I. Soter, König von Pergamon (241–197 v. Chr.), *269 v. Chr., †197 v. Chr.; besiegte die Kelten und nahm daraufhin den Königstitel an; eroberte zeitweise Kleinasien bis zum Taurus; seit 212 Bundesgenosse der Römer. Sein Enkel **A. III. Philometor** (138–133 v. Chr.) vererbte das pergamen. Reich den Römern.

Attenborough [ˈætnbrə], Sir (seit 1976) Richard, brit. Bühnen- und Filmschauspieler, Filmregisseur und -produzent, *Cambridge 29. 8. 1923; spielte u. a. in »Brighton Rock« (1947); Regie in »Die Brücke von Arnheim« (1978), »Gandhi« (1981/82), »A Chorus Line« (1985), »Chaplin« (1992).

Attendorn, Stadt im Kr. Olpe, NRW, im südl. Sauerland, 23 900 Ew.; Metallverarbeitung, Fremdenverkehr (1 km östl. die **Attahöhle,** eine Tropfsteinhöhle). – A., 1072 erstmals genannt, Stützpunkt Kölns im mittleren Lenneraum, wurde 1222 Stadt; seit 1469 Hansestadt.

Attentat [frz.] *das,* politisch, religiös oder sittlich motivierter Angriff auf das Leben eines anderen, i. d. R. auf Politiker oder Inhaber herausragender Positionen in Staat und Gesellschaft.
Mit der Entstehung eines weltweiten ↑Terrorismus richtet sich das A. nicht mehr allein gegen polit. Gegner in herausragender Stellung, sondern in starkem Maße auch gegen Personen und Personengruppen als Angehörige ihrer Partei, ihres Staates, ihrer Ethnie oder ihrer Religion. Zunehmend gibt es weltweit – besonders in Krisenregionen wie im Nahen Osten – Selbstmord-A. und Sprengstoffanschläge auf öffentl. Gebäude und Einrichtungen (Rathäuser, Postämter, Bahnhöfe, U-Bahnen und Flughäfen) sowie auf Industrieanlagen, auf Festveranstaltungen, Diskotheken und Gaststätten, aber auch auf ganze Straßenzüge und Ortsteile. Eine neue Dimension erreichte das koordinierte, mit entführten Flugzeugen verübte A. auf das World Trade Center, New York, und das Pentagon am 11. 9. 2001.

Attentismus [frz.] *der,* **1)** *allg.:* die Haltung derjenigen, die erst nach endgültiger Klärung der Machtverhältnisse Partei nehmen wollen.
2) *Börsenwesen:* abwartende Haltung von Kapitalanlegern (Kreditgebern) bei ungünstiger Wirtschaftslage; kann Zins- und Kursänderungen beschleunigen.

Atterberg [-bærj], Kurt Magnus, schwed. Komponist, *Göteborg 12. 12. 1887, †Stockholm 15. 2. 1974; schrieb fünf Opern in romantisch-nat. Stil (u. a. »Aladdin«, 1941) sowie Orchester- und Kammermusikwerke.

Atterbom [-bum], Per Daniel Amadeus, schwed. Schriftsteller, Literaturhistoriker, *Åsbo (Östergötland) 19. 1. 1790, †Uppsala 21. 7. 1855; bed. Vertreter der schwed. Romantik; schrieb Lyrik und das Märchendrama »Die Insel der Glückseligkeit« (1824–27).

Attis ATT

Attika: Kap Sunion, Attikas Südostspitze mit der Ruine des dorischen Poseidontempels (5. Jh. v. Chr.)

Attersee (Kammersee), größter See des Salzkammerguts und der Österr. Alpen, im Attergau, 469 m ü. M., 20 km lang, 2–3 km breit, 45,9 km² groß, bis 169 m tief.

Attersee, Christian Ludwig, österr. Maler und Grafiker, *Pressburg 28. 8. 1940; anfangs von Pop-Art und Surrealismus geprägte Bilder, wandte sich später mehr Problemen der maler. Form zu. Erhielt 1997 den Großen Österr. Staatspreis.

Attest [lat.] *das,* schriftl. Bescheinigung, bes. eines Arztes.

Attich *der,* ein ↑Holunder.

Atticus, Titus Pomponius, *110 v. Chr., †32 v. Chr., hochgebildeter Römer, bed. als Geschichtsschreiber und Herausgeber zeitgenöss. Literatur. Cicero widmete ihm seine Schriften »Über das Alter« (»Cato maior de senectute«) und »Über die Freundschaft« (»Laelius de amicitia«).

Attika [grch.] *die,* fensterloser Aufbau über dem Hauptgesims eines Gebäudes zur Verdeckung des Daches und zur Aufnahme von Inschriften oder Reliefs.

Attika, die südöstl. Halbinsel Mittelgriechenlands, mit der Hptst. Athen; umfasst als Region 3 808 km², 3,52 Mio. Ew. Kahle Gebirgszüge aus Kalkstein oder Marmor bestimmen das Landschaftsbild; in den fruchtbaren Ebenen Landwirtschaft, Haupterzeugnisse: Wein, Öl, Feigen, Tabak; Marmorbrüche, Blei- und Zinkerzabbau. – A. wurde um 2000 v. Chr. von Io-niern besiedelt; in myken. Zeit in viele Fürstentümer gegliedert, erhielt die Landschaft im 1. Jt. v. Chr. durch Athen ihre polit. Einheit.

📖 *Travlos, J.: Bildlexikon zur Topographie des antiken A.* Tübingen 1988.

Attila [got. »Väterchen«] (nord. Atli, mhd. Etzel), König der Hunnen, †453; Sohn des Mundzuk, regierte seit 434 mit seinem Bruder Bleda, nach dessen Ermordung (445) allein. Mittelpunkt seiner Herrschaft war Ungarn, sein Reich dehnte sich im O bis zum Kaukasus, im W fast bis zum Rhein. Er zwang 448 Ostrom zu einem jährl. Tribut, drang 451 bis zur Loire vor, wurde in der Schlacht auf den Katalaun. Feldern von den Westgoten, Burgundern, Franken u. a. Germanen unter dem weström. Feldherrn Aetius geschlagen. 452 fiel A. in Italien ein, kehrte jedoch vor Rom (von Papst Leo I. bewogen) wieder um; starb in Pannonien in der Hochzeitsnacht mit Ildiko (Wurzel der Kriemhildsage). Sein Reich zerfiel, die Erinnerung an ihn lebte jedoch in Sagen und Liedern fort (↑Etzel).

Attinghausen, Gemeinde im Kt. Uri, Schweiz, 1 200 Ew.; die Burg der 1357 ausgestorbenen Freiherren von A. wurde um 1358 zerstört. Werner II. von A., der A. in Schillers »Tell«, war 1294–1321 Landammann von Uri.

Attis (Atys), der sterbende und wieder auferstehende Vegetationsgott im Kult der kleinasiat. Göttin Kybele, nach der grch. Sage ein schöner Hirt, den Kybele liebte.

Sie versetzte ihn, als er ihr untreu wurde, in Raserei, sodass er sich entmannte. Das orgiast. Frühlingsfest mit entmannten Priestern verbreitete sich in der röm. Kaiserzeit bis nach Rom.

attisch, auf Attika, bes. Athen bezüglich.

Attisch-Delischer Seebund, 477 v. Chr. geschaffenes Bündnis der Insel- und Küstenstädte des Ägäischen Meeres unter Führung Athens zur Sicherung Griechenlands gegen die Perser, bestand, von Athen mehr und mehr zum Herrschaftsinstrument gemacht, bis 404 v. Chr. Ein zweiter Bund (**Att. Seebund,** 378–354) entstand zur Abwehr des spartan. Vorherrschaftsanspruchs.

attische Sprache, ↑griechische Sprache.

Attitüde [frz.] *die, Ballett:* eine Grundposition der klass. Tanztechnik: Bei gestrecktem Standbein wird das um 90° nach rückwärts abgewinkelte Spielbein im Knie gebogen.

Attizismus *der,* urspr. der Gebrauch der reinen att. Sprache; auch Name einer klassizist. literar. Bewegung (vom 1. Jh. v. Chr. an), die im Ggs. zum ↑Asianismus den schlichten und sachl. Prosastil der athen. Schriftsteller zum Vorbild erhob.

Attlee ['ætlɪ], Clement Richard, Earl (seit 1955), brit. Politiker, *London 3. 1. 1883, †ebd. 8. 10. 1967; urspr. Rechtsanwalt, 1935–55 Führer der Labour Party im Unterhaus; 1940–45 mehrfach Min. Als Premiermin. (1945–51) führte er das Sozialisierungsprogramm seiner Partei durch und begründete den unentgeltlichen staatl. Gesundheitsdienst; 1951–55 Oppositionsführer.

Attnang-Puchheim, Stadt im Bezirk Vöcklabruck, Oberösterreich, an der Ager, 9000 Ew.; Metall und Holz verarbeitende Ind. – Burg der Herren von Puchheim (1180), mehrfach umgebaut, Wallfahrtskirche (1886–90).

Atto..., Vorsatzzeichen **a,** Vorsatz vor Einheiten für den Faktor 10^{-18} (Trillionstel); z. B. 1 Attometer = 1 am = 10^{-18} m.

Attorney [əˈtɔːnɪ, engl.] *der,* Anwalt, Bevollmächtigter, in den USA Rechts- oder Staatsanwalt; **Attorney General,** in Großbritannien oberster Kronanwalt, Berater der Reg. in Rechtsfragen; in den USA: Justizmin. und oberster Staatsanwalt.

Attractants [əˈtræktənts, engl.], *Zoologie:* die ↑Lockstoffe.

Attraktion [lat. attractio »das An-sich-Ziehen«] *die,* Anziehung, Anziehungskraft; Glanznummer, Zugstück.

attraktiv [lat.-frz.], verlockend, begehrenswert, erstrebenswert; anziehend aufgrund eines ansprechenden Äußeren, gut aussehend.

Attraktor *der,* in der Chaostheorie verwendete Bez. für den Endzustand eines dynam. Systems bei Ablaufen eines evolutionären Prozesses (z. B. Phasenumwandlung); z. B. strebt die Bewegung eines Pendels einem **Punkt-A.** zu.

Attrappe [german., frz. »Falle«] *die,* (täuschend ähnl.) Nachbildung bes. für Ausstellungszwecke (z. B. von verderbl. Waren); Blind-, Schaupackung.

Attrappenversuche, *Verhaltensforschung:* Experimente mit Attrappen, d. h. künstl. Reizkonstellationen (Formen, Farben oder Laute), um verhaltensauslösende Merkmale herauszufinden.

Attribut [lat.] *das,* **1)** *allgemein:* wesentl. Merkmal, Eigenschaft. **2)** *bildende Kunst:* das einer Person beigegebene kennzeichnende Symbol (Dreizack des Poseidon, Drache des hl. Georg). **3)** *Grammatik:* (Beifügung), Satzglied, das als Substantiv, Adjektiv oder Adverb ein anderes Satzglied näher bestimmt. Ein **prädikatives A.** bezieht sich zugleich auf Subjekt und Prädikat (»Er kam *gesund* wieder.«). Der **A.-Satz** übernimmt die Funktion des A. im Satzgefüge.

atü, veraltetes Einheitenzeichen für die Angabe des Überdruckes in techn. ↑Atmosphären.

ATV-DVWK, Abk. für ↑Deutsche Vereinigung für Wasserwirtschaft, Abwasser und Abfall e. V.

Atwood [ˈætwʊd], Margaret Eleanor, kanad. Schriftstellerin engl. Sprache, *Ottawa 18. 11. 1939; veröffentlichte literaturkrit. Arbeiten (»Survival«, Essay, 1972), Gedichtsamml. (»The circle game«, 1966) sowie psycholog. Romane, u. a. »Die eßbare Frau« (1969), »Der Report der Magd« (1985), »Katzenauge« (1989).

Weitere Werke: Romane: Die Räuberbraut (1993); alias Grace (1996); Der blinde Mörder (2000). – Erzählungen: Der Salzgarten (1983); Tips für die Wildnis (1991).

Atyrau (kasach. Aterau, bis 1992 Gurjew), Gebietshauptstadt in Kasachstan, am Fluss Ural, 156 700 Ew.; Erdölraffinerie, chem., Lebensmittelind., Maschinenbau, im Gebiet A. Erdölgebiet **Tengis** (Erdölleitung zum Erdölterminal Noworossisk, Russland); Hafen.

Ätz|alkali|en, die Hydroxide der Alkalimetalle, z. B. **Ätznatron,** Natriumhydroxid.

Ätzen, allg. das Entfernen von Teilen der Oberfläche eines Körpers mit auflösenden Mitteln. 1) In der graf. Technik das Einarbeiten einer Zeichnung oder eines Bildes in eine Metallfläche durch ätzende Mittel. Für Hochdruckätzungen wird das Metall der Ätzplatten an den bildfreien Stellen aufgelöst; die Bildstellen werden durch Schutzschichten geschützt. Im Tiefdruck werden die Bildstellen eingeätzt. Im Offsetdruck versteht man unter Ätzung u. a. die Behandlung der Druckplatte mit chem. Mitteln, um die bildfreien Stellen wasseraufnahmefähig zu machen. 2) Glas wird durch Flusssäure **(Blank-Ä., Säurepolieren)** oder durch Fluorwasserstoff **(Matt-Ä.)** geätzt. 3) Der Gefügeaufbau von Kristallen und Werkstoffen kann durch **Tief-Ä.** von Anschliffen aufgeklärt werden. 4) Lebendes Gewebe wird durch Ätzmittel (z. B. Silbernitrat) zerstört, meist um Wucherungen auf Haut, Schleimhäuten oder Wundrändern zu entfernen; heute wird meist die Elektrochirurgie (↑Elektrokoagulation) angewandt. 5) In der Stoffdruckerei erhalten vorgefärbte Gewebe nach Aufdruck reduzierender Chemikalien durch örtl. Zerstörung des Farbstoffs eine Musterung in Weiß oder Bunt.

Atzmon, Moshe, israel. Dirigent, * Budapest 30. 7. 1931; war u. a. 1969–71 Chefdirigent des Sydney Symphony Orchestra, 1972–76 des NDR-Sinfonieorchesters in Hamburg, 1972–77 Musikdirektor des Basler Sinfonieorchesters sowie 1991–94 künstler. Leiter der Oper in Dortmund; seit 1999 Leiter des Ålborger Sinfonieorchesters.

Ätzspitzen (Luftspitzen), mustermäßig durchbrochene, flächenförmige Textilien, erzielt durch Einwirkung von Chemikalien auf Faserstoffmischungen.

Au [lat. aurum], chem. Symbol für ↑Gold.

AU, Abk. für ↑Abgasuntersuchung.

AU, Abk. für ↑Afrikanische Union.

Aubade [o'bad(ə); von frz. aube »Morgenröte«] *die, Musik:* im 17./18. Jh. das instrumentale Morgenständchen.

Aubanel [oba'nɛl], Théodore, frz. Schriftsteller, * Avignon 26. 3. 1829, † ebd. 31. 10. 1886; einer der Hauptvertreter der neuprovenzal. Literatur.

Aube [o:b; von lat. alba »die Helle«], **1)** *die,* rechter Nebenfluss der Seine, 248 km lang, entspringt auf dem Plateau von Langres, mündet unterhalb von Romilly-sur-Seine.

2) Dép. in NO-Frankreich, 6 004 km², 292 000 Ew.; Hptst.: Troyes.

Auber [o'bɛːr], Daniel François Esprit, frz. Komponist, * Caen 29. 1. 1782, † Paris 12. oder 13. 5. 1871; neben F. A. Boieldieu Hauptvertreter der frz. kom. Oper; schrieb zahlr. Opern, darunter »Die Stumme von Portici« (1828) und »Fra Diavolo« (1830).

Aubergine

Aubergine [obɛr'ʒiːnə, frz.] *die* (Eierfrucht, italien. Melanzane), meist violette Frucht von **Solanum melongena,** einem einjährigen Nachtschattengewächs SO-Asiens; Gemüse- und Salatpflanze.

Aubervilliers [obɛrvil'je] (früher Notre-Dame-des-Vertus, nach der gleichnamigen Wallfahrtskirche), Stadt im französ. Dép. Seine-Saint-Denis, nördlich von Paris, 67 700 Ew.; Metall-, chem., Parfüm-, Glasindustrie.

Aubusson [oby'sɔ̃], Stadt im frz. Dép. Creuse, im Zentralmassiv, 6 200 Ew.; staatl. Kunstschule; seit dem 16. Jh. Zentrum der frz. Bildteppichkunst mit Herstellung von Gobelins und Teppichen **(A.-Teppiche).**

a. u. c. [lat.], Abk. für ↑ab urbe condita.

Aucassin et Nicolette [oka'sɛ̃ e nikɔ'lɛt], altfrz. Liebesnovelle zu Beginn des 13. Jh., von einem unbekannten Verfasser, in pikard. Mundart. Einzige erhaltene »chantefable«, eine Prosadichtung mit eingestreuten Liedern und Liedstrophen.

Auch [o:ʃ], Hptst. des Dép. Gers in S-Frankreich, in der Gascogne, 24 700 Ew.; Sitz eines Erzbischofs (seit dem 9. Jh.); Museen; Handelszentrum des Armagnac mit Brennereien, Textil-, Schuh-

AUC Auckland

und Kartonagenindustrie. – Kathedrale (15./16. Jh.), ehem. erzbischöfliches Palais (18. Jh.). – A., das röm. **Augusta Ausciorum**, war im MA. Hptst. der Grafschaft Armagnac.

Auckland ['ɔ:klənd], größte Stadt Neuseelands, auf der Nordinsel, 997 900 Ew. (städt. Agglomeration); Univ. (1882 gegr.); War Memorial Museum; bed. Industriestandort (Nahrungsmittel-, chem. und Textilind., Schiffbau) und größter Hafen des Landes; internat. Flughafen. – Gegr. 1840.

Auckland Islands ['ɔ:klənd 'aɪləndz], unbewohnte Inselgruppe im SW von Neuseeland, 606 km²; gehört seit 1863 zu Neuseeland.

au contraire [o: kõ'trɛ:r, frz.], im Gegenteil.

au courant [o: ku'rã:, frz.], auf dem Laufenden.

Auctor [lat. »Urheber«] *der*, im röm. Recht der Rechtsvorgänger.

Aude [o:d], **1)** *die*, Fluss in S-Frankreich, entspringt in den O-Pyrenäen und mündet nordöstlich von Narbonne in den Golfe du Lion, 223 km lang.
2) Dép. in S-Frankreich, 6 139 km², 310 000 Ew.; Hptst.: Carcassonne.

Auden [ɔ:dn], Wystan Hugh, engl. Schriftsteller, *York 21. 2. 1907, †Wien 28. 9. 1973; lebte 1939–61 in den USA; schrieb Gedichte (Zyklus »Das Zeitalter der Angst«, 1947), Dramen, Libretti, Kritiken.

Audenarde [od'nard, frz.], Stadt in Belgien, ↑Oudenaarde.

audi..., audio... [lat.], hör...

Audi AG, Autokonzern; Sitz: Ingolstadt; gegr. 1969 durch Fusion der NSU Motorenwerke AG (gegr. 1873) mit der Auto Union GmbH (gegr. 1949) als Audi NSU Auto Union AG; seit 1985 jetzige Bez.; Tochtergesellschaft der ↑Volkswagen AG.

audiatur et altera pars [lat. »gehört werde auch der andere Teil«], Prozessgrundsatz: ein Urteil darf erst gefällt werden, wenn beide Teile gehört worden sind.

Audiberti [odi-], Jacques Séraphin, frz. Schriftsteller, *Antibes 25. 3. 1899, †Paris 10. 7. 1965; schrieb Gedichte, Romane, Essays sowie bühnenwirksame surrealist. und burleske Theaterstücke (»Quoat-Quoat«, 1946; »Die Zimmerwirtin«, 1956; »Der Glapioneffekt«, 1959; »Die Ameyss im Fleische«, 1961).

Audienz [lat. audientia »Gehör«] *die*, Empfang bei hohen Persönlichkeiten.

Audimax *das*, Kurzwort für **Auditorium** maximum, ↑Auditorium.

Audiobook [-bʊk] *das*, ↑Hörbuch.

Audiogramm, Aufzeichnung des Hörvermögens für Töne verschiedenster Lautstärke und Tonlagen mit einem elektroakust. Gerät, dem **Audiometer.**

Audiologie *die*, Teilbereich der Hals-Nasen-Ohren-Heilkunde, der sich mit den Funktionen und Störungen des Gehörs befasst.

Audiometrie *die*, Methode der Gehörüberprüfung mithilfe des Audiometers (↑Audiogramm).

Audio-Video-Technik, Gesamtheit der techn. Verfahren und Mittel, die es ermöglichen, Ton- und Bildsignale aufzunehmen, zu übertragen, zu empfangen und wiederzugeben.

Audiovision, die Information durch Ton und Bild; auch die Technik des Aufnehmens, Speicherns und Wiedergebens von Ton und Bild (z. B. mit Videorekorder).

audiovisueller Unterricht, Unterrichtsgestaltung mithilfe moderner techn. Lehr- und Lernmittel, die sowohl auf auditivem als auch auf visuellem Wege die Wirksamkeit des Unterrichts erhöhen.

Audit ['ɔ:dɪt, lat.-engl.] *der* oder *das*, *Wirtschaft:* (unverhofft durchgeführte) Überprüfung; Untersuchung, Prüfung.

Audition [lat.] *die*, religionswiss. Begriff; bezeichnet ein übernatürl. Hören, eine über das Gehör (in Form von Tönen oder als Stimme) geschehende Offenbarung Gottes bzw. der Götter an Propheten oder Ekstatiker.

Audition [ɔ'dɪʃn, engl.] *die*, Veranstaltung, auf der Sänger, Tänzer, Schauspieler wegen eines Engagements vorsingen, vortanzen, vorsprechen.

Audition colorée [odi'sjõ kolo're:, frz.] *die*, ↑Farbenhören.

auditiv [lat.], das Hören betreffend, auf die Wahrnehmung des Gehörs bezogen.

Auditorium [lat.] *das*, Zuhörerschaft, Hörsaal, Lehrsaal (bes. der Hochschulen). **A. maximum (Audimax)**, der größte Hörsaal.

Audran [o'drã], Stéphane, eigtl. Colette Suzanne Jeannine Dacheville, frz. Filmschauspielerin, *Versailles 2. 11. 1932; spielte v. a. in den Filmen von C. Chabrol (mit ihm ⚭1964–80): »Die untreue Frau«

(1967), »Der diskrete Charme der Bourgeoisie« (1972), »Das Auge« (1982), »Babettes Fest« (1986), »Betty« (1991), »Obsession« (1992), »Hippolytes Fest« (1995), »Madeline« (1999).

Audubon [ˈɔːdəbɔn], John James, amerikan. Maler, Zeichner und Naturforscher, *Les Cayes (Haiti) 26. 4. 1785, †New York 27. 1. 1851. Seine Kupferstiche und Mappenwerke mit Darstellungen von Vögeln und anderen Tieren Nordamerikas sind von dokumentar. Authentizität (u. a. »The birds of America«, 1827–38; Nachdr. 1982).

Aue (Au), der bei Hochwasser überflutete und mit Sedimenten (**A.-Lehm, A.-Boden**) überlagerte Teil des Talbodens.

Aue, Krst. des Landkreises Aue-Schwarzenberg, Sachsen, an der Zwickauer Mulde, 19 900 Ew.; Bergbaumuseum; Mittelpunkt des W-Erzgebirges mit Baumwollverarbeitung und Metallwarenherstellung (bes. Essbestecke), Nickelhütte, 1946–90 Uranerzbergbau. – Erhielt um 1490 stadtähnl. Privilegien, 1839 eine volle Stadtverfassung.

Aue, Hartmann von, mittelhochdt. Dichter, ↑Hartmann von Aue.

Auenwald, Pflanzengesellschaft in den Flussauen; man unterscheidet die **Weichholz-A.** (regelmäßig überflutet; Weiden, Grauerlen) und die **Hartholz-A.** (selten überflutet; Ulmen, Eschen, Stieleichen).

Auer, 1) Barbara, Schauspielerin, *Konstanz 1. 2. 1959; arbeitet überwiegend für Film und Fernsehen: »Der Boß aus dem Westen« (1988), »Das Milliardenspiel« (1988), »Meine Tochter gehört mir« (1992), »Frauen sind was Wunderbares« (1994), »Nikolaikirche« (1995, Fernsehfilm, 2 Tle., 1996 als Kinofilm), »Weihnachtsfieber« (1997), »Solo für Klarinette« (1998), »Picknick im Schnee« (1999), »Die innere Sicherheit« (2000); nimmt auch Theaterengagements wahr, u. a. am Burgtheater Wien (seit 1999) und den Hamburger Kammerspielen (2001).

2) Leopold von (seit 1895), ungar. Violinist, *Veszprém 7. 6. 1845, †Dresden 15. 7. 1930; verfasste eine Violinschule und ein Werk über die Interpretation von Violinmusik.

Auerbach, 1) Berthold, eigtl. Moses Baruch A., Schriftsteller, *Nordstetten (heute zu Horb am Neckar) 28. 2. 1812, †Cannes 8. 2. 1882; Verfechter jüd. Emanzipation, schrieb »Schwarzwälder Dorfgeschichten« (4 Bde., 1843–54).

2) Erich, Romanist, *Berlin 9. 11. 1892, †Wallingford (Conn., USA) 13. 10. 1957; untersuchte in seinem Hauptwerk »Mimesis« (1946) die Entwicklung des Realismus in der europ. Literatur.

Auerbachsprung, *Wasserspringen:* ein Sprung, bei dem der Absprung vorwärts und die anschließenden Drehungen rückwärts ausgeführt werden.

Auerbach/Vogtl., Stadt im Vogtlandkreis, Sachsen, im oberen Göltzschtal, 460 m ü. M., 20 700 Ew.; Werkzeugmaschinenbau, Wäschefabrik. – Stadtrecht seit 1402; bis 1996 Kreisstadt.

Auerberg, Molasseberg im Allgäu, Bayern, 1 055 m ü. M., röm. und kelt. Befestigungen.

Auerhuhn (Auerwild), Raufußhuhn in den Wäldern Eurasiens, zählt zum Hochwild; **Auerhahn** bis 6 kg, Henne bis 3 kg schwer. Die Balz dauert von März bis Mai; die 6–10 Eier werden 26–28 Tage bebrütet, nach 13 Tagen sind die Jungen flugfähig.

Auerochse, ausgestorbenes Wildrind, ↑Ur.

Auenwald

Auersberg, bewaldeter Gipfel im westl. Erzgebirge, südöstlich von Eibenstock, 1 018 m ü. M.; Wintersport.

Auersperg, Adelsgeschlecht aus Krain, seit dem 17. Jh. gräflich. Ein Zweig wurde 1653 reichsfürstlich; er besaß die Herrschaft (seit Ende des 18. Jh. Herzogtum) Gottschee. Das Geschlecht stellte dem österr. Staat zahlr. Beamte und Offiziere. –

Anton Alexander Graf von A., österr. Dichter, ↑Grün, Anastasius.

Auerstedt, Gemeinde im Landkreis Weimarer Land, Thür., 500 Ew. Bei A. wurden am 14. 10. 1806, gleichzeitig mit der Schlacht bei Jena, die Preußen unter Herzog Karl von Braunschweig von den Franzosen unter L. N. Davout vernichtend geschlagen.

Auerswald, dt. Adelsgeschlecht, Stammsitz bei Chemnitz, kam 1498 nach Westpreußen. – Hans Jakob von A., *Plauth (heute Pławty Wielki, Wwschaft Pommern) 25. 7. 1757, †Königsberg (Pr) 3. 4. 1833; 1808–24 Oberpräs. von Ostpreußen, Westpreußen und Litauen. Seine eigenmächtige Einberufung des ostpreuß. Landtages leitete die Erhebung gegen Napoleon I. ein (Jan. 1813).

Auer von Welsbach, Carl Freiherr von (seit 1901), österr. Chemiker und Industrieller, *Wien 1. 9. 1858, †Schloss Welsbach (Kärnten) 4. 8. 1929; entdeckte die Seltenerdmetalle Lutetium, Neodym und Praseodym; erfand das **Auerlicht** (↑Gasbeleuchtung), die Metallfadenlampe (Osmiumglühlampe) und das Auermetall (Cereisen) für Zündsteine.

Aue-Schwarzenberg, Landkreis im RegBez. Chemnitz, Sachsen, 528 km², 138 300 Ew.; Krst. ist Aue.

Aufbauorganisation, ↑Organisation.

Aufbauschulen, weiterführende schul. Einrichtungen, die den gegenüber der Normalform späteren Übergang von einer Schulart zur anderen erleichtern sollen, häufig als **Aufbauzug** an Schulen in Normalform geführt: Aufbaugymnasien (für Hauptschüler im Anschluss an das 6. oder 7., für Realschüler an das 9. oder 10. Schuljahr), die zur Hochschulreife führen, Aufbaurealschulen und ↑Berufsaufbauschulen.

Aufbereitung, 1) *Kerntechnik:* a) die A. der Uranerze (Brennstoff-A.), Teil des Kernbrennstoffkreislaufs; b) die ↑Wiederaufarbeitung.
2) *Verfahrenstechnik:* Trennung von Stoffen und Stoffgemischen, meist mineral. Rohstoffe wie Erz, Kohle, Salz, Kalkstein, Kies, Sand, Erdöl, nach Teilchengrößen und/oder in ihre Stoffkomponenten, d. h. ihre wertigen (Konzentrate) und unwertigen Bestandteile (Abgänge, Berge), z. B. Erz-A., Steinkohle-A. Die A. ist eine der wichtigsten Techniken für eine wirtsch. Rohstoffversorgung. A.-Stufen: Zerkleinerung, Klassierung, Sortierung, Entwässerung, ↑Trocknung.
3) *Wasserwirtschaft:* ↑Wasseraufbereitung.

Aufbewahrungspflicht, handels- und steuerrechtl. Verpflichtung des Kaufmanns, Handelsbücher, Bilanzen und Inventare 10 Jahre, Geschäftskorrespondenz 6 Jahre aufzubewahren.

Aufblähung (Meteorismus, Trommelsucht, Tympanie), abnorme Gasansammlung im Magen-Darm-Kanal von Haustieren, bes. im Pansen der Wiederkäuer, z. B. durch Fütterungsfehler.

Aufdampfen, Aufbringen von Überzügen aus Metallen u. a. anorgan. Stoffen (Oxiden, Fluoriden) auf Metalle, Kunststoffe, Glas u. a. Die Materialien werden im Vakuum verdampft, die Dämpfe auf den zu überziehenden Teilen niedergeschlagen.

Aufenthaltsgenehmigung, die nach § 3 Ausländer-Ges. vom 9. 7. 1990 erforderl. behördl. Genehmigung für Ausländer zur Einreise und zum Aufenthalt in Dtl. Das Ausländer-Ges. unterscheidet nach dem Zweck des Aufenthalts die Aufenthaltserlaubnis, die Aufenthaltsbewilligung, die Aufenthaltsberechtigung und die Aufenthaltsbefugnis (↑Ausländer).

Auferstehung (A. der Toten), religiöse Vorstellung, dass am Weltende die Verstorbenen mit Leib und Seele zu ewigem Leben auferstehen (↑Eschatologie). Für das Christentum ist die auf der ↑Auferstehung Christi gründende A. der Toten Gegenstand der christl. Hoffnung, die im letzten Satz des Apostol. Glaubensbekenntnisses ihren Ausdruck findet.

Auferstehung Christi, die im N. T. (Mt. 28,9 f.; Lk. 24,13 f.; Röm. 10,9; 1. Thess. 4,14; 1. Kor. 15,4; Apg. 1,22) bezeugte Wiederkehr Jesu Christi in das Leben am dritten Tag nach seinem Kreuzestod (↑Ostern); Inhalt der neutestamentl. Verkündigung und grundlegende Aussage des christl. Glaubens. Nach kath. und evang. Anschauung steht ihre Wirklichkeit fest, doch wird sie in der gegenwärtigen Theologie unterschiedlich gedeutet.
Bildende Kunst: In frühchristl. Zeit beschränkte man sich auf sinnbildl. Darstellungen (Jonas, vom Walfisch ausgespien, der Gang der Frauen zum Grabe u. a.). Seit dem 11. Jh. wurde auch die A. C. selbst dargestellt, zunächst noch mehr symbolisch,

Aufgesang und Abgesang AUF

Auferstehung Christi: Matthias Grünewald, »Auferstehung Christi« aus dem Isenheimer Altar (zwischen 1512 und 1516; Colmar, Musée d'Unterlinden)

später in zunehmend realist. Sinn: Jesus Christus mit der Kreuzfahne dem Grab entsteigend, auf ihm stehend, sitzend oder über ihm schwebend (Multscher, Schongauer, Dürer, Grünewald, Altdorfer).
📖 *Wilckens, U.: Auferstehung. Das bibl. Auferstehungszeugnis histor. untersucht u. erklärt.* Gütersloh ⁵1992. – *Lüdemann, G.: Die Auferstehung Jesu. Historie, Erfahrung, Theologie.* Neuausg. Stuttgart 1994.
Auffahrwarngerät (Abstandswarngerät), Gerät (Kleinsender und -rechner) zur Warnung eines Kraftfahrers bei zu geringem Abstand von einem vor ihm befindl. Fahrzeug oder einem Verkehrshindernis.
Auffanggesellschaft, eine den Geschäftsbetrieb eines insolventen Unternehmens fortführende Gesellschaft, i.d.R. von dessen Gläubigern zum Zweck der Sanierung gegründet.
Aufforderungscharakter (Valenz), Begriff der ↑Gestaltpsychologie (K. Lewin), der die Eigenschaft der Wahrnehmungsgegenstände bezeichnet, unterschwellig auf menschl. Stimmungen, Bedürfnisse und Strebungen einen Reizwirkung auszuüben; von der Psychodiagnostik und der Werbepsychologie genutzt.
Aufforstung, Anlage von Wald (Bestandsgründung) auf bisher nicht mit Wirtschaftsholzarten bestandenen Flächen;

auch die Wiederbepflanzung von durch Baumsterben, Wind- und Schneebruch oder Kahlschlägen entstandenen forstl. Lücken.
Aufführungspraxis, ↑musikalische Aufführungspraxis.
Aufführungsrecht, ausschließl. Recht des Urhebers eines Musik- oder Bühnenwerkes, das Werk öffentlich aufzuführen. Aufführungen von urheberrechtlich geschützten Werken durch andere sind deshalb genehmigungs- und vergütungspflichtig (Ausnahme: Aufführungen ohne Erwerbszweck, kirchl. Veranstaltungen). Die musikal. Urheberrechte verwaltet die ↑GEMA. (↑Verwertungsgesellschaften)
Aufgabe, *Börsenwesen:* Bekanntgabe des Namens des Kontrahenten durch den freien Makler, der zunächst selbst als Kontrahent auftritt, bis er einen endgültigen Käufer oder Verkäufer gefunden hat.
Aufgalopp (Aufkantern), *Galopprennen:* Vorbeireiten der Teilnehmer vor den Tribünen zum Start.
Aufgang, das Erscheinen eines Gestirns am Horizont, das auf der Drehung der Erde von W nach O beruht: Der **heliak. A.** ist der erste sichtbare A. eines Gestirns in der Morgendämmerung. Beim **akronyt. A.** erscheint das Gestirn bei Sonnenuntergang, beim **kosm. A.** gleichzeitig mit der Sonne.
Aufgebot, 1) *kath. Kirchenrecht:* die Ergänzung der Feststellungen des Brautexamens durch Befragung der Heimatgemeinde nach etwaigen Ehehindernissen (↑Eherecht).
2) *Zivilrecht:* allg. die öffentliche gerichtl. Aufforderung an unbekannte Beteiligte zur Anmeldung von Rechten, um Rechtsnachteile zu vermeiden, z.B. das A. der Nachlassgläubiger oder vor der Kraftloserklärung von Urkunden. Für das **A.-Verfahren** ist das Amtsgericht zuständig (§§ 946–1024 ZPO). – Im Eherecht war das A. die öffentl. Bekanntmachung einer beabsichtigten Eheschließung zu dem Zweck, dem Standesamt bislang unbekannt gebliebene Eheverbote (↑Eherecht) zur Kenntnis zu bringen; zum 1.7.1998 abgeschafft. In *Österreich* ist das eherechtl. A. durch Ges. von 1983 beseitigt worden. Das *schweizer.* Eherecht kennt eine zehntägige Verkündungsfrist.
Aufgeld, *Bankwesen:* Zuschlag, ↑Agio.
Aufgesang und Abgesang, Gliede-

rungsteil der Meistersangstrophe. Den **Aufgesang** bilden zwei metrisch gleich gebaute Versgebilde **(Stollen);** der folgende **Abgesang** hat eine eigene Form. Diese Gliederung hatte sich schon im mhd. Minnesang entwickelt.

Aufguss (Infusum), frisch zubereiteter Auszug aus Arzneipflanzenteilen mit siedendem Wasser.

Aufgusstierchen (Infusorien), *veraltet:* Mikroorganismen, die sich in einem Aufguss von Wasser auf Erde, Stroh, Heu u. Ä. entwickeln, v. a. Wimpertierchen und Geißeltierchen.

Aufhebungsvertrag, einvernehmlich geschlossene Vereinbarung, die bestehenden Rechtsbeziehungen zu beenden. A. werden im Arbeitsrecht oft geschlossen, um Kündigungen zu vermeiden. Soll der A. indes das Arbeitsverhältnis vor Ablauf der Kündigungsfrist beenden, drohen dem Arbeitnehmer Nachteile beim anschließenden Arbeitslosengeldbezug. Der A. bedarf zu seiner Wirksamkeit der Schriftform.

Aufhellung, 1) *Mikroskopie:* das Durchsichtigmachen von Präparaten für das Mikroskop.
2) *Textilveredelung:* Verbesserung des Weißgrades ungefärbter Textilien und Papiere mithilfe fluoreszierender Substanzen **(opt. Aufheller, Weißtöner, Weißmacher),** die wie Farbstoffe aufgebracht werden. Sie wandeln kurzwellige, nichtsichtbare Strahlung in längerwelliges, sichtbares Licht um, wodurch die gelbl. Eigenfarbe kompensiert wird.

Aufkimmung, seitliches Ansteigen des Schiffsbodens gegen die Horizontale.

Aufklärung, 1) Bez. für eine geistesgeschichtl. Epoche, das **Zeitalter der A.** (engl. »age of enlightenment«, frz. »siècle des lumières«), die Ende des 17. Jh. in England ihren Ausgang nahm und im 18. Jh. das geistige Leben in ganz Europa und Nordamerika bestimmte. Sie wurde im Wesentlichen vom Bürgertum getragen. Ihr Grundanliegen war es, dem Menschen mithilfe der Vernunft zum »Ausgang aus seiner selbst verschuldeten Unmündigkeit« (I. Kant) zu verhelfen. In diesem Sinne sind z. B. auch Teile der grch. Philosophie als A. zu verstehen.

Der Begriff A. fasst versch. geistige und kulturelle Strömungen zusammen; allen gemeinsam war die Kritik am absoluten Wahrheitsanspruch der Offenbarungsreligion und an der absoluten Monarchie. An den Humanismus anknüpfend, brachte in der Philosophie zuerst der Rationalismus neue Denkansätze hervor (Niederlande: B. de Spinoza, Frankreich: R. Descartes, Dtl.: G. W. Leibniz, C. Wolff). Descartes' Theorie von den angeborenen Ideen setzte der Empirismus (England: J. Locke, D. Hume, G. Berkeley) die Abhängigkeit allen Wissens von der sinnl. Erfahrung entgegen. Zw. beiden Richtungen vermittelte Ende des 18. Jh. I. Kant. Der Erkenntnisfortschritt der Naturwiss.(en) – bes. durch I. Newton – bewirkte die Ausarbeitung eines deist. (z. B. bei Voltaire), später auch eines materialistisch-atheist. Weltbildes (u. a. bei D. Diderot, J. O. de La Mettrie, P. H. d'Holbach). Staats- und Rechtslehre erhielten neue Grundlagen: An die Stelle göttl. Legitimation des Monarchen trat der auf das Naturrecht gegründete Gesellschaftsvertrag (J.-J. Rousseau, ↑Vertragslehre). Gegenüber dem Machtanspruch des Staates seien die Menschenrechte unverzichtbar und gültig. Darum betonte auch die Verfassungslehre bes. die Rechte des Einzelnen und die sich aus ihnen ergebenden Grenzen der Staatsgewalt sowie den Gedanken der ↑Gewaltenteilung (Locke, C. Montesquieu). Das neue Gesellschaftsideal sollte durch Anleitung zum freiheitl., autonomen Vernunftgebrauch möglich werden. Auf dieser Grundlage werde die stete Vervollkommnung und Verwirklichung eines freiheitl., menschenwürdigen und glückl. Daseins in einer neuen Gesellschaft möglich (Fortschrittsoptimismus).

Der Gedanke des Fortschritts führte zu eingehender Beschäftigung mit der Geschichte: P. Bayle begründete schon Ende des 17. Jh. die Quellenkritik; umfassende Werke der Geschichtsschreibung (Hume, E. Gibbon, Voltaire) und Geschichtsphilosophie (Montesquieu, M. J. A. Condorcet, J. G. Herder) entstanden. Die Reaktion der Machtinhaber auf die neuen Ideen war unterschiedlich: Friedrich d. Gr. und Kaiser Joseph II. bemühten sich um Reformen (aufgeklärter ↑Absolutismus), in Frankreich unterdrückte das Ancien Régime alle Ansätze zu Veränderungen; Schriften mit aufklär. Inhalt mussten meist illegal erscheinen. Hier brachte die A. ihre radikalsten Vertreter hervor. Die Sammlung und Aufbereitung aller Wis-

sensgebiete im Sinne der A. gelang den ↑Enzyklopädisten. Die Unabhängigkeitserklärung der USA und die Frz. Revolution, bes. in ihren Anfängen, waren dann entscheidend von den Gedanken der A. bestimmt, in der Folge auch der ↑Liberalismus des 19.Jh. Ost- und Südosteuropa nahmen die A. (ohne deren kirchenfeindl. Tendenz) in der 2. Hälfte des 18.Jh. auf. Sie trug hier zur nat. Emanzipation (v.a. gegen das Osman. Reich) bei.
In der *Theologie* führten Rationalismus, Optimismus, Antiklerikalismus, Individualismus und Utilitarismus in Auseinandersetzung mit der kirchl. Orthodoxie zur Entwicklung einer eigenständigen Theologie der Aufklärung. Jesus erscheint als Weisheitslehrer und Prophet der »natürl. Religion« (↑Deismus), das Evangelium als Lehre von der Weltverbesserung; der Mensch ist mündiges Individuum, die Vernunft normative Instanz zur Beurteilung des christl. Dogmas, die Predigt zweckgerichtete Nützlichkeitsrede über die prakt. Dinge des Alltags; das Ideal der allg. geforderten religiösen Toleranz fand vollendeten Ausdruck in G. E. Lessings Drama »Nathan der Weise«. In Dtl. erreichte die Theologie der A. ihren Höhepunkt in der Neologie; als Gegenbewegung formierte sich der Pietismus; Kulturprotestantismus, kath. Modernismus und die historisch-krit. Bibelwiss. des 19. Jh. haben ihre Wurzeln in der Theologie durch die A. des 18.Jh. vermittelten Impulsen.
Das *Erziehungswesen* ist für die A. stets von besonderem Interesse gewesen. Sie forderte eine Erziehung zu naturgemäßer, nicht von Überlieferungen, sondern von Vernunft (und auch Gefühl) bestimmter sittl. Lebensweise und die Anwendung wiss. Verfahrensweisen auch auf prakt. Tätigkeiten (Realbildung, landwirtsch. und gewerbl. Erziehung), Ausdehnung der Erziehungsbestrebungen auf alle Volksschichten, auch auf die Frauen und Weiterbildung der Erwachsenen. Diese Gedanken wurden von Rousseau, J. B. Basedow, J. H. Campe und J. H. Pestalozzi vertieft und im höheren und Volksschulwesen, z. T. in neuen Schulformen, verwirklicht. Im *gesellschaftl. Leben* trat neben der höf. Kultur die bürgerl. stärker hervor. Gegen den heiteren Lebensgenuss des Rokoko, der auch in manche bürgerl. Kreise Eingang gefunden hatte (Leipzig als »Klein-

Paris«), wandte sich ein betonter bürgerl. Moralismus. Starken Einfluss gewannen aufklärer. Geheimgesellschaften (Freimaurer, Rosenkreuzer). In einseitiger Nachfolge des Pietismus entwickelte sich als Gegenströmung zum Rationalismus ein Gefühls- und Freundschaftskult (↑Empfindsamkeit).

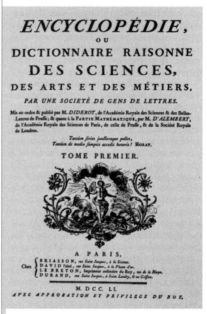

Aufklärung 1): Titelblatt der von Denis Diderot und Jean-Baptiste Le Rond d'Alembert herausgegebenen »Encyclopédie« (Band 1, 1751)

Neue Inhalte und Formen fand die *Literatur* der A. in den »Moral. Wochenschriften«, auch die Belletristik hatte oft stark didakt. Charakter. Neue Genres waren bürgerl. Trauerspiel, Rührstück, Idylle und bürgerl. Roman (bes. in Briefform), auch Fabel und Satire wurden gepflegt. Hauptvertreter der dt. Literatur der A. waren J. C. Gottsched, C. F. Gellert, F. G. Klopstock, G. E. Lessing und die ↑Anakreontiker.
Die *Musik* des A.-Zeitalters folgte eigenen Gesetzen (neue Formen der Instrumentalmusik; Vorklassik und Wiener Klassik), zeigt aber auch direkte Verbindungen zur Geistes- und Sozialgeschichte (bürgerl.

AUF Aufladegebläse

↑Singspiel, Ausdruck humanitärer Gedanken in Oper und sinfon. Musik).
In der *bildenden Kunst* vollzog sich zunächst der Übergang vom Barock zu dessen Spätblüte, dem Rokoko: Helle Farben, heiter schwingende Linien, weltl. Inhalte und Verweltlichung religiöser Darstellungen wurden kennzeichnend. Seit der Mitte des 18. Jh. wurde das Rokoko allmählich abgelöst durch den strengeren Klassizismus, dessen oberstes künstler. Ziel die Nachahmung antiker Kunst war. Wie das Religiöse suchte man auch das Künstlerische verstandesmäßig zu erfassen. So entstand eine systemat. Kunstkritik und als neuer Zweig der Philosophie die Ästhetik (A. G. Baumgarten).
Seit den letzten Jahrzehnten des 18. Jh. wurde die A. von neuen, z. T. gegenläufigen Geistesbewegungen (↑Romantik, ↑Sturm und Drang) überlagert. Der Fortschrittsoptimismus der A. wirkte im 19. Jh. fort, er erfuhr erst durch die beiden Weltkriege und die nat.-soz. Herrschaft eine wesentl. Relativierung. Für die Entwicklung der Wiss.(en), für die Humanisierung des sozialen und kulturellen Lebens, für die Achtung der Menschenwürde und der Anerkennung der Gleichheit aller Menschen hat die A. Entscheidendes geleistet. Unter den in neuerer Zeit entstandenen Bezugnahmen ragt bes. das im Rahmen der krit. Theorie der Frankfurter Schule entwickelte Programm einer »zweiten A.« heraus (Befreiung des Einzelnen aus fremdbestimmten Zwängen).
📖 *Was ist A.? Thesen u. Definitionen*, hg. v. E. Bahr. Stuttgart 1974, 11. Nachdr. 1996. – *Pütz, P.: Die dt. A.* Darmstadt ⁴1991. – *Möller, Horst: Vernunft u. Kritik. Dt. A. im 17. u. 18. Jh.* Frankfurt am Main ³1993. – *Das 18. Jh. A.*, hg. v. P. Geyer. Regensburg 1995. – *ImHof, U.: Das Europa der A.* München ²1995. – *Stollberg-Rilinger, B.: Europa im Jh. der A.* Stuttgart 2000. – *Horkheimer, M. u. Adorno, T. W.: Dialektik der A. Philosoph. Fragmente.* Tb.-Ausg. Frankfurt am Main 2002.
2) *Militärwesen:* die Aufhebung eines Informationsmangels durch gezielte Nachforschung oder Wissensvermittlung, insbesondere die Feststellung der Lage des Gegner, Erkundung des Geländes, des Wetters und der Witterungseinflüsse als Grundlage für die Entschlussfassung der eigenen Führung; der A. dienen Flugkörper, Satelliten, Flugzeuge, Spezialeinheiten (A.-Truppen) u. a. Mittel, z. B. Nachrichtendienst, Flugmeldedienst.
3) *Pädagogik:* ↑Sexualpädagogik.

Aufladegebläse (Kompressor), von einem Motor mechanisch oder von einer Abgasturbine angetriebener Luftverdichter (meist Drehkolbenverdichter) zur ↑Aufladung von Verbrennungsmotoren.

Aufladung, 1) (elektrostatische oder elektrische A.), das Aufnehmen positiver oder negativer elektr. Ladung durch einen Körper, Stoff u. a., insbesondere das Vorhandensein einer solchen Ladung im Überschuss als Folge von Reibung.
2) (elektrochemische A.), Zuführung und Speicherung von elektr. Energie in einem ↑Akkumulator.
3) die Vorverdichtung der Verbrennungsluft oder des Luft-Kraftstoff-Gemisches bei Verbrennungsmotoren zur Leistungssteigerung, z. B. durch vom Motor mechanisch angetriebene ↑Aufladegebläse oder, heute vorwiegend, durch Abgasturbolader (↑Abgasturbine).

Auflage, 1) *Druckgrafik:* die Anzahl der von einer Druckform gedruckten Blätter. Seit Ende des 19. Jh. wird jedes Blatt der Auflage i. d. R. vom Künstler nummeriert und signiert.
2) *Privatrecht:* die einer Schenkung oder letztwilligen Verfügung hinzugefügte Bestimmung, dass der Empfänger zu einer Leistung verpflichtet sein soll; oft schwierig von einer Bedingung zu unterscheiden.
3) *Strafrecht:* zusätzliche strafähnl. Maßnahme, die das Gericht einem Verurteilten, dessen Strafe zur Bewährung ausgesetzt ist, auferlegen kann (§ 56 b StGB, z. B. Wiedergutmachung des Schadens).
4) *Verlagswesen:* a) Anzahl der (nach einer nicht veränderten Satzvorlage) gleichzeitig hergestellten Exemplare eines Druckerzeugnisses; b) Gesamtzahl der Exemplare, die der Verleger nach dem Ges. oder dem Verlagsvertrag herzustellen berechtigt ist. Enthält der Vertrag keine Bestimmung über die A.-Höhe, darf der Verleger 1 000 Abzüge herstellen (§ 5 Verlags-Ges.), ohne Einrechnung der Zuschuss- und Freiexemplare. Dem Verleger kann vertraglich das Recht eingeräumt werden, weitere A. herzustellen.
5) *Verwaltungsrecht:* die selbstständige Nebenbestimmung zu einem Verwaltungsakt (z. B. bei Erteilung einer Baugenehmigung,

Aufmerksamkeitsdefizit-Hyperaktivitätsstörung AUF

das Baugelände durch eine Stützmauer zu sichern); nicht erfüllte A. können erzwungen bzw. der Verwaltungsakt kann wegen der nichterfüllten A. widerrufen werden (§§ 36, 49 Verwaltungsverfahrensgesetz).

Auflager, Körper aus Stahl, Beton, Stahlbeton, Stein, auf denen Bauteile wie Träger, Platten, Schalen ruhen und die die Bauwerksbelastung in den Unterbau übertragen.

auflandig, von der See zum Land gerichtet (bei Winden und Strömungen).

Auflandung, Bodenerhöhung in Gewässern, entsteht durch Sinkstoffablagerung (↑ Landgewinnung).

Auflassung, *Recht:* als abstrakter dingl. Vertrag die Einigung zw. Veräußerer und Erwerber über die Eigentumsübertragung an einem Grundstück bei gleichzeitiger Anwesenheit beider Teile vor dem Notar (§ 925 BGB); im *österr.* und *schweizer.* Recht unbekannt.

Auflaufbremse, Bremsanlage für Kfz-Anhänger, deren Wirkung durch die Auflaufkraft des Anhängers auf das Zugfahrzeug erzeugt wird.

Aufliegen (Dekubitus), Druckschädigung der Haut bes. durch lange Bettlägerigkeit, die sich in der Bildung von Wunden, Nekrosen oder Geschwüren äußert. Vorbeugung: Lagewechsel, glatte, weiche und trockene Unterlage, Polsterung, Wasserkissen, Hautpflege durch Abreiben, bes. mit Franzbranntwein.

Auflösen von Gleichungen, das Finden von Lösungen, die einer oder mehreren Gleichungen mit einer oder mehreren Unbekannten genügen, z.B. wird die Gleichung $5 + x = 8$ durch $x = 3$ aufgelöst. Mit dem A. v. G. befasst sich die ↑Algebra.

Auflösung, 1) *Metrik:* Ersatz einer Länge durch zwei Kürzen.
2) *Musik:* das Fortschreiten der Stimmen eines dissonanten Intervalls oder Akkords zur Konsonanz; auch die durch das **A.-Zeichen** ♮ bewirkte Aufhebung eines Versetzungszeichens.
3) *Optik:* bei der Abbildung mit einem opt. System Bildzerlegung in getrennt wahrnehmbare Elemente.
4) *Parlamentsrecht:* die vorzeitige Beendigung der Legislaturperiode einer gewählten Volksvertretung. In Dtl. kann nur der Bundespräs. in eng begrenzten Ausnahmefällen (Art. 63 Abs. 4, Art. 68 GG) die A. des Bundestags vornehmen.

Auflösungsvermögen, 1) *Messtechnik:* Maß für die Fähigkeit einer Messanordnung, zwei in einer räuml., zeitl., energet. oder sonstigen Abfolge erhaltene Messwerte oder -impulse gerade noch getrennt zu registrieren.
2) *Optik:* kleinster linearer Abstand oder Winkelabstand zweier Objektstrukturen, die vom Auge oder einem opt. System noch getrennt wahrgenommen oder abgebildet werden können.

Aufmerksamkeit, *Psychologie:* psych. Zustand gesteigerter Wachheit und Aufnahmebereitschaft, bei dem das Bewusstsein auf bestimmte Objekte, Vorgänge, Gedanken ausgerichtet ist. Die A. kann willkürlich (z.B. durch Interessen) gelenkt oder unwillkürlich (passiv) durch Reize erregt werden.

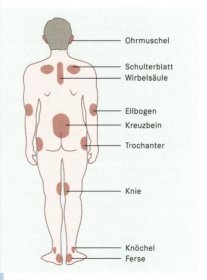

Aufliegen: gefährdete Körperregionen

Aufmerksamkeitsdefizit-Hyperaktivitätsstörung, Abk. **ADHS** (früher Aufmerksamkeitsdefizitsyndrom, Abk. ADS, Zappelphilippsyndrom), Kombination von Aufmerksamkeitsstörung und übersteigertem Bewegungsdrang (Hyperaktivitätsstörung), verbunden mit psych. Unruhe; es sind etwa 3–5% der Schulkinder, insbes. Jungen (dreimal häufiger als Mädchen), betroffen. Für die Entstehung dieser Symptome kommen ursächlich konstitutionelle und biolog. Faktoren in Betracht. So brauchen hochaktive Kinder Herausforderungen, die ihnen körperl. und emotionale Ausdrucksmöglichkeiten bieten. Günstig ist eine gezielte Prävention, um die Ausbildung dieser Verhaltensstörung zu verhindern. Zur Behandlung gehört v. a. die Verhaltenstherapie; zur Steigerung der Aufmerksamkeit können Arzneimittel gegeben werden. Häufig tritt im jungen Erwachsenenalter eine Besserung auf.

Aufopferung, *Recht:* Auferlegung eines Sonderopfers durch einen rechtmäßigen, zum Wohl der Allgemeinheit vorgenommenen hoheitl. Eingriff in die privaten immateriellen Rechte des Bürgers (Leben, Gesundheit, Freiheit); verpflichtet den Staat zur Entschädigung (z. B. Schäden bei Pflichtimpfungen).

au four [o: 'fuːr; frz. »im Ofen«], im Ofen gebacken oder gebraten.

Aufrechnung (Kompensation), *Recht:* wechselseitige Schuldtilgung durch einseitige Erklärung. Schulden zwei Personen einander Leistungen, die ihrem Gegenstand nach gleichartig sind (v. a. Geld), so ist jeder Teil berechtigt, seine Forderung gegen die des anderen aufzurechnen, sobald er die ihm gebührende Leistung fordern und die ihm obliegende Leistung bewirken kann (§§ 387–396 BGB). In *Österreich:* ABGB §§ 1438 ff.; in der *Schweiz* (als Verrechnung): Art. 120 bis 126 OR.

Aufriss, *Mathematik:* horizontales Bild eines Gegenstandes bei einer senkrechten parallelen ↑Projektion.

Aufruf, *Informatik:* Anweisung, die die Ausführung einer vordefinierten Befehlsfolge veranlasst, z. B. die Verzweigung aus einem Programm in ein Unterprogramm.

Aufrufpreis, ↑Versteigerung.

Aufruhr, *Recht:* öffentl. Zusammenrottung von Personen, bei der mit vereinten Kräften Widerstand gegen die Staatsgewalt geleistet wird; dieser frühere Straftatbestand wurde 1970 aufgehoben (↑Landfriedensbruch).

Aufsatz, 1) *allg.:* kurze Abhandlung über ein bestimmtes Thema, z. B. als Schulaufgabe.
2) *Militärwesen:* Zieleinrichtung eines Geschützes. (↑Visiereinrichtung)
3) *Orgel:* der Schallbecher der Zungenpfeifen, der den Ton verstärkt und die Klangfarbe beeinflusst.

aufsaugende Mittel (Adsorbenzien), meist pulverförmige Arzneimittel (z. B. medizin. Kohle), die Gifte u. a. Stoffe binden können. Anwendung: im Magen-Darm-Kanal bei Vergiftungen und Durchfällen.

Aufschlag, *Sport:* das Ins-Spiel-Bringen des Balles, z. B. beim Tennis.

Aufschlämmen, Trennverfahren für Gemische aus Feststoffen unterschiedl. Dichte und/oder Teilchengröße aufgrund ihrer unterschiedl. Sedimentationsgeschwindigkeit in einer Flüssigkeit.

Aufschleppe (Slip), geneigte Ebene mit auf Gleisen laufenden Slipwagen zum Befördern von Schiffen ins oder aus dem Wasser.

aufschließen, schwer lösl. Stoffe in lösl. Verbindungen überführen, meist durch Zugabe fester Aufschlussmittel bei höherer Temperatur oder in der Schmelze.

Aufschluss, Stelle, an der ein Gestein oder Erz zutage liegt. **A.-Verfahren**, Methoden zur Erforschung der Erdkruste, bes. zur Erkundung von Lagerstätten. Hilfsmittel sind u. a.: Luftaufnahmen, Bohrungen, Gravimetrie, Messungen künstl. Erdbebenwellen und der Radioaktivität.

Aufschrumpfen, Verfahren zur festen Verbindung einander umschließender Metallteile, z. B. Welle und Ring (Eisenbahnräder). Das äußere Teil wird erwärmt, dehnt sich hierbei aus und wird aufgezogen. Beim Erkalten schrumpft es und presst sich dem inneren Teil auf.

Aufschwung, 1) *Turnen:* Positionswechsel vom Hang in den Stütz, wobei der Körper eine ganze Drehung um die Breitenachse ausführt. Als **Felg-A.** Übungsteil an Reck, Barren, Stufenbarren, Ringen.
2) *Wirtschaft:* Konjunkturphase, die dem unteren Wendepunkt folgt (↑Konjunktur).

Aufsichtspflicht, gesetzl. Pflicht zur Beaufsichtigung von Personen, die wegen Minderjährigkeit oder wegen ihres körperl. oder geistigen Zustandes der Beaufsichtigung bedürfen. Eine A. haben z. B. Eltern, Vormund, Lehrer u. a. Die Vernachlässigung der A. verpflichtet grundsätzlich zum Ersatz des Schadens, den der zu Beaufsichtigende widerrechtlich einem Dritten zufügt (§ 832 BGB).

Aufsichtsrat, gesetzlich vorgeschriebenes Organ von ↑Aktiengesellschaften, Kommanditgesellschaften auf Aktien und

Aufwertung AUF

Genossenschaften zur Bestellung und Überwachung der Geschäftsführung (auch bei GmbH mit über 500 Arbeitnehmern und VVaG, ↑Mitbestimmung). **Aufsichtsratsteuer,** Einkommensteuer, die von A.-Mitgliedern inländ. Kapitalgesellschaften mittels Steuerabzug erhoben wird (30% der Vergütungen, § 50a EStG).
aufsteigende Linie, *Genealogie:* Abstammungsreihe der ↑Aszendenz; die Darstellung erfolgt in Form der Ahnentafel.
Aufsteigung (gerade A.), *Astronomie:* die ↑Rektaszension.
Aufstockung, Vergrößerung der Nutzfläche eines landwirtsch. Betriebes, um seine Rentabilität zu steigern; z. T. in Verbindung mit ↑Flurbereinigung.
Aufstrich, bei Streichinstrumenten die Bogenführung von der Spitze zum ↑Frosch; in der Notenschrift: ᴠ.
Auftakt, 1) *Metrik:* der unbetonte Teil eines Verses vor der ersten Hebung.
2) *Musik:* Anfang einer musikal. Sinneinheit, z. B. eines Motivs oder Themas, auf unbetontem Taktteil.
Auftauboden, oberste Schicht eines Dauerfrostbodens, die im Sommer bis 2 m tief auftaut, vielfach wasserdurchtränkt ist und schon bei geringer Hangneigung zur Fließerde (↑Solifluktion) neigt.
Auftrag, 1) *Recht:* die Annahme eines Angebots zur entgeltl. Lieferung von Waren und Dienstleistungen. Im *bürgerl. Recht* Vertrag, durch den sich der Beauftragte verpflichtet, ein ihm vom Auftraggeber übertragenes Geschäft unentgeltlich zu besorgen; Aufwendungen sind dem Beauftragten zu ersetzen (§§ 662 ff. BGB).
2) *Wirtschaft:* Vertragsabschluss auf Lieferung von Waren oder Erbringung von Leistungen.
Auftragsangelegenheiten, Aufgaben des Staates, deren Durchführung nachgeordneten Verwaltungseinheiten übertragen ist, bes. den Gemeinden, z. B. Durchführung von Wahlen, Polizeiverwaltung (↑Selbstverwaltung). Die A. sind von der **Auftragsverwaltung** zu unterscheiden, d. h. der Ausführung von Bundesgesetzen im Auftrag des Bundes durch die Länder, z. B. die Finanzverwaltung. (↑Staatsaufsicht)
Auftragstaktik, militär. Führungstechnik, bei dem der Untergebenen größtmögl. Ermessensspielraum in der Erfüllung seines »Auftrages« lässt; bes. in der dt. Streitkräften entwickelt und angewendet; Ggs.: ↑Befehlstaktik.
Auftrieb, eine der Gewichtskraft entgegenwirkende Kraft. Der stat. A. eines Körpers in einer ruhenden Flüssigkeit (hydrostat. A.) oder einem ruhenden Gas (aerostat. A.) ist gleich der Gewichtskraft der von dem Körper verdrängten Gas- oder Flüssigkeitsmenge **(archimed. Prinzip);** ein Schiff z. B. ist also um die Gewichtskraft des verdrängten Wassers leichter als auf dem Trockendock. **Dynam. A.** entsteht bei bewegten, geeignet geformten Körpern durch Strömungsunterschiede zw. Ober- und Unterseite, die Druckunterschiede hervorrufen (z. B. an den Tragflügeln der Flugzeuge).
Auftriebswasser, durch Aufwärtsbewegung aus tieferen, kälteren Schichten an die Meeresoberfläche gelangtes Wasser; es ist salz- und sauerstoffärmer, aber nährstoffreicher und führt zu besonderen Plankton- und Fischreichtum.
Auftritt, *Theater:* **1)** das Erscheinen eines Darstellers auf der Bühne.
2) Szene; kleinste Einheit des Aktes, begrenzt durch das Auf- oder Abtreten von Darstellern.
Aufwandsentschädigung, Vergütung für Ausgaben im Rahmen der Berufsausübung; ferner Entschädigung der Abgeordneten (↑Diäten). Aus öffentl. Kassen gewährte A. und Reisekosten sind steuerfrei nach § 3 Nr. 12, 13 EStG, die A. privater Arbeitgeber nur in bestimmten Fällen, z. B. Erstattung von Reise- und Umzugskosten oder Mehraufwendungen bei doppelter Haushaltsführung (§ 3 Nr. 16 EStG).
Aufwandssubvention, öffentl. Wohnungsbaufördermittel, die als Aufwendungsbeihilfen, Zinszuschüsse oder Annuitätsdarlehen vergeben werden.
Aufwendungen, 1) *Betriebswirtschaftslehre:* Ausgaben eines Unternehmens für die während einer Abrechnungsperiode verbrauchten Güter (↑Gewinn-und-Verlust-Rechnung).
2) *Recht:* jede freiwillige Verwendung von Vermögen für bestimmte Zwecke, z. B. die Auslagen eines Beauftragten für den Geschäftsherrn. Steuerrechtlich der umfassende Ausgabenbegriff, z. B. für Werbungskosten, Betriebsausgaben.
Aufwertung, *Wirtschaft:* **1)** die nachträgl. Erhöhung des Nennbetrags vorher abgewerteter Geldschulden unter Berück-

457

AUF Aufwind

sichtigung der Kaufkraft des Geldes zur Zeit ihrer Entstehung.
2) (Revaluation), Erhöhung des Außenwertes einer Währung; Ggs.: Abwertung. Bei flexiblen Wechselkursen folgt die A. aus einer Überschussnachfrage nach dieser Währung am Devisenmarkt. Bei festen Wechselkursen wird die A. i.d.R. von den nat. Reg. vorgenommen; sie dient dem Abbau von Leistungsbilanzüberschüssen und kann zur Importerleichterung (Verbilligung der Importwaren) sowie Exporterschwerung (Verteuerung der Exportgüter) führen. Über A. wird v. a. versucht, spekulativer Nachfrage nach einer Währung und den damit verbundenen Interventionsverpflichtungen zu begegnen. In der Vergangenheit zeigte sich, dass Wechselkursänderungen in Systemen fester, aber anpassungsfähiger Wechselkurse häufig nicht rechtzeitig durchgeführt wurden, weil dazu Einstimmigkeit der Teilnehmerstaaten erforderlich war (z. B. beim ↑Europäischen Währungssystem 1979-98). Beim neuen Wechselkursmechanismus (EWS II, seit 1999) kann der Rat der EU bereits mit qualifizierter Mehrheit, auf Empfehlung der Europ. Zentralbank, die Euro-Leitkurse festlegen, ändern oder aufgeben.

Aufwind, aufwärts gerichtete Luftströmung. Man unterscheidet: **Gelände-A.** (↑Stau), **Wärme-A.** (↑Thermik) und **Scherungs-A.**, der entsteht, wenn bei einer Zunahme des Horizontalwindes mit der Höhe dort der Druck fällt. A. führt häufig zu Wolkenbildung. Die größten Geschwindigkeiten um 50 m/s treten als turbulenter A. an der Vorderseite von Gewittern auf. (↑Segelflug)

Aufwuchs, *Militärwesen:* Bez. für die Erhöhung der Personalstärke von Streitkräften durch mobilmachungsabhängige Truppenteile, um polit. Erfordernissen flexibel gerecht werden zu können.

Aufzeichnungsverfahren, Methoden zur Speicherung von Informationen, Daten, Signalen auf geeignete Trägermaterialien, von denen sie jederzeit abgerufen werden können; i.e.S. die Speicherung von akust. und opt. Signalen auf Ton- und Bildträgern wie Schallplatte, Tonband, CD, Film, Videoband zur zeitlich beliebigen Wiedergabe, Bearbeitung oder Archivierung. Je nach Anwendungsgebiet werden z. B. mechan., elektr. (kapazitive, elektrostat.), magnet. und opt. A. eingesetzt.

Aufzinsung, finanzmathemat. Rechnung zur Ermittlung des Endkapitals aus einem gegebenen Anfangskapital (↑Zinseszins).

Aufzug, 1) *Technik:* (Fahrstuhl, Lift), ortsfeste Förderanlage für Personen oder Lasten. In einer Führung gleitet der Fahrkorb (Kabine) hinauf und hinab, wobei über eine Antriebsscheibe laufende Drahtseile samt Gegengewicht die Tragkraft liefern. Die Antriebsscheibe ist durch eine Kupplung und eine Bremse mit dem Getriebe und dem Elektromotor verbunden. Schaltgeräte eines A. sind Schütze, Steuer- und Hilfsrelais, speicherprogrammierbare Steuerungen, Stockwerks- sowie Schutz- und Notschalter. Die Steuerung erfolgt bei Personen-A. über Druckknöpfe (Selbstbedienung) oder Hebel (Lasten-A.). – Beim **Paternoster-A.** laufen mehrere Fahrkörbe an zwei endlosen Ketten stetig um. Das Betreten und Verlassen der offenen Fahrkörbe geschieht während der Fahrt. Paternoster dürfen für Personenverkehr nicht mehr gebaut werden. – **Sonder-A.** sind für spezielle Einsatzfälle konstruiert, z. B. für Schräg-A., Kleinlasten-A., hydraul. Aufzüge.
2) *Theater:* ↑Akt.

Auge, 1) (Oculus), lichtempfindl. Sinnesorgan bei Tieren und beim Menschen. Über die die ↑Sehfarbstoffe enthaltenden ↑Sehzellen werden Lichtreize wahrgenommen und somit Informationen über die Umwelt vermittelt (↑Lichtsinn).
Die einfachsten Sehorganellen sind Karotinoide enthaltende Plasmabezirke, die **A.-Flecke (Stigmen)** vieler Einzeller. Die einfachsten Sehorgane der Mehrzeller sind einzelne **Lichtsinneszellen** (z. B. des Regenwurms), die in oder unter der durchsichtigen Haut liegen und eine lichtempfindl. Substanz in einer Vakuole enthalten. Beide A.-Formen ermöglichen jedoch nur ein Helligkeitssehen. Beim **Pigmentbecher-Ocellus** (z. B. bei niederen Würmern, Schnecken) sind die Sehzellen von einer halbkugelförmigen Schicht aus Pigmentzellen umgeben, die den Lichteinfall nur von der dem Pigmentbecher abgewendeten Seite zulässt und somit Richtungssehen ermöglicht. Liegen die Sehzellen durch Einsenkung der Epidermis am Grund oder an den Wänden der gebildeten Grube, entsteht ein **Gruben-A. (Napf-A.),** z. B. bei Schnecken. Bei Ein-

Auge AUG

engung der Grubenöffnung zu einem engen Loch bildet sich das **Kamera-A. (Loch-A.)**, z. B. beim Perlboot, in dem ein umgekehrtes, lichtschwaches Bild auf der Netzhaut entsteht. Ist die Grube vollkommen geschlossen, entsteht das **Blasen-A.**, in dessen Innerem ein lichtbrechendes Sekret vorkommt, das als Linse bezeichnet wird (z. B. bei der Weinbergschnecke). Das Blasen-A. kann deshalb als einfache Form des **Linsen-A.** betrachtet werden. Die leistungsfähigsten Linsen-A. haben die Wirbeltiere (einschl. des Menschen) und die Kopffüßer. Das **Facetten-** oder **Komplex-A.** der Gliederfüßer stellt eine besondere Entwicklung zum Bildsehen hin dar. Es besteht aus vielen wabenartig zusammengesetzten Einzel-A. (Sehkeile, Ommatidien); das wahrgenommene Bild setzt sich mosaikartig aus den Bildpunkten der Einzel-A. zusammen (↑Scheitelauge).
Hat ein A. mehrere Sehzellen, die sich in ihrer Lichtempfindlichkeit unterscheiden, können versch. Farben wahrgenommen werden (↑Farbensehen). Überschneiden sich die Sehfelder paarig angelegter A. (binokulares Sehen), werden versch. weit entfernte Gegenstände auf versch. Stellen der Netzhaut abgebildet. Aus der Lage der erregten Netzhautstellen kann die Entfernung des Gegenstandes durch das Gehirn erfasst werden (Entfernungssehen). Bewirkt die Bewegung eines Objektes eine raumzeitl. Verschiebung des opt. Musters auf der Netzhaut, so kann diese Verschiebung nach Richtung und Geschwindigkeit ausgewertet werden (Bewegungssehen).
Das **A. des Menschen** hat einen Durchmesser von etwa 24 mm. Der kugelige **Augapfel (Bulbus oculi)** liegt geschützt in der **Augenhöhle (Orbita)** und umschließt die mit Kammerwasser gefüllte vordere und hintere Augenkammer sowie den Glaskörper (Corpus vitreum). Seine Beweglichkeit erhält er durch sechs **Augenmuskeln**. Der Augapfel wird von der Lederhaut, Aderhaut und Netzhaut ausgekleidet. Die aus derbem Bindegewebe bestehende **Lederhaut (Sclera)** bildet die äußerste Schicht. Sie geht im vorderen Teil des A. in die durchsichtige **Hornhaut (Cornea)** über. Die Hornhaut richtet die Lichtfülle, die die Augenoberfläche trifft, als Sammellinse nach innen und hilft sie zu ordnen, sodass auf der Netzhaut ein scharfes Bild entstehen kann. Auf die Lederhaut folgt nach innen zu die gut durchblutete **Aderhaut (Chorioidea)**. Pigmente in bzw. vor der Aderhaut absorbieren das Licht, das die Netzhaut durchdringt. An die Aderhaut schließt sich nach innen zu die **Netzhaut (Retina)** an, von der die einfallenden Lichtreize aufgenommen und die entsprechenden Erregungen über den Sehnerv zum Gehirn weitergeleitet werden. Die vordere Augenkammer wird hinten durch die ringförmige **Regenbogenhaut (Iris)** begrenzt, die sowohl aus Teilen der Aderhaut als auch der Netzhaut gebildet wird. Sie gibt dem A. durch eingelagerte Pigmente die charakterist. Färbung und

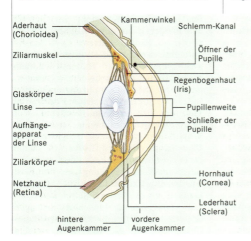

Auge 1): schematisierter Schnitt durch das Auge des Menschen

AUG Auge

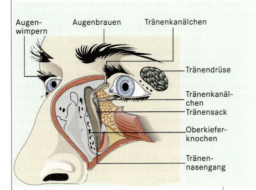

Auge 1): Schutzeinrichtungen des Auges

absorbiert außerhalb der Sehöffnung einfallendes Licht. Die Regenbogenhaut liegt der Augenlinse auf und umgrenzt die **Pupille,** die die Sehöffnung darstellt.
Hinter Pupille und Regenbogenhaut, in eine Ausbuchtung des Glaskörpers eingebettet, liegt die **Linse.** Sie ist aus Schichten unterschiedl. Brechkraft aufgebaut und wird von einer durchsichtigen, elast. Membran umschlossen. Die Aufhängevorrichtung, durch die die Linse in ihrer Lage festgehalten wird, besteht aus Zonulafasern, die am **Ziliarkörper** des A. entspringen.
Der Ziliarkörper besitzt einen ringförmigen Muskelstreifen (Ziliarmuskel), bei dessen Kontraktion die Zonulafasern erschlaffen, sodass die Linsenwölbung zunimmt. Erschlafft der Muskel, so wird die Linse durch Zugwirkung der Zonulafasern flach gezogen. Durch diese Veränderung ihrer Brechkraft ermöglicht die Linse das Nah- und Fernsehen (**Akkommodation**).
Ist die Linse stärker gewölbt, findet eine stärkere Brechung der Lichtstrahlen statt, wodurch eine Scharfeinstellung für das Nahsehen erreicht wird. Der umgekehrte Vorgang findet beim Sehen in die Ferne statt.
Hornhaut, Linse, vordere Augenkammer und Glaskörper bilden den bildentwerfenden (dioptr.) Apparat des Auges. Das von diesem entworfene Bild wird von der Netzhaut aufgenommen und in Nervenimpulse umgewandelt. In der Netzhaut liegen die farbempfindl. **Zapfen** und die hell-dunkelempfindl. **Stäbchen.** Die Stäbchen sind etwa 10 000-mal lichtempfindlicher als die Zapfen und überwiegen am äußeren Rand der Netzhaut. Im Zentrum der Netzhaut überwiegen die Zapfen, deren drei Typen für die Farbeindrücke Rot, Grün oder Blau ihre höchste Empfindlichkeit haben. Am dichtesten liegen die Zapfen in der Sehgrube (Fovea centralis), die inmitten des gelben Flecks liegt. Der **gelbe Fleck** ist daher als Ort der besten Auflösung (und Farbunterscheidung) die Zone der größten Sehschärfe. In der Netzhaut liegen etwa 125 Mio. Sehzellen, dabei etwa 20-mal mehr Stäbchen als Zapfen.
Die linsenseitig gelegenen Fortsätze der Netzhautganglienzellen vereinigen sich zum Sehnerv (Nervus opticus), der nahe dem Netzhautzentrum die Netzhaut durchdringt und nach hinten aus dem A. austritt. An dieser Stelle, dem so genannten **blinden Fleck,** enthält die Netzhaut keine Sehzellen, sodass eine Lichtempfindung fehlt. Die von den beiden A. wegführenden Nerven laufen zum Gehirn und bilden an der Basis des Zwischenhirns die x-förmige Sehnervenkreuzung (Chiasma opticum), in der sich die Nervenfasern teilweise überkreuzen. Dadurch können versch. Bilder, die von beiden A. stammen, im Gehirn übereinander projiziert werden, sodass es zu einer Vorstellung der räuml. Tiefe und der dreidimensionalen Gestalt eines Gegenstandes kommt (stereoskop. Sehen).
Dem Schutz und der Pflege des A. dienen die **Augenlider.** An ihren Rändern tragen sie die nach außen gebogenen Wimpern. An der Innenkante liegen die **Meibom-Drüsen,** die die Lider einfetten und damit zum vollkommenen Lidschluss beitragen. Gleichzeitig hindert ihr Sekret die Tränenflüssigkeit, den Lidrand zu überspülen.

Auger-Effekt AUG

Die Tränenflüssigkeit wird von der **Tränendrüse** abgesondert und durch den Lidschlag auf den gesamten Augapfel verteilt. Die nicht zur Feuchthaltung des Augapfels gebrauchte Tränenflüssigkeit wird vom Tränen-Nasen-Gang in die Nasenhöhle abgeleitet.
Über Augenkrankheiten ↑Bindehautentzündung, ↑Blindheit, ↑Brechungsfehler des Auges, ↑Glaukom, ↑Hornhautentzündung, ↑Katarakt, ↑Regenbogenhautentzündung, ↑Trachom.
2) *Baukunst:* rundes Fenster, Lichtöffnung im Scheitel einer Kuppel.
3) *Botanik:* Knospe, Knospenansatz.
4) *Meteorologie:* windstilles und wolkenloses Gebiet von rd. 20 km Durchmesser im Zentrum eines trop. Wirbelsturms.
Augenbank, Gewebebank zum Bereithalten konservierter Hornhäute von menschl. Augen für Hornhautüberpflanzungen. Die Augen werden von Multiorganspendern zur Transplantation freigegeben, sofort nach dem Tod entnommen, die Hornhaut des vorderen Augensegmentes des Spenderauges wird für die spätere Hornhautüberpflanzung konserviert. Die erste dt. A. entstand 1972 in Würzburg.
Augenbrauen, über den oberen Augenlidern befindl. Hautwülste des Menschen, die mit kurzen, straffen Haaren dicht bewachsen sind; schützen die Augen vor Staub und Schweiß.
Augendiagnose (Irisdiagnose), Erkennung von Krankheiten allein aus äußerlich sichtbaren Veränderungen der Iris (Regenbogenhaut); von der Schulmedizin abgelehnte Außenseitermethode.
Augendruck (Augeninnendruck, intraokularer Druck), der auf die Augeninnenwand lastende Druck; liegt beim gesunden Auge zw. 16 und 29 mbar (12 bis 22 mm Hg). Der A. wird vom Zwischenhirn aus reguliert. Erhöhung des A. durch Abflussbehinderung des Kammerwassers im Kammerwinkel führt zum ↑Glaukom.
Augenfalter (Satyridae), Familie der Schmetterlinge mit augenähnlichen Flecken, z. B. das Ochsenauge.
Augenheilkunde (Ophthalmologie), Fachgebiet der Medizin, das sich mit Erkennung und Behandlung der Augenkrankheiten beschäftigt.
Augenhintergrund, bei Augenspiegelung sichtbarer hinterer Teil der inneren Augapfelwand. Bei vielen Erkrankungen (z. B. Diabetes mellitus, Hochdruckkrankheit) erhärten die charakterist. Veränderungen am Auge, v. a. von Netzhautgefäßen sowie gelbem und blindem Fleck, die Diagnose.
Augenpunkt, *darstellende Geometrie:* Projektionszentrum einer ↑Perspektive.
Augenschein, gerichtl. Beweismittel, das die Prüfung einer Sache durch unmittelbare Sinneswahrnehmung durch die Richter bezweckt, z. B. im Rahmen eines Ortstermins außerhalb des Gerichts.
Augenspiegel (Ophthalmoskop), Instrument zur Untersuchung des Augenhintergrunds; früher ein in der Mitte durchlochter Konkavspiegel, inzwischen tragen A. eine elektr. Lichtquelle in sich, die Strom (z. B. aus einer Batterie) im Handgriff erhält. Brechungsfehler werden beim Spiegeln durch eingebaute Linsen, die sich rasch in die Durchblicksöffnung einschalten lassen, ausgeglichen.
Augenspinner (Saturniidae), Familie meist trop. oder subtrop. Schmetterlinge mit farbigen Augenflecken oder durchsichtigen »Fenstern« auf den Flügeln; Hinterflügel oft geschwänzt; z. B. Atlasspinner, Nachtpfauenauge.
Augentripper (Gonoblennorrhö), akute Bindehautentzündung infolge Infektion mit Gonokokken; tritt bei Neugeborenen durch Ansteckung im Geburtsweg auf, wenn die Mutter tripperkrank ist. Die Behandlung erfolgt mit Penicillin oder Cephalosporinen. Zur Vorbeugung gegen eine mögl. Gonokokkeninfektion wird allen Neugeborenen unmittelbar nach der Geburt eine 1%ige Silbernitratlösung in den Augenbindehautsack eingeträufelt.
Augentrost (Euphrasia), krautige Gattung der Rachenblütler mit weißen oder bläul. zweilippigen Blüten; Halbschmarotzer. Die Wirkung des **Gemeinen A.** (Euphrasia officinalis), der in der Volksmedizin bei Augenleiden verwendet wurde, ist umstritten.
Augenzähne, die Eckzähne des Oberkiefers.
Augenzittern (Nystagmus), unwillkürl. dauerndes Hin- und Herbewegen der Augen; physiolog. Erscheinung oder Zeichen bei zentralnervösen Störungen. Häufigste Form ist der **Pendelnystagmus** infolge angeborener oder in frühester Kindheit erworbener Schwachsichtigkeit.
Auger-Effekt [o'ʒe-; nach dem frz. Physi-

ker P. V. Auger, *1899, †1993], strahlungsloser Übergang innerhalb der Elektronenhülle eines Atoms, wobei die frei werdende Energie des angeregten, ionisierten Atoms nicht als Photon emittiert wird, sondern zur Ablösung eines weiteren Hüllenelektrons (Auger-Elektron) führt. Auf dem A.-E. basiert die **Auger-Elektronenspektroskopie (AES)** zur chem.-analyt. Untersuchung von Festkörperoberflächen.

Augias, myth. König aus dem grch. Elis, dessen völlig verschmutzte Rinderställe (daher **A.-Stall**) Herakles an einem Tage reinigen sollte. Er leitete einen Fluss hindurch.

Augier [oˈʒje:], Émile, frz. Dramatiker, *Valence 17. 9. 1820, †Croissy-sur-Seine (Dép. Yvelines) 30. 10. 1889; Vertreter des frz. Sittenstücks; geißelte Missstände des gesellschaftl. Lebens.

Augit [zu grch. augé »Glanz«] der, Mineral, ↑Pyroxene.

Augment [lat. »Zuwachs«] das, in einigen indogerman. Sprachen vokal. Vorsilbe zur Bez. von Präteritalformen, z.B. grch. phero »ich trage«, epheron »ich trug«.

Augmentation [lat.] die, Musik: **1)** in der Mensuralnotation die Verlängerung einer Note um die Hälfte ihres Wertes.
2) die Vergrößerung der Notenwerte z.B. eines Kanons oder des Themas einer Fuge (meist um das Doppelte ihres Wertes); Ggs.: ↑Diminution.

Augmentation Forces [ɔːgmenˈteɪʃn ˈfɔːsɪz], Abk. **AF,** innerhalb der NATO-Streitkräfte die ↑Verstärkungskräfte.

Augmentativum (Amplifikativum) das, Vergrößerungsform bei Substantiv und Adjektiv: z.B. »Unmenge«.

Augsburg, 1) Landkreis im RegBez. Schwaben, Bayern, 1071 km², 236 400 Einwohner.
2) kreisfreie Stadt und Sitz der Verwaltung des RegBez. Schwaben und des Landkr. A., Bayern, an der Mündung der Wertach in den Lech, 489 m ü. M., 255 000 Ew., eine der führenden südd. Industrie- und Handelsstädte, Sitz vieler Behörden, Univ., Hoch- und Fachschulen, Dt. Barockgalerie (Gemäldegalerie), Museen, Freilichttoper, Marionettentheater »Augsburger Puppenkiste«; Maschinen- und Fahrzeugbau, Papier-, Textil-, Elektro-, Lederwaren-, Büromaschinenind., Druckereien. – An ihre Blüte in der Zeit der Fugger und Welser erinnern die Renaissancehäuser der Maximilianstraße, die Fuggerei (1514 gegr., geschlossene Siedlung für arme Bürger), das Rathaus von E. Holl (1615–20); Kirchen: Dom (roman. Bau mit 1431 geweihtem got. Ostchor), St.-Anna-Kirche (15.–18. Jh.) mit Grabkapelle der Fugger (Frührenaissancestil), St. Ulrich und Afra (1467–1603, ehem. Benediktinerstift). – A. ging aus dem 15 v. Chr. gegr. röm. Militärkolonie **Augusta Vindelicorum** hervor; im 9. Jh. entstand mit dem Bistum die mittelalterl. Stadt, die Bischof Ulrich 955 (Schlacht auf dem ↑Lechfeld bei A.) gegen die Ungarn verteidigte; 1276 Reichsstadt mit eigenem Stadtrecht (erneuert 1315); im 15. und 16. Jh. ein Mittelpunkt des dt. Wirtschafts- und Geisteslebens (Fugger, Welser; Burgkmair, Holbein d. Ä., Peutinger). Im Zeitalter der

Augsburg 2): Rathaus (1615–20) und Perlachturm (unterer Teil im Kern romanisch, 1526–27 erhöht, obere Geschosse 1614–16)

August AUG

Reformation, der sich die Stadt anschloss, wurde auf dem Reichstag von 1530 die ↑Augsburgische Konfession überreicht, 1548 von Kaiser Karl V. das Augsburger ↑Interim erlassen, 1555 der ↑Augsburger Religionsfriede geschlossen. 1806 kam die Reichsstadt an Bayern.
📖 *Gesch. der Stadt A. Von der Römerzeit bis zur Gegenwart,* hg. v. G. Gottlieb u. a. Stuttgart 1984. – *A.er Stadtlexikon,* hg. v. W. Baer u. a. Augsburg 1985.
3) Bistum, vermutlich im 4. Jh. erstmals gegründet; Neugründung im 6./7. Jh., seit 829 zur Kirchenprovinz Mainz gehörend (umfasste schwäb. und bayer. Gebiete). 1817 wurde es Suffraganbistum von München-Freising; 1821 neu umschrieben.
4) Hochstift, das vom Oberallgäu bis über die Donau reichte; ab dem 15. Jh. war Dillingen (erworben 1258) Neben-, im 16.–18. Jh. Hauptresidenz; kam 1802/03 an Bayern.
Augsburger Puppenkiste, 1948 von Walter Oehmichen (*1901, †1977) in Augsburg gegr. Marionettentheater; bekannt auch durch zahlr. Puppen-Fernsehserien (ab 1953) für Kinder.
Augsburger Religionsfriede, Reichsgesetz, am 25. 9. 1555 nach Verhandlungen zw. König Ferdinand I. und den Reichsständen auf dem Augsburger Reichstag verkündet. Den Anhängern der Augsburg. Konfession wurden der Friede und der gegenwärtige Besitzstand gesichert. Den weltl. Reichsständen wurde die Religionsfreiheit gestattet; sie entschieden zugleich für die Untertanen, denen dann die Auswanderung blieb (↑Cuius regio, eius religio). Geistl. Fürsten verloren jedoch beim Glaubenswechsel ihre Würde (↑Geistlicher Vorbehalt).
Augsburgische Konfession (lat. Confessio Augustana), die grundlegende Bekenntnisschrift der luther. Kirche. Sie wurde aufgrund des kursächs. Sonderbekenntnisses von Melanchthon lateinisch und deutsch verfasst und von den Protestanten auf dem Reichstag in Augsburg 1530 Kaiser Karl V. überreicht. Sie besteht aus 28 Artikeln und behandelt in 2 Teilen den Glauben und die Lehre des Protestantismus und die von ihm beseitigten Missbräuche der kath. Kirche. In den späteren Ausgaben hat Melanchthon mehrfach Änderungen vorgenommen; bes. bedeutsam ist die lat. Ausgabe von 1540 **(Confessio variata)**, die in der Abendmahlslehre eine die Ansichten Luthers und Calvins vereinigende Formel enthält (↑Abendmahl). Erst seit dem Religionsgespräch in Weimar (1560) griff die luther. Orthodoxie auf die »unveränderte« A. K. **(Confessio invariata)** als den allein gültigen Ausdruck der reinen luther. Lehre zurück und erklärte die »veränderte« A. K. (variata) für ungültig. Die Anerkennung der Confessio variata durch Calvin (1541) ermöglichte es, auch die Reformierten im Westfäl. Frieden als **Augsburg. Konfessionsverwandte** zu behandeln.

Augspurg, Anita, Frauenrechtlerin, *Verden (Aller) 22. 9. 1857, †Zürich 20. 12. 1943; begründete 1903 den »Dt. Verband für Frauenstimmrecht«, Mitgründerin und Führerin der »Internat. Frauenliga für Frieden und Freiheit«, 1933 emigriert.

Augstein, Rudolf, Pseudonyme Jens Daniel, Moritz Pfeil, Publizist, *Hannover 5. 11. 1923, †Hamburg 7. 11. 2002; seit 1946/47 Herausgeber der Wochenzeitschrift »Der Spiegel«; schrieb u. a. »Spiegelungen« (1964), »Preußens Friedrich und die Deutschen« (1968), »Jesus Menschensohn« (1972), »Deutschland, einig Vaterland? Ein Streitgespräch« (1990; mit G. Grass).

Auguren [lat. »Vogelschauer«], altröm. Priester, die aus Vorzeichen **(Augurien)**, insbesondere bei der Beobachtung von Vögeln, im Hinblick auf wichtige Staatshandlungen den göttl. Willen zu erforschen hatten (↑Auspizien). **Augurenlächeln,** Lächeln Eingeweihter über die Leichtgläubigkeit der Menge (nach Cicero).

August [nach Kaiser Augustus], Abk. Aug., der 8. Monat unserer Zeitrechnung, mit 31 Tagen, der 6. (Sextilis) im vorjulian. und im julian. Kalender (nach Reform der 8.); frühere dt. Namen: **Ähren-** oder **Erntemonat (-mond), Ernting.**

August, Herrscher:
Braunschweig-Wolfenbüttel: **1) A. d. J.,** Herzog (1635–66), *Dannenberg 10. 4. 1579, †Wolfenbüttel 17. 9. 1666; einer der gelehrtesten Fürsten seiner Zeit, Gründer der Bibliotheca Augusta.
Preußen: **2) A. Wilhelm,** *Berlin 9. 8. 1722, †Oranienburg 12. 6. 1758; Bruder Friedrichs II., d. Gr., Vater Friedrich Wilhelms II.; erhielt 1744 als voraussichtl. Nachfolger seines kinderlosen Bruders den Titel »Prinz von Preußen«. Im Siebenjähri-

gen Krieg (1756–63) versagte er 1757 als Heerführer und zerstritt sich mit dem König.
Sachsen: **3) A.**, Kurfürst (1553–86), * Freiberg 31. 7. 1526, † Dresden 12. 2. 1586; erwarb die Stifte Merseburg, Naumburg und Meißen, das Vogtland und eroberte Gotha. Seine Reichspolitik war auf die Erhaltung des Friedens gerichtet, gegen den streitbaren Kalvinismus der Kurpfalz. Im Geist strengsten Luthertums verfolgte er seit 1574 die Anhänger Melanchthons in Sachsen (»Kryptokalvinisten«). Er förderte Industrie und Handel (Leipziger Messen), ordnete Verwaltung, Münzwesen und Gesetzgebung (Codex Augusteus) und gründete die Dresdner Kunstsammlungen.
Sachsen-Polen: **4) A. II., der Starke**, als **Friedrich A. I.** Kurfürst von Sachsen (seit 1694), König von Polen (1697–1706, 1709–33, gewählt nach Übertritt zum Katholizismus), * Dresden 12. 5. 1670, † Warschau 1. 2. 1733, Vater von 5); nahm am Nord. Krieg (seit 1700) gegen den Schwedenkönig Karl XII. teil; infolge mehrerer Niederlagen musste er 1706 im Frieden von Altranstädt auf Polen verzichten, gewann es aber mit russ. Hilfe zurück (Schlacht bei Poltawa 1709). Vergebens suchte er die poln. Königsgewalt absolutistisch zu stärken. Seine Pracht- und Kunstliebe (nach dem Vorbild Ludwigs XIV. von Frankreich) führte in Warschau und Dresden zu großartigen Bauten (Dresdner Barock); in seiner Herrschaftszeit begann die Entwicklung des Meißner Porzellans (J. F. Böttger). Von seinen zahlr. Mätressen gebar ihm u. a. Aurora von Königsmarck den Grafen Moritz von ↑ Sachsen, Gräfin Anna Constantia von Cosel den Grafen F. A. von Cosel (* 1712, † 1770; sächs. General) und die Türkin Fatime den Grafen F. A. Rutowski († 1764; sächs. Feldmarschall).
5) A. III., als **Friedrich A. II.** Kurfürst von Sachsen (seit 1733), König von Polen (seit 1733), * Dresden 17. 10. 1696, † ebd. 5. 10. 1763, Sohn von 4); wurde 1712 katholisch. Die poln. Krone erlangte er durch die Hilfe Russlands im Poln. Thronfolgekrieg (1733–35). Er überließ die Regierung weitgehend Heinrich Graf von ↑ Brühl.
August, Bille, dän. Filmregisseur, * Kopenhagen 9. 11. 1948; internat. Anerkennung mit Spielfilmen, meist nach literar. Vorlagen: »Pelle, der Eroberer« (1987),
»Die besten Absichten« (1992), »Das Geisterhaus« (1994), »Fräulein Smillas Gespür für Schnee« (1996), »Les Misérables« (1998), »Sång för Martin« (2000).
Augusta [weibl. Form von Augustus], **1)** Ehrentitel der Gattin oder der nächsten weibl. Verwandten eines röm. Kaisers.
2) in röm. Zeit seit Augustus Name oder Beiname von Städten und Militärkolonien, z. B. A. Treverorum (Trier).
Augusta, 1) [ɔːˈɡʌstə] Hauptstadt des Bundesstaates Maine, USA, am Kennebec River, 21 300 Ew.; Staatsbibliothek; Papierwaren-, Textilindustrie. – Entstand um 1628 als Handelsstation.
2) Hafenstadt auf einer Insel vor der O-Küste Siziliens, Prov. Syrakus, Italien, durch Brücken mit dem Land verbunden, 34 100 Ew.; Marine- und Handelshafen; Erdölraffinerie, chem. Industrie, Meeressalinen. – Stauf. Kastell, Dom (18. Jh.).
Augusta, dt. Kaiserin und Königin von Preußen, * Weimar 30. 9. 1811, † Berlin 7. 1. 1890; sachsen-weimar. Prinzessin, seit 1829 ∞ mit dem späteren Kaiser Wilhelm I., den sie stark beeinflusste; Gegnerin O. von Bismarcks.
Augusta *die*, Kurzwort für die ↑ Augsburgische Konfession.
Augustenburger, Herzöge von Schleswig-Holstein-Sonderburg-Augustenburg, ein Zweig der Oldenburger. Bedeutung im 19. Jh. (↑ Schleswig-Holstein, Geschichte).
Auguste Viktoria, letzte dt. Kaiserin und Königin von Preußen, * Dolzig (heute Dolsk, Wwschaft Westpommern) 22. 10. 1858, † Haus Doorn (Niederlande) 11. 4. 1921; Tochter des Herzogs Friedrich von Schleswig-Holstein-Sonderburg-Augustenburg, ∞ seit 1881 mit dem späteren Kaiser Wilhelm II.
Augustin, Ernst, Schriftsteller, * Hirschberg im Riesengebirge 31. 10. 1927; Mediziner und Psychiater (zunächst in Ost-Berlin), lebt seit 1961 in München; schreibt Romane mit Tendenz zum Fantastischen und Surrealen, u. a. »Raumlicht, der Fall Evelyn B.« (1976), »Eastend« (1982); Kleist-Preis 1989.
Augustiner, zusammenfassende Bez. für zahlr. kath. Ordensgemeinschaften, die nach der auf Schriften des hl. Augustinus beruhenden »Augustinusregel« leben:
1) A.-Chorherren. Im 11. Jh. schlossen sich die Domherren, die in klösterl. Gemeinschaft lebten, zusammen. Hauptauf-

gabenfelder sind heute Seelsorge und Unterricht.
2) A.-Eremiten, ein im 13. Jh. gegründeter Bettelorden, seit dem 16. Jh. mit drei Zweigen (Orden der Brüder des hl. Augustinus, beschuhte und unbeschuhte A.). Der sächs. Ordensprovinz gehörten Luther und J. Staupitz an.
3) A. von Mariä Himmelfahrt, die ↑Assumptionisten.
4) Augustinerinnen, i. w. S. alle weibl. Ordensgemeinschaften mit der Augustinusregel, i. e. S. der weibl. Zweig der A. (Zweiter Orden).
Augustinus, 1) Aurelius, lat. Kirchenlehrer, *Tagaste (Numidien) 13. 11. 354, †Hippo Regius (N-Afrika) 28. 8. 430; Sohn der Christin Monnika, war Lehrer der Rhetorik in Tagaste, Karthago, Rom, Mailand, wandte sich erst den Manichäismus und dem Neuplatonismus zu, wurde nach seiner Bekehrung (386) von Ambrosius 387 getauft und war seit 395 Bischof von Hippo Regius. Einblick in seine innere Entwicklung geben seine »Confessiones« (»Bekenntnisse«). Seine Schriften waren von größtem Einfluss auf die abendländ. Theologie und Philosophie, bes. in der älteren Franziskaner- und Dominikanerschule, aber auch auf die Anfänge der Reformation Luthers, in der Neuzeit auf R. Descartes, B. Pascal und M. Scheler (Augustinismus). Seine theolog. und philosoph. Auffassungen entwickelte er bes. auch in Auseinandersetzungen mit den ↑Donatisten und dem ↑Pelagianismus. Die Philosophie des A. ist ein christlicher, Wissen und Glauben dialektisch vermittelnder Platonismus (Neuplatonismus); zusammengefasst in der berühmt gewordenen Formel: »Crede ut intelligas; intellige, ut credas« (Glaube, um zu erkennen; erkenne, um zu glauben). Im Kampf gegen die akadem. Skepsis brachte er als Erster die entscheidende Bedeutung des Bewusstseins als des unbezweifelbaren Ausgangspunktes aller Wahrheitserkenntnis zur Geltung. Die aprior. Einsicht, z. B. der math. Wahrheiten, erklärt er durch göttl. Erleuchtung; durch sie gewinnt der menschl. Geist Teilhabe an den göttl. Ideen und schaue die unveränderl. Wahrheiten. Gott habe Welt und Zeit erschaffen und von Anfang an gewisse später sich entfaltende Keimkräfte in die Materie gelegt. Die Menschheitsgeschichte sieht A. im Ggs. zur antiken Auffassung nicht als ewig sich wiederholenden Kreislauf, sondern als einmaligen Ablauf von der Weltschöpfung bis zum Weltgericht und begründete so eine neue Geschichtsphilosophie. Heiliger, Tag: 28. 8.
Weiteres Werk: De civitate Dei (»Über den Gottesstaat«).
📖 *A.-Lexikon, hg. v. Cornelius Mayer. Auf mehrere Bde. ber. Basel u. a. 1986 ff. – Flasch, K.: Augustin. Einführung in sein Denken. Stuttgart ²1994.*
2) Apostel der Angelsachsen, †26. 5. 604; Benediktiner, von Papst Gregor I. 596 nach England zu dessen Missionierung entsandt, 601 erster Erzbischof von Canterbury. Heiliger, Tag: 27. 5.; Gedenktag in der anglikan. Kirche: 26. 5.

100563
Augustus: Marmorstatue (kurz nach 20 v. Chr.; Rom, Vatikanische Sammlungen)

Augustower Heide (poln. Puszcza Augustowska), größtes Waldgebiet Polens, im NO des Landes, rd. 1 140 km² (davon 70 km² außerhalb Polens, bes. in Litauen); fast unberührte Nadelwälder mit interessanter Tierwelt (Elche, Biber, Wisente).
Augustus [lat. »der Erhabene«], Ehrenname der röm. Kaiser, erstmals 27 v. Chr. Gaius Octavianus verliehen. In der Form **semper Augustus** ist er auf die dt. Kaiser

mit dem Sinn »Allezeit Mehrer des Reiches« übertragen worden.
Augustus, urspr. Gaius Octavius, nach seiner Adoption Octavianus, der erste röm. Kaiser, * Rom 23. 9. 63 v. Chr., † Nola 19. 8. 14 n. Chr.; Großneffe, Adoptivsohn und Erbe von Iulius Caesar, bekämpfte nach dessen Ermordung (44) Antonius, verband sich aber 43 mit ihm und Lepidus zum 2. Triumvirat. Mit Antonius besiegte er 42 bei ↑Philippi die Caesarmörder Brutus und Cassius. Durch den Brundisin. Vergleich (40) erhielt er den Westen, Antonius den Osten des Röm. Reichs, Lepidus Afrika. Nach dem Sieg über Antonius und Kleopatra bei Actium 31 wurde A. Alleinherrscher, 27 mit dem Ehrennamen A. (»der Erhabene«) ausgezeichnet. Bis zum Jahre 23 v. Chr. bekleidete A. jährlich das Konsulat; nach dessen Niederlegung gewann er die volle »tribunicia potestas«, d. h. alle Rechte eines Volkstribunen (v. a. das Veto- und Gesetzgebungsrecht). Im Jahre 2 v. Chr. erhielt er den Titel »pater patriae« (»Vater des Vaterlandes«). A. weitete die Grenzen des Röm. Reiches aus, sicherte sie und stellte den inneren Frieden wieder her (»Pax Augusta«); er förderte Wiss. und Künste und zog die bekanntesten Dichter seiner Zeit (Vergil, Horaz, Ovid u. a.) nach Rom **(Augusteisches Zeitalter).** A. ist der Begründer des röm. Kaisertums (↑Prinzipat).
📖 *Vittinghoff, F.: Kaiser A. Göttingen u. a. ³1991. – Kienast, D.: A. Prinzeps u. Monarch. Darmstadt ²1992. – Giebel, M.: A. Reinbek 18.–19. Tsd. 1995. – Bleicken, J.: A. Eine Biographie. Berlin 1998.*
Augustusburg, Stadt im Landkreis Freiberg, Sachsen, zw. Zschopau- und Flöhatal, 5 200 Ew. – Über A. das 1567–72 von H. Lotter für die sächs. Kurfürsten erbaute Schloss (heute mit Motorrad-, Jagdtier- und Vogelkundemuseum, Kutschensammlung).
Auktion [lat.] *die,* ↑Versteigerung.
Aul *der,* Sippenverband bei den zentralasiat. Turkvölkern, auch ihre dörfl. Siedlung.
Aula [lat., aus grch.] *die,* schon bei Homer der Hof, z. B. im Palast, aber auch im ländl. Gehöft; in klass. Zeit der Innenhof des grch. Hauses; später Bez. für große Hausanlagen, bes. der Königs- und Kaiserpaläste (A. regia), entsprechend unserem »Hof«. In neuerer Zeit nennt man die Versammlungs- und Feständer in Universitäten und Schulen A., z. T. auch das Univ.gebäude (»Alte A.« und »Neue A.«, Tübingen).
Aulenti, Gae, eigtl. Gaetana A., italien. Architektin und Designerin, * Palazzolo dello Stella (Prov. Udine) 4. 12. 1927; lebt in Mailand; erwarb internat. Anerkennung durch eigenwillig modernisierende Umbauten älterer Bauwerke (u. a. Musée d'Orsay in Paris, 1982–85; Palazzo Grassi in Venedig, 1985), ebenso als Gestalterin von Repräsentations-, Geschäfts- und Ausstellungsräumen, als Möbeldesignerin sowie als Bühnenbildnerin. Neuestes Projekt (1999) ist der Bau des Museums für Asiat. Kunst in San Francisco.
Aulis, Ort an der Küste Böotiens, südlich von Chalkis; Artemisheiligtum. Hier soll sich im Trojanischen Krieg die grch. Flotte gesammelt haben; Schauplatz der Sage von Iphigenie.
Aulos [grch. »Röhre«] *der,* antikes grch. Blasinstrument aus zwei separaten Spielpfeifen mit doppeltem oder einfachem Rohrblatt und einer Röhre aus Schilf, Holz oder Bronze, mit zunächst drei oder vier, später bis zu 15 Grifflöchern; wurde von einem Spieler, dem **Auleten,** bei dionys. Kulten und mus. Wettkämpfen gespielt.
Aum-Sekte [o:m-] (japan. Ōm-Shinrikyō), japan. neureligiöse Gemeinschaft, die sich auf Elemente des (tibet.) Buddhismus beruft und sich als auserwählte Endzeitgemeinschaft versteht; 1995 nach einem Giftgasanschlag auf die Tokioter U-Bahn (↑Terrorismus) Entzug des Status einer anerkannten Religionsgemeinschaft und Verhaftung des Gemeinschaftsgründers und -führers Asahara Shōko (eigtl. Matsumoto Chizuo, * 1955). Seit Ende der 1990er-Jahre distanzierte sich die A.-S. zunehmend von ihrem Gründer; seit Ende 1999 unter neuem Namen registriert. – Asahara Shōko wurde am 27. 2. 2004 nach über achtjährigem Prozess in erster Instanz zum Tode verurteilt.
A und O, erster und letzter Buchstabe des grch. Alphabets (Alpha und Omega); im N. T. Sinnbild für Gott (Christus) als Anfang und Ende (Offb. 1,8; 21,6; 22,13); übertragen: das Wesentliche.
Aung San, birman. General und Politiker, * Natmauk 13. 2. 1915, † (ermordet) Rangun 19. 7. 1947; kämpfte als Befehlshaber einer »Birman. Unabhängigkeitsarmee«

zus. mit den Japanern gegen die brit. Kolonialmacht, 1945 gegen die japan. Besatzungsmacht; 1944-47 Präs. der Anti-Fascist People's Freedom League; schloss 1947 mit dem brit. Premiermin. C. Attlee einen Vertrag über die Unabhängigkeit Birmas.

Aung San Suu Kyi [- dʒi], birman. Politikerin, *Rangun 19. 6. 1945; Tochter von Aung San, lebte 1960-88 im Ausland, Mitbegründerin und Gen.-Sekr. (1988-91, erneut seit 1995) der National League for Democracy (NLD); wegen ihrer führenden Rolle in der Opposition von der Militärjunta 1989-95 und nach anhaltenden Restriktionen wieder 2000-02 unter Hausarrest gestellt; 2003 erneut inhaftiert. Sie erhielt 1991 den Friedensnobelpreis.

Aunjetitzkultur, Kulturgruppe der frühen und mittleren Bronzezeit, benannt nach einem mit reichen Metallgerätschaften ausgestatteten Gräberfeld bei Aunjetitz (tschech. Únětice, nordwestl. von Prag), verbreitet in Mähren, Böhmen, Sachsen, Thüringen, Schlesien, Brandenburg, Niederösterreich, W-Polen.

Aupairmädchen [oˈpɛːr-, frz.], junge Frau, die für Verpflegung, Unterkunft und Taschengeld in ausländ. Familien im Haushalt hilft, um die Landessprache zu erlernen.

Aura [lat. »Hauch«] *die,* **1)** *Medizin:* psych. Erlebnisse oder körperl. Empfindungen, die epilept. Krampfanfällen vorangehen können.
2) *Okkultismus:* lichtartiger Schein, der (halluzinatorisch) von Sensitiven um einzelne Menschen gesehen wird; dem Heiligenschein vergleichbar.

Aurangabad, Stadt im westind. Bundesstaat Maharashtra, 873 000 Ew.; Univ., Baumwollmarkt und -industrie. - 1610 unter dem Namen **Kirki** gegr., im 17. Jh. Residenz des Großmoguls Aurangseb. Aus dieser Zeit stammen zahlr. Bauwerke, u. a. Mausoleum der Lieblingsfrau Aurangsebs.

Aurangseb, Großmogul von Indien (1658-1707), *Dhod (Malwa) 3. 11. 1618, †Ahmadnagar 3. 3. 1707; stürzte 1658 seinen Vater Shah Jahan, ermordete seine Brüder und bestieg den Thron als **Alamgir** (»Welteroberer«). Unter A. erreichte das Mogulreich seine größte Ausdehnung.

Aurbacher, Ludwig, Schriftsteller, *Türkheim (Kreis Unterallgäu) 26. 8. 1784, †München 25. 5. 1847; verfasste »Ein Volksbüchlein« (2 Bde., 1827-29; darin die Abenteuer der sieben Schwaben) und andere Bearbeitungen alten Volksguts.

Aurea Mediocritas [lat. »die goldene Mitte«] *die,* richtiges Maß zw. dem Zuviel und Zuwenig, aber auch: Mittelmäßigkeit.

Aurelian, eigtl. Lucius Domitius Aurelianus, röm. Kaiser (270-275), *bei Sirmium (Pannonien, heute Sremska Mitrovica) 9. 9. 214, †(ermordet) bei Byzanz 275; besiegte 270 die Goten und Wandalen an der Donaugrenze, 271 in Italien die Alemannen und Markomannen und begann mit dem Bau der letzten großen Befestigungsmauer Roms **(Aurelian. Mauer).** 271-273 unterwarf er das Reich von Palmyra.

Aureole [zu lat. »golden«] *die,* **1)** *atmosphär. Optik:* die meist als **Hof** bezeichnete atmosphärische Leuchterscheinung in Form eines weiß leuchtenden Kranzes um Sonne oder Mond, entsteht durch Beugung der Lichtstrahlen an Wassertröpfchen oder Eiskristallen.
2) *Bergbau:* fahlblauer Flammensaum an der Flamme einer ↑Wetterlampe.
3) *bildende Kunst:* der die ganze Gestalt umgebende ↑Heiligenschein.

Aureole 1): Aureole mit farbigen Kränzen um die Sonne. Diese Erscheinungen kommen durch Lichtbeugung zustande.

Aurès [ɔˈrɛs], höchstes Massiv des Saharaatlas, im O Algeriens, bis 2328 m hoch, von Berberstämmen bewohnt.
Aureus [lat.] *der,* altröm. Goldmünze, unter Caesar in größerem Umfang geprägt (1 A. = 100 Sesterzen), in der Kaiserzeit Währungsgrundlage.
Auric [ɔˈrik], Georges, frz. Komponist, *Lodève (Dép. Hérault) 15. 2. 1899, †Paris 23. 7. 1983; Filmmusiken, auch Opern, Ballette.
Aurich, 1) Landkreis im RegBez. Weser-

AUR Auriga

Ems, Ndsachs., 1287 km², 187 700 Einwohner.
2) Krst. in Ndsachs., am Ems-Jade-Kanal, 39 900 Ew., Wasser- und Schifffahrtsdirektion; Großviehauktionen; elektron., Bekleidungs- und Bauind., Verlage. – Klassizistische Kirche und Bürgerhäuser. – Bei A. liegt der Hügel Upstalsboom, der bis zum 14. Jh. den Friesen als Versammlungsstätte diente. 1561 wurde A. Residenz von Ostfriesland, 1744 Hptst. der preuß. Prov. Ostfriesland.
Auriga [lat.] *der,* das Sternbild ↑Fuhrmann.
Aurignacien [oriɲaˈsjɛ̃; frz., nach dem Ort Aurignac, Dép. Haute-Garonne] *das,* Kulturstufe der Altsteinzeit. Typisch für das zw. 35 000 und 30 000 v. Chr. vom Don bis zum Atlantik verbreitete A. sind retuschierte Klingen und Speerspitzen aus Knochen. Das A. umfasst etwa die mittlere Würm-Kaltzeit und bildet das älteste Zeugnis für das Auftreten des Homo sapiens (sapiens), des heutigen Menschen **(Aurignac-Mensch);** Funde in ↑Cro-Magnon.
Aurikel [von lat. auricula »Öhrchen«; nach der Form der Blätter] *die,* Bez. einiger Arten der Gattung Schlüsselblume (Primula). Als Zierpflanze blüht die A. in vielen Farben.
aurikular [zu lat. auris »Ohr«], die Ohren betreffend.
Aurikuloakupunktur, die ↑Ohrakupunktur.
Aurillac [ɔriˈjak], Hptst. des südfrz. Dép. Cantal, in der Auvergne, 30 800 Ew.; Museen; Vieh- und Käsemarkt; Möbel-, Schuh-, Nahrungsmittelindustrie. – A. war im MA. eine Stätte bed. Gelehrsamkeit (Abtei Saint-Géraud); Kirche Notre-Dame-des-Neiges (16. Jh.) mit »Schwarzer Madonna«.
Auriol [ɔˈrjɔl], Vincent, frz. Politiker (Sozialist), *Revel (Dép. Haute-Garonne) 27. 8. 1884, †Paris 1. 1. 1966; seit 1936 wiederholt Minister; 1947–54 erster Präs. der Vierten Republik.
Auripigment (Rauschgelb), Arsentrisulfid As_2S_3, monoklines Mineral, gelb, durchscheinend.
Auris [lat.] *die,* das ↑Ohr.
Aurobindo, Sri, eigtl. A. Ghose, ind. Philosoph des Neuhinduismus, *Kalkutta 15. 8. 1872, †Pondicherry 5. 12. 1950; erstrebte eine dogmenfreie Verbindung aller dem Menschen dienenden Religionen mit dem »Integralen Yoga«.
Aurora [lat.], röm. Göttin der Morgenröte; sie entspricht der grch. Göttin ↑Eos.
Aurorafalter (Anthocharis cardamines), Tagfalter aus der Familie der Weißlinge, Männchen mit orangeroten Vorderflügelspitzen; die Raupe lebt bes. an Wiesenschaumkraut.
Aurum *das,* lat. Bez. für ↑Gold.
Ausbeute, *Recht:* Ertrag, der über die natürl. Erzeugnisse hinaus aus einer Sache gezogen wird, z. B. die einem Grundstück außer den Früchten entnommene Gartenerde (§ 99 BGB).
Ausbeutung, 1) *allg.:* Verwertung von Bodenschätzen und Rohstoffen, auch von Land.

Aurignacien: Negativabdruck einer Hand, gefunden in der Cosquer-Höhle, Frankreich

Ausbildungsberufe AUS

2) *Wirtschaftstheorie:* (Exploitation), Aneignung unbezahlter fremder Arbeit durch ökonom. und außerökonom. (phys.) Zwang; nach der marxist. A.-Theorie gesellschaftl. Verhältnis zw. Klassen mit unterschiedl. Stellung zu den Produktionsmitteln. Die Arbeitenden erhalten als Lohn nicht den vollen Tauschwert der von ihnen geschaffenen Waren, sondern nur das zur Deckung des eigenen Reproduktionsaufwands Benötigte; die Differenz ist der ↑Mehrwert. Nach der Volkswirtschaftstheorie liegt A. vor, wenn unter dem Grenzwertprodukt der Arbeit entlohnt wird (↑Grenzproduktivitätstheorie). Die **A.-Theorien** sind Einkommensverteilungstheorien, nach denen die Produktionsmitteleigentümer eine monopolähnl. Stellung gegenüber den eigentumslosen Arbeitern haben, wodurch neben den Arbeitseinkommen durch Abzug vom Lohn oder durch Aufschlag auf den Preis Nichtarbeitseinkommen (»leistungslose« Besitzeinkommen) entstehen.

Ausbildender, im Berufsbildungs-Ges. (↑berufliche Bildung) Bez. für einen Unternehmer, der einen Auszubildenden (Lehrling) zur Berufsausbildung einstellt. Wenn der A. die persönl. und fachl. Eignung besitzt, kann er die Berufsausbildung selbst durchführen, andernfalls muss er einen **Ausbilder** beauftragen.

Ausbildungsbeihilfen (Ausbildungszulagen, Ausbildungsförderung), finanzielle Unterstützung zum Besuch u. a. von weiterführenden allgemein bildenden Schulen, Hochschulen, Fachschulen, Berufsfachschulen. A. werden heute v. a. aufgrund des Bundesausbildungsförderungs-Ges. (Abk. BAföG) i. d. F. v. 6. 6. 1983 gewährt. Es besteht ein Rechtsanspruch auf A. für eine der Neigung, Eignung und Leistung entsprechende Ausbildung, wenn die Auszubildenden bedürftig sind, ihnen also die erforderl. Mittel nicht anderweitig zur Verfügung stehen. Der Umfang der A. richtet sich wesentlich nach der Höhe des Nettoeinkommens der Eltern, des Ehegatten und des Auszubildenden. Die Förderung der Schüler erfolgt vollständig als Zuschuss, die Leistungen müssen nicht zurückgezahlt werden. Seit 1990 werden A. für Studierende an Hochschulen und Fachhochschulen je zur Hälfte als Zuschuss und als unverzinsl. Darlehen vergeben, bei bestimmten Ausbildungen als verzinsl. Bankdarlehen. Es gilt eine Förderungshöchstdauer, die der Regelstudienzeit nach § 10 Abs. 2 des Hochschulrahmen-Ges. entspricht. Ist eine Regelstudienzeit nicht festgelegt, gilt die im § 15 a BAföG vorgesehene Förderungshöchstdauer. Das Ausbildungsförderungsreform-Ges. vom 19. 3. 2001 brachte die Vereinheitlichung der Förderleistungen in den alten und den neuen Bundesländern, die Nichtanrechnung des Kindergeldes auf das Elterneinkommen, die Anhebung der für die anrechenbaren Einkommen maßgebl. Freibeträge und der Bedarfssätze, die Einführung einer Studienabschlussförderung bei Überschreiten der Zeitgrenze, die Begrenzung der Gesamtdarlehensbelastung auf 10 000 €, eine Internationalisierung durch EU-weite Mitnahmemöglichkeit der Ausbildungsförderung. Zuständig für die Anträge auf A. sind die Ämter für Ausbildungsförderung (bei der Kreisverwaltung, den Studentenwerken).

A. für die Berufsausbildung werden nach dem Sozialgesetzbuch III (§§ 59 ff.) und der Anordnung des Verwaltungsrats der Bundesagentur für Arbeit über die individuelle Förderung der berufl. Ausbildung geleistet. Darüber hinaus sind A. für bestimmte Personenkreise im Rahmen der Sozialhilfe, der Kriegsopferversorgung u. a. sowie nach den Vorschriften für Dienstanfänger im öffentl. Dienst vorgesehen. Diese A. werden auf etwaige Leistungen nach dem BAföG angerechnet. Zahlr. A. und Förderungsmaßnahmen werden auch von privater Seite (bes. Stiftungen) gewährt. Durch das Aufstiegsfortbildungsförderungs-Ges. vom 10. 1. 2002 haben Nachwuchskräfte (ohne Altersbegrenzung) in Handwerk oder Industrie, die die Meisterprüfung anstreben, einen Anspruch auf finanzielle Unterstützung (»Meister-Bafög«). Die Förderung ist teilweise einkommens- und vermögensunabhängig als Darlehen, teilweise einkommensabhängig als Zuschuss und Darlehen zum Lebensunterhalt ausgestaltet.

Ausbildungsberufe, nach dem Berufsbildungs-Ges. vom 14. 8. 1969 staatlich anerkannte Berufe, für die Ausbildungsordnungen (Rechtsverordnungen) erlassen worden sind. Die **Ausbildungsordnung** legt u. a. fest: 1) Bez. des Ausbildungsberufs; 2) Ausbildungsdauer; 3) Fertigkeiten und Kenntnisse, die Gegenstand der Be-

AUS Ausbildungsfreibetrag

rufsausbildung sind (Ausbildungsberufsbild); 4) Anleitung zur sachl. und zeitl. Gliederung beim Erwerb der Fertigkeiten und Kenntnisse (Ausbildungsrahmenplan); 5) Prüfungsanforderungen.
Ausbildungsfreibetrag, steuerl. Freibetrag (2002: 924 €) zur Abgeltung des Sonderbedarfs eines volljährigen Kindes, das sich in Berufsausbildung befindet und auswärtig untergebracht ist. Der A. vermindert sich um eigene Einkünfte und Bezüge des Kindes über 1 848 € im Jahr sowie öffentl. Ausbildungsbeihilfen. Die Eltern haben ein Wahlrecht bezüglich der Aufteilung des Ausbildungsfreibetrags.
Ausbildungsrahmenplan, ↑Ausbildungsberufe.
Ausblühung, 1) *Bautechnik:* Schäden an Bauwerken durch Ausscheidungen von Salzen auf Mauerwerk und Beton durch Trocknungsprozesse oder Witterungseinflüsse.
2) *Bodenkunde:* das Auskristallisieren von Salzen auf Böden in Trockengebieten.
Ausbreitungsgeschwindigkeit, die ↑Fortpflanzungsgeschwindigkeit einer Welle.
Ausbürgerung, die Aberkennung der ↑Staatsangehörigkeit.
Auschwitz (poln. Oświęcim), Stadt in der poln. Wwschaft Kleinpolen, an der Mündung der Soła in die Weichsel, 74 600 Ew.; Bahnknotenpunkt; chem., Metallind., Maschinenbau. – 1940 errichtete die SS in A. ein KZ und erweiterte es 1941 zum Vernichtungslager mit drei Hauptlagern (A I-Stammlager, A II-Birkenau und A III-Monowitz) sowie 39 Außen- und Nebenlagern. Die von Febr. 1942 bis Nov. 1944 fabrikmäßig betriebenen Gaskammern (Zyklon B) ließen A. weltweit zum Synonym der Massenvernichtung europ. Juden (Holocaust) werden. Über die Zahl der Opfer, die bis zur Befreiung des Lagers durch sowjet. Truppen (27. 1. 1945 [seit 1996 Gedenktag in Dtl.]; 60 000 v. a. nicht jüd. Überlebende) getötet und in Krematorien verbrannt wurden oder an Entkräftung, Seuchen u. Ä. starben, werden versch. Angaben gemacht. Die neuere Forschung geht von 0,8 bis 1,6 Mio. Opfern (v. a. Juden, aber auch Sinti und Roma) aus. – Die 1947 eingerichtete Mahn- und Gedenkstätte A.-Birkenau gehört zum UNESCO-Welterbe.
📖 *Greif, G.: ... wir weinten tränenlos. Augenzeugenberichte der jüdischen Sonderkommandos in A. A. d. Hebr. Köln 1995.* – *Sterbebücher von A. Redaktion: J. Dębski. 3 Bde. München 1995.* – *Werle, G. u. Wandres, Th.: A. vor Gericht. Völkermord u. bundesdt. Strafjustiz. München 1995.*
Auschwitz-Lüge, urspr. von Rechtsextremisten und antisemitisch-(neo)nazist. Kreisen in den 1950er-Jahren geprägte Propagandaformel, heute (sprachlich inkorrekte) schlagwortartige Bez. für die Leugnung der nat.-soz. Judenverfolgung und der Massenmorde, die in den NS-Vernichtungslagern, namentlich in Auschwitz, während der nat.-soz. Gewaltherrschaft in Dtl. und Europa 1941–44/45 verübt wurden (↑Holocaust); wird in vielen Ländern strafrechtlich verfolgt (↑Volksverhetzung). – In Dtl. ist wegen Volksverhetzung (§ 130 StGB) mit Freiheitsstrafe bis zu fünf Jahren oder Geldstrafe bedroht, wer die unter NS-Herrschaft begangenen Verbrechen, die den Tatbestand des Völkermords (§ 6 Abs. 1 Völkerstrafgesetzbuch) erfüllen, öffentlich oder in einer den öffentl. Frieden störenden Weise billigt, verharmlost oder leugnet. Derartige Handlungen sind auch in *Österreich* nach §§ 3 h, 3 g Verfassungsgesetz über das Verbot der NSDAP (in der Fassung BGBl. 1992/148) und in der *Schweiz* nach Art. 261bis StGB strafbar.
📖 *Bastian, T.: Auschwitz u. die »A.«. Massenmord u. Geschichtsfälschung. München* [4]*1995.*
Auschwitz-Prozesse, i. e. S. die sechs Strafprozesse gegen Mitgl. der Lagermannschaft des nat.-soz. Vernichtungslagers Auschwitz vor dem Schwurgericht in Frankfurt am Main 1963–65 und 1977–81; i. w. S. alle im In- und Ausland gegen Lagerpersonal von Auschwitz geführten Prozesse.
Ausdehnung, 1) *Kosmologie:* (Expansion des Weltalls, die angenommene zeitlich fortschreitende Vergrößerung des Weltalls, ↑Expansion, ↑Hubble-Effekt.
2) *Physik, Technik:* einerseits die Raumfüllung von Körpern, andererseits jede Volumenzunahme (Expansion), insbes. die Änderung der Länge **(lineare A.)** oder des Volumens **(kubische A.)** von Körpern durch Erwärmung. Der **A.-Koeffizient** gibt den Bruchteil an, um den die Länge bzw. Raumanteil je Grad Temperaturerhöhung zunehmen (A.-Gesetz der Gase: ↑Gay-Lussac-Gesetz). Die A. wird z. B. bei den versch. Flüssigkeitsthermometern ausgenutzt.

Ausdehnungsgefäß, Gefäß zur Aufnahme der in flüssigkeitsgefüllten Behältern oder auch Leitungen (z. B. Warmwasserheizungen) durch Wärmeausdehnung hervorgerufene Zunahme des Flüssigkeitsvolumens.

Ausdruck, 1) *Informatik:* die Verknüpfung von ↑Operanden durch mathemat. und log. Operationen.
2) *Musik:* die Gesamtwirkung objektiv nicht greifbarer Interpretationsmittel, z. B. Schattierung der Dynamik, Temposchwankungen, Differenzierung der Klanggestaltung.
3) *Psychologie:* körperl. oder gegenständl., willentl. oder unwillentl. Äußerungen, die als Zeichen psych. Momente (bes. von Emotionen) gedeutet werden. I. e. S. umfasst A. alle Formen der Körpersprache (↑nichtverbale Kommunikation). I. w. S. zählen hierzu auch die objektivierten Formen, alle von der Person geschaffenen Gestaltungen, in erster Linie die Handschrift und alle Werkerzeugnisse. – Die **A.-Psychologie** suchte teils aus den relativ konstanten Ausdrucksmerkmalen (z. B. Gesichtszüge, Körperhaltung, Stimme, Handschrift [↑Graphologie]), teils aus A.-Bewegungen (z. B. Mimik, Gestik, Gang) Aussagen über die Persönlichkeit bzw. den Charakter abzuleiten.

Ausdruckstanz, ↑Tanz.

Auseinandersetzung, die zur Auflösung von Gemeinschaftsverhältnissen erforderliche Aufteilung des gemeinschaftl. Vermögens. Sie erfolgt gemäß §§ 752 ff. BGB nach Abzug der auf dem Vermögen lastenden Schuld i. d. R. durch Teilung in Natur oder Verkauf und Teilung des Erlöses. Für die Gesellschaft, die ehel. Gütergemeinschaften und im Erbrecht (↑Miterbe) gelten besondere Regeln.

auserwähltes Volk, im A. T. (2. Mos. 19, 5 ff., 5. Mos. 7, 6 ff.) das Volk Israel; im N. T. (Röm. 11, 7) wird die Auserwählung auf die Gemeinschaft der Christen übertragen.

Ausfall, *Fechten:* Vorschnellen des Ausfallbeins, während das Standbein gestreckt wird, zus. mit dem Stoß oder Hieb ein direkter Angriff auf den Gegner.

Ausfallbürgschaft, eine Bürgschaft nur für den Schaden, den ein Gläubiger durch den Ausfall einer Forderung erleidet.

Ausfällen, *Chemie:* die ↑Fällung.

Ausfallerscheinung, Versagen oder Einschränkung einer Körperfunktion nach Erkrankung oder operativer Entfernung von Organen, z. B. Lähmung nach Schlaganfall.

Ausfallrate, relativer Anteil der Ausfälle techn. Einrichtungen je Zeiteinheit; eine der wichtigsten Kenngrößen der Zuverlässigkeit techn. Erzeugnisse.

Ausfertigung, *Recht:* die ordnungsgemäß unterschriebene und mit Siegel versehene Abschrift eines amtl. Schriftstücks (z. B. Urteil). – Im *Staatsrecht* die A. von beschlossenen Gesetzen als Teil des Gesetzgebungsverfahrens, vollzieht in Dtl. durch Unterschrift des Bundespräs. nach Gegenzeichnung durch den Bundeskanzler und den zuständigen Bundesmin. (Bundes-Ges.), sonst der MinPräs. der Länder unter das Original des Gesetzestextes.

ausflippen [dt., engl.], *umgangssprachlich:* 1) sich einer als bedrückend empfundenen gesellschaftl. Lage (durch Genuss von Rauschgift) entziehen; durch Drogen in einen Rauschzustand geraten; 2) die Selbstkontrolle verlieren, mit den Nerven fertig sein, durchdrehen; vor Freude ganz außer sich geraten.

Ausflockung, chem. Abscheidung von Kolloiden durch ↑Koagulation aus ihren Lösungen.

Ausfluss, 1) *Medizin:* (Fluor), Absonderung aus den weibl. Geschlechtswegen. Heller, weißl. A. (Weißfluss, Fluor albus) ist meist hormonell oder durch Allgemeinkrankheiten bedingt. Blutiger oder eitriger A. dagegen ist immer ein Zeichen von Erkrankungen der Geschlechtsorgane.
2) *Physik:* das Ausströmen von Flüssigkeit oder Gas durch Öffnung eines Gefäßes unter Einfluss der Schwerkraft. Die **A.-** oder **Ausströmgeschwindigkeit** einer inkompressiblen Flüssigkeit ist proportional der Quadratwurzel aus dem Produkt der Fallbeschleunigung und der Höhe der Flüssigkeitssäule über der A.-Öffnung (**A.-Gesetz nach Torricelli**).

Ausfrieren, therm. Trennverfahren zum Konzentrieren von Lösungen sowie zum Reinigen und Trocknen von Lösungsmitteln.

Ausfuhr (Export), das Verbringen von Gütern in ein fremdes Wirtschaftsgebiet sowie das Erbringen bestimmter Dienstleistungen für ausländ. Auftraggeber. Die

AUS Ausführungsgesetze

A. ist Teil des ↑Außenhandels, sie kann durch **A.-Zuschüsse** und **A.-Prämien** gefördert, aber auch in bestimmten Fällen unterbunden werden (A.-Verbot). Das **A.-Risiko**, im Voraus nicht abschätzbare Wagnisse im Exportgeschäft, ist je nach Vereinbarung vom Käufer oder Verkäufer zu tragen, kann aber auch durch staatl. **A.-Bürgschaften** abgesichert werden.
Ausführungsgesetze (Ausführungsverordnungen), auf dem Gesetzes- oder Verordnungsweg erlassene Bestimmungen, die die Einzelheiten der Ausführung eines anderen Gesetzes regeln, das mit diesen Einzelheiten nicht befrachtet werden sollte.
Ausfuhrverbot, staatl. Verbot der Ausfuhr strategisch wichtiger Güter in bestimmte Länder (z. B. Waffen, Rohstoffe) sowie von Kunstwerken nat. Bedeutung.
Ausgabe, 1) *Buchhandel, Literatur:* Veröffentlichung eines Druckwerks, ferner Kennzeichnung seiner Art nach Format (bei Büchern Breite mal Höhe), Ausstattung (gebunden, broschiert), Bearbeitungsweise (Originaltext, gekürzte A.), Erscheinungsart (Einzel-, Gesamt-A.), Bestimmung (Volks-A.), Gelegenheit (Jubiläums-A.) oder Stellung im Gesamtwerk eines Autors (Erst-A., A. letzter Hand). **2)** *Informatik:* (Output), das Übertragen von Daten oder Programmen eines Computers an ein externes **A.-Gerät** (z. B. Bildschirm, Drucker).
3) *Publizistik:* die Gesamtzahl, auch das Einzelstück, einer Zeitungs- oder Zeitschriftenauflage, die den Verlag zu einer bestimmten Tageszeit (Morgen-A.), für ein bestimmtes Verbreitungsgebiet (Lokal- oder Regional-A.) oder aus einem besonderen Anlass (Sonder-A.) verlässt.
Ausgabekurs (Emissionskurs), Kurs, zu dem neue Wertpapiere ausgegeben werden (↑Emission).
Ausgaben, Zahlungen (bar, Scheck, Überweisung) zw. Wirtschaftssubjekten; zu unterscheiden von ↑Aufwendungen und ↑Kosten.
Ausgangsleistung, die an den Ausgangsklemmen einer elektr. Schaltung abgreifbare Wirkleistung.
Ausgangssprache, *Sprachwissenschaft:* 1) Sprache, aus der übersetzt wird; 2) Sprache des Muttersprachlers im Hinblick auf eine ↑Zielsprache.
Ausgedinge, ↑Altenteil.

Ausgleich, 1) in Österreich der insolvenzrechtl. Ausdruck für das Vergleichsverfahren, das in der Ausgleichsordnung vom 10. 12. 1914 geregelt ist.
2) die 1867–1918 gültigen Abmachungen über das staatsrechtl. Verhältnis zw. der österr. und der ungar. Reichshälfte der »Doppelmonarchie« ↑Österreich-Ungarn (laut Vertrag vom 15. 3. 1867).
Ausgleichgetriebe (Differenzialgetriebe), Zahnradgetriebe in Kraftwagen, das die Drehzahlunterschiede der Räder in Kurven ausgleicht und das Antriebsmoment gleichmäßig verteilt.
Ausgleichsabgaben, zweckgebundene, steuerartige Sonderabgaben, die i. d. R. in Sondervermögen außerhalb der öffentl. Haushalte verwaltet werden. A. dienen sozialpolit. (Schwerbehindertenabgabe) und wirtschaftspolit. Zielen und kommen bestimmten Gruppen (z. B. durch Kriegsschäden Betroffenen im Rahmen des ↑Lastenausgleichs) oder Wirtschaftszweigen zugute. Teilweise werden auch Mehrkosten für erwünschtes Verhalten (z. B. umweltschonende Beseitigung von Altöl) oder Wettbewerbsnachteile ausgeglichen. (↑Quasisteuern)
Ausgleichsamt, die untere Verwaltungsbehörde zur Durchführung des Lastenausgleichs.
Ausgleichsfonds [-fɔ̃], Sondervermögen des ↑Lastenausgleichs.
Ausgleichsfonds Währungsumstellung [-fɔ̃ -], durch das Ges. über die Errichtung des A. W. vom 13. 9. 1990 geschaffene Anstalt des öffentl. Rechts zur Verw. der durch die Währungsumstellung auf DM entstandenen Ausgleichsforderungen ostdt. Banken; Geschäftsbesorgung (auch Zins- und Tilgungsdienst) liegt seit 1994 bei der Kreditanstalt für Wiederaufbau.
Ausgleichsleistungen, ↑Lastenausgleich.
Ausgleichsrechnung, Teilgebiet der Fehlerrechnung; v. a. auf C. F. Gauß zurückgehendes Verfahren, um aus fehlerhaften Messwerten Näherungswerte für die zu messenden Größen zu berechnen und deren Genauigkeit anzugeben. (↑Methode der kleinsten Quadrate, ↑Regression)
Ausgleichsrennen, *Galopprennen:* ↑Handikap.
Ausgleichszahlungen, Maßnahmen zur

direkten Stützung landwirtsch. Einkommen. Bei produktgebundenen A. erhalten die Erzeuger die Differenz zw. einem Garantiepreis und dem Preis, der sich bei freier Preisbildung auf dem Markt ergibt. Bei produktneutralen A. werden Einkommensübertragungen unabhängig von der Produktmenge (z. B. nach Arbeitskräften oder der Nutzfläche) vorgenommen.
Ausgleichungspflicht (Kollation), *Erbrecht:* die Verpflichtung der Abkömmlinge, die als gesetzl. Erben zur Erbfolge gelangen, dasjenige, was sie von dem Erblasser als Ausstattung (z. B. für Berufsausbildung) erhalten haben, bei der Erbauseinandersetzung untereinander zur Ausgleichung zu bringen (§§ 2050 ff. BGB). Dasselbe gilt zugunsten des Abkömmlings, der in besonderer Weise durch eigene Leistungen das Vermögen des Erblassers gemehrt oder erhalten hat oder ihn unter Verzicht auf berufl. Einkommen längere Zeit gepflegt hat.
Ausgrabung, die Freilegung verschütteter Überreste der Vergangenheit; wichtiges Hilfsmittel der archäolog., prähistor. und paläontolog. Forschung. Erste A. fanden in der Renaissance (Raffael in Rom) statt mit dem Zweck, Monumente des Altertums kennen zu lernen. Spätere A. galten bes. der Bergung schöner oder merkwürdiger Gegenstände für Sammlungen und Museen. Im 19. Jh. wurden wiss. A.-Methoden, bes. der Schichtenbeobachtung zur Klärung histor. Abfolgen (W. Dörpfeld in Olympia), entwickelt. Moderne A. zielen weniger auf Gewinnung kostbarer Einzelfunde als auf Aufdeckung histor. und kulturhistorisch relevanter Befunde; Notgrabungen dienen der Rettung bedrohter Altertümer.
Die *Methoden* einer A. differieren je nach Objekt (Abri, Pfahlbau, Tempel, Stadt, Nekropole) so stark, dass allg. Kriterien kaum existieren. Neuerdings wird der Einsatz techn. und naturwiss. Hilfsmittel verstärkt (↑Radiokohlenstoffmethode, ↑Altersbestimmung). Eine A. beginnt mit der Bestimmung des Grabungsplatzes durch Zufall oder systemat. Auswahl (Begehung, Luftbildarchäologie); sie erfordert die Mitarbeit fachfremder Spezialisten (Geologen, Botaniker, Architekten, Werkstoffwissenschaftler u. a.). Ähnl., der besonderen Situation angepasste Maßnahmen werden zur Untersuchung von heute unter Wasser gelegenen Baulichkeiten oder Schiffen angewendet (↑Unterwasserarchäologie). Nach der Publikation der Ergebnisse stellt sich heute oft die Forderung nach denkmalpfleger. Konservierung und ggf. Rekonstruktion vor Ort, um der Öffentlichkeit Zugang und Information zu vermitteln. Die kulturgeschichtl. Bodenaltertümer sind in fast allen Staaten geschützt. Jeder Fund ist meldepflichtig. In Dtl. dürfen Ausgrabungen nur von amtl. Stellen vorgenommen werden.
📖 Gersbach, E.: *A. heute. Methoden u. Techniken der Feldgrabung. Mit einem Beitrag v. J. Hahn.* Darmstadt ²1991.

Ausgrabung: der Fund des »Keltenfürsten«, einer Sandsteinstatue aus dem 5. Jh. v. Chr., als spektakulärstes Ergebnis der Grabungen am hessischen Glauberg (1996)

Ausheilen, *Physik:* Entfernen eines Gitterfehlers (Versetzung) im Kristall durch Wärmebehandlung.
Auskolkung, 1) *Geomorphologie:* ↑Kolk.
2) *Metallbearbeitung:* Verschleißerscheinung auf der Spanfläche eines Werkzeugs durch Abrieb, die schließlich zum Bruch der Schneidkante führt.
Auskragung (Ausladung), Bau- und Konstruktionsteil, das frei über ein Auflager hinausragt: Balken, Träger, Erker, Geschoss. – Abb. S. 474
Auskultation [zu lat. auscultare »horchen«] *die,* das Abhorchen des Körpers, bes. von Herz und Lunge, meist mithilfe schallleitender Geräte (↑Stethoskop).
Auskunftspflicht, die auf Gesetz oder Vertrag beruhende Pflicht zur Vermittlung bestimmter Kenntnisse, z. B. die A. einer

Behörde über Rechte und Pflichten von Betroffenen im Verwaltungsverfahren (§ 25 Verwaltungsverfahrens-Ges.) oder die A. des Beauftragten (§ 666 BGB).
Auskunftsverweigerungsrecht, ↑Zeuge.

Auskragung zweier Stockwerke an einem Fachwerkhaus

Auslage, 1) *Boxen:* Kampfstellung, bei der entweder die rechte oder linke (Führungs-)Hand und das entsprechende Bein vorgeschoben sind **(Rechts- oder Linksauslage).**
2) *Fechten:* die kampfbereite Ausgangsstellung, wobei dem Gegner, um die Trefffläche zu verringern, die Körperseite zugewandt ist.
Auslagen, 1) *bürgerl. Recht:* ↑Aufwendungen eines Beauftragten zugunsten des Auftraggebers.
2) *Kostenrecht:* die bei einem behördl. Verfahren, bei Gericht oder einem Rechtsanwalt entstandenen Kosten (Schreib-, Post-, Zeugen-, Sachverständigenkosten. Vom Gericht erhobene A. und Gebühren nennt man ↑Gerichtskosten; sie werden zus. mit den außergerichtl. Kosten (z. B. Rechtsanwaltsgebühren) generell als »Kosten« bezeichnet.
Ausland, das nicht zum eigenen Staatsgebiet (Inland) gehörige Gebiet, einschließlich der nicht unter Staatshoheit stehenden Gebiete des offenen Meeres.
Ausländer, Person, die eine andere als die Staatsangehörigkeit ihres Aufenthaltslandes besitzt. *A.-Recht:* In Dtl. ist zum 1. 1. 1991 ein neues A.-Recht in Kraft getreten, das einerseits eine Kontrolle und Begrenzung der Einwanderung bezweckt, andererseits den hier dauerhaft lebenden A. Rechtssicherheit und Integrationsmöglichkeiten bieten will. (↑Einbürgerung)
A., die nicht durch die Verträge zur Europ. Union, zwischenstaatl. Abkommen oder Regeln des Völkerrechts (bei Diplomaten) begünstigt sind, bedürfen für Einreise und Aufenthalt grundsätzlich einer **Aufenthaltsgenehmigung,** die in unterschiedl. Rechtsqualität erteilt werden kann und auszustellen ist, wenn gesetzl. Versagungsgründe nicht entgegenstehen. Hierbei unterscheidet das Ges. je nach dem Zweck des Aufenthalts: Die **Aufenthaltserlaubnis** ist als allg. Aufenthaltsrecht ohne Zweckbindung ausgestaltet. Die **Aufenthaltsbewilligung** wird im Falle eines bestimmten, seiner Natur nach nur vorübergehenden Zwecks (z. B. Saisonarbeit) für längstens zwei Jahre (mit Verlängerungsmöglichkeit) erteilt. Die **Aufenthaltsberechtigung** verbrieft ein Daueraufenthaltsrecht. A., die aus völkerrechtl. oder dringenden humanitären Gründen oder aus rechtl. oder tatsächl. Gründen nicht abgeschoben werden können, erhalten eine **Aufenthaltsbefugnis.** Für nachzugswillige Ehegatten und Kinder bis 16 Jahren bestehen Rechtsansprüche auf Erteilung der Aufenthaltserlaubnis. Wird die Ehe von A. aufgehoben oder stirbt ein Ehegatte, erwirbt der andere ein eigenes Aufenthaltsrecht. – Ausländ. Fachkräften der Informations- und Kommunikationstechnologie soll eine befristete Aufenthaltserlaubnis erteilt werden, wenn die erforderl. ↑Arbeitserlaubnis durch die Arbeitsagentur zugesichert oder erteilt ist (VO vom 25. 7. 2000).
Eingehend geregelt sind die Möglichkeiten der Verwaltung, gegen A. aufenthaltsbeendende Maßnahmen zu ergreifen. Bei schweren oder wiederholten Straftaten von A. findet die obligator. Ausweisung statt. Ausweisungsschutz genießen u. a. Asyl- und Aufenthaltsberechtigte, mit Deutschen Verheiratete, auch minderjährige oder hier aufgewachsene A., sofern sie nicht gravierend straffällig werden. Ebenfalls neu gefaßt sind die Bestimmungen über die zwangsweise Entfernung zur Ausreise verpflichteter A., der **Abschiebung,** ferner die Regeln über Abschiebungshindernisse (z. B. bei konkreter Gefahr der Todesstrafe) und über die **Duldung** (Aussetzung der Abschiebung), z. B. bei Bürgerkriegsflüchtlingen.
In *Österreich* gilt das Fremden-Ges. 1997. Zur Einreise benötigen nicht bevorrechtigte A. Reisepaß und Visum. Aufenthalte von mehr als sechs Monaten sowie die Aufnahme von Erwerbstätigkeit bedürfen ei-

ner Aufenthaltserlaubnis oder Niederlassungsbewilligung. Die Beschäftigung von A. setzt eine Beschäftigungsbewilligung durch den Arbeitsmarktservice voraus. In der *Schweiz* bedürfen A. für Aufenthalte von mehr als drei Monaten einer Aufenthaltsbewilligung, Gewerbetreibende einer Niederlassungsbewilligung. Dauernder Aufenthalt ist an bestimmte Voraussetzungen geknüpft, v. a. an ausreichendes Vermögen und enge Bindung an die Schweiz. Die Bestimmungen über Aufenthalt und Niederlassung von A. sind durch Bundes-Ges. vom 18. 3. 1994 verschärft worden. **Demographie und Statistik:** In Dtl. haben schon immer Ausländerinnen und A. gelebt, z. B. 1910 rd. 1,3 Mio. (2% der Bev.). Heute haben rd. 9% der Ew. in Dtl. den Pass eines anderen Staates. Männer und Frauen aus der Türkei, dem ehemaligen Jugoslawien und aus Italien bilden die am häufigsten vertretenen Nationalitätengruppen. Sie sind zumeist ausländ. Arbeitnehmer, die in den 1960er-Jahren von dt. Unternehmen im Ausland angeworben wurden, sowie deren Familienangehörige (zweite und dritte Generation, d. h. die in Dtl. aufgewachsenen Kinder und Enkel der »Gastarbeiter«), die im Rahmen der Familienzusammenführung nachgezogen sind, außerdem Bürgerkriegsflüchtlinge, politisch Verfolgte und junge Menschen, die in Dtl. eine Ausbildung oder ein Studium absolvieren. Einerseits lässt sich eine stattfindende oder erfolgte Integration feststellen, andererseits ist aber eine relativ schwierige Situation von A. auf dem Arbeitsmarkt und im Bildungsbereich festzustellen. Angesichts einer hohen und steigenden Aufenthaltsdauer (1973 weniger als vier Jahre, 1997 13,5 Jahre) sprechen viele von einer tatsächlich erfolgten Einwanderung ausländ. Bürger. Zum 1. 1. 2005 wird in Dtl. ein neues A.-Recht **(Zuwanderungsgesetz)** in Kraft treten. Nach mehr als vier Jahren Debatte und zwei parlamentarischen Anläufen verabschiedete der Bundesrat am 9. 7. 2004 das ehemals umstrittene Zuwanderungsgesetz endgültig und beendete damit eines der längsten Vermittlungsverfahren, in dessen Verlauf die rot-grüne Reg. erhebliche Abstriche am ursprünglichen Entwurf hinnehmen musste. Der Bundestag hatte dem Zuwanderungskompromiss bereits am 1. 7. 2004 mit großer Mehrheit zugestimmt. Das Gesetz steuert und begrenzt den Zuzug von Ausländern nach Deutschland. Hoch qualifizierten Arbeitskräften wird die Einwanderung ermöglicht, während der Anwerbestopp für normal und gering qualifizierte Menschen im Grundsatz bestehen bleibt. Die Vorschriften zur Ausweisung von als gefährlich eingestuften Ausländern wurden deutlich verschärft. Der Flüchtlingsschutz wurde hingegen verbessert, etwa für Opfer nichtstaatlicher oder geschlechtsspezifischer Verfolgung. Einwanderer haben künftig Anspruch auf einen Integrationskurs, für die der Bund die Kosten übernimmt. ✦ **siehe ZEIT Aspekte**
📖 *Ausländerrecht. Kommentar,* bearb. v. *K. Hailbronner.* Loseblatt-Ausg. Heidelberg 1992 ff. – *Renner, G.: Ausländerrecht. Begr.* v. *W. Kanein.* München ⁶1993. – *Handbuch des Ausländer- u. Asylrechts,* hg. v. *B. Huber.* Loseblatt-Ausg. München 1994 ff. – *Kugler, R.: Ausländerrecht. Ein Handbuch.* Göttingen ²1995. *Dt. A.-Recht. Mit Zusatzheft Zuwanderungs-Ges.* München 2002.

Ausländer, Rose, eigtl. Rosalie Scherzer-A., Schriftstellerin, *Czernowitz (heute Tschernowzy) 11. 5. 1901, † Düsseldorf 3. 1. 1988; lebte 1921–31 und 1946–64 in den USA, 1941–44 im Getto von Czernowitz; schrieb v. a. Gedichte, »36 Gerechte« (1967), »Andere Zeichen« (1974), »Ich spiele noch« (1987). Zentrale Themen sind Judenverfolgung und Exil.

Ausländerklausel, *Profifußball:* Regelung eines nat. Fußballverbands, die angibt, wie viele ausländ. Spieler von einem Verein verpflichtet und eingesetzt werden können. Im europ. Fußball ist dies für eine beliebige Anzahl von Spielern aus EU-Staaten gestattet. Für Aktive aus dem nichteurop. bzw. Nicht-EU-Bereich bestehen in den nat. Verbänden z. T. unterschiedl. Regelungen.

ausländische Erwerbstätige, Erwerbspersonen, die (vorübergehend) in einem Land arbeiten, dessen Staatsangehörigkeit sie nicht besitzen. Arbeitsmigration und damit a. A. gibt es, seit der Nationalstaat konkrete Formen angenommen hat. Gründe für solche Wanderungen sind neben Krieg, Verfolgung, Übervölkerung auch immer wirtsch. Gegebenheiten wie die Freisetzung ländl. Bev. auf der einen Seite und Bedarf an Arbeitskräften für Industrie, Landwirtschaft oder Dienstleistungen auf der anderen Seite.

AUS Auslandsanleihen

Die Bedeutung ausländ. Arbeitskräfte für den dt. Arbeitsmarkt ist mit einem Anteil von (2001) etwa 10% erheblich, der Anteil der sozialversicherungspflichtig beschäftigten a. A. beträgt 7,2%. Es sind allerdings erhebl. Unterschiede der Ausländerquote zw. alten und neuen Bundesländern zu verzeichnen (2001: 8,5% bzw. 0,8%). – Während 1960 mit 0,3 Mio. noch wenige a. A. beschäftigt waren, stieg deren Zahl in der Folgezeit rasch an und erreichte zu Beginn der Rezession 1966/67 mit 1,3 Mio. einen ersten Höhepunkt. Die Rezession zeigte, dass a. A. auf bes. konjunkturanfälligen Arbeitsplätzen beschäftigt waren – und sind – (»Konjunkturpuffer«) und v. a. Arbeiten ausführen, für die dt. Arbeitnehmer (trotz zunehmender Arbeitslosigkeit) nicht zu gewinnen sind. Nachdem die Beschäftigung a. A. 1974 mit über 2,4 Mio. ihren vorläufigen Höchststand erreicht hatte, sank sie bis Ende der 70er-Jahre auf 2,2 Mio. In den 90er-Jahren verharrte die Anzahl a. A. (einschl. ausländ. Arbeitsloser) bei rd. 2,8 Mio. In den letzten Jahren haben sowohl die Saisonarbeit (zumeist von Osteuropäern) als auch die grenzüberschreitende Mobilität von Fach- und Führungspersonal (v. a. in Banken und multinat. Konzernen) zugenommen, hingegen ist die Beschäftigung von EU-Bürgern nach einem leichten Anstieg während der dt. Vereinigung rückläufig. Die illegale Beschäftigung von a. A. ist weiter gestiegen. Nach grober Schätzung sind ausländ. Männer überwiegend (70%) im verarbeitenden Gewerbe und im Baugewerbe, ausländ. Frauen im Dienstleistungsbereich tätig. Innerhalb dieser Sektoren konzentrieren sie sich in Wirtschaftszweigen mit i. d. R. schwerer körperl. Arbeit (z. B. Bergbau, Baugewerbe, Eisen- und Stahlerzeugung), aber auch in Industriezweigen mit intensiver Fließfertigung (Auto- und elektrotechn. Industrie). Im Dienstleistungssektor arbeiten a. A. schwerpunktmäßig in den Bereichen Hotel- und Gastgewerbe, Körperpflege, Gebäude- und Straßenreinigung sowie Müllbeseitigung. Ausländ. Arbeitskräfte sind auch als Selbstständige (v. a. in Einzelhandel und Gastronomie) tätig.

📖 *Münz, R.:* Zuwanderung nach Dtl. Strukturen, Wirkungen, Perspektiven. *Frankfurt am Main* ²*1999.* – *Trattner, H.:* ABC der Ausländerbeschäftigung. *Wien 2000.* – *Gieler, W. u. Ehlers, T.:* Von der Anwerbung zur Abschottung od. zur gesteuerten Zuwanderung? Grundlagen dt. Ausländerpolitik. *Albeck bei Ulm 2001.* – *Förster, H. u. a.:* Auslandsentsendung u. Beschäftigung a. A. Rechtl. Aspekte beim internationalen Mitarbeitereinsatz. *Neuwied 2002.*

Auslandsanleihen (Auslandsbonds), *Börsenwesen:* 1) Anleihen inländ. Emittenten, die im Ausland aufgelegt werden und auf ausländ. Währung lauten; 2) inländ. festverzinsl. Wertpapiere, die auf ausländ. Währung lauten.

Auslandsdelikte, ↑Strafrecht.

Auslandsdeutsche, ↑Deutsche.

Auslandskunde, wiss. Disziplin, die sich mit den geograph., wirtsch., polit., sozialen und kulturellen (Sprache, Geschichte) Aspekten fremder Staaten befasst. Sie wird

Jahr	insgesamt	Ausländer-anteil[3]	Türkei	ehem. Jugoslawien	Italien	Griechen-land	Spanien
1960	279	1,3	2	9	122	13	9
1970	1 807	8,5	323	374	364	230	163
1980	2 018	9,6	578	354	305	132	86
1990	1 775	7,9	598	312	170	103	61
1995	2 121	9,4	602	418	202	117	50
2000	1 963	7,1	557	209	208	112	41
2001	1 991	7,2	554	198	206	111	41
2002	1 960	7,1	534	184	198	108	39
2003	1 874	7,0	502	165	185	100	38

ausländische Erwerbstätige[1] in Deutschland[2] nach Herkunftsländern (in 1 000)

1) Nur sozialversicherungspflichtig Beschäftigte (ohne Beamte, Selbstständige und mithelfende Familienangehörige), jeweils Ende Juni. – 2) Ab 1999 einschließlich neuer Bundesländer. – 3) In Prozent aller sozialversicherungspflichtig Beschäftigten (Ausländerquote).

von wiss. Instituten betrieben. Besondere Bedeutung gewann sie im Rahmen der Entwicklungshilfe. Wichtige Einrichtungen sind u. a. das Institut für Auslandsbeziehungen (Stuttgart) und das Deutsche Überseeinstitut (Hamburg).

Auslandsschulden, Verbindlichkeiten inländ. Schuldner (Staat, private Unternehmen) gegenüber ausländ. Gläubigern, entstanden durch internat. Kapitaltransaktionen oder Emission von ↑Auslandsanleihen. Aussagefähiger ist der Saldo aus A. und Auslandsvermögen, weil ein Land zugleich Verbindlichkeiten und Forderungen gegenüber dem Ausland haben kann. Die Tilgung der dt. A. aus der Zeit vor dem Zweiten Weltkrieg wurde durch das ↑Londoner Schuldenabkommen geregelt.

Auslandsschulen, Schulen auf fremdem Staatsgebiet; sie werden von vielen Kulturländern in fast allen Teilen der Welt unterhalten. – Die dt. A. sind i. d. R. Privatschulen, die von Kirchen, kommunalen und privaten Verbänden getragen und u. a. vom Auswärtigen Amt betreut werden. Es gilt das Schulrecht des Gastlandes. Je nach Typ erfolgt der Unterricht ganz oder teilweise in dt. Sprache; die Schulen werden auch von Kindern Einheimischer besucht.

Auslandsvermögen, durch Warenexport, Kapitalexport oder Erbschaft entstandene, im Ausland befindl. Vermögenswerte natürl. oder jurist. Personen sowie das ausländ. Vermögen der öffentl. Hand. Das A. ist zu unterscheiden in Real- (Grundstücke, Gebäude, Patentrechte, Warenzeichen u. a.) und Finanzvermögen (Wertpapiere, Forderungen).

Ausläufer (Stolo), verlängerter Seitensproß der Pflanze, der in einigem Abstand wurzelt und unter Absterben des Zwischenteils eine selbstständige Pflanze ergibt, z. B. bei der Erdbeere.

Auslaugung, 1) *Chemie:* ↑Extraktion.
2) *Geomorphologie:* Wegführung lösl. Substanzen aus Gesteinen (Karsterscheinungen).

Auslaut, letzter Laut eines Satzes, eines Wortes oder einer Silbe.

Ausleger, 1) *Bootsbau:* 1) an beiden Seiten von Sportruderbooten angebrachte Verstrebungen zur Aufnahme der Riemen oder Skulls. Die A. vergrößern den Hebelarm und damit die Durchzugskraft des Ruderers; 2) ein mit dem Boot gleichgerichteter, durch Stangen seitlich mit ihm verbundener Schwimmkörper, der das Boot vor dem Kentern schützt (**A.-Boot**); zuweilen auf beiden Seiten des Bootes angebracht (Doppel-A.); gebräuchlich u. a. bei Völkern Indonesiens und Ozeaniens.
2) *Technik:* über die Unterstützung hinausragendes Traggerät; z. B. A.-Krane, A.-Brücken (↑Kran).

Ausleger 1): Auslegerboot (Katamaran)

Auslegung, 1) *allg.:* die Interpretation, z. B. von Schriften (↑Exegese, ↑Hermeneutik), Urkunden.
2) *Recht:* Klarstellung des Sinnes von Rechtssätzen, Rechtsgeschäften u. Ä. Bei der A. von Willenserklärungen ist der wahre Wille der Beteiligten zu erforschen und nicht am buchstäbl. Ausdruck zu haften (§ 133 BGB). Verträge sind so auszulegen, wie Treu und Glauben mit Rücksicht auf die Verkehrssitte es erfordern (§ 157 BGB). Methoden der A. sind die grammatikal. A., die histor. A. (berücksichtigt die Entstehungsgeschichte des Rechtssatzes), die teleolog. A. (fragt nach Sinn und Zweck) und die systemat. A. (fragt nach dem Zusammenhang). Je nach Ergebnis gelangt man zu einer den Wortsinn einschränkenden oder erweiternden Auslegung. – Im *Staatsrecht* meint **verfassungskonforme A.,** einer unklaren Norm einen Sinn zu geben, der mit der Verf. im Einklang steht.

Auslegungsstörfall, *Kerntechnik:* ↑Störfall.

Auslenkung, *Physik:* das Entfernen eines schwingungsfähigen Körpers aus seiner Ruhelage; auch der Betrag (die **Elongation**), um den ausgelenkt wird.

Auslese, 1) *Biologie:* (Selektion), wichtiger Faktor der Evolution. Die A. bewirkt in der Natur (**natürl. A.**) und Züchtung (**künstl A.**) eine unterschiedlich starke, nicht zufallsmäßige Vermehrung von unterschiedlich gut angepassten Individuen (↑Darwinismus).
2) *Weinbau:* Wein von vollreifen, meist auch edelfaulen Beeren (**Beeren-, Trockenbeerenauslese**), dritte Stufe der Qualitätsweine mit Prädikat.
Auslieferung, im Rahmen internat. Rechtshilfe die Übergabe einer Person an eine ausländ. Staatsgewalt zur Strafverfolgung oder -vollstreckung. Eine völkerrechtl. Verpflichtung zur A. besteht nur kraft eines **A.-Abkommens.** Nach Art. 16 GG darf ein Deutscher nicht an das Ausland ausgeliefert werden. Durch Ges. kann jedoch eine abweichende Regelung für A. an einen Mitgliedsstaat der EU oder an einen internat. Gerichtshof getroffen werden (Ges. zur Änderung des Art. 16 GG vom 29. 11. 2000). Politisch verfolgte Ausländer oder Staatenlose genießen ↑Asylrecht. Der A. geht i. d. R. eine gerichtl. Prüfung voraus. – In *Österreich* und in der *Schweiz* gelten ähnl. Bestimmungen.
Auslieferungsschein (Ablieferungsschein), vom Eigentümer einer Ware ausgestellter Schein, der andere, z. B. den Käufer, zur Entgegennahme der Ware ermächtigt.
Auslieger (Ausliegerberg), der ↑Zeugenberg.
Auslobung, öffentlich bekannt gemachte, bindende Zusicherung einer Belohnung für eine Handlung, bes. für die Herbeiführung eines Erfolges, z. B. die Ermittlung eines Straftäters (§§ 657 ff. BGB).
Auslöser, *Technik:* Vorrichtung oder Mechanismus zum Ingangsetzen (Auslösen) eines techn. Ablaufs durch Knopfdruck (z. B. an elektr. Schaltgeräten zum selbsttätigen Ausschalten an fotograf. Kameras zum Betätigen des Verschlusses).
Auslosung, *Börsenwesen:* Verfahren zur Tilgung von Schuldverschreibungen während ihrer Laufzeit.
Ausnahmegericht, ↑Sondergerichte.
Ausnahmegesetz, früher Bez. für ein Ges., das bestimmte Personengruppen einer diskriminierenden oder privilegierenden Sonderbehandlung unterwirft; ist als Verstoß gegen die Gleichheit vor dem Gesetz (Art. 3 GG) unzulässig.

Ausnahmezustand, staatl. Notstand – v. a. durch Krieg, Aufruhr, Katastrophen –, der zu außerordentl. Maßnahmen nötigt, um ihn zu meistern. Nach der Weimarer Reichsverf. von 1919 konnte bei erhebl. Störung oder Gefährdung der öffentl. Sicherheit und Ordnung der Reichspräs. ohne besondere Anordnung des A. die erforderl. Maßnahmen ergreifen, bes. ↑Notverordnungen erlassen (Art. 48). Das GG kennt den Begriff A. nicht, enthält jedoch die ↑Notstandsverfassung. In *Österreich* sieht Art. 18 Bundesverfassungs-Ges. ein beschränktes Notverordnungsrecht des Bundespräs. vor; in der *Schweiz* kann die Bundesversammlung im Notfall von der Verf. abweichen (Art. 165 Bundesverfassung).
Ausonius, Decimus Magnus, lat. Dichter, *Burdigala (heute Bordeaux) um 310, † ebd. um 395; schrieb neben Hof- und Gelegenheitsgedichten v. a. das Gedicht »Mosella« über eine Rhein-Mosel-Fahrt von Bingen bis Trier und einen Liederzyklus auf »Bissula«, eine Kriegsgefangene aus Schwaben.
Auspizi|en [lat. auspicium »Vogelschau«], von den röm. Priestern geübter Brauch zur Erkundung des Willens der Götter durch Beobachtung des Vogelfluges u. a. (↑Auguren).
Auspuff, bei Verbrennungsmotoren das Ausströmen der Abgase, bei Dampfkraftmaschinen des Abdampfs; auch die **A.-Anlage** selbst. Bei Verbrennungskraftmaschinen wird der **A.-Schall** durch den **A.-Topf** gedämpft (**Schalldämpfer**), der den Druck der Abgase durch Absorption, Reflexion, Interferenz entspannt.
Ausrufezeichen (Ausrufungszeichen), 1) *Mathematik:* Zeichen für die ↑Fakultät. 2) *Sprachwissenschaft:* das Satzzeichen »!«.
Ausrüstung, 1) *Papierherstellung:* die endgültige Fertigstellung von Papier oder Karton ohne stoffl. Veränderung.
2) *Textiltechnik:* die Appretur einer textilen Fläche.
Aussaat (natürliche A.), Selbstverbreitung einer Pflanze (Pflanzenart) durch Samen und Sporen. Ihr dienen z. B. Ausstreuvorrichtungen (z. B. Springkraut, Mohn) der Mutterpflanze, Flug- und Schwimmanpassungen (lufthaltige Zellen) der Samen und Sporen.
Aussage, 1) *Logik:* die Formulierung eines Sachverhalts in Form eines Behaup-

tungssatzes, im Unterschied zum ↑Urteil, das als Deklarationssatz Wahrheit oder Falschheit einer A. behauptet.
2) *Recht:* Äußerung über tatsächl. oder vermeintl. Wahrnehmungen. *Strafrechtlich* können unwahre A. vor Gericht als Falsch-A. oder Meineid verfolgt werden. Befand sich der Aussagende in einem **A.-Notstand**, d. h. in einer Interessenkollision, um von sich oder Angehörigen die Gefahr der Strafverfolgung abzuwehren, kann die Strafe gemildert oder ganz von ihr abgesehen werden (§ 157 StGB). *Prozessrechtlich* hat grundsätzlich jeder ↑Zeuge eine A.-Pflicht. Im *öffentl. Dienstrecht* hat jeder Bedienstete vor seiner Äußerung eine **A.-Genehmigung** des Dienstvorgesetzten über öffentl. oder gerichtl. A. einzuholen, die der Amtsverschwiegenheit unterliegen.
Aussagenlogik, ↑mathematische Logik.
Aussatz, *Medizin:* die ↑Lepra.
Ausschabung (Auskratzung, Abrasio, Kürettage), partielle **(Strichkürettage)** oder weitgehende Entfernung der Schleimhaut aus der Gebärmutterhöhle mittels eines scharfrandigen, durchlochten Instrumentes (Kürette). Anwendungen: zur Diagnose und Therapie (z. B. abnorme Blutung, Fehlgeburt), beim ↑Schwangerschaftsabbruch.
Ausscheider, *Medizin:* der ↑Dauerausscheider.
Ausscheidung, 1) bei Mensch und Tier die ↑Exkretion.
2) *Chemie:* Kristallbildung bei der Abkühlung von Metallschmelzen; auch die Bildung von neuen Kristallarten bei der Abkühlung fester Legierungen.
Ausschlag, 1) *Medizin:* (Exanthem), örtlich begrenzte oder ausgebreitete krankhafte Veränderungen der Haut **(Effloreszenzen)** wie Flecken, Knötchen, Bläschen, z. B. beim ↑Ekzem, ↑Erythem, bei Infektionskrankheiten.
2) *Messtechnik:* Abweichung von der Ruhelage (Pendel, Zunge an Waagen).
Ausschlagung, *Erbrecht:* die vor der Annahme der Erbschaft dem Nachlassgericht gegenüber abgegebene Willenserklärung des Erben oder Vermächtnisnehmers, durch die dieser seine Rechtsstellung aufgibt (§§ 1942 ff., 2176 BGB). Die A.-Frist beträgt 6 Wochen nach Kenntnis des Erbanfalls.
ausschließliche Wirtschaftszone, ein jenseits der ↑Küstengewässer gelegenes und an diese angrenzendes Gebiet, das einer besonderen Rechtsordnung unterliegt. Die Breite der a. W. wird vom Küstenstaat festgelegt. Sie darf sich jedoch nicht weiter als 200 Seemeilen von den Basislinien erstrecken, von denen aus die Breite der Küstengewässer gemessen wird. Die ↑Freiheit der Meere wird durch die a. W. nicht berührt.

Aussaat: Aussäen von Erdnüssen in Kamerun

Ausschließlichkeitserklärung, die Verpflichtungserklärung eines Vertragspartners, keinen Dritten (in das Geschäft) einzubeziehen, z. B. bei Verträgen mit Maklern.
Ausschließung, *Recht:* das Verbot für Gerichts- oder Amtspersonen, in bestimmten gesetzlich geregelten Fällen an Verfahren mitzuwirken. Ein Richter (Urkundsbeamter, Rechtspfleger u. a.) darf in einem Zivil- oder Strafprozess nicht mitwirken, wenn bestimmte persönl. Beziehungen zu der Prozesssache oder den Parteien bestehen (z. B. Verwandtschaft). Die Parteien können die Gerichtsperson ablehnen (↑Ablehnung). Die Mitwirkung einer ausgeschlossenen Gerichtsperson am Prozess ist ein Grund für Berufung, Revision oder Nichtigkeitsklage (§§ 41–49 ZPO; §§ 22–31 StPO). Ähnlich in *Österreich* und der *Schweiz.* – Im *Gesellschaftsrecht* können Gesellschafter aus wichtigem Grund ausgeschlossen werden.
Ausschließungsprinzip (paulisches A.), das ↑Pauli-Prinzip.
Ausschluss, Verhinderung (Verbot) der Teilnahme, A. der ↑Öffentlichkeit.
Ausschlussfrist, ↑Frist.

AUS Ausschreibung

Ausschreibung, 1) *Recht:* Verfahren zur Vergabe von öffentl. Aufträgen (↑Verdingung) oder zur Besetzung freier Stellen in Wirtschaft und öffentl. Verw., um den Bewerbern gleiche Chancen, den Ausschreibenden bestmögl. Auswahl zu eröffnen. 2) *Sport:* die Bekanntgabe von Ort, Zeit, Teilnahme- und Durchführungsbestimmungen für eine Sportveranstaltung.

Ausschuss, 1) *Staatsrecht:* aus größeren Körperschaften gewählter engerer Kreis (Komitee) zur Erledigung von Aufgaben, die das größere Gremium nur schwer wahrnehmen kann. So z. B. wird in den Parlaments-A. der wesentl. Teil der Arbeit dieser Körperschaft geleistet, deren Ergebnis dem Plenum zur Abstimmung vorgelegt wird. Eine Besonderheit ist der ↑Gemeinsame Ausschuss. 2) *Technik:* fehlerhafte Werkstoffe, Werkstücke oder Fertigwaren, die für ihren Verwendungszweck unbrauchbar sind.

Ausschuss der Regionen, unabhängiges, beratendes Organ (Art. 263–265 EG-Vertrag), mit dem die kommunalen und regionalen Gebietskörperschaften im Rahmen der EU an den Meinungsbildungs- und Entscheidungsprozessen beteiligt werden. Der Ausschuss muss von der Europ. Kommission und vom Rat der EU zu allen Entscheidungen über regionale Sachverhalte gehört werden und soll zur Verwirklichung des ↑Subsidiaritätsprinzips beitragen.

Ausschütteln, Flüssig-Flüssig-Extraktion von gelösten Stoffen durch Schütteln mit geeigneten Lösungsmitteln.

Ausschwitzung (Exsudation), bei Entzündungen, bes. der Brust- und Bauchorgane, auftretende Absonderung von Flüssigkeit aus Blut- und Lymphgefäßen. Die abgesonderte eiweißreiche und meist zellhaltige Flüssigkeit, das **Exsudat**, sammelt sich oft in Hohlräumen (Herzbeutel, Bauchhöhle).

Aussee, Bad, ↑Bad Aussee.

Aussegnung, in einigen evang. Kirchen die Segnung des Toten in der Friedhofshalle vor der Beerdigung.

Außenbeitrag, in der volkswirtsch. Gesamtrechnung die Differenz zw. der Ein- und Ausfuhr von Waren, Dienst- und Faktorleistungen.

Außenbordmotor, am Bootsheck befestigter kippbarer Bootsmotor mit senkrecht stehender Kurbelwelle.

Außenganghaus (Laubenganghaus), mehrgeschossiges Wohnhaus, in dem an einem offenen Gang Wohnungen nebeneinander liegen. Die Außengänge sind über ein Treppenhaus zugänglich.

Außenhandel, der Teil der Warenumsätze, der über die Landesgrenzen geht (Einfuhr und Ausfuhr), im Unterschied zum Binnenhandel. Einfuhren und Ausfuhren werden in der **A.-Bilanz** (Handelsbilanz) gegenübergestellt. Das A.-Volumen ergibt sich aus den Ein- und Ausfuhrmengen, bewertet mit den jeweiligen Preisen eines Basisjahres. Die A.-Statistik unterscheidet **Generalhandel,** Ein- und Ausfuhr einschließlich Veredelungs- und Lagerverkehr mit Ausnahme der Durchfuhr, **Spezialhandel,** Ein- und Ausfuhr im freien Verkehr oder zur Veredelung, **Durchfuhr (Transit),** Warenverkehr, der durch das Erhebungsgebiet ohne Be- und Verarbeitung zum Bestimmungsland befördert wird, **Lagerverkehr,** vom Ausland in Freizonen (↑Freihafen) und Zolllager eingeführte Waren sowie deren Import nach Verzollung in den inländ. Verkehr oder deren Export ohne Verzollung ins Ausland, und **Veredelungsverkehr,** Waren, die zum Zwecke der Veredelung (Be- oder Verarbeitung) zollbegünstigt die Zollgrenze eines Landes passieren, aber nicht in den freien Verkehr innerhalb des Zollgebietes gelangen. (↑Außenwirtschaft, ↑Extrahandel, ↑Intrahandel)
📖 *Gabler-Lexikon Auslandsgeschäfte,* hg. v. E. G. Walldorf. Wiesbaden 2000. – *Jahrmann, F.-U.: A.* Ludwigshafen ¹⁰2001. – *Weberpals, R. u. Clemenz, G.: Lexikon der Handelsbetriebslehre.* Ludwigshafen 2002.

Außenhandelsbanken, Kreditinstitute, die v. a. die mit dem Außenhandel verbundenen Kredit-, Zahlungsverkehrs- und sonstigen Dienstleistungsgeschäfte durchführen.

Außenhandelsmonopol, Zentralisierung des Außenhandels in der Hand des Staates oder einer vom Staat dazu bestimmten Institution; wesentl. Bestandteil zentral gelenkter Wirtschaftssysteme.

Außenhaut, bei Flugzeugen die äußere Wandung (Blech, Verbundwerkstoffe, Holz, Gewebe); bei Schiffen die Platten oder Planken der Außenseite, bei Faltbooten meist imprägniertes Gewebe, im Bootsbau zunehmend faserverstärkte Kunststoffe.

Außenminister, der für die Führung der

Außenwirtschaft AUS

auswärtigen Politik zuständige Minister. In *Dtl.* führt der A. den Titel »Bundesminister des Auswärtigen«, in *Österreich* »Bundesminister für auswärtige Angelegenheiten«. In der *Schweiz* übt die Funktion des A. der Bundesrat aus, der das Eidgenöss. Departement für auswärtige Angelegenheiten leitet.

Außenpolitik, die Gestaltung der Beziehungen eines Staates zu anderen Staaten und zu internat. Organisationen, bes. die Herstellung zweiseitiger (bilateraler) oder mehrseitiger (multilateraler) polit., militär., wirtsch., rechtl. oder kultureller Beziehungen. Die A. wird durch geograph. Lage, Größe und strateg. Position eines Staates im internat. Kräfteverhältnis, v. a. aber durch seine innenpolit. Verfassung und Organisation bestimmt. Zu den Mitteln der A. gehören Diplomatie, Verträge, Bündnisse, Außenwirtschaftspolitik, aber auch Androhung oder Einsatz militär. Gewalt. Träger der A. sind die mit der Wahrnehmung der ↑auswärtigen Angelegenheiten betrauten Staatsorgane, internat. und supranat. Organisationen sowie Nichtregierungsorganisationen (NGO).
📖 *Ehrenzeller, B.: Legislative Gewalt u. A.* Basel 1993. – *Kissinger, H. A.: Die Vernunft der Nationen. Über das Wesen der A. A. d. Engl. Tb.-Ausg.* München 1996. – *Hb. der A. Von Afghanistan bis Zypern,* hg. v. *J. Bellers u. a.* München u. a. 2001.

Außenprüfung (früher Betriebsprüfung), Maßnahme des Finanzamtes, um anhand schriftl. Unterlagen die steuerl. Verhältnisse von Steuerpflichtigen mit Einkünften aus Gewerbebetrieb, Land- und Forstwirtschaft oder freier Berufstätigkeit zu ermitteln (§§ 193 ff. AO). Die A. kann verschiedene Steuerarten und Besteuerungszeiträume umfassen oder sich auf bestimmte Sachverhalte beschränken.

Außenseiter, 1) *Arbeitsrecht:* nicht durch Tarifvertrag erfasste Arbeitgeber oder Arbeitnehmer.
2) *Soziologie:* (Outsider), ↑Minderheit.
3) *Sport:* im Ggs. zum ↑Favoriten ein Teilnehmer an einem Wettbewerb mit den geringsten Aussichten auf Erfolg.

Außenstände, Forderungen aus Warenlieferungen und Leistungen; gehören in der Bilanz zum Umlaufvermögen.

Außensteuergesetz, Ges. über die Besteuerung bei Auslandsbeziehungen vom 8. 9. 1972 für die Beseitigung ungerechtfertigter Steuervorteile durch Nutzen des internat. Steuergefälles. (↑Steuerflucht)

Außenversicherung, in ortsgebundenen Versicherungszweigen die zuschlagfreie Haftungserweiterung für bewegl. Sachen außerhalb des Versicherungsortes.

Außenwert, 1) der Wert einer Währung, gemessen in fremder Währung. Wird z. B. der US-Dollar am Devisenmarkt zu 1,10 € je US-$ gehandelt, dann beträgt der A. des Euro 0,91 US-$. **2)** die reale Kaufkraft einer über den Wechselkurs umgerechneten inländ. Währung im Ausland (↑Kaufkraftparität).

Außenwinkel, der Nebenwinkel eines Innenwinkels beim konvexen Vieleck.

Außenwirtschaft, alle Wirtschaftsbeziehungen zw. Staatsräumen. Die A. umfasst Waren-, Dienstleistungs-, Kapital-, Zahlungs- und sonstigen Wirtschaftsverkehr

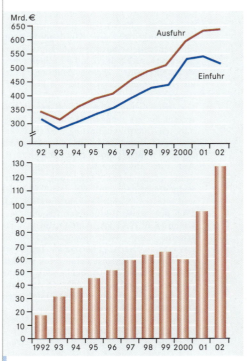

Außenwirtschaft: Entwicklung des deutschen Außenhandels (alte und neue Bundesländer); Gesamtentwicklung (oben) und Ausfuhrüberschuss (unten)

481

AUS außereheliche Kinder

zw. In- und Ausland. A.-Politik bedeutet staatl. Eingreifen in die A., um allg. wirtschaftspolit. Ziele zu unterstützen; sie kann aber auch auf außerökonom. (außenpolit. und/oder militär.) Ziele gerichtet sein. Die Maßnahmen sind nach Art und Umfang sowohl von der herrschenden Wirtschaftsauffassung (Freihandel, Protektionismus, Autarkie) als auch von der bestehenden oder geplanten Weltwirtschaftsordnung abhängig.
Für die liberale A.-Politik gelten die Grundlagen der Marktwirtschaft (Freihandel, Konvertierbarkeit der Währung); so beschränken sich ihre Maßnahmen auf allgemeinen Rechtsschutz nach außen, Zolleingriffe und Abschluss von Handelsverträgen sowie Doppelbesteuerungsabkommen. – Die autonome A.-Politik als Ergebnis zentraler Wirtschaftslenkung umfasst alle Zwischenstufen des staatl. Einflusses von der absoluten Beherrschung der A. (z. B. Außenhandelsmonopol) bis zu güterwirtsch. und/oder monetären Eingriffen wie Kontingentierung, Devisenbewirtschaftung und Einfuhrverboten, v. a. im Hinblick auf die allgemeinen wirtschaftspolit. Ziele: Zahlungsbilanzausgleich, Geldwertstabilität, Vollbeschäftigung.
Die Instrumente der A.-Politik werden unterteilt in: a) mengenregulierende Maßnahmen (Kontingentierung), b) preisverändernde Eingriffe (Zölle, Subventionen u. a.), c) währungspolit. Maßnahmen (z. B. Auf- und Abwertungen), d) integrationspolit. Maßnahmen: Schaffung internat. Rahmenbedingungen für Außenhandel und internat. Kapitalverkehr durch WTO, IWF u. a. sowie Bildung von Freihandelszonen (z. B. NAFTA, AFTA) sowie Wirtschafts- und Währungsunionen (z. B. EWWU). – Die A.-Theorie als Teilgebiet der Wirtschaftstheorie befasst sich mit den Warenströmen des Außenhandels (reine A.-Theorie) und mit Problemen der Zahlungsbilanz und deren Einflussfaktoren (monetäre A.-Theorie).
📖 *Jarchow, H.-J. u. Rühmann, P.:* Monetäre A., 2 Bde. Göttingen u. a. ³⁻⁴1993–94. – *Maennig, W.: A.:* Theorie u. Politik. München 1998. – *Rose, K. u. Sauernheimer, K.:* Theorie der A. München ¹³1999. – *Siebert, H.: A.* Stuttgart ⁷2000. – *Rübel, G.:* Grundlagen der monetären A. München u. a. 2002.

außereheliche Kinder, ↑nichteheliche Kinder.
Äußere Mongolei, das Staatsgebiet der ↑Mongolei.
äußeres Produkt, das ↑Vektorprodukt.
außergalaktisch, ↑extragalaktisch.
außergewöhnliche Belastungen, bei der Einkommensteuer zu berücksichtigende Aufwendungen, die höher sind als die Aufwendungen der Steuerpflichtigen gleicher Einkommensverhältnisse und zwangsläufig (aus rechtl., tatsächl. oder sittl. Gründen) erwachsen, z. B. Unfall- oder Beerdigungskosten. Steuermindernd abzugsfähig ist der Teil der a. B., der die **zumutbare Belastung** (gestaffelt nach Einkommen, Familienstand, Kinderzahl) übersteigt.
außerirdisches Leben (extraterrestrisches Leben), die aus naturwiss. Sicht nicht auszuschließende Überlegung, dass außer dem ird. Leben auch auf anderen Himmelskörpern Leben entstanden sein könnte. Sie wird durch den Nachweis »organischer« (abiologisch entstandener) Moleküle im interstellaren Raum sowie durch Experimente zur Bildung lebensnotwendiger komplexer Moleküle aus einem Gasgemisch kosmisch häufiger Elemente unterstützt. Versuche, Botschaften von außerird. Intelligenzen bzw. Zivilisationen mithilfe starker Radioteleskope zu empfangen, blieben bisher ohne Erfolg (↑CETI, ↑SETI).
außerordentlicher Strahl, Optik: ↑Doppelbrechung.
außerparlamentarische Opposition, Abk. **APO,** 1966 in der Bundesrep. Dtl. nach der Bildung der großen Koalition aus CDU/CSU und SPD entstandene Gruppen v. a. von Studenten und Jugendlichen, die ihren Streit um Notstandsgesetze, Hochschulreform und Pressekonzentration nicht durch die Parteien des Bundestages vertreten sahen. Unter Führung des Sozialist. Dt. Studentenbundes (SDS) entwickelte sich die APO zu einer antiautoritären Bewegung, die durch provokative, oft gewaltsame Methoden gesellschaftl. Veränderungen zu erreichen suchte (Höhepunkt: 1968, deshalb auch »Achtundsechziger«). (↑ neue Linke)
📖 *APO. Außerparlamentar. Opposition in Quellen u. Dokumenten (1960–1970),* hg. v. *K. A. Otto.* Köln 1989.
Ausserrhoden, schweizer. Kanton, ↑Appenzell-Ausserrhoden.

Ausstattung AUS

außersinnliche Wahrnehmung, Abk. **ASW,** (engl. Extrasensory Perception, Abk. ESP), Bez. für die von der ↑Parapsychologie untersuchten Formen einer Wahrnehmung außerhalb der bekannten Sinnesorgane: ↑Telepathie, ↑Hellsehen oder ↑Präkognition.

Aussetzung, 1) *Strafprozess:* das Abbrechen der Hauptverhandlung aus bestimmtem Grund (z. B. zur gerichtl. Klärung einer bürgerlich-rechtl. Streitigkeit, § 262 Abs. 2 StPO) mit der Wirkung, dass die Verhandlung von neuem aufgenommen werden muss; A. ist von ↑Unterbrechung zu unterscheiden. Die A. eines Haftbefehls ist nach § 116 StPO möglich, wenn weniger einschneidende Maßnahmen die Erwartung begründen, dass der Zweck der Untersuchungshaft auch durch sie erreicht werden kann. (↑Strafaussetzung zur Bewährung)
2) *Strafrecht:* nach § 221 StGB das Verbringen einer wegen jugendl. Alters, Gebrechlichkeit oder Krankheit hilflosen Person aus einem bisher geschützten Zustand in einen Leben oder Gesundheit gefährdenden. Die A. wird mit Freiheitsentzug bestraft. Ähnl. Bestimmungen enthalten das *österr.* (§ 82 StGB) und das *schweizer.* Recht (Art. 127 StGB).
3) *Zivilprozessrecht:* (A. des Verfahrens), der durch gerichtl. Beschluss angeordnete Stillstand des Verfahrens, wenn der Ausgang des Rechtsstreits von der Entscheidung anderer Gerichte abhängig ist (§§ 148 ff., 246 ff. ZPO); in *Österreich* **Unterbrechung** genannt (§§ 155 ff. österr. ZPO).

Aussiedler, nach dem Bundesvertriebenen-Ges. (BVFG) dt. Staats- und/oder Volkszugehörige, die nach Abschluss der allg. Vertreibungsmaßnahmen (ab 1951) und vor dem 1. 7. 1990 oder danach im Wege des Aufnahmeverfahrens vor dem 1. 1. 1993 die früheren dt. Ostgebiete, Albanien, Bulgarien, China, Danzig, Estland, das ehem. Jugoslawien, Lettland, Litauen, Polen, Rumänien, die ehem. Sowjetunion, die ehem. Tschechoslowakei oder Ungarn verlassen haben. A. sind Vertriebene und Deutsche gemäß Art. 116 Abs. 1 GG. Ihre Rechtsstellung sowie ihre wirtsch. und soziale Eingliederung, z. B. durch Eingliederungshilfen, werden durch das BVFG, das Fremdrenten-Ges. und das Lastenausgleichs-Ges. geregelt. 1950–95 sind rd. 3,5 Mio. A., überwiegend ehem. Russlanddeutsche (39 % aller A.) sowie ehem. Polendeutsche (41 % der A.) und Rumäniendeutsche nach Dtl. gekommen. (↑Spätaussiedler)
📖 *Eingliederung von A. Sammlung von Texten, die für die Eingliederung von A. (Spätaussiedlern) aus den osteurop. Staaten von Bedeutung sind,* bearb. v. *J. Haberland.* Leverkusen ⁶1994.

Aussiedlung, die Verlegung eines landwirtsch. Betriebes aus beengter Dorflage in die Feldmark, meist verbunden mit einer ↑Flurbereinigung.

Aussig, Stadt in der Tschech. Rep., ↑Ústí nad Labem.

Aussolen, Gewinnung von Steinsalz durch unterird. Auflösen mit Wasser. Die Sole wird über Tage weiterverarbeitet.

Aussonderung, im Insolvenzverfahren die Herausnahme der Gegenstände, die dem Schuldner nicht gehören, aus der Insolvenzmasse zur Rückgabe an die Berechtigten.

Ausspähung von Staatsgeheimnissen, ↑Landesverrat.

Aussperrung, Arbeitskampfmaßnahme der Arbeitgeber, bei der diese die Arbeitsverhältnisse mit allen Arbeitnehmern oder einem Teil von ihnen aufheben. Die A. ist keine Kündigung, sodass keine Fristen zu wahren sind. Sie hat i. d. R. nur suspendierende, keine lösende Wirkung, d. h., nach Beendigung des Arbeitskampfes leben die Arbeitsverhältnisse wieder auf. Nach der Rechtsprechung ist die A., die nach überwiegender Meinung aufgrund von Art. 9 GG zulässig ist, an das Verhältnismäßigkeitsprinzip gebunden.

Aussprache, Artikulation von Sprachlauten oder ihr Ergebnis; sie kann in ↑Lautschrift wiedergegeben werden.

Ausstand, ↑Streik.

Ausstattung, 1) *Börsenwesen:* Festlegung von Laufzeit, Verzinsung und Tilgungsmodalitäten von Anleihen.
2) *Familienrecht:* Zuwendungen, die einem Kind von den Eltern zur Heirat, zur Selbstständigmachung oder zur Erhaltung der Selbstständigkeit gemacht werden (§ 1624 BGB). Eine Art der A. ist die sog. **Aussteuer,** d. h. die Zuwendungen, die einer Tochter bei der Verheiratung zur Einrichtung des Haushaltes gewährt werden. Ein gesetzl. Anspruch des Kindes auf Gewährung der A. besteht nicht. Gesetzl. Erben

müssen das, was sie vom Erblasser als A. erhalten haben, bei der Erbauseinandersetzung untereinander ausgleichen (§ 2050 BGB). Das *österr.* Recht unterscheidet **Heiratsgut,** das Vermögen, das dem Ehemann von der Ehefrau oder Dritten übergeben wird, und A., die Zuwendungen, die der jeweilige Ehegatte wegen der Heirat von Eltern oder Großeltern erhält (§§ 1218 ff. ABGB). Das *schweizer.* Recht kennt keine Rechtspflicht der Eltern auf Gewährung einer A., nur Unterstützungspflicht im Falle der Not.
3) *Theater:* Gesamtheit der bei einer Inszenierung benutzten Hilfsmittel (Kulissen, Möbel, Kostüme).
Aussteifungen, Stäbe, mit denen dünne Tragwände verstärkt oder ein Bauteil oder Bauwerk gegen den Angriff waagerechter Kräfte (z. B. Winddruck, Erddruck) standfest gemacht werden.
Aussteiger, Schlagwort für Personen oder Gruppen, die sich zu einer von den allg. Normen und Verhaltenserwartungen grundsätzlich abweichenden Lebensweise entschlossen haben.
Ausstellung, die Zurschaustellung wirtschaftlicher, techn., künstler. u. a. Erzeugnisse. Man unterscheidet Fach-A. und allg. A., zu denen v. a. die ↑Weltausstellungen gehören; zu unterscheiden von der ↑Messe.
Ausstellungsrecht, dem Urheber eines unveröffentlichten Werkes der bildenden Kunst oder der Lichtbildkunst vom Urheberrechts-Ges. ausdrücklich als Verwertungsrecht zuerkannte Recht, sein Werk öffentlich auszustellen.
Ausstellungsschutz, zeitweiliger Schutz der Priorität für neue Marken und Gebrauchsmuster (Modelle), die auf Ausstellungen gezeigt werden, sowie Erfindungen, die auf bestimmten internat. Ausstellungen präsentiert werden, falls sie binnen 6 Monaten nach Eröffnung der Ausstellung beim Patentamt angemeldet werden.
Aussterben, das Verschwinden von Arten, Gattungen, Stämmen von Lebewesen, die sich biot. oder abiot. Umweltänderungen nicht anpassen konnten (alternde Stammesreihen). Oft gehen aber auch Stammesreihen ohne erkennbare morphol. oder pathol. Degenerationserscheinungen zugrunde. Mögl. Ursachen des A.: 1) Verdrängung durch konkurrenzüberlegene Formen; 2) zu einseitige Spezialisierung (Riesenformen); 3) stärkere Umweltänderungen; 4) Weiterentwicklung in der eigenen Gruppe: intraspezif. Konkurrenz als normaler Ablauf der Stammesentwicklung. Die Datierung von Fossilien ergab, dass das Ausmaß des A. von Tier- und Pflanzenarten zeitl. Schwankungen unterworfen war. So sind – neben mehreren kleinen – fünf große Ereignisse von **Massensterben** bekannt. Sie zeigen in ihrem Auftreten eine gewisse Periodizität, die die Einwirkung äußerer physikal. Einflüsse vermuten lässt, entweder als einmaliges Ereignis und dessen Folgen (Katastrophentheorie) oder als eine allmähl. Änderung der Lebensbedingungen. Für das A. vieler Großtiere in der Eis- und Nacheiszeit ist z. T. der Mensch verantwortlich **(Ausrottung).** Ausgerottet wurden z. B. Auerochse (Ur), Quagga, Dronte, Mastodon, Moa, Riesenalk, Riesenfaultier, Riesengürteltier, Stellersche Seekuh v. a. durch Jagd und Urbarmachung. Ursachen für das verstärkte A. von Arten in neuerer Zeit sind z. B. die Zerstörung des natürl. Lebensraumes und der Nahrungsgrundlagen (u. a. durch steigende Umweltverschmutzung sowie der Temperaturanstieg aufgrund des ↑Treibhauseffektes) und die ausgedehnte Anwendung von Schädlingsbekämpfungsmitteln. (↑Rote Liste)
📖 *Erben, H. K.: Leben heißt Sterben. Der Tod des einzelnen u. das A. der Arten.* Hamburg 1981. – *Eldredge, N.: Wendezeiten des Lebens. Katastrophen in Erdgeschichte u. Evolution. A. d. Engl.* Heidelberg u. a. 1994. – *Engelhardt, W.: Das Ende der Artenvielfalt. A. u. Ausrottung von Tieren.* Darmstadt 1997.
Aussteuer, ↑Ausstattung (Familienrecht).
Aussteuerung, 1) *Elektronik:* zeitabhängige Beeinflussung einer steuerbaren Anordnung (z. B. Verstärker) durch das Eingangssignal zur Übertragung von Signalen; auch die Grenze, bis zu der die Steuerung getrieben werden darf, ohne dass Verzerrungen auftreten **(A.-Bereich).** Bei Grenzüberschreitung spricht man von **Übersteuerung.**
2) *Sozialversicherung:* das Erlöschen des Anspruchs eines arbeitsunfähig erkrankten Arbeitnehmers auf Krankengeld nach Ablauf des Krankengeldzeitraumes (78 Wochen). Steht er zu diesem Zeitpunkt noch dem Arbeitsmarkt für eine begrenzte

Austern AUS

Vermittlung zur Verfügung, kann er nach Ablauf des Krankengeldzeitraumes und trotz eines fortbestehenden Arbeitsverhältnisses Arbeitslosengeld beantragen (§ 125 SGB III).
Ausstiegsklausel, *Lizenzfußball:* Vertragspassus, der es dem Spieler erlaubt, den Verein unter besonderen Umständen ohne bzw. mit vertraglich festgeschriebener Ablösesumme vor Vertragsablauf zu verlassen (z. B. bei Abstieg).
Ausstrahlung, *Physik:* die Aussendung von elektromagnet. ↑Strahlung wie Licht und Wärme; i. e. S. die Wärmeabgabe von der Erdoberfläche an die darüber liegenden Luftschichten sowie der gesamten Atmosphäre an den Weltraum.
Ausstrich (Ausstreichen, Ausbiss), Schnitt einer Gesteinsschicht mit der Erdoberfläche.
Ausströmen, *Physik:* ↑Ausfluss.
austarieren, ins Gleichgewicht bringen, z. B. die beiden Waagschalen einer Waage.
Austastlücke, *Fernsehtechnik:* 1) **horizontale A.**, die Zeitspanne, die der Elektronenstrahl in der Bildröhre benötigt, um von einem Zeilenende zum nächsten Zeilenanfang zu springen; 2) **vertikale A.**, die Zeit, die zur Rückführung des Elektronenstrahls nach jedem Halbbild an den oberen Bildschirmrand nötig ist. Während beider Vorgänge ist der Elektronenstrahl dunkelgetastet, d. h., er hinterlässt kein sichtbares Bild. Die vertikale A. wird u. a. zur Übertragung von Videotext genutzt.
Austausch, 1) *Makrophysik:* der wechselseitige Übergang von Materie, Wärmeenergie oder Impuls zw. zwei oder mehreren Systemen oder deren Komponenten (v. a. in Thermodynamik, Strömungslehre).
2) *Mikrophysik:* der bei atomaren Systemen auf der ↑Nichtunterscheidbarkeit gleichartiger Teilchen beruhende quantenmechan. Effekt der Vertauschbarkeit ihrer Quantenzustände (Ladung, Spin u. a.).
Austauscher, ↑Ionenaustauscher, ↑Wärmeaustauscher.
Austauschkraft, eine zuerst in der Quantentheorie der chem. Bindung, speziell der Bindung zw. unpolaren Atomen (homöopolare Bindung) entdeckte anziehende Kraft (Wechselwirkung), die durch ständigen Austausch von Elektronen zustande kommt. – In der Quantenfeldtheorie deutet man alle Wechselwirkungs-

kräfte, insbes. die Kernkräfte, als Folge eines Austausches von Elementarteilchen. Die auszutauschenden Partikel werden dabei erst im Austauschprozess selbst erzeugt und wieder absorbiert; z. B. wird die elektr. Abstoßung zw. Elektronen durch den Austausch von Lichtquanten vermittelt.
Austen [ˈɔːstɪn], Jane, engl. Schriftstellerin, *Steventon (Cty. Hampshire) 16. 12. 1775, † Winchester 18. 7. 1817; schilderte mit feiner Ironie die oft selbstgerechte Welt des gehobenen engl. Landadels und Mittelstandes, schrieb u. a. die Romane: »Stolz und Vorurteil« (1813), »Emma« (1816), »Die Abtei von Northanger« (1818), »Anne Elliot« (hg. 1818).
📖 *Jehmlich, R.:* J. A. Darmstadt 1995. – *Martynkewicz, W.:* J. A. Reinbek 1995.
Austenit *der,* Bez. für die kubisch-flächenzentrierten γ-Mischkristalle des Eisen-Kohlenstoff-Systems und das von ihnen gebildete Gefüge. **Austenitischer Stahl** ist unmagnetisch und nicht härtbar; Legierungen mit Chrom, Nickel und Mangan sind hitze- und korrosionsfest.
Auster [ˈɔːstə], Paul, amerikan. Schriftsteller, *Newark (N. J.) 3. 2. 1947; bekannt wurden v. a. seine die Grenze zw. Fiktion und Realität verwischenden New-York-Romane (u. a. »Mond über Manhattan«, 1989); auch Drehbuchautor.
Weitere Werke: Romane: Leviathan (1992); Mr. Vertigo (1994); Timbuktu (1999); Das Buch der Illusionen (2002). – Essays: Die Kunst des Hungers. Essays und Interviews (dt. 2000).
Austerity [ɔˈsterɪtɪ; engl. »Einfachheit«, »Strenge«] *die,* Schlagwort für die in Großbritannien 1947–50 vom dem Schatzkanzler S. Cripps betriebene Politik wirtsch. Sparsamkeit; seitdem allg. auf ähnl. Sparprogramme angewandt.
Austerlitz (tschech. Slavkov u Brna), Stadt im Südmähr. Gebiet, Tschech. Rep., etwa 7 000 Ew. – In der **Dreikaiserschlacht** bei A. am 2. 12. 1805 besiegte der frz. Kaiser Napoleon I. die Truppen des österr. Kaisers Franz II. und des russ. Kaisers Alexander I.
Austern [grch.-lat.] (Ostreidae), Familie der Muscheln mit ungleichmäßiger Schale und verkümmertem Fuß; meist auf hartem, festem Untergrund warmer und gemäßigter Meere festgewachsen. A. sind zwittrig; ihre Larven heften sich am Meeresboden

AUS Austernfischer

fest und vollziehen ihre Verwandlung. **A.-Bänke** sind Ansammlungen von oft vielen Millionen Tieren. Sie leben von kleinsten tier. und pflanzl. Schwebeorganismen, die mit dem Atemwasser eingestrudelt und durch die Kiemen abfiltriert werden.
Für die Kultur der essbaren **Europ. Auster** (Ostrea edulis) werden »Collecteure« (z.B. Buschwerk, gekalkte Dachziegel) in den Wattengebieten ausgelegt, an denen sich A.-Larven ansiedeln. Nach etwa einem Jahr werden die Jungtiere **(Saat-A.)** von der Unterlage abgepflückt, für 1 $\frac{1}{2}$ Jahre in Zuchtparks oder in Holzkästen ausgelegt und danach in Mastparks (frz. »claires«) zur Marktreife gebracht.
Neben der Gatt. Ostrea bezeichnet man als A. z.B. auch Arten der Gatt. Crassostrea: die **Portugies. Auster** (Crassostrea angulata), im europ. Bereich, und die **Amerikan. Auster** (Crassostrea virginica), jenseits des Atlantiks; beide sind essbar, jedoch getrenntgeschlechtlich und bilden äußerlich tiefere Schalen als die Europ. Auster. – Wie viele Muscheln bilden A. gelegentlich auch Perlen.

Austernfischer: Haematopus ostralegus

Austernfischer (Haematopodidae), Familie schwarzweißer Watvögel mit roten Beinen und langem rotem Schnabel. In Europa weit verbreitet ist der 43 cm große **A.** (Haematopus ostralegus).
Austernseitling (Austernpilz, Muschelpilz, Pleurotus ostreatus), essbarer Blätterpilz mit oberseits dunklem, unterseits weißem, bis 15 cm breitem Hut; wächst in Büscheln an Laubholz; kann auf totem Holz kultiviert werden.

Austernseitling

Austin [ˈɔːstɪn], Hptst. des Bundesstaates Texas, USA, am Colorado River, 501 600 Ew.; kath. und Staatsuniv.; industrielles Forschungs- und Entwicklungszentrum, Elektronik-, Motoren- u.a. Industrie.
Austin [ˈɔːstɪn], John Langshaw, engl. Philosoph, *Lancaster 26. 3. 1911, †Oxford 8. 2. 1960; Begründer der Sprechakttheorie (↑analytische Philosophie).
Austrägalgericht, ab dem 14.Jh. für Streitigkeiten zw. Fürsten, Prälaten, Städten und Rittern zuständiges Schiedsgericht. Im Dt. Bund wurde die richterl. Gewalt für Streitigkeiten zw. Bundesgliedern der Bundesversammlung als **Austrägalinstanz** übertragen. In *Österreich* (Austrägalsenat) bis 1918 Institution zur Entscheidung von Kompetenzkonflikten zw. Reichsgericht und Verwaltungsgerichtshof.
Australasiatisches Mittelmeer, Nebenmeer des ↑Pazifischen Ozeans.
Australasien, ↑Malaiischer Archipel.
Australian Capital Territory [ɔsˈtreɪljən ˈkæpɪtəl ˈterɪtəri], Abk. **A. C. T.,** von der austral. Bundesregierung (↑Australien) teilweise verwaltetes Territorium (seit 1988 weitgehende Selbstverwaltung) im N der Austral. Alpen, 2 430 km², (2002) 323 300 Ew., umfasst die Bundeshptst. Canberra; die Marinebasis Jervis Bay ist rechtlich dem A. C. T. angeschlossen.
Australian Open [ɔsˈtreɪljən əʊpn], *Tennis:* die offenen Meisterschaften von Australien, seit 1908 (Frauen: 1926) jährlich ausgetragenes Grand-Slam-Turnier (Austragungsort: Melbourne; Hartplatz).
Australide, typolog. Kategorie für die indigene Bev. Australiens (↑Australier); typolog. Merkmale sind: hoher schlanker Wuchs, dunkle Haut-, Augen- und Haarfarbe, länglich-schmaler Kopf mit vorspringendem Kiefer, tief eingesattelter Na-

Australien AUS

senwurzel, fliehender Stirn mit kräftigen Überaugenwülsten.
Australi|en [lat. terra australis »Südland«], der kleinste Erdteil. Er umfasst das austral. Festland sowie die Inseln Tasmanien, die Furneaux Islands, die Hunter Islands und King Island sowie die Inseln in der Torresstraße im N, ferner die Inseln vor der austral. W-Küste. Das Festland A. und die Inseln bilden den Staat ↑Australien. A. liegt auf der Südhalbkugel beiderseits des südl. Wendekreises zw. Ind. und Pazif. Ozean; Fläche: 7,68 Mio. km². Es reicht im N im Kap York bis 10°41′ s. Br., im SO mit dem South Point (Kap Wilson) bis 39°08′ s. Br., mit dem Südostkap Tasmaniens bis 43°39′ s. Br.; westlichster Punkt (Steep Point) 113°09′ ö. L., östlichster (Kap Byron) 153°39′ ö. L.; größte N-S-Erstreckung 3 680 km, größte W-O-Erstreckung 4 000 km.
Landesnatur: Die Küsten A.s sind wenig gegliedert, nur die Große Austral. Bucht im S und der Carpentariagolf im N greifen tief ins Land ein. Auf den Halbinseln im N und S, im SW und SO besitzt A. Riaküsten mit z. T. ausgezeichneten Naturhäfen. Vor der NO-Küste erstreckt sich das der Schifffahrt hinderl. Große Barriereriff (Korallenriff). – A. ist ein Land der Weite und Gleichförmigkeit mit geringen Höhenunterschieden. Es gliedert sich in die Great Dividing Range (im Mount Kosciusko 2 230 m ü. M.) parallel der O-Küste und das westlich vorgelagerte Austral. Tiefland mit der Murray-Darling-Senke. Die Mitte und den W des Erdteils nimmt der Austral. Schild ein (von Mittelgebirgen durchsetzte weite Tafelländer). Rd. 60 % der Fläche A.s sind abflusslos. Die Endseen bilden in der Trockenzeit Salzpfannen, viele Flüsse führen nur periodisch Wasser. Die große Wasserarmut des Kontinents wird durch artesische Wasservorkommen gemildert.
Klima: A. ist der trockenste bewohnte Kontinent. Der südl. Wendekreis teilt A. in ein nördl. tropisches und in ein südl. subtropisches Gebiet; Tasmanien gehört zum gemäßigten Bereich. Durch den jahreszeitl. Wechsel sind mit Ausnahme des SO ausgeprägte Regen- und Trockenzeiten bestimmend. Das Zentrum und der NW sind regenarm.
Pflanzen- und Tierwelt: Die Vegetation bildet mit der Tasmaniens ein eigenes, das austral. Florenreich. Den trop. Regenwäldern im N und NO schließen sich Baum-, Busch- und Grassavannen an; charakterist. Pflanzenarten sind Eukalyptus, Akazie, Flaschenbaum, Grasbaum, Kasuarine und Spinifex. Auch die Tierwelt weist eigene Formen auf. Die Säugetierfauna setzt sich v. a. aus Beuteltieren zusammen (Känguru, Koalabär), außerdem leben hier Vertreter der primitiven Kloakentiere wie Schnabeltier und Ameisenigel. Außergewöhnlich artenreich ist die Vogelfauna mit u. a. Emu, Leierschwanz, Kakadus und Echten Papageien. Der Dingo ist wohl eine verwilderte primitive Form des Haushundes, die sich stark vermehrenden Wildkaninchen wurden aus Europa eingeführt.
Vorgeschichte: Die Besiedlung A.s erfolgte wahrscheinlich von Asien aus. Die ältesten Menschenfunde stammen aus der Zeit vor 62 000 Jahren. Etwa 43 000 bis 47 000 Jahre alt sind Steinwerkzeuge, die bei Sydney gefunden wurden; vor rd.

Australien: Landschaft bei Perth

AUS Australien

Australien: Lake Oberon, Tasmanien

25 000 Jahren wurde an der austral. S-Küste (Koonaldahöhle) erstmals Feuerstein abgebaut. Der Bumerang ist seit etwa 8000 v. Chr. belegt; die für A. typ. Felsbilder (Tier- und Menschendarstellungen) sind z. T. 5 000 Jahre alt. In Tasmanien, das um 8000 v. Chr. durch die sich bildende Bass-Straße von A. getrennt wurde, blieb die Kultur auf dem Stand der austral. Frühzeit. Nachdem sich in den letzten 2 Jt. die Fähigkeit der austral. Ureinwohner, Steingeräte herzustellen, allmählich zurückbildete, bestanden zur Zeit der Entdeckung A.s ihre Waffen und Geräte meist aus Holz. – Karte S. 490/491

 Lamping, H.: A. Stuttgart 1985. – Pettit, R.: A. Tier- u. Pflanzenbuch. Hannover 1985. – Politisches Lexikon Asien, A., Pazifik, hg. v. Werner Draguhn u. a. München ²1989. – Löffler, E. u. Grotz, R.: A. Darmstadt 1995.

Australien (amtlich engl. Commonwealth of Australia, dt. Australischer Bund), Bundesstaat auf dem Kontinent Australien. Der Verwaltung unterstehen als Außengebiete u. a. Norfolk und Christmas Island, Macquarie und Cocos Islands sowie die Heard- und McDonald Islands.

Staat und Recht: Nach der Verf. von 1901 (mit Änderungen) ist A. eine bundesstaatl. parlamentar. Monarchie innerhalb des Commonwealth; Staatsoberhaupt ist der brit. Monarch, vertreten durch einen Generalgouverneur. Die Legislative liegt beim Bundesparlament, bestehend aus der brit. Krone, dem Senat (76 für 6 Jahre gewählte Mitgl.) und dem Repräsentantenhaus (150 Abg., für 3 Jahre gewählt). In A. besteht Wahlpflicht. Höchstes Exekutivorgan ist das Kabinett unter Vorsitz des vom Gen.-Gouv. ernannten Premiermin. Einflussreichste Parteien: Liberal Party of Australia, Australian Labor Party, Natio-

Australien	
Fläche	7 692 030 km²
Einwohner	(2003) 19,731 Mio.
Hauptstadt	Canberra
Verwaltungsgliederung	6 Bundesstaaten, 2 Territorien
Amtssprache	Englisch
Nationalfeiertag	26. 1.
Währung	1 Austral. Dollar ($A) = 100 Cent (c)
Zeitzone	MEZ + 7, 8½ und 9 Std. (von W nach O)

Australien AUS

nal Party of Australia. In inneren Angelegenheiten sind die Bundesstaaten, die über eigene Verf., Parlamente und Reg. verfügen, selbstständig.
Landesnatur: ↑Australien (Erdteil).
Bevölkerung: Bei der zumeist aus Europa eingewanderten Bev. überwiegt der brit. Anteil (zu etwa 95%). Die Zahl der in Großstädten und im Landesinnern lebenden Ureinwohner (Aborigines, ↑Australier) beträgt etwa 400 000. 85% der Ew. leben in Städten, bes. im SO und O des Kontinents, wo südlich der Linie Brisbane–Adelaide fast 90% der Bev. konzentriert sind. – Rd. 73% der Bev. gehören christl. Kirchen an (überwiegend Katholiken und Anglikaner); religiöse Minderheiten bilden Juden, Muslime und Buddhisten. – Das Schulwesen ist staatlich oder wird vom Staat unterstützt. Schulpflicht besteht vom 6. bis 15. Lebensjahr; außer der Nationaluniv. in Canberra (1946 gegr.) gibt es 38 weitere Univ. (die älteste in Sydney, 1850) und Hochschulen.
Wirtschaft und Verkehr: A. hat eine entwickelte Ind. und eine bedeutsame, hoch mechanisierte Landwirtschaft. Letztere nutzt rd. 60% der Staatsfläche, wegen fehlender Bewässerungsmöglichkeiten größtenteils weidewirtschaftlich, für einen intensiven bewässerten Anbau nur etwa 0,5%. Die Landwirtschaft verliert an wirtsch. Bedeutung. Sie trägt zwar mit etwa einem Viertel zu den Exporteinnahmen, aber nur 3% zum Bruttoinlandsprodukt bei. Als wichtigste landwirtsch. Produkte werden z. T. mit Bewässerung Weizen, Zuckerrohr, Baumwolle, Gerste, Reis angebaut; wichtige Exportgüter sind Weizen, Schafwolle (etwa ein Viertel der Weltproduktion), Rindfleisch, Zucker und Milchprodukte. In den trockenen Teilen des Landes überwiegt die Viehzucht (Schafe, Rinder). Der Bergbau (bes. in West-A., Queensland) trägt mit reichen Bodenschätzen (Kohle, Erdöl, Erdgas, Uran, Nickel, Eisenerz, Bauxit, Diamanten, Kupfer, Blei, Zink, Opale, Gold und Silber) rd. ein Viertel zum Exportwert bei. A. ist einer der größten Produzenten und Exporteure von Kohle, Eisenerz, Bauxit, Gold, Erdöl, Uran, Kupfer, Nickel und Zink. Rd. die Hälfte der austral. Energie- und Mineralexporte gehen auf den japan. Markt. In der Ind. rangiert die Nahrungsmittelind. vor der Metallerzeugung (Stahl, Aluminium, Kupfer u. a.). Weitere

Ind.zweige sind Metallverarbeitung (Fahrzeug- und Maschinenbau), chem. und Elektroind. – Ausgeführt werden v. a. landwirtsch. Erzeugnisse, Bergbauprodukte sowie Maschinen und Fahrzeuge; eingeführt werden v. a. Fahrzeuge, Computer und Maschinen. Mit Neuseeland besteht seit 1983 eine Freihandelszone. Die wichtigsten Handelspartner sind Japan, die EU-Länder (bes. Großbritannien, Dtl.), die USA und Neuseeland. – Das Eisenbahnnetz (2001: 39 844 km; verschiedene Spurweiten) und das Straßennetz (2001: 808 294 km, davon 329 045 km mit fester Oberfläche) sind im SO am dichtesten. Ein bed. Teil des Transportwesens wird über den Straßenverkehr abgewickelt. Es besteht eine durchgängige Eisenbahnverbindung von der W- zur O-Küste (Perth–Sydney). In den dünn besiedelten Gebieten von A. (Zentral- und West-A.) herrscht der Luftverkehr vor (281 Flugplätze). Die internat. Flughäfen liegen bei Sydney, Melbourne, Adelaide, Perth, Darwin, Brisbane, Cairns und Townsville. Die austral. Handelsflotte hatte (2000) 1,73 Mio. BRT. Haupthäfen sind Melbourne, Sydney, Port Kembla, Gladstone, Brisbane, Newcastle, Port Hedland und Dampier.

Australien: Townsville, Queensland

Geschichte: Die O-Küste des seit Beginn des 17. Jh. v. a. von Holländern erkundeten A. (daher **Neuholland** genannt) wurde 1770 von J. Cook für Großbritannien in Besitz genommen (New South Wales). 1788 begann dort mit der Gründung einer brit. Sträflingskolonie (heutiges Sydney)

AUS Australien

AUS Australien

Australien: Verwaltungsgliederung (2002; ohne Außenbesitzungen)

Bundesstaaten und Territorien	Fläche in km^2	Ew. in 1 000	Ew. je km^2	Hauptstadt
New South Wales	800 640	6 654,4	8,3	Sydney
Victoria	227 420	4 872,0	21,4	Melbourne
Queensland	1 730 650	3 687,8	2,1	Brisbane
South Australia	983 480	1 520,6	1,6	Adelaide
Western Australia	2 529 880	1 923,5	0,8	Perth
Tasmania	68 400	473,5	6,9	Hobart
Northern Territory	1 349 130	199,6	0,1	Darwin
Australian Capital Territory	2 430	323,3	133,0	Canberra
Australien[*]	7 692 030	19 657,4	2,6	Canberra

[*] eingeschlossen andere Territorien bestehend aus Jervis Bay Territory, Christmas Island und Kokosinseln

die Besiedlung; ab 1793 kamen auch freie Siedler nach A. (Einführung der Schafzucht). Die ab 1825 eigenständige Kolonie Van Diemen's Land erhielt 1853 den Namen Tasmanien. Als weitere brit. Kolonien entstanden 1829 Western Australia, 1836 South Australia und 1851 Victoria. 1851 lösten Goldfunde eine große Einwanderungswelle aus. Die Ureinwohner (↑ Australier) wurden in unfruchtbare Gebiete abgedrängt und z. T. getötet (in Tasmania bis 1876 ausgerottet). Nach 1850 (»Australian Colonies Government Act«) erhielten die Kolonien New South Wales, Victoria, Tasmania und South Australia fast uneingeschränkte Autonomie (mit parlamentar. Verfassung), 1859 Queensland und 1890 Western Australia; sie schlossen sich am 1. 1. 1901 zu einem Bundesstaat (Commonwealth of Australia) im Rahmen des British Empire zusammen; dieser erhielt 1907 Dominionstatus. 1911 kam das Northern Territory hinzu. Die Rivalitäten zw. den Städten Sydney und Melbourne führten 1913 zur Gründung der neutralen Hauptstadt Canberra (Australian Capital Territory). Im Ersten Weltkrieg unterstützte A. das Mutterland Großbritannien; im Zweiten Weltkrieg kämpfte es aufseiten der Alliierten v. a. gegen Japan.

In der Nachkriegszeit wechselten Koalitionsregierungen aus Liberal Party und National Country Party bzw. National Party (1949–72, 1975–83, seit 1996) mit Kabinetten der Labor Party (1941–49, 1972–75 und 1983–96). 1975 erlangte das bis dahin von A. verwaltete Papua-Neuguinea seine Unabhängigkeit. Mit der Unterzeichnung des »Australian Act 1986« durch die brit. Königin Elisabeth II. wurden die letzten

Australien: Glasshouse Mountains, Queensland

Australien AUS

rechtl. Bindungen des Austral. Bundes an Großbritannien gelöst. Im »Native Title Act« von 1993 (durch den Obersten Gerichtshof 1995 bestätigt) kam die Reg. den Aborigines, die erst 1967 die Bürgerrechte erhalten hatten, in der Frage des Rechtsanspruchs auf Land etwas entgegen (bereits mit dem »Native Title Amendment Act« von 1998 wieder eingeschränkt). Nachdem sich der Verfassungskonvent im Febr. 1998 für den Übergang A.s von einer konstitutionellen Monarchie zu einer Rep. zum 1.1. 2001 ausgesprochen hatte, scheiterte dieses Vorhaben durch die Volksabstimmung vom 6.11.1999 (nur rd. 45% der Wahlberechtigten votierten für die Abschaffung der Monarchie). Die ab 1996 amtierende (durch Parlamentswahlen 1998 und 2001 bestätigte) Reg.skoalition aus Liberal und National Party unter Premiermin. J. Howard konnte sich wirtschaftlich auf eine stabile Konjunktur stützen; sie setzte eine harte Asylpolitik durch (2001 Verschärfung entsprechender Ges.).
In der Außenpolitik verstärkte A. seit dem Zweiten Weltkrieg die Zusammenarbeit mit den USA (Gründungsmitglied des ANZUS-Paktes und der SEATO, Teilnahme am Korea- und Vietnamkrieg) und seit den 1980er-Jahren seine Kooperation mit den asiat. Staaten. Auf Initiative A.s entstand 1989 die Asia Pacific Economic Cooperation (APEC). Nach den Terroranschlägen islamist. Extremisten in den USA am 11.9.2001 schloss sich A. umgehend der Antiterrorkoalition an und stellte Truppen für amerikan. Militäroperationen zur Verfügung; nach den blutigen Bombenattentaten auf der indones. Insel Bali (12.10.2002), denen v.a. Australier zum Opfer fielen, legte die Reg. im Nov. 2002 ein neues Antiterrorgesetz vor.

📖 *The Oxford history of Australia,* hg. v. G. Bolton. Auf 5 Bde. ber. Melbourne u.a. 1986ff. – Voigt, J. H.: Gesch. A.s. Stuttgart 1988. – *The Cambridge encyclopedia of Australia,* hg. v. S. Bambrick. Cambridge 1994. – Hughes, R.: A. Die Besiedlung des fünften Kontinents. A. d. Amerikan. Tb.-Ausg. München ³1995. – Löffler, E. u. Grotz, R.: A. Darmstadt 1995. – Bell, S.: Ungoverning the economy. The political economy of Australian economy policy. Melbourne 1997. – Corden, W. M.: The road to reform. Essays on Australian economic policy. South Melbourne 1997. – *New developments in Australian politics,* hg. v. B. Galligan u.a. South Melbourne 1997. – Wopfner, H.: A. Stuttgart 1997. – Hughes, O. E.: Australian politics. South Yarra ³1998. –

Australien: Entdeckung und Erforschung

1606	W. Jansz erreicht Australien am Carpentariagolf; L. V. de Torres durchfährt die später nach ihm benannte Meeresstraße
1616	D. Hartog landet an der Westküste
1642	A. J. Tasman entdeckt Van Diemen's Land (Tasmanien); auf einer zweiten Reise (1644) erkundet er die Nordküste
1770	J. Cook gelangt an die Ostküste, überwindet das Große Barriereriff und passiert die Torresstraße
1788	Beginn der britischen Besiedlung durch Gründung einer Sträflingskolonie beim heutigen Sydney
1795–1803	M. Flinders erforscht die Südküste (der ihn begleitende G. Bass entdeckt 1798 die nach ihm benannte Meeresstraße); 1814 schlägt Flinders den Namen Australien vor (zuvor Neuholland)
1813	G. Blaxland, W. Lawson und W. C. Wentworth leiten die Erforschung des Landesinneren ein
1828–30	C. Sturt erkundet den Darling und den Murray
1839–41	E. J. Eyre erforscht den Torrens und den Eyresee
1844/45	L. Leichhardt durchquert Australien von der Moreton Bay (Ostküste) bis zum Van-Diemen-Golf (Arnhemland)
1860/61	Erste Durchquerung von Süd (Melbourne) nach Nord (Carpentariagolf) durch R. O'Hara Burke
1873–76	P. E. Warburton, die Brüder J. und A. Forrest und E. Giles durchziehen West- und Nordwestaustralien
1891	D. Lindsay erforscht die westaustralischen Wüsten

AUS Australier

Thompson, R. C.: Religion in Australia. A history. Neudr. Melbourne 1998. – A. Eine interdisziplinäre Einführung, hg. v. R. Bader. Trier ²2002.

Australier: Aborigine im Northern Territory

Australi|er, die Eingeborenen Australiens. Zur Zeit der Entdeckung durch die Europäer lebten auf dem austral. Kontinent rd. 300 000 A., aufgegliedert in etwa 500 Stämme; zurzeit gibt es noch rd. 400 000 Ureinwohner (**Aborigines;** zu diesen werden neben den reinblütigen Ureinwohnern auch die Mischlinge gerechnet). Nur noch wenige leben in ihrer traditionellen Kultur. Sie gehören zu den Australiden. Die A. lebten als nomadisierende Jäger und Sammler. Windschirme und Laubhütten dienten als Unterkunft. Waffen waren Speere (mit Speerschleudern), Keulen, Bumerangs, Parierschilde; Knochen-, Muschel- und Steinwerkzeuge fanden vielseitige Verwendung. Die A. lebten in Horden; nur vereinzelt gab es Häuptlinge. Totemismus (↑Totem), Ahnenverehrung, Heiratsgesetze, Jünglingsweihen u. a. ergaben feste Regeln für das Zusammenleben. Besondere Bedeutung kommt dem Traum zu, in dem die myth. Ur- und Schöpfungsgeschichte auch heute noch erlebt werden kann. Alle Lebensbereiche der traditionellen Gesellschaft sind mit künstler. Tun verbunden. Eine zentrale Rolle spielen die Felsbilder, Felsmalereien und -gravierungen. Rindenbilder wurden auch als Lehrmittel verwendet (Arnhemland).

Tänze gehören noch immer zum streng beachteten Kult. Die Musik ist verhältnismäßig hoch entwickelt. Die Sprachen der A. gehören einer eigenen (australiden) Gruppe an. Als erstes nat. Museum der austral. Ureinwohner wurde das »Shepperton International Aboriginal Village« eingerichtet. 1998 entschuldigte sich die austral. Bev. für das an den A. begangene Unrecht während der Besiedlung durch die Weißen. Trotz einer allmähl. Verbesserung der gesetzl. Situation (volle Bürgerrechte seit 1967, »Native Title Act« 1993) und des wachsenden Einsatzes der Aborigines für ihre Rechte (bes. Landrechte) bleiben ein sehr niedriger Lebensstandard der Ureinwohner und ihre innerhalb der austral. Gesellschaft benachteiligte wirtschaftlich-soziale Lage charakteristisch. (↑Australien, Geschichte)

📖 *Schlatter, G.: Bumerang u. Schwirrholz. Eine Einf. in die traditionelle Kultur austral. Aborigenes. Berlin 1985. – Lawlor, R.: Am Anfang war der Traum. Die Kulturgeschichte der Aborigines. A. d. Engl. München 1993. – Weltatlas der alten Kulturen: Nile, R. u. Clerk, C.: Australien, Neuseeland u. der Südpazifik. München 1995. – Ilgenstein, G.: Die Steinzeitmenschen von Australien, die heutigen Aborigines. Frankfurt am Main ³1996.*

australische Kunst, 1) die noch lebendige Kunst der ↑Australier; 2) die seit dem 19. Jh. in Anlehnung an europ. Stilrichtungen entstandene Kunst der Einwanderer. Auf dem Gebiet der *Architektur* fand man nach Bauten in allen historischen europ. Stilen in den letzten Jahren Anschluss an den internat. Standard; bekannt wurden vor allem H. Seidler und G. Murcutt. Anerkennung fand der Entwurf des dän. Archi-

australische Kunst: Rindenmalereien der Aborigines

tekten J. Utzon für das Opernhaus in Sydney (1973 vollendet). – *Malerei* und *Plastik:* Besondere Bedeutung wurde stets der Landschaftsmalerei beigemessen, heute stehen die Arbeiten der austral. Künstler in internat. Kontext.
australische Literatur. Die Anfänge einer eigenständigen a. L. in engl. Sprache fallen in die 2. Hälfte des 19. Jh. (A. L. Gordon, H. Kendall, H. Kingsley); um die Jahrhundertwende erlebte sie eine erste Blüte: H. Lawson, J. Furphy, B. O'Dowd, A. G. Stephens, B. Paterson u. a. Das 20. Jh. brachte den Anschluss an europ. und amerikan. literarische Entwicklungen: H. H. Richardson (eigtl. Ethel F. Robertson), E. V. Palmer, Katherine Susannah Prichard, M. Boyd; Lyriker: C. Brennan, W. Baylebridge u. a. Seit dem Zweiten Weltkrieg traten hervor: P. White (Nobelpreis für Literatur 1973), Morris West, T. Keneally, Rodney Hall, D. Malouf, C. McCullough, die Lyriker K. Slessor, R. D. Fitzgerald, Judith Wright, A. D. Hope, die Dramatiker R. Lawler, D. Steward, Alan Seymour. Vertreter der jüngeren Schriftstellergeneration sind u. a. Kate Grenville, Janine Burke, N. Jose, T. Winton; prominentester schwarzaustral. Schriftsteller ist M. Narogin.
 Goodwin, K. L.: A history of Australian literature. New York 1986, Nachdr. Basingstoke 1988. – The Oxford literary guide to Australia, hg. v. P. Pierce u. a. Neuausg. Melbourne u. a. 1993. – Wilde, W. H. u. a.: The Oxford companion to Australian literature. Melbourne ²1994. – The ALS guide to Australian writers. A bibliography 1963 – 1995, hg. v. M. Duwell u. a. St. Lucia ²1997. – Knight, S.: Continent of mystery. A thematic history of Australian crime fiction. Victoria 1997. – Schürmann-Zeggel, H.: Black Australian literature. A bibliography of fiction, poetry, drama, oral traditions and non-fiction, including critical commentary, 1900 – 1991. Bern 1997.
australische Musik, die Musik der Ureinwohner Australiens, deren prähistor. Stadium die älteste erhaltene Musikschicht darstellt. Die a. M. kennt keine melodiefähigen Instrumente. Im Vordergrund steht die Vokalmusik, sie wird bei Geburt, Tod und kultischen Handlungen vorgetragen. Chorgesänge werden oft vom einzigen Blasinstrument, der Holztrompete Didjeridu, begleitet. Ein eigenständiges Musik-

leben im Anschluss an abendländ. Traditionen entwickelte sich nur zögernd. Um 1850 kamen verstärkt Operntruppen aus Übersee. Mit der Gründung der ersten Rundfunkanstalt 1932 begann die Etablierung eines ständigen Konzertwesens.
Australopithecinen [grch.-lat. »südl. Affenartige«], die afrikan. Hominidengattung Australopithecus, erstmals von R. A. Dart 1925 beschrieben. Die Funde in Süd- und Ostafrika lassen auf ein Alter von 4–0,7 Mio. Jahren schließen. Die Zuordnung älterer Hominiden ist umstritten (**Australopithecus anamensis**). Außerhalb Afrikas gibt es keine allg. anerkannten A.-Funde. Mehrere auf eine gemeinsame Wurzel zurückgehende Entwicklungslinien lassen sich bei den A. erkennen: **Australopithecus robustus** in Südafrika und **Australopithecus boisei** in Ostafrika, eine Fundgruppe mit robustem Schädelbau und großen Backenzähnen. Sie gehören wahrscheinlich einem Seitenzweig des Hominidenstammes an, der im unteren Mittelpleistozän ausstarb. **Australopithecus africanus,** eine kleinwüchsige, grazile Form in Ost- und Südafrika, die im Unterpleistozän ausstarb. An der Basis steht die ostafrikan. Spezies **Australopithecus afarensis,** mit dem ältesten Vertreter der Hominiden (bekanntes Fossil »Lucy«). – Die A. zeigen menschenaffenartige und hominide Merkmale. Sie waren bereits bipede (zweibeinig aufrecht gehende) Läufer.
Austrasien (Austrien), unter den Merowingern der östl. Teil des Fränk. Reichs mit den Residenzen Reims und Metz, im Unterschied zum Westreich ↑Neustrien.
Austreibung, 1) Phase der Tätigkeit des ↑Herzens.
2) Periode bei der ↑Geburt.
Austria, lat. für Österreich.
Austrian Airlines ['ɔ:strɪən 'eəlaɪnz, engl.], Abk. **AUA,** staatl. österr. Luftverkehrsgesellschaft; gegr. 1957, Sitz: Wien. (↑Luftverkehrsgesellschaften, Übersicht)
Austria Presse Agentur, ↑APA.
Austria Tabak AG, Wien, internat. tätiger österr. Konzern mit den Geschäftsbereichen Produktion und Vermarktung von Tabakwaren; gegr. 1784 von Maria Theresia; seit 1939 AG; 1949–96 Verwalter des Tabakmonopols des österr. Staates, das sich seit dem Beitritt Österreichs zur EU auf das Produktions- und Einzelhandels-

AUS Austriazismus

monopol beschränkt; seit 1997 schrittweise privatisiert, 2001 an den brit. Tabakkonzern Gallaher Group Plc verkauft.
Austriazismus *der,* spezifisch österr. sprachliche Ausdrucksweise.
Austri|en [»Ostreich«], ↑Austrasien.
Austrittsarbeit, die Energie, die benötigt wird, um ein ↑Elektron aus einem Festkörper herauszulösen. Sie kann z. B. durch Erhitzung (↑Glühemission), Lichtabsorption (↑Photoeffekt) oder Stoßionisation zugeführt werden.
austroasiatische Sprachen, Sprachfamilie in S- und SO-Asien, zw. Kaschmir und dem Südchines. Meer in vielen Sprachinseln verbreitet. Sie werden in zwei Gruppen eingeteilt: Zur Westgruppe gehören die Munda-, zur Ostgruppe die Mon-Khmer-Sprachen.
austrocknende Mittel (Exsikkanzien), Stoffe, die bei nässenden Erkrankungen der Haut oder der Schleimhäute Flüssigkeit binden, z. B. Talkum (Magnesiumsilikat).
Austromarxismus, seit 1904 entwickelte österr. Schule des ↑Marxismus; betonte im Ggs. zum revolutionären Marxismus-Leninismus das Prinzip der Mehrheitsherrschaft im Rahmen parlamentarisch-demokrat. Organisationen. Hauptvertreter: O. Bauer, M. Adler, R. Hilferding und K. Renner.
austronesische Sprachen, Sprachfamilie mit einem Verbreitungsgebiet von Madagaskar über den Malaiischen Archipel und Neuguinea bis zur Osterinsel und von Formosa (Taiwan) bis Neuseeland.
Austroslawismus *der,* in der 2. Hälfte des 19. Jh. eine polit. Richtung unter den Slawen (v. a. den Tschechen) im Habsburgerreich, die innerhalb des Gesamtstaates eine stärkere polit. Entfaltung der einzelnen Völker anstrebte.
Ausverkauf, veraltet für ↑Räumungsverkauf.
Auswahl, *Statistik:* Verfahren der Ziehung von gezielten oder zufälligen ↑Stichproben aus einer Gesamtheit von statist. Einheiten.
Auswahlregeln, in der Quantenmechanik auf Erhaltungsgrößen basierende Regeln, die angeben, welche Zustandsübergänge in einem physikal. System (z. B. Atom oder Molekül) möglich oder ausgeschlossen sind.
Auswanderung, die Verlegung des ständigen Wohnsitzes vom Heimatstaat in ein anderes Staatsgebiet. – Größere A.-Bewegungen sind seit dem 16. Jh. feststellbar (von Europa nach Nord- und Südamerika), in neuerer Zeit seit etwa 1820 (bis 1932 etwa 60 Mio. Menschen aus Europa, davon 45 Mio. nach den USA, nach Argentinien, Kanada). Motive für A. sind heute in Europa meist wirtsch. Art. Polit. und religiöse Gründe für eine A. spielen gegenwärtig v. a. in Afrika und Asien eine Rolle. (↑Emigration, ↑Flüchtling)
auswärtige Angelegenheiten, die Beziehungen eines Staates zu anderen Staaten oder zu internat. Organisationen, i. d. R. vom Außenministerium unter Leitung des Außenmin. wahrgenommen. Dazu gehören die Unterhaltung diplomat. und konsular. Beziehungen, der Abschluss von internat. Verträgen, die Teilnahme an internat. Konferenzen, die Mitgliedschaft in internat. Organisationen und Gerichtshöfen, der Schutz der Interessen der eigenen Staatsangehörigen im Ausland u. a. Die völkerrechtl. Vertretung Dtl.s obliegt dem Bundespräs. (Art. 59 GG). Ähnl. Regelungen bestehen in *Österreich* und der *Schweiz.*
Auswärtiges Amt (Bundesministerium des Auswärtigen), Abk. **AA,** die Zentralbehörde der Bundesrep. Dtl. für die ↑auswärtigen Angelegenheiten, geleitet vom **Bundesminister des Auswärtigen.**
Auswaschen, 1) *Bodenkunde:* Herauslösen von Nährstoffen, Ionen und feinster Bodensubstanz (z. B. Tone) aus der oberen Bodenschicht **(Auswaschungshorizont)** durch Niederschläge.
2) *Chemie:* Reinigung eines Filtrationsniederschlages mit Waschflüssigkeit.
Ausweichung, *Musik:* das vorübergehende Verlassen der Haupttonart.
Ausweis, Urkunde, die eine Person oder Mitgliedschaft beglaubigt (Legitimation). Über 16 Jahre alte, meldepflichtige Deutsche müssen einen ↑Personalausweis besitzen **(Ausweispflicht).** (↑Pass)
Ausweisung, *Recht:* ↑Ausländer.
Auswintern, das Absterben überwinternder Kulturpflanzen durch Erfrieren oder Schädigung des Wurzelsystems bei wechselndem Frost- und Tauwetter, Ersticken der Pflanzen bei verdichteter Schneedecke oder Eiskruste oder, bes. bei Roggen, Befall von Schneeschimmel.
Auswuchten, das maschinelle Prüfen

Autobahn AUT

und Korrigieren der Massenverteilung von Drehsystemen mit dem Zweck, die Drehachse zur Deckung mit der Hauptträgheitsachse zu bringen, zum Beispiel Radauswuchten. (↑Unwucht)

Auswurf (Sputum), aus den Luftwegen des Körpers durch Husten (Auswerfen, **Expektoration**) entleertes Bronchialsekret. Die Zusammensetzung des A. ist bei Erkrankungen der Luftwege verändert. Die Untersuchung des A. erfolgt makroskopisch, mikroskopisch und bakteriologisch.

Auswürflinge, bei Vulkanausbrüchen ausgeworfene Gesteinsbrocken, z. B. Lapilli, Schlacke.

Auszählung, Beendigung eines Boxkampfes, wenn ein Boxer 10 Sekunden kampfunfähig (k. o.) und damit besiegt ist.

Auszehrung, die ↑Kachexie.

Auszeit, *Sport:* in einigen Mannschaftssportarten Spielunterbrechung, bes. zur takt. Beratung. Im *Basketball* stehen z. B. jeder Mannschaft pro Spielviertel eine, im letzten Viertel zwei A. (je 1 min), im *Volleyball* pro Satz zwei A. (je 30 s) zu, im *Eishockey* eine je Spiel (von 30 s Dauer) und im *Handball* eine je Halbzeit (1 min).

Auszubildender, Kurzwort **Azubi**, Jugendlicher oder Erwachsener, der einen Ausbildungsberuf in einem Betrieb der Wirtschaft, in vergleichbaren Einrichtungen (öffentl. Dienst, freie Berufe) oder Haushalten erlernt; früher als **Lehrling** bezeichnet. Die Rechte und Pflichten der A. sind im Berufsbildungs-Ges. (↑berufliche Bildung) geregelt.

Auszug, ↑Extrakt.

Autarkie [grch.] *die*, Selbstgenügsamkeit, Bedürfnislosigkeit. Wirtschaftlich **autark** ist ein Land, das alles selbst besitzt oder erzeugt, was es benötigt (natürl. A.), oder das seinen Bedarf auf das beschränkt, was es selbst besitzt oder erzeugt (künstl. A.). Instrumente der **A.-Politik** sind u. a. Einfuhrbeschränkungen durch Zölle, Verwendungszwang inländ. Güter, Förderung der Importsubstitution. A. führt meist zu Wohlstandsverlusten und behindert die internat. Arbeitsteilung.

Auteuil [o'tœj], westl. Stadtteil von Paris zw. Bois de Boulogne und Seine; Pferderennbahn.

Auteuil [o'tœj], Daniel, frz. Schauspieler, *Algier 24. 1. 1950; ∞ mit E. Béart; spielte in Filmkomödien und -dramen wie »Milch und Schokolade« (1988), »Ein Herz im Winter« (1992), »Meine liebste Jahreszeit« (1994), »Eine frz. Frau« (1995), »Lucie Aubrac« (1997), »Die Frau auf der Brücke« (1999).

authentisch [grch.], **1)** *allg.:* verbürgt, echt.

2) in der *Musik* werden seit dem 9. Jh. die Haupttonarten des 1., 3., 5. und 7. Kirchentons als a. bezeichnet. – In der Harmonielehre heißt a. die Klangfolge Dominante – Tonika.

authigen, Bez. für die bei der Entstehung eines Gesteins neu gebildeten Minerale; Ggs.: allothigen.

Autismus [grch.] *der*, extreme Selbstbezogenheit; Kontaktstörung mit Rückzug in die eigene Gedankenwelt und Abkehr von der Umwelt (bes. bei Schizophrenie); als kindl. Verhaltensstörung die tief greifende Beeinträchtigung von Kommunikation und sozialer Interaktion, verbunden mit der Entwicklung stereotyper Handlungen. Ursache sind wahrscheinlich genetisch bedingte frühkindl. Hirnschäden; Umwelteinflüsse, wie etwa ein gestörtes Mutter-Kind-Verhältnis, scheinen keine Rolle zu spielen. ✣ **siehe ZEIT Aspekte**
📖 *A. u. Familie.* Redaktion: H. Blohm. Hamburg 1995. – Weiss, M.: *A. Therapien im Vergleich; ein Handbuch für Therapeuten u. Eltern.* Berlin 2002.

Auto [kurz für Automobil], ↑Kraftwagen.

Auto [span.-portugies., von lat. actus »Vorgang«] *das*, einaktiges geistl. Spiel des spätmittelalterl. span. und humanist. portugies. Theaters, aufgeführt an den Festtagen des Kirchenjahres (↑Auto sacramental).

auto... [grch.], vor Vokalen meist **aut...**, selbst..., eigen...

Autoaggression, gegen die eigene Person gerichtete ↑Aggression. Sie beruht auf Verdrängung der ursprüngl. Aggressionstendenzen aufgrund von äußeren Zwängen oder psych. Störungen.

Autoaggressionskrankheiten, die ↑Autoimmunkrankheiten.

Autobahn, Fernverkehrsstraße, die nur dem Schnellverkehr mit Kfz dient. Die A. besitzen durch begrünte Mittelstreifen, Leitplanken u. a. getrennte, zwei- oder mehrspurige Richtungsfahrbahnen, an vielen Streckenteilen auch mit **Standspur** und/oder Zusatzspuren (**Kriechspur** an Steigungen), sind kreuzungsfrei und mit

AUT Autobahngebühren

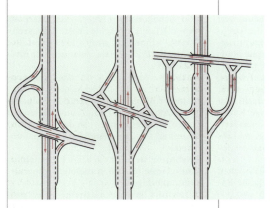

Autobahn: Bauformen von Anschlussstellen; Trompete, Raute und halbes Kleeblatt (von links nach rechts)

dem übrigen Straßennetz durch Anschlussstellen verbunden. Der Übergang von einer A. auf eine andere erfolgt kreuzungsfrei durch spezielle Brückenbauwerke (**A.-Kreuz**), bei Abzweigungen durch **A.-Dreieck**. In Dtl. dürfen die A. (**Bundes-A.**) nur von Fahrzeugen mit einer Mindestgeschwindigkeit von 60 km/h befahren werden. – Als erste europ. A. wurde 1932 die A. Köln–Bonn dem Verkehr übergeben. – In den USA entsprechen den A. die Turnpikes und (Interstate) Highways.

Autobahngebühren, ↑Straßenverkehrsabgaben.

Autobahnkirchen, für die geistl. Einkehr von Autoreisenden zweckbestimmte Kirchen und Kapellen in der Nähe von Autobahnen, entwickelt als spezifisches kirchl. Angebot für Autoreisende (»Raststätten der Seele«). In Dtl. gibt es (2003) 22 A.; eine weitere befindet sich in Planung.

Autobiografie, die literar. Darstellung des eigenen Lebens, auch einzelner Lebensphasen (↑Biografie).

autochthon [grch.], am Fundort entstanden; alteingesessen, eingeboren (↑allochthon).

Autocross, *Automobilsport:* ↑Rallyecross.

Autodafé [portugies. »Glaubensakt«] *das,* in Spanien und Portugal urspr. die öffentl. Verkündigung, dann auch die feierl. Vollstreckung eines Inquisitionsurteils nach einem Gottesdienst. Das erste A. soll 1481 in Sevilla, das letzte 1815 in Mexiko abgehalten worden sein.

Autodetermination [grch.-lat.] *die,* (polit.) Selbstbestimmung(srecht).

Autodidakt [grch.] *der,* jemand, der durch Selbstunterricht Wissen und Bildung erworben hat.

Autoerotik [grch.], auf die eigene Person, nicht auf einen Partner gerichtete erot. Regungen. Von S. Freud als Normalform frühkindl. Sexualität bis zum 3. Lebensjahr, beim Erwachsenen als ↑Regression aufgefasst (↑Narzissmus).

Autofahrer-Rundfunk-Information, ↑Verkehrsfunk.

Autofokus [grch.-lat.] *der,* Vorrichtung an Kameras und Diaprojektoren für eine automat. Einstellung der Bildschärfe.

Autogamie [grch. gameīn »heiraten«] *die,* Form der Selbstbefruchtung, z. B. Bestäubung einer Zwitterblüte durch sich selbst oder bei Einzellern die Vereinigung zweier Zellkerne, die durch Zellteilung aus einem Individuum entstanden sind.

Autogas, ↑Flüssiggas.

autogen [grch. »aus sich selbst geboren«], ursprünglich, selbsttätig.

autogenes Training [-'trɛ-], ein von J. H. Schultz (ab 1928) entwickeltes psychotherapeut. Verfahren der »konzentrativen Selbstentspannung«. Durch stufenweise erlernbare autosuggestive Übungen erreicht der Patient die Beeinflussung von Muskelspannung, Puls, Atmung, Hautdurchblutung und eine allg. affektive und psych. Entspannung.

Autogiro [-'ʒi:ro] *das,* ↑Tragschrauber.

Autogramm [grch.] *das,* eigenhändige Unterschrift (einer bekannten Persönlichkeit).

Autograph [grch. »Selbstgeschriebenes«] *das,* vom Verfasser eigenhändig geschriebenes Schriftstück; Sammlungen von A.

berühmter Persönlichkeiten kommen seit Ende des 16. Jh. vor.

Autoimmunkrankheiten (Autoaggressionskrankheiten), Erkrankungen, die durch **Autoaggression,** d. h. immunolog. Reaktionen gegenüber körpereigenen Eiweißstoffen oder Zellantigenen, bedingt sind. Körpereigene Substanzen eines Individuums werden als »fremd« empfunden und lösen als Autoantigene die Bildung von Antikörpern gegen »sich« (**Autoantikörper**) und damit eine Antigen-Antikörper-Reaktion (**Autoimmunreaktion**) im eigenen Organismus aus. Die A. werden für viele Krankheitsbilder ungeklärter Ursache verantwortlich gemacht. A. treten familiär gehäuft auf. Gesichert erscheint der Zusammenhang z. B. bei bestimmten Formen der Blutarmut (hämolyt. Anämien), bei Nebennierenerkrankungen und bei der Schmetterlingsflechte sowie bes. bei den Kollagenkrankheiten, v. a. der rheumatoiden Arthritis. Die Behandlung umfasst die Behebung oder Besserung der durch die A. hervorgerufenen Funktionsstörungen an Organen, die Gabe entzündungshemmender Mittel und die ↑Immunsuppression durch Hormone der Nebennierenrinde.

📖 *A., hg. v. N. Sönnichsen u. E. Apostoloff. Jena u. a.* ²*1992. – Ollier, W. u. Symmons, D. P. M.: Autoimmunität. A. d. Engl. Heidelberg u. a. 1995.*

Autoinfektion [grch.-lat.], Selbstansteckung durch bereits im Körper vorhandene Krankheitserreger; meist infolge Abwehrschwäche.

Autointoxikation [grch.-lat.], Selbstvergiftung durch Stoffe, die im Körper gebildet werden, entweder durch Anhäufung normaler oder durch Bildung abnormer Zwischen- oder Endprodukte der Verdauung oder des Stoffwechsels; erfolgt z. B. bei Leber- oder Niereninsuffizienz.

Autokatalyse [grch.], Form der Katalyse, bei der das Reaktionsprodukt eine chem. Reaktion beschleunigt.

autokephal [grch.], eigenständig, mit eigenem (Ober-)Haupt (grch. »kephal«); kirchenrechtl. Begriff der orth. Kirche; bezeichnet die Unabhängigkeit der regionalen orth. (Landes-)Kirchen (**Autokephalie**) in Fragen der Kirchenorganisation und der Weiterentwicklung einzelner Kultformen (z. B. eigene liturg. Sprachen und Landesheilige) bei gleichzeitiger Anerkennung des Ehrenprimats des Ökumen. Pa-triarchen innerhalb der Gesamtorthodoxie. (↑Ostkirchen)

Autokino (Drive-in-Kino), Freilichtkino, bei dem man den Film vom Auto aus betrachtet.

Autoklav [frz. autoclave »Schnellkochtopf«] *der,* verschließbares, meist heizbares, auf Überdruck geprüftes Metallgefäß zur Durchführung von Druckreaktionen (z. B. Hydrierungen, Polymerisationen) sowie zur Sterilisierung von medizin. Geräten und Dosenkonserven.

Autokollimation [grch.-lat.] *die,* empfindliches opt. Verfahren zur Richtungsprüfung, bei dem eine Marke beobachtbar auf sich selbst abgebildet wird. Die A. wird mit einem **A.-Fernrohr** (Kombination aus Kollimator und Fernrohr) ausgeführt.

Autokratie [grch. »Selbstherrschaft«] *die,* Herrschaftsform, Sonderform der Monarchie, bei der der Herrscher (Autokrat) die unumschränkte Staatsgewalt auf sich vereinigt. A. waren das Herrschaftssystem des oströmisch-byzantin. Kaisers, der Absolutismus und die »Selbstherrschaft« der russ. Zaren (Kaiser).

Autoklav bei der Beschickung mit Konservendosen

Autolyse [grch.] *die* (Selbstauflösung), die Auflösung (**Autodigestion, Selbstverdauung**) abgestorbener Organe und Gewebe durch frei gewordene Eiweiß abbauende Zellenzyme.

Automat [von grch. *autómatos* »sich

AUT Automatendiebstahl

selbst bewegend«] *der,* **1)** ein System (Maschine, Vorrichtung), bei dem nach einer Schaltbetätigung (Auslösung) ein vorprogrammierter Prozess selbsttätig abläuft. **Münz-A.** geben nach Einwurf der entsprechenden Münzen (oder Wertmarken) bestimmte Waren **(Waren-A.),** Berechtigungsnachweise (z. B. Fahrkarten, Briefmarken) oder Leistungen **(Fernsprech-A., Wiege-A.)** aus. In elektrischen Anlagen gewährleisten **Schalt-A.** und **Sicherungs-A.** das rechtzeitige Abschalten bei Kurzschluss oder Überlastung. Bei **Halb-A.** laufen nur Teilvorgänge automatisch ab (↑Spielautomat).
2) *Technik:* eine ↑automatische Werkzeugmaschine.
3) *künstliche Intelligenz:* ↑lernende Automaten.
4) *Kybernetik:* jedes kybernet. System, das Informationen aufnimmt, verarbeitet und abgibt; in der theoret. Informatik wird jedes math. Modell eines solchen Systems als A. bezeichnet. Mit der math. Theorie der abstrakten A. befasst sich die **A.-Theorie.**

automatische Werkzeugmaschine:
Drehmaschine CTX 400

Automatendiebstahl, Entwendung von Gegenständen aus Warenautomaten; wird dieser gewaltsam geöffnet, liegt schwerer Diebstahl vor (§ 243 StGB). Die unbefugte Benutzung von Leistungsautomaten stellt **Automatenmissbrauch** dar (§ 265 a StGB, ↑Erschleichung).
Automatenlegierungen, Werkstoffe, die sich zum Zerspanen auf ↑automatischen Werkzeugmaschinen eignen. **Automatenstähle** enthalten als Legierungsbestandteile v. a. Schwefel, Blei, Tellur und Selen, Leichtmetalle v. a. Mangan, Eisen und Cadmium.
Automatie [grch.-nlat.] *die, Physiologie:* Fähigkeit versch. Organe (z. B. Herz), ihre im Organismus ausgeübte Tätigkeit auch nach völliger Isolation vom Organismus fortzusetzen.
Automatik *die,* Vorrichtung, die einen durch bestimmte Impulse eingeleiteten techn. Vorgang steuert oder regelt und diesen selbsttätig ablaufen lässt; auch Bezeichnung für den Vorgang der Selbststeuerung.
Automation *die,* die ↑Automatisierung.
automatische Flugzeugsteuerung, ↑Autopilot.
automatische Werkzeugmaschine, vielfach auch als **Automat** bezeichnetes Fertigungssystem (↑Fertigungstechnik), das aus einem Rohteil aufgrund eines Wirkprozesses zw. Material, Energie und Information ein Fertigteil erstellt, wobei alle Gruppen- oder Einzelfunktionen, die zur Fertigstellung erforderlich sind, je nach dem Grad der ↑Automatisierung selbsttätig ausgelöst und durchgeführt werden. Um in dieser Weise funktionsfähig zu sein, erfordert die a. W. eine ↑numerische Maschinensteuerung.
Automatisierung (Automation), Einrichtung und Durchführung von Arbeits- und Produktionsprozessen durch Einsatz geeigneter techn. Aggregate (automat. Einrichtungen), sodass der Mensch weder ständig noch in einem erzwungenen Rhythmus für ihren Ablauf unmittelbar tätig zu werden braucht. Ziel der A. ist es, techn. Anlagen mit einem Höchstmaß an Wirtschaftlichkeit, Sicherheit und Zuverlässigkeit zu betreiben und den Menschen weitgehend von Routinearbeiten zu entlasten. Durch die A. wird menschl. Arbeit eingespart und auf Konstruktions-, Installierungs-, Programmierungs-, Überwachungs- und Reparaturfunktionen beschränkt. – Unter wirtsch. Aspekt ist A. ein Teilbereich der Rationalisierung. Mit der Entwicklung der Informations- und Kommunikationstechniken auf der Basis der Mikroelektronik dehnte sich das Anwendungsgebiet der A. auf alle Bereiche menschl. Arbeit aus. Im Produktionsbereich wird durch die computergestützte Konstruktion (↑CAD) und Fertigung (↑CAM) sowie deren Verknüpfung (CAD/CAM) der gesamte Produktionsablauf automatisiert. Endstufe dieser Entwicklung ist die vollautomatisierte Fabrik (↑CIM).
📖 *Mensch u. A. Eine Bestandsaufnahme,* hg. v. K. Henning u. a. Opladen 1990. – *A. u.*

autonomes Gebiet AUT

Wandel der betriebl. Arbeitswelt, bearb. v. *G. Spur u. a.* Berlin u. a. *1993.* – *Schraft, R. D. u. Kaun, R.: A. der Produktion.* Berlin *1998.*
Automatismus der, **1)** *allg.:* das Ablaufen von Tätigkeiten ohne bewusstes, willentl. Eingreifen, z. B. Instinktbewegungen, viele erlernte, geübte oder angewöhnte Verhaltensweisen, gewisse dem Willen nicht unterworfene Handlungen.
2) *Kunst:* spontaner Malvorgang ohne rationale Kontrolle, von A. Breton im 1. Manifest des ↑Surrealismus 1924 theoretisch begründet. Diese Methode erschloss psych. Quellen und instinktive Regungen des Künstlers, der sich betont als unverbildetes Individuum verstand, so M. Ernst, A. Masson, A. Gorky.
Automobil [grch.-lat. »Selbstbeweger«] *das,* der ↑Kraftwagen.
Automobilclub von Deutschland e. V., ↑AvD.
Automobil|industrie, Wirtschaftszweig für die Herstellung von Kfz (i. e. S. Kraftwagen), Anhängern, Aufbauten, Kfz-Teilen und Zubehör. Kennzeichnend für die A. ist ein hoher Grad der Unternehmenskonzentration, bedingt v. a. durch den Zwang zur Großserienproduktion, die fortschreitende Automatisierung und der damit verbundene hohe Kapitaleinsatz. Die Verflechtung der A. mit anderen Ind.zweigen ist volkswirtschaftlich außerordentlich bedeutend, das Export-Import-Geschäft ist hoch und die Internationalisierung der Fertigung einschl. Kooperation einzelner Kfz-Konzerne recht groß. – Die sich abzeichnende Überproduktion von Kraftwagen hat bei versch. Herstellern zur Ausweitung des Produktionsprogramms und zum Einstieg in neue Bereiche (Luft- und Raumfahrt, Hightech) geführt.
📖 *Geschichte u. Zukunft der dt. A.,* hg. v. *R. Boch.* Stuttgart *2001.* – *Lehmann, S.: Globale Produktions- u. Logistikkonzepte für die A.* Aachen *2002.* – *Spatz, J.: Globalisierung der A.* Berlin u. a. *2002.*
Automobilsport, sportl. Wettbewerbe mit Automobilen, z. B. Geschwindigkeitswettbewerbe, Zuverlässigkeitsprüfungen, Stern- und Orientierungsfahrten, Geschicklichkeitswettbewerbe. (↑Motorsport)
Automutagene, Gen- und Chromosomenmutation auslösende Substanzen in Organismen als Produkte normaler oder abnormer Stoffwechselvorgänge.
autonom [grch.], **1)** *allg.:* eigengesetzlich, unabhängig.
2) *Biologie:* nicht willkürlich beeinflussbar, durch innere Ursachen erfolgend.
Autonome, polit. Gruppierungen in der Bundesrep. Dtl. aus dem linken Spektrum, meist locker organisiert. Sie streben eine herrschaftsfreie Gesellschaft an, auch unter Anwendung gewalttätiger Mittel.
autonomer Kreis, Abk. **AK,** Verwaltungseinheit einer nat. Minderheit in Russland, meist innerhalb eines Gebietes oder einer Region, z. B. AK der Tschuktschen, AK der Ewenken.
autonomes Gebiet, Abk. **AG,** Teil eines Staates mit einer gewissen Selbstständig-

Automobilindustrie: Werk der Volkswagen AG in Wolfsburg (Luftaufnahme)

keit; er wird zum Teil auch **autonome Region** genannt (z. B. China, Russland; ↑Autonomie).
autonomes Nervensystem, das ↑vegetative Nervensystem.
Autonome Sozialistische Sowjetrepublik, Abk. **ASSR,** in der Sowjetunion Verwaltungseinheit für größere nat. Minderheiten. Daraus gingen die heutigen Teilrepubliken in Russland, Aserbaidschan, Georgien und Usbekistan hervor.
Autonomie [grch.] *die,* **1)** *allg.:* Selbstständigkeit, Unabhängigkeit.
2) *Ethik:* I. Kant bezeichnet als A. des Willens den Zustand des sittlich reifen Menschen, der sich nur von seinem Gewissen das Gesetz seines Verhaltens vorschreiben lässt (↑kategorischer Imperativ); Ggs.: Heteronomie.
3) *Recht:* (Selbstgesetzgebung, Selbstsatzung), das Recht eines Gemeinwesens, die Rechtsverhältnisse seiner Angehörigen durch Aufstellung bindender Rechtssätze eigenständig zu regeln. Bis 1806 hatten Adelsgenossenschaften (Adelsvereinigungen), kirchl. Gemeinschaften, Universitäten die A.; geblieben ist sie bis heute als wesentl. Teil der ↑Selbstverwaltung in Gemeinden und Gemeindeverbänden, bei Universitäten u. a. Körperschaften des öffentl. Rechts. – Im Staats- und Völkerrecht ist die A. die rechtlich gesicherte Selbstständigkeit von Teilgebieten eines Staates, denen in bestimmten Fragen, bes. zum Schutz nat. Minderheiten, eine Selbstverwaltung gewährleistet wird. Zentren von A.-Bestrebungen seit dem 19. Jh. waren bes. die Vielvölkerstaaten Russland und Österreich-Ungarn. A.-Bestrebungen zeigten sich auch bei den Flamen in Belgien, den Katalanen und Basken in Spanien, den Iren in Großbritannien, den Korsen in Frankreich. Nach 1919 entstanden neue A.-Bewegungen in den Nachfolgestaaten Österreich-Ungarns (v. a. Tschechoslowakei und Jugoslawien), seit Ende der 1980er-Jahre verstärkt auch in der Sowjetunion und in Jugoslawien, die zu Beginn der 90er-Jahre zum Zerfall dieser Vielvölkerstaaten und im Kosovo 1999 zum militär. Eingreifen der NATO führten. Außerhalb Europas treten v. a. die Frankokanadier, die Palästinenser (↑Gaza-Jericho-Abkommen, ↑Palästina), die Kurden mit A.-Forderungen hervor.
autonym [grch.-lat.], vom Verfasser unter eigenem Namen herausgebracht bzw. veröffentlicht (Ggs.: anonym).
Autophilie [grch.-lat.] *die, Psychologie:* Selbst-, Eigenliebe.
Autopilot (automatische Flugzeugsteuerung), Gerätesystem zur selbsttätigen Steuerung von Luftfahrzeugen, ersetzt in Fernlenkflugzeugen oder Lenkflugkörpern den Piloten, entlastet diesen in bemannten Flugzeugen. Mithilfe eines ↑Flugreglers und einer hydraul. Kraftsteuerung der Ruder können Fluglage und -bahnen konstant gehalten oder über eine Fernlenkanlage und einen programmierten Flugplan beeinflusst werden. (↑Landeführungssysteme)
Autoplastik [grch.] (autogene Transplantation), Verpflanzung von Gewebe von einer Körperregion in eine andere; Spender und Empfänger sind also identisch.
Autopoiese [grch.], *die,* Fähigkeit sich selbst zu erhalten; minimale Eigenschaft, die ein System besitzen muss, um als lebend definiert zu werden.
Autopsie [grch.] *die,* Leichenöffnung (↑Sektion).
Autor [lat.] *der,* Urheber, Verfasser.
Autoradiographie, radiolog. Verfahren zum Nachweis der örtl. Verteilung von Radionukliden, deren emittierte Strahlung spezielle Fotoemulsionen schwärzt. Das entstandene Schwärzungsbild **(Autoradiogramm)** dient v. a. der Auswertung radioaktiver Proben bzw. Präparate aus der Medizin (z. B. zur Feststellung von Gewebeveränderungen), Biologie (z. B. für die Sequenzanalyse von DNA und RNA) und Metallurgie.
Autoreisezug, Eisenbahnzug, der mit den Reisenden auch deren Pkw befördert.
Autorenfilm 1) Bez. für dt. Filme der 1910er-Jahre, die den Film als anspruchsvolles, »kunstfähiges« Medium etablieren wollten. Typisch war die literar. Prägung des frühen A., dessen Drehbücher v. a. von Bühnen- und Romanautoren (A. Schnitzler, G. Hauptmann) verfasst wurden.
2) Bez. für Filme frz. (E. Rohmer, J.-L. Godard) und dt. (R. W. Fassbinder, W. Wenders) Regisseure, v. a. der 1960/70er-Jahre, die den Filmemachern »gleichen« sollten. Inhaltlich zentral ist die Widerspiegelung der persönl. Weltsicht des Autors bzw. Regisseurs. Ästhetisch wird eine eigenwillige Handschrift des Fil-

memachers angestrebt, die auch das Inszenierte des Filmischen erkennen lässt.
Autorisation [von lat. auctorizare »Vollmacht geben«] *die,* Ermächtigung, Vollmacht.
autoritär [lat.-frz.], 1) (abwertend) totalitär, diktatorisch; unbedingten Gehorsam fordernd (Ggs. ↑antiautoritär); 2) (veraltend) auf Autorität beruhend; mit Autorität herrschend.
autoritärer Staat, ein Staat, in dem alle polit. Machtbefugnisse auf einen einzigen Machtträger (Einzelperson, Partei u. Ä.) konzentriert sind, der Entscheidungen ohne Kontrolle durch eine Volksvertretung trifft; die polit. Opposition ist ausgeschaltet. A. S. können u. a. Monarchien, Präsidialdiktaturen, Militärregime oder bestimmte Einparteiensysteme sein.
Autorität [von lat. auctoritas »Geltung«, »Ansehen«] *die,* Ansehen, Würde, Macht, Einfluss von Personen oder Institutionen aufgrund äußerer Befugnisse oder Symbole, aber auch aufgrund innerer Überlegenheit, größeren Ansehens oder besonderen Sachverstandes.
Autoreferat *das,* vom Autor eines Werkes selbst verfasste inhaltl. Zusammenfassung bzw. Zusammenstellung der Ergebnisse seiner Untersuchungen.
Auto sacramental [span.] *das,* span. Fronleichnamsspiel seit dem Ende des 16. Jh., das im Freien (auf öffentl. Plätzen) auf Festwagen aufgeführt wurde; Höhepunkt war die Verherrlichung der Eucharistie im Schlussbild. Vollendete Form fand das A. s. bei Lope de Vega Carpio, Tirso de Molina und bes. P. Calderón de la Barca.
Autosuggestion [grch.-lat.], die Selbstbeeinflussung, ↑Suggestion.
Autotomie [grch.] *die,* das Vermögen vieler Tiere, bei Gefahr einen Körperteil abzuwerfen (z. B. Eidechsenschwanz) und anschließend wieder zu regenerieren.
Autotrophie [grch. »Selbsternährung«] *die,* Fähigkeit chlorophyllhaltiger Pflanzen, alle lebensnotwendigen Stoffe aus Wasser, Kohlendioxid und anorgan. Salzen selbst aufzubauen.
Autotypie [grch. »Selbstdruck«] *die* (Rasterätzung, Netzätzung), photochem. Reproduktionsverfahren (erfunden 1881 von G. Meisenbach) zur Wiedergabe von Halbtonvorlagen (Fotografien, Gemälden u. a.); auch die entsprechende Druckplatte im Buchdruck wird als A. bezeichnet. Durch fotograf. Aufnahme unter Vorschaltung eines ↑Rasters erhält man Rasternegative, in denen die Vorlage entsprechend den Helligkeitswerten in verschieden große Punkte zerlegt wird. Die Rasternegative kopiert man auf mit einer lichtempfindl. Schicht versehene Metallplatten, die anschließend geätzt werden. Ähnlich werden **Mehrfarben-A.** hergestellt.
Auto Union GmbH, Vorläufer der ↑Audi AG.
Autovakzine *die,* ein Impfstoff aus Erregern, die dem Blut des Kranken entnommen werden.
Autun [o'tœ̃], Stadt im frz. Dép. Saône-et-Loire, 20 600 Ew.; Möbel-, Flugzeug-, Metall verarbeitende Ind., Maschinen- und Fahrzeugbau. – Kathedrale aus dem 12. Jh., Reste röm. Bauten.
Auvergne [o'vɛrɲ], Landschaft und Region (26 013 km²; 1,3 Mio. Ew.) im südl. Mittelfrankreich, waldarmes, seenreiches Hochland (über 600 m) mit mehr als 60 erloschenen Vulkanen, wie dem Cantal (1 858 m ü. M.), Puy de Sancy (1 886 m ü. M.), Puy de Dôme (1 465 m ü. M.). In den Tälern ist auf den wenigen ertragreichen Böden Ackerbau möglich, in den hoch gelegenen Teilen Viehwirtschaft. Die A. ist reich an Mineralquellen; es bestehen Wasserkraftwerke, Uranerz- und Kohlenbergbau, Aluminium-, Elektro-, Flugzeug- und Pharmaind. Hauptort: Clermont-Ferrand. – Die A., das Land der kelt. Arverner, gehörte zur röm. Prov. Aquitania und war im MA. eine Grafschaft; der größte Teil kam 1527 an die frz. Krone.
Auxerre [o'sɛːr], des Dép. Yonne, Frankreich, 38 800 Ew.; zentraler Handelsort im nördl. Burgund; Holz-, Metall-, Lebensmittelindustrie; Weinbau in der Umgebung. – Got. Kathedrale Saint-Étienne (13.–16. Jh., Krypta aus dem 11. Jh.), Kirche der ehem. Benediktinerabtei Saint-Germain (13.–15. Jh. mit karoling. Krypta (Fresken des 9. Jh.).
aux fines herbes [o fiːn 'zɛrb, frz.], *Kochkunst:* mit frischen gehackten Kräutern zubereitet.
auxiliar [lat.], helfend, zur Hilfe dienend.
Auxine [grch.], Pflanzenwuchsstoffe, die durch Beeinflussung der Zellstreckung das Wachstum fördern.
Ava (Frau A.), erste mit Namen überlieferte Dichterin, die in dt. Sprache schrieb,

vielleicht identisch mit der Klausnerin Ava im Kloster Melk, deren Tod am 7. 2. 1127 die Annalen verzeichnen; A. verfasste geistl. Gedichte zur Heilsgeschichte.
Aval [frz.] *der, selten das,* Wechsel- oder Scheckbürgschaft; sie wird erklärt, indem der Bürge **(Avalist)** seinen Namen mit auf den Wechsel (Scheck) setzt. Ein **A.-Kredit** ist ein Wechselkredit, bei dem die bezogene Bank nur eine Bürgschaft übernimmt.
Avalancheeffekt [frz.], (Lawineneffekt), bei Halbleitern die lawinenartige Erhöhung der Ladungsträgerzahl an einer Sperrschicht aufgrund einer in Sperrrichtung anliegenden Spannung.
Avalon [ˈævələn] (Avalun), *kelt. Mythos:* gallisch-britann. Name (Aballo, später Avallon »Apfelgarten«) des kelt. Elysiums; in der Artussage der Aufenthalt der Helden nach dem Tode.
Avalon [ˈævələn], Halbinsel im SO Neufundlands, Kanada, mit vielen Häfen und dem Hauptort Neufundlands, St. John's.
Avance [aˈvãs, frz.] *die,* **1)** Vorsprung, Vorteil, Gewinn, auch der Kurs oder Preis über Nennwert.
2) ermutigendes Entgegenkommen.
avancieren [avãˈsiːrən, frz.], befördert werden, in eine höhere Position aufrücken, aufsteigen.
Avantgarde [avãˈgard, frz.] *die,* Gruppe von Vorkämpfern (für eine Idee), bes. Vertreter literar. oder künstler. Strömungen, die überlieferte Formen sprengen und neue Entwicklungen einleiten wollen.
avanti! [lat.-italien.], vorwärts!, los!, weiter!
avant la lettre [aˈvã la ˈlɛtrə, frz.], ↑avec la lettre.
Avantszene [aˈvã-] *die,* Vorbühne, Proszenium.
AvD, Abk. für Automobilclub von Deutschland e. V., ältester dt. Kfz-Klub (gegr. 1899), Sitz: Frankfurt am Main; Mitgliederservice (Garantiefragen, Verkehrsrechtsauskunft, Sicherheitstraining u. a.), auch Förderer des Motorsports.
avdp, Abk. für **avoirdupois,** ↑Avoirdupois-System.
Ave [lat.] *das,* Sei gegrüßt! Heil! Lebe wohl! **A., imperator, morituri te salutant,** »Heil dir, Kaiser, die dem Tode Geweihten grüßen dich«, Gladiatorengruß an den röm. Kaiser Claudius.
Avebury [ˈeɪvbərɪ], Ort in der Grafschaft Wiltshire, Großbritannien, mit spätneolithisch-frühbronzezeitl., zu den eindrucksvollsten megalith. Anlagen in Europa gehörenden Kultstätten (UNESCO-Weltkulturerbe).
avec la lettre [aˈvɛk laˈlɛtr; frz. »mit der Schrift«], bei graf. Blättern die Drucke der fertigen Auflage nach Anbringung von Titel, Künstlernamen und Verlegeradresse; **avant la lettre** [frz. »vor der Schrift«], die vor Einstechen der Schrift abgezogenen Probedrucke; **après la lettre** [frz. »nach der Schrift«], die nach Ausschleifen der Unterschrift von der meist abgenutzten Platte gedruckten, weniger wertvollen Abzüge.
Avedon [ˈævədən], Richard, amerikan. Fotograf, *New York 15. 5. 1923; neben Auftragsarbeiten für Zeitschriften wie »Vogue« und »Elle« machten ihn v. a. die sachlich gehaltenen, dokumentar. Porträtaufnahmen amerikan. Stars, Literaten und Politiker bekannt.
Aveiro [aˈveiru], Distr.-Hptst. in N-Portugal, alte von Kanälen durchzogene Hafenstadt an einem 30 km langen Haff (Ria de A.), 35 200 Ew.; Universität; Schiff- und Fahrzeugbau, Meersalzgewinnung. – Kathedrale (15. – 18. Jh.).
Avellaneda [aβejaˈneða], Stadt in Argentinien, im Bereich der Agglomeration Buenos Aires, 334 000 Ew.; Hafen (große Dockanlagen) am Río de la Plata, Werften, Erdölraffinerien, bed. Fleisch verarbeitende Industrie.
Avellino, 1) Provinz in Kampanien, Italien, östl. von Neapel, 2 792 km², 440 200 Einwohner.
2) Hptst. von 1), 56 400 Ew.; Nahrungsmittel- und Textilindustrie; Bischofssitz, Dom (12. Jh.). In der Nähe der Wallfahrtsort Monte Vergine.
Ave-Maria [lat. »Gegrüßt seist du, Maria«] *das, kath. Kirche:* Gebet zur Verehrung Marias; Gruß des Engels Gabriel an Maria (Lk. 1, 28), daher **Englischer Gruß** (d. h. Engelsgruß).
Avempace [-ˈpaːtse], arab. Philosoph, ↑Ibn Badjdja.
Avena [lat.], wiss. Bezeichnung für ↑Hafer.
Avenarius, Richard, Philosoph, *Paris 19. 11. 1843, †Zürich 18. 8. 1896; suchte mit einem krit. Empirismus (»Empiriokritizismus«) eine von dogmat. Metaphysik unabhängige Wirklichkeitslehre zu geben (↑Positivismus). Lenin sah in A.' Philoso-

phie einen subjektivist. Idealismus und bekämpfte ihre starke Wirkung auf die russ. Philosophie.
Werke: Kritik der reinen Erfahrung, 2 Bde. (1888-90); Der menschl. Weltbegriff (1891).
Avencebrol, jüd. Philosoph, ↑Ibn Gabirol.
Avenches [a'vãʃ], Bezirkshauptort im Kt. Waadt, Schweiz, 2500 Ew.; archäolog. Museum; Maschinen- u. a. Industrie. – Röm. Ruinen (6 km lange Ringmauer, Theater u. a.), mittelalterl. Stadtbefestigung. – A., als **Aventicum** der Hauptort der Helvetier, dann eine röm. Stadt, wurde um 260 n. Chr. von den Alemannen zerstört.
Aventin der (Aventinischer Hügel), einer der sieben Hügel Roms; bis zum 1. Jh. n. Chr. vorwiegend von Plebejern bewohnt.
Aventinianer, die Abgeordneten der antifaschist. Opposition im italien. Parlament, die nach der Ermordung G. Matteottis (10. 6. 1924) das Parlament verließen; 1926 wurden ihnen ihre Mandate entzogen.
Aventinus, Geschichtsschreiber, ↑Turmair.
Aventis S. A. [- sɔsje'te anɔ'nim], weltweit tätiger dt.-französischer Pharma- und Agrochemiekonzern; Sitz: Straßburg, entstanden 1999 durch Fusion von Hoechst AG und Rhône-Poulenc S. A., fusionierte 2004 mit der Sanofi-Synthélabo S. A. zur Sanofi-Aventis S. A.
Aventurin der, farbiger Quarz mit metall. Schimmer dank seiner Einschlüsse von Glimmer, Hämatit u. a.; Schmuckstein.
Aventurinfeldspat (Sonnenstein), durch eingelagerte feine Eisenglanzplättchen rötlich oder gelblich schimmernder Feldspat; Schmuckstein.
Avenue [avə'ny:, lat.-frz.] *die,* 1) städt., mit Bäumen bepflanzte Prachtstraße; 2) (veraltet) Zugang, Anfahrt.
average ['ævərɪdʒ, arab.-italien.-frz.-engl.], (veraltet) mittelmäßig, durchschnittlich (Bez. für Warenqualität).
Averbo [lat.] *das, Sprachwissenschaft:* die Stammform des Verbs.
Averkamp, Ludwig, kath. Theologe, * Velen (Kr. Borken) 16. 2. 1927; war von 1995 (Errichtung des Erzbistums) bis Febr. 2002 Erzbischof von Hamburg.

Averroes, arab. Philosoph und Arzt, ↑Ibn Ruschd.
Averroismus, die Weiterführung von Gedanken des Averroes (↑Ibn Ruschd) etwa seit 1250 in Paris, (Siger von Brabant, Boethius von Dacien), im 14. Jh. vertreten von Marsilius von Padua. Der A. übernahm von Ibn Ruschd die Lehren vom Primat der Vernunft, von der Ewigkeit der Welt und von der einen, allen Menschen gemeinsamen Vernunft. (↑Atheismus)
Avers [lat. adversus »zugekehrt«] *der,* Vorderseite einer Münze; Ggs.: Revers.
Avers [-f-], Hochtal im Kt. Graubünden, Schweiz, vom Averser Rhein (rechter Nebenfluss des Hinterrheins) durchflossen; Hauptort ist Cresta (1959 m ü. M.). Der Weiler **Juf** (2126 m ü. M.) ist die höchstgelegene ganzjährig bewohnte Siedlung Europas.
Aversa, Stadt in Kampanien, Prov. Caserta, Italien, nördlich von Neapel, 55 900 Ew.; bekannt v. a. durch ihren Weichkäse (Mozzarella).
Aversion [frz.] *die,* Abneigung, Widerwille.
Aves [lat.], wiss. Name für die ↑Vögel, eine Klasse der Wirbeltiere.
Avesta, ↑Awesta.
Aveyron [avɛ'rɔ̃], **1)** *der,* rechter Nebenfluss des Tarn in Südfrankreich, 250 km lang, entspringt im südl. Zentralmassiv, mündet bei Montauban.
2) Dép. in Südfrankreich, 8735 km², 264 000 Ew.; Hptst. Rodez.
Avianca [-β-], Abk. für **Aerovías Nacionales de Colombia SA,** kolumbian. Luftverkehrsgesellschaft, gegr. 1919, Sitz: Bogotá.
Avianus (Avianius), lat. Dichter, schuf wohl zu Beginn des 4. Jh. n. Chr. Fabeln in lat. Distichen, die im MA. eine weit verbreitete Schullektüre waren.
Avicenna [lat.], pers. Philosoph und Arzt, ↑Ibn Sina.
Avidin [lat.] *das,* Glykoprotein aus rohem Hühnereiweiß, das Biotin (↑Vitamine) zu binden vermag.
Avignon [avi'ɲɔ̃], Hptst. des frz. Dép. Vaucluse in der Provence, an der Mündung der Durance in die Rhône, 86 900 Ew.; Erzbischofssitz; Univ.zentrum (seit 1973), Museen, Theaterfestspiele; Handels- und Verw.zentrum; Flusshafen; Konservenherstellung, Zement- und Düngemittelind., Landmaschinenbau; Fremdenverkehr. –

Avignon: Blick über die Rhone auf den festungsartigen Papstpalast (14. Jh.)

A., eine mittelalterl. Stadt mit gewaltigen Mauern (1349–68), wird von der roman. Kathedrale (12. Jh.) und dem festungsartigen Papstpalast (14. Jh.) überragt (UNESCO-Weltkulturerbe). Die Brücke (Pont d'A.) aus dem 12. Jh. wurde 1668 bis auf vier Bögen zerstört; sie gilt als Wahrzeichen der Stadt. – A., das röm. **Avenio,** stand im MA. zunächst unter der gemeinsamen Herrschaft der Grafen von Toulouse und der Provence; 1309–76 Residenz der Päpste **(Avignonesisches Exil),** die hier unter frz. Einfluss standen; 1348–1797 päpstl. Besitz mit bed. Univ. (1303–1791).

Ávila [ˈaβila], **1)** Provinz in der Region Kastilien und León, Spanien, 8 050 km², 163 400 Einwohner.
2) Hptst. von 1), 1 114 m ü. M., am Nordrand des Kastil. Scheidegebirges, 48 500 Ew.; Zentrum eines Agrargebiets; Nahrungsmittel-, Textil- und Automobilind.; Fremdenverkehr. – Die Altstadt mit ihren Klöstern und Kirchen ist UNESCO-Weltkulturerbe. Die mittelalterl. Befestigungsanlagen sind mit über 80 Türmen erhalten. – Á. wurde spätestens im 4. Jh. Bischofssitz; war von 704 bis 1088 eine maur. Festung und hatte 1550–1807 eine Universität.

Avilés [aβiˈles], Hafen- und Ind.stadt in Asturien, Spanien, 87 800 Ew.; Stahlwerk, Aluminiumhütte. – 1155 erließ König Alfons VII. von Kastilien den **Fuero de A.** (Stadtrechte), der für die Entwicklung der kastil. Sprache bedeutend wurde.

Avionik *die,* Kurzwort aus **Avi**atik und Elektr**onik,** die Gesamtheit elektron. Luftfahrtgeräte sowie die Wiss. und Technik dieser Geräte und Systeme.

Avis [aˈvi, frz.] *der* oder *das,* **1)** Ankündigung (z. B. einer Sendung an den Empfänger).
2) Mitteilung des Ausstellers eines Wechsels oder Schecks an den Bezogenen über die Deckung der Wechsel- bzw. Schecksumme; daher die A.-Klausel (»laut Bericht« oder »ohne Bericht«).

Avisen [italien.], in Dtl. Bez. der ↑Zeitungen im 17./18. Jahrhundert.

Aviso [span.] *der,* schnelles, leicht bewaffnetes Depeschenboot und Aufklärungsschiff, Vorläufer des Kleinen Kreuzers.

a vista, ↑a prima vista.

Avitaminosen, Vitaminmangelkrankheiten (↑Vitamine).

AVNOJ, Abk. für Antifašističko vijeće narodno oslobodjenja Jugoslavije, dt. Antifaschist. Volksbefreiungsrat Jugoslawiens, gegr. am 26./27. 11. 1942 in Bihać, bildete am 29. 11. 1943 in Jajce die provisor. Reg. unter J. Tito (u. a. umstrittene Enteignungsdekrete von 1944/45 bezüglich der Jugoslawiendeutschen).

Avocado [span.] *die* (Avocato, Avocadobirne, Advokatenbirne, Alligatorbirne), birnenähnl. dunkelgrüne Frucht des südamerikan. Lorbeergewächses **Persea ame-**

ricana; als Frischobst, Salat oder Mus gegessen. Anbaugebiete sind u.a. Kalifornien, Südafrika und Israel.

Avogadro-Konstante [nach dem italien. Physiker Amedeo Avogadro, *1776, †1856], Fundamentalkonstante, die die Anzahl der Atome oder Moleküle angibt, die in einem ↑Mol eines Stoffes enthalten sind: $N_A \approx 6{,}022 \cdot 10^{23}\,\text{mol}^{-1}$; der reine Zahlenwert dieser Größe wird auch als **Avogadro-Zahl** bezeichnet. In der älteren Fachliteratur heißt die A.-K. manchmal Loschmidt-Konstante. Wissenschaftler der Physikalisch-Techn. Bundesanstalt (PTB) in Braunschweig haben (2003) gemeinsam mit belg. Kollegen einen neuen Wert für die A.-K. ermittelt: $N_A = 6{,}0221354(18) \cdot 10^{23}\,\text{mol}^{-1}$ (bei einer relativen Messunsicherheit von $2{,}9 \cdot 10^{-7}$). Der neue Wert wurde über Röntgenstreumethoden durch Messung von Dichte, molarer Masse und Gitterparametern eines Siliciumeinkristalls bestimmt. In einem Folgeprojekt (mit angereichertem ^{28}Si) soll die Messunsicherheit weiter gemindert werden. – Ziel dieser Messungen ist die Neudefinition der Masseeinheit Kilogramm – die einzige SI-Basiseinheit, die derzeit noch durch einen makroskop. Prototyp (das Urkilogramm) definiert wird. Das Kilogramm soll ebenso wie die anderen Basiseinheiten auf Fundamentalkonstanten zurückgeführt werden.

avogadrosches Gesetz, von dem italien. Physiker A. Avogadro 1811 formuliertes Gesetz: Gleiche Volumina idealer Gase enthalten bei gleichem Druck und der gleichen Temperatur die gleiche Anzahl von Atomen oder Molekülen.

Avoirdupois-System [ævədə'pɔɪz-, engl.], das brit. und amerikan. System von Masseneinheiten, bestehend aus den Einheiten Ton, Hundredweight, Cental, Grain, Dram, Ounce, Pound, Quarter, Stone. Bei Verwechslungsgefahr mit gleichnamigen Einheiten des Apothecaries-Systems (für Medikamente) und des Troy-Systems (für Edelsteine und Edelmetalle) kann die Abk. **avdp** zur Einheit hinzugefügt werden.

Avon ['eɪvən, auch 'ævən], **1)** zwei Flüsse in England: 1) **Upper A.,** linker Nebenfluss des Severn, entspringt in der Grafschaft Northampton, mündet bei Tewkesbury, 155 km lang. 2) **Lower A.,** Fluss in SW-England, entspringt in den Cotswold Hills, mündet bei Avonmouth in den Bristolkanal, 121 km lang. **2)** Cty. in England, 1 327 km², 982 300 Ew., Verwaltungssitz: Bristol.

Avranches [a'vrɑ̃ʃ], frz. Stadt an der NW-Küste der Normandie, 9 500 Ew. – Im Zweiten Weltkrieg gelang den amerikan. Truppen bei A. am 30./31. 7. 1944 der entscheidende Durchbruch der dt. Linien.

Avus *die,* Abk. für Automobil-Verkehrs- und Übungs-Straße, ehem. Automobilrennstrecke in Berlin, zw. Grunewald und Nikolassee; 9,8 km lang; 1921 fertig gestellt; Prototyp der Autobahnen. Seit 1971 mit der Berliner Stadtautobahn verbunden.

AWACS [engl. 'eɪwæks; Abk. für airborne early warning and control system], luftgestütztes (fliegendes) ↑Frühwarnsystem der NATO. Jedes der mit einem bordgestützten Erfassungsradar (auf dem Flugzeugrumpf angebrachter und rotierender Radarpilz) ausgerüsteten Flugzeuge kann einen Umkreis von rd. 500 km Durchmesser überwachen.

Awami-Liga, polit. Partei in ↑Bangladesh.

Award [ə'wɔːd; engl. »Urteil«, »Entscheidung«] *der,* von einer Jury vergebener Preis, bes. in der Film- und Musikbranche.

Avocado: unten aufgeschnittene Frucht mit Steinkern

Awaren, 1) (Avaren), asiat. Reitervolk, das im 6. Jh. von den Türken aus dem Steppengebiet östl. der Wolga verdrängt wurde. Die A. besiegten im Bunde mit den Langobarden 567 die Gepiden in Ungarn (Pannonien), wo sie um 570 ein eigenes Reich gründeten. Ihr Vordringen auf die Balkanhalbinsel bedrohte zeitweise Byzanz, 626

erlitten die A. jedoch vor Konstantinopel eine Niederlage; ihr Reich wurde 791–803 endgültig durch Karl d. Gr. zerstört.
📖 *Pohl, W.: Die A. Ein Steppenvolk in Mitteleuropa 567–822 n. Chr.* München 1988.
2) Volk im östl. Kaukasus, in Dagestan und in Aserbaidschan, etwa 600 000 Menschen.
awarische Sprache, ↑kaukasische Sprachen.
Awash [-ʃ], Fluss in O-Äthiopien, 900 km lang, entspringt bei Addis Abeba, endet im Lac Abbé nahe der Grenze zu Djibouti; am Oberlauf **A.-Nationalpark** (320 km^2; UNESCO-Weltnaturerbe).
Awertschenko, Arkadi Timofejewitsch, russ. Schriftsteller, *Sewastopol 6. 3. 1881, †Prag 13. 3. 1925; emigrierte 1917; schrieb satir. Prosa, v. a. Humoresken und Feuilletons.
Awesta [von mittelpersisch apastak »Grund(schrift)«] *das,* (Avesta), die religiösen Texte der Anhänger Zarathustras, in altiran. Sprache **(Awestisch)** verfasst und in Bruchstücken erhalten. Die ältesten Teile (etwa 7. Jh. v. Chr.) werden Zarathustra selbst zugeschrieben (↑Gathas). Unter den Sassaniden gesammelt, erhielten die Schriften einen mittelpers. Kommentar **(Zend).** Dieser und das A. bilden die hl. Schriften der Parsen **(Zend-Awesta).**
Awwakum, Petrowitsch, russ. Oberpriester (Protopope), *Grigorowo (bei Nischni Nowgorod) 1620 oder 1621, †(verbrannt) Pustosjorsk (bei Narjan-Mar) 14. 4. 1682; Führer der Altgläubigen (↑Raskolniki). Seine Sendschreiben und Auslegungen sowie die anschaulich verfasste Autobiografie gehören zu den bed. Werken der älteren russ. Literatur.
Ax [æks], Emanuel, amerikan. Pianist poln. Herkunft, *Lemberg 8. 6. 1949; konzertiert seit Anfang der 70er-Jahre mit führenden Orchestern der USA und Europas; sein Repertoire umfasst sowohl die klass. Klavierliteratur als auch Werke des 20. Jh.
AXA-Gruppe, weltweit tätiger frz. Versicherungs- und Finanzdienstleistungskonzern, gegr. 1816, heutiger Name seit 1985; Sitz: Paris. Zu den zahlr. Tochtergesellschaften gehört u. a. die AXA Konzern AG (Sitz: Köln, gegr. 1839).
Axakow, 1) Iwan Sergejewitsch, russ. Schriftsteller, *Nadeschdino (Gouv. Ufa) 8. 10. 1823, †Moskau 8. 2. 1886, Sohn von 3); schrieb gesellschaftskrit. Dichtung (panslawist. Agitator).
2) Konstantin Sergejewitsch, russ. Schriftsteller, *Nowo-Axakowo (Gouv. Orenburg) 10. 4. 1817, †auf Zakynthos 19. 12. 1860, Sohn von 3); führender Theoretiker der Slawophilen.
3) Sergei Timofejewitsch, russ. Schriftsteller, *Ufa 1. 10. 1791, †Moskau 12. 5. 1859, Vater von 1) und 2); Begründer der Erzählliteratur des russ. Realismus.
Axel Heiberg Island [ˈæksl ˈhaɪbɔːɡ ˈaɪlənd, engl.], größte Insel der Sverdrup Islands (↑Sverdrup), im N des Kanadisch-Arkt. Archipels, 43 178 km^2; bis 2 211 m ü. M. – 1899 entdeckt.
Axel-Paulsen-Sprung [nach dem norweg. Eisläufer A. Paulsen, *1855, †1938] (kurz Axel), *Eis-, Rollkunstlauf:* Sprung auf das andere Bein von vorwärts-auswärts mit eineinhalbfacher, zweieinhalbfacher (Doppelaxel) oder dreieinhalbfacher (dreifacher Axel) Drehung auf rückwärts-auswärts.

Julius Axelrod

Axelrod [ˈæksəlrɔd], Julius, amerikan. Biochemiker, *New York 30. 5. 1912; erhielt 1970 mit U. von Euler-Chelpin und B. Katz für neurophysiolog. Arbeiten auf dem Gebiet der Informationsübertragung im Organismus den Nobelpreis für Physiologie und Medizin.
Axel Springer Verlag AG, Medienkonzern, gegr. 1946 von A. C. Springer mit dem Hammerich & Lesser Verlag (gegr. 1789) seines Vaters Hinrich (*1880, †1949); AG seit 1970; Sitz: Berlin (seit 1967, vorher Hamburg). Die A. S. V. AG ist der größte dt. Anbieter von Tageszeitungen (z. B. »Hamburger Abendblatt«, »Bild«, »Die Welt«) und Sonntagszeitungen (»Welt am Sonntag«, »Bild am Sonntag«, »Euro am Sonntag«). Weitere Zei-

tungen und Zeitschriften sind u. a. »Auto Bild«, »Bild der Frau«, »Sport Bild«, »Computer Bild« und die Programmzeitschrift »Hörzu«; zahlr. Titel auch in anderen europ. Ländern. Romanreihen (jährl. Auflage: 20 Mio.) erscheinen im Cora Verlag. Zum Konzern zählen auch Druckereien. In den elektron. Medien ist die A. S. V. AG beteiligt an privaten Hörfunksendern (u. a. Radio Schleswig-Holstein, Antenne Bayern) und war Mitgründerin des Privatfernsehsenders Sat.1; weitere Beteiligungen im Bereich Filmproduktion und -vertrieb sowie an der Sportrechteagentur ISPR (49%).
📖 *Kruip, G.: Das »Welt«-»Bild« des Axel-Springer-Verlags. München 1999.*

Axenstraße, Straße mit vielen Tunneln und Galerien am O-Ufer des Urner Sees (Vierwaldstätter See), Schweiz; erste Anlage 1863–65.

axial [lat.], in der Achsenrichtung.

Axialturbine, eine Turbine mit parallel zur Welle durchströmtem Laufrad; Ggs.: Radialturbine.

axillar [lat. axilla »Achselhöhle«], **1)** *Botanik:* unmittelbar über der Ansatzstelle eines Blattes stehend.
2) *Medizin:* in der Achselhöhle gelegen.

Axinit [zu grch. axinē »Axt«] *der,* vielfarbiges, triklines Mineral chem. Zusammensetzung $Ca_2(Fe,Mn)Al_2[OH|BO_3|Si_4O_{12}]$; Schmuckstein.

Axiologie [grch.] *die, Philosophie:* die Theorie der Werte (↑Wertphilosophie).

Axiom [grch. »Forderung«] *das, Logik, Mathematik:* ein Grundsatz, der nicht von anderen Sätzen abgeleitet, d. h. nicht bewiesen werden kann. Die A. sind aber darum nicht unbegründete Annahmen, sondern gelten als unmittelbar einsichtig. Logische A. sind z. B. der Satz vom ausgeschlossenen Dritten (↑Tertium non datur) und der Satz vom ↑Widerspruch. Unter **Axiomatik** versteht man sowohl die Begründung eines Gedankensystems durch Ableitung aus A. als auch die Lehre von der Aufstellung eines **Axiomensystems,** das widerspruchsfrei, unabhängig und vollständig sein muss. Die **axiomat. Methode,** d. h. die Untersuchung der log. Folgerungen aus Aussagen unabhängig von der Bedeutung der in ihr vorkommenden Prädikate, kennzeichnet die moderne Mathematik, v. a. die Algebra und Topologie; sie hat (auch unter dem Namen **Modell-**

theorie) Eingang in die empir. Wissenschaften (Physik, Wirtschaftstheorie u. a.) gefunden.

Axis [lat. »Achse«] *der* (Dreher, früher Epistropheus), zweiter, mit einem nach aufwärts gerichteten Fortsatz ausgestatteter Halswirbel, um den sich der ringförmige erste Halswirbel (↑Atlas) drehen kann.

Axjonow, Wassili Pawlowitsch, russ. Schriftsteller, *Kasan 20. 8. 1932; schrieb seit den 1960er-Jahren Romane und Erzählungen über Probleme der mit dem Sowjetregime unzufriedenen Jugend und Intelligenz (»Fahrkarte zu den Sternen«, 1961; »Defizitposten Faßleergut«, 1968); emigrierte in die USA und veröffentlichte dort u. a. die Romane »Gebrannt« (1980) und »Die Insel Krim« (1981); seit 2002 lebt A. in Frankreich.

Axminsterteppich ['æks-], samtartig gewebter Teppich des 19. Jh. mit aufgeschnittenem Flor, zuerst in Axminster (Cty. Devon), später v. a. in Wilton (Cty. Wiltshire) und in fast allen europ. Ländern hergestellt.

Axolotl [aztek. »Wasserspiel«] *der* (Ambystoma mexicanum, frei nur im Xochimilcosee in Mexiko lebender Querzahnmolch; er behält seine (wassergebundene) Larvenform bei und pflanzt sich als solche fort.

Axonometrie [grch.], geometr. Verfahren, räuml. Gebilde durch Parallelprojektion auf eine Ebene darzustellen.

Axt, Werkzeug zur Holzbearbeitung, unterscheidet sich vom Beil durch schmalere Schneide, längeren Stiel und größeres Gewicht. Spezielle Formen sind für den Waldarbeiter die leichte **Fäll-A.** und **Äst-A.** und die schwere **Spalt-A.,** für Zimmerleute die **Zimmermanns-A.** oder **Bund-A.** zum Behauen der Balken, **Stoß-A.** oder **Stich-A.** zum Herausarbeiten von Zapfenlöchern und Zapfen, der **Kaukamm** dient Bergleuten zum Zurechthauen von Grubenhölzern. – Die A. ist schon aus vorgeschichtl. Zeit als Werkzeug oder Waffe **(Streit-A.)** bekannt. Erste axtähnl. Geräte aus Knochen oder Geweih erscheinen in der Mittelsteinzeit, die geschliffene **Stein-A.** in der Jungsteinzeit. Später wurde die A. aus Kupfer oder Bronze und schließlich aus Eisen gefertigt.

Ayacucho [aja'kutʃo], Hptst. des Dep. A., Peru, am O-Hang der Westkordillere,

2 745 m ü. M., 119 000 Ew.; Univ.; kath. Erzbischofssitz; Touristenzentrum mit traditionellem Handwerk. – Kolonialzeitl. Stadtbild mit zahlreichen Kirchen; in der Umgebung Quecksilbergruben. – A. erhielt seinen Namen 1825 zur Erinnerung an die Schlacht beim Dorf A., in der die Truppen S. Bolívars am 9. 12. 1824 das letzte span. Heer in Südamerika besiegten.

Ayatollah [pers. »Zeichen (Wunder, Spiegelbild) Gottes«] *der* (Ajatollah), *Islam:* bei den Zwölferschiiten (↑Schiiten) Ehrentitel für herausragende Religionsgelehrte, die zur Durchführung selbstständiger Rechtsfindung befugt sind und infolge ihres Ansehens zu einer Instanz werden, an die sich andere Theologen und Gläubige wenden. Der Ranghöchste wird als **A. alusma** (»größtes Wunderzeichen Gottes«) bezeichnet.

Ayckbourn [ˈeɪkbɔːn], Alan, engl. Dramatiker, *London 12. 4. 1939; Schauspieler, Regisseur und Produzent an mehreren Theatern; Autor zahlr. Komödien und Farcen, u. a. »How the other half loves« (1969), »Frohe Feste« (1974), der Trilogie »Normans Eroberungen« (1975: »Tischmanieren«, »Trautes Heim«, »Quer durch den Garten«), »In Gedanken« (1986), »Der Held des Tages« (1990), »Doppeltüren« (1995), »Alles nur aus Liebe« (1998).
📖 *Bartsch, U.: A. A.s Dramenfiguren.* Hildesheim 1986. – *Billington, M.: A. A.* Basingstoke ²1990.

Aydın, Hptst. der Prov. A. in W-Anatolien, in der fruchtbaren Ebene des Büyük Menderes, Türkei, 123 200 Ew.; Baumwoll- und Tabakverarbeitung.

Aye-Aye [ˈajˈaj, madagass.] *der*, ein Halbaffe (↑Fingertiere).

Ayer [ˈeə], Alfred Jules, engl. Philosoph, *London 29. 10. 1910, †ebd. 28. 6. 1989; Hauptvertreter der analyt. Philosophie, log. Positivist, krit. Rationalist; schrieb u. a. »Sprache, Wahrheit und Logik« (1936), »Die Hauptfragen der Philosophie« (1973).

Ayers Rock [ˈeəz-], in der Sprache der Aborigines **Uluru**, einer der größten Inselberge der Erde, in Australien südwestlich von Alice Springs, aus rotem Sandstein, 9 km Umfang, rd. 350 m über die Ebene aufragend. – Der A. R. ist ein myth. Ort der Aborigines (↑Australier), mit Felsbildern und heiligen Stätten; er gehört zum Nationalpark Uluru-Kata Tjuta (UNESCO-Welterbe).

Aylesbury [ˈeɪlzbərɪ], Hptst. der Cty. Buckinghamshire, England, 58 100 Ew., Entlastungsort für London; Nahrungsmittel-, Druck- u. a. Leichtindustrie.

Aylwin Azocar [- aˈθokar], Patricio, chilen. Politiker, *Santiago de Chile 26. 11. 1918; Jurist; 1971–72 Präs. des Senats, 1973–76 und 1987–91 Vors. des »Partido Demócrata Cristiano« (PDC). Als Staatspräs. (1990–94) setzte er sich für die Sicherung der Demokratie und die innere Aussöhnung in Chile ein.

Aymé [ɛˈme], Marcel, frz. Schriftsteller, *Joigny (Dép. Yonne) 29. 3. 1902, †Paris 14. 10. 1967; schrieb realist. und derb-humorist. Romane, u. a. »Die grüne Stute« (1933), später mehr fantastische Romane, so »Der schöne Wahn« (1941), Novellen (»Der Mann, der durch die Wand gehen konnte«, 1943), Tiermärchen und Theaterstücke.

Aymonino, Carlo, italien. Architekt, *Rom 18. 7. 1926; Vertreter der rationalen

Ayers Rock: Inselberg Ayers Rock im Südwesten des Northern Territory

Ayutthaya: die drei großen Stupas des Vat Sri Sanpeth (15./16. Jh.)

Architektur in Italien, entwarf u. a. das Wohnquartier in Gallaratese, Mailand (1967 ff.; mit A. Rossi u. a.) und die Wiss. Hochschule in Pesaro (1970–73).

Ayr [ˈeə], Stadt an der SW-Küste Schottlands, am Firth of Clyde, zentraler Ort von South Ayrshire, 48 000 Ew., Seebad, Hafen, chem. Ind., Maschinenbau.

Ayrshire [ˈeəʃɪə], Gebiet in SW-Schottland am Firth of Clyde, gegliedert in die Local Authorities East Ayrshire, North Ayrshire, South Ayrshire.

Ayub Khan, Mohammed, pakistan. Feldmarschall und Politiker (Muslim-Liga), *Abbottabad (North West Frontier Province) 14. 5. 1907, †Islamabad 20. 4. 1974; war 1958–69 Staatspräs. und Min.-Präs.; führte 1960 das System der »basic democracies« ein.

Ayuntamiento [span.] *das,* auch *der,* in Spanien die Selbstverwaltung der Gemeinden; Gemeinderat; auch Stadtbezirk.

Ayurveda [Sanskrit] *der,* Samml. der wichtigsten Lehrbücher der alten ind. Heilkunde (Wiss. vom langen Leben), die den Menschen als komplexes Wesen in seiner Beziehung zur Umwelt betrachtet; zur Behandlung dienen v. a. pflanzl. Präparate.
  ❖ siehe ZEIT Aspekte

Ayutthaya (thailänd. Krung Kao), Prov.-Hptst. in Thailand, nördlich von Bangkok am Menam Chao Phraya, 57 300 Ew.; war 1350–1767 Hptst. Siams (aus dieser Zeit stammen ausgedehnte Palast- und Tempelanlagen [UNESCO-Weltkulturerbe]); Fremdenverkehr.

Azalee [grch. azaléos »dürr«] *die* (Azalie), ostasiat. Heidekrautgewächs der Gatt. Rhododendron, Ziersträucher mit großen roten, rosa, gelben oder weißen Blüten; auch Topfpflanze.

Azaña y Díaz [aˈθaɲa i ˈðiaθ], Manuel, span. Politiker und Schriftsteller, *Alcalá de Henares 10. 1. 1880, †Montauban 4. 11. 1940; Führer der republikanisch-sozialist. Bewegung, 1931–33 MinPräs.; unter seiner Reg. ergingen u. a. Agrarreformen und antikirchl. Gesetze; 1936–39 war er Staatspräs. der Rep. und ging 1939 ins Exil.

Azarole [span.-arab.] *die* (Azaroldorn), *Botanik:* ein Weißdorn.

Azeglio [adˈdzeʎʎo], Massimo Tapparelli, Marchese d'A., italien. Staatsmann, Schriftsteller und Maler, *Turin 24. 10. 1798, †ebd. 15. 1. 1866; trat, auch mit romant.-patriot. historischen Romanen, für die Einigung Italiens ein, war 1849–52 MinPräs. des Königreichs Sardinien (betrieb eine liberale Kirchenpolitik).

azeotropes Gemisch [grch.], flüssiges Gemisch, das bei gegebenem Druck einen konstanten, von dem der Einzelbestandteile abweichenden Siedepunkt aufweist. A. G. lassen sich durch **Azeotropdestillation,** ein therm. Trennverfahren, trennen, bei dem mit einem Hilfsmittel (Schleppmittel) gearbeitet wird.

Azetat, ↑Acetat.

Azide [von frz. azote »Stickstoff«], die Salze der Stickstoffwasserstoffsäure. (↑Stickstoff)

Azidimetrie, ↑Acidimetrie.

Azidität, ↑Acidität.

Azikiwe, Benjamin Nnamdi, nigerian. Politiker, *Enugu 16. 11. 1904, †ebd. 11. 5. 1996; aus dem Volk der Ibo; Journalist, kämpfte schon früh für die Entkolonialisierung Afrikas. 1963–66 war er nigerian. Staatspräs., 1979 und 1983 Kandidat für dieses Amt.

Azilien [aziˈljɛ̃; nach dem Fundort Le Mas-d'Azil, Dép. Ariège] *das,* Kulturstufe der Mittelsteinzeit in S-Frankreich und an der span. Küste.

Azimut [arab. as-sumūt »Richtungskreis«] *das,* auch *der,* Winkel auf dem Horizontalkreis zw. dem Südpunkt und dem Schnittpunkt des Vertikalkreises eines Gestirns mit dem Horizont. (↑astronomische Koordinaten)

Azimutalkreis (Almukantarat), jeder dem Horizont parallele Kreis der Himmelskugel.

Azimutalprojektion, ein ↑Kartennetzentwurf.

Azincourt [azɛ̃ˈkuːr] (früher Agincourt), Ort bei Arras im Dép. Pas-de-Calais, Frankreich. Im Hundertjährigen Krieg besiegten hier die Engländer unter Heinrich V. am 25. 10. 1415 ein wesentlich stärkeres frz. Heer.

Azine, heterozykl. Kohlenwasserstoffe, die in einem sechsgliedrigen Ring mindestens ein Stickstoffatom enthalten.

Azinfarbstoffe, vom Phenazin abgeleitete organ. Farbstoffe, z. B. die Safranine und Induline; verwandt ist der Farbstoff ↑Methylenblau.

Aznar López [aðˈnar ˈlopeθ], José María, span. Politiker, *Madrid 25. 2. 1953; 1982–87 Gen.-Sekr. der Alianza Popular (AP), 1987–89 MinPräs. der Region Kastilien und León, seit 1990 Vors. des Partido Popular (PP); 1996–2004 MinPräs. (zu den Parlamentswahlen am 14. 3. 2004 trat er nach zwei Amtsperioden nicht erneut an); seit Nov. 2001 Präs. der Christlich-Demokrat. Internationale.

Aznavour [aznaˈvuːr], Charles, eigtl. Varenagh Aznavourian, frz. Chansonnier und Filmschauspieler armen. Herkunft, *Paris 22. 5. 1924; schrieb zahlr. Chansons, auch Filmmusik und die Operette »Monsieur Carnaval« (1965).

Azofarbstoffe, wichtigste Gruppe künstlicher organ. Farbstoffe, v. a. im gelben bis roten Bereich; enthalten vorwiegend eine oder mehrere Azogruppen ($-N=N-$) als Chromophore. Die A. dienen zum Färben von Textilien, Wachsen, Holz, Papier u. a., Bedeutung als Indikatorfarbstoffe haben Methylorange und Methylrot. (↑Azoverbindungen)

Azoikum [zu grch. ázōos »ohne Leben«] *das, Geologie:* frühere Bez. für das Abiotikum; ↑Präkambrium.

Azoren (portugies. Açores), Inselgruppe im Atlant. Ozean, etwa 1 400 km westlich von Portugal, bildet eine autonome Region Portugals, 2 247 km^2, 241 500 Ew.; Hptst. Ponta Delgada. Die A. sind vulkan. Ursprungs. Die neun größeren Inseln ordnen sich auf dem Mittelatlantischen Rücken in drei Gruppen an; im O die Hauptinsel São Miguel und Santa Maria (nebst den Formigas-Inseln), in der Mitte Terceira, Graciosa, São Jorge, Pico und Faial, im NW Flores und Corvo. Ihre Vulkane ragen bis 2 345 m ü. M. auf und sind z. T. bis in die heutige Zeit tätig. Das Klima ist ozeanisch mild, sommertrocken und winterfeucht mit stürm. Winden. Haupterwerb ist die Land-

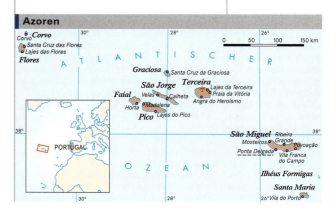

wirtschaft. Ausgeführt werden Molkereiprodukte und Schlachtrinder (nach Festlandportugal), Ananas, Wein, Feigen und Blumenzwiebeln. Die geotherm. Energie wird durch ein Kraftwerk genutzt. Ein großer Stützpunkt der USA befindet sich in Lajes da Terceira, ein frz. Stützpunkt auf Flores. Durch die jahrzehntelange Auswanderung bestehen starke Bindungen der Bewohner nach den USA und Kanada. Der internat. Flughafen liegt auf Santa Maria, Flugplätze haben São Miguel, Faial und Flores. – Die A. waren schon den Karthagern, Normannen und Arabern bekannt. 1427 wurden sie von den Portugiesen wieder entdeckt. – 1980 erhielten die Inseln ein Autonomiestatut.
📖 *Eichhorn, B. u. Zingel, D.: A. Noch fast unbekannte Inseln im Atlantik. Freiburg im Breisgau 1991. – Die A. Konzeption u. Text T. Borges da Silva u. W. Radasewsky. Fotos G. Schneider u. a. Berlin 1993.*

Azorenhoch, das in der Umgebung der Azoren durch Aufstau subtrop. Warmluft fast immer anzutreffende Hochdruckgebiet, von großer Bedeutung für den Wetterablauf in Europa.

Azorín [aθoˈrin], Pseudonym des span. Schriftstellers ↑Martínez Ruiz.

Azotobacter *der* oder *das,* eine Gattung Luftstickstoff bindender Bakterien, die im Boden und in Gewässern vorkommen.

Azoverbindungen, organ. Verbindungen, in denen die **Azogruppe** ($-N=N-$) mit Alkyl- oder Arylgruppen verknüpft ist.

Azobenzol, ein orangeroter Feststoff, ist Stammsubstanz der technisch wichtigen ↑Azofarbstoffe.

Azteken, Indianervolk aus der Sprachfamilie der Nahua. Die A. beherrschten z. Z. der span. Eroberung weite Gebiete Mexikos. Um 1370 gründeten sie ihre Hauptstadt Tenochtitlán (das heutige Mexiko). Sie waren Ackerbauern und Händler; Handwerk und Kunsthandwerk standen auf hoher Stufe. Die A. entwickelten eine Bilderschrift und einen auf astronom. Beobachtungen fußenden Kalender. Sie bauten Pyramiden, von Tempeln gekrönt. Den Göttern, bes. dem Sonnen- und Kriegsgott Huitzilopochtli, wurden auch Menschenopfer gebracht. Das Gebiet der A. wurde von H. Cortez 1519-21 erobert. Die Nachkommen der A. bilden heute einen Teil der mexikan. Bevölkerung. (↑mesoamerikanische Hochkulturen)
📖 *Prem, H. J.: Die A. Geschichte – Kultur – Religion. München 1996.*

Azubi, Kurzwort für ↑Auszubildender.

Azulejos [aθuˈlexɔs; span., zu azul »blau«], bunt glasierte Fayencefliesen (v. a. dunkelgrün, blau, violett, rot, weiß und gelb) mit geometr. oder pflanzl. Mustern, von den Mauren im 14. Jh. in Spanien eingeführt; fanden eine besonders reiche Entfaltung in Portugal. – Für das Bodenpflaster verwendete A. heißen **Olambrillas.**

Azulene [zu span. azul »blau«], blaue, unbeständige Kohlenwasserstoffe, die sich vom Grundkörper **Azulen** (einem bizykl. aromat. Kohlenwasserstoff mit einem Fünfer- und einem Siebenerring) ableiten; entzündungshemmende Wirkstoffe mancher äther. Öle (Kamillenblüte, Schafgarbe).

Azur [frz.-arab.] *der,* das ↑Himmelsblau.

Azurblau, dunkle Varietät der Smalte, ein Kobaltersatz.

Azurit [von Azur] *der* (Kupferlasur, Chessylith), blaues, durchscheinendes, monoklines Mineral, $Cu_3[OH|CO_3]_2$; kurzsäulige oder tafelige Kristalle, auch derbe Aggregate; kommen in Kupfererzlagerstätten vor.

azyklisch [grch.-lat.], nicht kreisförmig; zeitlich unregelmäßig.

azyklische Verbindungen (acyclische Verbindungen), organ. Verbindungen mit einfachen oder verzweigten, nicht geschlossenen Kohlenstoffketten (↑Kohlenwasserstoffe).

Azymiten, Bez. der orth. Kirche für die römisch-kath. Christen, da diese die Eucharistie mit ungesäuertem Brot (grch. Azymon) feiern. Die Ostkirchen, außer der armen. Kirche, verwenden unter Berufung auf das (gewöhnl.) Brot der neutestamentl. Abendmahlsberichte gesäuertes Abendmahlsbrot.

Azymon [grch.] *das,* ungesäuertes Brot (↑Mazza).

b, B [be:] *das,* **1)** Konsonant; der 2. Buchstabe des dt. Alphabets; stimmhafter bilabialer Verschlusslaut.
2) B oder **B.,** bei röm. Namen Abk. für Balbus, Brutus.
3) *Börsenwesen:* **B,** auf dt. Kurszetteln Abk. für Brief; **b.,** Abk. für bezahlt.
4) *Chemie:* **B,** Symbol für ↑Bor.
5) *Formelzeichen:* **B** für die ↑magnetische Flussdichte.
6) *Münzwesen:* **B,** neuzeitlich die 2. dt. Münzstätte (1866–78 Hannover).
7) *Musik:* **B,** der Halbton über A: das um einen Halbton erniedrigte H. Im angelsächs. Sprachraum bezeichnet **B** den Ganzton über A, also den Ton H. Als Versetzungszeichen bewirkt b Erniedrigung um einen Halbton. Als Tonartbez. bedeutet **B** B-Dur, **b** b-Moll.
Ba, chem. Symbol für ↑Barium.
Ba-, Vorsilbe in Bantusprachen; bezeichnet eine Mehrzahl von Personen, z. B. bei Stammesnamen wie Bahutu (↑Hutu).

B. A. [biː'eɪ], Abk. für engl. Bachelor of Arts, ↑Bakkalaureus.
Baabe, Gem. auf Rügen, Meckl.-Vorp., an der Ostsee, 820 Ew.; Ostseebad; Kleinbahn von Putbus.
Baade, Walter, dt.-amerikan. Astronom, *Schröttinghausen (heute zu Preußisch Oldendorf) 24. 3. 1893, †Göttingen 25. 6. 1960; erforschte v. a. die Struktur von Spiralnebeln, Sternpopulationen.
Baader, 1) Franz Xaver von, Philosoph und kath. Theologe, *München 27. 3. 1765, †ebd. 23. 5. 1841, Bruder von 2); bed. Denker aus den kath. Romantikerkreisen Münchens; v. a. von J. Böhme, Meister Eckhart und der Gnosis beeinflusst, wirkte er stark auf Schelling und vertrat, wie dieser, gegen den Rationalismus die Selbstbegrenzung der menschl. Vernunft: Wir können nur deshalb erkennen, weil Gott uns und die Welt denkt; Philosophie müsse auf den religiösen Lehren aufbauen, Glaube philosoph. Prinzip werden (↑Fideismus).

b, B 1): Druckschriftvarianten

Babbage BAB

2) Joseph von, Ingenieur, *München 30. 9. 1763, †ebd. 20. 11. 1835, Bruder von 1); förderte das Eisenbahnwesen in Dtl.; 1807 erste Entwürfe von Eisenbahnen.

Baader-Meinhof-Gruppe, 1968–70 entstandene Vereinigung von Terroristen, geführt von Andreas Baader (*1943, †1977) und Ulrike ↑Meinhof (†Selbstmord 1976), suchte ebenso wie ihre Nachfolgeorganisation »Rote-Armee-Fraktion« (RAF) nach den Methoden der Stadtguerilla die Grundordnung der Bundesrep. Dtl. umzustoßen (Attentate, Überfälle, Waffendiebstahl u. a.). 1972 wurde der »harte Kern« verhaftet und 1973 vor Gericht (OLG Stuttgart) gestellt: neben den oben Genannten G. Enßlin (*1940, †1977), J. C. Raspe (*1944, †1977) und H. Meins (*1941, †1977 durch Hungerstreik). Im April 1977 wurden Baader, Enßlin und Raspe u. a. wegen vierfachen Mordes zu lebenslängl. Freiheitsstrafe verurteilt. Nach dem Scheitern des Versuchs, durch die Entführung des Präs. der dt. Arbeitgeberverbände, H.-M. Schleyer (Sept. 1977), und eines Lufthansaflugzeuges (Okt. 1977) Baader, Enßlin, Raspe und andere inhaftierte Terroristen freizupressen, begingen Baader, Enßlin und Raspe Selbstmord (Obduktionsbefund einer internat. Ärztekommission). (↑Terrorismus)

Baal [hebr. »Herr«] der, oft als Stier oder in Menschengestalt dargestellter Wetter- und Fruchtbarkeitsgott der Westsemiten, urspr. Titel versch. Stadtgottheiten. Der B. von Tyrus wurde seit dem 9. Jh. v. Chr. in Israel vielfach verehrt und von den alttestamentl. Propheten (Elias, Hosea) bekämpft. Dem B. entsprach in Babylonien ↑Bel.

Baalbek (Balbek), Prov.-Hptst. in Libanon, etwa 20 000 Ew. – B., in hellenist. Zeit wegen des Sonnengottkultes **Heliopolis**, war seit Augustus röm. Kolonie. Der Tempelbezirk (mächtige Ruinen des 1.–3. Jh. n. Chr.) gehört zu den größten in Vorderasien (UNESCO-Weltkulturerbe).

Baal Schem Tov [hebr. »Herr des (göttl.) Namens«], Beiname des Mystikers Rabbi Israel ben Eliezer B. S. T., Gestalt des osteurop. Judentums, *Okop (Podolien) um 1700, †Międzyboż (Podolien) 1760; wirkte als Wundertäter; vertrat die Lehre vom Einssein Gottes mit seiner Schöpfung, der jedem Wesen innewohnenden Göttlichkeit. (↑Chassidim)

Baar, 1) die, Landschaft an der O-Abdachung des südl. Schwarzwalds um Donaueschingen; vorwiegend Hochflächen in etwa 700 m ü. M., Teil des südwestdt. Schichtstufenlandes. – Die **Landgrafschaft B.** (seit 12. Jh.) kam im 13. Jh. an die Fürsten von Fürstenberg, 1806 an Baden.
2) Ind.stadt im schweizer. Kt. Zug, 17 600 Ew.; Maschinen-, Apparatebau, Baumwollspinnerei, chem. u. a. Ind., Obstbau.

Baas [niederländ.] der, (bes. in der Seemannssprache) Bez. für Herr, Meister, Aufseher, Vermittler.

Baath(-Partei) [arab. »Wiedergeburt«] (Bath[-Partei]), im April 1947 in Damaskus gegr., urspr. panarabisch und sozialist. orientierte polit. Partei, in einigen ostarab. Ländern verbreitet und von einem »Nat. Kommando« geleitet; gelangte 1963 in Syrien und Irak an die Macht, in Letzterem endgültig 1968; das dort ab 1979 von Saddam Husain geführte B.-Regime wurde 2003 durch eine amerikanisch-brit. Militärintervention entmachtet.

Bab [arab.], ↑Babismus.

Bab, Julius, Schriftsteller, Theaterkritiker, *Berlin 11. 12. 1880, †Roslyn Heights (N. Y.) 12. 2. 1955; emigrierte 1938; verfasste etwa 90 theaterwiss. Werke und Biografien; bed. u. a. »Der Mensch auf der Bühne«, eine Dramaturgie für Schauspieler (3 Bde., 1910/11).

Baba [türk. »Vater«] der, türk. Ehrentitel für alte Männer und zur Bez. von Derwischheiligen und -oberhäuptern.

Baba, Corneliu, rumän. Maler, *Craiova 18. 11. 1906, †Bukarest 28. 12. 1997; gestaltete in expressiven Farben und Formen Landschaftsbilder, Stillleben und v. a. Porträts, bei denen er sich um eine analyt. Darstellung der Menschen bemüht.

Babaco (Carica pentagona), gurkenförmige Verwandte der Papayafrucht (↑Melonenbaum); die Frucht kann mit der Schale gegessen werden.

Baba Jaga die, die Hexe in russ. Volksmärchen. Sie bewohnt meist eine Hütte, die sich auf Hühnerbeinen fortbewegen kann.

Babbage [ˈbæbɪdʒ], Charles, brit. Mathematiker, *Teignmouth (Devonshire) 26. 12. 1791, †London 18. 10. 1871; entwarf um 1834 den ersten automat. Rechenmaschine mit Speicher, deren Realisierung an den damals unzureichenden techn. Mitteln scheiterte.

Babbitt ['bæbɪt], Milton Byron, amerikan. Komponist, * Philadelphia 10. 5. 1916; beschäftigt sich v. a. mit Zwölftontechnik; auch mathemat. Forschungen.

Babel, bibl. (hebr.) Name von ↑Babylon.

Babel [grch.] *das*, 1) vom Sittenverfall gekennzeichneter Ort; 2) Stadt, in der nicht nur die Landessprache, sondern verwirrend viele andere Sprachen gesprochen werden.

Babel, Issaak Emmanuilowitsch, russ. Schriftsteller, * Odessa 13. 7. 1894, † (erschossen) Moskau 27. 1. 1940; Vertreter der »revolutionären Romantik« und der »ornamentalen Prosa«; Erzählzyklen (»Budjonnys Reiterarmee«, 1926, »Odessaer Erzählungen«, 1923 ff.); Dramen, Drehbücher; Opfer des stalinist. Terrors, 1957 rehabilitiert.

Bab el-Mandeb [arab. »Tor der Wehklage«], 26 km breite Meeresstraße zw. dem Roten Meer und dem Golf von Aden (Ind. Ozean).

Babelsberg: Häuserkulissen auf dem DEFA-Gelände

Babelsberg, Stadtteil (seit 1939) von Potsdam; Bereiche der Univ. Potsdam, Hochschule für Film und Fernsehen, internat. Multimediastandort (»Medienstadt B.«), bes. mit Filmstudios, Dienstleistungs-, Freizeitzentren auf dem Gelände der ehem. UfA- und DEFA-Studios. – Schloss, von F. K. Schinkel 1834/35 begonnen, 1844–49 in engl. Neugotik vollendet. – 1751 von König Friedrich II., d. Gr., als Kolonie böhm. und sächs. Weber gegr., wurde 1924 Stadt (Nowawes; seit 1938 B.).

📖 *B. Das Filmstudio*, hg. v. W. Jacobsen. Berlin ³1994.

Babenberger, Fürstengeschlecht in Bayern und Österreich, seit 976 Markgrafen, seit 1156 Herzöge der Ostmark (Österreich), 1246 ausgestorben. (↑Österreich, Geschichte)

Babenco, Hector, argentin. Filmregisseur, * Buenos Aires 7. 2. 1946; dreht einfühlsam inszenierte Filme, u. a. »Der Kuß der Spinnenfrau« (1985; nach dem Roman von M. Puig), weiterhin »Asphalt-Haie« (1980), »Ein Pfeil in den Himmel« (1990), »Corazón iluminado« (1998).

Babenhausen, Stadt im Landkreis Darmstadt-Dieburg, Hessen, 126 m ü. M., 16 300 Ew.; Spargelanbau, zahlr. Gewerbebetriebe, Tachometerwerke, Maschinen- und Elektrogerätebau, Brauerei. – Ehem. Wasserburg (13. Jh., im 15./16. Jh. ausgebaut); spätgot. Pfarrkirche (Schnitzaltar, 1518), ehemalige Stadtbefestigung (13. bis 15. Jh.). – Frankfurter Stadtrecht 1295.

Babesia [nach dem rumän. Bakteriologen V. Babeş, * 1854, † 1926], Protozoengattung der Piroplasmen; besiedeln, durch Zecken übertragen, die roten Blutkörperchen, bes. von Rind, Pferd, Hund, und verursachen die **Babesiosen**, z. B. Texasfieber.

Babeuf [ba'bœf] (Babœuf), François Noël, frz. Revolutionär, * Saint-Quentin 23. 11. 1760, † (guillotiniert) Paris 28. 5. 1797; Jakobiner, trat unter dem Namen »Gracchus« für Aufteilung von Grund und Boden und gleiche Verteilung des Ertrages ein. B. ist Vorläufer des revolutionären Sozialismus; die Ideen der Sozialisierung der Produktionsmittel und der Diktatur des Proletariats gehen auf ihn zurück. Seine »Verschwörung der Gleichen« gegen das Direktorium (1796) wurde vorzeitig verraten.

Babi Jar, Schlucht nördlich von Kiew, Ukraine, in der im Sept. 1941 mehr als 33 000 Juden von einem Sonderkommando der dt. Einsatzgruppen ermordet wurden.

Babimost (dt. Bomst), Stadt in Polen, in der Wwschaft Lebus, im Tal der Faulen Obra, 3 700 Ew.; Holzverarbeitung, Bekleidungsindustrie. – Stadtrecht seit dem 16. Jh.

Babinet-Punkt [babi'nɛ-; nach dem frz. Physiker und Astronomen J. Babinet, * 1794, † 1872], ↑Himmelsstrahlung.

Babingtonit [nach dem engl. Mineralogen William Babington, * 1756, † 1833] *der*, triklines schwarzes Mineral der chem. Zusammensetzung $Ca_2Fe^{II}Fe^{III}[Si_5O_{14}OH]$, ähnelt dem Rhodonit.

Babylonien BAB

Babinski-Zeichen (Babinski-Phänomen), ein von dem frz. Nervenarzt J. F. F. Babinski (* 1857, † 1932) gefundenes Anzeichen für eine organ. Schädigung der Pyramidenbahn: Aufwärtsbiegen der großen Zehe bei Bestreichen des Fußsohlenrandes.
Babirusa (Babirussa, Hirscheber), Art der ↑ Schweine.
Babismus *der,* religiöse Bewegung des 19. Jh. in Persien, gestiftet von Sajjid Ali Mohammed, gen. **Bab** (»Pforte« der Erkenntnis), * 1820, † (hingerichtet) 1850. Ausgehend vom schiit. Islam und seiner Auslegung im myst. Sinn, erstrebte Bab soziale Reformen, gehobenere Stellung der Frau, Menschheitsverbrüderung. Seine Anhänger wurden ermordet oder wanderten aus. Der B. lebt in der ↑ Bahai-Religion fort.
Babits ['bɔbitʃ], Mihály, ungar. Dichter, * Szekszárd (Bez. Tolna) 26. 11. 1883, † Budapest 4. 8. 1941; schrieb Gedankenlyrik, Romane (»Der Storchkalif«, 1916), Essays; Übersetzungen.
Babrios, grch. Fabeldichter, lebte Ende des 1. Jh. n. Chr. Seine Sammlung äsop. Fabeln in Versen war seit der Spätantike als Schulbuch verbreitet.
Babrujsk, Stadt in Weißrussland, ↑ Bobrujsk.
Babu [Hindi »Fürst«] *der,* indischer Titel für gebildete Inder, entsprechend unserem »Herr«.
Babuin [frz.] *der,* afrikan. Art der Paviane.
Babur (Babar, Baber), Sahired-din Mohammed, Gründer der ind. Dynastie der Großmogul, * 14. 2. 1483, † Agra 26. 12. 1530; Nachkomme Timurs und (mütterlicherseits) Dschingis Khans. nach dem Sieg bei Panipat (1526) die Herrschaft über Indien; zugleich war B. ein bed. Dichter.
Ausgabe: Die Erinnerungen des ersten Großmoguls von Indien. Das Babur-Name, ins Dt. übertragen u. mit einem Vorw. v. *W. Stammler.* Mit einer histor. Einführung v. *S. Azimdzanova* u. a. Zürich ²1990.
Babuyaninseln, vulkan. Inselgruppe vor der N-Küste von Luzon, Philippinen; 885 km².
Baby ['be:bi, engl. 'beɪbɪ] *das,* Säugling.
Babybonds ['beɪbɪ-, engl.], ↑ Bonds.
Babyboom ['beɪbɪbu:m, engl.] *der,* Anstieg der Geburtenzahlen.

Babylon [»Tor Gottes«] (babylon. Babilu, hebr. Babel), Ruinenstadt in Irak, an einem alten Euphratlauf; erstmals Ende des 3. Jt. v. Chr. erwähnt. – Unter Hammurapi (um 1700 v. Chr.) gelangte B. zu polit. Bedeutung als Hptst. und Kulturmetropole Babyloniens; es wurde mehrfach von Assyrern zerstört, im 7. und 6. Jh. v. Chr. durch Nabopolassar und Nebukadnezar II. zur Weltstadt ausgebaut; nach der Eroberung durch die Perser 539 v. Chr. eine der drei Hauptstädte des Perserreiches. Unter den Seleukiden wurde B. bedeutungslos. Ausgrabungen der Dt. Orient-Ges. (1899 bis 1917) konnten (wegen des Grundwasserspiegels) nur Teile der von Mauern und Toren (u. a. Ischtartor) umgebenen neubabylon. Stadt Nebukadnezars II. freilegen: Prozessionsstraße, Tempelbezirk des Marduk (Esangila), den ↑ Babylonischen Turm sowie die Südburg mit Thronsaal und ↑ Hängenden Gärten.
📖 *Koldewey, R.: Das wieder erstehende B., hg. v. B. Hrouda. Mit Beiträgen v. W. Andrae u. a. München u. a. 1990. – Oates, J.: B. Stadt u. Reich im Brennpunkt des Alten Orient. A. d. Engl. Neuausgabe Bindlach 1990.*
Babylonien, geschichtliche Landschaft am Unterlauf der Flüsse Euphrat und Tigris (südl. Zweistromland, Irak) mit alter Kultur.
Geschichte: Gegen Ende des 4. Jt. v. Chr. schufen die ↑ Sumerer Stadtstaaten, die von den semit. Akkadern unter Sargon I. (um 2235–2180) unterworfen und zu einem Gesamtreich vereinigt wurden. Der folgenden Herrschaft der Gutäer (etwa 2100–2050) schloss sich abermals eine Zeit der kulturellen Blüte unter den Sumerern an. Das semit. Element wurde immer stärker. Um 1950 v. Chr. zerfiel das Reich in viele Kleinstaaten. Unter Hammurapi (1728 bis 1686) errang Babylon die Vormachtstellung, wurde Hptst. des Landes. Nach der Eroberung durch die Hethiter beherrschten die Kassiten das Land (etwa 1530–1155). Seit 1350 v. Chr. stieg der Einfluss der Assyrer. Erst Nabopolassar (626–605) befreite B. von der assyr. Herrschaft **(Neubabylon. Reich,** ↑ Assyrien, Karte). Sein Sohn Nebukadnezar II. (605–562) eroberte die westl. Provinzen des Assyrerreiches, Syrien und Palästina; B. wurde nochmals Großmacht und Babylon Weltstadt. Unter Nabonid (555–539) fiel das Reich 539 v. Chr. an den Perserkö-

nig Kyros II., d. Gr., und verlor für immer seine Selbstständigkeit.
📖 *Oates, J.: Babylon. Stadt u. Reich im Brennpunkt des Alten Orient. A. d. Engl. Neuausg. Bindlach 1990. – The Cambridge ancient history, begr. v. J. B. Bury, hg. v. I. E. S. Edwards u. a., Bd. 3, Tl. 2: The Assyrian and Babylonian empires and other states of the Near East, from the eighth to the sixth centuries B. C., hg. v. J. Boardman u. a. Cambridge u. a. ²1991. – Klengel, H.: König Hammurapi u. der Alltag Babylons. Neuausg. Düsseldorf 1999.*

babylonisch-assyrische Literatur, die in Akkadisch, der nordostsemit. Sprache Babyloniens und Assyriens, auf Keilschrifttafeln seit etwa 2500 v. Chr. bis ins 1. Jh. n. Chr. überlieferte, i. w. S. auch in sumer. Sprache geschriebene Lit. des alten Zweistromlandes. Sie umfasst Königs- und Götterhymnen sowie religiöse Texte, Mythen und Epen (↑Gilgamesch), außerdem Schrifttafeln privaten und geschäftl. Inhalts. Ein großer Teil auch des älteren wiss. und dichter. Schrifttums ist in Abschriften erhalten, die der assyr. König Assurbanipal (um 650 v. Chr.) in seiner Tontafelbibliothek in Ninive vereinigte.

babylonische Kunst: Hammurapi-Gesetzesstele aus Susa mit einer Reliefdarstellung des Königs vor dem thronenden Sonnengott Schamasch, Diorit (18. Jh. v. Chr.; Paris, Louvre)

babylonisch-assyrische Religion. Sie ist sumer. Ursprungs. Jede Stadt verehrte ihren eigenen Gott, dem ein »Hofstaat« kleinerer »Dienergottheiten« zugeordnet war. Die später einwandernden Semiten haben die sumer. Götter übernommen und ihrem Verständnis angeglichen. Enlil von Nippur galt weiterhin als Götterherr, Enki von Eridu, Gott des unterird. Süßwasserozeans, lebte als Ea, Vater des Marduk und Gott der Weisheit, weiter. Der sumer. Inanna, Tochter des Himmelsgottes An von Uruk, entsprach die sinnlich-erot. Ischtar der Babylonier. Stärker wurden die neuen Einflüsse bei anderen Gottheiten bemerkbar: Der Sonnengott Utu fand nun als Schamasch, Reichsgott, Herr der Weissagung und des Gerichts große Verehrung. Der Sturm- und Gewittergott Ischkur, bei den Sumerern unbedeutend, wurde als Adad ein Segen oder Zerstörung bringender Fruchtbarkeitsgott und eine zentrale Gestalt des Pantheons. Mit der Erhebung Babylons zur Hauptstadt (um 1700 v. Chr.) wurde der Stadtgott von Babylon, Marduk, zugleich auch oberster Reichsgott.

Babylonische Gefangenschaft (Babylonisches Exil), **1)** der Aufenthalt der Juden in Babylon nach der Zerstörung Jerusalems durch Nebukadnezar II. (587 v. Chr.) bis zur von Kyros II. erlaubten Rückkehr (538 v. Chr.).
2) *übertragen:* der Aufenthalt der Päpste in Avignon (1309–76).

babylonische Kultur. Um die Wende des 4. und 3. Jt. v. Chr. legten die Sumerer die Grundlagen zur b. K., indem sie die Keilschrift und das Zahlensystem mit der Grundzahl 12 (statt 10), die Hauptgestalten des Götterglaubens und die Anfänge der Kunst schufen. – Das Recht war hoch entwickelt; die bedeutendste überlieferte Gesetzessamml. ist die Hammurapis (um 1700 v. Chr.). Das babylon. Recht wurde für weite Teile Vorderasiens gültig, ebenso Keilschrift und Zahlensystem sowie die Zeitrechnung. Unter den *Wissenschaften,* die religiös gebunden blieben und großenteils zu mag. Zwecken angewandt wurden, traten die Medizin, die Mathematik und bes. die Astronomie hervor, zuerst als Astrologie, später als berechnende Astronomie. Die b. K. übte ein stark angleichende Kraft auf die eindringenden Fremdvölker (Akkader, westsemit. Völker) aus, wirkte über Babylonien hinaus auf große Teile Vorderasiens und überdauerte in ihren

Auswirkungen den Sturz des neubabylon. Reichs. Durch die Ausgrabungen des späten 19. und des 20. Jh. ist sie in ihrem vollen Ausmaß wieder bekannt geworden.
📖 *Oppenheim, L.: Ancient Mesopotamia. Portrait of a dead civilization. Chicago, Ill. ⁴1986. – Soden, W. von: Einführung in die Altorientalistik. Darmstadt ²1992.*

babylonische Kunst. Erste monumentale Tempelanlagen gehen auf den Anfang des 3. Jt. v. Chr. zurück (Uruk). Manche Tempel wurden auf Terrassen errichtet, die allmählich bis zur Form der ↑Zikkurat erhöht wurden, des später für Babylonien typ. Tempelturms. Eine spätere Form des Tempelbaus war die Anordnung von Cella und Nebenräumen um einen Hof. Nach festen architekton. Gesetzen wurden sonst nur Befestigungen und Paläste angelegt, alle mit einem System von Höfen und je nach Verwendung versch. gestalteten Gebäudeteilen. Weltberühmt waren die ↑Hängenden Gärten. Auch die Anlage der Prozessionsstraße in Babylon durch Nebukadnezar II. ist eine großartige städtebaul. Leistung. Tempel und Paläste waren oft mit Wandmalereien geschmückt, die aber nur in Spuren erhalten sind (z. B. in Mari). Nach 1600 v. Chr. wurden die Wandflächen mit farbig glasierten Ziegeln verkleidet, die Fabelwesen und pflanzl. Motive in leuchtenden Farben darstellen (Ischtartor, Thronsaal Nebukadnezars II., Prozessionsstraße in Babylon). Bei den Werken der Plastik kam es nicht zu der Monumentalität wie in Assyrien. Kleine, gut proportionierte Tierfiguren, Statuetten von Betern wurden seit dem Anfang des 3. Jt. v. Chr. geschaffen. Der Höhepunkt plast. Gestaltung wurde in altbabylon. Zeit (etwa 1950–1530 v. Chr.) erreicht (»Hammurapi-Kopf«, Paris, Louvre), danach fehlen Werke der Plastik fast völlig. Von besonderer Bedeutung ist die Reliefkunst (auf Grenzsteinen, Stelen, Weihplatten), in deren besten Werken in realist. Schilderung mehrere dargestellte Handlungen, v. a. aus Schlachten, durch die einheitl. Landschaft zu einem Gesamtbild vereinigt sind (Siegesstele des Königs Naramsin von Akkad, um 2300 v. Chr.); Friese von Tieren und Menschen in Muschelkalk oder Ton waren als Gebäudeschmuck bes. in der Frühzeit gebräuchlich. In der Steinschneidekunst kommt dem Rollsiegel (↑Siegel) eine besondere Funktion zu: Seit Ausgang des 4. Jt. v. Chr. bis in neubabylon. Zeit benutzt, wird an seinen Darstellungen der Stilwandel in der Kunst Babyloniens deutlich. Die b. K. wirkte schon früh nach außen, so auf die ägypt. (bereits Anfang des 3. Jt.), syr., kleinasiat., assyr. Kunst.

Babylonischer Turm, Turm zu Babel, an den sich die bibl. Erzählung von der ↑babylonischen Sprachverwirrung (1. Mos. 11) knüpft; hinter dieser Legende steht sicher der histor. Tempelturm (Zikkurat) Etemenanki des Mardukheiligtums in Babylon mit seinen gewaltigen Ausmaßen (quadrat. Grundriss mit 91,5 m Seitenlänge, etwa gleiche Höhe).
📖 *Klengel-Brandt, E.: Der Turm von Babylon. Legende u. Gesch. eines Bauwerks. Berlin u. a. ²1992.*

Babylonischer Turm: Marten van Valckenborch, »Der Turmbau zu Babel« (1595; Dresden, Gemäldegalerie Alte Meister)

babylonische Sprachverwirrung, im A. T. (1. Mos. 11) die Erklärung der Vielfalt der Sprachen. Die ätiolog. Sage berichtet, wie der Weiterbau des Turms zu Babel durch Gott verhindert wurde, indem er die Menschen wegen ihres Hochmuts, den ↑Babylonischen Turm bis in den Himmel zu bauen, in unterschiedl. Sprachen sprechen ließ, sodass sie sich nicht mehr verständigen konnten. – *Übertragen:* verwirrende Vielfalt von Sprachen, die an einem Ort zu hören sind, gesprochen werden **(babylon. Sprachengewirr).**

Babypro [ˈbeːbi-, engl. ˈbeɪbɪ-] *die* oder *der, Jargon:* bes. junger, sich prostituierender weibl. bzw. männl. Minderjähriger.

Babyruf [ˈbeːbi-, engl. ˈbeɪbɪ-], ↑Direktruf.

Babysitter [ˈbeːbi-, engl. ˈbeɪbɪsɪtə; engl., zu to sit »sitzen«] *der,* jemand, der kleinere Kinder kurzzeitig beaufsichtigt.

Bacall [bəˈkɔːl], Lauren, eigtl. Betty Joan Perske, amerikan. Filmschauspielerin, *New York 16. 9. 1924; spielte häufig mit H. Bogart (∞ seit 1945); Filme: »Haben und Nichthaben« (1944), »Tote schlafen fest« (1946), »Wie angelt man sich einen Millionär« (1953), »Mr. North« (1988), »Prêt-à-Porter« (1995), »Liebe hat zwei Gesichter« (1996), »Too Rich – The Secret Life of Doris Duke« (1999).

Bacău [baˈkəu], Hptst. des Bez. B. in der Moldau (Moldova), Rumänien, an der Bistritz, 208 600 Ew.; Univ.; Metall-, Papier-, Nahrungsmittelind., Maschinenbau; Verkehrsknoten, Flughafen; in der Nähe Erdölförderung.

Baccalaureus [lat.], ↑Bakkalaureus.

Baccarat [-ˈra, frz.] *das,* Kartenglücksspiel, ↑Bakkarat.

Bacchanal [nach dem röm. Gott Bacchus] *das,* rauschhafte, z. T. exzessive altröm. Kultfeiern zu Ehren des Bacchus (↑Dionysos).

Bacchant [lat.-grch.] *der,* Teilnehmer am Bacchusfest; im MA.: fahrender Schüler.

Bacchantin, Mänade, Bacchusdienerin.

Bacchelli [bakˈkɛlli], Riccardo, italien. Schriftsteller, *Bologna 19. 4. 1891, †Monza 8. 10. 1985; schrieb Lyrik (»Versi e rime«, Ged., 3 Bde., 1971–73), Dramen, Novellen und v. a. (histor.) Romane, in denen er sich psycholog. und sozialen Fragen zuwendet (»Die Mühle am Po«, 3 Bde., 1938–40).

Bacchus, röm. Gott der Fruchtbarkeit und des Weins (grch. ↑Dionysos).

Bach, Musikerfamilie des 17. und 18.Jh., vorwiegend in Thüringen und Franken ansässig. Der erste nachweisbar Musik betreibende Vertreter ist der Müller Veit B. (*um 1550, †1619), der zum Stammvater mehrerer Linien wurde, von denen die bedeutendste zu Johann Sebastian B. und seinen Söhnen führt.

1) Carl Philipp Emanuel, »Berliner« oder »Hamburger B.«, Komponist, *Weimar 8. 3. 1714, †Hamburg 14. 12. 1788, Sohn von 4); wurde 1741 in Berlin Kammercembalist Friedrichs II., d. Gr., 1768 Kirchenmusikdirektor in Hamburg. Vertreter des empfindsamen Stils und des musikal. Sturm und Drang. Als Meister thematisch. Verwandlung beeinflusste er J. Haydn und den jungen L. van Beethoven. Er bildete die Sonatenform aus und schuf Klavierkonzerte, -sonaten, Sinfonien, Kammermusik, geistl. Vokalmusik, Oden. – Der seit dem Zweiten Weltkrieg verschollene musikal. Nachlass des Komponisten (Dokumente des Vaters, seiner Brüder und eigene Kompositionen) wurde im Juli 1999 in einem Kiewer Archiv gefunden.

📖 *Wagner, G.: Die Sinfonien C. P. E. B.s. Stuttgart 1994.*

2) Johann Christian, »Mailänder« oder »Londoner B.«, Komponist, *Leipzig 5. 9. 1735, †London 1. 1. 1782, jüngster Sohn von 4); wurde nach seiner Konversion 1760 kath. Domorganist in Mailand, 1762 »Musikmeister der Königin« in London und gründete dort 1765 mit C. F. Abel die »Bach-Abel-Konzerte« (bis 1782). B. schuf italien. Opern, zwei Oratorien, Kantaten, Arien, Sinfonien, Klavierkonzerte, -sonaten, Kammermusik. Seine kantable Melodik wirkte sich bis in die Spätwerke W. A. Mozarts aus.

📖 *Gärtner, H.: J. C. B. München 1989. – Geck, M.: J. S. B. Reinbek 17.–19. Tsd. 1997.*

3) Johann Christoph Friedrich, »Bückeburger B.«, Komponist, *Leipzig 21. 6. 1732, †Bückeburg 26. 1. 1795, Sohn von 4); seit 1758 Hofkapellmeister ebd.; schuf Motetten, Kantaten, Oratorien, Kammermusik, Klaviersonaten.

📖 *Sing, B. J.: J. C. F. B. Baden-Baden 1992.*

4) Johann Sebastian, Komponist, *Eisenach 21. 3. 1685, †Leipzig 28. 7. 1750; Sohn des Stadtmusikers Ambrosius B. (*1645, †1695), war anfangs Schüler seines Bruders Johann Christoph B. (*1671, †1721) in Ohrdruf; 1700 Schüler der Michaelisschule zu Lüneburg, 1703 Organist in Arnstadt (1705 Fußreise zu D. Buxtehude nach Lübeck), 1707 Organist in Mühlhausen/Thür., 1708 Hoforganist und seit 1713 auch Hofkonzertmeister in Weimar, 1717 Hofkapellmeister in Köthen (Anhalt), seit 1723 Thomaskantor in Leipzig. – ∞ seit 1707 in 1. Ehe mit seiner Cousine Maria Barbara B. († 1720, Tochter des Komponisten Johann Michael B. [* 1648, † 1694]), in 2. Ehe seit 1721 mit Anna Magdalena Wilcken († 1760); beiden Ehen entstammten insgesamt 20 Kinder. In seinen letzten Lebensjahren litt B. an einem Augenleiden, das 1749 zur Erblindung führte. Die Musik B.s, der Abschluss des musikal. Barock, verbindet die alte polyphone Satzkunst mit dem neuen harmonisch bestimmten Konzertstil zu einer genialen Einheit. Die strenge kontrapunkt. Form der Fuge hat durch ihn ihre höchste Durchbildung erfahren. Gegenüber der traditionellen Kontrapunktik ist die Einzelstimme bei ihm stärker harmonisch determiniert; die Stimmen sind nicht nur Gegenstände kontrapunkt. Verarbeitung, sondern werden von charakterist. Themen geprägt. Grundlage seiner geistl. Musik ist das Kirchenlied; in späterer Zeit bevorzugte B. reine Choraltexte, bes. aus der Reformationszeit. In den Chören und Arien seiner Kantaten und Passionen entwickelte B. vom Inhalt des Textes her musikal. Motive von großer Eindringlichkeit. Seine Spätwerke lassen erstmals die Idee einer reinen, absoluten (Instrumental-)Musik erkennen. – Bei seinen Zeitgenossen war B. v. a. als virtuoser Organist berühmt, jedoch erlahmte dann das Interesse an seiner Musik. Erst die Aufführung der Matthäus-Passion durch F. Mendelssohn Bartholdy, die 1829 in Berlin stattfand, wirkte entscheidend für die Erkenntnis seiner Bedeutung. 1850 wurde die **B.-Gesellschaft,** 1900 die **Neue B.-Gesellschaft** gegründet. Das »Thematisch-systemat. Verzeichnis der Werke J. S. B.s« (**BWV**) legte W. Schmieder 1950 an (2. überarbeitete Aufl. 1990). **Werke:** Vokalmusik: etwa 200 Kirchenkantaten; Weihnachts- und Osteroratorium; Passionsmusik nach den Evangelien des Johannes (1724) und Matthäus (1729); lat. Messe in h-Moll (1724 bis um 1747/49), 4 kleine Messen, lat. Magnificat in D-Dur; Trauerode; Motetten; geistl. Lieder; weltl. Kantaten (Kaffee-, Bauernkantate; Fest-

Johann Sebastian Bach (Gemälde von Elias Gottlob Haußmann, 1746)

kantaten); Quodlibets. – Orgelwerke: Präludien und Fugen, Toccaten, Fantasien, Choralvorspiele und -variationen, Triosonaten, Konzerte. – Klavierwerke: 2-stimmige Inventionen und 3-stimmige Sinfonien; 6 engl. und 6 frz. Suiten, 6 dt. Partiten; Goldberg-Variationen; Das Wohltemperierte Klavier (48 Präludien und Fugen für alle Dur- und Molltonarten); Chromat. Fantasie und Fuge; Toccaten; Konzerte. – Kammer- und Orchesterwerke: Sonaten für Flöte, Violine, Gambe. Konzerte für Cembalo (z. T. nach Geigenkonzerten Vivaldis), für Violine. 6 »Brandenburg. Konzerte« (Concerti grossi), 4 Suiten für Orchester, 6 Suiten für Violoncello solo. – Kontrapunkt. Spätwerke: Das musikal. Opfer (über ein Thema Friedrichs d. Gr. mit wechselnder Besetzung) und die »Kunst der Fuge« ohne Besetzungsangabe.

📖 *B. u. die Moderne, hg. v. D. Schnebel. Wiesbaden 1995. – Poos, H.: J. S. B. Der Choralsatz als musikal. Kunstwerk. München 1995. – Schweitzer, A.: Die Orgelwerke J. S. B.s. Vorworte zu den »Sämtlichen Orgelwerken«. Hildesheim u. a. 1995. – B.-Handbuch, hg. v. K. Küster. Kassel u. a. 1999. – Otterbach, F.: J. S. B. Leben und Werk. Stuttgart ²1999. – Das B.-Lexikon, hg. v. M. Heinemann. Laaber 2000. – Dürr,*

A.: J. S. B. – Die Kantaten. Werkeinführungen und vollständige Texte. Kassel u. a. ⁸2000. – Geck, M.: B. Leben und Werk. Reinbek ⁷2000. – Wolff, C.: J. S. B. A. d. Amerikan. Frankfurt am Main 2000.
5) Wilhelm Friedemann, Komponist, *Weimar 22. 11. 1710, †Berlin 1. 7. 1784, ältester Sohn von 4); 1733–46 Organist in Dresden und bis 1764 in Halle (Saale), lebte seitdem ohne feste Stellung in versch. Städten; schrieb Werke für Orgel, Klavier, Orchester sowie geistl. und weltl. Vokalmusik.
📖 *Falck, M.: W. F. B. Sein Leben u. seine Werke mit thematischem Verzeichnis seiner Kompositionen. Leipzig 1913, Nachdr. Hildesheim u. a. 1977.*
Bạch, 1) Alexander Freiherr von (seit 1854), österr. Staatsmann, *Loosdorf (heute zu Fallbach, Bez. Mistelbach) 4. 1. 1813, †Schloss Schönberg (bei Wiener Neustadt) 12. 11. 1893; wurde 1848 Justizmin. und 1849 Min. des Innern; nach dem Tod von Felix Fürst zu Schwarzenberg (1852) einflussreichstes Reg.mitglied; vertrat ein klerikal-zentralistisch-absolutist. Reg.system; wegen außenpolit. Misserfolge 1859 entlassen.
2) Thomas, Sportfunktionär, *Würzburg 29. 12. 1953; als Florettfechter u. a. Olympiasieger 1976 sowie Weltmeister 1976 und 1977 (jeweils Mannschaft); seit 1982 Mitgl. des NOK für Dtl., seit 1991 IOK-Mitgl. und seit 2000 IOK-Vizepräsident.
Bạcharach, Stadt im Landkreis Mainz-Bingen, Rheinl.-Pf., am Rhein, 2 300 Ew.; Weinbau, Sekt-, Weingroßkellereien. – Ausflugsort mit malerischem mittelalterl. Stadtbild (u. a. roman. Peterskirche, 12./13. Jh.). – Stadtrecht seit 1356. Über B. Burg Stahleck (12.–14. Jh.), jetzt Jugendherberge.
Bạch-Blütentherapie, von dem brit. Homöopathen Edward Bach (*1886, †1936) entwickeltes System aus 38 Essenzen, durch deren definierte seelisch-geistige Zustände beeinflusst werden sollen; in Dtl. nicht als Arzneimittel zugelassen.
Bạche [aus altfrz. bacon »Schweinehälfte«], weibl. Wildschwein, das mindestens einmal Junge geworfen hat oder über zwei Jahre alt ist.
Bachelor [ˈbætʃələ, engl.] *der,* in Anlehnung an das angelsächs. System der gestuften Studienabschlüsse auch in Dtl. einge-

führter unterster akadem. Grad, der von Hochschulen (u. a. Univ., FH) nach einer Regelstudienzeit von mindestens drei bzw. höchstens vier Jahren und bestandenen Prüfungen verliehen wird. Dieser Abschluss ermöglicht entweder den direkten Einstieg in das Berufsleben oder die Fortsetzung des Studiums in einem Masterstudiengang (Magisterstudiengang; ↑Magister). Bei der Gradbezeichnung wird zw. versch. Fächergruppen unterschieden; statt B. sind auch deutschsprachige Formen (z. B. Bakkalaureus der Wissenschaften) möglich.
Bạchem, Bele, eigtl. Renate Gabriele Böhmer, Zeichnerin, *Düsseldorf 17. 5. 1916; schuf Illustrationen, Theaterdekorationen und Vorlagen für Porzellanmalereien und Tapeten.
Bạcher [jidd.] *der,* ↑Bocher.
Bạchler, Klaus, österr. Schauspieler und Regisseur, *Judenburg 29. 3. 1951; Engagements u. a. in Salzburg, Berlin, Hamburg; 1991–96 Intendant der Wiener Festwochen, danach der Volksoper Wien; ab der Spielzeit 1999/2000 Direktor des Wiener Burgtheaters.
Bạchmann, 1) Guido, schweizer. Schriftsteller, *Luzern 28. 1. 1940, †Sankt Gallen 19. 10. 2003; vielseitiges Werk, das die Suche nach Selbsterfahrung mit Mythisch-Symbolischem verbindet, so in der Romantrilogie »Zeit und Ewigkeit« (1966–82), in den Romanen »Die Wirklichkeitsmaschine« (1994) und »Sommerweide « (2002) sowie in den autobiograf. Texten »lebenslänglich. Eine Jugend« (1997) und »bedingt entlassen« (2000).
2) Ingeborg, österr. Schriftstellerin, *Klagenfurt 25. 6. 1926, †Rom 17. 10. 1973; gehörte zur Gruppe 47, lebte ab 1965 ständig in Rom; schrieb bildhafte und prägnante Lyrik (»Die gestundete Zeit«, 1953; »Anrufung des großen Bären«, 1956) sowie Prosawerke um Existenzbedrohung durch die reale Welt. Von dem Romanprojekt »Todesarten« wurde nur »Malina« (1971) vollendet. Schrieb auch Hörspiele (»Der gute Gott von Manhattan«, 1958) und Libretti. Georg-Büchner-Preis 1964.
📖 *Beicken, P.: I. B. Stuttgart 2001.*
Bạchmụt, Stadt in der Ukraine, ↑Artjomowsk.
Bạchofen, Johann Jakob, schweizer. Rechtshistoriker, Altertumsforscher, *Basel 22. 12. 1815, †ebd. 25. 11. 1887; Schüler

F. C. von Savignys, versuchte eine romant. Deutung der antiken Mythologie und Symbolik. B. prägte den Begriff des Mutterrechts.
Werke: Versuch über die Gräbersymbolik der Alten (1859); Das Mutterrecht (1861); Die Sage von Tanaquil (1870).
Bachstelze, ein Singvogel, ↑Stelzen.
Bachtaran (Bakhtaran), Stadt in Iran, ↑Kermanschah.
Bachtiar (Bakhtiar, Bahtiar), Schapur (Shapur), iran. Politiker, *um 1914 (nach anderen Angaben 1916), †(ermordet) Suresnes (bei Paris) 6. 8. 1991; Rechtsanwalt, versuchte als MinPräs. (Jan. bis Febr. 1979) eine demokrat. Entwicklung in Iran einzuleiten und damit v. a. die radikal islam. Kräfte zu neutralisieren. Nach deren Sieg ging er nach Frankreich ins Exil; Opfer eines von Iranern verübten Attentates.
Bachtiaren, Bergvolk im Zagrosgebirge, SW-Iran, mit den ↑Luren verwandt.
Bachtschissarai, Stadt im S der Halbinsel (Teilrepublik) Krim, 20000 Ew.; Herstellung von äther. Ölen, Weberei. – Palast der Khane (16. Jh., 1787 nach einem Brand neu errichtet; heute historisch-archäolog. Museum; zahlr. Mausoleen und Medresen. Nahebei astrophysikal. Observatorium.
Bacile [baˈtʃiːlə, mlat.-italien.] *das,* beckenartige große Schale.
Bacillus (Bazillus) [lat. »Stäbchen«] *der,* Gattung der ↑Bakterien; bilden hitzeresistente Endosporen. Die meisten B.-Arten leben saprophytisch in Böden und Gewässern, einige sind pathogen, z.B. **B. anthracis,** der Erreger des Milzbrandes.
Bačka [ˈbaːtʃka], Landschaft zw. unterer Theiß und Donau, ↑Batschka.
Backbonenetz [ˈbækbəʊn-, zu engl. backbone »Rückgrat«], leistungsfähiges Netz, das lokale Netze untereinander verbindet (also keine eigentl. Rechneranschlüsse besitzt).
Backbord, *Schifffahrt:* linke Schiffsseite; Ggs.: Steuerbord; **backbord(s),** links; durch rote Positionslaternen gekennzeichnet.
Backe, 1) *Anatomie:* (Wange), Seitenwand der Mundhöhle.
2) *Technik:* paarweise aufeinander wirkende Teile an Werkzeugen, z. B. die B. des Schraubstocks und der Bremsen (B.-Bremse).
Backenknochen, das ↑Jochbein.

Backentaschen, seitl. Ausstülpungen der Backenhaut mancher Säugetiere zum Sammeln und Transport von Nahrung, z. B. bei Hamstern.
Backfitting [ˈbæk-, engl.] *das,* die Ausrüstung einer techn. Anlage (z. B. eines Kraftwerks) mit zusätzl. Geräten, Geräteteilen, Sicherheitseinrichtungen u. a., die in der ursprüngl. Planung der Anlage nicht vorgesehen waren.
Backgammon [ˈbækˈgæmən] *das,* engl. Name für das in Dtl. Puff oder ↑Tricktrack genannte Brettspiel. – Es werden nat. und internat. B.-Turniere ausgetragen.
Background [ˈbækgraʊnd, engl.] *der,* **1)** *allg.:* geistige Herkunft, Milieu; Berufserfahrung, Kenntnisse.
2) *Musik:* Klanghintergrund im Jazz und in der neueren Unterhaltungsmusik.
3) *visuelle Medien:* Bildhintergrund (Film, Werbefotos u. a.).
Backhaus, Wilhelm, Pianist, *Leipzig 26. 3. 1884, †Villach 5. 7. 1969; Schüler von E. d'Albert, bes. Beethoven-Interpret.
Backley [ˈbæklɪ], Steve, brit. Leichtathlet (Speerwerfer), *Sidcup (zu London); u. a. Europameister 1990, 1994, 1998 und 2002.
Backlist [ˈbæk-, engl.] *die,* Verzeichnis der älteren noch lieferbaren Titel eines Verlages (im Ggs. zur Liste der Neuerscheinungen).
Backnang, Stadt (Große Krst.) im Rems-Murr-Kreis, Bad.-Württ., an der Murr, 34300 Ew.; Leder-, Textil- und elektrotechn. Ind. – Altstadt mit Fachwerkhäusern (Rathaus, um 1600). – B. kam 1324 von Baden an Württemberg.
Backofen (Backoffen), Hans, Steinbildhauer, *Sulzbach um 1470/75 (?), †Mainz 21. 9. 1519; schuf v. a. Grabmäler (Bischofsgrabmäler im Mainzer Dom) und Kreuzigungsgruppen (Dom in Frankfurt am Main) von kraftvoller Gestaltung.
Backpointer [ˈbækpɔɪntə, engl.] *der, Radiologie:* mit der Strahlenquelle des Behandlungsgerätes verbundene Hilfseinrichtung zur Strahlenbehandlung; zeigt an der zu behandelnden Stelle des Patienten den Austrittspunkt des Zentralstrahls mechanisch oder optisch an.
Backpulver, Backtreibmittel zum Lockern des Teiges, aus dem Gase, v. a. Kohlendioxid, frei werden.
Backslash [ˈbækslæʃ, engl.] *der, Informatik:* umgekehrter Schrägstrich, als Steuerbefehl verwendet.

BAC backstage

Backsteinbau: Rathaus in Frankfurt/ Oder (13.–15. Jh., verändert 1607–09)

backstage [ˈbæksteɪdʒ, engl.], hinter der Bühne, hinter den Kulissen.

Backsteinbau, Bau aus Ziegeln oder Klinkern, berappt, verputzt, verkleidet oder nicht verputzt.

Bauten aus handgeformten, luftgetrockneten Lehmziegeln sind seit vorgeschichtl. Zeit aus Kleinasien, Mesopotamien und Ägypten bekannt. Seit der 2. Hälfte des 4. Jt. wurden auch (dauerhaftere) Bauwerke aus gebrannten Ziegeln errichtet (Mesopotamien). In der röm. Architektur spielte der B. eine überragende Rolle, da komplizierte Grundriss- und Aufrissformen sich mit flachen gebrannten Ziegeln am besten bewältigen ließen; der Außenbau war meist mit wertvollerem Material (v.a. Marmorplatten) verkleidet. Röm. Tradition lebte weiter im byzantin. B. und v.a. im oberitalien. Raum, der über Jahrhunderte hin ein Zentrum des B. wurde. In der islam. Architektur waren Ziegelbauten sehr verbreitet, mit Blütezeit im 8./9. Jh. in Iran. Der Schmuck dieser Bauten bestand aus unterschiedlich zusammengesetzten Ziegelformen, später im Wechsel von natürlich belassenen und farbig glasierten Ziegeln. Nach Mitte des 12. Jh. verbreitete sich der B. in Nord-Dtl. und Bayern.

Mit der norddt. **Backsteingotik** bildete sich ein eigener Stil von großer Geschlossenheit und reicher Flächenbehandlung durch farbig glasierte Ziegel und Formsteine heraus, bes. in den mit Spitzbogenblenden und Maßwerk geschmückten Schaugiebeln. Von den Niederlanden bis zum Deutschordensgebiet entstand eine Fülle von B. (Kirchen, Burgen, Schlösser, Rathäuser, Stadttore), auch in Skandinavien und England. Seit der Renaissance verwendete man, bes. in den Niederlanden, eine gemischte Bauweise, indem man die Mauerflächen in Backstein, einzelne Bauglieder wie Gesimse, Fenster- und Türgewände dagegen aus Haustein ausführte. Im 19. Jh. ging eine Erneuerung des B. von der Schinkel-Schule aus. Im 20. Jh. erstrebte man v.a. wieder eine werkstoffgerechte Verarbeitung; Klinkerverblendungen sollen durch ihre Färbung die Flächen beleben. Unter den Baumeistern, die den B. bevorzugten, ragten F. Schumacher und F. Höger (Chilehaus) in Hamburg hervor. Eine neue Belebung erfährt der B. durch niederländ., engl. und bes. skandinav. Architekten (J. Stirling, A. Jacobsen, A. Aalto), die ihn auch mit Sichtbeton kombinieren.

Back-up [ˈbækʌp, engl.] das oder der, Informatik: das Sichern von Daten auf einem zweiten Datenträger; Sicherungskopie.

Backwarddiode [ˈbækwəd-, engl.], eine ↑Tunneldiode, die wegen des bes. flachen Verlaufs ihrer Strom-Spannungs-Kennlinie in umgekehrter Richtung (negative Flussspannung) betrieben wird; verwendet u.a. zur Gleichrichtung kleiner Wechselspannungen bei sehr hohen Frequenzen (meist im Mikrowellenbereich).

Backwoods [ˈbækwʊdz; engl. »Hinterwälder«], in der nordamerikan. Kolonisationszeit die Urwälder im Hinterland der

ersten Ansiedler; **B.-Men** waren die Pioniere, die in diese Wälder eindrangen.
Bacolod, Hptst. der Prov. Negros Occidental der Philippinen, 402 000 Ew.; Univ.; Zuckerindustrie; Hafen.
Bacon [ˈbeɪkən, engl.] *der,* leicht durchwachsener und angeräucherter Speck.
Bacon [ˈbeɪkən], **1)** Francis, Baron von Verulam (seit 1618), engl. Philosoph und Staatsmann, *London 22. 1. 1561, †ebd. 9. 4. 1626; Advokat, u. a. Lordkanzler (seit 1618), verlor 1621 alle öffentl. Ämter wegen einer Bestechungsaffäre. – b. verfasste wichtige Beiträge zum neuen Wissensbegriff der Renaissance: Statt Magie und Zufall in der Naturforschung fordert B. streng wiss. Vorgehensweise, statt ableitender die induktive Methode auf der Grundlage von Erfahrung (Beobachtung und Experiment), statt Wissen um der bloßen Wahrheit willen Wissen zum Zwecke menschl. Bedürfnisbefriedigung, das heißt Naturerkenntnis mit dem Ziel der Naturbeherrschung. Seine Essays sind von Montaigne und Plutarch angeregt, seine Utopie »Nova Atlantis« (1627) schildert einen technisch perfekten Zukunftsstaat unter der Herrschaft wiss.-techn. orientierter Weiser.
Weitere Werke: Essays (1597, 1625); Novum Organum (1620); De dignitate et augmentis scientiarum (1623).
📖 *Lampert, L.: Nietzsche and modern times. A study of Bacon, Descartes, and Nietzsche.* New Haven, Conn., u. a. 1993. – *Spierling, V.: Kleine Gesch. der Philosophie. 50 Porträts von der Antike bis zur Gegenwart.* Neuausg. München u. a. 2002.
2) Francis, engl. Maler, *Dublin 28. 10. 1909, †Madrid 28. 4. 1992; entwickelte eine in ihrer Krassheit schockierende Darstellung des Menschen. Seine isolierten Figuren sind ins Schemenhafte verwischt und entstellt. Oft behandelte Themen sind die Kreuzigung (ab 1933; nach M. Grünewald und Cimabue) und Papst Innozenz X. (ab 1949; nach Velázquez).
3) Roger, engl. Theologe und Naturphilosoph, *bei Ilchester (Cty. Somerset) um 1214, †Oxford um 1292; lehrte 1241–46 in Paris aristotel. Naturphilosophie; prägte als »doctor mirabilis« (bewundernswürdiger Lehrer) der mittelalterl. Erfahrungswiss. den Begriff des Naturgesetzes, stellte der scholast. Methode die mathematischnaturwiss., dem Autoritätenbeweis Erfahrungs- und Quellenstudium entgegen.

📖 *Kuper, M.: R. B. Der Mann, der Bruder Williams Lehrer war.* Berlin 1996.
Bad, 1) Kurzbez. für einen staatlich anerkannten Kurort mit Heilquellen.
2) Anwendung von Wasser auf den (menschl.) Körper zur Reinigung oder zur Förderung der Gesundheit, wobei man zw. **Ganzbädern** oder **Vollbädern** und **Teilbädern** (Hand-, Fuß-, Sitzbad) unterscheidet. Die Hauptwirkung eines B. liegt neben dem Reinigungseffekt im Kälte- und Wärmereiz; die Wassertemperatur beträgt bei ausgesprochen kalten Bädern unter 20 bis 22 °C, bei kalten Bädern unter 34 °C, bei indifferenten Bädern 34 bis 35,9 °C, bei warmen Bädern 36 bis 39 °C und bei heißen Bädern 40 °C und darüber. Die therm., aber auch die durch besondere Anwendungsformen erzielten mechan. Reize auf die Haut beeinflussen die Funktion innerer Organe (wie Herztätigkeit, Blutdruck, Puls, Harnabsonderung) und führen zu allgemeiner Kräftigung und Abhärtung. Als **Heilbäder** bezeichnet man Bäder in ↑Heilquellen oder mit besonderen Anwendungen (↑Moorbad, ↑Schlammbad, ↑Heißluftbad, ↑Dampfbad, ↑Sandbad, ↑hydroelektrisches Bad).
Bad Abbach, Markt im Landkreis Kelheim, Bayern, an der Donau, 355 m ü. M.,

Francis Bacon: Der schreiende Papst (1953; New York, Privatbesitz)

BAD Bad Aibling

9 200 Ew.; starkes Schwefel- und Moorbad, Rheumazentrum.

Bad Aibling, Stadt im Landkreis Rosenheim, Bayern, 481 m ü. M., 16 200 Ew.; Moorheilbad (das älteste Bayerns).

Badajoz [-ða'xɔθ], **1)** span. Provinz in Extremadura, 21 766 km², 654 900 Ew.; umfasst das Guadianabecken und Teile der Iber. Masse; Anbau von Weizen, Reis, Baumwolle; Ölbaumkulturen; Viehhaltung.
2) Hptst. der Provinz B., Spanien, 122 500 Ew.; Univ.; Verarbeitung von Agrarprodukten (Baumwolle, Wolle). – Arab. Stadtmauer (Türme), Palast der Herzöge de la Roca (Mudejarstil).

Bad Alexandersbad, Gemeinde im Landkreis Wunsiedel i. Fichtelgebirge, Bayern, 590 m ü. M., 1 300 Ew.; Luftkurort mit Heilquellen (Eisensäuerling) und Mooranwendungen; in der Nähe die ↑Luisenburg. – Seit 1979 Bad.

Badalona, Stadt in Katalonien, Spanien, im Vorortbereich von Barcelona, 211 000 Ew.; Textil-, Stahl-, Glasind.; Druckereien; Hafen.

Bad Altheide, Stadt in Polen, ↑Polanica Zdrój.

Bad Arolsen, Stadt im Landkreis Waldeck-Frankenberg, Hessen, auf der Waldecker Hochfläche, 290 m ü. M., 16 800 Ew.; Kunststoff verarbeitende, Elektro-, Maschinenbauind.; Sitz des Internat. Suchdienstes des Roten Kreuzes. – Seit 1719 Residenz der Fürsten von Waldeck und Pyrmont (Barockschloss), bis 1929 Hptst. des Fürstentums (seit 1918 Freistaat) Waldeck; anerkanntes Heilbad seit 1977.

Bad Aussee, Stadt in der Steiermark, Österreich, an der Traun, 659 m ü. M., 5 000 Ew.; Saline; Solebad, Soleleitung (8 km) von **Altaussee** (1 900 Ew.; Salzbergbau seit 1147) am **Altausseer See** (2,1 km², 53 m tief); got. Pfarrkirche (um 1300).

Badawi, Abdullah bin Haji Ahmed, malays. Politiker, *Penang 26. 11. 1939; studierte islam. Theologie; ab 1978 Abg. des Parlaments, war 1984–86 Erziehungs-, 1986–87 Verteidigungs- und 1991–99 Außenmin., wurde 1981 Mitgl. des Präsidiums der UMNO, 1999 stellv. Premiermin. und Innenmin.; seit 2003 als Nachfolger von Mahathir bin Mohammed Premierminister.

Bad Bellingen, Gemeinde im Landkreis Lörrach, Bad.-Württ., im Oberrheinischen Tiefland, 250 m ü. M., 3 600 Ew.; Thermalquellen.

Bad Bentheim, Stadt im Landkreis Grafschaft Bentheim, Ndsachs., nahe der niederländ. Grenze, 14 500 Ew.; Heilbad (Schwefelquellen, Moor); Spielbank; Freilichtbühne; Textilind.; in der Nähe Erdgasförderung (Erdgasleitung nach Marl). – Schloss Bentheim (13.–19. Jh.) war Sitz der Grafen von Bentheim; seit 1865 Stadt, seit 1979 Bad.

Bad Bergzabern, Stadt im Landkreis Südl. Weinstraße, Rheinl.-Pf., 170 m ü. M., 8 100 Ew.; heilklimat. Kurort und Kneippheilbad (seit 1975 Staatsbad) am O-Rand des Pfälzer Waldes; Weinbau und -handel. – Schloss (16. Jh.), Renaissancehäuser.

Bad Berka, Stadt im Landkreis Weimarer Land, Thür., 275 m ü. M., 7 600 Ew.; Heilbad mit Schwefel- und Eisenquellen. – Barocke Pfarrkirche.

Bad Berleburg, Stadt im Kr. Siegen-Wittgenstein, NRW, am Rothaargebirge; 21 200 Ew.; Metall- und Holzverarbeitung, Musikinstrumentenherstellung; Kneippheilbad, Fremdenverkehrsort. – Graf Casimir zu Sayn-Wittgenstein-Berleburg (Erbauer des heutigen Schlosses 1732–39) veranlasste die Herausgabe der **Berleburger Bibel** (Bibelübersetzung 1726–42).

Bad Berneck i. Fichtelgebirge, Stadt im Landkreis Bayreuth, Bayern, 5 000 Ew.; Kneippheilbad; Textil- und Elektroind. – Stadtrechte seit 1357.

Bad Bertrich, Heilbad (Staatsbad) im Landkreis Cochem-Zell, Rheinl.-Pf., in der Voreifel, 165 m ü. M., 1 000 Ew.; Glaubersalztherme (32,9 °C).

Bad Bevensen, Stadt im Landkreis Uelzen, Ndsachs., in der Lüneburger Heide, 39 m ü. M., 8 700 Ew.; Kneippkurort und Heilbad (Thermal-Jod-Sole-Quelle). – 1162 erstmals erwähnt, seit 1929 Stadt, seit 1976 Bad.

Bad Bibra, Stadt im Burgenlandkreis, Sa.-Anh., am Nordosthang der Finne, 2 300 Ew.; Erholungsort (eisenhaltige Quelle).

Bad Blankenburg, Stadt im Landkreis Saalfeld-Rudolstadt, Thür., an der Schwarza, am Thüringer Schiefergebirge, 8 000 Ew.; Luftkurort; Fröbelmuseum; Elektrotechnik und Gummiverarbeitung. – Ruine der Burg Greifenstein (13./14. Jh.). – In B. gründete F. Fröbel 1840 den ersten dt. Kindergarten.

Bad Dürkheim BAD

Bad Bleiberg (bis 1978 Bleiberg ob Villach), Markt in Kärnten, Österreich, in einem Hochtal am N-Fuß des Dobratsch, 920 m ü. M., 3 000 Ew.; Thermalheilbad; Schaubergwerk. – 1332 erstmals erwähnt, entstand als Bergbausiedlung (Abbau von Blei-Zink-Erzen 1993 eingestellt).
Bad Blumau, Thermalbad in der Oststeiermark, in der Gem. **Blumau in Steiermark** (1 500 Ew.), Bez. Fürstenfeld, Österreich; als Einheit einer der Natur angepassten Bauweise von F. Hundertwasser als »Hügelwiesenland« konzipiert; 1997 eröffnet.
Bad Bocklet, Markt im Landkreis Bad Kissingen, Bayern, am O-Fuß der südl. Rhön, 210 m ü. M., 4 500 Ew.; Staatsbad (Eisenquelle, 1724 entdeckt). – Kuranlagen des 18. und 19. Jahrhunderts.
Bad Boll, Ortsteil von ↑Boll.
Bad Brambach, Heilbad (seit 1957 Staatsbad) im Vogtlandkreis, Sachsen, am S-Hang des Elstergebirges, 590 m ü. M., 2 400 Ew.; radon- und kohlensäurehaltige Quellen (entdeckt 1910); Mineralwasserabfüllung.
Bad Bramstedt, Stadt im Kreis Segeberg, Schlesw.-Holst., 11 500 Ew.; Heilbad (Solquellen, Moor) mit Rheumaklinik; Fremdenverkehr. – Seit 1910 Stadt und Bad.
Bad Breisig, Stadt im Landkreis Ahrweiler, Rheinl.-Pf., am Rhein, 61 m ü. M., 8 800 Ew.; Heilbad (Thermalquellen).
Bad Brückenau, Stadt im Landkreis Bad Kissingen, Bayern, in der Rhön im Tal der Sinn, 300 m ü. M., 7 500 Ew.; Heilbad (Kalzium-Sulfat-Säuerling; Moorbäder); Textil-, Metall-, Holzindustrie. – Brückenau ist seit 1310 Stadt, seit 1970 Bad.
Bad Buchau, Stadt im Landkreis Biberach, Bad.-Württ., am Federsee, 4 200 Ew.; prähistor. Museum; Moorheilbad (seit 1963) mit Thermalquelle; Textilind., Maschinenbau. – Buchau erhielt im 13. Jh. Stadtrecht und war bis 1802 Reichsstadt. Im verlandeten Teil des Federsees wurde eine Siedlung der Urnenfelderzeit mit Holzhäusern innerhalb einer Ringpalisade ausgegraben.
Bad Camberg, Stadt im Landkreis Limburg-Weilburg, Hessen, am Rand des Taunus, 13 800 Ew.; Holzverarbeitung; Kneippheilbad (seit 1982); in Oberselters Mineralquellen (Selterswasser). – Gut erhaltenes Stadtbild (17.–19. Jh.). – Bad Camberg wurde 1281 zur Stadt erhoben.

Bad Cannstatt, Stadtteil von Stuttgart. Der **Cannstatter Wasen** ist ein traditionelles Volksfest in der Talaue des Neckars.
Baddeleyit [bɛdleˈit; nach dem brit. Reisenden J. Baddeley] *der,* monoklines, gelbes bis schwarzes Zirkonmineral, ZrO_2; Mohshärte 6,5, Dichte 5,4–6 g/cm³; Vorkommen in Syeniten und fossilen Seifen; Rohstoff für feuerfeste Steine.
Bad Deutsch-Altenburg, Markt in Niederösterreich, 1 400 Ew.; Museum Carnuntinum (↑Carnuntum); Schwefeltherme. – Spätroman. Karner (Mitte 13. Jh.), frühbarockes Wasserschloss (17. Jh.).
Bad Ditzenbach, Gemeinde im Landkreis Göppingen, Bad.-Württ., auf der Schwäb. Alb, 3 600 Ew.; Heilbad (Thermal- und Mineralquellen).
Bad Doberan, 1) Landkreis in Meckl.-Vorp., 1 362 km², 118 700 Einwohner. **2)** Krst. von 1), in Meckl.-Vorp., westlich von Rostock, 11 400 Ew.; Stadt- und Bäder-, Literaturmusem »Ehm-Welk-Haus«; Moorbad; Getränkeindustrie. – Ehem. Klosterkirche (got. Backsteinbau, 1368 fertig gestellt). Von hier Kleinbahn (»Molli«) nach Kühlungsborn über den an der Ostseeküste gelegenen Ortsteil **Heiligendamm,** das älteste (gegr. 1793) dt. Ostseebad mit klassizist. Bauten. – Doberan erhielt 1261 Markt-, 1879 Stadtrecht.
Bad Driburg, Stadt im Kr. Höxter, NRW, am O-Abhang des Eggegebirges, 19 400 Ew.; Missionsmuseum; Heilbad (kohlensäurehaltige Eisenquelle, Schwefelmoorbäder); Fachklinik für Stoffwechselkrankheiten; Glas-, Schaumstoffherstellung, Eisengießerei. – Stadtrechte für 1290 belegt. Nahebei Reste der Iburg (ursprünglich sächs., dann karoling. Ringwall; Burg, 12. Jh).
Bad Düben, Stadt im Landkreis Delitzsch, Sachsen, am S-Rand der Dübener Heide, an der Mulde, 9 400 Ew.; Landschaftsmuseum; Kurzentrum, -klinik; Burg (981 erstmals erwähnt; Museum).
Bad Dürkheim, 1) Landkreis in Rheinl.-Pf., 595 km², 134 300 Einwohner. **2)** Krst. von 1), in Rheinl.-Pf., an der Haardt, 132 m ü. M., 18 500 Ew.; Heilbad (Arsen-Sole-Quelle, Thermalsolbad, Gradierwerk); Pfalzmuseum für Naturkunde; Spielbank; Weinbau. Alljährlich »Dürkheimer Wurstmarkt« (Weinfest, hervorgegangen aus einem erstmals 1417 bezeugten

BAD Bad Dürrenberg

Markt). – Ruinen der Hardenburg (13. Jh.) und des Klosters Limburg (11. Jh.). – 946 als **Thuringeheim**, 1360 als Stadt erwähnt, 1725–94 Residenz der Grafen (seit 1779 Fürsten) von Leiningen; 1816–1946 bei Bayern; Badebetrieb seit 1897 (seit 1905 Bad).
Bad Dürrenberg, Stadt im Landkreis Merseburg-Querfurt, Sa.-Anh., an der Saale, 12 200 Ew.; Borlach-Museum (Geschichte der Salzgewinnung); 1845–1963 Kurort (dank 1763 erbohrter Solquelle); Gradierwerke (886 m lang). – Förderturm und Siedehäuser (1763–85, 1812/13) sind heute techn. Denkmal.
Bad Dürrheim, Gemeinde im Schwarzwald-Baar-Kr., Bad.-Württ., im südl. Schwarzwald, 700–900 m ü. M., 11 800 Ew.; Solbad und heilklimat. Kurort; Mineralwasserabfüllung; schwäbisch-alemann. Narrenmuseum.
Bad Eilsen, Gemeinde im Landkreis Schaumburg, Ndsachs., 2 300 Ew.; Schlamm- und Schwefelbad (seit 1802).
Bad Elster, Stadt im Vogtlandkreis, Sachsen, an der Weißen Elster, 490 m ü. M., 4 400 Ew.; Mineral- und Moorheilbad (Sächs. Staatsbad); Forschungsinst. für Balneologie und Kurortwissenschaft, Forschungsstelle des Umweltbundesamtes; Kur- (1895), Badehaus (1851–1927), Kurtheater. – Badebetrieb seit 1846; seit 1935 Stadt.
Bad Ems, Krst. des Rhein-Lahn-Kr., Rheinl.-Pf., beiderseits der schiffbaren unteren Lahn, 85 m ü. M., 9 800 Ew.; Heilbad (Staatsbad) mit Thermalquellen und heilklimat. Kurort; Herstellung von Emser Salz und Emser Pastillen; Spielbank. – Hier kreuzte der obergerman. Limes (verstärkt durch ein Kastell) die Lahn. 1324 erhielt der seit 1255 zu Nassau gehörende Ort städt. Rechte. Das Emser Bad (Heilbad seit dem 14. Jh.) galt im 19. Jh. als »Weltbad«; seit 1863 wurden Ort und Bad zur Stadt Ems vereinigt (seit 1913 B. E.), die 1866 an Preußen fiel. – (↑Emser Depesche)
Bad Emstal, Kurort im Landkreis Kassel, Hessen, im Habichtswald, 6 300 Ew.; Heilquelle. – Seit 1992 Bad.
Baden, 1) histor. Land am Oberrhein, erstreckte sich vom Main bei Wertheim bis vor Basel; Hptst. war (ab 1715) Karlsruhe. – Die jüngere Linie der ↑Zähringer, seit 1112 Markgrafen in B., besaß im 12. Jh.

u. a. die Grafschaft im Breisgau und in der Ortenau. Um 1250 wurden die Gebiete um Pforzheim und die Stadt B. zum Kernstück der Markgrafschaft. Gebietszuwachs und eine straffe Verw. machten B. im 15. Jh. zu einem bed. Staat am Oberrhein. Durch die Teilung von 1535 entstanden die Markgrafschaften **B.-Baden** (mehrfache Konfessionswechsel, seit 1571 kath.) und **B.-Durlach** (seit 1566 evang.); Markgraf Ludwig Wilhelm von B.-Baden (1677–1707) baute Rastatt, Markgraf Karl Wilhelm von B.-Durlach (1709–38) Karlsruhe zur Residenz aus. Karl Friedrich von B.-Durlach (1738/46 bis 1811) vereinigte 1771 die Markgrafschaft; im Bündnis mit Frankreich (Mitgl. des Rheinbundes 1806–13) erreichte er, auch dank der Diplomatie des Min. S. von Reitzenstein, des eigentl. Schöpfers des modernen B., zw. 1803 und 1810 beträchtl. Gebietserweiterungen (u. a. die rechtsrhein. Kurpfalz mit Heidelberg und Mannheim, der österr. Breisgau, mehrere geistliche Gebiete und Reichsstädte) sowie die Erhebung B.s zum Kurfürstentum (1803) bzw. Großherzogtum (1806). Dieses erhielt eine neue Regierungs- und Verwaltungsorganisation, 1810 das bad. Landrecht nach frz. Vorbild sowie 1818 eine liberale Verf. Die Zweite Kammer des Landtages galt bis 1848 als Sprachrohr der liberalen und nat. Bewegung. 1848/49 kam es unter Führung von F. Hecker und G. von Struve zu drei Aufständen, wobei der schwerste und letzte (Mai/Juni 1849) mit preuß. Truppen niedergeworfen wurde. Nach der Reaktionszeit lenkte Großherzog Friedrich I. (1856–1907) mit der »neuen Ära« (1860–66) wieder in eine liberale Richtung (Min. Lamey, Roggenbach) ein, konnte sie aber nach Rückkehr zur konstitutionellen Regierungsweise (Min. Mathy, Jolly) ebenso wie sein Nachfolger, Friedrich II. (1907–18), auf die Nationalliberalen als politisch maßgebl. Kraft stützen. 1870/71 beteiligte sich B. aktiv an der dt. Reichsgründung. Der bis 1914 dauernde Kulturkampf in B. erreichte 1864–76 seine größte Schärfe. 1905 wurde das Zentrum stärkste Partei. Die Novemberrevolution führte zur Abdankung Friedrichs II. (22. 11. 1918) und zur Bildung des Freistaates B. (Verf. vom 1919), in dem das Zentrum führenden Einfluss besaß. 1933–45 unterstand B. einem natsoz. Reichsstatthalter. 1945 wurde Nord-B.

Badeni BAD

Baden-Baden: Blick über die Stadt; in der Bildmitte die ehemalige Stiftskirche, heute katholische Pfarrkirche Sankt Peter und Paul (1391, 1453-77 ausgebaut)

(mit Karlsruhe, amerikanisch besetzt) mit N-Württemberg zum Land **Württemberg-B.** vereinigt, Süd-B. (mit Freiburg, frz. besetzt) bildete das Land **B.** (Verf. von 1947). 1951/52 wurde aus B. mit Württemberg und Hohenzollern das Land ↑Baden-Württemberg gebildet.
📖 *Hug, W.: Gesch. B.s. Stuttgart 1992. – Große Badener. Gestalten aus 1200 Jahren, hg. v. H. Engler. Stuttgart 1994. – Nolte, P.: Gemeindebürgertum u. Liberalismus in Baden, 1830 – 1850. Göttingen 1994.*
2) bis 1931 Name der Stadt ↑Baden-Baden.
3) Bezirkshauptstadt südlich von Wien, am Ausgang des Schwechattals aus dem Wienerwald, 220-240 m ü. M., 24 200 Ew.; Kurort dank seit der Römerzeit genutzten Schwefelthermalquellen; Spielkasino; Nahrungsmittelindustrie.
4) Hptst. des Bez. B. im Kt. Aargau, Schweiz, am Durchbruch der Limmat durch die Lägernkette, 15 900 Ew.; B. gliedert sich in die über dem Fluss gelegene Altstadt, die Bäderstadt (Schwefelquellen) und die neueren Siedlungen mit der Ind. (Elektromaschinenfabrik, Armaturenfabrik, Buntmetallgießerei). In der Umgebung Weinbau. – Das spätgot. Landvogteischloss an der alten Brücke ist jetzt histor. Museum. – B., das röm. **Aquae Helveticae,** Ende des 13. Jh. durch die Habsburger neu gegr., kam 1415 an die Schweiz. Hier versammelte sich 1424-1712 die »Tagsatzung« der Eidgenossen.

Baden-Baden (bis 1931 Baden), kreisfreie Stadt im RegBez. Karlsruhe, Bad.-Württ., 52 700 Ew.; entwickelte sich dank der Natriumchloridthermen (68 °C), der schönen Lage im von bewaldeten Höhen umrahmten, windgeschützten Talkessel der Oos im nordwestl. Schwarzwald und des milden Klimas zu einer internat. anerkannten Kurstadt mit Spielbank und Pferderennbahn (im benachbarten Iffezheim); Staatl. Kunsthalle u. a. Museen, Festspielhaus; Sitz des Südwestrundfunks; neben Weinbau elektrotechn. Ind., Maschinenbau, Herstellung von Kosmetika und Pharmazeutika. – Pfarrkirche St. Peter und Paul (1391, 1453-77 ausgebaut), Neues Schloss (ab 1370, 1573 im Renaissancestil verändert), Kurhaus (1822-24, von F. Weinbrenner). – Im 1. Jh. n. Chr. als röm. Siedlung **Aquae** (»Heilbad«) gegr., bis um 260 Badeort (internat. bekannt seit dem 19. Jh.), seit 1052 im Besitz der Zähringer, die sich ab 1112 Markgrafen »von Baden« nannten (die Stadt war 1535-1700 Residenz der Markgrafschaft B.-B.); 1689 von den Franzosen zerstört; 1945-55 Sitz der frz. Besatzungsmacht.

Bad Endorf (bis 1988 Endorf i. OB), Markt im Landkreis Rosenheim, Oberbayern, im Chiemgau, 525 m ü. M., 7 000 Ew.; Heilbad mit der stärksten Jod-Sole-Thermalquelle Europas (35–90 °C), auch Moorbad.

Badener Friede, ↑Spanischer Erbfolgekrieg.

Badeni, Kasimir Felix Graf, österr. Politiker, * Surochów (Galizien) 14. 10. 1846, † Krasne (Galizien) 9. 7. 1909; wurde 1895 MinPräs. und Innenmin. Österreich-Ungarns. Seine Sprachenverordnung von 1897 (Tschechisch als 2. Amtssprache in Böhmen und Mähren, auch in rein dt. Ge-

bieten) stieß auf Widerstand der dt. Parteien und löste die **B.-Krise** aus, in deren Verlauf B. am 27. 11. 1897 zurücktrat.
Baden-Powell [ˈbeɪdn ˈpəʊəl], Robert Stephenson Smyth, Baron (seit 1929), brit. General, *London 22. 2. 1857, †Nyeri (Kenia) 8. 1. 1941; nahm am Burenkrieg teil (1899–1900 Verteidigung der südafrikan. Stadt Mafeking [heute Mafikeng]); gründete 1907/08 die Pfadfinderbewegung **(Boy Scouts)**.
Badenweiler, Thermalbad im Landkreis Breisgau-Hochschwarzwald, Bad.-Württ., im südl. Schwarzwald, 450 m ü. M., 3 800 Ew. – Ruinen röm. Badeanlagen, architektonisch bedeutsames modernes Kurhaus (K. Humpert, 1970 ff.).
Baden-Württemberg, Land der Bundesrep. Dtl., 35 751 km², (2001) 10,6 Mio. Ew.; Hptst.: Stuttgart.
Landesnatur: B.-W. umfasst Teile der Oberrheinebene mit dem Kaiserstuhl, den Schwarzwald mit dem Feldberg (1 493 m ü. M.) als höchster Erhebung des Landes, den Kraichgau, den südl. Odenwald und das westl. Süddeutsche Schichtstufenland mit der Schwäb. Alb; im S zw. Bodensee und Iller (Allgäu) hat B.-W. Anteil am Alpenvorland. Fruchtbare Hochflächen und bewaldete Höhen liegen beiderseits des Neckars und seiner Seitentäler. Hauptflüsse sind Rhein, Donau und Neckar.
Bevölkerung: Die Bev. ist im S schwäbisch-alemann., im N fränkisch, wobei im ehemals kurpfälz. Gebiet vorwiegend Pfälzisch, im Tauberland und im Hohenlohischen Ostfränkisch gesprochen wird. – 40,7 % der Bev. gehören der kath. Kirche an, 36 % den evang. Landeskirchen. – B.-W. hat neun Univ. (Heidelberg, Freiburg im Breisgau, Tübingen, Konstanz, Stuttgart, Karlsruhe, Ulm, Mannheim und Hohenheim in Stuttgart-Hohenheim), zwei Kunstakademien, fünf Musikhochschulen und eine Hochschule für jüd. Studien in Heidelberg, sechs PH sowie 28 staatl. und neun private Fachhochschulen.
Wirtschaft: B.-W. ist das am stärksten industrialisierte Land in Dtl. Neben bed. Großunternehmen dominieren Mittelbetriebe; wichtigste Branchen sind Maschinenbau, Fahrzeugbau, Elektrotechnik, chem., Metall verarbeitende, Kunststoff- und Textilind. sowie Holzind., bes. im Schwarzwald. Die Energieversorgung basiert auf Erdöl, Erdgas und Kohle sowie auf Kernkraftwerken (v. a. im nördl. Landesteil) und Wasserkraftwerken (v. a. am Hochrhein). B.-W. verfügt nur über geringe Bodenschätze: Steinsalz (am Kocher), Fluss- und Schwerspat, Kalk und

Baden-Württemberg: Verwaltungsgliederung (Größe und Bevölkerung 31. 12. 2003)

Region				
Stadtkreis *Landkreis*	**Fläche** in km²	**Ew.** in 1 000	**Ew.** je km²	**Verwaltungssitz**
Regierungsbezirk Stuttgart	10 558	3 994,6	378	Stuttgart
Region Stuttgart	3 654	2 657,4	727	Stuttgart
Stuttgart	207	589,2	2 841	Stuttgart
Böblingen	618	371,7	602	Böblingen
Esslingen	641	511,6	798	Esslingen am Neckar
Göppingen	642	258,7	403	Göppingen
Ludwigsburg	687	509,7	742	Ludwigsburg
Rems-Murr-Kreis	858	416,6	486	Waiblingen
Region Heilbronn-Franken	4 765	884,0	186	Heilbronn
Heilbronn	100	120,7	1 208	Heilbronn
Heilbronn	1 100	327,5	298	Heilbronn
Hohenlohekreis	777	109,8	141	Künzelsau
Schwäbisch Hall	1 484	188,6	127	Schwäbisch Hall
Main-Tauber-Kreis	1 304	137,5	105	Tauberbischofsheim
Region Ostwürttemberg	2 139	453,2	212	Schwäbisch Gmünd
Heidenheim	627	136,3	218	Heidenheim an der Brenz
Ostalbkreis	1 512	316,8	210	Aalen

Baden-Württemberg BAD

Baden-Württemberg: Verwaltungsgliederung (Größe und Bevölkerung 31. 12. 2003; Fortsetzung)

Region Stadtkreis Landkreis	Fläche in km²	Ew. in 1 000	Ew. je km²	Verwaltungssitz
Regierungsbezirk Karlsruhe	6 919	2 722,6	394	Karlsruhe
Region Mittlerer Oberrhein	2 137	990,4	463	Karlsruhe
Baden-Baden	140	53,9	385	Baden-Baden
Karlsruhe	173	282,6	1 629	Karlsruhe
Karlsruhe	1 085	427,1	394	Karlsruhe
Rastatt	739	226,7	307	Rastatt
Region Rhein-Neckar-Odenwald	2 442	1 133,9	464	Mannheim
Heidelberg	109	143,0	1 314	Heidelberg
Mannheim	145	308,4	2 127	Mannheim
Neckar-Odenwald-Kreis	1 126	150,9	134	Mosbach
Rhein-Neckar-Kreis	1 062	531,6	501	Heidelberg
Region Nordschwarzwald	2 340	598,3	256	Pforzheim
Pforzheim	98	119,0	1 214	Pforzheim
Calw	798	161,5	203	Calw
Enzkreis	574	195,4	341	Pforzheim
Freudenstadt	871	122,4	141	Freudenstadt
Regierungsbezirk Freiburg	9 357	2 178,9	233	Freiburg im Breisgau
Region Südlicher Oberrhein	4 072	1 028,9	253	Freiburg im Breisgau
Freiburg im Breisgau	153	212,5	1 388	Freiburg im Breisgau
Breisgau-Hochschwarzwald	1 378	247,0	179	Freiburg im Breisgau
Emmendingen	680	155,2	228	Emmendingen
Ortenaukreis	1 861	414,3	223	Offenburg
Region Schwarzwald-Baar-Heuberg	2 529	488,7	193	Villingen-Schwenningen
Rottweil	769	142,3	185	Rottweil
Schwarzwald-Baar-Kreis	1 025	211,8	207	Villingen-Schwenningen
Tuttlingen	734	134,6	183	Tuttlingen
Region Hochrhein-Bodensee	2 756	661,1	240	Waldshut-Tiengen
Konstanz	818	273,0	334	Konstanz
Lörrach	807	221,1	274	Lörrach
Waldshut	1 131	167,1	148	Waldshut-Tiengen
Regierungsbezirk Tübingen	8 918	1 796,6	202	Tübingen
Region Neckar-Alb	2 531	689,4	272	Tübingen
Reutlingen	1 094	281,7	258	Reutlingen
Tübingen	519	214,4	413	Tübingen
Zollernalbkreis	918	193,4	211	Balingen
Region Donau-Iller	2 886	496,0	172	Ulm
Ulm	119	119,8	1 009	Ulm
Alb-Donau-Kreis	1 357	189,1	139	Ulm
Biberach	1 410	187,1	133	Biberach an der Riß
Region Bodensee-Oberschwaben	3 501	611,1	175	Ravensburg
Bodenseekreis	665	203,5	306	Friedrichshafen
Ravensburg	1 632	273,7	168	Ravensburg
Sigmaringen	1 204	133,9	111	Sigmaringen
Baden-Württemberg	35 751	10 692,6	299	Stuttgart

531

BAD Bader

Quarz sowie Mineralquellen (Baden-Baden, Bad Mergentheim, Bad Wildbad u.a.). – 41,1% der Gesamtfläche B.-W.s sind (1997) landwirtsch. genutzte Fläche und 39,5% davon sind Dauergrünland, daher überwiegt die Milcherzeugung und -verarbeitung (Allgäu, Schwarzwald). Auch im Ackerbau herrschen Futterpflanzen vor. Sonst wird bes. Weizen, im Schwarzwald Hafer und Roggen angebaut. In klimabegünstigten Räumen (Neckar und Nebentäler, Bodensee, Oberrheinebene) sind Wein-, Obst- und Tabakbau, bei Schwetzingen Spargelanbau vertreten. Für den Verkehr nachteilig wirken sich die natürl. Hindernisse Schwäb. Alb und Schwarzwald aus; große Verkehrsgunst bietet dagegen der Oberrheingraben. Insgesamt ist B.-W. durch Eisenbahn und Autobahn recht gut erschlossen. Der Binnenschifffahrt stehen der begradigte Rhein ab Rheinfelden und der ab Plochingen schiffbare Neckar zur Verfügung. Bed. Binnenhäfen besitzen Karlsruhe, Mannheim und Heilbronn; einen internat. Flughafen hat Stuttgart.
Verfassung: Nach der Verf. vom 11. 11. 1953 (Änderung 1995) übt der Landtag (146 Abg., für fünf Jahre gewählt) die Legislative aus. Er wählt den MinPräs., der die Reg. beruft. Die Verf. sieht Volksbegehren und -entscheid vor.
Geschichte: Das Land B.-W. wurde nach der Volksabstimmung vom 6. 12. 1951 (angeordnet vom Bund durch die Neugliederungsgesetze vom 4. 5. 1951) aus den Ländern Württemberg-Baden, Württemberg-Hohenzollern und Baden gebildet. Eine zweite Volksabstimmung am 7. 6. 1970 bestätigte die Neubildung. Die CDU wurde stärkste Partei (1972–92 absolute Mehrheit) und stellt nach R. Maier (1952–53; FDP) seit 1953 den MinPräs.: G. Müller (1953–58); K. G. Kiesinger (1958–66); H. Filbinger (1966–78); L. Späth (1978–91); E. Teufel (seit 1991, seit 1996 in christlichliberaler Koalition, zuletzt bestätigt 2001).
📖 *Borcherdt, C.: B.-W. Eine geograph. Landeskunde. Darmstadt 1991. – Der Weg zum Südweststaat, bearb. v. J. Thierfelder u. U. Uffelmann. Karlsruhe 1991. – 40 Jahre B.-W., hg. v. M. Schaab. Stuttgart 1992. – Handbuch der baden-württembergischen Gesch., hg. v. M. Schaab u. H. Schwarzmeier. Auf mehrere Bde. ber. Stuttgart*

1992 ff. – Alber, W. u. a.: B.-W. Kultur u. Geschichte in Bildern. Stuttgart 1999.
Bader, veraltete Bez. für eine Person, die (seit dem 12. Jh.) eine öffentl. Badestube (daher auch oft **Stübner** gen.) führte und auch als Barbier und Wundarzt tätig war.
Bader, Johannes, luther. Theologe, * Straßburg um 1487, † Landau in der Pfalz vor dem 16. 8. 1545. Sein »Gespräch Büchlein« von 1526 war der erste evang. Katechismus.
Bäderkunde, die ↑Balneologie.
Bäderstraße, ↑Ferienstraßen (Übersicht).
Bad Faulenbach, Ortsteil von ↑Füssen.
Bad Feilnbach, Gem. im Landkreis Rosenheim, Oberbayern, im Voralpenland der Schlierseer Berge, 540 m ü. M., 6700 Ew.; Sägewerke; Moorheilbad.
Bad Fischau-Brunn, Markt im Bez. Wiener Neustadt, NÖ, 286 m ü. M., 2700 Ew.; Kurort dank radioaktiver Thermalquelle; Baustoff- und Bekleidungsindustrie.
Bad Flinsberg, Stadt in Polen, ↑Świeradów Zdrój.
Bad Frankenhausen/Kyffhäuser, Stadt im Kyffhäuserkreis, Thür., 9500 Ew.; Kinderheilbad und Kurbad (seit 1876; Solquellen); Knopf- (v. a. Perlmuttverarbeitung), Strickwarenherstellung, Bau von Laboröfen. Nahebei die ↑Barbarossahöhle. – Unterkirche (1691–1701), Schloss (17. Jh., Museum), Renaissance- und Barockbürgerhäuser; etwa 1 km nördlich auf dem Schlachtberg Bauernkriegsgedenkstätte mit monumentalem Panoramabild (14 m × 123 m) von W. Tübke (1976–87). – Vor 900 gegründet; Kurbetrieb seit 19. Jh., kam 1920 zu Thür., Bad seit 1927. – Mit der Niederlage der Bauern in der **Schlacht bei Frankenhausen** (14./15. 5. 1525; Gefangennahme T. Müntzers) endete der Bauernkrieg in Thüringen.
Bad Freienwalde (Oder), Stadt im Landkreis Märkisch-Oderland, Brandenburg, am W-Rand des Oderbruchs, 10 400 Ew.; Moorbad; Oderlandmuseum; Ziegelwerk. – Klassizist. Schloss (D. Gilly), Landhaus (C. G. Langhans). – 1316 Ersterwähnung, vor 1364 Stadt, bis 1993 Krst.; Badeort seit 1683.
Bad Friedrichshall, Stadt im Landkreis Heilbronn, Bad.-Württ., an der Mündung von Kocher (Kochendorf) und Jagst (Jagstfeld) in den Neckar, 17 300 Ew.; Sol-

bad; Salzbergwerk; Metallverarbeitung. – Seit 1951 Stadt.
Bad Füssing, Kurort im Landkreis Passau, Niederbayern, 6400 Ew.; 1953 wurde die 1938 bei dem Dorf Safferstetten erbohrte Thermalquelle von 56 °C als Heilquelle anerkannt (seit 1969 Bad).
Bad Gandersheim, Stadt im Landkreis Northeim, Ndsachs., westlich des Harzes, 11 500 Ew.; Solbad; Heimatmuseum; Domfestspiele; Glashütte, Metall-, Elektroind., Fleischverarbeitung. – Entstand bei einem 852 gegr. Reichsstift; Blüte im 10. Jh. (↑ Hrotsvith von Gandersheim); seit 1589 evang. Damenstift (1810 aufgelöst). Seit dem 13. Jh. Stadt, seit 1932 Bad.
Badgastein, Kurbad in Österreich, ↑Gastein.
Badge [bædʒ; engl.»Abzeichen«] *die,* heraldisch ein neben dem Wappen geführtes Kennzeichen, z. B. die rote Rose des Hauses Lancaster; heute noch Bez. für die brit. Regimentsabzeichen.
Bad Gleichenberg, Kurort in der SO-Steiermark, Österreich, 290 m ü. M., 2300 Ew.; mehrere kohlensäurehaltige Mineralquellen.
Bad Gögging, Ortsteil von ↑Neustadt a. d. Donau.
Bad Goisern, Markt am N-Ufer des Hallstätter Sees, OÖ, 498 m ü. M., 7400 Ew.; Kur- (brom- und jodhaltige Schwefelquelle) und Wintersportort. – Ehem. Salzarbeitersiedlung, seit 1955 Bad.
Bad Gottleuba-Berggießhübel, Stadt im Landkreis Sächs. Schweiz, Sachsen, im Osterzgebirge, 6600 Ew.; Moorbad; nahebei seit 1974 die Gottleubatalsperre (0,7 km², Stauraum 13 Mio. m³). – 1999 aus den Kurorten Bad Gottleuba und Berggießhübel hervorgegangen.
Bad Griesbach, 1) Kurort im Schwarzwald, ↑Bad Peterstal-Griesbach.
2) Kurort in Niederbayern, ↑Griesbach i. Rottal.
Bad Grund (Harz), Stadt im Landkreis Osterode am Harz, Ndsachs., 2900 Ew.; Luftkurort und Moorheilbad, Untertage-Klimatherapie; Iberger Tropfsteinhöhle; Bergbaumuseum. – Der Ort Gittelde im Grund (1495 so erwähnt) erhielt als älteste der sieben Oberharzer Bergstädte 1532 Bergfreiheit; Blei-Zink-Erz-Abbau seit dem 12. Jh. bis 1992.
Bad Hall, Marktgemeinde westlich von Steyr, im Alpenvorland, OÖ, 388 m ü. M.,

4800 Ew.; Kurort dank jod- und bromhaltiger Kochsalzquellen; Getränkefabrik. – Bereits 777 wurde hier eine Saline betrieben.
Badham [ˈbædəm], John, amerikan. Filmregisseur, *Luton (Cty. Bedfordshire) 25. 8. 1939; seit 1950 amerikan. Staatsbürger; Markenzeichen seiner Regiearbeit sind rasante Actionkomödien, auch sozialkrit. Filme.
Filme: Nur Samstag Nacht (1977); Das fliegende Auge (1982); Wargames (1983); Nummer 5 lebt (1986); Ein Vogel auf dem Drahtseil (1989); Codename: Nina (1993); Die Absvierer (1993); Gegen die Zeit (1995).
Bad Harzburg, Stadt im Landkreis Goslar, Ndsachs., 23 100 Ew.; Heilbad dank Solquellen und heilklimat. Kurort am Nordrand des Harzes; Spielbank. – Unterhalb der Harzburg (1066 erbaut, 1074 von den aufständ. Sachsen zerstört, 1180 wieder aufgebaut; 1650–54 abgebrochen) entwickelte sich die »Neustadt«, die 1894 als B. H. Stadt wurde.
Bad Heilbrunn (bis 1934 Steinbach), Gemeinde im Landkreis Bad Tölz-Wolfratshausen, Oberbayern, 682 m ü. M., 3400 Ew.; Heilbad (Jod- und Solequellen, Moorbäder).
Bad Herrenalb, Stadt im Landkreis Calw, Bad.-Württ., im Albtal des nördl. Schwarzwaldes, 375 m ü. M., 7200 Ew.; Heilbad (mineralreiche Thermalquelle) und heilklimat. Kurort; Sitz der Evang. Akademie der Landeskirche Baden. – Ruinen der Zisterzienserabtei Herrenalb (1149–1535). – Seit 1840 Kurbetrieb, seit 1887 Stadt, seit 1971 Bad.
Bad Hersfeld, Krst. des Landkreises Hersfeld-Rotenburg, Hessen, an der Fulda, 31 200 Ew.; Staatsbad (Mineralquellen, Moor); Nordhess. Landesbühne; Bekleidungs-, chem. Ind., Maschinen-, Apparatebau; Fremdenverkehr. – Die Stadt (Stadtrecht seit 1170) entwickelte sich aus einer Marktsiedlung um die 769 von dem Bonifatiusschüler Lullus gegr. Benediktinerabtei (seit 775 Reichsabtei); die (als Ruine erhaltene) 1144 geweihte Stiftskirche gilt als ein Hauptwerk salischer Baukunst (in ihr seit 1951 alljährlich Festspiele). Renaissancerathaus, got. Stadtkirche, Stein- und Fachwerkhäuser des 15.–17. Jh. In der Nähe Wasserschloss Eichhof (14./16. Jh.). – Abb. S. 534

BAD Bad Hofgastein

Bad Hersfeld: Renaissancerathaus (um 1597)

Bad Hofgastein, Kurort in Österreich, ↑Gastein.
Bad Homburg v. d. Höhe [vor der Höhe (des Taunus, von Frankfurt aus gesehen)], Krst. des Hochtaunuskreises, Hessen, 192 m ü. M., 51 800 Ew.; Sitz der Bundesschuldenverwaltung und des Bundesausgleichsamtes; Städt. und Hutmuseum; Kurort (dank Heilquellen u. a. Anwendungen) und Wohngemeinde (Stadtbahnverbindung mit Frankfurt); Spielbank (seit 1834); Maschinen- und Apparatebau. – Homburg erhielt Stadtrecht zw. 1318 und 1335; 1622–1866 war es Residenz von Hessen, Schloss (1680–85; z. T. Museum), seit 1834 ist es Bad (im 19. Jh. internat. Bedeutung; Kurhaus von 1841–43, 1950–52 umgebaut).
Bad Honnef, Stadt im Rhein-Sieg-Kr., NRW, am Fuß des Siebengebirges, am rechten Rheinufer, 24 800 Ew.; chemischpharmazeut. Ind., Maschinen- und Apparatebau, Transformatoren- und Konservenherstellung. Im Ortsteil **Rhöndorf** Konrad-Adenauer-Haus. – Spätgot. Pfarrkirche (um 1500) mit roman. Turm. – B. H. erhielt 1862 Stadtrecht.

Bad Hönningen, Stadt im Landkreis Neuwied, Rheinl.-Pf., am rechten Rheinufer, 5800 Ew.; Heilbad dank Mineralquelle; chem. Industrie. – Seit dem 11. Jh. zum Erzstift Trier, fiel 1803 an das Herzogtum Nassau, seit 1969 Stadt.
Bad Iburg, Stadt im Landkreis Osnabrück, Ndsachs., 11 500 Ew.; Museen; Kneippheilbad; Drahtseilwerk, Holzverarbeitung. – Ehem. Benediktinerabtei (gegr. im 11. Jh.) und bischöfl. Schloss (bis 1673).
Badings, Henk (Hendrik), niederländ. Komponist, *Bandung (Java) 17. 1. 1907, †Maarheeze (Prov. Nordbrabant) 26. 6. 1987; schrieb u. a. Opern (z. B. »Die Nachtwache«, 1950), Ballette (z. B. »Kain«, 1956), ein Oratorium (»Jonah«, 1962), Orchester-, Kammermusik.
Badische Anilin- & Soda-Fabrik AG, ↑BASF AG.
Badisches Landrecht, bis 1900 geltendes bad. Gesetzeswerk aus den Jahren 1588, 1622, 1810, wobei Letzteres stark vom frz. Code civil beeinflusst war.
badische Weine, Weine aus dem dt. Anbaugebiet Baden, mit den Bereichen (von N nach S) Tauberfranken, Bad. Bergstraße, Kraichgau, Ortenau, Breisgau, Kaiserstuhl, Tuniberg, Markgräfler Land und Bodensee; rd. 16 000 ha Anbaufläche mit rd. 1,2 Mio. hl Ertrag; etwa 60 % Weißweine, Müller-Thurgau und Blauer Spätburgunder sind die wichtigsten Rebsorten.
Badische Weinstraße, ↑Ferienstraßen (Übersicht).
Bad Ischl, Stadt in Oberösterreich, Mittelpunkt des Salzkammergutes, in der waldreichen Kalkalpenlandschaft an der Traun, 469 m ü. M., 14 300 Ew.; Kurort mit Sole- und Kohlensäurebädern; – 1263 erstmals erwähnt; ab 1823 Kurort (seit 1907 Bad); 1854–1914 Sommerresidenz Kaiser Franz Josephs I.
Bad Karlshafen, Stadt im Landkreis Kassel, Hessen, an der Mündung der Diemel in die Weser, 4600 Ew.; Solbad; Textil- und keram. Industrie. – Gut erhaltenes Stadtbild (planmäßig angelegte Barockstadt). – Karlshafen wurde 1699 von Landgraf Karl von Hessen als Weserhafen gegründet, wo er Hugenotten ansiedelte.
Bad Kissingen, 1) Landkreis im RegBez. Unterfranken, Bayern, 1 137 km², 109 300 Ew.; im Bereich der mittleren Fränk. Saale und der südl. Rhön.

2) Krst. von 1), Große Krst., 21 800 Ew.; Staatsbad (mit Heilquellen und Moor). – Kurhaus (1738 und 19. Jh.), klassizist. Pfarrkirche (1772–75). – 801 erstmals erwähnt, seit 13. Jh. Stadt; 1520 als Kurort bezeugt, nach 1737 rascher Aufschwung des Badebetriebs. – (↑Kissinger Diktat)

Bad Kleinkirchheim, Heilbad und Höhenluftkurort in Kärnten, Österreich, 1 100 m ü. M., 1 900 Ew.; auch Mittelpunkt eines Wintersportgebiets in den westl. Gurktaler Alpen.

Bad Klosterlausnitz, Gem. im Saale-Holzland-Kreis, Thür., 320 m ü. M., auf der waldreichen Saale-Elster-Platte, 3 600 Ew.; Moorbad. – Ehem. Augustinerchorfrauenstift (1132 gegr.); roman. Klosterkirche (1152–80; seit dem 16. Jh. verfallen, 1855–66 wieder aufgebaut).

Bad Kohlgrub, Gem. im Landkreis Garmisch-Partenkirchen, Oberbayern, 800 bis 950 m ü. M., 2 300 Ew.; Moorbad.

Bad König, Heilbad im Odenwaldkreis, Hessen, mit eisenhaltigen kohlensauren Quellen, 183 m ü. M., 9 400 Ew. – Pfarrkirche (15.–18. Jh.), Schloss (1559). – B. K. ist seit 1980 Stadt.

Bad Königshofen i. Grabfeld, Stadt im Landkreis Rhön-Grabfeld, Bayern, an der Fränk. Saale, 277 m ü. M., 6 900 Ew.; Heilbad (Mineralquellen, Moor); Maschinenbau. – Pfarrkirche (1442–1502), Rathaus (16. Jh.). – Bad Königshofen, 741 erstmals erwähnt, erhielt 1323 Marktrecht; seit 1974 Heilbad mit dem Titel Bad.

Bad Kösen, Stadt im Burgenlandkreis, Sa.-Anh., im Saaletal, 120 m ü. M., 6 100 Ew.; Solbad mit Gradierwerk (seit 1780), Plüschtierfabrik; um B. K. Wein- und Obstbau; Heimatmuseum. – Roman. Haus (12. Jh.), Gradierwerk mit alten Soleförderanlagen; saaleaufwärts Muschelkalkfelsen über dem Fluss mit den Ruinen Rudelsburg (1171 erwähnt, 14./15. Jh. ausgebaut) und Saaleck (1140 erwähnt, Kernburg 1. Hälfte 12. Jh.). – Zu B. K. gehört das nahe gelegene ↑Schulpforta. – Der Ort entwickelte sich ab 1825 zum Kur- und Badeort, seit 1868 Stadtrecht; 1902–51 befanden sich hier die Puppenwerkstätten von Käthe Kruse (Puppensammlung).

Bad Köstritz, Stadt im Landkreis Greiz, Thür., an der Weißen Elster, 3 800 Ew.; Heinrich-Schütz-Gedenkstätte; Brauerei (Köstritzer Schwarzbier), Chemiewerk; Blumenzucht.

Bad Kreuznach, 1) Landkreis in Rheinl.-Pf., 864 km², 157 800 Einwohner. **2)** Krst. von 1), an der Nahe, 43 600 Ew.; Heilbad (Solquellen, Tonerde, Radonstollen); Staatl. Lehr- und Versuchsanstalt für Weinbau, Gartenbau und Landwirtschaft; Maschinen-, Apparate- und Wohnwagenbau, Reifenwerke, Kunststoff verarbeitende, opt., Lederwarenind.; Weinbau und -handel. – Wahrzeichen der Stadt sind die Brückenhäuser auf der achtbogigen Nahebrücke (15.–17. Jh.); evang. Pauluskirche (1308 geweiht), kath. Nikolaikirche (1308 geweiht, neugotisch verändert), Reste der mittelalterl. Kauzenburg. – Neben eine keltisch-röm. Siedlung entstand im 4. Jh. ein Kastell, in dem später ein fränk. Königshof errichtet wurde. Der heutige Ort wurde im 12. Jh. gegründet (seit 1233 Stadt) und kam 1437 z. T., 1708 ganz an Kurpfalz, 1815 an Preußen; 1817 begann der Kurbetrieb.

Bad Krozingen, Gem. im Landkreis Breisgau-Hochschwarzwald, Bad.-Württ., 14 500 Ew.; Heilbad (seit 1911) mit kohlensäurehaltigen Thermalquellen. – St.-Ulrichs-Kapelle mit Glöcklehof mit Fresken (1. Hälfte des 11. Jh.), Schloss (16.–18. Jh.) mit Samml. histor. Tasteninstrumente.

Bad Kudowa, Stadt in Polen, ↑Kudowa Zdrój.

Bad Laasphe [- 'laːsfə], Stadt im Kr. Siegen-Wittgenstein, NRW, 331 m ü. M. im Naturpark Rothaargebirge, 15 500 Ew.; Kneippheilbad; Maschinen-, Metall- und Holzindustrie. – Überragt von Schloss Wittgenstein (17.–18. Jh.). – Seit 1277 Stadt.

Bad Laer [- laːr], Gem. im Landkreis Osnabrück, Ndsachs., am Südhang des Teutoburger Waldes, 8 500 Ew.; Solbad.

Bad Landeck in Schlesien, Stadt in Polen, ↑Lądek Zdrój.

Badlands ['bædlændz], vegetationsarmes, fast wüstenhaftes Gebiet in der westl. Prärietafel der USA, in South Dakota; durch starke Erosion in Schluchten und Kämme aufgelöste Landoberfläche; zahlreiche Fossilienfunde; z. T. unter Naturschutz: **B. National Park** (984 km²).

Bad Langensalza, Stadt im Unstrut-Hainich-Kreis, Thür., an Salza und Unstrut, 20 100 Ew.; Travertingewinnung, Getreidemühle, Fenster- und Türenbau, Wollgarnspinnerei; Schwefelbad. – Spätgot. Hallenkirche St. Bonifatius (14./15. Jh.),

Rathaus (1742–52), Friederikenschlösschen (1749/50), mittelalterl. Stadtmauerring mit 17 Wehrtürmen. – 932 erwähnt, nach 1212 Stadt; fiel 1346 an die Wettiner, 1815 an Preußen; ab 1811 Kur- und Badeort; bis 1994 Kreisstadt. – Vom 27. bis 29. 6. 1866 Schlacht bei Langensalza (↑Deutscher Krieg 1866).
Bad Lauchstädt, Stadt im Landkreis Merseburg-Querfurt, Sa.-Anh., 4900 Ew.; Außenstelle des Umweltforschungszentrums Leipzig-Halle; im 18. und Anfang des 19. Jh. Heilbad (heute nur noch Mineralwasserversand). – Rathaus (1678), Stadtpfarrkirche (1684–85), Schloss (15. bis 17. Jh.), historische Kuranlagen (2. Hälfte 18. Jh.), klassizist. Theater (1802) von G. Gentz, unter Mitwirkung Goethes erbaut. – 899 erstmals erwähnt; zw. 1775 und 1810 Modebad.
Bad Lausick, Stadt im Muldentalkreis, Sachsen, 9200 Ew.; Kurort für Orthopädie, Neurologie, Herz- und Kreislaufkrankheiten. – Stadtkirche St. Kilian (roman. Pfeilerbasilika, 1105) mit Orgel von G. Silbermann.
Bad Lauterberg im Harz, Stadt im Landkreis Osterode am Harz, Ndsachs., Kneippheilbad am S-Rand des Harzes, 300–450 m ü. M., 12600 Ew.; Akkumulatorenwerk, Pinselfabriken, Holzind.; Barytbergbau. – Nach 1450 gegr.; seit 1929 Stadt.
Bad Leonfelden, Markt im nördl. Mühlviertel, Oberösterreich, 3700 Ew.; Moorbad; Schulzentrum; Lebkuchenfabrikation.
Bad Liebenstein, Stadt im Wartburgkreis, Thür., 305–350 m ü. M., an der SW-Abdachung des Thüringer Waldes, 4100 Ew.; Heilbad mit kohlensauren Mangan-Eisen-Arsen-Quellen; Fröbelgedenkstätte. – Entstand 1590 als Sauerborn; erhielt 1712 Marktrecht; 1801 in Liebenstein umbenannt, seit 1907 Stadt.
Bad Liebenwerda, Stadt im Landkreis Elbe-Elster, Brandenburg, an der Schwarzen Elster, 11600 Ew.; Moorheilbad; Holzbearbeitung. – 1301 als Stadt bezeugt; bis 1993 Kreisstadt.
Bad Liebenzell, Stadt im Landkreis Calw, Bad.-Württ., Heilbad mit warmen Quellen und Luftkurort im nördl. Schwarzwald, 310–710 m ü. M., 9100 Ew.; Bade- und Trinkkuren. – 1091 erstmals erwähnt, seit 1384 Stadt.

Bad Lippspringe, Stadt im Kr. Paderborn, NRW, an der Lippequelle, 150 m ü. M., 14800 Ew.; heilklimat. Kurort (Thermalquellen); Möbel- und Metallindustrie. – Stadtrechte seit 1445; ab 1913 Bad.
Bad Marienberg (Westerwald), Stadt im Westerwaldkr., Rheinl.-Pf., 6000 Ew.; Kneippheilbad im hohen Westerwald; Basaltabbau, Maschinen- und Fahrzeugbau, Textil-, Bekleidungs-, elektrotechn. Industrie. – Seit 1939 Stadt.
Bad Meinberg, Ortsteil von ↑Horn-Bad Meinberg.
Bad Mergentheim, Stadt (Große Krst.) im Main-Tauber-Kreis, Bad.-Württ., im Tal der Tauber, 22300 Ew.; Heilbad mit drei an Glauber- und Bittersalz reichen Kochsalzquellen; Parkettfabrik, Glasind., Maschinen- und Apparatebau. – Deutschmeisterschloss (13. Jh., ab 1568 im Renaissancestil umgebaut); Schlosskirche (1730–36), Stadtpfarrkirche St. Johannes (13. Jh.), Rathaus (1562–64). – 1058 als Marktort genannt; seit 1340 Stadtrecht; 1527 bis 1809 Sitz der Hoch- und Deutschmeister des Dt. Ordens; kam 1809 an Württemberg.
Badminton ['bædmɪntən, engl.] *das* (Federball), Rückschlagspiel, wettkampfmäßig in der Halle für zwei (Einzel) und vier Spieler (Doppel) mit einem sehr leichten tennisähnl. Schläger und Federbällen (4,73 bis 5,5 g schwer). Der Federball ist abwechselnd so über das Netz zu spielen, dass der Gegner den Ballwechsel nicht regelgerecht fortsetzen kann. Gespielt wird um zwei Gewinnsätze (Männer jeweils bis 15, Frauen bis 11 Punkte). (↑Sportarten, Übersicht)
Bad Mitterndorf, Markt im steir. Salzkammergut, Österreich, 809 m ü. M., 3100 Ew.; heilklimat. Kurort mit Akratotherme (Thermalquelle), Wintersportort (Tauplitzalpe, 1647 m ü. M.).
Bad Münder am Deister, Stadt im Landkreis Hameln-Pyrmont, Ndsachs., 19300 Ew.; Heilbad (Sole, Schwefel-, Eisenquelle); Möbelfabriken, Glashütte. – Im 9. Jh. erstmals erwähnt; die Mineralquellen wurden schon 1033 genutzt.
Bad Münster am Stein-Ebernburg, Stadt im Landkreis Bad Kreuznach, Rheinl.-Pf., an der Nahe, 3700 Ew.; Radon- und Thermalheilbad und heilklimat. Kurort, Gradierwerk; Weinbau. – Auf stei-

Bad Oeynhausen BAD

lem Felsen über der Nahe die Ruine Rheingrafenstein, etwas flussaufwärts die ↑Ebernburg. – Seit 1978 Stadt.
Bad Münstereifel, Stadt im Kr. Euskirchen, NRW, in der nördl. Eifel, 280 m ü. M., 18 000 Ew.; Kneippheilbad; FH für Rechtspflege; Radioteleskop (↑Effelsberg); bed. Fremdenverkehr. – Mittelalterl. Stadtbild, Stiftskirche (roman. Pfeilerbasilika mit Westwerk und Hallenkrypta), Roman. Haus (um 1167), Stadtbefestigung. – 1298 erstmals als Stadt genannt; seit 1967 Bad.
Bad Muskau (sorb. Mužakow), Stadt im Niederschles. Oberlausitzkreis, Sachsen, an der Lausitzer Neiße (Grenze zu Polen), 4 100 Ew.; Moorheilbad mit starker Eisenvitriolquelle; Papierindustrie. – Altes Schloss (14. Jh.), Neues Schloss (16. Jh., 1863–66 umgebaut, seit 1945 Ruine, seit 1993 Wiederaufbau), umgeben von ausgedehntem Park (545 ha) beiderseits der dt.-poln. Grenze, von H. Fürst von Pückler-Muskau 1815–45 im engl. Stil angelegt (seit 2004 UNESCO-Weltkulturerbe). – Seit 1452 Stadt.
Bad Nauheim, Stadt im Wetteraukreis, Hessen, am O-Ende des Taunus, 29 800 Ew.; Heilbad dank mineralreichen Kochsalzthermen; Max-Planck-Inst. für physiolog. und klin. Forschung; Salzmuseum; Reifenind. und Metall verarbeitende Industrie. – Sanatorien, Kur- und Badeanlagen im Jugendstil (1905–11). – Seit dem 1. Jh. v. Chr. ist die Salzgewinnung bezeugt. 1222 erstmals urkundlich erwähnt, seit 1854 Stadt, seit 1869 Bad.
Bad Nenndorf, Gem. im Landkreis Schaumburg, Ndsachs., 10 100 Einwohner; Heilbad (Thermal-Schwefel-Sole-Quellen, Schlammbäder). – Das Bad wurde 1787 durch Landgraf Wilhelm IX. von Hessen-Kassel gegründet.
Bad Neuenahr-Ahrweiler, Krst. des Landkreises Ahrweiler, Rheinl.-Pf., an der unteren Ahr, 26 700 Ew.; Staatl. Landes-Lehr- und Versuchsanstalt für Landwirtschaft, Weinbau und Gartenbau; **Bad Neuenahr** ist Heilbad (seit 1858) dank mineralreicher warmer Quellen und Fango; ausgedehnte Kuranlagen, Spielbank. **Ahrweiler** (893 erstmals urkundlich erwähnt) ist Mittelpunkt des Weinhandels und Fremdenverkehrs; Pfarrkirche St. Laurentius (13. Jh.). – Gut erhaltene Altstadt mit Stadtmauer. – 1969 wurden beide Städte und fünf weitere Gemeinden zur heutigen Stadt vereinigt.
Bad Neustadt a. d. Saale, Krst. des Landkreises Rhön-Grabfeld, Bayern, an der Fränk. Saale, am O-Fuß der Rhön, 15 800 Ew.; Elektroind.; Fachkliniken (Herz-, Gefäß-, Handchirurgie, Neurologie); Karmeliterkirche (17. Jh.). Am Fuß der Ruine Salzburg im Stadtteil Neuhaus (1934 eingemeindet) Kurbetrieb (seit 1853, kohlensäurehaltige Kochsalzquellen); Sol- und Moorbäder. – 1232 Ersterwähnung.
Bad Niedernau, Stadtteil von ↑Rottenburg am Neckar.
Bad Oeynhausen [- ˈøːn-], Stadt im Kr. Minden-Lübbecke, NRW, nahe der Mündung der Werre in die Weser, 49 900 Ew.; Museen; Heilbad (Staatsbad) dank mineralreicher Thermalsolequellen, Spielbank; Holz und Kunststoff verarbeitende Industrie. – Badebetrieb seit 1839; seit 1859 selbstständige Stadt.

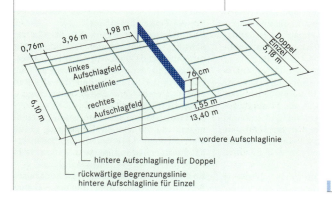

Badminton: Spielfeld

BAD Badoglio

Bad Pyrmont: Wasserschloss, 1526–36 und 1556–62 errichtet, Mitteltrakt 1706–10 zum barocken Wohnschloss umgebaut

Badoglio [-'dɔʎʎo], Pietro, italien. Marschall (seit 1926) und Politiker, *Grazzano Monferrato (heute Grazzano Badoglio, Prov. Asti) 28. 9. 1871, †ebd. 1. 11. 1956; 1928–33 Gen.-Gouv. von Libyen, 1935/36 Oberbefehlshaber im Krieg gegen Äthiopien, 1936/37 Vizekönig von Italienisch-Ostafrika; schloss als Min.-Präs. (1943/44) am 3. 9. 1943 den Waffenstillstand mit den Alliierten, 1945 wegen Begünstigung des Faschismus aus dem Senat ausgeschlossen, 1947 rehabilitiert.

Bad Oldesloe [- -lo:], Krst. des Kr. Stormarn, Schlesw.-Holst., an der Trave, 23 400 Ew.; Herstellung von Armaturen, Feuerlöschanlagen, Büromöbeln; Maschinenbau, Drahtseilerei. – 1238 als Stadt bezeichnet. Salzgewinnung vom 12. Jh. bis 1865.

Bad Orb, Stadt im Main-Kinzig-Kreis, Hessen, im nordwestl. Spessart, 180 m ü. M., 9 800 Ew.; Heilbad (kohlensäurereiche, eisenhaltige Natriumchloridquellen, seit karoling. Zeit genutzt); auch Moorbad. – Seit 1292 Stadt, seit 1909 Bad.

Bad Peterstal-Griesbach, Gem. im Ortenaukr., Bad.-Württ., im Schwarzwald, 3 000 Ew.; Heilbad (Mineralquellen und Moor) sowie Kneippkurort, Mineralwasserversand. – Bad Peterstal (1293 erstmals und bereits 1584 als Heilbad erwähnt) und Bad Griesbach (Ersterwähnung 1330, Badebetrieb seit 1578) wurden 1973 zu einer Gemeinde vereinigt.

Bad Polzin, Stadt in Polen, ↑Połczyn Zdrój.

Bad Pyrmont, Stadt im Landkreis Hameln-Pyrmont, Ndsachs., an der Emmer, einem linken Nebenfluss der Weser, 22 700 Ew.; Heilbad (Staatsbad dank Eisensäuerlingen, kohlensäurereicher Kochsalzquellen und Quellgas sowie Moorbehandlungen); Mineralwasserabfüllung, Textilindustrie. – Wasserschloss der Grafen, seit 1682 Fürsten von Waldeck (16. Jh.; Mitteltrakt 1706–10 zum barocken Wohnschloss umgebaut). – Der Ort entstand um die seit dem 1. Jh. v. Chr. bekannten Heilquellen; 1668 Anlage der heutigen Siedlung (seit 1720 städt. Privilegien); seit 1922 staatl. Badeort.

Bad Radkersburg, Bez.stadt in der Steiermark, an der Mur, Österreich, 1 600 Ew.; Thermalbad, Weinbau; Metallverarbeitung. – Stadtpfarrkirche (15. Jh.), Rathaus und mehrere Palais (15.–18. Jh.). – Entstand im 12. Jh.; 1546–86 als Festung gegen die Türken ausgebaut.

Bad Ragaz, Kurort im Kt. St. Gallen, Schweiz, am Austritt der Taminaschlucht ins Rheintal, 517 m ü. M., 4 800 Ew.; Thermalbad mit radioaktiver Therme (37 °C; Quelle in der Schlucht, dort das alte Bad Pfäfers, Bad seit 1382); Elektronik-, Kunststoffind.; Seilbahn.

Bad Rappenau, Stadt im Landkreis Heilbronn, Bad.-Württ., im Kraichgau, 19 100 Ew.; Heilbad dank Solequelle; Salzbergbaumuseum; Maschinenbau. – Seit 1834 Badebetrieb, seit 1973 Stadt.

Bad Reichenhall, Krst. des Landkreises Berchtesgadener Land, Bayern, Große

Kreisstadt, im Talkessel der Saalach, umschlossen von Untersberg, Lattengebirge und Hochstaufen, 470 m ü. M., 16400 Ew.; Heilbad (Staatsbad; seit 1899) mit starken Solequellen, Gradierwerk, Heilstollen, Moorbehandlungen; Spielbank; Salzgewinnung (mit Schaubergwerk); Kabinenseilbahn auf den Predigtstuhl (1 613 m). – Gut erhaltene Altstadt; Augustinerchorherrenstift St. Zeno (gegr. 1136) mit roman. Kirche (spätgotisch umgebaut); St.-Nikolaus-Kirche (1181, 1861–64 erweitert); Schloss Gruttenstein (13.–17. Jh.); Alte Saline (1836–51) mit Salzmuseum. – Die Solquellen wurden schon in vor- und frühgeschichtl. Zeit zur Salzgewinnung genutzt. 696 erhielt Rupert, späterer erster Bischof von Salzburg, Anteile an der Sole für seine Siedlungstätigkeit hier. Jahrhundertelang war der Ort zw. Salzburg, Bayern und Berchtesgaden umstritten; seit 1846 Badebetrieb, seit 1890 Bad.

Bad Reinerz, Stadt in Polen, ↑Duszniki Zdrój.

Bad Rippoldsau-Schapbach, Gem. im Landkreis Freudenstadt, Bad.-Württ., im N-Schwarzwald, am Fuß des Kniebis, 564 m ü. M., 2 400 Ew.; Heilbad (Mineralquellen, Moorbehandlungen).

Bad Rodach, Stadt im Landkreis Coburg, Bayern, an der Rodach 6 600 Ew.; Heilbad mit Thermalquelle; Kunststoff-, Holz-, Plüschspielwarenindustrie. – 899 Ersterwähnung, seit 1362 Stadt.

Bad Rotenfels, Ortsteil von ↑Gaggenau.

Bad Rothenfelde, Gem. im Landkreis Osnabrück, Ndsachs., im Teutoburger Wald, 6 500 Ew.; Automuseum; Heilbad dank kohlensäurereicher und radiumhaltiger Solquellen, Gradierwerke; ursprünglich Salzwerk. – Seit 1856 Badebetrieb.

Bad Saarow-Pieskow [-ˈzaːro ˈpiːsko], Gem. im Landkreis Oder-Spree, Brandenburg, südöstlich von Berlin, erstreckt sich über 10 km mit mehreren Ortsteilen um das N-Ende des Scharmützelsees, 3 900 Ew.; Ausflugsort; Maxim-Gorki-Gedenkstätte.

Bad Sachsa, Stadt im Landkreis Osterode am Harz, Ndsachs., 8 800 Ew.; heilklimat. Kurort und Wintersportplatz. – 1219 erstmals erwähnt; seit 1905 Bad.

Bad Säckingen, Stadt im Landkreis Waldshut, Bad.-Württ., am Hochrhein, 16 200 Ew.; Thermalbad; Textil-, Metallindustrie. – Got., barockisiertes Fridolinsmünster, gedeckte Holzbrücke und neue Brücke über den Rhein. – Der 878 erstmals erwähnte Ort entstand aus dem 7. Jh. gegründeten Benediktinerinnenkloster (1805 aufgehoben); er erhielt vor 1250 Stadtrecht, kam 1173 mit Kloster an Habsburg und ist seit 1978 Bad.

Bad Salzbrunn, Stadt in Polen, ↑Szczawno Zdrój.

Bad Salzdetfurth, Stadt im Landkreis Hildesheim, Ndsachs., 14400 Ew.; Heilbad (Solequelle, Moorbehandlungen); Salzbergbaumuseum (das Kalisalzbergwerk wurde 1992 geschlossen); Betriebe für Nachrichtenübertragungstechnik. – 1195 erstmals urkundlich erwähnt; seit 1949 Stadt.

Bad Salzelmen, ↑Schönebeck (Elbe).

Bad Salzhausen, Ortsteil von ↑Nidda.

Bad Salzig, Ortsteil von ↑Boppard.

Bad Salzschlirf, Gem. im Landkreis Fulda, Hessen, zw. Rhön und Vogelsberg, 250 m ü. M., 3 300 Ew.; Heilbad (kohlensaure Solequellen und Moorbehandlungen). – 885 erstmals erwähnt; Badebetrieb seit 1838.

Bad Salzuflen, Stadt im Kr. Lippe, NRW, im Werretal, 54 800 Ew.; Heilbad mit Sol- und Thermalquellen; Diagnost. Zentralinst. der Univ. Münster; Möbel-, Kunststoff- u. a. Ind. – Spätgot. Rathaus (1545) mit Renaissancegiebel. – Salzgewinnung ab 1048 bezeugt; seit 1488 Stadt, ab 1818 Badebetrieb.

Bad Salzungen, Krst. des Wartburgkreises, Thür., an der Werra, 240 m ü. M., 17 500 Ew.; Kurort (Soleheilbad mit Gradierwerk); Pressenwerk. – Klassizist. Stadtkirche (1789–91), spätgot. Husenkirche (um 1500), spätbarockes Rathaus (1790). – 775 als Königshof erwähnt; 1306 Stadt gen., seit 1801 Nutzung der Sole zu Heilzwecken; seit 1923 Bad. Das erste Badehaus wurde 1837 erbaut.

Bad Sankt Leonhard im Lavanttal, Stadt in Kärnten, Österreich, 4 900 Ew.; Schwefelheilbad; Metallind. – Got. Pfarrkirche (14. Jh.), got. Karner (um 1400), Schloss Ehrenfels (16. Jh.). – Stadtrechte seit 1325; seit 1934 Bad.

Bad Sassendorf, Gem. im Kr. Soest, NRW, 10 900 Ew.; Moor- und Solbad (Heilbad seit 1975); landwirtsch. Versuchsgüter.

Bad Schandau, Stadt im Landkreis

BAD — Bad Schmiedeberg

Sächs. Schweiz, Sachsen, im Engtal der Elbe, 125 m ü. M., 3400 Ew.; Kneippkurort und Fremdenverkehrsort im Elbsandsteingebirge; Holz- und Sandsteinind., Bootsbau; im Stadtteil **Schmilka** Grenzübergang zur Tschech. Rep.; Kleinbahn (Kirnitzschtalbahn) zum Lichtenhainer Wasserfall. – 1430 erstmals erwähnt; seit 1920 Bad.
Bad Schmiedeberg, Stadt im Landkreis Wittenberg, Sa.-Anh., am O-Rand der Dübener Heide, 4300 Ew.; Kurort (Moor- und Mineralheilbad). – Seit 1350 Stadt; seit 1878 Bad.
Bad Schönborn, Kurort im Landkreis Karlsruhe, Bad.-Württ., 10600 Ew.; Schwefel- und Thermalquelle; Textil-, Holzind., Maschinenbau. – Entstand 1971 (Name seit 1972) durch Zusammenschluss von **Bad Mingolsheim** (773 erstmals erwähnt, seit 1964 Bad) und **Bad Langenbrücken.**
Bad Schussenried, Stadt im Landkreis Biberach, Bad.-Württ., 570 m ü. M., 8200 Ew.; Freilichtmuseum Kürnbach; Moorheilbad; Brauerei; Textil- und Bekleidungsind., Maschinenbau. – Ehem. Prämonstratenserkloster (1183 gestiftet, 1750–70 neu errichtet nach Plänen von D. Zimmermann) mit Bibliothekssaal (1755–63). – Funde einer jungsteinzeitl. Siedlung wurden namengebend für die **Schussenriedgruppe** der jüngeren Jungsteinzeit.
Bad Schwalbach (bis 1927 Langenschwalbach), Krst. des Rheingau-Taunus-Kr., Hessen, in einem Seitental des Aartals, 289–380 m ü. M., 10900 Ew.; Heilbad (heute Staatsbad) seit 1569 (Eisensäuerlinge, Moorbehandlungen). – Seit 1818 Stadt.
Bad Schwartau, Stadt im Kreis Ostholstein, Schlesw.-Holst., nördlich von Lübeck, 20100 Ew.; Heilbad dank Jod-Sole-Quelle und Moorbehandlungen; Marmeladen- und Süßwarenfabrik; fotograf. und medizintechn. Industrie. – 1215 erstmals erwähnt, seit Entdeckung der Heilquelle (1895) Bad, seit 1912 Stadt.
Bad Sebastiansweiler, Ortsteil von ↑Mössingen.
Bad Segeberg, Kreisstadt des Kr. ↑Segeberg, Schlesw.-Holst., an der Trave, 15700 Ew.; Imker-, Landwirtschaftsschule, Lehranstalt für Forstwirtschaft, evang. Akademie; Fremdenverkehr. Über der Stadt erhebt sich der 91 m hohe Kalkberg, ein Gipsfelsen mit Kalkhöhlen und Freilichttheater (seit 1952 Karl-May-Festspiele). – Marienkirche (1156 bis Anfang 13. Jh., das Äußere 1863–66 neuromanisch ummantelt) mit kostbarem Schnitzaltar (um 1515). – Die Marktsiedlung, die zw. dem Kloster Segeberg und der Sigeburg (beide gegen 1134 angelegt) erwuchs, erhielt um 1260 Stadtrecht; Kurbetrieb (1884 wurde eine Solequelle erbohrt) bis zum Zweiten Weltkrieg.
Bad Sobernheim, Stadt im Landkreis Bad Kreuznach, Rheinl.-Pf., im mittleren Nahetal, 6500 Ew.; Felkekurort; Freilichtmuseum für Rheinland-Pfalz. – Spätgot. Pfarrkirche (mit Glasfenstern von G. Meistermann). – Seit 1330 Stadt; seit 1995 Bad.
Bad Soden am Taunus, Stadt im Main-Taunus-Kr., Hessen, am S-Hang des Taunus, 20200 Ew.; Heilbad dank zahlr. kohlensäure- und kochsalzhaltiger Quellen (bis 34 °C); Museen; pharmazeut. Ind.; Wohnort für Frankfurt am Main. – 1191 erstmals erwähnt; seit 1913 Bad.
Bad Soden-Salmünster, Stadt im Main-Kinzig-Kr., Hessen, im Tal der Kinzig, 13400 Ew.; Heilbad dank Mineralquellen; Gummi- und Kunststoffindustrie. – Entstand 1974 durch Zusammenschluss von Bad Soden (seit 1296 Stadt, seit 1928 Bad) und Salmünster (barocke Klosterkirche).
Bad Sooden-Allendorf, Stadt im Werra-Meißner-Kr., Hessen, an der Werra, 9400 Ew.; Heilbad dank Solequellen (776 erstmals erwähnt); Möbelfabriken. – Allendorf hat ein geschlossenes Stadtbild (Fachwerkhäuser des 17.–19. Jh.), in der Wache des Söder Tors (1704/05) Heimatmuseum. – Sooden wurde 1555 selbstständiger Ort, seit 1881 Soleheilbad und 1929 mit Allendorf (seit 1218 Stadt) vereinigt.
Bad Steben, Markt im Landkreis Hof, Bayern, 578 m ü. M., im Naturpark Frankenwald, 3600 Ew.; Heilbad (seit 1832 Bayer. Staatsbad) dank Mineralquellen (radon- und eisenhaltige Säuerlinge), Wintersportplatz; Textilind., Polstermöbelfertigung.
Bad Suderode, Gem. im Landkreis Quedlinburg, Sa.-Anh., 240 m ü. M., an der N-Abdachung des Harzes, 1900 Ew.; Luftkurort und Heilbad; Schmuckwarenindustrie, Mineralwasserversand.
Bad Sulza, Stadt im Landkreis Weimarer

Bad Wildungen **BAD**

Land, Thür., an der Ilm, 3 200 Ew.; Solbad mit Gradierwerk, Salinenmuseum; Bau von landtechn. Anlagen, Strick- und Wirkwarenfabrikation. – Die seit 1064 bezeugte Salzgewinnung wurde 1966 eingestellt.
Bad Sülze, Stadt im Landkreis Nordvorpommern, Meckl.-Vorp., an der Recknitz, 2 200 Ew.; Sol- und Moorbad, Rheumaheilstätte; Stadtmuseum (Salzmuseum). – Stadtkirche (13. Jh.). – Die Salzgewinnung der schon vor 1229 bezeugten Saline wurde 1907 eingestellt; Solbad seit 1822.
Bad Tatzmannsdorf, Kurort im südl. Burgenland, Österreich, 1 300 Ew.; Heilbad dank alkalisch-eisenhaltiger Quellen, Moorbäder; Brot- und Kurmuseum, Burgenländ. Freilichtmuseum.
Bad Teinach-Zavelstein, Stadt im Landkreis Calw, Bad.-Württ., im tief eingeschnittenen Teinachtal des nordöstl. Schwarzwalds, 400–600 m ü. M., 2 900 Ew.; Heilbad dank Mineralquellen; Mineralwasserversand. – Der heutige Ortsteil Zavelstein erhielt um 1367 Stadtrecht.
Bad Tölz, Krst. des Landkreises Bad Tölz-Wolfratshausen, Bayern, im oberen Isartal, 16 700 Ew.; Heilbad (Jodquellen, Moorbehandlungen) und heilklimat. Kurort. – Pfarrkirche (1466, 1612 umgestaltet), Franziskanerkirche (1733–35), Wallfahrtskirche Mariahilf (1735–37). – 1281 erstmals erwähnt; seit 1906 Stadt.
Bad Tölz-Wolfratshausen, Landkreis im Reg.-Bez. Oberbayern, 1 111 km², 116 000 Ew., Krst. ist Bad Tölz.
Badtrip ['bæt-, engl. »schlechte Reise«] der, (Bad Trip, Horrortrip), 1) Reise voller Schrecken, Schreckensfahrt; 2) schreckl. Vorgang, schreckl. Ereignis; 3) Drogenrausch mit Angst- und Panikgefühlen nach dem Genuss von starken Drogen.
Bad Überkingen, Gem. im Landkreis Göppingen, Bad.-Württ., am Rand der Schwäb. Alb, 3 800 Ew.; Heilbad mit Mineral- und Thermalquellen; Mineralwasserabfüllung. – Badeanlagen schon 1559 und 1582–1602; 1108 erstmals erwähnt.
Bad Urach, Stadt im Landkreis Reutlingen, Bad.-Württ., 464 m ü. M., am Fuß der Schwäb. Alb, 12 400 Ew.; Heilbad mit Thermalmineralquelle (erbohrt 1970); Stahl- und Maschinenbau. – Evang. Pfarrkirche (1479–1500), Schloss (1443 begonnen), Fachwerkhäuser. – Der Ort entstand im 11. Jh. und wurde 1316 erstmals als Stadt bezeugt; seit 1983 Bad.

Bad Vilbel [- f-], Stadt im Wetteraukreis, Hessen, an der Nidda, nördlich an Frankfurt am Main anschließend, 27 800 Ew.; Heilbad dank kohlensäurehaltiger Quellen; Mineralwasserabfüllung, pharmazeut. Industrie. – Brunnen- und Heimatmuseum (in der Wasserburg, 15. Jh.), Fachwerkrathaus (1747). – Seit 1852 Stadt, seit 1948 Bad.
Bad Vöslau [- f-], Stadt im Bez. Baden, NÖ, 11 000 Ew.; Heilbad dank Thermalquellen (23 °C); Forstfachschule; Stadt- und Weinmuseum; Tafelwasserversand, Weinbau. – Rathaus (ehem. Wasserburg, 1740 barockisiert). – Nutzung der Quellen als Heilquellen seit 1822, seit 1928 Bad; seit 1954 Stadt.
Bad Waldliesborn, Ortsteil von ↑Lippstadt.
Bad Waldsee, Stadt im Landkreis Ravensburg, Bad.-Württ., auf der oberschwäb. Hochebene, 18 700 Ew.; Moorheilbad und Kneippkurort; Wohnmobil- und Wohnwagenbau u. a. Industrie. – Ehem. Augustinerchorherrenstiftskirche (15. Jh.; 1712–18 durch D. Zimmermann barockisiert), Schloss (16./18. Jh.), spätgot. Rathaus (1426, Fassadengiebel 1657). – Seit 1298 Stadt, kam 1331 an Österreich, 1806 an Württemberg; seit 1956 Bad.
Bad Warmbrunn (poln. Cieplice Śląskie Zdrój), Stadtteil von ↑Jelenia Góra.
Bad Westernkotten, Stadtteil von ↑Erwitte.
Bad Wiessee, Fremdenverkehrsort im Landkreis Miesbach, Bayern, am W-Ufer des Tegernsees, 735 m ü. M., 4 400 Ew.; Heilbad mit Jod-Schwefel-Quelle, Spielbank.
Bad Wildbad (bis 1991 Wildbad im Schwarzwald), Stadt im Landkreis Calw, Bad.-Württ., 430 m ü. M., im Enztal des nördl. Schwarzwalds, 11 200 Ew.; Heilbad dank Thermalquellen (33–37 °C); Holzverarbeitung, Metallind.; Bergbahn zum Sommerberg (420–720 m ü. M.). – Barocke Pfarrkirche (1–345 erstmals erwähnt, seit 1367 Stadt.
Bad Wildungen, Stadt im Landkreis Waldeck-Frankenberg, Hessen, am Rand des Kellerwaldes, 228 m ü. M., 18 100 Ew.; Holzfachschule; Heimatmuseum; Heilbad (seit 1945 Staatsbad) dank Mineralquellen (erdige Säuerlinge); Kunststoff verarbeitende Industrie, Fahrradfabrik. – Stadtkir-

541

che (14./15. Jh.) mit Flügelaltar von Konrad von Soest (1403), Rathaus (1851–54), Fachwerkhäuser (16.–18. Jh.). – 800 erstmals erwähnt, seit 1242 Stadt; Badebetrieb seit 1580, seit 1906 Bad.
Bad Wilsnack, Stadt im Landkreis Prignitz, Brandenburg, am Rand der Elbniederung, südöstlich von Wittenberge, in waldreicher Umgebung, 2 800 Ew.; Moorheilbad. – Ehem. Wallfahrtskirche St. Nikolaus (1388–1401, reiche Ausstattung). – Badebetrieb seit 1907, seit 1929 Bad.
Bad Wimpfen, Stadt im Landkreis Heilbronn, Bad.-Württ., gegenüber der Mündung der Jagst in den Neckar, 6 700 Ew. – Zentrum ist **Wimpfen am Berg,** eine Gründung der Staufer, die hier um 1200 eine Pfalz anlegten; sie ist die besterhaltene Kaiserpfalz mit Pfalzkapelle, Palas, Steinhaus, Blauem und Rotem Turm, Hohenstaufentor. In der Bergstadt liegen ferner das Solbad (Heilbad seit 1930), die got. Stadtkirche (Chor um 1300, Langhaus 1468–1516), die Dominikanerklosterkirche (13. Jh., 1713 barockisiert), das Heiliggeistspital (weitgehend 18. Jh.), das got. Fachwerk-Bürgerspital, der Wormser Hof (um 1230; seit 1551 umgebaut) und zahlr. Fachwerkhäuser des 16./17. Jh. In **Wimpfen im Tal** am Neckarufer liegt die Benediktinerklosterkirche St. Peter und Paul (10.–13. Jh.; Kreuzgang 14./15. Jh.). – Die Talsiedlung, auf ein röm. Limeskastell zurückgehend, wird 829 erstmals erwähnt, erhielt 964 Marktrecht, kam im 7. Jh. in den Besitz des Bischofs von Worms und im 15. Jh. an Wimpfen am Berg (seit 1250 Stadt), das bis 1803 freie Reichsstadt war und danach bis 1952 hess. Exklave (seit 1945 unter bad. Verwaltung).
Bad Wimsbach-Neydharting, Markt in OÖ, im Alpenvorland, oberhalb der Traun, 387 m ü. M., 2 400 Ew.; Moorbad (in Neydharting), Moormuseum, Hammerschmiedemuseum; Metallwarenfabrik.
Bad Windsheim, Stadt im Landkreis Neustadt a. d. Aisch-Bad Windsheim, Bayern, 12 000 Ew.; Heilbad (Sole- und Mineralquellen), Mineralwasserabfüllung; Reichsstadt-, Vorgeschichtsmuseum; Fränk. Freilichtmuseum (für Mittelfranken); Landmaschinenbau u. a. Ind. – Stadtpfarrkirche (15. Jh., 1730 Wiederaufbau der spätgot. Staffelhalle); got. Spitalkirche (14. Jh., 1730 barockisiert); spätgot. Marienkapelle; Rathaus (1713–17); Bauhof

(15. Jh.). – Seit 1284 Stadt, (1295–1803 Reichsstadt); seit 1961 Bad.
Bad Wörishofen, Stadt im Landkreis Unterallgäu, Bayern, 13 400 Ew.; Hotelfachschule, Kneippmuseum; ältestes Kneippheilbad, entstanden durch die Wasserheilkuren des ab 1855 hier ansässigen S. ↑Kneipp; Schmuck- und Süßwarenindustrie. – Seit 1920 Bad, seit 1949 Stadt.
Bad Wurzach, Stadt im Landkreis Ravensburg, Bad.-Württ., am Wurzacher Ried (mit dem größten Hochmoor Mitteleuropas, Naturschutzgebiet, 650 m ü. M., 1 387 ha), in Oberschwaben, 14 100 Ew.; Moorheilbad; Glas-, Kunststoffindustrie. – Neues Schloss (1723–28). – Seit 1333 Stadt, seit 1675 Residenz der Grafen (seit 1903 Fürsten) von **Waldburg-Zeil-Wurzach;** 1936 Errichtung der Moorbadeanstalt, seit 1950 Heilbad (seitdem Namensbeifügung »bad«).
Bad Zwesten, Kurort im Schwalm-Eder-Kr., Hessen, im Schwalmtal, 4 300 Ew.; Heilquelle. – Seit 1992 Bad.
Bad Zwischenahn, Gem. im Landkreis Ammerland, Ndsachs., 24 600 Ew.; Moorheilbad am Zwischenahner Meer (5,5 km^2); Fleischwarenind., Aalräucherei. – Johanniskirche (12./13. Jh.).
Baeck [bɛk], Leo, Rabbiner, * Lissa (heute Leszno) 23. 5. 1873, † London 2. 11. 1956; einer der führenden Gelehrten des Judentums seiner Zeit; ab 1933 Präs. der Reichsvertretung der dt. Juden; 1942 nach Theresienstadt deportiert; nach 1945 u. a. Lehrtätigkeit in den USA. Sein Werk »Das Wesen des Judentums« (1923) ist das klass. Denkmal einer liberalen jüd. Theologie. Zum Andenken an B. wurde 1954/55 in New York das **Leo-Baeck-Institut** gegründet; es hat die Aufgabe, die Geschichte der deutschsprachigen Juden im 19. und 20. Jh. zu erforschen und aufzuzeichnen; Zweigstellen in Jerusalem, London.
Baedeker, Buchhändlerfamilie, zurückgehend auf Dietrich B. (* 1680, † 1716; zuletzt Buchdrucker in Bielefeld). Karl B. (* 1801, † 1859) gründete 1827 in Koblenz den Reisehandbücherverlag Karl B., der bald zum führenden Verlag für Reiseführer wurde. Die Karl B. GmbH (seit 1987) gehört heute zur Verlagsgruppe Mairs Geograph. Verlag.
Baer, Karl Ernst Ritter von, Zoologe, * auf Gut Piep (bei Järvamaa, Estland) 29. 2. 1792, † Dorpat (heute Tartu) 28. 11.

Bagdadbahn BAG

1876; Prof. in Königsberg und Sankt Petersburg; gilt als Begründer der Entwicklungsgeschichte (»Über Entwickelungsgeschichte der Thiere«, 2 Bde., 1828–37).
Baesweiler [ˈbaːs-], Stadt im Kr. Aachen, NRW, in der Jülicher Börde, 26 400 Ew.; v. a. Wohnstadt.
BAe Systems PLC [ˈbiːˈeəˈsɪstəmz piːəlˈsiː:, engl.], weltweit tätiger brit. Luft-, Raumfahrt- und Rüstungskonzern, entstanden 1999 durch Fusion von British Aerospace PLC und Marconi Electronic Systems plc; Sitz: Farnborough.
Baeyer [ˈbaɪər], Adolf von (seit 1885), Chemiker, * Berlin 31. 10. 1835, † Starnberg 20. 8. 1917; synthetisierte 1878 erstmalig ↑Indigo und ermittelte 1883 dessen exakte Strukturformel; 1905 erhielt er den Nobelpreis für Chemie.
Baez [ˈbaɪəz], Joan, amerikan. Folkloresängerin, * New York 9. 1. 1941; begann mit angloamerikan. Volksliedern und Balladen, die sie auf der Gitarre begleitete, und sang ab 1963 v. a. politisch engagierte Lieder; trat in den 80er-Jahren bes. durch ihr pazifist. Engagement hervor.
Baffin [ˈbæfɪn], William, engl. Seefahrer, * 1584, ✕ bei der Belagerung von Hormus 23. 1. 1622; nahm als Steuermann an der Suche nach der Nordwestpassage teil, gelangte 1616 durch die später nach ihm benannte Baffinbai bis zum Smithsund.
Baffinbai [ˈbæfɪn-], Meeresgebiet zw. Grönland im O und Baffin Island im W, durch die Davisstraße mit dem Atlantik verbunden, 0,7 Mio. km².
Baffin Island [ˈbæfɪn ˈaɪlənd] (Baffinland), größte Insel im arkt. Bereich Kanadas, 507 451 km², bis 2 600 m ansteigend, stark vergletschert; Tundrenvegetation; rd. 4 000 Ew. (überwiegend Eskimo) leben bes. im Südosten.
BAföG, Abk. für **B**undes**a**usbildungs**fö**rderungs**g**esetz, ↑Ausbildungsbeihilfen.
Bafoussam [bafuˈsam], Prov.-Hptst. in W-Kamerun, an der Transafrikastraße Mombasa–Lagos, 120 000 Ew.; Bischofssitz; Handelszentrum für Kaffee, Tabak, Tee; internat. Flughafen.
Bagamoyo, Stadt in Tansania, an der Küste des Ind. Ozeans, gegenüber der Insel Unguja Island (früher Sansibar), etwa 16 300 Ew.; einst Mittelpunkt des ostafrikan. Sklavenhandels. – 1885–96 Hptst. von Dt.-Ostafrika.
Bagan, Ort in Birma, ↑Pagan.

Bagasse [frz.] *die,* ausgepresste Zuckerrohrstängel; werden zur Energiegewinnung verbrannt.
Bagatelle [frz.] *die,* 1) Geringfügigkeit. 2) kurzes, leichtes Musik-, bes. Klavierstück.
Bagatellsachen, 1) *Strafprozessrecht:* geringfügige Straftaten (kleinere Vergehen), bei deren Verfolgung das ↑Opportunitätsprinzip gilt. Bei geringer Schuld und fehlendem öffentl. Interesse an der Strafverfolgung kann die Staatsanwaltschaft das Verfahren einstellen, nach Anklageerhebung nur mit gerichtl. Zustimmung (§ 153 StPO).
2) geringfügige Rechtsstreitigkeiten, für die in einigen Staaten ein vereinfachtes Verfahren gilt; im *Zivilprozess* gestattet § 495 a ZPO bei Streitwerten bis 600 € ein Verfahren nach billigem Ermessen im grundsätzlich schriftl. Verfahren.
Bagatellsteuern, Steuern mit im Verhältnis zum gesamten Steueraufkommen geringem (weniger als 0,1 %) Aufkommen. Nach Abschaffung der Leuchtmittel-, Salz-, Tee- und Zuckersteuer (1993) werden in Dtl. auf Bundesebene keine B. mehr erhoben.
Bagdad [iran. »Gottesgeschenk«] (Baghdad), Hptst. von Irak, am Tigris, 4,9 Mio. Ew.; Verwaltungs-, Wirtschafts- und Kulturzentrum des Landes mit internat. Flughafen; vier Univ., Kunstinst. und archäolog. Institute, Museen. – In der Altstadt Zitadelle mit Abbasidenpalast (Mitte 13. Jh.), Marjanmoschee (von 1356) u. a. Moscheen; die »Goldene Moschee« (16. Jh., v. a. im 19. Jh. restauriert) in der Vorstadt Kadhimain (al-Kasimija) ist ein bed. schiitischer Wallfahrtsort. – B., 762 von Al-Mansur als Hptst. des abbasid. Kalifats unter dem Namen **Medinet as-Salaam** gegr., erlebte seine Blütezeit vom 9.–11. Jh. (Hochburg arab. Kunst und Wiss.); wurde 1258 von den Mongolen zerstört; kam 1534 zum Osman. Reich und ist seit 1920 Hptst. Iraks. Im 2. (1991) und 3. Golfkrieg (2003) wurde B. stark zerstört.
📖 *Rührdanz, K.: Das alte B., Hauptstadt der Kalifen. Leipzig u. a. ²1991.*
Bagdadbahn, die Eisenbahnstrecke von Konya, Türkei, über Bagdad nach Basra am Pers. Golf (2 450 km), die als Fortsetzung der Anatol. Bahn (Istanbul–Konya) unter maßgebl. dt. Beteiligung 1903 begonnen und 1940 fertig gestellt wurde.

543

BAG Bagdadpakt

Bagdadpakt, ↑CENTO.
Bagerhat ↑Bagherhat.
Bagger [niederdt. baggeren »ausschlammen«], Maschine zum Abtragen von Schüttgütern, z. B. Erdmassen, in stetiger oder unterbrochener Arbeitsweise. Man unterscheidet B. nach ihrer Bauform und Funktion. Der **Löffel-B.** hat an dem auf dem Fahrwerk drehbaren Oberteil einen Ausleger, an den der Grablöffel angesetzt ist. Beim **Eimerketten-B.** läuft an einer heb- und senkbaren Eimerleiter eine endlose, mit Schürfeimern besetzte Kette um; beim **Schräm-B.** sind die Eimer durch Kratzeisen ersetzt. Beim **Schaufelrad-B.** löst ein an einem bewegl. Ausleger umlaufendes Schaufelrad das Gut und gibt es auf ein Förderband. Zur Gruppe der **Flach-B.** werden **Planierraupen** (Dozer), **Schürfkübel-B.** (Scraper), **Radlader** und **Grader** (Straßenhobel) gezählt. Neben dem Gewinnen von Erdstoffen dienen sie v. a. auch ihrem Transport. **Nass-** oder **Schwimm-B.** sind heute meist **Saug-B.**, die mittels Pumpen ein Gemisch von Wasser und festen Teilen vom Gewässergrund absaugen.
    📖 *Heuer, H. u. a.:* Baumaschinen-Taschenbuch. Wiesbaden u. a. ²1994.
Baggesen, Jens, dän. Dichter, * Korsør 15. 2. 1764, † Hamburg 3. 10. 1826; lebte zeitweise in Dtl., Anhänger von F. G. Klopstock, F. Schiller und I. Kant.
Bagherhat (Bagerhat), histor. Moscheenstadt im zentralen Teil von Bangladesh, 30 km südöstlich von Khulna. Die aus acht Moscheen und einem Friedhofskomplex bestehende Anlage, die ein hohes künstler. und techn. Können islam. Baumeister belegt, ist UNESCO-Weltkulturerbe.
Bagirmi, Savannenlandschaft östlich des unteren Schari, in der Rep. Tschad. Seit dem 15. Jh. bestand hier das islam. Reich B., das 1897 von Frankreich erobert wurde.
Bagnères-de-Bigorre [baˈnɛːr də biˈgoːr], Stadt im Dép. Hautes-Pyrénées, S-Frankreich, 550 m ü. M., am Adour, 8 400 Ew.; Badeort dank Thermalbad (Sulfat- und Eisenquellen).
Bagnères-de-Luchon [baˈnɛːr də lyˈʃɔ̃], Stadt im Dép. Haute-Garonne, S-Frankreich, 630 m ü. M., 3 000 Ew.; Badeort (heiße, z. T. schwefelhaltige stark radioaktive Quellen), oberhalb der Stadt die Wintersportstation **Superbagnères.**

Bahamas

Fläche	13 939 km²
Einwohner	(2003) 314 000
Hauptstadt	Nassau
Verwaltungsgliederung	21 Distrikte
Amtssprache	Englisch
Nationalfeiertag	10. 7.
Währung	1 Bahama-Dollar (B$) = 100 Cent (c)
Zeitzone	MEZ − 6 Std.

Bagni di Lucca [ˈbaɲi -], Badeort in der Toskana, Italien, 7 000 Ew.; Schwefeltherme.
Bagno [ˈbaɲo; italien. »Bad«] *das* (frz. Bagne), urspr. die Bäder des Serails in Konstantinopel, bei denen sich ein Gefängnis für Sklaven befand; seit dem 17. Jh. in frz. Seestädten die Gefängnisse für Schwerverbrecher, die früher auf Galeeren, dann in Häfen Zwangsarbeit leisten mussten.
Bagpipe [ˈbægpaɪp, engl. »Sackpfeife«] *die,* ↑Dudelsack.
Bagramjan, Iwan Christoforowitsch, sowjet. Marschall (seit 1955), * Jelisawetpol (heute Gäncä) 2. 12. 1897, † Moskau 21. 9. 1982; im Zweiten Weltkrieg ab 1943 Oberbefehlshaber der 1. Balt. Front; hatte maßgebl. Anteil an der Rückeroberung des Baltikums und schloss 1944 dt. Truppen in Kurland ein; befehligte ab April 1945 die 3. Beloruss. Front.
Bagratiden, bed. armenisch-georg. Fürstenhaus. Die B. herrschten in Armenien (als Könige, 885–1079; Residenz: Ani) und Georgien (888–1801).
Bagrationowsk (bis 1946 Preußisch Eylau), Stadt im Gebiet Kaliningrad (Königsberg), Russland, 7 500 Ew.; Grenzübergang nach Polen. – Die bei einer Burg des Dt. Ordens im 14. Jh. entstandene Sied-

lung wurde 1585 Stadt. – Über die Schlacht bei Preußisch Eylau (7./8. 2. 1807) ↑Napoleonische Kriege.
Baguette [ba'gɛt, frz. »Stab«] *die,* **1)** (auch: *das*) frz. Stangenweißbrot.
2) besondere Art des Edelsteinschliffs (Rechteck).
Baguio [ba'γjo], Stadt auf Luzon, Philippinen, 250 km nördl. Manila, 1500 m ü. M., 227 000 Ew.; mehrere Univ., März bis Mai Sommerresidenz der Oberschicht; Goldbergbau; Flughafen.
Bahai-Religion (Bahaismus), aus dem ↑Babismus hervorgegangene Religionsgemeinschaft, ben. nach ihrem Gründer Mirza Husain Ali, gen. Baha Ullah (»Glanz Gottes«, * 1817, † 1892), der 1863 als der vom Bab (dem Begründer des Babismus) angekündigte Bote Gottes an die Öffentlichkeit trat. Die B.-R. lehrt einen transzendenten Gott, der sich in Propheten, u. a. Zarathustra, Jesus, Mohammed und Baha Ullah, manifestiere, und erstrebt ein neues Zeitalter des Friedens; vertritt die Gleichheit und gegenseitige Liebe aller Menschen ohne Ansehen von Geschlecht, Rasse und Nation. Nach eigenen Angaben hat die B.-R. weltweit rd. 5 Mio. Mitgl., davon rd. 300 000 in Iran, wo die Bahais seit der Errichtung der Islam. Republik (1979) als dem Islam »Abtrünnige« rechtlich nicht als Religionsgemeinschaft anerkannt und in ihren staatsbürgerl. Rechten zahlr. staatl. Beschränkungen ausgesetzt sind.
📖 *Schäfer, U.: Der Bahá'i in der modernen Welt. Strukturen eines neuen Glaubens.* Hofheim-Langenhain ²1981. – *Hutter, M.: Die Bahá'i. Gesch. u. Lehre einer nachislamischen Weltreligion.* Marburg 1994.
Bahamakonferenz, Treffen (Dez. 1962) zw. Präs. J. F. Kennedy (USA) und Premiermin. H. Macmillan (Großbritannien) in Nassau (Bahamas); die im **Abkommen von Nassau** vereinbarte »Multilaterale Atomstreitmacht« (MLF) der NATO (nicht realisiert) nahm der frz. Präs. C. de Gaulle zum Anlass, Frankreich 1966 aus der militär. Integration der NATO herauszulösen (Frankreich blieb jedoch Mitgl. der NATO).
Bahamas (amtl. The Commonwealth of the B.), Inselstaat im Atlant. Ozean nördlich von Kuba, umfasst etwa 700 Inseln, davon nur 29 bewohnt, und 2 400 Riffe (Cays).
Staat und Recht: Nach der Verf. von 1973 sind die B. eine parlamentar. Monarchie im Commonwealth. Staatsoberhaupt ist der brit. Monarch, vertreten durch den Gen.-Gouv. Die gesetzgebende Gewalt liegt beim Zweikammerparlament, bestehend aus Senat (16 Mitgl.) und Abg.haus

(40 Abg.). Die Exekutive wird von der Reg. unter Vorsitz des Premiermin. (vom Gen.-Gouv. ernannt) ausgeübt. Parteien: Free National Movement (FNM), Progressive Liberal Party (PLP).
Landesnatur: Die **Bahamainseln** erstrecken sich über rd. 1 000 km in einem Bogen von der SO-Küste Floridas bis zur NW-Küste Haitis. Sie bilden ausgedehnte flache, von Korallenriffen umgebene Inseln an der Oberfläche alter, aus großer Meerestiefe (3 000 bis 4 000 m) aufragender Gebirge **(Große Bahamabank** und **Kleine Bahamabank).** Das Klima ist ozeanisch-subtropisch; im Herbst treten verheerende Wirbelstürme auf.
Bevölkerung: Sie hat, z. T. auch durch Zuwanderung, in den letzten 30 Jahren um über 66% zugenommen; von den Bewohnern sind etwa 14% Nachkommen der Engländer, 72% Schwarze und 14% Mischlinge. 56% der Bev. sind Protestanten, 21% Anglikaner und 17% Katholiken. Der Anteil der Stadt-Bev. beträgt 88%. – Es besteht allgemeine Schulpflicht vom 5. bis zum 14. Lebensjahr. Die Analphabetenquote liegt bei 2%. Die »Bahamas Law School« in Nassau (gegr. 1998) ist Teil der University of the West Indies (Hauptsitz: Kingston, Jamaika).
Wirtschaft und Verkehr: Der Fremdenverkehr ist der wichtigste Wirtschaftszweig, er erbringt über 60% des Bruttoinlandsprodukts und beschäftigt 40% der Erwerbstätigen. Haupturlaubsziele sind die Inseln New Providence und Grand Bahama. Weitgehende Steuerfreiheit und vorteilhafte Bankgesetze begünstigen die Ansiedlung ausländ. Unternehmen (Ind.zone von Freeport) und Banken. Mit über 400 Finanzinstituten entwickelte sich Nassau zu einem der wichtigsten internat. Finanzplätze, v. a. für Offshoremärkte. Rd. drei Viertel des Nahrungsmittelbedarfs müssen durch Importe gedeckt werden. Fischfang wird für die Eigenversorgung und den Export (Hummer) betrieben. Haupthandelspartner sind die USA und die EG-Länder. – Häfen in Freeport, Matthew Town und Nassau (Tiefwasserhafen), internat. Flughäfen bei Nassau und Freeport.
Geschichte: Auf einer der Bahamainseln (vermutlich San Salvador) betrat Kolumbus am 12. 10. 1492 zuerst amerikan. Boden. Im 17. Jh. waren die B. ein Freibeuterstützpunkt; 1718 wurden sie britisch; 1973 erhielten sie im Rahmen des Commonwealth die staatl. Unabhängigkeit.

📖 *Blume, H.: Die Westind. Inseln. Braunschweig ²1973. – Ungefehr, F.: Tourismus u. Offshore-Banking auf den B. Internat. Dienstleistungen als dominanter Wirtschaftsfaktor in einem kleinen Entwicklungsland. Frankfurt am Main u. a. 1988. – Handbuch der Dritten Welt, hg. v. D. Nohlen u. F. Nuscheler, Bd. 3: Mittelamerika u. Karibik. Bonn 1992, Nachdr. 1995.*

Bahasa Indonęsia [»indones. Sprache«] *die,* seit 1945 die Amtssprache der Rep. Indonesien, eine Weiterentwicklung der ↑malaiischen Sprache. Zahlr. Lehnwörter u. a. aus dem Sanskrit und anderen ind. Sprachen.

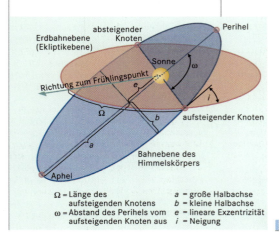

Ω = Länge des aufsteigenden Knotens
ω = Abstand des Perihels vom aufsteigenden Knoten aus
a = große Halbachse
b = kleine Halbachse
e = lineare Exzentrizität
i = Neigung

Bahn 2): Bahnelemente

Bahnhof BAH

Bahnhof: S-Bahnhof Berlin Friedrichstraße

Bahasa Malaysia [»malays. Sprache«] *die,* 1969 geprägter Name für die Amtssprache Malaysias, eine Weiterentwicklung der ↑malaiischen Sprache.
Bahawalpur, Stadt in Pakistan, am Sutlej im Pandschab, 180 000 Ew.; Univ.; Baumwoll- und Seifenindustrie.
Bahia [ba'ia], **1)** früherer Name von ↑Salvador.
2) brasilian. Bundesstaat, an der O-Küste, 567 295 km², 13,07 Mio. Ew.; Hptst.: Salvador; Anbau von Zuckerrohr, Tabak, Kaffee und Kakao im Küstengebiet, von Baumwolle im Hochland; Erdölförderung; Energieerzeugung.
Bahía [ba'ia, span.] (portugies. Baía), Bucht; Bestandteil von geograph. Namen.
Bahía Blanca [ba'ia -], Stadt in Argentinien, an der Meeresbucht Bahía Blanca, 275 000 Ew.; Univ.; Fischerei; Erdölraffinerie; bed. Ausfuhrhafen.
Bahla ['baxla], Oase im N von Oman, nahe der Stadt Nizwa. In beherrschender Lage über dem Wadi das Fort Hisn Tamah (17. Jh.), ein Musterbeispiel der oman. Lehmarchitektur (UNESCO-Weltkulturerbe).
Bahn, 1) *allg.:* der Weg, den ein Körper zurücklegt; auch Sammelbez. für Verkehrsmittel, deren Fahrzeuge auf Schienen oder an Seilen geführt werden (Eisenbahn).
2) *Astronomie:* Man unterscheidet die **wahre B.** von Himmelskörpern, die unter der Wirkung der Schwerkraft um den Schwerpunkt des Systems beschrieben wird, die **scheinbare B.** durch das Zusammenspiel der Bewegungen der Erde und des Himmelskörpers sowie die **relative B.**, die auf einen als ruhend angenommenen anderen Körper bezogen ist. Die wahre B. ist angenähert ein Kegelschnitt (Ellipse, Parabel oder Hyperbel). Zur B.-Bestimmung dienen die **B.-Elemente,** die sich aus Positionsbeobachtungen berechnen lassen: Zeitpunkt des Periheldurchgangs (T), Knotenabstand des Perihels (ω), Länge des aufsteigenden Knotens (Ω), B.-Neigung gegen die Ekliptik (i), lineare Exzentrizität (e).
3) *Mechanik:* die Gesamtheit der von einem Massenpunkt bei seiner Bewegung durchlaufenen Raumpunkte (auch **B.-Kurve**) mit der Zeit t als Kurvenparameter. – In der Ballistik heißt die B.-Kurve von Geschossen auch Flugbahn.
BahnCard [-'kɑːd] *die,* mit Passbild versehene Ausweiskarte, die ihren Inhaber berechtigt, bei der Dt. Bahn AG Fahrscheine zu ermäßigtem Tarif zu erwerben. Die B. hat eine Geltungsdauer von einem Jahr und ist auf allen Strecken (auch im ICE) der Dt. Bahn AG gültig.
Bahnengolf *das* (Minigolf, schweizer. Pistengolf), alle Formen des ↑Golfs auf verkleinerten Bahnen (Pisten), die als Wettkampfsport oder Freizeitbetätigung ausgeübt werden. Mit dem Schläger soll der Ball mit möglichst wenig Schlägen vom Abschlag über oder durch ein oder mehrere Hindernisse in ein Loch gespielt werden.
Bahnhof, Anlage zur Abwicklung des Personen- und Güterverkehrs der Eisenbahn

BAH Bahnhofsmission

(auch S- und U-Bahn), wo Züge beginnen, enden, sich kreuzen, sich überholen oder mit Gleiswechsel wenden. Hinsichtlich der Grundrissform unterscheidet man: **Kopf-B.** (auch Sack-B.), bei dem die Hauptgleise stumpf enden, und **Durchgangs-B.**, bei dem die Hauptgleise durch den B. gehen. Beim **Trennungs-B.** zweigt eine Bahnlinie am Empfangsgebäude ab, beim **Insel-B.** ist dieses Gebäude von den Hauptgleisen inselartig eingeschlossen, beim **Turm-** oder **Brücken-B.** liegen die durchlaufenden Bahnlinien nicht in gleicher Höhe, sondern kreuzen sich in versch. Höhe auf Brücken. – Seit 2001 hat die Dt. Bahn AG (DB AG) 350 B. zu »rauchfreien B.« erklärt, in denen das Rauchen nur noch in den »Raucherzonen« gestattet ist. Daneben hat die DB AG die B. zu kulturellen und kommunikativen Zentren um- und ausgebaut. Ergebnis sind modern ausgestattete Verkehrsstationen mit zentraler Anlaufstelle für Informationen zur Bahnreise und über die Stadt und ihre Hotels (ServicePoint). Zur Förderung kultureller Aktivitäten wurde das »Forum B.« gegr., das Ausstellungen, Konzerte, Autorenlesungen u. a. veranstaltet.

Bahnhofsmission

Bahnhofsmission, von konfessionellen Verbänden auf größeren Bahnhöfen eingerichtete und finanziell getragene Fürsorgeeinrichtung zur unentgeltl. Betreuung hilfsbedürftiger Reisender.
Bahnkörper, ↑ Eisenbahnbau.
Bahnkorrekturantrieb, Raketenantrieb zur Korrektur der Flug- und Umlaufbahnen von Satelliten und Raumflugkörpern; meist werden für einmalige Bahnänderung Feststoff-, für mehrmalige Korrektur Flüssigkeitstriebwerke verwendet.
Bahnkurve, Mechanik: ↑ Bahn.
Bahnpolizei, 1992 in den ↑ Bundesgrenzschutz eingegliederte Polizei; Überwachung der Sicherheit und Ordnung auf den Eisenbahnanlagen des Bundes.
Bahnradsport, im Unterschied zum ↑ Straßenradsport alle auf ovalen Bahnen mit überhöhten Kurven ausgetragenen Wettbewerbe, z. B. ↑ Sprinterrennen, ↑ Verfolgungsrennen, ↑ Steherrennen, ↑ Zeitfahren. Auf Hallenbahnen werden auch ↑ Sechstagerennen ausgetragen.
Bahnreform, 1994 in Kraft getretene Strukturreform der Bundeseisenbahnen in Dtl., um deren Wirtschaftlichkeit und Wettbewerbsfähigkeit zu erhöhen. Mit ihr wurde die EG-Richtlinie 91/440/EWG von 1991 umgesetzt. In der ersten Stufe der B. wurden die Sondervermögen der Dt. Bundesbahn (DB) und Dt. Reichsbahn (DR) in der einheitl. Institution **Bundeseisenbahnvermögen** (BEV, Frankfurt am Main) zusammengefasst und dann der unternehmer. Bereich als privatrechtl. ↑ Deutsche Bahn AG (DB AG) ausgegliedert. Die hoheitl. Aufgaben gingen auf das neu errichtete Eisenbahn-Bundesamt, Bonn, über. Die nach Ausgliederung der DB AG verbliebenen Verwaltungsaufgaben (z. B. Schulden- und Personalverwaltung) wurden von der BEV-Behörde wahrgenommen. In der zweiten Stufe der B. wird seit 1999 die DB AG als mehrstufiger Konzern unter Führung einer Holding organisiert.
Bahnung, die Erscheinung, dass psychophys. Funktionen umso flüssiger ablaufen, je öfter sie wiederholt werden; von Bedeutung für die Theorie des Lernens, des Gedächtnisses, der bedingten Reflexe.
Bahr ['baxər], arab. für Meer, Fluss.
Bahr, 1) Egon, Politiker (SPD), *Treffurt (Wartburgkreis) 18. 3. 1922; Journalist, beteiligte sich unter dem Leitgedanken »Wandel durch Annäherung« (schon 1963 von ihm geprägt) führend an der Konzeption der von Bundeskanzler W. Brandt 1969/70 eingeleiteten Ost- und Deutschlandpolitik. 1972–74 war B. Bundesmin. für besondere Aufgaben, 1976–81 Bundesgeschäftsführer der SPD; 1972–90 MdB, 1984–94 Direktor des Hamburger Inst. für Friedens- und Konfliktforschung.
2) Hermann, österr. Schriftsteller, *Linz 19. 7. 1863, †München 15. 1. 1934; kam vom Naturalismus über Impressionismus, Symbolismus zum Expressionismus, vom Sozialismus zur altösterr. kath. Bildungstradition; schrieb Lustspiele (»Der Krampus«, 1901; »Das Konzert«, 1909), Romane (»Die Rotte Korah«, 1919) sowie Abhandlungen über Kunst und Dichtung.
Bähr (Baehr), George, Baumeister, *Fürstenwalde (heute zu Geising, Weißeritz-

Bahrain BAH

kreis) 15. 3. 1666, † Dresden 16. 3. 1738; schuf seit 1726 die Frauenkirche in Dresden, einen Zentralbau mit Kuppel (Durchmesser 23,5 m) aus Stein, den bedeutendsten prot. Barockkirchenbau, das Wahrzeichen Dresdens (1945 zerstört, wird seit 1994 wieder aufgebaut), ferner Privatbauten.

Bahrain

Fläche	694 km²
Einwohner	(2003) 724 000
Hauptstadt	Menama
Verwaltungsgliederung	12 Verwaltungseinheiten (Mantiqa)
Amtssprache	Arabisch
Nationalfeiertag	16. 12.
Währung	1 Bahrain-Dinar (BD) = 1 000 Fils
Zeitzone	MEZ + 3 Std.

Bahrain [bax'raɪn] (amtlich arabisch Daulat al-B., dt. Staat B.), Inselstaat vor der NO-Küste der Arab. Halbinsel, im Pers. Golf.
Staat und Recht: Seit der Verf.reform vom 14./15. 2. 2002 ist B. eine konstitutionelle Monarchie (Königreich). Der König als Staatsoberhaupt ernennt und entlässt die Reg. unter Vorsitz des Premierministers. Die Legislative liegt beim Zweikammerparlament (Nationalversammlung), bestehend aus der Abgeordnetenkammer (50% der Abg. frei gewählt, 50% vom König ernannt; Frauen verfügen über aktives und passives Wahlrecht) und dem Konsultativrat (40 vom König ernannte Mitgl. mit beratender Funktion).
Landesnatur: Der Staat besteht aus 36 Inseln. An die Hauptinsel B. (578 km²) sind die Inseln Muharrak (21 km²) und Sitra (14 km²) mit Brücken angeschlossen. Über die Insel Umm Nasan (19 km²) führt ein 25 km langer Straßendamm nach Saudi-Arabien.

Grenzstreitigkeiten mit Katar wegen der unbewohnten Insel Hawar (51 km²) sind seit 2001 beigelegt. Das Klima ist wüstenhaft, mit unregelmäßigen Niederschlägen (durchschnittlich 80 mm/Jahr).
Bevölkerung: Nur die vier genannten Inseln sind besiedelt. 38% der Bev. sind Ausländer (aus Südasien, Iran), die v. a. als Gastarbeiter im privaten Sektor arbeiten. Über 85% der Bev. sind Muslime, davon rd. 60% Schiiten und 40% Sunniten. Der Anteil der Stadt-Bev. beträgt 92%. Der Islam ist Staatsreligion. Das Herrscherhaus bekennt sich zum sunnit. Islam. – Es besteht allgemeine Schulpflicht vom 6. bis zum 17. Lebensjahr. Die Analphabetenquote beträgt 15%; zwei Univ. (Univ. von B.; Golf-Univ.).
Wirtschaft und Verkehr: Ein Ende der Erdölförderung (seit 1932) ist wegen der schwindenden Vorräte absehbar. Wirtschaftlich wichtiger wird daher die weiterverarbeitende Ind.: die Erdölraffinerie von Sitra, Aluminiumhütte, petrochem. Ind., Roheisen-Reduktionsanlagen; mit dem noch reichlich verfügbaren Erdgas arbeiten auch die Elektrizitäts- und Meerwasserentsalzungsanlagen. B. ist ein führendes Finanzzentrum in der arab. Golfregion. Die Landwirtschaft (1 000 ha) produziert Gemüse, Geflügel, Eier, Milch, Obst; Tourismus; – Tiefwasserhafen Mina Sulman, internat. Flughafen in Muharrak.
Geschichte: B. war seit vorgeschichtl. Zeit besiedelt, im 3. Jt. v. Chr. (Tilmun oder Dilmun gen.) wichtiger Umschlagplatz zw. Babylonien und dem Industal; in der Spätantike vom Perserreich (4.–7. Jh.), im MA vom arab. Kalifat (seit 634) abhängig, stand 900–1075, im 13./14. Jh. und 1602–1783 unter pers. Herrschaft. Seit 1783 Teil des Scheichtums B., das 1867 einen Protektoratsvertrag mit Großbritannien abschloss; 1935–58 war B. wichtigster brit. Stützpunkt im Pers. Golf. 1971 löste Großbritannien den Protektoratsvertrag mit B. Scheich Isa Ibn Salman al-Chalifa (1961–99) führte 1975 wieder ein autoritäres Reg.system (absolute Monarchie) ein. Im 2. Golfkrieg (1991) war B. Stationierungsbasis für die Truppen der antiirak. Front unter Führung der USA. Die starke Opposition gegen das Herrscherhaus v. a. im schiit. Bev.teil führte 1994–99 zu Unruhen, außenpolitisch bes. in den 1990er-Jahren zu Spannungen mit Iran. Anfang März

1999 wurde Scheich Hamad Ibn Isa al-Chalifa Staatsoberhaupt; er veranlasste im Febr. 2002 eine Verf.reform (Umwandlung in konstitutionelle Monarchie und beschränkte demokrat. Öffnung: Wahlen [Okt. 2002], Einbindung der gemäßigten Opposition).
📖 *Bibby, G.: Dilmun. Die Entdeckung der vergessenen Hochkultur. A. d. Engl. Reinbek 1977. – Bühler, C.: Stand u. Perspektiven der wirtsch. Entwicklung B.s. Frankfurt am Main u. a. 1994. – Kabasci, K.: Staat B. Die Perleninsel Arabiens individuell entdecken u. erleben. Bielefeld 2001.*

Bahr el-Ghasal [ˈbaxər ɛl gaˈzal; arab. »Gazellenfluss«], linker Nebenfluss des Weißen Nil, 240 km lang.

Bahro, Rudolf, Journalist, * Bad Flinsberg (heute Świeradów Zdrój, Polen) 18. 11. 1935, † Berlin 5. 12. 1997; Mitgl. der SED (1954–77), kritisierte mit der Schrift »Die Alternative« (1976) das gesellschaftl. System der DDR; 1978–79 dort in Haft; 1979 in die Bundesrep. Dtl. entlassen; 1980–85 Mitgl. der Grünen; schrieb u. a. »Logik der Rettung« (1987).

Baht, Abk. **B/,** *der,* Währungseinheit in Thailand; 1 B. = 100 Stang (St., Stg.).

Bai [niederländ.] *die* (frz. Baie, engl. Bay, italien. Baia, portugies. Baía), Meeresbucht; Bestandteil geograph. Namen.

Baia Mare, Hptst. des Kr. Maramureș in NW-Rumänien, 149 500 Ew.; Buntmetallind., Maschinenbau, Holzverarbeitung. Bei B. M. im Jahr 2000 umweltzerstörender Chemieunfall.

Baião [lateinamerikan.] *der,* brasilian. Tanz im lebhaftem $^2/_4$- oder $^4/_8$-Takt; wurde um 1950 in Europa Gesellschaftstanz.

Baiern (früher Bajuwaren, Bajoarier), german. Stamm, hervorgegangen aus verschiedenen nach Bayern eingewanderten Bev.gruppen. Zw. 490 und 530 besetzten die B. die Gebiete südlich der Donau; es folgte das Vordringen in die Alpentäler bis zur Etsch. Nach SO hin wurden die B. die Träger der dt. Grenzsicherung und Ostsiedlung; so wurden von ihnen seit dem 8. Jh. die von Slowenen besiedelten Gebiete Kärnten und Steiermark unterworfen. Das bayer. Stammesherzogtum wurde im 10. bis 12. Jh. auf das heutige Altbayern beschränkt (↑Bayern, Abschnitt Geschichte). (↑Deutsche)

Baiersbronn, Gem. im Landkreis Freudenstadt, Bad.-Württ., 16 400 Ew.; mit 190 km² größte Landgemeinde von Bad.-Württ., viel besuchter Erholungsort im nördl. Schwarzwald, der Ortsteil Schönmünzach-Schwarzenberg ist Kneippkurort, 450 bis 1 150 m ü. M.; Holzverarbeitung.

Baikal-Amur-Magistrale, Abk. **BAM,** Eisenbahnstrecke in Ostsibirien, Russland, von Ust-Kut an der Lena nach Komsomolsk am Amur, nördlich der Transsibir. Eisenbahn, 3 145 km lang; Gleisverlegung 1974–84; außer einer noch im Bau befindl. 15,7 km langen Tunnelstrecke seit Okt. 1989 in Betrieb.

Baikalilen, Gebirgsland im Umkreis des Baikalsees, Russland.

Baikalsee (mongol. Dalai-Nur), See in Südsibirien, Russland, 455 m ü. M., 636 km lang, im Mittel 48 km breit, 31 500 km², der tiefste See der Erde (bis 1 637 m; Kryptodepression) mit etwa einem Fünftel der Süßwasservorräte der Erde; 730 km² große Insel Olchon (bis 1 276 m ü. M.). Der B., seit 1996 Weltnaturerbe, hat eine überwiegend endem. Tierwelt (Restfauna aus dem Tertiär, u. a. Baikalrobbe und Flohkrebs) und ist sehr fischreich. Ein Zellstoffwerk an seinem S-Ufer in Baikalsk führt bis heute trotz eines vorhandenen »Gesetzes zum Schutz des B.s« weiterhin zu Umweltschäden. Den B. umgeben hohe, bewaldete Gebirge, im NW das **Baikalgebirge** (bis 2 572 m hoch). Hauptzuflüsse sind Obere Angara, Bargusin und Selenga, Abfluss ist die Angara. ✦ **siehe ZEIT Aspekte**
📖 *B. Eine Literaturdokumentation zur Umweltsituation am B., zusammengestellt von R. Heinzmann u. a. Köln 1993.*

Baikonur (kasach. Tjuratam), Raumfahrtzentrum (Kosmodrom) in Kasachstan, nahe der Stadt Leninsk am Syrdarja; wurde 1994 für 20 Jahre von Russland gepachtet.

Bailey [ˈbeɪlɪ], Alice Ann, geb. Le Trobe-Bateman, britisch-amerikan. Theosophin, * Manchester 16. 6. 1880, † New York 15. 12. 1949; gründete 1921 eine Abspaltung der Theosoph. Gesellschaft (seit 1923 »Arcane School«). Ihre synkretist. Lehre verkündete ein neues Zeitalter (New Age).

Bailli [baˈji, frz.] (mlat. Ballivus, engl. Bailiff), im MA. Beamtentitel; wurde unter den Normannen in England und Süditalien Funktionär der Lokalverwaltung, Übernahme des Titels durch Ritterorden (↑Ballei); in Frankreich der königl. Gouv. einer Prov., dessen Amtsbezirk die **Bailliage** war.

Bainit [nach dem amerikan. Chemiker E. C. Bain] *der*, Umwandlungs- oder Zwischenstufengefüge, entsteht bei der schnellen Abkühlung von legiertem Stahl aus dem Gebiet des ↑Austenits.
Bain-Marie [bɛ̃-, frz.] *das,* Wasserbad (zum Warmhalten von Speisen).
Bairak [türk. »Fahne«, »Banner«] *der* (Bayrak), in der Türkei das Feldzeichen. Bei den Nordalbanern waren die Stämme in B. gegliedert, die die waffenfähigen Männer einer Landschaft umfassten; an ihrer Spitze stand ein erbl. **Bairaktar** (Bannerträger).
Bairam *der,* türk. Bez. der beiden islam. Hauptfeste. Der **Kleine B.** beendet als »Fest des Fastenbrechens« den Fastenmonat Ramadan und dauert drei Tage; der **Große B.** wird 70 Tage später gefeiert, dauert vier Tage und bildet als »Opferfest« den Höhepunkt und Abschluss der Wallfahrt nach Mekka (Hadjdj).
Baird ['bɛəd], John Logie, brit. Ingenieur, *Helensburgh (Strathclyde Region) 13. 8. 1888, †Bexhill-on-Sea (Cty. East Sussex) 14. 6. 1946; Fernsehpionier; ihm gelang u. a. 1928 die erste transatlant. Fernsehübertragung London–New York.
Bairisch, eine dt. ↑Mundart.
Baiser [bɛ'ze:, frz. »Kuss«] *das* (Meringe), Gebäck aus Eischnee und Zucker.
Baisse ['bɛːs(ə), frz.] *die,* starkes Sinken der Börsenkurse oder der Preise überhaupt; Ggs.: Hausse. Der **Baissier** (engl. **Bear**) spekuliert »à la baisse«, d. h. auf fallende Kurse.
Baja California ['βaxa -] (dt. Niederkalifornien), rd. 1 200 km lange, 40–240 km breite Halbinsel im NW Mexikos, meist wüstenhaft. Durch Bewässerung wurde das Coloradodelta im N ein bed. Baumwollanbaugebiet; im Übrigen oasenhafter Acker- und Gartenbau sowie Fischerei und Fisch verarbeitende Ind.; Salzgewinnung, Kupfererzbergbau; Fremdenverkehr (bes. in Tijuana). Der N bildet den Bundesstaat **Baja California Norte,** Hptst. Mexicali, der S den Bundesstaat **Baja California Sur,** Hptst. La Paz.
Bajadere [portugies.] *die,* ind. Tänzerin, i. e. S. die im Tempeldienst beschäftigte **Devadasi** (Dienerin eines Gottes), die auch religiöse Prostitution ausübt.
Bajasid I., osman. Sultan (1389–1402), *1347 oder 1354(?), †Aşehir 8. 3. 1403; unterwarf Serbien, besiegte 1396 König Sigismund von Ungarn, 1402 von Timur geschlagen.
Bajazzo [von italien. pagliaccio »Strohsack«, »Spaßmacher«] *der,* Possenreißer (im italien.Volkslustspiel); Narr.
Bajer, Fredrik, dän. Politiker, *Vester Egede 21. 4. 1837, †Kopenhagen 22. 1. 1922; gründete 1891 das Internat. Friedensbüro in Bern und war bis 1907 dessen Präs.; 1908 Friedensnobelpreis mit K. P. Arnoldson.
Bajonett [frz., nach der Stadt Bayonne] *das,* eine am vorderen Ende des Gewehr-(Karabiner-)Schaftes angebrachte Stoßwaffe für den Nahkampf; urspr. mit dem Gewehr fest verbunden, später als Seitenwaffe (ähnlich dem Seitengewehr) mitgeführt und nur im Bedarfsfall aufgepflanzt.
Bajonettverschluss (Renkverbindung), von Hand leicht herstellbare und lösbare Verbindung von zwei techn. Bauteilen, die zusammengesteckt, dann verschoben oder verdreht werden, meist mithilfe von Klauen oder Stiften an einem Teil, die in Schlitze und Nuten im anderen angreifen. Federn oder keilförmige Führungen sichern die Verbindung. Anwendung z. B. bei Schlauchkupplungen, Kfz-Glühlampen (**Bajonettfassung**), Kameras mit Wechselobjektiven.
Bajuwaren, alter Name der ↑Baiern.
Bakchylides, grch. Chorlyriker, *Julis auf Keos; lebte in der 1. Hälfte des 5. Jh. v. Chr., war am Hofe des Hieron von Syrakus. Bes. reizvoll sind seine balladenhaften Sagenerzählungen.
Bake [niederdt.], **1)** *allg.:* Absteckpfahl, Merkzeichen bei Vermessungen (↑Fluchtstab).
2) *Eisenbahn:* rechteckige Tafeln mit drei, zwei oder einem schwarzen Schrägstrich auf weißem Grund, 250, 175 und 100 m vor Vorsignalen.
3) *Luftfahrt:* opt. oder Funksignal u. a. zur Einflugschneisen-, Lande- oder Startbahnbefeuerung.
4) *Schifffahrt:* fest stehendes Schifffahrtszeichen (meist Orientierungszeichen) mit Kennung durch Form und/oder Farbe (↑Seezeichen).
5) *Straßenverkehr:* a) vor Bahnübergängen beiderseits der Straße stehende Tafeln mit drei, zwei oder einem roten, rückstrahlenden Schrägstrich auf weißem Grund, 240, 160 und 80 m vor dem Übergang; b) blaue Tafeln mit drei, zwei oder einem weißen

Schrägstreifen 300, 200 und 100 m vor den Autobahnabfahrten.
Baker [ˈbeɪkə], **1)** Chet, eigtl. Chesney H. B., amerikan. Jazzmusiker (Trompeter), *Yale (Okla.) 23. 12. 1929, †Amsterdam 13. 5. 1988; Vertreter des Cool Jazz und des Westcoastjazz.
2) James Addison, amerikan. Politiker, *Houston (Tex.) 28. 4. 1930; Jurist, 1981–85 und 1992–93 Stabschef des Weißen Hauses, 1985–88 Finanzmin., 1989–92 Außenminister.
3) Dame (seit 1976) Janet, brit. Sängerin (Mezzosopran), *Hatfield (Cty. South Yorkshire) 21. 8. 1933; wurde v. a. als Konzert- und Oratoriensängerin bekannt; trat als Opernsängerin v. a. in Partien von H. Purcell, G. F. Händel und B. Britten auf.
4) Josephine, frz. Tänzerin und Chansonsängerin afroamerikan. Herkunft, *Saint Louis (Mo.) 3. 6. 1906, †Paris 12. 4. 1975; wirkte auch in Filmen mit; im Zweiten Weltkrieg Mitgl. der Résistance.
5) Sir Samuel White, brit. Afrikareisender, *London 8. 6. 1821, †Sandford Orleigh (Cty. Devon) 30. 12. 1893; entdeckte auf der Suche nach den Nilquellen 1864 den Albertsee.
Baker-Eddy [ˈbeɪkəˈedɪ], Mary, ↑Eddy.
Baki, eigtl. Mahmud Abdülbaki, türk. Lyriker, *Konstantinopel 1526, †ebd. 7. 4. 1600; schrieb Gedichte in persisch beeinflusstem klass. Stil, die Gedankenschärfe mit hoher Wortkunst verbinden.
Bakı, ↑Baku.
Bakkalaure|us [mlat.] *der* (Baccalaureus), an den mittelalterl. Univ. seit dem 13. Jh. unterster akadem. Grad; als solcher weiter gebräuchlich in den angelsächs. Ländern (**Bachelor,** Abk. **B.),** z. B.: B. A. (B. of Arts), B. S. (B. of Science); in Frankreich in den Bez. **bachélier** (»Abiturient«) und **baccalauréat** (»Abitur«) erhalten.
Bakkarat [frz. -ˈra] *das* (Baccarat), Kartenglücksspiel mit mindestens drei vollen frz. Kartenspielen zu je 52 Blatt zw. Bankhalter und einem Gegner, bei dem sich weitere Spieler beteiligen können.
Bakonywald [ˈbɔkonj-] (Bakonygebirge), westl. Teil des Ungar. Mittelgebirges, bis 704 m ü. M. (Kőris-hegy); Vorkommen von Bauxit, Mangan, Braunkohle; Hochflächen bewaldet.
Bakschisch [pers. »Gabe«] *das,* 1) Almosen, Trinkgeld; 2) Bestechungsgeld.
Bakst, Léon, eigtl. Lew Samoilowitsch Rosenberg, russ.-frz. Bühnenbildner und Maler, *Grodno 8. 2. 1866, †Paris 27. 12. 1924; prägte durch seine Theaterdekorationen den Stil der ↑Ballets Russes entscheidend mit.
Bakteri|en [grch. baktēría »Stock«, »Stab«], große Gruppe einzelliger Mikroorganismen ohne echten Zellkern, die sich in die Abteilungen **Archaebakteria** und **Eubakteria** aufspalten. Die ↑Archaebakterien unterscheiden sich von den Eubakterien in wesentl. Merkmalen, z. B. sind Ribosomen, Zellwände und Membranlipide unterschiedlich strukturiert. Die eigentl. B., die Eubakterien, wurden nach der Art ihrer Fortpflanzung durch Zweiteilung früher Spaltpilze (Schizomyzeten) genannt. Ihre Größe liegt i. d. R. bei 1–10 μm.

Léon Bakst: Bühnenbildentwurf zu Maurice Ravels Ballett »Daphnis et Chloé« (1912; Sankt Petersburg, Russisches Museum)

Bakterien BAK

Sie lassen sich auf die Grundformen der Kugel (Kokken), des geraden Zylinders (Stäbchen) oder des gekrümmten Zylinders (Vibrionen), z.T. mit schraubigen Windungen (Spirillen), zurückführen. Durch Aneinanderhaften nach den Teilungen können sich Zellhaufen (Staphylokokken), Zellpakete (Sarcinen), Zellfäden (Streptokokken) bilden. Eine Zellwand gibt den B. ihre Form und Festigkeit; ihre Anfärbbarkeit mit einer bestimmten Technik (Gramfärbung) dient als Unterscheidungsmerkmal zw. grampositiven (Zellwand mit mehrschichtigem Mureinnetz) und gramnegativen B. (mit dünner Mureinschicht und äußerer Membran). Oft ist die Wand der B. von einer Schleimhülle oder -kapsel umgeben, die Schutz vor ↑Phagozytose bietet.

Bakterien: Formen von Bakterien

Im Innern wird das Zytoplasma von einer Zytoplasmamembran umgeben und ist mit zahlr. Ribosomen sowie mit Reservestoff-Einschlüssen angefüllt. B. besitzen keinen echten Kern, sondern nur Kernmaterial in Form eines DNA-Fadens (↑Nucleinsäuren), der frei im Zytoplasma verteilt liegt. Bestimmte B. sind in der Lage, gegen ungünstige Umweltbedingungen widerstandsfähige Dauerformen (Sporen) zu bilden. **Bazillen** sind eine bestimmte Gruppe von B., die Sporen bilden (oft fälschlich für B. verwendet). Manche B. haben Geißeln als Fortbewegungsmittel. Obwohl B. sich nur ungeschlechtlich durch Teilung vermehren und echte Kernverschmelzung nicht möglich ist, kommt es zur Übertragung von Erbinformationen durch spezielle Mechanismen wie ↑Konjugation, ↑Transformation und ↑Transduktion. Die Übertragung menschl. Erbsubstanz auf B. (↑Gentechnik) kann zur Erzeugung großer Mengen von z. B. menschl. Insulin oder Interferon führen.

B. sind auf der ganzen Erde im Boden, im Wasser, in der Luft, in Lebewesen und auf allen Gegenständen verbreitet. Fruchtbarer Ackerboden enthält in 1 g über 2 500 Mio. B. Stark verschmutztes Abwasser hat etwa 1 Mio. B. in 1 cm³, Trinkwasser höchstens 100. Wachstum und Vermehrung der B. werden von zahlr. Faktoren des umgebenden Milieus und vom Nährstoffangebot bestimmt. Die Mehrzahl der B. ernährt sich **heterotroph**, d. h., der Kohlenstoffbedarf wird durch Abbauvorgänge (Fäulnis, Verwesung) aus organisch gebundenem Kohlenstoff gedeckt; die anderen sind **autotroph**, d. h., sie decken ihren Kohlenstoffbedarf aus dem Kohlendioxid der Luft und gewinnen die hierzu nötige Energie entweder durch ↑Photosynthese oder ↑Chemosynthese. Manche B. ertragen extreme Temperaturen. **Aerobe B.** können nur in sauerstoffhaltiger Umgebung leben, **anaerobe** nur in Abwesenheit von Sauerstoff; manche sind jedoch nicht streng (fakultativ) auf die Abwesenheit von Sauerstoff festgelegt. B., die sich auf totem, organ. oder anorgan. Material vermehren, werden als **Saprophyten** bezeichnet, solche, die auf einen lebenden Organismus angewiesen sind, als **Parasiten**, wenn sie den Organismus schädigen, als **Kommensalen**, wenn sie ihn nicht schädigen. Von grundlegender biolog. Bedeutung sind die B. als Vermittler des Wechsels der Materie zw. belebter und unbelebter Natur. Vorwiegend im Erdboden werden alle organ. Stoffe durch die Stoffwechseltätigkeit von B. mineralisiert (zu anorgan. Stoffen abgebaut) und so den Pflanzen als Nährstoffe wieder verfügbar gemacht. Krankheitserregende **(pathogene) B.** sind Erreger von ↑Infektionskrankheiten bei Mensch, Tier und Pflanze. Ihre krank machende Wirkung beruht auf Strukturelementen der B. (z. B. Kapsel), Enzymen oder Toxinen (B.-Gifte), die, in die Umgebung abgegeben, die Körpersubstanz des Wirtes schädigen. Von Nutzen ist die **B.-Flora** (Gesamtheit der Kommensalen) bei Mensch und Tier, die Haut, Schleimhaut und Magen-Darm-Kanal ihres Wirtes be-

BAK Bakterienfilter

wohnt und als Gewebeschutz und Verdauungshilfe dient. Wirtsch. Anwendung findet die B.-Tätigkeit bei vielen techn. Prozessen (z. B. Säuerung der Milch, Reifung von Käse) und bei der industriellen Herstellung von Vitaminen, Antibiotika u. a. Durch Züchtung auf künstl. Nährböden (**B.-Kultur**) lassen sich B. erkennen und isolieren. ✧ **siehe ZEIT Aspekte** 📖 *Schlegel, H. G.: Allg. Mikrobiologie. Stuttgart u. a. [7]1992. – Birge, E. A.: Bacterial and bacteriophage genetics. New York [3]1994. – Singleton, P.: Einführung in die Bakteriologie. A. d. Engl. Heidelberg u. a. 1995. – Ball, A. S.: Bacterial cell culture. Essential data. Chichester 1997. – Bacterial infection: close encounters at the host pathogen interface, hg. v. P. K. Vogt u. M. J. Mahan. Berlin 1998.*

Bakteri|enfilter, Filter zum Abtrennen von Bakterien aus Flüssigkeiten und Gasen, die durch geringe Porengröße (etwa 0,2 μm) und/oder Absorption wirken; dafür verwendete Materialien sind z. B. gesintertes Glas, Kieselgur.

Bakteri|engifte (Bakteriotoxine), von Bakterien erzeugte Gifte; einige sind schon in geringen Konzentrationen extrem toxisch und können tödlich wirken (z. B. Diphtherie-, Tetanus- und Botulinustoxin).

Bakteriologie [grch.] *die,* Wiss. von den Bakterien, Teilgebiet der Mikrobiologie. Die B. untersucht den Aufbau der Bakterien, ihre Formen und Lebenserscheinungen. Die **medizin.** B. beschäftigt sich mit krankheitserregenden Bakterien, die **landwirtsch.** B. vorwiegend mit Bodenbakterien, die **techn.** B. mit Bakterien, deren Stoffwechselprodukte technisch verwertbar sind (Käserei, Antibiotikagewinnung, Schadstoffabbau). Begründer der B. waren L. Pasteur (Arbeiten über Milchsäure- und alkohol. Gärung) und R. Koch (entdeckte 1882 die Tuberkelbakterien und 1883 den Choleraerreger).

bakteriologische Waffen, ↑ABC-Waffen.

Bakteriolysine [grch.], spezif. Antikörper, die bei Mensch und Tier nach einer Infektion im Blut auftreten und die entsprechenden Bakterien durch Auflösung der Bakterienwand zerstören.

Bakteriophagen [grch.] (Phagen, Bakterienfresser), Viren, die Bakterien befallen und unter eigener Vermehrung auflösen; kugel- oder stäbchenförmig, oft mit schwanzförmigem Fortsatz zum Anheften an der Bakterienwand.

Bakteriose *die,* durch Bakterien verursachte Pflanzenkrankheit.

bakteriostatisch [grch.], Wachstum und Vermehrung der Bakterien hemmend; b. wirken z. B. Antibiotika.

Bakteri|urie [grch.] *die,* Ausscheidung von Bakterien im Harn; krankhaft bei Keimzahlen ab 10^5/ml; z. B. bei Blasenentzündung.

bakterizid [grch.-lat.], Bakterien tötend.

Baktri|en, im Altertum die von den Baktrern seit etwa 800 v. Chr. bewohnte Landschaft in Asien zw. dem Fluss Margos (heute Murgab) im SW, dem Hindukusch im S und dem Gissargebirge im NO, mit der Hptst. **Baktra** (↑Balch). B. war urspr. ein selbstständiges Reich, das im 7. Jh. v. Chr. an die Meder und um 555 an die Perser fiel. 329 wurde es von Alexander d. Gr. erobert. Um 230 v. Chr. bildete sich ein unabhängiges **Gräkobaktr. (Hellenobaktr.) Reich,** das um 130 v. Chr. unterging.

Baku (aserbaidschan. Bakı), Hptst. von Aserbaidschan, auf der Halbinsel Apscheron am Kasp. Meer, 1,71 Mio. Ew.; Univ., TU, Akademie der Wiss.en, mehrere Hochschulen, islam. Institut; größtes aserbaidschan. Ind.zentrum inmitten eines Erdölfördergebiets (seit 1949 größtenteils Offshoreförderung; Fernleitung). U-Bahn, internat. Flughafen, Eisenbahnfähre nach Turkmenbaschi (Turkmenistan), Erdölhafen, Erdölleitungen zu den am Schwarzen Meer gelegenen Hafenstädten Noworossisk (Russland) sowie Batumi und Supsa (Georgien). – Die Altstadt (UNESCO-Weltkulturerbe) mit ihren Moscheen und Palästen aus pers. Zeit zeigt z. T. noch oriental. Charakter, am Ufer die Ind.viertel (Maschinen- und Schiffbau, Chemikalienfabriken, Raffinerien). – B., im 5. Jh. erstmals erwähnt, war seit dem 12. Jh. Residenz der Khane von Schirwan. 1501 eroberten die Truppen der Safawiden unter Ismail die Stadt; sie wurde in den 80er-Jahren des 16. Jh. türkisch, 1604 wieder persisch. 1723 von Peter d. Gr. erobert, 1735 an Persien zurückgegeben, fiel B. 1806 wieder an Russland. Die industriell betriebene Erdölförderung begann 1872. Nach der Oktoberrevolution wurde von den Bolschewiki im April 1918 die »Bakuer Kommune« gegründet, die sich aber nur wenige

Monate halten konnte (im Sept. 1918 Erschießung der 26 Bakuer Kommissare). 1918 besetzten brit. und türk. Truppen die Stadt, die von Sept. 1918 bis April 1920 Sitz der aserbaidschan. Mussawat-Reg. war. Nach Einnahme der Stadt durch die Rote Armee wurde B. 1920 Hptst. Aserbaidschans.

Bakufu [japan. »Zeltregierung«] *der,* in Japan urspr. das Feldlager des Großfeldherrn; 1192–1867 Bez. der Militärreg., in der westl. Literatur meist **Shogunat** (↑Shōgun) genannt.

Bakunin, Michail Alexandrowitsch, russ. Revolutionär und Anarchist, *Prjamuchino (Gouv. Twer) 30. 5. 1814, †Bern 1. 7. 1876; trat 1844 in Paris mit P.-J. Proudhon und K. Marx in Verbindung. Im Mai 1849 war er in Dresden am Aufstand beteiligt, anschließend inhaftiert, wurde 1851 an Russland ausgeliefert und 1857 nach Sibirien verschickt, von wo er 1861 nach London floh. Hier beteiligte er sich an der Ersten Internationale (1872 ausgeschlossen). (↑Anarchismus)
Werke: Gott und der Staat (1871); L'empire knouto-germanique et la révolution sociale (1871); Staatlichkeit und Anarchie (1873).
📖 *Eckhardt, W.: M. A. B. (1814–1876). Bibliographie der Primär- u. Sekundärliteratur in dt. Sprache. Köln 1994.*

Balaguer [-'ɣɛr], Joaquín, dominikan. Politiker, *Santiago de los Caballeros 1. 9. 1907, †Santo Domingo 14. 7. 2002; Vertrauter des Diktators R. L. Trujillo, 1957–60 Vizepräs.; 1960–62 (durch Militärputsch gestürzt), 1966–78 und 1986–96 Präs. der Republik.

Balakirew, Mili Alexejewitsch, russ. Komponist, *Nischni Nowgorod 2. 1. 1837, †Sankt Petersburg 29. 5. 1910; bildete mit M. M. Mussorgski, Z. A. Kjui, N. A. Rimski-Korsakow und A. P. Borodin die »Gruppe der Fünf«, die eine Erneuerung der russ. Kunstmusik durch Einbeziehung der russ. Folklore anstrebte.

Balakowo, Stadt im Gebiet Saratow, Russland, am linken Ufer des Kuibyschewer Wolgastausees, 206 300 Ew.; Maschinenbau, Werft, Chemiefaser-, Nahrungsmittelind.; Hafen. In der Nähe Kernkraftwerk (bis 1998 vier Blöcke à 950 MW).

Balalaika *die,* ein um 1700 entstandenes russ. Volksmusikinstrument mit dreieckigem Schallkörper, gebauchtem Boden und langem Hals mit Bünden; die drei Darmsaiten werden mit einem Plektron oder mit der Hand angerissen; in sechs Größen gebaut.

Balancement [balãs'mã, frz.] *das, Musik:* die ↑Bebung.

Balance of Power ['bælans av 'pauə; engl. »Gleichgewicht der Macht«], ↑europäisches Gleichgewicht.

Balanchine [frz. balã'ʃiːn], George, eigtl. Georgi Melitonowitsch Balantschiwadse, amerikan. Choreograph und Ballettdirektor russ. Herkunft, *Sankt Petersburg 22. 1. 1904, †New York 30. 4. 1983; ging 1925 zu S. Diaghilew nach Paris, 1934 nach New York und gründete dort 1946 die »Ballet Society«, aus der 1948 das »New York City Ballet« hervorging. B. gilt als Begründer (Choreographie zu I. Strawinskys Ballett »Apollon Musagète«) des tänzer. Neoklassizismus.

Balanitis [grch.] *die* (Eichelentzündung), Entzündung der Eichel des männl. Gliedes, an der fast stets das innere Vorhautblatt beteiligt ist **(Balanoposthitis);** häufige Ursachen der B. sind neben ↑Vorhautverengung Hefepilz- und Virusinfektionen. Zw. Eichel und innerem Vorhautblatt kommt es meist zu einer eitrigen Absonderung; auch als **Eicheltripper** bezeichnet, aber nicht mit ↑Tripper identisch.

Balaschow, Stadt im Gebiet Saratow, Russland, am Chopjor, 100 000 Ew.; PH; Nahrungsmittelind., Landmaschinenbau.

Balasuriya, Stanislaus Tissa, srilank. kath. Theologe, *Kahatagasdigiliya 29. 8. 1924; profilierter Vertreter der asiatischen kath. Theologie und Förderer des interreligiösen Dialogs in Asien. Seine im Rahmen einer Theologie der Inkulturation vertretene Auffassung über die Erbsündenlehre führte 1994 zum Konflikt mit dem kirchl. Lehramt und im Januar 1997 zur Exkommunikation B.s, die Anfang 1998 jedoch wieder aufgehoben wurde.

Balata [auch ba'la-, indian.] *die,* eingetrockneter Milchsaft des im Orinocogebiet und in Guayana heim. Baumes **Mimusops balata;** ist im Ggs. zum Kautschuk zäh und hart.

Balaton ['bɔlɔton], See in Ungarn, ↑Plattensee.

Balázs ['bɔlaːʒ], Béla, eigtl. Herbert Bauer, ungar. Schriftsteller und Filmtheoretiker, *Szeged 4. 8. 1884, †Budapest

BAL Balbo

17. 5. 1949; seit 1919 in Wien, Berlin; nach dem Zweiten Weltkrieg Leiter des Inst. für Filmwiss.en in Budapest; schrieb »Der sichtbare Mensch« (1924), »Der Geist des Films« (1930).

Balbo, Italo, italien. Luftmarschall, *Quartesana (Prov. Ferrara) 5. 6. 1896, †(abgeschossen) Tobruk 28. 6. 1940; führend in der faschist. Bewegung (Mitorganisator des »Marschs auf Rom«), seit 1933 Gen.-Gouv. von Libyen.

Balboa, Abk. **B/.,** *der,* Währungseinheit in Panama; 1 B. = 100 Centésimo.

Balboa, Vasco Núñez de, span. Konquistador, *Jerez de los Caballeros um 1475, †(hingerichtet) Acla (Panama) wohl Jan. 1517; gelangte 1513 als erster Europäer über die Landenge von Panama an den Pazif. Ozean, den er »Südsee« nannte.

Balch (Balkh, Waziristan), Stadt in N-Afghanistan, ca. 3000 Ew.; an der Stelle des alten **Baktra** (der Hauptstadt von Baktrien) gelegen; zahlr. Bauten aus timurid. Zeit.

Balch [bɔːltʃ], Emily Greene, amerikan. Wirtschaftswissenschaftlerin und Pazifistin, *Jamaica Plain (heute zu Boston, Mass.) 8. 1. 1867, †Cambridge (Mass.) 9. 1. 1961; war führend tätig in der »Internationalen Frauenliga für Frieden und Freiheit«; Friedensnobelpreis 1946 mit J. R. Mott.

Balchasch (kasach. Balkasch), Ind.stadt in Kasachstan, am N-Ufer des Balchaschsees, 88 000 Ew.; Kupferhütte (bei B. Kupfererzbergbau).

Balchaschsee, abflussloser, fischreicher Steppensee im SO Kasachstans, 340 m ü. M., 605 km lang, 17 000–22 000 km² groß, mittlere Tiefe 6 m; Hauptzufluss: Ili; durch Verengung geteilt, enthält im O-Teil salzhaltiges Wasser.

Baldachin [italien. baldacchino »kostbarer Seidenstoff aus Bagdad«] *der,* **1)** Traghimmel aus Stoff, zuerst bei oriental. Herrschern, seit 1163 bei hohen geistl. Würdenträgern; bei kirchl. Prozessionen noch heute üblich.

2) die Überdachung des Thrones.

3) Überdachung eines Altars oder einer Statue.

Balde, Jakob, nlat. Dichter, *Ensisheim (Elsass) 4. 1. 1604, †Neuburg a. d. Donau 9. 8. 1668; wurde 1624 Jesuit; schrieb lat. Dramen, dt. Gedichte, lat. Oden.

Balden, Theo, Bildhauer und Grafiker,

*Blumenau (Brasilien) 6. 2. 1904, †Berlin 30. 9. 1995; 1935–47 Emigration, lebte seit 1947 in Berlin. Beeinflusst von E. Barlach, schuf er expressive (Bronze-)Plastiken und Grafiken.

Baldeneysee, Stausee in der Ruhr im S von Essen, NRW, 2,4 km², 9 Mio. m³ Fassungsvermögen.

Balder, altgerman. Gott, ↑Baldr.

Baldessari, John, amerikan. Künstler, *National City (Calif.) 17. 6. 1931; Vertreter der Narrative Art.

Baldo, Gebirge in Italien, ↑Monte Baldo.

Baldr (Balder, Baldur), altgerman. Lichtgott, der Sohn Odins und der Frija. Nach der Edda war er tapfer, milde und schön. Da das Schicksal der Götter von B. abhängt, nimmt Frija allen Wesen und Dingen einen Eid ab, B. nicht zu verletzen. Loki gibt den nicht vereidigten Mistelzweig dem blinden Hödr, der B. damit tötet. B.s Tod leitet den Untergang der Götter ein. Nach Erneuerung der Welt kehren B. und Hödr gemeinsam zurück.

Baldrian *der* (Valeriana), Gattung der Baldriangewächse mit etwa 250 Arten; Kräuter oder Halbsträucher. Der europäisch-asiat. **Gemeine B. (Echter B.,** Valeriana officinalis) hat gefiederte Blätter und rötlich weiße Blüten. Aus der Wurzel werden leichte Beruhigungsmittel wie B.-Tee, -Tinktur und -Dispert hergestellt.

Balduin, Herrscher:
Jerusalem: **1) B. I.,** *1058, †Arisch 2. 4. 1118; Bruder Gottfrieds von Bouillon, 1098–1100 Graf von Edessa, 1100–18 König von Jerusalem.
Konstantinopel: **2) B. I.,** lateinischer Kaiser (1204/05), *Valenciennes 1171, †1205; Graf von Flandern (als **B. IX.**) und Hennegau (als **B. VI.**); Führer im 4. Kreuzzug (↑Byzantinisches Reich).

3) B. II., letzter lat. Kaiser (1228–61), *1217, †1273; verlor 1261 das verarmte Reich wieder an die Byzantiner.
Trier: **4)** Erzbischof und Kurfürst (seit 1307), *1285, †Trier 21. 1. 1354; aus dem Luxemburger Grafenhaus, bewirkte als »Königsmacher« 1308 die Wahl seines Bruders Heinrich VII., den er nach Italien begleitete, 1314 die Ludwigs IV., des Bayern, dem er sich jedoch entfremdete, 1346 die seines Großneffen Karl IV.; führend am Kurverein von Rhense beteiligt.

Baldung, Hans, gen. Grien, Maler und Grafiker, *Schwäbisch Gmünd 1484/85,

† Straßburg 1545; Schüler A. Dürers in Nürnberg, dann ansässig in Straßburg und 1512–17 in Freiburg tätig, wo er den Hochaltar im Münster ausführte. Außer religiösen Darstellungen (u. a. »Ruhe auf der Flucht«; Wien, Akademie der Bildenden Künste) schuf er allegor. und mytholog. Bilder, in denen erot. und Todesmotive (»Der Tod und die Frau«, »Der Tod und das Mädchen«; beide Basel, Kunstmuseum) sowie Hexendarstellungen (»Zwei Wetterhexen«; Frankfurt am Main, Städelsches Kunstinstitut) vorherrschen. Im Vergleich zu Dürer sind seine Bilder leuchtkräftiger in den Farben, leidenschaftlicher und sinnenfroher. Seine ausdrucksstarken Holzschnitte gehören zu den besten Leistungen dt. Grafik. B. schuf auch meisterhafte Bildnisse.

Hans Baldung: Zwei Wetterhexen (1523; Frankfurt am Main, Städelsches Kunstinstitut)

Baldur, altgerman. Gott, ↑ Baldr.
Baldus de Ubaldis, italien. Rechtsgelehrter, * Perugia um 1327, † Pavia 28. 4. 1400; Postglossator. Er schrieb Kommentare zum Corpus Iuris Civilis, den Dekretalen und Konsilien.
Baldwin ['bɔːldwɪn], **1)** Alec, eigtl. Alexander Rae Baldwin III., amerikan. Filmschauspieler, * Amityville (N. Y.) 3. 4. 1958; 1993–2001 ∞ mit K. Basinger; spielte u. a. in »Jagd auf Roter Oktober« (1990), »Die blonde Versuchung« (1991), »Glengarry Glen Ross« (1992), »Auf Messers Schneide« (1997), »Das Mercury-Puzzle« (1998), »Outside Providence« (1999), »Thomas and the Magic Railroad« (2000).
2) James, amerikan. Schriftsteller, * New York 2. 8. 1924, † Saint-Paul-de-Vence (Dép. Alpes-Maritimes) 1. 12. 1987; bed. Sprecher der schwarzen Amerikaner; schrieb Romane (»Eine andere Welt«, 1962; »Sag mir, wie lange ist der Zug schon fort«, 1968; »Beale Street Blues«, 1974), Erzählungen, Dramen (»Blues für Mister Charlie«, 1964) und Essays (»Das Gesicht der Macht bleibt weiß«, 1985).
3) James Mark, amerikan. Psychologe und Philosoph, * Columbia (S. C.) 12. 1. 1861, † Paris 8. 11. 1934; gab vom Evolutionismus (C. Darwin) beeinflusste, umfassende sozialpsycholog. Analysen der individuellen und der allg. geistigen Entwicklung.
4) Stanley, Earl (seit 1937) B. of Bewdley, brit. Politiker, * Bewdley (Cty. Hereford and Worcester) 3. 8. 1867, † Astley Hall (Cty. Hereford and Worcester) 14. 12. 1947; Großindustrieller, als konservativer Parteiführer 1923/24, 1924–29 und 1935–37 Premiermin.; trug 1936 zur Abdankung Eduards VIII. bei.
Balearen (span. Islas Baleares), gebirgige Inselgruppe und span. Prov. im westl. Mittelmeer, bildet eine autonome Region (und Prov.) Spaniens, 4 992 km², 841 700 Ew.; Hptst. ist Palma de Mallorca, umfasst Mallorca, Menorca, Ibiza und Formentera (die beiden Letzteren bilden mit den umliegenden Eilanden die Gruppe der Pityusen) sowie Cabrera und mehrere kleine Felseninseln. Schwache Temperaturgegensätze (Mitteltemperatur im Jan. 9–11 °C, Aug. 24–26 °C) kennzeichnen das für den Fremdenverkehr (Hauptwirtschaftszweig) günstige Klima. Die Bewohner sprechen eine katalan. Mundart. Die Landwirtschaft umfasst Zitrus-, Tomaten- (Bewässerung) und Fruchtbaumkulturen (Mandeln, Aprikosen, Oliven, Johannisbrot) sowie Weinbau, Haferanbau und Schweinemast. – Die spätbronze- und früheisenzeitl. **B.-Kultur** reichte bis in röm. Zeit. Die Inseln wurden von phönik. und grch. Seefahrern besucht, standen bis 201 v. Chr. unter karthag., seit 123 v. Chr. unter röm. Herrschaft; in der Völkerwanderungszeit wurden sie von

BAL Balenciaga

Balearen

Wandalen, Westgoten, Byzantinern und Franken besetzt, bis 903 von den Arabern erobert, seit 1229/87 waren sie in span. Hand, 1262-1348 Teil des selbstständigen Königreichs Mallorca (mit Festlandsbesitz, Hptst. Perpignan), dann zu Aragonien. Menorca war 1708-56, 1763-82 und 1798-1802 britisch.

📖 *Mayer, Eberhard: Die B. Sozial- u. wirtschaftsgeograph. Wandlungen eines mediterranen Inselarchipels unter dem Einfluß des Fremdenverkehrs.* Stuttgart 1976. – *Reiseführer Natur Mallorca, Menorca, Ibiza, Formentera,* hg. v. G. Geese. München u. a. 1994.

Balenciaga [-'θjaγa], Cristóbal, span. Modeschöpfer, * Guetaria (bei San Sebastián) 21. 1. 1895, † Javea (Prov. Alicante) 23. 3. 1972; unterhielt 1937-68 in Paris einen Haute-Couture-Salon. B., der Mode als Kunst begriff, vertrat einen eleganten Stil, in dem er z. T. künftige Linien vorwegnahm und auf Taillenbetonung verzichtete; auch Parfüm.

Bales [beɪlz], Robert Fred, amerikan. Psychologe, * Ellington (Mo.) 9. 3. 1916; entwickelte zur Verhaltensbeobachtung in Kleingruppen die ↑Interaktionsanalyse.

Balfour ['bælfə], Arthur James, Earl of B. (seit 1922), brit. Politiker (Konservative Partei), * Whittingehame (Lothian Region) 25. 7. 1848, † Woking (Cty. Surrey) 19. 3. 1930; war 1887-91 Irlandmin., 1902-05 Premiermin. (Schul-Ges., 1902; Entente cordiale, 1904). Als Außenmin. (1916-19) sicherte er den Juden das Recht auf eine nat. Heimstätte in Palästina zu (**B.-Deklaration,** 1917); als Lordpräs. (1919-22, 1925-29) formulierte er den Begriff »British Commonwealth«.

Balfour-Deklaration ['bælfə-] (engl. Balfour Declaration), Erklärung des brit. Außenmin. A. J. Balfour, mit der er – auf Initiative von Vertretern des Zionismus (N. Sokolow und C. Weizmann) – die Schaffung einer nat. Heimstätte (»national home«) für die Juden in Palästina zusicherte (Brief vom 2. 11. 1917 an Lord Rothschild).

Balg [ahd.], **1)** abgezogenes Fell von Raubwild, Hasen, Vögeln. **2)** Luftbehälter bei Musikinstrumenten (z. B. Orgel, Akkordeon) zur Zuführung des Spielwinds.

Balge (Balje), schiffbare Wasserrinne im Watt.

Balgen, ausziehbare lichtdichte Hülle, z. B. bei Klappkameras zw. Gehäuse und Objektiv.

Balgfrucht (Balgkapsel), Trockenfrucht, die längs einer Naht aufspringt, so beim Rittersporn.

Balggeschwulst, das ↑Atherom.

Balhorn, Johann, Buchdrucker, * Lübeck um 1528, † ebd. um 1603. Auf seinen Namen werden die Ausdrücke **ballhornisieren, verballhornen,** d. h., ein Schriftstück verschlechtern (indem man es zu verbessern meint), zurückge-

Balkanhalbinsel BAL

führt. Bei ihm erschien eine fehlerhaft korrigierte Ausgabe des lüb. Rechts.
Bali, westlichste der Kleinen Sundainseln, Indonesien, von O-Java durch die nur 2,5 km breite **B.-Straße** getrennt, 5561 km², als Prov. B. (mit vorgelagerten Inseln) 5561 km², 3,15 Mio. Ew.; Hptst. Denpasar. B. ist überwiegend vulkan. Ursprungs mit vier größeren Vulkankegelmassiven im O; im W tief zertalte Gebirgsketten; nur im S ist eine größere Ebene ausgebildet. Die Wirtschaft bestimmt v. a. der intensive Reisanbau mit künstl. Bewässerung, daneben der Fremdenverkehr. Hinduismus und Elemente des Buddhismus sind bestimmend für die Kultur.
Balıkesir [ba'lı-], Hptst. der Provinz B. im NW der Türkei, 189700 Ew.; in einem Agrargebiet (Tabakbau, Schafhaltung); Textilindustrie.
Balikpapan, Stadt an der O-Küste von Borneo, Indonesien, 310000 Ew.; Erdölexporthafen (Pipelines von den Erdölfeldern u. a. bei Samarinda), Erdölraffinerie; Flughafen.
Balilla [italien.] (Opera Nazionale B.), 1926–37 Name der faschist. Staatsjugend in Italien, benannt nach dem Knaben G. B. Perasso mit dem Beinamen »Balilla«, der 1746 durch einen Steinwurf den Aufstand der Genueser gegen Österreich ausgelöst haben soll.
Balingen, Krst. des Zollernalbkreises, Bad.-Württ., Große Krst., am Fuß der Schwäb. Alb, 33500 Ew.; Herstellung von Waagen, Metall-, Textil-, Sportartikel-, Möbel-, elektrotechn. Industrie.

Balint, Michael, brit. Psychoanalytiker ungar. Herkunft, *Budapest 3. 12. 1896, †London 31. 12. 1970; schuf die **B.-Gruppen** (Erfahrungsaustausch v. a. zw. Ärzten unter Anleitung eines Therapeuten); entwickelte die ↑Fokalanalyse.
Balk, Hermann, erster Landmeister des Dt. Ordens in Preußen, †Würzburg(?) 5. 3. 1239; wurde 1230 an der Spitze von Deutschordensrittern zur Unterwerfung des Preußenlandes ausgesandt; legte die Fundamente des preuß. Ordensterritoriums durch eine Verbindung seiner militär. Eroberungen mit einer bürgerlich-bäuerl. Siedlungspolitik und der Gründung von Städten (u. a. Thorn, Culm, Marienwerder); vollzog 1237 den Anschluss des Schwertbrüderordens und war 1237/38 Heermeister in Livland.
Balkan [türk. »Gebirge«] *der* (bulgar. Stara planina, im Altertum Haemus), Gebirgszug auf der Balkanhalbinsel; erstreckt sich in einem geschwungenen Bogen vom Timok bis zum Schwarzen Meer (600 km lang, 30–50 km breit; im Botew 2376 m hoch) und trennt das nördl. **Donaubulgarien** vom südl. **Hochbulgarien.** Er fällt im S steil zum Maritzabecken ab und geht im N allmählich in das bulgar. Tiefland über. Waldreichtum, Weidewirtschaft und der Abbau von Steinkohle, Eisen-, Blei-, Kupfer- und Zinkerz bestimmen die Wirtschaft. Viele befahrbare Pässe, u. a. ↑Schipkapass, machen den B. für den Verkehr durchlässig.
Balkangrippe, das ↑Q-Fieber.
Balkanhalbinsel, ins Mittelmeer ragende

Bali: Wassertempelanlage Pura Ulun Danu auf einer Insel am Westufer des Bratansees

559

BAL Balkanisierung

Halbinsel in SO-Europa, südlich von Save und Donau; stark gebirgig (höchste Erhebung ist die Mussala, 2925 m ü. M., im Rilagebirge), reich gegliederte Küste (am Adriatischen, Ionischen und Ägäischen Meer). Größere Tiefländer finden sich nur im östl. Thrakien, in Ostrumelien und an der unteren Donau (Walachei). Es herrscht binnenländ. Klima mit warmen Sommern und kalten Wintern, Mittelmeerklima nur an der W-Küste und im S. Die Vegetation zeigt im N mitteleurop. Züge, im S mediterrane (mit den Kulturpflanzen Öl- und Feigenbäume, Weinreben, Reis).

Balkanisierung, polit. Schlagwort für die Zerstückelung größerer polit. und wirtsch. Einheiten; bezog sich vor dem Ersten Weltkrieg auf die von den damaligen Großmächten geförderte Auflösung des Osman. Reiches in kleine Staaten, später auch auf die Entstehung kleinerer Staaten auf dem Territorium Österreich-Ungarns.

Balkanistik *die* (Balkanologie), Wiss. von den Sprachen und Literaturen auf der Balkanhalbinsel.

Balkankriege, die militär. Auseinandersetzungen zw. den christl. Balkanstaaten und dem Osman. Reich. Im **Ersten B.** (Okt. 1912 bis Mai 1913) kämpfte der Balkanbund (Serbien, Bulgarien, Griechenland, Montenegro) gegen die Türkei, um Makedonien aufzuteilen. Er führte 1913 zur Schaffung eines unabhängigen Albanien, Kosovo kam an Serbien; die Türkei musste ihre europ. Besitzungen zum größten Teil aufgeben. Der Streit um die Aufteilung Makedoniens führte zum **Zweiten B.** Bulgarien griff am 29. 6. 1913 seine bisherigen Verbündeten an; seine Armee wurde jedoch aus Makedonien vertrieben. Im Frieden von Bukarest (10. 8. 1913) musste Bulgarien die südl. Dobrudscha an Rumänien und einen Großteil der vorherigen Gewinne (das nördl. Makedonien an Serbien und die ägäische Küste an Griechenland) abtreten; die Türkei behielt Adrianopel.

Balkanpakt, 1) am 9. 2. 1934 in Athen unterzeichneter Vertrag zw. Griechenland, Jugoslawien, Rumänien und der Türkei, um bulgar. Absichten auf Revision der Grenze abzuwehren. Der italien. Angriff auf Griechenland war das Ende des Pakts. **2)** am 9. 8. 1954 auf 20 Jahre in Bled abgeschlossener Vertrag zw. Griechenland, Jugoslawien und der Türkei mit dem Ziel der gegenseitigen Sicherung der territorialen Integrität, der polit. Unabhängigkeit und des gegenseitigen militär. Beistands im Fall eines Angriffs; verlor nach 1955 an Bedeutung.

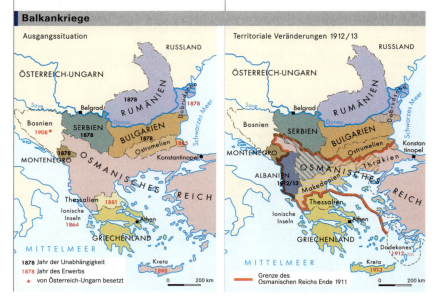
Balkankriege

Balkansprachen, die im Balkanraum verbreiteten Sprachen, insoweit sie sich trotz ihrer unterschiedl. Herkunft aufgrund zahlr. sprachl. Gemeinsamkeiten zu einem »Sprachbund« (balkan. Sprachbund) zusammenschließen lassen: die alban., rumän., bulgar., makedon., grch. (neugrch.) und – bedingt – die serb. und kroat. Sprache. Ihre Erforschung ist Gegenstand der **Balkanlinguistik.**

Balkansyndrom, Bez. für das noch ungeklärte Auftreten von Krankheiten (v. a. Krebs, bes. Leukämie) bzw. in deren Folge Todesfällen bei Soldaten, die im ehem. Jugoslawien seit 1995 zu Friedensmissionen (IFOR, SFOR, KFOR) stationiert waren.

Balkaren, Turkvolk an den Nordhängen des Kaukasus, etwa 85 000 B.; sie betreiben Ackerbau und Viehzucht, sind zumeist Muslime und sprechen eine Turksprache.

Balkasch, Stadt in Kasachstan, ↑Balchasch.

Balken, 1) *Bau:* meist stabförmiges Tragglied, vorrangig auf Biegung beansprucht, aber auch für Zug- und Druckkräfte; ruht auf zwei (einfacher B.) oder mehreren (durchlaufender B.) Auflagern.
2) *Heraldik:* ein in der Schildmitte liegender waagerechter Streifen von etwa einem Drittel der Schildhöhe.
3) *Medizin:* die Verbindung zw. beiden Großhirnhälften aus Nervenfasern und Bindegewebe.

Balkencode [-ko:t], ↑Strichcode.

Balkenende, Jan Peter, niederländ. Politiker, * Kapelle (Zeeland) 7. 5. 1956; studierte Sozial- und Wirtschaftsgeschichte sowie Jura; ab 1993 Prof. für christlich-soziales Denken in Amsterdam; schloss sich dem Christlich Demokrat. Appell (CDA) an, 1982–98 Mitgl. des Stadtrats von Amstelveen (Prov. Nordholland); 1998–2001 finanzpolit. Sprecher und 2001–02 Vors. der Parlamentsfraktion des CDA, der bei den Wahlen vom 15. 5. 2002 stärkste Partei wurde; ab Juli 2002 MinPräs. einer aus CDA, Volkspartei für Freiheit und Demokratie (VVD) sowie der »Liste Pim Fortuyn« gebildeten Mitte-rechts-Regierung; erklärte zusammen mit seinem Kabinett im Oktober 2002 seinen Rücktritt, wurde aber mit der Weiterführung der Amtsgeschäfte bis zur Parlamentsneuwahl im Januar 2003 beauftragt, nach der er (wegen des Scheiterns einer Koalitionsvereinbarung mit der Partei der Arbeit) im Mai 2003 die Führung eines neuen Mitterechts-Kabinetts aus CDA, VVD und Demokraten '66 übernahm.

Balkenhol, Stephan, Bildhauer, * Fritzlar 10. 2. 1957; gilt als Protagonist der dt. Holzbildhauerei der Gegenwart; gestaltet z. T. vielfigurige Reihen, die Menschen, Tiere und Dinge sowohl lebensgroß als auch miniaturisiert darstellen und z. T. auf jede Interaktion verzichten.

Balkenspirale (Balkengalaxie), Form eines ↑Sternsystems.

Balkon [-'kɔŋ, auch -'ko:n; frz., wohl zu ahd. balko »Balken«] *der,* nicht überdeckte, begehbare Auskragung in den Geschossen eines Hauses, auch im Innern von Gebäuden, z. B. in Sälen und Theatern.

Ball [frz. bal, zu lat. ballare »tanzen«], Tanzveranstaltung, hervorgegangen aus den Turnierfesten der frz. und burgund. Höfe des MA.

Ball, Hugo, Schriftsteller, * Pirmasens 22. 2. 1886, † Sant' Abbondio (heute zu Gentilino, Kt. Tessin) 14. 9. 1927; scharfer Zeitkritiker (»Zur Kritik der dt. Intelligenz«, 1919), Pazifist, Mitbegründer des Dadaismus (wirkte später auf die Wiener Gruppe und die konkrete Poesie); weiterhin v. a. theolog. Studien.
📖 *Zehetner, C.: H. B.: Portrait einer Philosophie.* Wien 2000.

Ballack, Michael, Fußballspieler, * Görlitz 26. 9. 1976; spielte u. a. 1988–97 beim Chemnitzer FC (bis 1990: FC Karl-Marx-Stadt), 1997–99 beim 1. FC Kaiserslautern, 1999–2002 bei Bayer 04 Leverkusen und seitdem beim FC Bayern München; 33 Länderspiele (seit 1999); Dt. Meister 1998, Vizeweltmeister 2002. Fußballer des Jahres 2002 und 2003.

Ballade [italien. ballata, provenzal. balada »Tanzlied«] *die,* **1)** *Literatur:* In den roman. Literaturen des MA. bezeichnet B. zunächst stroph. Tanzlieder provenzal. Herkunft mit Kehrreim. Weiterhin heißt B. die strenge Kunstform, die in Frankreich (u. a. bei E. Deschamps, Charles d'Orléans, F. Villon) im 14. und 15. Jh. zur Blüte gelangte: 3–5 acht- oder zehnzeilige Strophen, auf die ein vierzeiliges Geleit (»envoi«) folgen kann; im ganzen Gedicht werden nur drei Reime verwendet; alle Strophen wie auch das Geleit schließen mit der gleichen Zeile (Refrain).
Der Name B. wurde im 18. Jh. in England auf die alten erzählenden Volkslieder über-

tragen, die von A. Ramsay und T. Percy gesammelt wurden. Hiernach wurde er auch für entsprechende Lieder (handlungsreich, epischer Charakter, oft dramatisch zugespitzt) bei anderen german. Völkern übernommen. Die Blütezeit der **dt. Volks-B.** liegt zw. 1250 und 1450. Mit dem 16. Jh. kommen andere Erzähllieder in Umlauf (Zeitungslied, Bänkelsang, Schauer-B.). Die span. Volks-B. ist die ↑Romanze. Auch die slaw. Völker haben eine reiche Volksballadendichtung. Die englisch-schott. Geister-B. regten um 1770 die dt. **Kunstballadendichtung** an (L. Hölty, G. A. Bürger). Sie erreichte ihren Höhepunkt im »Balladenjahr« 1797, in dem Goethe und Schiller in enger geistiger Gemeinschaft ihre berühmten B. schufen (von Goethe u.a. »Der Zauberlehrling«, von Schiller u.a. »Der Handschuh«). Die B. der dt. Romantik nehmen häufig den Volksliedton auf, haben einen geheimnisvollen, unheiml. oder auch heroischen Charakter (L. Uhland, A. von Chamisso, H. Heine), weitere Beispiele dt. B.-Dichtung kamen im 19. Jh. von E. Mörike, A. von Droste-Hülshoff, T. Fontane und C. F. Meyer, im frühen 20. Jh. von B. von Münchhausen, A. Miegel, R. A. Schröder und E. Lasker-Schüler. Engl. Dichter von Kunst-B. sind im 19. Jh. W. Wordsworth und S. T. Coleridge, bes. bekannt wurde die »B. vom Zuchthaus zu Reading« von O. Wilde (1898). Im frühen 20. Jh. griffen die B.-Dichter auch auf Traditionen des Bänkelsangs zurück, v.a. für das Kabarett entstanden satir., iron. und groteske B. (F. Wedekind, J. Ringelnatz, K. Tucholsky, E. Kästner). B. Brecht knüpfte an die frech-zyn. B. F. Villons an. B. unterschiedl. Charakters, vom schlichten Erzählgedicht bis zur Satire, schrieben auch C. Zuckmayer, P. Rühmkorf, C. Reinig, J. Bobrowski, H. Piontek und G. Grass. – In Amerika wird die Volksballadendichtung (zur Gitarrenbegleitung gesungen) als **Folksong** mit politisch-agitator. Einschlag gepflegt.

📖 Morgan, G. A.: Medieval balladry and the courtly tradition. New York u.a. 1993. – Weissert, G.: B. Stuttgart u.a. ²1993.

2) *Musik:* In der einstimmigen Musik des MA. ist B. ein stroph. Tanzlied mit Kehrreim. Daraus entwickelte sich in der Kunstmusik des 14. Jh. die mehrstimmige frz. B. für eine Singstimme mit 1–3 Instrumentalstimmen (Hauptmeister: G. de Machaut). Die gleichzeitige mehrstimmige italien. Ballata ähnelt mehr dem frz. ↑Virelai. Erst seit dem 18. Jh. bedeutet B. die Komposition der erzählenden Gedichte für Solostimme mit Klavier- oder Orchesterbegleitung. Gegen Ende des 18. Jh. vertonten J. André, J. F. Reichardt, J. R. Zumsteeg und C. F. Zelter B. von G. A. Bürger, Schiller und Goethe; F. Schubert und C. Loewe führten die Klavier-B. zu einem ersten künstler. Höhepunkt. Ihnen folgten R. Schumann, der die Chor-B. schuf, J. Brahms und H. Wolf. – Aus der Vokalmusik hat F. Chopin die B. in die Instrumentalmusik (Klavier-B.) eingeführt.

Ballad-Opera [ˈbæləd ˈɔpərə] *die,* engl. Singspiel mit komischem und parodist. Text, das volkstüml. Weisen und bekannte Opernmelodien zugrunde liegen, v.a. in der 1. Hälfte des 18. Jh. beliebt. Bekannt wurde bes. »The Beggar's Opera« (1728, dt. »Bettleroper«) von J. Gay, Musik von J. C. Pepusch, eine Parodie auf die italien. Barockoper.

Balladur [balaˈdyːr], Édouard, frz. Politiker, *Smyrna (heute İzmir, Türkei) 2. 5. 1929; Gaullist, war 1986–88 Wirtschafts- und Finanzmin. in der Reg. Chirac; nach der Wahlniederlage der Sozialisten (1993) Premiermin. (bis 1995) unter Präs. F. Mitterrand, kandidierte 1995 erfolglos für das Amt des Staatspräsidenten.

Ballarat [ˈbæləræt], Stadt in Victoria, Australien, 82 300 Ew.; Landwirtschafts- und Ind.zentrum, u.a. Maschinenbau, chem. Industrie.

Ballast, Material von erhebl. Gewicht, aber geringem Wert (z.B. Wasser, Sand, Gusseisen), das zum Gewichtsausgleich mitgeführt wird (u.a. bei Schiffen, Freiballons).

Ballaststoffe, unverdaul., jedoch die Darmtätigkeit fördernde pflanzl. Nahrungsbestandteile.

Ballei *die,* bei den Ritterorden (Johanniter und bes. Dt. Orden) ein Verwaltungsbezirk unter einem **Ballivus** (↑Bailli) mit mehreren Prioraten (Komtureien, Kommenden).

Ballen, 1) alte dt. Masseneinheit für Baumwolle; je nach Ursprungsland 75 bis 250 kg.

2) Zählmaß (Papier 10 000 Bogen; Tuch 10 oder 12 Stück; Leder 120 Stück).

Ballhausplatz BAL

Ballenblume, *Architektur:* knospenartige Hohlkehlenverzierung.
Ballenstedt, Stadt im Landkreis Quedlinburg, Sa.-Anh., am nördl. Unterharz, 7 300 Ew.; Feinwerktechnik, Messgerätebau, Gummiwarenherstellung. – B. war Stammsitz der Askanier (Burg B.) und 1765–1863 Residenz der Herzöge von Anhalt-Bernburg.
Ballerina [italien.] *die,* Tänzerin. **Primaballerina,** erste Solotänzerin an einem Theater.
Ballets Russes [balɛ ˈrys, frz.], von S. Diaghilew gegr. Ballettkompanie, die, aus Mitgliedern des Petersburger und Moskauer Hofballetts gebildet, 1909 in Paris erstmals auftrat; bestand bis 1929. Mit bed. Tänzern (T. Karsawina, A. Pawlowa, W. Nijinski), Choreographen (M. Fokin, L. Massine, G. Balanchine), Ausstattern (L. Bakst, H. Matisse, G. Rouault, A. Derain, P. Picasso) und Komponisten (I. Strawinsky, M. Ravel, C. Debussy) wurden die B. R. für das moderne Ballett wegweisend.
Ballett [italien. balletto, Diminutiv von ballo »Tanz«] *das,* von Musik begleitete künstler. Bühnentanz, auch das Bühnenensemble, das diesen Tanz ausführt, und das aufgeführte Stück. Seinen Ursprung hat das B. an den italien. und frz. Fürstenhöfen der Renaissance, wo bei Festlichkeiten prunkvolle Aufzüge, allegor. Darstellungen und Maskenspiele mit Pantomime und Tanz dargeboten wurden. Die Blütezeit des B. begann unter Ludwig XIV. in Frankreich; 1661 wurde in Paris die erste Tanzakademie gegründet. Von der frz. Aufklärung beeinflusst, wandte sich J. G. Noverre gegen das erstarrte barocke Prunk-B. und verhalf einer auf natürl. Ausdruck gerichteten dramat. B.-Kunst (Handlungs-B.) zum Durchbruch. Seine endgültige Gestalt nahm das B. in der Romantik an. Der Spitzentanz und die verschiedensten nat. Charaktertänze ermöglichten eine Erweiterung der klass. B.-Technik. Einen neuen Höhepunkt erreichte das klass. B. im 19. Jh. in Petersburg, wo M. Petipa für das kaiserl. Marientheater P. Tschaikowskys »Dornröschen«, »Schwanensee«, »Der Nußknacker« u. a. choreographierte. Die russ. Tradition setzte sich am Bolschoitheater in Moskau fort. 1909 eröffnete S. Diaghilew in Paris die ↑Ballets Russes, die den Anstoß zu einem Aufschwung des B. in W-Europa und den USA gaben. Seit Anfang des 20. Jh. trat neben den klass. Tanz der Ausdruckstanz; wegweisend wirkten hier I. Duncan, R. von Laban, M. Wigman und K. Joos. In Form des amerikan. Modern Dance (u. a. R. Saint Denis, T. Shawn, M. Graham) hat der Ausdruckstanz das moderne B. entscheidend geprägt. Neue große B.-Kompanien wurden von ehemaligen Mitgliedern der Ballets Russes geschaffen, so das engl. Royal Ballet (Vorbild u. a. für das B. in Stuttgart unter J. Cranko und M. Haydée) von N. de Valois, das New York City Ballet von G. Balanchine (zus. mit M. Graham Vorbild aller jüngeren amerikan. Choreographen), das B. der Pariser Oper unter S. Lifar. Von den vielfältigen B.-Typen und ihren Vertretern in neuerer Zeit sind v. a. hervorzuheben: das Handlungs-B. (J. Neumeier), das Ballettoper (F. Ashton, L. Massine), das durchchoreographierte Musical (J. Robbins), das B.-Theater (M. Béjart), das konzertante B. (G. Balanchine, H. van Manen) und das Tanztheater (P. Bausch).
📖 *Liechtenhan, R.:* Ballettgeschichte im Überblick für Tänzer u. ihr Publikum. Wilhelmshaven 1990. – *Regitz, H. u. a.:* Reclams Ballettführer. Stuttgart ¹¹1992. – Vom Tanz zum B. Gesch. u. Grundbegriffe des Bühnentanzes, bearb. v. R. Liechtenhan. Stuttgart u. a. ²1993.
Ballgoal [ˈbɔːlɡəʊl, engl.] *das,* Ballspiel, das einerseits mit dem Fußball verwandt ist, ebenfalls von zwei Mannschaften mit je 11 Spielern ausgetragen wird, andererseits dem ↑Lacrosse nahe steht. Der Ball wird nicht mit den Füßen gestoßen, sondern mit einem netzlosen Racket geworfen und gefangen. B. entstand vermutlich kurz vor Beginn des 20. Jh. in England.
Ballhaus, urspr. ein Gebäude für das »Jeu de paume«, den Vorläufer des Tennisspiels seit etwa 1450 in Frankreich; später, als Ballspiele aus der Mode kamen, Stätte für große Festlichkeiten.
Ballhaus, Michael, Kameramann, * Berlin 5. 8. 1935; bis 1978 Zusammenarbeit mit R. W. Fassbinder, seit 1982 in den USA, internat. anerkannt für seine dynam. Kameraarbeit, neben F. F. Coppola, Mike Nichols u. a. arbeitet er v. a. unter der Regie von M. Scorsese.
Ballhausplatz, Platz in Wien, benannt nach dem 1740–1880 hier befindl. Hofballhaus. Am B. steht der Barockbau (1717–19 von L. von Hildebrandt) des österr. Bundes-

kanzleramts mit dem Ministerium für Auswärtige Angelegenheiten.
Ballhorn, Johann, ↑Balhorn.
Ballin, Albert, Reeder, *Hamburg 15. 8. 1857, †(Selbstmord) ebd. 9. 11. 1918; machte die HAPAG zu einer der größten Reedereien. B. engagierte sich für eine polit. und wirtsch. Zusammenarbeit mit Großbritannien.
Balliste [zu Ballistik] *die,* im Altertum Wurfgeschütz, v. a. zum Schleudern von Steinen.
Ballistik [zu grch. bállein »werfen«] *die,* Lehre von der Bewegung geworfener, geschossener oder durch Rückstoß angetriebener Körper, i. e. S. die Lehre von der Geschossbewegung. (↑Flugbahn)
ballistisches Pendel, Stoßpendel zur Bestimmung der Geschwindigkeit von Geschossen.
Ballon [baˈlɔŋ, baˈlõ, auch baˈloːn] *der,* 1) *Chemie:* bauchiger Glasbehälter mit kurzem, engem Hals.
2) *Luftfahrt:* Luftfahrzeug, das durch den stat. Auftrieb eines Füllgases von geringerer Dichte als Luft (Stadtgas, Wasserstoff, Helium, Heißluft) getragen wird. (↑Fesselballon, ↑Freiballon)
Ballonastronomie [baˈlɔŋ-], Zweig der Astronomie. Höhenballons (bis 100 m ⌀) bringen Messinstrumente in 30–45 km Höhe, sodass astronom. Beobachtungen (z. B. im Bereich der Gamma- und Röntgenstrahlung) unter stark reduziertem Einfluss der Atmosphäre möglich sind.
Ballon d'Essai [balõ dɛˈseː, frz. »Versuchsballon«] *der,* Nachricht, Versuchsmodell o. Ä., womit man die Meinung eines bestimmten Personenkreises erkunden will.
Ballonfahren [baˈlɔŋ-], allgemeinsprachl. Bez. für ↑Freiballonsport.
Ballonreifen [baˈlɔŋ-], Luftreifen mit großem Luftvolumen, hoher Elastizität, geringem Luftdruck.
Ballonsatelliten [baˈlɔŋ-], in den Anfangsjahren der Raumfahrt Satelliten aus einer beim Start zusammengelegten dünnwandigen Hülle, die auf der Umlaufbahn durch chem. Gasentwicklung zu einem Ballon aufgeblasen wird.
Ballot [ˈbælət; engl., eigtl. »kleine Kugel« (zum Abstimmen)] *das,* im angloamerikan. Recht die geheime Abstimmung.
Ballotade [frz.] *die, hohe Schule:* Sprung mit angezogenen Beinen und rückwärts gerichteten Hufen.

Ballotage [-ˈtaːʒə; frz., zu Ballot] *die,* urspr. die geheime Abstimmung durch verdeckte Abgabe von weißen (ja) oder schwarzen (nein) Kugeln; in Frankreich heute die Stichwahl.
Ballspiele, *Sport:* Sammel-Bez. für vielfältige, meist weit verbreitete Spiele mit einem Ball. Werden die B. wettbewerbsmäßig ausgeübt, spricht man von **Ballsportarten.** B. gehören zu den ursprünglichsten Formen des Sports und sind heute in der ganzen Welt entweder in internat. festgelegter Form verbreitet (z. B. Fußball) oder in nat. und regional eigenständiger Form auf wenige Länder beschränkt oder volkstypisch (z. B. Kricket in den Commonwealth-Ländern, Pelota in Spanien). Man unterscheidet B. einerseits danach, ob sie von Mannschaften (z. B. Basketball) oder von Einzelspielern (z. B. Golf) bzw. Doppeln oder Paaren ausgetragen werden, andererseits teilt man sie nach ihrem grundlegenden Charakter in B.-Gattungen ein. Die B. gehören zur großen Gruppe der Bewegungsspiele. – In den mesoamerikan. Kulturen war das B. ein wichtiger religiöser Kultakt. B.-Plätze gab es an vielen Kultstätten, bes. der klass. und nachklass. Periode der Maya, Zapoteken, Tolteken, Mixteken, Azteken.
📖 *Mendner, S.: Das Ballspiel im Leben der Völker.* Münster 1956. – *Raesfeld, L.: Die Ballspielplätze in El Tajín, Mexiko.* Münster u. a. 1992.
Ballungsgebiet (Ballungsraum, Agglomeration), Gebiet mit einer Konzentration von Bevölkerung und Produktionsstätten auf engem Raum. In Dtl. spricht man (nach G. Isenberg) von B., wenn mehr als eine halbe Million Menschen bei einer Wohndichte von rd. 1 000 Ew. je km² auf zusammenhängender Fläche leben.
Ballyhoo [ˈbɛlɪhuː, auch bɛlɪˈhuː, engl.] *das,* marktschreier. Propaganda, Reklamerummel.
Ballymena [bælɪˈmiːnə], Distr. im nordöstl. Nordirland, 632 km², 57 500 Ew., Verw.-Sitz ist B. (28 700 Ew.).
Ballymoney [bælɪˈmʌnɪ], Distr. im nördl. Nordirland, 419 km², 24 600 Ew., Verw.-Sitz ist B. (8 200 Ew.).
Balmain [-ˈmɛ̃], Pierre, frz. Modeschöpfer, *Saint-Jean-de-Maurienne (Dép. Savoie) 18. 5. 1914, †Neuilly-sur-Seine 29. 6. 1982; hatte ab 1945 einen eigenen Salon in Paris; feminine, figurbetonte Klei-

der unter dem berühmten Namen »Jolie Madame« (1952–57); entwarf auch zahlr. Theater- und Filmkostüme, Parfüm.

Balme, nischenartige Höhlung unter einem Felsüberhang, entsteht durch Herauswittern einer weicheren Schicht unter widerstandsfähiger Deckschicht (meist Kalkoder Sandstein); in der Alt- und Mittelsteinzeit als Wohnstätte (↑Abri) benutzt.

Balmer, Johann Jakob, schweizer. Mathematiker, *Lausen (Kt. Basel-Landschaft) 1. 5. 1825, †Basel 12. 3. 1898; stellte 1884/85 erstmals eine Formel für die Spektrallinien des Wasserstoffs (**B.-Serie**) auf.

Balmoral Castle [bæl'mɔrəl kɑːsl], Schloss in Schottland in den Grampian Mountains; Sommersitz des brit. Königshauses; erbaut 1853–56 an der Stelle eines älteren Schlosses.

Balmung, in der dt. Sage das Schwert, das Siegfried bei der Teilung des Nibelungenhortes gewann.

Balneologie [lat.-grch.] *die* (Bäderkunde), Wiss. von den Methoden der Behandlung mit Bädern aus natürl. Heilquellen, Gasen, Moorschlamm, Schlick u.a. sowie von deren biol. Wirkungen auf den Organismus; auch Seebäder (↑Thalassotherapie), Trinkkuren und Inhalationen.

Bal paré [frz.] *der,* besonders festlicher Ball.

Balsa [span.], **1)** *das,* äußerst leichtes Nutzholz des **B.-Baumes,** gelblich weiß bis blass rötlich braun; u. a. als Floßmaterial, Wärmedämmstoff, Stützmaterial in Sandwichbauweise, für Modellflugzeugbau verwendet.
2) *die,* in Lateinamerika Floß aus dem Holz des südamerikan. B.-Baumes; i. w. S. auch Boot aus anderen Materialien, z. B. aus Binsenrollen (u. a. W-Küste Südamerikas, Titicacasee, Osterinsel).

Balsambaumgewächse (Burseraceae), trop. Pflanzenfamilie mit 600 Arten in 20 Gatt., stark harzhaltige Bäume oder Sträucher mit Sprossdornen; liefern u. a. Myrrhe und Weihrauch.

Balsame [hebr.], dickflüssige Säfte aus den Rinden bestimmter Bäume, die u. a. Lösungen von festen Holzbestandteilen in äther. Ölen sind; erhärten allmählich an Luft; Verwendung in der Medizin, Parfümerie und Mikroskopiertechnik. (↑Einbalsamieren)

Balsamine *die,* ↑Springkraut.

Balsamo, Giuseppe, italien. Abenteurer, ↑Cagliostro.

Balser, Ewald, Bühnen- und Filmschauspieler, *Elberfeld (heute zu Wuppertal) 5. 10. 1898, †Wien 17. 4. 1978; seit 1925 (seit 1945 ständig) am Wiener Burgtheater; Charakterrollen in vielen Filmen (»Rembrandt«, 1942; »Eroica«, 1949; »Sauerbruch – Das war mein Leben«, 1953).

Balta *die,* vogelreiches Sumpfgebiet an der unteren Donau.

BALTAP [engl. 'bɔːltæp], Kurzwort für Allied Forces **B**altic **A**pproaches (Alliierte Streitkräfte Ostseezugänge), eine der ↑AFCENT nachgeordnete NATO-Kommandobehörde, Sitz: Karup (Dänemark); ihr unterstehen im Wesentlichen die Alliierten Luft- und Seestreitkräfte »Ostseezugänge« sowie die Alliierten Landstreitkräfte Jütland/Schleswig-Holstein. Im Rahmen der Zusammenlegung der NATO-Befehlsbereiche AFNORTHWEST und AFCENT zum neuen Befehlsbereich AFNORTH im Frühjahr 2000 wurde B. umbenannt in **JHQ NORTHEAST** (Joint Headquarters NORTHEAST).

Balten, 1) die Gesamtbev. der balt. Staaten Litauen, Lettland und Estland.
2) i. e. S. die Angehörigen der balt. Sprach- und Kulturfamilie.

Baltendeutsch, eine dt. ↑Mundart, die Sprache der Deutschbalten.

Baltendeutsche, ↑Deutschbalten.

Balthasar, Hans Urs von, schweizer. kath. Theologe, *Luzern 12. 8. 1905, †Basel 26. 6. 1988; Jesuit, Schriftsteller, zeigte an christl. Gestalten geistesgeschichtl. Strömungen im Christentum auf und suchte die Theologie in philosophisch-ästhet. Sicht einsehbar zu machen.
Werke: Karl Barth. Darstellung u. Deutung seiner Theologie (1951); Einsame Zwiesprache. Martin Buber u. das Christentum (1958); Herrlichkeit. Eine theolog. Ästhetik, 3 Bde. (1961–69).
📖 *Capol, C.: H. U. von B., Bibliographie 1925 –1990. Einsiedeln u. a. 1990. – Guerriero, E.: H. U. von B. Eine Monographie. A. d. Italien. Einsiedeln u. a. 1993.*

Balthasar, einer der Hl. ↑Drei Könige.

Balthen, Königsgeschlecht der Westgoten, das mit Alarich I. (395–410) an die Spitze des Volkes trat und mit Amalarich 531 erlosch.

Balthus [bal'tys], eigtl. Balthazar Klossowski de Rola, frz. Maler, *Paris 29. 2. 1908, †Rossinière (Kt. Waadt) 18. 2. 2001, Bruder des Schriftstellers und Malers

P. ↑Klossowski; begann als Autodidakt, stand in den 1930er-Jahren dem Surrealismus nahe; bed. Einzelgänger der figürl. Malerei im 20. Jh. (Bilder junger Mädchen von hintergründiger Erotik und geheimnisvoller Poesie). B. entwarf auch Bühnenbilder und Illustrationen.

Bălți [ˈbaltsi] (1990–94 Belz, russ. Belzy), Stadt in N-Moldawien, 165 000 Ew.; Elektro- und Nahrungsmittelindustrie.

Baltikum das, früher die balt. Prov. Russlands (Estland, Livland, Kurland), später die balt. Staaten Estland und Lettland, i. w. S. auch einschl. Litauens.

Baltimore: Hafen

Baltimore [ˈbɔːltɪmɔː], Stadt in Maryland, USA, an der Chesapeakebai des Atlantiks, 736 000 Ew.; bed. Kulturzentrum, zwei Univ., Museen; Schiffbau und -reparatur, Maschinenfabriken, Stahlerzeugung, Konserven-, chem. Ind.; einer der größten Seehäfen der USA; internat. Flughafen. – B. wurde 1729 gegründet und nach Lord Baltimore, dem Gründer der Kolonie Maryland, benannt.

Baltimore [ˈbɔːltɪmɔː], David, amerikan. Mikrobiologe, *New York 7. 3. 1938; Prof. am Krebsforschungszentrum des Massachusetts Institute of Technology in Cambridge (Mass.); erhielt 1975 mit H. Temin und R. Dulbecco für Arbeiten über Krebs erregende Viren den Nobelpreis für Physiologie oder Medizin.

Baltischer Landrücken (Baltische Seenplatte), die hügelige, seenreiche Moränenlandschaft an der Südküste der Ostsee, ein Aufschüttungsgebiet der letzten Eiszeit; durch Weichsel, Oder und Trave in den Masur. (Preuß.), Pommerschen, Mecklenburg. und Holstein. Landrücken unterteilt.

Baltischer Rat, im Mai 1990 wieder gegr. gemeinsames Gremium der balt. Rep. Estland, Lettland und Litauen zur polit. und wirtsch. Zusammenarbeit; zunächst v. a. auf die Durchsetzung der Unabhängigkeit gerichtet (im Aug. 1991 erreicht), seitdem bes. auf eine abgestimmte Politik gegenüber Russland sowie die baldige Aufnahme in die Europ. Union und die NATO. Als Vorläufer bestand 1934–40 die **Balt. Entente,** die nach der Annexion des Baltikums durch die Sowjetunion aufgelöst wurde.

Baltischer Schild, präkambr. Festlandskern, der S-Norwegen, Schweden, Finnland und die Halbinsel Kola umfasst und überwiegend aus metamorphen Gesteinen besteht.

Baltisches Meer, die ↑Ostsee.

baltische Sprachen, indogerman. Sprachgruppe, umfasst die Sprachen Lettisch und Litauisch sowie das im 17. Jh. ausgestorbene Altpreußisch und die nur aus Eigennamen bekannten Dialekte Selisch und Kurisch.

Baltisk (bis 1946 dt. Pillau), Stadt im Gebiet Kaliningrad (Königsberg), Russland, 31 300 Ew.; auf der S-Spitze der Samlandküste, am **Pillauer Seetief** (Verbindung zw. Frischem Haff und der Ostsee) und am Ende des Königsberger Seekanals (42 km), Vorhafen von Königsberg, Fischereihafen, Flottenmuseum. – Schon 1550 befestigt, war Pillau eine wichtige Zollstelle; wurde 1680 brandenburg. Kriegshafen und erhielt 1725 Stadtrecht.

Baltistan (Klein-Tibet), Hochgebirgslandschaft in Kaschmir, zw. Himalaja und Karakorum; Hauptort: Skardu.

Baltologie die, Wiss. von den balt. Sprachen und Literaturen.

Baltrum, eine der Ostfries. Inseln, zw. Norderney und Langeoog, 6,5 km², 500 Ew.; Nordseeheilbad; Zugangshäfen sind Neßmersiel und Norddeich.

Baltsa, Agnes, grch. Sängerin (Mezzosopran), *Leukas 19. 11. 1944; v. a. Mozart-, Rossini- und Strauss-Sängerin.

Baltschik (Balčik), Stadt an der bulgar. Schwarzmeerküste, nordöstlich von Warna, 25 000 Ew.; botanischer Garten; Seebad; Hafen.

Baluba, Bantuvolk im S der Demokrat. Rep. Kongo, ↑Luba.

Baluchistan [-tʃ-], Gebirgsland in Vorderasien, ↑Belutschistan.

Balunda, Bantuvolk, ↑Lunda.
Balustrade [frz.] *die*, Brüstung mit kleinen Säulen (**Balustern, Docken**); häufig in der Renaissance und im Barock.
Balve, Stadt im Märk. Kreis, NRW, im Hönnetal (Sauerland), 12 000 Ew.; chem. und Metallwarenind.; in den devon. Massenkalken der Umgebung Kalksteinbrüche und die in der letzten Eiszeit bewohnte **Balver Höhle.** – Das um 865 erstmals erwähnte Balve erhielt 1430 Stadtrechte.
Balz, Werbeverhalten und Paarungsvorspiel zum Anlocken, Auswählen und Stimulieren eines Sexualpartners. Dabei werden opt., akust. und chem. Signale (↑Pheromone) eingesetzt. Besonders bei Wirbellosen dient die B. auch der Arterkennung und somit der Vermeidung von Artenkreuzung (Bastardierung). Das der tier. B. entsprechende menschl. Verhalten wird ↑Flirt genannt.
Balzac [bal'zak], Honoré de, frz. Schriftsteller, *Tours 20. 5. 1799, †Paris 18. 8. 1850; nach Bankrott als Verleger und Druckereiunternehmer in den Jahren 1825–27 bis kurz vor seinem Tod ständig in Schulden; arbeitete rastlos, lange unter dem Einfluss seiner mütterl. Geliebten Madame de Berny. B. errang seinen ersten literar. Erfolg 1829 mit dem Roman »Die Chouans ...«. Sein Hauptwerk ist die »Comédie humaine« (»Menschl. Komödie«; erschienen 1829–54), ein groß angelegter Zyklus, der mit mehr als 90 Romanen und Novellen nur etwa zwei Drittel des geplanten Umfangs erreichte. B. gilt damit als Begründer des »soziolog. Realismus«. Die Romane und Erzählungen des Zyklus zeichnen sich durch glänzende Milieuschilderungen und lebensechte Porträts trotz Typisierung (Motivierung durch Machtstreben) aus; zu den bekanntesten gehören: »Das Chagrinleder« (1831), »Oberst Chabert« (1832), »Die Frau von 30 Jahren« (1831–34), »Der Landarzt« (2 Bde., 1833), »Eugénie Grandet« (1834), »Vater Goriot« (1835), »Glanz und Elend der Kurtisanen« (1839–47), »Tante Lisbeth« (1846), »Vetter Pons« (2 Bde., 1847); in der Nachfolge Rabelais' stehen die »Tolldreisten Geschichten« (2 Bde., 1832–37).
📖 *B. Leben u. Werk. Zeugnisse u. Aufsätze von Victor Hugo bis Georges Simenon,* hg. v. C. Schmölders. Neuausg. Zürich 1993. – *Barbéris, P.: Le monde de B.* Paris 1999. – *Picon, G.: H. de B. A. d. Frz.* Reinbek ⁸2000.

Bam [bæm], Oasenstadt in SO-Iran, am W-Rand der Lut, 180 km südöstlich von Kerman, Zentrum des Dattelhandels. – Von den Sassaniden gegr., 642 von den Arabern besetzt, die um 650 die Hazrat-e-Rasul-Moschee errichteten; Festung und Arg-Moschee des 10. Jh. Unweit der ehem. Altstadt entstand Bam-e nou, die Neustadt, die zuletzt etwa 10 000 Ew. hatte. Im Dez. 2003 wurde B. einschl. der Festung durch ein starkes Erdbeben (mehr als 35 000 Tote) zu über 90% zerstört.
BAM, Abk. für ↑Baikal-Amur-Magistrale.
Bamako, Hptst. der Rep. Mali, am Niger, 1,179 Mio. Ew.; kath. Erzbischofssitz; Hochschulen, Nationalmuseum; bed. Ind.standort; Eisenbahn nach Dakar (Senegal), internat. Flughafen.
Bambara (Banmana), Volk am oberen Niger in Mali (etwa 2,6 Mio. Menschen), der Mandingo-Songhai-Gruppe angehörend; bekannt durch seine Holzschnitzereien.
Bambari, Stadt in der Zentralafrikan. Rep., 52 100 Ew.; Handelszentrum an der Transafrikastraße, in einem Baumwollanbaugebiet; Forschungsinstitut für Textilfasern; Flugplatz.

Honoré de Balzac (Büste von Auguste Rodin)

Bamberg, 1) Landkreis im RegBez. Oberfranken, Bayern, 1 167 km², 142 400 Einwohner.
2) kreisfreie Stadt und Verw.sitz von 1), 262 m ü. M., an der Regnitz, 69 000 Ew.; Univ. (1972 gegründet); Erzbischofssitz; Staatsbibliothek, Staatsarchiv; Konzerthaus, Museen; elektrochem., Textil- und Bekleidungsind., Lederverarbeitung; Hafen am Rhein-Main-Donau-Großschifffahrtsweg. – In der Altstadt (UNESCO-Weltkulturerbe) u. a. ↑Bamberger Dom,

BAM Bamberger Dom

Bamberg 2): Blick über die Altstadt zum Dom (1237 geweiht), einem Hauptwerk mittelalterlicher Baukunst

Alte Hofhaltung mit Resten der Königspfalz, Neue Residenz (östl. Teil 1695–1703 von J. L. Dientzenhofer), Altes Rathaus (heutiger Bau v. a. 18. Jh.), roman. Basilika St. Jakob (11./12. Jh., später verändert), Michaelskirche (12. Jh., im 17. Jh. barockisiert), Stephanskirche (urspr. 11. Jh., Neubau 17. Jh.), Basilika St. Gangolf (11. Jh., im 18. Jh. barockisiert), Obere Pfarrkirche (14./15. Jh., im 18. Jh. barockisiert), ehem. Jesuitenkirche (1686–96), Böttingerhaus (1715–22). – B. wurde 902 als Burg der Babenberger erstmals erwähnt; ab 1007 Bischofssitz.
 B. Ein Führer zur Kunstgesch. der Stadt..., hg. v. R. Suckale u. a. Bamberg ²1990. – Wussmann, W.: *B.-Lexikon.* Bamberg 1995.
3) Erzbistum (seit 1817), hervorgegangen v. a. aus dem 1007 von Kaiser Heinrich II. gegründeten Bistum B., das im MA. ein polit. und geistiger Mittelpunkt des Reiches war. Das bischöfl. Territorium fiel 1803 an Bayern.
Bamberger Dom, ein Hauptdenkmal der spätroman. und frühgot. Kunst; über dem Grundriss des von Heinrich II. erbauten, durch Brand zerstörten Doms errichtet; doppelchörig, viertürmig, mit westl. Querschiff, 1237 geweiht. Die gleichzeitig entstandenen Bildwerke gehören zu den bedeutendsten des 13. Jh.: die Chorschrankenreliefs der Propheten und Apostel, die Standbilder der Maria und der bislang als hl. Elisabeth gedeuteten Sibylle im Ostchor sowie der Ecclesia und Synagoge vom Fürstenportal (heute im Ostchor), bes. aber das ritterlich-hoheitsvolle Denkmal des **Bamberger Reiters.** Bildwerke aus späterer Zeit sind das Grabmal Kaiser Heinrichs II. und seiner Gemahlin Kunigunde von Tilman Riemenschneider (1499 bis 1513) und der »Bamberger Altar« von V. Stoß (1520–23).
 Winterfeld, D. von: Der Dom in Bamberg, 2 Bde. Berlin 1979. – Der B. D. Text v. W. Steinert. Aufnahmen v. I. Limmer. Königstein/Ts. 1991.
Bambergische Halsgerichtsordnung (Bambergensis), die 1507 von Johann Freiherr von Schwarzenberg verfasste, 1516 von den Markgrafen von Brandenburg in ihren fränk. Besitzungen eingeführte Strafgerichtsordnung; Vorbild der ↑Carolina.
Bambi, 1) ein Rehkitz, Trickfigur von W. Disney; nach einem Roman von F. Salten.
2) Medienpreis, seit 1948 jährlich vom Burda-Verlag verliehen.
Bambocciade [-'tʃaːdə, italien.] *die,* Bez. für Bilder aus dem Volks- und Bauernleben, so benannt nach dem Spottnamen **Bamboccio** (»Knirps«) des niederländ. Malers Pieter van Laer (* 1599, † 1642).

Bambus [malaiisch] *der* (Bambusa), Grasgattung, in wärmeren Gebieten heimisch; ausdauernd, mit hohlen, knotigen Stängeln und rispig stehenden Blütenähren. Der röhrenförmige, gekammerte, sehr harte Stamm (**B.-Rohr**) kann bis 40 m hoch sein. Die Jungtriebe dienen als Gemüse. Kieselsäureausscheidungen aus den Höhlungen der Stängelglieder sind im Orient Volksarznei (z. B. **B.-Zucker**); dient als Bauholz, zur Herstellung von Möbeln, Stöcken, Matten.

Bambusbär, der Große Panda (↑Pandas).

Bambusvorhang, Bez. für die weltanschaul. Grenze zw. dem kommunist. und nicht kommunist. Machtbereich in SO-Asien.

Bamian, Ort in Afghanistan, in einem breiten, fruchtbaren Hochtal im Hindukusch, 2600 m ü. M., 7 700 Ew. (überwiegend Hazara); Flugplatz. – Aus dem das Tal begrenzenden senkrechten Felshang wurden im 5./6. Jh. zwei Buddhastatuen (53 und 36 m hoch) herausgemeißelt (im März 2001 – ungeachtet weltweiter Proteste [u. a. UNESCO] – auf Anweisung der Taliban-Führung zerstört). Die Kulturlandschaft und die archäolog. Stätten des B.-Tals wurden 2003 zum UNESCO-Weltkulturerbe erklärt und gleichzeitig in die »Rote Liste« des gefährdeten Welterbes eingetragen. – B. war vom 3. bis 7. Jh. eine bedeutende buddhist. Klostersiedlung. Die Region wurde erst im 11. Jh. islamisiert, 1222 die alte Stadt (Shahr-e Gholgola) durch Dschingis Khan völlig zerstört.

Bamigoreng [malai.] *das* (Bahmi-goreng), indones. Nudelgericht mit Fleisch (und Garnelen) und Gemüsen.

Bamm, Peter, eigtl. Curt Emmrich, Schriftsteller, * Hochneukirch (heute zu Jüchen, Kr. Neuss) 20. 10. 1897, † Zollikon 30. 3. 1975; war Arzt in Berlin, schrieb Essays, Reiseberichte, histor. Werke, Erinnerungen aus dem Zweiten Weltkrieg (»Die unsichtbare Flagge«, 1953).

Bamum, Volk im Kameruner Grasland, etwa 100 000 Menschen. Die B. hatten, bes. unter Sultan Njoya um 1900, eine hoch entwickelte höf. Kultur (Holzschnitzerei, Bildguss, B.-Schrift).

Ban [slaw.] *der* (Banus), **1)** urspr. der höchste Würdenträger nach den kroat. Fürsten; außerdem Bez. für die Befehlshaber in den östl. ungar. Grenzmarken (↑Banat) sowie im 12. und 13. Jh. die der bosn. Herrscher.

2) das Haupt der kroatisch-slawon. Landesreg. (bis 1918).

Banach-Raum [nach dem poln. Mathematiker S. Banach, * 1892, † 1945], v. a. in der Funktionalanalysis gebrauchter Begriff für einen vollständig normierten linearen Raum; B.-R. sind Verallgemeinerungen des *n*-dimensionalen ↑Vektorraumes.

banal [german.], (in enttäuschender Weise) nichts Besonderes darstellend, bietend.

Banane [afrikan.] (Musa), Gattung der Bananengewächse (rd. 100 Arten; einkeimblättrige Pflanzen). Der aus den Blattscheiden gebildete hohle Scheinstamm und der Strauß mächtiger Blattspreiten sind palmenähnlich. Der endständige Blütenstand ist eine überhängende, oft bunt beblätterte Traube, deren Früchte in längsfaseriger Schale musartiges stärke- und/oder zuckerreiches Fleisch enthalten. **Obst-B.** (**Adams-, Pisang-** oder **Paradiesfeige,** Musa paradisiaca sapientum) werden u. a. aus Guatemala, Honduras, Kolumbien, Ecuador und Kamerun ausgeführt. **Mehl-, Gemüse-** oder **Pferde-B.** (Musa paradisiaca normalis) werden bes. in Afrika gezogen und gegessen. Die Blattscheidenfasern von indones. Arten

Bamberger Dom: Bamberger Reiter, Sandstein (um 1230–40)

BAN Bananenfresser

(**Abaka, Faserbananen,** Musa textilis) verarbeitet man als Manilafaser zu Tauen, Netzen und groben Garnen. Zur Vermehrung dienen Wurzelschösslinge und Wurzelstockteile.

Banane: Bananenstaude mit heranreifenden Früchten und Blüte

Bananenfresser, trop. Waldvögel, ↑Turakos.

Bananenrepublik, abwertende Bez. für ein kleines Land in den trop. Gebieten Amerikas, das fast nur vom Bananenexport lebt und von fremdem, meist US-amerikan. Kapital abhängig ist. *Übertragen* auch benutzt für einen Staat, in dem die Korruption blüht.

Bananenstecker, einpoliger Steckverbinder mit federnden Kontaktflächen.

Banat *das,* histor. Landschaft zw. Theiß, Donau, Maros und den Südkarpaten; größte Stadt ist Temesvar; im fruchtbaren Tiefland Weizen-, Mais-, Tabakanbau, Weinbau und Viehzucht; im **Banater Gebirge** (bis 1 445 m hoch) Kohlen- und Erzbergbau. **Geschichte:** B. hießen im MA. mehrere südungar. Grenzmarken, die einem ↑Ban unterstanden. Seit 1718 war der Name auf das **Temescher B.** beschränkt. Diese Landschaft, seit 1028 zum Königreich Ungarn gehörig, unter der Türkenherrschaft im 16. und 17. Jh. ganz verödet, fiel 1718 an Österreich; sie wurde großenteils mit Deutschen (↑Banater Schwaben) neu besiedelt und 1779 mit Ungarn vereinigt, südl. und östl. Teile gehörten weiter zur 1742 eingerichteten **Banater Militärgrenze** (bis 1872). Durch die Verträge von Trianon und Sèvres (1920) wurde das B. zw. Rumänien (Hauptteil, das Nord- und Ost-B. um Temesvar), Jugoslawien (kleinerer Teil im W und S; O-Teil der Wojwodina) und Ungarn (um Szeged) geteilt.

Banater Schwaben, Bez. für die im Banat lebenden Deutschen; nach neueren Angaben (Volkszählung 2002) etwa 24 000; Nachkommen der 1722–87 angesiedelten dt. Bauern, die im Wesentlichen aus dem W und SW des Hl. Röm. Reiches kamen (»Donauschwaben«). Bis 1939 bed. Bev.gruppe (etwa 450 000); 1944/45–1948/49 stark vermindert (Flucht, Massenexekutionen, Vertreibung, Deportation in Zwangsarbeitslager der UdSSR). Nach 1945 zweitgrößte, inzwischen größte Gruppe der Rumäniendeutschen (42 %). Seit den 1980er-Jahren – v. a. 1989/90–92 – verstärkt nach Dtl. ausgewandert (Spätaussiedler); genießen in Rumänien seit 1992 Minderheitenschutz.

📖 *Mileck, J.:* Zum Exodus der Rumäniendeutschen. Banater Sanktmartiner in Dtl., Österreich u. Übersee. New York u. a.1999. – *Röder, A.:* Dan hier ist beser zu leben als in dem Schwaben Land. Vom dt. SW in das Banat u. nach Siebenbürgen. Stuttgart 2002.

Banbridge [bænˈbrɪdʒ], Distr. im südöstl. Nordirland, 446 km², 37 300 Ew.; Viehwirtschaft; Verw.-Sitz ist die Stadt B. (12 500 Ew.; Marktzentrum, Leichtindustrie).

Banca d'Italia, Rom, die italien. Zentralbank, gegr. 1893; alleiniges Notenausgaberecht seit 1926; seit 1. 1. 1999 integraler Bestandteil des Europ. Systems der Zentralbanken (↑Europäische Zentralbank).

Ban Chiang [- tʃ-], Ort im NO von Thailand, auf dem Koratplateau, Prov. Udon Thani, etwa 2 500 Ew. – Hier befindet sich eine vorgeschichtl. Fundstelle mit reichen Siedlungs- und Bestattungsresten (sechs Phasen) vom frühen 4. Jt. v. Chr. bis etwa 400 n.Chr. (UNESCO-Weltkulturerbe).

Banchieri [baŋˈkjɛːri], Adriano, italien.

Komponist, Organist und Musiktheoretiker, *Bologna 3.9. 1568, †ebd. 1634. Seine Kompositionen (u. a. »Concerti ecclesiastici«, 1595; Messen, Motetten, Madrigale) sind frühe Beispiele der Generalbasspraxis.
Bancroft [ˈbænkrɔft], 1) Anne, eigtl. Anna Maria Italiano, amerikan. Bühnen- und Filmschauspielerin, *New York 17. 9. 1931; seit 1964 ∞ mit dem Filmregisseur M. Brooks; anerkannte Darstellerin am Broadway; Filme: »Licht im Dunkel« (1961), »Die Reifeprüfung« (1971), »Die Göttliche« (1984), »Agnes – Engel im Feuer« (1985), »Malice« (1993), »Große Erwartungen« (1998), »Deep in My Heart« (1999), »Glauben ist alles!« (2000).
2) George, amerikan. Historiker, *Worcester (Mass.) 3. 10. 1800, †Washington (D. C.) 17. 1. 1891; 1845–46 Marinemin., 1846–49 Gesandter in London und 1867–74 in Berlin; idealisiert in seinen histor. Werken, bes. »The history of the United States« (10 Bde., 1834–74), die amerikan. Geschichte als eine Illustration der Freiheit.
Band [bænd, engl.] *die,* im Jazz und in der Unterhaltungsmusik Bez. für ein kleineres Ensemble im Unterschied zur ↑Bigband.
Band [ahd.], 1) *Anatomie:* (Ligament), bindegewebige Verbindung gegeneinander bewegl. Teile des Körpers.
2) *Geologie:* gesimsartige Stufe in Fels, Geröll, Schnee, Eis.
3) *Medientechnik:* Kurzbez. für ↑Magnetband, ↑Videoband.
4) *Nachrichtentechnik:* Kurzbez. für ↑Frequenzband.
5) *Technik:* kurz für Fließ-B.; **Förder-B.,** ↑Fördermittel.
Banda, Hastings Kamuzu, malaw. Politiker, *im Distrikt Kasungu 14. 5. 1906, †Johannesburg 25. 11. 1997; seit 1966 Staatschef (ab 1971 auf Lebenszeit); führte das Einparteiensystem ein; unterlag 1994 bei den ersten freien Wahlen und trat zurück.
Bandai, bis 1819 m hohe aktive Vulkangruppe im nördl. Honshū, Japan; im B.-Asahi-Nationalpark (1 997 km²), mit Thermalquellen.
Bandama, längster Fluss der Rep. Elfenbeinküste, 950 km lang, mündet bei Grand Lahou in den Atlantik; im Weißen B. (linker Quellfluss) der **Kossou-Stausee** (180 km lang, Kraftwerk); weiteres Kraftwerk am Unterlauf.

Bandar [pers. bæn'dær] (Bender), pers. für Hafen.
Bandaranaike, Sirimavo, Politikerin in Sri Lanka, *Balangoda (bei Ratnapura) 17. 4. 1916, †bei Colombo 10. 10. 2000; übernahm anstelle ihres 1959 ermordeten Mannes Solomon B. (*1899, Premiermin. ab 1956) die Führung der Sri Lanka-Freiheitspartei; 1960–65, 1970–77 und erneut 1994–2000 Premierministerin.
Bandar Seri Begawan (bis 1970 Brunei), Hptst. des Sultanats Brunei, 46 000 Ew.; Hafen; in der Altstadt u. a. Pfahlbauten, prächtiger Sultanspalast (1985).
Bandasee, Teil des Australasiat. Mittelmeers zw. Celebes, Buru, Ceram, Aru- und Tanimbarinseln, Timor und Flores, 742 000 km²; südlich von Ceram liegen die vulkan. **Bandainseln** (180 km²).
Bandbreite, 1) *Datenübertragung:* Frequenzbereich (Datenmenge), der über eine Kommunikationsleitung übermittelt werden kann.
2) *Elektronik:* die Differenz zw. der oberen und unteren ↑Grenzfrequenz eines Übertragungsglieds (wie Schwingkreis, Filter, Verstärker).
3) *Währungspolitik:* in einem System fester Wechselkurse die Spanne, innerhalb der Wechselkurs um die festgelegte Parität schwanken darf, ohne dass die Notenbank kursregulierend eingreifen muss. (↑Europäisches Währungssystem)
Bande [frz. »Schar«, zu got. bandwa »Fahne«], urspr. die »unter einer Fahne gesammelte Schar« (Fähnlein), später Söldnerhaufen, Freischärlertruppe; heute Zusammenschluss von zwei und mehr Personen zur Begehung von im Einzelnen noch nicht festgelegten Straftaten; die bandenmäßige Ausführung von Straftaten wirkt strafverschärfend.
Bande, *Physik:* eine Vielzahl eng benachbarter Spektrallinien, die zur sog. Bandenkante hin zusammengedrängt sind.
Bandel, Ernst von, Bildhauer, *Ansbach 17. 5. 1800, †Neudeck (heute zu Donauwörth) 25. 9. 1876; schuf das Hermannsdenkmal im Teutoburger Wald. – Abb. S. 572
Bandelier [frz.] *das, Militärwesen:* breiter Schulterriemen, an dem z. B. Pulverflasche und Kugelbeutel befestigt wurden.
Bandello, Matteo, italien. Dichter, *Castelnuovo (Piemont) um 1485, †Agen (Frankreich) um 1561; Dominikaner,

BAN Bandelwerk

1550–55 Bischof von Agen. Seine 1554–73 (4 Tle.) erschienene Sammlung »Novellen« mit 214 Erzählungen bot Anregungen, die von Shakespeare (»Romeo und Julia«), Lope de Vega, später von G. D'Annunzio aufgegriffen wurden.

Ernst von Bandel: Hermannsdenkmal im Teutoburger Wald bei Detmold; Höhe der Figur 26,57 m, Höhe des Sockels 30,70 m (1838 begonnen, 1875 eingeweiht)

Bandelwerk (Bandlwerk), dt. Abart des frz. Bandornaments, z. T. mit Ranken als Flächenfüllung (um 1700).

Bandenspektrum, ↑Spektrum.

Bandẹra, Stepan, ukrain. Nationalist, * 1909, † München (ermordet) 15. 10. 1959; zunächst regionaler Führer der Organisation Ukrain. Nationalisten (OUN) in Galizien; wegen Beteiligung an antipoln. Aktionen 1934–39 inhaftiert; stellte sich nach Spaltung der OUN 1940 an die Spitze ihres radikalen Flügels; suchte im Zweiten Weltkrieg – in der Hoffnung auf dt. Unterstützung für nat. Befreiung der Ukrainer – ein Bündnis mit den dt. Besatzungsbehörden, wurde jedoch kurz nach Ausrufung der ukrain. Unabhängigkeit (30. 6. 1941) in Lemberg von diesen verhaftet (bis 1944 im KZ); anschließend im antisowjet. Untergrundkampf der Ukrain. Aufständ. Armee in der W-Ukraine und Polen; ging 1946 ins Exil.

Bandẹras, José Antonio Dominguez, span. Schauspieler, *Málaga 10. 8. 1960; seit 1996 ∞ mit M. Griffith, arbeitete häufig unter der Regie von P. Almodóvar (u. a. »Fessle mich!«, 1990), internat. Durchbruch mit »The Mambo Kings« (1992). **Weitere Filme:** Philadelphia (1993); Evita (1996); Die Maske des Zorro (1998); Der 13te Krieger (1999); Play It to the Bone (2000).

Banderilla [-'rilja, span.] *die,* geschmückter Speer mit Widerhaken, den der **Banderillero** bei Stiergefechten dem Stier ins Genick setzt.

Bändermodell, *Physik:* das ↑Energiebändermodell der Festkörper.

Banderọle [italien.-frz.] *die,* Steuerzeichen in Form eines Papierbandes (Steuerband, Bandrolle). Die B.-Steuer ist eine auf verpackte Konsumgüter (z. B. Tabakwaren) erhobene Verbrauchsteuer. Steuerschuldner ist der Hersteller.

Bändẹrung, *Geologie:* Wechsel von verschieden gefärbten oder stofflich unterschiedl. Lagen in Gesteinen, z. B. Bänderton.

Bändẹrzerrung, *Medizin:* ↑Verstauchung.

Bandfilter, zur Kopplung von Hochfrequenz- oder Zwischenfrequenzverstärkerstufen in Rundfunkempfängern verwendetes Filter, überträgt ein schmales Frequenzband und unterdrückt mit scharfem Übergang alle außerhalb liegenden Frequenzen.

Bandflechte (Evernia), Gattung lappig krauser Flechten auf Baumrinde.

Bandförderer (Gurtförderer), ↑Fördermittel.

Bandgenerator (Van-de-Graaff-Generator), von dem amerikan. Physiker R. J. van de Graaff (* 1901, † 1967) entwickeltes Gerät zur Erzeugung hoher Gleichspannungen (bis mehrere Mio. Volt) durch Ladungstrennung an einem endlosen Band aus Isoliermaterial; dient als Teilchenbeschleuniger.

Bandiagara, Ort in Mali, südöstlich von Mopti, auf dem **B.-Plateau,** 450 m ü. M.; Zentrum der ↑Dogon (UNESCO-Welterbe).

Bandsperre BAN

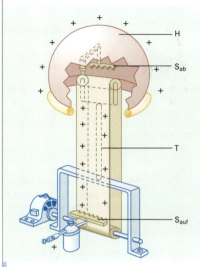

Bandgenerator: S_{ab} Spitzenkamm zum Absaugen der Ladung, S_{auf} Spitzenkamm zum Aufsprühen der Ladung, H Hohlkugel, T Ladungstransportband

Bandikuts (Beuteldachse, Nasenbeutler, Peramelidae), Beuteltierfamilie in Australien, Tasmanien und auf benachbarten Inseln; Allesfresser mit verlängerten Hinterbeinen, känguruartigen Bewegungen.
Bandit [italien., eigtl. »Geächteter«] *der,* urspr. Person, die durch den über sie verhängten Bann (italien. bando) außerhalb der Gesetze gestellt und dadurch zu Verzweiflungstaten getrieben wurde; dann i. e. S. gewerbsmäßiger Verbrecher.
bandkeramische Kultur (Bandkeramik), älteste frühneolith. Kultur Mitteleuropas (6.–5. Jt. v. Chr.), benannt nach der bandartigen Verzierung ihrer Tongefäße; Kerngebiete: Niederösterreich, Mähren, Böhmen, Süd-Dtl.; u. a. teilweise befestigte Dörfer, Hockerbestattungen in Gräberfeldern. Der ältere Abschnitt der b. K. wird als **Linien-** oder **Linearbandkeramik,** der jüngere Abschnitt als **Stichbandkeramik** bezeichnet.
Bandleader [ˈbændliːdə, engl.] *der,* Leiter einer ↑Band.
Bandlücke, *Physik:* verbotene Zone im ↑Energiebändermodell der Festkörper.
Bandol [bãˈdɔl], Jan, niederländ. Maler aus Brügge, seit 1368 Hofmaler Karls V.

von Frankreich, entwarf die Bildteppiche der Apokalypse von ↑Angers.
Bandoneon [nach dem Erfinder H. Band, *1821, †1860] *das,* ein um 1846 erstmals gebautes Harmonikainstrument.
Band|ornament (Bandwerk), eine der Grundformen ornamentaler Gestaltung seit vorgeschichtl. Zeit (z. B. in der bandkeram. Kultur), in der Antike der Mäander.
Bandpass, elektr. Filter, das nur Schwingungen innerhalb eines bestimmten Frequenzbandes durchlässt, alle anderen Bereiche sind dagegen gesperrt; Ggs.: ↑Bandsperre.
Bandscheibe (Zwischenwirbelscheibe), bei Mensch und Wirbeltieren zw. je zwei benachbarten Wirbeln liegende Scheibe, die aus äußerem Faserknorpelring und innerem Gallertkern besteht und als elast. Puffer und Druckverteiler wirkt. Bei Verlagerung der B. (**B.-Vorfall, B.-Prolaps**) drückt der Gallertkern den unelastisch gewordenen Faserknorpel zw. den Wirbelkörpern vor oder quillt selbst durch die Spalten des B.-Gewebes. Der B.-Vorfall nach der Seite bewirkt durch Druck auf die austretenden Nervenwurzeln starke Schmerzen (z. B. ↑Hexenschuss, ↑Ischias). Der B.-Vorfall nach hinten kann durch Schädigung des Rückenmarks zur Querschnittslähmung führen. Behandlung: Chirotherapie, Stützkorsett; chirurg. oder konservative Maßnahmen.
Bandscheider, Förderband, das auf der Abwurfseite einen ↑Magnetscheider hat.
Bandsperre, elektr. Filter, das Schwingungen innerhalb eines bestimmten Fre-

bandkeramische Kultur: Vorratsgefäß (Kumpf) mit dem charakteristischen bandförmigen Ritzmuster, gefunden im Gräberfeld Sondershausen (Thüringen)

BAN Bandstadt

Banff National Park: der 1 731 m ü. M. gelegene, bis 70 m tiefe Lake Louise

quenzbandes sperrt; in allen anderen Bereichen ist es durchlässig; Ggs.: ↑Bandpass.
Bandstadt, Stadtanlage, die sich bandartig entlang eines Transportweges (Straße, Schiene, Fluss) erstreckt.
Bandstahl, in Bandform dünn ausgewalzter Stahl.
Bandstruktur, Gesamtheit der mögl. Energiezustände von Elektronen in einem ↑Festkörper.
Bandung, Prov.-Hptst. im Innern des westl. Java, Indonesien, auf dem (700 m hohen) Prianger Hochland, 2,03 Mio. Ew.; Techn. Univ., Forschungsinstitute; Nahrungsmittel-, Textil-, Rüstungsind.; Flughafen. – Das im 17. Jh. gegr. B. wurde ab 1810 von den Niederländern zum Erholungsort ausgebaut; 1942–45 von Japan besetzt. 1955 war die Stadt Tagungsort der ↑Bandungkonferenz.
Bandungkonferenz, Konferenz von 29 unabhängigen afrikan. und asiat. Staaten, die vom 18. bis 24. 4. 1955 in Bandung stattfand. Die Teilnehmer formulierten als gemeinsame Ziele: Beendigung der Kolonialherrschaft in allen noch von europ. Staaten abhängigen Gebieten, Selbstbestimmungsrecht der Völker, Gleichwertigkeit der Rassen und Nationen, atomare Abrüstung. und friedl. Zusammenarbeit. Die B., auf der bes. die MinPräs. J. Nehru (Indien) und Zhou Enlai (China) hervortraten, gilt als erster Versuch der nicht paktgebundenen (blockfreien) Staaten, das weltpolit. Gewicht der ↑Dritten Welt zu erhöhen.
Bandura [grch.-russ.] *die,* ukrain. Sonderform der ↑Laute.
Bandura [bænˈduːrə], Albert, amerikan. Psychologe kanad. Herkunft, *Mundare (Prov. Alberta) 4. 12. 1925; Begründer der »sozialen Lerntheorie«, erklärt menschl. Verhalten wesentlich aus Lernprozessen an den Vorbildern der sozialen Umwelt.
Bandurria [grch.-span.] *die* (Bandola), kleines span. Zupfinstrument, das mit Plektron gespielt wird.
Bandwürmer (Cestoda), Klasse der Plattwürmer mit Wirtswechsel; Schmarotzer des Menschen und der Wirbeltiere. Ihr 0,5–2 mm dicker Kopf **(Scolex)** hat Saugnäpfe und z. T. Haken. Der anschließende Halsteil bildet fortgesetzt neue Glieder **(Proglottiden),** wobei jedes Glied ein vollständiges zwittriges Geschlechtssystem (Hoden und Ovarien) ausbildet. Das ganze Band haftet mit dem Kopfteil an der inneren Darmwand des Hauptwirts, die Ernährung erfolgt durch die Haut. Die mit Eiern gefüllten abgelösten Glieder gehen mit dem Kot des Wirts ab. Mit Wasser, Pflanzenfutter u. a. gelangen die Eier in einen Zwischenwirt, in dessen Darm sich die Larven entwickeln. Die Larve durchbohrt die Darmwand, wandert in bestimmte Organe ein und wird dort zu einem blasigen Gebilde **(Blasenwurm, Finne),** in dem sich ein B.-Kopf entwickelt. Kommt finnendurchsetztes Fleisch in den Darm des

Hauptwirts (z. B. des Menschen), so entsteht unter Ausstülpung und Verankerung des Kopfes der gegliederte Bandwurm. Die B. des Menschen sind (benannt nach ihren Zwischenwirten) v. a. der bis 4 m lange **Schweine-B.** (Taenia solium) sowie die oft viel längeren Arten **Rinder-B.** (T. saginata) und **Fisch-B.** (**Grubenkopf,** Diphyllobothrium latum). Der nur 5 mm lange **Hunde-B.** (Echinococcus granulosus) kann ebenso wie der Schweine-B. (↑ Finnenkrankheiten) den Menschen auch als Zwischenwirt befallen. In Leber, Lunge und anderen Organen entsteht die Finne, in der sich eine Menge von Köpfen entwickelt **(Hülsenwurm).** – Der B. kann gesteigerten Appetit, Gewichtsverlust, Mattigkeit und Anämien verursachen. Den einzig wirksamen Schutz gegen B. bildet das Vermeiden des Genusses rohen oder halb rohen Schweine- und Rindfleisches sowie roher Fische.

Bandy [ˈbændɪ, engl.] *das,* auf einer Eisfläche betriebenes Torspiel zweier Mannschaften mit je 11 Spielern (ein Torhüter und 10 Feldspieler), die mit Schlittschuhen und Schlägern (außer dem Torhüter) ausgerüstet sind. Ein Korkball von 6 cm Durchmesser soll möglichst oft in das gegner. Tor getrieben werden. Die reguläre Spielzeit beträgt 2 × 45 Minuten. Einige Regeln ähneln denen des Fußballs.

Banér, Johan, schwed. Feldherr, *Djursholm (heute zu Stockholm) 23. 6. 1596, †Halberstadt 10. 5. 1641; hielt nach dem Tod Gustav Adolfs (1632) Schwedens militär. Stellung in Dtl., u. a. durch die Siege bei Wittstock 1636 und Chemnitz 1639; war ab 1638 Gen.-Gouv. in Pommern.

Banff National Park [ˈbæmf ˈnæʃnl pɑːk], ältester Nationalpark (UNESCO-Weltnaturerbe) in den kanad. Rocky Mountains (gegr. 1885), Prov. Alberta, 6 640 km², mit den Touristenzentren Banff (1 380 m ü. M.; 4 500 Ew.) und Lake Louise; auch Wintersportgebiet.

Bang, Herman, dän. Schriftsteller, *auf Alsen 20. 4. 1857, †Ogden (Utah, USA) 29. 1. 1912; bedeutendster dän. Vertreter des literar. Impressionismus, schrieb Novellen und Romane (»Hoffnungslose Geschlechter«, 1880; »Michael«, 1904; »Die Vaterlandslosen«, 1906) sowie Erinnerungen, u. a. »Das graue Haus« (1901).

Bangalore [ˈbæŋɡəlɔː, engl.], Hptst. des ind. Bundesstaates Karnataka, 4,29 Mio. Ew.; Univ., Indian Institute of Science, 70 Fachschulen, Nat. Juristenhochschule, Zentrum der ind. Informationstechnologie; Flugzeugwerke, elektrotechn., elektron. und Textilind., Eisenbahnwerkstätten; internat. Flughafen. – B. entstand aus einer Siedlung um ein 1537 gegründetes Fort.

Banggaiinseln, Inselgruppe östlich von Celebes, Indonesien, 3 164 km², Hauptinsel ist Peleng.

Bangka (Banka), Insel östlich von Sumatra, Indonesien, 11 942 km², etwa 400 000 Ew.; Zinntagebau, Pfefferanbau.

Bangkok: Goldene Pagode (Chedi) des Vat Phra Keo (1785)

Bangkok (thailänd. Krung Thep), Hptst. von Thailand, am Menam Chao Phraya oberhalb seiner Mündung; mit Thon Buri (am rechten Ufer) 6,3 Mio. Ew., Verwaltungs-, Kultur- (Kunstakademie, Nationalbibliothek), Wissenschafts- (zwei Univ., Pasteur-Inst.) und Wirtschaftszentrum Thailands; U-Bahn im Bau; Hafen auch für Seeschiffe; internat. Flughafen, ein weiterer ist im Bau. – Große Tempelanlagen (Vats), Regierungspaläste, buddhist. Klöster und Pagoden; absinkendes Stadtgebiet (um 10 cm pro Jahr). – Nach der Zerstörung von Ayutthaya (1767) wurde B. Hptst. der Könige von Siam.

BAN Bang-Krankheit

📖 *Kraas, F.: B. Probleme einer Megastadt in den Tropen Südostasiens. Köln 1995.* – *Wang, X. H. u. Wate, J.: B. München 2000.*
Bang-Krankheit, ↑Brucellosen.

Bangladesh

Fläche	147 570 km²
Einwohner	(2003) 146,736 Mio.
Hauptstadt	Dhaka
Verwaltungsgliederung	64 Distrikte
Amtssprache	Bengali
Nationalfeiertage	26. 3. und 16. 12.
Währung	1 Taka (Tk.) = 100 Poisha (ps.)
Zeitzone	MEZ + 5 Std.

Bangladesh [-ʃ] (Bangladesch, amtl. Bengali: Gana Prajatantri B., dt. Volksrepublik B.), Staat in S-Asien; grenzt im S an den Golf von Bengalen, im W, N und O an Indien und im SO an Birma.
Staat und Recht: Nach der durch Referendum vom 15. 9. 1991 gebilligten Verf. (1996 revidiert) ist B. eine parlamentar. Republik. Staatsoberhaupt ist der vom Parlament auf fünf Jahre gewählte Präs.; er verfügt nur über repräsentative Vollmachten. Die Exekutive liegt bei der Reg. unter Vorsitz des Premiermin., der der Nationalversammlung (330 Abg., für fünf Jahre gewählt, davon 30 für Frauen reserviert) als Legislative verantwortlich ist. – Wichtigste Parteien: Awami-Liga (AL), Bangladesh Nationalist Party (BNP), Jamaat-e-Islami Bangladesh (JIP), Jatiya Dal (JD) und Islami Jatiya Oikya Front (IJOF).
Landesnatur: B. nimmt den größeren östl. Teil des fruchtbaren Bengalen ein. Kernlandschaft ist das Deltagebiet von Ganges und Brahmaputra, in dem 70 % der Bev. leben und das meerwärts von den Mangrovensümpfen der ↑Sundarbans abgeschlossen wird. Der SO besteht aus Hügelland. Das Klima ist mild (geringe jahreszeitl. Temperaturunterschiede); reichl. Niederschläge (3 500–5 000 mm jährlich, im W 1 500 mm), bes. in der Monsunzeit. Das zeitl. Zusammentreffen von Monsunregen, Schneeschmelze im Gebirge und trop. Wirbelstürmen im Küstenbereich führt häufig zu verheerenden Überschwemmungskatastrophen, die die Ernte vernichten und große Landflächen überfluten. Ein verspätetes Einsetzen des Monsuns hat dagegen Dürreschäden zur Folge.
Bevölkerung: Sie besteht hauptsächlich aus Bengalen; zu den Minderheiten zählen v. a. die 1–1,5 Mio. Bihari (1947 aus dem benachbarten ind. Bundesstaat ausgewandert) und Angehörige versch. Bergstämme in den Grenzgebieten gegen Birma. Mit über 900 Ew./km² weist B. die größte Bev.dichte aller Flächenstaaten der Erde auf; jährl. Bev.zuwachs 1,5 %; die Verstädterung (24 %) nimmt zu. – 87 % der Bev. sind Muslime, 12 % Hindus; Buddhisten und Christen bilden Minderheiten. – Es besteht keine allg. Schulpflicht (Analphabetenquote rd. 65 %); es gibt 3 Univ. in Dhaka, je eine in Rajshahi, Mymensingh und Chittagong.
Wirtschaft und Verkehr: B. zählt zu den ärmsten Entwicklungsländern. Die Armut und Unterbeschäftigung weiter Bev.teile, der Mangel an Bodenschätzen, die gering entwickelte Infrastruktur sowie häufige Naturkatastrophen sind die Haupthemmnisse für die wirtsch. Entwicklung. Haupterwerbszweig ist die Landwirtschaft (v. a. Subsistenzwirtschaft). Angebaut werden Reis (auf 73 % der Anbaufläche), Weizen, Hülsen- und Ölfrüchte; wichtige Rohstoffe für die weiterverarbeitende Ind. sind Jute, Baumwolle, Tabak, Tee und Zuckerrohr. Bes. infolge der Überflutungen besteht eine hohe Importabhängigkeit bei Nahrungsmitteln. – Grundlage der Energiewirtschaft im NO-Teil des Landes sind die Erdgasvorkommen zw. Titas und Sylhet. – Die Ind. zeigt seit der Unabhängigkeit kaum Fortschritte (dominierend sind Nahrungsmittel- und Textilind.). Führende Ind.stadt ist Chittagong (Sonderwirtschaftszone) mit Stahlwerk, Erdölraffinerie, Schiffbau u. a. – Ausgeführt werden v. a. Textilwaren, Garnelen, Fisch, Häute und Felle sowie Tee; Haupthandelspartner sind die EU-Länder, USA, Japan, Indien,

China, Singapur. – Hauptverkehrsträger sind die Binnenwasserstraßen, auf denen der größte Teil des Gütertransports abgewickelt wird. Mit der Vollendung des 1994 begonnenen Brückenbaus über den Brahmaputra wurde die erste O-W-Verbindung auf dem Landweg geschaffen. Es gibt rd. 9 700 km Straßen mit fester Decke und 2 700 km Eisenbahnstrecken. – Seehäfen haben Chittagong und Mongla (südl. Khulna am Rand der Sundarbans), internat. Flughäfen Dhaka und Chittagong.

Geschichte: Bei der Teilung Indiens (1947) kam der mehrheitlich von Muslimen bewohnte Teil Bengalens an Pakistan und bildete dessen östl. Staatshälfte. Eine von der Awami-Liga (gegr. 1949) unter Mujibur Rahman getragene Autonomiebewegung konnte mit militär. Hilfe Indiens 1971/72 in Ostpakistan den unabhängigen Staat B. errichten (am 26. 3. 1971 Proklamation der Rep., im Jan. 1972 Bildung der Reg., 1975 Einführung eines Präsidialregimes). Nach einem blutigen Militärputsch 1975, in dessen Verlauf Staatspräs. Mujibur Rahman ermordet wurde, und inneren Machtkämpfen 1975/76 leitete General Zia ur-Rahman (seit Dez. 1976 Oberster Kriegsrechtsadministrator und seit 1977 Staatspräs.) den Übergang zu einer zivilen Reg. ein (1979 Wahlsieg der neu gegr. BNP). 1981 wurde Zia ur-Rahman bei einem fehlgeschlagenen Putsch ermordet. 1982 ergriff das Militär erneut die Macht und verhängte das Kriegsrecht (bis 1986); der Kriegsrechtsadministrator General Hussain Mohammad Ershad ernannte sich 1983 zum Staatspräs. (1986 durch Wahlen bestätigt, 1986 und 1988 Wahlsieg der von ihm geführten JD). 1988 wurde der Islam zur Staatsreligion erhoben; danach verstärkte sich in B. das Wirken muslimisch-fundamentalist. Gruppierungen. Nach anhaltenden Unruhen gegen sein Regime musste Präs. Ershad im Dez. 1990 zurücktreten. Nach den Parlamentswahlen vom Febr. 1991, bei denen die BNP stärkste Partei geworden war, übernahm deren Vorsitzende Khaleda Zia im März 1991 das Amt der Premierministerin. Nach einer Verf.änderung per Referendum im Sept. 1991 (Ersetzung des Präsidialregimes durch ein parlamentar. System) wurde im Okt. 1991 Abdur Rahman Biswas zum Staatspräs. gewählt. Die militär. Verfolgung von in Birma lebenden Muslimen (der ethnisch mit den Bengalen verwandten Rohingya im Rakhinestaat) löste deren Massenflucht nach B. aus (bis Mitte 1992 rd. 270 000 Menschen); nach Spannungen zw. B. und Birma (Grenzübergriff durch birman. Soldaten im Dez. 1991) wurde zw. beiden Staaten am 28. 4. 1992 eine Rückführung der muslim. Flüchtlinge vereinbart (bis 1997 etwa 200 000 repatriiert).

Auf weltweiten Protest stieß 1993 das von einem »Islam. Gericht« ausgesprochene Todesurteil gegen die Schriftstellerin Taslima Nasrin wegen »Gotteslästerung«.

Mit Demonstrationen und Generalstreiks, die die Wirtschaft des ohnehin auf Entwicklungshilfe angewiesenen Landes schwer beeinträchtigten, sowie einem Boykott des Parlaments (seit 1994) suchten die Oppositionsparteien, v. a. die Awami-Liga und die JD, die von Khaleda Zia geführte Reg. zum Rücktritt zu zwingen. Nachdem die Opposition darüber hinaus im Febr. 1996 die angesetzten Wahlen boykottiert hatten, gaben Khaleda Zia und ihr Kabinett im März 1996 auf. Aus den von einer Übergangsregierung organisierten Neuwahlen ging im Juni 1996 die Awami-Liga als Siegerin und ihre Vorsitzende Sheikh

Bangladesh: Alltag während des Monsuns

BAN Bangor

Hasina Wajed als Premierministerin hervor. Im Okt. 1996 trat Shahabuddin Ahmad, ein pensionierter Oberster Richter, das Amt des Staatspräs. an. Im Dez. 1997 schloss die Reg. mit der Untergrundbewegung der buddhist. Chakma (»Shanti Bahini«), die seit den 1970er-Jahren einen Guerillakampf in der Bergregion um Chittagong im SO führte, einen Friedensvertrag. Die von blutigen Zwischenfällen überschatteten Parlamentswahlen am 1. 10. 2001 gewann ein von der BNP mit zwei islamist. Parteien (JIP und IJOF) gebildetes Bündnis, das eine Zweidrittelmehrheit erlangte; Premierministerin wurde daraufhin die Oppositionsführerin Khaleda Zia. Nach der nur kurzen Amtszeit von Badruddoza Chowdhury als Staatspräs. (Nov. 2001–Juni 2002; Rücktritt) folgte ihm im Sept. 2002 der frühere Universitätslehrer Yazuddin Ahmed als Staatsoberhaupt. – 2004 sorgte der Monsun-Regen für die schlimmsten Überschwemmungen seit 16 Jahren; rund 20 Mio. Menschen leben in den betroffenen Regionen, fünf Mio. sind obdachlos geworden.

📖 *B. Im Schatten der Macht, Beiträge v. W. Böttcher u. a., bearb. v. W. Nebelung. Aachen 1986. – Rashid, H. E.: Geography of B. Dhaka ²1991. – B. Dritte Heidelberger Südasiengespräche, hg. v. C. Conrad u. W.-P. Zingel. Stuttgart 1994. – Baxter, C. u. Rahman, S.: Historical dictionary of B. Lanham, Md., ²1996. – The economy of B., hg. v. A. N. M. Wahid. Westport, Conn., 1996. – Die Katastrophe, die Not u. das Geschäft. Das Beispiel B., hg. v. D. Reinhardt. München 1997.*

Bangor ['bæŋgə], Marktzentrum und Bischofssitz (der Church in Wales) in der Cty. Gwynedd, N-Wales, 16 000 Ew.; University College of North Wales.

Bangui [-'gi], Hptst. der Zentralafrikan. Rep., am Ubangi, 524 000 Ew.; Univ., Forschungsinstitute, Museum; Wirtschaftszentrum mit Industriebetrieben, Hafen und internat. Flughafen.

Bangweolosee, allmählich verlandendes, 5 m tiefes Süßwasserbecken in O-Sambia, vom Luapula (Nebenfluss des Lualaba, ↑Kongo) entwässert; 1 147 m ü. M., Fläche (schwankend) 4 500–10 000 km².

Banias (Baniyas), syr. Stadt am Mittelmeer, 40 000 Ew.; Hafen; Endpunkt von zwei (stillgelegten) Erdölleitungen aus Kirkuk (Irak).

Banja Luka, Stadt in Bosnien und Herzegowina, am Vrbas, seit 1998 Reg.sitz der »Rep. Srpska«; 143 000 Ew.; Univ. (gegr. 1975), PH, Wirtschaftshochschule; Holz-, Elektro-, Nahrungsmittelind., Maschinenbau, Lederverarbeitung; internat. Flughafen. – Die islamisch geprägte Altstadt (16 größere Moscheen) wurde 1993 stark zerstört. – Erstmals 1494 erwähnt. Im Krieg 1992–95 Vertreibung der kroat. und bosniak. Bev. und Ansiedlung serb. Flüchtlinge; im Abkommen von Dayton (1995) den bosn. Serben zugesprochen.

Banjara [-dʒ-] (Bandschara, Lambadi), nicht sesshaftes Volk in N-Indien (bis zum Dekhan) mit indoarischer Sprache; v. a. Viehzüchter, Händler und Transportarbeiter.

Banjarmasin [-dʒ-] (früher Bandjarmasin), Prov.-Hptst. von Kalimantan Selatan, im S von Borneo, Indonesien, 444 000 Ew.; Univ.; Flug-, Seehafen.

Banjo ['bændʒo, engl.] *das,* Schlaggitarre mit langem Hals, einem dem Tamburin ähnl. Korpus und 4–7 (seltener 9) Saiten; u. a. im Jazz verwendet.

Banjul (bis 1973 Bathurst), Hptst. von Gambia, an der Mündung des Gambia in den Atlant. Ozean, 42 300 Ew. (städt. Agglomeration 270 500 Ew.); Brauerei; Hafen; westl. von B. große Hotelsiedlung; internat. Flughafen in Yundum.

Bank, 1) Sitzmöbel für mehrere Personen. **2)** zentrale Sammelstelle, z. B. Blut-B., Datenbank. **3)** *Geologie:* feste, von Fugen begrenzte Gesteinsschicht. Eine deutl. Gliederung einer Schichtreihe in dickere Bänke bezeichnet man als **Bankung.** **4)** *Geomorphologie:* Erhebung des Flussoder Meeresbodens, z. B. Sand-B., untermeer. Rücken. **5)** *Sport:* im Ringen eine Verteidigungsstellung des Untermannes in der Bodenlage; Arme durchgedrückt aufgestützt, Bauch und Oberkörper frei von der Matte. **6)** *Wirtschaft:* ein Kreditinstitut, ↑Banken.

Banka, indonesische Insel, ↑Bangka.

Bankakte, die 1844 von R. Peel geschaffene gesetzl. Grundlage der Bank von England und des brit. Notenumlaufs (**Peelsakte**). Sie baute auf der ↑Currencytheorie auf; 1939 aufgehoben.

Bankakzept, auf ein Kreditinstitut gezogener und von diesem akzeptierter Wechsel.

Banken BAN

Bank Austria Creditanstalt AG, Wien, eines der größten Kreditinstitute Österreichs, entstanden 2002 durch Fusion von Bank Austria AG (gegr. 1991 durch Zusammenschluss von Österr. Länderbank AG und Zentralsparkasse und Kommerzialbank AG) und Creditanstalt AG (gegr. 1855); gehört zur Bayerischen Hypo- und Vereinsbank AG (HVB-Gruppe).
Bankausweis (Notenbankausweis), Gegenüberstellung der nat. und internat. Aktiva und Passiva einer Zentralbank; von der Dt. Bundesbank bis Ende 1998 zu den Ausweisstichtagen 7., 15., 23. und Ultimo jeden Monats unter der Bez. Wochenausweis veröffentlicht. Von der EZB wird seit 1.1.1999 wöchentlich ein B. als »Konsolidierter Ausweis des Europ. Systems der Zentralbanken (Eurosystem)« aufgestellt und publiziert.
Bank deutscher Länder, vom 1.3.1948 bis 31.7.1957 die Zentralbank der Bundesrep. Dtl., Sitz: Frankfurt am Main (↑Deutsche Bundesbank).
Bänkelsänger, im 17.–19.Jh. fahrende Leute, die, meist auf Jahrmärkten, aktuelle Lieder (**Bänkelsang**, ↑Moritat) von einer Bank (»Bänkel«) herab vortrugen.
Banken, Unternehmen für Geldanlage und Finanzierung und zur Durchführung des bargeldlosen Zahlungsverkehrs; nach allg. Sprachgebrauch identisch mit Kreditinstituten, zuweilen wird der Begriff Bank dem der Sparkasse gegenübergestellt und die Bez. Kreditinstitut als Oberbegriff verwendet. In Dtl. ist die Bez. Bank nach §39 des Kreditwesen-Ges. (KWG) ein geschützter Begriff für Kreditinstitute, die eine Erlaubnis nach §32 KWG zum Betreiben von Bankgeschäften besitzen. Sie werden nach §1 KWG als Unternehmen definiert, die Bankgeschäfte betreiben und dabei einen in kaufmänn. Weise eingerichteten Geschäftsbetrieb unterhalten. Als **Bankgeschäfte** gelten u.a. Einlagen-, Kredit-, Diskont-, Effekten-, Depot-, Garantie-, Girogeschäfte. Betriebswirtschaftlich werden diese eingeteilt in **Aktivgeschäfte** (u.a. Gewährung von Kontokorrent-, Diskont-, Lombard-, Aval- und Akzeptkrediten sowie langfristigen Krediten mit und ohne Sicherung durch Grundpfandrechte), **Passivgeschäfte** (u.a. Entgegennahme von Sicht-, Termin- und Spareinlagen, Ausgabe von Pfandbriefen, Kommunalobligationen) und **Dienstleistungsgeschäfte** (Zahlungsverkehrs- und Inkassogeschäfte, Wertpapiergeschäfte wie Effektenhandel für fremde Rechnung, Depot-, Emissions-, Geldwechselgeschäft; sonstige Dienstleistungen wie Vermögensverwaltung, Beratung, Treuhänderaufgaben).
Arten der B.: Universal-B. betreiben alle Bankgeschäfte mit Ausnahme der Notenausgabe; **Spezial-B.** sind auf bestimmte Geschäfte spezialisiert: **Depositen-B.** (bes. in Großbritannien, Frankreich, Italien und in den USA) betreiben vorwiegend das Einlagen- und Kreditgeschäft, daneben auch Zahlungsverkehrsgeschäfte. **Effekten-B.**, **Finanzierungs-B.** (Emissions- oder Gründungs-B.) dienen v.a. der Unternehmensfinanzierung, bes. bei Aktien- und Anleiheemissionen, Gründungen von Aktiengesellschaften und dem Effektenverkehr. **Hypotheken-B.** und öffentlich-rechtl. **Grundkreditanstalten**, auch **Realkreditinstitute** gen., beschaffen sich ihre Finanzmittel vorwiegend durch Ausgabe von Pfandbriefen und Kommunalobligationen. Ihre Finanzmittelanlage besteht in der Gewährung von Hypothekarkrediten und Kommunaldarlehen. Des Weiteren gibt es **Teilzahlungs-B.**, **Außenhandels-B.**, **Schiffspfandbrief-B.** und ↑Sparkassen. **Noten-B.** haben allein das Recht zur Notenausgabe; sie gelten nicht als Kreditinstitute. Kreditinstitute mit Sonderaufgaben, die bes. Aufgaben des öffentl. Interesses erfüllen, sind z.B. die ↑Deutsche Ausgleichsbank und auf internat. Ebene die Weltbank, der Internat. Währungsfonds (IWF), die Bank für Internat. Zahlungsausgleich und regionale Entwicklungsbanken. – Nach der Rechtsform unterscheidet man private, öffentlich-rechtl. und genossenschaftl. Kreditinstitute. Aufgrund des KWG untersteht in Dtl. das Bankwesen der Bankaufsicht durch die ↑Bundesanstalt für Finanzdienstleistungsaufsicht.Die volkswirtsch. Bedeutung der B. liegt v.a. in der Vermittlungsfunktion von Angebot und Nachfrage nach Geld und Kapital, wobei die B. eine Transformation in mehrfacher Hinsicht vornehmen: 1) Fristentransformation, indem kürzerfristig überlassene Gelder (Sicht-, Termin-, Spareinlagen) für längerfristige Kredite verwendet werden; 2) Losgrößentransformation, d.h.

579

BAN Banken

Banken: die größten deutschen Banken nach Bilanzsumme 2003

Rang	Unternehmen	Bilanzsumme in Mio. €	Bilanzsummenveränderung in Prozent	Jahresüberschuss in Mio. €	Beschäftigte in 1000	Anm.[1]
1	Deutsche Bank AG	803 614	6,0	1 365,0	67,7	K
2	HVB Group	479 455	−30,6	−2 442,0	60,2	K
3	Dresdner Bank AG	477 029	15,4	−1 978,0	42,1	K
4	Commerzbank AG	381 585	−9,6	−2 320,0	32,4	K
5	DZ Bank AG Deutsche Zentral-Genossenschaftsbank	331 723	−1,9	382,0	25,3	K
6	Landesbank Baden-Württemberg (LBBW)	322 795	0,7	595,8	12,6	K
7	KFW-Bankengruppe	313 894[2]	20,3	247,4	3,7	K
8	Bayerische Landesbank	313 431	−8,2	316,6	9,1	K
9	WestLB AG	256 244	−3,5	−1 897,4	7,7	K
10	Eurohypo AG	227 220	−0,5	29,9	2,7	K
11	Norddeutsche Landesbank (Nord/LB)	193 103	−1,9	138,0	9,4	K
12	HSH Nordbank AG	171 660	−5,3	261,9	4,5	K
13	Bankgesellschaft Berlin AG	153 286	−12,3	−316,0	11,3	K
14	Landesbank Hessen-Thüringen Girozentrale	139 430	−3,5	66,9	3,5	K
15	Deutsche Postbank AG	132 619	−6,0	353,0	8,7	K
16	BHW Holding AG	115 134	1,5	150,3	5,1	K
17	Hypo Real Estate Bank AG	105 491[3]	−13,0	0,5	1,0	E
18	DekaBank Deutsche Girozentrale	100 500	11,6	193,0	2,8	K
	Landesbank Berlin Girozentrale[4]	92 647	9,6	15,0	6,6	E
19	DEPFA Deutsche Pfandbriefbank AG	85 141	−9,9	70,3	0,1	E
20	Allgemeine Hypothekenbank Rheinboden AG	79 140	−0,2	17,5	0,4	E

1) K = Konzernumsatz lt. Gewinn-und-Verlustrechnung oder nach Angaben des Unternehmens; E = Einzelabschluss. – 2) Fusion von KfW und Dt. Ausgleichsbank. – 3) Fusion von HVB Hypo Real Estate Bank und Westfälischer Hypothekenbank. – 4) Werte bereits in den Zahlen der Bankgesellschaft Berlin AG enthalten.

Umwandlung der vielfach kleinen Beträge der Einleger, bes. der Sparer, in die für Kreditnehmer notwendigen größeren Summen; 3) Risikotransformation, indem die den B. überlassenen Gelder auf eine große Zahl Kreditsuchender verteilt werden, sodass sich das Ausfallrisiko insgesamt verringert; zudem sorgen Sicherungseinrichtungen in Dtl. dafür, dass kein privater Einleger bei einer Bankinsolvenz sein Geld verliert (↑Einlagensicherung).

Geschichte: Schon in der Antike entwickelten sich B., die Natural-, später Gelddarlehen tätigten. Das abendländ. Bankwesen entstand aus den Münzwechselgeschäften an den großen Handelsplätzen. Da in Oberitalien (Lombardei) der Handelsaustausch bes. rege war, wurde das Italienische zur Bankfachsprache. Das Bankwesen dieser Art breitete sich rasch über alle Handelsplätze bis in den Orient aus. Im 14. und 15. Jh. wurde das Wechselgeschäft durch Depositen- und Girogeschäfte ergänzt. Die Kurie, Könige und Fürsten nahmen die Dienste der großen Bankiers (↑Fugger, ↑Medici) in Anspruch. Für die Entwicklung in Dtl. war die Zuwanderung Antwerpener Geldwechsler und Bankiers bedeutend. Im 19. Jh. dominierten zunächst große Privatbankiers (Rothschild u. a.), doch setzten sich in den 1850er-Jahren verhältnismäßig schnell die Aktien-B. durch. Sie wirkten als Emissionshäuser, Gründungs- und Finanzierungsunternehmen (»Wirtschafts-B.«). Neben die großen Finanzierungs-B. traten im 19. Jh. auch Spezialinstitute, so die Hypotheken-B., Kreditgenossenschaften und Sparkassen. Das urspr. zahlreichen B. eingeräumte Recht zur Notenausgabe wurde ihnen mit der Zentralisierung des Notenbankwesens wieder entzogen.seit den 1990er-Jahren haben v. a. die Internationalisierung des Bankgeschäfts, Deregulierungen im Finanzsektor sowie moderne Informations- und Kommunikationstechnologien zu einer veränderten Wettbewerbssituation und zum Umbruch der Finanzbranche beigetragen. Die nat. B. überschreiten immer systematischer ihre Landesgrenzen und erwirtschaften immer größere Anteile des Geschäftsvolumens im Ausland. Die Globalisierung des Kreditsystems, Finanzinnovationen (v. a. Derivate) sowie das Wachstum internat. Devisen- und Börsentransaktionen sind Schrittmacher dieser Entwicklung. Neben das traditionelle Auslandsgeschäft (Exportfinanzierung) treten verstärkt internat. Wertpapier- und Kreditgeschäfte, und viele B. verfügen inzwischen über ein weltumspannendes Netz von Niederlassungen, Tochtergesellschaften und Korrespondenzbankverbindungen. Auch der europ. Binnenmarkt und die damit verbundene Liberalisierungspolitik bringen für die B. größere Konkurrenz durch ausländ. Kreditinstitute, aber auch branchenfremde Dienstleister. Versicherungsunternehmen, Versand- und Einzelhandel sowie Discountbroker usw. drängen immer stärker in den traditionellen B.-Markt, bes. in das Depositen- und Konsumentenkreditgeschäft. Der Konzentrationsprozess im Bankwesen gewinnt an Dynamik und führt zu neuen Fusionen und Kapitalbeteiligungen. Eine immer stärkere Vernetzung der Geldgeschäfte aufgrund wachsender Interdependenzen im Wirtschaftsleben zwingt die B. zur Verbreiterung ihrer Aktivitäten. Diese Allfinanzstrategien sehen vor, Geschäftsbank, Brokerhaus, Anlageberatung, Bausparkasse, Versicherung, Realkreditinstitut u. a. unter einem Dach zu vereinen. – Den veränderten Wettbewerbsbedingungen versuchen die B. v. a. mit der Reorganisation ihrer Aufbau- und Ablauforganisation, Rationalisierung und Erschließung neuer Vertriebswege (Tele-, Online- und Internetbanking) sowie Neuordnung durch Fusionen und Übernahmen zu begegnen.

📖 *Europ. Bankengeschichte, hg. v. H. Pohl. Beiträge v. H. Bonin u.a. Frankfurt am Main 1993. – Geld-, Bank- u. Börsenwesen, begr. v. G. Obst u.a., hg. v. N. Kloten u.a. Stuttgart* ³⁹*1993. – Hein, B.: Die B. Eine Einführung. Mannheim u.a. 1996. – Süchting, J.: Bankmanagement. Stuttgart* ⁴*1998. – Büschgen, H. E.: Bankbetriebslehre. Wiesbaden* ⁵*1998. – Finanzielle Märkte u. B. Innovative Entwicklungen am Beginn des 21. Jh., hg. v. J. Holst u. M. Wilkens. Berlin 2000. – B. der Zukunft – Zukunft der B., hg. v. W. Fischges u. a. Wiesbaden 2001.*

Bankenaufsicht, staatl. Kontrolle von Kredit- und Finanzdienstleistungsinstituten mit dem Ziel, die Funktionsfähigkeit der Kreditwirtschaft zu erhalten und Institutsgläubiger vor Verlusten zu bewahren (Einlegerschutz). Die B. umfasst v. a. die Erlaubnis zum Geschäftsbetrieb eines Instituts sowie die Kontrolle der laufenden Geschäftstätigkeit hinsichtlich Einhaltung von Vorschriften über Eigenkapital, Liquidität, Begrenzung von Beteiligungen und Depotprüfungen. Die Institute unterliegen einer umfassenden Anzeige- und Meldepflicht, die sich z. B. auf die Einreichung von Monatsausweisen, Jahresabschlüssen, Anzeigen von Großkrediten erstreckt. Bei unzureichendem Eigenkapital bzw. unzureichender Liquidität können Gewinnausschüttungen, Entnahmen und Kreditgewährung beschränkt bzw. das Institut geschlossen werden. Nat. Regelungen der B. werden im Zuge europa- und weltweiter Harmonisierungsbemühungen durch Vorgaben internat. B.-Gremien (z. B. Rat der EU, Ausschuss für B. der Bank für Internat. Zahlungsausgleich) beeinflusst. In *Deutschland* obliegt die B. nach dem Kreditwesen-Ges. der ↑Bundesanstalt für Finanzdienstleistungsaufsicht. – In *Österreich* wird die B. vom Bundesmin. für Finanzen und von der Österr. Nationalbank wahrgenommen, in der *Schweiz* von der Eidgenöss. Bankenkommission (Mitgl. werden vom Bundesrat gewählt).

Bankett [frz.] *das* (Bankette), unbefestigter Seitenstreifen neben der Fahrbahn.
Bankfeiertage, Wochentage, an denen die Kreditinstitute geschlossen sind. In Krisenzeiten können B. auch angeordnet werden, um dem Ansturm auf die Schalter zu begegnen.
Bank für Internationalen Zahlungsausgleich, Abk. **BIZ,** internat. Bank in der Rechtsform einer AG (Stammkapital: 1,5 Mrd. Goldfranken), gegr. 1930 von mehreren Notenbanken und einer amerikan. Bankengruppe; Sitz Basel. Aufgaben: Förderung der Zusammenarbeit der Zentralbanken und internat. Organisationen, Erleichterung internat. Finanztransaktionen, Übernahme von Treuhandschaften bei internat. Zahlungsgeschäften.
Bankgeheimnis, 1) die Verpflichtung eines Kreditinstituts, die Geschäftsbeziehungen und die Einkommens- und Vermögensverhältnisse seiner Kunden gegenüber Dritten geheim zu halten; 2) der Schutz der Bankkunden gegenüber den Finanzbehörden gemäß § 30a Abgabenordnung (AO). Grenzen des B.: U. a. verpflichtet das Kreditwesen-Ges. Kreditinstitute, bestimmte Kundenkredite (Groß-, Millionen- und Organkredite) anzuzeigen und die Beaufsichtigung durch die Bundesanstalt für Finanzdienstleistungsaufsicht zu dulden sowie Anzeigepflichten aufgrund des Geldwäsche-Ges. wahrzunehmen. Bankangestellte haben ein Zeugnisverweigerungsrecht (§ 383 ZPO) im Zivilprozess. Bei Auskunftsersuchen der Finanzbehörden wegen Verdachts der Steuerhinterziehung können sich Kreditinstitute nicht auf das B. berufen (§§ 93, 102 AO; ähnlich in *Österreich*). Liegt kein konkreter Anhaltspunkt für Steuerhinterziehung vor, dürfen Finanzbehörden von Banken nicht die Mitteilung von Konten bestimmter Art und Höhe verlangen und sie dürfen nicht bei der steuerl. Prüfung einer Bank Guthabenkonten von Kunden abschreiben oder Kontrollmitteilungen ausschreiben (§ 30a AO). In der *Schweiz* ist das B. strafrechtlich geschützt.
Bankgesellschaft Berlin AG, Berlin, Finanzkonzern, gegr. 1994 durch Zusammenführung mehrerer ehemals im Besitz des Landes Berlin befindl. Kreditinstitute; Großaktionäre: Land Berlin (80,95 %) und Norddt. Landesbank Girozentrale (10,85 %); über Tochter- und Beteiligungsgesellschaften, u. a. Berliner Sparkasse, Landesbank Berlin – Girozentrale (gegr. 1990), Berliner Bank AG (gegr. 1950), Allg. Privatkundenbank AG, Weberbank Privatbankiers KGaA, Berlin Hyp AG, im Privatkunden-, Firmenkunden-, Vermögensanlage-, Immobilien-, Projektfinanzierungs- und Kapitalmarktgeschäft tätig.
Bankhalter, derjenige Spieler beim Glücksspiel, der die Kasse (die »Bank«) verwaltet und damit meist gegen die übrigen Teilnehmer spielt.
Bankier [baŋˈkjeː, frz.] (engl. Banker), Kaufmann, der berufsmäßig Bankgeschäfte betreibt.
Bankingtheorie [ˈbæŋkɪŋ-, engl.], Anfang des 19. Jh. entwickelte Geldtheorie, nach der nicht nur Münzen (Banknoten und Geld i. e. S.) Geldfunktion ausüben und somit das Preisniveau beeinflussen, sondern auch Geldsurrogate (z. B. Handelswechsel, Kredite); daher müssen auch diese in die für das Preisniveau maßgebl. monetären Größen einbezogen werden. – Ggs.: Currencytheorie.
Bankivahuhn (Gallus gallus, von Kaschmir bis S-China und Java verbreitetes, bis 70 cm langes Huhn, Stammform des ↑Haushuhns.
Bankleitzahl, Abk. **BLZ,** achtstellige Ziffer zur numer. Kennzeichnung der Bankstellen (Kreditinstitute, Filialen, Zweigstellen) im bargeldlosen Zahlungsverkehr. Die 1970 eingeführte BLZ ist identisch mit der Nummer des Girokontos einer Kreditinstitutsniederlassung bei der Dt. Bundesbank oder einer Hauptverwaltung.
Banknote, Geldschein, der auf einen abgerundeten Währungsbetrag lautet und von einer dazu befugten Notenbank ausgegeben wird **(Papiergeld).** Die B. sind gesetzl. Zahlungsmittel und müssen unbegrenzt entgegengenommen werden **(definitives Geld).** In Dtl. hatte die Dt. Bundesbank das Notenausgabemonopol, mit Beginn der dritten Stufe der Europ. Wirtschafts- und Währungsunion (1. 1. 1999) gingen die wesentl. Notenbankfunktionen auf die Europ. Zentralbank (EZB) über. – Um Fälschungen zu erschweren, enthalten B. Echtheitszeichen (z. B. Sicherheitsfaden in die neuen Euro-B. wurden eine Reihe **Sicherheitsmerkmale** eingearbeitet. Euro-B. werden auf Spezialpapier aus reiner Baumwolle gedruckt, das eine griffige

Banks Island BAN

Bankleitzahl: Bedeutung der einzelnen Ziffern einer Bankleitzahl

Oberflächenstruktur aufweist. Durch Anwendung des *Stichtiefdrucks* sind einige Schriftzüge (z. B. die Abk. für Europ. Zentralbank in fünf Varianten – BCE, ECB, EZB, EKT, EKP), die Wertzahl sowie die Merkmale für Sehbehinderte reliefartig hervorgehoben. Hält man die B. gegen das Licht, wird das *Wasserzeichen* (vorherrschendes Architekturmotiv und Wertzahl) sichtbar. Euro-B. verfügen über einen im Gegenlicht sichtbaren *Sicherheitsfaden*, innerhalb dessen das Wort »EURO« und die Wertzahl erkennbar sind. Das *Durchsichtsregister* in der linken oberen Ecke der B.-Vorderseite bildet im Gegenlicht die entsprechende Wertzahl. Im rechten Teil der Vorderseite der Euro-B. befinden sich *Spezialfolienelemente*. Bei den B. mit niedrigem Nennwert (5, 10 und 20 Euro) handelt es sich um vertikale silberne Streifen (Kinegramme, ↑optisch variables Grafiksystem), auf denen beim Kippen, je nach Betrachtungswinkel, das Euro-Symbol oder die Wertzahl erscheint. Bei den B. mit hohem Nennwert (50, 100, 200, 500 Euro) erscheint, je nach Betrachtungswinkel, die Wertzahl oder das jeweilige Architekturmotiv in wechselnden Farben als Hologramm. Auf der Rückseite der 5-, 10- und 20-Euro-B. ist jeweils mittig, neben dem Sicherheitsfaden, ein *Perlglanzstreifen* aufgebracht, der beim Kippen gegen eine Lichtquelle von hell- bis goldgelb glänzt und als Aussparungen das Euro-Symbol und die jeweilige Wertzahl aufweist. 50-,

100-, 200- und 500-Euro-B. verfügen über ein optisch *variables Farbelement*. Die Wertzahl in der rechten unteren Ecke der Rückseite erscheint je nach Betrachtungswinkel purpurrot, olivgrün oder braun.

Bank of America Corp. [bæŋk ɔv əˈmerɪkə kɔːpəˈreɪʃən], Charlotte (N. C.), US-amerikan., internat. tätiger Finanzkonzern; entstanden 1998 durch Fusion der Bank America Corp. und der Nations Bank Corp.; zählt zu den weltgrößten Banken.

Bank of Tokyo-Mitsubishi Ltd. [ˈbæŋk ɔv ˈtəʊkjəʊ mɪtsuˈbɪʃɪ ˈlɪmɪtɪd], japan. Bankkonzern, entstanden 1996 durch Fusion von Bank of Tokyo Ltd. (gegr. 1946) und Mitsubishi Bank Ltd. (gegr. 1880); Sitz: Tokio.

Bankrott [aus italien. banca rotta »zerbrochene Bank«] *der* (Bankerott, Bankbruch), Unvermögen eines Schuldners, seine Gläubiger zu befriedigen (↑Insolvenzstraftaten). Nach §§ 283, 283 a StGB werden Schuldner bestraft, die sich bei Überschuldung oder Zahlungsunfähigkeit sorgfaltswidrig verhalten, z. B. Vermögensteile verheimlichen oder beiseite schaffen, Schulden vortäuschen oder ihre Vermögenskrise durch eine sorgfaltswidrige Handlung herbeiführen. Der B. ist mit ähnl. Tatbestandsmerkmalen auch in *Österreich* (§§ 156 ff. StGB) und der *Schweiz* (Art. 163 ff. StGB) strafbar.

Banks Island [ˈbæŋks ˈaɪlənd, engl.], westlichste Insel des Kanadisch-Arkt. Archipels, 70 028 km² groß.

BAN Bankul

Bankul (Kamiri, Kerzennussbaum, Aleurites moluccana), trop. Wolfsmilchgewächs, bes. in Südamerika und Westindien kultiviert. Die Samen enthalten etwa 60% fettes Öl, aus dem Firnisse, Farben, Seifen und Arzneien bereitet werden.

Bank von England (engl. Bank of England), Zentralnotenbank Großbritanniens, Sitz: London, gegr. 1694 (1946 verstaatlicht); ihr heutiger Aufbau beruht auf der peelschen Bankakte von 1844, wonach zwei Bankabteilungen geschaffen wurden: »issue department« für die Notenausgabe, »banking department« für die Bankgeschäfte.

Bank von Frankreich (frz. Banque de France), Zentralnotenbank Frankreichs, Sitz: Paris, gegr. 1800 von Napoleon Bonaparte; erhielt 1848 das Notenprivileg für ganz Frankreich, 1946 verstaatlicht; seit 1. 1. 1999 integraler Bestandteil des Europ. Systems der Zentralbanken (ESZB, ↑Europäische Zentralbank).

Bank von Japan (japan. Nippon Ginkō), Zentralnotenbank Japans, Sitz: Tokio, gegr. 1882 nach dem Vorbild der Dt. Reichsbank.

Bann, 1) auf frühen Stufen des Rechtsdenkens das gegen Personen, Orte oder Gegenstände verhängte Gebot des Meidens. B. gegen Personen ist oft gleichbedeutend mit ↑Acht oder sozialer Isolierung.
2) im MA., bes. im Fränk. Reich, das Hoheitsrecht der Könige und Grafen, bei Strafe zu gebieten und zu verbieten **(Königs-B., Grafen-B.)**; der Befehl und das Verbot selbst.
3) (Kirchenbann, Anathema), ↑Exkommunikation.

Bannbruch, Zollvergehen, ↑Schmuggel.
Bannbulle, päpstl. Exkommunikationsbulle.
Banner [frz.] (Panier), Feldzeichen, das im Unterschied zur Fahne an einer mit dem Schaft verbundenen Querstange befestigt ist, urspr. nur dem Landesherrn, später auch den höheren Lehnsherren (B.-Herren) vorbehalten.
Banneux [ba'nø], Marienwallfahrtsort bei Lüttich, Belgien, 1949 kirchlich anerkannt.
Bannforst, Wald- und Jagdgebiet, in dem nur dem Inhaber der Bannrechte Forstnutzung und Jagd erlaubt waren.
Banngut (Bannware, Konterbande), **1)** *allg.:* Schmuggelware.

2) *Völkerrecht:* kriegswichtige Güter, deren privater Seetransport in feindl. Häfen einem neutralen Staat deshalb durch einen Krieg führenden Staat verboten wurde. Das B. darf konfisziert werden (↑Prise).
Bannmeile (Bannkreis), **1)** Umgebung eines Ortes (im Umkreis von einer Meile), in der im MA. kein Fremder Handel oder ein Gewerbe treiben durfte.
2) Schutzbereich um Gebäude der obersten Verf.organe (in Bund und Ländern), innerhalb dessen Versammlungen und Umzüge nicht stattfinden dürfen. Die Bestimmungen des Ges. vom 11. 8. 1999 über **befriedete Bezirke** für Verf.organe des Bundes sind weniger einschränkend als das bisherige B.-Gesetz des Bundes und die B.-Gesetze der Länder.
Bannrechte (Banngerechtigkeiten, Zwangs- und Bannrechte), Nutzungsrechte, aufgrund deren die Ew. eines Bezirks (Bannbezirk) gezwungen waren, die für den Haushalt und das wirtsch. Leben notwendigen Gegenstände bei bestimmten Berechtigten **(Bannherren)** zu erwerben (Mühlen-, Bäckerei-, Brauzwang). Die B. sind durch die Gewerbeordnung (1873) aufgehoben worden.
Bannwald, Form des Schutzwaldes in Gebirgen, der Naturgefahren (Lawinen, Erosion und/oder Erdrutsch) entgegenwirken soll.

Banque Nationale de Paris ['bãk nasjo-'nal də pa'ri], weltweit in 85 Ländern tätige frz. Großbank, Sitz: Paris, 1966 entstanden durch Fusion der Banque Nationale pour le Commerce et l'Industrie (gegr. 1913) sowie des Comptoir National d'Escompte de Paris (gegr. 1889), 1993 privatisiert; firmiert seit Übernahme der Cie Financiére de Paribas (1999) als **BNP Paribas.**
Bansin, Ostseebad im Landkreis Ostvorpommern, Meckl.-Vorp., auf der Insel Usedom, 2 400 Ew.; Tropenhaus.
Banská Bystrica [- 'bistritsa] (dt. Neusohl), Stadt im mittleren Teil der Slowak. Rep., Verw.sitz des Bez. B. B., 85 600 Ew.; pädagog. Fakultät; Holz-, Metall-, Nahrungsmittelind. – Der Ort war im 15. und 16. Jh. eine dt. Bergstadt.
Banská Štiavnica [- 'ʃtjaunjitsa] (dt. Schemnitz), Stadt im Mittelslowak. Gebiet, Slowak. Rep., 10 600 Ew.; Bergwerksmuseum, Forstakademie; Textil-, Tabak-, Schuh-, Drahtseilfabriken. – B. Š., im

Baobab BAO

Banz: Klostergebäude der ehemaligen Benediktinerabtei (Barockkirche von J. Dientzenhofer, 1709–19)

13. Jh. von Deutschen gegründet, ist eine der sieben oberungar. Bergstädte (Gold- und Silberbergbau; UNESCO-Weltkulturerbe); Blütezeit im 14.–16. Jahrhundert.

Bantamgewicht [nach dem im Hahnenkampf eingesetzten Bantamhuhn], ↑Gewichtsklassen (Übersicht), ↑Profiboxen (Übersicht).

Bantamhuhn [nach der javan. Prov. Bantam] *das*, ein (in England gezüchtetes) Zwerghuhn.

Banteng [malaiisch] *der* (Bos [Bibos] javanicus), ein asiat. Wildrind; Stammform des als Haustier gehaltenen Balirindes.

Banting ['bæntɪŋ], Sir (seit 1934) Frederick Grant, kanad. Physiologe, *Alliston (Prov. Ontario) 14. 11. 1891, †(Flugzeugabsturz) Musgrave Harbour (Prov. Newfoundland) 22. 2. 1941; seit 1923 Prof. in Toronto; erhielt für seine Entdeckung des Insulins mit J. J. R. Macleod 1923 den Nobelpreis für Physiologie oder Medizin.

Bantu [afrikan. »Menschen«, »Leute«], zusammenfassende Bez. für die Völker und Stämme im südl. und zentralen Afrika, die eine B.-Sprache sprechen; etwa 140 Mio. Menschen; v. a. Ambo, Herero, Kikuyu, Kongo, Tswana, Xhosa, Zulu.

Bantusprachen, zu den ↑Benue-Kongo-Sprachen gehörende morphologisch bes. einheitl. Gruppe (über 400 Sprachen) afrikan. Sprachen; in der südl. Hälfte Afrikas gesprochen. Sie sind im Wesentlichen Tonhöhensprachen; bis auf das Suaheli waren sie schriftlose Sprachen. Wichtige B. sind u. a. Douala, die Pangwe-(Fang-)Dialekte und die Kongodialekte im NW, Kikuyu, Ruanda, Rundi im NO sowie Xhosa, Zulu, Swasi, Venda und Herero im Süden.
📖 *Meinhof, C.: Grundzüge einer vergleichenden Grammatik der B.* Hamburg ²1948. – *Rodegem, F.: Initiation aux langues bantoues.* Unter Mitarbeit v. J. Daeleman u. a. Berlin 1991.

Banus, latinisierte Form von ↑Ban.

Banz, ehem. Benediktinerabtei (um 1070–1803) in Oberfranken, auf einer Anhöhe über dem rechten Mainufer, gegenüber von Vierzehnheiligen, bei Staffelstein; Abtbau und die beiden Flügel des Konventbaus von J. L. Dientzenhofer (1698ff.), Barockkirche (1709–19) von seinem Bruder J. Dientzenhofer. 1814–1920 im Besitz der Wittelsbacher, 1920–26 Trappistenkloster; gehört heute der Hanns-Seidel-Stiftung, München (Tagungsstätte).

Bánzer Suárez [-sɛr 'suarɛs], Hugo, bolivian. General und Politiker, *Santa Cruz 10. 7. 1926, †ebd. 5. 5. 2002; regierte ab 1971 nach einem Putsch als Diktator, gründete nach dem Sturz 1978 die rechtsgerichtete Partei Acción Democrática Nacionalista (ADN), für die er 1997 die Präsidentschaftswahlen gewann. Im Aug. 2001 trat er – auch aus gesundheitl. Gründen – zugunsten von Vizepräs. J. Quiroga zurück.

Baobab [westafrikan.] *der,* ↑Affenbrotbaum.

Bạo Dại, Kaiser von Annam (1926–45), *Huê 22. 10. 1913, † Paris 31. 7. 1997; war 1949–55 Staatschef des mit der Frz. Union assoziierten Vietnam.

Baoding (Paoting; 1913–49 Tsingyüan), Stadt in der Prov. Hebei, China, über 420000 Ew.; Univ., Textil-, Nahrungsmittel-, Elektroindustrie.

Baoto|u (Paotou), Stadt in der Autonomen Region Innere Mongolei, China, am Hwangho, 1,12 Mio. Ew.; seit 1959 ein Zentrum der Stahlindustrie, Zuckerraffinerie; Flugplatz.

BAP [kölnisch »Vater«], 1977 gegründete Rockgruppe um den Sänger und Gitarristen Wolfgang Niedecken (*1951), deren Markenzeichen politisch engagierte Lieder in Kölner Mundart sind.

Baptisten, die Mitgl. der größten evang. Freikirche. Die B. taufen nur Erwachsene (meist durch Untertauchen), weil nach ihrer Auffassung nur der bewusst an Christus Glaubende getauft werden sollte. Sie treten für die Unabhängigkeit der Kirche vom Staat ein und lehnen ebenso eine kirchl. Hierarchie ab. Die Gemeinden sind selbstständig, arbeiten aber in Unionen und Bünden zusammen. Der Gottesdienst besteht in Predigt, freiem Gesang und Gebet ohne liturg. Ordnung. Ein einheitl. baptist. Glaubensbekenntnis gibt es nicht; alleinige Richtschnur für Glauben und Leben ist die Bibel, die jeder Gläubige unter Leitung des Hl. Geistes auslegen kann. – Die Gemeinschaft entstand im 17. Jh. während der engl. Revolution und verbreitete sich bald in Nordamerika, seit 1834, initiiert durch den Kaufmann Johann Gerhard Oncken (*1800, †1884), auch in Dtl. Der 1905 gegründete Weltbund der B. **(Baptist World Alliance)** repräsentiert als Dachverband regionaler baptist. Gemeindebünde weltweit rd. 200000 Gemeinden mit rd. 44 Mio. Mitgliedern (getauften Erwachsenen).
📖 *Die B. Einführung in Lehre, Praxis u. Gesch.,* hg. v. J. D. Hughey. A. d. Engl. Stuttgart 1964. – Marchlowitz, B.: *Freikirchl. Gemeindeaufbau. Geschichtl. u. empir. Untersuchung baptist. Gemeindeverständnisses.* Berlin u. a. 1995.

Baptisterium [lat.] *das,* Taufkirche (frei stehend oder einer Basilika angebaut); das vertiefte Taufbecken (Piscina) lag meist in der Mitte des Raumes (deshalb häufig überkuppelter Zentralbau).

bar, Einheitenzeichen für ↑Bar.

Bar [Herkunft unbekannt] *der,* eine im Meistersang gebrauchte Wendung für das regelmäßige, eine ungerade Zahl von Strophen umfassende Lied; auch von R. Wagner verwendet.

Bar [zu grch. barós »Schwere«, »Gewicht«] *das,* Einheitenzeichen **bar,** gesetzl. Einheit des Drucks. 1 bar = 10^5 Pa = 10^5 N/m².

Bar [engl.; aus altfrz. barre »Schranke«] *die,* **1)** [bɑː, engl.], in Großbritannien und den USA die Rechtsanwaltschaft (↑Barrister).
2) Gaststätte oder Raum in Hotels mit hoher Theke zur Einnahme von Getränken; auch die Theke selbst als Teil eines Raumes.

Bar, 1) ehem. frz. Herzogtum, ↑Barrois.
2) Hafenstadt am Adriat. Meer in Montenegro, 16000 Ew.; kath. Erzbischofssitz; Endpunkt der Eisenbahnlinie von Belgrad; Fähre nach Bari, Italien. – 4 km östlich von B. liegt **Stari Bar** mit den Ruinen (11.–16. Jh.; u. a. von einer Ummauerung mit Türmen umgebene obere Festung, Bischofspalast, Aquädukt) von **Antibar (Antipatris),** der ursprüngl. Stadt.

Bär [ahd. bero »der Braune«], **1)** *Astronomie:* **Großer Bär** (lat. Ursa Maior) und **Kleiner Bär** (lat. Ursa Minor), zwei zirkumpolare Sternbilder am nördl. Himmel. Die jeweils sieben hellsten Sterne des Sternbilds Großer B. bilden den **Großen Wagen,** die des Kleinen B. den **Kleinen Wagen** mit je einem Trapez aus vier Sternen und einer »Deichsel« aus drei Sternen. Der Große B. besteht aus den vier Sternen Dubhe, Merak, Phekda, Megrez sowie den drei »Deichselsternen« Alioth, Mizar, Benetnasch. Durch ↑Alignement der hinteren Trapezsterne **Merak** und **Dubhe** des Großen Bären findet man die 1. Deichselstern des Kleinen Bären, den **Polarstern.** Der mittlere Deichselstern des Großen B. ist ein mit bloßem Auge erkennbarer Doppelstern, **Mizar** und **Alkor** (das Reiterlein).
2) *Technik:* ein schwerer Stahlklotz in einer Ramme **(Ramm-B.)** oder einem Maschinenhammer **(Hammer-B.),** wirkt durch freien Fall oder zusätzl. Beschleunigung.
3) *Zoologie:* Säugetier, ↑Bären.

Barabasteppe (Barabinsker Steppe), Steppengebiet im S Westsibiriens, Russland, mit zahlr. Süß- und Salzwasserseen; Weizenanbau, Milchviehzucht.

Barbados BAR

Baracaldo, Stadt in der nordspan. Prov. Vizcaya, am Río Nervión, 100 500 Ew.; Verhüttung der im Hinterland geförderten Erze, Lokomotiv- und Schwermaschinenbau, Werften, chem. und Elektroindustrie.

Baracke [frz.], behelfsmäßiges Bauwerk, meist einstöckig, zur vorübergehenden Unterbringung von Truppen, Arbeitskräften, Kranken (Wohn-B.) u. a., auch Gütern; besteht aus vorgefertigten Wandteilen, ist zerlegbar und wiederholt verwendbar.

Baradei [-'deɪ], Mohammed el-B., ägypt. Diplomat, *1942; Jurist; arbeitete ab 1964 im ägypt. Außenministerium, danach in der Ständigen Vertretung Ägyptens bei den Vereinten Nationen sowie bei der UN-Abrüstungskommission, beim UN-Weltentwicklungsprogramm (UNDP), bei der Internat. Arbeitsorganisation (ILO) sowie der Weltgesundheitsorganisation (WHO). 1984 wurde B. Repräsentant des Generaldirektors der Internat. Atomenergie-Organisation (IAEO) und war 1987–91 Direktor der Rechtsabteilung der IAEO; seit 1. 12. 1997 Generaldirektor der IAEO.

Bărăgan [bərə-], trockene Schwarzerdesteppe in Rumänien zw. dem südöstl. Karpatenvorland und der Donau, das wichtigste rumän. Getreideanbaugebiet.

Barak, Ehud, israel. General (seit 1982) und Politiker, *Mishmar Hasharon 2. 2. 1942; Ingenieur; 1991–94 Generalstabschef; 1995 Innen-, 1995–96 Außenmin.; 1997–2001 Vors. der Israel. Arbeitspartei. Als MinPräs. (1999–2000 [Rücktritt; Wahlniederlage am 6. 2. 2001]) war B. erstmals, allerdings erfolglos, um eine endgültige Friedensregelung im Nahostkonflikt bemüht, u. a. Verhandlungen zum Abschluss eines Rahmenabkommens.

Baranów [-'ranuf], poln. Ort nordöstl. von Krakau. – Im Zweiten Weltkrieg errichteten hier im Sommer 1944 sowjet. Truppen (1. Ukrain. Front unter I. S. Konew) nach ihrem Vorstoß über die Weichsel einen Brückenkopf; dieser war Ausgangspunkt der am 12. 1. 1945 eingeleiteten Großoffensive der Roten Armee gegen die Grenze des Dt. Reiches.

Baranowitschi (weißruss. Baranawitschi), Stadt im Gebiet Brest, Weißrussland, 172 200 Ew.; Eisenbahnknoten; Textil-, Nahrungsmittelind., Maschinenbau.

Bárány ['ba:ra:ni], Robert, österr. Hals-Nasen-Ohren-Arzt ungarischer Herkunft, *Wien 22. 4. 1876, †Uppsala 8. 4. 1936; erhielt 1914 den Nobelpreis für Physiologie oder Medizin für seine Arbeit über den Vestibularapparat (Gleichgewichtsorgan).

Baranya ['bɔrɔnjɔ, ungar.] die (kroat. Baranja, früher dt. Schwäb. Türkei), fruchtbares Hügelland zw. Donau und unterer Drau; Anbau von Weizen, Mais, Reben und Obst. Der größte Teil gehört zu Ungarn (Bezirk B., 4430 km², 401 000 Ew., Hptst. Pécs), der Südzipfel zu Kroatien (Baranja in Ostslawonien; Hptst. Osijek). – Ab 1718 wurde die B. von Deutschen besiedelt (Donauschwaben); 1920 (Vertrag von Trianon) kam der SO zum späteren Jugoslawien, von dort wurden die Donauschwaben 1945 vertrieben.

Baratterie [italien. »Betrügerei«] *die,* vorsätzl. Verfehlung des Kapitäns oder anderer Besatzungsmitglieder zum Nachteil des Reeders oder der Ladungsbeteiligten.

Baratynski, Jewgeni Abramowitsch, russ. Dichter, *Mara (Gouv. Tambow) 2. 3. 1800, †Neapel 11. 7. 1844; schrieb schwermütige, gedankenreiche, syntaktisch komplizierte Lyrik, bes. Oden, Elegien, romant. Poeme.

Barbados

Fläche	430 km²
Einwohner	(2003) 270 000
Hauptstadt	Bridgetown
Verwaltungsgliederung	11 Bezirksgemeinden
Amtssprache	Englisch
Nationalfeiertag	30. 11.
Währung	1 Barbados-Dollar (BDS$) = 100 Cent
Zeitzone	MEZ – 5 Std.

Barbados [engl. bɑ:'beɪdəʊz], Staat im Karib. Meer, die östlichste Insel der Kleinen Antillen.

Staat und Recht: Nach der Verf. von 1966

BAR Barbakane

Barbados: Küstenlandschaft

ist B. eine parlamentar. Monarchie im Commonwealth. Staatsoberhaupt ist die brit. Krone, vertreten durch einen Gen.-Gouv. Die Legislative besteht aus Senat (21 Mitgl.) und Abgeordnetenhaus (30 Abg.). Wichtigste Parteien: Barbados Labour Party (BLP) und Democratic Labour Party (DLP).
Landesnatur: Die Insel besteht aus einer flachen Tafel verkarsteter Kalke und Mergel, die nach NO ansteigt (Mount Hillaby: 343 m ü. M.); im S und W Sandstrände. Das Klima ist tropisch, mit einer Regenzeit von August bis November (Wirbelstürme). Die jährl. Mitteltemperatur beträgt 26 °C, der jährl. Niederschlag 1250 bis 1750 mm.
Bevölkerung: Die Bev., hauptsächlich Schwarze (80%) und Mulatten (16%), gehört zu rd. 90% christl. Kirchen an (überwiegend Anglikaner und Protestanten). Der Anteil der Stadt-Bev. beträgt 49%. Es besteht allg. Schulpflicht vom 5. bis zum 16. Lebensjahr. Die Analphabetenquote beträgt 3%. Eine Zweigstelle der University of the West Indies (Hauptsitz: Kingston, Jamaika) befindet sich in Bridgetown (gegr. 1963).
Wirtschaft und Verkehr: Prägend ist der Zuckerrohranbau (Export) auf großen Plantagen im N; daneben werden Baumwolle und Nahrungspflanzen angebaut. Auch die Krabbenfischerei ist exportorientiert. Zunehmende Bedeutung gewinnen der Fremdenverkehr (Kreuzfahrttourismus), der etwa ein Drittel des Bruttoinlandsproduktes erbringt, sowie Offshorefirmen (u. a. Banken). Wichtige Industriezweige sind Zuckerrohrverarbeitung, Leder-, Textil-, Möbelind., Elektroteilmontage; die Erdölraffinerie in Bridgetown (Tiefwasserhafen) produziert u. a. für den Reexport. Touristenzentren befinden sich v. a. an der mittleren W-Küste und der S-Küste östlich von Hastings.
Geschichte: B. wurde 1536 von den Spaniern entdeckt, seit 1625 von Engländern besiedelt, 1652 kam es durch Cromwell in engl. Besitz; bis zur Sklavenbefreiung (1834) war es Umschlagplatz für den Sklavenhandel. 1966 wurde B. im Rahmen des Commonwealth unabhängig. B. war Mitbegründer (1973) der Karib. Gemeinschaft (CARICOM).
📖 *Beckles, H. M.: A history of B. From Amerindian settlement to nation-state. Cambridge 1990.* – *Sobik, H.: B. (Karibik). Köln ³1994.*
Barbakane [italien.] *die,* bei mittelalterl. Befestigungsanlagen das Vorwerk zur Verteidigung des Burg- oder Stadttores; auch Brückenkopf.
Barbar [grch.], bei den Griechen urspr. jeder nicht Griechisch Sprechende, seit den Perserkriegen mit der Bedeutung des Ungebildeten, Rohen und Grausamen verbunden; bei den Römern alle außerhalb des grch.-röm. Kulturkreises lebenden Völker; umgangssprachlich für: roher, ungebildeter Mensch.

Barbara, Märtyrerin, nach der Legende um 306 von ihrem Vater enthauptet; Nothelferin bei Blitzgefahr, Patronin der Berg- und Bauleute; Attribute: Turm, Kelch, Schwert. – Tag: 4. 12.; seit 1969 nicht mehr im Festkalender der kath. Kirche.
Barbarakraut (Barbenkraut, Barbarea), Kreuzblütlergattung. Das gelb blühende **Echte B.** (**Winterkresse,** Barbarea vulgaris) kann als Salatpflanze genutzt werden.
Barbaresco, italien. Rotwein aus Piemont, aus der Nebbiolotraube bereitet.
Barbari, Iacopo de', italien. Maler und Kupferstecher, *Venedig zw. 1440 und 1450, †Brüssel(?) vor 1516; lebte bis 1500 in Venedig, dann im Dienst dt. Fürsten, seit 1510 Hofmaler der Erzherzogin Margarete in Brüssel; beeinflusste auch A. Dürer.
Barbarossa (Fall B.), militär. Deckname für den Angriff auf die UdSSR im Zweiten ↑Weltkrieg.
Barbarossa [italien. »Rotbart«], Beiname des Röm. (dt.) Kaisers Friedrich I. sowie zweier Herrscher von Algier, Horuk und Cheireddin.
Barbarossahöhle, Gipshöhle im S-Abhang des Kyffhäusers, 1 500 m lang; der Sage nach soll in ihr Kaiser Friedrich I. schlafend sitzen.
Barbascowurzeln, mehrjährige Wurzelknollen mexikan. und zentralamerikan. Dioscorea-Arten, aus denen Diosgenin als Steroidrohstoff gewonnen wird. (↑Jamswurzel)
Barbe [lat. »Bart«] (Barbus), Unterfamilie der Karpfenfische, bes. verbreitet in trop. und subtrop. Gebieten Asiens und Afrikas. Die mitteleurop. B. oder **Fluss-B.** (Barbus barbus) wird bis zu 80 cm lang und 8,5 kg schwer. Kleinere, bes. asiat. B., sind Aquarienfische (**Pracht-B.,** Puntius conchonius).
Barbe, Helmut, Komponist, *Halle (Saale) 28. 12. 1927; wurde 1976 Prof. an der Hochschule der Künste in Berlin (Ost), bezog als einer der ersten Komponisten Zwölftontechnik in seine liturg. Werke ein. Außer geistl. Musik komponierte er Orchester- und Chorwerke, Orgelstücke und Bühnenmusiken.
Barbecue ['bɑːbɪkjuː, engl.] *das,* urspr. Gestell zum Rösten und Braten von Fleisch v. a. im Freien, dann auch das geröstete Stück Fleisch oder das (Garten-)Fest, bei dem solches Fleisch bereitet wird.

Barber ['bɑːbə], 1) Chris, eigtl. Donald Christopher B., brit. Jazzmusiker (Posaunist, Orchesterleiter), *Welwyn Garden City 17. 4. 1930; gründete 1953 eine Band, die bis Anfang der 60er-Jahre zu den erfolgreichsten Formationen des traditionellen Jazz in Europa gehörte.
2) Samuel, amerikan. Komponist, *West Chester (Pa.) 9. 3. 1910, †New York 23. 1. 1981; bemühte sich in seinen Werken (u. a. Opern, Orchester-, Kammermusik- und Chorwerke) um eine eigenständige amerikan. Tonsprache.
Barbera, rote Rebsorte Norditaliens, v. a. im Piemont.
Barberina (La B.), eigtl. B. Campanini (seit 1789 Gräfin), italien. Tänzerin, *Parma 1721, †Barschau (heute Barzów, bei Breslau) 7. 6. 1799; gefeierte Ballerina; wirkte u. a. in Paris, London und 1744–48 an der Berliner Hofoper.
Barberini, röm. Adelsgeschlecht, aus dem Papst Urban VIII. (1623–44) stammt (Maffeo B.); es wurde von ihm in den Fürstenstand erhoben und starb 1738 aus. Der **Palazzo B.** in Rom entstand für Kardinal Francesco B., *1597, †1679) wurde von C. Maderno, F. Borromini und G. L. Bernini im Barockstil erbaut (vollendet 1633); er ist seit 1949 Staatsbesitz (Nationalgalerie). Die von F. B. angelegte **Bibliothek B.** erwarb Papst Leo XIII. 1902 für die Vatikanische Bibliothek.
Barbey d'Aurevilly [barbɛ dɔrvi'ji], Jules, frz. Schriftsteller, *Saint-Sauveur-le-Vicomte (Dép. Manche) 2. 11. 1808, †Paris 23. 4. 1889; exzentr. Dandy, überzeugter Royalist und Katholik. Seine an Stendhal geschulten Romane und Novellen (»Die Teuflischen«, 1874) beeinflussten den psycholog. Roman des 20. Jh. (G. Bernanos, F. Mauriac).
Barbican Centre ['bɑːbɪkən 'sentə; engl.] barbican »Außenwerk«, »Wachturm«], Kulturzentrum und neues Wohngebiet östlich der Londoner City, 1982 eröffnet. Der Gebäudekomplex, u. a. mit drei 44-stöckigen Hochhäusern, umfasst Konzert- und Konferenzsaal, zwei Theater, drei Kinos, ein Galerie- und Ausstellungsforum, eine Leihbibliothek, die Guildhall School of Music and Drama sowie 2 100 Wohnungen.
Barbie [ben. nach der Tochter (Barbara) von Ruth Handler] (Barbiepuppe), Spielzeugpuppe aus Plastik; als neuartige »er-

BAR Barbier

wachsene Puppe« gegenüber den bis dahin übl. Babypuppen 1959 von der amerikan. Designerin Ruth Handler (* 1916, †2002), Mitbegründerin der Spielzeugfabrik Mattel Inc., aus der 1952 in Dtl. entstandenen und dort seit 1955 als Hartplastikpuppe vertriebenen Figur »Lilli« entwickelt; in ihrer Gestaltung seither mehrmals (1967, 1976, 1997) dem Zeitgeist angepasst.

Barbie: Ruth Handler und die »Jubiläums-Barbie«, vorgestellt 1999 in New York aus Anlass des 40. Geburtstages der Barbiepuppe

Barbier [von frz. barbe »Bart«] der, veraltete Bez. für Friseur.
Barbirolli, Sir (seit 1949) John, eigtl. Giovanni Battista B., brit. Dirigent, * London 2. 12. 1899, †ebd. 28. 7. 1970; zunächst Cellist, 1937–43 Chefdirigent des New York Philharmonic Orchestra (als Nachfolger A. Toscaninis), 1962–67 des Houston Symphony Orchestra (als Nachfolger L. Strokowskis).
Barbitos die, altgrch. Leier mit 5–7 Saiten.
Barbitursäure, aus Harnstoff und Malonsäurediäthylester hergestellte organ. Säure. Ihre Derivate **(Barbiturate)** werden als Narkosemittel und teilweise zur Behandlung der Epilepsie genutzt. Als Schlaf- und Beruhigungsmittel haben sie ihre Bedeutung weitgehend verloren. Sie wurden durch die besser verträgl.↑Benzodiazepine ersetzt. Bei wiederholter Anwendung führen Barbiturate zur Gewöhnung mit Entzugserscheinungen. Zu hohe Dosen können zum Tod durch Atemlähmung und Kreislaufversagen führen.

Barbizon [barbiˈzɔ̃], Dorf bei Fontainebleau, Frankreich. Von der hier um die Mitte des 19. Jh. entstandenen Malerkolonie **(Schule von B.)** ging die frz. Malerei der »intimen Landschaft« aus, der schlichten und stimmungserfüllten Darstellung eines Naturausschnitts. Ihre Hauptmeister sind C. Corot, T. Rousseau, J.-F. Millet, J. Dupré, N. Diaz de la Peña, C.-F. Daubigny, C. Troyon.
📖 *Corot, Courbet u. die Maler von Barbizon. »Les amis de la nature«*, hg. v. Chr. Heilmann u. a. Beiträge v. C. Denk u. a. Ausst.-Kat. Haus der Kunst München. München 1996.
Barbour [ˈbɑːbə] (Barber), John, der erste bed. schott. Dichter, * 1325 (?), ✝ Aberdeen 13. 3. 1395. Sein Werk »The Bruce« (1375) gilt als schott. Nationalepos.
Barbuda [engl. bɑːˈbuːdə], Insel der Kleinen Antillen, Karibik, ↑Antigua und Barbuda.
Barbusse [barˈbys], Henri, frz. Schriftsteller, * Asnières-sur-Seine (Dép. Hauts-de-Seine) 17. 5. 1873, † Moskau 30. 8. 1935. Sein Kriegsbuch »Das Feuer« (1916), das Brutalität und Sinnlosigkeit des Krieges in authent. Sprache schildert, wurde ein Welterfolg.
Barby (Elbe), Stadt im Landkreis Schönebeck, Sa.-Anh., an der Mündung der Saale in die Elbe, 5 100 Ew.; Metallverarbeitung, Baustoffind.; Elbhafen; Marien- und Johanniskirche (beide 13. Jh.), Schloss (17./18. Jahrhundert).
Barcelona, FC (FC: Fußball-Club), span. Klub mit Handballabteilung, gegr. 1899; internat. Erfolge: im *Fußball* Europapokal der Landesmeister (1992), Europapokal der Pokalsieger (1979, 1982, 1989, 1997), UEFA-Pokal (1958, 1960, 1966) und Supercup (1992, 1997), im *Handball* Europapokal der Landesmeister (1991, 1996 bis 2000), Europapokal der Pokalsieger (1984–86, 1994, 1995).
Barcelona [barsəˈlɔna, span. barθeˈlona],
1) Provinz Spaniens, in Katalonien, 7 728 km^2, 4,806 Mio. Einwohner.
2) Hptst. von 1), 1,509 Mio. Ew.; bed. Ind.- und Handelsstadt, wichtiger Hafen der span. Mittelmeerküste, in bergumkränzter Küstenebene; Erzbischofssitz; zwei Univ., techn. Hochschulen, Museen (u. a. Picasso-Museum, Museum für zeitgenöss. Kunst), Aquarium, Opernhaus (»Liceo«); Textil-, Metall-, Druck- und Papierind.,

Kfz- und Schiffbau; internat. Flughafen. – Got. Kathedrale (1298 begonnen), Templo de la Sagrada Familia von A. Gaudí (1883 ff., unvollendet), Rathaus (14. Jh.). Im Rahmen des Stadterneuerungsprogramms der 1980er- und 1990er-Jahre entstanden zahlr. Neubauten internat. bedeutender Architekten. Die Casa Milá, Park und Palau Güell von A. Gaudí sowie der Palau de la Musica Catalana und das Hospital von Sant Pau wurden als außergewöhnl. Zeugnisse des katalan. Jugendstils von der UNESCO zum Weltkulturerbe erklärt. – Das röm. **Barcino**, im MA. **Barcinona**, wurde 415 von den Westgoten, 713 von den Arabern, 801 von den Franken erobert und zur Hptst. der Span. Mark gemacht. 1137 kam es an das Königreich Aragonien. Im Span. Erbfolgekrieg (bis 1714) kämpfte es gegen den Bourbonen Philipp V. Im 19. Jh. Mittelpunkt des katalan. Separatismus; 1932–39 und seit Dez. 1979 Hptst. Kataloniens. Ort der Weltausstellung 1929/30; Austragungsort der XXV. Olymp. Spiele 1992.

📖 *B. Architektur u. Städtebau zur Olympiade 1992*, bearb. v. O. Bohigas u. a. Stuttgart u. a. 1991. – *Vázquez Montalbán, M.: Barcelonas. A. d. Span.* Mannheim 1992.

3) Hptst. des Staates Anzoátegui, Venezuela, 221 000 Ew.; Erdölausfuhrhafen, internat. Flughafen; baulich mit ↑ Puerto La Cruz zusammengewachsen.

Barchan [turkmen.] *der* (Sicheldüne, Bogendüne), halbmondförmige Wanderdüne mit flachem Anstieg auf der Windseite und Steilhang im Windschatten.

Barchent [arab. barrakān »grober Wollstoff«] *der*, linksseitig aufgerautes flanellartiges Gewebe. Die Kette ist aus feinerem und festerem Material als der Schuss.

Barclay [ˈbɑːklɪ], Alexander, engl. Dichter, *um 1475, †Croydon (heute zu London) 8. 6. 1552; Geistlicher, schrieb »The shyp of folys of the worlde« (1509) in Anlehnung an S. Brants »Narrenschiff«.

Barclay de Tolly, Michail Bogdanowitsch, Fürst (seit 1815), russ. Generalfeldmarschall (seit 1814), *Pomautsch/Scheimel (Litauen) 27. 12. 1761, †bei Insterburg 26. 5. 1818; 1810–12 russ. Kriegsmin., führte gegen Napoleon I. 1812 die 1. russ. Westarmee, wurde dann durch M. I. Kutusow ersetzt; nach dessen Tod (1813) Oberbefehlshaber der russ.-preuß. Truppen.

Barclays Bank Ltd. [ˈbɑːklɪz ˈbæŋk ˈlɪmɪtɪd], London, 1896 gegründete brit. Großbank.

Barczewo [-ˈtʃɛvɔ] (dt. Wartenburg), Stadt in der Wwschaft Ermland-Masuren, Polen, an der Pissa, 7 400 Ew. – Got. Pfarrkirche (14. Jahrhundert). – Östlich der bereits 1337 gen. Stadt Wartenburg (1353/54 durch die Litauer zerstört) wurde der Ort neu angelegt und erhielt 1364 Culmer Recht.

Barde [irisch], kelt. Hofdichter, der Fürsten- und Helden(preis)lieder zum Vortrag brachte. Die irischen und walis. B. waren in Zünften organisiert. In Gallien starb ihr Stand mit der Romanisierung aus. In Wales sowie in Irland und Schottland gab es B. bis ins 17./18. Jh. Im 17. und 18. Jh. wurden von einer durch F. G. Klopstock, F. W. Gerstenberg, J. E. Schlegel u. a. getragenen, die altdt. Zeit verherrlichenden

Barcelona 2): Antonio Gaudí, »Templo de la Sagrada Familia« (1883 ff., unvollendet)

Richtung B. mit den altnord. Skalden und altgerman. Sängern gleichgesetzt. Die **Bardendichtung** entwickelte sich in Klopstocks Nachfolge und unter dem Einfluss von J. Macphersons »Ossian« zu einer kurzfristigen Modedichtung.

Bardeen [ˈbɑːdiːn], John, amerikan. Physiker, *Madison (Wis.) 23. 5. 1908, †Boston (Mass.) 30. 1. 1991; erhielt 1956 mit W. H. Brattain und W. Shockley für die Entdeckung des Transistoreffekts und 1972 mit L. N. Cooper und J. R. Schrieffer für die »BCS-Theorie« der Supraleitung den Nobelpreis für Physik.

Bardejov (dt. Bartfeld, ungar. Bártfa), Stadt im O der Slowak. Rep., 29 500 Ew.; Ind.standort. – Die Stadt mit fast vollständig erhaltener Befestigung (14. Jh.) wurde zum UNESCO-Weltkulturerbe erklärt.

Bardem [-ˈðen], Juan Antonio, span. Filmregisseur und Drehbuchautor, *Madrid 2. 7. 1922, †ebd. 30. 10. 2002; wichtiger Vertreter des span. Films nach dem Zweiten Weltkrieg; drehte v. a. in den 1950er-Jahren realist., sozialkrit. Filme (»Tod eines Radfahrers«, 1955; »Hauptstraße«, 1956) sowie den Dokumentarfilm »Sieben Tage im Januar« (1978).
Weitere Filme: Lorca, Tod eines Poeten (vierteilige TV-Serie, 1987); The young Picasso (Dokumentation; 1992); Resultado final (1998).

Bardepot [-po], unverzinsl. Zwangseinlagen, die Gebietsansässige bei der Zentralbank halten müssen, wenn sie im Ausland

Brigitte Bardot

Kredite aufnehmen; Instrument zur Abwehr unerwünschter Kapitalimporte. Eine Bardepotpflicht in Dtl. bestand zw. dem 1. 3. 1972 und dem 1. 10. 1974.

Barditus [lat.] *der*, nach Tacitus (»Germania«, Kap. 3) ein Schlachtgeschrei der Germanen. Im 17. Jh. kam das Wort ins Neuhochdeutsche und wurde auf keltisch »Barden« bezogen.

Bardo (Le B.), Stadt im Vorortbereich von Tunis, Tunesien, 65 700 Ew.; Nationalmuseum im ehem. Palast der Beis von Tunis mit der größten Sammlung röm. Mosaiken.

Bardot [barˈdo], Brigitte, frz. Filmschauspielerin, *Paris 28. 9. 1934; spielte u. a. in den Filmen »Und immer lockt das Weib« (1956), »Die Wahrheit« (1960), »Viva Maria« (1965); setzt sich heute v. a. für den Tierschutz ein.

Bardowick [-viːk], Flecken im Landkr. Lüneburg, Ndsachs., 5 300 Ew.; Dom (vor 1380 bis Ende des 15. Jh.); Gemüsebau, Matratzen-, Polstermöbelfabrik. – 805 von Karl d. Gr. zum Fernhandelsplatz für die Slawengebiete bestimmt, gewann es wirtsch. und polit. Bedeutung, trat aber seit Mitte des 12. Jh. hinter Lüneburg und Lübeck zurück.

Bareilly [bəˈreɪlɪ, engl.], Stadt in Uttar Pradesh, Indien, 591 000 Ew.; Univ. (1975 gegr.); Holzfachschule, Möbelindustrie.

Bären, 1) (Ursidae) Familie großer bis sehr großer Säugetiere, Landraubtiere in Europa, Asien und Amerika; Körperlänge etwa 1–3 m, Körpergewicht bis 780 kg; plumpe Tiere mit kurzem, dickem Hals, relativ kurzen Beinen und kurzem bis rudimentärem Schwanz; Sohlengänger mit nicht einziehbaren Krallen; Geruch und Gehör gut entwickelt; Reißzähne nur schwach ausgebildet, dafür breite Backenzähne (Alles- bzw. Pflanzenfresser); in kalten Gebieten öfter unterbrochene Winterruhe.

Der südamerikan. **Brillen-** oder **Andenbär** (Tremarctos ornatus) ist schwarz mit wechselnd großer Brillenzeichnung. Der in Hinterindien, Borneo und Sumatra lebende **Malaien-** oder **Sonnenbär** (Helarctos malayanus) ist der kleinste Bär (100–140 cm lang) und ein guter Kletterer. Der **Lippenbär** (Melursus ursinus) lebt in den Wäldern Vorderindiens und Sri Lankas, ernährt sich von Insekten. Der **Asiat. Schwarz-, Tibet-, Himalaja-** oder **Kragenbär** (Ursus thibetanus) lebt bis in Höhen von 4 000 m; er ist schwarz oder rotbraun, mit weißem V oder Y auf der Brust. Der **Amerikan. Schwarzbär** oder **Baribal** (Ursus americanus) ist schwarz mit braungelber Schnauzenspitze. Der **Braunbär** (Ursus arctos) war noch im MA. in Dtl. weit verbreitet, ist heute aber bes. auf Skandinavien, Russland und Südosteuropa beschränkt; wenige Tiere leben noch in den italien. Alpen und in den Abruzzen. Der nordamerikan. **Grizzlybär** (Ursus arctos horribilis) und der bis zu 3 m lange **Alaska-** oder **Kodiakbär** (Ursus arctos middendorffi) sind die größten Landraubtiere.

Barentsburg **BAR**

Bären 1): Eisbären-mutter mit Jungtieren

Der **Eisbär** (Ursus maritimus) lebt im Nordpolargebiet und ist ein guter Schwimmer und Taucher. Ausgestorben ist der ↑Höhlenbär. Die **Wasch-B., Nasen-B.** u. a. gehören zu den ↑Kleinbären. Nicht zu den B. gehören auch ↑Pandas und ↑Koala. Der **Bärenkult** ist seit der mittleren Altsteinzeit nachweisbar (Höhlenbilder) und war von den Lappen über die sibir. Volksstämme und Ainu bis zu den Indianern Nordamerikas verbreitet; die Vorstellung von der Abstammung des Menschen oder einzelner Helden von B. ist als Märchenmotiv erhalten; Zähne und Krallen von B. wurden als Amulett getragen und sollten »Bärenkräfte« verleihen.
📖 *Bärenstark. Natur- u. Kulturgesch. des Bären*, hg. v. H.-A. Treff, Beiträge v. K. Ellmauer u. a. München 1995.
2) die Schmetterlingsfamilie ↑Bärenspinner.
Barenboim, Daniel, israel. Pianist und Dirigent, *Buenos Aires 15. 11. 1942; wurde 1975 Chefdirigent des Orchestre de Paris (bis 1989), 1991 des Chicago Symphony Orchestra; seit 1992 künstler. Leiter der Dt. Staatsoper Berlin.
Bärenhüter (grch. Bootes, Ochsentreiber), Sternbild des Nordhimmels; sein Hauptstern **Arktur** gehört zu den hellsten Sternen am Himmel.
Bäreninsel (norweg. Bjørnøya), nach den dort lebenden Eisbären ben. Insel zw. dem europ. Nordkap und Spitzbergen, 178 km², bis 536 m ü. M.; Funk- und Wetterstation; seit 1925 norwegisch.
Bärenklau [nach der Blattform], **1)** ↑Akanthus.

2) (Heracleum, Bärenwurz), Doldenblütler mit etwa 60 Arten, z. T. bis über 3 m hohe Kräuter. Heimisch u. a. der **Wiesen-B.** (Heracleum sphondylium) mit weißen oder grünl. Blüten auf Fettwiesen und an Wegrändern; an Straßen-, Weg- und Waldrändern wächst der sich einbürgernde **Riesen-B.** (**Herkulesstaude,** Heracleum mantegazzianum) aus dem Kaukasus; bis 5 m hoch, mit purpurfarben geflecktem Stängel; Hautkontakt ist zu vermeiden.
Bärenmarder, der ↑Binturong.
Bärensee, ↑Großer Bärensee.
Bärenspinner (Bären, Arctiidae), Schmetterlingsfamilie mit rd. 5 000 Arten; meist kleine bis mittelgroße Falter, v. a. auf den Hinterflügeln bunt, gelb oder rot mit schwarz gezeichnet. Die Raupen sind fast stets stark behaart **(Bärenraupe)**; schädlich durch Fraß an über 50 Pflanzenarten.
Bärentraube (Arctostaphylos), Heidekrautgewächsgattung; die auf Heideboden und im Nadelwald wachsende **Echte B.** (Arctostasphylos uva-ursi) ist ein preiselbeerähnl. Halbstrauch mit roten, mehligen Früchten. Das Laub wirkt desinfizierend auf die Harnwege (Bärentraubenblättertee).
Barents (Barentsz), Willem, niederländ. Seefahrer, *auf Terschelling um 1550, †bei Nowaja Semlja 20. 6. 1597; erreichte auf der Suche nach der Nordostpassage 1594 die W-Küste Nowaja Semljas, entdeckte 1596 die Bäreninsel und Spitzbergen.
Barentsburg, Bergbau- und Hafenstadt auf Spitzbergen an der S-Seite des Eisfjords, norweg. Verw.-Gebiet Svalbard, 900 Ew. (v. a. Ukrainer, Russen). Die UdSSR

bzw. Russland baut dort seit 1925 Steinkohle ab.
Barentsko|operation, internat. Vereinbarung, geschlossen am 11. 1. 1993 zw. Finnland, Norwegen, Russland und Schweden, begründet völkerrechtlich die Zusammenarbeit der vier Staaten auf dem Gebiet des Umweltschutzes und der wirtschaftl. Erschließung der nordpolaren Barentssee.
Barentssee [nach W. Barents] *die,* Teil des Nordpolarmeers zw. der Nordküste Europas, Nowaja Semlja, Franz-Josef-Land und Spitzbergen, 1,4 Mio. km²; im N-Teil großes Offshore-Erdgasfeld; bed. Fischfanggebiet. Wegen der Versenkung von russ. Atommüll droht eine radioaktive Verseuchung. Die **Barentsinsel** (1 330 km²) gehört zu Spitzbergen.
Barętt [frz.] *das,* von Männern und Frauen getragene flache, mit Krempe versehene Kopfbedeckung des späten 15. und des 16. Jh.; breite, bunte B. gehörten zur Kleidung der Landsknechte und haben sich bis heute in jener der päpstlichen Garde erhalten. Seit dem letzten Drittel des 16. Jh. zunehmend vom Hut verdrängt, lebt das B. in versch. Amtstrachten und Uniformen bis heute fort.
Barfrost (Blachfrost), Frost ohne Schneedecke.
Bạrfuss, Ina, Malerin, *Lüneburg 20. 2. 1949; aus dem Umfeld der »Neuen Malerei« stammend, kombiniert sie in einer aggressiv-expressiven Bildwelt um Themen wie Sexualität, Gesch., Tod und Gewalt die Klischees der zeitgenöss. Medien mit archetyp. Zeichen.
Barfüßer (Barfüßerinnen), Mönche und Nonnen, deren Ordensregeln Fußbekleidung (außer Sandalen) verbieten, bes. Franziskaner und Kapuziner.
Bargecarrier [ˈbɑːdʒkærɪə, engl.] *der,* Oberbegriff für versch. Behälterschiffe nach Art des ↑Lash.
Bargeld, Banknoten und Münzen, die als gesetzl. Zahlungsmittel im Umlauf sind; Ggs.: Buchgeld.
Bargello [-ˈdʒɛllo, italien.] (Palazzo del B.), Palast (1255–1346 errichtet) und Nationalmuseum in Florenz, v. a. italien. Skulpturen, darunter Werke von Donatello, B. Cellini und Giambologna.
Bargheer, Eduard, Maler, *Hamburg 25. 12. 1901, †ebd. 1. 7. 1979; malte hellfarbige, stark abstrahierte Landschaften.
Bar-Hillel, Yehoshua, israel. Philosoph und Logiker, *Wien 8. 9. 1915, †Jerusalem 25. 9. 1975; seit 1954 Prof. in Jerusalem; wissenschaftstheoret. und sprachphilosoph. Untersuchungen zum method. Aufbau der modernen Linguistik, zur maschinellen Sprachübersetzung u. a.; Arbeiten zu Grundproblemen der Mathematik.
Bari, 1) Prov. in der Region Apulien, Italien, 5 138 km², 1,571 Mio. Einwohner.
2) Hptst. Apuliens und von 1), 331 600 Ew., Hafenstadt am Adriat. Meer, Erzbischofssitz; Univ.; Erdölraffinerie, Metall-, chem., Zement-, Textil- und Nahrungsmittelind., Werft; Fähren nach Dubrovnik, Bar und Korfu. – B., das röm. **Barium,** war 840–871 in den Händen der Sarazenen, vor- und nachher byzantinisch, seit 1071 normannisch, von den Staufern zum wichtigen Hafen ausgebaut, nach 1250 unter wechselnder Herrschaft, 1558 kam es zum Königreich Neapel.
Baribal *der,* Amerikan. Schwarzbär, ↑Bären.

Bargeld: Struktur des Bargeldumlaufs im Eurosystem (Ende 2003)

	Banknotenumlauf			Münzumlauf[1]		
Noten in €	in Mio. €	Anteil in %	Münzen in €	in Mio. €		Anteil in %
500	119 237	27,3	2,00	5 610		39,9
200	27 086	6,2	1,00	4 120		29,3
100	80 977	18,6	0,50	1 896		13,5
50	144 819	33,2	0,20	1 134		8,1
20	41 075	9,4	0,10	661		4,7
10	16 846	3,9	0,05	376		2,7
5	6 091	1,4	0,02	174		1,2
			0,01	98		0,7
insgesamt	436 131	100		14 069		100,1[2]

1) Ohne Gedenkmünzen. – 2) Bedingt durch Rundung.

Baricco, Alessandro, italien. Schriftsteller, *Turin 25. 1. 1958. In parabelhaften, kurzen Werken erschafft B. poet. Fantasiewelten mit ungewöhnl. Charakteren, mischt Stile und Gattungen, Virtualität und Realität (»Novecento«, 1994; »Seide«, 1996; »City«, 1999). 1994 gründete er die Privatuniversität »Scuola Holden« für junge Autoren in Turin.

Barilla [ba'rılja, span.] *die,* sodahaltige Asche aus verbrannten Meeres- oder Salzsteppenpflanzen.

Baring ['bæriŋ], Anfang des 18. Jh. aus Bremen nach England eingewanderte Familie; Sir Francis B. gründete 1762 in London das Bankhaus **B. Brothers & Co.** (1995 von der niederländ. Finanzgruppe Internationale Nederlanden Groep übernommen). Die Familie stellte in Großbritannien mehrere Staatsmänner, u. a. Earl ↑Cromer.

Baring, Arnulf, Politologe und Historiker, *Dresden 8. 5. 1932; seit 1969 Prof. an der FU Berlin (bis 1976 für Politikwiss., seit 1976 für Zeitgeschichte und internat. Beziehungen seit 1945), befasst sich mit Fragen der Zeitgeschichte.
Werke: Außenpolitik in Adenauers Kanzlerdemokratie (1969; Neuausg. u. d. T. Im Anfang war Adenauer. Die Entstehung der Kanzlerdemokratie, 1982); Machtwechsel. Die Ära Brandt–Scheel (1982); Dtl., was nun? (1991); Scheitert Dtl.? Abschied von unseren Wunschwelten (1997); Es lebe die Republik, es lebe Dtl.! Stationen demokrat. Erneuerung 1949–1999 (1999); Kanzler, Krisen, Koalitionen (2002, mit G. Schöllgen).

Bariolage [-ʒə, frz.] *die,* Spieltechnik bei der Violine; die Klangfarbe wird verändert, indem bei schnellem Saitenwechsel auf der tieferen Saite die höheren Töne und auf der höheren Saite die tieferen Töne gespielt werden.

barisches Windgesetz, Gesetz über die Beziehung zw. Windrichtung und Luftdruckverteilung: auf der Nordhalbkugel strömt der Wind im Uhrzeigersinn um ein Hochdruckgebiet, gegen den Uhrzeigersinn um ein Tiefdruckgebiet; auf der Südhalbkugel umgekehrt.

Barischnikow, Michail Nikolajewitsch, amerikan. Tänzer und Ballettdirektor russ. Herkunft, *Riga 27. 1. 1948; wurde 1967 Mitgl. des Leningrader Kirow-Balletts, 1974 des American Ballet Theatre, dessen künstler. Leitung er 1980–89 innehatte; gründete 1990 das White Oak Dance Project, das sich dem modernen Tanz widmet.

Bariton [italien., zu grch. barýtonos »volltönend«] *der,* **1)** die männl. Singstimme zw. Tenor und Bass, Umfang $A-e^1/g^1$.
2) Tonlagenbez. bei Instrumenten, z. B. das B.-Horn (Baryton).

Baritonschlüssel, *Musik:* ein Notenschlüssel (↑Schlüssel).

Barium [zu grch. barýs »schwer«] *das,* **Ba,** metall. Element aus der 2. Hauptgruppe des Periodensystems, Ordnungszahl 56, relative Atommasse 137,33, Dichte (bei 25 °C) 3,62 g/cm³, Schmelzpunkt 727 °C, Siedepunkt 1 897 °C. B. ist ein silberweißes, weiches, an der Luft schnell oxidierendes Erdalkalimetall, chemisch dem Calcium ähnlich. In der Natur kommt es nur in Verbindungen vor, insbesondere als ↑Schwerspat, $BaSO_4$. – Die Darstellung erfolgt durch Reduktion von B.-Oxid mit Aluminium oder Silicium bei 1 200 °C im Vakuum. Verwendet wird B. v. a. in seinen Verbindungen; u. a. in Elektronenröhren und als Bestandteil von Hochtemperatur-Supraleitern (↑Supraleiter).

Bariumcarbonat, $BaCO_3$, kommt in der Natur als **Witherit** vor; verwendet v. a. als Ausgangsprodukt für andere Bariumverbindungen, in der Glasindustrie und Pyrotechnik (Grünfeuer).

Bariumchromat (Barytgelb), $BaCrO_4$, gelber Farbstoff.

Bariumhydroxid (Ätzbaryt, Barythydrat), $Ba(OH)_2$; verwendet u. a. zur Wasserenthärtung und zur Glasfabrikation. Die stark bas. wässrige Lösung **(Barytwasser)** ist u. a. Reagenz auf Kohlendioxid.

Barium|oxid (Baryterde), BaO, wird durch Glühen eines Kohle-Bariumcarbonat-Gemisches oder von Bariumcarbonat gewonnen; Absorptionsmittel für Kohlendioxid und Wasser, zur Herstellung von Bariumverbindungen und Spezialgläsern.

Bariumper|oxid, BaO_2, starkes Oxidationsmittel, verwendet zur Herstellung von Wasserstoffperoxid und für Zündsätze bei der Aluminothermie.

Bariumsulfat, $BaSO_4$, natürlich als **Schwerspat** vorkommend, fällt beim Versetzen gelöster Bariumsalze mit verdünnter Schwefelsäure als feiner, weißer, fast unlösl. Niederschlag aus; verwendet bei Ölbohrungen zur Herstellung von Bohrschlamm, als weißer Farbstoff **(Barytweiß),** als Füllstoff für Papier und Kunststoffe sowie als

Kontrastmittel für Röntgenuntersuchungen.
Bark [engl.] *die,* Dreimastsegler (↑Segelschiff).
Barkarole [italien. barcarola, von barca »Barke«] *die,* Lied der venezian. Gondolieri, meist im $^6/_8$-Takt; in Oper u. a. Kunstmusik aufgenommen (z. B. von J. Offenbach, F. Chopin).
Barkasse [span.] *die,* Verkehrsmotorboot zur Personenbeförderung im Hafen.
Barker-Probe ['bɑːkə-; nach dem amerikan. Physiologen Samuel B. Barker], Heparin-Empfindlichkeitstest vor der Anwendung von Heparin bei Thrombose.
Barkhausen, Heinrich, Physiker, * Bremen 2. 12. 1881, † Dresden 20. 2. 1956; arbeitete über Elektronenröhren und elektr. Schwingungen, entdeckte 1919 den **B.-Effekt:** Ferromagnetika magnetisieren im äußeren Feld sprunghaft durch Umklappen der weissschen Bezirke; dies lässt sich als **B.-Rauschen** nachweisen.
Barkla ['bɑːklə], Charles Glover, brit. Physiker, * Widnes (Cty. Lancashire) 7. 6. 1877, † Edinburgh 23. 10. 1944; Mitbegründer der Röntgenspektroskopie; 1917 Nobelpreis für Physik für die Entdeckung der charakterist. Röntgenstrahlung der chem. Elemente.
Bar Kochba [hebr. »der Sternensohn«], Beiname des Simon ben Kosiba, jüd. Freiheitsheld, ⚔ Bethar (bei Jerusalem) 135 n. Chr.; Führer des jüd. Aufstandes gegen die Römer in Palästina (132–135); galt als Messias und »Fürst Israels«.
Barks [bɑːks], Carl, amerikan. Maler, Cartoonist, Comiczeichner und -texter, * Merrill (Oreg.) 27. 3. 1901, † Grand Pass (Oreg.) 25. 8. 2000; schrieb und zeichnete 1943 bis 1966 die Donald-Duck-Comicgeschichten (Walt-Disney-Produktion). Er übernahm das Entenmotiv von A. Taliaferro, differenzierte die Charaktere und entwickelte sie zu Persönlichkeiten. B. führte neue Figuren ein wie »Uncle Scrooge« (»Onkel Dagobert«, 1947), eine ironisierte Symbolfigur des raffgierigen und geizigen Großkapitalisten.
Barlaam und Josaphat (Barlaam und Joasaph), bes. im MA. verbreiteter erbaul. Roman, der aus christl. und buddhist. Legenden und Parabeln zusammengetragen ist.
Barlach, Ernst, Bildhauer, Grafiker und Dichter, * Wedel (Holstein) 2. 1. 1870, † Rostock 24. 10. 1938; schuf in wuchtigen, das Naturvorbild vereinfachenden Formen v. a. Holz- und Bronzebildwerke von starker Ausdruckskraft, daneben Holzschnitte und Lithographien, z. T. für eigene Dichtungen. B. schrieb Prosa und bes. Schauspiele, die den Kampf zw. Mächten des Lebens, zw. Gut und Böse, Seele und Gott in reicher Bildsprache gestalten. – Den Nachlass B.s

Ernst Barlach: Ruhe auf der Flucht

mit der umfangreichsten Sammlung seiner Werke aus allen Schaffensbereichen und -perioden bewahrt seit 1994 die **Ernst B. Stiftung** in Güstrow (Museen: Gertrudenkapelle, Atelierhaus, neues Ausstellungs- und Archivgebäude). Weitere Sammlungen: **Ernst B. Haus, Stiftung Hermann F. Reemtsma,** Hamburg, und **E.-B.-Gesellschaft,** Hamburg, mit Museen in Ratzeburg und Wedel.
Werke: Bildwerke: Ehrenmal im Dom zu Güstrow (»Schwebender«, 1927, eingeschmolzen; Neuguss nach der Plastik in der Kölner Antoniterkirche); »Geistkämpfer«, vor der Nikolaikirche, Kiel (1928); Nischenfiguren an der Katharinenkirche in Lübeck (1930–32); Kruzifix, Elisabethkirche, Marburg (1931); Mahnmal im Dom von Magdeburg (1929). – Schauspiele: Der

tote Tag (1912); Der arme Vetter (1918); Die Sündflut (1924); Der blaue Boll (1926); Der Graf von Ratzeburg (1951). – Prosa: E. B. Ein selbsterzähltes Leben (1928); Seespeck (1948, entstanden 1913/14).
📖 *Beutin, W.: B. oder der Zugang zum Unbewußten. Eine krit. Studie. Würzburg 1994. – B.-Studien. Dichter, Mystiker, Theologe, hg. v. W. Beutin u. T. Bütow. Hamburg 1995. – E. B. Bildhauer, Zeichner, Graphiker, Schriftsteller, 1870–1938. Ausst.-Kat. E.-B.-Museum Wedel u. a. Katalogredaktion J. Doppelstein u. a. Leipzig 1995. – Kleberger, I.: E. B. Leipzig 1998.*

Bärlapp (Lycopodium), Gattung der B.-Gewächse (Lycopodiopsida; Farnpflanzen), über 400 Arten mit meist schlanken, gablig verzweigten, nadel- oder schuppenförmig beblätterten Sprossen. Auf trockenem Waldboden Mitteleuropas wachsen mit langen, immergrünen, kriechenden Sprossen und aufsteigenden Sporangienähren bes. **Sprossender B.** (Lycopodium annotinum) und **Keulen-B.** (Lycopodium clavatum). Die Sporen werden als »B.-Samen« oder »Hexenmehl« bezeichnet. Alle B.-Arten sind in Dtl. geschützt.

Bärlauch (Bärenlauch, Allium ursinum), Art der Gattung Lauch mit intensivem Knoblauchgeruch, wächst in feuchten Laubwäldern und bildet oft Massenbestände.

Bar-le-Duc [barlaˈdyk], Hptst. des Dép. Meuse in Lothringen, Frankreich, am Rhein-Marne-Kanal, 18 000 Ew.; Textilind., Maschinenbau. – Ehem. Hauptstadt der Grafschaft Bar (↑Barrois).

Barletta, Hafenstadt in Apulien, Prov. Bari, Italien, 90 800 Ew., chem., Papier-, Zementind.; Meersalzgewinnung. – Dom (12.–14. Jh.); stauf. Kastell (13. und 16. Jh.). Der **Koloss von B.** ist eine Bronzestatue eines röm. Kaisers (5. Jh.). – Südwestlich lag das Schlachtfeld von ↑Cannae.

Barlog, Boleslaw, Theaterleiter und Regisseur, *Breslau 28. 3. 1906, †Berlin 17. 3. 1999; 1945–72 Intendant des Schlossparktheaters, 1951–72 auch des Schillertheaters Berlin; schrieb die Erinnerungen »Theater lebenslänglich« (1981).

Barmen, Stadtteil von ↑Wuppertal.

Barmer Ersatzkasse, Abk. **BEK,** mitgliederstark gesetzl. Krankenkasse, 1884 errichtet, Sitz: Wuppertal-Barmen.

Barmer Theologische Erklärung, ↑Bekennende Kirche.

Barmherzige Brüder, mehrere kath. Ordensgemeinschaften für die Krankenpflege, bes. der 1537 gestiftete **Hospitalorden des hl. Johannes von Gott.**

Barmherzige Schwestern, zahlr. weibl. Ordensgemeinschaften für die Krankenpflege: Vinzentinerinnen, Borromäerinnen, Elisabethinerinnen, Franziskanerinnen, Zellitinnen. In den evang. Kirchen entsprechen ihnen die ↑Diakonissinnen.

Barmherzigkeit, eine Eigenschaft Gottes, die in der jüd. (2. Mos. 34) und christl. (2. Kor. 1, 3) Religion wie auch im Mahayana-Buddhismus und im Islam hervortritt; im N. T. als die von Jesus für das Reich Gottes und das wahre christl. Leben erhobene Forderung (Mt. 9, 13; 23, 23) dargestellt.

Bar-Mizwa [aramäisch »Sohn des Gebots«], 1) der jüd. Junge, der das 13. Lebensjahr vollendet hat; 2) die feierl. Einführung des Jungen in die jüd. Glaubensgemeinschaft; im Reformjudentum analog bei zwölfjährigen Mädchen (**Bat-Mizwa** [»Tochter des Gebots«]) durchgeführt.

Barn [engl.] *das,* Einheitenzeichen **b,** nicht gesetzl. Flächeneinheit zur Angabe des Wirkungsquerschnitts in Atom- und Kernphysik: 1 b = 10^{-28} m^2 = 100 fm^2 (Quadratfemtometer).

Barnabas, Beiname des Leviten Joseph aus Zypern (Apg. 4, 36); Begleiter des Apostels Paulus auf der ersten Missionsreise. Heiliger, Tag: 11. 6.

Barnabiten, eine 1530 in Mailand gegr. Kongregation der Regularkleriker des hl. Paulus (Paulaner); Aufgaben: Seelsorge und Unterricht.

Christiaan Barnard

Barnard [ˈbɑːnəd], **1)** Christiaan Neethling, südafrikan. Herzchirurg, *Beaufort West (Prov. West-Kap) 8. 11. 1922, †Paphos (Zypern) 1. 9. 2001; führte am 3. 12. 1967 die erste erfolgreiche Herztransplantation am Menschen aus.

BAR Barnards Pfeilstern

2) Edward Emerson, amerikan. Astronom, *Nashville (Tenn.) 16. 12. 1857, † Williams Bay (Wis.) 6. 2. 1923; entdeckte zahlr. Kometen, Nebel und den 5. Jupitermond (Amalthea); erkannte die Natur der Dunkelwolken und fand 1916 auf fotograf. Aufnahmen den nach ihm benannten Pfeilstern.

Barnards Pfeilstern [nach E. E. Barnard] (Barnards Stern), Stern im Sternbild Schlangenträger; er ist 5,9 Lichtjahre von der Sonne entfernt und hat die größte bislang bekannte Eigenbewegung von 10,34'' pro Jahr.

Barnaul, Hptst. der Region Altai, Russland, Bahnknoten und Flusshafen am oberen Ob in W-Sibirien, 586 200 Ew.; Univ., Hochschulen; Maschinenbau, Baumwoll- und Lederind., Chemiefaserwerk.

Barnay, Ludwig, Schauspieler und Intendant, *Budapest 11. 2. 1842, † Hannover 1. 2. 1924; Mitgründer der Bühnengenossenschaft (1871) und des Berliner Dt. Theaters (1883).

Bärnbach, Stadt in der Steiermark, Österreich, im Tal der Krainach, 4 900 Ew.; Glaserzeugung (und Glasmuseum); Braunkohlenbergbau (für das Großkraftwerk »Voitsberg«).

Barnes [ba:nz], **1)** Djuna, amerikan. Schriftstellerin und Malerin, *Cornwall-on-Hudson (N. Y.) 16. 6. 1892, † New York 18. 6. 1982; v. a. Prosa, bed. der psychoanalyt. Roman »Nachtgewächs« (1936), krit. Essays.

2) Julian (Patrick), brit. Schriftsteller, *Leicester 19. 1. 1946; experimentelle Romane (»Flauberts Papagei«, 1984; »Eine Geschichte der Welt in $10^{1}/_{2}$ Kapiteln«, 1989; »Das Stachelschwein«, 1992,»England, Englands«, 1998) und Erzählungen (»Dover–Calais«, 1996); veröffentlicht unter dem Pseud. **Dan Kavanagh** auch Kriminalromane um den Detektiv Duffy.

Barnet, Miguel, kuban. Schriftsteller, *Havanna 28. 1. 1940; Ethnologe; veröffentlichte »dokumentar. Romane«, so als Herausgeber die auf Tonbandprotokollen basierende Biografie »Der Cimarrón. Die Lebensgeschichte eines entflohenen Negersklaven auf Cuba, von ihm (Esteban Montejo) selbst erzählt« (1966); 1986 erschien der Roman »Ein Kubaner in New York«, 1989 der autobiograf. Roman »Das Handwerk des Engels«.

Barnett-Effekt [ˈbɑːnɪt-; nach dem amerikan. Physiker S. J. Barnett, *1873, † 1956], ein ↑gyromagnetischer Effekt.

Barnim, **1)** *der*, Moränenlandschaft zw. Oder, mittlerer Spree, Havel und Uckermark; überwiegend bewaldet; weite Ackerflächen sind eingestreut mit lang gestreckten Rinnenseen; der O-Teil bildet die Märk. Schweiz; bei Rüdersdorf b. Bln. Kalkgewinnung. – Das Barnimer Land kam um 1230 von Pommern an Brandenburg.

2) Landkreis in Brandenburg, nördlich von Berlin, 1 494 km², 171 500 Ew.; Krst. ist Eberswalde.

Barnsley [ˈbɑːnzlɪ], Stadt in der engl. Metrop. Cty. South Yorkshire, 75 100 Ew.; Maschinenbau, Papier-, Bekleidungs-, Glasindustrie.

Barnum [ˈbɑːnəm], Phineas Taylor, amerikan. Schausteller (gen. König des Humbugs), *Bethel (Conn.) 5. 7. 1810, † Bridgeport (Conn.) 7. 4. 1891; bes. erfolgreich im Showbusiness, dargeboten im »Amerikam. Museum« in New York; später auch Zirkusunternehmer.

baro..., **Baro...** [grch. báros »Schwere«], Schwere..., Luftdruck...

Barocci [baˈrɔttʃi] (Baroccio), eigtl. Federico Fiori, italien. Maler, *Urbino um 1535 (?), † ebd. 30. 9. 1612; schuf, ausgehend von Correggio, religiöse Bilder und zahlr. Porträts in lichten, pastellartigen Farben; leitete vom Manierismus zum Barock über.

Barock [aus frz. baroque, zurückgehend auf portugies. barroco, eigtl. »unregelmäßige«, »schiefe« Perle] *der* oder *das*, eine Epoche der Kunst hauptsächlich des 17. und beginnenden 18. Jh. Zunächst verwendete man den Begriff B. abwertend im Sinn von »absonderlich«, »schwülstig«, seit dem 19. Jh. zur Kennzeichnung der Spätform von Kunstentwicklungen überhaupt. Im 20. Jh. wurde die Bez. B. zum Epochenbegriff, nicht zuletzt auch Literatur und Musik des 17. Jh. umfasst. Der B. ist die Kunst der Gegenreformation und des Absolutismus; Kirche und Aristokratie waren die wichtigsten Förderer. Ihr Streben nach Repräsentation verwirklichte sich v. a. in Größe und Pathos des Kunstwerks. Ausgehend von Rom, kam die Kunst des B. v. a. in den kath. Ländern zu voller Entfaltung. Bes. die Jesuiten brachten sie nach Norden und nach Lateinamerika (Jesuitenstil). In den prot. Gebieten gab es kein geschlossenes Mäzenatentum, hier entstanden Einzelleistungen.

In der *Baukunst* löste der B.-Stil, dessen erste Elemente bereits in der Hochrenaissance auftreten, gegen Ende des 16. Jh. den Manierismus ab. Die Hauptkennzeichen der Architektur sind: starke Bewegtheit in geschwungenen Grund- und Aufrissformen, Unterordnung aller Einzelglieder unter das Ganze, Betonung der Kraft und der Spannung, gebrochene Giebel, reiches Schmuckwerk und maler. Gestaltung der Innenräume, die ein festl. Raumgefühl hervorrufen. Maßgebend für die europ. Entwicklung des neuen Stils waren die Bauten G. L. Berninis und F. Borrominis in Rom. Eine mehr klassizist. Richtung knüpfte an die Bauten A. Palladios in Vicenza und Venedig an. In Frankreich verhinderte die in allen Jh. herrschende klassizist. Tendenz die Entfaltung einer hochbarocken Architektur. Es entstanden bes. Schlossbauten mit streng ausgerichteten Parkanlagen (Versailles). Unter den Baumeistern ragen hervor F. Mansart, H. Levau und J. Hardouin-Mansart, als Gartenarchitekt A. Le Nôtre. In Dtl., wo sich die B.-Baukunst erst im Spät-B. (seit etwa 1700) zu ihrer reichsten Blüte entfaltete, fand die europ. Entwicklung ihren glanzvollen Abschluss. In Österreich bauten J. B. Fischer von Erlach, L. von Hildebrandt und J. Prandtauer, in Böhmen die auch in Franken tätigen Baumeister der Familie Dientzenhofer. J. B. Neumann wirkte v. a. in Würzburg, A. Schlüter in Berlin, M. Pöppelmann und G. Bähr in Dresden, die Brüder Asam in Bayern. Die späten, kurz vor Beginn des Klassizismus bes. in Bayern entstandenen Bauten werden vielfach dem Rokoko zugerechnet, für das bes. in Bezug auf die dt. Baukunst auch der Begriff **Spät-B.** üblich ist. Der B. war das große Zeitalter der Stadtbaukunst. Stadtanlagen wurden nach großen Achsen hin orientiert (u. a. London, Amsterdam, Nancy, Mannheim, Kassel). Kennzeichnend für die *Bildhauerkunst* des B. ist ihre freie und malerische, meist stark bewegte Art der Gestaltung, die sich ins Ekstatische steigern kann. Der weithin wirkende Schöpfer des neuen Stils war C. L. Bernini in Rom. In Frankreich, dessen Bildhauer eine maßvollere Haltung wahrten, war ihm P. Puget am nächsten verwandt. In Dtl. fanden H. Reichle, J. Zürn und G. Petel den Weg vom Manierismus zum Früh-B. Unter den Bildhauern des Hoch-B. ragen A. Schlüter, B. Permoser und M. Guggenbichler hervor, im Spät-B. P. Egell und E. Q. Asam. J. A. Feuchtmayer und I. Günther näherten sich bereits dem Rokoko, G. R. Donner dem Klassizismus. In der *Malerei* des B. traten neben religiösen Bildern, die den alten Stoffen neue Gegenwartsnähe verliehen, weltl. Darstellungen, wie Genrebilder und Landschaften, stärker hervor. Der Begründer der neuen, den Manierismus überwindenden Malerei war M. da Caravaggio, dessen realist. Helldunkelstil in ganz Europa bahnbrechend wirkte. Neben ihm war in Rom A. Carracci tätig, der von starkem Einfluss bes. auf die mehr akadem. Richtung der B.-Malerei war. Im Mittelpunkt der fläm. Malerei stand P. P. Rubens; neben ihm sind bes. A. van Dyck und J. Jordaens zu nennen. In den Niederlanden wirkten neben Rembrandt, der gleichbed. als Maler, Zeichner und Radierer war, F. Hals, Vermeer van Delft und J. Ruisdael. Die Hauptmeister Spaniens waren B. E. Velázquez, F. de Murillo und D. Zurbarán. Die Franzosen N. Poussin, der Meister der »heroischen«, und C. Lorrain, der Meister der »idyll. Landschaft«, lebten in Rom. In Italien tätig waren auch die beiden bedeutendsten dt. Maler des Früh-B., A. Elsheimer in Rom und J. Liss in Venedig. Hervorragende Werke brachte die dt. Malerei dann wieder im Spät-B. hervor, als ihr die bäuerlich große Aufgaben für die Deckengestaltung bot (↑Deckenmalerei). Der durch die Kunstgeschichtsforschung erarbeitete Stilbegriff »barock« führte um 1920 zu einer Neubewertung der bis dahin als schwülstig und überladen bewerteten *Dichtung* des 17. Jh. Scharfe Kontraste gelten als gemeinsamer Nenner aller barocken Erscheinungen: Leben und Tod, Zeit und Ewigkeit, Diesseitsfreude und Jenseitssehnsucht, Weltgenuss und religiöse Ekstase. Kennzeichnend ist der Hang zur Übersteigerung und zu kühner Bildhaftigkeit. Zum B. gehören in Spanien der Gongorismus (↑Góngora y Argote), auch das Drama von Lope de Vega und P. Calderón de la Barca, in England der ↑Euphuismus, die »metaphys. Dichtung«, auch vieles in Shakespeares Werken, in Italien der ↑Marinismus und die Anfänge der Oper. In der frz. Literatur werden die barocken Tendenzen bei den ↑Précieuses am deutlichsten. Über dt. B.-Dichtung ↑deutsche Literatur. Dichtung, Architektur, Malerei, Musik,

BAR Barock

Tanz, Schauspielkunst vereinigen sich im Gesamtkunstwerk des Theaters, dessen Entwicklung für die Epoche bes. charakteristisch ist.

Barockmusik heißt seit Anfang der 1920er-Jahre die Musik der Epoche von etwa 1600 bis 1750, nach ihren musikal. Merkmalen auch als Generalbasszeitalter oder als Zeit des konzertierenden Stils bezeichnet. Im vokalen Bereich beginnt die Epoche, als Reaktion auf die bisweilen übersteigerte polyphone Satzweise der Gotik und Renaissance, mit der Entdeckung der von Stützakkorden begleiteten, dem Text angepassten Einzelstimme (Monodie). Hieraus entwickelten sich ab etwa 1600 die Gattung Oper (G. Caccini, J. Peri, C. Monteverdi), Kantate, geistl. Konzert, Oratorium und weltl. Lied. Die Chormusik gelangte durch Verwendung breiter, akkordlich bestimmter Harmonieflächen zu neuer Blüte (G. Gabrieli). Auch in der Instrumentalmusik drängte das monod. Prinzip der führenden Oberstimme die polyphone Satzstruktur zurück. Für die Orchestermusik wurde das Concerto grosso Vorbild, für die Kammermusik die Triosonate, in der das Cembalo die beiden Melodieinstrumente, häufig zwei Geigen, akkordisch begleitet. Das Vorrecht der Einzelstimme führte zur Ausbildung konzertanter Gattungen, zunächst des Violinkonzerts. Diese Entwicklung des Solokonzerts führte unmittelbar zur Klassik hinüber. Die kontrapunkt. Satztechnik gelangte mit J. S. Bach und G. F. Händel zu einer letzten großen Blüte, bes. in der Fugenkunst Bachs. Sein kontrapunkt. Meisterwerk, die »Kunst der Fuge«, schloss 1750 gleichsam die Epoche der B.-Musik ab.

Die *Philosophie* des B.-Zeitalters war durch die großen Systeme des Rationalismus und Empirismus und die beginnende Aufklärung bestimmt. Neben diesen rationalen Zügen des Geisteslebens bestand v. a. im religiös-philosoph. Bereich ein Hang zur myst. Innerlichkeit.

Zugleich entstanden math.-naturwiss. Forschungen grundlegender Art. In der *Mathematik* wurden durch Entdeckung der analyt. Geometrie (Descartes) und der Differenzial- und Integralrechnung (Leibniz, Newton) die Grundlagen für die Mathematik der Neuzeit gelegt. In den *Naturwissenschaften* gelangen, bes. durch die Verbindung von Theorie und Beobachtung, eine Reihe entscheidender Entdeckungen (kep-

1 Carlo Maderno, Fassade der Peterskirche in Rom (1607–12)
2 Johann Balthasar Neumann, Treppenhaus der Würzburger Residenz (1735–53)
3 Johann Baptist Zimmermann, Deckenfresko »Mariä Himmelfahrt« (1748) im Langhaus der Marktkirche in Grafing bei München
4 Johann Balthasar Neumann, Wallfahrtskirche Vierzehnheiligen (1743–72)
5 Balthasar Permoser, Hermen am Wallpavillon des Dresdner Zwingers (ab 1711)
6 Caravaggio, »Der Lautenspieler« (um 1596; Sankt Petersburg, Eremitage)
7 Gian Lorenzo Bernini, Flussgott vom Vier-Ströme-Brunnen auf der Piazza Navona in Rom (begonnen 1648)

Barock BAR

lersche Gesetze, Newtons Gravitationstheorie). An diesem Aufschwung haben die Erfindungen von Mikroskop und Fernrohr um die Wende vom 16. zum 17. Jh. bed. Anteil. In der *Medizin* war die größte Entdeckung die des Blutkreislaufs (W. Harvey).
📖 *Chaunu, P.: Europ. Kultur im Zeitalter des B. Frankfurt am Main u. a. 1970. – Norberg-Schulz, Chr.: Architektur des B. Stuttgart 1975. – Dt. Barockliteratur u. europ. Kultur, hg. v. M. Bircher u. a. Hamburg 1977. – Kunst u. Kultur des B. u. Rokoko. Architektur u. Dekoration, bearb. v. A. Blunt u. a. Mit 32 Farbtafeln v. W. Swaan. A. d. Engl. Freiburg im Breisgau u. a. 1979. – Emrich, W.: Dt. Lit. der Barockzeit. Königstein/Ts. 1981. – Ashley, M.: Das Zeitalter des B. Europa zwischen 1598 u. 1715. A. d. Engl. München 1983. – Bauer, H.: B. Kunst einer Epoche. Berlin 1992. – Dammann, R.: Der Musikbegriff im dt. B. Laaber ³1995. – Braun, W.: Die Musik des 17. Jahrhunderts. Laaber ²1996.*

Barockstraße, Badische ↑ Ferienstraßen.
Baroda, Stadt in Indien, ↑ Vadodara.
Baroja y Nessi [-'rɔxa -], Pío, span. Schriftsteller, * San Sebastián 28. 12. 1872, † Madrid 30. 10. 1956; behandelte in seinen meist pessimist. Grundhaltung in seinen mehr als 70 Romanen soziale Probleme, Hauptwerk ist die 22-bändige Romanserie »Memorias de un hombre de acción« (1913–35); schrieb ferner »Jahrmarkt der Erkenntnis« (1905), »Der Baum der Erkenntnis« (1911).
Barometer [grch. »Schweremesser«, »Druckmesser«], Gerät zum Messen des Luftdruckes. Bei den **Flüssigkeits-B.** hält der Luftdruck der auf die Flächeneinheit bezogenen Gewichtskraft einer Flüssigkeitssäule das Gleichgewicht. Die Länge der Flüssigkeitssäule ist ein Maß für den Luftdruck. Prototyp ist das auf Beobachtungen von Torricelli (1643) beruhende *Quecksilber-B.*, bestehend aus einer etwa 1 m langen luftleeren Glasröhre (Vakuum), deren oberes Ende geschlossen ist und deren unteres, offenes Ende entweder in ein Gefäß mit Quecksilber (Gefäß-B.) eintaucht oder heberförmig umgebogen (Heber-B.) ist. Es zeigt bei Normdruck (101 325 Pa) 760 mm Hg (↑ Millimeter-Quecksilbersäule) an. Bei dem 1847 von L. Vidie erfundenen **Aneroid-B.** (Dosen-, Feder- oder Metall-B.) wird die Durchbiegung einer fast luftleeren, flachen Metalldose als Maß für den Luftdruck angezeigt. **Hypsometer** (Siede-B.) bestimmen den Luftdruck aus der Siedetemperatur von Flüssigkeiten (meist Wasser).

barometrische Höhenformel, Gleichung, die die Änderung des Luftdrucks (p, p_0) in versch. Höhen (h, h_0) der Atmosphäre beschreibt: $p = p_0 \exp[-(h-h_0)/RT]$, R ist die molare Gaskonstante, T die (als konstant angenommene) absolute Temperatur. Die b. H. wird in der barometr. Höhenmessung angewendet.

Baron [engl. 'bærən, frz. ba'rɔ̃] *der,* in England und Frankreich urspr. ein Kronvasall; heute in Großbritannien die unterste Stufe des hohen Adels; in Dtl. Anrede des ↑ Freiherrn.
Baronet ['bærənɪt; engl. »kleiner Baron«] *der,* Abk. **Bar., Bart., Bt.** (hinter dem Namen), erbl. Titel des niederen engl. Adels. Den Trägern steht der Titel Sir (Lady) vor dem Taufnamen zu.
Baronie *die* (Baronat, 1) der Grundbesitz eines Barons; 2) Freiherrenwürde; 3) Gesamtheit der Barone eines Landes.
Barotseland, von den Rotse bewohnter westl. Landesteil Sambias (Western Province), beiderseits des oberen Sambesi; heiße Trockensavanne; Viehhaltung (Rinderweiden).
Barquisimeto [barki-], Hptst. des Bundesstaates Lara in Venezuela, am NO-Ende der Anden, 522 m ü. M., 703 000 Ew.; Erzbischofssitz; Univ.; Maschinenbau, Elektro-, Nahrungsmittelind.; Eisenbahn nach Puerto Cabello. – Als Nueva Segovia 1552 von Spaniern gegründet.
Barra ['barɑ:], Ray, eigtl. Raymond Martin Barallobre, amerikan. Tänzer, Choreograph und Ballettdirektor, * San Francisco (Calif.) 3. 1. 1930; u. a. 1959–66 Solist beim Stuttgarter Ballett; als Ballettmeister an der

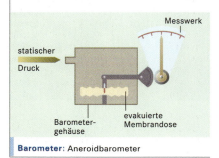

Barometer: Aneroidbarometer

Barren Grounds BAR

Dt. Oper Berlin, in Frankfurt am Main und Hamburg; 1994–96 kommissar. Leiter des Balletts der Dt. Oper Berlin.
Barragán, Luis, mexikan. Architekt, *Guadalajara 9. 3. 1902, †Mexico City 22. 11. 1988. Angeregt von den Werken des frz. Malers und Landschaftsarchitekten Ferdinand Bac (*1859, †1952), beschäftigte er sich mit dem Garten als Ort der Freude und Meditation. Reisen nach Frankreich, Griechenland, Spanien und Nordafrika wirkten sich nachhaltig auf seine Architektur aus. Im Frühwerk noch einer verspielten Variante des span. Kolonialstils verhaftet, fand er unter dem Einfluss von Le Corbusier zu einer rationalist. Formensprache und schließlich zu einer Architekturauffassung, die Elemente des europ. Funktionalismus leicht und souverän mit Farbe, Licht und Landschaft verbindet. Es entstanden feinfühlig in ihre Umgebung eingebettete skulpturale Architekturen vorwiegend in Mexico City: sein eigenes Wohnhaus »Casa B.« (1947), Wohnpark »El Pedregal« (1945–50), Siedlungen »Las Arboledas« (1958–61) und »Los Clubes« (1963–64). 1980 erhielt B. den Pritzker-Preis.
Barrakudas [span.], ↑Pfeilhechte.
Barramunda der, Fisch, ↑Knochenzüngler.
Barranco [span.] der, von den Kanar. Inseln stammende Bez. für eine Schlucht, die die Wand eines Vulkankraters nach außen durchbricht, sowie für die Erosionsfurchen an den Steilhängen der Vulkankegel; heute auch für Erosionsrisse in Lockergesteinen der Trockengebiete.
Barranquilla [-'kija], Dep.-Hptst., Hafenstadt in Kolumbien, am Río Magdalena 30 km vor seiner Mündung im Karib. Meer, 1,16 Mio. Ew.; Erzbischofssitz; Textil-, Elektro-, chem. u. a. Ind.; internat. Flughafen.
Barras, Paul François Jean Nicolas Vicomte de, frz. Politiker, *Fox-Amphoux (Dép. Var) 30. 6. 1755, †Paris 29. 1. 1829; wurde 1792 Mitgl. der Bergpartei. Als Befehlshaber der Pariser Truppen 1794 entscheidend am Sturz Robespierres beteiligt, 1795 Mitgl. des Direktoriums. Obwohl einer der Förderer Napoléon Bonapartes, verwies ihn dieser 1799 aus Paris.
Barras [Herkunft unsicher] der, umgangssprachl. Bez. für Militär, Militärdienst.
Barrault [ba'ro], Jean-Louis, frz. Schauspieler, Regisseur, Intendant, *Le Vésinet (Dép. Yvelines) 8. 9. 1910, †Paris 22. 1. 1994; gründete 1946 mit seiner Frau M. ↑Renaud die »Compagnie Renaud-B.«, war 1959–68 Intendant des »Théâtre de France«, Gründer und 1974–81 Leiter des »Théâtre d'Orsay«; spielte in vielen Filmen (u. a. in »Kinder des Olymp«, 1943–45).
Barre [frz. »Schranke«] die, Sand- und Schlammbank im Meer vor Flussmündungen, verursacht durch das Absetzen der Sinkstoffe an der Bewegungsgrenze der Gezeiten; erhebl. Schifffahrtshindernis.
Barre [ba:r], **1)** Mohammed Siad, Offizier und Politiker in Somalia, *im Distr. Lugh 1919 (Angaben umstritten), †Lagos (Nigeria) 2. oder 1. 1. 1995; nach militär. Ausbildung (u. a. in Italien) 1965 zum General befördert, führte 1969 den Putsch gegen die demokratisch gewählte Reg., war bis zum Umsturz 1991 Staatspräs. und Oberkommandierender der Streitkräfte, ging danach ins Exil.
2) Raymond, frz. Politiker und Wirtschaftswissenschaftler, *Saint-Denis (auf Réunion) 12. 4. 1924; Prof. in Tunis, Caen und Paris, war 1967–73 Vizepräs. der Europ. Kommission, 1976–81 MinPräs. (**B.-Plan:** Spar- und Konjunkturprogramm).
Barrel ['bærəl; engl. »Fass«, »Tonne«] das, angloamerikan. Volumeneinheit unterschiedlicher Größe. Großbritannien: 1 B. = 36 Imperial gallons = 163,5645 dm³; USA: **Dry Barrel,** 1 bbl = 115,6278 dm³, für Trockensubstanzen; **Petroleumbarrel,** 1 ptr barrel = 158,987 dm³, u. a. für Erdöl.
Barren, 1) Gussform für Edelmetalle (Gold, Silber). Die Goldbestände der Notenbanken werden als **B.-Gold** (je 12,5 kg) gehalten.
2) Sport: Turngerät, 1812 von F. L. Jahn eingeführt, nach internat. Normen in der Höhe von 1,20 bis 1,90 m verstellbar; der Abstand zw. den parallelen Holmen ist zw. 0,42 m und 0,58 m veränderbar. Um 1934 wurde für das Frauenturnen die **Stufen-B.** entwickelt, der auf unterschiedl. Höhe eingestellt werden kann; im Wettkampf ist der obere Holm 2,30 m, der untere 1,50 m hoch.
Barren Grounds ['bærən 'graʊndz; engl. »unfruchtbare Böden«], die den Tundren der Alten Welt entsprechende Vegetationszone des nördl. kanad. Festlands mit subarkt. Tierwelt und geringer Besiedlung; Böden nur im Sommer oberflächlich auftauend.

Barrès [ba'rɛs], Maurice, frz. Schriftsteller, *Charmes-sur-Moselle (Dép. Vosges) 22. 9. 1862, † Paris 4. 12. 1923; entwickelte in seinen ersten Romanen einen aristokrat. Ich-Kult; später wandte er sich einem romant. Kult der »Erde und der Toten«, einem antideutschen Nationalismus und Chauvinismus zu (Trilogie »Le roman de l'énergie nationale«, 1897–1902). B. war einer der Führer der antisemit. Partei in der ↑Dreyfusaffäre.

Barrett ['bærət], Elizabeth, engl. Dichterin, ↑Browning.

Barriadas [span.] (Sg. Barriada), die Elendsviertel großer Städte in Peru und den nördl. Andenländern.

Barrie ['bærɪ], Sir (seit 1913) James Matthew, schott. Schriftsteller, *Kirriemuir (Angus) 9. 5. 1860, † London 19. 6. 1937; schrieb Erzählungen aus seiner schott. Heimat, seit 1900 v. a. Theaterstücke. Großen Erfolg hatte sein Märchenspiel »Peter Pan« (1904).

Barriereriff, ↑Großes Barriereriff.

Barrieretraktate, Name von drei Verträgen (abgeschlossen 1709, 1713 und 1715), die der Rep. der Vereinigten Niederlande das Recht einräumten, zur Sicherung ihrer Grenze gegenüber Frankreich in den südl. (span., seit 1714 österr.) Niederlanden eine Reihe von Orten **(Barriereplätze)** militärisch zu besetzen (u. a. Namur, Tournai, Ypern). 1781/82 mussten die Generalstaaten ihre Truppen abziehen.

Barrio das, span. Bez. für Stadtteil, Stadtviertel.

Barrique [ba'rik] die, alter Fasstyp des Bordelais mit etwa 228 l Rauminhalt. Heute vielerorts für neue Eichenfässer aller Art gebraucht, in denen Wein, bes. Rotwein, reift **(B.-Ausbau),** um ihn leicht mit Tannin anzureichern (B.-Wein).

Barrister ['bærɪstə, engl.] der, in Großbritannien der Anwalt, der im Ggs. zum ↑Solicitor bes. in der mündl. Verhandlung vor den höheren Gerichten auftritt.

Barr-Körperchen [nach dem kanad. Anatomen M. L. Barr] (Sexchromatin, Geschlechtschromatin), randständige Chromatinanhäufung im Zellkern weibl. Körperzellen, ermöglicht die Geschlechtsdiagnose (↑Geschlechtsbestimmung).

Barrois (Le B., Bar), Landschaft in O-Frankreich, Kalkplateau zu beiden Seiten der oberen Maas; Hauptort: Bar-le-Duc. – Im röm. **Pagus Barrensis** bildete sich im 8. Jh. eine Grafschaft; die Grafen von B. (ab 951) mussten ab 1301 für den links der Maas gelegenen Teil die frz. Oberhoheit anerkennen. Seitdem unterschied man das zu Frankreich gehörende **B. royal** (**B. mouvant;** mit Bar-le-Duc, Ligny, Gondrecourt) und das zum Reich zählende **B. ducal** (**B. non mouvant;** mit Saint-Mihiel, Pont-à-Mousson, Briey, Longwy). 1354 wurde die Grafschaft zum Herzogtum erhoben, kam 1431 an Lothringen und mit diesem 1766 an Frankreich.

Barrow ['bærəʊ, engl.] der, vorgeschichtl. Grabhügel in England. Die lang gestreckten **Long B.** gehören der Jungsteinzeit, die runden **Round B.** der frühen Bronzezeit an.

Barrow-in-Furness ['bærəʊ ɪn 'fɜːnɪs], Ind.- und Hafenstadt in der Cty. Cumbria, NW-England, an der SW-Küste der Halbinsel Furness, 48 900 Ew.; Eisen- und Stahlind., Schiffbau.

Barrowspitze ['bærəʊ-] (engl. Point Barrow), das Nordkap Alaskas, nördlichster Punkt der USA; 71° 23′ n. Br., 156° 28′ w. L. Südlich von ihm die Eskimosiedlung **Barrow** (3 470 Ew.) mit Forschungsstation und Flughafen.

Barry ['bærɪ], Sir (seit 1852) Charles, engl. Baumeister, *London 23. 5. 1795, † ebd. 12. 5. 1860; baute in histor. Stilen u. a. Kirchen und Schulen, 1837 ff. zus. mit A. Pugin das Londoner Parlamentsgebäude in neugot. Stil.

Barschartige Fische: Flussbarsche

Barschartige Fische (Perciformes, Percomorphi), Ordnung der Knochenfische mit rd. 180 Familien. Viele Arten sind Speise-, einige auch Aquarienfische. Der **Flussbarsch** (Perca fluviatilis) ist ein bis 50 cm langer Raubfisch europ. Gewässer, in Kleinasien und bis Sibirien verbreitet. Verwandte sind u. a. der ↑Kaulbarsch, der ↑Zander, der ↑Schrätzer.

Bartgeier BAR

Barschel, Uwe, Politiker (CDU), * Glienicke (bei Berlin) 13. 5. 1944, † (Selbstmord) Genf 11. 10. 1987; Rechtsanwalt, 1979–82 Innen-Min., 1982–87 MinPräs. von Schlesw.-Holst. Die persönl. Verantwortung von B. für die Verleumdungskampagne gegen B. Engholm, von B. in Abrede gestellt, wurde von einem Untersuchungsausschuss des schleswig-holstein. Landtags festgestellt, in einem zweiten Schlussbericht (Okt. 1995) von ihm aber auf die polit. Verantwortung B.s begrenzt **(B.-[Pfeiffer-]Affäre);** 1998 bzw. 1999 erklärten dt. bzw. schweizer. Behörden ihre Ermittlungen zu einem mögl. »Fremdverschulden« an seinem Tod für beendet.

Barschlaus, Art der ↑Ruderfußkrebse.

Barschtschina [russ.] *die* (Barstschina), die Fronarbeit der Leibeigenen in Russland; Relikte blieben auch nach Aufhebung der Leibeigenschaft (1861) in Form der »Abarbeit« erhalten.

Barsinghausen, Stadt im Landkr. Hannover, Ndsachs., am Deister, 34 700 Ew.; Metall-, Textil- und Nahrungsmittelindustrie. – 991 erstmals erwähnt.

Barsoi [russ. »der Schnelle«] *der,* sehr schlanker, etwa 75 cm schulterhoher Haushund mit sehr schmalem Kopf und langer Schnauze; weiß, mit gelbl., roten oder grauen Abzeichen.

Barsortiment, Buchhandelsbetrieb, bei dem der Sortimentsbuchhandel (urspr. nur gegen Barzahlung) aus einer Hand Bücher versch. Verlage beziehen kann.

Bart, die beim Menschen (und bei Affen) auf bestimmte Teile des Gesichts (Wangen, Kinn, Hals) beschränkte Behaarung, bes. als sekundäres männl. Geschlechtsmerkmal ausgeprägt. Abgesehen von rein mod. Trends, ist der B. Ausdruck von Standeszugehörigkeit und Alter sowie religiösen und polit. Weltanschauungen. Häufig richtet sich die B.-Mode auch nach dem Vorbild des jeweiligen Herrschers. Im alten Ägypten war ein künstlicher, separat umgebundener, geflochtener B. Kennzeichen der Königswürde. Israeliten, Babylonier, Assyrer, Meder und Perser trugen Voll-B., die Griechen bis zu Alexander d. Gr. kurze Voll-B., ebenso die Römer bis um 300 v. Chr. Die Germanen trugen zur Römerzeit starke B. Bes. seit dem MA. unterliegt die B.-Fasson mod. Wechsel. Um 1550 kam der kurze, spitze Kinn-B. nebst Schnurr-B. der Span. Mode auf. Im 17. Jh. wurden dünne Schnurr- und Kinn-B. (Henri-Quatre) getragen; zur Rokokozeit verschwand der B. Im 19. Jh. kam der Backen-B. auf, eine Form davon (mit vollem Schnurr-B.) war in den 60er- und 70er-Jahren der Kaiser-Franz-Joseph-B. (Kaiser-Wilhelm-B.); in den 1860er-Jahren setzte sich auch eine Form des Knebel-B. durch, der Napoleon-III.-B. (mit gezwirbeltem Oberlippen-B.). In den 1930er-Jahren wurde nach dem Vorbild A. Hitlers ein Schnauzbart modern. In den 1950er-Jahren war ein schmaler Kinn-B. bei den Existenzialisten in Mode. Seit Ende des 20. Jh. sind Trendsetter, wie der Diskjockey Sven Väth für den »Goatie« (Ziegen-B.), maßgebend.

Bartaffe (Wanderu), in SW-Indien beheimatete Art der Makaken mit auffallendem, grauem Backenbart.

Bartel, im östl. Österreich Name für ↑Knecht Ruprecht.

Barteln (Bartfäden), Hautanhänge als Träger von Tast- und chem. Sinnesorganen nahe der Mundregion vieler Fische (Störe, Welse, Karpfen u. a.).

Barten, Seihvorrichtung der Bartenwale (↑Wale).

Bartenstein, Stadt in Polen, ↑Bartoszyce.

Bartergeschäft [engl. barter »Tausch«], ↑Kompensationsgeschäft.

Bártfa [-fɔ], Stadt in der Slowak. Rep., ↑Bardejov.

Bartfäden, die ↑Barteln.

Bartfeld, Stadt in der Slowak. Rep., ↑Bardejov.

Bartflechte (Bartfinne), bakterielle Entzündung der Barthaarfollikel. Eitererreger (meist Staphylokokken) verursachen die **gewöhnl. B.** (Folliculitis barbae) mit kleinen, entzündl. Knötchen um den Haarbalg. Begünstigend wirken z. B. Diabetes mellitus oder Immundefekte. Behandlung: entzündungshemmende, antibakterielle Mittel (z. B. Antibiotika). – Bei der durch Fadenpilze hervorgerufenen **tiefen B.** (↑Trichophytie) treten entzündl. Knoten auf. Behandlung: Antimykotika.

Bartflechten (Usneaceae), Familie der Flechten mit strauchig aufrechtem oder bartförmig von Bäumen herabhängendem Thallus. Die B. i. e. S. gehören zur Gatt. **Usnea,** die bes. in den Nebellagen der Gebirge verbreitet ist.

Bartgeier (Lämmergeier, Gypaetus barbatus), bis 115 cm großer, langschwänziger

BAR Bartgras

Bartgeier

Greifvogel der Felsengebirge Europas, Asiens, Afrikas, horstet an Felsschroffen; legt meist zwei Eier.

Bartgras, Sammelbez. für mehrere nahe verwandte Gattungen der Süßgräser mit einblütigen Ährchen; einige Arten liefern Parfümerieöle (Lemongrasöl, Zitronellöl).

Bartgrundel, ↑Schmerlen.

Barth, Stadt im Landkr. Nordvorpommern, Meckl.-Vorp., 10 200 Ew.; Schiffbau und Schiffsreparatur, Fischverarbeitung, Möbelind.; kleiner Hafen, nahebei Flugplatz.

Barth, 1) Emil, Schriftsteller, *Haan (Kr. Mettmann) 6. 7. 1900, †ebd. 14. 7. 1958; der klass. Formtradition verpflichtet, schrieb Romane (»Das verlorene Haus«, 1936), Erzählungen, Lyrik, Essays.
2) Heinrich, Afrikaforscher, *Hamburg 16. 2. 1821, †Berlin 25. 11. 1865; schloss sich 1849 der brit. Sudanexpedition unter J. Richardson an; bereiste 1850–55 nach Durchquerung der Sahara die Länder des Tschadgebietes und den W-Sudan, entdeckte 1851 den Benue und war in Timbuktu (1853/54). Seine Forschungen, für die er rd. 20 000 km zurücklegte und den arab. Namen **Abd el Kerim** (»Diener des Allerhöchsten«) annahm, waren bahnbrechend für die geographisch-ethnograph. und linguist. Kenntnis des zentralen Nordafrika.
3) Heinrich, schweizer. Philosoph, *Bern 3. 2. 1890, †Basel 22. 5. 1965, Bruder von 5); entwickelte, ausgehend vom Marburger Neukantianismus, eine christlich geprägte Existenzphilosophie.
4) [bɑ:θ], John, amerikan. Schriftsteller, *Cambridge (Md.) 27. 5. 1930; schreibt sprachlich und stilistisch virtuos durchgeformte satir. Romane: »Der Tabakhändler« (1960), »The tidewater tales« (1987) u. a.; Prosastück »Ambrose im Juxhaus« (1968).
5) Karl, schweizer. ref. Theologe, *Basel 10. 5. 1886, †ebd. 10. 12. 1968, Bruder von 3); 1921 Prof. in Göttingen, 1925 in Münster, 1930 in Bonn; war als Gegner des Nationalsozialismus im Kirchenkampf »Vater der ↑Bekennenden Kirche« und wurde daher 1935 seines Amtes enthoben; er wirkte seitdem bis 1962 als Prof. in Basel. B. war Mitbegründer und Wortführer der ↑dialektischen Theologie. Seine Kritik des liberalen Kulturprotestantismus seit Schleiermacher ist ein Wendepunkt in der Geschichte der prot. Theologie. B. äußerte sich in Reden und Schriften als religiöser Sozialist und Mitgl. der schweizer. Sozialdemokrat. Partei zu vielen polit. Fragen.
Werke: Der Römerbrief (1919); Kirchliche Dogmatik, 4 Tle. (1932–59); Credo (1935).

Karl Barth

Barthelme [bɑ:'θelmɪ], Donald, amerikan. Schriftsteller, *Philadelphia 7. 4. 1931, †Houston (Tex.) 23. 7. 1989; schrieb sozialkrit. Kurzprosa und gilt als einer der wichtigsten postmodernen Autoren. Er betonte das literar. Experiment und setzte als Stilmittel Parodie, Collage und Fragment ein (»Schneewittchen«, 1964; »Stadtleben«, 1970); »Forty Stories«, 1987).

Barthes [bart], Roland, frz. Literatur- und Kulturkritiker, *Cherbourg 12. 11. 1915, †Paris 26. 3. 1980; schrieb »Am Nullpunkt der Literatur« (1953), »Sade, Fourier, Loyola« (1971), »Lust am Text« (1973); Begründer der ↑Nouvelle Critique.

Bartholdi, Frédéric-Auguste, frz. Bildhauer, *Colmar 2. 8. 1834, †Paris 4. 10. 1904; schuf 1880 mit dem in den Fels gehauenen »Löwen von Belfort« ein imposantes Kriegerdenkmal (22 m lang), außerdem die Freiheitsstatue im Hafen von New York (in Kupfer getrieben, 46 m hoch; 1886 eingeweiht).

Bartholin-Drüsen [nach dem dän. Anatomen C. Bartholin, *1655, †1738], zwei kleine Drüsen, die bei der Frau zu beiden Seiten des Scheideneingangs liegen und Schleim absondern.
Bartholomaios I., eigtl. Dimitrios Archondonis, griechischer orth. Theologe, *İmroz 12. 3. oder 29. 2. 1940; seit 1991 Ökumen. Patriarch.
Bartholomäus [aramäisch »Sohn des Tholmai«], einer der 12 Apostel Jesu (Mt. 10, 3 u. a.), soll nach der Legende in Indien oder Armenien gewirkt und dort den Märtyrertod erlitten haben. Seine Attribute sind Haut und Messer (weil zu Tode geschunden); Tag: 24. 8. (Bartholomäustag).
Bartholomäusnacht (Pariser Bluthochzeit), die Nacht zum 24. 8. (Bartholomäustag) 1572, in der Admiral G. de †Coligny u. a. Führer der Hugenotten, die anlässlich der Hochzeit des prot. Heinrich von Navarra (der spätere Heinrich IV. von Frankreich) mit Margarete von Valois in Paris versammelt waren, zus. mit Tausenden von Glaubensgenossen auf Befehl Katharinas von Medici ermordet wurden.
Barthou [-'tu], Jean Louis, frz. Politiker, *Oloron-Sainte-Marie (Dép. Pyrénées-Atlantiques) 25. 8. 1862, †Marseille 9. 10. 1934 (zus. mit König Alexander I. von Jugoslawien durch einen makedon. Terroristen erschossen); war 1894–1934 mehrfach Min., 1913 MinPräs.; plante als Außenmin. (1934) ein kollektives Sicherheitssystem gegen das nat.-soz. Deutschland.
Bärtierchen (Tardigrada), Stamm der Gliedertiere, mikroskopisch kleine Tiere mit vier Paar Klauen tragenden Stummelfüßen; stechen und saugen mit stilettförmigen Mundgliedmaßen. B. leben an feuchten Orten. Bei Hitze und Trockenheit entstehen Dauerstadien (»Tönnchen«).
Bartmeise (Panurus biarmicus), 16,5 cm großer, meisenähnl., langschwänziger Singvogel.
Bartning, Otto, Architekt, *Karlsruhe 12. 4. 1883, †Darmstadt 20. 2. 1959; war 1926–30 Direktor der Hochschule für Handwerk und Baukunst in Weimar, 1955–59 städtebaul. Berater in Berlin (West). B. arbeitete bes. auf dem Gebiet des prot. Kirchenbaues.
Barto ['bɑːtəu], Tzimon, amerikan. Pianist, Dirigent und Komponist, *Eustis (Fla.) 2. 1. 1963; v. a. Interpret virtuoser Klaviermusik des 19. und 20. Jahrhunderts.

Bartók [ungar. 'bɔrtoːk], Béla, ungar. Komponist und Pianist, *Nagy Szent Miklós (heute Sânnicolau Mare, Rumänien) 25. 3. 1881, †New York 26. 9. 1945; Prof. in Budapest, emigrierte 1940 in die USA. Sein Klangstil, der oft hart an die Atonalität grenzt, ist reich an unaufgelösten Dissonanzen. In Melodie und Rhythmik wird die ungar. Folklore wirksam.
Werke: Herzog Blaubarts Burg (Oper, 1911); Der holzgeschnitzte Prinz (Ballett, 1914–16); Der wunderbare Mandarin (Pantomime, 1918–19). Orchester-, Klavierwerke (»Mikrokosmos«), Kammermusik. Forschungsarbeiten zur Volksmusik.
📖 *Helm, E.: B. B. Reinbek 46.–48. Tsd., [1]1992. – Székely, J.: Mein Lehrer B. B. A. d. Ungar. München 1995.*

Béla Bartók

Bartoli, Cecilia, italien. Sängerin (Mezzosopran), *Rom 4. 6. 1966; gastiert an den führenden Opernhäusern Europas; wurde v. a. als Mozart- und Rossini-Interpretin sowie als Konzert- und Liedsängerin bekannt.
Bartolini, Luigi, italien. Maler und Schriftsteller, *Cupramontana (Prov. Ancona) 8. 2. 1892, †Rom 16. 5. 1963; wurde mit seinem Roman »Fahrraddiebe« (1946, erweitert 1948; Vorlage zu V. De Sicas Film) ein bed. Vertreter des Neorealismus; auch polemische kulturkrit. Schriften sowie fantast. Radierungen (Landschaften, Tierdarstellungen).
Bartolomeo (B. della Porta), gen. Fra B., italien. Maler, *Florenz 28. 3. 1472(?), †ebd. 31. 10. 1517; malte Altar- und Andachtsbilder, deren feierlich strenger und klarer Stil von starkem Einfluss bes. auf Raffael war.
Werke: Thronende Madonna mit Heiligen (1509; Florenz, Kloster San Marco); Beweinung Christi (1511; Florenz, Palazzo Pitti); Die myst. Vermählung der hl. Katharina (1512; Paris, Louvre).

Bartolus de Sassoferrato, italien. Jurist, * Venatura (bei Sassoferrato, Prov. Ancona) vermutlich 1314, † Perugia 10. 7. 1357; kommentierte das »Corpus Iuris Civilis«.

Barton [bɑ:tn], Sir (seit 1972) Derek Harold Richard, brit. Chemiker, * Gravesend (Cty. Kent) 8. 9. 1918, † College Station (Tex.) 16. 3. 1998; erhielt 1969 für Forschungen zur ↑ Konformation organ. Verbindungen den Nobelpreis für Chemie (mit O. Hassel).

Bartonellen, Gruppe von kleinen, gramnegativen, bewegl. Bakterien, Erreger mit hämolyt. Anämie einhergehender Infektionskrankheiten. **Bartonella bacilliformis** wird durch Sandmücken übertragen und ist der Erreger des menschl. Oroya-Fiebers (Carrión-Krankheit) im Norden Südamerikas. **Hämo-B.** befallen Hunde, Rinder, Katzen.

Bartoszewski [-ʃ-], Władysław, poln. Publizist, Historiker und Politiker, * Warschau 19. 2. 1922; war 1940/41 im KZ Auschwitz, 1944 am Warschauer Aufstand beteiligt, 1946–48 und 1949–54 inhaftiert; wurde Mitgl. der Gewerkschaft Solidarność, 1980/81 interniert. 1990–95 Botschafter in Österreich, 1995 und 2000/01 Außenmin. Sein schriftsteller. Werk befasst sich v. a. mit der Zeit von 1939 bis 1944. B. bemühte sich um Vermittlung zw. Christen und Juden sowie zw. Polen und Deutschen. 1986 Friedenspreis des Dt. Buchhandels.

Bartoszyce [-'ʃitsɛ] (dt. Bartenstein), Krst. in der Wwschaft Ermland-Masuren, Polen, an der Alle, 24 700 Ew.; Bekleidungs-, Holz- und Papierindustrie. – B., um 1325 gegr., gehörte zunächst zum Ordensstaat, dann zu Preußen.

Bartsch *die* (poln. Barycz), rechter Nebenfluss der Oder, Polen, 133 km, mündet östlich von Głogów (Glogau).

Bartträger (Bartwürmer, Pogonophora), marine Würmer, bes. in großen Meerestiefen. Die bodenbewohnenden Tiere, am Vorderende mit Tentakeln ausgestattet, leben einzeln in erhärteten Sekretröhren.

Baruch [hebr. »der Gesegnete«], Schüler und Sekretär des Propheten ↑ Jeremia.

Baruch [bə'ru:k], Bernard Mannes, amerikan. Wirtschaftsfachmann, * Camden (S. C.) 19. 8. 1870, † New York 20. 6. 1965;

Berater zahlr. Präsidenten, vertrat seit 1946 die USA in der Atomenergiekommission der UN und erarbeitete Vorschläge zur Kontrolle und friedl. Nutzung der Kernenergie **(B.-Plan).**

Barwert, ↑ Zinseszins.

Bärwurz (Feinblättrige B., Meum athamanticum), Doldenblütler auf Bergwiesen in Süd- und Mitteldeutschland.

bary... [grch.], schwer..., tief...

Barye [ba'ri], Antoine-Louis, frz. Bildhauer und Maler, * Paris 24. 9. 1795, † ebd. 25. 6. 1875; naturnahe Tierplastiken sowie Landschaftsaquarelle.

Baryonen [grch.], Familie schwerer Elementarteilchen mit halbzahliger Spinquantenzahl (Fermionen); zu ihnen gehören die **Nukleonen** (Proton, Antiproton, Neutron, Antineutron), **Hyperonen** (Lambda-, Sigma-, Xi-, Omegateilchen und ihre Antiteilchen) und deren kurzlebige angeregte Zustände, die **B.-Resonanzen** († Massensonanzen). Alle B. sind aus je drei ↑ Quarks aufgebaut. Die **B.-Zahl,** eine ladungsartige Quantenzahl, ist für alle B. + 1, für deren Antiteilchen – 1.

Barysphäre, der schwere Erdkern.

Baryssau [-sau], Stadt in Weißrussland, ↑ Borissow.

Baryt [grch.] *der,* Mineral, ↑ Schwerspat.

Barytgelb, das ↑ Bariumchromat.

Baryton [grch.] *das* (ital. Viola di bordone), ein Streichinstrument (17.–19. Jh.) in Baritonlage mit 6–7 Spiel- und 9–28 Resonanzsaiten, die mit dem Daumen der linken Hand gezupft werden; auch Bez. für das Baritonhorn.

Barytwasser, ↑ Bariumhydroxid.

baryzentrisch, *Physik:* auf den Schwerpunkt bezogen.

Barzel, Rainer, Politiker (CDU), * Braunsberg (Ostpreußen; heute Braniewo, Polen) 20. 6. 1924; 1957–87 MdB, 1962/63 Bundesmin. für gesamtdt. Fragen, 1964–73 Vors. der Bundestagsfraktion der CDU/CSU und 1971–73 Bundesvors. der CDU. Beim konstruktiven Misstrauensvotum gegen Bundeskanzler W. Brandt 1972 scheiterte er als Kanzlerkandidat der CDU/CSU-Fraktion im Bundestag sehr knapp. 1982–83 war er Bundesmin. für Innerdt. Fragen; 1983–84 Bundestagspräsident.

ZEIT ASPEKTE

Das Beste aus der ZEIT zu ausgewählten Stichwörtern dieses Bandes.

Abitur
Adenauer
Antisemitismus
Arbeitslosenversicherung
Ausländer
Autismus
Ayurveda

DIE ZEIT

ZEIT Aspekte

Abitur	**Die Verachtung der Langsamkeit** *Susanne Gaschke*	612
Aborigines	**Das Rätsel von Jinmium** *Reiner Luyken*	615
Abtreibung	**Welche Rechte hat das ungeborene Leben?** *Reinhard Merkel*	619
Achtundsechziger der DDR	**»Kluge Kinder sterben früh«** *Annette Simon*	625
Konrad Adenauer	**»Ein Denkmal seiner Zeit«** *Carlo Schmid*	631
Mario Adorf	**Der Einzelgänger** *Hanns-Bruno Kammertöns*	637
Theodor W. Adorno	**Die Zeit hatte einen doppelten Boden** *Jürgen Habermas*	642
Alexandria	**Mitten am Rande der Welt** *Thomas E. Schmidt*	648
Alleinerziehende	**»Papa schläft jetzt im Büro«** *Bärbel Nückles*	653
Amnesty International (ai)	**Die Unerschrockene** *Margrit Gerste*	661
Alfred Andersch	**Auf den Spuren von Sansibar** *Cornelia Gerlach*	664
Antarktis	**Das Leben in Superzeitlupe** *Urs Willmann*	669
Antisemitismus	**Altes Gift im neuen Europa** *Leon de Winter*	672
Arbeitslosenversicherung	**Pannen gibt es garantiert** *Elisabeth Niejahr Kolja Rudzio*	677
Asylrecht	**Rechtlos im Niemandsland** *Thomas Assheuer*	680
Ausländer	**Wir bleiben lieber unter uns** *Rainer Münz*	684
Autismus	**Das geheime Wissen der Erbsenzähler** *Till Hein*	687

✤ Inhalt

Ayurveda	**Öl auf meiner Haut** *Dorothee Wenner*	692
Baikalsee	**Das blaue Herz Sibiriens** *Merten Worthmann*	696
Bakterien	**Die heimlichen Herrscher** *Erwin Lausch*	701

Abitur
Die Verachtung der Langsamkeit
Turbo-Abitur: Unsere Gymnasiasten brauchen nicht weniger, sondern mehr Unterricht, um Defizite auf vielen Wissensgebieten auszugleichen

Von Susanne Gaschke

Mit der Verkürzung der Schulzeit bis zum Abitur von 13 auf 12 Jahre hat das Saarland eine Vorreiterrolle übernommen. Die Fortschrittsherolde aller politischen Lager begrüßen diesen Schritt: endlich Chancengleichheit für deutsche Schüler im internationalen Wettbewerb! Endlich mehr Effizienz bei der ökonomischen Nutzung der Ressource Bildung!

Preußisches Gymnasium um 1900; wie viel Bildung im herkömmlichen Sinn ist in unserer Zeit noch notwendig?

Doch was da mit Modernisierungsgetöse ins Werk gesetzt wird – nicht nur das Saarland, nahezu alle Bundesländer experimentieren mit dem Schnellabitur –, befördert vor allem das Auseinanderfallen von bildungspolitischer Rhetorik und bildungspraktischer Wirklichkeit. In dieser Wirklichkeit stehen die Gymnasien mit dem Rücken an der Wand. Und zwar nicht, weil restriktive Bestimmungen hoch begabte Schüler am schnellen Lernen hindern. Sondern erstens, weil ein wachsender Anteil der Gymnasiasten weder die häuslichen Voraussetzungen noch das Interesse für die wissenschaftliche Propädeutik mitbringt, die zumindest im Oberstufenunterricht angestrebt wird. Zweitens, weil die Kultusministerien Unterrichtsausfall in skandalösen Ausmaßen dulden. Und drittens, weil im Zuge der inneren Schulreform immer mehr solides Bildungswissen gegen die weichen Inhalte gegenstandsloser Methodenlehre, unterhaltsamer Projekte und eines undefinierbaren »vertiefenden Unterrichts« ausgetauscht worden ist.

Die jüngsten Ergebnisse der Timss-Studie belegen die Rückstände der deutschen Schüler in den mathematisch-naturwissenschaftlichen Fächern, und viele Hochschullehrer klagen zu Recht über Defizite in kulturellen Basistechniken wie Lesen und Schreiben. Niemand kann unseren Abiturienten exzessive Kenntnis der Weltliteratur oder der deutschen Geschichte vorwerfen. Grundbegriffe der Politik, der Ökonomie oder der Sozialstruktur von ihnen zu erwarten wäre so vergeblich wie ungerecht. Denn diese Fächer werden zwar in jeder Gesprächsrunde zur Zukunft der Schule »eingefordert«, aber kaum in real existierende Stunden und Planstellen umgesetzt. Nötig hätten die Gymnasien ein entschiedenes Mehr, keinesfalls ein Weniger an Unterricht.

Begabten Kindern stand immer schon die Möglichkeit offen, eine Klasse zu überspringen oder eine vorgezogene Abiturprüfung abzulegen. Das war freilich die Ausnahme, und solche Kandidaten galten, vermutlich zu Recht, als Elite: als besonders leistungsfähige, interessierte, belastbare Schüler eben. Wie viele davon mag es geben? Die meisten Schulversuche zum achtklassigen Gymnasium legen bei ihren Stundenzahlberechnungen die »Springer-Regelungen« zugrunde. Es wird also nicht etwa der volle Unterricht des 13. Schuljahres umverteilt, sondern es gelten nun für alle die Bedingungen, die für die Fähigsten ersonnen worden waren. Werden damit auch alle zur Elite?

Charakter spielt kaum eine Rolle

Vielleicht ist es die Fadenscheinigkeit eines so verstandenen Eliteetiketts, die den Begriff neuerdings auch für Sozialdemokraten erträglich macht: Wo alle dabei sind, wird ja niemand diskriminiert. Doch derartige Skrupel gehören wohl ohnehin der bildungspolitischen Steinzeit an. In der aktuellen Debatte um die Aufgaben der Schule spielen vermeintlich romantische Erziehungsziele wie geistige Reife, Persönlichkeit, Charakter und Urteilsvermögen kaum noch eine Rolle oder sind zu »Teamfähigkeit«, »Sozialkompetenz« und ähnlichen »Schlüsselqualifikationen« degeneriert, die ihre Besitzer für den Einsatz in der modernen Marktgesellschaft zurichten sollen. Die Verkürzung der Schulzeit zielt allein auf ökonomische Verwertbarkeit, auf »Wettbewerb«, »Konkurrenzkampf«, »Wohlstand« (CDU-Leitantrag Bildungspolitik). Mit Bildung als Lebensform, als Kombination von Denkenkönnen und Wissen (Karl Jaspers) hat dies nur noch wenig zu tun.

Auch fällt es schwer zu verstehen, warum sich ausgerechnet aus der Dauer des Schulbesuchs so gravierende Nachteile für deutsche Gymnasiasten ergeben sollen. Kaum jemand gerät unmittelbar nach dem Abitur in einen direkten Wettstreit mit ausländischen Konkurrenten. Diese Konkurrenz beginnt frühestens – und nur für eine sehr kleine Minderheit – zum Zeitpunkt des Berufseintritts. Da mögen die Absolventen deutscher Hochschulen mit Mitte oder Ende 20 dann wirklich ein wenig alt sein – jedenfalls wenn Alter tatsächlich ein Kriterium ist, das international operierende Personalchefs interessiert. Doch Zeit sinnlos totgeschlagen haben die meisten von ihnen eher nicht auf dem Gymnasium, sondern an der Universität: mit dem Warten auf Bücher und Praktika, auf Prüfungstermine beim Professor und Bescheide in Stipendienangelegenheiten; mit zeitraubenden Fachrichtungswechseln, die sich bei einer guten Beratung zu Beginn des Studiums vielleicht hätten vermeiden lassen.

Eine Reform der Studienorganisation an den höchst individualistisch agierenden Hochschulen ist freilich eine zähe, mühselige Aufgabe, die politisch lange nicht so tatkräftig wirkt wie das Schnellabitur.

Immerhin gäbe es noch eine Möglichkeit, das Berufseintrittsalter deutscher Akademiker ohne Verkürzung des Schulunterrichts um ein Jahr zu senken: Die Eltern könnten schlicht wieder dazu übergehen, ihre Kinder mit sechs statt mit sieben Jahren einzuschulen, wie es üblich geworden ist. Es nimmt wunder, dass viele Eltern meinen, die kostbare Kindheit ihrer Kleinen möglichst lange gegen die Grundschule verteidigen zu müssen, diesen aber später (im Namen eines höchst abstrakten globalen Arbeitsmarktes) die Zeit missgönnen, die sie auf dem Gymnasium, in und nach der schwierigen Pubertät, durchaus bräuchten. Nicht nur, um sich den regulären Unterrichtsgegenständen zu widmen, sondern vor allem für jene Dinge, die Gymnasien auszeichnen: für die Theatergruppen, Chöre und Orchester, für die

Die Frage der Schwerpunktsetzungen im Lehrplan wird seit Veröffentlichung der »PISA-Studie« als dringlich angesehen.

Abitur

Schülerzeitungen und SV-Teams, für den Bundeswettbewerb Mathematik, für Jugend forscht, für die Informatik-AG und die selbst verwaltete Schulcafeteria. All dies ist Bildung. All dies ist projektbezogenes, selbstbestimmtes Lernen, ohne dass »Projekt« verordnet auf dem Stundenplan stünde. All dies fördert die so begehrte Sozialkompetenz.

Gewiss nutzen einige Schüler die ihnen gewährten Freiräume, um nachmittags im Callcenter zu jobben. Aber ist das ein Grund, allen anderen diese wertvolle Schulzeit außerhalb des Stundenplans zu verwehren? Damit kommen wir zu der Frage, wie denn die jungen Leute selbst den Zeitfaktor in ihren Bildungsbiografien einschätzen. Fast 50 Prozent der Studienanfänger behaupten, das Kurzabitur vorzuziehen. Dieses Umfrageergebnis mag allerdings durch das Getrommel der Medien beeinflusst sein. Schließlich ist das achtklassige Gymnasium zurzeit das angesagteste Mittel zur Rettung des Bildungswesens – wie zuvor auch schon das Sprachlabor, die reformierte Oberstufe, die Gesamtschule, der Englischunterricht in der Grundschule oder der Internetanschluss für jedes Klassenzimmer.

Doch selbst wenn sie tatsächlich gern ein Jahr weniger zur Schule gingen – spätestens im Studium lässt solche Hast spürbar nach. Es sind ja nicht nur die Defizite der Studienorganisation, die akademische Karrieren verlängern: Viele Studenten wechseln den Studienort oder studieren im Ausland, was gewiss den Horizont erweitert, aber auch Zeit kostet; etliche suchen vor Aufnahme des Studiums die praktischen Erfahrungen einer Berufsausbildung (was »die Wirtschaft« übrigens auch gern sieht); und fast alle arbeiten nebenbei – um sich das Studium leisten zu können, aber auch mit dem Ziel, es durch Auto und Urlaub ein wenig schöner zu gestalten.

Seit einigen Jahren wird besonders auf die Kompetenzsteigerung der Schüler im Bereich der neuen Medien geachtet.

Die studentische Lebensweise ist angenehm: Sie bedeutet zwar einen gewissen Verzicht auf materiellen Komfort, eröffnet aber Freiheiten, wie man sie später niemals wieder haben wird. Das gute Gefühl, jetzt zu leben, ist unter deutschen Studenten verbreitet. Und es ist sogar vernünftig. Die Menschen in Deutschland werden immer älter, bleiben länger gesund, beweglich und aktiv. Sie werden in Zukunft auch länger als nur bis 60 oder 65 arbeiten können und wollen. Wenn aber das Leben sich dehnt, warum müssen dann die Jugend, die Schulzeit geschrumpft werden? Für ein längeres Leben lohnt es sich, länger zu lernen.

30. November 2000

siehe auch
✧ **Gymnasium**
✧ **Schule**

Aborigines

Das Rätsel von Jinmium

Ein Fund in Australien sollte die Kunstgeschichte verändern. Doch es kam ganz anders, als viele Exprten erwartet hatten

Von Reiner Luyken

Richard Fullagar sah in den Aborigines die Picassos der Vorgeschichte. Doch beim Versuch, die ältesten Bildwerke der Menschheit in Australien anzusiedeln, hatte sich der Anthropologe vom Zeitgeist leiten lassen. Merkwürdig. Da hat also ein Mann ein »Stonehenge der Vorzeit« entdeckt. Richard Fullagar vom Australian Museum in Sydney habe auf Felsen im australischen Busch Spuren künstlerischen Schaffens gefunden, die mehr als doppelt so alt seien wie die Höhlenzeichnungen Europas, berichtete die Weltpresse vor zwei Jahren. Von der »ältesten Kunst der Menschheit« war die Rede. Der Australier zwinge die Fachwelt gar, die Kunstgeschichte umzuschreiben. Jetzt rührt er sich weder auf Bitten um Rückruf, noch beantwortet er ein Fax.
Ist der Wunsch, jenen Ursprung der Bilderwelt, die legendären Jinmium-Felsen, zu besuchen, so verquer? Mühselig ist der Versuch allemal. Denn niemand scheint zu wissen, wie man an den geheimnisumwitterten Ort gelangt. Die Dame im Empfang des Country Club Motel in Kununurra hat noch nie etwas von Jinmium gehört. Dabei müssen die mit vielen Tausend muldenförmigen Petroglyphen, mit Ockerlinien und Handumrissen verzierten Sandsteinbrocken irgendwo im Umkreis der abgelegenen Pionierstadt aus dem Boden ragen. Eine genaue Landkarte lässt sich am Ort nicht auftreiben. Im Fremdenverkehrsamt heißt es lakonisch: »Da dürfen Sie nicht hin. Das ist eine heilige Kultstätte. Sie liegt in einem Gebiet, das den Aborigines gehört.«

Die älteste Kunst der Menschheit – nur für die Ureinwohnerschaft?

Richard Fullagars Aufsatz mit dem umständlichen Titel »Frühmenschliche Bewohnung im nördlichen Australien: Archäologie und Thermolumineszenz-Datierung der Jinmiumhöhle in den Northern Territories« löste schon vor seiner Veröffentlichung in der britischen Fachzeitschrift Antiquity eine furiose Debatte aus. Die im September 1996 zunächst in den Massenmedien verkündeten Funde erregten nicht nur wegen der Behauptung Aufsehen, das Kunstschaffen der Aborigines sei mehr als 75 000 Jahre alt. Der Anthropologe entdeckte eineinhalb Meter im Erdboden verborgene Spuren einer frühmenschlichen Zivilisation, die er auf ein Alter von 116 000, möglicherweise gar 176 000 Jahren datierte.
Eine Zahl, die die weithin akzeptierten Theorien einer Ausbreitung der Gattung

Aborigine vor einer Felsmalerei – war Afrika vielleicht doch nicht die Wiege der Menschheit?

Homo aus Afrika auf den Kopf stellte. »Als die Menschen aus Afrika emigrierten«, erklärte der Paläoanthropologe Alan Thorne im Magazin New Scientist lakonisch, »müssen sie zugleich das Fahrrad erfunden haben, sonst hätten sie das erste Floß nach Australien verpasst.«

Robert Bednarik, Herausgeber etlicher archäologischer Fachzeitschriften, reagierte verhaltener: »Die Kunstgeschichte muss nicht neu geschrieben werden.« Becherförmige Steinzeichen wie in Jinmium seien auch auf anderen Kontinenten die älteste bekannte Kunstform. Ein auf der Unterseite mit 18 gehämmerten Mulden verzierter Grabdeckel in der französischen Höhle La Ferrassie sei zwischen 40 000 und 170 000 Jahre alt.

Steinzeitliche Felsmalerei am Nourlangie Rock im Kakadu-Nationalpark auf Arnhemland

Doch Richard Roberts, ein Geochronologe aus Melbourne und Experte in der Datierung von Ausgrabungen, bezweifelte die Tauglichkeit der von Fullagar durchgeführten Altersmessungen des Bodenreichs, in dem dieser auf Steinwerkzeuge und Sandsteinkrümel gestoßen war. »Kontaminierende Krümel älteren Gesteins können das Ergebnis einer Thermolumineszenz-Analyse um viele Tausend Jahre verfälschen.« Die Analyse misst den Zeitpunkt, an dem Quarzpartikel durch Überlagerung mit neuen Bodenschichten dem Sonnenlicht entzogen wurden. Dann startet in den Quarzen eine geochemische Uhr, deren Stand sich im Labor feststellen lässt.

Doch es ging bei der Auseinandersetzung nicht nur um die Verlässlichkeit wissenschaftlicher Messungen. Der Streit hat auch eine politische Dimension. Der damalige Premierminister Paul Keating wollte die tief in der australischen Gesellschaft verwurzelte Diskriminierung der heute lebenden Aborigines mit einem großen Kraftakt beenden. Der alte, auf technologischer Überlegenheit aufbauende Führungsanspruch der Weißen wurde durch eine neue Ideologie ersetzt, die den schwarzen Australiern eine in Urzeiten zurückreichende spirituelle Überlegenheit zuschreibt. Das Australian Museum in Sydney liefert dem politischen Willen den ideologischen Unterbau.

Eine neu eröffnete Abteilung des Museums ist den Aborigines und damit »den ältesten lebendigen Kulturen der Welt« gewidmet, wie es im Führer apodiktisch heißt. Die Ausstellung ist eine seltsame Mischung aus Ethnologie, aus einseitiger Stellungnahme für alles Tun und Lassen des schwarzen und eines selbstpeinigenden mea culpa des weißen Australien. Im Eingang hängt eine »Notiz für eingeborene Besucher: Wenn hier gezeigte Bilder oder Objekte Anstoß erregen, bitten wir Sie, uns das zu sagen«. Im Ausgang liegt ein »Entschuldigungsbuch« aus, in dem weiße Besucher ihren Namen unter einen vorgedruckten Text setzen: »Ich drücke hiermit mein tiefes Bedauern für die Ungerechtigkeiten aus, die den Eingeborenen als Ergebnis der europäischen Landnahme zugefügt wurden.«

»Da dürfen Sie nicht hin«

Die Exponate aus Jinmium sind beschriftet, als habe es nie einen wissenschaftlichen Disput über ihre Datierung gegeben. Der Museumsdirektor weist in seinem letzten Jahresbericht stolz darauf hin, die Funde hätten den Ruf des Museums als Stätte originärer wissenschaftlicher Forschung abermals bestätigt.

In Kununurra macht sich der Reporter auf die Suche. Er steuert einen klimatisierten Toyota Landcruiser der Nase und dem Artikel in Antiquity nach auf Schotterpisten in den Busch. Die Außentemperatur: 38 Grad Celsius. Die einzigen Verkehrsschilder sind eine Krokodilwarnung und Hinweise vor Flussdurchfahrten.

Nach zwei Stunden und 120 Kilometern der erste Gegenverkehr, ein Kleinlastwagen. Die Insassen mustern ihn wie einen Halbirren.

Jinmium? – Da dürfe er nicht hin, sagt der Beifahrer scharf und lehnt sich aus dem Fenster. »Fahren Sie ein paar Kilometer weiter«, setzt er dann etwas milder hinzu. »Da sind ein paar Häuser. Fragen Sie nach Ol' Biddy Simon.«

Zwei nackte Jungen spielen zwischen ein paar Wellblechhütten am Rande eines sumpfigen Teichs. Ein Mann liegt unter einem Vordach auf einer verschlissenen Matratze. Eine junge Frau säugt ihr Baby. Biddy sei nicht zu Hause, sagt die Frau, sie sei beim Fischen am Fluss. Sie selbst sei Biddys Tochter. Nach einigem Hin und Her zeichnet sie den Weg nach Jinmium auf. Sie sagt lächelnd: »Das halte ich vor meiner Mutter geheim. Wenn Biddy erfährt, dass ich Ihnen den Weg verraten habe, prügelt sie mich zu Tode.«

»Ist die Stätte so heilig?« – »Heilig? Nein. Sie müssten ihr Geld dafür geben.«

Der Weg ist eine Räderspur in die endlosen Eukalyptuswälder Nordaustraliens – das Erbe einer jahrtausendealten Liebesaffäre der Aborigines mit dem Feuer. Sie zünden das Land an und jagen die aus ihrem Unterschlupf getriebenen Echsen und Schildkröten, sie ernten die in der Asche prächtig gedeihenden Jamswurzeln. Die Tropenwälder, die hier einmal standen, starben. Die Sommerregen schwemmten die Waldböden in die Flussdeltas. Die feuerresistenten Eukalyptusbäume setzten sich in der dünnen Krume fest.

Nach zwölf Kilometern bricht der Landcruiser durch die Krume in ein Sandloch. Das Gefährt sinkt immer tiefer ein. Im Falle einer Panne steht in den Ratschlägen für Fahrten in das Outback: »Bleiben Sie beim Wagen und warten Sie auf Hilfe.« Gut gesagt. Nur zweimal in ihrem Leben sei sie hier oben gewesen, hatte Biddys Tochter erzählt. Bleibt nur der Rückzug zu Fuß. Beim Eintreffen in dem kleinen Dorf dreht sich der Mann auf der Matratze um und fragt lässig, ob der Reporter die Radnaben festgezogen habe? So mache man das bei einem Landcruiser.

Spätabends kommt Biddy Simon mit vier riesigen Fischen nach Hause. Sie ist eine schwarze Mutter Courage mit einem abgewetzten Filzhut auf dem ergrauten Haar, die das Dorf, es besteht größtenteils aus ihren von verschiedenen Männern gezeugten Töchtern und deren zahlreichen Kindern, mit eiserner Hand regiert. Sie lädt ihren Karabiner durch und klemmt sich wieder hinter das Steuer ihres Toyotas. Oben im Wald nimmt sie dem Reporter den Autoschlüssel ab und fährt sein Gefährt nach drei Anläufen aus dem Sandloch.

Eukalyptuswald mit gefallenem Karri-Baum

Simon will tausend Dollar für den Besuch in Jinmium. Bin doch nicht verrückt, sagt der Reporter. Doch, sagt sie, das glaube sie. Nach zehn Minuten Feilschen im dunklen Wald einigt man sich: zweihundert Dollar. Morgen früh um sechs.

Jinmium soll ein weiblicher Vorfahrengeist gewesen sein

Um sechs Uhr keine Spur von der Courage. Mit seinem von den Aborigines neu erworbenen Technologieverständnis wagt der Suchende allein die Weiterfahrt. Als er die Felsen endlich findet, herrscht in allen Wipfeln ein Gesinge und Geschrei wie in einem Vogelhaus. Im Osten geht die Sonne auf. Auf den ersten Blick sind die beiden fünf Meter aus dem Sand ragenden Felsen nichts weiter als durch Erosion entstandene geologische Auswüchse. Rissig, schartig, von ockerfarbenen Adern durchzogen. Ein Brocken hängt nach Norden, der andere nach Süden über. Erst bei genauer Inspektion entdeckt man die in die

Aborigines

Überhänge geschabten Petroglyphen, eierbecherrund und fingertief. Etliche rote Handumrisse und ein auf die Rückseite des östlichen Felsens gemeißeltes langohriges Tiergebilde sollen jüngeren Datums sein.

Fullagar beschreibt die urwüchsigen Felsen als »imposanten Anblick, ein zusammengehörig geformtes Paar«. Er gab in seinem umstrittenen Aufsatz eine »Traumgeschichte« wieder, die Biddy Simon ihm erzählt hatte. Jinmium sei ein weiblicher Vorfahrengeist, den einst Djibigun, ein männlicher Vorfahrengeist, verfolgte. Jinmium verwandelte sich in Stein, als Djibigun sie hier fing. Die Geschichte, erklärt Fullagar, verknüpfe den Ort mit »wichtigen ökonomischen und zeremoniellen Ressourcen im näheren Umkreis, mit Sumpfnahrung, Ocker, Stein und Jamswurzeln«.

Die Vorstellung ist verführerisch, hier eine die Jahrtausende überspannende Einheit der Ureinwohner mit dem Land, mit dem Mythos und der Natur zu orten. Der Morgen ist unvergesslich. Das frühe Licht, die tausend bunten Vögel in dem lichtdurchfluteten Eukalyptusdach, die zwei mit diesen merkwürdig geometrischen Muldentafeln überzogenen Felsen, in deren Ockerlinien sich die Fantasie verliert ... Tiere erscheinen, Fabelwesen, geometrische Muster. Aber ist das Wissenschaft?

Zurück am Flughafen von Kununurra, warten »dringende Nachrichten von Dr. Richard Fullagar mit Bitte um Rückruf«. Biddy Simon, berichtet er, habe die Aborigines Areas Protection Authority in Darwin alarmiert, ein Schnüffler hätte ohne Erlaubnis eine heilige Kultstätte besucht. Die mit Eingeborenenfragen befasste Bürokratie sei in Aufruhr.

Der Forscher hat seine Stelle im Australian Museum verloren

Man trifft sich in Sydney. Fullagar ist ein Forscher, für den vor allem der liberale Diskurs zählt. In der Beliebigkeit seines Liberalismus macht er auch vor der Wissenschaft nicht Halt. Im Dezember 1997 veröffentlichte er in Antiquity einen weiteren Aufsatz über Jinmium und darüber hinaus, in dem er das Alter der Steinschnitzerei ziemlich vage auf »viele Zehntausend Jahre« beziffert. Ein Zugeständnis. Im Mai dieses Jahres erschien sein Name als Koautor unter einem Artikel im britischen Wissenschaftsmagazin Nature, in dem der Geochronologe Richard Roberts seine Kritik an den ursprünglichen Messungen in Zahlen fasste.

Roberts verwendete eine verfeinerte Lumineszenz-Methode und kontrollierte die Ergebnisse mit einer Kohlenstoffanalyse in Holzkohleablagerungen. Demnach sind die tiefsten Bodenschichten, in denen die Steinwerkzeuge gefunden wurden, gerade mal 22000 Jahre und die Petroglyphen weniger als 10000 Jahre alt. Fullagar war damit einverstanden, seinen Namen unter die revidierte Datierung zu setzen, »da es sich schlicht um ein geomorphologisches Problem handelt«.

Aber, verrät er dem Reporter, eigentlich glaube er selbst weiterhin unbeirrt an seine ursprünglichen Messwerte. Es käme eben immer darauf an, welche Methode, welches wissenschaftliche Modell man gerade akzeptiere.

Die vom Australian Museum verbreitete Behauptung, die Kultur der Aborigines sei die älteste lebendige Kultur der Welt, will er »gar nicht verteidigen«. Das sei ohnehin irrelevant für den Kampf der Eingeborenen um die Anerkennung ihrer Rechte. »Sie waren ja in jedem Fall zuerst hier.«

Auch die Umstände seiner ursprünglichen Veröffentlichung findet Fullagar ganz normal. Er ließ die Entdeckung nicht von Wissenschaftlern bekannt geben, sondern von Biddy Simons Clan – als »Respektbezeugung für dessen Traditionen«. Fullagar versteht Jinmium als Fokus eines in die Vorgeschichte zurückreichenden Kontinuums – ganz als ob es in der Geschichte der Aborigines keine Veränderungen von Ort und Zeit gäbe.

Seine Stelle am Museum hat er übrigens verloren. Warum, weiß er nicht so recht. Schließlich haben sie ihn noch vor zwei Jahren als Helden gefeiert. »Diese ganze Sache«, sagt er, »hat meine Karriere doch ziemlich durcheinander gebracht.«

24. September 1998

siehe auch
- Australien
- Australier
- Felsbilder

Abtreibung

Welche Rechte hat das ungeborene Leben?

Es gibt in Deutschland keinen grundrechtlichen Schutz für den Embryo. Das zeigt nicht die Verfassung, sondern das Abtreibungsrecht. Die therapeutischen Ziele der Stammzellforschung haben moralisch mehr Gewicht als unsere Schutzpflichten

Von Reinhard Merkel

Die biopolitische Debatte um PID und Stammzellforschung fragt nach dem moralischen Status des Embryos. Der Rechtsphilosoph Reinhard Merkel wendet sich gegen populäre Selbsttäuschungen. Was immer die bisherige Diskussion gewesen und nicht gewesen sein mag – eines war sie gewiss: in Quantität und Vielstimmigkeit beispiellos. Manches ist klarer, anderes zweifelhaft, wieder anderes in den Wirren der Debatte unsichtbar geworden. Um dies Letztere vor allem geht es im Folgenden.
Die Grundfrage ist die nach dem Status des Embryos im System unserer Normen. Welchen Anspruch auf Schutz hat er, welche Pflichten haben wir ihm gegenüber? Erst wenn das beantwortet ist, können Anschlussfragen sinnvoll werden: nach den möglichen gesellschaftlichen Konsequenzen der Präimplantationsdiagnostik oder nach drohenden Dammbrüchen als Folge einer Forschung an embryonalen Stammzellen. Denn für beide Formen eines solchen »Verbrauchs« von Embryonen könnte deren normativer Status ein kategorisches Verbot erzwingen; weitere Erwägungen im Hinblick auf gesellschaftliche, also abwägbare Interessen wären damit gegenstandslos. Dieses Verbot lautet: Wer Rechtsperson ist und deshalb Inhaber fundamentaler Grundrechte, darf unter keinen Umständen zugunsten anderer, für die er keine Gefahr darstellt, getötet werden.
Nach der primären Frage ist damit auch die primäre Quelle der Antwort benannt: das Verfassungsrecht. Wenn der Embryo im Moment des Beginns seiner biologischen Existenz, und das heißt: mit der Fusion der Chromosomensätze von Ei- und Samenzelle, Träger der Menschenwürde und des Grundrechts auf Leben wird, dann drängt dies jedes ethische Räsonnement über seinen moralischen Status in den Modus des Irrealis: in die Sphäre philosophischer Glasperlenspiele und politischer Irrelevanz. Wohl lassen sich die Normen des Embryonenschutzgesetzes (EschG) ändern, nicht aber Artikel 1 und 2 des Grundgesetzes (GG). Die Arbeit des Nationalen Ethikrats wäre, jedenfalls in diesem Punkt, noch vor ihrem Beginn beendet.
Damit ist das Problem formuliert, nicht gelöst. Ist der Embryo nach unserer Verfassung Grundrechtsträger? Der Text des GG selbst gibt uns keine Antwort. Ob die Rechtsbegriffe »Mensch« (Art. 1) und »jeder« (Art. 2) auch den Embryo erfassen, ist weder nach den Regeln der Umgangssprache noch mit den üblichen Methoden der Gesetzesauslegung zu klären. Schon in den Verfassungsberatungen des Parlamentarischen Rats 1949 war die Frage Gegenstand kontroverser Diskussionen und ist dort ohne Antwort geblieben. Ein Antrag, das »ungeborene Leben« ausdrücklich in den Schutzbereich der Art. 1 und 2 GG einzubeziehen, wurde damals mit großer Mehrheit abgelehnt.

Das Gesetz erlaubt die Tötung

Freilich hat ein Vierteljahrhundert später der von Verfassungs wegen zuständige Interpret des GG, das Bundesverfassungsgericht (BVerfG), die Frage zum ersten und 1993 zum zweiten Mal beantwortet: mit Ja. In den Leitsätzen wie in den tragenden Gründen beider Entscheidungen

619

Abtreibung

Das im »Stern« vom 6.6.1971 veröffentlichte Bekenntnis von 374 Frauen, illegal abgetrieben zu haben, forcierte die öffentliche Debatte über den Schwangerschaftsabbruch und seine strafrechtliche Verfolgung.

zur »Fristenlösung« des Abtreibungsproblems betont das Gericht, der Embryo sei Inhaber der Menschenwürde nach Art. 1 und des Lebensgrundrechts nach Art. 2 Abs. 2 des GG. Bloß »beratene«, also indikationslose Schwangerschaftsabbrüche – rund 97 Prozent aller Abtreibungen – seien daher rechtswidrig; nur die Strafdrohung dürfe der Staat zurücknehmen. Der geläufige Einwand, beide Urteile bezögen sich nur auf den Grundrechtsstatus des Embryos nach seiner Nidation im Uterus, also etwa nach dem 13. Tag seiner Entwicklung, nicht dagegen auf den früheren und den extrakorporal erzeugten Embryo, ist richtig, aber ohne Belang. Denn die (gesetzesverbindlichen) Entscheidungsgründe formulieren das Prinzip des Grundrechtsschutzes ab Befruchtung der Eizelle so umfassend, dass es sachlich alle Embryonen erfasst.

Das wäre im Normalfall der Rechtsbildung ein zwingendes »Roma locuta« – und ist es in unserem Fall gleichwohl nicht. Ich habe vor einiger Zeit in dieser Zeitung darauf hingewiesen, dass in der zweiten Abtreibungsentscheidung von 1993 schon das BVerfG selbst den unmittelbar zuvor postulierten Grundrechtsstatus des Embryos sozusagen im nächsten Atemzug aufgehoben, methodisch gesprochen »derogiert« hat und dass die von dieser Derogation angeleitete Rechtspraxis ein Lebens- und Würdegrundrecht des Embryos definitiv nicht mehr kennt. Das Argument ist in der anschließenden Diskussion mit einer staunenswerten Resistenz gegen Grundregeln der Logik bestritten oder verdrängt worden. An ihm entscheidet sich aber die Verfassungsfrage nach dem Status des Embryos zwingend. Daher sei es in seiner Essenz wiederholt und knapp erläutert.

Nach der Feststellung, indikationslose Abtreibungen seien wegen des Lebens- und Würdegrundrechts jedes einzelnen Embryos rechtswidrig, verpflichtet das BVerfG in vier rechtsverbindlichen Anordnungen den Staat sowohl zur Verhinderung jedes Schutzes für den mit dem Tod bedrohten Embryo als auch zur Gewährleistung jeder Hilfe für seine angeblich rechtswidrig handelnden Töter. Keine dieser Anordnungen ist konsistent mit einem Lebensgrundrecht des Embryos zu vereinbaren. Entscheidend ist dies: In der vierten jener Anordnungen statuiert das Gericht eine staatliche Pflicht zur »Sicherstellung« eines »ausreichenden und flächendeckenden Angebots sowohl ambulanter als auch stationärer Einrichtungen zur Vornahme von Schwangerschaftsabbrüchen«, und zwar für alle, also auch und vor allem für jene 97 Prozent bloß »beratener« Abbrüche. Sind solche Abtreibungen als Tötungen grundrechtsgeschützter Personen rechtswidrig, dann ist es zwingend auch ihre »flächendeckende« Ermöglichung und Förderung, also die staatliche Beihilfe dazu. »Rechtswidrig handeln« heißt Unrecht tun. Damit lautet der Kern dieser vierten Anordnung so: Der Staat ist rechtlich zum Unrecht verpflichtet. Das ist logisch, nicht bloß juristisch oder empirisch unmöglich. Eine Rechtspflicht zum Unrecht ist ausge-

Abtreibung

schlossen. Die Kollision dieser Anordnung mit dem zuvor postulierten Lebensgrundrecht des Embryos, also der Rechtswidrigkeit der Abtreibung, ist daher für eine der beiden Normierungen definitiv tödlich.
Für welche? Sollte, ja müsste man nicht sagen, dass damit nicht der Grundrechtsstatus des Embryos beseitigt, sondern eine gigantische Unrechtspraxis des Staates, eine verfassungswidrige Rechtswirklichkeit geschaffen worden ist? Vielleicht sollte man das – aber unter Berufung worauf? Das geltende Recht sagt es jedenfalls nicht. Der Text des GG selbst, das haben wir gesehen, schweigt. Die einzige Quelle für jenen Grundrechtsstatus ist eben das in diesem Punkt unrettbar widersprüchliche, nein selbstdestruktive Urteil des BVerfG. Und die zuständigen Instanzen der Rechtsanwendung haben die zitierten Anordnungen des BVerfG vollständig verwirklicht, also nicht die Grundrechte des Embryos, sondern deren Gegenteil: die »flächendeckende« Ermöglichung und Unterstützung seiner Tötung. Anders gewendet: Der »beratene« Schwangerschaftsabbruch wird in Deutschland durchgängig und einschränkungslos als rechtmäßig behandelt. Damit ist er es. Wie er vom BVerfG genannt wird, ist dafür ohne Bedeutung. Über den Begriff der Rechtswidrigkeit verfügt das Gericht so wenig wie über die Regeln der Logik.
Rechtliche Normen existieren aber nur im Modus ihrer Geltung, und das heißt ihrer Wirksamkeit, nicht in dem ihres Aufgeschriebenseins, wo auch immer.
Die Norm »Rechtswidrigkeit des beratenen Schwangerschaftsabbruchs« hat keinerlei rechtliche Wirkung; damit ist sie inexistent. Beschließt die Schwangere nach der gebotenen Beratung abzutreiben, so zieht die Rechtsordnung nicht nur jede Sanktion zurück, sondern auch das Verdikt selbst, den Befehl »tu dies nicht!«. Das BVerfG betont das in seiner Entscheidung mehrfach und nachdrücklich: Die »Letztverantwortung« über den Abbruch habe allein die Schwangere. Eine Norm, heißt das, vor der sie sich »zuletzt«, und wäre es ohne Strafdrohung, zu verantworten hätte, gibt es nicht mehr. Überlässt die Rechtsordnung aber die »Letztverantwortung« über eine Handlung der Privatperson, dann ist diese Handlung eben normativ Privatsache; und das heißt zwingend: Sie ist rechtmäßig.

Welcher Schutz für den Embryo?

An diesem Befund ändern die auch in der gegenwärtigen Debatte immer wieder erhobenen Einwände nichts: Erstens sei der bestmögliche Schutz des Embryos gegen eine Abtreibung nur mit der (beratenen) Schwangeren und nicht gegen sie erreichbar. Das mag ja sein; dann ist dieser Schutz eben nur im Modus einer Rechtmäßigkeit der Abtreibung möglich. Und zweitens sei der Schwangerschaftskonflikt vollkommen singulärer Natur und dürfe deshalb zugunsten der Schwangeren gelöst werden. Auch das mag sein; es ändert ersichtlich nichts an unserem Befund. Wäre

Franz Kamphaus, Bischof von Limburg, engagierte sich Ende der 1990er-Jahre für eine weitere Mitwirkung der katholischen Kirche in der gesetzlichen Schwangerschaftskonfliktberatung. Nachdem Papst Johannes Paul II. im März 2002 den Ausstieg aus der gesetzlich geregelten Konfliktberatung verfügt hatte, setzte auch das Bistum Limburg diese Anweisung um. Das Bild zeigt den Bischof auf der Pressekonferenz, auf der er den Ausstieg aus der Schwangerschaftskonfliktberatung erklärt.

der Embryo Träger von Lebensgrundrecht und Menschenwürde, so dürfte er in keinem noch so singulären Konflikt, dessen Entstehung nicht er, sondern die andere Konfliktpartei zu vertreten hat und in den er durch diese zwangsinvolviert worden ist, getötet werden. Dieses Prinzip gehört zum Fundament von Recht und Ethik überhaupt. An ihm ist nicht zu rütteln.

Abtreibung

Das Resümee ist einfach: Die Klärung des grundrechtlichen Status des Embryos liefert eine Tabula rasa. Das geltende Recht gewährt ihm den Schutz der Art. 1 und 2 Abs. 2 GG nicht. Vor allem die Bundesjustizministerin hat dies in den vergangenen Wochen unter Berufung auf das BVerfG mehrfach vehement bestritten. Aber sie irrt. Acht Jahre nach dem zweiten »Fristenlösungsurteil« darf ihr ohne maliziösen Ton nicht bloß die hiesige Analyse, sondern das BVerfG selbst vorgehalten werden: In einem Beschluss vom September 1999 hat es einem wegen Beleidigung verurteilten Abtreibungsgegner, der auf Flugblättern von »Babycaust« gesprochen und sich auf seine Meinungsfreiheit berufen hatte, attestiert, er wende sich in seinem Kampf »gegen ein vermeintliches Unrecht«.

Selbstverständlich lässt die Rechtslage zur Abtreibung keinen Schluss auf die Zulässigkeit der Embryonenforschung oder der PID zu. Was sie aber zeigt, ist dies: Einen grundrechtlichen Schutzstatus für den Embryo gibt es nach geltendem Recht nicht, und zwar nicht nur im Abtreibungskonflikt nicht, sondern nirgendwo. Denn ein »Grundrecht auf Leben und Würde«, das einer bestimmten Gruppe menschlicher Wesen auch nur für einen einzigen Typus von Konflikten generell entzogen wird, ist insgesamt keines. Wo und wie immer das Leben dieser Wesen ansonsten rechtlich geschützt werden mag (zum Beispiel durch das Embryonenschutzgesetz ESchG) – im Modus subjektiv-grundrechtlichen Schutzes geschieht das nicht mehr. Auch dies ist eine begriffliche, keine empirische Feststellung: Es gibt keine Grundrechte zweiter Klasse.

Damit ist das geltende Verfassungsrecht aus dem Spiel, das Terrain der Rechtsethik eröffnet. Der Nationale Ethikrat hat auch jenseits grundrechtlicher Direktiven eine genuin eigene, eine ethische Aufgabe. Er möge, wenn dieser Wunsch gestattet ist, neben vielem anderen das Folgende erwägen.

Das früheste Embryo ist ein Wesen, das nichts erleben kann

Der Schutz des frühesten Embryos ist nur als Schutz eines Potenzials plausibel: einer

Demonstration gegen den Paragraphen 218

Chance der Entwicklung zur geborenen Person. Auch das BVerfG hat in seiner ersten Abtreibungsentscheidung von 1975 aus genau dieser Erwägung die Zuschreibung der Menschenwürde abgeleitet. Wohl niemand fordert ernsthaft den Schutz eines Vier-, Acht- oder Hundertzellembryos schon und allein um des Erhalts seines aktuellen Zustandes willen. (Selbst ein Einfrieren ad infinitum wäre sonst kaum zu kritisieren.) Man überprüfe das an der folgenden Veranschaulichung. Ein soeben in vitro fertilisierter Embryo sei untersucht und an ihm ein schwerer genetischer Defekt diagnostiziert worden, der seine Überlebenszeit auch nach einer Implantation in den Uterus auf längstens vier Wochen begrenzte. Solche Defekte gibt es eine ganze Reihe. Nehmen wir an, die prospektive Schwangere befürwortet ein Lebensrecht für Embryonen; daher ist sie unsicher, ob ihr eigener Embryo für seine möglichen vier Lebenswochen implantiert werden sollte oder nicht. Sie will es deshalb so wenig verlangen wie verbieten; vielmehr überlässt sie die Entscheidung ausdrücklich ihrem Arzt (oder irgendjemandem sonst). Kein Arzt der Welt würde eine solche Implantation vornehmen, kein Ethiker der Welt sie fordern, keine Versicherung der Welt sie bezahlen und kein Normalmensch der Welt sie anders finden als abwegig. Vier Wochen noch möglichen Lebens einer grundrechtsgeschützten Person, etwa eines terminal Kranken, sind aber keinesfalls eine Quantité négligeable; ihn zu töten oder ohne seine Einwilligung sofort sterben zu lassen wäre als Totschlag strafbar. Warum erscheint uns demgegenüber der Erhalt einer gleichen Lebensspanne beim Embryo nicht bloß nicht geboten, sondern nachgerade unsinnig?

Vermutlich deshalb: Der früheste Embryo als ein Wesen, das schlechterdings nichts erleben kann und dies noch niemals konnte, ist genau deswegen in seinem gegenwärtigen Zustand nicht subjektiv verletzbar. Wohl lebt er, aber da er von dieser Existenz nichts erleben und daher (noch) nicht selbst etwas »haben« kann, wird er im Fall seiner Tötung nicht aktuell geschädigt, nämlich nicht dadurch, dass sein gegenwärtiger Zustand beendet, sondern allenfalls dadurch, dass sein künftiger Zustand verhindert wird. Die moralische Pflicht zur Gewährleistung seiner Zukunft, seines Potenzials, entstammt daher nicht der Fundamentalnorm jeder Ethik, dem Verletzungsverbot. Nur aus diesem, dem »neminem laede« der Moral wohl aller Zeiten und Kulturen, lässt sich aber der Zwang zum Schutz genuin subjektiver Grundrechte normenlogisch begründen: zum Schutz eines Wesens schon und allein um seiner selbst willen.

Das Prinzip des Normenschutzes

Gewiss gibt es auch geborene Menschen, die nichts oder nichts mehr erleben können und deren umfassender Grundrechtsstatus gleichwohl außer Zweifel steht: irreversibel bewusstlose Patienten zum Beispiel oder anenzephale Neugeborene, die ohne Gehirn zur Welt kommen. Zu ihrem Schutz ziehen wir ein weiteres ethisches Prinzip heran; nennen wir es

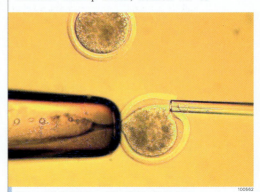

Die am 13. 2. 2004 veröffentlichte Aufnahme der Universität Seoul zeigt die Übertragung des Kernmaterials der Körperzelle einer Frau in eine entkernte Eizelle derselben Spenderin. Daraus hat sich den Angaben zufolge ein geklonter Embryo entwickelt, dem auf einer frühen Entwicklungsstufe Stammzellen entnommen worden seien, die sich zu allen Zelltypen eines Körpers bilden können.

knapp und plastisch das des Normenschutzes. Mit der unterschiedslos gleichen Zuschreibung subjektiver Grundrechte zu allen geborenen Menschen schützen wir immer auch die Gesamttextur unserer Normenordnung als die einer humanen Gesellschaft. Für den Schutz von Embryonen erscheint eine solche Normschutzma-

Abtreibung

xime nur in weitaus geringerem Maße plausibel als für geborene Menschen. Schon unser Umgang mit der Abtreibung zeigt das deutlich. Projiziert man solche Erwägungen auf die Probleme der Stammzellforschung, dann dürften sie wohl die folgende Diagnose hinreichend beglaubigen: Eine Gesellschaft, die zwar dem mikroskopisch winzigen, empfindungsunfähigen Vierzellembryo den absoluten Schutz eines Lebens- und Würdegrundrechts zuschreibt, dafür aber Hunderttausende schwer kranker Menschen ohne Hoffnung lässt, wiewohl es Hoffnung gäbe, ist keineswegs humaner als eine, die dies umgekehrt beurteilt.

Wir kennen freilich noch andere ethische Pflichtgründe; und wenn wir einem Wesen keine subjektiven Grundrechte zuschreiben, so verzichten wir damit noch lange nicht auf den Schutz seines Lebens. Vielmehr gründet der Schutz eines lebendigen Potenzials, das zu unserer Spezies gehört und sich zur geborenen Person entwickeln kann, im ethischen Prinzip der Solidarität. Solidaritätspflichten sind aber – hier wie sonst – gegen andere hochrangige Pflichten abwägbar; Verletzungsverbote zum Schutz des Lebens sind dies nicht.

Erst so wird, denke ich, der Blick frei auf die im Spiel dieser Debatte wirklich verhandelten normativen Konflikte. Wir schützen den Embryo als ein Gut, aber nicht als Rechtsperson; als hohes Gut, gewiss, aber nicht als Träger subjektiver Grundrechte. Riskieren wir eine pointierte Formel: Embryonenschutz ist Potenzialitätsschutz, Potenzialitätsschutz ist Solidaritätspflicht, Solidaritätspflichten sind abwägbar. Was in der gegenwärtigen Debatte zur Abwägung steht, ist bekannt. Ich habe wenig Zweifel, dass die therapeutischen Ziele der Stammzellforschung und die Wünsche prospektiver Eltern, die Geburt eines schwer kranken Kindes zu vermeiden, moralisch gewichtiger sind als die Lebensschutzpflichten gegenüber frühesten Embryonen.

Und nun darf am Ende den Verfechtern subjektiver Grundrechte des Embryos eine zutiefst paradoxe Wirkung bescheinigt werden: Wer Menschenwürde und Lebensgrundrecht zuerst freigebig und unplausibel verteilt und anschließend in Konfliktsituationen Hintertüren öffnet, um die gebotenen Konsequenzen zu unterlaufen, der desavouiert nachhaltig die Grundnormen unserer Rechtsordnung selbst. Die Abtreibung ist nur das sinnfälligste Beispiel. Wir sollten im Streit um das ESchG nicht neue Selbsttäuschungen produzieren, deren Gründe nicht plausibel zu machen und deren Folgen nicht durchzuhalten sind. Schützen wir die Normen der Menschenwürde und des Lebensgrundrechts selbst; bürden wir ihnen nicht Lasten auf, die sie nicht tragen können!

13. Juni 2001

siehe auch
- Bioethik
- Embryonenschutzgesetz
- Präimplantationsdiagnostik
- Schwangerschaftsabbruch
- Stammzellen

Achtundsechziger der DDR

»Kluge Kinder sterben früh«

Eine Generation wollte den Sozialismus demokratisieren. Ihr Trauma war die Okkupation der ČSSR im August 1968. Ihr Protest wurde totgeschwiegen. Was verbindet, was trennt sie von den Achtundsechzigern der Bundesrepublik?

Von Annette Simon

Was ich habe, will ich nicht verlieren, aber / wo ich bin, will ich nicht bleiben, aber / die ich liebe, will ich nicht verlassen, aber / die ich kenne, will ich nicht mehr sehen, aber / wo ich lebe, da will ich nicht sterben, aber / wo ich sterbe, da will ich nicht hin: / Bleiben will ich, wo ich nie gewesen bin.

Thomas Brasch

Die Achtundsechziger sind in die Geschichte der Bundesrepublik als eine Generation eingegangen, der es gelang, ihr Lebensgefühl in einzigartiger Weise politisch zu artikulieren. Sie ist damit auch Katalysator eines gesellschaftlichen und vor allem kulturellen Umbruchs geworden. In letzter Zeit wird ihr Verstummen beklagt oder ihr Scheitern proklamiert. Ihre Protagonisten kommen jetzt in Erinnerungsbüchern zu Wort wie in der Biografie von Gretchen Dutschke über ihren Mann oder in dem sehr inspirierenden Buch von Heinz Bude »Das Altern einer Generation«.

Denselben Geburtsjahrgängen der DDR (1938 bis 1948 - Abweichungen nach hinten und nach vorn sind möglich) wurde solche Aufmerksamkeit nicht zuteil. Sie sind als Generation nicht identifiziert worden, obwohl die vielen Gruppen, aus denen sich die Bürgerbewegung von 1989 konstituierte, ohne sie nicht denkbar wären. In der DDR hatten Mitglieder dieser Generation, wenn sie sich im Dissens mit den herrschenden Verhältnissen befanden, keine Öffentlichkeit und schon gar keine Organisationen wie etwa den SDS.

Die Protagonisten, die ich als Achtundsechziger der DDR bezeichne, wurden in der Mehrzahl über den Westen, über die Westmedien überhaupt erst bekannt und hatten dann zumeist auch ein Leben zwischen Ost und West. So Wolf Biermann, 1936 geboren, 1976 aus der DDR ausgebürgert; Thomas Brasch, 1945 geboren, 1976 aus der DDR genötigt wie Jürgen Fuchs, 1950 geboren; oder Rudolf Bahro, 1935 geboren und wegen seines Buches »Die Alternative« zu einer mehrjährigen Haftstrafe verurteilt, von der er zwei Jahre absaß, bevor auch er 1979 in den Westen expediert wurde.

Ihre Namen wurden bekannt; es gibt aber unzählige andere, die als Unbekannte das Land wechselten – oder die in der DDR blieben und zu wirken versuchten. Von diesen traten dann viele im Herbst 1989 in Erscheinung. Ich denke an Jens Reich (geboren 1939) und Bärbel Bohley (geboren 1945), Gerd Poppe (geboren 1941), Ulrike Poppe (geboren 1950) und viele andere. Die DDR war eine Gesellschaft, »die sich selbst nicht kannte«, wie der Soziologe Klaus Wolfram (auch ein Altachtundsechziger der DDR) dies formuliert hat, weil jeder öffentliche politische und soziale Diskurs fehlte. Es gibt jetzt viele Versuche, sie im Nachhinein kennen zu lernen und zu verstehen.

Geprägt von der Musik der Zeit

Seit 1989 wird das mangelnde Verständnis zwischen Ost und West im Vereinigungsprozess beklagt. Mir scheint, als ob gerade die Vertreter der Achtundsechziger beider Seiten sich einerseits sehr gut verstehen und sich einander nah fühlen, andererseits aber bitter voneinander enttäuscht sind. '68 und '89 sind gemeinsame wichtige Daten, oft biografische Einschnitte, die aber auch das Trennende sehr stark markieren. Heinz Bude schreibt, dass sich die beiden Teile Deutschlands erst seit 1968

625

Achtundsechziger der DDR

richtig auseinander entwickelt hätten: »Das Fehlen der Kulturrevolte ist dafür verantwortlich, dass die DDR in der deutschen Tradition des tragischen Ernstes verhaftet geblieben ist und den Anschluss an die westliche Kultur der ironischen Leichtigkeit verloren hat.« – »Zum Glück«, würden einige Achtundsechziger der DDR antworten – oder auch: »Woher weiß er das?«

Die Achtundsechziger der DDR sind, genau wie ihre Schwestern und Brüder im Westen, geprägt von der Musik dieser Zeit und dem Lebensgefühl, das sie transportierte. Auch die antiautoritären Gedanken und Haltungen schwappten in jeder Weise über die Grenze. Ich kann mich gut erinnern, wie ich das Interview von Günter Gaus mit Rudi Dutschke am selben Abend im Fernsehen verfolgte, an dem es ausgestrahlt wurde – und wie ich von Dutschkes Charisma beeindruckt war. Was damals auf mich gewirkt haben muss, können nicht so sehr seine marxistischen Thesen gewesen sein – die kannte ich aus dem Staatsbürgerkundeunterricht zur Genüge. Beeindruckt hat mich wohl eher die Frechheit, dort im Schlabberpullover zu sitzen und das gesamte gesellschaftliche System, dem er angehörte, in Grund und Boden stampfen zu wollen.

Die Achtundsechziger der DDR hatten es viel schwerer, sich dem lustvollen Strom der Rebellion euphorisch zu überlassen. Ihnen stand eine ganz andere, autoritäre Staatsgewalt gegenüber. Die Popmusik wurde offiziell verhöhnt und in Rundfunksendungen und bei Liveauftritten auf vierzig Prozent der dargebotenen Titel eingeschränkt. Noch in den Siebzigerjahren machte die Polizei regelrecht Jagd auf Langhaarige; die Haare wurden ihnen zwangsweise kurz geschnitten. Das Zusammenleben in Wohngemeinschaften versuchte der Staat durch die rigide Wohnungs- und Familienpolitik in jeder Weise zu verhindern; ebenso wurden die Versuche abgewürgt, Kinder anders zu erziehen, Kinderläden oder Ähnliches zu gründen.

Später wurden Frauengruppen beargwöhnt und observiert. In den Resten unserer Stasiakten, die die Vernichtung im Dezember 1989 überstanden haben, konnte ich lesen, dass unsere Anfang der Achtzigerjahre entstandene Frauengruppe vorhatte, das Patriarchat in der DDR zu stürzen. An solche hehren Ziele dachten wir nicht im Traum; die Gruppe sollte uns helfen, mit den Männern und den Kindern in diesem Land etwas besser zurechtzukommen.

»Wir glaubten, naiv und bewundernd, an die Linken im Westen«

Die Achtundsechziger im Osten nahmen genauso wie die im Westen den Vietnamkrieg und die Grausamkeiten in der Welt wahr. Aber natürlich interessierten sie sich politisch am meisten für das eigene Gesellschaftssystem – für die real bestehenden Sozialismen im Osten und deren Veränderung.

Truppen des Warschauer Paktes unter Führung der UdSSR beendeten mit ihrem Einmarsch den Liberalisierungs- und Demokratisierungsprozess in der ČSSR.

Achtundsechziger der DDR

Kapitalistische Verhältnisse wollten sie nicht einführen – schon wegen der fundamentalen Kritik der gleichaltrigen Westlinken an diesen Verhältnissen nicht. Denn wir glaubten an diese Linken, naiv und bewundernd, unsere Solidarität gehörte ihnen. (Im Rückblick kommt mir diese Bewunderung besonders merkwürdig vor, interessierte sich doch die Mehrheit dieser Linken fast gar nicht für uns und unser reales Leben in der DDR, von Solidarität ganz zu schweigen.) Der politische Orientierungspunkt für uns im Osten war vor allem der Versuch, den Sozialismus in der ČSSR zu demokratisieren; das Trauma der Achtundsechziger der DDR war die Okkupation dieses Landes im August 1968.

Ende Oktober 1968 veröffentlichte das Neue Deutschland die Urteile gegen eine Gruppe von jüngeren Leuten, die auf Flugblättern und mit Parolen an Hauswänden gegen den Einmarsch der Warschauer-Pakt-Staaten in die ČSSR protestiert hatten: Rosita Hunzinger (damals 18 Jahre alt): 2 Jahre und 3 Monate Haft; Sandra Weigl (20): 2 Jahre; Thomas Brasch (23): 2 Jahre und 3 Monate; Erika-Dorothea Berthold (18): 1 Jahr, 10 Monate; Frank Havemann (19): 1 Jahr, 6 Monate; Hans-Jürgen Utzkoreit (18): 1 Jahr, 3 Monate. Der 16-jährige Florian Havemann wurde zu einer Jugendstrafe verurteilt. Es waren exemplarische Urteile. Zum Teil schickte die herrschende Kaste ihre eigenen Kinder ins Gefängnis. Der Vater von Thomas Brasch, als jüdischer Emigrant aus London in die DDR zurückgekehrt, war stellvertretender Kulturminister. Der Vater von Erika Berthold war Direktor des Institutes für Marxismus-Leninismus beim ZK der SED, also des Ideologie-Institutes der DDR. Sie vernagelten ihren eigenen Kindern die Zukunft.

Die Verurteilten mussten ihre Strafen nicht absitzen, sie wurden nach ein paar Tagen oder nach einem Vierteljahr auf Bewährung ausgesetzt. Im Neuen Deutschland stand das nicht; erst viel später erfuhr ich, dass diese Leute, mit denen ich so heftig sympathisierte, nicht mehr im Gefängnis saßen. Abitur oder Studium war für alle verbaut, ihr Leben war für immer geprägt, auch wenn sie ganz unterschiedliche Wege gingen. Im Grunde wollten die Herrschenden dem ganzen Land zeigen, dass sie bereit waren, selbst ihre eigenen Kinder für die Staatsräson zu opfern.

»Vor den Vätern sterben die Söhne« heißt ein Roman von Thomas Brasch, der 1977 bei Rotbuch in der Bundesrepublik und erst 1990 in der DDR erschien. Darin wird

Rudi Dutschke, Wortführer der Studentenbewegung, wurde in der DDR, wo er aufwuchs, aufgrund seiner politischen Einstellung die Erlaubnis zum Studium verwehrt.

ein junger Mann, der die DDR nicht mehr erträgt und sie verlassen will, an der Mauer erschossen. Die DDR forderte von ihren Bürgern eine Loyalität, deren Aufkündigung im Extrem mit dem Tod bestraft werden konnte.

Die Achtundsechziger sind nicht getötet worden oder gestorben, sie wurden totgeschwiegen und in den Westen getrieben oder aus der Haft abgeschoben – und dann waren sie »wie tot«, weil sie wenig Informationen und Einflussmöglichkeiten hatten. Sie kamen teilweise über die Westmedien zurück, waren aber für uns jenseits des Flusses. Biermann hat sie besungen, als Florian Havemann, einer der Mitverurteilten von '68, Anfang der Siebzigerjahre in den Westen ging:

Achtundsechziger der DDR

»Ach, kluge Kinder sterben früh«
Er ist hinüber – enfant perdu / Ach, kluge Kinder sterben früh / Von Ost nach West – ein deutscher Fall / lass, Robert, lass sein / Nee, schenk mir kein' ein! / Abgang ist überall

Dass jemand wie tot behandelt wurde, nachdem man ihn vertrieben oder er schließlich das Land verlassen hatte, gleicht einer einseitigen Kündigung des Generationenvertrages – und zwar einer von den Eltern ausgesprochenen Kündigung. Die Töchter und Söhne wurden des Hauses verwiesen, die Eltern wollten nicht mehr Eltern sein und erklärten ihre Kinder für gestorben.

Im Westen haben wohl eher die Söhne und Töchter den Vertrag kündigen, ein ganz anderes Leben führen wollen als ihre Eltern. Sie wurden zwar massenhaft mit der Aufforderung konfrontiert: Geht doch rüber! – aber niemand hat ernsthaft daran gedacht, sie in der DDR auszusetzen. Der Unterschied im Verhältnis der Generationen zueinander ist bemerkenswert: Die Achtundsechziger in Ost und West sind die erste Generation, die in nachfaschistischen Deutschland erwachsen wurden.

Noch im Krieg oder kurz danach geboren, traf sie die ganze Wucht der nicht geklärten, in den Familien oft nicht benannten Mitbeteiligung oder Schuld ihrer Eltern – oder auch deren Tod im Krieg. Es gab auch das Überleben in der Emigration und im Widerstand. Die Töchter und Söhne haben sich bewusst oder unbewusst damit auseinandergesetzt, sie haben auch die Desorientierung und Neukonsolidierung dieser Elterngeneration nach dem Krieg erlebt.

Die in der DDR in die Macht eingesetzte Generation war zum Teil erwiesenermaßen antifaschistisch oder reklamierte dies zumindest für sich. Die Auseinandersetzung mit ihr oder der Angriff auf sie war daher von vornherein gebrochen und durch tiefe Loyalität und Achtung beschwichtigt, zudem noch meist von dem Bewusstsein getragen, dieselbe Sache zu wollen – den Sozialismus. Jene Jugendlichen, die im August '68 Flugblätter verteilten, protestierten gegen die Okkupation der ČSSR mit dem Argument, es sei des Sozialismus nicht würdig, seine Konflikte mit kriegerischen Mitteln auszutragen. Lange teilten die linken Kritiker der DDR die Illusion ihrer Herrscher, eigentlich auf der richtigen Seite zu stehen, die bessere Gesellschaftsordnung zu haben, in der nur einige Überbau-Merkmale verbessert werden müssten.

Die Basis – das gesellschaftliche Eigentum an Produktionsmitteln – galt als wichtige Voraussetzung für eine menschlichere Gesellschaft, die schon geschaffen sei. Mehr Demokratie, mehr Freiheit und Menschenrechte – dann wäre der wahre Sozialismus verwirklicht.

Die Achtundsechziger im Westen sahen dagegen die Gefahr eines neuen Faschismus in der Bundesrepublik aufziehen. In der Biografie von Mario Krebs über Ulrike Meinhof lese ich: »Wir haben oft über ihre Eltern gesprochen: Was hätten sie damals (unter Hitler) tun können? Das war die Frage, die sie selbst unmittelbar betraf. Das habe ihr keine Ruhe gelassen, weil sie tief davon überzeugt gewesen sei, dass ihre Generation auf eine ähnliche Weise herausgefordert sei wie ihre Eltern. Ausgangspunkt aller Überlegungen war die Frage, was sagen wir unseren Kindern, wenn die uns fragen, was habt ihr getan?«

Die Eltern stoßen die Kinder aus

Die Achtundsechziger in Ost und West eint diese unbewusste Überidentifikation mit den Eltern: Im Gegensatz zu ihrem Wegsehen, Mittun und Verdrängen oder aber in Fortsetzung ihres heldenhaften Widerstands fühlt sich die nächste Generation verantwortlich für das Schicksal der Menschheit, für Ungerechtigkeit und Vernichtung in der Welt. Auf beiden Seiten sind Eltern und Staatsmacht bereit, diese Kinder auszustoßen und zu opfern, sie nicht mehr als ihre Kinder anzuerkennen. Auf der Ostseite allerdings schon bei geringster Kritik am Status quo – auf der Westseite erst als Reaktion auf Massendemonstrationen, Aufruf zu Umsturz und Terrorismus. Die Staatsmacht im Osten war ungleich autoritärer und rigider.

Könnte es sein, dass diese Kinder unbewusst ausgestoßen werden wollten? Das Schicksal der Ausgestoßenen des »Dritten Reiches« wiederholen? Sich damit von den Täter-Eltern für immer distanzieren oder den Opfer-Eltern für immer nah sein? Jedenfalls fantasieren sich die Protagonisten auf beiden Seiten in die Opferrolle hinein, verhalten sich so, dass sie zu Opfern werden können.

Aber eine Generation wird nicht nur durch ihre Protagonisten bestimmt. Die meisten Angehörigen dieser Generation haben in Ost wie West versucht, in der jeweils gegebenen Gesellschaft zu leben. Die Westler traten entweder den langen Marsch durch die Institutionen an oder begaben sich auf den Weg der Selbstveränderung, den Weg nach innen – manche fanden auch eine Kombination von beidem. Politische und ökonomische Machtträger sind nur die wenigsten von ihnen geworden – psychologische und meinungsbildende Macht hingegen gewannen sie durchaus.

Teilweise wichen die Autoritäten vor dieser Revolte zurück, wie es zum Beispiel Götz Eisenberg beschreibt: »Meinen Abituraufsatz in Deutsch schrieb ich mit zusammengeklauten Argumenten über und gegen das dreigliedrige Schulsystem, das die Spaltung der Gesellschaft in Klassen und Schichten zementiere. Zum Abitur bekamen die Schüler vom Direktor ein Buch eigener Wahl überreicht. Ich ließ mir ›Kinderkreuzzug oder beginnt die Revolution in den Schulen?‹ von Günter Amendt schenken. ›Götz Eisenberg – zum Andenken an seine Schule‹ steht da samt einer Unterschrift des Direktors als Widmung drin.« Im Osten wäre dies undenkbar gewesen. Dort konnten diese Euphorie des Besiegens von Autoritäten und die begleitenden Allmachtsfantasien nicht aufsteigen.

Der Gang durch die Institutionen

Auch im Osten entschieden sich einige für den Gang durch die Institutionen, traten in die SED ein und versuchten, in der Partei und im Staatsapparat zu wirken. Erika Berthold zum Beispiel durfte das Abitur nicht ablegen. Sie machte eine Lehre als Bibliothekarin und lebte zusammen mit ihrem Freund Frank Havemann in einer der beiden Wohngemeinschaften, die es in Ostberlin gab.

Ihre Mitglieder versuchten sich auf verschiedene Weise mit der DDR auseinander zu setzen und spalteten sich. Der eine Teil ging mit Ausreiseantrag in den Westen – die Gruppe um Erika Berthold entschloss sich, in der DDR zu bleiben und ihre Institutionen zu nutzen. Erika Berthold trat in die SED ein, arbeitete später in einem Großbetrieb und war dort in der FDJ-Leitung aktiv. Im Herbst 1989 setzte sie sich für eine veränderte DDR ein, jetzt steht sie der PDS nahe, ohne Mitglied zu sein. So gehen die Gänge der Quer und der Länge – so merkwürdig können ostdeutsche Biografien sein.

Bärbel Bohley war wegen ihrer oppositionellen Tätigkeit in den 1980er-Jahren in der DDR Repressionen ausgesetzt. 1989 gehörte sie zu den Mitbegründerinnen des Neuen Forums.

Andere orientierten sich an Václav Havels Buch »Versuch, in der Wahrheit zu leben. Von der Macht der Ohnmächtigen«. Havels Forderung nach moralischer Integrität unter den Bedingungen einer Diktatur konnten sie verinnerlichen: der herrschenden Ideologie die Mitwirkung kündigen, keine Machtpositionen einnehmen, Karriere und Mitmachen verweigern. Nicht die Fahne heraushängen, nicht zur Wahl gehen, nicht in der Gewerkschaftsversammlung den geforderten Diskussionsbeitrag abliefern. Hier finden sich auch die Aussteiger, die Friedhofsarbeiter, Bademeister und Heizer mit Abitur und Hochschulabschluss, die Szenemitglieder vom Prenzlauer Berg, in Dresden, Leipzig oder Erfurt.

So groß war die Aussteigerbewegung, dass sich die Führenden der DDR bemüßigt fühlten, 1979 den Paragraphen 249 (»Gefährdung der öffentlichen Ordnung durch asoziales Verhalten«) zu erweitern. Asozial war nun, keiner geregelten Arbeit nachzugehen; 1980 wurden 10714 Menschen nach diesem Paragraphen verurteilt.

Die Achtundsechziger der DDR haben keine kulturrevolutionären Veränderungen wie im Westen in Gang gesetzt. Ihre Ideale sind im Prager Frühling erblüht und kurz darauf grausam erstickt, aber nicht aufgegeben worden. Diese Ideale lebten weiter in den entstehenden Zirkeln und Initiativen, später auch unter dem Dach der Kirche, sie prägten das Lebensgefühl eines Teils dieser Generation: mit ihrer Art des Engagements nicht mehr gebraucht und gewollt zu werden, nach Unterdrückung und Abstrafung nicht mehr heimisch sein zu können.

Die Nichtheimischen der DDR trafen sich in ihren Kreisen, hüteten die alten Ideale und versuchten, miteinander ein heimeliges Gefühl zu entwickeln. Sie konnten ihre Ideale aber nicht an der Realität abarbeiten oder verändern, und so wurden diese auf eigenartige Weise konserviert. Die Stunde der Wirklichkeit schlug erst 1989. Da gab es dann erhnenwerte Gesellschaftsveränderer mit über zwanzig Jahre lang gehüteten Vorstellungen, die von vielen immer nur als Veränderung des Sozialismus im Sozialismus gedacht worden waren. Dass »das Volk« inzwischen anders dachte und dann auch anders wählte, war für viele von ihnen schwer zu ertragen.

Sie setzten eine Revolution in Gang

Die Achtundsechziger im Westen wollten eine Revolution. Sie bekamen einen modernisierten Kapitalismus. Die Achtundsechziger im Osten wollten Reformen und setzten letztendlich eine Revolution in Gang. (Ob der Wechsel der gesellschaftlichen Produktionsverhältnisse wirklich revolutionär war, wird die Geschichte entscheiden.) Dafür werden sie von ihren westlichen Generationsgenossinnen teilweise überhaupt erstmalig wahrgenommen – und dann einerseits beneidet (»Neid auf Schicksal« nannte das ein Freund von uns), andererseits auch verachtet, weil sie es nicht richtig gemacht haben. Aber man beginnt sich endlich auch kennen zu lernen.

Eigentlich sollte eine Generation auch daran gemessen werden, inwieweit sie der nächsten Generation Zukunft eröffnet oder verschließt. Hier sehe ich auf beiden Seiten eine gewisse Ratlosigkeit und Irritation. Gerade jene, die sich über Kindererziehung so viele Gedanken gemacht und neue Wege ausprobiert haben, überfrachteten die Kinder teilweise mit ihrem antiautoritären Anspruch und moralischen Rigorismus. Sie forderten von ihnen das gleiche politische Engagement ein.

Jetzt treten ihnen Jugendliche entgegen, die, jeder revolutionären Theorie abhold, die Nächte durchtanzen oder gar Buttons mit der Aufschrift tragen: »Ich bin stolz, ein Deutscher zu sein«, wo doch die Distanz zu Deutschland und zur Nation auf beiden Seiten der Mauer ein Grundkonsens der Achtundsechziger war. Angesichts dieser Frechheiten und Absetzbewegungen verlieren wir Altachtundsechziger jegliche Ruhe und Gelassenheit.

Eine merkwürdige Aggression gegenüber den Nachgeborenen schwingt in unserem apokalyptischen Lamento mit. Auf der einen Seite heißt es: Weil bei unseren Versuchen nicht das herauskam, was wir wollten, wird alles den Bach heruntergehen. Auf der anderen Seite: Wir haben kein Vertrauen in euch, dass ihr die Welt erhalten oder verändern könnt, die wir euch vererben; euch wird es viel schlechter gehen als uns.

Mein Nachdenken begann mit einem Gedicht, mit einem Gedicht möchte ich schließen. Es ist von Jan Faktor, der 1951 in Prag geboren wurde, 1968 dort die Okkupation erlebte und 1978 in die DDR übersiedelte, um in Berlin und mit mir zu leben. Es ist dem Zyklus »Gedichte eines alten Mannes aus Prag« entnommen:
Jede neue Generation bringt in die Welt das Gefühl der Normalität zurück / ich glaube denen / die gerade angefangen haben zu sprechen.
6. Juni 1997

siehe auch
❖ **außerparlamentarische Opposition**
❖ **Bahro, Rudolf**
❖ **Biermann, Wolf**
❖ **Bohley, Bärbel**
❖ **Brasch, Thomas**
❖ **Deutsche Demokratische Republik**
❖ **deutsche Geschichte**
❖ **Fuchs, Jürgen**
❖ **neue Linke**

Konrad Adenauer

»Ein Denkmal seiner Zeit«

Konrad Adenauer (1876–1967), erster Kanzler und Baumeister der Bundesrepublik Deutschland

Von Carlo Schmid

Man wird diesen Namen nicht vergessen, mag spätere Geschichtsschreibung das Werk des Mannes beurteilen wie auch immer, denn Konrad Adenauer hat an einem Kreuzweg der Geschichte ein Zeichen aufgerichtet.

Er war, was Goethe eine »Natur« nannte, ein Mensch, dessen Tun ungemischt mit Fremdem ganz aus ihm floss, was er war: Hüter des Bestehenden beim umprägenden Durchgang durch das Tor, das in die Zukunft führt. Darum konnte er die Welt, in der er wirken wollte, sich so anverwandeln, dass Zustimmung oder Ablehnung sich je und je mit seiner Person verbanden. Mochte geschehen was auch immer, er hatte das Verdienst, er trug die Schuld. So machten ihn Freunde und Gegner zum Mann der Stunde.

Konrad Adenauer und Ludwig Ehrhard

Politik war für ihn nicht der Griff nach Sachproblemen, wie sie die Bedürfnisse des Alltags aufsteigen lassen; sie war für ihn die Bereitung der Voraussetzung für die Existenz des Staates und das Wirkenkönnen im Staat; rationaler Umgang mit der Macht, um sich dort behaupten zu können, wo der Gang der Dinge bestimmt wird, wo die Energien ausgelöst und gesteuert werden, die das Leben der Staaten ausmachen, nach innen und nach außen. Dabei war er ohne dogmatische Vorurteile, ja, sogar ohne Doktrin, und seine politische Ideologie war einfach: Die Menschen sind heute so, wie sie immer waren, und ihre Wünsche sind, was sie immer waren: Sicherheit, auskömmlicher Wohlstand, Geborgenheit des Leibes und der Seele und ein wenig Glück.

Sein Kompass für die Politik war die Forderung des Tages

Weil die Tage der Geschichte sich wandeln, wandelte sich seine Politik mit ihnen, ohne dass er das Bedürfnis hätte empfinden müssen zu widerrufen. Manche verstanden das nicht und hielten ihn darum für richtungslos oder gar für zynisch.

Sie täuschten sich. Konrad Adenauer tat nichts anderes, als mit seinem Tun die Zeit zu begleiten. Seine zynische Ader lag anderswo, dort, wo es um die Selbsteinschätzung des Menschen geht, und dort, wo es galt, sich zur Erbsündigkeit dessen zu bekennen, was der Umgang mit der Macht dem Menschen abverlangt, der sich verpflichtet fühlt, um der Sache willen Sieger zu bleiben.

Die Gedanken dieses Staatsmannes bewegten sich in wenigen Kategorien. Er hat selber immer wieder gesagt, dass sein Denken einfach sei und gerade darum politisch. Von subtilen Analysen und sich weit verästelnden Konzeptionen hielt er nichts. Er vereinfachte jede Situation und reduzierte sie auf zwei scharf sich abhebende Alternativen, denen gegenüber es nur ein Ja und ein Nein gab. Von Zwischentönen hielt er nicht viel; nichts zeigt dies deutlicher an als die scharf absetzende Linienführung seiner Handschrift. Freilich galt diese Kantigkeit nur für das Operative des politischen Prozesses, nicht auch für das instrumentalische Beiwerk und Formenwerk.

Konrad Adenauer

Er nahm Politik agonal. Vom Wahltag ab richtete er sich darauf ein, die nächste Wahl gewinnen zu müssen. Das Forum war ihm kein Ort, an dem es gilt, Wahrheiten zu finden und zu definieren, keine Lehrstätte, an der andere von der höheren Wahrheit der eigenen Argumente zu überzeugen sind, sondern eine Kampfbahn, auf der es gilt, sich zu behaupten, und das heißt fast immer, über einen anderen zu siegen. Anzugreifen erschien ihm immer lohnender, als sich zu verteidigen, auch dort, wo er auf der parlamentarischen Anklagebank saß. Er war dabei nicht wählerisch in den Mitteln (er selber sprach von »pingelig«).

Er hatte einige Vertraute, deren Urteil ihm viel galt
Dies hat er nie heuchlerisch verborgen: War der erstrebte Erfolg heimgebracht, konnte er gelassen auch mit den Widersachern über seinen Kunstgriff sprechen. Um kleine Erfolge zu finassieren, lag ihm nicht; Arabesken gab er lieber preis, als dass er sich darum groß gemüht hätte. Ihm kam es darauf an, durchzustoßen, und darauf richtete er das Arsenal seiner Waffen ein. Dazu gehörte auch die Bereitschaft zum Kompromiss, wo der Austrag des Streites bis zum Letzten die Sache, um die es ihm ging, nicht weitergebracht haben würde.

Er war davon überzeugt, dass es zum politischen Kampf gehöre, den Gegner die Niederlage fühlen zu lassen – nicht aus Sadismus, sondern weil er wusste, dass es den Widersacher schwächt.
Personelle Rücksichtnahme im politischen Streit hielt er für einen Widerspruch in sich selbst. Von einem Gegner, der ihn in einer Bundestagsdebatte schwer angeschlagen hatte und danach verzichtete, die Pfeile, die er noch im Köcher hatte, auf ihn abzuschießen, sagte er: Dieser Mann habe keinen Sinn für Politik. Er würde die Pfeile bis zum letzten abgeschossen haben.

Er hielt nicht viel von Leuten, die ihm Ratschläge anboten, doch hatte er einige Vertraute, deren Urteil ihm viel galt. An manchen seiner viel berufenen »einsamen Entschlüsse« mögen sie beteiligt gewesen sein, doch hat er Beratung und Entscheidung immer scharf getrennt: Der Rat enthebt den Staatsmann nicht der Pflicht, die Entscheidung ganz auf sich zu nehmen. Diese Verantwortung kann dem Staatsmann kein Ratgeber abnehmen; darum muss er allein entscheiden.
Dass bei diesen »einsamen Entscheidungen« auch eine Rolle gespielt haben mag, dass Konrad Adenauer der Urteilskraft der Politiker – aller Parteien – und der Kritiker nicht entfernt so viel zutraute wie der eigenen, ist durchaus möglich. Er hat nie verschwiegen, dass er in politischen Dingen von der Urteilskraft der Menschen nicht allzu viel hielt. Ich glaube mich nicht zu täuschen, wenn ich sage, dass er die Entscheidungen, mit denen er die Weichen für die politische Grundrichtung stellte, immer »einsam« getroffen hat.
In das eigene Urteil hatte er unbegrenztes, fast naives Vertrauen. Er scheint nie daran gezweifelt zu haben, dass der Erfolg

Konrad Adenauer

ihm auch bei der öffentlichen Meinung Recht geben werde. Am deutlichsten konnte ich dies anlässlich der Verhandlungen mit den Besatzungsmächten im Jahre 1949 beobachten; Konrad Adenauer ging an seinen deutschen Widersachern und Ratgebern schlicht vorbei.

Vom Staat hatte er eine sehr nüchterne Auffassung. Theorien über dessen Wesen interessierten ihn nicht. Die Vorstellung, der Staat sei etwas Übermenschliches, war ihm ganz fremd. Er sah den Staat an als eine von den Menschen geschaffene Anstalt zur rationalen Ordnung ihres Zusammenlebens. Diese Ordnung muss gleichermaßen auf Zustimmung und Autorität beruhen und rechtlich sein. Zustimmung aber setzt voraus, dass die Menschen überzeugt sind, dass sie dieser Ordnung Sicherheit und Wohlstand verdanken ebenso wie die Möglichkeit, von ihrem Können und ihrem Fleiß Nutzen zu ziehen.

Dies und Schutz gewisser Persönlichkeitsrechte hat er wohl unter Demokratie verstanden. Sie war für ihn kein philosophisches Postulat, sondern die heute praktischste Form, eine staatliche Ordnung aufzurichten, in der jeder seinen Nutzen finden könnte. Worauf es ihm vor allem anderen ankam, war, dass man in diesem Staat und durch diesen Staat bewährtes Bestehendes erhalten und gebotenes Zukünftiges schaffen konnte.

Aus den dafür gewählten Formen, fürchtend oder hoffend, Künftiges ableiten zu wollen, erschien ihm müßige Spielerei und Juristenkram. In der entscheidenden Sitzung der Ministerpräsidenten, auf dem Rittersturz zu Koblenz, der Konrad Adenauer als Parteivorsitzender beiwohnte, verbarg er seine Verärgerung darüber nicht, dass man hin und her überlegte, was denn die Rechtsnatur des zu schaffenden Gemeinwesens sein werde. Ihm kam es nur darauf an, dass ein politisches Gebilde geschaffen wurde, das den politischen Kräften, die in Deutschland wieder lebendig geworden waren, erlaubte, zu Wort zu kommen und tätig zu werden. Er war davon überzeugt, dass, wer überhaupt regieren kann, mit jeder Verfassung regieren wird.

Ihm kam es nicht darauf an, wie das neue Gemeinwesen juristisch zu beurteilen war, auch nicht darauf, wo man es im Koordinatensystem der Politik einstufen sollte, sondern ausschließlich darauf, dass etwas geschaffen wurde, aus dem man mit der Zeit etwas für die Zeit Brauchbares würde machen können.

Mit der Vorstellung, dass die Bundesrepublik nur ein Provisorium sein dürfe, hat er wohl nie viel anfangen können; er nahm sie schlicht als etwas noch Unvollkommenes hin, das es so bald als möglich zu einem normalen Staat auszuweiten galt. Je fester die staatliche Ordnung gefügt sei, umso besser werde man sich in dieser unsicheren Welt behaupten und Freunde finden können, die einem wei-

Das deutsch-israelische Abkommen über Wiedergutmachung wurde von den Delegationsleitern, Außenminister Mosche Scharett (links) und Bundeskanzler Konrad Adenauer, im Stadthaus von Luxemburg unterzeichnet.

Konrad Adenauer

terhelfen. Dass jeder Schritt zu staatlicher Perfektion im Westen im Osten einen korrespondierenden Schritt hervorrufen musste, ignorierte er. Dass die Verfestigung staatlicher Ordnung die Wiedervereinigung Deutschlands erschweren könnte, erkannte er nicht an.

John F. Kennedy, Willy Brandt und Konrad Adenauer beim Besuch des US-Präsidenten im Juni 1963 in Berlin

Der Staat, den er wollte, sollte ein demokratischer und sozialer Rechtsstaat sein. Seine Bewohner sollten nicht Untertanen sein, sondern Bürger, die die Lebensordnungen des Volkes zu gestalten und zu verantworten bereit sind. Freilich hat er diese Maxime in seinem Sinn nie übertrieben ...

Er hat sich wohl zuweilen als eine Art Vormund gefühlt. Viele Deutsche nahmen ihm das ab, und man hat nicht mit Unrecht davon gesprochen, sie hätten in ihm eine Vaterfigur gesehen. Für andere – zu deren Wohl – zu entscheiden, erschien ihm mit dem Wesen einer praktischen Demokratie durchaus verträglich. Er war fest überzeugt, dass gerade in einer Demokratie Führung nötig sei. Den Obrigkeitsstaat alter Ordnung mochte er nicht, aber er glaubte, dass gerade in einer Demokratie den emotionalen Faktoren Kräfte und Institutionen die Waage halten müssen, die die Staatsräson verkörpern und die Überlieferung lebendig erhalten.

Zu seinen Grundüberzeugungen gehörte, dass der Staat, um recht gedeihen zu können, ein fruchtbares Verhältnis zu den Kirchen finden müsse. Aber er war kein Klerikaler. Den Kirchen sollte im Staat eine bedeutende Stellung eingeräumt werden, aber sie sollten dem Staat nicht befehlen dürfen. Als in einem Ausschuss des Parlamentarischen Rates bei der Beratung der Schulartikel des Grundgesetzes ein Prälat erklärte, dazu werde die Kirche niemals Ja sagen, bekam er von Konrad Adenauer die Antwort: »Herr Prälat, die Kirche hat hier nicht Ja oder Nein zu sagen, sondern Amen.«

Eine wahrhaft bedeutende Leistung Konrad Adenauers war die Schaffung der CDU – nicht nur, weil damit der Anfang gemacht worden ist, den konfessionellen Dualismus zu entpolitisieren, sondern in erster Linie, weil Konrad Adenauers Persönlichkeit lange Zeit mit dieser Partei identifiziert werden konnte. Damit wurde Millionen durch die Ereignisse der letzten Jahrzehnte steuerlos gewordener, politisch ins Bodenlose gefallener, bürgerlich-empfindsamer Menschen in einer immer unbürgerlicher gewordenen Zeit eine personalisierte Vorstellungswelt großer Variationsbreite angeboten, die ihnen erlaubte, sich neu auf den Staat – einen demokratischen Staat – hin zu orientieren. Was sonst vielleicht nur Spreu, politische Sekte, sterile Rückbezogenheit oder Interessentenhaufen geworden wäre, wurde so zu einer starken demokratischen Kraft.

Den Kommunismus der Sowjetunion hielt Konrad Adenauer für den gefährlichsten Feind. Ihn von Deutschland fern zu halten, schien ihm oberstes Gebot. Wenn man ihn schon nicht östlich von Elbe und Werra unschädlich machen konnte, so musste doch alles darangesetzt werden, ihm mit einer Politik der Stärke den Weg nach Westdeutschland zu verlegen. Diese Politik werde dann schließlich auch zur Befreiung Ostdeutschlands führen. Dies hat ihn, der doch das gerade Gegenteil eines Militaristen war, veranlasst, ein militärisches Bündnis mit dem Westen zu suchen und für die Verteidigung der freien Welt deutsche Soldaten anzubieten. Das hat ihn auch veranlasst, ein politisch geeintes Europa anzustreben, in das die nationalstaatlichen Souveränitäten eingehen sollten. Die Zeit, da die Nationen Europas sich in Kriegen zerfleischten, müsse endgültig vorbei sein. Ein deutsch-französischer Freundschaftsbund sollte den Weg dorthin bahnen. Dies war für ihn mehr als bloße Staatsräson; es war ein Herzensbedürfnis.

Sein großer Gegenspieler in der Frühzeit der Bundesrepublik, Kurt Schumacher, so leidenschaftlich europäisch gesinnt wie nur einer, warnte, Westdeutschland in einen politisch-militärischen atlantischen Block einzubringen. Je fester Westdeutschland in einem Staatensystem verankert sei, das die Sowjetunion als gegen sie gerichtet betrachte, desto geringer würden die Chancen, dass diese die Wiedervereinigung Deutschlands zulasse. Es ist hier nicht der Ort zu entscheiden, welcher der beiden großen Männer, die uns in jenen Jahren beschert waren, Recht gehabt haben mag. Die Geschichtsschreibung wird das abschließende Wort zu sprechen haben. Hier genüge es festzustellen, dass die politische Grundentscheidung Konrad Adenauers, die Bundesrepublik auf das Engste mit Westeuropa und mit den Vereinigten Staaten von Amerika zu verbinden, für Jahrzehnte die Weichen für jede mögliche Art deutscher Politik, wahrscheinlich sogar für jede mögliche Art »westlicher« Politik gestellt hat.

Man wird Konrad Adenauer nicht vergessen, weder in Deutschland noch sonst in der freien Welt, wie man einen ganz anders gearteten Mann, Winston Churchill, nicht vergessen wird. Beide haben ihre Epoche geprägt, jeder auf seine Weise, und ihr einen Namen gegeben und, was mehr ist, in ihrer Person ein Bild von sich selber und ein Gleichnis ihrer Polaritäten. Der eine war ein Kraftgenie von Geburt an und farbenreich. Der andere musste die Kraft für den Staat in langem Umgang mit der Res publica erwerben und war ganz ohne schillerndes Gepränge – eben »der Alte«. Der eine stand im Bann des gesprochenen und geschriebenen Worts, in dem er manchmal die visionäre Kraft des Orakels fand. Der andere sah im Wort nicht mehr als ein Instrument für die Kennzeichnung von Dingen, für die Mitteilung von Absichten, für Zustimmung und Widerspruch und eine Waffe im Streit.

Beiden Männern wurde im gleichen Zeitalter eine Lebenszeit von gleicher Dauer beschert, als habe der Herr der Geschichte ihnen die Gnade schenken wollen, indem sie sich vollendeten, sich schon zu Lebzeiten zum Denkmal ihrer Zeit erhöht zu sehen. *28. April 1967*

»Adenauer-Worte«/Zitate

»Die Lage war noch nie so ernst.«
1956/1957/1958/1959...

»Die Situation ist da.« 1956

»Es ist wirklich schwer, die Menschen zu kennen und sie nicht zu verachten.«

»Deutschland ist eines der religionslosesten und unchristlichsten Völker Europas. Das war schon vor 1914 so. Obwohl die Berliner manche wertvollen Eigenschaften aufweisen, habe ich damals schon immer in Berlin das Gefühl gehabt, in einer heidnischen Stadt zu sein.« 1946

»In der Öffentlichkeit muss ein für alle Mal klargestellt werden, dass ich prinzipiell gegen eine Wiederaufrüstung der Bundesrepublik Deutschland und damit auch gegen die Errichtung einer neuen deutschen Wehrmacht bin.« 1949

»Ich glaube, dass die Mehrheit des deutschen Volkes damit einverstanden sein würde, wenn wir wie die Schweiz völkerrechtlich neutralisiert würden.« 1949

»Wer die Neutralisierung oder Demilitarisierung Deutschlands wünscht, ist ein Dummkopf ersten Ranges oder ein Verräter.« 1951

»Ich denke mir die Entwicklung folgendermaßen: Wenn der Westen stärker ist als Sowjetrussland, dann ist der Tag der Verhandlung mit Sowjetrussland gekommen.« 1952

»Notlügen gibt es nicht. Man ist immer in Not, also müsste man immer lügen.« 1966

»Ich möchte den Parlamentarier sehen, der vor dem Parlament immer die lautere Wahrheit sagt.« 1965

Konrad Adenauer

»Nichts war mir mein Leben lang so unsympathisch wie ein preußischer General.«
1956

»Was mich eigentlich interessiert von den Soldaten, das sind die Märsche.« 1954

»Der Strauß ist ein vorwärts drängender, dynamischer Mann. Es kann sein, dass es jetzt auf dem Schlachtfeld viele Tote und Verwundete gibt, und vielleicht bin eines Tages sogar ich unter den Leichen.« 1956

»Et is sogar möglich, dat ich dat gesagt habe. Aber wenn ich dat so gesagt habe, dann hab ich et nicht so gemeint.«

»Ich bin im Gebrauch der Macht gar nicht so pingelig.«

»Sprechen Sie mir nicht immer von meinem Alter; ich weiß selber, wie alt ich bin.«
1959

»Unsere Freunde, die Amerikaner, haben Pik solo auf mich allein drei Granaten abgeschossen.« 1960

»Wenn wir der SPD-Politik gefolgt wären, dann wären wir alle schon längst unter dem Einfluss der SED.« 1961

»Wehner ist ein unverbesserlicher Marxist.«
1957

»Was wird eigentlich aus dem Kabinett, wenn der Herr Wehner mal krank ist?«
1967

»Sie haben eine viel zu dünne Haut. Sie müssen sich ein dickeres Fell anschaffen.«
zu Kiesinger

»Der Luther, dat war doch 'ne janz vernünftije Mann. Wenn ich Papst jewesen wäre, hätt' ich mir den Herrn mal kommen lassen. Dann wär dat nicht passiert.« 1965

»Meine Kritiker werfen mir vor, dat ich so einfach denke. Nun, meine Damen und Herren, da bin ich direkt stolz darauf. Der eine denkt eben so und der andere denkt eben anders, und manche denken gar nicht.«
1965

»Die Deutschen sind wankelmütig und unausgeglichen. Jeder Deutsche will größer und größer werden.« 1967

»Ich gehe durch meinen Garten in Rhöndorf und denke über ein schwieriges Problem nach. Wat soll ich Ihnen sagen, am nächsten Tag steht dat alles in de Zeitung.«
1965

»Wissen Sie, welches Buch ich als Nummer eins auf den Index setzen würde? Den Faust!«

»Dass die Besatzungsmächte geduldet haben, dass die Berliner Mauer kam, das hat uns die absolute Mehrheit gekostet.«
1965

»Ich selbst habe das Moskauer Bolschoiballett gesehen, und es hat mir nicht geschadet.« 1964

»Der Bungalow ist mir zu blöd!«
(über den Kanzler-Wohnsitz) 1967

»Das ist wirklich der Morgenthauplan im Quadrat.«
(über den Atomsperrvertrag) 1967

»Jedes Mal, wenn ich in den Élysée-Palast komme, ist es ein bisschen so, als ob ich nach Hause käme.« 1967

siehe auch
❖ Bundeskanzler
❖ Christlich Demokratische Union Deutschlands
❖ deutsche Geschichte

Mario Adorf

Der Einzelgänger

Nichts ist folgenloser als der Erfolg – mit dem Schauspieler Mario Adorf unterwegs in den Gassen von Rom

Von Hanns-Bruno Kammertöns

Vor kurzem ist er umgezogen. Die Wohnung, die er verließ, lag im vierten Stock. Von dort führte eine Treppe hinauf auf eine malerische Dachterrasse mit einem großen Esstisch und so manchen Terrakottatöpfen. Wenn man aus dem Fenster des Wohnzimmers sah, fiel der Blick auf die Mauern alter römischer Palazzi und einen kleinen Markt direkt vor dem Haus. Ein belebter Platz. Vom Morgen bis zum Abend und vom Abend bis zum Morgen umknattert von eiligen Kleinwagen und feurigen Vespas. Anfangs hat es nicht gestört, weder ihn noch seine Frau Monique. Aber mit den Jahren. Nun haben sie sich ein bisschen ruhiger eingerichtet. An Roms Via Giulia, in einer zweiten Etage. M.A. steht mit Filzstift geschrieben neben der Klingel. Obwohl diese Straße – »von Papst Julius II. schnurgerade angelegt« – in allen Fremdenführern lobend erwähnt wird, geht es in der Via Giulia tatsächlich gedämpfter zu. Ehrfürchtig richten Touristen auf ihren Erkundungsmärschen Kameras in die efeuumrankten Innenhöfe, bevor sie zum nahen Tiber weiterziehen.

Verliert sich tatsächlich einmal eine Vespa in die Gegend, dann geht der Fahrer spätestens vor der Direzione nazionale Antimafia vom Gas. Ein Palazzo mit vergitterten Fenstern. Rund um die Uhr bewacht von einer Armada blaulichtbewehrter Fiat-Limousinen, an denen Männer lehnen, in deren Gesichtern Entschlossenheit wohnt.

In Höhe des Polizeigebäudes war Mario Adorf stehen geblieben. Er hatte seine rechte Hand tief in die Hosentasche geschoben. Da er über das Hemd noch einen Pullover gezogen hatte, warf seine Jacke an den Oberarmen Falten und spannte sich über den Schultern. Mindestens ein Dutzend wachsamer Augenpaare richteten sich jetzt auf diese bullige Erscheinung. Auf dieses provokante Gesicht mit den gewaltigen schwarzen Brauen unter den borstigen Haaren. Ob er es genoss?

Mit maliziösem Lächeln legt Adorf den Kopf in den Nacken. Sein Blick streift ausgiebig über die Fassade des Hauses bis hinauf zum Giebel. »Als Entstehungszeit vermute ich das 16. Jahrhundert«, sagt er plötzlich mit einer ungemein warmen und weichen Stimme. »Nebenan, im Museo Criminologico, habe ich übrigens schon gedreht.«

Mario Adorf

Einige der Antimafia-Polizisten haben inzwischen ihre Sonnenbrille abgenommen, offenbar sehen sie einen Anlass, näher zu treten. Aus welchem Grund auch immer. Adorf scheint es nicht zu bemerken. »Wissen Sie, was die Mafia angeht, ist es hier in Rom vergleichsweise friedlich.« Dann beendet er seinen Stopp. Ohne sich noch einmal nach seinen neuen Nachbarn umzusehen, biegt er ab und folgt der Via dei Banchi Vecchi.

Mario Adorf

»Wie Mütter so sind«

Auf der Dachterrasse seiner ehemaligen Wohnung, das ist unten von der Straße aus deutlich zu sehen, wuchert jetzt Unkraut aus den Terrakottatöpfen. Der neue Mieter scheint sich wenig zu kümmern. Mario Adorf berührt es nicht weiter. »Ich bin nicht der Typ, der zurückschaut.« Ganz anders seine Mutter Alice übrigens. »Et Alice«, es ist das erste Mal, dass er sie erwähnt. 91 Jahre sei sie nun alt und führe noch immer genau Buch. Sammele die Zeitungsartikel, die Kritiken. »Wie Mütter so sind.«

In der Nähe des Campo de' Fiori überquert Adorf eine Hauptstraße, es ist nicht leicht, ihm dabei zu folgen. »Sie dürfen nicht hinsehen, gehen Sie einfach rüber, sonst machen Sie einen Fehler und warten ewig«, meint er aufmunternd. Und während er wieder in eine schmale Gasse abdreht, die gesäumt von Antiquitätenläden, sagt Adorf, dass er allmählich müde sei, immer wieder den Mafioso zu geben

Szene aus Volker Schlöndorffs Günter-Grass-Verfilmung »Die Blechtrommel« (1979) mit Angela Winkler und David Bennent

oder den Mexikaner. Andererseits, als Sergio Leone damals die Rolle eines Pistoleros mit einem anderen besetzte, »da schaute ich in den Spiegel und fragte mich: Warum kommt er nicht auf dich?«. Man muss schon auf ihn kommen. So ist es immer gewesen. Schon damals im Eifelstädtchen Mayen, wo er aufwuchs und zur Schule ging. Sich auf eine Frage des Lehrers hin zu melden, »hallo, hier« zu rufen – nicht mit ihm. »Ich fand es unwürdig.« Sicher sei es auch ein Zeichen von Arroganz, nicht zu signalisieren, wenn man etwas wisse. Aber er, der immer in der ersten Reihe saß, hat es nicht über sich gebracht. »Wenn keiner mehr aufzeigte, dann erst ließ ich mich herab.«

Ob ihm diese Eigenschaft in seinem Leben geschadet habe? Adorf nickt. Als ein gutes Beispiel dafür erwähnt er seinen Ausflug nach Amerika, damals 1964. Der Versuch einer großen Karriere in Hollywood. Agent Paul Kohner, auch »der Magier vom Sunset Boulevard« genannt, riet ihm, dafür vorübergehend in Los Angeles ein Haus zu nehmen. Also nahm er ein Haus, denn der Agent meinte noch, Anthony Quinn wolle keinen Mexikaner mehr spielen – da sei also eine Lücke, mit dem Typ des Mexikaners lasse es sich ein paar Jahrzehnte lang fürstlich in Hollywood leben.

Mario Adorf macht eine Pause. Sein Gesicht zeigt plötzlich Züge, die an eine getretene Kreatur erinnern. Er und Klinken putzen? An die Tür eines Produzenten klopfen und fragen: Haben Sie eine Rolle für mich? »Nein«, sagt er, »gehe nie zu deinem Fürst, wenn du nicht gerufen wirst!«

Für deutsche Schauspieler nur Krümel

Am Ende der Via del Pellegrino heben zwei Tischler eine antike Truhe auf die Straße. Ein ansehnliches Stück, umgeben vom Duft frischen Bienenwachses. Kurz öffnet Adorf den Deckel und taucht seinen Kopf hinein. Nach dem Preis fragt er gar nicht erst. »Leider sind die Antiquitäten in dieser Straße teuer, hier kaufe ich nicht«, sagt er knapp. Und weil er gerade dabei ist, kommt er noch mal auf seine Erfahrungen mit den amerikanischen Regisseuren zurück. Diesen Leuten, denen kein europäischer Star gut genug sei. »Sie kommen nach Deutschland und lassen sich vorsprechen, von Bruno Ganz, von Otto Sander und Helmut Griem. Nur, um sie Krümel spielen zu lassen. Keine Rollen. Krümel!«

Wenn er nur an die Arbeit mit Sam Peckinpah denke. Bei allem Respekt. Vor Beginn der Dreharbeiten sei dieser Regisseur leutselig gewesen wie nur was. »Mein Gott, hat mir erzählt, wie oft er in der Nacht mit seiner Frau getrieben hat und wie er es gemacht hat.« Doch kaum lief am nächsten Tag die Kamera, »da war er nur noch gnadenlos«. Adorfs Ideen, seine flehenden Vorschläge – »Sam, ich könnte doch . . . Sam, bitte!« – die Antwort, die er zu hören bekam, sei stets die gleiche gewesen: »Fuck off!« oder: »Mario, we follow the script!« Was tun mit solchen Leuten? »Deshalb bin ich nicht drüben geblieben.« Adorf findet, dies sei doch verständlich. Auf die Frage nach seinem Motto antwortete er, kaum hatte er das Schauspielstudium an der Münchner Falckenberg-Schule absolviert: Qualität setzt sich durch! »Ich sah meine Zukunft wie eine große, breite Straße, die für mich nichts weiter als abzuschreiten war.« Ein Optimismus, der ihm aus heutiger Sicht bisweilen etwas unheimlich vorkommt. Vielleicht hätte er doch besser »von einer Gratwanderung« in seinem Leben sprechen sollen. »Bei allem, was ich so gesagt habe, wie ich mich mitunter benommen habe.«

In Zürich ist er geboren. Der Vater ein süditalienischer Chirurg, die Mutter aus der Eifel, wohin sie nach dem Ende der Liaison zurückkehrt. Zusammen mit dem unehelichen Sohn – »mit diesem Makel«, wie Adorf es nennt. Erzogen wird er in einem klosterähnlichen Waisenhaus. Der Priester, dem er ministriert, ein Trinker, er weiß es noch genau. Der ihm früh den Glauben nimmt an die Welt der Kirche. Während der Messe muss Adorf soufflieren, »obwohl ich die Liturgie nicht verstand, bei mir kam aber jedes Wort«.

Um sich besser wehren zu können, steigt er bei der örtlichen Boxstaffel in den Ring. Sein großer Wunsch, ein »Napolaner« zu werden, erfüllt sich nicht. Wegen der vielen weißen Flecken in seinem Sippenpass, »die ganze italienische Linie«, weist ihn die Napola, die nationalpolitische Lehranstalt, ab. Er erinnert sich noch gut an die vielen Tränen, die er deshalb vergießt. Und an die Worte der Mutter, die als ganz und gar unpolitische Frau nur sagt: »Junge, man weiß nie, wofür es gut ist.«

Ein Mustersohn wollte er nie sein

Überhaupt, »et Alice«. An einer Rolle des »Mustersohnes« sei ihm nicht gelegen, stellt Adorf klar, aber sein Leben ohne sie? Ohne »dieses Aschenputtel, das nie spielen durfte«? Einerseits, was habe sie ihm zugesetzt, »wenn ich mich nicht gut benahm, als Mensch – und auch als Mann«. Und wie sie ihn kritisierte bei Filmen, die sie nicht mochte. »Via Mala« zum Beispiel, ihr Mario als dieser Peitschen schwingende Fiesling – »schlecht angezogen, ohne Krawatte«. Diesbezüglich sei sie sicher »eine einfache Frau«, aber was heiße das schon? »Du bist jemand, du bist etwas wert!« Ja, das vor allem habe sie ihm immer gesagt.

Szene aus der Verfilmung von Heinrich Bölls »Die verlorene Ehre der Katharina Blum« mit Angela Winkler (Regie: Volker Schlöndorff, 1975)

Sie schafft es, sich und den Sohn durchzubringen. Nach dem Abitur studiert Adorf Theaterwissenschaften. Er hat das Gefühl, »die anderen wissen so viel mehr«, also nimmt er auch noch das Fach Psychologie mit dazu. Er macht Schluss mit dem Boxen, und als er später auf der Bühne der Münchner Kammerspiele steht und der Vorhang nach der Vorstellung fällt, sagt seine Mutter: »Das war gar nicht so schlecht – gar nicht so schlecht.« Genau so habe es sich zugetragen, »das erste Lob kam aus ihrem Mund«.

Für unseren Spaziergang hat Mario Adorf eine Sonnenbrille eingesteckt. Er verwahrt sie in einem weißen Futteral, das nicht ganz in die Reverstasche seiner Jacke hineinpasst. In der Mittagssonne setzt er sie auf, die Zahl derer, die ihn anhalten und um ein Autogramm bitten, wird damit nicht kleiner. Meist vollzieht es sich wortlos. Er nimmt das Stück Papier, er beugt sich ein wenig hinunter, legt den Zettel auf

Mario Adorf

das Knie und schreibt mit dickem Stift seinen Namen in großen runden Linien. Ein gehauchtes Danke, Adorf neigt leicht seinen Kopf.
Wir erreichen die römische »Himmelsleiter«. Die Marmorstufen hinauf zu Santa Maria in Aracoeli nimmt er im Laufschritt. Oben wendet er sich um und genießt den Blick. Seit dreißig Jahren wohnt er in Rom, aber in diesem Augenblick macht er den Eindruck, als sei es für ihn der erste Tag in der Stadt. Ob er eigentlich jede Treppe mit dieser Geschwindigkeit nehme? »Eine Angewohnheit«, und erst mit einer Verzögerung fügt er hinzu: »Treppen zwingen mich förmlich zur Eile.« Doch daraus Schlüsse zu ziehen? »Sagen wir es so: Sie langweilen mich ganz einfach.«
Bei den Verhandlungen für den Film »Schtonk« ist es ihm zum ersten Mal passiert. Eigentlich sollte er die Rolle des »Fälschers Kujau« spielen. Also war er hingefahren, Dietl hatte sich mit ihm über das Drehbuch beraten, alles schien besprochen. Und dann, ein paar Tage später, bekommt er die Nachricht: »Wir haben anders entschieden, du bist für die Rolle zu alt.« Eine Botschaft, die Adorf noch immer dazu veranlassen kann, mit den Augen stumm die Linie des römischen Horizontes entlangzufahren. Und mit einer Stimme, in der Wehmut mit Empörung changiert, wiederholt er den Satz noch einmal, mit einer kasteienden Pause zwischen jedem Wort: »Du bist für die Rolle zu alt!«
Mario Adorf hat es keine Sekunde lang eingesehen. Warum sollte er auch? »Wie oft habe ich in meinen Filmen ohne Mühe zehn oder fünfzehn Jahre nach unten gespielt!« Und hat ihm nicht gerade erst ein befreundeter Arzt bestätigt: »Wenn man dich ohne Ausweis aus dem Tiber fischt, zehn Jahre jünger würde man deinen Körper sicher schätzen.« Hat ihm gut getan, gibt er zu. »Ja, ein Mittfünfziger«, das käme hin, »so eitel bin ich schon.«

»Ich bin seit meiner Jugend immer ein Einzelgänger gewesen«

Ob sich mit dem Alter eine gewisse Milde im Urteil einstelle? Gegenüber Drehbüchern, gegenüber Regisseuren? Statt einer Antwort erwähnt Adorf diese Mitteilung, die er vor einigen Wochen der Führungscrew von Sat.1 zukommen ließ. Dass er nämlich als »Tresko« nicht mehr mitmache. »Das haben die gar nicht kapiert.« Hätten zurückgefragt: Ja, aber warum denn nur, Herr Adorf, die Quote! Man sei doch sehr erfolgreich. Aber die Qualität genüge ihm nicht, habe er ausrichten lassen, »es ist mir nicht gut genug.« Der Turm der Fiorentiner Kirche an der Via Giulia ist schon zu sehen, da fügt er noch hinzu, seine Mutter habe auch gesagt: »Hör auf damit.«

Adorf: »Amerikanische Regisseure lassen Schauspieler wie Otto Sander vorsprechen. Anschließend kriegen diese bloß Krümel, keine Rollen.«

Nach »Rossini« ist er mit seiner Frau Monique für eine Woche in die Bretagne gefahren. Im Großen und Ganzen zufrieden, mit sich, mit diesem Film. Ob es jedoch tatsächlich »dieser gewöhnlichen Sprache« bedurfte, der man sich im »Rossini« bedient? Das hat er sich gefragt. Hat Ordinäres Qualität? Und Adorf hat sich die Wirkung bei den Zuschauern ausgemalt. Was sie womöglich denken, wenn sie nach Hause gehen: »Ach, so gerbt es bei Filmleuten zu, so benehmen sich Filmleute in einem öffentlichen Lokal?« Diese Botschaft, vielleicht sei es ja altmodisch, könne er nicht komisch finden, »nein, das wäre traurig«.
Als Mario Adorf die Tür seiner Wohnung öffnet, kommt er noch einmal auf die Zeit in der Eifel zurück. Dass er Ende des letzten Jahres noch einmal da gewesen sei, um aus seinen Büchern zu lesen. Und er traf auch seine Klassenkameraden. »Obwohl wir uns eigentlich nichts zu sagen haben, ich habe sie auch beneidet.« Diese Gruppen, die noch immer zusammen in den Urlaub fahren, die segeln oder wandern.

Mario Adorf

»All dies fehlt mir, aber ich habe es auch nie erstrebt. Ich bin immer ein Einzelgänger gewesen.«

In seinem Wohnzimmer, dessen Decke alte Balken tragen, stehen links und rechts von einem Schreibtisch zwei antike Regale einander gegenüber. Bücher in Französisch, Italienisch und Deutsch, bewacht von einem kleinen Pokal. Ein »Darstellerpreis«, die Jahreszahl schon etwas abgegriffen. »Nichts ist folgenloser als der Erfolg«, sagt Mario Adorf und zeigt auf ein Papierpaket auf dem Tisch: »Ein Drehbuch, gerade angekommen, Arbeitstitel ›Mayday‹.« Früher habe er bis zu drei Filme im Jahr gedreht. Aber heute? »Ich habe mich freigeschwommen, ich kann zuwarten.« Also nichts mit »Mayday«? Es sei ein Film mit vielen Toten gleich in den ersten Minuten, »nein, warum sollte ich es tun?«

Zeit zu gehen. Mario Adorf kommt mit zur Tür. Unterwegs fällt sein Blick auf den großen Silberrahmen neben dem Telefon. »Ein Foto von Monique und mir, aufgenommen vor vielleicht zwanzig Jahren, in ihrem Geburtsort Saint-Tropez.« Eigentlich hält er es für eine Unart, sich Fotos aufzustellen. Aber dieses hier, nun ja, das sei nun mal ihr Lieblingsbild. »Wie Sie sehen, einen Bart trug ich immer. Aber meine Frau meint, er macht mich älter.«

11. April 1997

siehe auch
✧ Film

Theodor W. Adorno

Die Zeit hatte einen doppelten Boden

Der Philosoph Theodor W. Adorno in den Fünfzigerjahren.
Eine persönliche Notiz

Von Jürgen Habermas

Was im Rückblick trivial erscheint, war damals, als ich in das Institut für Sozialforschung eintrat, nicht selbstverständlich: dass die Reputation des Hauses von der ungebrochenen, jetzt erst ihrem Höhepunkt zustrebenden Produktivität Adornos eher abhängen würde als vom Erfolg der empirischen Forschungen, mit denen sich das Institut eigentlich legitimieren sollte. Obwohl bei ihm alle Fäden der Institutsarbeit zusammenliefen, konnte Adorno mit Organisationsmacht nicht umgehen. Er bildete eher den passiven Mittelpunkt eines komplexen Spannungsfeldes.

1956, als ich ankam, bestanden zwischen Max Horkheimer, Gretel Adorno und Ludwig von Friedeburg symmetrische Gegensätze, die dadurch definiert waren, dass sich ihre jeweils an Adorno gerichteten Erwartungen durchkreuzten. Friedeburg hatte das legitime Interesse an einer inhaltlichen Kooperation mit Adorno, die zu einer stärker theoretischen Ausrichtung der empirischen Forschung führen sollte. Unabhängig davon wollte Gretel den persönlichen, sowohl wissenschaftlichen wie publizistischen Erfolg des Philosophen, den Adorno eigentlich erst posthum errungen hat. Und für Horkheimer sollte Adorno die unmögliche Aufgabe lösen, dem Institut mithilfe politisch unanstößiger, akademisch eindrucksvoller Studien öffentliche Geltung zu verschaffen, ohne die Radikalität der gemeinsamen philosophischen Intentionen ganz zu verleugnen und die nonkonformistische Signatur der Forschungsrichtung – das für die studentische Nachfrage wichtige Image des Instituts – zu beschädigen.

Für mich gewann Adorno eine andere Bedeutung: Die Zeit hatte im Institut einen doppelten Boden. Während der Fünfzigerjahre hat es vermutlich in der ganzen Republik keinen zweiten Ort gegeben, an dem die intellektuellen Zwanzigerjahre so selbstverständlich präsent waren. Gewiss, die alten Mitarbeiter des Instituts, Herbert Marcuse, Leo Löwenthal und Erich Fromm, auch Franz Neumann und Otto Kirchheimer, waren in Amerika geblieben. Aber in ganz ungezwungener Weise kursierten zwischen Adorno, Gretel und Horkheimer auch die Namen von Benjamin und Scholem, Kracauer und Bloch, Brecht und Lukács, Alfred Sohn-Rethel und Norbert Elias, natürlich die Namen von Thomas und Erika Mann, Alban Berg und Arnold Schönberg oder die von Kurt Eisler, Lotte Lenya und Fritz Lang.

Das war kein Namedropping. Die Namen waren auf eine verblüffend alltägliche Weise in Gebrauch, um auf Personen Bezug zu nehmen, die man seit Jahrzehnten kannte, mit denen man befreundet oder – und dies vor allem – verfeindet war. Bloch beispielsweise war zu der Zeit, als Adorno »Die große Blochmusik« schrieb, immer noch Persona non grata. Die irritierend selbstverständliche Gegenwart dieser Geister brachte mir eine Differenz im Zeitgefühl zu Bewusstsein. Während »für uns« die Weimarer Zeit jenseits einer abgründigen Zäsur lag, hatte ja »für sie« die Fortsetzung der Zwanzigerjahre in der Emigration erst wenige Jahre zuvor ein Ende gefunden. Es waren kaum drei Jahrzehnte verstrichen, seitdem Adorno seine spätere Frau, die gelernte Chemikerin Gretel Karplus, in Berlin, wo sie die Lederwarenfabrik ihres Vaters weiterführte, zu besuchen pflegte, um bei einer dieser Gelegenheiten auch Benjamin kennen zu lernen. Benjamins Angelus Novus, den

Theodor W. Adorno

George Bataille, damals Bibliothekar an der Bibliothèque Nationale, beim Abschied von Paris in Verwahrung genommen hatte, hing in Gretels Zimmer an der Wand links neben dem Eingang. Dann ging das Bild in Scholems Besitz über und hängt heute in jenem Raum der Hebräischen Universität, wo die einzigartige Bibliothek dieses sammelwütigen Gelehrten untergebracht ist. Als ich nach Frankfurt kam, war Benjamin für mich wie für fast alle Jüngeren ein Unbekannter. Aber die Bedeutung des Bildes sollte ich bald kennen lernen.

Soeben hatten Gretel und Teddy Adorno bei Suhrkamp die ersten Aufsätze von Benjamin herausgebracht. Da das öffentliche Echo schwach war, forderte Gretel mich auf, eine Rezension zu schreiben. Auf diese Weise kam ich in den Besitz jener beiden hellbraunen Lederbände, die Benjamin aus dem Vergessen zurückholten. Ute und ich versenkten uns in die dunkel leuchtenden Essays und waren auf merkwürdige Weise berührt von jener unbestimmten Verbindung aus luziden Sätzen und apokryphen Andeutungen, die in kein Genre zu passen schien.

Auf die Bezüge der temporalen Doppelbödigkeit des Institutsalltags war ich zwar literarisch nicht ganz unvorbereitet. Aber sie brachten mir das akademische Milieu der deutsch-jüdischen Tradition erst zur Anschauung – auch das Ausmaß der immer schon verspürten moralischen Korruption einer deutschen Universität, die die Vertreibung und Ausrottung dieses Geistes, wenn nicht geradewegs betrieben, so wenigstens schweigend hingenommen hatte. Damals begann ich, mir die Gemütsverfassung der Kollegen vorzustellen, die in der ersten Fakultätssitzung des Sommersemesters 1933 auf die leeren Stühle gestarrt haben müssen. In Frankfurt, wo die junge Universität ihren in der Weimarer Zeit erworbenen Ruhm dem Nichtdiskriminierungsgebot ihrer Satzung und einer gegenüber Juden unvoreingenommenen Berufungspraxis verdankt hatte, wurde der Lehrkörper 1933 um fast ein Drittel dezimiert.

Intellektuell bin ich 1956 in ein neues Universum eingetreten. Trotz vertrauter Themen und Fragestellungen war es zugleich fremd und faszinierend. Verglichen mit dem Bonner Universitätsmilieu, war hier die Lava des Gedankens im Fluss. Nie zuvor war ich einer so differenzierten gedanklichen Komplexität im Zustand ihrer Entstehung begegnet – im Modus der Bewegung, bevor sie ihren literarischen Niederschlag fand. Was Schelling in seinen Jenaer Vorlesungen zur Methode des akademischen Studiums im Sommersemester 1802 als Idee der deutschen Universität entwickelt hatte, nämlich »das Ganze seiner Wissenschaft aus sich selbst zu konstruieren und aus innerer, lebendiger Anschauung darzustellen«, das praktizierte Adorno in diesem Frankfurter Sommersemester.

Theodor W. Adorno

Scheinbar anstrengungslos führte er in freier, aber druckreifer Rede die dialektische Verfertigung spekulativer Gedanken vor. Gretel hatte mich aufgefordert, sie zur Vorlesung, die damals noch im kleinen Hörsaal stattfand, zu begleiten. In den folgenden Jahren, als ich längst anderes zu tun hatte, sah ich, dass sie kaum jemals eine von Teddys Vorlesungen versäumte. Beim ersten Mal hatte ich Mühe, dem Vortrag zu folgen; geblendet von der Brillanz des Ausdrucks und der Präsentation, stolperte ich dem Duktus des Gedankens hinterher. Dass sich auch diese Dialektik oft zur bloßen Manier verfestigte, merkte ich erst später. Der beherrschende Eindruck war die noch aus dem Dunkel des Unverstandenen funkelnde Prätention der Aufklärung – das Versprechen, verschwiegene Zusammenhänge transparent zu machen.

Wie sich eine neue Welt auftut

Jedoch brachen die mir unbekannten Autoren und Gedanken – Freud und Durkheim, Psychoanalyse und Religionssoziologie – nicht wie von außen, reduktionistisch, in die heiligsten Bezirke des deutschen Idealismus ein. Mithilfe von Freuds Über-Ich und Durkheims Kollektivbewusstsein wurde die schmähliche Rückseite des kategorischen Imperativs – dessen falscher Gebrauch – nicht beleuchtet, um Kants freien Willen zu denunzieren, sondern die repressiven Verhältnisse, die dieses Potenzial verkümmern ließen. Was Paul Ricœur später eine Hermeneutik des Verdachts nannte, war Adornos Sache nicht. Denn der rettende Impuls war ebenso stark wie der kritische, der jenem diente. So jedenfalls erschien es mir. Wir hatten an den moralisch morschen Universitäten der frühen, durch Selbstmitleid, Verdrängung und Unempfindlichkeit gezeichneten Adenauerzeit studiert. Im geistfetischistisch hohlen und abendländisch verschwiemelten Milieu eines »Verlustes der Mitte« war unser unklares Bedürfnis nach einem Akt begreifender Katharsis nicht befriedigt worden. Erst die intellektuelle Inständigkeit und die durchdringende analytische Arbeit eines in Einsamkeit renitenten Adorno hat für uns damals die Substanz der eigenen großen Traditionen auf dem einzig möglichen Wege – durch die unerbittliche Kritik an deren Entstellungen – gerettet.

Das imperativische Bewusstsein, absolut modern sein zu müssen, verband sich mit dem erinnernden Blick eines Proust auf die wüst nivellierende Fortschrittlichkeit einer erinnerungslosen Modernisierung. Diese war kaum irgendwo so aufdringlich wie in den hastig und roh angebrachten Korrekturen am verwundeten Straßenbild einer schwer gezeichneten Stadt wie Frankfurt – Berliner Straße! Wer Adorno zuhörte, konnte den avantgardistischen Geist der Moderne nicht mit dem falschen, ästhetisch sich selbst dementierenden Fortschritt des »Wiederaufbaus« verwechseln. Diesem Voranhasten war die Einsicht in die zukunftsweisende Dialektik der Unangepasstheit des als »überholt« Abgeschriebenen verloren gegangen. Für mich neu und unerhört: In einem philosophischen Kontext gewannen ästhetische Argumente unmittelbar politische Evidenz.

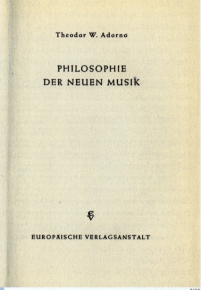

Theodor W. Adornos 1949 erschienene »Philosophie der neuen Musik« war zunächst sehr umstritten; heute gehört sie zu den musikästhetischen Standardwerken.

Wenn ich mich an die Ambivalenz meiner ersten Eindrücke in der neuen Umgebung recht erinnere, mischte sich in meiner intellektuellen Erregung Befremden mit Bewunderung. Ich kam mir vor wie in einem balzacschen Roman – der unbeholfen-ungebildete Junge aus der Provinz, dem die Großstadt die Augen öffnet. Ich wurde mir der Konventionalität meines Denkens und Fühlens bewusst. Akademisch war ich in den herrschenden, also in den durch die Nazizeit ununterbrochen fortgeführten Traditionen groß geworden und fand mich jetzt in einem Milieu wieder, in dem alles

Theodor W. Adorno

das lebte, was die Nazis eliminiert hatten. Es ist leicht, sich an die fremden Inhalte zu erinnern, die es nun zu lernen gab. Aber schwer zu beschreiben, wie sich ein Universum von Begriffen und eine Mentalität dadurch verändern, dass sich eine neue Welt auftut. Das geschah kurz nach meiner Ankunft während des Besuchs jener denkwürdigen Vorlesungsreihe, die von Alexander Mitscherlich und Horkheimer aus Anlass des 100. Geburtstages von Sigmund Freud veranstaltet wurde. Die auf mich einstürmenden, völlig neuen Gedanken hatten etwas augenöffnend Überwältigendes.

Auf Adorno und auf das produktive Zusammenführen von Philosophie und Soziologie, von Hegel und Marx war ich immerhin vorbereitet, wenn mir auch der systematische Duktus ungewohnt war, mit dem ein radikaler gesellschaftstheoretischer Anspruch eingelöst zu werden versprach. Adorno erweckte die systematisch in Gebrauch genommenen und miteinander fusionierten Begriffe von Marx, Freud und Durkheim zu neuem Leben. Er streifte allem, was ich aus der Marx-Diskussion der Zwanzigerjahre schon kannte, im Medium eines zeitgenössisch-soziologischen Denkens das bloß Historische ab und machte es ganz gegenwärtig. Erst im Schmelztiegel dieser gesellschaftstheoretisch aufgeklärten Kulturkritik haben sich die verschwommen kulturkonservativen Begrifflichkeiten meiner Bonner Studienzeit aufgelöst. Aber der Nebel unscharfer, bildungshumanistisch aufgeladener geisteswissenschaftlicher Kategorien hätte sich nicht so schnell gelichtet, wenn ich mich nicht vom wissenschaftlichen Charakter des neuen Blicks auf die Tatsachen überzeugt hätte.

Die Kraft negierenden Denkens

Dazu verhalfen mir die inzwischen legendären Freud-Vorlesungen. Damals befand sich die Psychoanalyse in den USA, in England, Holland und der Schweiz auf dem Höhepunkt ihrer Reputation. Die bahnbrechenden Werke von Erik Erikson, René Spitz, Ludwig Binswanger, Franz Alexander, Michael Balint, Gustav Bally und vielen anderen (zu denen natürlich auch Anna Freud gehörte) genossen internationale Anerkennung. Kaum mehr als ein Jahrzehnt nach Kriegsende trat diese Elite von Wissenschaftlern vor ein deutsches Publikum, um über die Fortschritte der 1933 schmählich vertriebenen Disziplin zu berichten. Ich weiß nicht, was mich, dem Freud während seines Psychologiestudiums nur in abschätzigen Zusammen-

Adorno (links) im Gespräch mit Max Horkheimer (rechts vorne) und Herbert Marcuse, weiteren Vertretern der Frankfurter Schule

hängen begegnet war, mehr fasziniert hat: die eindrucksvollen Personen oder die glanzvollen Vorträge. In dieser seriösen Umgebung erhielten auch die beiden Beiträge von Adorno und Marcuse zur Horkheimer-Festschrift ein schärferes wissenschaftliches Profil.

Damals kannte ich das Forschungsprogramm des alten Instituts noch nicht und konnte nicht wissen, dass es allein diese beiden Autoren waren, die während der Fünfzigerjahre die Tradition, ohne an einen Bruch zu denken, fortführten. Leo Löwenthal hatte wie Horkheimer seine produktivste Zeit hinter sich. Otto Kirchheimer und Franz Neumann waren immer schon eigene Wege gegangen. Erich Fromm war aus der Sicht des engeren Institutskreises zum »Revisionisten« geworden. Und Friedrich Pollock übte seit der Diskussion über Staatskapitalismus Anfang der Vierzigerjahre theoretische Enthaltsamkeit.

Nicht alles war fremd in einem befreienden Sinne. Jemandem, der ein konventionelles Philosophiestudium abgeschlossen hatte, fielen im Frankfurter Kanon befremdliche Lücken auf. Was für mich die philosophischen »Zeitgenossen« waren, also die großen Autoren der Zwanziger- und Dreißigerjahre wie Scheler, Heidegger, Jaspers, Gehlen, aber auch Cassirer, selbst Plessner, ganz zu schweigen von Carnap und Reichenbach – sie kamen in Seminar und Vorlesung nicht vor. Wenn sie überhaupt erwähnt wurden, dann in einem Aperçu wie dem von Horkheimer: »wenn schon Jaspers, dann lieber Heidegger«. Die hermeneutische Tradition von Humboldt bis Dilthey war als idealistisch abgestempelt. Nicht viel besser stand es mit der phänomenologischen Schule; Husserls Entwicklung schien vor dessen transzendentaler Wende abzubrechen. Von den Neukantianern wurden nur Cohen und Cornelius, der Lehrer von Horkheimer, mit einem gewissen Respekt erwähnt.

Die relevante Geschichte der Philosophie schien mit Bergson, Georg Simmel und dem Göttinger Husserl, also vor dem Ersten Weltkrieg aufzuhören. Erst beim Lesen der posthum veröffentlichten Antrittsvorlesung über »Die Aktualität der Philosophie« habe ich mit einem gewissen Erstaunen festgestellt, dass Adorno sich als Privatdozent mit Heideggers »Sein und Zeit« intensiv auseinander gesetzt haben muss; der bald darauf erschienene »Jargon der Eigentlichkeit« hatte mich davon nicht überzeugen können. Allerdings muss ich hinzufügen, dass jene erste Adorno-Vorlesung die einzige blieb, die ich über ein ganzes Semester hin besucht habe. Öfter nahm ich an den Hegel-Seminaren teil. Das Fehlen der Philosophie der Zwanzigerjahre verlieh dem Frankfurter Diskurs etwas gewissermaßen Altmodisches. Umso stärker war der Kontrast zum Geist der ästhetischen und der freudianischen Avantgarde, den Adorno auf radikale Weise, bis in die Fingerspitzen hinein ausdrückte.

Wenn ich den Bewusstseinswandel beschreiben soll, den die mentalitätsprägende Kraft des täglichen Umgangs mit Adorno bei mir herbeigeführt hat, so ist es die Distanzierung von dem vertrauten Vokabular und der Weltsicht der sehr deutschen, in Herders Romantik wurzelnden historischen Geisteswissenschaften. Der ernüchternde soziologische Blick auf die unbegriffene Komplexität des verknoteten Ganzen eines verstümmelten Lebenszusammenhangs verband sich mit dem Vertrauen in die analytische Kraft eines negierenden Denkens, das diesen Knoten lösen würde – wenn sich die denkenden Subjekte nur nicht einschüchtern ließen.

4. September 2003

Lebensabriss
Theodor W. Adorno, geboren am 11. September 1903 in Frankfurt am Main

1921	Abitur und Beginn des Studiums der Philosophie, Psychologie, Soziologie und Musikwissenschaft in Frankfurt
1924	Philosophische Promotion mit einer Arbeit über Husserl
1925	Kompositionsstudien bei Alban Berg in Wien
1927	Erster scheiternder Habilitationsversuch bei Hans Cornelius mit einer Arbeit über den Begriff des Unbewussten
1931	Habilitation bei Paul Tillich mit einer Arbeit über Kierkegaard
1933	Lehrverbot
1934	Emigration nach Großbritannien
1937	Heirat mit Gretel Karplus

Theodor W. Adorno

1938	Emigration in die USA, erst nach New York, 1941 nach Los Angeles. Mitglied des Instituts für Sozialforschung	1961	Positivismusstreit
		1966	Negative Dialektik
		1967–69	Kontroversen mit der Studentenbewegung
1947	Dialektik der Aufklärung (zusammen mit Max Horkheimer)	1969	Tod im Wallis (6. August)
		1970	Ästhetische Theorie (posthum)
1949	Rückkehr nach Deutschland, Professur für Philosophie, seit 1953 auch für Soziologie an der Universität Frankfurt		
1951	Minima Moralia. Reflexionen aus dem beschädigten Leben		
1958	Direktor des Instituts für Sozialforschung		

siehe auch
- deutsche Philosophie
- Frankfurter Schule
- Habermas, Jürgen
- Horkheimer, Max
- kritische Theorie

Alexandria

Mitten am Rande der Welt

Alexandria ist ein Spiegel des heutigen Ägypten. Der Wohlstand lockt die Bewohner der Mittelmeer-Metropole ebenso wie die Sicherheit, die der Koran verspricht. Für welche Richtung werden sie sich entscheiden?

Von Thomas E. Schmidt

Geradezu versessen auf Abbilder von sich scheint diese Stadt zu sein, jedes Kaffeehaus, jedes Restaurant, das auf sich hält, hütet alte Ansichten der Corniche oder der Midan Ramlah, der alten Pracht- und Einkaufsstraßen im Stil der Belle Époque. Schwarz-Weiß-Fotos: ewiges Mittelmeer und die Moden der Vorkriegszeit, die ptolemäische Metropole mit Straßenbahn, und aus der Limousine steigt eine schöne Griechin. Dass die Dichter während des Zweiten Weltkriegs in Alexandria ausgesprochen zivilisierte Abenteuer suchten und sich dabei nur kurz vom vorrückenden Rommel stören ließen, gehört zu den europäischen Literaturmythen. Lawrence Durrell schrieb 1944 in einem Brief an Henry Miller: »Die Atmosphäre ist dumpf, hysterisch, sandig, und der Wind aus der Wüste treibt alles zur Raserei: Liebe, Haschisch und Knaben sind für jeden, der hier länger als einige Jahre stecken bleibt, die einzige Lösung.«

Die Wahrheit ist, dass Alexandria sechzig Jahre später ein beinahe tugendhafter Ort geworden ist. Die betörende Mixtur aus Geist, Erotik und gepflegtem Nichtstun ist jedenfalls verdampft. Andauernd wird die Vergangenheit beschworen, aus den unterschiedlichsten Gründen, aber es bleibt unklar, in welcher Zeitschicht sich die Stadt spiegeln möchte. Voller Erinnerungen und Erbschaften, ist sie ein unaufgeräumter Antiquitätenladen, und sie misstraut den – westlichen – Fantasien über sich, seit es um die Wahrheit geht, und um die Wahrheit geht es seit 1987, als in Ägypten erstmals der Ruf »Al-islam kuwa al-hall«, »Der Islam ist die Lösung«, erklang.

Eine gespannte, gar nicht voluptuös-mediterrane Ruhe liegt über Ägypten, es ist eine Stagnation mit fast schon skurrilen Zügen, die aber nicht zum Lachen sind. Eine in jeder Hinsicht alte Regierung misstraut dem Volk, dieses ihr. Die Wirtschaft ist zu unproduktiv, um jährlich 700 000 jungen Leuten Arbeit zu geben, die Abhängigkeit von den Einnahmen aus dem Tourismus, dem Sueskanal, dem Öl- und Gasgeschäft, den Überweisungen der ägyptischen Gastarbeiter und den amerikanischen Militärhilfen ist eklatant. Ägypten ist ein »Rentenstaat«, alles kommt von oben, auch die Subventionen für das billige Brot. Initiative zeigen vor allem Eliten, aber die haben ihr Schäfchen ohnehin im Trockenen.

Geld für Moscheen gibt es immer

In den Dörfern mangelt es an sauberem Wasser oder an festen Straßendecken, an Geld für Moscheen mangelt es hingegen nie. Die »Muslimbrüder« sind die einzige ernst zu nehmende Oppositionskraft im Land, und weil sie nicht korrupt sind, genießen sie moralischen Rückhalt. Unter der Oberfläche verbirgt sich eine gewaltige Dynamik. Kairo paktiert politisch mit dem Westen, dafür lässt es zu, dass sich das Leben schleichend islamisiert – aber nur, soweit sich daraus keine politische Kraft formiert. Argwohn und Verdacht haben sich über das Land gelegt wie Plagen.

Tommy Hilfiger und Gucci sind unterdessen in die Shopping Malls von Alexandria eingezogen. Die Satellitenschüsseln auf den Dächern exerzieren alle in Richtung Westen. In der berühmten Bar des Cecil-Hotels wird man wie überall von einem TV-Gerät zwangsunterhalten, und das noch berühmtere Café Pastroudis ist geschlossen. Unter den acht Gouvernoraten Ägyptens sticht Alexandria hervor, weil ein weltoffener Gouverneur die Wirtschaftskraft der Stadt für eine kluge Verwaltung nutzt. Die Stadt ist durch den Schiffbau und den Handel eine reiche Mittelmeermetropole geblieben. Wenn irgendwo in Ägypten, zeigt sich hier eine Zivilgesellschaft im Embryonalstadium. Alexandria gilt als provinziell, das Image eines Bade- und Ausflugsortes hat es noch nicht ganz verloren. Gerade deswegen lebt Mai gern hier. Ihre Eltern sind Ärzte. In den Achtzigern gingen sie nach Kuwait, dort wurde Mai auch geboren. Heimweh, nicht wirtschaftliche Hoffnungen trieben die Eltern zurück. Mai ist 22, hat eine gute Ausbildung und schlägt sich inzwischen als Nachhilfelehrerin durch. Sie trägt das Kopftuch, genauso wie neunzig Prozent der jungen Ägypterinnen. Sie trägt es nicht als Zeichen des Glaubens oder der Zugehörigkeit, sondern, darauf legt sie Wert, »weil der Koran es so vorschreibt«. Immer wieder erinnert sie daran, wie schwierig es für sie und ihre Familie heute sei durchzukommen.

Sie lebt bei ihren Eltern, allein zu wohnen wäre unbezahlbar und moralisch nicht vertretbar. Sie idealisiert die Familie als »richtige« Lebensform über die Maßen, das steht in seltsamem Kontrast zur Hellsicht, mit der sie die Widrigkeiten des ägyptischen Lebens jenseits des Privaten wahrnimmt. »Die Stimmung ist nicht gut, es wird viel geschimpft, aber nur zu Hause.« Dann erzählt sie von einem Onkel, der Mediziner bei der Armee ist: »Mit ihm kann man nicht mal in der Familie über Politik reden, er will keinerlei Diskussionen darüber. Jedes Wort könnte ihm schaden.« Wenn man sie fragt, welche Zukunft sie für sich erwarte, wird sie schweigsam.

Mai hört einem kleinen Kongress zu, der klären soll, was für Ideen des Fortschritts in der islamischen Kultur schlummern. Schauplatz ist die neue Bibliotheca Alexandrina, die an den Mythos der alten, verbrannten anknüpfen soll und nun, der Sonne zugewandt, wie eine riesige verspiegelte Chromscheibe den östlichen Abschnitt der Corniche dominiert. Die Bibliothek hat sich zum intellektuellen Salon Ägyptens entwickelt, zu einem lebendigen internationalen Kongresszentrum. Aber die Welt, welche die ägyptischen Experten vor ihr aufrollen, hat mit Mais Erfahrungen zunächst einmal nichts zu tun.

Alexandria vom Strand aus gesehen

Auftritt des Großphilosophen: Hassan Hanafi ist Ägyptens bekanntester Denker, ein imposanter Habermas des Morgenlands. Er gilt als Begründer einer »islamischen Linken«, weil er die orthodoxen Korandeutungen der Muslimbrüder und der konservativen Gelehrten kritisiert. Er fordert eine – kontrollierte – Pluralität der ägyptischen Gesellschaft. Hanafi ist ein typischer »Okzidentalist«, hoch gebildet und reflektiert, benötigt aber ein Feindbild für sein System, und das ist naturgemäß ein kulturimperialistischer Westen, der den arabischen Nationen seine Werte aufzwingen und sie in die wirtschaftliche Abhängigkeit der Kolonialzeit zurückzwingen will. Fortschritt, Schutz der Individualrechte und Gleichstellung der Frau, alles das sei im islamischen Denken vorhanden, meint er, aber zuerst müsse die einheitliche islamische Ideenwelt aufblühen, sich durchsetzen gegen den Kulturkampf des Westens.

Stabilität ist der höchste Wert

Das ist eine in Ägypten vertraute Redefigur: Erst müssten Bedingungen erfüllt sein, bevor an Veränderungen auch nur gedacht werden dürfe, erst eine Friedenslösung mit Israel, erst ein Rückzug der Alliierten aus dem Irak, erst die islamistischen Extremisten im Land besiegen –

Alexandria

und dann vielleicht ... Es sind lauter Junktims aus dem Geiste der Verzögerung, Stabilität ist immer und überall der höchste Wert. Und ein zweiter für den islamischen Raum charakteristischer Zug blitzt bei Hanafi auf. Kein Veränderungsimpuls darf sich dem Verdacht aussetzen, er sei vom Westen aus angestoßen. Der Reformdruck ist zwar enorm, aber der Anschein des selbst Definierten muss gewahrt bleiben. So beschwört Hanafi die Umma, die Gesamtheit aller Muslime, und damit auch die Renaissance einer intakten frühislamischen Ordnung. Vorbild einer »gelungenen« Modernisierung ist für ihn Malaysia, der wirtschaftlich erfolgreiche, an Freiheiten aber arme Staat Mahathir Mohammeds.

Es bleibt am Ende einem Gast vorbehalten, einem Philosophen aus Marokko, die Dinge zu sagen, die gesagt werden müssen. Er spricht von der Verspätung der arabischen Nationen, von ihrer Lage an der Peripherie der globalisierten Welt, während man sich noch im Zentrum wähnt – aber wovon?, vom »Fluch des Öls«, das die arabischen Gesellschaften

Römisches Amphitheater (2. Jh. n. Chr.)

zu Almosenempfängern ihrer Regime degradiert hat, von der inneren Aggressivität der islamischen Kultur, die koloniales Erbe sei, aber keineswegs überwunden, von latenter Wissenschaftsfeindlichkeit und einer Kultur der Redeverbote. Er löst dem Kongress die Zunge. Es wird plötzlich sehr lebendig, und eine Diskussion hebt an, die in dieser Offenheit kaum einer erwartet hätte.

Viele Ägypter lassen jedoch solche Debatten ungerührt. Sie sagen, deutliche Worte in Experten- und Wissenschaftlerrunden entsprächen genau dem Maß an Redefreiheit, das von oben geduldet werde, um die Mehrheit in Unkenntnis zu halten. Tamer und Mourad beispielsweise, auch sie Anfang zwanzig, der eine Ingenieur, der andere Sprachlehrer an der Uni, reagieren mit Sarkasmus auf den rhetorischen Mut ihrer Lehrer. Keiner von denen in ihrer akademischen Prunk- und Statuskultur wolle Verantwortung übernehmen. Tamer und Mourad haben sich beide früh für eine Art innerer Opposition entschieden. Hoffnungen hegen sie nicht mehr für ihr Land, sie streben ins Ausland, nach Frankreich oder Deutschland.

Die beiden jungen Männer geben sich kämpferisch, und doch ist ein Zug von Verbitterung spürbar. Wer westlich leben will, isoliert sich in der ägyptischen Gesellschaft, deren Alltagsnormen bereits weitgehend dem Koran entsprechen. Tamer erzählt von einem alten Schulkameraden, lange Jahre war er sein bester Freund. Alles habe er mit ihm beredet, dann sei der plötzlich zu den Muslimbrüdern gegangen: »Jetzt treffe ich ihn nur noch zweimal im Jahr zum Fußballspielen. Wir haben uns im Grunde nichts mehr zu sagen. Er fängt sofort an, mir Vorhaltungen zu machen. Es ist langweilig mit ihm geworden, das macht mich traurig.«

Anders liegt der Fall bei Gaweed. Gaweed arbeitet in einem kleinen medizintechnischen Betrieb, der seiner Familie gehört. Er hat eine französische Schule besucht und aus purem Interesse Deutsch gelernt. Er liest westliche Romane und philosophische Bücher im Original, liebt klassische arabische Poesie und kann lange Koransuren auswendig hersagen. Wenn man in Ägypten nach Vertretern eines »Bildungsbürgertums« suchen wollte, er wäre einer. Es ist nicht ganz einfach, sich mit ihm zu verabreden, denn die Cafés an der Corniche oder in Downtown-Alexandria betritt er nicht, weil dort Alkohol ausgeschenkt wird. Bewegt schildert Gaweed die Schönheit und Klarheit des Korans; nichts sei in diesem Buch mehrdeutig, alles unmittelbar wahr. Gaweed überträgt diese Idee innerer Vollkommenheit auf

650

eine Gesellschaftsordnung, die den islamischen Gesetzen folgt: Das sei ein perfektes System, friedlich und rein, Konflikte entstünden lediglich durch den Kulturkampf des Westens.

Islamisierung ist eine Jugendbewegung

Islamisierung ist in Ägypten eine Jugendbewegung, darin bricht sich ein Generationenkonflikt Bahn, der auf andere Weise nicht ausgetragen werden kann. Aufmüpfig ist diese Bewegung, gerade weil sie neokonservativ ist. Der vermachtete Staat muss die Kraft antisäkularer Stimmungen fürchten. Jeder weiß, dass es so nicht weitergehen kann im Land, und so ist unter jungen Ägyptern das Bedürfnis nach Eindeutigkeit, nach klaren Lebensmaximen und einer geistigen Welt, die Selbstwertgefühl vermittelt, ausgeprägt.

Die Islamisierung greift also besonders stark in den informierten, aber in ihrem Lebensstandard bedrohten Mittelschichten. Scharen von Gastarbeitern haben überdies nach ihrer Rückkehr aus den Golfstaaten einen wahhabitischen »Petro-Islam« importiert. Die Bandbreite ist groß, sie reicht von politischer Radikalisierung über mystische Versenkung bis hin zu einem Pop-Islam für die Jeunesse dorée, bedient von Predigern wie Amr Chalid, der meint, es sei okay, Geld zu verdienen und sich zu vergnügen – aber nicht zu übertreiben!

Womöglich findet der Fortschritt ganz woanders statt. Im Dorf Abis beispielsweise, das vor vierzig Jahren in den Quadranten 9/8, eine Autostunde von Downtown-Alexandria entfernt, gelegt wurde und inzwischen 15 000 Einwohner zählt. Hier gibt es bald eine Brücke. Weil sich das Dorf endlos an einem breiten Kanal hinstreckt, müssen die Bauern lange Wege gehen, um auf ihre Felder zu gelangen, die Kinder zur Schule. Die Straße ist oft unpassierbar, Unfälle geschehen. Lange haben sie darüber gestritten, was das Vordringliche sei, dann entschieden sie sich für die Brücke. Einen Teil des Geldes sammelten sie untereinander, der Rest kommt von der Deutschen Gesellschaft für Technische Zusammenarbeit.

Die Brücke von Abis 9/8 ist Teil eines neuen Projektes der GTZ: Gefördert wird nur

Pompeiussäule (391 n. Chr.)

ein einziges Vorhaben pro Siedlung, denn die Menschen sollen selbst Prioritäten setzen und lernen, ihre Anliegen auch vor staatlichen Stellen und NGOs zu vertreten. Zugleich berät die GTZ das Planungsministerium in Kairo, Etatmittel so zu strukturieren, dass nicht sinnlose Großprojekte gefördert werden wie Pfadfinderheime, die größer ausfallen als die örtlichen Hallen für Trauerfeiern. Der Staat soll vielmehr kurzfristig und im lokalen Einzelfall Hilfe gewähren, dort, wo sie gewünscht wird. Das ist neu, hat etwas mit »Partizipation« zu tun, der Vorstufe von Demokratie.

Die Frauen sorgen für den Unterhalt

Nicht weniger als 78 Kilometer die Küste entlang erstreckt sich, ein schmaler Streifen, Alexandria. Ein Gewirr aus Industriezonen und so genannten »informellen«, also illegalen Siedlungen hebt die Grenze zwischen Stadt und Land auf. Zementfabriken pusten ihr bleiernes Grau über ganze Stadtteile. Schilf wächst zwischen kolossalen petrochemischen Anlagen, während Fischer ihre Netze in Gewässer werfen, von denen niemand sagen kann, wie viel echtes Wasser noch darin sei. Seklam ist eine informelle Siedlung, die seit 45 Jahren geduldet wird und ihren Namen von der Molkerei erhielt, die hier erfolgreich produziert, aber nur wenigen der 20 000 Bewohner Arbeit gibt. In Seklam wird demnächst das Women Center eröffnet, ein verwegener Schachtelbau mit eigenem Gebetssaal für Frauen im Erdgeschoss, oben mit Räumen für deren Ausbildung. Produziert wird hier auch, und zwar Backwaren, um deren Vermarktung sich der Staat kümmert. Um die Besucher aus der Innenstadt zu sehen, sind zusammengelaufen: alte Männer, dicke Männer, junge Männer. Keine Frauen. Süßer Tee wird gereicht. Die GTZ hat das Haus bezuschusst, aber die meiste Arbeit haben sie selbst gemacht, mit eigenen Händen. So viel Aufwand, und das alles für die Frauen? »Aber sicher«, antwortet einer der Würdenträger in einer knöchellangen auberginefarbenen Galabeya, »wir sind sehr stolz darauf. Schließlich sorgen die Frauen für unseren Lebensunterhalt.« Alexander der Große gründete die Stadt im Jahr 331 vor Christus. Ihr Wohlstand war in der Antike legendär, ebenso ihre Bibliothek, die später leider ganz verbrannte. In römischer Zeit war Alexandria die zweitgrößte Stadt der zivilisierten Welt, heute ist sie mit etwa sechs Millionen Einwohnern nur noch die zweitgrößte Ägyptens. Eine zweite Blüte folgte im 20. Jahrhundert als kosmopolitische und polyglotte Metropole des Mittelmeerraums. 1956 beendete Nasser diese Epoche, als er im Zuge der ägyptischen Revolution Italiener und Griechen, Juden und Briten, Franzosen und Deutsche aus dem Land wies. Nie hat sich die Stadt von diesem Aderlass erholt, und heute teilt sie die Probleme Ägyptens: ein autoritäres Regime, geringe Wachstumsraten, eine extrem junge Bevölkerung, ohne Zukunftschancen, aber mit starker Tendenz zur Islamisierung. Gäbe es im Land freie Wahlen, würde die 1928 gegründete »Muslimbruderschaft«, die als gemäßigt und gewaltfrei gilt, etwa 30 Prozent der Stimmen erhalten.

7. April 2004

siehe auch
✤ **Ägypten**
✤ **Deutsche Gesellschaft für Technische Zusammenarbeit**
✤ **Islam**

Alleinerziehende

»Papa schläft jetzt im Büro«

Kochen, waschen, Kinder betreuen, Geld verdienen – Alleinerziehende müssen alles ohne Hilfe bewältigen. Und ihre Zahl steigt rasant

Von Bärbel Nückles

Ich habe es nicht mehr ausgehalten«, stand auf dem handgeschriebenen Zettel, den Matthias Gärtner* um fünf Uhr früh auf dem Küchentisch entdeckte. Seine Frau und die beiden Söhne waren verschwunden, in der Nacht aus der gemeinsamen Wohnung in einem Dorf der Lüneburger Heide geflüchtet. Fünf Wochen lang wusste der damals 30-jährige Heilpraktiker nicht, wo seine Familie steckte. Erst das Jugendamt, dem sich seine Frau

Alleinerziehende sind in Deutschland längst keine Randgruppe mehr.

anvertraut hatte, nannte Matthias Gärtner schließlich den Aufenthaltsort. Als die Frau sich später persönlich meldete, warf sie ihrem Mann vor, er habe sich vor lauter Arbeit nicht um die Kinder gekümmert.

Jakob* war damals zwei, Till* fünf Jahre alt. Das war 1999. Am Ende der Ehe, nach Unterstellungen und Verletzungen, stand das Urteil eines Familiengerichtes in Hamburg, dass der Heilpraktiker Gärtner und seine Frau sich das Sorgerecht künftig teilen sollten. Das bedeutet: Alle wichtigen Entscheidungen im Leben der Kinder – Schulwechsel, Umzug, Urlaub – müssen sie miteinander abstimmen. Die Kinder wohnen seither bei ihm, Matthias Gärtner ist jetzt allein erziehender Vater. Seine ehemalige Frau sieht die Kinder nur an Wochenenden und in den Ferien. Sie haben sich am Ende arrangiert. Rundum glücklich mit der neuen Situation ist keiner von beiden.

Alleinerziehen ist keine Lebensform, für die sich Menschen bewusst entscheiden. Jene eigenständige Karrierefrau, die sich mithilfe eines anonymen Samenspenders ihr Leben mit Kind, aber ohne Mann einrichtet, mag es geben – statistisch relevant ist sie nicht. Wer den Blick auf die Lebensgeschichten der knapp zwei Millionen Alleinerziehenden in Deutschland richtet, erkennt alles, was das Leben zur Tragödie machen kann. Frauen und Männer werden zu Alleinerziehenden, weil Ehen und Lebensgemeinschaften scheitern, weil der Partner stirbt, weil ein Kind nicht geplant war, weil einer von beiden es nicht will – weil die Realität ihren Lebensplänen, in denen komplette Familien einmal die Hauptrolle spielten, einen Strich durch die Rechnung machte. Dass sie ihre Verantwortung im Alltag mit niemandem teilen können, ist ihr Dilemma, ihre Bürde. Mit knapp einem Viertel aller Familien in Deutschland sind die Alleinerziehenden längst keine Randgruppe mehr. Manche sprechen auch von »Einelternfamilien« –

* Name von der Redaktion geändert

Alleinerziehende

vielleicht, weil dieses Wort nicht ganz so sehr nach Einsamkeit klingt.
In den Lebensläufen von Vätern und Müttern, die Familie, Beruf und Alltag allein organisieren müssen, bündeln sich die Konflikte einer Gesellschaft, die auf Leistung und Effizienz getrimmt ist. Die Risiken des modernen Lebens bedrohen die Alleinerziehenden mehr als andere. Eine längere Krankheit oder eine Kündigung genügen, um sie aus der Bahn zu werfen. Man erwartet, dass Alleinerziehende ihr Leben meistern, und keiner steht hinter ihnen, der hilft, den Spagat zwischen Beruf, Privatleben und Kindererziehung hinzubekommen. Die Angst ist oft allgegenwärtig, schließlich haben Alleinerziehende schon einmal erfahren, was es heißt, eine Zeit lang die Kontrolle über das eigene Leben zu verlieren.

Scheitern, wieder aufstehen und weitermachen – der Kinder wegen

Die junge Familie des Heilpraktikers Matthias Gärtner ist auseinander gebrochen. »Mit der Mutter meiner Kinder wollte ich Arbeit, Haushalt und Erziehung gerecht aufteilen. Ich wollte Familie und Beruf so, dass es rund wird«, sagt der 34-jährige Vater. Nun bauen er und seine Kinder sich einen neuen Alltag. Sie backen Pizza, putzen gemeinsam. »Warum sollte ich die Hausarbeit allein machen, um mich danach erst um Jakob und Till zu kümmern?«, fragt er. Das Zusammensein mit den Söhnen hilft, dass es weitergeht. Scheitern, aufstehen, weitermachen, damit es den Kindern gut geht. Der Streit und die Verletzungen in den Monaten vor der Scheidung haben ihm zugesetzt. Die Wunde ist noch längst nicht verheilt. Er spricht darüber nicht mit Fremden und will nichts davon in der Zeitung lesen. Er will keinen erneuten Streit mit seiner Frau heraufbeschwören und errichtet um sich und seine Kinder einen Wall der Harmonie. Er benötigt diesen Schutzwall, um sein Leben neu zu ordnen.

Noch bis in die Sechzigerjahre hinein vermochte das bürgerliche Ideal des Ehebundes Paare bis ans Lebensende aneinander zu schweißen, auch wenn sie sich längst auseinander gelebt hatten. Im Schnitt lag damals die Zahl der Ehescheidungen bei 75 000 pro Jahr. Inzwischen nähert sie

Das gemeinsam gestaltete Familienleben ist im Schwinden begriffen.

sich nach einem Zwischentief Anfang der Neunzigerjahre geradewegs der 200 000-Marke. Seit 1970 hat sich die Zahl der Alleinerziehenden in Deutschland verdreifacht. Ein Massenphänomen, sagt der Düsseldorfer Kinderpsychologe Matthias Franz, die Gesellschaft dürfe davor die Augen nicht verschließen. In manchen Großstädten der Vereinigten Staaten sind heute vier von zehn Familien »Einelternfamilien«. Der Psychologe Franz sagt: »Wenn weite Teile der Gesellschaft einen tief greifenden Bindungsverlust erleiden, mag niemand hinschauen, das macht Angst.«

Der Psychoanalytiker Alexander Mitscherlich erkannte schon in den Sechzigerjahren eine »vaterlose Gesellschaft«. Er sprach von den Geburtsjahrgängen Mitte der Dreißigerjahre bis Ende des Zweiten Weltkrieges – Kriegswaisen, die ein kollektives Trauma erlebt hatten. Auch Mitscherlich diagnostizierte den Bindungsverlust. Vor allem aber sah er Menschen, die es nicht gelernt hatten, mit Konflikten umzugehen. Im Unterschied zu früher ziehen Partner heute einschneidende Konsequenzen, wenn sie sich entfremdet haben – sie trennen sich. Mehr als die Hälfte aller deutschen Paare, die sich scheiden lassen, haben minderjährige Kinder. Auch die vermögen es am Ende oft nicht, die Eltern dazu zu bewegen, zusammenzubleiben.

Familienforscher machen in erster Linie überhöhte Erwartungen dafür verantwortlich, dass mehr Ehen denn je zerbrechen. So meint beispielsweise der Münchner Familienforscher Wassilios Fthenakis: »Die Menschen wollen das Maximum an Glück in einer Beziehung finden. Diese hohen Erwartungen können mit einer Person auf Dauer nicht realisiert werden.« In einer Gesellschaft, die ständig mobiler wird, und einer Arbeitswelt, die immer mehr Flexibilität verlangt, soll die Partnerschaft Halt und Sicherheit geben – und wird damit oftmals überfrachtet. Werden die Erwartungen enttäuscht, trennt man sich. Warum auch an einer Bindung festhalten, deren Auflösung längst keinen Makel mehr bedeutet?

Auch als Versorgungseinrichtung hat die Ehe ausgedient: Eine Frau, die einen Beruf ausübt, geht im Zweifel lieber eigene Wege, als unter der Ehe bis zum Lebensende zu leiden.

Hinter Frust und Enttäuschung erkennen Wissenschaftler noch andere Gründe: finanzielle Schwierigkeiten etwa, Geldsorgen der Familien, die Unfrieden stiften und den Zusammenhalt bröckeln lassen. Oder Väter, die viel Zeit am Arbeitsplatz und wenig Zeit in der Familie verbringen – und Mütter, die sich in ein traditionelles Rollenschema zurückgedrängt sehen und dabei desillusioniert werden. Sie mögen eine Zeit lang mürrisch schweigen, aber wenn sie keine Chance auf Besserung erkennen, ziehen sie die Scheidung vor und wagen einen Neubeginn.

Das gemeinsame Sorgerecht ist bei verheirateten Paaren Regelfall

Ein streng eingeteilter Alltag hilft Alleinerziehenden, die Trennung zu verarbeiten. Bleiben die Kinder im Haushalt, gerät ihre Welt nicht vollkommen aus den Fugen. Auf Trennung und Scheidung folgte früher der Streit um das Sorgerecht. Zwei Drittel der »Einelternfamilien« gehen in Deutschland aus Scheidungen hervor. Die Frage, wie die Verantwortung für die Kinder geteilt werden soll, schafft die meisten Konflikte. Seit der Gesetzgeber 1998 das neue Kindschaftsrecht eingeführt hat, ist das gemeinsame Sorgerecht bei verheirateten Paaren zum Regelfall geworden. Dies gilt in 80 Prozent der Fälle. Nur wenn der Vater oder die Mutter einen Antrag auf alleiniges Sorgerecht stellen, spielt die Entscheidung über das Sorgerecht im Scheidungsverfahren überhaupt noch eine Rolle. Der eine muss dem anderen nachweisen, dass er nicht in der Lage sei, für das Kind zu sorgen – ideale Bedingungen für Streit und gegenseitige Verletzungen. Trennen sich Eltern ohne Trauschein, die durch das neue Recht eigentlich den verheirateten gleichgestellt werden sollten, darf die Mutter auch ohne Angabe von Gründen und gegen den Willen des Vaters das Sorgerecht allein beanspruchen. Ende Januar dieses Jahres bestätigte das Bundesverfassungsgericht diese Rechtslage. Als Maßstab gilt den Richtern das Wohl des Kindes.

Ob die gemeinsame Sorge dem Kindeswohl tatsächlich dient, darüber herrscht keineswegs Einigkeit. Befürworter des gemeinsamen Sorgerechts argumentieren, Eltern würden gezwungen, Kontakt zu halten, weil sie ja weiter gemeinsam erziehen müssten. Die Familie bricht also nicht völlig auseinander. Kritiker bemängeln dagegen, dass die Konflikte zwischen den Eltern nicht abgebaut, sondern fortgesetzt werden – und das zulasten der Kinder. Der Heilpraktiker Matthias Gärtner holte sich Hilfe bei der Erziehungsberatung. »Ich musste Vater und Mutter sein«, sagt er. Dass die Söhne nun bei ihm leben, »das hat mir die Kraft gegeben, weiterzumachen«. Der Heilpraktiker schraubte sein Arbeitspensum zurück, beantragte Sozialhilfe und kümmerte sich um seine Kinder. Gärtner will nicht bloß der Ernährer sein, der seine Kinder nur abends zu Gesicht bekommt.

Das neue Kindschaftsrecht räumt dem Vater mehr Gewicht und mehr Befugnisse ein, weil die gemeinsame Sorge beide Eltern zu gleichen Teilen einbezieht. Doch ihre Pflichten nehmen die Väter noch nicht im selben Maß wahr, etwa beim Unterhalt, berichtet der Verein allein erziehender Väter und Mütter, die wichtigste Lobby der Alleinerziehenden in Deutschland. Auch mit dem neuen Kindschaftsrecht trügen nach wie vor die Mütter die

Alleinerziehende

Hauptlast. Eine Auseinandersetzung darüber, wie die gemeinsame Sorge aufgeteilt werden soll, falle im Scheidungsstreit allzu oft unter den Tisch.
Ute Weber* hat die Trennung vom Vater ihres achtjährigen Sohnes Friedrich nie ganz verwunden. Vielleicht liegt es auch daran, dass es bereits die zweite Beziehung war, aus der ein Kind hervorging und die dann scheiterte. Ute Weber hat noch eine 19-jährige Tochter, Sophie. Mit beiden bewohnt sie eine große, renovierte Dreizimmer-Altbauwohnung in der Dresdener Neustadt, einem Gründerzeitviertel, das schon zu DDR-Zeiten junge Leute und Künstler anlockte. »Immer alles alleine machen, alles allein entscheiden müssen«, sagt die 38-Jährige, eine schmale Frau mit hellbraunen gescheitelten Haaren. Früher habe sie immer die Sicherheit gehabt, dass es nie problematisch werden würde, die Kinder allein zu erziehen. Zu DDR-Zeiten, als sich noch mehrere Familien die riesigen Altbauwohnungen teilten, gab es immer eine alte Dame, die »überm Flur wohnte und auch mal auf Sophie aufpasste«. Auch nach der Wende klappte es noch gut, selbst als sie in den Neunzigerjahren ein Studium begann.
Im vergangenen Herbst spürte sie aber, dass ihr Leben ohne Partner sie erschöpft hatte, sie fühlte sich überfordert und allein gelassen. Sie wurde depressiv, fürchtete, die Kontrolle über ihr Leben zu verlieren. Ute Weber hat in einem Fernstudium Betriebswirtschaft studiert und bildet heute Körperbehinderte zu Bürokommunikationsfachleuten aus. Sohn Friedrich besucht tagsüber, bis 17 Uhr, den Hort, Sophie hat gerade Abitur gemacht und will im Herbst ausziehen.
Ute Webers Arme liegen auf Friedrichs Schultern. Sie lächelt ihn an, etwas spröde. Friedrich wippt, mit dem ganzen Körper, wie ein Hampelmann, der sich nicht bändigen lassen will. Er genießt es, sich eng an die Mutter zu schmiegen. Sie erzählt von der Therapie, spricht leiser als sonst und verklausuliert. Friedrich soll nicht mitbekommen, dass seine Mutter zwei Monate lang vormittags in eine Tagesklinik statt zur Arbeit fuhr und mit Kunsttherapie eine Auszeit vom Alltag nahm. Schon nach der Trennung hatte sie bei einer Psychologin Rat gesucht. Damals hatte sie kaum Freunde; sie hatte niemanden, mit dem sie über die Frage, die sie so umtrieb, reden konnte: Treffe ich die richtige Entscheidung? »Nach der Trennung hat sich alles falsch angefühlt. Er hat mich mit diesem Gefühl zurückgelassen.«

Alleinerziehende sterben früher als andere Mütter und Väter

Bis sie der Belastung nicht mehr standhielt, hat Ute Weber als Mutter gut funktioniert. Sie hatte das oberste Gebot aller berufstätigen Alleinerziehenden verinnerlicht: Plane deinen Tag, plane ihn sorgfältig.
Die Last der Alltagskonflikte birgt für allein erziehende Mütter und Väter die Gefahr einer Depression. Ein schwedisches Wissenschaftlerteam des Nationalen Instituts für Gesundheit und Wohlfahrt veröffentlichte im Januar dieses Jahres die Ergebnisse einer Untersuchung, die die Lebensumstände von einer Million Kindern und ihren Eltern zusammenfasst. 65 000 dieser Kinder wachsen bei Alleinerziehenden auf. Die Studie bestätigte die Vermutung, dass die Lebenssituation bei Erwachsenen und Kindern deutliche Spuren hinterlässt. Was die Wissenschaftler überraschte, war das Ausmaß der Konflikte: Kinder und Jugendliche aus »Einelternfamilien« haben demnach zwei- bis viermal so häufig Probleme mit Drogen, sind auffällig aggressiv oder gar selbstmordgefährdet. Die allein erziehenden Eltern leiden in besonderem Maße unter psychosomatischen Beschwerden. Ihre Lebenserwartung liegt erheblich unter der anderer Eltern.
Nicht erst die Trennung habe viele Alleinerziehende labil gemacht, sagt der Kinder- und Jugendpsychiater Matthias Franz. Dass viele Menschen an einer Beziehungskrise scheitern, liege auch daran, dass sie nie gelernt hätten, ihre Konflikte wie Erwachsene zu lösen. In unserer Gesellschaft sei »Beziehungswissen« verloren gegangen, meint Franz. Aber nur stabile Eltern könnten einem Kind in seinen Bedürfnissen und Nöten beistehen. Dabei könne ein Kind auch aus einer Scheidung gestärkt, selbstbewusst und selbstständiger als seine Altersgenossen hervorgehen; auch dies haben neue Studien belegt. Ent-

Alleinerziehende

scheidend ist, wie gut es den Eltern gelingt, ein intaktes Umfeld aufrechtzuerhalten, und wie gut Familie und Freunde den Weg aus der gescheiterten Ehe mittragen. Vorbilder können berufstätige, allein erziehende Eltern genauso gut sein wie Eltern kompletter Familien.
Der Jugendpsychiater Franz bemängelt, dass die Sensoren der Menschen im sozialen Umfeld für die ersten Störungen bei Kindern Alleinerziehender unterentwickelt seien – bei Kinderärzten, Erzieherinnen und Erziehern, bei Lehrern in der Grundschule, also überall dort, wo noch rechtzeitig geholfen werden könnte. In der Pubertät nehmen die Probleme noch zu, die Kinder Alleinerziehender durchleiden häufig einen besonders schwierigen Ablösungsprozess, weil sie das Gefühl haben, ihre Mutter beziehungsweise ihren Vater allein zurückzulassen. Kinder mit ausgeprägtem Verantwortungsbewusstsein schlüpfen in die Rolle eines Partners, der verlässt. Gelingt die Ablösung nicht, kann sie in Aggressionen münden, die sich nicht nur nach außen zeigen. Viele richten die zerstörerische Energie gegen sich selbst. Selbstverletzungen und Essstörungen – besonders bei Mädchen – zeigen an der Oberfläche, wenn Heranwachsende seelisch nicht verkraften, was Psychoanalytiker als »Rollendiffusion« bezeichnen.

Für viele eine Zerreißprobe zwischen Arbeit und Erziehung

Jugendliche müssten ihre Identität zwischen privaten und öffentlichen Rollenmodellen finden, sagt Franz. Die Kinder allein erziehender Eltern fänden dabei in der eigenen, zerbrochenen Familie gerade

Die Trennung der Eltern führt häufig zu psychischen Problemen der Kinder.

das prägende Beispiel dafür vor, wie eine Lösung des Konflikts nicht gelungen sei.
Akzeptiert sein heißt, im Wettlauf der Arbeits- und Erfolgssüchtigen mithalten zu können. Der Heilpraktiker Matthias Gärtner hat sich gegen dieses vertraute Spiel entschieden, dennoch fühlt er sich manchmal als sozialer Fremdkörper, weil er in seiner Erzieherrolle den Müttern aus der Nachbarschaft ähnlicher ist als den Vätern. Er ist eine Ausnahme, weil er den Beruf auf ein Minimum zurückgefahren hat, um in einer Welt, in der die meisten kaum Zeit haben, so viel Zeit wie möglich mit seinen Kindern zu verbringen. »Bei einer Frau wird es akzeptiert, wenn sie von Sozialhilfe lebt, zu Hause bleibt und ihre Kinder erzieht«, meint er.
Die Zerreißprobe zwischen Arbeitswelt und Erziehung seiner Kinder bewältigt Matthias Gärtner. Er übt seinen Beruf nur stundenweise aus, in einem angemieteten Praxisraum. Was er verdient, wird mit der Sozialhilfe verrechnet. Was bleibt, ist die Befriedigung zu arbeiten – so, wie man es meist von verheirateten Müttern kennt. Er hält seinen Beruf auf Sparflamme, in der Hoffnung, später wieder aufzudrehen. So stimmt er den Alltag auf die Kinder ab, vereinbart am Morgen Termine in der Praxis, geht einkaufen, holt zur Mittagszeit die Kinder aus der Schule, bearbeitet abends seine Fälle und macht die Wäsche. Gärtner praktiziert nicht nur den Rückzug aufs Land, er praktiziert auch den Rückzug vom Konsum. So will er leben, aber so ist es auch leichter, mit wenig auszukommen.
Neben Migranten und kinderreichen Familien sind Alleinerziehende am stärksten dem Risiko ausgesetzt, arm zu werden. Ein Drittel der Menschen, die in Deutschland in relativer Armut leben, das heißt mit weniger als der Hälfte des Durchschnittseinkommens aller Haushalte (monatlich 1109 Euro) auskommen müssen, sind Alleinerziehende. Schon heute sind mehr als ein Fünftel der Sozialhilfeempfänger allein erziehende Mütter. Sie sind meist geringer qualifiziert als die Väter, die allein mit Kind dastehen, arbeiten oft in Teilzeit, geraten deshalb leichter in eine finanzielle Zwangslage. Armut. Wenn das Familienbudget keine Urlaubsreise hergibt – ist das dann Armut? Wenn Kinder

Alleinerziehende

nach den Schulferien vom gemeinsamen Urlaub erzählen, sei das ein Akt gesellschaftlicher Teilhabe, sagt der Kölner Sozialwissenschaftler Christoph Butterwegge.

Eine Ferienreise, von der die Kinder des Heilpraktikers Gärtner berichten könnten, gibt es nicht. Statt zu verreisen, zeltet Gärtner mit seinen Söhnen im Wald. 760 Euro Sozialhilfe stehen ihm als allein erziehendem Vater mit zwei Kindern zu. »Man muss kreativ damit umgehen.« Er jammert nicht, er organisiert. Damit das Geld reicht, kommen Hosen, Schuhe, Möbel vom Flohmarkt. Spielzeug wird repariert, nichts Brauchbares weggeworfen. Holztiere schnitzt der Vater selbst. Statt Schulgeld zu zahlen, arbeitet er – viel mehr als andere Eltern – in der Schreinerei und im Garten der Waldorfschule mit. Das sind seine Strategien gegen das Gefühl des Mangels.

Traditionelle, kontinuierliche Arbeitsverhältnisse lösen sich auf und machen Arbeitsplatzwechseln, Zeitarbeit und Zeitverträgen Platz. Der Einzelne ist mehr denn je auf sich selbst gestellt, die Normalfamilie und die familiären Netze verlieren an Bedeutung, die Politik hat mit Reformen zum Rückbau des Sozialstaates angesetzt. Alleinernährer, sagt der Sozialwissenschaftler Butterwegge, würden vom Sparkurs des Staates härter als andere getroffen. Alleinerziehende können leichter in Armut geraten, weil sie in einem Dilemma stecken: Einerseits sind ihre Jobs oft am unteren Ende der Lohnskala angesiedelt, andererseits können sie sich nicht von früh bis spät ihrem Beruf verschreiben, wenn sie sich zugleich um ihre Kinder kümmern wollen. Dem Vollzeitjob, den sie aus finanziellen Gründen dringend bräuchten, können sie der Kinderbetreuung wegen kaum nachkommen.

»Wenn andere Freizeit haben, bin ich mit den Kindern beschäftigt«

Mit verlässlichen Schul- und Kindergartenöffnungszeiten und günstigeren Einkaufszeiten wäre vielen geholfen. Alleinerziehenden fällt es noch schwerer als anderen Eltern, sich Freiräume zu erhalten. Der Heilpraktiker Gärtner erlebt stets aufs Neue, wie schwierig es ist, mit anderen Männern etwas zu unternehmen.

»Wenn die anderen Freizeit haben, bin ich mit den Kindern beschäftigt«, sagt Gärtner. Die meisten Kontakte seien deshalb über die Schule entstanden. »In der Waldorfschule kommen fast alle Eltern zum monatlichen Elternabend. Das ist eine Art Familie geworden.«

Nur wenige allein erziehende Väter würden sich wie Gärtner dafür entscheiden, die Karriere zurückzustellen. Lautet die entscheidende Frage doch: Wie bestehe ich in der Arbeitswelt? Nicht: Wie führe ich ein zufriedenes Leben?

Streng genommen, waren Frauen in Familien mit traditioneller Rollenverteilung schon immer allein erziehend. Zwar wussten sie einen Ernährer im Hintergrund, als Erziehende und Bezugsperson hingegen wirkten sie als der wirklich prägende Part in der Beziehung. In den vergangenen Jahrzehnten haben mehr Väter die Kinderzimmer entdeckt. Dass Väter als Alleinerziehende in die alleinige Erzieherrolle schlüpfen, mag nicht zuletzt als Indiz dafür gelten, dass inzwischen bei beiden Geschlechtern das vorhanden ist, was Pädagogen Erziehungswissen nennen. Väter, die auch vor der Einführung des Kindschaftsrechts 1998 für das Sorgerecht kämpften, bildeten eine Minderheit, sie standen für eine neue Identifikation mit der Vaterrolle.

Anders als Kriegerwitwen geraten Mütter und Väter heute sehr selten durch den Tod eines Ehepartners in die Situation des Alleinerziehenden. Ihre Kinder wachsen deshalb nicht mit dem gerahmten Bild eines Vaters auf, der, wenn überhaupt, nur wenige Jahre anwesend war und in seiner Abwesenheit nicht mehr den Prüfungen des Lebens standhalten musste. Vom Punkt null der Trennung an, wenn Väter, Mütter und Kinder versuchen, noch einmal anzufangen, entscheidet sich die Qualität ihres Lebens danach, wie gut sie die neue Lebensphase bewältigen.

Seit ein paar Monaten trifft sich Ute Weber wieder regelmäßig mit Friedrichs Vater. Sie empfindet immer noch etwas für ihn. Friedrich war zweieinhalb, als sie sich trennten. »Ich wollte eigentlich in der Beziehung bleiben«, sagt Ute Weber. Sie hatte begonnen, sich für Politik zu interessieren, besuchte Diskussionsabende, war nun häufiger am Abend weg. Überhaupt entwickelte sie sich weiter, entdeckte neue Interessen. Bei ihrem Partner kam das alles gar nicht gut an, weil er glaubte, sie werde sich ihm entfremden. Die Befürchtung wurde wahr, irgendwann wollte Ute Weber nicht mehr mit ihm zusammenleben. Am Ende einigten sie sich darauf, dass er die gemeinsame Wohnung verließ. »Wir haben Friedrich gesagt, der Papa schläft jetzt im Büro.« Später holte der Vater den Jungen alle zwei Wochen freitags im Kindergarten ab, um mit ihm das Wochenende zu verbringen. Er holte ihn nicht zu Hause ab, damit sich Vater und Mutter nicht begegnen mussten.

Beide ertrugen die Trennung anfangs nur auf Distanz. Manchmal, wenn die Eltern sich jetzt wieder treffen, ist Sohn Friedrich dabei. An die gemeinsame Zeit mit den Eltern kann er sich nicht erinnern. »Aber wenn wir spazieren gehen und Friedrich in der Mitte geht«, erzählt die Mutter und lächelt, »legt er manchmal unsere Hände ineinander.«

Die zweite Trennung berührte Ute Weber tiefer als die erste, 1983 in der Oberlausitz, als noch keiner auf das Ende der DDR zählte. Sie war sehr jung, als sie mit Sophie schwanger war: 19 Jahre alt, wie Sophie heute. Sie hatte ihre kaufmännische Lehre gerade beendet und hätte arbeiten können; ihr stand ein Platz im Kinderhort zu, aber sie wollte ihr Kind nicht dem System überlassen. Doch das Angebot vermittelte Sicherheit, auch wenn sie es nicht annahm.

Das Alleinerziehen war
in der DDR immer kalkulierbar

In der DDR gehörten Frauen und Berufstätigkeit zusammen. Kinder allein großzuziehen war kalkulierbar und schon gar kein Makel. Der Staat unterstützte junge Eltern und stellte eine voll versorgende Infrastruktur von Horten und Krippen bereit. Unterschiede im Selbstverständnis der Mutter- und Frauenrolle sind zwischen Ost- und Westdeutschland geblieben. Eine Studie, die im Jahr 2000 im Auftrag des Bundesfamilienministeriums entstand, weist nach, dass allein erziehende Frauen in Ostdeutschland, die meist einem Beruf in Vollzeit nachgehen, ihre Lebenssituation für weniger belastend halten als Alleinerziehende aus den alten Bundesländern – ungeachtet der unterschiedlichen Betreuungssituation in Ost und West.

Eltern, am wenigsten allein erziehende, dürfen niemals ausfallen, dürfen niemals krank sein. Sie müssen funktionieren, müssen bereitstehen, wenn der Kindergarten über Mittag schließt, wie es vielerorts in Deutschland noch üblich ist. Was berufstätige Elternpaare vermissen, flächendeckend Ganztagsplätze in Kinderhorten und Krippen (für Kinder unter drei Jahren ist der Bedarf nicht einmal zu fünf Prozent gedeckt), benachteiligt Alleinerziehende erst recht. Dabei handelt die Politik sogar unökonomisch, wenn der Ausbau der Kinderbetreuung vernachlässigt wird. Studien der Universität Bielefeld und des Deutschen Instituts für Wirtschaftsforschung in Berlin haben nachgewiesen, dass der Staat jeden für Kindergärten, Krippen und Horte investierten Euro drei- bis vierfach zurückerhält – in Form von mehr Steuereinnahmen und mehr Sozialabgaben der berufstätigen Väter und Mütter.

Aber diese Erkenntnis hat sich noch längst nicht überall durchgesetzt. So hat Baden-Württemberg gerade einmal für 4,3 Prozent aller Kinder Ganztagsplätze im Kindergarten. Thüringen, der Spitzenreiter, bringt es dagegen auf 100 Prozent – ein Relikt aus der DDR. Doch gerade im Osten bedroht die Finanzmisere der Länder und Kommunen die nach wie vor hervorragende Infrastruktur der Krippen und Horte. In Dresden prozessieren seit Monaten Eltern, weil die Stadt Ende vergangenen Jahres pauschal 8000 Kita-Verträge kündigte und neue Verträge mit Zugangskriterien vorlegte. Einen Platz sichert die Kommune nur noch Berufstätigen zu. Wer arbeitslos ist oder Elternzeit nimmt, verliert den Anspruch.

Wie überall in den neuen Bundesländern sinken auch in Dresden die Jahrgangszahlen, und die Stadtregierung zieht es vor, das Angebot herunterzufahren, damit sie demnächst nicht mehr Plätze finanziert, als gebraucht werden. Andernorts im Osten verschwinden in Grundschulen und Kindergärten ganze Gruppen, Erzieherinnen werden entlassen – erste Konsequenz aus dem Geburtenrückgang. »Vor diesem Hintergrund ziehen sich immer mehr

Alleinerziehende

Kommunen aus der Kinderbetreuung zurück«, klagt die Bundesgeschäftsführerin des Vereins allein erziehender Mütter und Väter, Peggi Liebisch. Es dürfe keine Frage der Staatsfinanzen werden, wie gut Kinder betreut würden und ob es Eltern gelinge, ihren Alltag zu organisieren oder nicht.

Die junge Hausfrau fühlte sich, als sei sie lebendig begraben

An solchen Dingen entscheidet sich, ob Eltern und Kinder ohne Schaden aus der Krise hervorgehen. Sie brauchen ein Klima, das Risiken abfedert, und sie brauchen Institutionen, die auf ihre Bedürfnisse abgestimmt sind. Allein erziehende Väter und Mütter trotzen den Kraft raubenden modernen Lebensverhältnissen. Sie hetzen von einer Verpflichtung zur anderen und reiben sich auf. Wer die Lebensläufe Alleinerziehender betrachtet, bekommt eine Ahnung davon, wie ungeheuer mühsam es sein kann, sich Morgen für Morgen aufzuraffen.

Als Ute Weber ihre Tochter zur Welt brachte, empfand sie das Kind als großes Glück. Alte Fotos zeigen Ute Weber und Sophies Vater auf dem Sofa, beide in Karohemden und mit glatt gekämmtem Haar, zwischen ihnen das Baby, ihr ganzes Glück. Der Sommer, in dem sie zusammenzogen, war heiß, und Ute Weber blieb mit ihrem wohlgenährten Baby erst mal zu Hause. Der SED-Staat zahlte ihr 300 Mark für die Kinderbetreuung, sie verdiente sich noch etwas hinzu, indem sie Kleider nähte und Diplomarbeiten tippte. Sie führte das Leben einer Hausfrau und Mutter auf dem Lande und fühlte sich bald »wie lebendig begraben«.

Sie hätte nicht heiraten müssen, nicht wegen des Kindes, als Ledige hatte sie ein Anrecht auf einen Krippenplatz. Sie heiratete dennoch. Nach wenigen Jahren zog sie aus der gemeinsamen Wohnung aus. Scheidungen in der DDR waren unproblematisch und billig. Schon vor dem Zerwürfnis hatte sie eine neue Arbeit, als Lohnbuchhalterin in einem schmucklosen Büro hinter der LPG-Kantine in Oberseifersdorf. Auch am 1. Juli 1990 arbeitete sie, einem Sonntag, als sie die Ersparnisse der Bauern in D-Mark umtauschte.

Halten Partnerschaften heutzutage weniger Veränderung aus? Sabine Stiehler, eine Dresdner Soziologin, glaubt, dass Partnerschaften zu viele Ängste, Abhängigkeiten, Wünsche auffangen müssten. »Zu viele gehen mit zu hohen Erwartungen in eine Partnerschaft.« Aber gibt es das, eine »erwartungsfreie Partnerschaft«? Sophie, Ute Webers 19-jährige Tochter, sieht die Familie ihres Freundes und sagt: »Da sind alle verheiratet, da gibts so was gar nicht.« Und fragt sich: »Wie schaffen die das eigentlich?« Prompt zieht Sophie neugierige Mutterblicke auf sich. Sophie, die mit einem Wochenend- und Ferienvater aufgewachsen ist, schaut ihren kleinen Bruder an und sieht, wie sich ihre Geschichte zu wiederholen scheint. *7. August 2003*

siehe auch
✤ Ehe
✤ elterliche Sorge
✤ Familie
✤ nichteheliche Kinder

Amnesty International (ai)

Die Unerschrockene

Ob in Burundi oder in Guantánamo: Wer für die Menschenrechte kämpft, erlebt harte Zeiten – wie Irene Khan, Chefin von Amnesty International

Von Margrit Gerste

Weiblich und muslimisch – diese Mischung macht Irene Khan zu einer Herausforderung, nicht nur für islamische Staaten. Es dürfte leichter sein, einen Termin beim Bundeskanzler zu bekommen als bei Irene Khan. Die Generalsekretärin reist enorm viel und ist dabei, Amnesty International (ai) zu reformieren: die größte und erfolgreichste private Menschenrechtsorganisation der Welt – mit über 1,5 Millionen Mitgliedern, Unterstützern und Förderern, mit Sektionen in 56 Staaten und rund 8000 Studenten-, Schüler- oder Berufsgruppen in über 100 Ländern; dazu das Nervenzentrum in London mit rund 350 fest angestellten Mitarbeitern und über 100 Freiwilligen aus 70 Ländern.

Obendrein sind dies harte Zeiten für Menschenrechte und jene, die auf ihnen beharren. Nicht nur die üblichen Verdächtigen machen Sorgen, sondern auch jene liberalen Demokratien, die seit dem 11. September im Namen der Sicherheit zivilisatorischen Ballast abwerfen und Kriege anzetteln. Der jährliche Amnesty-International-Report, ein viele hundert Seiten langer Bericht über Menschenrechtsverletzungen, nennt Regionen von A wie Afghanistan über G wie Guantánamo bis Z wie Zentralafrikanische Republik.

Heute nimmt sich die zierliche 46-jährige Irene Khan Zeit, in einer langen Pause zwischen zwei Sitzungen in einem Londoner Tagungshotel ganz in der Nähe der ai-Zentrale am King's Cross. Natürlich beschäftigte der Irakkrieg auch Amnesty. In der International Herald Tribune hatte Irene Khan vergeblich den Einsatz von Streubomben und Uranmunition angeprangert. »Unser Hauptziel bleibt auch jetzt«, sagt sie, »die Menschenrechte einzuklagen. Wir wollen, dass Menschenrechtsexperten im Land arbeiten, um vergangenen und gegenwärtigen Missbrauch zu untersuchen. Schuldige müssen zur Verantwortung gezogen werden.«

Irene Zubaida Khan ist eine außergewöhnliche Wahl: Seit August 2001 hat Amnesty mit ihr zum ersten Mal in seiner über 40-jährigen Geschichte eine Frau an der Spitze, eine Muslimin aus dem Entwicklungsland Bangladesh, die tief geprägt ist durch ihre Erlebnisse während des furchtbaren Bürgerkrieges Anfang der Siebzigerjahre. Als 14-jähriges Mädchen sah sie, wie Menschen auf den Straßen gelyncht wurden, wie der Vater ihrer Freundin erschossen wurde, weil er, ein Hindu, die »falsche« Religion hatte, wie Jungen aus der Nachbarschaft verschwanden, um der so genannten Befreiungsarmee zu folgen, wie ihr Vater mit dem Tod bedroht

Ein fast vergessener Schauplatz blutiger Konflikte ist Burundi. Hier: Hutu-Flüchtlinge auf dem Weg nach Tansania

wurde, weil er als Arzt jeden behandelte, egal, zu welcher Partei er gehörte. Schulen und Universitäten funktionierten nicht mehr, deshalb schickten die Eltern Irene und eine ihrer beiden Schwestern zu Freunden nach Nordirland – ausgerechnet, lacht sie, »aber für mich waren die

Unruhen dort gar kein richtiger Krieg, ich kannte ja viel Schlimmeres«.

Lobbyarbeit zum Schutz der Frauen

Später studierte sie an der Universität von Manchester und an der Harvard Law School Internationales Recht und Menschenrechte. 1979 begann sie ihre Arbeit bei der Internationalen Juristenkommission in Genf. Ein Jahr später startete sie eine eindrucksvolle Karriere beim UNHCR, dem Flüchtlingshilfswerk der Vereinten Nationen. Ihr Engagement trug sie rund um den Globus, zuletzt nach Makedonien. Irgendwann zwischendurch hat sie einen Deutschen geheiratet und eine Tochter bekommen.

Zu Irene Khans Prioritäten gehört, die Menschenrechte für Frauen einzuklagen. »Wussten Sie, dass jedes Jahr etwa 14 000 Frauen in Russland an den Folgen häuslicher Gewalt sterben?« Amnesty-Gruppen im Land haben viel Lobbyarbeit für ein Gesetz zum Schutz der Frauen investiert, doch kein einziger von insgesamt 50 Gesetzesentwürfen hat die Duma passiert. So bleibt auch dieses Thema auf der Agenda.

Amnesty International, 1961 von dem britischen Anwalt Peter Benenson gegründet, hatte als eine Organisation begonnen, die sich für die Freilassung gewaltloser politischer Gefangener einsetzte. Es ging um Haftbedingungen, faire Prozesse, um Kampagnen gegen Folter und Todesstrafe. Nach 1991 änderte sich das Bild: In den Vordergrund rückten Menschenrechtsverletzungen an anderen Gruppen – an Flüchtlingen, ethnischen Minderheiten, Frauen. »Wir entdeckten, dass Leute nicht nur für das, was sie taten, ihrer Rechte beraubt wurden, sondern schlicht für das, was sie sind.« Und seit Irene Khan im Amt ist, hat sich der Blickwinkel von Amnesty International noch einmal erweitert: Im Kontext der allgemeinen Menschenrechte werden nun auch Verstöße gegen wirtschaftliche, soziale und kulturelle Rechte dokumentiert. Das klingt ein bisschen so, als wolle Amnesty die Welt von allen Übeln erlösen. »Nein, nein!«, ruft Irene Khan und erklärt am Beispiel der von Israel besetzten Gebiete, was gemeint ist: »Unser nächster Report wird sich auch mit dem Recht der Palästinenser auf Arbeit befassen. Wie hat die israelische Politik der Abschottung dieses Recht beeinträchtigt? Für den normalen Palästinenser ist das Thema überlebenswichtig.«

Wenn man aus einem sehr armen Land komme, erläutert Irene Khan mit ihrer sanften Stimme, müsse man sich irgendwann entscheiden: Akzeptiere die Verhältnisse, oder ändere sie! Ändern also – und das heißt in ihrem Fall: mit Ehrgeiz, mit hoher Professionalität und mit »compassion«. Das Ganze scheint unterlegt von freundlicher Ungeduld, die Menschen motivieren kann. Ihr Mantra und ihr Maßstab, ihr ordnendes Prinzip und ihre oberste Richtschnur sind, wie könnte es anders sein, die universell gültigen Menschenrechte. Ihre Herkunft und ihre Religion machen sie für die Regierungen armer Länder und islamischer Staaten zu einer schwierigen Lobbyistin. »Wenn ich über Probleme mit den Menschenrechten in ihren Ländern spreche, können sie mir schlecht antworten, dass ich von ihrer Kultur nichts verstehe und von der Situation ihres Landes keine Ahnung habe.«

Ein Verbot, Jugendliche hinzurichten

Mit einem Thema hat sie dann vielleicht Erfolg, bei einem anderen kommen sie und ihre Mitstreiter nicht weiter. Zum Beispiel in Pakistan. Dort sprach Khan mit Präsident Musharraf über die Situation afghanischer Flüchtlinge und über die Morde an Frauen aus Gründen der »Ehre«. Kurz zuvor war ihr außerdem zugetragen worden, dass 50 jugendliche Straftäter hingerichtet werden sollten. »Da der Tag zuvor der Tag der Menschenrechte war, sagte ich, dass ich ihn um einen Gefallen bitten möchte, nämlich die Todesstrafen aufzuheben. Er war vollkommen erstaunt. Er wisse gar nicht, dass in Pakistan Jugendliche hingerichtet würden.« Seine Beamten gingen der Sache nach und teilten Irene Khan am nächsten Tag mit: Es sind 100! Der Präsident habe einen Erlass zur Umwandlung ihrer Strafen unterzeichnet und einen zweiten zum Verbot, Jugendliche hinzurichten. »Aber was die Frauen betrifft«, sagt Khan, »bekam ich nichts.«

Der 11. September mit dem darauf folgenden »Krieg gegen den Terrorismus« hatte

Amnesty International (ai)

Ein überfüllter Zug mit Muslimen in Bangladesh; das krisengeschüttelte Land ist die Heimat von Irene Khan

nicht nur gravierende Folgen für die Achtung der Menschenrechte, sondern drängte auch andere, nicht minder dramatische Ereignisse und Themen aus dem öffentlichen Bewusstsein. Irene Khan nennt sie die »vergessenen Konflikte«.

»Ich besuchte Burundi, wo mehrere tausend Menschen getötet worden waren und gerade ein Massaker mit 174 zivilen Opfern stattgefunden hatte. Wie viele Frauen und Kinder?, wollte ich vom Gouverneur der Provinz wissen. Er konnte es nicht sagen, weil die Opfer nicht mehr kenntlich waren. Ich traf ein sechsjähriges Mädchen, das der Ermordung seiner Mutter, seines Vaters, seiner zwei Schwestern und seines neugeborenen Bruders zusehen musste. Das Mädchen konnte den Soldaten verletzt entkommen und war bewusstlos im Wald gefunden worden. Ich traf die wenigen Botschafter, die noch im Land waren, sie sagten, ihre Außenministerien seien nicht interessiert.«

Hoffnungsvoller endete ein Besuch in Bulgarien, wo Amnesty International sich um die Verletzung der Rechte Behinderter kümmert, die ihr Leben lang in Anstalten eingesperrt werden. »Die Regierung hier war sehr aufgeschlossen, lokale Organisationen und Medien rücken das Problem ins Bewusstsein, wir helfen mit Informationen und Strategien für einen Politikwechsel.«

Im vergangenen Jahr hatte Irene Khan ihr Vorwort zum Amnesty-International-Report mit dem Satz eines ranghohen ägyptischen Regierungsbeamten eingeleitet, der zu ihr gesagt hatte: »Mit dem Einsturz der Zwillingstürme in New York hat sich Ihre Rolle erledigt.« Welch ein Irrtum.

Lebensabriss

Irene Khan 1956 in Dhaka (Bangladesh) geboren; Jurastudium in Manchester und Harvard, mit dem Schwerpunkt Völkerrecht und Menschenrechte / 1970 Mitbegründerin der Entwicklungshilfeorganisation Concern Universal / 1979 Mitglied der Menschenrechtsinitiative International Commission of Jurists / seit 1980 beim UN-Flüchtlingshilfswerk UNHCR; dort unter anderem als Vertreterin in Indien (1995) und als Leiterin der Forschungsabteilung (1998) / August 2001 Wahl zur siebten Generalsekretärin von Amnesty International (als erste Frau und erste Muslimin an der Spitze der Menschenrechtsorganisation)   22. Mai 2003

siehe auch
❖ Menschenrechte
❖ Todesstrafe

Alfred Andersch

Auf den Spuren von Sansibar

Mit dem Roman von Alfred Andersch durch Mecklenburg – Streifzüge in einer Region zwischen Ratlosigkeit und Aufbruch

Von Cornelia Gerlach

Kein Reiseführer im Gepäck, nur ein Buch. Ich weiß, es passt. Schon, weil es mit einem anfängt, der liest und der wegwill. Der Interregio ruckelt nach Norden, und ich lese: Der Mississippi wäre das Richtige. Da vorn, hinter den Hügeln und den kilometerlangen, parallelen Linien auf den geeggten Feldern, liegt die Ostsee. Man musste weg sein, aber man musste irgendwohin kommen. Man durfte es nicht so machen wie Vater, der weggewollt hatte, aber immer nur ziellos auf die offene See hinausgefahren war. Wenn man kein anderes Ziel hatte als die hohe See, so musste man immer wieder zurückkehren. Erst dann ist man weg, dachte der Junge, wenn man hinter der offenen See Land erreicht. Ich hatte mir die Sache so überlegt: Ich nehme den Roman – Sansibar oder der letzte Grund von Alfred Andersch –, besuche die Orte, wo er spielt, und suche die Personen, von denen er erzählt und handelt: einen Pfarrer, einen Fischer, einen Jungen, einen Kommunisten und den Lesenden Klosterschüler, jene Holzfigur, die – so geht der Roman – im Spätherbst 1937 aus Deutschland emigrieren muss. Es ist die Figur eines jungen Mannes, der in einem Buch liest; ein Stück Kunst, das die Nazis auf die Liste derjenigen Kunstwerke gesetzt hatten, die nicht mehr in der Öffentlichkeit gezeigt werden sollten.
Fahre also von Rostock mit dem Bus weiter an der Küste entlang westwärts, bis das Land schmal wird – links das Haff, rechts die offene Ostsee, dazwischen Rerik. Ein Fischernest, ein Ferienort.
Laufe zum Hafen. Ein paar kleine Kutter schunkeln am Steg. Schlage nach: Fischer Heinrich Knudsen, wenn du es genau wissen willst. Mein Kutter heißt »Pauline«, »Pauline« oder »Rerik 17«. Präg es dir ein! Rerik 17 sehe ich nicht, aber Rerik 14 ist da. Daneben ein Fischer. Er zurrt eine Kiste Fisch auf sein Moped und brettert hoch ins Dorf. Ich folge ihm bis in den Hinterhof. Da ist Betrieb. Eine junge Frau sitzt, den Kinderwagen ruckelnd, in der Sonne, eine ältere steht unterm Verschlag an der Waage, ein Mann zieht mit einem ganzen Arm voll dicker, geräucherter Aale des Weges, ein anderer will Schollen, aber nicht so platte. »Und Sie?« Ich möchte einen Fischer, um mit dem zu reden. »Dann müssen Sie unseren Schwiegervater fragen«, sagt die junge, »der kann am besten erzählen.«

Der Fischer Knudsen

Fritz Pinkis heißt er. Damit das gleich man klar ist: »Am 22. November 1989 habe ich drüben beim Pastor die SPD in Rerik mit gegründet. Und bis heute haben wir keine Leute dabei, die früher in der SED oder CDU waren. Wir sind sauber, und das wollen wir auch bleiben.«

Alfred Andersch

Fritz Pinkis kennt Alfred Anderschs Geschichte. Nicht den Roman, aber den Film, den Bernhard Wicki 1986 drehte. »Der Fischer Knudsen da«, sagt Pinkis, »ist 'ne tolle Figur.« Dieser Knudsen hat die Schnauze gestrichen voll von seiner Partei, die nichts tut, um die Nazis zu besiegen. Knudsen: Ihr sollt uns in Ruhe

Alfred Andersch

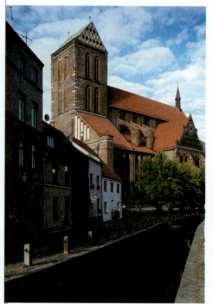

Spätgotische Kirche Sankt Nikolai (um 1380–1487) in Wismar. Die Stadt soll der eigentliche Schauplatz von »Sansibar oder der letzte Grund« sein

lassen, sagte er. Können wir nicht einfach Genossen bleiben, ohne etwas dafür tun zu müssen?
Pinkis ist anders. Der hält nicht mehr still. »Kann ich auch nicht«, sagt er. Vier Jahre saß er für die SPD im Bauausschuss von Rerik. »Bin gleich nach der Wende drüben die Häfen abgefahren und hab gesehen, wie's hier bei uns nicht werden soll.« Dann kamen die Investoren nach Rerik und wollten große Hotels und einen Ponyhof bauen. »Wir haben im Bauausschuss viel abgelehnt«, sagt Fritz Pinkis zufrieden. Die Rechnung geht auf: »Die Urlauber kommen. Von Juni bis August war hier kein Zimmer mehr frei.« Was aber wird, wenn tatsächlich nebenan auf der Halbinsel Wustrow die Fundus-Gruppe ihre Ferienanlagen errichtet? Gegen den Willen der Bevölkerung und der Kommune hat die Landes-Liegenschaftsgesellschaft die Halbinsel, auf der früher Militär – erst Wehrmacht, dann Sowjetarmee – stationiert war, an den Investor verkauft.

»Das ist die größte Sauerei, die es gibt«, flucht der Fischer. Der Widerstand im Ort ist massiv.
»Wenn es hart auf hart kommt, was würden Sie dann tun? Ihr Leben riskieren, wie Knudsen, um den Lesenden Klosterschüler zu retten?« – »Ja, das kann kommen. Wir Fischer sind an die Freiheit gebunden. Wenn einer frei sein will, dann ist er bei uns in guten Händen.«
Sagt er und geht seine Netze vorbereiten. Ich gehe zur Kirche. Eine schöne, stolze Backsteinkirche, viel zu groß für einen Ort wie diesen. Lege den Kopf in den Nacken, um den Turm zu bestaunen. Der reicht sicher bis über die Düne und weit hinaus auf das Meer. Drinnen spielt jemand Orgel. Der Raum ist voller Musik. Und voller Bilder: Engel unter den Decken, Heilige, pralle Trauben. Aber kein Lesender Klosterschüler zu sehen. Die Küsterin grinst, natürlich. Das geht hier vielen so. »Gehn Se mal rüber ins Heimatmuseum, da ist einer, der kennt das.«
Ein Viertel aller Touristen kommt wegen Sansibar zum ersten Mal nach Rerik, erzählt der Mann vom Heimatmuseum. Hartnäckigen Fragern kopiert er einen Aufsatz. Darin stellt er klar: Wenn überhaupt an einem realen Ort, dann spielt der Roman in Wismar. Rerik bekam erst 1938 seinen Namen – nach einem Handelsplatz der Obotriten aus dem 9. Jahrhundert. Bei Groß-Strömkendorf an der Wismarer Bucht wurden kürzlich vermutlich Reste davon gefunden.
Also nach Wismar. Ich hatte gelesen, was nun kommen würde: Die Kiefern hörten auf einmal auf, die Straße erhob sich noch einmal auf dem Rücken der Moräne, und von oben bot sich das erwartete Bild: die Weiden, die Koppeln, von schwarz-weißen Kühen und von Pferden gefleckt, dann die Stadt, dahinter das Meer, eine blaue Wand. Aber die Stadt war zum Staunen. Sie war nichts als ein schieferfarbener Strich, aus dem die Türme aufwuchsen. Aber es sind nicht die Türme von Wismar, die staunen machen. Es ist die neue Halle der Werft, dieser gewaltige, in den Farben des Himmels gestreifte Kasten, der wie ein Vorhang vor der Bucht hängt. Auf die Kirchen war ich gefasst. Aber auf eine Stadt mit einer solchen Halle?

Alfred Andersch

Der Schiffsjunge

Ich suche mir ein Zimmer, am Hafen natürlich, Hotel New Orleans. (»Wo, bitte, gehts zum Mississippi?« – »Da gehn Se hoch zum Markt, und dann ists links.« Tatsache, es gibt hier eine Kneipe, die so heißt.) Dann such ich einen Jungen. Den da vielleicht? Ist strohblond, die Haare ein wenig zerzaust, und steht mit einer Tasche Pilze vor einem Schaufenster rum.
»Wovon träumst du?«
Auf lange Zeit Arbeit zu haben, eine Wohnung, eine bezahlbare, und dann eine Familie gründen zu können, eine richtige. Das kann man ja nur, wenn man Arbeit hat und weiß, dass man diese Arbeit behält. Da müsste mehr getan werden, damit man als Jugendlicher schon weiß, wofür man überhaupt da ist, wofür man gelernt hat.
Oliver heißt er, ist Dachdecker von Beruf und arbeitslos seit einem Jahr. Sätze wie: Man müsste weg sein, machen ihn wütend. Steckt die Hände in die Tasche, lässt den Pilzbeutel baumeln, sagt: »Ich fühl mich hier heimisch. Ich möchte hier nicht weg. Meine Familie, meine Freunde, alle leben hier. Ich seh nicht ein, dass ich hier weggehen muss, nur um Arbeit zu finden.« Umgekehrt ist das doch so: Wenn in Wismar ein Dach gedeckt wird, kommen Dachdecker aus Gadebusch, Lübeck, Hamburg oder Bremen. »Das tut nicht not. Die sollen doch den heimischen Firmen die Arbeit lassen und zu Hause bleiben.« Olivers lichtblaue Augen funkeln. »Mir wäre schon viel geholfen, wenn ich so leben dürfte wie meine Eltern.«
Träum nur weiter von Sansibar, denk ich, das hier ist Wismar. Arbeitslosenquote 23,8 Prozent, Tendenz steigend.

Der Kommunist Gregor

Man hatte mir die Handynummer gegeben von einem, der als junger Kommunist in die Stadt kam, um hier die Partei zu verstärken. Ich wollte ihn treffen – als Gegenüber zu Gregor, von dem Alfred Andersch erzählt. Der kam, um für die KP zu organisieren – aber hatte beschlossen zu kneifen. Ich gehe natürlich, weil ich Angst habe, dachte er unerbittlich. Aber ich gehe auch, weil ich anders leben will. Ich will nicht Angst haben, weil ich Aufträge ausführen muss, an die ich ... Er fügte nicht hinzu: nicht mehr glaube. Er dachte: Wenn es überhaupt noch Aufträge gibt, dann sind die Aufträge der Partei die einzigen, an die zu glauben sich noch lohnt. Wie aber, wenn es eine Welt ganz ohne Aufträge geben sollte? Eine ungeheure Ahnung stieg in ihm auf: konnte man ohne einen Auftrag leben?

Der Regisseur Berhard Wicki verfilmte 1986 Andersch' Roman »Sansibar oder der letzte Grund«.

Heinz Schönhoff heißt er. Wir treffen uns in einem Hinterhof im schmalen, verblichenen Versammlungsraum der PDS, in dem nur die weich gepolsterten Sitzungssaalstühle noch an vergangene Herrlichkeit erinnern. Er ist zurzeit Sprecher der PDS im Kreis Wismar.
Heinz Schönhoff hat eine Bilderbuchkarriere gemacht im sozialistischen Staat. Jugendverband, Parteischule, Wirtschaftssekretär auf der Werft. 1988 kam er aus Berlin zurück – als Nachfolgekader für den Parteisekretär im mächtigsten Betrieb der Stadt. »Für uns, die wir voll drinsteckten, ist das« – später nennt er »das« den totalen Absturz – »fast wie über Nacht gekommen.« Statt den Sozialismus aufzubauen, bekam Heinz Schönhoff nun den Auftrag, den Sozialismus abzubauen: den Machtapparat, die Büros der Partei, die Kampftruppen auf der Werft. »Andere haben sich in der Zeit erschossen.«
Und dann hatte er erst mal keinen Auftrag mehr. Bewarb sich, fand Arbeit, redete wenig über das, was geschehen war. »Ich habe mich in Arbeit gestürzt. Das ist ja meistens das Beste, wenn man eine Krise hat.« Und heute? Ist Heinz Schönhoff Unternehmer, hat 20 Angestellte, vier Lehrlinge und einen BMW. »Bonzenauto«, sagen die jungen Genossen aus dem Westen. »So ist es halt«, sagt Heinz Schönhoff. »Das ist nicht nur ein Prestigeding. Das ist auch ein Stück Lebensqualität. Und ir-

gendwo hatten wir im Osten ja auch Nachholbedarf.«
»Haben Sie jemals überlegt auszusteigen?« Spät, sehr spät.
Heinz Schönhoff hat sich von der Partei nie ganz getrennt. Zwar zog er sich zurück. »Ich wollte es ausprobieren, ehrlich, das neue Leben.« Aber er blieb. Und er spürte, dass etwas fehlte. Ein Kegelverein? Engagement. »Da habe ich 1996 bei der PDS angeklopft. Ja, haben die gesagt, aber das ist heute nicht mehr so wie früher, dass man gebeten wird.« Ein halbes Jahr war er Gast. Später, im Rausgehen, erzählt er: Das war die schönste Zeit. »Ich konnte sagen, was ich dachte.« Dann nimmt er sich wieder zurück. Jetzt, als Sprecher im Kreisverband, will er natürlich die Partei auch vertreten. Und die ist in Wismar wieder ziemlich dicht dran an der Macht. Da kneifen? Nein. Er fährt zurück an die Arbeit.

Der Pfarrer Helander

Ich gehe derweil zu den Kirchen, als Erstes zu St. Nikolai. »Alfred Andersch hat uns hergeführt«, schrieb kürzlich jemand dort ins Gästebuch. Doch vom Lesenden Klosterschüler gibts keine Spur, dafür eine Fülle von wunderbar geschnitzten Figuren aus dem frühen 15. Jahrhundert. Gehe weiter zu St. Georgen. Im Roman gibt es einen, der hier Pfarrer war: Helander. Der wartete vor seiner Kirche auf ein Zeichen von Gott: Die Querschiffwand. Dreißigtausend Ziegel als nackte Tafel ... auf der die Schrift nie erschien.
Vor St. Georgen steht jetzt ein Bauzaun. Dahinter leuchten Backsteinbögen, zum Teil neu. Eine Tafel erklärt den Touristen Geschichte: Bombenangriff, Zerfall in den Jahren der DDR, Wiederaufbau der größten Kirchenruine Deutschlands. Bitte um eine Spende. Geduckt, ganz eng daneben, die Pfarre. Klopfen. Herein. Auf dem Tisch brennt eine Kerze. Christian Schwarz knipst den Computer aus. Ein Jungengesicht, das Alter schwer zu schätzen, mit Lachen im Blick.
»Wie ist das, neben einer solchen Kirche zu leben?«
»Das ist schwer. Heute sind die Kirchen vor allem Touristenattraktionen, die Stadt freut sich, die Leute bringen Geld. Aber mir ist das zu wenig.«

Christian Schwarz kam vor zwei Jahren nach Wismar, aus einem Dorf im Osten von Mecklenburg. 1300 Gemeindeglieder hat er hier. »Das sind nicht eben viele. Man kann nicht zufrieden sein damit.« Aber was tun? Es wäre so einfach: Wenn man einen Kasten Bier in die Kirche stellt, dann ist die Kirche voll. Aber darum geht es nicht. Es geht darum, Werte zu vermitteln. Und, vorher noch, darum, neu zu bedenken: Was sind die Grundlagen, auf denen wir stehen. »Bis in unser Jahrhundert hinein haben sich Menschen mit Gott auseinander gesetzt. Und dann war auf einmal Schluss. Wir stehen viel zu schnell vor den Fragen der Zeit. Die sind wie ein Sog, der über die Menschen und auch über die Politik hinweggeht.«
Was also? Nachdenken? Lesen? Rückzug? Christian Schwarz überlegt das ernsthaft. »Vielleicht müssen wir für eine Zeit in Klausur gehen.« Es ist gut möglich, überlegt er, dass die neuen Werte, die er sucht, in Wahrheit alte Werte sind, die man nur neu entdecken muss. Doch das ist schwierig. Wer versteht schon, wenn einer sucht und nachdenkt. »Wenn ich die Arbeitsjacke anziehe und Wände anmale, dann sagen die Leute: Na, Herr Pfarrer, fleißig? Das würden sie nie sagen, wenn ich in einer Ecke sitze und lese. Aber vielleicht wäre ja genau das jetzt nötig.«
Die Kerze ist runtergebrannt, der Vormittag ist vorbei. Nur einmal ist jemand reingekommen und hat Post gebracht. Ansonsten: Zeit, Gedanken wachsen zu lassen. Vom Turm schlägt die Uhr. Ich mache mich auf, den letzten meiner Romanhelden zu suchen. Der Lesende Klosterschüler fehlt, jene Holzfigur, die Pfarrer Helander, Knudsen, Gregor und der Junge 1937 gemeinsam vor dem Zugriff der Nazis retten. (Sie bringen auch ein jüdisches Mädchen nach Schweden. Aber von ihr verliert sich die Spur.) Im Roman heißt es: Helander hatte ihn vor ein paar Jahren von einem Bildhauer erworben, dem kurz darauf die Anderen verboten hatten, sein Handwerk auszuüben. Hier in der Region kann nur von einem die Rede sein: von Ernst Barlach. Also: nach Güstrow, an die Stätte seines Wirkens.
Ja, es gibt ihn wirklich. Er ist in der Gertrudenkapelle zu sehen. Werkverzeichnis Nummer 367, Holz, Höhe 1,15 Meter,

Alfred Andersch

Ausstellungen: 1933 Chicago, 1936 Berlin. Ernst Barlach hat seinen Lesenden Klosterschüler 1930 für einen Güstrower Stahlwerksbesitzer geschnitzt. Neben das Bücherregal sollte er, und dort blieb er bis 1961, als die Witwe ihn der Stadt schenkte. Ich geh ihn besuchen. In der Mischung von Lampenlicht und Fensterlicht wirft das braune Holz Schatten. Ringsum die Figuren hungern und betteln und singen und gehen und klagen. Aber er sitzt still. Stelle mir vor, wie das wäre: er zwischen den mächtigen Backsteinbögen von St. Georgen zu Wismar. Schlage das Buch auf.
Lese, wie der junge Kommunist Gregor ihn sah. Ich habe einen gesehen, der ohne Auftrag lebt. Einen, der lesen kann und dennoch aufstehen und fortgehen. Lese: Wenn die Anderen den »Klosterschüler« angreifen, dachte Helander, ist er das große Heiligtum. Den mächtigen Christus auf dem Altar lassen sie in Ruhe, sein kleiner Schüler ist es, der sie stört. Das Mönchlein, das liest. Lese vom alten Knudsen, der flucht: Der und sein Götze und dann aber doch sagt: Wenn niemand sonst da ist, ihm seinen Götzen zu retten, dann muss ich es tun.
Sehe die vielen, vielen Touristen, die ringsum durch die Kapelle streunen, einzelne Pilger und ganze Busladungen Schwaben. Aber er sitzt und liest. Schulstoff? Pflichtlektüre? Ein wunderbares Buch.
Alfred Anderschs Roman »Sansibar oder der letzte Grund« ist im Diogenes Verlag, Zürich, erschienen. *15. Oktober 1998*

siehe auch
❖ deutsche Literatur
❖ Mecklenburg-Vorpommern

Antarktis
Das Leben in Superzeitlupe
Die Mikrobiologin Birgit Sattler erforscht Einzeller, die in ewigem Eis seit vielen hunderttausend Jahren überdauern

Von Urs Willmann

Einen Teil ihrer Helden hat Birgit Sattler ins Tiefkühlfach gesteckt. 35 Kilogramm Eis hatte sie im Gepäck, als sie aus der Antarktis nach Innsbruck zurückkam. In den gekühlten Klumpen warten die Protagonisten ihres Forscherinnenlebens auf Wärme – schon seit vielen hunderttausend Jahren. Doch nun geht der Kälteschlaf zu Ende: In diesen Tagen beginnt die Mikrobiologin, die Bohrkerne von der Polkappe aufzutauen und darin nach Leben zu suchen.

Seit Jahren spürt die 32-jährige Tirolerin den Extremisten im Tierreich nach. Sattlers Jagdrevier sind die kalten Orte der Erde: Schneedecken, gefrorene Bergseen, Wolken. Auch in den Bohrkernen aus dem Eisschild des Südpols sucht sie nach Leben: Dort hausen winzige Bakterien, Pseudomonaden und viele andere, die die Kältestarre im ewigen Eis überdauern. Den ersten Teil ihres Einzellerlebens haben sie noch zu einer Zeit verbracht, als in wärmeren Gefilden Homo erectus durch die Prärie stampfte. Als mit sinkenden Temperaturen das Wasser um sie herum erstarrte, fuhren die Keime ihren Stoffwechsel auf null herunter. Tot aber sind sie nicht. Ihr Leben ist bloß auf Stand-by.

Die anderen Helden von Birgit Sattler füllen ein Bücherregal zu Hause: Robert Falcon Scott, Roald Amundsen, Sir Ernest Shackleton. Die Kältebiologin hat es sich in ihrer Wohnung mit Heldenromantik gemütlich gemacht: Über 50 Bücher handeln vom Überlebenskampf der großen Abenteurer im ewigen Eis. »Shackleton war der Größte«, sagt Sattler. Ihre Verehrung gilt dem Briten, der zwar sein Ziel, die erstmalige Durchquerung der Antarktis, verfehlte, aber nach anderthalb Jahren und höllischen Strapazen seine ganze Crew lebend zurückbrachte.

Zur Feier ihrer eigenen Rückkehr offeriert die Mikrobiologin dem Besucher einen Whisky on the Rocks. Sie greift ins Kühlfach und holt einen antarktischen Bohrkern hervor. Sie legt das betonharte Stück auf die Ablage und drischt mit einem schweren Küchenbrett auf den Klumpen Eis. Bevor wir trinken, halten wir das Glas neben das Ohr und lauschen.

Säuleneis

Antarktis

Den Eiswürfeln entfährt ein leises Knistern – the sound of the past. Eine halbe Million Jahre hatte das Wasser tiefgekühlt in der Gegend von Pecora (85 Grad S, 68 Grad W) gelegen und geschwiegen. Nun bringt es der Schnaps zum Sprechen. Es hat viel zu erzählen.

Erwachen aus dem kalten Schlaf

Drei Wochen war Birgit Sattler in der Antarktis unterwegs, auf einer Expedition, die in Zusammenarbeit mit der Nasa nach Meteoriten suchte. 33 außerirdische Steinklumpen sammelte die Crew im Schnee. Die Nasa hofft, darunter ein marsianisches Exemplar auszumachen, um auf ihrer Suche nach Leben im All endlich erfolgreich zu sein. Außerdem sammelte das Team Pinguinfäkalien, nahm Boden- und Eisproben. Das Ziel: kälteresistenten Stämmen auf die Spur zu kommen, extremophilen Mikroorganismen, die minus 50 Grad aushalten. Während die Meteoritenbeute in den USA untersucht wird, knöpft sich Birgit Sattler am Institut für Zoologie und Limnologie der Universität Innsbruck die Bohrkerne vor und hofft, auf bislang unbekannte Keime zu stoßen.

Wiederauferstehung feiern die Mikroben bei einer Umgebungstemperatur von plus vier Grad. Da erwachen die Keime aus ihrem kalten Schlaf, der Kryobiose, und setzen den Stoffwechsel in Gang. Sie führen ihr Leben fort, als sei nichts gewesen. Teilend vermehren sie sich, während das Epifluoreszenzmikroskop dabei zusieht: Sattler gibt den Proben fluoreszierenden Farbstoff bei. Der heftet sich ans Erbgut der kleinen Viecher, die sich teilen und weiter teilen. Je mehr Lichter auf dem Bildschirm leuchten, desto größer die Anzahl Mikroben.

Die Analysearbeit empfindet Sattler als graue Pflicht. Lieber erzählt sie von der Kür, der Suche nach unbekannten Erdbewohnern bei minus 40 Grad. Spannend sei die Innsbrucker Laborarbeit dann, wenn sie Proben erkunde, die sie mit ihrem riesigen Eisbohrer eigenhändig dem Untergrund abgerungen habe. Jeder Kern aus der Eiswüste wirft dann in ihrem Kopf einen Film an, die Erinnerung an den Ort, wo sie das Loch in den Eisschild bohrte. An die Schönheit der Einöde.

An fast allen unwirtlichen Stellen der Erde haben Wissenschaftler Leben ausgemacht. In den Schwarzen Rauchern der Tiefsee, in 3000 Meter tiefen Bohrlöchern, in stinkenden Schwefelquellen. Es gibt offensichtlich keinen Ort, an dem es sich die Extremisten nicht behaglich machen. Sie trotzen 400 Grad heißem Wasser, fressen Öl und widerstehen extremem Druck. Auch Frau Holle ist nicht allein: Die Erdatmosphäre dient Bakterien, Pollen und Algensporen als Transitstrecke. In Höhen von bis zu 11 000 Metern sind die winzigen Passagiere Forschern schon in die Falle gegangen. Allerdings ging man immer davon aus, dass die Keime in der Luft ihren Stoffwechsel pausieren ließen. Wenige rechneten damit, in mehreren Kilometer Höhe, bei geringem Druck, hoher UV-Strahlung und umgeben von Radikalen und Metallen, auf eine mikrobielle Kinderstube zu stoßen.

Dass auch Eisdecken keineswegs leblose Einöden sind, erkannte der Polarforscher Fridtjof Nansen schon 1893. Er habe, kritzelten seine klammen Finger ins Tagebuch, »eine neue Welt gefunden: die Welt der kleinen Organismen, die zu Tausenden und Millionen auf fast jeder Scholle überall in diesem grenzenlosen Meer leben, das wir als das Reich des Todes zu betrachten geneigt sind«. Immer mehr erfahren wir über diese Welt der Algen, Bakterien, Pilze, Wimperntierchen, Ruderfußkrebse und Nacktschnecken, die sich in den kleinen Hohlräumen im Eis gegenseitig auffressen.

Im Eis gibt es keinen »Denkspeck«

Je langsamer die Abläufe, desto mehr faszinieren sie die Biologin. »In Kläranlagen«, lästert sie, »findest du Einzeller, die sich alle zwanzig Minuten teilen.« Ihre Schützlinge dagegen kultivieren die Langsamkeit. Im antarktischen Eis dauert es mitunter ein Jahr von einer Mikrobengeneration zur nächsten: Superzeitlupe im Reich der Biologie. Auch die Gewissheit, dass überall Leben möglich ist, wo die Welt den Säugern zu salzig, zu alkalisch, zu verölt oder zu radioaktiv ist, entlockt ihr Bewunderung. Immer würden sich die Mikrowesen zu wehren wissen, sagt sie: »Sie produzieren Schleim als Nahrungsdepot, lagern Phosphate ein oder strecken

Antarktis

Ernest Henry Shackleton

sich in die Länge, damit nichts sie fressen kann.«

Der Mensch dagegen, Geniestreich der Evolution, hat sich zur störungsanfälligen Hightech-Spezies entwickelt. »Wir sind die einzigen Wesen, die sich kleiden müssen.« Sie holt weiter aus, spricht von Wohlstand, Allergien und bröckelnder Psyche, dem Menschen und »seinem Denkspeck«.

Amundsen, Scott, Shackleton und die kleinen Extremophilen sind anders. Vielleicht nimmt sie es deswegen immer wieder mit ihnen auf. Dreimal war sie in der Antarktis, jedes Mal ein Härtetest: »Bist du auf dem Zahnfleisch, hast du keine Wehwehchen mehr.« Natürlich gehört Sattler dem Polaren Schwimmklub an, dessen Initiationsritual sie locker bestanden hat. Wer in diesen Heldenzirkel aufgenommen werden will, rennt bei 30 Grad minus dreimal nackt um ein Wasserloch – und springt, festgebunden an einem Seil, hinein.

»Ich werde immer wieder hingehen«, sagt sie, die Eiswüste ist meine seelische Heimat.« Dann sagt sie so seltsame Sätze wie: »Mein Denken hat dort Auslauf, Ende nie.« Nirgends stoße das Auge an. Kein Horizont drücke gegen die Stirn. Die Erfahrungen hätten aber auch »etwas Schizophrenes«, sagt sie. Das ewige Eis sei einer der wenigen Orte, wo die Natur noch das letzte Wort habe; im Prinzip sei man nirgendwo so verletzlich wie in der Eiswüste. »Und doch fühlst du dich unbesiegbar, weil es so viel Kraft braucht, dort zu sein.«

Das Eis im Whiskyglas ist fast geschmolzen. Noch hat es nicht verraten, welche Bakterien in den Drink entschwommen sind, aber da entdeckt Sattler grüne Schlieren. Vermutlich Algen. Und ich schiebe beim Schwenken des Glases ein paar dunkelgraue Sedimente hin und her, die einst ein Gletscher von den Felsen geschliffen hat. Zum Wohl.

28. Februar 2002

siehe auch
❖ **Bakterien**
❖ **Polarforschung**

Antisemitismus
Altes Gift im neuen Europa
Laut einer Umfrage gibt es einen europäischen Antisemitismus.
Wieder einmal sollen die Juden an allem schuld sein

Von Leon de Winter

Das Ergebnis der Umfrage, die die Europäische Kommission unter rund 7500 Europäern durchführen ließ, lautet zusammengefasst: »Israel ist die größte Gefahr für den Weltfrieden.« Dieses Ergebnis war krude und erschreckend, aber es kam nicht ganz unerwartet. Wer aufgepasst hat, weiß, dass der Geist, der aus dieser Botschaft spricht, schon eine Weile über Europa liegt. Um genau zu sein: Dieser Geist hat sich seit dem 11. September 2001 in den europäischen Medien immer stärker bemerkbar gemacht. Der Schock der Zerstörung der Twin Towers schien Amerika und Europa anfangs fester zusammenzuschmieden, doch binnen weniger Monate wurden die ersten Risse sichtbar, und in die öffentliche Debatte in Europa schlich sich so etwas wie klammheimliche Schadenfreude über das für die Amerikaner so beschämende Ende ihrer arroganten, unzerstörbaren New Yorker Türme. Wer sich die Berichterstattung und die Kommentare in den europäischen Medien in den letzten zwei Jahren ansieht, registriert nicht nur eine zunehmende Skepsis hinsichtlich Amerikas Rolle in der Welt, sondern vor allem auch eine Verschärfung der Emotionen: blanken, hasserfüllten Antiamerikanismus.

Inzwischen lautet die in Europa vorherrschende Schlussfolgerung, dass sich Amerika die Angriffe vonseiten der Islamisten selbst zuzuschreiben habe. Aber damit nicht genug. In Europa besteht offenbar auch ein großer Hunger nach Verschwörungstheorien. Bücher über die vermeintlich obskure Rolle der CIA und des israelischen Geheimdienstes Mossad beim Untergang der Türme finden in ganz Europa reißenden Absatz. Zugleich tragen Filme und Bücher von Leuten, die dem äußersten linken Flügel der amerikanischen Gesellschaft zuzurechnen sind, wie etwa Michael Moore, mit dankbarer Zustimmung der europäischen Intelligenzija zur Lächerlichmachung der amtierenden US-Regierung und bestimmter Aspekte der US-amerikanischen kulturellen Tradition bei. Und von Mal zu Mal wird deutlicher, dass die Antiglobalisierungsbewegung vor allem eine vehement antiamerikanische Bewegung ist.

Palästinensischer Selbstmordanschlag auf einen israelischen Bus in Jerusalem

Antisemitismus

Was hat das alles damit zu tun, dass die Mehrheit der Europäer die Ansicht vertritt, Israel stelle die größte Gefahr in der Welt dar? Warum ausgerechnet Israel? Wieso beeinträchtigt Israel die Gemütsruhe des durchschnittlichen Europäers? Welche Überlegungen bringen die Mehrheit der Bürger Europas mit seiner Gesamtbevölkerung von 376 Millionen Menschen dazu, ein Land, das gerade einmal halb so groß ist wie Belgien und sechs Millionen Einwohner hat, wovon fünf Millionen Juden sind, als größte Gefahr für den Weltfrieden zu bezeichnen?

Seit 1982 wütet ein massiver Öffentlichkeitskrieg, in dem das positive Bild, das Europäer überwiegend von Israel hatten – und das vermutlich von jeher forciert und künstlich war –, allmählich in das aufgelöst hat, das heute vorherrscht: Israel, das ist ein explosives Gemisch aus jüdischer Aggressivität, jüdischer Arroganz, jüdischer moralischer Erpressung und jüdischem Finassieren. Die nach dem Zweiten Weltkrieg durch strenge gesellschaftliche Tabus unterdrückten Stereotype sind nach 50 Jahren springlebendig wieder aufgetaucht (nachdem sie in der arabisch islamischen Welt jahrzehntelang sorgsam gezüchtet wurden). Die amerikanische Außenpolitik wird aufgrund der Präsenz von als Juden identifizierbaren Politikern wie Richard Perle und Paul Wolfowitz sowohl in populären Komplotttheorien als auch in seriösen Medien als Ausfluss israelischer, also jüdischer, Interessen bezeichnet. In der Wahrnehmung vieler Europäer verschwimmen die Grenzen zwischen den konservativen Gruppierungen in der amerikanischen und in der israelischen Gesellschaft; in ihren Augen bringen die Interessen hegemonialer Juden wie Scharon und radikaler Christen wie Bush den Weltfrieden ins Wanken.

Den Öffentlichkeitskrieg verloren

Mit dem Ergebnis der Meinungsumfrage – auch wenn diese technisch nicht gut war – hat sich der schönste Traum Osama bin Ladens erfüllt: Er hat den Westen entzweit, und die Europäer lasten nun in bester antisemitischer Tradition Israel, dem Land der Juden, die größten Übel in der Welt an.

Um zu überleben, hat Israel seit 1948 vier bittere Kriege mit der arabischen Welt führen müssen. Doch sein schwerster Krieg scheint der gegenwärtige Öffentlichkeitskrieg zu sein. Und die Umfrage zeigt, dass Israel diesen Krieg verloren hat.

Nach dem Terroranschlag auf das WTC in New York wurden Verschwörungstheorien, die die angeblich obskure Rolle der CIA und des Mossad behaupteten, begierig aufgegriffen.

In Europa findet der israelisch-palästinensische Konflikt kolossal viel Beachtung – weit mehr als Tschetschenien oder der Bürgerkrieg im Sudan. Obwohl es in den besetzten Gebieten im Grunde um einen relativ begrenzten regionalen Konflikt, um zu vernachlässigend kleine und unfruchtbare Stückchen Land geht, wird in den europäischen Medien unvergleichlich viel mehr darüber berichtet als über andere Krisenherde in der Welt. Da wären, um nur ein paar Beispiele aus der Fülle der schwelenden Unruhen herauszugreifen, die einen weltweiten atomaren Flächenbrand nach sich ziehen könnten: der Kaschmirkonflikt zwischen den nervösen Atommächten Pakistan und Indien, die Irritationen um das von einem wahnsinnigen Filmfreak regierte Nordkorea, die atomaren Ambitionen der diktatorisch regierten, paranoiden Länder Iran, Libyen, Saudi-Arabien, Chinas Hadern mit dem wohlhabenden und unbeugsamen Taiwan.

So grausam und tragisch die aktuellen Ereignisse um und in Israel, die Woche für Woche Menschenleben kosten, auch sein mögen, die Kontinuität der Nationalstaaten in der Region ist vom Terrorismus

Antisemitismus

und den israelischen Reaktionen darauf in keinster Weise in Mitleidenschaft gezogen. Die Medien scheinen zwar tagtäglich etwas anderes zu insinuieren, doch tatsächlich ist der Status quo rund um Israel stabiler denn je. Der palästinensische Terrorismus kann der Stärke und dem Überlebenswillen Israels nichts anhaben, und die israelischen Militäraktionen können ihrerseits das palästinensische Unabhängigkeitsstreben nicht unterdrücken.

Vom Iran und von Syrien gestützte libanesische Terrorgruppen sorgen regelmäßig für Unruhe an Israels Grenzen, aber den Weltfrieden – definiert als das Nichtvorhandensein ganze Kontinente überziehender militärischer Gewaltsamkeiten – kann auch das in keinerlei Weise aushöhlen, denn als spaltendes Element in den globalen Kräfteverhältnissen fungiert dieser regionale Konflikt, wie die meisten regionalen Konflikte anderswo auf der Welt, heute nicht mehr. Die gefährliche Rivalität zwischen dem atlantischen und dem osteuropäischen Machtblock hat sich mit der Sowjetunion aufgelöst. Womit allerdings nicht gesagt sein soll, dass es unmöglich wäre, mit einem solchen Konflikt andere Konflikte in Gang zu setzen. Osama bin Laden ist sich des Symbolwerts Israels zutiefst bewusst.

Warum steht Israel am Pranger?

In den Neunzigerjahren sind in Tschetschenien in dem immer noch anhaltenden Krieg zwischen Moskau und islamischen Separatisten Schätzungen zufolge 100 000 Menschen ums Leben gekommen. Der Krieg des islamischen Regimes im Sudan gegen die christlichen und animistischen Stämme im Süden des Landes hat schätzungsweise ein bis zwei Millionen Tote gefordert. Auch der Kampf zwischen den Hutu und den Tutsi hat Millionen Menschenleben gekostet. Horrende Zahlen, die um ein Vielfaches höher sind als die Zahl der Palästinenser, die während der beiden Intifadas bei israelischen Militäraktionen ums Leben kamen. Das besondere Augenmerk, das Europa auf Israel richtet, hat also nichts mit dem Ausmaß der von Israel verübten Gräuel zu tun, denn diese Gräuel sind anderswo um etliches schrecklicher. Und auch mit seiner Größe oder seinem Bevölkerungsumfang oder der Art seiner Bodenschätze – die es praktisch nicht besitzt – kann es nicht zu tun haben, dass man Israel so viel Beachtung schenkt.

Wie sehen die konkreten Zahlen aus? Die unabhängige israelische Menschenrechtsorganisation B'tselem veranschlagt die Zahl palästinensischer Toter während beider Intifadas und der Zeit dazwischen, also innerhalb von 16 Jahren, vom Dezember 1987 bis einschließlich Juni 2003, auf 3544, das sind 0,6 pro Tag (auf israelischer Seite gab es mehr als 1100 Tote). Anders ausgedrückt: Obwohl der israelisch-palästinensische Konflikt auf tragische Weise nahezu täglich Opfer fordert, wird das Ausmaß der Gewalt dort von der Gewalt in anderen Teilen der Welt übertroffen – weit mehr Tote forderte allein der heiße Sommer 2003 in französischen Altersheimen.

Wenn also offenbar nicht Fakten, sondern Emotionen zählen, gilt es, die Quellen für diese Emotionen zu finden. Der damalige CDU-Bundestagsabgeordnete Martin Hohmann weist den Weg dorthin. In seiner bekannten Rede in seinem Wahlkreis erklärte Hohmann den Zuhörern in der

Der syrische Staatspräsident Hafis al-Assad zeichnete 1982 für das Massaker in der Stadt Hama verantwortlich.

Nähe von Fulda, dass man einmal die Mitschuld der Juden an der Entstehung und am Terror des bolschewistischen Sowjetregimes zur Sprache bringen müsse. Er berief sich dabei auf zwei dubiose Bücher, die bei empfänglichen Lesern einen tiefen emotionalen Hunger stillen. Genau darauf zielt auch Hohmann. Er hat, wie schon andere vor ihm, nach einer Gelegenheit gesucht, um im jüdischen Volk Täter und Schuldige ausfindig machen zu können.

Das Bedürfnis, Israel und damit auch andere Juden (einschließlich der militanten Bolschewiken, die ihre einstige Religion und Kultur hassten) als Täter bezeichnen zu können, hat nach den Massenmorden in Sabra und Schatila 1982 eine ganz eigene Dynamik gewonnen und durch die große Empörung der Medien über Israels Umgang mit den Palästinensern zu einer immer größeren Dämonisierung Israels geführt.

Die Opfer innerarabischer Konflikte spielen für Europa keine Rolle

Wer die Namen der Lager im Internet »googled«, erhält an die 25 000 Treffer. Wenige Monate zuvor im selben Jahr, 1982, hatte der syrische Präsident Assad die Stadt Hama dem Erdboden gleichmachen lassen, doch die Blutbäder von Sabra und Schatila, obwohl von weit geringerem Ausmaß (die libanesische Polizei schätzte die Zahl der Toten auf über 400, die Israelis auf über 800; in Hama starben mindestens 10 000), waren ein viel größeres »Medien-Event« – Hama ging praktisch lautlos an der Öffentlichkeit vorüber.

Das hat einen einfachen Grund: Mit Sabra und Schatila konnte Israel in Zusammenhang gebracht werden, mit Hama nicht. Das legt die Schlussfolgerung nahe, dass Opfer rein arabischer Konflikte für die europäischen Medien kaum Publizitätswert besitzen. Belegt wird diese Hypothese auch durch die Tatsache, dass zum Beispiel die Ereignisse vom Mai 1985, als schiitische Amal-Kämpfer in Schatila (ja, in demselben Lager) mehr als 600 Palästinenser töteten, für die westlichen Medien keinen Nachrichtenwert hatten.

In den europäischen Medien verwandelten Sabra und Schatila die Israelis in Täter. Die direkt Verantwortlichen waren zwar die Milizen der libanesischen Maroniten, die gemäß den Regeln des soziokulturellen Spiels im Nahen Osten mit einem vernichtenden Blutbad Rache für den beschämenden Mord an ihrem Clanführer nehmen mussten, aber Europa war so sehr an der israelischen Täterschaft gelegen, dass feine Unterschiede nicht zählten. Seit September 1982 wurde Israel in zunehmendem Maße als brutaler Menschenrechtsverletzer hingestellt. Den Tragödien großen Ausmaßes, die sich anderswo im Nahen Osten und in der arabisch-islamischen Welt abspielten, zollte die internationale Presse nie die Beachtung, die Israel zukam.

Eine weitere Katastrophe für das Bild Israels in der Öffentlichkeit folgte im April 2002: Dschenin. Die Berichte über angebliche Massenmorde der israelischen Armee (später sowohl von den UN wie von Human Rights Watch entkräftet) sind in den europäischen Medien zwar im Nachhinein einigermaßen zurechtgerückt worden, doch der Eindruck, den die ersten Berichte über Dschenin hinterlassen hatten, ließ sich nicht mehr verwischen. Die meisten Journalisten sahen, was sie sehen wollten: Israel als Täter. Die europäische Öffentlichkeit las, was sie lesen wollte: Juden, die als Täter auftraten.

Wer sich Ausmaß und Häufigkeit der schrecklichen Gräuel ansieht, die tagtäglich überall auf der Welt stattfinden, kann zu keinem anderen Schluss kommen, als dass das besondere europäische Augenmerk auf den israelisch-palästinensischen Konflikt die gleichen obsessiven Züge trägt wie in der arabisch-islamischen Welt. Im Erleben der Araber ist Israel zur Quelle aller demütigenden Übel geworden, von denen die arabischen Länder in den vergangenen Jahrhunderten heimgesucht wurden; virulenter Antisemitismus ist zu einer völlig akzeptierten Regung geworden. Bei den Europäern gedeiht das Bedürfnis, Israel zu dämonisieren, auf einem anderen Nährboden.

Das obsessive Interesse der europäischen Medien für Israel hat vor allem mit der Vergangenheit zu tun. Israel wurde von europäischen Juden gegründet, die dem europäischen Judenhass entflohen waren; es ist das kontinuierliche Symbol für die Gleichgültigkeit und die Ohnmacht Europas am Tiefpunkt der europäischen Zivilisation: der industriellen Vernichtung der jüdischen Bevölkerung in Europa während des Zweiten Weltkriegs.

Die Last der Schoah abschütteln

Dass Israel auf der Liste der von den Europäern als Bedrohung empfundenen Länder ganz obenan steht, hat relativ wenig mit seinen politischen und militärischen Taten zu tun, die sich – so exzessiv sie manchmal sein mögen – gegen die Grausamkeiten, die sich anderswo auf der Welt ereignen, relativ unscheinbar ausnehmen. Es ist etwas anderes. Dass Israel zu Europas Staatsfeind Nummer eins geworden ist, hängt vielmehr mit den Zwangsvorstellungen zusammen, die Europäer Juden gegenüber hegen: Es hat letztlich mit dem Bedürfnis der Europäer zu tun, sich ein für alle Mal von der Last der Schoah zu befreien und die ärgerliche moralische Erpressung seitens der arroganten israelischen Politiker und der amerikanischen Wortführer jüdischer Organisationen zu beenden. Wenn Juden selbst Täter sind, wird der europäischen Verantwortung für die Schoah etwas von ihrer Ausschließlichkeit genommen. Wenn Juden als Nazis bezeichnet werden können, werden die ursprünglichen Nazis ein bisschen jüdisch.

Wenn Sabra, Schatila und Dschenin als Vernichtungslager bezeichnet werden können, ist Auschwitz nicht länger eine absonderliche Tragödie der europäischen Zivilisation, sondern ein gewöhnlicher Vorfall in einer Reihe gewöhnlicher Unmenschlichkeiten. Wenn der jüdische Staat für die größte Gefahr für den Frieden in der Welt gehalten werden kann, gewinnt die nazistische Ideologie (»Die Juden sind unser Unglück«), von der sich so viele haben verführen lassen, posthum eine gewisse Respektabilität. Wenn Juden selbst Blutbäder anrichten, sind sie um kein Haar besser als Nazis und verlieren jeden Anspruch auf moralische Überlegenheit.

Am 11. September 2001 erklärten bin Laden und seine Islamisten dem Westen, dem Land von Kreuzrittern und Juden, den Krieg. Es scheint, als habe sich Europa seither schon fast panisch darum bemüht, ihm pazifizierend zu verdeutlichen, dass nicht Europa das Haus der Kreuzritter sei, sondern Amerika, und dass man auch in Europa die wahre, böse Natur der Juden kenne.

Vor 80 Jahren schrieb Friedrich Holländer zu einer Melodie von Bizet das traurig sarkastische Lied:

An allem sind die Juden schuld:
An allem sind die Juden schuld,
die Juden sind an allem schuld,
allem schuld.
Warum sind denn die Juden schuld?
Kind, das verstehst du nicht,
sie sind dran schuld.

Aus dem Niederländischen
von Hanni Ehlers.

11. Dezember 2003

siehe auch
❖ Israel
❖ Juden
❖ Nahostkonflikt
❖ Palästina

Arbeitslosenversicherung

Pannen gibt es garantiert

Die schwierigste Sozialreform steht der Regierung noch bevor:
die Fusion von Arbeitslosen- und Sozialhilfe

Von Elisabeth Niejahr und Kolja Rudzio

Das Formular ist ungefähr so verständlich wie der Vordruck für die Steuererklärung, nur die Schrift ist an vielen Stellen etwas kleiner. Gefragt wird nach »titulierten Unterhaltsleistungen«, »privatrechtlich geldwerten Vorteilen« und »Erlöschensbescheiden«. Und das mindestens zwei Millionen Mal. Sämtliche Bezieher von Arbeitslosenhilfe und Hunderttausende von Sozialhilfeempfängern müssen in den kommenden Wochen detailliert über ihre Lebensverhältnisse Auskunft geben: über Einkommen, Ersparnisse, Verwandte und Mitbewohner, über mehr als ein Dutzend verschiedener Versicherungen sowie die Frage, ob ihre Wohnung zentral mit Warmwasser versorgt wird. Vom 19. Juli an sollen die Anträge verschickt werden. Im Idealfall werden die Arbeitslosen die Formulare selbst ausfüllen, sie pünktlich abliefern und mehrere Monate – vielfach bis Dezember – ruhig auf einen Bescheid über ihre künftigen Bezüge warten.
Wahrscheinlicher ist aber ein anderes Szenario: Viele werden Hilfe bei den Ämtern suchen. Manche werden schon deshalb Fehler machen, weil sie schlecht Deutsch verstehen und kaum die Überschriften lesen können. Einige werden nicht einmal die Umschläge öffnen – und irgendwann im kommenden Jahr ohne Geld dastehen. »Das wird schwierig«, sagt Ulrike Theesen. »Ein Großteil unserer Kunden«, schwant der Leistungsberaterin bei der Agentur für Arbeit in Kiel, »wird nur mit teilweise ausgefüllten Anträgen zu uns kommen«. Sozialhilfeempfänger, die ebenfalls das Arbeitslosengeld II beantragen müssen, wenn sie erwerbsfähig sind, gelten als noch schwierigere Klientel. Kollegen vom Sozialamt haben Theesen schon gewarnt: »Da kommen Leute einfach mit einem Schuhkarton voll unsortierter Papiere und bitten um Rat.« Wenn sie denn kommen.
Sobald die Fragebögen verschickt sind, wird das heikelste und einschneidendste Projekt aus Gerhard Schröders Agenda 2010 allmählich Realität: die Fusion von Arbeitslosen- und Sozialhilfe, von Exper-

Arbeitsuchende vor dem Arbeitsamt im sächsischen Borna

Arbeitslosenversicherung

Gewerkschaftsprotest gegen Arbeitslosigkeit

ten kurz Hartz IV genannt. Die Grundsatzentscheidung für die Zusammenlegung der beiden aus Steuermitteln finanzierten Systeme haben Regierung und Opposition im vergangenen Dezember bereits im Vermittlungsausschuss gefällt. Seitdem steht fest, dass die staatliche Unterstützung für die meisten Langzeitarbeitslosen deutlich sinken wird.

Lange schien es, als würde der Start für das neue Arbeitslosengeld II verschoben. »Ein Debakel wie bei der Lkw-Maut? Schön wärs«, sagt dazu ein Vermittler einer norddeutschen Arbeitsagentur. »Bei der Maut ist viel schief gelaufen, aber es sind wenig Leute wirklich zu Schaden gekommen. Diesmal geht es um Millionen von Menschen, die auf staatliche Hilfe angewiesen sind.« In allen Ämtern ist die Nervosität entsprechend groß. Der Zeitplan ist eng, die Software nur in kleinen Testgebieten erprobt, und viele rechtliche Fragen sind ungeklärt, von der Ausstattung mit Geld und Personal ganz zu schweigen. »Jedes Mal, wenn ich mich mit Kollegen berate oder Experten treffe«, sagt Burkhardt Hintzsche, Sozialdezernent von Düsseldorf, »komme ich mit einigen Antworten, aber noch viel mehr offenen Fragen zurück.«

Dennoch laufen allerorts die praktischen Vorbereitungen, den Amtschefs bleibt wenig anderes übrig. In Berlin machten die Sozialämter der Stadtteile Mitte und Charlottenburg kürzlich eine Woche dicht. 240 Mitarbeiter mussten Aktenbestände sichten und klären, wie viele erwerbsfähige Sozialhilfeempfänger es im Bezirk überhaupt gibt.

Unzählige Einzelheiten sind jedoch noch offen – angefangen bei ganz praktischen Sorgen von Mitarbeitern, die befürchten, es gäbe für die Umstellungsphase nicht genug Aktendeckel und Schränke. Einige Behördenleiter kündigten bereits Urlaubssperren für die Zeit zwischen September und Januar an. Und überall wird über die Besetzung der Chefposten der neuen Arbeitsgemeinschaften spekuliert, in denen sich Kommunen und örtliche Arbeitsagenturen um die Hilfeempfänger kümmern sollen. Für diese Frage sieht das Gesetz in Paragraf 44 b immerhin eine klare Regel vor: Können sich Arbeits- und Sozialamt nicht über den Chef der Arbeitsgemeinschaft einigen, entscheidet das Los.

Die Fallmanager, die sich um Empfänger des Arbeitslosengeldes II kümmern, müssen in Zukunft mehr als nur Vermittler sein. Sie sollen ihren Klienten einerseits ein maßgeschneidertes Förderangebot organisieren – zum Beispiel mit Schuldnerberatung, Suchttherapie, Berufsqualifizierung, Kinderbetreuung – und andererseits Sanktionen verhängen, wenn sich jemand keine Mühe gibt. Auf diese Aufgaben werden sie kaum vorbereitet sein. »Dafür braucht man gefestigte, reife Persönlichkeiten und eine entsprechende Ausbildung«, heißt es von einem Experten. Den Beruf des Fallmanagers gibt es noch nicht lange, neue Ausbildungswege dafür dauern zwischen drei Monaten und zwei Jahren. Dafür fehlt die Zeit.

Arbeitslosenversicherung

Vorrang hat die Auszahlung

Absolute Priorität hat in allen Bundesagenturen und Sozialämtern statt Betreuung die pünktliche Auszahlung des neuen Arbeitslosengeldes. »Es wäre ein Horror, wenn die in München betroffenen 60 000 Menschen am Jahresanfang plötzlich ohne Geld auf der Straße stehen«, sagt Friedrich Graffe, Sozialreferent der bayerischen Landeshauptstadt. Deswegen wird die Erfassung der Anträge vorbereitet. Pro Antrag kalkulieren Experten 60 bis 100 Minuten Bearbeitungszeit ein – in einer Stadt wie München mit rund 35 000 betroffenen Haushalten entspricht das etwa 60 000 Arbeitsstunden. Viele Sozialhilfeempfänger, fürchtet der Sozialreferent, tauchen aber erst im Januar bei den Sozialämtern auf, wenn plötzlich das Geld ausbleibt. »Dann werden wir sofort handeln müssen. Sonst wird die Miete nicht bezahlt und die Wohnung gekündigt, und dann nimmt das Schicksal seinen Lauf.« Zur Not, versprechen viele Sozialamtsleiter, bekommen die Menschen einfach Abschlagszahlungen auf der Basis ihrer alten Sozial- oder Arbeitslosenhilfe. Aber auch das ist komplizierter, als es klingt – weil das zu viel gezahlte Geld später zurückgezahlt werden muss. Aber was macht man, wenn alles längst ausgegeben ist und der Arbeitslose ohnehin fast nichts besitzt?

»Es wird holprig werden«, sagt Friedrich Graffe, »aber wenn die politische Einigung klappt und wenn die EDV so wie versprochen funktioniert, dann ist zumindest die Zahlung des Geldes zu schaffen.« So reden momentan die meisten Sozialdezernenten und Agentur-Direktoren. Kaum jemand sagt, dass die Reform unmöglich sei. Über das Ziel, das ineffiziente Nebeneinander von Arbeits- und Sozialhilfe zu beenden, herrscht große Einigkeit. Gerade die Praktiker haben erlebt, wie oft sich die Vermittler der verschiedenen Instanzen parallel bei den gleichen Arbeitgebern um Jobs für ihre schwierige Klientel bemühten – oder sich gegenseitig Problemfälle zuschoben.

Kaum einer glaubt allerdings an einen reibungslosen Start. Vor der Fixierung darauf, »dass schon am 1. Januar 2005 alles perfekt funktioniert«, warnt deshalb sogar der nordrhein-westfälische Arbeitsminister und SPD-Chef Harald Schartau. »Schließlich krempeln wir ein riesiges System komplett um, das geht nicht von einem Tag auf den anderen.« Pannen sind garantiert.

Gut möglich, dass die Wut auf die Politik aber nicht gleich zum Jahreswechsel hochkocht, sondern erst vier Wochen später. Denn zumindest viele Empfänger von Arbeitslosenhilfe erwartet am Jahresanfang eine positive Überraschung: Am 31. Dezember bekommen sie zum letzten Mal ihre Hilfe überwiesen – wie immer rückwirkend vom Monatsende –, und nur zwei Tage später landet, wenn alles gut geht, das neue Arbeitslosengeld II auf ihrem Konto. Das wird nämlich wie die Sozialhilfe immer im Voraus ausbezahlt. Die volle Härte der Reform wird dann erst im Februar 2005 spürbar. *17. Juni 2004*

siehe auch
- **Arbeislosigkeit**
- **Arbeitsmarktreform**
- **Sozialhilfe**
- **Sozialpolitik**

Asylrecht
Rechtlos im Niemandsland

Die Gefängniskäfige von Guantánamo, Flüchtlingslager in Australien und anderswo zeigen: In der Weltgesellschaft entstehen Nischen der Rechtlosigkeit. Dem Menschen bleibt dort nur das nackte Leben

Von Thomas Assheuer

Das Flüchtlingslager Woomera, in der Wüste Südaustraliens gelegen, ist ein »Höllenloch«. Wem die Flucht aus dem Lager gelingt, der wird in der Hitze verdursten. Für die Bearbeitung der Asylanträge lassen sich die australischen Behörden Zeit, viel Zeit, manchmal Jahre. Ob

Flüchtlingslager Woomera in Südaustralien

die Zwangsinternierung der »Angeschwemmten«, darunter viele Kinder, internationales Recht verletzt, ist umstritten. Das Rote Kreuz äußerte »große Besorgnis« über die Behandlung der »Illegalen«. Nachdem die Flüchtlinge vor zwei Wochen in den Hungerstreik getreten waren, sich den Mund zugenäht und mit Selbstmord gedroht hatten, lenkte die australische Regierung ein. Nun sollen die »Illegalen« verlegt werden.

In Italien fordern konservative Politiker, die Küstenpolizei solle Schusswaffen gegen Flüchtlingsboote und »Illegale« einsetzen. Die katholische Kirche erinnert daran, dass Flüchtlinge Menschen seien. Auch die Flüchtlinge in der spanischen Enklave Ceuta in Nordmarokko sind in den Augen des Gesetzes Nobodys, Illegale, Staatenlose. Nicht alle wurden in ihrer afrikanischen Heimat politisch verfolgt; zurücktreiben können die spanischen Behörden die Flüchtlinge nur, wenn sie deren Herkunftsländer kennen. Als Rechtlose, ohne Papiere, nach Marokko abgeschoben, drohen den Flüchtlingen Misshandlungen.

Strittig ist auch der rechtliche Status der Taliban- und al-Qaida-Gefangenen auf dem amerikanischen Stützpunkt Guantánamo in Kuba. Die amerikanische Regierung betrachtet sie als »ungesetzliche Kämpfer«, eine Rechtsformel, die aber die Genfer Konvention gar nicht kennt. Laut US-Justizminister Ashcroft »diskutiert« die Regierung noch, wie die al-Qaida-Kämpfer rechtlich zu behandeln sind. Als Kombattanten der Taliban? Als Terroristen, die von einem (völkerrechtswidrigen) Militärtribunal abgeurteilt werden? Als Kriegsgefangene, die nach dem Ende der Kriegshandlungen sofort freizulassen wären? Bis zur Klärung werden die gewaltbereiten Gefangenen der Weltöffentlichkeit mit Ketten, schwarzen Brillen und verstopften Ohren vorgeführt: als rot verhüllte Körper in engen Käfigen, zwischen Recht und Unrecht, Land und Meer.

Das sind keine Einzelfälle. Überall, auch am Wohlstandsgürtel des weltweiten Westens, wuchern rechtliche Dunkelzonen, in denen der Übergang zwischen legal und illegal, Rechtlosigkeit und Unrecht gleitend ist. In einigen Niemandsländern haben Menschen nicht einmal das Recht, Rechte zu haben. Rechtsfreie Räume entstehen vor allem in Gebieten, wo der Terror des Krieges und der Horror des Friedens nicht mehr zu unterscheiden sind: in den No-go-areas Afrikas, in all den innerstaat-

Asylrecht

lichen und zwischenstaatlichen Dauerkonflikten, an den Rändern zerfallender Nationen.

Ist der Flüchtling ein Mensch oder ein überflüssiger Körper?

Ob in den unklaren Zwischenzonen jemand als Mensch oder als überflüssiger Körper behandelt wird, hängt oft nur am seidenen Faden des Rechts und seiner Durchsetzung. Die Frage aber, welches Recht zur Anwendung kommt, unterliegt der Willkür des lokalen Souveräns. Im Zweifelsfall ist eine Kiste mit chinesischen Bohnen durch die »Lex Mercatoria«, das eng geknüpfte Netz internationaler Rechtsbeziehungen, besser geschützt als ein Schiff mit Flüchtlingen, das aus den schwarzen Löchern der Weltgesellschaft auftaucht und »nach Fremdeinwirkung« auf hoher See für immer verschwindet. Während Warenströme weltweit von einem faszinierenden Regelwerk kanalisiert sind, bleibt Menschen in den Indifferenzzonen des Rechts nur das »nackte Leben«. Streng genommen sind auch die »Illegalen« Träger von Menschenrechtstiteln; faktisch besitzen sie nur ihre Rechtlosigkeit.

Die Bemerkung des amerikanischen Justizministers Ashcroft, die Regierung »diskutiere noch« darüber, welches Recht in Guantánamo zur Anwendung komme, ist eine präzise Definition für die neue Indifferenz des Rechts. Souverän verfügt die lokale, mit sich selbst »diskutierende« Macht über Ausnahmezustand und Rechtszustand. Es gilt das Recht, das im Augenblick der Entscheidung gesetzt wird. Bis dahin haben die Gefangenen nur ihr Leben; sie werden das sein, was der jeweils gewählte Rechtsbegriff aus ihnen macht. In wessen Namen auch immer, auch im Namen der »unendlichen Gerechtigkeit«.

Warum die Rechtlosigkeit in die alten Räume des Rechts zurückkehrt, warum immer öfter das »bloße Leben« der »nackten Macht« gegenübersteht, dafür wird in diesen Tagen oft das Werk des italienischen Philosophen Giorgio Agamben bemüht. Sein 1995 veröffentlichtes Werk »Homo Sacer« ist in der Tat ein Schlüsselwerk für die Kritik an der Ambivalenz des Rechts. Agambens provozierende These lautet, dass die Rückkehr der Rechtlosen keine Erscheinung der Gegenwart ist. Schon in der Geburtsstunde des Rechts, in der Antike, sei eine Unterscheidung eingeführt worden, die noch heute ihre verhängnisvolle Wirkung entfalte: die Unterscheidung zwischen dem bloßen Dasein und der politischen Existenz, die Unterscheidung zwischen dem rechtlosen Kreatürlichen (zoe) und dem guten Leben (bios). Schon die Antike hat die Person in die Gemeinschaft eingeschlossen, indem sie, wiederum in einem politischen Setzungsakt, ihren Körper als »bloßes Leben« exkommuniziert. Weil der politische Einschluss in die Gemeinschaft auf einem simultanen Ausschluss beruht, ist die Rechtlosigkeit in das Recht schon eingebaut.

Mutmaßliche al-Qaida-Anhänger, die gefangen genommen wurden und nun auf dem amerikanischen Stützpunkt Guantánamo auf Kuba unter strengsten Bedingungen bewacht werden

Asylrecht

Agambens Pointe liegt auf der Hand. In dem Augenblick, wo das Recht ausgesetzt und von der Person »abgezogen« wird, bleibt der bloße Körper zurück. Er ist ein Nichts, eine alphabetisierte Biomasse, die einen Menschen zu nennen die Mühe nicht lohnt.

Die Figur des Homo sacer kehrt zurück

Heute, in den rechtsfreien Zwischenräumen der globalisierten Moderne, kehrt die antike Figur zurück. Der Flüchtling, der von Schleppern an den Strand geworfen wird oder im Tiefkühlcontainer erstickt, ist der Wiedergänger des Homo sacer; jener infame und verworfene Mensch, der eine Gesetz- und Rechtlosigkeit verkörpert, die im Herzen des »abendländischen Rechts« immer schon angelegt war.

Folgt man Agambens suggestiven Beschreibungen, dann ist der Abgrund zwischen Recht und Gerechtigkeit nicht zu überbrücken. Alles Recht scheint unendlich weit von jeder Gerechtigkeit entfernt, wobei dann und wann aus dunklem Grund eine mysteriöse Gewalt aufsteigt, die sich über den Erdball wälzt und Ströme von Flüchtlingen hinterlässt, »unlawful combatants«, Gestrandete und Rechtlose – das Treibgut der globalisierten Moderne. Und doch, es gibt nicht nur die Exklusion durch das Recht. So bestechend Agambens Analysen auch sind, so dürfen sie nicht den Blick auf die sozialen Verwerfungen der Weltgesellschaft trüben – auf eine Ungerechtigkeit, die selbst hartgesottene Systemtheoretiker aus der Fassung bringt. Dieser Weltgesellschaft hat der Soziologe Niklas Luhmann schon vor Jahren eine unerbittliche Diagnose gestellt. Luhmann zeigte, dass unsere alten Unterscheidungen zwischen moderner und vormoderner Welt in die Irre führen. Denn auf der ganzen Welt, zwischen Kapstadt und Rio, Vancouver und Wladiwostok habe sich das eine Gesetz der Modernisierung, die eine funktionale Logik durchgesetzt und dabei die alten Hauswirtschaften aufgelöst. Überall sei ein dichtes Netz aus gegeneinander differenzierten »Funktionssystemen« ausgespannt – Arbeits- und Bildungs-, Wirtschafts- und Rechts-, Gesundheits- und Kultursystem.

Luhmanns Schlussfolgerung ist dramatisch. Während fast die gesamte Weltbevölkerung auf Gedeih und Verderb von den Funktionssystemen abhängig ist, vor allem von den individuellen Chancen auf dem Markt, wird einem großen Teil der Zutritt zu einzelnen Systemen verweigert – zu den politischen, rechtlichen und ökonomischen Errungenschaften der Moderne. Wer nur aus einem System, etwa der Schulbildung, ausgegrenzt wird, dem bleiben auch alle anderen verschlossen. »Keine Arbeit, kein Geld, kein Ausweis, keine stabilen Intimbeziehungen, kein Zugang zu Verträgen und gerichtlichem Rechtsschutz, keine Möglichkeit, Wahlkampagnen von Karnevalsveranstaltungen zu unterscheiden, Analphabetentum und medizinische wie auch ernährungsmäßige Unterversorgung.«

Kurdische Flüchtlinge vor der italienischen Küste

Wenn es so ist, wenn die ganze Welt dem einen Gesetz der Modernisierung unterliegt, dann sind die Dunkelzonen von Armut und Rechtlosigkeit nicht das Außen der Weltgesellschaft, sondern deren innere Peripherie. Dann kommen die Flüchtlinge nicht als Fremde aus einer anderen Welt, sondern aus den äußeren Innenräumen einer durchgesetzten Weltgesellschaft, die Menschen in ihr System einschließt – und zugleich einen großen Teil wieder ausgrenzt. Das ist derselbe Mechanismus, den Agamben für das Recht aufzeigt: Während im »Inklusionsbereich Menschen als Personen zählen, scheint es im Exklusionsbereich nur auf ihre Körper anzukommen.« Aus der kalten Sicht der kapitalistischen Weltgesellschaft handelt es sich um reine »Surplus-Populationen« (Hauke Brunkhorst), um funktional überflüssige, entbehrliche Subjekte.

Dass diese Verwerfungen von neuen Deregulierungsoffensiven aus der Welt geschafft werden, dass mit der ökonomischen Integration auch die rechtliche zu bewerkstelligen ist – dies glauben ja nicht einmal die Spitzenfunktionäre des Weltwirtschaftsgipfels. Doch selbst wenn es gelänge, durch ein Weltbürgerrecht die rechtsfreien Räume zu »schließen«, so bliebe immer noch das Problem dramatisch wachsender Ungleichheit und sozialer Auflösung. Für beides sind die Akteure nicht in Sicht. Ein Internationaler Strafgerichtshof, der den Menschenrechten »Nachachtung« verschafft, würde sich ohnehin nur der »schwersten Fälle« annehmen – das Verhalten der australischen Regierung, die Käfighaltung von Gefangenen, die »Maßnahmen« der italienischen Küstenpolizei und die Abschiebepraxis auf dem Frankfurter Flughafen wären nicht darunter.

Amerikanischer Universalismus?

Fast scheint es, als sei mit den neuen Formen entstaatlichter Kriege gleich beides, sowohl ein kosmopolitischer Rechtszustand wie auch eine gerechtere Ökonomie, wieder in weite Ferne gerückt. Dabei hätte eine Weltgesellschaft, die ihren Namen verdient, das zu leisten, was dem Nationalstaat erst nach jahrhundertelangen blutigen Kämpfen gelungen ist. Sie müsste in ihren rechtsfreien Räumen den »Naturzustand« beenden und transnationale Institutionen schaffen, die nicht nur als Papiertiger ihr Dasein fristen und die einflussreich genug sind, um das unbeschreibliche Gerechtigkeitsgefälle der Weltwirtschaftsordnung zu mindern. Aber dafür müssten die Vereinigten Staaten, die ja mit normativem Anspruch, im Namen von Freiheit und Demokratie, Kriege führen, auf ihre Supermachtsattitüden verzichten und einen Universalismus befördern, der nicht nur ein amerikanischer ist.

Solange die Aussichten dafür trübe sind, solange Europa nicht über den eigenen Tellerrand schaut und ein politisches Gegengewicht bildet, bleibt nur der Gerichtshof der Weltöffentlichkeit: jener skandalisierende Appell an das Unrechtsgefühl der Völkergemeinschaft, der sich immer noch auf die berühmte Formel Immanuel Kants berufen kann, wonach eine »Rechtsverletzung an einem Platz der Erde an allen gefühlt« wird. *7. Februar 2002*

siehe auch
❖ al-Qaida
❖ Flüchtlinge
❖ Guantánamo
❖ Menschenrechte
❖ Taliban

Ausländer

Wir bleiben lieber unter uns

Das neue Zuwanderungsgesetz verbessert die Integration von Ausländern und das Asylrecht. Die Zukunft gestaltet es nicht

Von Rainer Münz

Stoiber, Beckstein, Müller, Schily und allen anderen, die das Zuwanderungsgesetz – oder besser gesagt, das Zuwanderungsbegrenzungsgesetz – ausgehandelt haben, zum Trotz: Deutschland braucht Zuwanderer. Dringend. Den Grund dafür kennen wir längst. In den kommenden Jahrzehnten wird die Zahl der Deutschen im Erwerbsalter deutlich schrumpfen, eine unerfreuliche Spätfolge der niedrigen Geburtenrate. Die Zahl der Alten wird hingegen noch mindestens 40 Jahre lang kräftig wachsen. Verantwortlich dafür sind zwei eigentlich höchst erfreuliche Entwicklungen. Zum einen steigt die Lebenserwartung, zum anderen kommen nun Jahrgänge ins Rentenalter, die kein Weltkrieg dezimiert hat. Die demographische Entwicklung beeinträchtigt mit hoher Wahrscheinlichkeit unseren Wohlstand. Und sie gefährdet unsere Wettbewerbsfähigkeit. Denn in Zukunft rücken immer weniger junge Menschen mit frisch erworbenem Wissen im Arbeitsmarkt nach. Gleichzeitig muss diese schrumpfende Zahl von Jüngeren für immer mehr Alte aufkommen. Die Folge: Der Spielraum für Lohnerhöhungen wird kleiner, das Rentenniveau lässt sich nicht halten, der Standort Deutschland wird unattraktiv, der Versuch, die Haushaltslöcher ohne neue Steuern und Abgaben zu stopfen, wird immer schwerer.

Zweierlei könnte Abhilfe schaffen: eine längere Lebensarbeitszeit und mehr qualifizierte Einwanderer. Doch die Zuwanderung ist unpopulär und ein höheres Rentenalter ebenso. Dabei gibt es zu beidem keine vernünftige Alternative. Selbst jene, die sich von mehr Geld für Familien höhere Geburtenzahlen erhoffen, müssen zugeben: Im nächsten Jahr geborene Kinder stehen dem Arbeitsmarkt nicht vor 2025 zur Verfügung; besser Qualifizierte nicht vor 2030. Viel zu spät.

Aus dieser Einsicht heraus sollte Deutschland deshalb das modernste Einwanderungsrecht Europas bekommen. Um dafür eine große gesellschaftliche Mehrheit zu finden, berief die rotgrüne Bundesregierung Mitte 2000 eine Kommission unter Vorsitz der CDU-Politikerin Rita Süssmuth. Arbeitgeber, Gewerkschaften, Kirchen, Kommunen, Wissenschaftler und die politischen Parteien wurden beteiligt. Vor genau drei Jahren schlug die Süssmuth-Kommission Folgendes vor: die aktive Auswahl qualifizierter Zuwanderer nach dem Vorbild klassischer Einwanderungsländer; die aktive Förderung der Integration durch Sprach- und Orientierungskurse für Zuwanderer; die Änderung des Asylrechts. Vor allem die Auswahl hoch qualifizierter Zuwanderer nach einem Punktesystem – unabhängig davon,

Rita Süssmuth

ob sie bereits ein Arbeitsplatzangebot hatten – sollte Deutschland einen klaren Vorteil im internationalen Wettbewerb um ökonomisch attraktive Migranten verschaffen. Kanada und Australien machen damit seit Jahrzehnten gute Erfahrungen und dienten der Kommission als Vorbild. Dieser ambitionierte Versuch eines zukunftsweisenden Einwanderungsrechts ist gescheitert. Die CDU lehnte das Vorhaben ab, obwohl ihre eigenen Experten unter Vorsitz des saarländischen Ministerpräsidenten Müller einst ganz ähnliche Vorschläge gemacht hatten. Die CSU war sowieso immer dagegen, und Rot-Grün fehlte eine eigene Mehrheit im Bundesrat. Herausgekommen ist jetzt ein Kompromiss, der den Namen Zuwanderungsgesetz nicht verdient. Das Punktesystem, eigentlich das Kernstück, wurde schon im Vermittlungsverfahren geopfert. Stattdessen wird der 1973 erlassene Anwerbestopp für ausländische Arbeitnehmer aufrechterhalten. Ambitionierte jüngere Menschen aus anderen Ländern werden sich auch weiterhin nicht in Deutschland niederlassen können – es sei denn, sie sind selbstständige Unternehmer, kommen mit mindestens einer Million Euro im Koffer und schaffen zehn Arbeitsplätze. Die bahnbrechende Idee, die besten und kreativsten Köpfe nach Deutschland zu locken – sie wurde begraben.

Immerhin sieht das Gesetz drei neue Ausnahmen vom Anwerbestopp vor: eben für jene Unternehmer. Dann für ausländische Studenten, die nach Abschluss ihres Studiums ein Jahr Zeit bekommen, um sich hier einen Arbeitsplatz zu suchen. Und schließlich für Topwissenschaftler und Topmanager; für sie wird ein unbefristetes Niederlassungsrecht geschaffen. Deutsche, andere EU-Bürger sowie Bürger von EU-Beitrittsländern haben bei der Bewerberauswahl jedoch weiterhin Vorrang.

Verbessert wird auch das Asylrecht. Flüchtlinge, die von nicht staatlichen

Bayerns Innenminister Beckstein und Bundesinnenminister Schily

Gruppen oder wegen ihrer sexuellen Orientierung verfolgt werden oder denen eine Genitalverstümmelung droht, hatten bisher keinen Anspruch auf Asyl. Das ändert sich nun. Die umstrittenen Kettenduldungen werden abgeschafft. Asylbewerber, die zum Beispiel wegen Krieg und Terror nicht in ihr Heimatland abgeschoben werden dürfen, können nun schon im ersten Jahr eine befristete Aufenthaltserlaubnis erhalten. Im zweiten Jahr soll dies die Regel sein.

Hinter dem Eingangstor des Landesamtes für Asyl- und Flüchtlingsangelegenheiten in Horst bei Boizenburg warten Asylbewerber auf eine freie Telefonzelle.

Ausländer

Flüchtlinge, die nach der Genfer Konvention anerkannt werden, bekamen bislang nur ein so genanntes »kleines Asyl«. Nun werden sie Flüchtlingen gleichgestellt, die nach Artikel 16a Asyl erhalten. Sie dürfen also arbeiten. Härtefallkommissionen können zudem selbst dann ein befristetes Aufenthaltsrecht erteilen, wenn ein Antragsteller im Prinzip zur Ausreise verpflichtet ist und abgeschoben werden könnte.

Neu im Gesetz sind Bestimmungen zur inneren Sicherheit. Die Ausweisung von Terrorverdächtigen, aber auch von »Hass-Predigern« wird vereinfacht. Ist die Ausweisung nicht möglich, können die Behörden den Bewegungsraum für Terrorverdächtige einschränken und ihnen den Kontakt zu bestimmten Personen untersagen. Die vom Bundesinnenminister ins Spiel gebrachte und von der Union vehement geforderte Sicherungshaft für Verdächtige, die nicht abgeschoben werden können, findet sich hingegen nicht im neuen Gesetz. Eine solche Haft verstieße nach fast einhelliger Auffassung von Verfassungsjuristen gegen das Grundgesetz.

Eine ganz wesentliche Forderung der Kommission erfüllt das neue Gesetz: die Integration von Zuwanderern zu fördern.

Einwanderer haben von jetzt an Anspruch auf Sprach- und Integrationskurse. Bislang gab es diese nur für Aussiedler. Die geschätzten Kosten von jährlich 235 Millionen Euro trägt der Bund. Darauf einigten sich Innenminister Schily, der saarländische Ministerpräsident Müller und Bayerns Innenminister Beckstein erst in letzter Minute. Verpflichtend sind Sprach- und Integrationskurse nur für Einwanderer, die keine EU-Staatsbürgerschaft besitzen. Nehmen sie am Kurs nicht teil, können ihnen soziale Leistungen gekürzt werden. Im Extremfall wird die Aufenthaltserlaubnis nicht verlängert.

Ohne Zweifel, das neue Gesetz bringt Verbesserungen. Aber es vergibt die große Chance, das Tor für hoch qualifizierte Einwanderer zu öffnen. Eine zweite Chance wird es so bald nicht geben, und eine EU-weite Regelung ist nicht in Sicht. Die Zukunft gestaltet dieses Gesetz nicht.

24. Juni 2004

siehe auch
❖ Asylrecht
❖ Einwanderung
❖ Flüchtlinge
❖ Genfer Vereinbarungen

Autismus

Das geheime Wissen der Erbsenzähler

Sie sind seelisch krank und doch genial: die »idiots savants«. Ihre außerordentlichen Fähigkeiten schlummern in uns allen, glauben Neurowissenschaftler

Von Till Hein

Howard Potter isst für sein Leben gern. Und Kartoffelbrei mit Erbsen liebt er besonders. »Duncan hat zwei Erbsen mehr bekommen!«, beschwerte er sich einmal als Kind beim Mittagessen, nachdem er einen Blick auf den Erbsenberg seines Bruders geworfen hatte. Die irritierten Eltern zählten nach. Howard hatte sich nicht getäuscht. Heute ist Howard 37. Er lebt noch immer bei seinen Eltern in Bournemouth an der Südküste Englands. Ein freundlicher Zeitgenosse mit einem erstaunlichen Gefühl für Zahlen: Wurzel aus 73? »8,544«, murmelt Howard. Was ist der 2. März 20 100 für ein Wochentag? »Ein Donnerstag.« Und der 1. September 30 000? »Ein Freitag.«

Als Baby schlief Howard kaum, erinnern sich die Eltern. Schon früh war er von Kalendern fasziniert. Er blickte niemandem direkt ins Gesicht und nahm keine Beziehung zu anderen Menschen auf. Howard ist Autist. In der Grundschule war er überfordert. Beim Intelligenztest erreichte er einen Wert von knapp über 90 – unterer Durchschnitt. Einen Beruf hat er nie ausgeübt. Bis heute ist er ganz auf seine Eltern angewiesen. Dabei hat Howard viel gelernt in den vergangenen Jahren: andere Menschen anzulächeln oder im Laden an der Ecke eine Tafel Schokolade zu kaufen. Doch es kann passieren, dass er beim Überqueren der Straße plötzlich mitten im Verkehrstreiben gedankenverloren stehen bleibt.

Es ist nicht einfach, mit Howard ins Gespräch zu kommen. Es sei denn, man stellt ihm konkrete Fragen: Wann hat die Schweiz zum letzten Mal an einer Fußballweltmeisterschaft teilgenommen? »1994«, kommt es wie aus der Pistole geschossen. Und nach einer Weile: »Davor 1962 und 1966. Da haben die Schweizer alle Spiele verloren.« Auch die Popmusik erfasst Howard genauer als jedes Statistikamt: Welcher Song war in der ersten Februarwoche 1999 auf Platz eins der englischen Hitparade? »Maria von der Gruppe Blondie.«

Dann steht Howard plötzlich auf, nimmt seine Brille von der Nase und beginnt damit am Wohnzimmerschrank zu kratzen. Er wirkt wie in Trance, als ob er in eine andere Welt eingetaucht wäre. »Einer seiner Ticks«, sagt seine Mutter etwas ratlos. »Howard hat mir mal erklärt, dass er in solchen Phasen den Staub umherschiebe.«

Menschen wie Howard geben auch der Wissenschaft Rätsel auf: Faszinierende Einzelfähigkeiten – so genannte Inselbegabungen – stehen bei ihnen in krassem Widerspruch zu einer durchschnittlichen oder schwachen allgemeinen Intelligenz. Savants werden sie genannt. Früher sprach man von »idiots savants«.

Lediglich etwa 50 Savants sind weltweit bekannt: Christopher Taylor aus England hat sich selbst Hindi, Finnisch, Polnisch und unzählige weitere Sprachen beigebracht. Der Amerikaner Leslie Lemke ist blind und hatte nie Klavierunterricht – doch als Teenager spielte er plötzlich das Klavierkonzert Nummer 1 von Tschaikowsky, das er im Radio gehört hatte, fehlerfrei nach. Und der Engländer Joshua Whitehouse zeichnete als Neunjähriger brillante, naturgetreue Ansichten der Skyline von New York, die er lediglich aus dem Fernsehen kennt.

Wie schaffen Savants das? Und warum erreichen sie auf allen anderen Gebieten bei weitem kein vergleichbares Niveau? Solche Fragen bringen die Köpfe von Psychologen und Neurowissenschaftlern zum Rauchen. Einige behaupten gar, dass wir alle verkappte Savants sind: Das absolute Gehör, zeichnerische Begabung und eine gigantische Rechenfähigkeit würden auch in unseren Gehirnen schlummern. Tatsache ist, dass die meisten bisher bekannten Savants Autisten sind. Ein besseres Verständnis von Autismus scheint also ein wichtiger Schlüssel zum geheimnisvollen Savant-Syndrom zu sein.

Traumata sind nicht die Ursache

Beate Hermelin, emeritierte Professorin für Psychologie an der University of London, ist die Grand Old Lady der Autismus- und Savant-Forschung. Mittlerweile 85 Jahre alt, ist sie noch immer wissenschaftlich tätig. Eine quirlige Person mit neugierigen Augen. »Als Kind habe ich mal auf Sigmund Freuds Schoß gesessen«, erzählt sie. Ein Verwandter von ihr war mit dem Begründer der Psychoanalyse befreundet. Bis heute verehrt sie Freud als Theoretiker und Visionär. Doch in ihrem Fachgebiet hat die Tiefenpsychologie zu Irrwegen geführt: »Autismus hat seine Wurzeln nicht in frühkindlichen Traumata«, korrigiert Hermelin alte Theorien. Eine Aufarbeitung negativer Erfahrungen mit psychoanalytischen Methoden hilft Autisten also nicht.

Die Diagnose Autismus geht ursprünglich auf den amerikanischen Kinderpsychiater Leo Kanner zurück. Er beschrieb die Störung in den 1940er-Jahren in erster Linie als »Unfähigkeit, eine Beziehung zu den Mitmenschen aufzunehmen«. Autisten würden andere Menschen wie Dinge wahrnehmen und behandeln. Es falle ihnen äußerst schwer, sich in ihre Gedanken und Gefühle hineinzuversetzen. Weitere Kennzeichen sind: eingeengtes Interessenspektrum, sprachliche Defizite sowie das zwanghafte Festhalten an ritualisierten Abläufen. Hermelin geht davon aus, dass Autisten die Welt als ein »bedrohliches, unkontrollierbares Chaos« erleben. Dem setzen sie Rituale entgegen, die eine beruhigende Wirkung haben. Möglich, dass Howard aus diesem Grund so gern mit der Brille am Schrank kratzt.

Die klaren Strukturen des Kalenders faszinieren viele Autisten, sagt Hermelin.

Und eintönige Beschäftigungen, die andere Menschen langweilen würden, geben Autisten Befriedigung – eine wichtige Voraussetzung für ihre phänomenalen Gedächtnisleistungen. »Doch stures Auswendiglernen und Üben sind nicht der alleinige Grund für ihre Meisterschaft«, betont Hermelin. Sie konnte nachweisen, dass Howard Potter sich beim Errechnen von Wochentagen auf komplizierte mathematische Formeln stützt, die er selbst entwickelt haben muss.

In einem ihrer ersten Experimente untersuchte die Forscherin die Merkfähigkeit von Autisten und Nichtautisten mit demselben Intelligenzquotienten: Die beiden Gruppen sollten sinnvolle Sätze wie »Lustige Kinder spielen fröhlich« und sinnlose wie »Sanfte Rahmen essen wütend« im Gedächtnis behalten. Nichtautisten erinnerten sich an die sinnvollen Sätze – wie erwartet – bei weitem besser. Für die Autisten spielte dieses Kriterium keine Rolle.

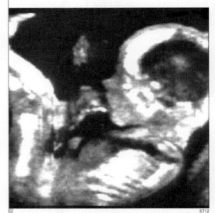

Ultraschallbild eines menschlichen Fötus. Es wird vermutet, dass in vielen Fällen eine Testosteronvergiftung während der Embryonalentwicklung die Ursache für Autismus sein kann.

»Sie richten ihre Aufmerksamkeit offensichtlich nicht auf das Integrieren von Wahrnehmung, Kognition und Gedächtnis, sondern auf Teilinformationen und Details«, sagt Hermelin.

Durch ihre Pionierarbeit erlangte Hermelin in Expertenkreisen bald Weltruhm. Und eines Morgens stand die Limousine des Schauspielers Dustin Hoffman vor der Tür. Er bereitete sich gerade auf seine Rolle im Hollywoodfilm »Rain Man« vor. »Herr Hoffman war sehr höflich und erkundigte sich nach den mathematischen Fähigkeiten autistischer Savants«, erzählt Hermelin. Ein Teil der Forschungsergebnisse Hermelins ist in seine Figur, den Autisten Raimund, eingeflossen. Unter

Dustin Hoffman verkörpert im Film »Rain Man« (1988) überzeugend einen Autisten.

anderem die Gabe, mit einem Blick die Anzahl von Zündhölzern zu bestimmen, die aus einer Packung gefallen sind – ähnlich wie Howard Potter es bei Erbsen beherrscht.

Autisten sehen den Wald vor lauter Bäumen nicht

Die Stärken der Savants scheinen gleichzeitig auch ihre Schwächen zu sein, sagt Hermelin: »Auch begabte Autisten sehen den Wald oft vor lauter Bäumen nicht.« Sie setzen immer bei den Details an und vernachlässigen den Kontext. Einem autistischen Mädchen wurde das Bild eines Bettes gezeigt. »Das ist eine Decke, und das ist ein Leintuch«, erklärte es sofort. Doch als die Forscherin auf das Kissen mit Rüschen deutete, sagte das Mädchen:

»Das ist ein Ravioli.« In der Tat hatte das Kissen die Form von Ravioli.

Während Hermelin das Denken von Autisten und Savants besser verstehen möchte, sind führende Neurowissenschaftler an einer konkreten Verwertbarkeit ihrer Ergebnisse interessiert. Können wir von den Savants lernen?, lautet eine ihrer zentralen Fragen. Dafür müssen sie analysieren, was in deren Gehirnen abläuft.

»Höhere Bereiche im Gehirn werden beim autistischen Denken nicht zugeschaltet«, sagt Allan Snyder, Leiter des Centre for the Mind der Australian National University in Canberra. Daher fehle bei ihnen das konzeptionelle Denken. Sie verfügten also gleichsam über eine »ungefilterte Art der Informationsverarbeitung«, die große Vorteile biete. »Man muss sich das ähnlich wie beim Sehvorgang vorstellen«, sagt Snyder. »Wenn ein visueller Reiz auf die Netzhaut fällt, dauert es etwa eine Viertelsekunde, bis er als bewusste Wahrnehmung erscheint. Vor diesem Moment an wird jeder einzelne Bestandteil dieses Bildes – etwa Farbe, Form, Lage im Raum und Bewegung – einzeln von verschiedenen, spezialisierten Regionen im Gehirn verarbeitet.« Diese einzelnen Eindrücke müssen dann »erst zu einem Muster vereinigt werden, das wiederum mit Arealen verschaltet wird, die es mit Bedeutung verbinden«, sagt Snyder. Lediglich das Endprodukt dringt in unser Bewusstsein. »Bei Savants gelangen hingegen alle Zwischenschritte ungefiltert ins Bewusstsein, und sie können das Bild gleichsam in allen seinen Details sehen. Wie einzelne Pixel einer Fotografie«, sagt Snyder.

Er geht von zwei unterschiedlichen neuronalen Netzwerken für Gedächtnisvorgänge aus: ein weit verzweigtes für das semantische und kognitive Gedächtnis und ein simpleres für das automatisierte Gedächtnis, das nicht mit höheren Denkvorgängen verknüpft ist. Bei der Normalbevölkerung, so meint Snyder, werde die elektrische Aktivität im simpleren Netzwerk von derjenigen im komplexeren überlagert. Savants hingegen würden überwiegend auf den simpleren Kanal zurückgreifen. Nur, warum?

Auch zur Beantwortung dieser Frage gibt es bereits erste Hinweise: Mitte der Siebzigerjahre nahmen Neurobiologen in einer

Autismus

Pilotstudie die Gehirne von Autisten unter die Lupe. Bei 15 der 17 untersuchten Autisten entdeckten sie eine Schädigung im Bereich der linken Gehirnhälfte. Vier dieser 15 Autisten waren Savants. Sie haben ihre Begabung im rechten Hirn.

Autismus trifft häufiger Männer

Die Inselbegabungen fast aller Savants liegen im mathematisch-abstrakten, musikalischen oder zeichnerischen Bereich: lauter Fähigkeiten also, die von der rechten

Visuell komplizierte Gebilde wie Skylines sind für Autisten oftmals leichter zu merken als für andere Menschen.

Hirnhemisphäre gesteuert werden. Führende Neurobiologen gehen daher davon aus, dass die rechte Gehirnhälfte bei Savants Defizite im Bereich der linken Hirnhälfte kompensiert. Man vermutet, dass in vielen Fällen eine Testosteron-Vergiftung während der Embryonalentwicklung der Grund sein könnte: Die Entwicklung der linken Gehirnhälfte dauert in der Regel länger als diejenige der rechten. Sie ist während dieser hochsensiblen Phase daher länger vorgeburtlichen Einflüssen ausgesetzt. Im männlichen Fötus kann das zirkulierende Hormon Testosteron die neuronale Funktionsweise der linken Hemisphäre schwächen. Und aus diesem Grund würde die rechte Gehirnhälfte bei Männern als Kompensation oft größer ausgebildet und dominant.

In der Tat sind Männer von Autismus und dem Savant-Syndrom viel häufiger betroffen als Frauen. Experten wie der amerikanische Psychiater und Savant-Forscher Darold Treffert aus Fond du Lac (Wisconsin) nehmen an, dass Hirnschädigungen im linkshemisphärischen Bereich höhere kognitive Prozesse unterbinden oder schwächen. Aus diesem Grund seien Savants möglicherweise gezwungen, auf das primitivere Netzwerk zurückzugreifen.

Die Fähigkeiten Christopher Taylors können die Wissenschaftler über die Gehirnhemisphärentheorie allerdings nicht erklären. Seine Inselbegabung ist sprachlicher Natur. Und das Sprachzentrum verorten Hirnforscher (bei Rechtshändern wie Christopher) in der linken Gehirnhälfte. Christopher ist Anfang 40 und ein weltweites Unikum, selbst unter den Savants. Er hat sich mittlerweile über 20 Sprachen angeeignet – neben Dänisch, Finnisch, Französisch, Griechisch, Hindi, Italienisch, Norwegisch und Portugiesisch auch Russisch, Schwedisch, Türkisch und die Bersprache der Tuareg. »Christopher setzt dabei typische kognitive Strategien von Autisten ein«, erklärt Beate Hermelin. Er erschließt sich die Sprachen über ihre einzelnen Elemente, etwa Worte oder Silben. Die grammatikalischen oder semantischen Aspekte vernachlässigt Christopher hingegen. So übersetzt er »Who can speak German?« mit »Wer kann sprechen Deutsch?«. Dennoch sind seine Leistungen phänomenal: Bei einem Wortschatztest in Französisch konnte er neulich mit einem Professor für französische Philologie der University of London, der zweisprachig aufgewachsen ist, locker mithalten.

Manche Hirnforscher sind mittlerweile überzeugt, dass – zumindest theoretisch – alle Menschen zu solchen Spitzenleistungen fähig sind. Der australische Hirnforscher Allan Snyder behauptet etwa, dass savantartiges Denken auch in unseren Gehirnen unbewusst abliefe und lediglich durch höhere kognitive Prozesse überlagert werde. Wir alle könnten daher ohne weiteres lernen, wie geniale Autisten zu denken.

Ein Unfall mit Folgen

Es gibt Menschen, die dieses Ziel bereits erreicht haben, wenn auch unfreiwillig: Neurowissenschaftler vom Crafton Hills College in Yucaipa (Kalifornien) haben einen neunjährigen Jungen untersucht, dem eine Gewehrkugel in die linke Schläfe gedrungen war. Der Unfall hat ihn zum Schwerbehinderten gemacht. Unter anderem wurde er taubstumm, auch seine geistige Leistungsfähigkeit hat gelitten. Gleichzeitig erlangte der Knabe durch die Gehirnverletzung aber erstaunliche Fähigkeiten. Er konnte plötzlich Rennräder reparieren oder technische Geräte konstruieren.

Bruce Miller von der University of California in San Francisco wiederum hat zwölf ältere Patienten untersucht, die an frontotemporaler Demenz (FTD) litten, einer alzheimerartigen, degenerativen Gehirnerkrankung. Die zwölf Patienten entwickelten zu Beginn der Krankheit schlagartig eine Inselbegabung. Einige von ihnen konnten plötzlich hervorragend zeichnen, andere erlangten das absolute Gehör. Bei allen zwölf Patienten war die Gehirnschädigung in der linken Gehirnhälfte lokalisiert. Miller verglich die Gehirnaktivität dieser Patienten später mit der eines neunjährigen Savants und stellte weitgehende Parallelen fest.

Wenn eine Hirnverletzung Normalmenschen zu Savants machen kann, müsste auch eine gezielte Stimulation der einschlägigen Areale diesen Effekt haben, vermuten die Wissenschaftler. Robyn Young von der Flinders University in Adelaide (Südaustralien) kann bereits erste, wenn auch bescheidene Erfolge vorweisen: Mithilfe der so genannten repetitiven transcranialen magnetischen Stimulation (rTMS) reizte er jenes Areal im linken Schläfenlappen, das bei Millers Demenzpatienten beeinträchtigt war: 17 Studenten hielt er eine Metallspule an die Kopfhaut und erzeugte ein Magnetfeld im Gehirn, das den Fluss elektrischer Ströme anregt. Immerhin fünf der Versuchspersonen erlangten durch die Stimulation vorübergehend eine savantartige Fähigkeit. Mehrere wurden kurzzeitig zu Kalenderrechnern. Und einer konnte plötzlich hervorragend Tiere zeichnen – sobald Young die Apparatur ausschaltete, brachte er allerdings nur wieder hilflose Kritzeleien zustande. Warum aber reagierten mehr als zwei Drittel der Versuchspersonen gar nicht auf die Stimulation? Young vermutet, dass genetische Anlagen eine Rolle spielen könnten: »Ich denke, wir bringen alle die biologischen Voraussetzungen mit. Aber es eignet sich ja bekanntlich auch nicht jeder Mensch gleich gut für eine Karriere als Spitzenfußballer.«

Niels Birbaumer, Professor für Neurobiologie an der Universität Tübingen, glaubt hingegen, die genialischen Fähigkeiten seien nur eine Frage des richtigen Trainings. Dass viele Experten das für völlig unrealistisch halten, entmutigt den Neurowissenschaftler nicht: Momentan zeichnet er die Gehirnströme zahlreicher Savants auf. Schon bald will er erste Studenten dazu anleiten, ähnliche Erregungspotenziale wie diese im Gehirn zu produzieren. »Jeder ist ein Savant«, glaubt Birbaumer. »Wir müssen den Rain Man in uns nur trainieren.« *17. Juli 2003*

siehe auch
❖ Gehirn
❖ Idiot savant
❖ Neurobiologie

Ayurveda

Öl auf meiner Haut

Hinlegen. Entspannen. Wohl fühlen. Ein Ayurveda-Schnupperkurs im indischen Kerala erbrachte viel Entspannung

Von Dorothee Wenner

Im südindischen Musterländle Kerala wird dem ausländischen Besucher durchschnittlich dreimal am Tag erzählt, dass – im Unterschied zu Restindien – fast alle Landeskinder lesen und schreiben können. Überhaupt ist man in Kerala stolz auf die eigene Kulturlandschaft, die derzeit mithilfe allenthalben aus dem Boden sprießender Tourismusunternehmen vom Geheimtipp zur infrastrukturell voll erschlossenen Ferienregion avanciert. Mit guten Gründen, denn Kerala hat dem Reisenden vieles zu bieten: Wandertouren durch Pfefferplantagen und Vanillewälder, romantische Bootsfahrten über die endlosen Backwater-Wasserwege, unermüdlich demonstrierende Marxisten in Palmenhainen und immer wieder nächtliche Tempeltänze, die bleibende Bilder im Kopf hinterlassen.

Von besonderer Magnetwirkung ist Kerala jedoch als Zentrum der uralten Ayurveda-Heilkunde. Kaum etwas, was dort nicht mit dem »Ayurveda«-Etikett versehen werden kann: Zahnpasta, Hotels, Seife, Meditationszentren, Restaurants, Hautöle und so weiter. Deswegen wird man in Kerala fast automatisch von einer Art Ayurveda-Sog ergriffen, und so befand auch ich mich – obwohl ohne nennenswerte Beschwerden – schon nach wenigen Tagen in Behandlung. Eine Freundin, die jeglicher Form von Esoterik, Homöopathie und Spiritualität wesentlich aufgeschlossener begegnet als ich, hatte mich zu einer Schnupperkur mitgeschleppt, und zwar in das brandneue und äußerst luxuriöse Taj-Residency-Hotel von Calicut, mit einem Ayurveda-Zentrum im Keller.

Das Procedere begann mit einem Gespräch bei der sympathischen Dr. Varsha, die sich mit schmeichelhafter Aufmerksamkeit nach meinem Wohlbefinden und meinen Ess- und Schlafgewohnheiten erkundigte und dann meine Fingernägel nach Monden, Rillen und anderen Formen untersuchte. Irgendwie hatte ich gegenüber dieser extrem ausgeglichenen Frau schon bald das Gefühl, dass mir selbst die kurze Behandlung nach all den Jahren des Rauchens, Trinkens und nicht gerade vorbildlicher Ernährung ganz gut tun könne.

Beißender Rauch
zur Reinigung der Nase

Also erschien ich am nächsten Morgen pünktlich um sieben im grünweißen Wartezimmer, wo mich Vimala empfing. »Fol-

Der Gott Shiva (hier: Bronzefigur) spielt auch in der Ayurveda-Lehre eine wichtige Rolle.

Ayurveda

Meditation ist ein wesentlicher Bestandteil, um das Gleichgewicht zu erlangen (hier: meditierender Buddha aus Fundukistan, um 600 n. Chr.; Paris, Musée Guimet).

gen Sie mir«, munterte mich die barfüßige Dame mit bimmelnden Fußkettchen unter dem blütenweißen Shalwar-Kameez-Hosenanzug auf. Meine leichte Nervosität steigerte sich, als sie in der Kabine hinter uns die Tür abschloss und mich ganz selbstverständlich zu einem Gebet vor dem geschmackvollen Shivaaltar aufforderte. Ich faltete wie Vimala die Hände, schaute mit Andacht auf die Räucherstäbchen, überließ allerdings Vimala das Beten, was offenbar richtig war. Dann legte sie ein Meditationstape mit indischen Gesängen auf, ich musste mich ausziehen, und sie bekleidete meine Nacktheit mit einem Baumwolletwas, das entfernt an ein Sumoringerhöschen erinnerte.

Erst mal sollte ich mich seitlich auf das Behandlungsbett aus weichem Neemholz setzen, nun gut. Vimala holte ein Metalltellerchen vom Shivaaltar, an dessen Unterseite etwas Ghee-Butterruß klebte, und damit malte sie mir schwarze Augenränder. Dann goss sie mir auf einem Bunsenbrenner erhitztes Öl in die Ohren, was sich erstaunlicherweise ganz angenehm anfühlte. Anders als der beißende Rauch eines Papierröllchens, den ich anschließend zur Reinigung der Nase inhalierte. Endgültig als Ayurveda-Amateurin entpuppte ich mich aber erst, als ich trotz Würgereizes mehrere qualvolle Minuten ein bittersüßes Öl gurgeln sollte.

Vimala lächelte verständnisvoll und erlöste mich vorzeitig. Dann schüttete sie mir warmes Öl über den Kopf, über die Arme, und ein wahrhaft luxuriöses Behagen bemächtigte sich meiner. Endlich durfte ich mich hinlegen, und eine fantastische Massage begann. Vimala verteilte mehrere Liter der speziell für meine Konstitution zusammengemischten Ölmixtur über mich, knetete und fuhr mit sanftem Händedruck kreisend über meinen Körper. Ich rutschte auf dem Holzbett hin und her und dachte beim Anblick meiner ölglänzenden Haut trotz der frühen Stunde nur an Schweine und Grillpartys. Bis mich Vimala in ein Gespräch verwickelte: »Madam, what God do you have?«

Die gemeinsame christliche Religion war die Basis für unser Geplauder, das von hinduistischen Om-Gesängen untermalt wurde. Vimala redete über den Teufel Stress und darüber, wie Ayurveda-Behandlungen für geschiedene Geschäftsmänner und verspannte Stewardessen eine wahre Wohltat seien. Sie kam mir vor wie eine Göttin, die als Ayurveda-Praktikerin Beruf und Berufung zum Wohle der Menschheit miteinander verbunden hat. Erfreulich auch, dass sie nach den langen Ausbildungsjahren in einem traditionellen Ayurveda-Zentrum im Taj Residency einen sicheren Arbeitsplatz gefunden hat. Genau wie der weise wirkende Hotelastrologe mit eigenem Büro, der den Gästen und Patienten von 9 bis 12 Uhr zur Konsultation zur Verfügung steht.

Eingerieben mit duftendem Brei

Nach einer guten Stunde war die Massage beendet, und Vimala rieb mich im Badezimmer mit einem nach Heu duftenden Brei ein, duschte mich ausgiebig und entließ mich in den Tag. Oben im Zimmer standen vier Aluminiumbecher mit einem handgeschriebenen »Advice« von Dr. Varsha auf dem Schreibtisch: 15 Milliliter Sukumaran soll ich auf leeren Magen mit warmem Wasser vermischt trinken, Balarishtam mit noch irgendwelchem aufgelösten Pulver nach Mittag- und Abendessen und zwei weitere Öle, die ich mir vor dem

Das Studium der klassischen Texte ist Bestandteil der Ausbildung zum »Doctor of Ayurveda«, die fünfeinhalb Jahre dauert.

Bad auf den Kopf einmassieren soll. Folgsam schluckte ich das schwarzgrüne Elixier, in der Hoffnung, es würde mir gut tun. Auf dem Weg in den Frühstücksraum trug mich die Zufriedenheit, meinem Körper bereits um halb neun in der Frühe mehr Gutes getan zu haben als sonst in einer ganzen Woche.

Den beiden Tischgenossinnen ging es ähnlich, wobei Smitha aus Bombay einen uneinholbaren Vorsprung hatte. Und mich mit ihrer Geschichte immer weiter in die Ayurveda-Welt zog: Die Mittdreißigerin hatte ein schweres Gelenkrheuma in das Hotel cum Klinik getrieben, die Schmerzen seien so schlimm gewesen, dass sie morgens kaum aufstehen konnte. Inzwischen, nach gerade mal 14 Tagen, seien das nur mehr böse Erinnerungen, die Intensivbehandlung habe schon zur Halbzeit eine kaum zu fassende Besserung mit sich gebracht. Smitha wurden unter anderem mit Reis gefüllte heiße Baumwollsäckchen auf die Gelenke gepackt, auch lag sie täglich unter einer galgenähnlichen Ölwanne, aus der tropfenweise das Öl auf die Stirn herabrinnt. Bis zu sechs Personen waren mit ihrer komplizierten Behandlung beschäftigt!

Allerdings bald kamen wir auch schnell auf das Hauptproblem der Ayurveda-Kur zu sprechen: die unglaubliche Langeweile. Wer sich wie Smitha der 35-tägigen Hardcore-Behandlung unterzieht, dem wird nahe gelegt, weitgehend auf alle Außenreize zu verzichten. Sogar Fernsehen, Lesen und Schwimmen zählen dazu. Das hält nicht jeder aus, dazu braucht es eine besondere Bereitschaft oder innere Neugierde, die sich wegen der interessanten Umgebung bei mir einfach nicht einstellen wollte. Selbst die Inderin Smitha schaffte es wohl nur durch den großen Leidensdruck – sie lechzte gierig nach scharfen Speisen und Amüsement außerhalb des edlen Hotels.

Andere ältere Patienten, die ich im Laufe der nächsten Tage kennen lernte, hatten mehr Probleme, auf Alkohol oder Fleisch zu verzichten, beklagten sich aber weniger, weil sie sämtlich den extrem entspannenden beziehungsweise schmerzlindernden Effekt des Aufenthalts genossen. Der Südafrikaner Ian, der sehr hypochondrisch wirkte, kommt einmal im Jahr zur Behandlung seiner nervösen Magenbeschwerden nach Kerala. Ihm half die Kur im Taj zwar, dennoch bevorzugte er die asketischere Klinikatmosphäre ohne Hotelkomfort. Smithas Mutter Anuradha, die offenbar als Anstandsdame ihre Tochter begleitet hatte, berichtete, ihr Blutdruck sei nach nur zwei Wochen von Besorgnis erregend hoch auf fast normal gesunken, außerdem könne sie plötzlich wieder ihre Arme heben, was jahrelang zuvor nicht mehr möglich war. Allein die schmerzfreie Ehefrau eines Migränepatienten aus Kalkutta klagte, diese Art Urlaub mit Yoga am Morgen und Meditation am Abend sei eher etwas für Senioren, und sie drängte auf vorzeitige Abreise.

Am Ende überfiel mich ein zutiefst beruhigendes Gefühl

Die Krankengeschichten der anderen beeindruckten mich, entsprechend ernsthafter ließ ich an den nächsten Tagen Vimalas Behandlungen über mich ergehen und beobachtete neugierig, ob sich auch bei mir irgendwelche positiven Effekte einstellten. Allerdings hatte ich es ehrlich gesagt nicht einmal drei Tage ausgehalten, im Hotel zu bleiben, hatte auf meinen Ausflügen den einen oder anderen scharfen Fisch verspeist, und auch der Swimmingpool lächelte mich immer wieder verführerisch an. Und dann hatte ich auch noch einmal aus Versehen das Badeöl getrunken und das Magenelixier auf den Kopf gerieben. Dennoch war ich bei der Abschlusskonsultation Dr. Varsha zutiefst dankbar für die Einführung in die Ayurveda-Welt. Sie machte mir ob meiner Eskapaden nämlich kein schlechtes Gewissen. Im Gegenteil: Es gehöre doch zum Selbstverständnis, dass der Patient ganz allein bestimme, welche Art der Behandlung er wähle, wie lange und wie intensiv er/sie sich der Sache widme. Und wenn ich mich nur etwas entspannt hätte, sei das doch völlig okay.

Das war keine US-amerikanische Dienstleistungsattitüde, sondern indische Heilkunst, die gegebenenfalls auf sehr raffinierte Art die Selbstheilungskräfte zu aktivieren versteht. Das scheint in Kombination mit den vielen hundert Ölfläschchen im Apothekenraum, der zur Trägheit einladenden Hitze von Kerala und den uralten Tricks zur Linderung bestimmter Krankheiten das eigentliche Geheimnis zu sein. Ich war wohl auch in Ermangelung solcher Beschwerden nicht wirklich bis in die Tiefen der Ayurveda-Wissenschaft vorgedrungen, verließ das Hotel aber mit einem sehr beruhigenden Gefühl. Sollte mich einmal dieses oder jenes ayurvedakompatible Gebrechen heimsuchen, wüsste ich einen Ort, wo ich vielleicht mit Hilfe rechnen könnte. Und dann würde ich mir mehr Zeit nehmen.

Ayurveda gilt als das älteste geschlossene medizinische System der Welt. Seit mehr als 5000 Jahren verbindet das »Wissen vom Leben« Naturheilkunde und Chirurgie, Ernährungslehre, Psychologie, Körperpflege, Hygiene und Spiritualität. Nach ayurvedischer Lehre wirken im Körper des Menschen drei Kräfte: Vata, Pitta und Kapha. Sie bestimmen seine Konstitution. Sind diese Kräfte in Harmonie, geht es uns gut. Sind sie gestört, kann es zu Krankheiten kommen. Mit Ayurveda kommen Sie wieder ins Gleichgewicht. Dies geschieht durch vielfältige Kräuteranwendungen, eine spezielle Ernährungsweise, wohl tuende Massagen mit speziell bereiteten Kräuterölen, Bäder, Aromatherapie oder auch durch Yoga und Meditation.

Insbesondere bei Zivilisationskrankheiten und psychosomatischen Störungen kann Ayurveda oft helfen. Und auch gestresste Manager preisen seine Wirkung. Obschon ein Schnupperkurs das Befinden häufig bereits in wenigen Tagen verbessert, ist die gängigste Behandlungsmethode des Ayurveda das so genannte Panchakarma, eine systematische Entgiftungskur für den Körper. Sie dauert mindestens zwei, besser drei oder sogar vier Wochen.

5. Oktober 2000

siehe auch
❖ **Massage**
❖ **Meditation**
❖ **Naturheilkunde**
❖ **Yoga**
❖ **Wellness**

Baikalsee

Das blaue Herz Sibiriens

Kalt ist der Baikalsee auch im Sommer. Zum Warmlaufen gibt es ringsum reichlich Natur. Nach dem Bad wartet draußen die ambulante Sauna

Von Merten Worthmann

Hank und Victor vertrösten uns. Über ihr Dorf wollen sie erst sprechen, wenn es hinter ihnen liegt. Wir fahren also bis ans Ende der Straße. Dann laufen wir einen Hang hinauf. Eine Herde Schafe zieht vorüber. Schließlich stehen wir auf einer Anhöhe, einer Wiese, die nach Salbei riecht, im Licht der Abendsonne, und sehen zufrieden hinab in die Senke. Zur Rechten blicken wir auf die wettergebleichten Holzhäuser von Boloschoje Goloustnoje, zur Linken auf das kleine Delta des Flüsschens Goloustnoje samt Lärchenhain und grasiger Ebene. All das endet am Ufer des Baikalsees, der um diese Stunde tiefblau erstrahlt. Und weit hinten am Horizont, vom See durch einen weißen Dunststreifen getrennt, lassen sich noch die Hügelketten des anderen, des Ostufers, ausmachen, gut 50 Kilometer entfernt. Jetzt, da wir die Schönheit ihrer Heimat überblicken können, jetzt reden sie also, Hank und Victor, zwei der 600 Einwohner von Bolschoje Goloustnoje – zwei besondere Einwohner allerdings, denn sie reden über Naturschutz und Tourismus, Themen, die in Ostsibirien nicht eben ständig diskutiert werden. Rund um den Baikalsee gibt es so viel Natur, dass sie den Einheimischen noch nicht wie ein knappes, schützenswertes Gut vorkommt; und so wenig Tourismus, dass es kaum lohnenswert erscheint, dafür Ideen zu entwickeln. Hank und Victor haben im umliegenden Nationalpark als Ranger gearbeitet. Nun versuchen sie vorsichtig, dessen Reize zu vermarkten.

Jenseits des Deltas, weitab vom Dorf, steht eine kleine Hütte in unmittelbarer Ufernähe: Jemand hat sich eine Banya, eine russische Sauna, an den See gebaut, wahrscheinlich ein Neureicher aus Irkutsk, der regionalen Hauptstadt. »Das könnte der Anfang sein«, sagt Hank. Der Anfang vom Ende. Wenn die Dörfler nicht aufpassen, wird womöglich das Land im Delta Happen für Happen verkauft. Dann wäre der Blick, den wir gerade genießen, dahin; möglicherweise wären dann allerdings mehr Touristen da. Angeblich, sagt Hank, sollen sogar schon Späher der Hilton-Gruppe in der Gegend gewesen sein – aber glücklicherweise seien sie bald wieder verschwunden.

Auspeitschen mit Birkenzweigen

Zurzeit werden die wenigen ausländischen Besucher, die über den Baikalsee nach Bolschoje Goloustnoje kommen, bei ansässigen Familien untergebracht. Denen tut der Tourismus gut. Denn seitdem auch hier (wie vielerorts) die staatliche Industrie ersatzlos verendet ist und kein Betrieb mehr Holz schlagen und verladen lässt, liegt die Arbeitslosigkeit im Dorf bei 60 Prozent. Viele sind gezwungen, wieder zur traditionellen Selbstversorgung zurückzukehren, leben aus dem Garten und vom Fischfang oder der Jagd. Die Jagd ist zwar verboten ringsherum, weil alles Land mittlerweile zum Naturschutzpark Pribaikalskij gehört. Aber solange die Jäger nur ihrer eigenen Not gehorchen, legen nicht einmal die Naturschützer Beschwerde ein. Wir sind zurück im Dorf. Während Hank sich verabschiedet, trottet ein alter Mann heran. Hank grüßt mit einem freundlichen »Wie gehts?«, der Alte kontert mit einem unwirschen »Schlecht!«. Es reiche nämlich die Veteranenrente kaum noch zum Überleben. Kurz hält er eine Rede über seinen heldenhaften Kampf im Krieg und die Ignoranz der Nachgeborenen, dann zieht er griesgrämig weiter, die linke Faust fest geschlossen um den Hals einer halb leeren Wodkaflasche. In der Zwischenzeit ist die Sonne hinter den Hügeln versunken. Gleich muss man die Jacken überwerfen. Der sibirische Spätsommer erlaubt es zwar, Tage im T-Shirt zu verbringen. Aber abends hat man besser gleich ein Haus oder ein Lagerfeuer zur Hand. Da wir diese Nacht nicht campen, sondern in Familie machen, können wir neben Bed & Breakfast noch ein drittes B genießen: die Banya. Ein ordentlicher Sibirier braucht deren wallende Hitze wie den gelegentlichen Schluck Wodka, besonders im Winter natürlich, weshalb sich nach Möglichkeit jede Familie ein Saunahüttchen hinters Haus stellt. Wie sehr das innere Durchglühen und kräftige Ausschwitzen zur friedlichen Koexistenz von Mensch und Natur beziehungsweise Mensch und Mitmensch in dieser Weltgegend beiträgt, darüber lässt sich nur spekulieren. Jedenfalls gilt die Banya als beliebter Treffpunkt, dem eine rundherum reinigende Wirkung nachgesagt wird. »Mit nacktem Hintern lügt man weniger«, lautet eine entsprechende Weisheit. Beim sanften Abkühlen im Vorraum werden, so heißt es, gern Geschäfte geschlossen, und für die Stunde nach der Banya gibt es sogar eine eigene Begrüßungsformel: Sljudim parom – mit leichtem Dampf! Uns hat besonders das zarte gegenseitige Auspeitschen mit feuchtheißen Birkenzweigen gefallen – und der Duft, der durch die Banya ging, als schließlich der Birkensud auf die angefeuerten Steine gekippt wurde.

Am nächsten Morgen stehen wir wieder in der Kälte. Die Sonne braucht noch ein paar Stunden, um an Kraft zuzulegen. Am Anleger wartet unser Boot. Die »Fähnrich« kreuzte mal als hydrographisches Schiff im Dienst der russischen Marine durch den Stillen Ozean; jetzt werden damit Fische gefangen und gelegentlich Touristen befördert. Gestern hat uns die »Fähnrich« von Listwjanka, dem Irkutsk am nächsten gelegenen Hafen im Süden des Baikalsees, hier heraufgebracht, heute fahren wir weiter gen Norden, auf Olchon zu, die größte Insel des Sees. Von den insgesamt 636 Kilometern Länge des Baikal werden wir nach zweieinhalb Tagen Fahrt etwa ein Drittel auf dem Seeweg zurückgelegt haben.

Die Seetiefe ist Weltrekord

Das Schiff hält sich in der Nähe des Westufers. Wir passieren viel Fels, manchmal wachsen Lärchen darauf, manchmal Kiefern, manchmal nur Gras. Hin und wieder flachen die schroffen Hügel ab, und durch ein kleines grünes Tal windet sich ein Flüsschen, flankiert von Bäumen. Mitunter sieht man dann auch ein Auto, das bis in das abgeschiedene Idyll vorgestoßen ist, um eine Familie oder ein paar Freunde

Küstenabschnitt des Baikalsees in Südsibirien

mit Zelt abzuliefern – natürlich unerlaubt. Denn alles, worauf unser Auge fällt, gehört noch zum Nationalpark, und da darf man nicht einfach drin herumkurven. Trotzdem rühren die versprengten Urlauber das Herz. Inmitten all der Weite scheint ihre einsame Querfeldeinfahrt ans Ufer noch zu sehr von Freiheit und Abenteuer umweht, als dass man ihnen gleich die Sünde gegen das fortgeschrittene Umweltbewusstsein vorwerfen wollte.

Der mächtige Steg, an dem wir schließlich auf Olchon anlegen, hat seine besten Tage lange hinter sich. Ganze Balken sind weggebrochen und haben böse Löcher gerissen. Um ein, zwei Ausfallschritte kommt man nicht ans Ufer, und dort sieht es noch ruinöser aus. Eine ganze Siedlung scheint dem Erdboden gleichgemacht, nur ein paar Fundamente und einzelne Balken sind übrig. Auch hier hat ein Betrieb dichtgemacht. Das ist allerdings lange her. Das kleine Dorf war einmal an einen Gulag angeschlossen. Die dortigen Gefangenen arbeiteten in der ansässigen Fischkonservenfabrik, bis, zu Chruschtschows Zeiten, das Lager aufgelöst wurde, die Insassen gingen und schließlich das Dorf verfiel.

Jetzt steht, beiseite, eine einzige neue Hütte. Sie soll in Zukunft als Kiosk betrieben werden, für Touristen, die sich unter-

Baikalsee

halb der Siedlungsreste an den feinen Sandstrand legen wollen. Das momentane Zusammenspiel von Brise und Bewölkung erlaubt kaum ein Sonnenbad. Dabei wäre hier in der Tat eine der geeignetsten Stellen, um ein Bad im Baikalsee zu genießen. Denn zwischen Olchon und Westufer erreicht das Wasser nur eine Tiefe von 80 Metern, so kann es sich den Sommer über ein klein wenig mehr erwärmen. Auf der anderen Seite der Insel dagegen, zum Ostufer des Sees hin, fällt der Grund irgendwo auf 1624 Meter Wassertiefe ab. Weltrekord. So kommt es, dass der Baikal, obwohl er sich gar nicht so breit macht, doch der wasserreichste See der Erde ist und etwa die fünf großen amerikanischen Seen zusammen in die Tasche steckt.

Wir verschieben das Bad und wandern über Land, durch sehr grüne Lärchenwäldchen, vor allem jedoch übers versteppte Gras, über fast geschorene Hügel. Gelegentlich treibt es uns an das Seeufer zurück. Dort stehen ein paar merkwürdige Boxen, etwa telefonzellengroß, notdürftig zusammengezimmert, mit Streben aus

Der See in der Dämmerung

Holz und »Wänden« aus Plastikfolie. Es handelt sich um ambulante Banyas für das Dampfbad am See. Selbst die Sommerfrischler wollen offenbar auf ihre tägliche Sauna nicht verzichten. Und zweifellos: Zur Abkühlung nach ein paar Minuten Anglühen eignet sich die Wassertemperatur des Baikalsees hervorragend. Der feuerpolizeiliche Bedenkenträger in uns (Abteilung deutsche Reflexe) schweigt in der Zwischenzeit stille zur gefährlichen Holzplastikverkleidung.

Baden ist durchaus möglich

Als wir das Nachtlager erreichen, sind wir warm gelaufen. Jetzt also endlich in den See hinein. Und siehe, das Wasser ist zwar frisch, aber man kann ohne weiteres darin baden. Trotzdem gut, dass bald das Lagerfeuer lodert. Noch besser allerdings, dass bald auch unser Übersetzer Schenja seine Gitarre auspackt und zu singen beginnt. Die Insel Olchon gehört schon zum Gebiet der Republik Burjatien, und weil Schenja aus deren Hauptstadt Ulan-Ude stammt, möchte er unter anderem die Hymne seines Heimatlandes vortragen. »Ein ehemaliges Trinklied«, sagt er, fast entschuldigend. Doch dann klingt das Stück weder wie ein Trinklied noch wie einer der üblichen Märsche, sondern ist schlicht eine schwer romantische Steppenballade und jedenfalls mit Abstand die schönste Nationalhymne, die uns je zu Ohren gekommen ist.

Im weiteren Verlauf des Abends hören wir außerdem Lieder über die Prügeleien auf Ulan-Udes Straßen, über die schöne Burjatin aus dem Wohnblock nebenan und über die kommende Generation von Dschingis Khans. Als wir schließlich den Zelten entgegenstreben, hören wir leider nur noch den Gettoblaster der jungen Russen von nebenan. Schenja, unsere Nachtruhe im Sinn, bittet die Nachbarn höflich um Mäßigung – und holt sich eine rüde Abfuhr. Jetzt wird die Anlage erst recht aufgedreht. Die Kassette mit den russischen Schlagerschnulzen fliegt raus, stattdessen: Rammstein. »Ihr wollt doch auch das Blut vom Degen lecken ...« So stopft man uns das Maul mit dem eigenen Kulturexport.

Auch am nächsten Tag geraten die Kulturen aneinander. Wir fahren zum Schamanenfelsen, dem heiligsten Ort auf Olchon. Die Burjaten sind Schamanisten, versuchen also, den Geist eines jeweiligen Ortes zu ehren. Der Fels ist ein elegant verzogener Doppelzacken, ein Halbinselchen, das am Rand des Strandes vielleicht 15 Meter aus dem Meer aufragt. Angeblich dient er dem Geist des Baikal als Heimstatt, weshalb nicht Eingeweihte ihn im Grunde nicht betreten dürfen. Doch gerade klettern Kinder auf dem Fels herum, eine Familie sonnt sich an seinem Gestade, nebendran lässt ein barbrüstiger Russe

Korken knallen und verteilt Krimsekt an seine Verwandten. Unsere burjatischen Begleiter sind ehrlich entsetzt und klagen abermals über die neuen Russen, deren Gutsherrengehabe nun auch in Sibirien Unfrieden stifte. Dann erzählen sie, mahnend und mit heimlicher Schadenfreude, von einem Hotel für die Neureichen, das vor wenigen Jahren auf der Ostseite des Baikalsees errichtet wurde. Gegen den Rat des örtlichen Schamanen! Kurz nach Ankunft der ersten Reisegruppe sei es abgebrannt. Tja, da dürfe man sich nicht wundern.

Der Schamanenfelsen liegt unweit von Chutschir, mit 1200 Einwohnern der größte Ort der Insel, ebenfalls ganz in fahlem Holz gehalten. Wir kaufen noch etwas ein für den zweiten Abend am Lagerfeuer und stehen staunend vor dem Wodkasortiment des kleinen Dorfladens: 34 Sorten. Auch die Auswahl an Zigaretten ist beachtlich, wobei besonders eine Schachtel im konstruktivistischen Design der Zwanzigerjahre auffällt, mit einem dynamisierten Leninkopf. Vermutlich heißt sie Avantgarde, aber nein, sie heißt Prima Nostalgia.

Auf der Straße vor dem Laden grast eine Kuh an den Vorgärten entlang, 13-Jährige fahren halbstark auf Papas Moped mit Sozius spazieren, gelegentlich wankt ein extrem Betrunkener vorbei, sicher auch der einen oder anderen Nostalgie anheim gegeben. Die rührendste Szene der Trunksucht beobachten wir allerdings ein paar Straßenecken weiter: Da streicht ein Mütterchen ihrem rotgesichtigen, im Stehen schwankenden Sohn über die Wangen, durchs Haar, redet ihm gut zu. Dann lässt sie ihn einfach stehen. Und im Abgang merkt man, dass sie selbst wohl kaum weniger getrunken hat.

Braunbären in Blaubeerbüschen

Über Nacht setzt Regen ein. Tja, da darf man sich nicht wundern, sagen die Burjaten unter uns: Der Geist des Baikal zürnt den frechen Touristen, die auf seinem Fels rumturnen. Wir machen uns auf gen Süden. Jenseits des Baikalsees, noch im Baikalgraben, liegen das Tunkatal und die Sayanberge. Vom Munku Sardik, mit 3491 Metern der höchste Gipfel im Osten Sibiriens, kann man, wenn das Wetter mitspielt, weit hineinsehen in die Mongolei.

Damit beim Aufstieg das Wetter mitspielt und überhaupt das Glück auf unserer Seite ist, konsultieren wir am Wegesrand einen Schamanen. Mit Tarnjacke, Lederkäppi und Gummistiefeln sieht er eher wie ein Förster aus, gilt aber als regionale Kapazität. Er macht ein Feuerchen, gibt etwas Glut in eine Schale, fügt Kekse, Kondensmilch, Margarine und Bonbons hinzu, rührt um und löffelt den Sud unter Anrufung der örtlichen Geister in den Wind. Das sichert uns Beistand.

Auch die Begegnung mit Braunbären ist jederzeit möglich.

Wir campen auf 1800 Metern. Wie gut, dass es so wenig Touristen gibt, sonst würden womöglich die Lagerfeuer rationiert. Am nächsten Tag soll es weitere 1800 Höhenmeter hinauf- und gleich wieder hintergehen. Wir steigen durch ein schwer geröllhaltiges Flussbett auf, queren mehrfach den dazugehörigen Weißen Irkut, über Felsbrocken hüpfend, tippelnd, balancierend. Mit einer moosigen Hochebene haben wir zugleich die Baumgrenze erreicht. Aber es gibt noch Sträucher und, wenn unser Führer die Spuren in den Blaubeerbüschen tatsächlich richtig deutet, auch Braunbären. Wir steigen weiter auf, über riesige Blöcke aus Urgestein, bis zum nächsten Plateau. Jetzt tappen wir schon durch den Schnee, um einen kleinen, eisigen See herum. Dann weiter, dem Grat entgegen. Nun wird es ungemütlich und ernsthaft kalt. 300 Höhenmeter vor dem Ziel geben wir schließlich auf. Gerade hat ein kleiner Schneesturm eingesetzt, außerdem müssten wir jetzt in die Steigeisen, die Sicht scheint ohnehin versperrt, und dann läuft auch noch die Zeit davon.

Baikalsee

So versucht man, die eigene Schwäche zu rechtfertigen. Immerhin haben wir zwischendurch einmal auf die verschneiten, felsigen Weiten des Okaplateaus hinabgesehen.

Am nächsten Tag hocken wir wieder in der Banya, in Shimky, einem Dorf des Thunkatals, und als wir »mit leichtem Dampf« ins Freie treten, liegt das Land da wie eine Flagge, sauber geschichtet in drei farbige Streifen. Die Wiesen grün, dahinter die Berge blau, darüber die Wolken weiß. Gottes Lieblingsfarben, sagen die Sibirier. Schließlich hat Er die Natur darin ausgekleidet. Die Menschen folgen seinem Beispiel, indem sie die Türen und Fenster ihrer Häuser höchstens grün, blau oder weiß streichen; der Rest bleibt ohnehin »Natur«. Man bittet zum Festmahl. Ein Hammel wird geschlachtet, wir kosten die rohe, noch warme Leber. Dann singt uns eine Gruppe Kinder in traditioneller Tracht Lieder zum Lob des Pferdes und des Baikal.

Auch in Shimky sähe man gern mehr Touristen. Wir trauen uns kaum noch, unsere Gastgeber nach ihren Berufen zu fragen, denn fast immer reden sie davon in der Vergangenheitsform. Am nächsten Tag aber wird nach vorn gedacht. Es ist Einschulung, das ganze Dorf macht sich fein. Wir erinnern uns aus diesem Anlass an ein Lied, das Schenja neulich am Lagerfeuer sang. Es war aus einem sowjetischen Science-Fiction-Film für Kinder, und der Refrain lautete: »Schöne Zukunft, sei nicht grausam zu mir.«

26. September 2002

siehe auch
❖ Irkutsk
❖ Sibirien

Bakterien

Die heimlichen Herrscher

Ohne Bakterien gäbe es fast kein Leben. Nur ein Bruchteil der Millionen Arten ist der Wissenschaft bisher bekannt

Von Erwin Lausch

Mehr als drei Jahrhunderte nach ihrer Entdeckung durch Antoni van Leeuwenhoek im Jahr 1676 ist die Welt der Bakterien noch immer ein weitgehend unerschlossener Kosmos. »Nach vorsichtigen Schätzungen«, sagt Bo Barker Jørgensen, Direktor am Max-Planck-Institut für marine Mikrobiologie in Bremen, »kennen wir bislang vielleicht ein Prozent aller Bakterienarten.« Den meisten Menschen sind die Einzeller nur als Krankheitserreger bekannt, denen in der Regel mit Antibiotika beizukommen ist – sie gelten als Randerscheinung des Lebens. Tatsächlich aber sind Bakterien die heimlichen Herrscher der Erde. Sie haben alle Lebensräume besiedelt, von den Tiefen der Ozeane bis zu den höchsten Berggipfeln, vom Polareis bis zu kochend heißen Quellen, von lebenden Pflanzen und Tieren bis zu Lebensresten aller Art. Selbst klares, unverschmutztes Seewasser kann einige Millionen Bakterien pro Milliliter enthalten, ein Gramm fruchtbaren Bodens Milliarden – und ein Gramm Kot noch erheblich mehr.

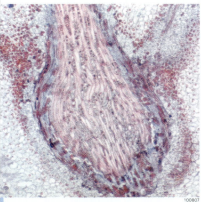

Knöllchenbakterien

Einen Anhaltspunkt, wie viele Bakterienarten noch zu entdecken sind, lieferte ein Experiment der norwegischen Wissenschaftlerin Vidgis Torsvik. Sie nutzte die Erkenntnis, dass bei der strickleiterförmigen Erbsubstanz DNA die Verbindungen zwischen den Strängen durch Erwärmen gelöst und beim Abkühlen wieder neu geknüpft werden. Diese »Reparatur« dauert umso länger, je uneinheitlicher das DNA-Gemisch ist. Als Torsvik die gesamte, aus einer Bodenprobe extrahierte Bakterien-DNA dieser Prozedur unterzog, kam sie per Hochrechnung zu dem Schluss, dass allein diese Probe rund 10 000 Bakterienarten enthielt – etwa doppelt so viele, wie bisher insgesamt bekannt sind.

Bakterien waren die ersten Lebewesen auf der Erde und blieben auch drei Milliarden Jahre lang allein, bis sich aus ihnen Pflanzen und Tiere entwickelten. In dieser langen Zeit haben Bakterien gelernt, zahlreiche Energiequellen zu nutzen. Sie zersetzen organisches Material, selbst Erdöl und Pestizide. Viele Arten beziehen ihre Energie aus der Umwandlung anorganischer Stoffe wie Schwefel-, Stickstoff-, Eisen- und Manganverbindungen. Und sie haben die Photosynthese erfunden, gleich in mehreren Varianten. Diesen fundamentalen Prozess übernahmen die Pflanzen von ihnen und schufen damit die Lebensgrundlage für Tiere und Menschen. Den Sauerstoff, den wir atmen, haben Bakterien in die Atmosphäre gebracht.

»Der Stoffwechsel bei den Makroorganismen«, sagt Rudolf Amann, der im Bremer Institut die Nachwuchsgruppe Molekulare Ökologie leitet, »ist fast überall gleich. Bei Bakterien sind die Unterschiede viel größer.« Der geschäftsführende Direktor, Friedrich Widdel, bezeichnet die Mikroben als »die Abbauchemiker in der Umwelt. Nur weil sie die Stoffkreisläufe in

...ang halten, kann die Welt so sein, wie sie ist.« Sie bauen ab, wandeln um, räumen auf und schaffen so die Voraussetzung für den Fortgang des Lebens im Meer wie an Land.

»Ohne Bakterien«, versichert Jørgensen, »würde das Leben im Meer innerhalb von einem Jahr zum größten Teil erlöschen.« In den obersten Milli- und Zentimetern des Meeresbodens werden die Stoffe so intensiv umgesetzt wie im tropischen Regenwald, und der Mikrodschungel der Mikroben steht dem Regenwald auch hinsichtlich des Artenreichtums nicht nach.

Unter dem Mikroskop zeigen sich Kugeln und Stäbchen

Aber Bakterien machen es jenen, die ihnen nachspüren, nicht leicht. In der Medizin oder Biotechnik konnten Mikrobiologen mit spektakulären Ergebnissen aufwarten. Weniger erfolgreich waren jedoch Bemühungen, Bakterien in ihrer natürlichen Umgebung zu studieren, die Vielfalt der

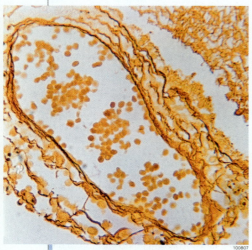

Kugelbakterien (Syphilis)

Arten, deren Funktionen und die Strukturen des Zusammenwirkens zu untersuchen. Genau das ist die Aufgabe des seit 1992 bestehenden Bremer Instituts, das sich überwiegend den Bakterien im Wasser und in Sedimenten widmet. Ein Jahr zuvor war bereits ein Pendant, das Max-Planck-Institut für terrestrische Mikrobiologie in Marburg, gegründet worden.

In aller Regel ist Bakterien nicht anzusehen, wer sie sind und wie sie leben. Eine Laborantin saugt Meerwasser durch einen Filter, das die Mikroben zurückhält, und im Mikroskop erblickt man Kugeln und Stäbchen, eine gesichtslose Menge, in der zahllose Arten stecken. Kaum anders sieht eine Bakterienprobe aus dem Meeresboden aus. Um die Einzeller identifizieren und auf ihre Eigenarten untersuchen zu können, müsste man sie jeweils einzeln in einer Nährlösung oder auf einem Nährboden so lange kultivieren, bis ihre Menge für eingehende Untersuchungen ausreicht. So konnte man bisher rund 5000 Bakterienarten nachweisen.

Doch viele Mikroben sind wählerisch und extrem schwer zu kultivieren. Oft bedurfte es jahrelanger Tüftelarbeit, um einer Art adäquate Lebensbedingungen zu bieten. »Von einer Million Bakterien in einer Meerwasserprobe«, sagt Rudolf Amann, »wachsen meist nur hundert zu Kolonien heran. Und es sind immer dieselben Arten.«

Mit molekularbiologischen Methoden sucht man nun zu ergründen, was sich in dem großen Rest der Unbekannten verbirgt. Anstatt einzelne Bakterien zu päppeln, extrahieren die Forscher aus einer Probe mit Millionen Individuen zunächst das gesamte Erbmaterial. Aus dem Wust langer Ketten der DNA (Desoxyribonukleinsäure) und RNA (Ribonukleinsäure) zahlreicher Arten holen die Forscher die Versionen eines Gens heraus, das unter der Bezeichnung »16S rRNS« berühmt geworden ist. Es spielt in allen Zellen bei der Produktion von Eiweißstoffen eine wichtige Rolle. Dieses Gen hat sich im Laufe der Stammesgeschichte langsam verändert, und diese Änderungen geben Aufschluss über verwandtschaftliche Nähe oder Ferne zwischen untersuchten Lebewesen, ja sogar eine Vorstellung von den Zeiträumen, die zwischen den einzelnen Entwicklungsschritten verstrichen sind – quasi ein Chronometer der Evolution.

Mit faszinierender Sicherheit fischen die Wissenschaftler die feinen Fäden aus den Bakterien, schneiden die interessanten Abschnitte mit speziellen Enzymen heraus und vervielfältigen sie. Die jeweils zu einer Art gehörenden Genteile werden analysiert (»sequenziert«) und mit Bekanntem verglichen: Eine Datenbank der TU München enthält alle weltweit bereits von Bakterien ermittelten Sequenzen von 16S rRNS. In Sekunden kann sich Rudolf Amann das Archiv auf den Bildschirm holen und neue Befunde mit bekannten vergleichen. »Wir haben hier ein Bakterium mit fünfzehn Prozent Abweichung vom nächstähnlichen gefunden«, erzählt er. Fünfzehn Prozent – ist das viel? »Das ist sehr, sehr viel – weit mehr als der Unterschied zwischen den Sequenzen eines Elefanten und eines Gänseblümchens. Würde man außerhalb der Bakterien eine solche Abweichung entdecken, müsste man neben Pflanzen, Tieren und Pilzen einen vierten Bereich einrichten.«

Der Bakteriendschungel ist so artenreich wie der Regenwald

Zu einem ersten Überblick in einer Probe verhelfen Gensonden. Das sind maßgeschneiderte Moleküle, die sich an Bakterien heften, und zwar genau an deren 16S-rRNS-Moleküle. Je nach Fragestellung sind die Sonden mehr oder weniger spezifisch und verraten eine einzelne Art oder Gattung. Verschiedene Gensonden sind mit unterschiedlichen Farbstoffen markiert, die jeweils im Licht bestimmter Wellenlängen fluoreszieren. Bakterien leuchten daher farbig auf, wenn sie mit Sonden markiert sind und mit dem richtigen Licht angestrahlt werden: So gelingt eine rasche Identifikation oder Zuordnung zu einer Gruppe.

Solche molekularbiologischen Methoden entsprechen im Bakteriendschungel den Schmetterlingsnetzen und Jagdinstrumenten, mit denen sich einst Sammler einen Überblick über das Gewusel im Regenwald zu verschaffen suchten. Bald wollten sie auch wissen, wer wo im Wald welche Rolle spielt, wie das ökologische Getriebe läuft. Das ist bei den marinen Mikrobiologen nicht anders.

Ursprünglich stanzten sie Bohrkerne aus dem Meeresboden und schnitten aus unterschiedlichen Tiefen fingerhutgroße Proben für Analysen heraus. So ließen sich chemische und physikalische Unterschiede feststellen, doch die Messungen waren zu grob, um die auf engem Raum

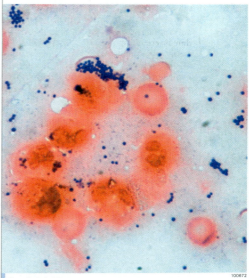

Staphylokokken

wechselnden Lebensbedingungen zu erfassen. »Ein Kubikzentimeter Lebensraum für Bakterien«, rechnet Amann vor, »entspricht etwa tausend Kubikkilometern menschlicher Umgebung.«

In vielen Schichten leben die Mikroben chemisch zusammen

Ein Schwerpunkt der Arbeit im Institut ist daher die Entwicklung und der Einsatz von Mikrosensoren, mit denen die Umwelt der Bakterien sehr viel präziser erfasst werden kann. In den Labors der Mikrosensorforscher sind Messfühler allgegenwärtig – dünne Glasröhren mit lang ausgezogener Spitze und raffiniertem Innenleben. »Die Spitzen«, erläutert Gruppenleiter Michael Kühl, »sind bis zu zwanzigmal dünner als ein menschliches Haar.«

Mit ihnen können die Forscher in unmittelbarer Nähe von Bakterien etwa die Konzentration von Sauerstoff, Schwefelwasserstoff oder anderen für die Mikroorganismen bedeutsamen Substanzen, pH-Wert und Temperatur feststellen, ohne den Lebensraum zu zerstören. Oder sie arbeiten sich in Zehntelmillimeterschritten durch die verschiedenen Stockwerke, in denen jeweils zahllose Mikroben unter-

Bakterien

niedliche Bedingungen nutzen und in komplexem Zusammenspiel chemisch voneinander profitieren.
Die zerbrechlich anmutenden Sensoren werden im Labor, aber auch vor Ort eingesetzt, vom flachen Wasser bis zu einer Tiefe von 6000 Metern. Auf See wird jeweils eine ganze Serie auf einen Messzylinder montierter Sensoren mit einem drei Meter hohen Gestell vom Schiff hinabgelassen. Am Meeresboden werden die feinen Fühler in kleinen Schritten im Sediment positioniert und die Messwerte im Zylinder gespeichert. Von dort ruft man sie nach dem Wiederaufstieg an Bord des Forschungsschiffes ab.
Sind auch viele Bakterien noch nicht identifiziert, so hat man doch ihre Spuren immer besser lesen gelernt. Jede Art verbraucht Stoffe und produziert andere. »Wer das Leben der Mikroorganismen verstehen will«, sagt Kühl, »muss ihre Umwelt verstehen.« Aus zahllosen Einzelaufnahmen entsteht allmählich ein zusammenhängendes Bild der Bakterienwelt, auch wenn die meisten Akteure darin noch fehlen. Und je mehr Mikrobiologen von den Lebensbedingungen der Bakterien verstehen, die sich ihnen so hartnäckig verweigern, desto besser sind die Chancen, die wählerischen Einzeller doch irgendwann kultivieren zu können. Denn daran führt, will man die Rolle der einzelnen Arten untersuchen, kein Weg vorbei.

5. November 1998

siehe auch
❖ **Leeuwenhoek, Antoni van**
❖ **Mikrobiologie**
❖ **Mikroorganismen**
❖ **Mikroskop**
❖ **Molekularbiologie**